UNE UTOPIE COMBATTANTE

L'École des cadres d'Uriage 1940-1942

Bernard Comte

UNE UTOPIE COMBATTANTE

L'École des cadres d'Uriage 1940-1942

Préface de René Rémond

Publié avec le concours du Centre national des lettres

Fayard

SIGLES ET ABRÉVIATIONS

ACJF	Association catholique de la jeunesse française
AFJ	Auberges Françaises de la Jeunesse
AJ	Auberges de jeunesse
AN	Archives nationales
Arch. ENCU	Fonds collectif « Archives de l'École nationale des cadres »
AS	Armée secrète (des mouvements de Résistance)
CFLN	Comité français de Libération nationale
CFTC	Confédération française des travailleurs chrétiens
CGT	Confédération générale du travail
CIMADE	Comité inter-mouvements auprès des évacués
CLAJ	Centre laïque des Auberges de jeunesse
CPJ	Conseil protestant de la jeunesse
DFJ	Direction de la Formation des jeunes
DRAC	Droits des religieux anciens combattants
EDF	Éclaireurs de France
EIF	Éclaireurs israélites de France
ENCC	École nationale des cadres civiques
ENC, ENCU	École nationale des cadres de la jeunesse d'Uriage
ENJ	Entraide nationale des jeunes
ENP	École nationale professionnelle
ENU	Équipe nationale d'Uriage
ERC	École régionale de cadres
EU (F)	Éclaireurs unionistes (de France)
FFACE	Fédération française des associations chrétiennes d'étudiants (Fédé)
FFI	Forces françaises de l'intérieur
HEC	École des Hautes Études commerciales
JAC (F)	Jeunesse agricole catholique (féminine)
JEC (F)	Jeunesse étudiante chrétienne (féminine)
JFOM	Jeunesse de France et d'outre-mer
JIC (F)	Jeunesse indépendante chrétienne (féminine)
JO	*Journal officiel*
JOC (F)	Jeunesse ouvrière chrétienne (féminine)
LFAJ	Ligue française des Auberges de jeunesse
LOC	Ligue ouvrière chrétienne
MJ	Maisons de jeunes
MUR	Mouvement unis de résistance

NERF	Nouvelles équipes de la renaissance française
ORA	Organisation de résistance de l'armée
PPF	Parti populaire français
PSF	Parti social français
SdF	Scouts de France
SE	Stages étudiants (1941)
SGIP	Secrétariat général à l'Information et à la Propagande
SGJ	Secrétariat général à la Jeunesse
SI	Sessions d'information (1942)
SOL	Service d'ordre légionnaire
STO	Service du travail obligatoire
UCJG	Union chrétienne de jeunes gens
UNEF	Union nationale des étudiants de France
UPJF	Union populaire de la jeunesse française
YMCA	Young Men's Christian Association.

Préface

A quoi servent les préfaces ? S'il est des livres qui en ont un impérieux besoin pour les accréditer auprès des lecteurs, encore qu'on se fasse probablement quelques illusions sur leur effet, il en est d'autres qui se recommandent si bien par leurs mérites propres et l'importance de leur apport que le témoignage d'un préfacier est surérogatoire. Tel est assurément le cas du beau livre que Bernard Comte a tiré de sa grande thèse sur Uriage : il s'impose naturellement par la rigueur et l'étendue de la recherche dont elle est le fruit, la pénétration de l'intelligence, la finesse des analyses, l'art du portrait et le talent d'évocation, et ce qui est peut-être plus appréciable encore pour un sujet qui continue de susciter passions et polémiques, la sûreté du jugement. Si l'expression de travail définitif a un sens, il convient parfaitement pour ce livre dont on souhaite que la parution mette un terme aux controverses et éteigne les querelles. Ayant dit cela, le préfacier n'a-t-il pas tout dit ? Mon embarras est d'autant plus grand que l'introduction de Bernard Comte remplit excellemment toutes les fonctions d'une bonne préface : elle définit l'objet, désigne les problèmes, énonce les raisons qui en font l'intérêt. Elle n'oublie même pas de mentionner les phénomènes d'opinion qui se sont formés autour d'Uriage, ni les légendes contraires et les relectures successives qui en ont été faites. Hubert Beuve-Méry avait accepté de préfacer aussi l'ouvrage; sous la signature d'un des compagnons les plus fidèles et les plus connus de Dunoyer de Segonzac, une introduction aurait eu valeur de témoignage et de reconnaissance de la part des acteurs : elle aurait certifié l'exactitude de la reconstitution et authentifié l'œuvre de l'historien. Sans la moindre prétention de le remplacer, que la mort ait privé le livre d'une prestigieuse présentation par le directeur du *Monde* a été une raison pour moi de ne pas me dérober à l'amicale sollicitation que Bernard Comte m'avait adressée dès le premier jour de faire précéder son texte de quelques réflexions qui ne prétendent ni à le résumer, ni à en détailler les mérites. Je me bornerai à reprendre mes observations de premier lecteur qui pense avoir pris connaissance depuis une quarantaine d'années de presque tout ce qui s'est écrit sur ces années d'épreuves de notre peuple.

Le principal mérite de Bernard Comte est peut-être de nous introduire à l'intelligence d'une période qui est devenue aujourd'hui aussi difficile à comprendre pour tout Français qui ne l'a pas vécue, c'est-à-dire le plus grand nombre, tous ceux qui ont aujourd'hui moins de soixante ans, que pour un étranger. Avec l'éloignement dans le temps qui exerce une simplification réductrice des situations et durcit les alternatives en effaçant les éventualités intermédiaires, comment entrer dans la compréhension des motivations et des attitudes de nos compatriotes brutalement confrontés avec la défaite et l'occupation ? De là des jugements aussi péremptoires qu'injustes, dictés par la connaissance de la suite et qui présentent comme autant d'impasses des tentatives qui avaient pu sur le moment apparaître comme des moyens de travailler à la renaissance de la patrie. Uriage s'explique autant par les circonstances que par un courant de pensée : il y eut un esprit du second semestre de l'an 40, qui est le fruit du contraste entre les attentes et les événements. Même les moins enclins à l'autosatisfaction ne doutaient pas de la victoire : ils se fondaient sur les souvenirs de la Grande Guerre où l'endurance du poilu et le patriotisme de la population étaient venus à bout de l'ennemi. Dans l'été 40, le moment n'est pas encore venu de se ressaisir : la grande majorité des Français sous le choc de l'effondrement de notre armée et de nos institutions reste frappée, prostrée, abasourdie. Il faudra du temps pour se remettre du traumatisme. Beaucoup ne se résignent pas pour autant à la défaite et moins encore à l'idée d'une domination allemande, mais pour l'heure ils n'entrevoient pas comment à vue humaine s'y soustraire. Les fondateurs d'Uriage sont de ceux qui n'acceptent point la perspective d'un ordre imposé par le vainqueur, *a fortiori* s'il s'inspire d'une idéologie aussi contraire à l'histoire et à la vocation de la France. Uriage combat l'esprit de défaite et de résignation, mais, sans exclure pour un avenir dont l'échéance reste indéterminée que la France puisse un jour rentrer dans la guerre, n'envisage pas de reprendre le combat. Uriage engage un combat spirituel pour l'âme de la France et la libération des esprits. Le plus urgent est de travailler à refaire une nation, à forger une jeunesse nouvelle, à reconstituer des valeurs communes qui donnent un sens au vivre ensemble. Uriage entend être d'abord une entreprise éducative; rien n'est tenu pour plus pressant ni plus nécessaire que d'amorcer une action dont les effets ne seront perçus que longtemps après. S'il y eut quelque illusion dans cet ambitieux dessein, ce fut de croire qu'un régime provisoire issu de la défaite pouvait être le cadre d'un redressement durable : au reste l'expérience dessilla bientôt les yeux des plus lucides et le gouvernement du Maréchal finit par prendre des dispositions contre cette institution dont l'esprit ne pouvait décidément plus faire bon ménage avec l'idéologie d'un gouvernement qui consentait aux abandons de la collaboration avec l'ennemi.

Les fondateurs d'Uriage ne voulaient pas d'une libération de la France qui lui vienne de l'extérieur : elle devait la mériter par ses efforts. C'est par elle-même qu'elle retrouverait sa grandeur, c'est d'elle-même qu'elle tirerait les éléments de son redressement et de sa régénération. Cet attachement à un ressourcement de l'intérieur explique les réserves à l'égard de la France libre qui dispenserait de la nécessaire rénovation des idées et des comportements. Hubert Beuve-Méry aurait peut-être redit dans sa préface ce qu'il avait indiqué dans une intervention que j'avais sollicitée lors de la soutenance, des raisons pour lesquelles, plusieurs possibilités s'offrant à lui, il avait choisi de rester en France, dans la conviction que rien de positif ne pouvait advenir en dehors de la France.

Si Uriage suscite encore tant de controverses passionnées et a donné lieu à tant de légendes, c'est que l'histoire de la communauté qui se fonde à l'automne 1940 dans cette grande demeure altière et austère, présente comme un abrégé de presque tous les problèmes que pose aujourd'hui encore la situation de la France dans les deux années qui suivirent l'armistice de juin 1940. Ce n'est pas le moindre paradoxe de cette singulière aventure que cette communauté qui s'établit volontairement à l'écart, reflète la plupart des ambiguïtés de son temps. C'est par là que l'étude de Bernard

Comte éclaire de façon lumineuse la complexité de la situation générale, l'ambivalence des solutions, la difficulté des choix ainsi que la fluidité imprévisible et souvent déconcertante des itinéraires individuels.

Si dépendant de l'événement qu'il soit, Uriage n'est pas un accident circonstanciel, simple parenthèse. Uriage s'inscrit dans une longue tradition : c'est un maillon de la longue chaîne qui relie ce qu'on a appelé l'esprit des années 30 – et qui serait plus justement dénommé de la fin des années 20 – aux lendemains de la Libération. Bernard Comte excelle à repérer les origines, à renouer les fils, à reconstituer les filiations. Uriage reprend, dans un contexte évidemment bouleversé par la guerre et le désastre, d'anciennes intuitions. L'idée en particulier que la France a succombé à des causes plus profondes que la défaite de nos armes : la crise dont la France a failli mourir est une crise de civilisation. En conséquence Uriage entend situer son action sur un registre plus essentiel et plus durable que militaire ou politique : celui des valeurs qui donnent un sens à une civilisation. Tous ceux qui ont participé peu ou prou à l'aventure d'Uriage ont raisonné ainsi : le sentiment d'avoir été associés à un grand dessein explique le profond souvenir qu'ils en ont gardé. Comme l'énonce avec autant de perspicacité que de justesse Bernard Comte, Uriage a eu l'ambition d'explorer une voie originale qui n'est pas, comme on le dit parfois, une troisième voie entre fascisme et communisme, pareillement totalitaires, mais bien une quatrième, car elle s'écarte aussi de la voie libérale et individualiste. Ce qui l'a fait confondre à tort par certains avec des entreprises autoritaires.

Loin de n'être l'expression que d'un seul courant, Uriage a été pluraliste à sa façon. L'ambition des fondateurs fut de réaliser une synthèse empruntant à des sources fort diverses : on y trouve, plus ou moins bien fondus, l'esprit des années 30, le courant de réforme de l'État, l'héritage des Équipes sociales, l'expérience des mouvements de jeunesse qui avaient tenu une si grande place dans les années de l'avant-guerre, la pédagogie du scoutisme, certaines idées du patronat réformiste, une tradition sociale de l'armée, d'autres ingrédients encore. Ces éléments disparates, mais entre lesquels il y a certaines convergences, sont ordonnés à un projet commun qui les unifie : refaire la France, reconstruire un peuple, rénover une société.

Uriage a été une aventure spirituelle pareillement pluraliste : certes l'inspiration religieuse y prédomine, et l'esprit d'Uriage, personnaliste et communautaire, emprunte au christianisme ; beaucoup ont fait l'apprentissage de la responsabilité et acquis la conviction de l'engagement dans des organisations de la mouvance catholique. Mais des incroyants, des agnostiques, des représentants de l'humanisme laïque et rationaliste aussi s'y trouvèrent à l'aise, et ont contribué à l'élaboration d'un style pour le XXe siècle. En sens inverse, les chrétiens ne s'y retrouvent pas tous : en sont absents les militants de l'Association catholique de la Jeunesse Française, ou les habitués des Semaines sociales. On devine parmi les raisons qui expliquent ces absences des causes d'ordre intellectuel et spirituel : des conceptions différentes du rapport à la politique, des attitudes dissemblables à l'égard de la démocratie et peut-être aussi des philosophies sociales divergentes : Uriage se réfère à une vision élitiste et exalte des valeurs aristocratiques : sens de l'honneur, mépris de l'argent, culte de l'héroïsme.

Ce n'est pas seulement parce qu'Uriage plonge ses racines dans le passé, que cette aventure n'a pas été une brève parenthèse : c'est aussi parce que tout n'en a pas disparu avec la dispersion des compagnons et la fermeture de cette altière demeure. Certes Uriage n'eut qu'une brève existence ; un seul stage de longue durée a pu être mené à bien. Et pourtant Uriage demeure dans la mémoire des hommes. La liste de ceux qui y sont passés est prestigieuse : elle comprend toute sorte de noms qui occuperont ensuite des positions de responsabilité souvent éminentes dans les secteurs les plus divers : haute administration, politique, université, économie, animation culturelle, presse... et dans des directions d'esprit fort variées. Uriage a aussi ensemencé l'avenir : plus d'une idée émise à Uriage s'est réalisée plus tard; une part des innovations qui firent la fécondité de l'immédiat après-guerre ont mûri dans cette communauté qui tenait à la fois de l'ordre de chevalerie et du laboratoire. Uriage fait partie de notre histoire. En la faisant revivre, Bernard Comte nous restitue un chapitre de notre histoire. Davantage; il le fait comprendre et nous donne un motif de ne pas avoir honte de nos aînés.

René RÉMOND

Introduction

À une douzaine de kilomètres de Grenoble, la petite station thermale d'Uriage s'étire au fond d'une vallée étroite qui borde la chaîne de Belledonne, tandis que le vieux village de Saint-Martin-d'Uriage, devenu au XXe siècle centre de villégiature, occupe le plateau qui la domine. À mi-hauteur, un château ancien d'allure massive est perché sur une butte qui commande l'accès à la vallée.

Depuis la Deuxième Guerre mondiale, le nom de la localité est attaché à l'œuvre d'un groupe de jeunes hommes qui ont installé au château, en novembre 1940, une communauté éducative originale. Créée deux mois plus tôt à la Faulconnière, près de Gannat, par un capitaine de cavalerie blindée, Pierre Dunoyer de Segonzac, sous l'égide du nouveau ministère de la Famille et de la Jeunesse, elle est devenue École nationale des cadres de la jeunesse par une loi de l'État français en décembre 1940. Sous ce nom, elle a poursuivi pendant deux ans, sous l'autorité du secrétariat général à la Jeunesse du gouvernement de Vichy, une activité de formation et d'étude dont le rayonnement a largement dépassé les milieux de jeunesse, jusqu'à sa suppression décidée en décembre 1942 par le gouvernement Laval.

Aux stages d'entraînement physique, intellectuel et moral pour les futurs chefs de jeunesse qui constituaient son activité initiale, l'École d'Uriage a bientôt joint des sessions d'études ou d'information pour les cadres ou les élites de milieux différents. Ses membres ont forgé un esprit et élaboré un style de vie, au nom de la mission qu'ils s'étaient donnée dès le lendemain de la défaite. L'esprit et le style d'Uriage ont été diffusés par le réseau des écoles régionales que dirigeaient d'anciens élèves de l'École, par ses publications et ses relations dans divers milieux, à commencer par les organisations de jeunesse, et enfin par une association destinée à regrouper sur le plan national les plus convaincus de ses amis.

À Uriage, l'équipe de l'École a formé une communauté aristocratique dont les membres, unis dans une stricte discipline par les liens de l'honneur, étaient incités à donner l'exemple d'un développement personnel complet et équilibré. Elle a nourri dès l'origine la double ambition de servir la Patrie, en préparant la revanche sur l'ennemi allemand, et de contribuer à la renaissance d'une communauté nationale solidaire animée par les valeurs spirituelles et humanistes. Inscrites d'abord dans le cadre de la Révolution nationale annoncée par le nouveau chef de l'État, ces vues ont été rapidement approfondies et infléchies par l'influence des intellectuels et des militants expérimentés qui étaient associés, au sein même de l'équipe, aux officiers et aux anciens responsables d'organisations de jeunesse. Devenue laboratoire de recherches civiques et sociales autant que d'expériences pédagogiques, et lieu de confrontation permanente entre divers courants de pensée, l'École a entrepris d'élaborer un humanisme révolutionnaire d'inspiration chrétienne ou personnaliste; elle a pris progressivement ses distances avec le gouvernement, puis avec le régime dans son ensemble, avant de manifester en 1942 une opposition ouverte à la politique de Laval.

Après la suppression de l'École et le passage de son chef, menacé d'arrestation, à la clandestinité, l'équipe physiquement dispersée a poursuivi son action pédagogique et intellectuelle en la mettant au service du mouvement patriotique. Elle a pris une part originale à la lutte pour la libération, d'abord de manière autonome, liée à plusieurs organisations de résistance civile ou militaire sans être intégrée à aucune, puis au sein de la Résistance unifiée. Les intellectuels ont poursuivi l'élaboration de la réflexion sur la crise du XXe siècle et la révolution humaniste et communautaire, en même temps qu'ils participaient à l'instruction et à l'encadrement des maquis alpins dès 1943. Dans plusieurs régions, les hommes de l'équipe d'Uriage, et les femmes qui s'y étaient associées, ont développé leur action de résistants : information et renseignement, diffusion de la presse clandestine, incitation des sympathisants à un engagement actif, liaisons entre organisations. Présents dans l'Armée secrète puis dans les FFI, ils ont participé à la mobilisation de juin 1944 dans divers secteurs, notamment dans les Alpes et dans le Tarn où leur chef a commandé une zone de maquis dans les combats de la Libération. Ces actions ont été menées avec le souci de servir l'idéal commun envers lequel tous s'étaient engagés (libération du pays et construction d'une société nouvelle) et dans l'espoir que la France serait le laboratoire d'une civilisation plus humaine.

En fait, la Libération a rapidement amené la dispersion définitive de la communauté dont les membres reprenaient chacun sa vie professionnelle, tandis que le château d'Uriage, après avoir abrité en 1943-44 l'école de cadres de la Milice, devenait le siège d'une École militaire originale, inspirée de l'École de 1940-42. L'équipe publiait cependant la synthèse de ses réflexions et de son expérience, tandis que nombre de ses membres participaient à divers niveaux au travail de reconstruction de la société française. Certains étaient engagés, dans les entreprises, les administrations et au Plan, dans l'œuvre de modernisation économique dont ils contribuaient à fixer les orientations; les plus nombreux ont développé des initiatives dans le secteur éducatif et culturel, où ils ont occupé des positions d'influence : études sociologiques, culture populaire, vie associative, presse, groupes et organes de réflexion pour les militants de l'action communautaire. Aussi l'expérience d'Uriage et le réseau de ses acteurs ont-ils pu apparaître comme un des foyers où s'est élaboré le nouvel esprit des cadres de la nation après la Libération et jusque sous la Ve République dans sa période gaullienne.

L'aventure vécue de 1940 à 1945 par les membres de l'équipe d'Uriage – quelques dizaines d'hommes et de femmes – et partagée ou côtoyée par quelques centaines d'amis et collaborateurs a, depuis l'origine, suscité la curiosité, soulevé des interrogations et des controverses. Il y a d'abord l'apparence mystérieuse, un peu ésotérique, de cette étrange communauté de moines-soldats pédagogues animant un camp scout qui devient laboratoire idéologique et foyer de rébellion, inspiré par une mystique qui se prétend révolutionnaire. Mais c'est surtout l'ambiguïté de leur position idéologique et politique qui a provoqué, pendant la guerre comme après la Libération, les appréciations les plus contradictoires : institution officielle de Vichy (et fournissant au régime un alibi, pensent certains), l'École a été aussi un foyer d'opposition à la collaboration (et donc une antichambre de la Résistance, pensent les autres); liée pour une part à une tradition aristocratique (plus proche de la monarchie que de la démocratie républicaine, prônant les valeurs d'élite et de hiérarchie plus que d'émancipation et de droits de l'individu), elle a voulu être l'instrument d'une action révolutionnaire capable de rivaliser avec le communisme en le « dépassant »; confondue par certains avec des institutions voisines comme les Chantiers de jeunesse, elle s'en est distinguée et s'est opposée à leur équipe dirigeante. Les uns jugent donc contradictoire, hésitante ou naïve une attitude d'ensemble qui pour d'autres, à commencer par les acteurs, incarne équilibre, honnêteté et profondeur. C'est à leurs yeux la complexité de la situation qui a amené l'équipe à traduire des intentions et des convictions simples en manifestations paradoxales et apparemment tortueuses.

Par ailleurs, l'échec apparent de l'équipe d'Uriage dissimule la fécondité de ce laboratoire d'innovations, où l'on a sans doute peu inventé mais beaucoup étudié et emprunté, en associant des précédents et des expériences hétérogènes. Ainsi la méthode d'éducation active et globale constituait une synthèse de la tradition universitaire et d'expériences militantes menées dans les universités populaires ou les Équipes sociales; les officiers qui dirigeaient en 1940 une « école des chefs » dans un esprit d'obéissance aux ordres du Maréchal en ont fait une incarnation, sinon une vitrine, du projet personnaliste, si bien qu'on ne peut faire l'histoire du mouvement « Esprit » ou des non-conformistes des années 30 sans faire une place à cette réalisation; quant à l'humanisme révolutionnaire qu'on a recherché et esquissé à Uriage, surtout dans la période clandestine 1943-44, il a réussi pendant un temps à déborder les anciens clivages entre croyants et athées, bourgeois et peuple, droite et gauche, avant d'être déchiré par la question de la collaboration avec le Parti communiste.

Avec son étrangeté, son ambiguïté et sa fécondité, l'affaire a attiré les observateurs et les enquêteurs, des journalistes des années 1940-42 aux essayistes ultérieurs. Les historiens de la Deuxième Guerre mondiale et ceux des courants de pensée français ont cherché à situer ce phénomène difficilement classable, rebelle aux catégories simples du type vichyste / résistant, réactionnaire / progressiste, traditionnel / moderniste. Pour les sociologues et les politologues, voire les philosophes et les psychanalystes, Uriage a pu représenter un riche filon à prospecter, révélateur de courants et de tendances de la société française qu'il a combinés à une époque exceptionnelle et matrice d'expériences ultérieures dont il a fourni le modèle ou l'ébauche.

Bien que le sujet se prête à l'imagerie légendaire comme à la caricature facile, il a suscité aussi nombre de travaux sérieux. Dés 1945, deux ouvrages publiés par des membres de l'équipe avaient fait le point sur la pédagogie de l'École et sur le projet révolutionnaire élaboré dans la clandestinité [1]. Dans les décennies suivantes, plusieurs acteurs apportaient leur témoignage sous forme de récit romanesque ou autobiographique, d'essai ou de bilan [2] et deux brèves études universitaires retraçaient avec clarté et équilibre la pensée et l'action de l'équipe d'Uriage [3]. Puis les mémoires qu'avait commencé

1. G. Ferry, *Une expérience de formation de chefs. Le stage de six mois à Uriage; Vers le style du XXe siècle*, par l'Équipe d'Uriage, sous la direction de G. Gadoffre. On se reportera à la bibliographie systématique présentée en annexe pour le signalement précis des ouvrages cités en note.

2. Voir les articles et ouvrages cités de H. Beuve-Méry, B. Cacérès, J.-M. Domenach, G. Gadoffre.

3. J. Bourdin, « Des intellectuels à la recherche d'un style de vie », *Revue française de science politique*, décembre 1959; R. Josse, « L'École des cadres d'Uriage (1940-1942) », *Revue d'histoire de la Deuxième Guerre mondiale*, janvier 1966.

à rédiger Pierre Dunoyer de Segonzac, disparu en 1968, faisaient l'objet d'une publication posthume [1].

De l'ensemble de ces textes se dégageait une vision sympathique de l'aventure d'Uriage, reprise par d'autres auteurs à propos de sujets voisins [2]. La liberté de sa démarche par rapport au gouvernement de Vichy était mise en valeur, de même que la continuité d'une attitude patriotique qui lui avait inspiré, dès 1940, l'opposition à la collaboration puis, en 1943-44, la participation active à la résistance armée. Ces traits s'inscrivaient avec une relative cohérence dans la vision du régime de Vichy qui, à la suite de Robert Aron et d'André Siegfried [3], opposait le Vichy de Pétain des années 1940-42 au Vichy de Laval (c'est-à-dire de la collaboration totale et de la répression) qui l'aurait emporté sur le premier vers la fin de 1942.

Un effort d'approfondissement et de précision, sinon de révision, de cette interprétation s'est imposé à partir des années 70 sous la pression de deux développements nouveaux. C'est d'abord le progrès des études historiques sur Vichy, à partir surtout de la publication des travaux de Stanley Hoffmann, Eberhard Jäckel et Robert O. Paxton, relayés par les historiens français et étrangers qui ont précisé et parfois renouvelé la connaissance de la France des années 1940-44 : les gouvernements successifs et leur politique, les Églises, les organisations de jeunesse, l'opinion publique, les groupes sociaux et la vie quotidienne [4]. La nouvelle vision de ces années sombres qui s'est progressivement façonnée amenait nécessairement à poser de nouvelles questions ou à souhaiter des réponses plus précises sur l'attitude de groupes qui, comme l'équipe d'Uriage, avaient choisi de travailler dans le cadre du régime de Vichy et proclamé leur adhésion à la pensée du Maréchal. Pour ne retenir que deux questions parmi les plus sensibles, il est maintenant démontré d'une part que la politique de collaboration (« collaboration d'État ») a été inventée par les dirigeants français (sans être réclamée par l'Allemagne), souhaitée et mise en place par Pétain lui-même, et poussée à son maximum par le gouvernement Darlan en 1941 plus que par Laval; on sait d'autre part que l'exclusion de catégories de Français ou d'hôtes étrangers déclarés indésirables, en quelque sorte constitutive de la Révolution nationale voulue par le Maréchal, a préparé la participation instrumentale de l'administration française au génocide nazi contre les Juifs et les mesures de guerre civile de 1944. Dans ces conditions, les hommes et les institutions qui ont servi le régime de Vichy sont facilement suspects de naïveté aveugle ou de complicité plus ou moins consciente.

Tandis que les historiens tiraient ainsi des archives qu'ils dépouillaient une vision nouvelle de la période, d'autres auteurs proposaient des réinterprétations des comportements et des mentalités à l'époque de Vichy. L'aventure d'Uriage, dans sa complexité, a fourni un matériau, et les textes connus de l'équipe une référence, pour diverses démonstrations ou hypothèses. Un écrivain de talent, dans un essai où règnent l'approximation et

1. P. Dunoyer de Segonzac, *Le Vieux Chef. Mémoires et pages choisies.*

2. Notamment J. Duquesne, *Les Catholiques français sous l'occupation*; J.-L. Loubet Del Bayle, *Les Non-Conformistes des années trente. Une tentative de renouvellement de la pensée politique française;* M. Winock, *Histoire politique de la revue « Esprit » 1930-1950.*

3. R. Aron, *Histoire de Vichy 1940-1944*; A. Siegfried, *De la IIIe à la IVe République.*

4. E. Jäckel, *La France dans l'Europe de Hitler*; S. Hoffmann, « Paradoxes de la communauté politique française », dans *À la recherche de la France*; R.-O. Paxton, *La France de Vichy 1940-1944*; J.-P. Azema, *De Munich à la Libération 1938-1944*; R. Rémond (dir.), *Le Gouvernement de Vichy 1940-1942*; X. de Montclos (dir.), *Églises et chrétiens dans la Deuxième Guerre mondiale,* I : *La région Rhône-Alpes*, et II : *La France*; Y. Durand, *Vichy 1940-1944* et *La France dans la 2e Guerre Mondiale 1939-1945;* P. Laborie, *L'Opinion française sous Vichy.*

l'amalgame au mépris de toute méthode historique, a évoqué l'École d'Uriage comme un « *laboratoire du vichysme* » où s'exprimait la « *quintessence du pétainisme* [1] ». D'érudits exégètes, étudiant le personnalisme de Mounier et les courants de la « révolution spirituelle », ont entrepris de reconstruire la démarche du fondateur d'*Esprit* et de groupes proches, comme celui d'Uriage, en se fondant sur l'idée d'une contagion ou d'une fascination du fascisme ; ces hommes auraient subi la tentation, temporaire mais réelle, d'imiter le modèle fasciste, et auraient suivi, dans leur souci d'émulation, une voie convergente, qui rejoignait en plusieurs endroits celle des idéologies fascistes [2]. Enfin, certains essais, d'inspiration sociologique, linguistique ou psychanalytique, ont considéré le phénomène École d'Uriage et son esprit comme l'illustration typique d'une structure mentale pétainiste, ou comme une étape majeure dans la formation d'une idéologie technocratique destinée à occuper après la guerre une position dominante [3].

Ces réinterprétations parfois stimulantes, souvent mal informées ou simplistes, ont amené les témoins de cette histoire à réagir en reformulant leurs souvenirs et en suscitant de nouveaux travaux qui défendent leur point de vue ou précisent le déroulement de l'histoire qu'ils ont vécue. Un livre leur a donné la parole en transcrivant, sans les critiquer ni même les situer, leurs souvenirs d'aujourd'hui mêlés à des récits plus anciens et à des textes de l'époque de la guerre dans un amalgame peu convaincant [4]. Un autre a présenté un récit plus distancié de la vie de l'équipe d'Uriage de 1940 à 1945, appuyé sur les témoignages des anciens et les documents d'archives abondamment reproduits et assorti d'une sérieuse annotation critique [5].

L'étude que voici, entreprise antérieurement à ces derniers ouvrages, a été présentée dans une version plus longue, comme thèse de doctorat d'histoire ; c'est dire qu'elle est d'une autre nature. Sans renoncer au récit, elle s'efforce de satisfaire aux exigences méthodologiques de la discipline scientifique qu'est l'histoire : ampleur de la documentation, souci de replacer l'aventure particulière de l'équipe d'Uriage dans l'ensemble de son époque, effort pour associer la tentative de reconstitution à l'analyse critique en tenant compte des interprétations et des questions d'hier et d'aujourd'hui.

Les matériaux de cette histoire, je les ai trouvés essentiellement dans les sources écrites : imprimés (ensemble des publications de l'École d'Uriage, périodiques et ouvrages contemporains) et documents d'archives. Une partie des archives de l'École a pu être reconstituée : ayant provoqué la redécouverte d'un lot de documents mis à l'abri au moment de la fermeture de l'École, j'ai pu y joindre les papiers conservés à titre personnel par différents témoins et former ainsi un fonds collectif. Cette source est d'autant plus précieuse que les Archives nationales n'ont conservé qu'une petite partie des archives du secrétariat général à la Jeunesse de Vichy. Quant aux témoignages oraux, à la fois irremplaçables et insuffisants, je les ai utilisés avec profit pour les précisions de fait qu'ils fournissent après recoupement et surtout sur un plan qualitatif. En tenant compte de leur fragilité spécifique (lacunes, phénomènes de mémoire sélective, de reconstitution inconsciente et d'aplatissement du déroulement chronologique), ils donnent un accès

1. B.-H. LÉVY, *L'Idéologie française*, Grasset, 1981.
2. J. HELLMANN, *Emmanuel Mounier and the New Catholic Left 1930-1950* ; Z. STERNHELL, *Ni droite ni gauche. L'idéologie fasciste en France*, et deux articles dans *Le Débat*, novembre 1984 et *Revue française de science politique*, décembre 1984.
3. G. MILLER, *Les pousse-au-jouir du maréchal Pétain* ; P. BOURDIEU et L. BOLTANSKI, « Les aventures d'une avant-garde », dans *Actes de la Recherche en sciences sociales*, n°s 2-3, juin 1976, pp. 32-38.
4. P. BITOUN, *Les Hommes d'Uriage*. Son chap. 1 (pp. 13-31) présente utilement la controverse provoquée par les livres de Lévy et de Sternhell.
5. A. DELESTRE, *Uriage, une communauté et une école dans la tourmente 1939-1945*.

précieux à la compréhension de « l'esprit » d'un groupe, avec les intentions, les convictions et les tensions internes qui l'ont marqué.

J'en ai tiré un récit, que j'ai voulu précis à cause des ambiguïtés et des controverses qui entourent cette histoire, et que j'ai entrecoupé d'études en amont sur les sources de l'expérience d'Uriage dans la période de l'entre-deux-guerres et d'analyses des divers aspects de la vie et de l'activité de l'École. L'étude détaillée se clôt avec la suppression de l'École à la fin de l'année 1942, l'activité de l'équipe pendant la période clandestine n'étant retracée que dans ses grandes lignes; pour cette période où les documents sont rares, un autre style d'enquête aurait été nécessaire. Peut-être n'est-il pas inutile de préciser aussi qu'il ne s'agit ici que de la première École d'Uriage, à ne pas confondre avec celle de la Milice (1943-44) ni avec l'École militaire d'Uriage de 1944-46.

Autre choix, celui de l'éclairage et de l'angle de vision. Si l'histoire est tâche scientifique dans ses intentions et sa méthode, elle implique aussi, pour une part variable, l'engagement de l'auteur avec sa subjectivité; mieux vaut qu'il en soit conscient et sache s'en expliquer. Pratiquant le recul critique et le questionnement sans lesquels le plaidoyer se substitue à l'histoire, j'ai adopté aussi une attitude de sympathie, en m'efforçant de comprendre et de décrire de l'intérieur les sentiments et les mobiles des acteurs de cette aventure. Sympathie méthodologique, qui n'est pas due seulement aux convictions et aux amitiés qui m'ont amené à choisir ce sujet et à apprécier cette œuvre; je crois aussi qu'à cinquante ans de distance, cette histoire est devenue étrangère et incompréhensible sans la médiation d'un interprète qui « fasse comprendre » ce qu'ont senti, pensé, voulu les acteurs. Les textes publiés sous la censure sont inintelligibles s'ils ne sont pas décryptés – bien des commentateurs s'y trompent; le vocabulaire et les attitudes qui expriment les convictions éthiques paraissent périmés ou dévalués. L'historien doit s'efforcer de restituer à ces expressions la vigueur qu'elles ont eue au temps de leur actualité et montrer qu'une formule comme « le service des valeurs spirituelles » peut traduire une conviction agissante et non une révérence conformiste ou hypocrite envers les idées au pouvoir. J'ai donc préféré le risque de paraître trop proche des hommes que j'étudie et trop compréhensif envers ce qu'on peut juger être leurs naïvetés ou leurs préjugés, plutôt que de rester étranger à leur mentalité et leurs motivations. En citant abondamment les textes et en évoquant les interprétations critiques, je donne d'ailleurs à mes lecteurs le moyen de reprendre les choses sous un autre éclairage et de former leurs propres conclusions en connaissance de cause, et non dans les approximations et les simplifications d'une information superficielle.

Il m'a paru indispensable, pour faire ressortir les caractères propres de l'équipe d'Uriage, de la comparer aussi souvent que possible avec d'autres institutions ou groupes proches : le secrétariat général à la Jeunesse, organisme qui avait la responsabilité politique et administrative des écoles de cadres; les Chantiers de jeunesse et les grands mouvements masculins qui évoluaient comme l'École d'Uriage en liberté surveillée et collaboraient avec elle. Mais l'ambition de cette étude est d'apporter, au-delà de la présentation des faits, des éléments de réponse à une série de questions, qui se présentent en trois faisceaux.

Le premier se réfère à la controverse évoquée plus haut, à propos des attitudes politiques. L'équipe d'Uriage a-t-elle donné son adhésion au régime de Vichy et à la Révolution nationale ? En quel sens, à quel moment et sous quelles conditions ? S'est-elle ralliée à la Résistance ? Si oui, quand et pourquoi ? Auparavant, comment qualifier la forme d'opposition à l'intérieur du régime qu'elle a pratiquée ? Comment se situe son attitude, par rapport à celle des divers tenants de ce que l'on peut appeler le « vichysme patriote », celui de Weygand en 1941 ou de Giraud en 1942 ? Comment et pourquoi sa ligne a-t-elle divergé de celle qu'a suivie la direction des Chantiers de jeunesse, nés à la même époque et dans un esprit voisin, mais restés fidèles jusqu'au bout à la discipline exigée par le Maréchal ? Et comment l'École a-t-elle pu conserver si longtemps une existence officielle en s'écartant de la politique gouvernementale ?

Une deuxième série de questions concernent son œuvre pédagogique et morale. Quelle était la nature de la communauté et de la mission qu'elle se donnait ? Foyer de retraite, pépinière de cadres pour le régime, imitation archaïsante de la chevalerie médiévale, sinon des ordres militaires ? Elle cultivait des valeurs dites viriles et exaltait le rôle du chef ; on a relevé des analogies avec les *Ordensburgen*, écoles de cadres du régime national-socialiste. L'équipe d'Uriage a-t-elle poursuivi l'utopie romantique d'une société parfaite, en tournant le dos au monde moderne ? Le château dans la montagne, l'engagement d'honneur qui unit les équipiers à leur chef, le culte du style sont-ils les témoins d'une réaction de refus et de fuite, loin des villes et des usines, des réalisations de la technique et de l'argent ? Quant aux méthodes éducatives mises en œuvre à l'École d'Uriage, qui doivent beaucoup à la tradition militaire, au scoutisme et aux mouvements de jeunesse, l'équipe y a-t-elle ajouté des éléments spécifiques ? Quelle formation pouvait-elle prétendre donner, dans la courte durée des sessions d'une, deux ou trois semaines, à des stagiaires d'âge, d'origine et de convictions variés ?

D'autres interrogations portent enfin sur la synthèse idéologique que l'équipe d'Uriage a prétendu élaborer en réponse au défi de ce qu'elle appelait « la révolution du XXᵉ siècle ». On a pu mettre en question la valeur de son travail intellectuel. Les résultats n'en ont effectivement jamais été présentés sous forme de construction théorique systématique ; l'équipe a toujours cherché plutôt l'efficacité pédagogique. Par ailleurs, la pensée de l'École a varié dans le temps, et s'est exprimée dans des langages bien différents. Le lecteur pressé qui parcourt le journal *Jeunesse... France !*, destiné aux « chefs de jeunesse », y trouve bien des formules naïves ou faciles, des anecdotes morales et des protestations de loyalisme envers le Maréchal qu'il jugera (à raison) conformistes et confondra (avec moins de raison) avec la littérature de propagande du régime. Mais cette production publique ne doit pas être séparée des documents internes ou à diffusion restreinte, textes de conférences ou notes de synthèse qui résument une controverse idéologique, analysent une conjoncture ou dressent l'état d'une question. Il s'agit souvent de textes denses et vigoureux, appuyés sur une documentation critique à la manière universitaire, et d'une pensée confrontée à l'expérience concrète d'hommes de terrain, patrons et syndicalistes. « L'esprit d'Uriage » se développe ainsi à plusieurs niveaux, dont on ne peut privilégier le plus accessible, le plus extérieur.

Dans les manifestes doctrinaux les plus élaborés produits par le travail collectif de l'équipe, celle-ci présente un nouvel humanisme, capable d'inspirer une révolution à la fois personnelle et institutionnelle, spirituelle et politico-économique. À la suite des non-conformistes des années 30, l'équipe d'Uriage a prétendu explorer une quatrième voie, celle de la révolution communautaire, qu'elle oppose aux échecs et aux lacunes de l'individualisme libéral, aux monstruosités du fascisme et aux erreurs et aux fautes du communisme soviétique. Cette ambition suggère une série de questions. A-t-elle réussi à donner, de ce projet, une présentation cohérente et convaincante ? Ne mérite-t-elle pas, dans sa sévérité envers le parlementarisme libéral, le reproche que certains font au mouvement « Esprit » : avoir contribué à dévaloriser la démocratie, s'être fait le complice des partisans des régimes autoritaires ? Ce courant de pensée qui met au premier rang des valeurs le sens de l'honneur et exalte le rôle des élites dans la société, n'est-il pas fondamentalement aristocratique ? La communauté qu'il entend promouvoir n'est-elle pas une hiérarchie, où l'ordre et la discipline ont plus de place que les droits de l'homme ? Dernière question enfin : si l'on admet que cette pensée n'esquive pas, comme on l'a envisagé plus haut, les problèmes du monde technique et industriel, mais les affronte, ne constitue-t-elle pas un avatar du courant technocratique, qui légitime une hiérarchie sociale fondée sur la compétence et l'efficacité dans le maniement des techniques et dans le commandement des hommes ? Interprétations et critiques contradictoires, qu'il ne suffit pas cependant de renvoyer dos à dos en pensant qu'elles s'annulent mutuellement. Mon propos sera plutôt de rechercher l'axe directeur ou le foyer central, s'ils existent, qui donnent cohérence et vigueur à cette pensée apparemment insaisissable et, aux yeux de certains, inconsistante ou dangereuse pour la démocratie.

Voyant dans le conflit mondial le produit et le paroxysme d'une crise de civilisation, les hommes d'Uriage ont voulu y répondre en développant une vision de l'homme et une méthode de formation des hommes. Près de cinquante ans après, le mode de développement qui est le nôtre rend-il définitivement caduc l'effort qui a été mené, à Uriage et ailleurs, pour promouvoir un humanisme communautaire moderne fondé sur le primat du spirituel et le respect de la personne ? La question mérite d'être posée, même s'il n'appartient pas à l'historien d'y répondre.

Septembre 1990

Remerciements

Je n'aurais ni entrepris ni réalisé cette étude sans la confiance et le soutien rencontrés, au cours de sa longue durée, de la part des acteurs et témoins comme de mes collègues et amis. Le père Lucien Fraisse, s.j., m'en a suggéré l'idée; lui-même et Jean Lacroix m'ont procuré les premiers contacts, et encouragé tout au long de mon travail. Le général Dunoyer de Segonzac m'a accordé, jusqu'à la veille de sa disparition prématurée, une série d'entretiens; je dois à sa libéralité d'avoir eu accès à diverses archives et d'avoir pu recueillir de nombreux témoignages d'anciens. Hubert Beuve-Méry m'a communiqué ses documents personnels et a constamment marqué son intérêt pour mon travail et son désir de le voir aboutir. De nombreux anciens d'Uriage et d'autres témoins m'ont également communiqué leur documentation et ont bien voulu répondre à mes questions; on trouvera leurs noms dans la bibliographie.

J'ai bénéficié aussi de l'aide que m'ont apportée à divers titres René Bady, Marie-Thérèse Chabord, Vital Chomel, Hubert Claude, Lucette Heller-Goldenberg, Raymond Josse, Philippe Laneyrie, Jean Lestavel, Marc Météry, Paulette Mounier et le Centre des Scouts de France de Lyon. Les amitiés rencontrées au Centre d'histoire religieuse m'ont été précieuses, notamment celles du doyen Latreille et de François Delpech à Lyon, d'Ambroise Jobert et de Pierre Bolle à Grenoble. Le groupe des anciens d'Uriage grenoblois a accueilli mon enquête puis suivi mon travail avec une chaleureuse sympathie.

La réalisation de cette version simplifiée de ma thèse [1] doit beaucoup aux encouragements et aux observations des membres du jury qui l'a examinée : René Rémond, président, Xavier de Montclos, rapporteur, François Bédarida, Gilles Ferry et Étienne Fouilloux. Enfin Madeleine, ma femme, ayant partagé dès l'origine mon attachement à ce sujet, s'est constamment associée à mon travail – dont Jean-Loup, Anne-Marie et Françoise ont supporté les contraintes et secondé la réalisation, ainsi que ceux et celles qui ont contribué à la confection des manuscrits et du livre.

À tous, présents ou disparus, va ma reconnaissance.

1. Soutenue en octobre 1987 à l'Université Lyon II et publiée en 1989 (reproduction du texte dactylographié) sous le titre *L'École nationale des cadres d'Uriage. Une communauté éducative non conformiste à l'époque de la Révolution nationale (1940-1942)*, suivi d'un Épilogue : *L'Équipe d'Uriage dans les combats de la Libération (1943-1946)*, Lille, Atelier national de reproduction des thèses, 2 vol., 1 245 p.

Première partie

LES ORIGINES : INITIATIVE ET IMPROVISATIONS DE 1940

« Des hommes forts, physiquement et moralement. Des hommes libres. Des hommes capables d'aimer leurs semblables, et qui aient le sens de la communauté. Il n'est pas de plus bel idéal dans la vie que de faire ce type d'hommes. »

Pierre DUNOYER de SEGONZAC
« Mot du vieux chef », juin 1942.

Lorsque le maréchal Pétain signe, le 7 décembre 1940, la loi portant création d'Écoles nationales de cadres de la jeunesse « afin d'assurer la formation des chefs de la jeunesse », le centre de formation qu'on appellera désormais École des cadres d'Uriage existe depuis près de trois mois et a déjà affirmé son originalité.

C'est en effet le 16 septembre que s'est ouvert, dans le parc du château de la Faulconnière, près de Gannat, le premier stage d'une École des chefs improvisée. Une quinzaine d'instructeurs récemment recrutés par le capitaine Dunoyer de Segonzac (en congé d'armistice) prenaient alors en charge, pour deux semaines, la mise en condition accélérée d'une centaine d'aspirants ou sous-officiers en cours de démobilisation, volontaires pour des responsabilités de chefs de groupements de jeunesse. Dépendant des services de la direction de la Jeunesse (créée en juillet dans le nouveau secrétariat d'État à la Famille et à la Jeunesse, puis rattachée en septembre au secrétariat général à la Jeunesse), la nouvelle école n'a pas de statut juridique; elle est l'affaire de son fondateur, que l'administration naissante autorise et encourage plus qu'elle ne le dirige. Les observateurs perçoivent mal son identité, la confondant avec les camps-écoles des organisations de jeunesse ou avec les Chantiers de jeunesse en voie de création [1].

À partir d'octobre, le profil de l'École (appelée aussi « Centre de formation des chefs de la jeunesse ») se précise. La visite du Maréchal, le 20 octobre, lui donne une consécration officielle, tandis que le secrétariat général à la Jeunesse (SGJ) en fait une des pièces maîtresses de son plan d'encadrement de la jeunesse. Cependant Dunoyer de Segonzac, désormais installé loin de Vichy au château d'Uriage, se donne les moyens d'une action autonome et engage une réflexion doctrinale originale.

De cette période des commencements, on n'a qu'une image floue, à la fois parce que les documents manquent et parce que l'institution apparaît mal définie; sa fonction n'est pas claire, ses orientations sont incertaines, quoique la résolution du fondateur et l'enthousiasme de l'équipe soient évi-

1. Un journaliste cite la Faulconnière comme un camp de formation des cadres du nouveau mouvement « Compagnons de France », analogue à celui de Randan (R. MILLET, *Jeunesse française*), un autre y voit « la première École des chefs des Chantiers de la Jeunesse française » (D.W., *Journal des débats*, 23 septembre 1940). À l'appellation officielle « Chantiers de la Jeunesse », on préfère dans la suite de ces pages, sauf exception, celle de « Chantiers de jeunesse » qu'a consacrée l'usage courant.

dents. L'École des chefs appartient à une famille d'institutions parentes, nées en cet été 1940 en zone non occupée sous l'égide de la nouvelle administration pour encadrer la jeunesse, la protéger et la mobiliser dans l'œuvre de redressement national : mouvement des Compagnons de France, groupements des Chantiers de jeunesse, Maisons de jeunes, Écoles de cadres, association Jeune France. Elle a cependant son originalité, qui tient à la fois aux hommes et aux orientations.

Apparentement et originalité s'éclairent quand on observe l'ensemble des conditions de l'initiative de Segonzac : la conjoncture politique et morale de l'été 40, l'environnement de la direction de la Jeunesse au ministère, les intentions et le caractère du fondateur.

La conjoncture de l'été 40, pour un officier patriote et humaniste, c'est à la fois le traumatisme et l'humiliation de la défaite et de la débâcle, et la chance de survie et de relèvement que représente l'avènement du maréchal Pétain : dans le fond de l'abîme, un espoir, un point d'appui stable ; c'est aussi l'urgence de la prise en charge d'une jeunesse déracinée. À Vichy, l'esprit de revanche des adversaires de la République ou du Front populaire, les ambitions des partisans d'un fascisme français ou d'une Europe allemande se manifestent – mais aussi la sincère impatience d'agir d'hommes qui refusent de voir dans l'armistice le point final de la guerre et qui entendent préparer, en appelant la nation à l'effort, la victoire de demain.

L'environnement particulier sur lequel Segonzac s'est appuyé tout en s'en distinguant, c'est ce qu'on appelle « le ministère », en fait la direction de la Jeunesse, foisonnante alors de projets et d'initiatives désordonnés, en butte aux intrigues et aux rivalités des partisans. Bon nombre des hommes qui sont embauchés dans l'administration nouvelle ou travaillent de concert avec elle sont animés d'un esprit commun, formé dans leur collaboration passée au sein d'œuvres de jeunesse d'inspiration catholique. Ils se veulent éducateurs avant tout, sociaux et « apolitiques ».

Segonzac n'est pas étranger à ce groupe dont il partage certaines des convictions, et dont la sympathie et la protection lui seront précieuses. Il est cependant différent, autant par ses antécédents que par ses intentions. Avant de montrer d'où il vient et qui il est, on observera d'abord le milieu où surgit son initiative, celui des institutions de jeunesse créées dans l'été 1940.

CHAPITRE PREMIER

Les institutions de Jeunesse à Vichy dans l'été 1940 : genèse et esprit

UN MINISTÈRE POUR LA JEUNESSE

La décision de créer une administration pour prendre en charge la jeunesse et ses problèmes a été prise dès la formation du premier gouvernement de l'État français, le 12 juillet 1940, avec la création d'un secrétariat d'État à la Famille et à la Jeunesse [1]. Il est dirigé par Jean Ybarnégaray, le vice-président du PSF devenu ministre de Paul Reynaud, puis du maréchal Pétain le 16 juin. Dans cette administration hétéroclite sont associés les services anciens de l'Hygiène et de la Santé publique, ceux, tout récents, de la Famille, et ceux de la Jeunesse qui restent à créer. Un secrétariat général à la Famille et à la Jeunesse, où sera nommé le 1er août le général d'Harcourt, couvre deux directions; à celle de la Jeunesse est nommé Pierre Goutet, ancien dirigeant du scoutisme catholique. Entouré de quelques hommes de confiance, il favorise l'éclosion de multiples initiatives qu'il s'efforce de contrôler. Dans l'inconfort matériel où campent les administrations dans la nouvelle capitale, les hommes sont recrutés au hasard des relations ou des rencontres, et les grands programmes de reconstruction côtoient les mesures d'urgence imposées par les circonstances. Le remaniement gouvernemental du 6 septembre donnera aux services de la Jeunesse une structure plus ferme, avec la création d'un secrétariat général à la Jeunesse, dirigé par l'ingénieur catholique Georges Lamirand, sous l'autorité du secrétaire d'État à l'Instruction publique et à la Jeunesse Georges Ripert.

La création de ce « ministère de la Jeunesse », comme on l'appellera couramment, a été décidée par les dirigeants du nouveau régime, en vertu de leur philosophie générale autant qu'en réponse aux circonstances; elle s'est appuyée aussi sur la disponibilité d'hommes qui sont apparus compétents [2].

Les intentions qui amènent le gouvernement de juillet à prendre particulièrement en charge la jeunesse et ses problèmes sont évidentes [3]. Il faut d'abord parer au plus pressé, assurer le sauvetage matériel et moral de centaines de milliers de jeunes déracinés : mobilisés de 1940 qui vont être ren-

1. Voir A. Basdevant, « Les services de la jeunesse sous l'occupation », *Revue d'histoire de la Deuxième Guerre mondiale*, n° 56.

2. Sur la naissance du régime de Vichy, voir la récente mise au point de J.-P. Azéma, *1940, l'année terrible.*

3. Voir A. Coutrot, « Quelques aspects de la politique de la jeunesse », dans *Le Gouvernement de Vichy 1940-1942*, pp. 265-284.

dus à la vie civile, réfugiés de l'exode, travailleurs menacés de chômage; pour organiser leur vie matérielle, les reprendre en main, éviter la formation de bandes dangereuses pour l'ordre public, devancer les initiatives allemandes éventuelles, il faut les encadrer et les prendre en charge. À plus longue échéance, l'action sur la jeunesse est essentielle pour le régime et son ambition de redressement national. C'est d'abord un élément de sa philosophie sociale : la formation des caractères, l'esprit civique et le sens des responsabilités que l'université laïque a été incapable de développer, de nouvelles institutions doivent maintenant s'y employer, en formant une jeunesse saine et virile, éduquée dans le culte de l'effort et le service de la communauté française. C'est aussi un moyen essentiel de son emprise sur la nation : de l'exemple des régimes autoritaires étrangers, on retient l'importance de la formation de la génération montante dans un esprit nouveau, première garantie de succès et de durée pour un régime qui se veut révolutionnaire.

Ces intentions que partagent à divers degrés l'ensemble des inspirateurs du nouveau régime sont plus précisément formulées et mises en œuvre par un groupe d'hommes étrangers au monde politique parlementaire, liés entre eux par une formation et des expériences communes et poussés au premier plan par l'influence du ministre Paul Baudouin et celle de l'état-major de l'armée sous la direction de Weygand.

Autour de Paul Baudouin

Le ministre des Affaires étrangères a pris une part majeure à la création d'une administration ministérielle de la Jeunesse : son passé, son entourage et ses relations l'y préparaient, autant que sa récente influence dans les conseils du gouvernement et les alliances qu'il y a nouées.

Polytechnicien et inspecteur des Finances, directeur-adjoint dès 1926, puis directeur de la Banque d'Indochine, Paul Baudouin était avant la guerre un expert financier écouté des milieux politiques. Nommé par Blum en 1937 au comité de surveillance des changes, il a été chargé par Daladier en 1939 d'une mission auprès du gouvernement italien, à cause de ses bonnes relations avec Ciano. Il se présente comme un technicien, catholique convaincu, non politique et libre d'engagement partisan [1]. Reynaud l'introduit dans son gouvernement de mars 1940, en fait un de ses proches collaborateurs et, le 6 juin, son secrétaire d'État aux Affaires étrangères. Mais Baudouin s'est rapproché des chefs militaires, Pétain et Weygand, dès la fin du dramatique mois de mai. Il a pris position dans le sens de Weygand, aussi bien sur l'urgence d'un armistice pour éviter la destruction de l'armée que sur la nécessité d'une radicale réforme politique et morale [2]. S'étant progressivement séparé de Reynaud [3], il devient ministre des Affaires étrangères du maréchal Pétain dans le gouvernement du 16 juin.

Après l'armistice, il reste en plein accord avec Weygand aussi bien sur les orientations du nouveau régime (il approuve sans réserve la note que lui soumet le général le 28 juin sur « Dieu, Patrie, Famille, Travail ») que sur le sens et les limites de la « collaboration » avec le vainqueur. Dans une note du 26 juillet, il la déclare possible et inévitable sur le plan économique, mais inacceptable sur les plans politique et spirituel, car les idéaux hitlériens sont incompatibles avec la tradition de la France humaniste et chrétienne [4]. Il

1. Voir J.-P. Azéma, « De la Troisième République au régime de Vichy », communication au colloque *Le Gouvernement de Vichy et la Révolution nationale.*
2. P. Baudouin, *Neuf mois au gouvernement*, pp. 76-77.
3. *Ibid.*, pp. 143-152; P. Reynaud, *Au cœur de la mêlée (1930-1945)*, p. 706.
4. P. Baudouin, *op. cit.*, pp. 215, 224, 264.

conserve les Affaires étrangères dans les gouvernements de juillet et de septembre 1940 ; conseiller apprécié du Maréchal, réputé partisan de la conciliation avec l'Angleterre et de la fermeté envers l'Allemagne, il se heurte à l'influence croissante de Laval et démissionne après l'entrevue de Montoire, fin octobre. Nommé alors ministre-secrétaire d'État à la présidence du Conseil, chargé des services de la Jeunesse et de la Légion, il participe au complot contre Laval qui aboutit au coup du 13 décembre et reçoit alors la responsabilité de l'Information. Mais après avoir refusé les postes offerts par Flandin, il quitte définitivement le gouvernement le 2 janvier 1941. N'ayant exercé en cette année 1940 qu'une influence intermittente sur la politique générale du gouvernement, il a cependant suivi de près l'élaboration de la politique de la jeunesse.

L'expert financier de 1938-1939 avait déjà manifesté son intérêt pour la jeunesse, s'était posé en guide de la nouvelle génération et avait noué des liens avec des responsables du scoutisme catholique. Il avait publié le 1er février 1938, dans la *Revue de Paris*, un grand article intitulé « Les données du problème français », où il analysait la crise contemporaine et proposait la voie d'un renouveau national. La catholique *Revue des Jeunes* (dont le Père Forestier, aumônier général des Scouts de France, était un des directeurs) en avait reproduit les conclusions avec un commentaire élogieux ; Baudouin avait alors donné à cette revue un « témoignage » adressé aux jeunes chrétiens issus des mouvements de jeunesse [1].

Deux des jeunes hauts fonctionnaires qui entourent le ministre de 1940 sont membres des Scouts de France, formés à l'école de la « Route » des Pères Doncœur et Forestier : le chef du cabinet Charles Célier (auditeur au Conseil d'État) et un de ses membres, Henry Dhavernas. Inspecteur des Finances, Dhavernas a dirigé depuis la mobilisation (à laquelle il a échappé, étant réformé) le mouvement des Scouts de France, avec la fonction de commissaire général. C'est encore auprès de ce cabinet qu'est détaché, à la fin de juin, pour s'occuper des question de jeunesse, le commandant de La Chapelle (auparavant officier de liaison à l'état-major de l'armée Frère), par l'intermédiaire d'un autre officier en poste à l'état-major, le capitaine de Montjamont, lui-même responsable scout et ami du Père Forestier [2]. Après l'armistice, Dhavernas lance, avec l'appui gouvernemental, un nouveau mouvement de jeunesse, les Compagnons de France, et réunit à Randan, en août, la première équipe qui donne au mouvement sa charte fondatrice. C'est La Chapelle, désormais responsable des cadres à la direction de la Jeunesse, qui représente à ces journées de Randan le secrétariat d'État à la Famille et à la Jeunesse.

Au début de juillet, Baudouin travaille avec son collègue des Finances Bouthillier à l'élaboration des structures du premier gouvernement de l'État français – celui du 12 juillet – où apparaît précisément un ministère de la Famille et de la Jeunesse. Il entretient ensuite des relations confiantes avec le ministre Ybarnégaray, l'assiste parfois, avant de prendre lui-même après Montoire la responsabilité des services gouvernementaux de la Jeunesse, momentanément détachés de l'Instruction publique. De juin à décembre 1940, Paul Baudouin a donc été un des membres civils du gouvernement les plus attentifs aux problèmes de la jeunesse ; son cabinet et son entourage ont été un des centres d'inspiration et d'impulsion de l'action administrative entreprise en ce sens, en exploitant un réseau de relations nouées dans le scoutisme catholique et autour de *La Revue des Jeunes*.

1. « Témoignage. Discours à des jeunes qui entrent dans la vie », *La Revue des Jeunes*, 10 avril 1939, pp. 474-482.
2. Témoignages du général de La Chapelle et du général de Montjamont.

Le rôle de l'armée

Le général Weygand, l'état-major de l'armée et le corps des officiers d'active ont par ailleurs suivi de près et aidé, en hommes et en moyens, la naissance des services de la Jeunesse. On connaît le poids de l'élément militaire dans le nouveau régime dès sa naissance, l'influence de la vision catholique et réactionnaire de Weygand avec sa note du 28 juin, le silence du Maréchal sur la part des responsabilités proprement militaires dans la défaite. Viendra bientôt la promotion symbolique du personnage de l'officier, aux côtés du paysan, du père de famille et du colonisateur, dans les modèles proposés à l'imitation de la jeunesse ; les vertus militaires traditionnelles, à commencer par l'obéissance hiérarchique et la formation du caractère par l'action, seront exaltées. Le moment semble venu où le vieux programme du « rôle social de l'officier » selon Lyautey va enfin pouvoir être appliqué par des chefs débarrassés des politiciens et de la fâcheuse influence de l'Université. Enfin, deux raisons conjoncturelles amènent les officiers à prendre en charge les problèmes de la jeunesse : l'armistice impose la recherche de solutions, dans l'immédiat pour la réinsertion du contingent récemment incorporé et à démobiliser, et dans l'avenir pour inventer un substitut du service militaire supprimé ; la nécessité d'opérer un massif dégagement des cadres amène les bureaux de la Guerre à encourager le recrutement d'officiers par les ministères civils : ils seront nombreux dans les nouvelles administrations, dont celle de la Jeunesse.

Or, parmi les officiers que leur patriotisme, leurs convictions civiques, leur souci éducatif ou leur ambition amènent à prendre des responsabilités en faveur de la jeunesse, un groupe s'affirme, caractérisé par un profil particulier : les officiers de vocation qui, dans le sillage de Lyautey, ont réfléchi au métier de chef, se sont voulus éducateurs en même temps qu'hommes d'action. Souvent issus de familles catholiques, ils adhèrent à l'esprit de la « réforme intellectuelle et morale » et sont prêts à mettre à son service une expérience acquise dans l'exercice du commandement, comme au contact des mouvements de jeunesse, et surtout du scoutisme. Plus ou moins bridés et réduits à des expériences marginales dans l'armée de la IIIe République, bureaucratique et repliée sur elle-même, ils voient brusquement, en cet été 1940, s'ouvrir à leur désir d'action et à leur foi patriotique un champ vaste et relativement libre, car beaucoup d'initiatives semblent possibles. Deux exemples inégalement illustres : le général de La Porte du Theil, le commandant de La Chapelle.

La naissance des Chantiers de jeunesse, créés sous le nom de « groupements de jeunesse » (décret du 30 juillet 1940), est connue [1]. Les initiatives du ministère de la Guerre et de l'état-major d'une part, d'un homme, le général de La Porte du Theil, de l'autre, s'y croisent, s'y combattent parfois, et s'appuient finalement pour vaincre les réticences gouvernementales et conquérir une quasi-autonomie à l'égard des services civils. Initiative au début de juillet du général Picquendar (sous-chef de l'état-major), qui fait appel à son vieux camarade La Porte du Theil, qualifié par sa double expérience d'éducateur (commandant de l'École d'application de l'artillerie de Fontainebleau et commissaire provincial des Scouts de France). Le général Colson, secrétaire d'État à la Guerre, obtient l'accord de Weygand et d'Ybarnégaray : les jeunes démobilisés seront versés dans les groupements de jeunesse créés sous l'autorité du ministre de la Jeunesse et de la Famille. L'armée fournit les moyens de la mise en train administrative et matérielle, facilite le recrutement des cadres (officiers d'active ou de réserve, personnel

1. J.-G. Ravault, *L'Institution du stage dans les Chantiers de la Jeunesse*, pp. 37-38 ; R. Hervet, *Les Chantiers de la Jeunesse*, pp. 19-28.

des écoles d'aspirants). Le nouvel organisme affirmera vite son autonomie, aussi bien à l'égard de l'armée qui l'a créé que du ministère civil qui l'a pris en charge; après plusieurs mois de tension et d'incertitude, la création officielle du Commissariat général des Chantiers de la Jeunesse (loi du 18 janvier 1941) sera la consécration de l'initiative du général, qui en sera désormais le seul patron, au service du Maréchal et de la Révolution nationale. Unissant le zèle organisateur de l'officier polytechnicien aux qualités de meneur d'hommes et d'éducateur du commissaire scout, le général de La Porte du Theil aura l'ambition de faire passer chez ses hommes une morale qu'il tire de ses convictions catholiques, un patriotisme d'ancien combattant de 14-18 et un civisme dont le loyalisme envers le Maréchal et l'absence de critique politique sont la pierre de touche. Il appellera enfin à ses côtés, comme aumônier général, son ami le Père Forestier, officier de la Grande Guerre, fondateur du scoutisme routier en France et aumônier national des Scouts de France depuis 1936, qui sera le mentor de l'état-major des Chantiers.

Autre génération, autre type d'officier-éducateur : le commandant de La Chapelle, détaché de l'état-major de l'armée Frère au cabinet de Baudouin en juin, puis dans les services de la Jeunesse en juillet « avec mission essentielle d'empêcher l'emprise allemande sur la jeunesse française et de tenter de contrôler la formation des nouveaux cadres [1] ». Ce brillant officier d'état-major, catholique convaincu, bon connaisseur du Maroc et de la civilisation musulmane, a déjà derrière lui une longue expérience, dans la réflexion et l'action, des problèmes de l'exercice du commandement et de la place de l'armée dans la nation. Ayant servi sous Lyautey, il a relu à la lumière de la situation de 1936 *Le Rôle social de l'officier*, réédité en 1935 avec une préface du général Weygand [2], et il a participé à la création de « cercles sociaux d'officiers ». Ces groupes de réflexion, qui organisaient des rencontres entre des officiers et des civils ayant compétence éducative, sociale ou professionnelle, avaient l'accord tacite du général Weygand. La Chapelle a pu ainsi nouer des relations avec des dirigeants de mouvements de jeunesse, notamment avec ceux du scoutisme catholique (dont le général de La Porte du Theil), des Équipes sociales et de *La Revue des Jeunes*, comme Robert Garric [3].

Officier de liaison à l'état-major de la VIIe armée en 1940, il rencontre souvent Weygand, dont l'officier d'ordonnance Roger Gasser est d'ailleurs son ami. Un autre officier membre des cercles, le capitaine de Montjamont, qui a retrouvé Dhavernas et Célier (à qui l'unit une amitié intime de responsables scouts), s'entremet pour faire appeler le fondateur des cercles d'officiers auprès du cabinet de Baudouin. Estimant son rôle d'officier de liaison d'état-major désormais sans objet, La Chapelle obtient l'accord de Weygand pour ce détachement, et rejoint le gouvernement à Bordeaux à la mi-juin. Lorsque le ministère de la Famille et de la Jeunesse se constitue en juillet, le commandant de La Chapelle y est bientôt chargé de la formation des cadres, et s'efforce d'exploiter ses relations dans les mouvements de jeunesse et chez les jeunes officiers pour recruter des collaborateurs et préparer des programmes. Il assiste à la naissance des « groupements de jeunesse » du général de La Porte du Theil; mais, constatant que celui-ci a des idées très arrêtées et aspire à l'autonomie, il renonce à instaurer une collaboration entre son service et l'entreprise du général. Cependant, plusieurs de ses camarades officiers, qui ont partagé avant la guerre ses préoccupations et

1. Témoignage rapporté par R. Hervet, *op. cit.*, p. 46.
2. L'article anonyme publié par Lyautey (« Du rôle social de l'officier », *Revue des Deux Mondes*, 15 mars 1891, pp. 443-459) est réédité sous le titre *Le Rôle social de l'officier.*
3. Témoignage du général de La Chapelle, juin 1976.

ses activités, ont choisi d'entrer dans les groupements qui vont devenir les Chantiers de jeunesse.

Disciples de Lyautey et du Père Doncœur

Du côté civil, nombre de responsables des nouveaux services de la Jeunesse et des institutions qui en dépendent sont issus de groupes catholiques également marqués par l'influence de Lyautey et des Pères Doncœur et Forestier.

C'est d'abord le cas des trois anciens dirigeants du scoutisme routier catholique, unis d'une ancienne et étroite amitié, qui, plus encore que Dhavernas, ont été très liés aux Pères Doncœur et Forestier : Pierre Goutet, André Cruiziat et Pierre Schaeffer. Les deux premiers dirigeaient, avant la guerre, comme commissaires nationaux des Scouts de France, la banche Route du mouvement. En 1940, Pierre Goutet, avocat au Conseil d'État, devient le premier directeur de la Jeunesse au ministère, tandis qu'André Cruiziat participe avec Dhavernas à la fondation des Compagnons de France. Ce nouveau mouvement, encouragé et subventionné par le gouvernement, entend prendre en charge, grâce à des cadres empruntés aux divers mouvements de jeunesse, la masse des adolescents que ceux-ci n'ont jamais atteints. Il s'agit donc d'encadrer surtout la jeunesse des milieux populaires, particulièrement celle que la guerre, l'exode, le chômage ont déracinée, et de la mobiliser au service du redressement du pays. Cruiziat, lui-même sans formation universitaire, déploie là ses talents d'entraîneur et met en œuvre son souci d'engagement civique. Enfin Pierre Schaeffer, ingénieur, auteur et animateur dramatique, a fondé dans les années 30 le « clan des Rois Mages » à Polytechnique, puis la « Route des Grandes Écoles » dans le cadre du mouvement Scouts de France. En août 1940, il prend à Vichy la responsabilité de *Radio-Jeunesse,* production radiophonique quotidienne officielle qu'il réalise avec une équipe d'artistes et d'animateurs. À l'automne, il fondera à partir de ce groupe l'association Jeune France, contrôlée et subventionnée par le secrétariat général à la Jeunesse pour favoriser le renouveau d'un art populaire.

En septembre, le Maréchal nomme aux nouvelles fonctions de secrétaire général à la Jeunesse Georges Lamirand. Ingénieur connu depuis 1936 comme promoteur du rôle des cadres dans les entreprises et de leur fonction de « service social », Lamirand est lui aussi un disciple de Lyautey, qui a préfacé son livre *Le Rôle social de l'ingénieur* publié en 1937 aux éditions de *La Revue des Jeunes.* Collaborateur de cette revue, il est vice-président des Équipes sociales, dont d'autres dirigeants ont participé aux activités de la Route des Scouts de France. Le fondateur et président des Équipes sociales, Robert Garric, est lui-même un disciple de Lyautey et un collaborateur du Père Forestier, puisqu'il partage avec lui la direction de *La Revue des Jeunes.* C'est donc une pléiade d'éducateurs formés pas le scoutisme catholique et les Équipes sociales, sous l'influence de Lyautey et du Père Doncœur, qui prend la tête à Vichy, entre juillet et septembre 1940, des nouvelles institutions de jeunesse, avec Lamirand et Goutet, La Porte du Theil et Dhavernas, Cruiziat et Schaeffer.

L'autre création de l'été 1940, c'est l'École des chefs de Dunoyer de Segonzac. Celui-ci, comme son ami La Chapelle, ne relève pas exactement des mêmes appartenances. Avant d'examiner qui il est et d'où il vient, observons de plus près l'esprit commun qui anime les membres du réseau Route des Scouts de France – Équipes sociales – *La Revue des Jeunes.*

EXPÉRIENCES ÉDUCATIVES DES ANNÉES 30

Codirecteurs depuis 1936 de *La Revue des Jeunes,* Robert Garric et le Père Forestier ont joué un rôle essentiel dans la formation du réseau qui prend position en 1940 dans les nouvelles institutions de jeunesse.

Garric et les Équipes sociales

Robert Garric (1896-1967), universitaire de grande culture et orateur chaleureux, ancien combattant de 14-18, catholique animé d'une vie spirituelle intense, homme de contacts, voyageur et animateur infatigable, a fondé en 1919-21 les Équipes sociales, mouvement chrétien d'amitié et d'échanges entre jeunes intellectuels et jeunes travailleurs [1]. Avec lui, de jeunes diplômés, anciens combattants, ont voulu montrer que « l'amitié française » vécue dans les tranchées peut être maintenue en temps de paix; ils ont fait un double « acte de foi », dans la valeur de la culture d'abord (occasion pour chacun de se réaliser, d'épanouir pleinement sa personnalité), et « dans la valeur d'un échange entre les différents milieux d'un pays ». Ils ont l'ambition de surmonter les clivages sociaux en opposant à la lutte des classes le « rapprochement social » fondé sur la connaissance mutuelle de l'amitié; catholiques, ils veulent aussi porter témoignage de leur foi. Animés par un idéal de fraternité évangélique dénué de prosélytisme, ils font appel à tous pour une œuvre commune dans le respect des valeurs spirituelles et culturelles [2].

L'activité essentielle des équipes est l'organisation de rencontres de travail entre jeunes catholiques de formation universitaire (donc, pour la plupart, d'origine bourgeoise) et jeunes travailleurs. Dans chaque équipe mixte, réunie dans un climat d'amitié et d'échange fraternel, les étudiants apprennent à connaître concrètement le monde populaire avec ses richesses qu'ils ignorent, et les travailleurs acquièrent une méthode d'apprentissage intellectuel et culturel. De la confrontation, les uns et les autres tireront une occasion de perfectionnement : ouverture à des ressources ignorées, sens du service et de la collaboration, goût de la réflexion personnelle et de la prise de responsabilités.

À la veille de la guerre, le mouvement présidé par Garric compte trois vice-présidents : Louis Charvet (polytechnicien, adjoint au directeur général de la Compagnie Air France), Pierre Deffontaines (le géographe spécialiste des communautés humaines dans leurs milieux, continuateur de Pierre Brunhes et inventeur des promenades-enquêtes pour « voyageur actif »), et Georges Lamirand (ingénieur de Centrale, spécialiste des relations sociales, chef du personnel des Messageries Hachette en 1939). L'esprit commun que ces hommes s'efforcent de transmettre à leurs cadets comporte le goût d'un apprentissage culturel hors des routines scolaires, le sens du « métier de chef » et du travail en équipe, le souci de donner aux cadres de la nation le sens de leurs responsabilités sociales, notamment dans le monde industriel, et enfin la référence à Lyautey. Garric, Deffontaines et Lamirand ont été ses amis de 1922 à sa mort; il a patronné leurs activités et préfacé deux

1. Voir les Cahiers des *Amitiés Robert Garric,* publiés depuis sa mort; « Hommage à Robert Garric », *Revue de la Haute-Auvergne,* n° 41, 1968-1, pp. 1-221; R. LADOUS, *Monsieur Portal et les siens (1855-1926),* 1985, Éd. du Cerf, pp. 349-352.

2. R. GARRIC, « Actualité des Équipes sociales », *La Revue des Jeunes,* 15 mai 1937, pp. 523-527.

livres publiés par *La Revue des Jeunes* (*Les Équipes sociales, esprit et méthode,* de Garric, 1924 et *Le Rôle social de l'ingénieur,* de Lamirand, 1932) ; Garric a publié à son tour, en 1935, un livre sur *Le Message de Lyautey.*

L'apport le plus original des Équipes sociales est peut-être la mise au point d'une méthode de formation mutuelle par le cercle d'études, où une pédagogie active fondée sur les centres d'intérêt et les expériences concrètes des participants supplante l'exposé scolaire. Faisant appel avant tout à la générosité individuelle et à l'effort quotidien qui se veut humble et réaliste, loin des partis pris de l'idéologie, les Équipes sociales ignorent l'action syndicale ou politique ; elles privilégient les relations et les responsabilités individuelles, à hauteur d'hommes, et un patriotisme de l'unanimité nationale et de l'harmonie entre les familles spirituelles de tradition française – ce qui exclut le marxisme. Leurs perspectives ont toujours été différentes de celle de l'Association catholique de la jeunesse française (ACJF) qui prolongeait, au lendemain de la guerre de 14-18, son ancien mot d'ordre : « Sociaux parce que catholiques », en un nouveau : « Civiques parce que sociaux. » Les équipes n'entendent pas mettre à l'étude un programme social ou politique de réforme fondé sur les principes chrétiens, mais travailler au rapprochement des classes par l'amitié, la culture partagée et le travail en commun. Elles sont encore plus éloignées des méthodes et des options des nouveaux mouvements de l'Action catholique spécialisée : Jeunesse ouvrière chrétienne (JOC) ou Jeunesse étudiante chrétienne (JEC), qui fondent leur action sur la connaissance et la prise en charge des spécificités de chaque milieu par ses membres. Elles sont certes accueillantes, avec leurs structures très souples qui laissent une grande place à l'initiative et leur absence totale de sectarisme. Mais c'est du scoutisme routier, plutôt que des mouvements d'Action catholique, qu'elles se révèlent complémentaires en proposant à ses membres une activité culturelle et sociale ; témoin, parmi bien d'autres, Louis Charvet, ancien dirigeant des clans routiers de Polytechnique et des Grandes Écoles devenu vice-président des Équipes sociales.

Le Père Forestier et la Route

Marcel-Denys Forestier (1895-1976) est lui aussi un ancien combattant que la guerre, au sortir de ses études, a fortement marqué [1]. Il a rencontré en 1919 le Père Doncœur, son aîné, dont il est devenu l'ami intime. À son instigation, il s'est lancé, avec le Bureau des conférences, dans une campagne de propagande catholique contre les « lois d'exception » laïques, à l'époque du Cartel. Lorsqu'en 1923, Doncœur crée les Cadets, pour former, par des camps d'été itinérants, une chevalerie moderne de jeunes décidés à restaurer en France un ordre chrétien [2], Forestier lance de son côté un appel à la jeune génération pour la reconstruction d'une France chrétienne, au nom du sacrifice des morts. Exerçant en même temps des responsabilités dans le scoutisme catholique, il conçoit et entreprend en 1924-26, avec le commissaire général de Macédo, l'organisation d'une branche Route (préparation au départ dans la vie active) dont il sera un des premiers commis-

1. M.-D. Forestier, « L'Esprit de la Route. Continuer », *La Route des Scouts de France-Servir,* septembre 1941 ; « Le Père Doncœur tel que je l'ai connu », *Cahiers Sainte Jehanne,* novembre 1961, pp. 233-258 ; Jean S., « Scoutisme, méthode et spiritualité », *La Revue des Jeunes,* 15 juillet 1941 ; A. Cruiziat, « Marcel-Denys Forestier : un grand éducateur chrétien », *La Croix,* 30 juillet 1976 ; A.M. Carré, « Le Père Forestier et le Père Doncœur », *Cahiers Paul Doncœur,* n° 27, mars 1984, pp. 3-21.

2. P. Doncœur, *Cadets.*

saires nationaux. Le Père Doncœur devient l'aumônier et le maître à penser du scoutisme routier. Entré en 1926 dans l'ordre dominicain, Forestier collabore avec Garric à *La Revue des Jeunes*; il est nommé en 1936 aumônier national des Scouts de France.

Grand éducateur, il fait passez chez les jeunes adultes de la Route les thèmes chers au Père Doncœur, les nourrit de la Bible, de Claudel et de Péguy, et diffuse dans l'ensemble du mouvement Scouts de France l'esprit qu'il a d'abord donné à la Route. Les clans routiers itinérants pratiquent les méthodes inaugurées par le Père Doncœur avec ses Cadets : prouesses physiques, discipline ascétique. Sous l'influence des deux religieux s'élabore un style de vie communautaire qu'imiteront, dans leurs camps d'été, les autres mouvements de jeunesse catholiques : camps et pèlerinages rythmés par les « chapitres » (cercles de réflexion et d'échanges), expéditions à la découverte de la nature et du « pays de France », activités sociales (patronages, conférences de Saint-Vincent-de-Paul, Équipes sociales), célébrations communautaires enfin, depuis les premiers Noëls routiers improvisés jusqu'aux grands jeux dramatiques des rassemblements de masse. Leur action a été décisive pour « franciser » et « catholiciser » la méthode inventée par Baden-Powell, marquée auparavant par son origine anglo-saxonne et par le style « laïque » des premières greffes françaises. Sous leur influence, le scoutisme catholique, avec sa ferveur patriotique et sa conviction religieuse qui se veut « totalitaire », devient un mouvement « réactionnaire » au sens propre, dressé contre le laïcisme, le matérialisme et l'idéologie de la démocratie libérale, et résolu à combattre la massification, la lutte des classes, la sécularisation et la démoralisation qui caractérisent la société urbaine [1]. Le service de la communauté française exige la restauration d'un « ordre matériel et moral », qui réalise « la loi de Dieu régnant parmi les hommes ». Le scoutisme catholique (sachant « que les hommes sont de valeur inégale (...) il y en a qui sont faits pour commander et d'autres pour obéir ») entend former les « cadres », l' « aristocratie » capable d'accéder aux postes de commande pour assurer cette régénération de la communauté française [2].

Aumônier de la Route universitaire, le Père Forestier a exercé une forte influence sur les étudiants des Grandes Écoles qui l'ont fondée, au moment où ils arrivaient à l'âge adulte, se mariaient et entraient dans la vie professionnelle. Il a également lié amitié dans le scoutisme, on l'a vu, avec le général de La Porte du Theil.

La « Revue des Jeunes »

Héritière de la *Revue de la Jeunesse* fondée en 1909 par le Père dominicain Barge avec l'appui du Père Sertillanges, *La Revue des Jeunes* lancée en 1915, a été reprise en 1932 par Robert Garric, auquel ont été adjoints en 1936 comme codirecteur le Père Forestier et comme rédacteur en chef le Père Carré. « Revue catholique de formation et d'action » mensuelle, publiée par les éditions du Cerf, elle s'adresse essentiellement à un public d'étudiants, universitaires, éducateurs et cadres catholiques. Dans les années 1936-39, ses livraisons comportent des articles de formation et de réflexion religieuses et des chroniques consacrées aux questions de jeu-

1. Ph. Laneyrie, *Les Scouts de France. L'évolution du mouvement des origines aux années quatre-vingt*, pp. 103-141.
2. Expressions de P. Delsuc, commissaire-assistant du Chef scout, dans *Patrouilles en action*, citées *ibid.*, p. 117. Voir aussi l'analyse thématique de l'idéologie des Scouts de France menée par Ph. Bernard, *Les Scouts de France 1938-1945. Thèmes et actions, au travers des revues « Le Chef » et « La Route »*.

nesse, aux problèmes sociaux, à la vie culturelle et à l'étranger. La politique n'apparaît qu'en filigrane et allusivement, notamment dans les articles liminaires des deux directeurs.

De la partie religieuse, il y a peu à dire, sinon qu'elle associe les conseils traditionnels de formation et de ferveur donnés aux jeunes, aux thèmes du Père Doncœur (pour un christianisme intégral, incarné, communautaire), et qu'elle fait place aux recherches les plus novatrices (articles du Père Congar, comptes rendus des livres du Père de Lubac). Un effort est tenté en 1938, à l'appel du cardinal Verdier, archevêque de Paris, pour faire de *La Revue des Jeunes* le carrefour où les diverses organisations catholiques de la jeunesse étudiante se rencontreraient et apprendraient à travailler dans « l'union » [1]. La revue s'était déjà ouverte en 1936 à la Fédération française des étudiants catholiques (présidée par Roger Millot, membre du comité directeur des Équipes sociales) dont elle avait publié le mensuel *L'Étudiant catholique.* De même, en 1939, les Scouts routiers universitaires prônent, dans leur bulletin *L'Étoile filante* annexé à *La Revue des Jeunes,* le rapprochement et la collaboration entre toutes les organisations catholiques d'étudiants, et notamment avec la Jeunesse étudiante chrétienne [2]. Cet effort, bientôt interrompu par la guerre, ne semble pas s'être traduit par une collaboration effective.

Dans les autres rubriques, le social a évidemment la première part – selon la consigne donnée à Garric par Lyautey à la veille de sa mort : « Du social. Faites du social [3]. » L'inspiration majeure est la volonté de rendre à tous ceux qui ont des responsabilités de commandement ou d'influence le sens du service social, dans leur profession comme dans les tâches bénévoles. Garric et Deffontaines fondent dans ce but, en novembre 1938, une école de préparation aux carrières sociales qui organise cours du soir, visites de réalisations sociales, stages et cercles d'études pour étudiants de toutes spécialités. La revue suit les études et les recherches en législation sociale, en organisation industrielle et en théorie corporatiste ; elle ouvre ses colonnes au fondateur du Centre des jeunes patrons [4]. Lamirand et Deffontaines sont parmi les conférenciers du Centre de formation sociale des cadres de l'industrie et du commerce, patronné par Raoul Dautry, le modernisateur du réseau ferroviaire français, et Garric reprend à son compte les réflexions d'Hyacinthe Dubreuil sur le travail aux États-Unis et la réforme de l'entreprise. Tandis que Louis Charvet expose les préoccupations et les responsabilités des cadres dans la crise économique et sociale, Georges Lamirand développe régulièrement ses idées sur les responsabilités sociales des patrons et des cadres [5]. Au lendemain de la grève générale manquée du 30 novembre 1938 qui marque le reflux décisif de la vague syndicale, il s'adresse aux patrons pour leur expliquer les causes de l'explosion sociale de 1936, en regrettant que les nécessaires améliorations sociales aient été effec-

1. Journée de congrès organisée par la revue le 5 mars 1938, sous la présidence du cardinal Verdier, avec les représentants du scoutisme, des Équipes sociales et de la JEC. « L'union nécessaire. Notre journée d'amitié », *La Revue des Jeunes,* 10 avril 1938, pp. 387-453.

2. J.-B. Duroselle, « Vocation et apostolat », *L'Étoile filante,* avril 1939, pp. 517-532 ; « Scoutisme et JEC », *ibid.,* juillet 1939, pp. 109-120.

3. R. Garric, *Le Message de Lyautey,* pp. 59-60.

4. J.-F.P. Leclercq, « L'École de préparation aux carrières sociales », *La Revue des Jeunes,* 10 juin 1939, pp. 735-742 ; J. Mersch, « Un centre d'information pour les jeunes patrons », *ibid.,* 10 janvier 1939, pp. 94-99.

5. R. Garric, « Sur une lettre aux travailleurs français », *ibid.,* juin 1939, pp. 663-669 ; L. Charvet, « Comme Antée en touchant la terre », *ibid.,* 10 février 1939, pp. 163-176 et 10 mars 1939, pp. 316-338 ; G. Lamirand, « Le rôle social de l'ingénieur en 1937 », *ibid.,* 15 mars 1937, pp. 305-315 ; « Le rôle des cadres dans le service social », *ibid.,* 10 mars 1938, pp. 292-313.

tuées dans le climat détestable d'une opération à chaud. Il oppose « les mauvais délégués » du personnel – agitateurs politiques révolutionnaires – aux bons (les vrais syndicalistes), et les « patrons de combat » ou paternalistes attardés aux patrons compréhensifs décidés au *fair-play*. Il recommande aux industriels de chercher, au lendemain de leur victoire apparente, les voies d'une « confiante collaboration », selon l'exemple suédois de 1909 : collaboration entre un syndicalisme fort et sain (c'est-à-dire libre, riche, bien informé, et débarrassé de l'idéologie politique), et des patrons prêts à un dialogue loyal, fondé sur la reconnaissance de la dignité du partenaire et la volonté de promouvoir l'objectif social de l'entreprise : « Tout le nœud de la question sociale est là : l'entreprise n'a pas seulement une fin économique, elle a aussi une fin sociale. » La collaboration ainsi instituée dans l'entreprise avec les délégués librement élus par le personnel (une fois exclus les agitateurs politiques) pourra s'étendre à la profession, à laquelle des commissions mixtes proposeront une organisation [1]. Après la netteté des critiques faites par Lamirand à ses pairs et la générosité de son effort de relations humaines, les propositions sont décevantes – mais l'affirmation de la liberté et de l'indépendance du syndicalisme et la dénonciation des solutions imposées par la force sont des choix clairs, malgré le refus implicite de remettre en cause les relations de propriété et d'autorité.

Attentive aux problèmes de la représentation des classes moyennes [2], la revue limite en 1939 son enquête sur le syndicalisme aux organisations patronales et à la CFTC. Conscience nette du retard français en matière de conditions de travail et de législation sociale, effort pour comprendre les aspirations ouvrières, double condamnation des excès du capitalisme égoïste et matérialiste et de l'agitation révolutionnaire qui mène à la « dictature des masses », appel aux vertus humaines de compréhension et d'amitié, indifférence aux « réformes de structures » dont on n'attend rien de bon : le problème social est posé à *La Revue des Jeunes*, mais le point de vue des cadres et les dimensions individuelles et morales sont constamment privilégiées.

Morale et politique

C'est encore plus net en ce qui concerne le domaine politique, que dominent les images de la « cité fraternelle » à construire et d'une France enracinée dans une tradition revivifiée par l'expérience de 1914-18. La politique quotidienne des partis et de l'action gouvernementale n'a aucune place dans la revue, qui refuse de se situer sur ce plan. Au lendemain des élections de 1936, le Père Forestier rappelle le double devoir des catholiques : se désolidariser des excès du capitalisme en accueillant les revendications légitimes, s'opposer au communisme matérialiste et erroné [3]. Quand la revue s'attache longuement, en 1938, aux « problèmes français » puis aux « réserves de la France », c'est sous le seul angle social [4]. En politique extérieure, une série d'articles vigoureux dénoncent le totalitarisme de l'Allemagne nazie, décrivant la situation de la jeunesse et insistant sur l'incompa-

1. G. LAMIRAND, « Après la grève : l'indispensable collaboration », *ibid.*, 10 janvier 1939, pp. 25-34 (conférence prononcée en décembre 1938 sous les auspices des *Nouveaux Cahiers*).
2. Ch. CÉLIER, « Les classes moyennes s'organisent », *La Revue des Jeunes*, 10 avril 1938, pp. 455-459.
3. M.-D. FORESTIER, « Au fil des jours. Équivoques, espoirs », *ibid.*, 15 juin 1936, pp. 742-749.
4. « Problèmes français », *ibid.*, 10 mars 1938, pp. 259-315; « Les réserves de la France », *ibid.*, 10 juin 1938, pp. 643-712, 10 juillet 1938, pp. 3-75, 10 septembre 1938, pp. 211-246.

tibilité du néo-paganisme avec la tradition chrétienne. La guerre d'Espagne ne suscite dans la revue qu'une réaction de sympathie pour les souffrances de la grande nation voisine, et d'hommage à sa tradition culturelle et spirituelle [1]. Au lendemain de Munich, deux articles du Père Forestier tirent la leçon de l'événement : le premier exprime confiance dans l'instinct d'union et de conservation, et tristesse devant l'apostasie du monde moderne dont la France recueille les fruits amers; le second formule, « pour que la France continue », trois objectifs à poursuivre immédiatement : enrayer la chute des naissances, vaincre l'alcoolisme et « redonner aux Français le sens du bien commun, le goût de l'ordre et le courage, chez les chefs, de prendre des responsibilités. Il faut rénover l'amour du travail bien fait, l'honneur de la profession et du métier, considérés comme le premier service social [2]. »

La Revue des Jeunes refuse donc tout engagement sur le terrain politique, en se cantonnant au domaine humain, social et moral qui correspond à sa visée propre. En réalité, ce refus implique une vision du politique, qu'on tend à réduire au moral et au communautaire; l'effort de réforme individuelle et l'action sociale se substituent à la recherche, par les méthodes spécifiques, de solutions politiques aux problèmes du pays. Le sort de la France est appréhendé en termes de salut national, qu'on tend à identifier à un retour religieux. Au lendemain des élections de 1936, le Père Forestier conclut son billet par un souhait : « ... Et peut-être la grâce pourra s'infiltrer à travers les lézardes de la société issue du libéralisme matérialiste [3]. » Un peu plus tard, s'adressant aux aumôniers des Scouts de France :

« Vous êtes presque 2 000. Il suffit que vous réussissiez chaque année quelques vrais scouts (...) pour que demain la France se réveille chrétienne, et par surcroît robuste, saine et bien commandée [4]. »

Au lendemain de Munich, il s'écrie : « Plus que de canons, la France a besoin de saints [5]. » Un an plus tôt, Garric avait déclaré :

> Oui, nous avons l'air, aujourd'hui, enfoncés dans l'ornière de l'habitude, dans le bagne du matérialisme, mais les matins sont proches, les sources sont en nous; le spirituel semble filtrer, comme mille sources vives, de tous les points de la terre de France; une jeunesse se lève, réfléchie autant qu'ardente; les espoirs sont permis (...) [6].

Une exception cependant : un article d'André Fayol associe la défense du scoutisme à une profession de foi démocratique. L'auteur (seul collaborateur régulier de *La Revue des Jeunes* qui soit aussi un ami d'*Esprit*) y montre que le scoutisme, à l'égal du courant personnaliste et communautaire, forme des citoyens qui ont à la fois le sens de l'équipe et le goût du pluralisme, deux vertus dont l'alliance est nécessaire à la vraie démocratie [7]. Le mot de « démocratie » n'est pas familier aux collaborateurs de la revue, qui emploient plus volontiers ceux de France, nation, cité, communauté : on est en somme en climat de légitimité quasi monarchique, étrangère aux principes de 1789, de « royaume de chrétienté ». Sans condamner la démocratie comme le fait l'Action française, dont ils refusent le « Politique d'abord »,

1. « Espagne », *La Revue des Jeunes,* 10 janvier 1938, pp. 3-71.
2. M.-D. Forestier, « Regards sur terre et dans le ciel », *ibid.,* 10 octobre 1938, pp. 307-313; « Objectifs de redressement », *ibid.*, 10 novembre 1938, pp. 419-421.
3. *Art. cit. supra,* note 3, p. 37.
4. « La psychose des masses », *ibid.,* 15 janvier 1937, pp. 85-89 (article reproduit du *Bulletin de liaison des aumôniers scouts,* décembre 1936).
5. *Art. cit.* du 10 octobre 1938.
6. R. Garric, « Au tombeau de Lyautey », *La Revue des Jeunes,* 10 novembre 1937, pp. 383-392.
7. A. Fayol, « Le scoutisme et les doctrines de la Cité », *ibid.,* 15 avril 1937, pp. 477-484.

les rédacteurs de *La Revue des Jeunes* l'ignorent : entre l'utopie d'une nation et d'un ordre chrétiens à refaire, et les réalités quotidiennes qui sont essentiellement morales et sociales, l'action politique et les combats démocratiques n'ont guère de place. C'est l'héritage du catholicisme social d'Albert de Mun qui revit (de Mun, le maître et ami de Lyautey, auquel Garric a consacré aussi un livre et qu'il cite souvent), mais non celui de ses successeurs qui ont progressivement intégré le politique à leur effort de présence à leur temps. On voit en effet la profonde divergence entre cette conception de la cité et celle des dirigeants de l'ACJF, liés au courant démocrate-chrétien, ou plus encore celle des amis de *Sept,* de *Temps présent* et surtout d'*Esprit.* Dans le conflit qui oppose les disciples supposés de Péguy, le courant médian de *La Revue des Jeunes* se démarque aussi bien de l'intellectualisme nationaliste de Massis que du personnalisme engagé de Mounier, en omettant l'existence propre des réalités politiques.

Lorsque Paul Baudouin a lancé en 1938 dans la *Revue de Paris* son manifeste appelant à un redressement national, politique et moral, *La Revue des Jeunes* en a reproduit la conclusion. Dans le texte original, composé comme une dissertation modèle pour élèves de Sciences po (et effectivement étudié à ce titre dans les « écuries » de préparation aux concours des Grands Corps, au témoignage de Michel Dupouey), le financier se livrait à une large analyse de la situation de l'Europe et de la France (à la fois menacées de déclin et atteintes par une crise de civilisation) et présentait les lignes directrices d'un double programme de redressement. Redressement extérieur visant à la reconstruction négociée d'un équilibre européen à direction franco-anglo-allemande. Redressement intérieur, par une refonte de la démocratie (appuyée sur les traditions chrétienne et libérale, contre la dictature des masses et contre le désordre parlementaire) et par un effort moral et social (justice sociale, sens du travail bien fait, « hiérarchie fondée sur la valeur des personnes »). La synthèse idéologique esquissée par le futur ministre annonce les thèmes de la Révolution nationale de 1940, dans une perspective conservatrice non maurrassienne : volonté technocratique d'organisation économique (non collectiviste) et attachement à la tradition du conservatisme libéral, souci de renforcer l'autorité pour construire un nouvel ordre social et moral et désir de conciliation et d'apaisement en Europe. En conclusion, Baudouin affirmait son attachement à l'inspiration du christianisme ; la France est avant tout « ... une communauté spirituelle (...) ; la civilisation occidentale restera fidèle au Christ ou cessera d'être... ».

Il réclamait enfin un grand effort de réforme à la fois politique et morale :

> Il faut reconstruire sans tarder. La démocratie française ne sera sauvée que par la mise en vigueur d'une sévère discipline appuyée sur la renaissance de l'esprit national, par une ferme autorité qui rassemblera toutes les énergies, appliquera résolument les principes directeurs de justice et de liberté et réveillera chez les Français les élans généreux maintenant étouffés [1].

C'est le langage, comme le note J.-P. Azéma, de l'homme d'une droite modérée, libérale plus que démocrate – un de ces « conservateurs brouillés avec la République » repérés par Stanley Hoffmann [2].

Plus clairement encore, le « discours à des jeunes » de 1939 prenait acte d'une dangereuse situation de vide (« la France est veuve d'un maître (...). Elle appelle le chef ») et réclamait un contre-feu à la propagation des mystiques collectives d'inspiration néo-païenne, en se fondant sur le « pressant

1. Baudouin, « Les données du problème français », *Revue de Paris,* 1er février 1938, pp. 571-595, repris dans *La Revue des Jeunes,* 10 mars 1938, pp. 314-315.
2. J.-P. Azéma, *De la Troisième République au régime de Vichy, op. cit.*

besoin de disciplines collectives » apparu chez les jeunes, besoin « que les périls extérieurs transforment actuellement en nécessité vitale ».

Pour « l'établissement d'un ordre national (...) par l'union de la foi démocratique avec la foi chrétienne », il appelait une élite de vrais chefs, élite de la sensibilité et du désintéressement et non seulement de l'intelligence, c'est-à-dire : « ... des chevaliers. Il est possible que la nécessité de défendre le patrimoine spirituel de l'Occident chrétien conduise à la renaissance, sous la forme humble d'un ordre laïque, de la chevalerie d'autrefois [1]. »

Publié dans la revue éducative que dirige l'aumônier général des Scouts de France, cet appel semble s'adresser particulièrement aux jeunes diplômés et futurs cadres issus de ce mouvement ; ils y retrouvent un vocabulaire et un ton qui leur sont familiers. Or, depuis plusieurs années, certains d'entre eux sont précisément à la recherche d'un engagement civique qui prolongerait l'esprit de service cultivé dans le scoutisme.

La Route universitaire

Le scoutisme catholique a été pour bien des jeunes gens arrivés à l'âge adulte dans les années 1939-40 une école de certitudes simples et exaltantes et d'exercices d'action, qui les a protégés du trouble où la crise plongeait les jeunes intellectuels en quête de principes révolutionnaires. De jeunes bourgeois destinés aux grandes carrières y ont appris la valeur de la camaraderie virile, de l'endurcissement du caractère par la rude vie au grand air, avec le culte de l'autorité et de la discipline consentie et le sens des responsabilités envers le groupe. Et ceux qui sont passés à la Route, surtout, ont reçu l'influence du Père Doncœur comme une libération, une découverte qui rompait avec les préjugés et les mesquineries de l'éducation catholique traditionnelle. Ils ont été nourris d'une doctrine rajeunie aux sources bibliques, qui associait les thèmes péguystes à ceux du thomisme revigoré : incarnation du spirituel dans le charnel, ordre de la nature reconquis et promu par la vertu de la grâce surnaturelle, valeur du travail comme coopération à la création inachevée ; ils ont rendu à la liturgie sa dimension de célébration collective, et découvert une spiritualité qui promeut l'amour conjugal et le sens communautaire, avec l'ambition de « refaire une chrétienté ». Ce sont autant de découvertes exaltantes vécues dans les années de formation, à la recherche d'un « christianisme intégral ».

Ainsi, Jean Peyrade, routier des années 1938-44, montre comment les Routiers de sa génération ont « découvert la France » à la suite des « grands aînés : le Père Doncœur, Robert Garric, le Père Forestier, Pierre Deffontaines, Georges Lamirand, que le souvenir des morts de la guerre, la pensée de Péguy et de Psichari, l'influence directe de Lyautey, avaient à jamais marqués ». Ceux qui, à vingt ou à trente ans, adhéraient au scoutisme routier recevaient la loi scoute comme un véritable code de vie. « Nous venions à l'Ordre scout soulevés par une grande espérance : celle de voir des garçons formés pour une œuvre urgente, la France à refaire, la chrétienté à rebâtir. » Pour ces jeunes déçus par un enseignement jugé livresque et stupidement neutre, impatients souvent d'échapper à leur famille et de combattre l'égoïsme des bien-pensants, écœurés par la politique d'avant la guerre et les partis, la Route est devenue une école humaine d'énergie et de sevice de l'idéal. Ils y ont fait l'apprentissage de leurs tâches d'hommes : « Notre personnalité à épanouir, des hommes à former, la Patrie et l'Église à servir,

1. P. BAUDOUIN, « Témoignage. Discours à des jeunes qui entrent dans la vie », *La Revue des Jeunes*, 10 avril 1939, pp. 474-482.

Dieu à faire aimer [1]. » Mais l'observation et l'analyse des réalités économiques ou politiques sont absentes d'une spiritualité qui les ignore.

Cependant, la première génération passée du scoutisme à la Route a fait, dans les années 30, l'expérience de la vie conjugale et des responsabilités professionnelles. Poursuivant leur action inventive d'éclaireurs et de pionniers, ceux qui en ont pris la tête amorcent alors la recherche d'une action sur le terrain civique [2]. Le mouvement Scout de France s'en était soucié dès 1937, en abordant le thème « Scouts dans la cité », que le Père Doncœur et Cruiziat avaient traité aux journées de Marseille. Mais ce dernier n'a pas réussi à faire adopter son idée : la création d'une branche adulte du scoutisme, ouverte sur les réalités professionnelles, sociales et civiques [3].

C'est dans la Route universitaire que cette préoccupation se développe. Succédant en 1936 au « District des Grandes Écoles » fondé quelques années plus tôt par Pierre Schaeffer autour de son « clan des Rois Mages » polytechnicien [4], cette formation rassemble des élèves des grandes écoles militaires et civiles avec des étudiants des facultés. Très active à Paris dans ces années, la Route universitaire publie, en annexe à *La Revue des Jeunes*, un cahier mensuel, *L'Étoile filante* [5], où commence à se faire jour le souci de prolonger dans le domaine civique le sens des responsabilités formé dans le scoutisme. Après le temps de la formation personnelle et celui des responsabilités familiales et professionnelles, expliquent les dirigeants de la Route universitaire, « ... il nous reste à oser enfin aborder la Cité pour chercher les moyens d'y instaurer un ordre chrétien (...) terme lointain de nos cheminements [6]... »

Au lendemain de l'Anschluss, Jean Rivero, porte-parole de cet effort de réflexion civique, exprime l'angoisse et la honte ressenties devant la « lâcheté universelle » de l'Europe, la division et l'impuissance de la nation française, incapable de dégager « un sens du mot patrie qui fût acceptable pour tous ». La jeune génération, expose-t-il, a reçu, comme celle de Péguy en 1905, un « avertissement solennel » : « Nous avons appris que nos jours étaient sans doute mesurés (...), qu'il nous faudrait mourir (...) sans entrevoir le commencement d'un autre ordre... » Les Routiers doivent reconnaître leur insuffisance passée : si, dans le domaine social, ils ont su remettre en question certaines institutions du libéralisme économique, ils se sont refusé à prendre au sérieux les problèmes proprement politiques ; maintenant que le temps est compté, et qu'est menacée l'existence même de la patrie, « le souci de la cité doit conduire les aînés d'entre nous à l'action dans la cité, à l'action politique [7] ».

Ces résolutions amènent, au lendemain de la mobilisation de septembre 1938, la formation d'un nouveau groupe qui prend ses distances avec *La Revue des Jeunes* et le scoutisme routier pour se consacrer à l'action civique. Cette équipe comprend essentiellement d'anciens dirigeants de la Route universitaire : André Caraux (HEC), André Fayol (inspecteur des

1. J. PEYRADE, *Routiers de France. Témoignage*, pp. 21, 43, 48.
2. Témoignage d'André Caraux, dont les réflexions ont orienté cette présentation.
3. J. DURIEZ-MAURY, « Les journées nationales scoutes », *La Revue des Jeunes*, 15 février 1937, pp. 220-224 ; Ph. LANEYRIE, *op. cit.*, p. 141.
4. Voir Routiers polytechniciens, « Une expérience chez les Scouts de France. Le clan des Rois Mages. Routiers de l'École Polytechnique, 1931-1935 », *La Belle Aventure de la Route, Cahiers de la Nouvelle Journée*, 30, pp. 5-77.
5. *L'Étoile filante*, cahiers mensuels des Routiers des Grandes Écoles et Facultés (50 cahiers, 1933-1938).
6. *L'Étoile filante*, n° 31, dans *La Revue des Jeunes*, 15 octobre 1936, pp. 390-399 (article annonçant le lancement de la Route universitaire).
7. J. RIVERO, « 12 mars 1938 », *L'Étoile filante*, n° 47, avril 1938, 14 p.

Finances), Pierre Goutet (avocat au Conseil d'État), Michel Richard (membre de l'équipe des Comédiens routiers), Jean Rivero (juriste), Pierre Schaeffer (polytechnicien) et Raoul Sérène, ainsi que des responsables de la JEC comme Jean Baboulène (polytechnicien). Plusieurs d'entre eux (Pierre Schaeffer, André Caraux et surtout Paul Flamand) sont liés à la Communauté des Poitevins qui lance les éditions du Seuil, entreprise coopérative anticapitaliste proche d'*Esprit.* L'organe du groupe sera un cahier mensuel significativement intitulé *Départ* [1]. Conscients d'être « la première génération qui ait été formée dans le renouveau des œuvres catholiques de jeunesse de l'après-guerre : scoutisme, jeunesse étudiante, Équipes sociales », ils sont animés de « la volonté d'une vie chrétienne totale (...) le désir d'une incarnation de la vérité dans les actes et les gestes quotidiens » ; ils aspirent à « dégager les règles d'un ordre temporel chrétien [2] ». Il s'agit toujours « de savoir comment on refera la France chrétienne – et de la refaire [3] ». Mais après un examen de conscience sur les raisons de cent ans d'impuissance politique des catholiques, *Départ* en arrive à dénoncer les « mythes » de la chrétienté et d'une utopique rechristianisation qui ont fait oublier l'objectif proche : « Un ordre humain qui soit réalisable à partir de ce qui existe aujourd'hui [4] » Il faut donc accepter de se salir les mains, renoncer à poser tous les problèmes en termes de morale personnelle, et se décider à « prendre place dans le monde municipal, dans le monde du travail et de l'état administratif et politique (...) avec une volonté révolutionnaire [5] ». À partir du triple « non » opposé au fascisme, au communisme et au libéralisme capitaliste [6], il est temps d'abandonner l'unanimité facile de la bonne volonté vague ; il faut envisager une collaboration, pour des réalisations même modestes et fragmentaires, avec les formations politiques qui semblent les plus proches et dont l'action paraît la moins injuste et la moins déshonorante [7].

Les membres du groupe *Départ* mettront en place des groupes de travail sur les problèmes d'organisation professionnelle, de réforme du capitalisme et de la société anonyme, de décentralisation et d'équilibre villes-campagnes, de famille et de natalité. Dépassant l'action civique à fondement moral, ils entendent pénétrer dans le champ politique. Le fait que l'année 1938 (l'Anschluss, Munich, la désagrégation définitive du Front populaire avec le gouvernement Daladier-Reynaud) ait été l'occasion de cette prise de conscience est significatif.

L'expérience est restreinte (quelques intellectuels, hauts fonctionnaires et cadres de l'industrie), autant qu'éphémère ; la mobilisation puis la défaite dispersent l'équipe, dont les membres réagissent diversement aux événements de 1940. Elle éclaire cependant le choix d'un Pierre Goutet, d'un Pierre Schaeffer prenant, dans l'été 1940, des responsabilités dans les institutions officielles tournées vers la jeunesse. Après le traumatisme et l'humiliation de la défaite, il y a une occasion à saisir de montrer ce dont cette génération est capable, et une responsabilité civique à assumer dans un régime enfin fondé sur les principes moraux et éducatifs que la République négligeait. Comme l'écrira Goutet, « les positions prises par la Route depuis des années, ses efforts pour la formation du caractère, apparaissent

1. Six cahiers d'une dizaine de pages paraîtront de novembre 1938 à avril 1939 (aux éd. du Seuil ; gérant : André Caraux).
2. « Nos raisons », *Départ,* n° 1, novembre 1938.
3. P. Schaeffer et P. Flamand, *ibid.*
4. J. Rivero et A. Fayol, « Les catholiques et l'action », *ibid.,* n°s 1 et 2, novembre et décembre 1939.
5. M. Richard, « Le navire et les matelots », *ibid.,* n° 3, janvier 1939.
6. A. Fayol, « Du signe - au signe + », *ibid.,* n° 4, février 1939.
7. *Ibid.,* et M. Richard, *art. cit.*

aujourd'hui comme ceux-là mêmes qui doivent être proposés à toute la jeunesse française [1] ».

La présence de nombreux anciens scouts et d'amis de *La Revue des Jeunes* dans le Vichy de l'été 1940 (où les Scouts de France ont d'abord installé leur quartier général, avant de s'établir définitivement à Lyon) s'explique donc à plusieurs niveaux. Pour beaucoup, les moins formés, il s'agit d'une action « apolitique » fondée sur la bonne volonté, l'idéal du service : la jeunesse désorientée, la patrie blessée appellent à un engagement qui s'inscrit tout naturellement dans le cadre du nouveau régime. D'autres adhèrent de manière plus convaincue aux principes de la Révolution nationale, qui semblent la transposition de la « cité scoute » rêvée, et apportent au Maréchal un loyalisme inconditionnel, à la suite des Pères Doncœur et Forestier qui voient en lui le guide que la Providence donne à la France pour son salut temporel et éternel. D'autres prennent l'engagement civique non partisan qui leur apparaît enfin possible, et jugent le moment venu d'une action institutionnelle. Et pour tous, l'urgence des tâches éducatives, avec les menaces à écarter et les vides à combler, commande.

Soldats éducateurs

Dans les mêmes anées 1936-39, un groupe d'officiers catholiques réunis dans l'esprit de Lyautey ont mené une autre expérience de formation sociale et civique. Les cercles sociaux d'officiers ont été fondés par les capitaines de La Chapelle, Huet (tous deux anciens « marocains ») et de Virieu (condisciple et ami intime du premier). La Chapelle a rencontré les problèmes de l'autorité et du commandement dès sa première affectation de saint-cyrien, affronté en 1917 à une mutinerie. Il en a conclu que seuls ceux qui savent comprendre les hommes peuvent les commander. Après avoir servi au Maroc (1919-32) en disciple de Lyautey, il a tenu garnison dans la région parisienne en 1935-36. Il a dû garder des usines en grève et a noué des relations d'estime avec des militants communistes servant sous ses ordres. Il s'est interrogé sur l'isolement de l'armée et l'incapacité de ses cadres à tirer parti de leur position dans les perspectives éducatives esquissées en 1891 par Lyautey, dont l'opuscule vient d'être réédité. C'est pour lutter contre l'incompréhension et l'ignorance qui séparent les civils des militaires, et l'ensemble des Français entre eux, enfermés chacun dans son milieu ou dans son système idéologique, qu'il fonde les cercles, après une rencontre organisée par son subordonné Mangin, autour du général Weygand, avec le graveur Jean Bruller, le corporatiste agrarien Goussault et Jacques Lecompte-Boinet, réunion « où furent échangées de dures vérités ». Jean Bruller, ami de Mangin et de ses beaux-frères Diego Brosset et Lecompte-Boinet, est un homme de gauche, pacifiste et anticolonialiste. Les jeunes officiers l'invitent à leur exposer ses convictions. Devenu Vercors, il évoquera dans ses souvenirs cette « étrange soirée » où il a constaté « tant de bonne volonté – mais tant de préjugés tenaces » chez ces « hommes de droite » qui souhaitent abattre les cloisons et tentent de s'ouvrir au monde ; après une discussion où, faute de se convaincre, on s'est du moins écoutés, on s'est séparés « contents les uns des autres [2] ».

Au cours de réunions mensuelles, les jeunes officiers s'entretiennent avec des représentants de diverses catégories de jeunes Français, notamment des responsables de mouvements de jeunesse : scouts et jocistes, Équipes

1. P. GOUTET, « Notes sur la Route 1941 », *La Route,* février 1941.
2. Témoignage du général de La Chapelle. VERCORS, *Cent ans d'histoire de France,* 2 : *L'Après-Briand (1932-1942). Les occasions perdues ou l'étrange déclin,* pp. 131-132.

sociales, etc., et réfléchissent ensemble à leurs expériences du commandement. Un compte rendu ronéotypé fait le lien, des groupes satellites sont créés dans les villes de garnison – comme à Reims autour de Dunoyer de Segonzac –, et les animateurs se déplacent; invité à faire une conférence à Fontainebleau, La Chapelle y rencontre le général de La Porte du Theil et ses jeunes adjoints : Courson, Goussault, Nouvel. Le général Weygand est informé de cette activité, qui ne se veut ni politique ni confessionnelle quoique l'influence catholique y soit forte. Des liens sont noués avec *La Revue des Jeunes*, dont le codirecteur Robert Garric a été invité à parler devant les jeunes officiers. Nés en milieu militaire sous le signe de l'esprit qui animait Lyautey en 1891, les cercles sont donc proches des mouvements de jeunesse que le maréchal a rencontrés et aidés à la fin de sa vie – scoutisme et Équipes sociales notamment. Ils atteignent en 1939 un millier d'officiers, et La Chapelle y a noué de nombreuses amitiés [1].

D'autres officiers ont trouvé dans le scoutisme un champ d'application pour leurs préoccupations éducatives et peut-être leur souci de réforme de la société. Dans le sillage du fondateur Baden-Powell, le scoutisme français est marqué d'un esprit militaire et impérial : le maréchal Lyautey en a été en 1928 le premier président d'honneur, lorsque l'ensemble des associations scoutes ont créé un organe de coordination. Les Scouts de France catholiques, qui se sont donné successivement trois généraux comme chefs suprêmes (depuis 1936, le général Lafont est leur « chef scout »), emploient comme cadres de nombreux officiers [2], souvent issus des familles aristocratiques de tradition monarchiste conscientes d'un devoir social. Ainsi le général de La Porte du Theil forme de jeunes officiers à un style de commandement qui intègre les principes et les méthodes du scoutisme catholique. Le patriotisme, la hiérarchie et la discipline, la responsabilité du chef sont au cœur de l'idéologie diffuse du mouvement. Celui-ci a pénétré l'école de Saint-Cyr, avec le clan Charles de Foucauld qui fait partie de la Route des Grandes Écoles. Quoique non reconnu officiellement, il étend son rayonnement aussi bien chez les élèves des classes préparatoires à l'École spéciale militaire, les « Corniches », que chez les anciens saint-cyriens devenus officiers. Ils se rencontrent dans les camps d'été où s'échangent les expériences, et publient un bulletin, *Frères routiers*, en annexe à celui de l'association des officiers catholiques, *Frères d'armes*. Les officiers issus de la Route y rendent compte de « leurs essais, la plupart du temps couronnés de succès, pour introduire dans l'armée certaines techniques ou méthodes scoutes – quand ce n'est pas l'esprit scout tout court [3] ».

Au lendemain de la défaite, ces officiers passés par le scoutisme sont parmi les plus disponibles pour encadrer les nouvelles institutions de jeunesse, où leur expérience éducative est bienvenue. Quant à ceux qui ont fréquenté les cercles sociaux, leurs idées maîtresses semblent être à l'honneur. Ils voulaient dépasser les affrontements sociaux et politiques des années 1934-39, au nom de l'unité nationale; ils considéraient la diversité des classes sociales, avec leurs traditions et leurs valeurs respectives, comme une richesse à faire valoir dans un effort de connaissance mutuelle et de coopération. Les institutions de jeunesse en voie de création leur offrent l'occasion de sortir des casernes pour mettre en œuvre leurs conceptions de l'éducation par le commandement et du service de la nation.

Tels sont les antécédents des hommes et des groupes qui se trouvent en charge de la nouvelle administration de la Jeunesse en 1940. À travers

1. Voir J. Nobécourt, *Histoire politique de l'armée,* t. I, p. 231.
2. Ph. Laneyrie, *Les Scouts de France, op. cit.*, pp. 95-101.
3. « Bilan. Les clans des Grandes Écoles pendant l'année 1936-1937 », *L'Étoile filante*, n° 39, dans *La Revue des Jeunes*, juillet-août 1937, pp. 115-128.

diverses expériences éducatives menées dans les années 30, ils ont constitué un réseau de relations qui associe la génération des combattants de 14-18 à la suivante, et qui mêle officiers, hauts fonctionnaires, cadres et quelques universitaires, avec des amitiés dans le haut état-major (Weygand) comme dans les milieux dirigeants de l'économie (par Lamirand et Charvet) et même de la finance et de la politique (Baudouin). Catholiques de conviction, éducateurs de vocation, ils se retrouvent dans l'adhésion à ce qu'on peut appeler « le message de Lyautey » : sens barrésien de la patrie et de sa mission civilisatrice, volonté de service social et de rassemblement par-dessus les classes, souci de former des hommes de caractère capables d'action efficace, défiance à l'égard du parlementarisme et des divisions idéologiques, primat de la communauté et de l'équipe animée par un chef sur la démocratie institutionnalisée, perspective d'une réforme de la société par l'action éducative et morale. Parce qu'une grande partie de la jeunesse leur paraît à l'abandon et menacée d'embrigadement totalitaire, parce qu'un gouvernement enfin favorable semble leur laisser le champ libre tout en leur donnant des moyens d'action inconnus auparavant, parce qu'ils croient aux valeurs proclamées par le nouvel État et au rôle de l'éducation, ils se lancent dans l'improvisation d'une politique de la jeunesse.

Quoique majoritaires et occupant les principaux postes de responsabilité, ces hommes ne sont cependant pas seuls dans une administration de la Jeunesse qui reflète la diversité du système de Vichy à ses origines.

QUELLE POLITIQUE DE LA JEUNESSE ?

Les organes proprement politiques du secrétariat d'État à la Famille et à la Jeunesse créé le 12 juillet 1940 [1] ne paraissent pas avoir joué un rôle de direction décisif. Ni le secrétaire d'État Ybarnégaray, ni son secrétaire général le général d'Harcourt n'ont pris d'initiatives marquantes. Dans le cabinet ministériel, dirigé par deux inspecteurs des Finances (dont Jacques de Fouchier), des hauts fonctionnaires et des universitaires voisinent avec l'écrivain maurrassien Henri Massis, alors capitaine, et le dirigeant du Parti social français Charles Vallin. La direction de la Jeunesse animée par Pierre Goutet semble avoir fonctionné de manière assez autonome. Plutôt qu'une administration, c'est un carrefour où se croisent des hommes avec leurs idées et leurs projets, en quête de soutien et de financement officiels. L'un ou l'autre des membres du gouvernement ou de l'entourage du Maréchal y introduit ses hommes.

Diversité idéologique

Jean Borotra a raconté les circonstances de son engagement : officier, évadé, prêt à gagner Londres au lendemain de l'armistice avec l'accord de Weygand, détourné de ce projet par l'affaire de Mers el-kébir, il se retrouve à Vichy en juillet, renoue avec Weygand et Ybarnégaray qui décident de l'engager au ministère « pour redonner confiance et espoir à la jeunesse »; sa personnalité d'industriel polytechnicien, vedette du sport français, ancien combattant patriote et anti-hitlérien, le désigne comme le modèle, l'entraîneur et l'organisateur à mettre à la tête de la jeunesse. Il refuse d'abord d'occuper un poste qui lui semble devoir revenir à un universitaire; le Maréchal le mobilise néanmoins comme « capitaine d'équipe » pour prési-

1. *Journal officiel* du 26 juillet 1940.

der à la nécessaire rénovation de l'éducation – puisque, là où l'Université n'a su former que des intelligences critiques, des têtes plus ou moins bien faites, il faut aujourd'hui former des hommes, c'est-à-dire aussi des corps et des caractères; c'est ainsi qu'est créé pour lui, le 7 août, le commissariat général à l'Éducation physique et aux Sports, rattaché directement, en dehors de la direction de la Jeunesse, aux services centraux du ministère [1].

Le rôle d'intellectuels idéologues comme Henri Massis ou René Gillouin, tous deux liés directement au Maréchal, est mal connu. Le premier a été officier d'état-major pendant la guerre, s'est retrouvé chargé de mission à l'état-major de Weygand après l'armistice, puis au cabinet d'Ybarnégaray, bientôt chargé par le Maréchal d'élaborer pour lui « une doctrine de la jeunesse [2] ». L'ancien directeur de *La Revue universelle*, spécialiste des problèmes de la jeune génération... depuis la fameuse enquête d'Agathon de 1913, rappellera plus tard l'esprit qui l'anime alors. À ses yeux, les tâches prioritaires sont de sauver l'État – ce que garantit la présence du Maréchal –, de donner aux intelligences une direction, c'est-à-dire les redresser sous l'influence protectrice de l'État, et d'assurer la réforme intellectuelle et morale si longtemps réclamée et repoussée sous la République. Il faut plus que jamais combattre les vertiges qui menacent le peuple français et sa jeunesse. À la tentation des doctrines totalitaires, copies des mystiques barbares qui triomphent outre-Rhin, s'ajoutent celle du nihilisme, produit de l'accablement de la défaite, et celle du refuge dans le culte de valeurs spirituelles désincarnées – ce qui vise les catholiques démocrates de *Temps présent* et les personnalistes d'*Esprit*. C'est dans l'exaltation de la patrie terrestre que la nation trouvera le remède à ces poisons [3].

À la fois ancien ami de Lyautey, confident de sa conversion [4], et fidèle compagnon de Maurras, Henri Massis veille donc sur les initiatives concernant la jeunesse en gardien de la doctrine d'Action française, particulièrement vigilant à l'encontre des tendances nouvelles de la pensée catholique qui, se réclamant comme lui de Péguy, sont attachées à la démocratie et plus proches du socialisme que du nationalisme.

René Gillouin est un ami plus lointain de l'Action française, lié à Weygand – il a fondé en 1937, avec ce dernier et Abel Bonnard, un rassemblement national pour la reconstruction de la France – et surtout à Alibert qui le charge d'un mémoire pour le Maréchal sur la réforme de l'Université. Devenu, après le bref épisode d'une nomination au secrétariat général à l'Instruction publique, conseiller personnel et rédacteur des allocutions du chef de l'État, il suivra aussi les affaires concernant la jeunesse [5].

À un échelon plus modeste, une partie des jeunes gens que recrutent les services du nouveau ministère ont subi l'influence de la doctrine maurrassienne et appartiennent à la nébuleuse idéologique qui s'est développée autour d'elle dans les années 30. Plus ou moins politisés, restés proches ou non de l'Action française, fervents ou orphelins de la fidélité monarchiste, ils ont parcouru divers itinéraires : avec les « dissidents » de la Jeune Droite derrière Thierry Maulnier et Jean de Fabrègues, autour de l'*Insurgé* ou de *Combat*, du côté du colonel de La Rocque ou encore dans d'autres cercles intellectuels. Un Henri Caillemer, un Claude Roy, un François Sentein travaillent ainsi, à divers titres, dans les nouvelles institutions de jeunesse [6].

1. Témoignage publié dans *Le Gouvernement de Vichy, 1940-1942, pp. 86-90.*
2. R. Aron, *Histoire de Vichy, op. cit.*, t. I, p. 277.
3. H. Massis, *Maurras et notre temps*, t. II, p. 154 (« Pourquoi nous fûmes à Vichy »), et *Les Idées restent.*
4. Voir W. d'Ormesson, *Auprès de Lyautey*, p. 211 sqq.
5. R. Gillouin, *J'étais l'ami du Maréchal Pétain.*
6. Voir J.-L. Loubet Del Bayle, *Les Non-Conformistes des années trente*, pp. 410-412; A. Modry, *La « Jeune Droite » non conformiste à travers le journal « Combat » (1936-1939);* F. Sentein, *Minutes d'un libertin 1938-1941.*

Avec le mépris de la République parlementaire et le dégoût d'une société figée et décadente, ils partageaient avant la guerre le souci de fidélité à un passé plus ancien et le culte littéraire des valeurs esthétiques; mais les uns inclinaient davantage à la révolte contre les conformistes, au nom d'aspirations quasi libertaires, alors que les autres étaient à la recherche d'une pensée d'ordre – ordre philosophique, ordre politique et social – capable de s'imposer à la nation et de lui rendre force face aux systèmes rivaux du national-socialisme et du communisme. Les drames de 1940, la naissance de l'État français et la dissidence gaulliste, ont provoqué dans ces milieux diverses réactions. Ceux mêmes qui choisissent alors de travailler dans le nouveau régime, et particulièrement à la Jeunesse, le font avec des motifs ou des arrière-pensées divers. Il y a parmi eux des pétainistes enthousiastes et des ralliés qui, faute de mieux, se résignent à consacrer un temps au service de cette administration; des catholiques convaincus, des agnostiques qui, à la manière de Maurras, respectent l'Église romaine comme institution d'encadrement et de tradition, et des anticléricaux; des amis du scoutisme, qui en apprécient l'esprit sportif et communautaire, et des intellectuels allergiques à ce qu'ils décèlent de moralisme dans ses prescriptions, de conformisme dans ses disciplines et de puérilité dans ses activités [1]. Ils partagent cependant la conscience d'une responsabilité de leur génération, celle des hommes de vingt-cinq à trente-cinq ans, envers les plus jeunes. Ils ont le sentiment que le moment est venu, à la faveur de la parenthèse institutionnelle qui s'est ouverte, de mettre en œuvre une nouvelle philosophie sociale. Ainsi Pierre Ordioni, au bureau d'études du SGJ, esquisse une doctrine qui doit concilier le pluralisme et les libertés (notamment par la décentralisation et la revitalisation des provinces) avec l'ordre et la discipline.

Le nouveau ministère subit-il aussi dans cet été 1940 les pressions ou les tentatives d'infiltration des partisans du fascisme, des imitateurs de l'hitlérisme, des idéologues de la « jeunesse unique » ? En tout cas, leur échec est rapidement consommé. Dès août 1940, les partisans du parti unique sont écartés par le Maréchal [2]; celui-ci, dans son discours du 13 août, confirme l'intention du gouvernement de respecter l'existence et l'originalité des mouvements de jeunesse. La plupart des partisans d'un encadrement autoritaire des jeunes sont alors éloignés des services de la Jeunesse (quoique Armand Petitjean demeure à la Propagande jusqu'en décembre 1940, et François Gravier aux Études jusqu'en juin 1941). Évincés, ils ne cesseront de dénoncer l'attentisme et le manque d'ardeur révolutionnaire d'un SGJ monopolisé par les « anciens cadres » des mouvements confessionnels [3], qu'ils jugent incapables de mobiliser l'ensemble de la jeunesse.

Esquisses de programme

Goutet ébauche alors un programme d'action de la direction de la Jeunesse, dans un esprit pluraliste de coopération avec la famille, l'école et les mouvements de jeunesse et associations sportives [4]. Il prévoit la création

1. Voir l'évocation des deux groupes de maurrassiens pétainistes, les attentistes et les patriotes, dans C. Roy, *Moi je*, p. 350 sq., et la reconstitution de divers itinéraires idéologiques, dont ceux de Thierry Maulnier et Claude Roy, par P. Sérant, *Les Dissidents de l'Action française*.

2. Voir Ph. Burrin, *La Dérive fasciste. Doriot, Déat, Bergery 1933-1945*, p. 345 sq.

3. Rabaud, compte rendu d'une conférence faite à l'École des cadres civiques du Mayet-de-Montagne, décembre 1941, document dactylo anonyme (arch. ENCU).

4. D'après un « projet d'organisation intérieure » établi par la direction de la Jeunesse (28 août 1940) et soumis à l'approbation du secrétaire général à la Famille et à la Jeunesse (AN, F 44 1, SGJ, cabinet).

d'un réseau de « maisons de jeunes » (une par canton) dont la fréquentation serait obligatoire pour les jeunes non affiliés à un mouvement de jeunesse. Le rôle privilégié des mouvements de jeunesse est reconnu ; leur pluralité et leur spécificité seront respectées, à condition qu'ils modifient leurs méthodes, et acceptent une collaboration avec la direction de la Jeunesse. Celle-ci doit les amener à concourir tous à l'éducation nationale, les y contraindre au besoin, mais surtout « les aider à transformer leurs méthodes, à éduquer leurs cadres et à les contrôler d'une façon constante ». Un des services de la direction sera chargé d'organiser et de surveiller les « écoles des cadres » créées à cet effet « sous l'égide du ministère et des divers mouvements ».

C'est donc une voie moyenne que s'efforce de tracer la direction de la Jeunesse, en cherchant à concilier les deux principes de l'union dans la discipline et du respect du pluralisme. Les mouvements de jeunesse existants doivent se rapprocher, se fédérer peut-être, accepter les directives ministérielles, contribuer au développement du nouvel esprit civique et apporter leur collaboration aux entreprises nouvelles comme les Maisons de jeunes et le mouvement de masse des Compagnons de France. À ces conditions, ils bénéficieront de la reconnaissance et de l'aide officielles, et leur diversité sera acceptée comme un reflet de l'existence des différentes familles spirituelles. Dans sa première livraison après l'armistice, *la Revue des Jeunes* se félicite de la création d'un ministère de la Jeunesse qui entend « concilier l'unité de cette jeunesse et sa diversité » et rechercher « ce que Lyautey appelait le " dénominateur commun ", tout en respectant la spontanéité de l'invention et le génie de la diversité [1] ».

Les mouvements de jeunesse scouts et confessionnels se prêtent effectivement à l'effort de rapprochement mutuel et de collaboration qui leur est demandé avec la direction de la Jeunesse. Ils le font autant par réaction spontanée au désarroi de la défaite et par souci d'apporter leur contribution au redressement du pays, que par volonté de faire front contre les entreprises totalitaires qu'ils redoutent. Dès août 1940, les autorités d'occupation interdisent en zone nord toutes leurs activités, ce qui fait craindre une entreprise d'encadrement autoritaire de la jeunesse et pousse à accepter les perspectives tracées à Vichy, dans la mesure où ce sont des hommes comme Goutet qui en ont la responsabilité. Les mouvements protestants se sont donné spontanément, dès juillet, une structure de coordination destinée à protéger leur liberté. Les six associations scoutes, surmontant les oppositions de méthode et d'idéologie qui les séparaient, constituent en septembre une fédération, le Scoutisme français, doté d'une charte et d'un programme d'harmonisation. Quant aux mouvements d'Action catholique, déjà fédérés autour de l'ACJF et contrôlés par l'épiscopat, plusieurs d'entre eux ont délégué des membres de leur direction dans les bureaux de la Jeunesse à Vichy ; c'est notamment le cas de la JOC et de la JOCF ainsi que de la JAC. Enfin le mouvement Compagnon, né d'une initiative scoute avec la protection et les subventions gouvernementales, obtient la participation active des autres mouvements, qui lui délèguent des membres de leur direction et lui promettent de lui fournir des cadres. Les journées de Randan, en août, aboutissent à l'adoption d'une charte à la suite de discussions passionnées et à la mise en place d'un camp-école de formation des cadres.

La direction de la Jeunesse a donc adopté une orientation générale, qu'elle a commencé à faire appliquer par les différents mouvements. Mais le nouveau régime n'a pas défini précisément sa politique de la jeunesse, et la nomination de Lamirand en septembre ne met pas fin aux incertitudes et aux luttes de tendance au sommet. La Charte de la jeunesse qui a été

1. « Unité dans la diversité », *La Revue des Jeunes*, nouvelle série, 1, novembre 1940.

annoncée par les autorités ne sera pas promulguée, le projet communiqué aux mouvements ayant soulevé leurs protestations. Ce n'est qu'en 1941 que les services de la Jeunesse élaboreront une doctrine d'ensemble sous la direction du successeur de Goutet, Louis Garrone, qui leur imprimera une unité de vue.

En cet été 1940, la direction de la Jeunesse en est encore à définir ses structures, à recruter ses collaborateurs, souvent au hasard des relations, des rencontres et des recommandations, et à préciser ses missions. Dans l'improvisation fiévreuse qui caractérise alors les bureaux de Vichy, les initiatives diverses s'entrecroisent et se coordonnent tant bien que mal, sous le regard de nombreux visiteurs (officiers, militants de mouvements, prêtres, journalistes) venus voir ce qui se prépare et humer le climat. C'est l'impression que le capitaine Dunoyer de Segonzac conservera de son premier contact :

> À Vichy, le secrétariat de la Jeunesse se formait dans une confusion extrême. On y rencontrait tous ceux qui espéraient, à la faveur d'un changement de régime, faire triompher leurs idées personnelles en matière d'éducation et de formation des jeunes et qui étaient en général des individualistes impénitents; on s'y heurtait à quelques admirateurs des *Hitlerjugend* et des jeunesses fascistes, on y trouvait aussi des personnalités très attachantes et pleines de valeur dont la bonne volonté, l'élan étaient extraordinaires [1].

1. P. DUNOYER de SEGONZAC, Notes inédites (communiquées par Mme Lozac'hmeur).

CHAPITRE II

La Faulconnière, naissance d'une « École des chefs » (août-octobre 1940)

PIERRE DUNOYER DE SEGONZAC

Le capitaine de cavalerie de 34 ans qui se présente à la fin de juillet 1940 dans les bureaux de la Jeunesse à Vichy est un inconnu, dont la carrière et les activités antérieures se confondent apparemment avec les traditions et les attitudes de son milieu d'origine et de son métier militaire. Il a cependant donné quelques preuves de non-conformisme; il a surtout progressivement mûri des réflexions et des aspirations qui expliquent sa réaction devant la défaite.

Jeunesse

Né en 1906, Pierre Dunoyer de Segonzac est issu de cette noblesse provinciale qui conserve au XXe siècle ses traditions familiales : nombreux enfants, éducation sportive et rude, absence de fortune et dédain de l'argent, fidélité à ses convictions, goût d'une culture humaniste et sens du service public. La lignée paternelle s'est illustrée au XIXe siècle au service du libéralisme et de l'orléanisme. L'arrière-grand-père Charles Dunoyer (1786-1862), originaire de Carennac (Lot), a renoncé à porter le nom de la seigneurie ancestrale. Nourri de l'esprit du XVIIIe siècle, journaliste libéral sous la Restauration et économiste disciple de J.-B. Say, il est nommé sous la monarchie de Juillet préfet puis conseiller d'État et siège à l'Académie des sciences morales. Il abandonne toute fonction publique après le 2 décembre. Son fils Anatole Dunoyer (1829-1908) mène une carrière mouvementée d'avocat et d'économiste libéral; il s'exile sous l'Empire, entre au Conseil d'État après 1871, enseigne l'économie à l'École libre des sciences politiques. Parmi ses fils, le chartiste Alphonse et l'officier de marine Charles reprennent le nom de Segonzac, mais pas le normalien Louis, professeur de physique à la Sorbonne et disciple convaincu de Maurras [1].

Charles Dunoyer de Segonzac, le père de Pierre, est officier de marine. Ses huit enfants ont leurs racines campagnardes dans le Limousin où les demeures de leur famille maternelle (à Saint-Léonard-de-Noblat surtout) les accueillent, pendant la guerre de 14-18 notamment. Les mœurs y sont patriarcales (quoique la direction en soit souvent féminine), les domestiques

1. ROMAN D'AMAT, *Dictionnaire de biographie française.*

partageant la vie des maîtres et les enfants étant élevés entre cousins au contact de la nature. À ses séjours à terre, Charles de Segonzac pratique l'hébertisme et le cheval et associe ses enfants à ses passions. Sa femme, qui est bachelière, pratique les arts d'agrément et apprécie les poètes romantiques; morte jeune, elle a laissé à son fils le « souvenir ébloui » d'une mère aussi ponctuelle dans les tâches ménagères que sensible et élégante, animée d'une profonde foi chrétienne et du patriotisme ardent d'une « fille, sœur, épouse et future mère d'officier [1] ».

Le service de l'État, particulièrement sous les armes et souvent dans la cavalerie, constitue pour les fils un chemin tout tracé : un grand-père conseiller d'État et l'autre cavalier, un père officier de marine et deux oncles polytechniciens et artilleurs ont frayé la voie au saint-cyrien de 1924, qui avouera n'avoir pas été mû par un sentiment particulier de vocation personnelle. Mais dans sa famille, où les caractères ne sont pas mous, servir l'État n'implique nullement de renoncer à sa fierté ni à son indépendance de jugement. Le grand-père conseiller d'État a démissionné en 1888 par fidélité à son ami le duc d'Aumale; l'officier de marine a vécu « en état d'opposition permanente à l'égard de ses supérieurs et des gouvernements quels qu'ils fussent [2] ». La tradition royaliste ne s'est cependant pas prolongée, dans la génération de Pierre Dunoyer de Segonzac, en conviction militante. Il déclare n'avoir « découvert la monarchie » qu'à dix-sept ans, au contact de son oncle parisien; il a côtoyé sans y adhérer l'idéologie de l'Action française. Avec le sens aristocratique de l'honneur et de l'énergie, les deux convictions essentielles dont est imprégnée son enfance sont le catholicisme fervent, austère mais ouvert, de sa mère, et le patriotisme passionné d'une famille où les officiers sont nombreux. Les années 14-18 sont vécues dans l'exaltation « sublime » des accents barrésiens, comme une époque de « vraie grandeur » – la seule finalement où la nation française ait donné « un sentiment d'accord unanime et chaleureux (...). Comment n'en pas conserver la nostalgie ? » Le spectacle du défilé de la victoire à Paris, le 14 juillet 1919, laisse à l'enfant une impression ineffaçable.

Le choix de la carrière militaire se fait donc, en 1922, tout naturellement, sans passion ni regret. À Saint-Cyr, dans l'apprentissage du métier et des réflexes militaires, l'attitude du futur officier semble avoir été complexe, faite à la fois de soumission extérieure, d'adhésion loyale et consciencieuse aux règles collectives et d'une profonde réserve intérieure. Il est déçu dans son goût du panache et plus encore dans son désir de comprendre et d'agir de sa propre initiative; il n'a que « mépris amusé pour les discours emphatiques [3] » et pour les comportements conventionnels imposés par la routine. L'entraînement systématique qui vise à conditionner les réflexes ne le révolte pas, il en accepte les objectifs (« apprendre à obéir, aux chefs militaires et à l'État »). Mais il attendait aussi une « formation spirituelle », l'éveil d'une « adhésion du cœur » chez les subordonnés; il ne les trouve pas, sauf chez le capitaine Lagarde, pour qui il éprouve une « admiration sans réserve ». Ce chef sait parler aux hommes et leur communiquer « la philosophie grave, parfois amère, du véritable officier conscient de son renoncement, de ses responsabilités, de sa servitude et de sa grandeur [4] ». Les plus hautes vertus militaires lui paraissent être illustrées par la carrière du maréchal Pétain, à la fois « technicien indiscutable » et chef d'une profonde humanité. L'année d'application à l'École de cavalerie de Saumur se révèle « pleine de charmes », avec le culte désuet du cheval, mais aussi l'ini-

1. P. Dunoyer de Segonzac, *Le Vieux Chef. Mémoires et pages choisies*, p. 25.
2. *Ibid.*, p. 26. Sauf indications contraires, les données biographiques utilisées ici sont tirées de ce livre posthume.
3. P. Dunoyer de Segonzac, Notes inédites.
4. *Le Vieux Chef*, *op. cit.*, p. 37.

tiation à l'esprit cavalier qui, dans sa splendide indifférence aux réalités militaires du XXe siècle, sauvegarde « peut-être l'essentiel : agir vite, dans le plus prompt réflexe, loin, avec élégance, goût du risque et de l'aventure [1] ».

Tradition et modernisme

Les douze années de la carrière militaire de Pierre Dunoyer de Segonzac jusqu'à la guerre ont été marquées professionnellement par deux expériences positives. Il y trouve un sens et un avenir à son activité, malgré le fond de déception et d'inquiétude ressenties devant l'évolution de la conjoncture internationale et des affaires intérieures et militaires.

La première expérience est celle des joies du « commandement de jeunes hommes » – seules compensations, avec le sport équestre, à la « médiocrité triste » de la vie de garnison du lieutenant. Celui-ci découvre « un monde populaire », s'éprend de sympathie pour le jeune paysan « robuste, silencieux, travailleur, courageux, aimant le cheval », et d'ardeur pour la tâche d'en faire en quelques semaines un cavalier discipliné. Il goûte l'assurance morale que donnent au chef la confiance de ses hommes et la « communauté de sentiment » qui les unit :

« Je savais que pour eux comme pour moi le service de la patrie avait un sens; si les circonstances l'exigeaient, il nous élèverait au-dessus de nous-mêmes, d'un seul cœur [2]. »

L'exercice du commandement a dû lui permettre aussi de prendre conscience de ses propres dons d'entraîneur. Il sait provoquer dans le groupe qu'il dirige cet élan collectif qui semble révéler une âme commune, à laquelle chacun participe en adhérant personnellement à l'exemple donné par le chef. Charisme exaltant et redoutable, dont le bon usage demande beaucoup de maîtrise. Le prestige physique y tient sa place – puissance de la stature, séduction du regard –, mais bien plus, l'attrait d'une riche personnalité aux traits contrastés : hardiesse de cavalier fonceur et réserve méditative, autorité exigeante et respect attentif des êtres, sens hiérarchique du rang et capacité de camaraderie fraternelle, tension dans l'exercice des responsabilités et liberté exprimée par la gaieté, la fantaisie et l'humour. Mais les conditions de la vie de caserne et de la hiérarchie militaire ne permettent que rarement d'exploiter ces qualités d'éducateur ou de meneur d'hommes.

Deuxième expérience, provoquée celle-là par une initiative personnelle : il décide en 1930 d'opter pour la cavalerie motorisée en voie de création, et de devenir un spécialiste de la mécanique blindée. On peut deviner deux motifs à ce choix : une démarche rationnelle et une affirmation personnelle. Segonzac, homme de contacts et de conversation plus que d'études théoriques, a rencontré des officiers soucieux de modernisation; il a saisi l'importance de l'arme blindée et décidé d'être de ceux qui prépareraient la guerre de demain. Il est mû sans doute aussi par la volonté d'échapper à la routine et à l'insignifiance, le désir de courir le risque d'innover et de créer; l'ambition de carrière n'est pas son fort, mais il a celle d'être en première ligne et de répondre au défi des situations nouvelles, en montrant que dans la cavalerie « la tradition peut se retrouver, par moments, à l'avant-garde du modernisme... [3] ».

De 1930 à 1938, le cavalier aristocrate devient donc un technicien, à travers une série d'apprentissages : mécanique automobile, études universi-

1. *Le Vieux Chef, op. cit.*, pp. 38-41.
2. *Ibid.*, pp. 43, 44.
3. *Ibid.* p. 41. Voir J. PLANCHAIS, « Crise de modernisme dans l'armée », *Revue française de sociologie*, 1961, II, p. 123.

taires de mathématiques, contrôle de la fabrication des chars dans les usines d'armement, épreuve des prototypes dans une unité d'expérimentation ; ce sont autant de confrontations avec des réalités aux antipodes de l'enfance rurale, du goût de la culture désintéressée et de la vie intérieure. Et enfin, pour le nouveau chef d'escadron, nommé en 1938 au 4e Cuirassiers de Reims, c'est une autre expérience du commandement, dans un corps d'élite encadré par des hommes de valeur :

« Deux ans de travail acharné en commun sur un matériel moderne avec un personnel de qualité m'avaient donné le sentiment d'une force invincible. Un quart de siècle après, je pense encore avec tendresse à mon bel escadron [1]. »

L'apparente réussite de cette carrière militaire se déroule cependant sur un fond de déception et d'inquiétude : l'armée, la nation, sont menacées.

L'armée : Segonzac se sent certes solidaire du corps des officiers dont il admire le désintéressement, le sens du sacrifice et de la discipline, le patriotisme. Mais il reste conscient des faiblesses perçues dès Saint-Cyr : manque de curiosité pour « connaître l'homme » et le comprendre, incapacité à rendre compte du sens profond de l'obligation militaire et à obtenir « l'adhésion du cœur » au-delà de l'obéissance formelle, relative ignorance « des réalités humaines et sociales », manque de confiance à l'égard d'un haut commandement suspect d'opportunisme et de conservatisme. Aussi, les officiers, qui ont « peu évolué dans cette nation qui a changé », ne savent-ils plus « prendre » les jeunes recrues et tendent-ils à se replier sur leurs nostalgies, comme au temps de Vigny, et à substituer l'honneur militaire à un honneur national qui leur devient étranger [2]. Mais à ces faiblesses, qui sont moins graves dans la cavalerie et dans son régiment d'élite, il ne désespère pas de remédier par l'effort personnel. Soucieux de retrouver et de justifier le sens profond des gestes quotidiens, comme le salut ou la marche au pas, et d'obtenir une adhésion consciente sous les nécessaires réflexes, il réfléchit au style dans lequel s'exprimerait pleinement un homme maître de lui-même, dont les comportements gestuels traduiraient l'attitude intérieure. La lecture de *Penser avec les mains* de Denis de Rougemont (1936) l'a marqué, autant qu'un bref séjour au Maroc où il a admiré « l'œuvre d'un homme ayant le sens de la grandeur et libre de ses mouvements [3] ».

La France : il constate les insuffisances et les désordres de sa préparation militaire et en voit la cause dans la faiblesse du régime et dans « la profonde division des Français en de multiples sectes (...). Le patriotisme de 1914 avait disparu [4] ». Cette nation divisée n'a plus l'amour de son armée, il en a eu la preuve plusieurs fois. Le 6 février 1934, participant au maintien de l'ordre près du Palais-Bourbon, il essuie les injures d'anciens combattants bien mis et respectables, semblables à sa famille et s'étonne douloureusement de se trouver contre eux [5]. Au moment de l'Anschluss, comme auparavant lors de la remilitarisation de la Rhénanie, il est aux premières lignes et constate la passivité incohérente des responsables civils et militaires. Et surtout, entraînant au camp de Suippes, en 1936, des réservistes rappelés pour une période, dont certains avaient fait auparavant leur service sous ses ordres, il retrouve les appelés dociles de naguère « révoltés (...), en état de révolution », dressés contre le corps des officiers, et contre lui-même « devenu un ennemi pour [ses] hommes ». Cette expérience entame sa confiance [6].

1. *Le Vieux Chef*, *op. cit.*, p. 65.
2. *Ibid.*, pp. 58 sq. ; Notes inédites, *passim*.
3. *Le Vieux Chef*. *op. cit.*, p. 64.
4. *Ibid.*, p. 63.
5. Témoignage du général Dunoyer de Segonzac.
6. *Le Vieux Chef*, *op. cit.*, p. 64.

Ayant séjourné en Allemagne dans les années 1927-30, il a été frappé par la santé et l'énergie laborieuse d'une population courageuse, plus que par les manifestations de « jeunes gens en chemise brune ». Il a le sentiment que le rapport de forces entre les deux nations s'inverse désormais. Cependant, le capitaine de Segonzac reste un officier apolitique; ayant pleinement accepté la règle de l'obéissance absolue au pouvoir légal qui est à la base de la morale militaire française, il méprise les officiers politiciens et ne porte de jugement sur les affaires politiques qu'en fonction de deux critères : la cohésion nationale et les vertus individuelles traditionnelles dans son milieu. Il n'analyse guère les réalités économiques ni les luttes sociales, ne se sent pas concerné par l'antifascisme, et juge le Front populaire à travers ses effets sur l'armée. À ses yeux, les masses populaires aveugles combattent l'armée avec la bourgeoisie et affaiblissent la capacité de défense de la nation, au moment où grandit une menace extérieure dont il mesure mal la dimension idéologique.

Sa vision du pays et du monde semble alors marquée surtout par la tradition familiale, une « ferme conviction religieuse » de catholique discret et convaincu, un patriotisme ardent et une conception généreuse du rôle de l'officier; il est relativement peu influencé par les courants de pensée qui agitent alors les milieux politiques et intellectuels. Issu d'une génération antérieure à l'épanouissement des mouvements de jeunesse, il a fréquenté à Paris les dominicains du couvent de Latour-Maubourg, puis l'Action catholique indépendante (ACI) dont il a même créé une section à Reims, sans que cette activité l'ait beaucoup marqué [1].

Les cercles sociaux d'officiers

Vers 1936 cependant, installé dans la région parisienne, il entre en contact avec les cercles fondés par ses aînés, les capitaines de La Chapelle, de Virieu et Huet. Fidèles à l'esprit de Lyautey, ceux-ci veulent « combattre l'isolement des officiers » et tenter de « briser à tout prix la barrière qui les séparait de la troupe [2] ». Pour mieux connaître et comprendre leurs hommes, ces jeunes officiers sont amenés à s'informer des réalités sociales et des courants idéologiques qui partagent la nation, et cela semble avoir été pour Segonzac une découverte :

> Ils partaient du vieux *Rôle social de l'officier* en lui appliquant les données modernes du problème français (...). Cela les conduisait d'abord à un examen approfondi de la jeunesse française telle qu'elle se présentait à son arrivée au service, dans la variété de ses réactions sociales, politiques, religieuses. De là à étudier les diverses familles spirituelles de la France, il n'y avait qu'un pas. J'avoue n'avoir fait jusque-là que des distinctions sommaires dans la masse des hommes qui passaient entres mes mains. Je reconnaissais parmi eux des paysans, des bourgeois, des ouvriers et je n'allais pas plus loin. Grâce aux trois capitaines, je sus désormais qu'à l'intérieur de ces trois catégories il fallait distinguer le marxiste du jociste ou du jaciste, le frère aubergiste du scout, et, parmi la foule des non-militants, que l'artisan diffère de l'ouvrier d'usine, le fils de fermier du valet de ferme. J'appris à m'intéresser aux familles de ces garçons de vingt ans, au cadre social auquel ils appartenaient; je pris enfin contact avec le monde d'où sortaient les recrues et qui les explique avant même qu'on devienne responsables d'elles.

Hommes d'action, les officiers des cercles ne se contentent pas d'analyse théorique. Ayant découvert « les vrais sentiments des Français à l'égard du

1. *Le Vieux Chef*, *op. cit.*, pp. 81 et 64.
2. Notes inédites, dont sont tirées les citations qui suivent.

service militaire », ils veulent remédier aux causes du mal. Il faudrait faire une place dans l'armée à l'éducation, à côté de l'instruction militaire; mais introduire une formation morale (au nom de quels fondements?), ou professionnelle (avec quels moyens?), c'est une entreprise qui dépasse leurs possibilités. Aussi, faute de mieux.

> ...Nous nous contentions d'approfondir notre connaissance psychologique de la troupe en cherchant à ne pas isoler chaque homme de son milieu social ou professionnel naturel, en le traitant en citoyen, en cherchant à améliorer ses conditions de vie militaire matériellement et moralement, en multipliant les entretiens privés et les causeries d'ordre très général.

Tentant d'expliquer à leurs hommes le sens du devoir militaire, de dévoiler la signification des « rites militaires » et de la discipline, ils sont amenés à s'interroger eux-mêmes sur le sens de leur métier et la légitimité des contraintes qu'il impose. Il leur faut « réétudier les principes de cette philosophie (du service militaire) que nous avions acceptée sans l'approfondir au moment de notre propre formation militaire. Il nous fallait retrouver la vertu cachée derrière les mots et les attitudes apprises par cœur ».

Ils s'efforcent de préciser les caractères traditionnels de la discipline « à la française »; elle comporte le respect intégral des dures règles d'obéissance qu'exige la bonne tenue d'une troupe au combat, mais aussi, de la part du chef, une observation attentive de ses hommes. Ils affermissent ainsi « leur foi dans cette façon de commander conciliant l'énergie, l'appel au cœur et à l'intelligence des hommes, qui n'appartient peut-être qu'à nous ». Au-delà de la discipline, enfin, ils réfléchissent sur « l'autorité et les pouvoirs, l'Honneur, les devoirs et les droits de l'" Homo militaris " (...) ».

Les cercles d'officiers ont permis à Segonzac de nouer des amitiés et de prendre conscience de réalités sociales qu'il soupçonnait à peine (et par conséquent de la difficulté de cette restauration de l'unanimité patriotique à laquelle il aspire). Ils l'ont amené aussi à réfléchir aux conditions et aux limites du style de commandement qu'il pratiquait instinctivement.

À la veille de la guerre, ce cavalier aristocrate devenu technicien de l'arme blindée n'est donc pas seulement un officier de tradition, attaché à l'idéal militaire et patriotique. Aspirant à faire plus, à rasembler et guider des hommes convaincus pour le service de la grande cause nationale, il a pu mesurer les obstacles auxquels se heurte cette ambition. Les spéculations sur la crise de civilisation diagnostiquée alors par les intellectuels, l'étude des phénomènes sociaux ou idéologiques ne sont pas son affaire; mais il a pris conscience, en exerçant son « métier de chef », du problème de la formation de la jeunesse, et de la fragilité d'une nation qu'il voit divisée, myope, moralement désarmée. Homme de tradition en quête de renouvellement, homme de commandement soucieux de partager et de communiquer une foi, il ne se résigne pas à l'isolement ni à la sclérose qui menacent le milieu militaire [1].

1940

Pour le capitaine Dunoyer de Segonzac, chef d'un escadron de chars au 4ᵉ Cuirassiers, l'expérience de la guerre est brutale et sans appel. Elle se déroule au rythme des épreuves de la nation : drôle de guerre, guerre-éclair, débâcle. Après les huit mois d'attente où le régiment est transféré d'un cantonnement à l'autre, c'est l'entrée en Belgique le 11 mai avec l'armée

1. Il a épousé en 1937 Marie-Antoinette de Roquette-Buisson, fille d'un officier de cavalerie, dont la vitalité unit enthousiasme, humour, générosité et finesse.

Giraud, Anvers sous les acclamations, les positions de combat prises dans le nord puis le sud de la Belgique « sans tirer un coup de canon », puis les deux jours de combat des 17 et 18 mai où l'escadron est anéanti près du Quesnoy. Au cours de la longue retraite qui suit, les brefs engagements qu'il mène avec des formations blindées hâtivement reconstituées alternent avec les marches à pied parmi les isolés. Le 8 juillet, il rejoint à Mussidan, en Dordogne, les restes du 4e Cuirassiers.

Tout s'est joué pour lui le 18 mai, à Jolimetz, lorsque son escadron a été chargé d'arrêter une colonne blindée, dans le cadre des tentatives de colmatage de la brèche ouverte par la percée des Ardennes. Il a eu le loisir de préparer ce combat, avec des chars en bon état et un appui correct d'infanterie; ses hommes ont été disciplinés et courageux; lui-même, échappé à son char atteint et immobilisé, a dirigé toute la journée, en courant d'un char à l'autre, les manœuvres de contre-attaque puis le combat de rues. Le soir, dix-neuf de ses vingt chars sont hors de combat et lui-même, isolé, sans armes, avec quelques survivants, assiste au spectacle d'une armée en déroute; stupéfait, il connaît la détresse d'un

> ... pauvre bougre de capitaine pleurant sa troupe perdue sur un bord de route (...). Je n'ose plus regarder mes compagnons dans les yeux comme à l'accoutumée. J'ai le sentiment de les avoir trompés, car je leur avais communiqué ma foi réelle dans l'Armée française, dans l'excellence de leur arme, dans la supériorité de notre matériel. Or, nous avons été battus [1].

L'écrasement de son unité s'explique peut-être par une infériorité numérique ou mécanique, devant un ennemi dont il n'a pu évaluer les forces. Mais ce désastre particulier, stupéfiant mais non déshonorant, est lié à une déroute générale dont tout officier de carrière ressent l'humiliation : « Le doute s'était introduit en moi; il me concernait personnellement et il concernait mon pays. Dans ces conditions, la suite de la guerre, je l'ai vécue sans espoir [2]. »

À Mussidan, en juillet, il peut enfin faire le point : l'armistice, puis l'avènement du nouveau régime sont intervenus. Il accepte le premier comme un fait, conclusion inévitable de la déroute militaire. Quant au Maréchal, il lui fait confiance. Il se souvient de « l'immense respect » des meilleurs de ses instructeurs de Saint-Cyr pour « le chef de 1916-17, désintéressé, humain, honnête, équilibré, ferme dans la modération [3] »; son physique de paysan, son ton direct et simple lui paraissent les garants de sa résolution, au service d'intentions qui ne font pas de doute : préparer la reprise du combat et la future victoire.

Segonzac, qui a reçu de plein fouet le choc de la défaite, n'est pas longtemps abattu et ne se résigne pas. Il en tire quelques conclusions simples. L'effondrement, d'abord, ne s'explique pas par des raisons purement techniques ou politiques : certes, la France avait mal préparé la guerre et le « gouvernement méprisé » a révélé son impuissance, mais les responsabilités sont plus profondes. À ses yeux, elles incombent solidairement à une armée active qui avait « certes la volonté de combattre, mais pas assez celle de vaincre », et à un peuple qui n'a pas perçu la gravité de la menace, aveuglé qu'il était par ses divisions internes et désorienté par l'absence de véritables chefs.

Le spectacle de la déroute a aussi convaincu Segonzac « qu'avant de reprendre la lutte, il était nécessaire que le pays se reprît ». Il lui faut retrouver maintenant « des chefs, un ensemble de chefs » et « d'impé-

1. Notes inédites.
2. *Le Vieux Chef*, *op. cit.*, p. 72.
3. *Ibid.*, p. 74.

rieuses raisons de lutter et de vaincre[1] »; l'ennemi a tiré sa supériorité d'avoir su dégager des chefs et mobiliser les esprits pour une cause. Le nouveau régime, c'est d'abord, à ses yeux, la chance pour la France de bénéficier d'un temps d'arrêt, de recueillement et de formation. L'entreprise politique qui s'annonce sous l'égide du Maréchal ne l'intéresse pas directement – pas plus d'ailleurs que l'enjeu idéologique du conflit européen, dont il est à peine conscient :

> Pour ma part, je commençais seulement à percevoir qu'en réalité il s'agissait de se battre pour une certaine conception de l'homme, et non pas pour le maintien du couloir de Dantzig[2].

Plus que les conséquences politiques de la défaite, ce qui lui importe c'est la participation qu'il pourra donner, à son échelon, à l'effort de redressement national. Dans ces jours de méditation sur les bords de la Dordogne, mûrit un projet d'action, encore très incertain de ses moyens mais ferme dans ses objectifs. Le combat que l'officier technicien a perdu avec toute l'armée, l'officier éducateur, fort de son expérience, doit le reprendre. Puisque les armes sont tombées, reste à former les caractères et les cœurs capables de les reprendre un jour avec une nouvelle résolution. Le projet de Segonzac est donc d' « essayer de rassembler une partie de ceux qui ne pouvaient accepter cette défaite, essayer de susciter parmi eux une mobilisation qui entraînerait une réaction vraiment énergique, et tenter de les engager enfin dans un processus de revanche[3] ».

Ces réflexions se traduiront, vers la mi-juillet, par une double décision. Segonzac (à qui sa campagne vaudra la Légion d'honneur à titre exceptionnel) demande à être placé en congé d'armistice, renonçant à exercer son métier d'officier dans la petite armée « reléguée, l'arme au pied, dans des garnisons de temps de paix »; il répond immédiatement à l'invitation de son ami le commandant de La Chapelle, qui l'appelle à le rejoindre à Vichy dans les nouveaux services de la Jeunesse[4].

Le jeune capitaine qui arrive dans les bureaux de la Jeunesse n'y connaît guère que son aîné La Chapelle. Il n'a appartenu ni aux scouts ni aux Équipes sociales ni au groupe de jeunes officiers qui entourent La Porte du Theil. Trop militaire et homme d'action pour être à l'aise dans les spéculations des intellectuels, mais trop conscient de la complexité des choses pour se contenter de programmes simplistes, il fait figure de solitaire. Il n'a pas d'idées originales qui le distingueraient des membres du réseau qu'on a décrit, mais il n'en est pas non plus le produit. La sorte de virginité idéologique qui le caractérise, avec une grande disponibilité aux rencontres nouvelles et un instinct de réaction rapide devant l'événement, donnent quelque chose d'imprévisible à son cheminement.

1. *Le Vieux Chef, op. cit.*, pp. 73 et 75.
2. *Ibid.*, p. 74.
3. *Ibid.*, p. 81.
4. Notes inédites de P. Dunoyer de Segonzac et témoignage du général de La Chapelle. Cette version des faits rectifie celle qu'a donnée Segonzac dans ses mémoires posthumes comme dans ses entretiens avec R. Josse; il y présentait son départ pour Vichy comme une initiative spontanée, alors qu'il paraît avoir répondu à l'invitation de La Chapelle. *Cf.* R. Josse, « L'École des cadres d'Uriage 1940-1942 », *art. cit.*, pp. 49-74.

L'ÉCOLE DE LA FAULCONNIÈRE

L'idée d'une École de cadres

Chargé à la direction de la Jeunesse de suivre les problèmes de la formation des cadres, le commandant de la Chapelle a fait appel, parmi ses relations des années passées, aux hommes de bonne volonté et d'expérience. Avec Segonzac, il sait avoir affaire à un « pur-sang » qu'il serait vain de prétendre mener par la bride [1]; il est donc prêt à lui laisser une large initiative. Le capitaine s'installe vers la fin de juillet dans les bureaux de la Jeunesse, non loin du pianiste Alfred Cortot que le Maréchal a chargé d'élaborer un programme de formation artistique des jeunes. Il n'y restera que deux semaines, le temps de se faire un jugement sur le milieu et de mettre au point l'initiative dont il a mûri l'idée depuis l'armistice :

> Ne me sentant pas de goût pour les longues discussions, le jeu politique et les inévitables intrigues qui président à la naissance de tout organisme gouvernemental, j'ai demandé aussitôt et obtenu l'autorisation de fonder une « École de cadres ». L'appui du commandant de La Chapelle me permit de ne pas donner de précisions sur ce que j'entendais par là; j'avais, et c'était l'essentiel, carte blanche et l'assurance de voir mes dépenses prises en charge par l'État. [2]

La décision de Segonzac a-t-elle été aussi spontanée que cette relation le laisse croire ? Les échanges avec divers interlocuteurs, les suggestions qu'a pu faire La Chapelle n'ont-ils pas fortement contribué à la naissance du projet ? C'est vraisemblable, mais au fond peu nous importe, tant celui-ci va devenir, aussitôt formé, l'affaire de Segonzac – et là-dessus, les témoignages des deux hommes concordent parfaitement. Quant à l'expression « École de cadres », c'est probablement un anachronisme, car les premiers documents connus provenant du nouvel organisme porteront tous les intitulés « École des chefs » ou « Centre de formation des chefs de la jeunesse ».

Le mot « cadre », d'abord employé dans l'armée puis l'administration pour désigner les catégories de personnels remplissant des fonctions d'autorité, s'est répandu dans les années 1920-1939 dans différents secteurs. Dans l'industrie, alors que les organisations d'ingénieurs ou de classes moyennes n'utilisent qu'exceptionnellement le terme dans leur dénomination, il se crée des centres de formation ou de perfectionnement des cadres, témoins d'un effort d' « invention des cadres [3] ». Le Parti communiste a créé en 1932, à l'imitation du parti bolchevik, sa commission centrale des cadres : et des écoles de cadres (Bobigny) pour former les membres de l'appareil. Dans les mouvements de jeunesse, on parle plutôt de dirigeants, de responsables ou de chefs (dans le scoutisme), qu'on forme dans des camps-écoles ou dans des centres de formation; à la fin de la période cependant, il leur arrive d'évoquer le problème de la « formation des cadres [4] ».

Qu'on désigne alors par ce mot le personnel d'encadrement d'une organisation particulière, ou plus généralement les élites qui détiennent les fonctions d'influence et d'autorité dans l'ensemble de la nation, l'émergence du terme est révélatrice : dans une société en voie de massification et de démocratisation, où l'instruction et la spécialisation se développent, les personnels d'encadrement jouent un rôle stratégique. Mais l'insistance sur la « for-

1. Témoignage du général de La Chapelle.
2. Notes inédites.
3. Luc BOLTANSKI, *Les Cadres. La formation d'un groupe social.*
4. M. de PAILLERETS, « Cadres », *Bulletin de liaison des aumôniers scouts*, nº 104, mars 1940.

mation » des cadres dissimule l'ambiguïté des perspectives : volonté de jouer le jeu de la démocratie en favorisant, dans chaque groupe social, l'émergence spontanée d'élites capables de le représenter ? ou, plus souvent, manière pour les dirigeants de préserver leur autorité en s'assurant le relais d'un personnel formé à cet effet, et finalement d'assurer le maintien de l'ordre social dans une époque de démocratie et de pluralisme idéologique ?

Quoi qu'il en soit de cette préhistoire, la direction de la Jeunesse semble avoir adopté le terme dès l'été 1940, en se donnant un bureau des cadres dirigé par le commandant de La Chapelle et en prévoyant la création d'Écoles de cadres, comme on l'a vu. Mais celle de Segonzac est d'abord une « École des chefs ».

Cette incertitude de vocabulaire en recouvre une autre plus fondamentale, qui ne sera jamais levée et dont Segonzac jouera pour asseoir son indépendance de fait. S'agit-il de former de jeunes chefs pour les nouvelles institutions de jeunesse, ou de tenter de rassembler toutes les élites de la nation ? La couverture administrative que Segonzac accepte est celle de la direction de la Jeunesse, qui a besoin de chefs, c'est-à-dire d'adultes jeunes capables de diriger les divers camps, centres et services qu'elle projette de créer. Mais l'ambition réelle que le chef de l'École affirmera quelques mois plus tard est beaucoup plus large. En s'adressant d'abord aux spécialistes de l'encadrement de la jeunesse, il entend agir avec et sur l'ensemble des élites qui ont, dans les différents milieux sociaux, le sens d'une responsabilité et le souci d'un renouvellement. Le récit qu'il fera ultérieurement des origines de son entreprise laisse entendre que cette intention était déjà présente dans son projet primitif. En tenant compte des éventuels anachronismes de ces souvenirs rédigés après la guerre, laissons-le expliciter le sens de son initiative :

> Mes intentions au départ n'étaient pas extrêmement précises. J'avais quelques idées maîtresses, toutes inspirées bien entendu par le sentiment pesant, insupportable, d'une défaite écrasante qui devait appeler sous peine de mort totale une réaction énergique, rapide :
> Nous avions été battus, partie par une défaillance des cadres de la nation, partie par l'absence d'une unité nationale.
> Nous n'avions plus de foi suffisante dans les vérités pour lesquelles nous avions en principe pris les armes.
> En tout état de cause, la défaite n'était pas acceptable et une revanche exigeait une préparation des corps et des âmes par le travail, l'austérité et la discipline (...).
> Sur ces données vagues, j'ai tout de suite établi un programme de travail qui était le suivant :
> L'École formerait ou informerait une élite. Cette élite serait recrutée *a priori* dans toutes les classes de la nation, sans aucune exclusion. Elle vivrait pendant son stage entièrement à l'École suivant un rythme de vie très rude où alterneraient obligatoirement l'entraînement physique, les travaux intellectuels, les travaux manuels, la méditation voire la prière, et le jeu. On aborderait avec elle, dans le plus large esprit d'objectivité, l'étude des problèmes essentiels du temps et notamment de ceux qui définissent une conception de la vie et du monde ; on rechercherait avec elle des raisons de croire, de vivre et d'espérer. Je tenais essentiellement à ce que l'École donne un « style » à ses élèves tant leur façon d'être, de se tenir, de se vêtir, de se présenter que dans leur façon de penser. Je me souvenais de Saint-Cyr et peut-être surtout de Saumur, et je concevais mal une formation sans discipline personnelle et sans respect d'une sorte de code des attitudes extérieures et intérieures [1].

Le projet est formé, quelques semaines après ceux du général de La Porte du Theil lançant les futurs Chantiers et d'Henry Dhavernas créant le mou-

1. Notes inédites.

vement Compagnons de France, et en même temps que celui de Pierre Schaeffer animant *Radio-Jeunesse*. Segonzac passe aussitôt à l'action ; dès le 17 août, il peut quitter définitivement Vichy pour s'installer dans le domaine voisin de la Faulconnière, où l'École ouvrira son premier stage un mois plus tard.

Le poids d'une décision

La genèse et les modalités de l'initiative de Dunoyer de Segonzac ont leur importance, mais davantage encore l'esprit qui anime ce combattant qui devient éducateur et la perspective qui guide son action.

L'idée de Segonzac doit beaucoup, on l'a vu, à une expérience militaire collective antérieure, à la création d'une direction de la Jeunesse dans le gouvernement de Vichy avec l'esprit commun qui anime ses responsables, aux espoirs suscités par la présence à la tête de l'État du Maréchal, annonciateur et guide d'un redressement national. Mais au-delà de l'influence de cet environnement, le « pur-sang » Segonzac est animé par des convictions et des réflexes qui lui sont propres.

Il s'agit d'abord de la qualité du patriotisme national qui l'inspire. L'événement essentiel de 1940 n'est pas à ses yeux l'entrée dans une ère politique nouvelle – divine surprise –, mais l'intolérable défaite. Si l'armistice ne l'a pas révolté, il n'a pas digéré l'amère expérience de la déroute ; c'est pour lui une évidence simple, que la guerre continue par d'autres moyens. La libération du territoire, la reconquête de la force militaire et de l'indépendance nationale sont les objectifs indiscutables ; la rentrée dans la guerre d'une armée française en est la condition, et le détour par une action de formation des élites ne prend son sens que dans cette perspective. La reconversion de l'officier dans une œuvre d'éducation n'est donc pas une compensation personnelle de l'échec militaire ; c'est plutôt le choix de l'action qui lui apparaît à la fois comme la seule possible et comme la plus nécessaire, car elle est la condition de la revanche militaire. Segonzac n'est certes pas de ceux que leurs convictions ou une analyse géopolitique amènent à considérer l'armistice comme une erreur ou une trahison, mais il ne l'accepte qu'à titre de nécessité provisoire. Comme officier et comme patriote, il n'entend pas en rester là ; désormais civil et éducateur, il restera mobilisé au service d'une nation en guerre.

Il est moins facile d'exposer ce qu'est alors son attitude envers le régime ; vécue tout uniment, elle apparaît complexe au regard des catégories qui se sont imposées ultérieurement. Notons donc tout d'abord que pour la plupart des Français, y compris pour nombre de ceux qui occupent ou postulent des fonctions de responsabilité en zone libre dans l'été 40, le régime n'est pas une question posée qui appelle une réponse tranchée (pour ou contre, vichystes ou opposants), mais une donnée de fait, acceptée comme telle avec plus ou moins d'enthousiasme ou de résignation, qui impose son cadre à toute action, et qu'il n'y a pas lieu de mettre en cause *a priori*.

Segonzac s'apprête apparemment à servir l'État français et le gouvernement en créant une institution qui en dépendra administrativement et financièrement, et inscrira son action dans l'effort de reconstruction morale et sociale annoncé par le chef de l'État. Mais ce n'est pas pour lui l'essentiel. Pressé par la nécessité de « faire quelque chose » pour préparer la libération de la patrie, il a eu la chance de se voir proposer les moyens d'inventer sa propre forme d'action, et il l'a saisie. Il mènera cette action sous le patronage du Maréchal, auprès duquel veille Weygand : envers les deux grands chefs militaires, il n'éprouve que loyalisme, confiance et dévouement, sûr de leur intention de préparer la revanche et d'en donner le signal le moment venu. Les pleins pouvoirs et le style monarchique du régime apparaissent comme le fruit des circonstances exceptionnelles ; les premiers messages du Maréchal appelant à un « redressement intellectuel et moral » et exaltant les valeurs traditionnelles suscitent son adhésion de principe. Pour le reste, il demeure plein de méfiance envers les idéologues qui prétendent inspirer le pouvoir, plein d'antipathie pour les politiciens comme Laval et de mépris pour les agités et les ambitieux qui se ruent sur les places. N'attendant rien de tels personnages, il est décidé à se tenir à l'écart des intrigues de la politique, comme il en a l'habitude. Son loyalisme se veut et se croit « apolitique », dans la tradition de l'armée de métier, avec la part de préjugé et de naïveté que cela comporte ; d'ailleurs, le climat de l'été 40 suspend en quelque sorte le jugement politique et inhibe l'esprit critique même chez des hommes mieux armés sur ce plan.

Cela dit, Segonzac n'est pas un conformiste : la soumission au gouvernement n'est pas pour lui la règle suprême, ni le dévouement au Maréchal le mobile le plus profond. C'est en raison de ses propres convictions et de son expérience qu'il entreprend, et il le fait dans son style personnel. Ces convictions, le « sens de l'honneur » les résume. Il ne s'agit évidemment pas d'une frivole sensibilité d'épiderme, ni même du culte aristocratique de la prouesse (quoiqu'il ne dédaigne pas d'en donner l'exemple à l'occasion, sans être dupe), mais de la capacité de dire non et de prendre des risques, par fidélité à une responsabilité dont on se sent investi. Il y a donc des points sur lesquels il ne transigera pas : le refus de la domination allemande en premier lieu, mais aussi une conception de l'unité nationale qui n'exclut aucun partenaire sincère, surtout pas à raison de ses origines ou de son groupe social ; il en donnera la preuve dès 1940, devant le syndicalisme démocratique réduit au silence comme devant les Français israélites victimes du statut des Juifs. D'autre part son style d'autorité, qui privilègie la qualité des hommes et la recherche des valeurs communes, le rend disponible pour accueillir les témoignages et les explications qui l'amèneront à infléchir sa ligne.

Convaincu d'agir selon les intentions profondes du Maréchal et de collaborer à « l'ordre nouveau » que celui-ci prépare, il n'attend donc pas de consignes du pouvoir, dont les représentants lui ont donné la « carte blanche » qu'il a exigée. En ce sens, il n'est pas au service du régime ni du gouvernement. Il entreprend donc une marche dont il ne sait où elle aboutira, mais il sait du moins quels chemins il ne prendra pas, et mieux encore que personne ne le mènera, sinon ceux auxquels il aura choisi de se lier par une confiance et une influence réciproques.

Ces distinctions ne sont évidemment pas explicites alors chez cet homme d'instinct et d'intuition. Comme d'autres patriotes qui ont choisi, eux, la rupture et l'exil physique ou moral, il a réagi à l'événement de la défaite avec le fond de son être. Son initiative est à la fois une réponse quasi instantanée à la commotion de mai-juin 1940, et le fruit de la lente maturation des années précédentes, car ce cavalier aux réflexes prompts est aussi un méditatif, qui prépare longuement ses décisions avant de se jeter dans l'action avec détermination et opiniâtreté. Mais le sens d'une mission à accomplir, et l'audace qu'il y a à se frayer son propre chemin en refusant les compromissions, étaient présents dans la décision originelle et orientent l'œuvre à venir.

Formation d'une équipe

Le succès de l'entreprise naissante dépend évidemment pour une grande part du choix des hommes. Dunoyer de Segonzac entend constituer une équipe, la plus diverse qu'il pourra par les origines, les aptitudes, les convictions, une par la foi et la discipline partagées. Il expliquera comment il a « littéralement pêché dans la rue » les premiers membres, « parmi les disponibles en quête d'action [1] »; entendons par là que, négligeant comme il le fera toujours les voies administratives, il accepte ou provoque de multiples rencontres, à l'issue desquelles il propose une place dans son équipe à ceux qu'il juge être des « hommes de qualité » (un de ses maîtres mots). L'entretien privé, la mise à l'épreuve par une causerie ou une démonstration devant l'équipe, seront toujours ses méthodes privilégiées pour détecter les personnalités, et il y manifestera généralement un sûr instinct. C'est ce qu'il appelle « prendre les gens sur leur bonne mine ».

Exception notoire : Segonzac se choisit comme second un « vieil et cher ami », le capitaine de cavalerie Éric Audemard d'Alançon, appelé lui aussi à Vichy par le commandant de La Chapelle [2]. Partageant le projet éducatif de son ami, il lui apporte le soutien de sa rigueur morale appuyée sur une intransigeante conviction religieuse.

Segonzac recrute ensuite quelques jeunes officiers d'active en congé d'armistice : Pierre Cazenavette, sous-lieutenant des chasseurs alpins, éclaireur-skieur en 39-40, ancien scout qui semble représenter le type accompli de l'officier issu de ce mouvement; les enseignes de vaisseau Jean Devictor et Hubert Bourgau, que rejoindront un peu plus tard d'autres marins : Paul Delahousse, Bernard Pasteau, Pierre Théréné. L'adjudant-chef de chasseurs alpins Ange Balési sera le premier instructeur d'éducation physique. Pour l'alimentation et la formation diététique, Segonzac embauche une vieille connaissance, le pittoresque pharmacien-capitaine Laribe d'Arval, auteur d'un *Manuel du cuisinier militaire en campagne.*

Les autres sont des appelés ou des réservistes, alors en cours de démobilisation. Quelques-uns, hommes mûrs, déjà expérimentés dans l'exercice de leur profession, sont engagés à ce titre : l'abbé René de Naurois, professeur aux Facultés catholiques de Toulouse, âgé de trente-quatre ans, sera l'aumônier catholique de l'École; à un médecin parisien, le Dr Raymond Jodin (trente-six ans), rencontré au secrétariat général à la Santé de Vichy, on demande des cours de secourisme et d'hygiène avant de l'embaucher à titre permanent; un ancien sous-officier mécanicien de la marine, Francis Pasquier (trente-neuf ans), qui a commencé à Paris une carrière de peintre-décorateur et affichiste, est chargé du décor; Jean Mirman, chimiste âgé de trente-quatre ans, fils d'un haut fonctionnaire, est chargé de l'instruction technique des stagiaires; enfin un moniteur de l'École supérieure militaire de Joinville, ancien entraîneur du Red Star et lieutenant de réserve, Roger Vuillemin (quarante ans), sera intégré à l'École après y avoir donné des leçons d'entraînement qui démontrent l'efficacité d'une méthode originale.

Les autres recrues de Segonzac sont plus jeunes, récemment sortis de leurs études et à peine insérés dans une vie professionnelle que la mobilisation et le repli en zone sud ont interrompue. Paul-Henry Chombart de Lauwe, ethnologue et collaborateur des Équipes sociales, âgé de vingt-sept ans, est résolu, après l'armistice et la démobilisation, à continuer de servir pour préparer la revanche; décidé à travailler dans la Jeunesse, il a été déçu par sa rencontre avec le général de La Porte du Theil et effrayé par la bureaucratie brouillonne du ministère, mais il adhère au projet de Segonzac qui associe patriotisme, action éducative et engagement spirituel. Claude Toulemonde, polytechnicien de trente-cinq ans, est issu du patronat textile roubaisien dans lequel sa carrière semblait tracée. Henri Lavorel (vingt-six ans), fils d'un hôtelier d'Annecy, engagé dans l'industrie cinématographique avant la guerre, ne cache pas sa sympathie pour les Français

1. Témoignage du général Dunoyer de Segonzac; *Le Vieux Chef, op. cit.,* p. 82.
2. Témoignage du colonel d'Alançon.

libres de Londres. Charles Muller (vingt-quatre ans), cadre dans une entreprise de construction aéronautique et officier de cavalerie de réserve, n'a pas voulu reprendre après l'armistice son poste dans une industrie condamnée à travailler pour l'Allemagne. Pierre Nimier (vingt-trois ans), autre artiste-peintre, se préparait à l'enseignement du dessin. André Voisin (vingt-six ans), ancien scout routier dont la guerre a interrompu les études de droit, a rencontré Segonzac dans les bureaux de la Jeunesse où, introduit par un ami, il s'enquérait d'un emploi; il accepte la responsabilité de la gestion administrative et comptable de la future École, qui lui est confiée d'emblée, avec la consigne de faire pour le mieux. Un adjoint lui sera bientôt donné avec Alain Recope de Tilly (vingt-six ans) qui aura la charge du service général. Le benjamin, Jean Violette (vingt-deux ans), suit son chef Laribe d'Arval, des services de l'intendance militaire à ceux de l'École où il s'occupera des approvisionnements. Les trois derniers cités sont donc des administratifs; les autres, avec les jeunes officiers, forment la première équipe des « instructeurs » de l'École qui encadreront les stagiaires.

Parmi la quinzaine des membres de la première équipe, les doyens Pasquier et Vuillemin approchent de la quarantaine, mais les vingt-quatre/vingt-huit ans forment la majorité, la plupart célibataires (outre Segonzac et d'Alançon, pères de plusieurs enfants, seuls sont mariés le Dr Jodin, Vuillemin, Balési et Muller). Les officiers de carrière sont peu nombreux, mais les habitudes militaires et surtout le style cavalier des deux chefs donnent d'autant mieux le ton que les autres ont à peine quitté leur uniforme de réserviste combattant. Dans la diversité des spécialités professionnelles, les origines et les métiers bourgeois dominent; pas de travailleurs manuels parmi les futurs instructeurs. Les catholiques sont nombreux, et parmi eux les anciens des mouvements de jeunesse, scoutisme, JEC ou Équipes sociales. Les seuls à avoir une formation et une expérience d'intellectuels professionnels sont l'abbé de Naurois et Paul-Henry Chombart de Lauwe – et le premier, paradoxalement, est le seul membre de l'équipe à avoir pratiqué le militantisme politique.

Quelques personnalités prendront rapidement de l'ascendant, imprimeront leur marque à la jeune équipe et l'aideront à fixer ses perspectives. Éric d'Alançon, issu d'une famille terrienne et militaire, figure de moine-chevalier égaré dans le XXe siècle, donne « l'exemple tranquille d'un homme obéissant aux impératifs d'une exigence intérieure exceptionnelle [1] ». Une vie spirituelle intense et discrète, le respect inconditionnel d'une règle de vie, s'unissent chez lui à une grande capacité de compréhension et de direction des plus jeunes; sans éclat et sans discours, malgré les insuffisances de son jugement politique, le rayonnement de cette personnalité en fera l'âme intérieure de l'équipe, le conseiller et le guide quotidien des instructeurs et leur modèle dans le service de la communauté. Bien différent est l'abbé de Naurois : Dunoyer de Segonzac apprécie sa vivacité, son esprit érudit, curieux et original et sa fantaisie; ce baroudeur est aussi un conteur pittoresque, un mime dont les numéros d'imitation font la joie de l'équipe. Ayant milité à la Jeune République et fréquenté *Esprit,* il a aussi étudié la philosophie allemande et séjourné dans l'Allemagne hitlérienne : dans l'équipe, c'est le plus averti des problèmes politiques et idéologiques. Sur un autre plan, Roger Vuillemin, tout énergie et vivacité, donnera forme concrète au souci de durcir les corps et les caractères, en donnant l'exemple de la rusticité dans le mode de vie et d'action et en imposant aux exercices physiques un rythme souple et soutenu. Enfin, chez les plus jeunes, un Cazenavette (avec sa générosité, son sens des disciplines et des rites collectifs, ses qualités de sportif et d'entraîneur), un Chombart de Lauwe sont parmi les personnalités marquantes. Le second, formé par Mauss et Rivet

1. *Le Vieux Chef, op. cit.,* p. 89.

au musée de l'Homme, a enquêté en Afrique française, voyagé dans l'Allemagne nazie et l'Italie fasciste ; il associe la compétence intellectuelle à la générosité et à la droiture.

Mais l'équipe de Segonzac a surtout, en la personne de son chef, un incomparable catalyseur des énergies et coordonnateur des talents. Laissant à chacun la liberté de ses goûts, de ses convictions et de sa parole, il exerce sans partage une autorité arbitrale incontestée. Autorité charismatique certes, où le prestige compte pour beaucoup ; Segonzac ne s'impose évidemment pas comme penseur ni même comme orateur, il ne met pas en scène son personnage, mais le mélange de force et de charme qui émane de sa personne suscite la confiance et le dévouement. À la robustesse du cavalier solidement charpenté, dont la démarche un peu lourde révèle la ténacité et dissimule la rapidité des réflexes, il joint le rayonnement d'une sensibilité intuitive. Le dynamisme qu'il manifeste dans l'action s'accompagne d'un détachement teinté d'humour envers sa personne et ses entreprises ; il garde le secret, non pas machiavéliquement cultivé, mais fermement protégé, d'un chef qui, sans craindre les responsabilités, observe la réserve sur ses pensées ou ses inquiétudes les plus profondes. À la tête de son équipe, il exigera de chacun le strict respect de la ligne de conduite collective, une fois celle-ci tracée, mais pratiquera auparavant la délibération et le conseil. Son souci jaloux d'indépendance, son dédain ironique des honneurs, de l'ambition du pouvoir, de la recherche de l'argent ou de la sécurité dicteront les lois non écrites, le code d'honneur de l'École ; le service de l'équipe s'identifiera avec la fidélité à son chef. Certes, ce style d'autorité et de vie commune ne sera pas accepté de tous ceux qui le rencontreront, des départs jalonneront la vie de son équipe ; mais ceux qui resteront ne seront pas les plus faibles personnalités ni les plus malléables, et ceux-ci auront le sentiment d'être pleinement eux-mêmes sous cette direction, au-delà des particularismes ou des divergences. L'honnêteté foncière, le respect de soi et des autres que Segonzac appelle « sens de l'honneur » y sont pour beaucoup, ainsi que ce souci de « synthèse » fondé sur une compréhension instinctive de la complémentarité des talents et des personnalités. Dès le début, son équipe est l'amorce de ce royaume que certains appelleront plus tard la « cour » de Segonzac : troubadours et fous du roi y côtoient effectivement les penseurs, les administrateurs et les chefs ; si Segonzac s'en amuse parfois, en jouant au souverain qui gouverne selon son bon plaisir, c'est bien une équipe de travail et non une cour qu'il a rassemblée. Cette équipe où il incarne et maintient un très fort lien collectif est tendue vers le but éducatif qu'il lui a proposé dès le départ ; ses membres feront leur éducation mutuelle en même temps que celle des stagiaires.

À la Faulconnière

L'installation matérielle est rapidement improvisée au milieu d'août. Le château de la Faulconnière et son parc, situés près de Gannat, ont été réquisitionnés, en l'absence du propriétaire, Me Raymond Hubert, tandis que Philippe Lamour, installé dans les communs, entreprend de remettre en culture la partie du domaine agricole qu'il a prise en location [1]. Le château Louis XIII avec ses tours et sa terrasse dominant la plaine se prête mal à la vie d'une collectivité nombreuse. Un aménagement sommaire est réalisé par les instructeurs aidés ensuite des stagiaires ; dans le parc, on installe des tentes pour les stagiaires et des cuisines roulantes de l'armée. Les services de la Jeunesse ont fourni à Segonzac quelques camions et des hommes de la

1. Voir l'évocation sans bienveillance de cette brève cohabitation dans Ph. Lamour, *Le Cadran solaire,* pp. 199-200.

marine nationale; il se sert en matériel dans les parcs militaires, en signant des bons de réquisition plus ou moins réguliers. La Jeunesse prend en charge les traitements du personnel et les frais d'installation, de fonctionnement, d'hébergement et de nourriture. En attendant que l'intendant Voisin soit régulièrement nommé, le 17 octobre, régisseur d'une avance de 50 000 F, Segonzac a directement reçu une « avance extra-administrative » qui lui permet de financer son premier stage [1].

Il reste à recruter des stagiaires susceptibles de devenir des chefs de jeunesse. Or, la direction de la Jeunesse n'a pas de filière de recrutement de futurs chefs, et les mouvements de jeunesse tiennent à leur propre système de formation; le nouveau mouvement Compagnon a ouvert dès le 9 août son propre camp-école [2]. Au contraire, les « groupements de jeunesse » (futurs Chantiers) créés par le décret du 30 juillet pour recueillir les hommes du contingent incorporé en juin, recrutent alors leurs futurs chefs. Pour former leurs cadres moyens, ils prennent des volontaires dans les écoles d'aspirants où les élèves-officiers attendent leur démobilisation [3]. Segonzac s'insère dans cette filière en organisant pour ces volontaires un stage de formation à l'encadrement des jeunes. Comme il l'écrira plus tard,

> il nous manquait une clientèle. Nous commençâmes par mettre la main sur un régiment d'aspirants qui n'avaient pas fait la guerre et se morfondaient aux environs de Vichy dans l'attente d'une démobilisation qui tardait. Ils appartenaient à la classe 40 qu'on destinait aux Chantiers de jeunesse... [qui] réclamaient d'urgence un encadrement [4].

Pense-t-il alors faire de son école le centre de formation des cadres des Chantiers ? C'est possible : dans la mesure où le dessein de ceux-ci reste très imprécis, Segonzac peut espérer conserver sa précieuse « carte blanche » tout en travaillant pour eux. Il est certain, en tout cas, qu'il n'a pas passé d'accord explicite avec le général de la Porte du Theil; ce sont probablement les services de la Jeunesse qui ont pris sur eux la décision de confier à Segonzac, pour deux semaines, de futures recrues des Chantiers candidats à un poste de chef, en attendant que les « groupements de jeunesse » que le général constitue soient prêts à les accueillir. L'historiographie des Chantiers ne fera d'ailleurs aucune mention du rôle de l'École des chefs.

C'est dans le bataillon de marche du Larzac, replié près de Vichy, que sont recrutés les volontaires; ils sont une centaine, des aspirants pour les deux tiers, les autres sous-officiers, à s'installer à la Faulconnière pour le stage de deux semaines qui s'ouvre le 16 septembre.

Le premier stage

La promotion est répartie en cinq équipes de vingt hommes, dirigées par cinq instructeurs chefs d'équipe (Devictor, Bourgau, Lavorel, Muller et Cazenavette) qui partagent la vie et l'horaire quotidiens des stagiaires. Le programme comporte des activités physiques (hébertisme et sports d'équipe), des travaux manuels (terrassement et forestage dans le parc du château), une ou deux conférences journalières, et les cercles d'études que chaque équipe tient sous la direction de son instructeur. Il s'y ajoute des

1. Note du bureau du personnel, du matériel et de la comptabilité du SGJ, 24 octobre 1940, AN, F 44 7, SGJ comptabilité. Note du même bureau au service des cadres, 5 novembre 1940 (*ibid.*).
2. R. Hervet, *Les Compagnons de France,* p. 31 sqq.
3. R. Hervet, *Les Chantiers de la Jeunesse, op. cit.,* p. 50.
4. Notes inédites.

séances d'initiation à l'art dramatique, un dimanche consacré à une promenade-exploration selon la méthode Deffontaines, et surtout les veillées (par équipes ou toutes équipes réunies) où la tradition scoute du feu de camp est utilisée pour créer et exprimer « l'âme commune » du stage.

Le programme n'est donc pas original en lui-même, sinon par l'amalgame qu'il réalise entre des principes militaires (uniforme, discipline, déplacements en rangs et au pas cadencé), les pratiques du scoutisme (l'équipe, le culte de l'initiative, l'aménagement du cantonnement par ses utilisateurs) et la méthode intellectuelle des Équipes sociales (cercle d'études). La technique du cercle d'études, comme celle de la « promenade Deffontaines », a été acclimatée à la Faulconnière par Pierre Fleury, envoyé à l'École par la direction de la Jeunesse. Cet architecte décorateur, également marin et peintre, est un des membres fondateurs des Équipes sociales, particulièrement expérimenté dans la pratique du cercle d'études. Celui-ci a pour but de placer les participants en situation active de réflexion et d'échange à partir de leur expérience. Pratiqué par les mouvements de jeunesse catholiques depuis l'époque de l'Œuvre des cercles et du Sillon, il a été en honneur à l'ACJF, mais c'est par les Équipes sociales qu'il a été introduit à la Faulconnière. L'échange s'ouvre par un temps de libre expression, où chacun apporte ses idées ou évoque son expérience sur le thème proposé. En partant de ces premières réactions, l'instructeur chef d'équipe exerce une sorte de maïeutique destinée à faire ressortir les contradictions, les convergences et finalement les idées maîtresses qu'il a choisi de faire passer. Le cercle d'études assure à la fois un enseignement culturel et moral et un apprentissage du raisonnement et de la réflexion collective. Il permet aux instructeurs d'évaluer la bonne assimilation de l'enseignement donné par les conférenciers, de tester les convictions des stagiaires et de développer la cohésion de l'équipe.

Le programme des causeries et conférences a été établi par Segonzac, avec l'aide de ses équipiers (en particulier de l'aumônier Naurois) et de conseillers liés aux services de la Jeunesse. Ceux-ci lui envoient quelques conférenciers, fonctionnaires ou responsables de mouvements, mais l'essentiel de l'enseignement est assuré par les instructeurs de l'École (Segonzac, d'Alançon, Naurois, Chombart de Lauwe). De cet enseignement, dont le contenu nous échappe faute de comptes rendus écrits, on sait du moins qu'il associe la formation « morale » des futurs chefs à leur instruction technique, dans un climat de mobilisation patriotique [1].

Segonzac a mis en œuvre dès ce premier stage le style éducatif dont son expérience militaire lui a donné l'idée et le goût. On s'adresse à « l'homme tout entier » en pratiquant l'alternance des exercices; les journées se déroulent sur un rythme plein sans temps morts; la vie commune consolide l'unité de l'équipe, les instructeurs donnant l'exemple de la discipline et du service de la communauté. Saluts aux couleurs, conseil des chefs quotidien, veillées où les chansons et les jeux préparent le climat avant le « mot du chef » de l'École, ponctuent, avec une part de cérémonial propre à frapper les imaginations, ces deux semaines que le chef a voulu de vie rude, de retraite et d'activité intense.

Le stage se termine dans les derniers jours de septembre par le baptême de la promotion, qui prend le nom de « Nouvelle France ». Les stagiaires sont alors répartis dans les groupements des Chantiers de jeunesse, à deux niveaux de responsabilités. S'appuyant sur les appréciations des instructeurs-chefs d'équipe, le chef de l'École attribue à 85 des 100 stagiaires la mention « très bon élément » et les classe en trois catégories. 37 sont proposés pour la fonction de chef d'équipe des Chantiers (commandement de 12 hommes), 34 pour celle d'assistant-chef de groupe (le chef de groupe est

1. Témoignages du général Dunoyer de Segonzac et du stagiaire M. Jourjon.

responsable d'une dizaine d'équipes, soit 120 hommes), et 14 pour l'une ou l'autre; ils seront répartis également entre les 38 premiers groupements [1]. Quelques stagiaires sont mis à part pour être affectés à l'École même; en réalité aucun n'y restera, sans doute à cause de l'urgence des besoins extérieurs.

AU SERVICE DE L'ENTRAIDE DES JEUNES

L'École des chefs de la Faulconnière ne connaît que quelques jours de repos avant de rouvrir ses portes dès le 5 octobre aux 149 participants du deuxième stage, prévu lui aussi pour deux semaines. Mais une « révolution » s'est opérée, dans le recrutement et la destination des stagiaires comme dans le programme; il n'est plus question d'une École des chefs *des Chantiers de jeunesse*, mais du Centre général de formation des cadres (ou Centre supérieur de formation des chefs) *du secrétariat général à la Jeunesse* [2].

Encadrer les jeunes chômeurs

Ce changement est lié au nouveau développement des services de la Jeunesse. Le remaniement gouvernemental du 6 septembre, en effet, a séparé la Jeunesse de la Famille et l'a rattachée à l'enseignement dans un nouveau secrétariat d'État à l'Instruction publique et à la Jeunesse que dirige le doyen Ripert [3]. En réalité, l'autonomie de la Jeunesse est accrue par la création d'un secrétariat général à la Jeunesse (SGJ) qui coiffe la direction de la Jeunesse de Goutet. Georges Lamirand est nommé le 27 septembre secrétaire général; il a sans doute été choisi, comme précédemment Borotra, par le Maréchal lui-même, sur recommandation d'un des membres de son entourage. Chef du personnel des Messageries Hachette en 1939, nommé directeur des usines Renault en juin 1940, l'auteur du *Rôle social de l'ingénieur* est connu comme apôtre et artisan de la collaboration sociale au sein des entreprises. Au moment où les responsables de la jeunesse doivent donner la priorité aux problèmes d'emploi et de formation professionnelle, son expérience d'organisateur en ce domaine le recommande. Orateur enthousiaste, entièrement et naïvement dévoué à la personne du chef de l'État et à la cause du redressement moral, il assume pleinement son nouveau rôle : il est le chef que le Maréchal donne à la jeunesse française pour en être le guide, sinon le modèle, autant que l'organisateur. Salué comme « le chef de la jeunesse », il a la sympathie des catholiques, des patriotes hostiles à l'Allemagne et des fervents d'une Révolution nationale qui supprimera l'antagonisme des classes.

Le SGJ ne sera organisé avec ses différents bureaux et services extérieurs que par la loi du 3 novembre 1940, mais auparavant sont prises deux mesures générales. Dix délégués régionaux à la jeunesse sont créés. Ils représenteront le secrétariat général auprès des autorités et notabilités locales et des mouvements de jeunesse, et devront recenser les besoins des jeunes et favoriser les initiatives privées en faveur de leur formation profes-

1. États nominatifs de classement signés le 29 septembre 1940 par le directeur de l'École des chefs; Liste nominative des élèves du premier cours, La Faulconnière, 2 octobre 1940 (arch. ENCU).
2. P. D., « De quels cadres s'agit-il ? », *Jeunesse... France!*, 22 janvier 1941.
3. Voir en annexe I le tableau « La Jeunesse dans les gouvernements de l'État français ».

sionnelle et culturelle. Par ailleurs, dès la fin septembre, a été établi, sous le nom d'Entraide nationale des jeunes (ENJ) un plan pour prendre en charge les jeunes gens de quatorze à vingt-cinq ans menacés par le chômage. On évalue à plusieurs centaines de milliers le nombre de ces jeunes que la guerre, l'exode, la fermeture des usines et le ralentissement de l'activité économique réduisent à l'oisiveté. Pour les mettre directement au travail dans des chantiers, surtout ruraux, ou leur donner la formation professionnelle qui leur manque, on prévoit la création de centres de jeunes chômeurs ou groupements de travail. Il faut donc former, avant l'hiver, plusieurs milliers de jeunes chefs capables d'en fournir l'encadrement. Pour cela, on fait appel aux ressources des mouvements de jeunesse, qui fourniront une partie des futurs chefs de chantiers et prendront en charge leur formation dans une cinquantaine de camps-écoles ou centres régionaux de formation de cadres. Pour la jeunesse masculine, quatre mouvements s'engagent dans cette action et y délèguent un de leurs dirigeants qui collaborera avec le SGJ : les Scouts de France (commissaire François Basseville), les Éclaireurs de France (commissaire général André Léfèvre), les Éclaireurs unionistes (commissaire René Juteau) et la JOC (Émile Mithout). Chacun de ces mouvements créera plusieurs centres de formation et en fournira le personnel dirigeant, avec les subventions du SGJ qui en contrôlera le fonctionnement. Les quinze premiers centres de formation des chefs doivent s'ouvrir à la fin d'octobre (dont cinq à l'initiative des Scouts de France et sept à celle des autres associations du scoutisme) et organiser leurs premières sessions de formation de dix jours; les suivantes seront portées à trois semaines.

Mais avant de donner aux équipes désignées par les mouvements la responsabilité de diriger et animer les nouveaux centres régionaux de formation, une brève période de perfectionnement apparaît nécessaire. En les mettant en contact les uns avec les autres pour réaliser un brassage, on leur donnera la préparation technique nécessaire, et surtout on leur insufflera un esprit commun : il faut leur expliquer la politique du SGJ et la tâche d'encadrement moral de la jeunesse dont on les charge, et leur donner l'exemple de ce que doivent être les sessions de formation qu'ils auront à diriger. C'est à l'École de la Faulconnière qu'est confié ce stage de perfectionnement des futurs chefs de centres régionaux, auquel les services de la Jeunesse enverront également certains de leurs fonctionnaires ou candidats à un emploi (services centraux de Vichy, délégations régionales où l'on nomme des adjoints, délégations départementales en voie de création). Elle devient donc le Centre supérieur de formation des chefs du secrétariat général à la Jeunesse, au même titre que les deux autres centres nationaux qui viennent d'être créés : l'École de Sillery (pour la zone occupée) et celle d'Écully (pour les jeunes filles) [1].

L'École de la Faulconnière doit inaugurer ce nouveau rôle avec une première session de quinze jours qui s'ouvrira le 6 octobre, pour une centaine de stagiaires. Deux voies de recrutement des stagiaires (tous volontaires, âgés de dix-huit à trente-cinq ans) sont prévues : celle des mouvements et celle des candidatures dites « isolées ». Dans le premier cas, le choix est pratiquement laissé à l'initiative des mouvements de jeunesse qui participent à l'ENJ. Chacun d'entre eux s'est engagé à fournir un contingent donné de jeunes chefs, qu'il remplit en hâte; dans les derniers jours de septembre, des circulaires internes à chaque mouvement présentent en termes enthousiastes les grandes lignes du projet, proposent aux destinataires un poste dans l'encadrement des centres régionaux, et les invitent à s'inscrire au

1. Dossiers du cabinet du SGJ (AN, F 44 1 et 2, SGJ, cabinet); *Bulletin de presse* du SGJ, n°s 4-5, 15 décembre 1940; P. HAURIGOT, *Jeunesse, voici de nouvelles routes.*

stage de la Faulconnière en réclamant une réponse immédiate [1]. La direction de la Jeunesse choisit d'autre part des « isolés » parmi ceux qui lui ont offert leurs services ou adressé une demande d'emploi [2]. Aux uns comme aux autres, un poste est promis s'ils suivent « avec succès » le stage de la Faulconnière, pendant lequel ils ne seront pas rémunérés, mais déchargés de tous frais de séjour, d'entretien et de déplacement.

Aux quelques 95 stagiaires ainsi recrutés (dont les trois quarts par les mouvements) s'ajoutera un petit groupe de onze futurs moniteurs d'éducation physique, désignés par le commissariat général à l'Éducation physique et aux Sports [3] et destinés eux aussi à l'encadrement des centres régionaux de formation de chefs. Enfin l'armée envoie encore à ce deuxième stage un important contingent d'aspirants (environ 45) en voie de démobilisation, volontaires pour participer à l'encadrement des Chantiers de jeunesse. Pour moitié, ce sont des élèves-aspirants du régiment de marche du Larzac; les autres viennent du régiment – centre d'instruction de Fontenay ou de l'école des chars de Versailles. Ce sont presque tous des étudiants, à part une dizaine de séminaristes et un cistercien.

Segonzac s'éloigne des Chantiers

L'École des chefs a donc changé de public. Les deux promotions suivantes ne comporteront qu'une équipe chacune (vingt stagiaires) destinée aux Chantiers, et ce reliquat disparaîtra complètement en 1941. Dès l'incorporation de leur premier contingent, le 25 octobre, les Chantiers prévoient la création de leurs propres écoles de cadres. Ils ont accepté la prestation de Segonzac à un moment d'urgence, à titre d'essai peut-être ou sous la pression du SGJ, qui soutient le général de La Porte du Theil en s'efforçant de le contrôler [4]. Celui-ci joue alors une partie serrée, d'abord pour obtenir l'autorisation d'ouvrir son premier stage (en butte à une campagne hostile, il a le soutien de Lamirand), puis pour rester le seul maître de son entreprise; c'est chose faite en janvier 1941, avec la création d'un commissariat général directement rattaché à l'Instruction publique (échappant donc à la tutelle du SGJ). Ayant créé entre temps des commissariats provinciaux, il peut alors ouvrir les écoles de cadres régionales prévues, s'assurant ainsi le contrôle entier de la formation de ses chefs [5].

Au total, l'école de Segonzac n'aura joué à l'égard des Chantiers qu'un rôle marginal de sous-traitance en leur fournissant quelque deux cents cadres moyens (assistants-chefs de groupe et chefs d'équipe), alors qu'ils en emploient plusieurs milliers.

L'association qu'on pouvait attendre ne s'est donc pas faite entre l'école de formation des élites imaginée par Segonzac et l'organisation de masse mise en place par le général de La Porte du Theil. Pourquoi ? Sans qu'il y ait animosité ni même rivalité entre les deux chefs, qui se sont rencontrés dans

1. Lettres circulaires de F. Basseville (QG des Scouts de France, 26 septembre), d'É. Mithout (secrétariat général de la JOC, 28 septembre) et d'A. Lefèvre (EDF, 29 septembre), dossiers d'inscription des stagiaires (arch. ENCU).

2. Circulaire du directeur de la jeunesse Goutet, 27 septembre 1940 (arch. ENCU).

3. Circulaire du 3 octobre (*ibid.*).

4. Une lettre de la direction des Chantiers à Segonzac, le 30 octobre, lui annonce *in extremis* et apparemment sans enthousiasme la désignation de vingt chefs pour le stage du 4 novembre « en exécution des prescriptions de la lettre du 28 octobre de M. le secrétaire général » (arch. ENCU).

5. Voir J.-G. Ravault, *L'Institution du stage..*, *op. cit.*, pp. 114-115; R. Hervet, *Les Chantiers de la Jeunesse*, *op. cit.*, pp. 41, 72.

les bureaux de la Jeunesse à Vichy, une collaboration entre eux supposerait surmontés bien des obstacles.

Le général est non seulement quinquagénaire, ancien combattant de 14-18, ancien commandant d'école et chef scout entouré de disciples, mais aussi polytechnicien et artilleur ; le jeune capitaine inconnu, indépendant et inventif, est saint-cyrien et cavalier... Mais il y a surtout entre eux une divergence de conception que leur farouche volonté d'indépendance (trait commun aux deux personnalités) rend insurmontable. La Porte du Theil, qui forge sa méthode d'encadrement éducatif, entend nécessairement contrôler la formation de ses cadres et le choix des hommes ; une coopération organique avec l'école des chefs ne serait possible qu'en intégrant celle-ci aux Chantiers, ce dont ne veut pas Segonzac, soucieux de rester le maître de son affaire.

Cette incompatibilité fonctionnelle se double-t-elle d'un dissentiment idéologique ? Évident un an plus tard, celui-ci est difficilement décelable à l'automne 1940. Le général Dunoyer de Segonzac minimisera plus tard cet aspect, préférant parler d'un éloignement progressif et naturel entre deux institutions qui ne poursuivaient pas le même but. P.-H. Chombart de Lauwe souligne au contraire que le chef des Chantiers n'appréciait pas les déclarations non conformistes lancées par certains compagnons de Segonzac, comme Naurois, et cette interprétation est reprise par J. Bourdin et R. Josse, selon qui Segonzac jugeait les Chantiers « trop inféodés au gouvernement ». Cette explication est sans doute prématurée s'agissant de 1940 ; cependant on verra *La Revue des Jeunes* du Père Forestier, aumônier des Chantiers, dénoncer, dès décembre 1940, la dangereuse neutralité religieuse des Écoles de cadres. Au total, il semble que, si le dissentiment proprement politique ne s'est affirmé qu'en 1941, les deux institutions suivaient déjà en 1940 des orientations divergentes en certaines matières : la liberté de pensée, de parole et de recherche intellectuelle n'y avait pas la même place, et son articulation sur le devoir de discipline civique n'était pas conçue de la même manière [1].

Une hiérarchie bienveillante

Le centre de la Faulconnière est désormais engagé exclusivement au service du secrétariat général de la Jeunesse, qui le considère comme la maison mère des centres régionaux, dirigée « par une élite d'entraîneurs d'hommes » [2], et lui donne une place de choix dans son double plan d'encadrement des jeunes. Dans l'immédiat, l'Entraide nationale des jeunes doit répondre au problème urgent et temporaire posé par le chômage des jeunes. À plus longue échéance, il s'agit de réaliser le rassemblement de toute la jeunesse, organisée ou non, au service de la Révolution nationale ; la question du choix d'un principe d'organisation (unité ou pluralisme) se pose alors, et ce n'est pas à la Faulconnière que ces orientations se décident.

Ainsi la carte blanche donnée à Segonzac en août aboutit non seulement à une inévitable dépendance administrative mais aussi à l'insertion de son école dans un cadre dont la direction ne lui appartient pas. Si le SGJ recrute les stagiaires et les embauche en fin de stage, s'il fait de l'École le modèle et la pépinière de l'ensemble de ses centres de forma-

1. Témoignages du général Dunoyer de Segonzac et de P.-H. Chombart de Lauwe. Voir R. Josse, « L'école des cadres d'Uriage (1940-1942) », art. cit. ; J. Bourdin, « L'école nationale des cadres d'Uriage : des intellectuels à la recherche d'un style de vie », art. cit.

2. Notes non datées des bureaux du SGJ (septembre 1940), AN, F 44 1 et 2, SGJ, cabinet.

tion, il doit logiquement fixer les normes de son action, contrôler ses programmes, définir une ligne de pensée et surveiller le recrutement des instructeurs.

En réalité cette évolution ne semble pas avoir menacé sérieusement, en octobre 1940, l'indépendance de Segonzac. Il a d'abord une bonne longueur d'avance (ancienneté et expérience, netteté des intentions, unité de direction et solidarité de l'équipe) sur la nouvelle administration que va mettre en place Lamirand, avec un bureau des cadres responsable des activités de formation. Le commandant de La Chapelle, devenu chef de ce bureau, demeure l'interlocuteur et le supérieur hiérarchique du chef de la Faulconnière. Il a certes l'ambition de présider à « la formation de tous les chefs des organisations de jeunesse » et de « diriger toutes les écoles de cadres [1] ». Mais en fait il s'appuie sur le modèle qu'il a trouvé à l'école de la Faulconnière, plus qu'il ne la dirige. D'ailleurs, dans le climat d'improvisation enthousiaste qui règne alors, la confiance de La Chapelle reste acquise à Segonzac, sur lequel contrôle administratif et subordination hiérarchique ne pèsent guère. Lorsque le premier expose sa conception du rôle du chef, son discours coïncide avec la pratique du second : le chef, lié à son équipe comme la tête aux membres, doit s'imposer par l'ascendant et les compétences autant que par le rang; alliant le souci de l'efficacité à celui de l'éducation de l'homme entier, il doit aimer et respecter ses subordonnés, joindre le rayonnement de la vie intérieure à celui de la cordialité [2].

Deux notes sur l'École de la Faulconnière, rédigées en octobre par les services du SGJ à la veille de l'inspection du chef de l'État, insistent sur l'intérêt de l'expérience; les instructeurs sont proches de leurs équipiers et les guident moralement autant qu'ils les forment techniquement :

> L'École ne prétend pas former en quinze jours des techniciens, mais faire vivre des élèves de provenances très diverses dans une atmosphère d'union française, de travail en commun pour la rénovation nationale, réveiller les qualités de chef, les énergies, remettre en honneur la notion de discipline, d'autorité et de responsabilité.

Aussi prévoit-on de développer l'action de l'École, en augmentant la durée des stages et en ajoutant des cours de perfectionnement aux cours de formation; les chefs de jeunesse déjà en poste « viendront y parfaire leur instruction, en même temps qu'ils mettront en commun l'expérience qu'ils auront acquise au contact des réalités [3] ». Annonçant le prochain transfert de l'École « dans un cadre montagnard », le bureau des cadres la voit jouer le rôle d'une « École normale des chefs supérieurs de la jeunesse », cependant que d'autres grandes écoles spécialisées naîtraient d'elle par essaimage. Il semble donc admis du côté de Vichy que l'École de Dunoyer de Segonzac, ayant ouvert la voie avec succès, continue d'avancer dans les directions amorcées. Les projets qu'il avance ne sont certes pas tous retenus; c'est en vain qu'il réclame l'affectation à son École de spécialistes des questions intellectuelles et pédagogiques, capables d'élaborer des programmes et des méthodes pour l'ensemble des centres et écoles de formation [4]. Il trouve cependant en La Chapelle un tuteur ouvert à ses initiatives.

1. « Note pour M. le secrétaire général sur l'organisation du bureau des cadres », signée De La Chapelle, chef du bureau (29 octobre 1940), AN, F 44 2, SGJ, cabinet.
2. Instruction n° 3 du chef du bureau des cadres (AN, F 44 2).
3. « L'École des chefs de la jeunesse », note du 19 octobre; « L'École de la Faulconnière », 20 octobre 1940 (AN, F 44 2, SGJ cabinet).
4. Demande d'octobre 1940, rappelée dans une note de mai 1941 : « Nécessité d'un bureau d'études à Uriage » (arch. ENCU).

Le deuxième stage

La deuxième session de la Faulconnière s'ouvre le 6 octobre, pour 150 stagiaires répartis en neuf équipes : cinq équipes de candidats aux postes du SGJ (chefs Bourgau, Chombart de Lauwe, Devictor, Lavorel et Cazenavette), trois équipes d'aspirants destinés aux Chantiers (chefs Muller, Nimier et Toulemonde), et une équipe, dirigée par Vuillemin, de futurs moniteurs d'éducation physique. Parmi les envoyés des mouvements de jeunesse, trente-deux Scouts de France, une quinzaine d'Éclaireurs unionistes et une dizaine d'Éclaireurs de France ont exercé des responsabilités de dirigeants, et bon nombre d'entre eux sont des réfugiés originaires de zone occupée, voire de zone interdite. Les jocistes (une quinzaine), eux aussi souvent réfugiés, sont généralement plus jeunes et moins expérimentés. Le mouvement des Compagnons de France a délégué quelques observateurs. La JEC ne participe à l'opération qu'indirectement pour épauler la JOC. Les Éclaireurs israélites ne sont pas non plus officiellement représentés, mais plusieurs membres des EDF sont d'origine juive. La majorité des stagiaires sont dans la tranche d'âge de vingt et un à vingt-cinq ans, mais quelques-uns ont dépassé la trentaine. Étudiants et cadres de l'industrie et du commerce voisinent avec de nombreux employés, des ouvriers envoyés par la JOC, et trois officiers de marine. Les professeurs et instituteurs sont rares, alors que le groupe des aspirants compte un fort noyau de séminaristes [1].

On a annoncé aux stagiaires, en termes très généraux, un programme d'enseignements théoriques et pratiques, où la formation technique à leurs futures responsabilités va de pair avec la réflexion sur « les horizons ouverts aux jeunes et la discipline nécessaire [2] ». L'horaire quotidien prévoit, après les rites du petit matin (le « décrassage » dirigé par Vuillemin, l'inspection des tentes et la cérémonie du salut aux couleurs), une double alternance dans chaque demi-journée, entre les activités physiques et intellectuelles d'une part, entre les travaux menés par équipe et ceux qui rassemblent toute la promotion d'autre part : le matin, après la séance commune d'hébertisme, chaque équipe tient un cercle d'études; les trois heures de travaux manuels de l'après-midi (terrassement et forestage dans le parc, artisanat) précèdent la conférence suivie de discussion qui regroupe tous les stagiaires. En soirée, la veillée introduite par des chants et des jeux s'achève en exhortation et méditation [3].

Une dizaine de comptes rendus de conférences et cercles d'études nous sont parvenus [4]; on voit la formation morale des jeunes chefs se développer dans deux directions : sur le plan civique, c'est le rappel des réalités françaises (c'est-à-dire de la diversité des milieux sociaux et régionaux, avec leurs traditions culturelles et leur psychologie) et plus particulièrement des questions sociales, envisagées sous leur aspect moral (fléaux sociaux, problèmes familiaux, mais aussi problème ouvrier et syndicalisme). Sur le plan proprement moral et éducatif, les stagiaires sont invités à méditer sur les responsabilités et les vertus du chef et sur les exigences de la vie en communauté; on esquisse une doctrine commune (dont l'exposé ne sera pas conservé).

La formation technique des stagiaires comporte des informations sur l'ENJ et les intentions du secrétariat général, sur les mouvements de jeu-

1. Fiches d'inscription des stagiaires (archives ENCU); Document du QG des SdF. sur la participation à l'ENJ, 15 octobre 1940 (A N, F 44 1).
2. Circulaire des EDF, citée note 1, p. 69.
3. Note du SGJ « L'École de la Faulconnière » (20 octobre 1940) citée.
4. Textes communiqués par P. de Chevigny et arch. ENCU.

nesse, etc. On leur apprend les règles de la gestion administrative d'un centre de jeunes, et on les initie aux activités que le scoutisme qualifie de « spécialités » : exercices physiques et manuels d'intérieur ou de plein air, exploration du milieu, activités de loisirs (jeux collectifs, art dramatique, etc.). On utilise les compétences de certains stagiaires, qui deviennent à leur tour moniteurs [1].

L'enseignement est en effet mutuel et actif : chacun est appelé à se perfectionner au contact des autres, autant qu'à faire bénéficier l'équipe de ses propres capacités. Ainsi les membres d'une équipe prennent à tour de rôle le commandement de leur tente pour la journée, le responsable d'un jour choisissant l'assistant qui lui succédera le lendemain. La générosité et le dynamisme restent évidemment, avec la discipline et le souci du travail achevé, les vertus majeures dont les instructeurs donnent l'exemple et qu'ils cherchent à développer. Le bref temps de perfectionnement de deux semaines proposé à des individus déjà formés et sélectionnés devient une sorte de veillée d'armes, au cours de laquelle les résolutions s'affermissent et les énergies se concentrent avant l'action.

Le programme de formation civique et sociale s'est étoffé. En cercles d'études, les instructeurs présentent aux stagiaires les futurs centres-écoles régionaux, et animent des discussions sur le travail, l'autorité, les fléaux sociaux. Lamirand visite l'École et explique les objectifs du SGJ. Plusieurs de ses collaborateurs, dont Pierre de Chevigny, du bureau des cadres, précisent les instructions et consignes de l'administration. Le Dr Jodin vient parler de l'hygiène et Vuillemin fait trois conférences-démonstrations sur l'éducation physique, la méthode naturelle d'Hébert et la pratique des sports. D'Alançon expose les exigences et les règles d'une saine vie en collectivité, Segonzac les qualités du chef (fermeté et humanité). Deux causeries sont consacrées aux questions ouvrières. Sur la condition des apprentis, Émile Mithout, dirigeant jociste délégué dans les services du SGJ, tient le langage de revendication généreuse caractéristique de son mouvement. L'exposé sur le syndicalisme de l'ancien cégétiste Courrière, devenu chef de cabinet du ministre du Travail Belin, reflète au contraire, sur un ton violemment polémique, le corporatisme et l'anticommunisme officiels. Dénonçant l'action des agitateurs communistes aux ordres de Moscou, faux syndicalistes et responsables de la faiblesse du syndicalisme français depuis 1920, il fait totalement silence sur l'œuvre du Front populaire et défend l'action du groupe « Syndicats » où il secondait Belin. Il déclare ignorer la lutte des classes, « construction artificielle de l'esprit », et expose sa vision de la corporation industrielle de demain. En attendant, il juge nécessaire de supprimer les confédérations syndicales agonisantes, et de prévoir l'exclusion des anciens dirigeants défaillants. Quant aux agitateurs communistes qui peuvent se glisser dans les centres de jeunes, il est d'avis de les réduire au silence et de les empêcher de nuire, par la contrainte physique s'il le faut. Enfin Chombart de Lauwe présente les objectifs et la méthode de la « promenade Deffontaines » avant d'en diriger une; les deux équipes lâchées sur le bourg voisin d'Ebreuil achèvent leur journée d'exploration géographique et d'enquête sociale par une séance récréative offerte aux habitants.

Les deux grands moments de la session semblent avoir été la visite de Robert Garric et, naturellement, celle du Maréchal pour la cérémonie de clôture : le feu d'une parole inspirée un soir, et l'image de marbre d'une silhouette silencieuse le dernier jour laisseront une trace durable dans l'esprit des stagiaires et de leurs instructeurs.

1. Témoignage d'A. Ridard.

Méditation sur la Patrie

Robert Garric visite l'École en voisin et ami. Nommé par Daladier commissaire général du Secours national, il en dirige maintenant à Gannat l'organisation pour la zone non occupée, et fréquente l'École de cadres militaire créée à Opme par le général de Lattre de Tassigny dont il est un des conseillers intellectuels [1]. À la Faulconnière, il prononce à la veillée, devant instructeurs et stagiaires rassemblés, une « méditation sur la Patrie » qui soulève son auditoire dans un courant unanime d'émotion et d'adhésion fervente : c'est un de ces moments où la communauté prend conscience de son unité en célébrant sa foi. Le texte de Garric entrera dans le fonds commun de l'école; il y connaîtra, au moins pendant la première année, une grande diffusion [2]. Ses thèmes seront exploités, fournissant l'argument des séries de causeries que les instructeurs donneront aux stagiaires pour célébrer le patrimoine national. Les idées en sont banales et, par là, très significatives d'un esprit de 1940. Après avoir fait appel à la géographie (une terre conquise par des hommes et devenue leur chair) et à l'histoire (« une grande ligne d'amour et d'héroïsme » la parcourt, depuis Vercingétorix), Garric évoque les traditions des aïeux (leur sens de la terre, de la famille et du métier) puis la culture française (raison et sourire). Il exalte l'honneur (cornélien), les valeurs de fraternité et de générosité, de dévouement et de charité, et décrit le rayonnement impérial et mondial d'une France « missionnaire d'idéal. » Il achève en un double appel, au travail quotidien pour le service de la Patrie et à l'espérance dans l'avenir : la Patrie est une âme, la tradition de la France est une mission. Le texte ne contient aucune référence au Maréchal ni à la Révolution nationale, mais fait allusion aux moments difficiles où l'unité et la grandeur de la France ont paru compromises. La leçon de confiance, d'effort et d'espérance qu'il donne explique son retentissement émotif sur les jeunes gens vaincus de 1940 à l'avenir incertain. Sa ligne générale n'a rien de nationaliste ni de contre-révolutionnaire, mais efface complètement l'héritage idéologique contrasté, les ruptures politiques et les luttes sociales : derrière l'exaltation sentimentale d'une Patrie idéalisée, la nation n'apparaît pas (le mot n'est pas prononcé).

La méditation de Garric a soulevé l'enthousiasme de ses auditeurs, y compris du « gaulliste » Lavorel [3] et s'est achevée sur une vibrante *Marseillaise*, où ils ont exprimé leur résolution de continuer le combat patriotique en préparant la revanche. Ce discours et ce climat sont révélateurs de ce qui semble alors le dénominateur commun de l'équipe en la matière : la ferveur patriotique combattante s'appuie sur une vision idéalisée et apolitique de l'âme et de la mission de la France. Garric cependant ne reviendra pas à l'École.

Le dimanche 20 octobre, le baptême solennel de la promotion « Maréchal Pétain » se déroule en présence de Lamirand, du ministre Ripert et du chef de l'État lui-même. Le Maréchal inspecte les élèves rassemblés sur la terrasse du château, visite « sans mot dire [4] » les locaux, et préside enfin la cérémonie du baptême au pied du mât aux couleurs. Les chefs d'équipe prêtent le serment des jeunes chefs : « Au nom de mon équipe, pour la

1. Voir les témoignages publiés dans « Hommage à R. Garric », *Revue de la Haute Auvergne*, 1968; S. de LATTRE, *Jean de Lattre, mon mari*, 1971, pp. 163-194.
2. « Méditation sur la Patrie, par Monsieur R. Garric » (document ronéo., 6 p. arch. ENCU). Voir l'évocation de cette soirée dans *Jeunesse France – Cahiers d'Uriage*, n° 31, mai 1942, p. 47.
3. Témoignage de P.-H. Chombart de Lauwe.
4. P. DUNOYER de SEGONZAC, *Le Vieux Chef*, *op. cit.*, p. 85.

France, je m'engage à commander et à servir de toutes mes forces et de tout mon cœur jusqu'à la mort [1]. » L'École de la Faulconnière est symboliquement unie à celle de Sillery en zone occupée (École de cadres de l'Île-de-France) dont la promotion baptisée quelques jours plus tôt portait le même nom et que visitera bientôt Chombart de Lauwe, envoyé par Segonzac en « mission de liaison ».

La promotion « Maréchal Pétain »

En fin de session, les instructeurs ont établi une fiche sur chacun de leurs équipiers; les appréciations sur les qualités physiques, techniques et morales et sur le caractère aboutissent à une conclusion sur l'aptitude du stagiaire à diriger une école ou à participer à l'encadrement d'un groupe de jeunes [2]. Les 45 aspirants volontaires pour les Chantiers suivent leur propre voie dans cette organisation, les autres sont proposés par Segonzac pour être affectés par le SGJ aux divers emplois disponibles. Dans les derniers jours du stage, des groupes de trois à six stagiaires se sont constitués, souvent par affinités spontanées, prêts à prendre la responsabilité de la création d'un centre-école régional. Plus de la moitié des stagiaires sont effectivement nommés dans ces fonctions; à la fin de l'année 1940, environ 80 stagiaires de la promotion « Maréchal Pétain » seront en poste dans les 15 centres régionaux existant alors en zone libre, dont 13 chefs de centre [3].

D'autres stagiaires restent au service de leur mouvement de jeunesse d'origine. Certains sont affectés par le SGJ soit à ses services centraux, soit aux délégations régionales ou départementales de la jeunesse, comme Lebrec, nommé rédacteur au bureau des cadres à Vichy, et Dumazedier, responsable d'un centre de jeunes à Saint-Étienne. Enfin quelques-uns sont retenus à l'École pour être intégrés à l'état-major de Segonzac; c'est le cas d'Alain Desforges, scout routier et ingénieur de l'aéronautique, de Pierre Crochet-Damais et de Paul de la Taille, licencié ès lettres et aspirant de réserve issu de Saumur. À ce dernier, Segonzac propose de rester auprès de lui comme chef de cabinet-secrétaire-officier d'ordonnance, et surtout homme de confiance capable d'assurer les contacts et les missions délicates.

Les futurs chefs d'écoles et les nouveaux instructeurs embauchés par Segonzac sont évidemment ceux qui ont le mieux mordu au stage, adhérant profondément au style de l'École et répondant à la sollicitation d'engagement jusqu'à la mort. Il en est d'autres pour qui les deux semaines de la Faulconnière n'ont pas été une découverte, ou n'ont pas suscité d'enthousiasme : cet amalgame de méthodes scoutes et de vie militaire leur a paru

1. P. D., « Consécration de l'École des chefs. La visite du maréchal Pétain à la Faulconnière », *Jeunesse... France!*, n° 1, 13 novembre 1940. L'article est illustré d'une photographie de la cérémonie. Notons que la formule du serment ne comporte aucune allusion au régime ni à son chef.

2. Quelques exemples contrastés de ces appréciations : « X, sérieux et intelligent. Apte aux fonctions de chef. Esprit parfaitement mûr, dévoué. A besoin toutefois de se dégager de la mentalité scoute qui a déteint sur lui pour élargir ses vues dans un but plus grand. Proposé pour la direction d'une École de cadres. » « Y, esprit bourgeois, donne l'impression de rechercher dans l'ENJ plutôt une situation que toute autre chose. Sectaire, manque d'envergure et de largeur de vues. Lèche-bottes. Peu apte à être un chef. Égoïste, aucun sens de l'esprit d'équipe. Juste bon à des tâches subalternes. » « Z, sérieux, travailleur, très consciencieux. Manque d'entraînement physique. Tempérament posé, réflexes lents. A une expérience intéressante des milieux ouvriers. Réussira difficilement comme instructeur. Rendrait des services dans une école ou un chantier pour les questions administratives ou techniques » (Fiches individuelles des stagiaires, arch. ENCU).

3. Voir la liste des écoles régionales, chap. IX.

familier et sympathique, sans plus. Certains sont bouleversés, d'autres simplement intéressés ou indifférents, quelques-uns sceptiques ; une sélection spontanée s'établit selon les degrés d'adhésion, dont les motifs ne sont pas clairement analysables : les uns « accrochent » ou sont « accrochés », selon le langage de l'époque, pas les autres...

Le stage de cette promotion « Maréchal Pétain » est important dans l'histoire de l'École, dont il marque le véritable départ. Elle a confirmé son style et précisé le rituel qui l'exprime ; si le cri de ralliement lancé au rassemblement (« Jeunesse... France ! ») est le même que dans les Chantiers, l'uniforme s'est distingué : la culotte de cheval claire et le blouson gris particularisent les hommes de Segonzac. L'École a sa chanson, *La Fanchon*, et évidemment son cérémonial quotidien du salut aux couleurs. Plus profondément, la ponctualité et l'ordre militaires sont associés à une extrême exigence de qualité et de rapidité dans l'exécution des tâches, et au sens scout de l'équipe dont la réussite exclut le culte de la compétition individuelle.

Le recrutement des stagiaires, qui avait été improvisé pour la première session, obéit désormais à des lignes directrices qui caractérisent l'École : elle reçoit des volontaires, mêle des hommes d'âges, d'origines, de professions et de convictions divers ; dans le bref perfectionnement qu'elle assure, la technique compte moins que l'aptitude globale à l'initiative, à la responsabilité et à l'autorité. Elle ne prétend pas former des spécialistes, mais dégager des élites (des responsables ou des dirigeants, dans le langage d'aujourd'hui) ; l'équipe de direction reste ouverte, attentive à se compléter en appelant à elle ceux qui lui semblent les plus qualifiés.

Enfin et surtout, la promotion « Maréchal Pétain », après sa dispersion, constitue la réserve où Segonzac sait pouvoir disposer de fidélités assurées. Les promotions suivantes fourniront aussi leur apport et, plus tard encore, de nouveaux venus, plus brillants ou plus intimement associés à l'entreprise commune, joueront un rôle plus éminent. Mais les membres de cette deuxième promotion, et particulièrement les chefs et les instructeurs d'écoles régionales, sont appelés à jouer un rôle essentiel dans le rayonnement de l'École ; ils représenteront et diffuseront son esprit dans l'ensemble des régions de la zone sud, et donneront une nouvelle dimension à sa méthode éducative en la transposant dans leurs écoles. Grâce au lien créé à la Faulconnière, l'École peut devenir institution nationale sans perdre son originalité.

Première manifestation de ce lien, on distribue les textes ronéotypés des cercles d'études et conférences du stage ; mais déjà a été prévue la publication d'un bulletin [1]. Un mois plus tard sera effectivement créé un journal, et un an après une association d'anciens en tête de laquelle s'inscriront, après les instructeurs de l'École, les stagiaires de la promotion « Maréchal Pétain ».

En ces mêmes jours, le chef de l'École a pris une décision : il quitte la Faulconnière, séjour provisoire choisi dans la hâte. Plusieurs raisons à ce départ : la première est de commodité matérielle, car l'installation est trop exiguë pour le développement qu'il prévoit ; il a demandé l'extension de la réquisition aux dépendances du château, mais le fermier Philippe Lamour, s'appuyant sur la loi du 27 août favorisant la remise en culture des terres en friche, a obtenu une intervention du cabinet du Maréchal [2]. Segonzac souhaite aussi s'éloigner de la capitale bourdonnante de curiosités et d'intrigues, peut-être avec l'idée de prendre le champ nécessaire à son indépendance et surtout pour ne pas devenir le point d'attraction des oisifs amateurs d'émotions, des journalistes en quête de reportages ou des ambitieux à

1. Dès le 7 octobre, Cazenavette en a parlé à ses équipiers (document « Cercle d'études », arch. ENCU).

2. Notes adressées au SGJ les 28 et 30 septembre 1940 (AN, F 44 2, SGJ).

la recherche de points d'appui politiques. À ses yeux, une atmosphère de recueillement et de discipline intériorisée, de retraite, est nécessaire et il ne la maintiendra pas si près de Vichy. Il recherche donc, pour contribuer à créer ce climat, un site, un haut lieu que le paysage, l'histoire ou l'architecture qualifient en suscitant un sentiment de liberté et de grandeur.

Confié à Éric d'Alançon, le travail de prospection s'est vite centré sur les Alpes, avec l'approbation du SGJ qui souhaite voir l'École « accueillir, dans un cadre montagnard, des promotions plus nombreuses [1] ». Après de vaines recherches de Lavorel en Haute-Savoie, est découvert le domaine d'élection sur lequel le chef jette son dévolu : le château d'Uriage.

1. Note du 19 octobre 1940 (AN, F 44 2, SGJ, cabinet).

CHAPITRE III

À Uriage. L'École nationale des cadres (novembre - décembre 1940)

L'installation à Uriage du Centre supérieur de formation des chefs de la jeunesse ne modifie guère, dans les premiers temps, le déroulement et la forme des stages; elle lui donne cependant une assise nouvelle, dans le domaine des symboles autant que sur le plan des activités et des contacts. Dans les deux derniers mois de 1940, où l'École organise deux sessions sur le modèle mis au point à la Faulconnière, Segonzac prend aussi plusieurs initiatives qui annoncent et amorcent le développement qu'il entend donner à son entreprise. Il lance des publications, accueille une session spécialisée pour éducateurs adultes, s'adjoint une troupe de comédiens, élargit le cercle de ses collaborateurs et enfin entreprend de réunir en journées d'études des représentants de divers courants de pensée pour faire l'inventaire des convictions communes. L'équipe prend ensuite un temps de réflexion, en janvier 1941. Interrompant le rythme des stages, les instructeurs tiennent une session interne pour faire le bilan de quatre mois d'activité et réfléchir sur les orientations futures, au moment où l'École vient d'être officiellement reconnue par une loi de l'État français. À beaucoup d'égards, le tournant de l'année 1940-41 est, pour l'École, le temps d'un nouveau commencement.

PREMIÈRES PROMOTIONS D'URIAGE

Uriage

Le château d'Uriage : un site, un domaine, un symbole. La petite ville d'eaux qui en a fait connaître le nom, Uriage-les-Bains (commune de Saint-Martin-d'Uriage) occupe, à dix kilomètres au sud-est de Grenoble, le fond d'une vallée glaciaire. Celle-ci débouche au sud sur la Romanche à Vizille, mais aussi au nord-ouest, par les gorges du Sonnant, sur la vallée de l'Isère à Gières. Le château qui commandait ces gorges domine la station, planté sur une hauteur escarpée qui s'adosse de l'autre côté au plateau de Saint-Martin; il fait face, à l'ouest, aux massifs du Vercors et de la Chartreuse, dont les sommets sont visibles, derrière les collines proches, depuis ses parties hautes. Tournant le dos au vieux village, il est entouré d'un paysage humanisé de premier étage alpin, où cultures et prairies sont coupées de bois de sapins; l'accès y est facile par le tramway

Grenoble-Uriage-Vizille, dont la gare est située au pied même de la croupe qu'un raidillon escalade. Si l'horizon est montagnard et le relief escarpé, l'environnement immédiat est campagnard, et la capitale des Alpes du Nord toute proche. Le site n'est pas grandiose, mais la première vision que l'on a du château en débouchant des gorges est saisissante de noblesse et de fierté, et les ravins qui l'entourent créent une impression d'isolement propice à la retraite.

Segonzac s'y crée un domaine. Le château est le produit de plusieurs remaniements d'une première construction du XIIe siècle. Avec ses quatre tours d'angle, c'est un puissant édifice rectangulaire, échancré par une terrasse sur la face sud-ouest, ouvert au sud-est sur une petite cour intérieure fermée par un mur d'enceinte et commandée par un châtelet. Avec ses quelque 70 pièces de toutes dimensions, il offre de vastes possibilités, moyennant des aménagements importants (il ne comporte pas de chauffage central); acquis à la veille de la guerre par un restaurateur qui y a entrepris des travaux, il est restée inoccupé, le chantier interrompu, jusqu'à la mesure de réquisition prise pour l'installation de l'École. Une propriété de huit hectares l'entoure; ce sont surtout de fortes pentes couvertes de taillis, délimitées par le ruisseau de la Scie et par le fond de la vallée d'Uriage, où une usine à ciment abandonnée jouxte la gare. En décembre, la réquisition d'une propriété voisine ajoutera au domaine, avec les bâtiments d'une ferme (dite « de l'Espérance »), une quinzaine d'hectares de terrain en pente douce situé au nord et de part et d'autre de la route d'accès, à l'est [1].

Le symbole s'attache à la figure de Bayard : le château a été construit par les Alleman, famille apparentée à celle du chevalier sans peur et sans reproche; celui-ci y a effectué quelques séjours dans sa jeunesse – juste assez pour donner prétexte à l'appellation extensive de « château de Bayard » : ainsi, les nouveaux chevaliers peuvent-ils exprimer leur volonté d'enracinement dans un passé héroïque.

L'équipe de l'École arrive au château le 1er novembre, à la veille de l'ouverture du troisième stage. Le château loge les membres célibataires de l'équipe, les services et fournit les locaux communs des stagiaires (réfectoire, salle de conférences et grande salle de réunion); les cuisines roulantes sont installées aux abords, et les grandes tentes militaires des équipes sur la prairie du nord-est. Dans ces bâtiments qui séduisent par leur austérité et leur rusticité, le campement est incommode à l'approche de l'hiver. Aussi des travaux sont-ils aussitôt entrepris : réfection des équipements électrique et sanitaire, installation d'un chauffage central que le précoce et dur hiver de 1940 devancera et interrompra; pour loger les familles des instructeurs mariés, plusieurs villas sont réquisitionnées ou louées aux environs.

Trois stages se dérouleront à Uriage en cette fin d'année 1940. Les deux premiers suivent le modèle de la deuxième session de la Faulconnière; ce sont les sessions C (promotion « Bayard », du 4 au 19 novembre) et D (promotion « Lyautey », du 8 au 29 décembre). Celle-ci inaugure la durée de trois semaines qui sera désormais la norme des stages dits « d'information générale ». Par ailleurs, un premier stage « spécialisé », destiné aux responsables des Maisons de jeunes, est organisé en décembre.

Stages des promotions « Bayard » et « Lyautey »

Les instructeurs-chefs d'équipe sont partiellement renouvelés. Aux anciens (Cazenavette, Lavorel, Toulemonde) s'ajoutent de nouveaux venus (Alain Desforges issu de la promotion « Maréchal Pétain », les officiers de marine Pasteau et Théréné, le peintre Claude Malespina), tandis que

1. Voir le plan du domaine en annexe V.

d'autres instructeurs sont affectés aux services annexes créés par Segonzac. Tous ceux qui sont en contact avec les stagiaires ou exercent une fonction d'autorité sont considérés comme instructeurs et appelés « chef », contrairement aux employés des services généraux. Le SGJ rémunère vingt-trois instructeurs en novembre et vingt-cinq en décembre, y compris le directeur, l'intendant, le médecin et l'aumônier [1].

Chacune des sessions C et D compte environ 125 stagiaires, dont une vingtaine viennent des Chantiers de jeunesse. Il s'agit maintenant de garçons incorporés en octobre et déjà nommés chefs d'équipe, qu'on envoie se perfectionner à Uriage. Étudiants pour la plupart, souvent en classes de préparation aux écoles militaires, ils appartiennent aux groupements des provinces Alpes-Jura et Provence, où ils retourneront après la session d'Uriage. Ils ne sollicitent pas d'emploi dans les services du SGJ, et pour la plupart ne conserveront pas de relations avec l'École.

Une autre équipe, dans chacune de ces sessions (respectivement 12 et 19 membres), est formée de candidats à un poste de moniteur d'éducation physique dans une école régionale ou un autre centre de jeunes. Âgés pour la plupart de dix-neuf à vingt-cinq ans (quelques vétérans frisent la quarantaine), ils ont une expérience de moniteur de sports mais sont souvent étudiants, ou engagés dans diverses professions. Pris en main par Vuillemin et son adjoint Balési, ils ont évidemment leur programme particulier de stage.

Les autres stagiaires, répartis en quatre équipes de 20 à 25, sont volontaires pour occuper un poste dans un des services dépendant du SGJ, école régionale, délégation ou centre de jeunesse. Les candidatures ont été recueillies par les délégués régionaux, sur proposition des mouvements de jeunesse et des autres organismes (écoles régionales, délégations départementales) ou sur présentation individuelle; le SGJ continue à faire appel en effet aux candidatures directes de « jeunes Français qui ont de l'étoffe [2] ». Le bureau des cadres du SGJ, peut-être en liaison avec l'École, examine les demandes et établit la liste définitive des stagiaires.

Les membres de la promotion C « Bayard » sont d'âges variés, de dix-neuf à quarante-sept ans. Une nette majorité (70 %) appartient à la tranche des vingt à vingt-six ans, mais deux groupes notables sont formés par la tranche des vingt-sept à trente-deux ans (14 %) et celle des trente-quatre à quarante ans (10 %). Les plus jeunes sont souvent étudiants (un bon nombre ont commencé une classe préparatoire à Saint-Cyr ou Navale); beaucoup sont sans emploi, démobilisés ou réfugiés originaires des zones occupée et interdite. Parmi les plus âgés, les ingénieurs sont assez nombreux, ainsi que les cadres moyens; quelques officiers de la marine marchande, des employés, représentants et commerçants complètent l'éventail, avec quelques officiers d'active, de la marine ou d'aviation. Les métiers manuels sont donc peu représentés, les agriculteurs pas du tout. Le déracinement, l'impossibilité de poursuivre les études ou l'activité professionnelle semblent constituer des motivations importantes, outre l'intérêt pour les œuvres de jeunesse et le dévouement généreux à la cause du relèvement national [3].

Près de la moitié des stagiaires déclarent avoir appartenu à un mouvement de jeunesse : aux Scouts de France une trentaine (un sur deux), cinq à chacune des trois associations d'Éclaireurs (EDF, EU, EIF), sept à l'ensemble JOC, LOC et CFTC, un à la JEC, trois aux Auberges de jeunesse, un aux Jeunesses patriotes; trois sont chefs aux Compagnons de France. La forte représentation des mouvements qui participent à

1. États des effectifs établis par l'intendant pour le paiement des soldes et indemnités des instructeurs (arch. ENCU).
2. *Bulletin de presse* du SGJ, n° 4, novembre-décembre 1940.
3. D'après les fiches d'inscription des stagiaires. Dossiers des stages (arch. ENCU).

l'Entraide nationale des jeunes (les quatre associations du scoutisme et la JOC) inscrit cette session dans le sillage de la précédente.

En fin de stage, les instructeurs consignent leurs appréciations sur des fiches comportant quatre rubriques : valeur d'ensemble, solidité (intellectuelle, physique, morale), aptitudes et spécialités, observations particulières (c'est-à-dire propositions d'affectation, en fonction des souhaits exprimés par le stagiaire). Quelques-uns sont notés « à écarter », ou « à surveiller » – notamment lorsque la valeur morale ne paraît pas à la hauteur des autres qualités, et lorsqu'on note un manque de générosité, un excès d'esprit critique (« esprit dissolvant ») ou une « mentalité de fonctionnaire ». Les affectations ne sont pas toutes connues. Le quart des stagiaires environ (23 sur les 100 qui ne sont pas enrôlés aux Chantiers) ira compléter l'encadrement des écoles régionales; une douzaine seront placés dans les délégations régionales et départementales; d'autres seront nommés à la tête de centres ou chantiers de jeunes travailleurs, ou dans d'autres services du SGJ. Au total, l'administration de la Jeunesse n'offre pas assez de postes pour assurer le placement de l'ensemble des stagiaires qui sont reconnus capables. Cette évolution va évidemment s'accentuer avec la promotion suivante qui sort de stage fin décembre, à un moment où la plupart des postes créés dans les services du SGJ sont déjà pourvus.

Le recrutement de la promotion D « Lyautey », en décembre, est analogue. Les âges restent variés, sauf dans l'équipe venue des Chantiers, nécessairement formée de garçons de vingt et vingt et un ans, et dans celle des moniteurs d'éducation physique dont la plupart ont entre dix-neuf et vingt-trois ans. Les stagiaires des quatre équipes non spécialisées se répartissent en quatre tranches d'âges. Celle des vingt-deux à vingt-huit ans représente les deux tiers de l'effectif, celle des vingt-neuf à trente-six ans un quart, et les deux autres un dixième, avec sept jeunes (dix-huit à vingt et un ans) et deux quadragénaires. Les étudiants forment le quart de la promotion et les diplômés environ 30 % (ingénieurs surtout, mais aussi anciens de Sciences po et d'HEC, architectes et avocats); quelque 15 % reconnaissent être sans profession, et celle de plusieurs autres est visiblement provisoire (instituteurs intérimaires, employés de secrétariat). Le commerce (représentants, négociants, hôteliers) reste bien représenté, alors que les métiers manuels sont toujours rares sauf dans l'équipe des moniteurs de sport. Une quinzaine d'officiers de toutes armes, en activité ou en congé, sont présents ainsi que, fait nouveau, sept ouvriers et artisans des arsenaux de la marine (électriciens, mécaniciens), dont plusieurs instructeurs-moniteurs d'apprentissage des ateliers à bois des Industries navales de Toulon. Plusieurs stagiaires ont été envoyés par les nouveaux centres régionaux de formation de cadres de la Jeunesse à l'issue de leur première session, et cinq autres par les centres Jeunesse et Montagne qui viennent d'être créés. Les déplacés de zone occupée, les réfugiés alsaciens établis dans le Puy-de-Dôme sont encore relativement nombreux.

Les antécédents dans les mouvements de jeunesse révèlent une prépondérance du scoutisme catholique plus nette encore que dans la session précédente. Sur 54 stagiaires qui ont appartenu à un mouvement, soit la moitié de la promotion, 29 ont été Scouts de France; viennent ensuite les mouvements d'Action catholique (onze, dont cinq jocistes et quatres jécistes). Les mouvements laïcs ou protestants sont peu représentés : deux EDF et trois EU, deux anciens des Auberges et six Compagnons. Au total, un stagiaire sur trois a pratiqué le scoutisme.

Les emplois offerts aux stagiaires en fin de session sont désormais peu nombreux; une quinzaine sont affectés à l'encadrement des centres régionaux et une dizaine aux services du SGJ (délégations ou bureaux de Vichy) ou à ceux du commissariat au Chômage des jeunes qui est créé en décembre. Avec l'année 1940 s'achève ainsi la phase où le rôle principal de l'École a été de sélectionner et former des candidats aux postes créés dans les nouvelles institutions de la jeunesse.

Sur le programme et le déroulement de ces deux stages, on sait peu de chose [1]. Le rythme de la vie quotidienne est désormais fixé. La journée commence avec le « giclage » des équipiers hors des tentes, à l'appel des instructeurs, avant sept heures, puis la séance de « décrassage » musculaire et respiratoire ponctuée de courses à travers les ravins du domaine, suivie de la cérémonie des couleurs. Le temps se partage ensuite entre l'éducation physique (de une à trois heures par jour, centrées sur la méthode naturelle d'Hébert), les chantiers (deux ou trois heures de travaux manuels : forestage dans le parc, terrassements utilitaires et travaux d'aménagement des bâtiments), les cours de chant et d'art dramatique, les cercles d'études par équipe et la conférence suivie de discussion de la fin d'après-midi. Après déjeuner, une heure est réservée au silence; les veillées (des chants ou un jeu dramatique, une causerie quelquefois ou des lectures, et le mot du chef) demeurent les temps forts du stage, avec la promenade d'exploration régionale qui occupe un dimanche après une journée de préparation. Le chef de l'École, qui réunit chaque jour le conseil des chefs où tous écoutent en silence celui qu'il désigne pour parler, reçoit individuellement les stagiaires à leur arrivée, et donne le ton par l'allocution qui ouvre et clôt la session. Le baptême de la promotion en fin de session, inauguré à la Faulconnière en présence du Maréchal, trouve à Uriage son rituel définitif, sur le plateau voisin des tentes autour du mât aux couleurs. Le serment, dont la formule reste la même, est précédé d'un bref dialogue entre le chef de l'École et les équipes : « Êtes-vous prêts à tout mettre en œuvre pour servir la France ? – Oui. – Êtes-vous prêts à vous dévouer pour la jeunesse ? – Oui. – Êtes-vous prêts à faire votre devoir de chefs ? – Oui ». Puis la proclamation : « Je vous sacre : Promotion... » est suivie d'une minute de silence avant la Marseillaise finale. Absence apparemment surprenante : aucune formule d'allégeance ni même aucune référence au « chef de la Jeunesse » Lamirand, au Maréchal ou à la Révolution nationale.

Les conférences dont nous connaissons les sujets (celles qui sont communes avec le stage simultané Maison de jeunes) reprennent et précisent des thèmes traités à la Faulconnière, mêlant l'éducatif au social et au civique : « Les qualités du jeune Français » (chef Bourgau); « La promenade Deffontaines » (chef Chombart de Lauwe); « La valeur éducative du sport » (chef Vuillemin); « La psychologie ouvrière » (M. Montcel, président national de la JOC). En cercles d'études, on aborde, entre autres, l'éducation de l'enfant, les loisirs, les mouvements de jeunesse, le chef, les organisations sociales, la femme et le mariage, la famille, le travail et les métiers, la Patrie... Cependant, deux interventions se détachent de l'ensemble : « Jeunesses française et étrangères » par P.-H. Chombart de Lauwe et « Styles de vie français et étrangers » par l'abbé de Naurois. Complémentaires et convergents, ces exposés expriment les refus et les interrogations qui marquent l'orientation idéologique de l'École en cette fin de 1940.

1. Seuls documents, deux reportages : J. Morlins, « À l'École des cadres d'Uriage. Cent vingt chefs de la jeunesse ont prêté serment hier », *Le Petit Dauphinois*, 20 novembre 1940 (sur la session C); S. Maret de Grenand, « Impressions sur l'École supérieure des cadres à Uriage », *Le Routier*, organe des clans routiers des EDF, février 1941, pp. 45-49 (session D).

Positions antitotalitaires

Chombart de Lauwe consacre une double conférence à la description et à la critique de l'organisation totalitaire de la jeunesse dans l'Italie fasciste et l'Allemagne nazie [1]. Au cours de voyages d'études faits dans ces deux pays avant la guerre, il a pu mesurer le poids de la mainmise de l'État totalitaire sur la jeunesse : soumission totale de l'individu qui n'est rien puisque la collectivité est tout, conflit inévitable avec la tradition chrétienne d'éducation. Il invite ses auditeurs à tirer la leçon de ces expériences étrangères, en cherchant dans leurs propres racines historiques et spirituelles les ressources qui permettront de mobiliser la jeunesse dans le respect des valeurs nationales et culturelles propres à la France, c'est-à-dire au service d'une communauté non totalitaire.

C'est encore Chombart de Lauwe qui, au retour de la mission en zone occupée accomplie fin octobre, rapporte ses impressions au cours d'une veillée réunissant les instructeurs et l'ensemble des stagiaires de la session « Lyautey » : « J'ai simplement parlé de ce que j'avais vu à Paris, des défilés allemands sur les Champs-Élysées, des vexations, de la collaboration telle qu'elle se pratiquait (...). Jamais peut-être de ma vie je n'ai senti un public aussi vibrant [2]. »

Ces impressions sont developpées dans son rapport écrit, dont la première partie est consacrée à « la vie quotidienne en zone occupée ». Il évoque l'omniprésence des agents de la Gestapo, « l'ambiance de suspicion, spécifique des pays soumis aux régimes totalitaires », l'« écœurante » propagande nazie qui développe « une tension croissante entre occupants et occupés », et la montée d'un « espoir croissant dans la victoire de l'Angleterre ». Il insiste sur l'opposition « entre les sympathisants des procédés hitlériens, partisans de l'écrasement de l'Angleterre, des pogroms contre les juifs, de certaines méthodes de violence, et d'autre part le reste des Français de la zone occupée, l'immense majorité à ce qu'il semble, qui mettent leur espoir dans une victoire anglaise sans d'ailleurs être vraiment anglophiles ».

Évoquant enfin les sentiments des Français occupés au sujet de ce qui se passe en zone libre, il les juge « inquiets et défiants » :

> Ils nous reprochent d'être inconscients parce que nous ne voyons pas l'occupation d'assez près. La masse du public est opposée aux compromis et les projets de collaboration entre la France et l'Allemagne ont suscité de vives inquiétudes. On peut dire que seul l'attachement de la population au Maréchal l'empêche de prendre position contre le gouvernement de Vichy. On sent bien cet attachement extraordinairement profond lorsque les gens écoutent la radio [3].

Écrit dans les premiers jours de novembre, ce texte éclaire une question à laquelle aucun document ne permet de répondre : comment Segonzac et son équipe ont-ils réagi à l'annonce de l'entrevue de Montoire (24 octobre,

1. Les deux exposés sont connus approximativement par les textes publiés par le journal *Jeunesse... France!* (qui les a amputés, selon l'auteur, de passages significatifs). Chombart de Lauwe avait publié en 1939 deux articles sur la jeunesse italienne. P.-H. CHOMBART de LAUWE, « Jeunesse française. Jeunesses étrangères. Aspects de la jeunesse italienne », *Jeunesse... France!*, 4 décembre et 24 décembre 1940; « La jeunesse hitlérienne », *ibid.*, 22 janvier 1941; « Aspects de la jeunesse italienne », *La Revue des Jeunes*, juin et juillet 1939.
2. Témoignage de P.-H. Chombart de Lauwe.
3. « Notes sur la jeunesse en zone occupée. Mission de liaison du Chef Chombart de Lauwe du 23 octobre au 2 novembre 1940. I : La vie en zone occupée », 15 p. dactylo., 3 novembre 1940 (arch. ENCU).

aussitôt après la visite du Maréchal à la Faulconnière) et au discours du 30 octobre dans lequel le Maréchal adopte « la voie de la collaboration dans l'honneur » ? On peut penser que, d'abord stupéfaits et désorientés, ils se sont raccrochés, comme la plupart des « maréchalistes » anti-allemands, à l'explication du double jeu : Pétain n'annoncerait, sous la contrainte ou par ruse, son intention de collaborer que pour tromper le vainqueur et préparer la revanche. L'éviction de Pierre Laval, un mois plus tard, semble confirmer cette explication.

L'abbé de Naurois, d'autre part, aborde directement le domaine politique dans les causeries où il montre à la fois les racines philosophiques des totalitarismes qui s'affrontent (communisme, fascisme et nazisme) et, surtout pour le dernier, leurs conséquences pratiques. Des nombreuses conférences qu'il prononce devant les stagiaires, on ne connaît que quelques titres (« Styles de vie français et étrangers », « Témoignage sur le nazisme », « Doctrine nationale française », « Nazisme et communisme »), mais tous les témoignages soulignent leur force et leur influence décisive. C'est l'aumônier, dans ses causeries et dans ses conversations, qui a amené l'équipe, et particulièrement les moins politisés de ses membres, à mesurer la gravité du phénomène nazi et à prendre conscience du sens idéologique et moral de la guerre.

L'abbé de Naurois est fort en effet d'une triple expérience : intellectuel, il connaît l'histoire des doctrines philosophiques et politiques ; militant, il se range parmi les chrétiens de gauche ; voyageur, il a longuement expérimenté la vie quotidienne en Allemagne nazie. Disciple et fils spirituel du Père Bernadot (le dominicain fondateur de *La Vie spirituelle*, de *La Vie intellectuelle* et de *Sept*, et animateur des éditions du Cerf), il a été lié au mouvement démocrate-chrétien, ami de François de Menthon, et adhérent un temps à la Jeune République, qu'il a quittée ensuite à cause de son pacifisme qu'il jugeait dépassé. Il a aussi collaboré au mouvement « Esprit », au sein duquel il a choisi l'engagement politique, et milité aux côtés de son ami Deléage dans la « Troisième Force ». Républicain et démocrate, il a été proche des socialistes au moment du Front populaire [1].

Il a effectué une série de séjours en Allemagne, au cours des étés 1933, 1935 et 1936, puis à Berlin de 1937 à 1939 comme aumônier-adjoint de la colonie de langue française, associé à l'Institut français (Französisches Akademiehaus) dirigé par Henri Jourdan. Connaissant bien la *Weltanschauung* nazie, il sait aussi ce qu'elle couvre : pratiques policières, Gestapo et camps d'internement pour les opposants ; avant-guerre déjà, il a eu le souci de faire connaître en France ces réalités, en organisant par exemple, à Pâques 1938, un voyage en Allemagne pour quelques amis intellectuels dont Jacques Madaule [2]. Ayant pratiqué la philosophie allemande, il a étudié le marxisme et ses sources idéologiques : l'athéisme de Feuerbach, la philosophie de l'histoire de Hegel ; la prétention de celle-ci à ériger l'Esprit absolu en sens et juge suprême de l'Histoire lui paraît être l'origine profonde de ce second totalitarisme, « antipersonnaliste » comme l'autre.

Il livre donc à l'équipe de Segonzac un « Témoignage sur le nazisme » vibrant de réalisme et de conviction :

> D'emblée, j'ai pour ainsi dire assommé Segonzac et les instructeurs, puis les stagiaires, avec le paquet d'horreurs dont j'étais le dépositaire concernant la théorie et la pratique du national-socialisme (...). M'a-t-on cru ? plus ou moins (...). Mais enfin tout ce qu'il y avait à l'École de profondément « moral », de religieux, a certainement enregistré mon témoignage [3].

1. D'après une lettre de l'abbé R. de Naurois à l'auteur (1966).
2. Voir J. MADAULE, *L'Absent*, p. 111 sq.
3. Lettre citée de l'abbé de Naurois.

Il analyse d'autre part les deux « idéologies monstrueuses » et leurs sources doctrinales; il leur oppose « le christianisme, ou du moins, à l'usage des non-chrétiens, le personnalisme de la civilisation occidentale [1]. »

Les interventions argumentées et passionnées du truculent aumônier (avec imitation caricaturale de Hitler discourant) impressionnent fortement les stagiaires. L'un d'eux place parmi les « sommets du stage » (avec la « promenade Deffontaines », les veillées et la soirée des adieux) « ... les deux causeries de l'aumônier. Elles valent une mention toute particulière en raison de la très forte personnalité de l'abbé de Naurois et de leur haute tenue intellectuelle (...). Sur la philosophie marxiste et sur la doctrine nationale-socialiste, l'abbé dit des choses extrêmement fortes ainsi que sur les principes fondamentaux qui doivent présider à la recherche d'une doctrine nationale et d'un style – ou plutôt des styles de vie français [2] ».

Près de quarante ans plus tard, le pasteur Casalis, stagiaire du printemps 1941, évoquera Naurois, « prophétique pourfendeur du nazisme. Des heures durant, avec un luxe inouï de détails, une information stupéfiante et une lucidité unique, à chaque session, dans la grande salle du château dominée par un gigantesque portrait peint du maréchal Pétain, il démontait le nazisme [3] ».

Le « paquet d'horreurs » déversé par l'abbé de Naurois a forcé les membres de l'équipe à prendre conscience de la barbarie foncière du national-socialisme et a amorcé la conversion de leur réaction patriotique instinctive (et, pour certains, proche du nationalisme) en attitude de résistance morale, politique et spirituelle contre une idéologie. À ces combattants vaincus décidés à préparer par l'éducation la revanche militaire et le redressement moral, Naurois désigne un autre ennemi. Parmi leurs « raisons de se battre et de vaincre », la volonté de libérer la patrie et de réformer la société s'accompagne désormais du refus radical et positif de l'ordre nouveau que prétend instaurer le vainqueur.

Le communisme soviétique n'inspire évidemment pas de témoignage aussi percutant; si l'abbé de Naurois incite ses auditeurs à prendre sérieusement connaissance du marxisme, ce travail ne semble pas avoir été poussé bien loin, non plus que l'analyse politique du rôle des communistes en France. On s'en occupe peu aux débuts d'Uriage. On cite en exemple aux jeunes patriotes, de loin, le dynamisme et la générosité des militants communistes de 1936, on les met en garde contre une éventuelle propagande antinationale dans les centres de jeunesse. Mais en cette année 1940 où le PCF est réputé s'être exclu lui-même, depuis un an, de la communauté nationale, sa situation apparaît trop marginale pour qu'on envisage une confrontation directe avec lui.

C'est encore l'aumônier qui, dans ses conversations avec Segonzac, propose une réflexion politique sur le thème de l'affrontement entre dictatures totalitaires et démocratie libérale : comment, en théorie et en pratique, réformer et revigorer celle-ci ? Mais ces interrogations ne sont alors guère partagées dans une équipe où l'on est peu familier de l'analyse politique, et disposé à s'accommoder d'une période de dictature.

1. Lettre citée de l'abbé de Naurois.
2. Rapport de M. Courtot, avocat à la Cour d'appel de Belfort, annexé au rapport général sur le premier stage des Maisons de jeunes, décembre 1940 (arch. ENCU).
3. G. Casalis, « La jeunesse protestante en " zone non occupée " 1940-1942 », *Églises et chrétiens dans la Deuxième Guerre mondiale : la France*, pp. 101-115.

OUVERTURES : LAÏQUES ET COMÉDIENS

Un troisième stage se déroule à Uriage en décembre, parallèlement à celui de la promotion « Lyautey », pour les animateurs des Maisons de jeunes (du 9 au 17 décembre). Inaugurant la formule des stages spécialisés, il ouvre l'École sur un milieu qui lui était assez étranger à l'origine. Au même moment s'établit une relation de voisinage et de collaboration avec la Compagnie des Comédiens routiers dirigée par Olivier Hussenot qui s'est installée à Saint-Martin-d'Uriage le 5 décembre.

Les Maisons de jeunes

Les Maisons de jeunes, en voie de création à l'automne 1940, sont un élément essentiel du réseau d'encadrement de la jeunesse que le secrétariat général de la Jeunesse s'efforce de constituer [1]; destinées à réunir toute la jeunesse de la commune ou du quartier, elles concernent (comme le nouveau mouvement Compagnons de France) la masse des adolescents de quatorze à vingt ans que les mouvements de jeunesse traditionnels n'ont pas atteints. Il s'agit de fournir à ces jeunes des lieux de rencontre, de détente et de formation, là où ils vivent. L'installation de ces foyers est une des missions des délégués régionaux à la Jeunesse qui doivent susciter, favoriser ou contrôler les initiatives qu'on attend de groupes de jeunes ou d'adultes réunis spontanément; les foyers doivent être des centres ouverts à tous. Les Maisons de jeunes, reconnues et subventionnées par le SGJ, sont administrées par des associations locales formées de personnalités représentatives. Le service spécialisé du SGJ, dirigé par Ronald Seydoux, ancien responsable EDF, s'attache d'abord à la création de Maisons de jeunes masculines, urbaines et rurales; ces dernières sont prises en charge par un ancien dirigeant de la JAC, Jean Terpend. Elles doivent offrir aux adolescents à la fois des moyens de perfectionnement professionnel (surtout pour les jeunes agriculteurs ou futurs artisans), de loisirs culturels (jeux et chants, bibliothèques, fêtes populaires selon les traditions locales) et d'activités éducatives. À l'entraînement physique et à l'éducation à l'hygiène s'ajoutera une formation morale et civique. Elle développera les « vertus nationales » et la sociabilité, à la faveur du climat de compréhension et de collaboration qu'on attend de la rencontre de jeunes appartenant aux divers milieux sociaux.

En fait, les réalisations seront peu nombreuses; une dizaine de Maisons auront été effectivement ouvertes et reconnues par le SGJ au printemps 1941. Le SGJ est attentif surtout aux problèmes de coexistence et de coopération avec les mouvements de jeunesse, et à la formation des animateurs et futurs responsables. Le premier centre de formation est organisé à l'École supérieure des cadres d'Uriage. Rodée au travail pour le compte du SGJ, elle a l'avantage d'offrir une structure d'accueil souple et cohérente. Son climat de liberté et d'ouverture représente « l'atmosphère même que nous souhaitons réaliser dans les futures maisons [2] ». Propice au dépassement des particularismes, il incitera à la collaboration les divers mouvements et groupes intéressés par les Maisons. Segonzac est chargé d'organiser le stage,

1. « L'avenir de la jeunesse française », *Les Documents français*, 3e année, n° 7, juillet 1941 (n° spécial sur les institutions de jeunesse); A. BASDEVANT, « Les services de la jeunesse... », art. cit.
2. *Bulletin de presse* du SGJ, n° 4, décembre 1940.

en lui fournissant des animateurs spécialisés et un codirecteur (le chef Bourgau) qui travaillera avec Seydoux. Les stagiaires sont installés à la ferme Mollard, dite de l'Espérance, réquisitionnée trois jours auparavant et hâtivement aménagée [1].

Trente-trois volontaires participent à cette session, dont deux jeunes femmes qui accompagnent leur mari. Ils forment un groupe original, assez différent des promotions normales de l'École, présentant en tout cas un éventail nettement plus varié d'âges, de professions et d'antécédents dans la jeunesse. Près de la moitié des stagiaires se situent dans la tranche des vingt-trois à trente ans, et autant dans celle des trente-trois à quarante-quatre ans; mais il y a aussi un jeune de vingt ans, et deux quinquagénaires. De nombreuses professions sont représentées, avec une majorité d'étudiants et de professions libérales ou intellectuelles. Plusieurs animent des sociétés sportives ou des Maisons de jeunes en voie de création. Ceux qui ont appartenu à un mouvement de jeunesse (moins de la moitié) se répartissent très également entre le scoutisme catholique, les mouvements d'Action catholique (dont un responsable jaciste), les mouvements protestants et les mouvements laïcs (EDF et Auberges de jeunesse). Certains sont déjà employés par le SGJ, comme Charles de Sainte-Croix, délégué régional-adjoint à Limoges, et Georges Mussard, chef du centre régional de formation de La Vareinne (Allier). Trois ont déjà suivi la session « Bayard » à Uriage le mois précédent.

C'est peut-être à cause de ces caractères (maturité et expérience plus grandes, extrême diversité d'âge et de formation malgré le nombre réduit) que les débuts du stage se révèlent flottants. Il y a un malaise général, des manifestations de mécontentement. Bourgau renonce à la direction, et Segonzac le remplace par l'instructeur qui était déjà chargé d'animer les entretiens des stagiaires, Joffre Dumazedier.

Membre de la promotion « Maréchal Pétain » de la Faulconnière, Dumazedier a dirigé le Centre de formation de jeunes chômeurs de Saint-Étienne, et vient d'être appelé à Uriage. Intellectuel d'origine ouvrière (fils d'un maçon creusois devenu comptable et d'une brodeuse parisienne), il a déjà, à vingt-cinq ans, une riche expérience de sportif, d'éducateur et d'animateur culturel au contact du monde du travail. Il a participé au mouvement laïc des Auberges de jeunesse, au cabaret du Front populaire et au collège du Travail de Noisy-le-Sec, tout en menant des études de lettres; son diplôme d'études supérieures, dirigé par Vendryès, a porté sur le rôle des images concrètes dans l'expression des idées abstraites chez Anatole France. Il a donc entamé une réflexion théorique, liée à ses expériences d'éducation populaire, sur les méthodes de formation de l'esprit et d'entraînement au raisonnement [2].

Dumazedier propose alors une refonte du programme du stage, qu'il fait approuver par Seydoux comme par les stagiaires; il distingue la part de la formation dirigée (conférences d'intérêt général et exercices de perfectionnement technique dans les activités de loisir) et celle des échanges de vues, où chacun apportera ses idées et son expérience. Les « représentants du ministère », Seydoux et Terpend, acceptent de réduire leurs interventions à des introductions aux discussions des stagiaires sur les orientations des Maisons de jeunes. La double option prise par Dumazedier (méthode pédagogique active, mieux adaptée à des adultes expérimentés, et

1. Le déroulement de ce stage est bien connu, par un « rapport sur le premier stage des Maisons de jeunes, 9 au 17 décembre 1940 », vraisemblablement rédigé par J. Dumazedier, 6 p. dactylo. et 8 annexes (arch. ENCU).

2. Témoignage de J. Dumazedier; voir J. DUMAZEDIER, « Renouveau de l'éducation populaire à la Libération : les antécédents (1941-44) de la création de *Peuple et Culture* », *L'Éducation permanente*, n°s 62-63, mars 1982.

liberté de la réflexion collective à partir des propositions des représentants du SGJ) paraît avoir permis de surmonter les difficultés du début.

Les stagiaires, répartis en équipes dirigées chacune par un « chef de jour », suivent un horaire calqué sur celui de l'École, qui fait alterner trois séries d'activités : conférences, causeries-enquêtes, exercices pratiques. Ils suivent certaines conférences de la promotion « Lyautey », mais aux conférenciers qu'il invite pour eux, Dumazedier impose la brièveté (pas plus de quarante-cinq minutes) et la prédominance des « considérations pratiques », en leur demandant de donner des conseils bibliographiques et de prévoir un débat.

Ce stage, qualifié par un des participants de « long cercle d'études [1] » comporte donc des innovations pédagogiques, dues à Dumazedier ; il a su assouplir la méthode de prise en main des stagiaires, en donnant une plus large part au travail collectif fondé sur une documentation et à la confrontation des expériences. Mais cette session est également importante à d'autres titres.

Vers les milieux laïques

Avec ce premier stage spécialisé, l'École s'est ouvert un nouveau champ d'action. Un service du SGJ, encore embryonnaire, a choisi Uriage comme lieu de formation de ses premiers cadres et de réflexion sur ses orientations. L'École d'Uriage conservera le lien noué alors avec les Maisons de jeunes ; elle organisera un deuxième stage de formation pour leurs responsables en février 1941, toujours sous la direction de Dumazedier. L'École spécialisée qui sera ouverte ensuite à Chamarges, dirigée par Maurice Rouchy, ancien stagiaire de la Faulconnière, restera en contact étroit, par Dumazedier, avec l'École d'Uriage. Celle-ci affirme ainsi son rôle de médiateur entre le SGJ et les institutions de jeunesse qu'il contrôle et qu'elle peut contribuer à guider, comme une sorte de tuteur.

Ce stage marque aussi, pour l'équipe d'Uriage elle-même, un élargissement de son recrutement, de ses amitiés et de ses orientations ; il en donne du moins le premier témoignage repérable. L'équipe originelle, quel qu'ait été son souci d'accueillir les divers courants de pensée et d'éviter tout sectarisme ou même particularisme, était marquée par un esprit d'apolitisme à fondement moral, patriotique et traditionaliste. La majorité de ses membres, catholiques et issus soit de l'armée active soit du scoutisme ou des Équipes sociales, étaient étrangers, sinon hostiles, à l'engagement politique et plus encore à la sensibilité de gauche. Certes, l'abbé de Naurois et quelques instructeurs, ainsi sans doute qu'une partie des stagiaires, échappaient à ces limitations et témoignaient d'une autre expérience ; mais « l'esprit » de l'École était nettement orienté dans ce sens, comme d'ailleurs l'ensemble des nouvelles institutions de la jeunesse (à l'exception toutefois du mouvement Compagnons de France, qui s'est voulu dès le départ pluraliste et pratique la confrontation idéologique). L'entrée de Dumazedier dans l'équipe où, malgré son jeune âge, il s'impose rapidement comme spécialiste de l'animation pédagogique, marque une ouverture : intellectuel athée, imprégné de culture marxiste, de conviction socialiste, il est éminemment capable d'assurer un lien avec les milieux de gauche des Auberges laïques de jeunesse et des organisations syndicales ou culturelles ouvrières. La présence au stage des Maisons de jeunes de Collin-Delavaud, vétéran du mouvement ajiste, ancien animateur de son centre de formation créé en 1937, est significative de cette ouverture, comme l'est le lien avec Uriage de Maurice Rouchy (dirigeant des Éclaireurs de France, animateur de la Maison pour tous,

1. Selon le rapport de stage de M. Courtot, cité *supra* note 3, p. 85.

rue Mouffetard), puis l'intégration à l'équipe, un peu plus tard, de Louis Poli, autre stagiaire de décembre. C'est encore à ce moment que l'École recrute comme instructeur Pierre Ollier de Marichard, militant protestant et socialiste de 27 ans ; ancien élève des Arts décoratifs, il a été dirigeant des Éclaireurs unionistes, de la « Fédé » des associations chrétiennes d'étudiants, et des Étudiants socialistes parisiens. Animateur des colonies de vacances protestantes et des Auberges de jeunesse, lié à *Esprit*, il a été chargé de mission au cabinet ministériel de Léo Lagrange ; avec son ami le pasteur Lochard, il sera chef d'équipe au deuxième stage des Maisons de jeunes en février. Désormais, la spiritualité de source réformée comme « l'humanisme athée » d'affinité socialiste sont fortement représentés au sein de l'équipe ; l'attachement à la démocratie et la familiarité avec le mouvement ouvrier s'y affirment de manière moins minoritaire.

Des relations de collaboration confiante s'ébauchent avec des militants de gauche qui choisissent la présence dans les nouvelles institutions de jeunesse avec la volonté d'y faire respecter leur autonomie et leurs convictions. Ces anciens des Auberges laïques et des organisations liées au Front populaire estiment les dangers de l'abstention pires que les risques de compromission avec les éléments réactionnaires du régime ; ils espèrent conserver une relative liberté d'action et la fidélité à leurs idées maîtresses, au prix de concessions verbales à l'esprit du régime, et grâce au soutien des chefs de bureaux du SGJ, dont la loyauté et la tolérance constituent une garantie. En nouant avec eux des liens d'estime mutuelle, de collaboration et de dialogue, l'équipe d'Uriage, qui leur offre un lieu de rencontre et de parole libres, commence à mettre en œuvre le projet formé par Segonzac dès l'origine avec une certaine inconscience : réaliser une « synthèse » en rassemblant toutes les familles spirituelles qui composent la diversité française.

Cependant l'installation à Saint-Martin-d'Uriage de la Compagnie des Comédiens routiers d'Olivier Hussenot contribue à la réalisation d'une autre synthèse, celle des talents et des activités dont la complémentarité caractérisera le style de l'équipe d'Uriage.

Les premiers Comédiens routiers

Une première Compagnie des Comédiens routiers, dont Olivier Hussenot était déjà un des plus anciens membres, a été fondée en 1931 par Léon Chancerel. Elle est née de la rencontre entre sa propre recherche de comédien professionnel disciple de Jacques Copeau, et les expériences et besoins du mouvement des Scouts de France [1].

Chancerel a fait partie de la communauté-école établie par Copeau en Bourgogne après la fermeture du Vieux-Colombier en 1924, puis de la troupe des « Copiaux » à la recherche d'un nouvel art populaire, avant de rencontrer le scoutisme dans les années 1927-29. En disciple de Copeau, il concevait la régénération du théâtre comme une révolution à la fois technique et esthétique (nudité des tréteaux sans décor réaliste, rôle du chœur pour transformer le dialogue en célébration, part de l'expression corporelle, des gestes rythmés, de l'improvisation) et éthique (choix de la pauvreté, refus du culte de la vedette, service d'une communauté populaire). Il s'attachait particulièrement à la technique du masque et à l'emploi de personnages stéréotypés dans le style de la comédie italienne. Entré en contact

1. Voir L. CHANCEREL, *Le Théâtre et la jeunesse* ; J. CUSSON, *Un réformateur du théâtre, Léon Chancerel. L'expérience des Comédiens routiers (1929-39)* ; O. HUSSENOT, *Ma vie publique en six tableaux*, pp. 39-40 ; H. GIGNOUX, *Histoire d'une famille théâtrale. Jacques Copeau, Léon Chancerel, les Comédiens routiers, la décentralisation dramatique*, Éd. de l'Aire, 1984.

avec le scoutisme catholique, il a senti qu'il y avait là un champ privilégié d'expérimentation et de réalisation. Le mouvement scout, avec la Route inspirée par le Père Forestier et le Père Doncœur, rassemble une foule et l'organise en communauté par la vertu d'une loi; cette communauté aspire à s'exprimer par le geste et le jeu, à se donner à elle-même la représentation de son expérience et de ses convictions, à servir un public. Pour Chancerel, ce sont les conditions d'une création dramatique collective. De leur côté les Scouts de France, au-delà des traditionnels feux de camp et veillées, cherchent à se donner un rituel pour de grandes célébrations religieuses ou poétiques qui exigent la formation de semi-professionnels compétents.

Après le premier Noël routier donné en 1929, Chancerel crée donc pour l'association des Scouts de France un Centre d'études et de représentation dramatiques, avec entre autres François Bloch-Lainé, Pierre Goutet et Michel Richard. Il s'en dégage en 1931 une troupe permanente de six membres (dont Hubert Gignoux et Olivier Hussenot), la Compagnie des Comédiens routiers. Ceux-ci montent, à partir de 1932 (avec *La Compassion de Notre-Dame* de Léon Chancerel, représentée aux fêtes jubilaires du Puy) de grandes « célébrations dramatiques » qui les font connaître du public catholique, puis du grand public : *Le Jeu de la vie et de la mort* de Chancerel est donné salle Pleyel pour Pâques 1936. D'autres initiatives analogues sont prises dans le mouvement scout; Pierre Schaeffer monte un *Mystère des Rois Mages* avec les routiers – Grandes Écoles en 1936, puis compose et met en scène un *Tobie* à Paris en 1939. Le pèlerinage de Lourdes en 1938 est l'occasion d'une grande célébration poétique et patriotico-religieuse; le jeu dramatique *Terre de France, Royaume de Marie*, composé par Chancerel et le Père Forestier, est mis en scène par Hussenot et joué par une équipe de routiers et cheftaines dirigés par Cruiziat [1].

Cependant la troupe, et particulièrement Olivier Hussenot, instructeur avec Maurice Jacquemont au Centre des Scouts de France, forme des meneurs de jeu pour les diverses branches du scoutisme, guides et cheftaines de louveteaux comprises; le Chœur dramatique des cheftaines d'Île-de-France donne lui aussi des jeux dramatiques, et deux cheftaines, dont la future Mme Hussenot, publient le bilan de l'expérience [2]. Chancerel crée un théâtre pour enfants (le Théâtre de l'Oncle Sébastien), mais se heurte à des difficultés. Chargé, pour l'Exposition de 1937, de diriger la construction d'un Centre dramatique de la jeunesse, qui devient ensuite le Centre Kellermann, il anime, avec Olivier Hussenot comme adjoint, ce centre d'expérimentation et de documentation théâtrales au service des jeunes troupes. Cependant les Comédiens routiers poursuivent leurs tournées, font un passage remarqué à l'ABC, et avec Chancerel continuent à former des moniteurs-instructeurs pour le mouvement scout et d'autres mouvements proches (Fédération française des Éclaireuses, Équipes sociales féminines). Maurice Jacquemont, ancien comédien routier et cofondateur du Théâtre de l'Oncle Sébastien, a créé avec André Barsaq et Jean Dasté (lui-même ancien collaborateur de Chancerel) le Théâtre des Quatre Saisons et Jean Doat, ancien élève du Centre, a fondé la Compagnie des Comédiens Mouffetard.

De « Radio-Jeunesse » à « Jeune France »

La mobilisation, l'occupation interrompent cet essor et dispersent les hommes. En août 1940, tandis que d'autres anciens scouts participent à la

1. Témoignage d'Antoine Ridard.
2. H. Charbonnier et A.-M. Saussoy, *Les Jeux dramatiques dans l'éducation*, préface de Léon Chancerel.

fondation du mouvement Compagnons (pour lequel Michel Richard, un des fondateurs des Comédiens routiers, créera l'Illustre Théâtre), Olivier Hussenot, démobilisé, se retrouve à Bellerive près de Vichy dans l'équipe de *Radio-Jeunesse* que dirige Pierre Schaeffer. Les émissions quotidiennes débutent le 15 août, utilisant les techniques du chœur parlé, du récitatif et du chant. Olivier Hussenot, en l'absence de Chancerel qui reste à l'écart, reprend alors avec quelques anciens, comme Jean-Pierre Grenier, le nom des Comédiens routiers pour l'équipe de « meneurs de jeu » rassemblés à *Radio-Jeunesse.* Ils participent notamment à la série d'émissions qui commentent du 14 au 20 octobre le premier grand message doctrinal du Maréchal aux Français [1]. Les membres de cette équipe, mixte à la différence de l'ancienne troupe exclusivement masculine des Comédiens routiers, viennent pour la plupart du scoutisme, dans lequel ils ont participé aux groupes d'apprentissage du jeu dramatique animés par Chancerel et Hussenot. Installés à l'hôtel des Nations à Vichy, ils forment une communauté enthousiaste et pittoresque.

En novembre 1940, l'équipe de *Radio-Jeunesse* élargit et transforme son action, en créant « Jeune France ». Ses animateurs se sont rendu compte, après leur série d'émissions consacrées au commentaire du message du Maréchal du 11 octobre, qu'ils « n'étaient pas tellement à leur place dans un poste d'information politique [2] »; l'événement de Montoire, la prétention de Laval à contrôler la radio et la propagande, expliquent probablement ce mouvement de retrait. Ils créent alors, « hors de la politique », une association destinée à la fois à favoriser l'activité créatrice des jeunes intellectuels et artistes, à inspirer et diffuser des œuvres d'art populaire et à promouvoir l'expression artistique dans les milieux de la jeunesse. Jeune France est une association privée régie par la loi de 1901, fondée, « sous l'égide du secrétariat général à la Jeunesse » qui la subventionne, par Pierre Schaeffer (chef du service « Propagande par le spectacle et la radio » au SGJ), Paul Flamand (chef-adjoint du même service, animateur de l'association en zone occupée) et Albert Ollivier (rédacteur de *Radio-Jeunesse*).

Jeune France (qui a repris la dénomination d'un groupe formé en 1936, autour de Messiaen, par les musiciens Baudrier, Jolivet et Lesur) se donne une triple fonction : aide aux créateurs, éducation, service public pour la rénovation de l'art populaire.

Aide à la création artistique : il s'agit de susciter ou d'accueillir des groupements de jeunes artistes, de favoriser leur rencontre avec le public. Sans imposer de normes ou de directives à la création dont elle entend respecter la liberté, l'association favorisera les initiatives orientées vers le renouveau de l'art populaire, et notamment des styles régionaux dans les métiers d'art.

Action éducative : Jeune France s'adresse d'abord à la jeunesse, par l'intermédiaire des écoles et des mouvements ou groupements de jeunesse. L'association soutiendra leurs actions et leurs programmes visant à donner aux jeunes une initiation artistique de qualité; elle patronnera ou animera des spectacles à leur intention. Elle comptera à son tour sur les organisations de jeunes pour se mettre au service du public populaire et contribuer à rapprocher les artistes des masses. L'association ouvrira des centres de for-

1. Voir *Radio-Jeunesse, Réponse des jeunes au message du Maréchal*, par Pierre Schaeffer, Pierre Barbier, Maurice Jacquemont, Albert Ollivier et les musiciens-compositeurs Pierre Dalay et Daniel Lesur.

2. Préface à la brochure-manifeste *Jeune France, principes, directions, esprit*, s. d. Voir V. CHABROL, *Jeune France, une expérience de recherche et de décentralisation culturelle, 1940-1942,* Thèse Paris III, 1974; D. LINDENBERG, « Révolution culturelle dans la révolution nationale. De Jacques Copeau à " Jeune France ", une archéologie de la " décentralisation théâtrale " », *Les Révoltes logiques*, nº 12, 1980, pp. 2-9; C. FAURE, *Le Projet culturel de Vichy*, *op. cit.*, pp. 57-61 et 137.

mation des jeunes, à deux niveaux. Les maisons provinciales d'art populaire qui s'ouvrent à Paris et Lyon, en attendant Toulouse, Aix et Bordeaux, recevront, pour des stages courts d'information ou d'initiation, les futurs « meneurs de jeu » des groupements de jeunesse, et formeront en cycle long les animateurs, amateurs ou professionnels, que l'association emploiera. D'autre part, des ateliers dispersés (les Maîtrises Jeune France) donneront une formation spécialisée à de jeunes artistes ou artisans d'art se destinant à l'art populaire. C'est dans ce cadre que la Compagnie des Comédiens routiers sera patronnée par l'association, au titre de Maîtrise Jeune France d'Uriage.

Service public enfin : l'association entend mettre à la disposition des artistes comme du public des services d'information et de documentation, des publications, et étendre sur tout le territoire un réseau de délégués et de correspondants locaux.

Au début de 1941, Pierre Schaeffer devenu directeur général de l'association s'entoure d'une pléiade de directeurs spécialisés (Raymond Cogniat pour les manifestations, Martenot pour les maîtrises, Bordas pour les chantiers et ateliers, Lecoq pour les éditions) et s'assure la collaboration de Roger Leenhardt et d'Emmanuel Mounier.

Une Maîtrise Jeune France à Uriage

Pierre Schaeffer, qui connaît l'École d'Uriage, décide d'installer dans son voisinage la Compagnie de Comédiens routiers dirigée par Hussenot et Grenier ; elle sera une des Maîtrises Jeune France que l'association patronne avec les subventions du SGJ. La mission de reconnaissance menée le 18 novembre par un membre de la troupe, Antoine Ridard, qui est également un ancien stagiaire de la Faulconnière (promotion « Maréchal Pétain »), aboutit à la réquisition d'une villa de Saint-Martin-d'Uriage, « le Clos fleuri », que les intendantes de la troupe, Inès Grenier et Anne-Marie Hussenot, aménagent [1]. Les comédiens s'y installent le 5 décembre, après avoir donné le 1er décembre un spectacle à Vichy devant Lamirand.

Les Comédiens routiers sont alors une douzaine : Olivier et Anne-Marie Hussenot, Jean-Pierre et Inès Grenier, Madeleine Barbulée (qui vient des groupes féminins d'apprentissage dramatique d'avant-guerre), Guy Pascal, Maurice Daroux (ancien élève d'HEC), Antoine Ridard (ancien scout, saint-cyrien, officier d'aviation en congé, embauché par Hussenot au sortir de son stage à la Faulconnière), Gilles Ferry (qui vient de quitter le cabinet de Peyrouton au ministère de l'Intérieur), Boris Simon (qui sera le spécialiste des costumes et décors) et Louis Liébard (accompagnateur de la troupe au piano et meneur de chants).

La Compagnie, indépendante de l'École, a son budget, sa popote et ses employés domestiques ; son activité va se partager entre trois fonctions [2]. Elle est d'abord une troupe itinérante, patronnée par Jeune France, qui effectue des tournées dans le sud-est. Dès janvier 1941, elle anime les assemblées de la jeunesse présidées par Lamirand et visite bourgades et Chantiers de jeunesse, avec un spectacle de jeux dramatiques : *L'Impromptu de Barbe-bleue* (de Pierre Barbier), *L'Huître et les plaideurs* et *L'Impromptu de la médecine* (de Léon Chancerel). Sous le nom de Maîtrise Jeune France d'Uriage, elle est aussi une école de formation au jeu dramatique et aux arts gestuels, plastiques et musicaux ; à ce titre, elle recevra des stagiaires envoyés par les mouvements de jeunesse et surtout par les Chantiers, dont elle fera des moniteurs et animateurs. Pour le compte de l'École des cadres

1. Témoignage d'A. Ridard, d'après son carnet de route.
2. Témoignage d'O. et A.-M. Hussenot et d'A. Ridard.

enfin, elle donnera aux stagiaires des leçons d'initiation dramatique et chorale, animera des veillées poétiques et musicales, et organisera des spectacles dans les grandes occasions.

La compagnie, après avoir donné un premier spectacle le 13 décembre, anime la veillée de Noël au château avant de partir en tournée. Souvent absents en 1941, les Comédiens routiers resteront, certes, assez étrangers au travail intellectuel et au développement de « l'esprit » de l'École, à son évolution spirituelle et politique – sauf cas particulier, comme celui de Gilles Ferry qui quittera en juillet 1941 la troupe pour devenir instructeur de l'École. Pour les plus professionnels d'entre eux, comme Hussenot, le temps d'Uriage, austère et pittoresque, a constitué « deux années de passage à vide [1] ». Ils seront cependant associés à l'effort pédagogique qui bénéficiera de leur sens du geste significatif et du symbole plastique, de leur art de la création dans l'économie des moyens. Ils apporteront à la vie de l'École une irremplaçable couleur, avec leur vitalité et leur inventivité où la spontanéité se marie à la discipline. Leur répertoire fournira à la collectivité les mythes où elle exprimera son originalité en se distinguant des étrangers : ceux qu'ailleurs on appelle les « pékins » ou les « visages pâles » seront à Uriage les « touristes », et bien des personnages stéréotypés et des scènes symboliques des jeux dramatiques prendront une dimension légendaire.

Segonzac a évidemment voulu personnellement la présence des comédiens, pour de multiples raisons. Au souci d'une formation globale, où l'expression artistique a sa place, s'ajoute le désir de disposer des techniques de la célébration dramatique, des jeux d'expression collective et du chant choral pour renforcer et exprimer l'âme commune de l'équipe – désir partagé par l'ensemble des organisations de jeunesse, qui ont chacune, à l'imitation des scouts, ses équipes de « meneurs de jeu » et son livre de chants. Mais Segonzac, avec son sens des symboles et son goût du panache, se plaît aussi à reconstituer autour de lui un microcosme social représentatif des différents domaines de son humanisme. Les « baladins » y sont indispensables aux côtés des spirituels et des sportifs, des intellectuels et des meneurs d'hommes.

Des amitiés se noueront entre comédiens et instructeurs de l'École dont certains seront heureux de venir se détendre et chahuter au « Clos Fleuri », puis à « la Ferme »; chacun des deux organismes profitera du passage des visiteurs attirés par l'autre. L'École y gagnera de rencontrer, outre les dirigeants de Jeune France avec lesquel elle se liera par ailleurs, plusieurs des animateurs de la décentralisation théâtrale et de l'art populaire qui travaillent alors en zone sud.

UN BULLETIN POUR LES CHEFS

Le premier numéro d'un Bulletin de l'École des chefs intitulé *Jeunesse... France!* paraît le 13 novembre 1940. L'initiative est importante : *Jeunesse... France!* aura, sous diverses formes, une vie aussi longue que l'École, et sera bientôt accompagné de toute une série de publications éditées à Uriage. C'est aussi un premier pas dans la voie du regroupement des anciens en un réseau national des amis d'Uriage.

1. O. Hussenot, *Ma vie publique en six tableaux*, *op. cit.*, pp. 88-92.

Lancement

L'idée d'un bulletin de liaison entre les instructeurs de l'École et leurs anciens élèves, apparue dès la fin de la première session de la Faulconnière, a pris corps à l'issue de la deuxième. Les membres de la promotion « Maréchal Pétain », devenus chefs et instructeurs de camps-écoles de l'Entraide des jeunes, veulent maintenir le lien d'amitié formé à la Faulconnière, et surtout échanger leurs expériences, recevoir des informations et des conseils.

Une fois de plus, l'exécution suit rapidement le projet, dans l'improvisation. Dès l'installation à Uriage, deux instructeurs, un marin et un cavalier en sont particulièrement chargés. Paul Delahousse fait fonction de rédacteur en chef, éditorialiste et échotier, et Charles Muller de directeur administratif et technique et secrétaire de rédaction. Les premiers numéros mettent à contribution plus de la moitié du personnel de l'École, chacun tenant la rubrique de sa spécialité, c'est-à-dire résumant pour le journal les causeries qu'il donne aux stagiaires.

Le premier numéro de *Jeunese... France!* sort de l'imprimerie de *La République du Sud-Est* à Grenoble, sous la signature du gérant Muller (Segonzac étant directeur); il compte huit pages de format semi-quotidien, tirées à 2 700 exemplaires [1], sans indication de périodicité ni de conditions d'abonnement ou de prix de vente. Il ne s'agit donc que d'un modeste organe de liaison, pour lequel il est prévu, dans le projet de budget de l'École pour novembre et décembre 1940, un crédit de 4 000 F par mois au chapitre « Propagande [2] ».

L'éditorial de présentation de ce premier numéro, signé P. de Segonzac, expose brièvement le double but du bulletin, en s'adressant aux anciens stagiaires de la Faulconnière :

> Nous avons besoin de savoir ce que vous pensez, ce que vous faites, de profiter de vos expériences, de vos découvertes, de déplorer avec vous votre déconvenue et de tenter d'y porter remède. En revanche, nous vous livrerons sans voiles tous les secrets que nous vaut un contact avec les grands de cette terre. Nous vous proposerons, et ceci est important, en les définissant de notre mieux, les valeurs spirituelles qui doivent s'incruster à la fine pointe de notre âme et sur la valeur desquelles nous ne transigeons point [3].

Il conclut sur l'espoir que la collaboration des lecteurs permettra au bulletin d'être une juste expression de la cohésion des « jeunes gens de l'Entraide » au service du pays. Ainsi, au-delà de la liaison et de l'échange d'expérience entre les anciens élèves et l'École, deux objectifs plus larges apparaissent. Il s'agit de traduire un esprit, de défendre des valeurs, et d'autre part de donner un organe à l'Entraide nationale des jeunes, à ce moment principal débouché des cadres formés par l'École d'Uriage. Sans avoir reçu aucun mandat de publier un organe officiel ou officieux du SGJ, Segonzac, à son habitude, occupe de son propre chef un terrain vacant en amorçant une action susceptible de plusieurs développements. Lamirand donne son entière approbation au contenu de ce premier numéro, satisfait d'y trouver volonté d'union et dévouement aux valeurs spirituelles [4].

1. « Rapport sur la gestion du journal *Jeunesse... France!* », établi par le régisseur d'avances de l'École à l'intention du SGJ, 14 décembre 1941 (arch. ENCU).
2. « Centre supérieur de formation des chefs. Budget des mois de novembre et décembre 1940 », projet s.d., sans signature (AN, F 44 1, SGJ, cabinet).
3. P. de SEGONZAC, dans *Jeunesse... France!*, n° 1, 13 novembre 1940.
4. Lettre du secrétaire général à la Jeunesse à P. Delahousse, responsable du bulletin (29 novembre 1940) en réponse à une lettre accompagnant l'envoi du premier numéro. (AN, F 44 2, SGJ).

Le deuxième numéro, sous-titré plus ambitieusement « Bulletin des chefs » (et non « de l'École des chefs »), paraît trois semaines plus tard sur 12 pages. Tiré à 5 000 exemplaires, il porte un prix de vente : 1,50 F. Si l'on en croit le rapport établi un an plus tard, l'accueil est « enthousiaste » :

« Les deux premiers numéros prouvèrent que l'École des cadres avait mis sur pied un bulletin de conception nouvelle et répondant à un besoin immédiat.

Le secrétariat général de la Jeunesse décida alors d'étendre l'action de *Jeunesse... France!* et d'en faire le journal des chefs de la Jeunesse; la réalisation suivit immédiatement et le numéro trois, sorti le 24 décembre, fut tiré à 25 000 exemplaires [1]. »

Le chapitre « Propagande » du budget de fonctionnement de l'École passe effectivement en décembre de 4 000 à 53 000 F [2]. L'équipe d'Uriage forme alors un ambitieux projet : la publication, parallèlement au bulletin, d'une revue trimestrielle. *Jeunesse... France!* l'annonce comme un organe de réflexion destiné aux éducateurs, tandis que le bureau des cadres du SGJ y voit « une véritable revue de propagande de la jeunesse française » et « l'organe officiel du ministère de la Jeunesse »; il demande à cette fin l'attribution à l'École d'un crédit annuel de 400 000 F pour « la revue des chefs de la jeunesse française [3]. » Mais le 8 janvier 1941, *Jeunesse... France!* annonce l'abandon de ce projet « pour de nombreuses raisons dont une seule est suffisante : le manque de papier »; le départ de La Chapelle est peut-être une de ces raisons.

Quant au bulletin *Jeunesse... France!* désormais bimensuel, il conserve un tirage d'environ 25 000 exemplaires, et son prix de vente est réduit à un franc. Segonzac obtiendra pour cela en 1941 un crédit mensuel de 56 000 F. C'est donc beaucoup plus qu'un simple bulletin de liaison des anciens élèves. La direction de l'École semble en fait avoir pensé à trois formules de publications périodiques, entre lesquelles elle a dû choisir. La plus sérieuse : un organe de réflexion et de documentation pour une élite d'éducateurs, ce que devait être la revue. La plus populaire : un magazine de grande diffusion pour la masse des jeunes non organisés. La formule moyenne : un outil de formation, de liaison et de conseils techniques pour les responsables de groupements de jeunes. Si les deux premières options ne sont pas abandonnées (on les reprendra plus tard avec d'autres organes), c'est la troisième qui caractérise *Jeunesse... France!* au début de 1941.

Loyalisme civique et ardeur patriotique

Le bulletin, ouvert par un éditorial de Dunoyer de Segonzac et un article de réflexion de portée générale (signé d'un responsable du SGJ ou emprunté à un écrivain), comporte ensuite des rubriques régulièrement suivies dans les premiers numéros. Après une page d'information quasi officielle sur l'esprit et les réalisations du nouveau régime (« Le Maréchal refait la France »), deux rubriques édifiantes présentent des textes à portée morale ou patriotique (« Belles pages françaises et étrangères ») et des récits de faits d'armes ou d'exploits (« Gestes de France »). Dans une série d'études consacrées aux organisations de jeunesse (« Jeunesse française – Jeunesses étrangères »), Chombart le Lauwe présente les réalisations allemande et italienne. Dans les dernières pages, les conseils techniques pour les chefs

1. « Rapport sur la gestion... » cité *supra*.
2. Arrêté ministériel signé Lamirand le 15 décembre (AN, F 44 7, SGJ).
3. « Budgets des Écoles dépendant du bureau des cadres pour l'année 1941 », projet accompagné d'une note signée par F. de la Chapelle, 7 décembre 1940 (AN, F 44 2, SGJ, cabinet).

d'écoles et de centres de jeunes voisinent avec des témoignages, la correspondance des anciens et une « Chronique d'Uriage » qui présente l'activité de l'École et rappelle ses origines et son esprit. L'illustration, réduite dans le premier numéro à quelques photographies (les châteaux de la Faulconnière et d'Uriage, la visite du Maréchal) se diversifie ensuite; de nombreux dessins et croquis alternent avec les images usuelles des magazines de jeunesse (paysages, mer et montagne, attitudes de travail, de sport ou de jeu).

La physionomie du journal, dans ses premiers numéros (qui semblent avoir été imprimés sans contrôle préalable de la censure), présente trois traits saillants, qui concernent le Maréchal, la patrie et la jeunesse.

Du Maréchal, on montre à plusieurs reprises l'effigie, et on cite les textes. Un encadré, en première page du n° 3, affirme :

> Le Maréchal sauve la France en lui faisant le don de sa personne – Ce don est fait à chacun de nous – Nous n'avons pas le droit de lui marchander notre *loyalisme absolu*[1].

Sa « doctrine » est présentée ailleurs : texte de ses premiers messages et des Actes constitutionnels de juillet (sans commentaire), exposés sur la réforme de l'Éducation nationale et sur l'organisation du SGJ[2]. Mais le journal, ne présentant aucun reportage ni récit sur la vie et la personne du chef de l'État, évité puérilité et flagornerie. En manchette, est présenté dans les trois premiers numéros un extrait de son article sur l'éducation dont la tonalité est particulièrement autoritaire et intolérante :

> L'école de demain enseignera, avec le respect de la personne humaine, la famille, la société, la Patrie. Elle ne prétendra plus à la neutralité. La vie n'est pas neutre; elle consiste à prendre parti hardiment. Il n'y a pas de neutralité possible entre le vrai et le faux, entre le bien et le mal, entre la santé et la maladie, entre l'ordre et le désordre, entre la France et l'anti-France[3].

Dès le n° 4, cette longue citation disparaît, à la faveur d'une modification du titre du journal. Seule subsiste en exergue la phrase : « La vie n'est pas neutre; elle consiste à prendre parti hardiment. » Séparé de son contexte, l'aphorisme change évidemment de signification. Quant au gouvernement, il n'est jamais cité et son action n'est pas évoquée en dehors de l'enseignement et de la jeunesse.

Le sentiment patriotique est exalté; on célèbre « le génie de la France », la fierté nationale et l'esprit d'indépendance, de Vercingétorix et des résistances opposées à la domination romaine aux récents faits d'armes des combattants de 1940[4]. De Montoire il n'est pas question, non plus que de la bataille d'Angleterre, du statut des Juifs, de la dissidence gaulliste ou du renvoi de Laval le 13 décembre : on a choisi d'ignorer l'actualité.

Certains textes d'idées cependant indiquent une orientation, en des sens divers. Un court extrait du volume à paraître d'Henri Massis *Les Idées restent*, reproduit en première page, explique que « l'antifascisme n'est pas une doctrine digne de la France », et que si les Français « refusent la discipline mécanique des États totalitaires, le dressage des grands mythes collectifs », ce n'est pas sous l'influence des « partis fatigués » de la démocratie,

1. *Jeunesse... France!*, n° 3, 24 décembre 1940.
2. P. D., « La Jeunesse de France »,. *ibid.*, n° 2, 4 décembre 1940; « Le Maréchal refait la France », *ibid.*, nos 3 à 8.
3. Citation de Ph. PÉTAIN, « L'Éducation nationale », *Revue des Deux Mondes*, 15 août 1940.
4. « L'alouette sous la louve », *Jeunesse... France!*, n° 4, 8 janvier 1941; série « Gestes de France », *ibid.*, nos 1 à 4.

mais par conviction de raison et de foi [1]. Quelle a été l'intention de la rédaction, en choisissant ce texte antidémocrate ? Le problème se pose, étant donné les relations difficiles nouées par l'École, au début de décembre, avec l'influent directeur de la *Revue universelle*, conseiller du Maréchal.

Dans un tout autre sens, la méditation de l'aumônier de l'École à l'occasion du 11 novembre, publiée en tête du n° 1, exprime son attachement et sa confiance dans les valeurs que défendaient, au-delà du simple patriotisme, les combattants des deux guerres. À l'issue d'une réflexion sur le sens de la mort individuelle comme achèvement et dépassement de la vie, il conclut en effet, à propos de la mort de « nos anciens et nos camarades (...) tombés au champ d'honneur » :

> Ils aimaient la terre de France et sa douceur, le peuple de France et son idéal de justice, de liberté, de bonté, ces « amitiés françaises » et cette infinie tendresse, éparses sur les choses et dans les hommes de chez nous. Pour tout cela, cette justice, cette liberté, ce droit d'être bon qui sont la substance de la France et étaient celle de leur vie, ils ont donné cette vie (...). Que le salut temporel de la France nous soit ou non donné par surcroît – une invincible espérance affirme au fond de nous-mêmes qu'il le sera – la mort de nos camarades et de nos anciens a pour nous une valeur d'exemple (...). À notre tour, par le don total de nous-mêmes à l'idéal qui fait la dignité et la beauté de la vie, par une mort courageuse au service de cet idéal, nous sauverons en nous l'âme de la France [2].

Quant à la jeunesse, on lui propose de se rassembler en faisant preuve d'un généreux enthousiasme, sans écouter « les sceptiques, les critiques », de sauvegarder son pluralisme en refusant tout embrigadement dans « des formations d'allure militaire » et de rechercher « la solution française » au problème national, sans plagier les exemples étrangers [3]. Chombart de Lauwe, en introduction aux articles sur les jeunesses étrangères, recommande aux lecteurs d'examiner attentivement les réalisations allemande et italienne, afin de mieux définir la voie propre à la France, conforme « à ses aspirations profondes (...) d'accord avec elle-même et avec son génie propre [4] ».

Jeunesse... France! est donc déjà autre chose qu'un bulletin d'anciens. Sans être l'organe du SGJ, ce « bulletin des chefs » s'adresse à l'ensemble des responsables d'institutions de jeunesse et leur propose non seulement des informations et documents utiles à leur action, mais des orientations, un esprit. Faisant totale allégeance au Maréchal sans louer l'œuvre concrète de son gouvernement, stimulant la ferveur patriotique et les vertus humanistes sans mener d'action idéologique, le journal traduit à la fois les convictions et les incertitudes ou les prudences de l'équipe. Celle-ci est plus assurée de sa pédagogie et de son éthique que de sa philosophie et de sa politique ; il se trouve d'ailleurs qu'en son sein le principal responsable de la rédaction du journal, Delahousse, est un des plus inconditionnellement attaché à l'obéissance au pouvoir et à l'engagement au service de la Révolution nationale.

L'École publie aussi, en décembre, une brochure anonyme intitulée *Entretiens et causeries*, qui est présentée comme le premier élément d'une « collection de documents à la disposition des chefs, sous forme de fascicules d'une cinquantaine de pages [5] ». C'est un guide qui décrit les exercices

1. H. Massis, « La France ne sait pas être médiocre ni bourgeoise », *ibid.*, n° 3, 24 décembre 1940.
2. R. N., « Valeur de la mort », *ibid.*, n° 1, 13 novembre 1940.
3. P. D., « La Jeunesse de France », *ibid.*, n° 2, 4 décembre 1940.
4. P.-H.C.L. « La voie française et les exemples étrangers », *ibid.*, n° 1, 13 novembre 1940.
5. *Ibid.*, n° 3, 24 décembre 1940.

d'éveil intellectuel et de réflexion collective utilisables dans les groupes de jeunes : discussions, causeries-débats, cercles d'études. Deux autres brochures paraissent en janvier : *Conseils pratiques* (pour la promenade d'exploration régionale, la gestion d'une bibliothèque, les chants et jeux) et *Notes techniques* (organisation des ateliers et travaux manuels, administration et comptabilité). Sont annoncés, dans la même collection, des fascicules consacrés à l'art dramatique, à l'hygiène et aux conseils médicaux, à l'éducation physique, à l'organisation d'un chantier. En réalité la collection sous cette première forme ne dépassera pas les trois premiers fascicules; c'est dans un autre style qu'elle sera reprise un peu plus tard.

En amorçant la création d'une bibliothèque utilitaire exploitable par tous les groupes de jeunesse, l'École inaugure une fonction nouvelle. Laboratoire expérimental de la pédagogie globale qu'elle met en œuvre, elle peut devenir aussi le catalyseur d'un esprit commun à l'ensemble des organisations de jeunesse, par-delà les particularismes et les spécialisations.

Dans l'immédiat, il lui faut une bibliothèque et un centre de documentation pour répondre aux besoins des rédacteurs du périodique et des fascicules comme à ceux d'une activité pédagogique qui se diversifie avec la perspective de stages « spécialisés ». Un nouvel instructeur recruté à la mi-novembre, François Ducruy (Grenoblois âgé de vingt-huit ans, il a fait des études de lettres et de philosophie), est chargé de constituer et de gérer la bibliothèque de l'École, premier élément d'un service d'études et de documentation.

Au cours de ces deux premiers mois d'installation à Uriage, l'École a entrepris de se doter de moyens d'action autonomes et élargi ses contacts. Elle a également reçu le statut légal qui consacre sa fonction d'École nationale destinée à former des cadres supérieurs pour le compte du secrétariat général à la Jeunesse.

L'ÉCOLE NATIONALE DES CADRES DE LA JEUNESSE

C'est un mois après son installation à Uriage, à la veille de l'ouverture de sa quatrième session, que l'École a été juridiquement reconnue. Le 7 décembre 1940 a été promulguée une loi de l'État français portant création de deux Écoles nationales de cadres de la jeunesse, l'une masculine, celle d'Uriage, l'autre féminine, celle d'Écully.

Réorganisation administrative [1]

C'est l'époque où Paul Baudouin, alors ministre-secrétaire d'État chargé des services de la Jeunesse, contrôle et s'efforce de réorganiser le secrétariat général de la Jeunesse, enlevé à la tutelle du ministère de l'Instruction publique. Baudouin affirme publiquement et garantit une politique respectueuse du pluralisme des organisations de jeunesse; accompagnant le Maréchal à Lyon du 17 au 19 novembre, il rassure le cardinal Gerlier sur les intentions du gouvernement et défend le pluralisme [2]. Favorisant particulièrement le développement du mouvement Compagnons, il s'efforce aussi de préciser l'organisation du SGJ et de mettre fin à l'improvisation

1. Voir en annexe I les tableaux « La jeunesse dans les gouvernements de l'État français ».
2. P. BAUDOUIN, *Neuf mois au gouvernement, op. cit.*, p. 396.

devant laquelle il s'était écrié : « Me voici à la tête des deux services les plus en désordre de l'administration française : la Jeunesse et l'Information [1]. »

Une série de lois et de décrets mis au point par Bouthillier, Baudouin, Jardel et Lamirand sont donc pris durant ces deux mois, non sans hésitations ou repentirs dus sans doute à des luttes d'influence. L'administration centrale du SGJ, réorganisée par une loi du 3 novembre, comprend désormais d'une part des services centraux (cabinet du secrétaire général, inspection, services d'administration et de comptabilité, bureau de la propagande dirigé par Havard, chargé de mission, avec Armand Petitjean qui démissionne en décembre, service d'initiation artistique d'Alfred Cortot), et d'autre part deux grandes directions. Celle des Chantiers de la Jeunesse ne sera jamais installée, le commissariat général créé en janvier échappant à la tutelle du SGJ. La direction du Travail des jeunes, de l'orientation professionnelle et des groupements de jeunesse se substitue à la primitive direction de la Jeunesse de Goutet; celui-ci quittera le ministère en décembre. À cette nouvelle direction n'échappe que le contrôle des centres de jeunes chômeurs, attribué au commissariat au Chômage des jeunes créé le 9 décembre et placé sous l'autorité directe de Lamirand.

La direction du Travail des jeunes, où Maurice Bouvier-Ajam a été adjoint à Pierre Goutet, comporte essentiellement les bureaux des études (dont Jean Aubonnet est le chef, assisté comme rédacteurs de Pierre Ordioni et Bouvier d'Yvoire), des cadres (chef : Frédéric de la Chapelle; adjoint : Pierre de Chevigny; un stagiaire de la Faulconnière, Georges Lebrec, est rédacteur), des mouvements (chef : l'enseigne de vaisseau Legros; adjoint Michel Dupouey, rédacteur Jean Moreau), des Maisons de jeunes (chef : Aumônier; adjoint Ronald Seydoux) et des délégués (chef : Maurice Matet). Ce dernier bureau accroît son importance avec le développement des délégations régionales de la jeunesse : la loi du 5 décembre crée trois postes d'inspecteurs généraux, 38 de délégués régionaux et 173 de délégués-adjoints; le secrétariat général de la jeunesse est désormais représenté par un ou plusieurs délégués dans chaque département, chargés d'organiser la propagande et les manifestations publiques et de coordonner les initiatives des divers groupements, en liaison avec les autorités locales.

Le SGJ et l'encadrement de la jeunesse

Ces remaniements administratifs n'améliorent guère dans l'immédiat l'efficacité des bureaux de la Jeunesse, débordés par l'ampleur des problèmes et la diversité des initiatives et projets plus ou moins cohérents. Le successeur de Goutet à la direction des services, Louis Garrone, ne sera définitivement nommé qu'en février 1941; affirmant avoir hérité d'une direction qui « ne dirigeait rien et tournait à vide [2] », il entreprendra d'en redéfinir les objectifs et les méthodes.

Cependant Lamirand a tenté d'élaborer, dès l'automne 1940, une politique de la jeunesse. Un projet de loi sur l'organisation de la jeunesse a été mis en chantier; les rédactions se sont succédé au cabinet du SGJ, avec consultations répétées auprès des dirigeants des mouvements (Scouts et ACJF notamment) et des autorités ecclésiastiques [3]. Un projet de Charte de la jeunesse soumis en novembre aux dirigeants des mouvements soulève leurs protestations; il est modifié, puis finalement retiré en décembre [4].

1. P. Baudouin, *op. cit.*, p 415.
2. R. Hervet, *Les Compagnons de France*, *op. cit.*, pp. 54-55.
3. Voir J. Duquesne, *Les Catholiques français sous l'occupation*, *op. cit.*, pp. 211-214; P. Bolle, Sur les protestants durant l'été 1940, dans *Églises et chrétiens dans la Deuxième Guerre mondiale. La France*, p. 153.
4. Le détail de ces tractations est exposé dans notre thèse dactylographiée.

Lamirand et Goutet n'ont pas réussi à trouver le point d'équilibre entre les deux objectifs divergents qu'ils visent. Ils veulent d'une part atteindre l'ensemble de la jeunesse (pour l'éduquer, la mobiliser et la protéger des infiltrations allemandes ou fascisantes), et pour cela créer des structures obligatoires en imposant aux mouvements de se regrouper sous la tutelle gouvernementale ; ils sont décidés d'autre part à éviter la mainmise de l'État et l'unification forcée, à respecter le rôle de la famille, de l'école et des Églises, et à maintenir la diversité des mouvements.

Une autre entreprise, menée par le bureau des études du SGJ dirigé par Aubonnet et Ordioni, est également vouée à l'échec : le projet d'élaboration d'une doctrine civique qui serait enseignée à l'ensemble de la jeunesse française. Ordioni diffuse auprès des délégués à la jeunesse, en février 1941, deux textes intitulés : « Charte politique proposée à l'étude de la jeunesse française », et « Programme d'éducation civique ». Fondés sur des principes empruntés à la tradition contre-révolutionnaire, ils exaltent les valeurs d'ordre naturel, de hiérarchie inégalitaire et de soumission à la tradition. Auteur d'un rapport introductif daté du 11 octobre [1], Pierre Ordioni critiquera sévèrement par la suite ces spéculations de jeunes bourgeois ivres de reconstruire le monde à coups de dialectique abstraite et gâtés par les manies héritées de leur formation scoute [2]. Que ce soit à cause de cet idéalisme nébuleux, ou d'une orientation excessivement réactionnaire, le projet de doctrine civique n'a pas été adopté. Garrone imposera bientôt le programme doctrinal plus modéré qu'il aura lui-même élaboré.

Le bureau des cadres

Le bureau des cadres, dont dépend directement l'École de Segonzac, s'active également, sous la direction du commandant de La Chapelle, puis de Pierre de Chevigny qui lui succède en décembre, à dresser des plans pour donner une organisation définitive et hiérarchisée à l'ensemble des centres de formation de chefs qui ont été créés depuis l'été. La Chapelle a soumis le 1er novembre à Lamirand un projet ambitieux, distinguant deux réseaux de centres de formation. Celui qui existe, pour l'encadrement des jeunes chômeurs, avec les quinze centres-écoles régionaux créés par les mouvements de jeunesse, n'est pas destiné à durer. L'autre, qui devrait tenir son statut d'une loi, serait composé de quatre Centres généraux de formation de chefs dont les instructeurs appartiendraient à un corps unique. Les trois premiers formeraient respectivement les cadres des Chantiers de jeunesse, de Jeunesse et Montagne (organisation parallèle aux Chantiers, encadrée par des aviateurs) et de la jeunesse féminine. Le quatrième, l'École d'Uriage, devrait répondre à l'ensemble des besoins du SGJ en assurant par ses stages le perfectionnement et la communauté de vues de tous ses collaborateurs. Dans ce Centre général de formation des chefs de la jeunesse, les dirigeants des organisations de jeunesse, officielles ou non, les délégués régionaux, leurs adjoints et les fonctionnaires de l'administration centrale suivraient des stages de un à trois mois, et des membres des grands corps de l'État seraient invités à des stages « d'information » de deux ou plusieurs semaines [3].

Ce plan ne sera pas retenu, probablement à cause de la volonté d'autonomie des dirigeants des Chantiers de jeunesse. La loi du 7 décembre ne

1. Les trois textes sont réunis dans un dossier ronéotypé du bureau des études du SGJ : « Pour une éducation civique de la jeunesse française » (arch. ENCU).
2. P. Ordioni, *Tout commence à Alger, 1940-44*, pp. 106-115.
3. « Projet de statut des Centres de formation de chefs » soumis par La Chapelle à Lamirand le 1er novembre 1940 (AN, F 44 2, SGJ).

crée que deux Écoles nationales des cadres de la jeunesse, masculine et féminine, « afin d'assurer la formation des Chefs de la jeunesse ». Le jour même où elle est signée, une nouvelle note de La Chapelle, commentant le projet de budget des Écoles dépendant du SGJ, expose un nouveau schéma d'organisation, qui sera retenu. Il s'agit de former « des chefs, et des chefs jeunes », non seulement pour les besoins des services du SGJ et des organisations de jeunesse, mais pour disposer d' « animateurs (...) partout où il y a des jeunes, c'est-à-dire dans toutes les entreprises, dans toutes les professions, dans toutes les localités », afin d'implanter profondément les germes de la révolution à faire dans le peuple, dont la masse est trop souvent « inerte et réticente ». Le rôle des Écoles est de recruter et de sélectionner ces futurs chefs autant que de les former ou perfectionner; elles seront classées en trois catégories. Dans les régions, d'abord, les quinze écoles déjà créées formeront rapidement des cadres pour les jeunes chômeurs et pour les mouvements de jeunesse de la région (« autres que les scouts et les mouvements de l'ACJF », précise la note : le SGJ s'est incliné devant l'exigence de ces mouvements de conserver le contrôle de la formation de leurs cadres); elles initieront la jeunesse locale à l'action du SGJ et aux réalités de la vie provinciale, et sélectionneront les candidats pour les niveaux supérieurs. En deuxième lieu, trois écoles « spécialisées » répondront à des besoins particuliers, comme la formation de chefs pour les Maisons de jeunes. Au sommet, l'École nationale des cadres recevra pour des stages d'un mois les futurs chefs proposés par les délégués régionaux et « susceptibles de constituer dans l'avenir l'encadrement supérieur de la nation [1] ».

Statut et mission des Écoles nationales

L'École d'Uriage a donc reçu le 7 décembre son nom définitif, son statut juridique en même temps que sa mission. La loi qui crée les deux Écoles nationales attribue à chacune dix-neuf postes d'encadrement : un directeur, un sous-directeur, un économe et seize instructeurs, nommés par arrêté ministériel et titularisés après un stage probatoire d'un an. Ces postes sont compris dans le tableau des fonctionnaires du SGJ défini par les décrets du 31 décembre, que signe Baudouin à la veille de son départ. Les directeurs des Écoles nationales sont assimilés aux délégués régionaux de la jeunesse (au traitement annuel de 40 000 à 55 000 F, voisin de celui d'un commissaire-adjoint aux Chantiers ou d'un capitaine); les instructeurs reçoivent un traitement de 14 000 à 30 000 F (équivalent de celui d'un chef de groupe des Chantiers, assimilé à un lieutenant de quatre ans de grade). Ainsi est assuré le passage au statut de fonctionnaire-stagiaire du SGJ, et à un mode de rémunération correspondant, du personnel de l'École, auparavant sous régime militaire. Le nombre de ces postes est inférieur à ce que souhaitait Segonzac, et même au chiffre des membres effectifs de son équipe; mais la loi l'autorise, dans la limite des crédits prévus, à engager du personnel auxiliaire. Le budget que lui accorde Lamirand pour novembre et décembre 1940 comporte à ce titre les traitements de dix-sept instructeurs-adjoints, instructeurs techniques et moniteurs de cuisine et d'éducation physique, et de cinq secrétaires et dactylos [2].

La loi de finances pour le premier trimestre 1941 accorde aux Écoles nationales un budget mensuel de fonctionnement de 200 à 250 000 F (trai-

1. « Projets de budgets des Écoles dépendant du bureau des cadres pour l'année 1941 », note de présentation signée par La Chapelle, 7 décembre 1940, 6 p. (AN, F 44 2, SGJ, cabinet). Voir aussi *Bulletin de presse* du SGJ, n° 4, novembre-décembre 1940.

2. Arrêté ministériel signé par Lamirand le 15 décembre (AN, F 44 7, SGJ).

tements du personnel auxiliaire, dépenses de matériel et d'entretien des stagiaires), sensiblement égal à celui des derniers mois de 1940 mais nettement inférieur à ce qu'avait proposé La Chapelle. Le crédit total de 1 900 000 F pour le trimestre (à répartir en fait entre trois Écoles, car celle qui fonctionne en zone occupée est alimentée par le même budget) est relativement modeste, dans un budget total de la Jeunesse de 970 millions de francs (l'Instruction publique a 1,5 milliard), dont plus de 500 millions vont aux Chantiers et près de 400 millions aux Écoles et centres de jeunes chômeurs (crédits d'équipement compris). Aux yeux de Segonzac et de ses amis, « le budget de l'École reste ridiculement pauvre [1] », en regard de leurs ambitions. Les problèmes de personnel et de matériel freinent leurs projets, sans les bloquer cependant ; l'ingéniosité des hommes d'Uriage, la bienveillance de ceux du SGJ donnent une marge de liberté à Segonzac.

Quant à la mission de l'École d'Uriage, La Chapelle en a donné avant son départ une définition très ample, propre à satisfaire les ambitions de Segonzac. Elle sera, selon la note du 7 décembre, de mettre les futurs cadres de la nation au contact les uns des autres, de fortifier leurs qualités de caractère et de les informer des techniques d'action sur les jeunes, et de plus « de les aider à fixer leurs attitudes et l'orientation de leurs activités en fonction des principes de la Révolution nationale ; de leur faire poser les problèmes particuliers à la jeunesse, de leur présenter les solutions adoptées ou projetées par le secrétariat général, de les amener à découvrir celles qui leur incombent particulièrement [2] ».

Ainsi, l'École nationale est présentée à la fois comme « un institut de formation et d'enseignement » qui doit être « une grande maison commune, œuvre de tous, escale de retraite et d'étude, foyer idéal de rayonnement et d'action », et comme un « centre de documentation et de recherche » où les jeunes chefs confronteront expériences, idées et projets, s'informeront et trouveront des instruments de travail personnel. L'ambiance matérielle et surtout spirituelle du château d'Uriage le qualifie comme « atelier où se forgera peu à peu l'âme de la France nouvelle, le point de départ d'une croisade [3] ».

La Chapelle, éducateur averti et fervent, apparaît résolu à soutenir Segonzac et à consolider son œuvre, sans prétendre le contrôler. Dans le style oratoire vibrant qui lui appartient, Lamirand prend publiquement position dans le même sens lorsqu'il évoque, fin décembre, sa récente visite à Uriage :

> J'ai créé près de soixante écoles de chefs qui rivalisent toutes d'ardeur et d'enthousiasme (...). Je vous annonce une floraison de chefs nouveaux, splendides, qui seront les véritables preux de la France moderne. À la tête de toutes ces écoles, se trouve l'École nationale des cadres d'Uriage (...). Je vous souhaite à tous de pouvoir assister, comme je l'ai fait moi-même, il y a quelques jours, à la veillée qui a lieu chaque soir dans l'ancienne salle d'armes du château. Là, deux cents jeunes de moins de trente-cinq ans (...) sont réunis autour du chef de Segonzac, entouré de son équipe d'instructeurs. Dans la cheminée monumentale flambe un grand feu de bois (...), l'un des instructeurs parle, sans grands mots, mais avec toute son âme, de cette grande mission que sera pour ceux qui l'écoutent la charge d'encadrer la jeunesse qui refera le Pays. Un souffle étrange passe sur l'auditoire. L'accent de la voix, le recueillement de son auditoire, l'élévation des pensées, la froide résolution de comprendre et d'agir pour le bien commun, tout cela émeut étrangement. On a le sentiment de se trouver dans l'un de ces lieux, comme disait Barrès « où souffle l'esprit ». On se sent bouleversé par cette affirmation de l'unité française, de la volonté

1. E. MOUNIER, carnets manuscrits *Entretiens XI,* 4 janvier 1941.
2. « Projets de budgets... », note du 7 décembre citée.
3. *Ibid.*

française, de la force française, on la retrouve là comme à toutes les grandes heures de notre histoire [1].

Segonzac jouit donc, à la fin de 1940, de la sympathie admirative et de la confiance de ses supérieurs hiérarchiques. Mais La Chapelle s'en va, et surtout une question se pose, à l'évidence : à qui appartient-il de définir la doctrine ou du moins l'esprit qui présidera au développement de cette « université spirituelle de la jeunesse [2] » ? Comment en seront choisis les professeurs et surtout les inspirateurs ? On a commencé, au SGJ, à se poser ces questions, et des inquiétudes se sont exprimées. Matet, chef-adjoint du cabinet de Lamirand (et ancien responsable des Équipes sociales) a demandé le 18 novembre à Garric son aide pour la rédaction d'un bulletin de doctrine : « La doctrine actuellement proposée aux jeunes est d'une insuffisance notoire. Dans les Écoles de cadres où l'on forme les futurs chefs, de graves erreurs de méthode sont commises », écrivait-il, en souhaitant qu'on s'y inspire davantage de l'esprit des Équipes sociales [3]. Prenant les devants à son habitude, Segonzac s'est préoccupé d'élaborer ses propres réponses. Dès la fin de novembre, il a réuni à Uriage un colloque destiné à préciser les orientations de l'École et les références intellectuelles sur lesquelles elle appuiera son enseignement.

1. Conclusion de l'allocution prononcée au Capitole de Toulouse à l'occasion de la fête de la Jeunesse, le 29 décembre 1940 (G. Lamirand, *Messages à la Jeunesse*).
2. Expression utilisée par le texte du *Bulletin de presse* cité, n° 4, novembre-décembre 1940, p. 17.
3. Lettre du 18 novembre 1940, copie AN, F 44 2.

CHAPITRE IV

Rencontres intellectuelles et options doctrinales (décembre 1940 - janvier 1941)

UN COLLOQUE INTELLECTUEL À URIAGE

Entre deux sessions, un temps de réflexion et d'alimentation intellectuelle pour l'équipe de l'École. Du 29 novembre au 3 décembre, les « journées d'études d'Uriage » rassemblent, avec les instructeurs, une vingtaine de personnalités (intellectuels, syndicalistes, ecclésiastiques, fonctionnaires de la Jeunesse). Dunoyer de Segonzac les évoquera plus tard comme une tentative manquée :

> Dès la fin de 1940, au nom du rassemblement, j'organisai un colloque, auquel j'avais invité Emmanuel Mounier, Robert Bothereau, Henri Massis, comme têtes de file de tendances opposées qui, dans mon esprit, devaient se rejoindre dans la ferveur de l'union commandée par les événements. Ce fut un échec, qui me fit réfléchir sur les incompatibilités foncières de tempéraments littéralement étrangers les uns aux autres [1].

Un choix orienté de personnalités

Le rêve œcuménique d'une convergence entre les familles spirituelles qui constituent le faisceau des traditions nationales est en effet, on l'a vu, une de ses pensées les plus chères. De ce point de vue, le colloque sera effectivement un échec. Segonzac l'attribuera à « la désinvolture mêlée d'inconscience » avec laquelle il a réuni à la hâte des personnalités trop différentes; la vertu des lieux et la droiture des intentions ne suffisent pas à faire jaillir la synthèse des doctrines et des expériences. Mais la convocation de ce colloque répond aussi à un besoin plus immédiat. L'École d'Uriage, après l'improvisation des premiers mois, doit maintenant s'organiser pour une action de plus vaste envergure si elle veut durer et élargir son influence. Il lui faut donc préciser son orientation, se situer par rapport aux diverses interprétations d'une Révolution nationale controversée. Les journées d'études permettront au moins de poser les problèmes, et de prendre les contacts nécessaires pour constituer le bureau d'études envisagé dès septembre. Pour recruter les intellectuels capables de s'intégrer à l'équipe,

1. *Le Vieux Chef, op. cit.*, p. 88.

d'éclairer sa démarche et d'assurer à l'École l'autonomie de pensée qu'elle revendique à l'égard du SGJ, Dunoyer de Segonzac entend les voir à l'œuvre et les soumettre au jugement de son équipe. Il s'agit pour lui, comme toujours, de découvrir et de rencontrer des hommes autant que de confronter des pensées.

L'instigateur et le maître d'œuvre de la rencontre est l'abbé de Naurois. Les invitations qu'il lance donnent au colloque sa physionomie et aiguillent Uriage vers ses orientations définitives; ainsi, pour la deuxième fois, il joue un rôle décisif dans l'évolution de l'École. À ses yeux, ces journées d'études doivent à la fois préciser les données des problèmes de la vie politique, économique, sociale, et expliciter les affirmations spirituelles qui lui paraissent correspondre aux choix instinctifs de Segonzac. À côté des spécialistes et des praticiens qu'on invite par ailleurs (juristes, économistes, syndicalistes), il va faire appel aux chefs de file de la philosophie personnaliste : Emmanuel Mounier et Jean Lacroix.

Il a repris contact avec eux à Lyon où, dans cet automne 1940, plusieurs cercles intellectuels entrecroisent leurs activités et leurs projets. Les militants chrétiens y sont nombreux, et notamment les membres des groupes qui se sont engagés, depuis 1936 surtout, dans le combat moral et politique contre les menaces fasciste et nazie, en prenant position face aux guerres d'Éthiopie et d'Espagne et aux coups de force de Hitler. Les personnalités repliées de Paris, responsables de publications ou d'associations, retrouvent leurs amis lyonnais; Mounier et Stanislas Fumet reconstituent des équipes pour animer les périodiques qu'ils relancent : *Esprit*, dès novembre, *L'Hebdomadaire du Temps nouveau* (qui succède à *Temps présent*, sous la direction de Fumet et Terrenoire) en décembre. Les réunions se multiplient, dans des locaux comme ceux de la Chronique sociale, entre universitaires, journalistes, responsables de mouvements de jeunesse, aumôniers, théologiens enseignant au scolasticat jésuite de Fourvière ou aux Facultés catholiques, syndicalistes et militants du catholicisme social. Les sympathisants de la Jeune République, les membres des groupes Esprit et des Nouvelles Équipes françaises, les amis de *Temps présent* et les collaborateurs du nouveau centre Jeunesse de l'Église se rencontrent en divers groupes de réflexion [1].

Au centre de leurs discussions s'impose inévitablement un thème majeur. Il faut analyser la situation nouvelle créée par la défaite et l'avènement de l'État français, et inventer dans l'incertitude de nouvelles formes de combat intellectuel et politique. À quelle survie se préparer dans une Europe dominée, pour longtemps peut-être, par « l'ordre » totalitaire ? Comment exprimer une pensée libre sous le régime de la censure ? Contre l'avis de beaucoup de leurs amis, et contrairement à l'attitude d'opposition politique clandestine qu'adoptent les démocrates-chrétiens, Mounier, soutenu par Lacroix, a décidé de reprendre la publication de sa revue. Face à un régime de réaction antidémocratique et de résignation à la défaite qu'ils contestent foncièrement, ils ont choisi une stratégie de présence combattante : garder la parole pour « faire de l'armement spirituel clandestin » et mener une « contre-attaque interne », en dénonçant, sous le langage équivoque de la Révolution nationale, les illusions et les duperies dont risquent d'être victimes des hommes de bonne volonté [2].

L'abbé de Naurois invite donc Mounier et Lacroix, ainsi que le Père de Lubac, à participer aux journées d'études et à y donner une conférence. Les autres invités sont Jean-Jacques Chevallier et Robert Mossé, professeurs à la faculté de droit de Grenoble, Pierre Raynaud, professeur à celle de Tou-

1. Voir R. Bédarida, *Les Armes de l'Esprit, Témoignage chrétien (1941-1944)*, pp. 27-37; S. Fumet, *Histoire de Dieu dans ma vie*, p. 431 sq.

2. Voir B. Comte, « Emmanuel Mounier devant Vichy et la Révolution nationale en 1940-1941 : L'histoire réinterprétée », *Revue d'histoire de l'Église de France*.

louse, Jean Mazeaud, magistrat, Mgr Guerry, ancien vicaire général de Grenoble promu en 1940 coadjuteur de l'archevêque de Cambrai, le Père Arnou, professeur aux Facultés catholiques de Lille, le Père Doncœur, Robert Bothereau, dirigeant de la CGT proche de Léon Jouhaux, Bénigno Cacérès, jeune compagnon charpentier toulousain ami de Naurois, Henri Massis, le commandant de La Chapelle et d'autres délégués du SGJ, comme le chef de bureau Michel Dupouey et le délégué régional à Grenoble Coche, ainsi que quelques représentants de l'état-major des Chantiers.

L'éventail des courants de pensée représentés, de la SFIO (Mossé) et de la CGT (Bothereau) à l'Action française (Massis) est certes large ; si aucun participant ne se réclame exclusivement du marxisme, si tous sont hostiles à l'occupant allemand et au totalitarisme nazi, les positions envers Vichy et la Révolution nationale vont de l'adhésion sans restriction à l'opposition plus ou moins affirmée. Mais comme ni le Père Doncœur ni Henri Massis ne présentent d'exposés, le régime et son idéologie seront l'objet, de la part des treize conférenciers, de plus de critiques ou de mises en garde que de déclarations d'adhésion.

Ouvert le 29 novembre, le colloque dure quatre jours en présence de l'équipe des instructeurs ; les exposés suivis de discussion se succèdent à un rythme serré. Les interventions correspondent à trois grands thèmes : les orientations spirituelles avec Mounier, le Père de Lubac, l'abbé de Naurois et le commandant de La Chapelle ; la réflexion politique avec Chevallier et Lacroix, Mazeaud et Mgr Guerry ; les problèmes économiques et sociaux avec Mossé, Raynaud, le Père Arnou, Bothereau et Cacérès.

Conférences et discussions, enregistrées par trois sténotypistes embauchées pour le colloque, seront ronéotypées dans l'hiver sous la direction de l'aumônier, mais le texte des trois premiers exposés (La Chapelle, le Père de Lubac et Naurois) sera perdu [1]. Le dossier de 173 pages ainsi constitué sera diffusé dans le cercle des stagiaires et amis de l'École. Les conférences de Mounier, Chevallier, Bothereau, Cacérès et Lacroix ont constitué des temps forts. Plus didactiques, Mgr Guerry et Mossé ont donné un enseignement d'experts ; quant à Henri Massis, sa participation aux débats a été brève et orageuse [2].

Humanisme français

Mounier « appelé à définir le thème doctrinal d'ensemble, le premier soir [3] », donne en quelque sorte le ton, avec l'abbé de Naurois ; les autres conférenciers se référeront à la conception de « la personne » qu'ils ont présentée. Sous le titre « Un humanisme français de la personne et de la communauté [4] », Mounier dresse un rapide inventaire du patrimoine spirituel national ; les références à l'histoire de la nation et l'analyse de sa crise actuelle sont présentées dans la perspective « personnaliste et communautaire ». Il traite d'abord une série de « questions préalables » qui précisent ses options fondamentales. Commentant les mots « humanisme » et « français », il écarte les déviations des « mystiques » frénétiquement anti-intellectua-

1. Témoignages de l'abbé R. de Naurois et Y. Jacquot.
2. Voir en annexe II le calendrier des conférences et l'inventaire des documents conservés.
3. Carnets manuscrits d'E. MOUNIER, *Entretiens XI*, 4 décembre 1940.
4. Titre cité dans les carnets *(ibid.)*. Le texte ronéo. sera intitulé « Pour un humanisme français, par M. E. Mounier, agrégé de l'Université » (Journées d'études d'Uriage, 20 p.). Augmenté d'une introduction et modifié sur quelques points de détail, ce texte sera publié sous le titre « Pour une charte de l'unité française », *Esprit*, 103, août 1941, pp. 689-711.

listes, du particularisme nationaliste et de l'abstraction sectaire; il annonce une démarche raisonnée, universaliste et une « vision unifiante, mais non unitaire – ou, comme on dit aujourd'hui, totalitaire ». Il s'agit de comprendre « toute la France », en se situant au point de convergence des tendances les plus profondes qui font de la nation une communauté.

Il analyse ensuite les deux lignes de force de la tradition spirituelle française. La première est dans l'affirmation, commune aux deux humanismes chrétien et laïque, de la valeur de la personne, au nom de laquelle de jeunes hommes se sont dressés dans les années 30 contre le « désordre établi », en proclamant l'urgence d'une « deuxième révolution française ». La seconde, c'est l'aspiration communautaire, qui s'éprouve dans les expériences « à mesure d'homme » (comme le village, ou l'équipe de jeunes) et s'enracine dans les diverses traditions de l'honneur nobiliaire, de la solidarité populaire, de la communion chrétienne et de la communication des consciences selon la philosophie réflexive. Contre les tentations opposées de l'individualisme bourgeois, des idéologies fusionnelles qui exaltent l'être collectif et du corporatisme avec sa hiérarchie organiciste, Mounier affirme, avec Péguy, la convergence des grandes mystiques traditionnelles : mystique chrétienne, mystique républicaine et mystique socialiste.

Les réactions des auditeurs de cet exposé n'ont pas été conservées; l'analyse du texte suggère cependant des hypothèses pour expliquer l'adhésion que rencontrent les affirmations de Mounier de la part des participants du colloque, et tout particulièrement de Segonzac.

Celui-ci a pu découvrir, à certains traits, une profonde affinité, une parenté de jugement et de conviction entre Mounier et lui (on sait à quel point la « manière » est pour lui plus importante que les paroles ou les raisonnements). Dès l'exorde, Mounier a eu des expressions significatives (soulignées ici par nous) :

> La France est contrainte par les événements à une *retraite* dont elle peut tirer le meilleur ou le pire. Sa première tâche est d'y retrouver l'*unité intérieure perdue*. Et ce ne sont pas des affirmations véhémentes qui y suffiront. Comme toute nation, la France a des visages divers, et Dieu nous garde de la priver de cette *diversité*. Cependant, puisqu'elles cohabitent, il faut bien que les *familles d'esprit* qui la composent s'entendent sur certains *consentements communs*. Ce sont ces consentements que nous rechercherons ici [1].

Pour les hommes d'Uriage qui définissent leurs sessions comme un temps de recueillement, qui prétendent rechercher collectivement, en respectant la diversité des situations et des options, des raisons communes de vivre et de se battre, ce langage implique sans nul doute, à travers la spécificité du vocabulaire de Mounier, de fortes correspondances.

Plus loin, Mounier, au nom d'une recherche « conquérante et non polémique » de « l'inspiration nationale », propose aux diverses catégories de Français un retour sur eux-mêmes, car « pleinement nationaux, nous ne le serons que si nous nous appliquons à retrouver *toute la France*, et en particulier les aspects que nous en avons méconnus hier ».

Parlant alors au nom du jeune bourgeois et du jeune ouvrier, du chrétien et de l'incroyant, de l'homme « de gauche » et de l'homme « de droite », il indique l'effort que doit faire chacun pour « élargir (...) le tableau trop étroit qu'il s'est donné de son pays, sous l'effet de son tempérament, de son milieu ou de ses rancœurs, (...) pour l'élargir à la mesure d'un pays aux cent visages, assez large pour nourrir plusieurs grandes mystiques ».

Cet appel à l'élargissement de la vision, contre l'esprit de revanche ou le *mea culpa* alors en honneur, correspond précisément à l'attente de Segon-

1. « Pour un humanisme français », *op. cit.*

zac. D'autres notations incidentes sont comme l'écho de son expérience de chef. Ainsi, à propos du sens chrétien de la personne qui implique le respect de l'intimité des êtres, « il nous commande certains devoirs, à côté de duretés nécessaires, dans la communication de la vérité ou le commandement des hommes (...). Et si les exigences de l'autorité imposent que l'ordre précède souvent le consentement, le consentement spontané paraîtra toujours comme un idéal préférable à l'exécution aveugle ».

Ou encore, à propos de l'usage inconsidéré des notions de « chef, hiérarchie, rouages », chez ceux qui oublient qu'il s'agit d'organiser « un monde d'hommes » :

> ... un chantier de jeunesse, comme une nation, c'est à la base un ordre fonctionnel, et à cet ordre il faut des chefs, une hiérarchie, une discipline. Mais un chantier ou une nation, c'est surtout une communauté d'hommes. La valeur *technique* du chef, c'est de commander efficacement et ce qu'il faut. Sa valeur *humaine* n'est pas là, ou si l'on veut est bien plus que cela : elle est de provoquer ses subordonnés à s'affirmer et à se dépasser eux-mêmes au service d'un ordre plus haut que les ordres du chef.

Enfin l'appel final à l'engagement (Segonzac aurait dit « action » ou « service ») résonne à l'unisson du style que les hommes d'Uriage ont commencé à pratiquer et cherchent à expliciter. Mounier propose de rassembler des hommes qui sachent, « ayant réfléchi et résolu, servir en hommes debout des causes qui les dépassent [1] ».

Ces analyses et ces affirmations, avec la référence à Lyautey et la finale qui s'achève sur le mot « héroïsme », n'ont pu laisser insensibles les auditeurs, à commencer par Segonzac. Mais surtout, celui-ci a reconnu en Mounier un de ces « hommes de qualité » dont il recherche la collaboration – qualité intérieure surtout d'un intellectuel qui fait preuve de « bonté, fraîcheur, ouverture ». Ce témoignage postérieur de Segonzac comme ceux des deux épouses s'accorde avec les indications des carnets de Mounier : entre les deux hommes, l'estime et la confiance ont été immédiates et durables [2].

Mounier ne propose aux hommes d'Uriage ni une doctrine préétablie, ni le bilan des recherches personnelles d'un spécialiste; il parle du cœur d'une situation où il est impliqué comme eux. Avec l'ouverture attentive et la lucidité exigeante qui lui sont propres, il sait reconnaître pleinement l'expérience de ses auditeurs, avec son originalité et ses contradictions, et l'éclairer en proposant des principes de jugement et conduite.

Dans son fond, cet exposé, qui se garde de donner des mots d'ordre et exprime une pensée nuancée, comporte de fortes affirmations. Sans faire aucune référence directe à l'idéologie de la Révolution nationale, l'analyse qu'il propose engage une attitude envers le régime.

Des allusions indirectes signalent d'abord les dangers d'une réaction passionnelle contre les fondements idéologiques du régime précédent. Ainsi, à propos du nécessaire universalisme, Mounier évoque le « généreux élan » de la tradition internationaliste de la gauche :

« ... Il nous déportait en fait vers des abstractions-nuages, dont l'échec risque aujourd'hui de jeter le discrédit sur ces vérités capitales qu'exprimait l'élan vers l'universel. Mais une nation adulte ne s'abandonne pas aux réactions du ressentiment, et ne prend pas pour un redressement le passage d'une erreur à l'erreur contraire [3]. »

Plus profondément, il invite à une démystification de la Révolution

1. « Pour un humanisme français », *op. cit.*

2. Témoignages du général Dunoyer de Segonzac, de Mme Mounier et de Mme Dunoyer de Segonzac. Carnets manuscrits d'E. MOUNIER, 4 décembre 1940, 4 janvier 1941 et *passim.*

3. « Pour un humanisme français », *op. cit.*

nationale; sans la citer, il formule les constatations et les convictions au nom desquelles on pourra porter sur elle un jugement critique, et la distinguer des valeurs dont elle se réclame. Si le thème de la révolution est présent, comme on l'a vu, au centre de sa démonstration, il s'agit de cette « deuxième révolution française, personnaliste et communautaire », qui n'a rien d'une contre-révolution corporatiste mais se nourrit des mystiques républicaine et socialiste autant que chrétienne. Si le qualificatif « national » est également utilisé à plusieurs reprises, c'est contre un nationalisme partisan, contre l'idée d'une unanimité forcée. Pour Mounier, « si national n'est pas un vain mot, il désigne cet effort spirituel (celui de Péguy) pour embrasser à la fois le génie central et toutes les expressions d'une nation [1] ».

À la Faulconnière, Garric avait exalté l'amour de la patrie, avec l'impasse qu'on a signalée sur le politique et sur les affrontements entre groupes sociaux et courants idéologiques. À Uriage, Mounier parle d'une communauté nationale qui reste à faire, à travers la diversité des situations et des options, au nom d'un projet spirituel déjà présent dans son histoire que doit reprendre en compte la génération actuelle. Le terme « spirituel » faisait-il déjà partie du vocabulaire de l'équipe d'Uriage ? Peut-être l'abbé de Naurois l'avait-il déjà introduit; c'est en tout cas l'intervention de Mounier qui en explicite la signification, dans la ligne de Péguy. Il se réfère à la reconnaissance par la personne d'un absolu qu'elle pressent au cœur des situations ordinaires (« charnelles ») et qui donne sens à sa vie présente, pour un avenir à construire. C'est dans cette conviction que s'ancre l'entreprise éducative et civique d'Uriage, et Mounier lui a donné forme et garantie intellectuelles.

Dans sa conclusion, l'exposé de Mounier comporte une mise en garde importante contre le danger de « l'utopie rétrospective ». À des « chefs de la jeunesse » dont les aspirations à refaire une chrétienté, ou du moins une civilisation, risquent de s'égarer dans les illusions de l'imagerie médiévale (chevalerie, croisade et royaume chrétien), Mounier rappelle opportunément que « c'est avec les données d'aujourd'hui (du XXe siècle) que nous aurons demain, la catastrophe écartée, à reconstruire définitivement notre pays ». Il conclut enfin sur « les trois consignes de l'intelligence en temps de crise : fidélité, lucidité, vigilance », qui demandent de l'intellectuel, comme de chacun, « quelque héroïsme ». En ce langage peu familier à ses auditeurs, davantage habitués à parler d'enthousiasme et de dévouement, il suggère une parenté entre le métier apparement tranquille de l'intellectuel et les risques encourus par l'homme d'action.

On sait par Jean Lacroix que Mounier, recevant l'invitation de « l'ami de Naurois » à participer au colloque, n'avait pas hésité à s'y rendre, avec la ferme intention d'exiger une totale liberté d'expression et de repartir si elle ne lui était pas garantie [2]. À l'issue de cette première rencontre, sa vigilance est satisfaite, et c'est une appréciation entièrement positive qu'il porte sur l'École autant que sur son chef :

> Dunoyer de Segonzac, ancien saint-cyrien, sans le moindre panache : gentil, simple, presque timide, fervent de tous les problèmes (...). L'atmosphère de l'ensemble des invités et de l'École était saine, sympathique, prometteuse(...). L'élément scoutisme était réduit au minimum (...). Trop de curés, au surplus, dans cette session (...). Rien de cette fièvre un peu « petit jeune homme qui se prend au sérieux » que l'on rencontre souvent aux Compagnons. Rien de ces petites histoires sur les rivalités d'influences et de chefs qui semblent aux Compagnons, aussi, d'une telle importance. Un grand accueil au problème juif (...). Une oasis de santé dans l'effervescence du régime [3].

1. « Pour un humanisme français », *op. cit.*
2. Témoignage de J. Lacroix; voir son récit cité infra, note 1, p. 119.
3. Carnets manuscrits d'E. MOUNIER, *Entretiens XI*, 4 décembre 1940.

La coopération est amorcée, dans la plus grande confiance ; elle se traduira dans les structures de l'École dès le mois suivant.

Réflexion sur les régimes politiques

Un deuxième temps fort est constitué, au milieu du colloque, par l'exposé de Jean-Jacques Chevallier sur « Démocratie et totalitarisme ». Venu en voisin, le professeur de droit public de l'Université de Grenoble, membre du Parti démocrate populaire, est un spécialiste de la pratique constitutionnelle britannique et de la Révolution française dans son versant libéral [1]. Sportif et montagnard, capitaine de réserve pour qui la drôle de guerre et la débâcle militaire ont été une dure épreuve morale, il est particulièrement attentif aux exigences de l'action, donc aux qualités de caractère et aux régimes politiques et éducatifs capables de les valoriser.

Se plaçant sur le terrain de la philosophie politique sans entrer dans le détail des mécanismes constitutionnels, il souligne dans cette conférence les lignes de force essentielles des deux grands systèmes d'organisation politique qui s'affrontent. D'un côté, la démocratie parlementaire à l'anglaise, ou « démo-libéralisme ». Ses caractères constitutionnels (concurrence de plusieurs partis librement organisés, principe du suffrage universel qui fonde le gouvernement majoritaire) traduisent des options philosophiques ; l'Angleterre libérale, qui les a mis au point, avait une vision relativiste du politique, donnait la priorité à l'individu et s'efforçait d'élaborer des conduites rationnelles. De l'autre, les régimes de « l'antidémocratie totalitaire », dont il souligne (en se référant aux analyses de Georges Sorel) la parenté, manifestée par l'existence d'un parti unique. La politique est fondée là sur l'affirmation d'un absolu (la classe prolétarienne, l'État national ou le *Volk*), la recherche de l'intérêt collectif prime les droits de l'individu, et l'adhésion des citoyens est recherchée par l'appel aux mythes irrationnels et par l'emprise de la propagande, œuvre de suggestion collective.

L'auteur propose en conclusion trois affirmations :

– Faiblesses du démo-libéralisme, surtout français, face à la pression des régimes totalitaires. Le système démocratique a manifesté son manque d'efficacité politique (incapacité d'initiative et de force, peur du risque), révélé sa soumission à la toute-puissance de l'argent et, dans l'ordre moral, les lacunes de son relativisme. La démocratie parlementaire, en effet, a négligé au XXe siècle ces « aspirations essentielles de la nature humaine », sensibles surtout dans la jeunesse : le « besoin d'un minimum d'absolu (...), d'une certaine pâture d'irrationnel, même dans la politique », besoin dont Georges Sorel avait su souligner l'importance vitale. La Grande-Bretagne néanmoins, ayant su conserver dans la démocratie parlementaire une part d'adhésion irrationnelle (la monarchie), un soubassement chrétien (sa morale civique), une foi en elle-même, « s'est ressaisie dans l'épreuve vitale ». La France au contraire, « vidée de sa tradition chrétienne dans sa masse (...), de sa tradition jacobine (...) et même de la mystique anticléricale des vieux républicains, francs-maçons ou incroyants (...), la France vidée de toute la France a fait l'effet pendant cette guerre d'une malade de langueur [2] ».

– Double mérite des systèmes totalitaires, en réaction contre ces faiblesses.

1. Agrégé de droit public en 1925, nommé à Grenoble en 1926, il a publié depuis : *L'Évolution de l'Empire britannique*, Paris, 1931, 2 vol. ; *La Société des Nations britanniques*, Paris, 1939 ; divers articles de droit international, et des études historiques sur Barnave, Vizille, le Dauphiné en 1788.

2. J.-J. CHEVALLIER, « Démocratie et totalitarisme. Journées d'études d'Uriage », 19 p. ronéot. (arch. ENCU).

Ils tentent de fonder « une nouvelle notion de l'homme, un homme nouveau », face au bon citoyen de la démocratie endormi dans son confort et ses certitudes faciles. Ils restituent « le sens collectif de la vie » tué par l'individualisme libéral ; sans le sens communautaire, l'idéal de fraternité reste illusoire et l'égalité comme la liberté sont compromises.

– Mais le système totalitaire repose sur le « postulat inacceptable » de la négation de l'autonomie de la personne, au profit de l'emprise du collectif. Les deux traditions que Mounier a associées sous le nom de « personnalisme », la mystique chrétienne du salut personnel et la mystique laïque du bonheur individuel, s'y opposent l'une et l'autre. Donc, au nom du respect du « domaine sacré de la conscience où l'État n'entre pas, refus du totalitarisme ». Mais ce refus n'a d'efficacité – et c'est la conclusion du conférencier – que si les partisans de la sauvegarde de l'individu savent éviter la confusion entre l'authentique individualisme (personnaliste) et l'égoïsme matérialiste du monde bourgeois. Ils doivent surtout rétablir les conditions de la véritable autonomie individuelle, qui suppose la recherche de la responsabilité et du risque, et l'assurance donnée à tous d'un minimum de bien-être physique et moral. Au prix d'un redressement moral, une communauté non totalitaire est possible.

En pédagogue averti, Jean-Jacques Chevallier a dégagé une vision nette de l'affrontement complexe entre les idéologies et les régimes. Le mérite de sa conférence est de proposer un schéma global simple, à l'aide duquel ses auditeurs pourront s'exercer à l'analyse et au jugement politiques.

Le conférencier n'a pas dissimulé ses sympathies pour les principes du régime libéral à l'anglaise, tel qu'il a été élaboré au siècle précédent. Sa vision dichotomique des deux types de régime, le démocratique et le totalitaire (à l'intérieur duquel les réalisations soviétique, fasciste et nazie sont certes distinguées, mais considérées comme apparentées) est évidemment le fait d'un juriste et d'un libéral attaché d'abord au pluralisme, à la reconnaissance des différences et aux principes de l'État de droit. Entièrement étranger à la méthode marxiste d'analyse des phénomènes politiques, évitant même de lier la crise des régimes libéraux aux caractères nouveaux des sociétés du XXe siècle (industrialisation, ère des masses), l'exposé révèle une vision du politique plus psychologique et morale que sociologique ; en cela, il rejoint évidemment les orientations spontanées de son auditoire. Mais l'éloge de la démocratie libérale comme idéal politique cohérent et respectueux des personnes est sans doute un thème moins familier aux instructeurs d'Uriage, davantage habitués, par leurs origines et leur état d'esprit en cet automne 1940, à la dénonciation des tares du régime parlementaire français.

De plus, Jean-Jacques Chevallier a pris soin d'écarter dès le préambule le vieux débat entre les principes de 1789 et ceux de la contre-révolution autoritaire. Il évite de se référer à Rousseau et à l'idéologie de la Révolution française ; souveraineté nationale, volonté générale, égalité des citoyens sont pour lui des mythes étrangers à la pratique démocratique. C'est sur Montesquieu et sur la tradition anglaise qu'il s'appuie pour dégager l'esprit du libéralisme : pluralisme, équilibre des forces concurrentes. Du coup, il évite aussi bien la défense que la critique de l'idéologie républicaine française, et écarte le thème maurrassien des soixante-dix années d'erreurs. Son exposé ne comporte d'ailleurs aucune référence, même allusive, aux nouveaux principes de l'État français. Ce silence, dû peut-être à la prudence, entraîne une relativisation de ce régime ; l'exposé ne conduit pas à considérer l'État français de 1940 comme une solution à la mesure des problèmes posés. En invitant ses auditeurs à un effort de renouvellement moral et personnel pour répondre au défi du totalitarisme sans abandonner les principes démocratiques et libéraux, Chevallier évite certes de proposer une solution politique, et n'appelle évidemment pas à lutter sur ce terrain. Il précise cependant la dimension civique du travail éducatif mené à Uriage, en montrant comment il s'insère dans l'effort nécessaire d'invention et de reconstruction d'un régime politique.

Quant à la nette condamnation du « postulat » des deux totalitarismes, elle rejoint évidemment les convictions des auditeurs à qui l'abbé de Naurois s'est employé à faire connaître la gravité du péril. Dunoyer de Segonzac avait accueilli Jean-Jacques Chevallier, à leur première rencontre, par la question : « Que peut-on opposer au nazisme [1] ? » L'enjeu politique de la guerre apparaît désormais plus clairement. Certes, l'assimilation rapide des deux révolutions du XXe siècle au même principe totalitaire sera bientôt sujette à révision, mais les raisons politiques et morales de combattre *le nazisme*, et pas seulement l'occupant allemand, sont nettement affirmées.

Quelle qu'ait été son influence immédiate sur son public, l'exposé de Chevallier, comme celui de Mounier, constitue l'amorce d'une amitié et d'une confiante collaboration avec l'équipe de l'École, et plus particulièrement avec Segonzac et l'abbé de Naurois. Une fois de plus, Segonzac est attiré par une personnalité, un homme avec son allure et son style. La culture et la finesse psychologique, la sensibilité aux climats et aux hommes, le talent d'exposition de ce professeur de droit qui est aussi un sportif le séduisent. Plus profondément, ils partagent le même souci éducatif, la conviction que le redressement national est affaire de caractères autant que d'institutions. Ce sont d'ailleurs ses réflexions sur le problème de l'efficacité de l'homme d'action et non ses analyses de constitutionnaliste qu'on lui demandera de présenter aux stagiaires des sessions du premier semestre 1941.

Quant à la recherche amorcée sur le problème du régime politique, elle se prolongera en de longues conversations, avec Segonzac et Naurois notamment, au cours des visites du juriste à l'École : comment concilier ordre et liberté, autorité et pluralisme, efficacité et équilibre des pouvoirs [2] ?

La place de la classe ouvrière

La volonté du chef de l'École d'établir le contact avec l'ensemble de la nation se traduit au colloque par le témoignage demandé à deux représentants du monde ouvrier : le jeune charpentier Bénigno Cacérès, que son ami Naurois a fait venir de Toulouse pour parler de « la valeur du travail », et l'ancien secrétaire adjoint de la CGT Robert Bothereau, qui présente un exposé sur « le monde ouvrier et la Révolution nationale ».

Bénigno Cacérès, « ouvrier charpentier » de 24 ans, est présenté par l'abbé de Naurois, qu'il appelle son « vieux copain », comme « un vrai ouvrier [3] », son ami ; il a vécu à Toulouse la grande pauvreté d'une famille d'immigrés, a connu la faim et travaillé rudement, de bonne heure, avant de devenir un ouvrier qualifié et un dévoreur passionné de livres. Son amitié avec Naurois, rencontré fortuitement, s'est nourrie de longues discussions sur la politique, la culture et la religion ; l'apprenti compagnon a fréquenté le cercle de la Jeune République, a parlé aux étudiants de l'Institut catholique de la condition ouvrière et a rencontré Mgr Bruno de Solages et l'archevêque Mgr Saliège [4].

À Uriage, il livre son témoignage avec une spontanéité chaleureuse (une

1. Témoignage de J.-J. Chevallier, dans *Le Vieux Chef, op. cit.*, p. 229.
2. Témoignage de l'abbé R. de Naurois (lettre citée).
3. Présentation de l'orateur par M. l'abbé de Naurois, « Valeur du travail, par M. Bénigno Cacérès, ouvrier charpentier. Journées d'études d'Uriage », 7 p.
4. *Ibid.* Voir B. CACÉRÈS, *La Rencontre des hommes.*

« gouaille attendrie », note Mounier); c'est avant tout une affirmation, devant ce public de cadres, de la dignité ouvrière, de la grandeur du travail, de l'attachement des compagnons à leur métier et de la noblesse de l'affrontement avec la matière. Porte-parole des aspirations et des souffrances de ses compagnons, Cacérès évoque les difficultés des artisans et les menaces qui pèsent sur l'apprentissage. Écouté dans un « silence religieux » selon Mounier, Cacérès a suffisamment ému son auditoire pour qu'à la fin de son exposé, le geste de Segonzac se levant pour lui serrer la main, sans « rien de théâtral », paraisse aller de soi [1]. Plus que chez tout autre, évidemment, la personnalité du « petit gars d'Espagne » et sa manière comptent davantage que ses arguments pour amorcer une fraternité qui fera de lui un familier de l'École avant qu'il devienne membre de l'équipe à part entière.

Pour donner le point de vue d'un militant, pourquoi a-t-on fait appel à Robert Bothereau, plutôt qu'à un syndicaliste chrétien adepte de la « doctrine sociale » des encycliques ? Hasard d'une rencontre, ou volonté délibérée de donner la parole à un représentant qualifié de l'organisation majoritaire du mouvement ouvrier français, à un membre des équipes dirigeantes du Front populaire ? Secrétaire administratif de la CGT depuis 1933, Bothereau est en effet un des fidèles compagnons du « général » Jouhaux. Il a été l'un des secrétaires adjoints de la CGT réunifiée en 1936, a fait partie, au bureau confédéral, de la majorité « centriste » qui, au lendemain de Munich, s'est opposée, en accord avec les communistes ex-unitaires, au groupe anticommuniste et pacifiste de René Belin, puis a décidé en septembre 1939 l'exclusion des partisans du pacte germano-soviétique. C'est donc une personnalité représentative de la tradition syndicale française, un des protagonistes de son renforcement de 1936, un témoin aussi des échecs et du désarroi qu'a connus le monde ouvrier depuis 1938 : retombée de l'élan revendicatif et unitaire, quasi-scission après le pacte germano-soviétique, avènement d'un État français qui glorifie le travail et entend domestiquer le syndicalisme en l'intégrant.

En cette fin d'année 1940, la situation et les options des anciens dirigeants de la CGT, brouillées dans la grande confusion de l'été 1940 [2], sont en voie de se clarifier. La nomination de l'ancien membre du bureau confédéral René Belin au ministère de la Production industrielle et du Travail, et surtout la promulgation de la loi du 16 août sur les comités d'organisation, qui prévoit la dissolution des centrales interprofessionnelles, ont provoqué le clivage décisif, que les décrets de dissolution des centrales (9 novembre) ont rendu définitif. Les opposants y ont répondu par la création, en zone nord, du Comité d'études économiques et syndicales qui rassemble les dirigeants de la CGT et de la CFTC fidèles aux libertés syndicales et démocratiques, et publie le « Manifeste des douze » du 15 novembre. Les amis de Jouhaux restés en zone sud entament une activité semi-clandestine, sans renoncer à une présence syndicale qui reste possible à la base et qui paraît d'ailleurs nécessaire pour faire pièce aussi bien à la propagande communiste qu'à l'entreprise corporatiste à laquelle se prête Belin. Bothereau est alors de ceux qui parcourent la zone sud pour reprendre contact, regrouper les militants et les mettre en garde. C'est donc un adversaire du gouvernement sinon du régime; interrogé par Mounier sur Belin, il se montre « catégorique sur sa trahison [3] ». Quelques semaines plus tard, l'arrestation et l'internement à Vals de Jouhaux feront de ses amis des opposants déclarés. Après avoir entendu à la Faulconnière le chef du cabinet de Belin, c'est un tout autre témoignage que provoque maintenant Segonzac.

1. E. Mounier, Carnets manuscrits cités, *Entretiens XI*, 4 décembre 1940.
2. Voir J. Montreuil, *Histoire du mouvement ouvrier en France* (annexes); G. Lefranc, *Les Expériences syndicales en France de 1939 à 1950*; J. Julliard, « La Charte du travail », dans *Le Gouvernement de Vichy (1940-1942)*, *op.cit*, pp. 157-194.
3. E. Mounier, Carnets manuscrits cités, *ibid.*, 4 décembre 1940.

Bien qu'il ait intitulé son exposé « Le monde ouvrier et la Révolution nationale », Bothereau évite l'expression, préférant évoquer « l'entreprise de reconstruction du pays ». Il développe trois thèmes : d'abord, une longue analyse de la situation et de l'état d'esprit de la classe ouvrière, prolongée par une défense du syndicalisme et de son rôle dans la nation ; ensuite, plus brièvement, des conseils aux « jeunes chefs » sur la manière de s'adresser aux jeunes ouvriers qu'ils auront à encadrer ; enfin « un appel qui sera en quelque sorte un cri d'alarme », pour souligner les dangers de la situation présente. La classe ouvrière risque en effet d'être exclue de l'œuvre de reconstruction du pays ; face aux périls qui menacent, une grande prudence s'impose à ceux qui veulent servir l'unité française. Se gardant des prises de position doctrinales et des discussions idéologiques, le conférencier accepte la perspective de redressement national adoptée par les institutions de la Jeunesse, mais alerte ses auditeurs sur les difficultés qu'ils rencontreront pour y intégrer la classe ouvrière. Retenons-en les affirmations les plus marquantes et les plus propres à frapper son auditoire.

Robert Bothereau s'exprime nettement en représentant d'une « classe ouvrière » (expression qu'il affirme employer à dessein) souffrante, inquiète et désorientée, qui a droit avant tout au respect de sa dignité et de ses convictions. Il parle de « l'angoisse » due à la fois aux difficultés matérielles (chômage, misère) et surtout au nouveau climat ; la condamnation d'un passé récent dont l'acquis a été pour eux positif apparaît au premier abord incompréhensible aux ouvriers.

Il décrit leur attachement aux idées aujourd'hui décriées de « Liberté » (et notamment « la liberté totale de la pensée ») et de « Démocratie », leur sens instinctif de la communauté et de la Patrie, leur étonnement devant ces idées étranges pour eux, mises récemment en honneur, la Personne (« Peuvent-ils sentir ce qu'est le “ don de la personne ” ? »), les Chefs (s'agit-il de ceux qu'on se choisit, ou de ceux qu'on vous impose ?).

Il montre aussi la grandeur du syndicalisme, défend la CGT contre les interprétations fausses ou malveillantes de son action en 1936, et souligne sa contribution au progrès économique et social : plan de 1935, idées d'arbitrage, de collaboration ouvrière à la gestion des entreprises et à l'organisation de l'économie. Autant d'affirmations claires et dignes, visant à combattre les idées reçues dans les milieux bourgeois et à faire sentir l'originalité de la mentalité ouvrière et le poids de son héritage. Un net avertissement s'en dégage : sans attention et respect envers cette originalité, les efforts actuels pour faire du nouveau et renforcer l'unité française échoueront, car la classe ouvrière se sentira rejetée ou restera indifférente. Dans la discussion, Jean Lacroix confirmera cette analyse en affirmant avec force :

> Ne nous y trompons pas : ils ne diront rien. Il y a au moins un siècle et demi que cela dure, et cela subsistera. Ce qu'il faut absolument – et vous l'avez fait sentir avec une force extrême – c'est tenir compte de ces deux faits : les ouvriers ont le sentiment que dans la démocratie d'hier, on les a volés ; mais l'offre qu'on leur fait actuellement rencontre chez eux beaucoup de réserve [1].

Il faut donc, estime Bothereau, commencer par rechercher de manière empirique, avec prudence, les points d'accord, pour avoir quelque chance de réussir un véritable rassemblement national.

Sa conclusion lance un appel à une action rapide, face aux trois périls qui menacent la nation. Les communistes, actuellement trop déconsidérés pour être dangereux, peuvent le devenir si l'évolution de la guerre se prête à une « tentative de bolchevisation ». Le péril totalitaire est plus proche, avec la

1. « Le monde ouvrier et la Révolution nationale, par R. Bothereau. Journées d'études d'Uriage », 18 p. ronéo. (arch. ENCU). Résumé de la discussion.

fascination qu'il exerce sur certains esprits tentés d'imiter les méthodes des dictatures pour les combattre plus efficacement. Enfin, « problème plus délicat », il y a le danger d'un totalitarisme à la française qui, sans parti unique, détruirait insidieusement les libertés. À demi-mot, Bothereau met donc ses auditeurs en garde contre les tendances du régime au corporatisme autoritaire et à la dictature. Il s'exprimera d'ailleurs plus clairement dans la discussion :

> La classe ouvrière ne suit pas de plein cœur le gouvernement. Elle est en défiance : il faut la mettre en confiance. Dans un domaine que je connais bien, celui des organisations syndicales, on a annoncé quelque chose de nouveau : j'espère que ce sera quelque chose de raisonné.
> Jusqu'ici, qu'a-t-on fait ? On a démoli. Je vous assure, après avoir parcouru la France libre, qu'il n'y a plus de vie syndicale en France depuis la fin de la guerre. Les gens attendent : ils ont peur, ils voudraient savoir ; ils sont dans l'incertitude. La classe ouvrière aura beaucoup de mal à retrouver le chemin des organisations syndicales, si à la tête de ces organisations, se trouvent des gens qui exercent le pouvoir d'une certaine manière.
> On fera le vide dans les organisations syndicales. Et alors, on aura le choix entre deux méthodes : ou se contenter d'organisations syndicales vidées de substance, ou aller au syndicalisme obligatoire, comme dans certains pays. Dans les deux cas, c'est rejeter la classe ouvrière de la collectivité française [1].

La conscience de ces menaces ne l'empêche pas cependant d'affirmer sa volonté de collaborer à une œuvre constructive, à condition qu'au lieu de prétendre tout refaire, on tienne compte de ce qui existe en recherchant l'accord le plus large, sur des points limités – comme c'est le cas à cette réunion où, déclare-t-il, « après deux jours de rencontre, nous parlons exactement le même langage sur les questions que nous avons évoquées ».

Il recommande aux « jeunes chefs » de développer chez les jeunes dont ils ont la charge, le sens de la communauté et de la responsabilité personnelle, le goût du travail bien fait et la fierté du métier. C'est en développant les contacts personnels et en fondant leur autorité sur la compréhension qu'ils pourront gagner la confiance des jeunes ouvriers.

Segonzac relève aussitôt ces propos, en ouvrant la discusssion :

> Ce que vous venez de dire m'intéresse au plus haut point. Je considère comme absolument impossible de travailler sans faire appel à la classe ouvrière. Mon plus cher désir est de trouver un terrain d'entente. Je me rends compte de ce qui peut séparer. Dans cette École, une collaboration large avec la classe ouvrière est-elle possible [2] ?

La réponse du conférencier reste très prudente : « Je crois possible de trouver des éléments ouvriers qui viendraient dans votre école. » L'état d'esprit de la majorité des instructeurs est bien marqué par la tournure que prend ensuite la discussion : leurs questions portent sur l'influence des communistes, l'interprétation des grèves de 36 et le défaut de sens patriotique chez les ouvriers, ce qui provoque plusieurs mises au point de Jean Lacroix.

Robert Bothereau laissera à Segonzac le souvenir d'un homme « calme, mesuré, prudent, sans éclat physique (...) représentant un syndicalisme nuancé et raisonnable [3] ». Mounier retiendra aussi l'intervention du syndicaliste « dont la modération ferme, l'absence d'esprit partisan ont fait impression. Nul n'a été écouté avec un silence plus religieux (...). « Très bien, Bothereau : humain, sensé, une grande patience intellectuelle. Il a

1. « Le monde ouvrier et la Révolution nationale », par R. BOTHEREAU..., *op. cit.*
2. *Ibid.*
3. *Le Vieux Chef, op. cit.*, p. 88.

donné un exposé qui a fait une grosse impression sur la nécessité d'intégrer la classe ouvrière à la révolution nationale. Avec un grand sens de ce qui pouvait atteindre l'auditoire, il a touché au cœur de tous [1] ».

Bothereau lui-même reconnaîtra un peu plus tard qu'étant venu « en véritable profane, ignorant tout de l'École; [il a été] très heureusement frappé de l'altruisme des jeunes chefs, de leur extrême bonne volonté, de leur désir immense de faire œuvre utile et de la bien faire (...). Ce n'est pas aussi facile qu'il peut paraître [2]... » Par suite sans doute de son option pour l'action clandestine, il ne poursuivra pas sa collaboration avec l'équipe d'Uriage. Il aura du moins prévenu celle-ci de la difficulté à trouver des interlocuteurs dans le monde ouvrier, et l'aura mise en garde contre une confiance naïve dans le discours officiel annonçant la fin de la lutte des classes. L'avertissement a été écouté avec attention et émotion, suggérant même à La Chapelle un projet généreux et naïf : proposer au Maréchal de lancer un appel aux ouvriers en promulguant des lois sociales symboliques avec la promesse solennelle du retour à la liberté syndicale [3].

Le service de la Nation

Jean Lacroix, professeur de philosophie en khâgne au lycée du Parc à Lyon, collaborateur et ami de Mounier, parle, le dernier jour, de « Patrie-Nation-État » [4]. Sa conférence est une des plus substantielles du colloque, et la plus engagée peut-être dans l'actualité; à travers l'analyse parfois difficile des notions, c'est la nature de l'engagement civique de ses auditeurs qui est mise en cause et en quelque sorte dévoilée. Fidèle à sa démarche habituelle, le philosophe lyonnais développe des analyses convergentes, faisant appel à la psychologie et à la sociologie, à la philosophie du droit et à l'étude des institutions, et dégage une perspective d'ensemble susceptible d'orienter une action réfléchie. A travers le triple portrait de l'enfant d'une patrie, du citoyen d'une nation et du sujet d'un État, la vision personnaliste de l'homme et de la société s'explicite et éclaire les situations vécues par ses auditeurs dans la conjoncture de 1940.

Patrie, Nation et État sont présentés comme trois formes du lien social, trois réalités qui expriment différemment « l'unité d'un peuple qui veut vivre en communauté et réaliser son destin ». La Patrie signale le lien affectif et charnel des hommes avec le sol, les ancêtres et le voisinage. Lieu d'enracinement des hommes, d'attachement, elle est médiatrice entre la famille – expression du social privé, de l'affection domestique – et la Nation – expression du social public, de l'affection entre concitoyens.

La Nation est définie comme le « fait social » par excellence, lieu où l'homme prend conscience de la diversité et de la solidarité des groupes humains associés par une histoire et une volonté communes; le lien national est culturel et moral, il est susceptible d'une élaboration rationnelle. Dans la Nation, l'interférence entre les collectivités multiples dont relève chacun assure la liberté des personnes et leur fournit les conditions de la réalisation de leur vocation.

Radicalement distinct de la Nation, l'État ne peut prétendre en être l'expression, encore moins l'âme. Il incarne le lien proprement politique, lien vertical qui assure un ordre juridique en arbitrant les conflits. Mono-

1. E. Mounier, Carnets manuscrits cités, *ibid.*, 4 décembre 1940.
2. R. Bothereau, « Le Chef et l'ouvrier », *Jeunesse... France!*, n° 6, 8 février 1941.
3. E. Mounier, Carnets manuscrits, *ibid.*, 4 décembre 1940.
4. Texte publié ensuite dans *La Patrie*, n° spécial de la *Chronique sociale de France*, Lyon, janvier-février 1941, puis sous le titre « Personne et communauté nationale » dans J. Lacroix, *Personne et amour.*

polisant les moyens de la contrainte inconditionnée, il a pour règle la réussite, par l'usage de la loi et de la force. Mais cet appareil, loin d'avoir sa fin en lui-même, est un moyen au service de la Nation, communauté des groupes : l'État représente l'ordre qui assure le maintien dans l'existence, la sécurité et l'unité du pays.

Citoyen dans la Nation, l'individu est sujet dans l'État. À « l'homme de la Nation », conscient de son rôle dans une communauté vivante qu'il enrichit par son action ou ses œuvres, s'oppose l'homme d'État, le politique, homme des choix et des moyens, capable de réaliser l'intention profonde de la Nation qu'il dégage et interprète. Il détient la puissance, mais c'est pour servir une communauté qui le dépasse.

Ce schéma robuste, susceptible de bien des applications sur les problèmes de légitimité ou de laïcité, permet au conférencier d'élucider des situations qui concernent directement ses auditeurs.

Dans l'articulation de l'État sur la Nation, le lien social national est présenté comme antérieur au lien politique. Les devoirs de l'individu envers la Nation sont donc antérieurs à ses devoirs envers l'État, qui a lui-même des obligations envers la Nation, comme le respect de sa culture, de ses traditions, et notamment de celles des minorités (l'allusion est claire). Une conséquence de cette distinction concerne les fonctionnaires et leurs obligations de service : alors que certains d'entre eux sont au service de l'État, et d'autres, comme les professeurs, au service de la Nation, d'autres encore, comme les officiers, sont

> indissolublement au service de l'État et au service de la Nation; et c'est ce qui peut créer pour eux des drames de conscience terribles [1]

en cas de divorce entre l'État et la Nation. Cette remarque apparemment incidente ne peut que toucher au vif les officiers marqués par la morale de l'obéissance militaire. Dans la conception héritée de Vigny, l'honneur seul peut justifier un refus d'obéissance qui revient à briser son épée; c'est affaire de conscience individuelle, au nom des convictions religieuses ou morales ou des solidarités de groupe. En y substituant le critère de la fidélité au service de la Nation, Lacroix transpose le réflexe aristocratique en réflexe civique. Il rend conditionnels aussi bien le dogme républicain de l'obéissance absolue au pouvoir légal, que l'allégeance au vieux soldat qui a fait le don de sa personne à la France; il subordonne le loyalisme militaire à une analyse politique et morale. Sa remarque annonce très précisément l'expérience de l'obéissance et de la rébellion que feront les hommes d'Uriage. Peut-on dire qu'elle les y prépare ? Elle les alerte en tout cas sur le problème, et pose le principe d'une solution.

Officiers ou non, les instructeurs d'Uriage sont des « chefs de la jeunesse » assimilés à des fonctionnaires, mais fonctionnaires de la Nation et non de l'État, selon la distinction de Jean Lacroix. Dans le débat qui suit, ce point de vue semble adopté par la majorité des auditeurs : être chefs de la Nation, ou plutôt dans la Nation, remarque-t-on, c'est se distinguer du chef de l'État et du gouvernement. Comme le précisera Lacroix dans la conclusion de la note de synthèse qui résume l'exposé :

> Le rôle des chefs de la Jeunesse sera davantage de réveiller partout la conscience nationale que de faire œuvre proprement politique. Les chefs doivent être des cadres de la Nation, ayant une autorité sociale, et non des dirigeants politiques transportant dans le domaine politique des méthodes du type militaire [2].

1. « Patrie-Nation-État par Jean Lacroix. Journées d'études d'Uriage », 27 p. ronéo (arch. ENCU).
2. *Ibid.*, note de synthèse rédigée par le conférencier.

Ces réflexions sont importantes, à l'heure où le « don de sa personne » proclamé par le chef couvre une prise de pouvoir, et où l'autorité politique prétend moraliser. Dans ce climat de confusion intellectuelle, le risque est grand, pour des éducateurs engagés dans une mission civique, de confondre morale et politique, mystique et pouvoir, en amalgamant le service de la jeunesse ou du pays avec l'allégeance au Maréchal et l'obéissance à son gouvernement ; certains y ajouteront même la tâche de rebâtir la chrétienté. Les distinctions posées par Lacroix, quelles que soient leurs difficultés d'application, dissipent ces confusions et invitent chacun à assumer la responsabilité spécifique qui correspond à sa situation dans la Nation et dans l'État.

Une autre remarque de Jean Lacroix, présentée incidemment dans la discussion, propose une vision prospective de la conjoncture politique qui préfigure ce que sera le choix civique de l'équipe d'Uriage :

> Actuellement, tout ce qu'il y a d'ordre extérieur en Europe continentale dépend de la force allemande (...). Demain, nous risquons de nous trouver soit devant une Allemagne triomphante qui régnera de façon monstrueuse et imposera un ordre purement extérieur, qui doit être détruit un jour parce qu'il est contradictoire en lui-même et conduit au néant – ou bien l'Allemagne, pour une raison quelconque, vaincue s'effondre, et alors... on pourra se trouver soit devant un ordre communiste, soit, ce qui paraît le plus vraisemblable, dans une espèce d'anarchie spontanée partout. Dans ce cas, ce qui dès maintenant peut être construit d'ordre réel et effectif en France me paraît d'une importance capitale : c'est ce qui subsistera le jour de l'écroulement, de quelque façon qu'il se produise. Un jour viendra où cet écroulement se produira, et ce sera d'autant plus terrible qu'il aura tardé plus longtemps. C'est à ce moment que ceux qui auront créé quelque chose dans de petits groupements auront à prendre la direction et à empêcher que l'on reste dans l'anarchie pendant trop longtemps [1].

Plus largement, cet exposé éclaire l'articulation des tâches éducatives et civiques avec le plan politique au sens strict. Il met d'une part fortement l'accent sur la spécificité et l'autorité du politique, sur la souveraineté de l'État dans son ordre : en ce sens, il réhabilite le politique en lui rendant sa vigueur ; il écarte les analogies de circonstance entre le pouvoir politique et l'autorité patriarcale de type familial, tout en critiquant implicitement le manque d'autorité de la IIIe République et en prônant un État fort. Mais d'autre part, en affirmant que le renforcement nécessaire de l'autorité de l'État implique sa limitation, sa « localisation » au domaine des tâches spécifiquement politiques et en assignant aux « chefs de la jeunesse » une fonction de service de la Nation et non de l'État, il les prémunit contre le risque de servir une politique sous prétexte de n'en pas faire. Accepter de servir inconditionnellement le Maréchal et lui reconnaître le monopole de la responsabilité politique, c'est se condamner à entrer les yeux fermés dans le domaine du politique. En bref, son raisonnement établit l'autonomie des éducateurs, dans leur tâche nationale, sans les démobiliser politiquement puisque la fidélité au service de la Nation implique une analyse critique de la manière dont l'État lui-même sert cette Nation.

Ses auditeurs semblent l'avoir compris, puisque la discussion qui suit l'exposé est conclue par ces mots de l'un d'entre eux :

« Il faut nous abstenir complètement de toute propagande politique dépendant de l'État. Nous devons faire une propagande qui réconforte la conscience nationale. Nous devons être des hommes de la Nation et non pas des hommes de l'État [2]. »

Pour Lacroix, comme pour Mounier et Chevallier, cette première intervention à Uriage inaugure un lien personnel avec Segonzac et son équipe. Il

1. « Patrie-Nation-État » par Jean LACROIX, *op. cit.*, résumé de la discussion.
2. *Ibid.*

lui a fallu cependant, pour se rendre à l'invitation que lui adressait inopinément Naurois, surmonter ses préventions envers cette institution officielle :

> Mon premier mouvement, malgré tout, fut de refus. Je me précipitai rue Pizay et tendis la dépêche à Mounier. Il avait reçu la même, qu'il me montra en disant simplement : " On y va ! " Comme je protestais, il ajouta : " C'est pourtant bien simple. En arrivant nous demanderons la liberté complète de parole. Si on nous la refuse, nous partirons; si on nous l'accorde, nous dirons tout ce que nous avons à dire ". On y alla et nous dîmes tout ce que nous avions à dire [1].

Avant même que Segonzac leur ait garanti une entière liberté de parole, la rencontre, à l'entrée de l'École, de Mossé et Bothereau les a rassurés. Le contact avec le chef de l'École, le ton des interventions et des débats, ont définitivement éclairé Lacroix qui, dès l'exorde, a provoqué ses auditeurs en s'excusant « d'apporter dans un milieu aussi sympathique et vivant le point de vue de cet être haïssable qui s'appelle un intellectuel [2] ». Convaincu désormais qu'il y a quelque chose à faire avec les hommes d'Uriage, que l'effort de l'intelligence critique s'exerçant à élucider les questions de la vie y est reçu, bientôt lié à Segonzac par une solide estime réciproque, Lacroix sera l'un des conférenciers les plus réguliers de l'École.

Plusieurs autres participations aux journées d'études méritent d'être soulignées, à cause de la qualité des personnalités plutôt que de la portée de leurs propos. Outre le Père Doncœur, « personnage muet » selon Mounier, en dehors de l'animation de la veillée du premier soir et des conversations particulières, il s'agit de l'économiste Robert Mossé, de Mgr Guerry et d'Henri Massis.

Incompatibilité d'humeur ou d'idées ?

Les conditions de la participation de Massis au colloque sont peu claires. A-t-il été invité, ou s'est-il imposé au nom de ses fonctions de conseiller du Maréchal pour les questions de jeunesse ? Avait-on prévu une conférence de lui, à laquelle un accident de santé ou d'humeur l'aurait fait renoncer ? Dans un recueil qu'il publiera ultérieurement, un texte intitulé « Conditions du redressement français » porte la mention « Uriage, décembre 1940 [3] » – mais il avait déjà constitué la préface d'un volume publié en janvier 1941, datée de « Vichy, 15 décembre 1940 [4] ». Sans doute est-ce le texte dont Massis a donné lecture un soir au cours du colloque, bonnes pages d'un livre à paraître selon Mounier qui en a peu apprécié la teneur [5]. Massis y développe son explication de la décadence et de la défaite de la France, dues à la « défaillance de l'intelligence [et au] relâchement de la fibre intellectuelle [6] ».

Il est sûr du moins que, présent aux discussions du premier jour, Massis s'est retranché ensuite dans son hôtel de Saint-Martin-d'Uriage, ne faisant que de brèves apparitions au château. Son intervention dans les premiers débats, après l'exposé de l'abbé de Naurois sur la personne, a provoqué un vif accrochage avec celui-ci, et amené Chombart de Lauwe et peut-être Segonzac lui-même à s'opposer à Massis [7]. La conclusion de ces échanges

1. J. Lacroix, « Face au gouvernement de Vichy », *Le Monde*, 28 mars 1970.
2. « Patrie-Nation-État », *op. cit.*
3. H. Massis, *Au long d'une vie*, pp. 148-153.
4. H. Massis, *Les Idées restent*, *op. cit.*, pp. VII-XVI.
5. E. Mounier, Carnets manuscrits, *Entretiens XI*, 4 décembre 1940.
6. *Les Idées restent*, *op. cit.*
7. Témoignages de l'abbé R. de Naurois et de P.-H. Chombart de Lauwe.

est-elle restée courtoise ? Il le semble en ce qui concerne Mounier, dont Massis a approuvé l'exposé et qui a été heureusement surpris par les propos hostiles à la collaboration de son vieil adversaire [1]. Mais les idées et surtout le ton de Massis ont provoqué dans l'équipe d'Uriage une réaction de rejet : Segonzac, avec l'instinct qui lui fait apprécier les hommes à leur style, a été rebroussé par la raideur sermonneuse, la sécheresse rationaliste et l'éloquence apprêtée du directeur de *La Revue universelle*, « professeur d'énergie nationale [2] ». Loin de réconcilier, comme il en avait peut-être nourri l'idée, les deux familles de pensée qui se disputent l'héritage de Péguy, Segonzac a choisi de fait celle du personnalisme d'*Esprit* contre celle du nationalisme intégral. Ses relations avec Massis, peut-être encore correctes à l'issue du colloque (c'est peu après que *Jeunesse... France!* publie en première page une bonne feuille du livre *Les idées restent*) s'envenimeront ensuite [3]. Six mois plus tard, le journal de l'École publiera un écho sarcastique concernant un « homme de lettres notoire, candidat à l'immortalité (...); venu à une session d'études où il s'était imposé, en plein hiver, le malheureux quoique doué des plus viriles vertus, faillit périr de froid (...). On dut le placer dans une chambre surchauffée pour le ramener à la vie. Au bout de trois jours, il était plus dispos, mais avec la vie lui était revenue la bile (...); il a ses raisons pour ne pas aimer Uriage [4] ».

Une note de Mounier confirme qu'il s'agit de Massis, et que Segonzac lui-même est l'auteur du papier [5]. Massis a repris alors sa campagne contre Mounier, dont il dénonce la néfaste influence sur Uriage. Vingt ans plus tard, il associera une condamnation de l'équipe d'*Esprit* (ces « intellectuels catholiques se disant spirituels » qui faisaient bon marché de la Patrie) à un vibrant éloge de Segonzac, « admirable officier (...) un seigneur (...) guide exaltant [doué de] hauteur de vues, générosité d'esprit [6] ».

Socialisme libéral

Robert Mossé, professeur d'économie politique à la faculté de droit de Grenoble, a été décoré de la croix de Guerre à l'automne 1940 pour sa conduite comme officier de cavalerie, et révoqué quelques semaines plus tard comme israélite. Spécialiste de l'économie planifiée et du système soviétique [7], il a étudié l'expérience française du Front populaire, rendu des arbitrages dans des conflits du travail, et donné en 1936 à *Esprit* une contribution significative, affirmant le lien entre un socialisme planificateur de l'économie et une philosophie spiritualiste de la personne [8]. C'est donc à un économiste socialiste non marxiste et membre de la SFIO, à un partisan

1. E. Mounier, *op. cit.*
2. Témoignage du général Dunoyer de Segonzac.
3. H. Massis, « La France ne sait pas être médiocre ni bourgeoise », *Jeunesse... France!*, 24 décembre 1940.
4. *Jeunesse... France!*, 22 juin 1941.
5. E. Mounier, Carnets manuscrits, *Entretiens XII*, 28 juillet 1941.
6. H. Massis, préface à O. d'Ormesson, *François Valentin (1908-1961)*.
7. Né en 1906, agrégé en 1938, Robert Mossé a publié notamment : *L'Union soviétique au carrefour : capitalisme ou socialisme ?*, *L'Économie collectiviste*, et *L'Expérience Blum ? Un an de Front populaire*. Voir la préface de L. Reboud à *Bibliographie des ouvrages et publications de M. Robert Mossé*; H. Guitton, « Robert Mossé, 1906-73 », *Revue d'Économie politique*, 1973, n° 1.
8. R. Mossé, « La défense de la liberté de la personne et l'économie planifiée », *Esprit*, juillet 1936.

d'un collectivisme libéral, qu'Uriage a demandé de présenter ses réflexions sur les régimes économiques [1].

En deux longs exposés qui constituent une initiation sérieuse au fonctionnement des mécanismes économiques, il analyse et critique les deux grands systèmes économiques. Le « système libéral individualiste », cohérent et efficace (dont il donne une vision quelque peu idéalisée, il le reconnaît en expliquant qu'il tente ainsi « de contrebalancer des tendances en sens contraire qui vont un peu loin ») n'est plus acceptable avec ses lacunes et ses vices sociaux; le « système collectiviste autoritaire » est inefficace et antiéconomique, à cause de l'absence de motivations psychologiques spontanées chez les agents économiques et de régulateur des équilibres globaux. Mossé propose donc une sorte de synthèse, qu'il appelle son utopie : « l'économie planifiée de type monétaire ». Ce système corrigerait, par la planification et la maîtrise collective des ressources et des biens de production, les abus du libéralisme, sans supprimer le marché, le régulateur monétaire et la liberté de choix des individus [2].

Cette orientation vers un « socialisme libéral » repousse implicitement le dirigisme sans plan vers lequel s'oriente la politique économique de Vichy; elle a le mérite de donner une traduction sur le plan économique de l'orientation bipolaire du personnalisme de Mounier, à laquelle Mossé fait référence. Robert Mossé quittera bientôt Grenoble pour Lisbonne avant de gagner les États-Unis, mais d'autres économistes lui succéderont à Uriage; la double critique du capitalisme libéral et du collectivisme autoritaire débouchera progressivement sur la recherche d'un autre modèle, renouant avec les thèmes du Plan et de l'économie nationale des années 1935.

Recommandations épiscopales

Dernier des conférenciers, Mgr Guerry, coadjuteur de l'archevêque de Cambrai, est aussi le secrétaire de la commission permanente de l'assemblée des cardinaux et archevêques (alors empêché de rejoindre Cambrai où il a été nommé le 31 mai 1940, il réside près de Lyon). Invité, peut-être à la faveur de relations de voisinage (sa famille grenobloise occupe à Saint-Martin-d'Uriage une villa proche du château) à parler des « Rapports de l'Église et de l'État », l'ancien professeur de dogme du grand séminaire de Grenoble s'exprime en représentant de l'Église enseignante. Dans un exposé dont Mounier déplorera le style « si épiscopal et scolastique [3] », il présente la doctrine classique des deux sociétés et des deux pouvoirs, radicalement distincts mais appelés à une harmonieuse collaboration, dont il rappelle en conclusion les conditions. À part une brève allusion à « l'État français actuel », évoqué comme « une autorité qui veut être forte, mais aussi respectueuse des valeurs spirituelles et désireuse d'établir une collaboration avec l'Église [4] », l'exposé reste sur le plan des principes et n'aborde pas les problèmes de la reconnaissance du « pouvoir établi », du loyalisme qui lui est dû ou des limites de l'obéissance civique, questions qu'il traitera longuement dans le livre-plaidoyer publié après la guerre [5]. Au contraire, le

1. « Problèmes de stratégie économique, par Robert Mossé. Journées d'études d'Uriage », 31 p. ronéo. (arch. ENCU).
2. Voir R. Mossé, « L'économie planifiée de type monétaire », *Les Annales de l'économie collective,* Genève, 1941 (daté de Grenoble, novembre 1940).
3. E. Mounier, « Entretiens XI », note du 14 janvier 1941, dans *Œuvres,* t. IV, p. 689.
4. « Les relations de l'Église et de l'État, par Mgr Guerry. Journées d'études d'Uriage », 15 p. ronéo. (arch. ENCU).
5. E. Guerry, *L'Église catholique en France sous l'occupation,* pp. 235-264.

rôle de l'Église éducatrice des consciences, l'importance de sa doctrine sociale et l'utilité civique de l'Action catholique sont longuement développés, ainsi que l'énumération des mesures que l'Église de France est en droit d'attendre de l'État pour assurer sa pleine liberté d'action.

Après cette présentation prudente, la discussion offre à Mgr Guerry l'occasion d'exprimer sa préoccupation pastorale à propos des mouvements d'Action catholique. Il craint que leur spécificité et leur autonomie ne soient menacées par l'entreprise gouvernementale d'encadrement de la jeunesse. Il lance donc un net avertissement aux chefs de la jeunesse auxquels il s'adresse :

> On a parfois donné l'impression que des directives et des orientations d'activité allaient être désormais données aux mouvements d'Action catholique, par-dessus la tête de leurs dirigeants, directement à leurs militants. Ce serait le bouleversement de toute l'activité des mouvements d'Action catholique (...). Vous risquez de porter atteinte à l'indépendance de ces mouvements qui, en ce moment, servent la Patrie, et demandent à la classe ouvrière le service du bien commun (...). Ne compromettons pas cette œuvre de collaboration qui peut être magnifique pour demain. Cela se traduirait pratiquement par de graves crises de conscience chez ces militants. Il faut leur montrer que vous les comprenez bien. Eux-mêmes sont très désireux de collaborer. Avant de leur donner une directive, un objet d'activité, demandez à leurs chefs s'ils n'en ont pas déjà décidé. Il faut que vous fassiez un effort de compréhension mutuelle [1].

Cet appel direct, qui tranche sur le ton professoral de la conférence, fournit sans doute une première raison de la présence à Uriage du prélat. Spécialiste de longue date de l'Action catholique et de la doctrine qu'en a donnée Pie XI, il a été promu à l'épiscopat pour être, au côté de l'archevêque du Cambrai Mgr Chollet, le responsable national de la coordination des divers mouvements spécialisés d'Action catholique [2]. À un moment où le problème de l'autonomie et de la liberté d'action des mouvements de jeunesse catholique est déjà le point sensible des relations entre l'épiscopat et le secrétariat général de la Jeunesse, cette visite à l'École où passent comme stagiaires des militants des divers mouvements destinés à travailler pour le SGJ prend une particulière signification.

D'autre part, lorsque Dunoyer de Segonzac suggère, dans la discussion qui suit « ... un moyen de dissiper certaines incompréhensions (entre l'école catholique et les milieux laïcs) : c'est de faire venir les jeunes aumôniers à l'École des chefs », Mgr Guerry répond évasivement : « Ils acquerraient certainement beaucoup à votre contact. » Le caractère neutre, au point de vue confessionnel, des Écoles de cadres est en effet un autre objet de préoccupation pour l'épiscopat et les milieux catholiques, on le verra bientôt.

Dans ce contexte, le contact pris par Mgr Guerry avec l'École des cadres prend le double sens d'un geste de bonne volonté et d'une mission d'information et d'avertissement; l'impression du visiteur a pu être favorable, mais il s'est gardé de tout engagement précis, et l'idée de Segonzac de faire participer des ecclésiastiques aux stages de l'École n'aura aucune application en 1941.

Un échec fécond

Ces journées d'études n'ont pas comporté de conclusion, contrairement aux intentions des organisateurs. Les conférenciers ont présenté des ana-

1. « Les relations de l'Église et de l'État », cité.
2. Voir E. Guerry, *Code de l'Action catholique*, Grenoble, 1926, et *L'Action catholique, textes pontificaux classés et commentés*, 1936; G.-M. Garrone, *Le Secret d'une vie engagée – Mgr Guerry d'après ses écrits intimes*, 1971, p. 12.

lyses du conflit entre les grandes forces politiques et morales qui s'affrontent, ou proposé des pistes pour la réflexion et l'action, balisées de quelques grandes affirmations (la personne dans la communauté, le pluralisme, la recherche de la discipline et de l'efficacité au service de la liberté et de la justice); ils n'ont pas formulé la doctrine commune qu'attendaient peut-être leurs auditeurs. D'où l'impression d'échec relatif que laisse à Uriage cette confrontation, et que l'on attribuera à l'insuffisance de la préparation et à la trop grande diversité des participants [1].

Cet échec dans la recherche d'une doctrine nationale apparaît finalement comme une chance pour l'avenir de l'École d'Uriage. C'est la rançon du réel souci de pluralisme qui a guidé le choix des participants. De l'évêque chargé de responsabilités apostoliques nationales au professeur socialiste révoqué comme juif, du responsable cégétiste à demi clandestin au conseiller du Maréchal, des professeurs de faculté et de l'officier disciple de Lyautey au compagnon charpentier, l'éventail est large, même s'il est loin d'être complet et si certaines familles d'esprit y dominent. À chacun de ces hommes venus d'horizons différents, on a demandé de parler de ce qu'il connaît, de proposer un diagnostic et de livrer sa conviction profonde. L'entière liberté d'expression réclamée par Mounier, Segonzac a fait la preuve qu'il ne la craint pas, mieux, qu'elle va de soi. Ainsi l'École, d'abord lieu d'entraînement et de recueillement, s'affirme comme un foyer de libre parole et de recherche idéologique. Le travail intellectuel y est respecté, et la confrontation favorisée entre esprits loyaux soucieux de comprendre les situations et d'éclairer l'action.

Mais la chance que donne à l'École ce colloque sans conclusions – chance guidée par les choix que l'aumônier a su proposer et faire accepter – est ailleurs. Il lui fournit les moyens d'échapper aux étroitesses et aux particularités d'une « doctrine de la Révolution nationale », où risquaient de l'enfermer son dévouement au Maréchal et son adhésion spontanée à la cause de la réforme morale et civique. Il est significatif que le nom du chef de l'État n'ait même pas été prononcé dans la plupart des exposés du colloque et qu'aucune conférence n'ait été consacrée à l'exégèse de la devise « Travail-Famille-Patrie » ou des messages du Maréchal. Il faut évidemment y voir la marque de l'abbé de Naurois plus que celle de Segonzac; au reste, les thèmes et le ton du colloque ne sont pas à l'unisson du discours habituel de l'École, sensiblement plus conformiste. Cependant les propositions avancées dans ce colloque par Mounier, Chevallier, Bothereau et Lacroix ont été enregistrées et seront conservées et diffusées. Les journées d'études n'ont peut-être pas marqué un tournant, comme tient à le préciser P.-H. Chombart de Lauwe qui pense que les options décisives ont été prises dès la création de l'École [2]. Elles constituent du moins une étape importante dans l'explicitation des convictions originelles et la prise de conscience de l'enjeu. Le problème politique, social, économique a été posé; le vocabulaire et l'inspiration du « personnalisme communautaire » ont commencé à donner forme et armature à l'orientation dont se réclamait l'École. Comme le dira Naurois, le colloque « a imposé un axe de marche [3] », celui qu'on attendait – même si, à l'évidence, tout n'a pas été assimilé.

Autre acquis décisif, déjà évoqué : « la cristallisation autour d'Uriage d'amis sûrs [4] »; à des titres divers, Chevallier, Mounier, Lacroix et, de manière plus épisodique, le Père de Lubac, deviendront des familiers de l'École, des informateurs, des conseillers et parfois des confidents pour Segonzac, tandis que Cacérès s'agrégera progressivement à l'équipe. C'est

1. F. DUCRUY, « Historique de l'École », *Jeunesse... France,* 22 septembre 1941.
2. Témoignage de P.-H. Chombart de Lauwe.
3. Lettres à l'auteur (septembre 1966 et janvier 1967).
4. *Ibid.*

en bonne partie grâce à ces hommes qu'Uriage apprendra à lier une réflexion de fond au travail éducatif quotidien.

L'ÉQUIPE SE RENFORCE

Janvier 1941 est un mois de vacance des stages à l'École d'Uriage, entre le départ de la promotion « Lyautey » (29 décembre) et l'arrivée de la cinquième, le 30 janvier. L'interruption est nécessaire pour réaliser des aménagements matériels urgents – de la réfection de l'installation de chauffage à la décoration des locaux – et pour donner quelques jours de repos aux instructeurs. Elle est également utilisée pour une « session d'études » interne. Pendant la première quinzaine de janvier, les membres de l'équipe font le point après quatre mois d'activité et préparent l'avenir; ils reçoivent plusieurs visiteurs, parmi lesquels Mounier le soir du 31 décembre, Hubert Beuve-Méry, puis Legros, nouveau chef du bureau des cadres du SGJ.

Bilan et projets

Ce qu'on connaît des conclusions de ces journées de discussion concerne trois aspects de la vie de l'École [1].

Il s'agit d'abord de la nature des stages et de leur recrutement. Segonzac a travaillé jusqu'alors dans les conditions que lui procurait un SGJ soucieux de faire face aux urgences de 1940, mais ses ambitions étaient plus vastes. Il a confié ses projets aux participants du colloque de décembre, en leur présentant l'École à la première veillée : « Que tous les hommes occupant quelque poste de commandement dans la cité, qu'ils soient fonctionnaires ou ingénieurs, professeurs ou avocats, viennent faire un stage » à l'École, et que le stage de trois semaines soit porté à six mois, avec la possibilité pour « les chefs trop hâtivement formés de ces premières sessions » de revenir un peu plus tard [2]. En janvier, Segonzac est décidé à passer à cette nouvelle étape, fort de la reconnaissance légale obtenue comme École nationale des cadres de la jeunesse et prêt à bousculer quelque peu le SGJ que les départs simultanés de Goutet et La Chapelle rendent incertain. L'équipe prend donc une décision de principe. L'École continuera dans l'immédiat à assurer, dans les stages dit *de formation*, la mise en condition du personnel d'encadrement de la jeunesse, selon les besoins du SGJ; mais elle organisera désormais simultanément des *sessions d'information* destinées à des gens « en place », c'est-à-dire engagés dans la vie professionnelle. Avec ces hommes de milieux divers, « jeunes officiers et jeunes contremaîtres, cultivateurs et médecins, employés, ouvriers et avocats », l'École travaillera « à créer, à affirmer les élites de tous les ordres de la nation [3] », en réduisant progressivement son rôle de formation de chefs de jeunesse, dans lequel lui succéderont les écoles spécialisées en voie de création. Pour attirer ce nouveau public, un effort de propagande s'impose, l'École doit se faire connaître dans tous les milieux. Le développement du journal, le projet d'une revue s'inscrivent dans cette perspective, ainsi que l'intention de faire passer des articles dans d'autres publications.

1. « La vie de l'École. Session d'études »; P.D., « De quels cadres s'agit-il ? », *Jeunesse... France!*, 22 janvier 1941.
2. E. MOUNIER, Carnets manuscrits, *Entretiens XI*, notes du 4 décembre 1940 et du 4 janvier 1941.
3. P.D., « De quels cadres s'agit-il? », art. cit.

Les problèmes pédagogiques sont un deuxième champ de réflexion collective pour les instructeurs. Ayant fait l'examen critique des méthodes d'enseignement (les conférences et leurs sujets, les cercles d'études, les « témoignages de vie » donnés par des stagiaires), il remanient en conséquence le programme de la prochaine session. Mais c'est surtout à la qualité des stages qu'on s'intéresse; on décide d'améliorer la sélection des stagiaires en examinant plus attentivement leurs aptitudes physiques et morales, et on réfléchit sur la discipline. Dès les premiers stages de la Faulconnière, était apparue la difficulté d'obtenir une stricte obéissance sans recourir à un système militaire de règlements et de sanctions. Il faut donc élever le niveau de conscience des stagiaires, en leur montrant que la discipline se fonde sur la nécessité d'un ordre collectif, en promouvant « une esthétique de l'ordre et de la discipline » analogue à celle qui anime « une équipe qui se rend au travail en ordre et en chantant ». Pratiquement, on prévoit « l'institution d'une règle de vie », dans laquelle les obligations d'obéissance et de ponctualité apparaîtront comme la traduction des convictions intimes auxquelles l'équipe se réfère [1]. C'est le rôle de la première « Règle de la communauté des chefs », adoptée sans doute à ce moment [2].

Vers un bureau d'études

Un autre souci de Segonzac concerne le renforcement du potentiel intellectuel de l'École. Si le colloque de décembre n'a pas abouti à l'élaboration d'une « synthèse » doctrinale, il a du moins fait apparaître la complexité de la tâche et la nécessité de la poursuivre avec sérieux et compétence. Le besoin d'un appui intellectuel se présente sous trois formes.

L'École a d'abord besoin de conférenciers réguliers, et l'option en faveur de l'accueil de « toutes les élites de la nation » renforce ce besoin, car les nouveaux stagiaires chargés de responsabilités professionnelles ou sociales seront évidemment plus exigeants, dans la présentation des problèmes de la cité, que les jeunes « chefs de la jeunesse ». Aussi Segonzac et Naurois consultent-ils Mounier, invité à la soirée de réveillon passée avec quelques instructeurs à l'hôtel de l'Europe. Souhaitant « remuer un peu tous les problèmes de l'École » avec lui, ils lui présentent leurs « vastes projets » : faire passer par l'École « tous les chefs de la cité », constituer un corps de professeurs attachés à l'École à titre permanent. Ils ont adressé un rapport au SGJ sur ce sujet, et sollicitent la participation de Mounier; mais celui-ci n'est pas favorable au principe de professeurs permanents, et pour sa part préfère « collaborer tangentiellement » à Uriage comme à Jeune France « de manière à n'être l'homme ni d'un régime, ni d'un seul organisme [3] ».

Cependant la création d'un bureau d'études, réclamée par Segonzac dès septembre 1940, apparaît plus nécessaire encore en décembre. Avec le développement du réseau des écoles et le rôle d'« université spirituelle de la jeunesse » que le SGJ envisage de donner à Uriage, les responsabilités de l'École nationale s'accroissent, l'amenant à développer ses propres moyens de documentation, d'étude et de réflexion. Le journal et la bibliothèque sont de premiers instruments, qui appellent la formation au sein même de l'École d'une équipe d'études permanente ou d'un bureau d'études comme s'en donnent les différents mouvements et organisations. Sinon, l'École perdra son originalité au sein du SGJ et « sera submergée par les écoles analogues [4] » comme le dit Segonzac à Mounier. Une fois de plus, il lui faut

1. « La vie de l'École. Session d'études », art. cit.
2. Voir le texte reproduit *infra*, p. 133.
3. E. Mounier, Carnets manuscrits cités, notes du 4 janvier et du 28 janvier 1941.
4. *Ibid.*, 4 janvier 1941.

grandir si elle ne veut pas perdre l'avance initiale qui lui a assuré une relative autonomie.

Segonzac éprouve aussi le besoin personnel de s'attacher des conseillers, assez proches pour être solidaires de son entreprise, capables aussi d'assez de recul et d'analyse critique pour éclairer son jugement. La situation politique est incertaine, les affaires de la jeunesse confuses; il a confié à Mounier ses inquiétudes sur l'avenir des institutions de jeunesse [1] et il évoque en janvier des difficultés à prévoir « venant du ministère et des jeux de sa politique, variable et menacée plus que menaçante d'ailleurs [2] ». Il est difficile d'obtenir des informations sûres, de discerner le jeu des influences. Pour maintenir l'autonomie de l'École et définir une ligne à travers les aléas de la conjoncture, il faut une réflexion stratégique.

C'est pourquoi Segonzac insiste auprès du SGJ pour obtenir la création à l'École d'un bureau d'études doté de moyens; la loi du 7 décembre n'a rien prévu de tel, alors que le SGJ a son bureau des études. Segonzac réussit à convaincre le chef intérimaire du bureau des cadres, Legros. Celui-ci, en visite à Uriage, lui donne un accord de principe et lui promet quelques crédits. Segonzac va demander plusieurs nominations à ce titre, dont celle d'Hubert Beuve-Méry qu'il vient de rencontrer; avec des conseillers extérieurs comme Mounier, un groupe de travail préfigure le futur bureau d'études.

Rencontre d'Hubert Beuve-Méry

La visite d'Hubert Beuve-Méry à Uriage est encore due à l'initiative de l'abbé de Naurois. Ils se sont rencontrés chez Mounier, à Lyon, dans une réunion consacrée aux problèmes de la jeunesse [3]. Naurois, appréciant ses jugements, « connaissant sa valeur intellectuelle et son courage » illustrés par sa démission du quotidien *Le Temps* deux ans plus tôt, et le sachant disponible dans l'attente d'une nouvelle mission à l'étranger, propose alors à Segonzac de le prendre comme instructeur [4]. Le chef de l'École demande donc au professeur-journaliste, « pour l'essayer », deux conférences, qui sont données aux instructeurs pendant leur session d'études interne, dans les premiers jours de janvier.

L'ancien professeur puis directeur de la section juridique et économique de l'Institut français de Prague (1928-39) et correspondant diplomatique du *Temps* pour les pays de la Petite Entente (1935-38) est rentré en France en juillet 1939 après avoir vécu l'occupation de Prague par les Allemands. Il a encadré pendant la guerre les Tchèques mobilisés en France et a assuré leur évacuation au moment de la débâcle. Après la démobilisation, il s'est installé à Lyon, dans l'attente d'une affectation au Portugal que lui promettent les Affaires étrangères comme replié d'Europe centrale. Il rédige dès octobre 1940 une série de tracts, *Poignées de vérités*, et participe aux débats qui précèdent la relance d'*Esprit* et de *Temps présent*, avec autorisation gouvernementale et contrôle de la censure. Réticent devant le principe de la publication dans ces conditions, il accepte cependant de collaborer aux deux organes, avec la conviction que leur survie sera brève. Il entre au conseil de rédaction d'*Esprit*, et tient une chronique de politique exté-

1. E. MOUNIER, Carnets manuscrits, *op. cit.*
2. Lettre de Dunoyer de Segonzac à Beuve-Méry, 10 janvier 1941, communiquée par H. Beuve-Méry.
3. Témoignage d'H. Beuve-Méry. Mounier a dirigé le 13 décembre une réunion sur « l'esprit du mouvement de jeunesse », avec la participation de Beuve-Méry et Naurois (Carnets manuscrits, note du 20 décembre 1940).
4. Témoignage de l'abbé R. de Naurois (lettre citée).

rieure dans *L'Hebdomadaire du Temps nouveau* de Fumet, sous le pseudonyme de « Sirius [1] ».

Ce qu'il sait de l'École d'Uriage le laisse d'abord sceptique et méfiant :

> Vue de loin, l'entreprise paraissait sympathique mais anachronique et promise à tous les déboires, vouée à toutes les compromissions que Vichy ne manquerait pas d'imposer. Ces cavaliers qui dans leurs chars d'assaut s'étaient battus à la limite des forces humaines, étaient aussi des hobereaux, catholiques, monarchistes, traditionalistes, vouant une piété filiale au maréchal de France qui n'avait pas fléchi à Verdun. Comment de ce côté espérer le salut [2] ?

Mais l'expérience de Mounier et sa propre disponibilité le décident à « aller voir » et à parler « avec l'intention d'être aussi provocant que possible ». Beuve-Méry passe deux jours à Uriage; les instructeurs s'entassent dans la chambre de l'aumônier à l'hôtel de l'Europe, pour entendre deux conférences sur « l'Europe d'hier et de demain ». À la fin de ce bref séjour, Segonzac propose au visiteur de se joindre à l'équipe. Évoquant ses efforts pour attacher à l'École des intellectuels doués de jugement politique, il lui avoue : « J'ai le sentiment, pour la première fois, d'en rencontrer un qui puisse venir ici partager notre vie [3]. » La réponse de Beuve-Méry ne tarde pas : il est prêt à faire un stage comme élève « pour voir », puis à rejoindre l'École lorsqu'il aura régularisé sa situation dans les services culturels des Affaires étrangères. Segonzac racontera dans ses mémoires comment Beuve-Méry, à l'issue de ce stage de février, lui demanda « non sans une fière humilité », s'il pouvait accepter « son encombrante et incommode personne ». Il ne s'agissait en fait que de confirmer un accord de principe passé dès janvier à la demande de Segonzac, comme le prouve sa chaleureuse lettre de remerciement à Beuve-Méry du 10 janvier [4]. Celui-ci partira en mars pour le Portugal, après avoir fait transformer sa nomination à l'Institut français de Lisbonne en mission temporaire. De retour en juin, il sera détaché, et affecté comme contractuel à l'École d'Uriage où il prendra la direction de l'équipe d'études. Sa famille l'y rejoindra ensuite et s'installera dans une des villas louées à Saint-Martin-d'Uriage.

Beuve-Méry, qui a cinq ans de plus que Segonzac, est bien différent de caractère, de formation et d'expérience. Il accepte de se lier à l'équipe et à son chef par une solidarité disciplinée qui l'engage sans réserve. Surprenante au premier abord, cette association l'est moins quand on connaît les expériences et les convictions du nouveau venu [5].

À Prague, professeur de droit international et correspondant de plusieurs périodiques parisiens, il s'est voué avec passion à l'observation et à l'analyse des transformations de l'Europe. Lié au ministre plénipotentiaire français Léon Noël, ami et conseiller de Benès et de plusieurs autres responsables politiques tchécoslovaques, il a apprécié et encouragé le développement de cette nation démocratique; il a mesuré ses faiblesses et son isolement, avant d'assister au dernier acte de son asservissement. Au lendemain de Munich, la position du *Temps*, favorable aux accords, l'a amené à quitter ce journal en dénonçant publiquement l'attitude de démission des nations libérales, qu'il estime aussi vaine politiquement que déshonorante moralement. Chroniqueur de politique étrangère de la revue *Politique* proche de la démocratie chrétienne, il partageait les perspectives de ses animateurs. Nécessité, à l'intérieur, de consolider la démocratie libérale en la réformant

1. Témoignage d'H. Beuve-Méry. Voir L. GREILSAMER, *Hubert Beuve-Méry*.
2. H. Beuve-Méry, dans *Le Vieux Chef*, *op. cit.*, p. 218.
3. Témoignage d'H. Beuve-Méry.
4. *Le Vieux Chef, op. cit.*, pp. 89-89; lettre citée du 10 janvier 1941.
5. Sur la jeunesse de Beuve-Méry, voir L. GREILSAMER, *op. cit.*, et J.-N. JEANNENEY et J. JULLIARD, « *Le Monde* » *de Beuve-Méry ou le métier d'Alceste*, pp. 13-27.

par le progrès de la justice sociale et la régénération de l'esprit civique ; effort en Europe pour construire une paix fondée sur le droit et le respect de l'autonomie de chaque peuple dans une perspective de collaboration internationale [1].

Remarquablement informé, le journaliste prenait du recul et excellait à hiérarchiser observations et explications, à dégager des vues synthétiques qu'il présentait sans éclat, avec mesure et sobriété. Cet observateur était aussi un citoyen, attentif aux intérêts comme aux responsabilités de son pays, et un moraliste servant une idée de l'homme et cherchant à ouvrir les yeux et à réveiller les énergies de ses concitoyens. Derrière les analyses critiques où il décortiquait les rapports de force entre les puissances, ses chroniques révélaient une interprétation morale du grand affrontement idéologique qui secouait l'Europe. Le véritable enjeu de la crise était la recherche d'une nouvelle civilisation ; celle-ci ne donnerait sa place à l'homme que si l'esprit originel du christianisme réussissait à l'inspirer. Il appartenait à ses adeptes, et aux incroyants attachés aux valeurs du respect de la personne, d'en retrouver, par un effort de lucidité et de courage, la vigueur. Ainsi répondrait-on au défi d'une époque où le progrès technique et l'avènement des masses provoquent et exigent une « transmutation des valeurs ».

De Prague, carrefour d'influences dans l'Europe balkanisée d'après 1918, il a observé et étudié la pression exercée par l'Allemagne dans son *Drang nach Osten* [2]. Conscient par ailleurs du problème posé aux nations chrétiennes d'Occident par les « paradoxes soviétiques [3] », il a décrit la progression du Reich hitlérien en Europe centrale. La pénétration économique a favorisé l'influence politique, la propagande et l'action diplomatique qui divisent et démoralisent les adversaires ont préparé les coups de force décisifs de l'Anschluss, de Munich et de Prague, qui ont donné naissance au « Nouvel Empire allemand » dominant la Mitteleuropa. En 1939, il analysait les chances prochaines de nouveaux succès de l'entreprise, et ses faiblesses économiques et politiques à long terme. Quant au national-socialisme, réaction forcenée « contre les dépravations de l'intellectualisme, de l'individualisme, du libéralisme, du capitalisme, contre l'affadissement ou les déviations du christianisme (...), avant de dégénérer et vraisemblablement de sombrer dans le mensonge, la corruption et la cruauté, il aura contribué à redonner aux hommes le goût de la vie et le courage du sacrifice, le sens d'une certaine solidarité et d'une certaine grandeur [4] ».

Ce qui est tragique, outre la passivité de la France et de l'Angleterre, c'est « que les meilleurs éléments du christianisme lui-même, auquel est lié tout l'héritage de la civilisation moderne, n'aient pas trouvé assez rapidement dans ce retour offensif du paganisme et de l'idolâtrie les éléments de leur propre régénération [5] ». La « tyrannie intellectuelle et morale à forme religieuse [6] » s'étend donc sur l'Europe, à la faveur des abandons des États libéraux et de l'impuissance de leurs dirigeants à analyser le phénomène en distinguant les idées saines des aberrations et les revendications acceptables des prétentions monstrueuses.

1. Sur le séjour de Beuve-Méry à Prague, voir les chapitres bien informés et perspicaces de L. GREILSAMER, *op. cit.*
2. H. BEUVE-MÉRY, *Vers la plus grande Allemagne.*
3. H. BEUVE-MÉRY, « Paradoxes soviétiques », *Politique*, février 1933 (article reproduit dans *Réflexions politiques (1932-1939)*, pp. 29-42).
4. *Vers la plus grande Allemagne, op. cit.*, p. 102.
5. *Ibid.*, p. 103.
6. « Munich : victoire de la paix ou de la trahison ? », *Politique*, octobre 1938, p. 886 (dans *Réflexions politiques*, p. 96).

Devant la Révolution du XXe siècle

Chez Beuve-Méry, l'analyse des données psychologiques qui assurent le succès des idéologies est inséparable, on le voit, de celle du jeu des forces économiques et politiques. Mais il va plus loin, en jugeant l'actualité à la lumière des valeurs spirituelles. Ces valeurs, trop souvent confisquées par les nostalgiques des privilèges ou des sécurités du passé, ou dressées comme paravents de la démission, doivent être vécues comme inspiratrices de force et d'efficacité dans un combat difficile. Or la cause profonde des convulsions de l'Europe, « le fait nouveau, c'est la Révolution du XXe siècle que subissent actuellement tous les États [1] ». Les masses se sont éveillées, leur domination se substitue à celle de la bourgeoisie. En conséquence deux forces également inhumaines se développent, désagrégeant le tissu de l'unité nationale, et s'affrontent en provoquant des haines fratricides; le nationalisme et le socialisme prennent la forme de l'État totalitaire.

Face à ces menaces, surtout à celle de l'expansionnisme allemand dont il prévoit au lendemain de Munich le triomphe (car « de nos propres mains nous avons rompu la digue et supprimé l'obstacle [2] »), il n'a cessé d'appeler les plus conscients de ses compatriotes à un effort de volonté. Plus que d'armements, c'est d'un « combat moral » qu'il s'agit, où le vieux réflexe national doit devenir « élément de défense et de conquête d'une civilisation pétrie de christianisme et aujourd'hui menacée de disparaître [3] ». Constatant la défaillance du sentiment national, il fait appel à la « résistance morale » et aux capacités des peuples « assez forts, assez tenaces, assez héroïques s'il le faut, pour imposer peu à peu aux envahisseurs (...) les valeurs auxquelles ils tiennent plus qu'à la vie ». Convaincu qu'au moment où « l'ère de la grande insécurité commence (...), rien ne compte plus que la foi et la qualité des hommes [4] », il pense qu'il est encore temps de trouver les chefs, les cadres nécessaires : « il n'est que de les révéler à eux-mêmes en les mettant au travail. Et si Dieu voulait, pourquoi ne serait-ce pas de ces cadres que sortirait l'équipe d'hommes, ou l'homme, que les plus ombrageux démocrates attendent aujourd'hui comme un sauveur [5] ? ».

Rappelant, au lendemain de l'entrée d'Hitler à Prague, « ce qui justifie l'hitlérisme et ce qui le condamne (...), les vérités politiques et les vertus morales qu'il professe » et qu'il a corrompues dès l'origine pour construire un système inhumain, il en appelle aux démocrates et aux chrétiens. Beaucoup d'entre eux sont capables d'associer la condamnation de l'hitlérisme à la conscience qu'il s'est nourri de leurs propres fautes,

> mais bien peu sont en mesure d'en tirer une action efficace. Qui donc, parmi eux, saura mener à bien la synthèse indispensable, non moins indispensable au monde qu'à la France elle-même? La France notamment dispose encore de magnifiques équipes. Je veux parler de ces hommes qui s'échelonnent généralement entre trente et quarante-cinq ans, que la politique n'a pas corrompus, que les servitudes administratives et sociales n'ont pas avilis, qui ont conservé, en dépit de la démission des chefs et de la démoralisation des masses, un regard droit, un caractère ferme, une générosité certaine [6].

Mais ce constat réconfortant débouche désormais sur un « dilemme angoissant » : si la France fait la guerre, même victorieuse, elle perdra ces

1. « Paix allemande ou paix chrétienne? », *Politique*, avril 1938, p. 338.
2. « Munich : victoire de la paix ou de la trahison? », art. cit., p. 886.
3. « Paix allemande ou paix chrétienne? », art. cit., p. 343.
4. « Munich... », art. cit., pp. 887-888.
5. « Paix allemande...? », art. cit., p. 346.
6. « Hitler à Prague », *Politique*, avril 1939, p. 344 (*Réflexions politiques*, p. 112).

élites dans la fournaise, et si elle l'évite il est fort douteux que ces hommes parviennent aux responsabilités « qu'ils seraient seuls à même de porter ». Alors les Français, cramponnés à leurs petites habitudes,

> devront, comme les Tchèques, subir la révolution qui leur sera imposée du dehors parce qu'ils n'auront pas su la faire eux-mêmes. Et la part de la France dans l'élaboration du monde nouveau se réduira peut-être au témoignage de quelques héros et à l'exemple de quelques saints [1].

Lorsque la guerre et la défaite ont passé, il reprend des formules analogues pour lancer un nouvel appel au réarmement moral. Ainsi dans la première des *Poignées de vérités* rédigées à Lyon, après avoir examiné le poids des grandes forces en présence dans la guerre, il affirme :

> Nous voulons tenter l'effort de synthèse sans lequel l'Occident tout entier est condamné à périr. Nous voulons en Europe un ordre humain et en France une communauté française (...). À toute tentative dirigée contre cet idéal, nous jurons d'opposer la résistance passionnée de nos âmes et, s'il faut, le sacrifice de nos corps [2].

Quelques mois plus tard, ce sera la définition de la « révolution humaine » qui s'impose en réponse à la crise mondiale de civilisation :

> La révolution la plus actuelle, la plus jeune, celle qui dépasse à la fois le marxisme et le nationalisme, postule une exigence spirituelle *sine qua non* : la restauration du primat de l'homme (...), du primat de la personne ordonnée à une fin qui la dépasse (...) [3].

On voit en quoi cette pensée, au-delà de l'analyse proprement politique, est proche en 1941 des convictions de Segonzac et de ses amis : critique de la démission d'une nation, et particulièrement de ses chefs, primat du combat moral, appel à la foi et à la qualité des hommes, recherche d'une synthèse, dépassement des idéologies, régénération spirituelle.

C'est par ailleurs de la rencontre de deux personnalités qu'est née l'estime réciproque et la décision de risquer une coopération inévitablement difficile à certains égards. Les conférences de Beuve-Méry ont paru « magistrales [4] » à ses auditeurs, impressionnés par l'ampleur de l'information, la netteté des jugements et la mesure des conclusions. Plus encore, Segonzac a été frappé par la simplicité du ton, la franchise et l'impitoyable lucidité du raisonnement, et séduit par le caractère de l'homme. Beuve-Méry unit l'indépendance du jugement et l'intransigeance d'un caractère incommode, au goût de la discipline et au sens de la camaraderie qui font les bons équipiers. Derrière sa réserve courtoise et le ton bougon ou sarcastique de ses boutades, s'affirment une robustesse physique et morale de grand travailleur, amateur de courses en montagne, et une autorité d'organisateur réaliste et rigoureux. Sachant écouter, il manie pédagogiquement la contradiction et le doute, pour faire réfléchir – si bien que cet homme de conviction passe pour un sceptique invétéré. L'ensemble inspire confiance à Segonzac : la direction des études sera fermement prise en main, et il aura à ses côtés un informateur et un conseiller sûr. Il lui écrit aussitôt sa satisfaction et sa reconnaissance : « Laissez-moi vous remercier encore. Il m'est difficile de dire quelle joie j'éprouve à la pensée du gain précieux qu'appor-

1. « Hitler à Prague », *Politique*, avril 1939, conclusion.
2. *Poignées de vérités*, Lyon, octobre 1940 (*Réflexions politiques*, pp. 122-123).
3. « Révolutions nationales, Révolution humaine », *Esprit*, mars 1941 (reproduit *ibid.*, p. 131).
4. Témoignage de l'abbé R. de Naurois (lettre citée).

tera à notre œuvre votre collaboration. J'ai été conquis par votre générosité; une générosité de cette sorte est aussi rare maintenant qu'autrefois [1]. »

Les motifs de l'adhésion de Beuve-Méry apparaissent dans un article où il présente l'École. Après avoir marqué l'absence de rêverie ou de pose chez les jeunes chefs d'Uriage, dont « nul ne songe à jouer les héros ou les moines » malgré l'apparent romantisme du décor de leur vie, il indique ce que sont à ses yeux les caractères majeurs de l'entreprise. L'École a trouvé, « à la rencontre de la pensée et de l'action (...) le " climat " le plus naturel d'une école de chefs. Centre moteur et centre de recherches, laboratoire en même temps que source de vie, première ébauche peut-être de l'université nouvelle ».

Il y a rencontré

> des hommes généreux et résolus [pour qui]... optimisme et pessimisme sont sans signification (...). Il leur suffit de savoir que nul effort n'est jamais perdu quoi qu'il puisse arriver. Et de vivre, autour d'un chef digne de les commander, dans le don joyeux de soi, la recherche du vrai et de l'amitié virile, une des plus belles aventures humaines [2].

Ces phrases retentissent, sous la plume d'un homme qui manie plus volontiers la litote que l'emphase, comme une profession de foi. Beuve-Méry, cependant, dans sa provocation initiale, n'a caché ni l'appréciation qu'il porte sur la situation internationale, ni ses critiques ou ses refus à l'égard du nouveau régime, qu'il tient pour une ère de transition et de gestation aussi périlleuse qu'inévitable. Loin de renoncer à ce travail d'élucidation, c'est pour le poursuivre qu'il décide de se joindre à l'équipe. Il pense avoir rencontré là une résolution morale et patriotique, une capacité de rassembler et de mobiliser les énergies, qu'il serait désastreux de laisser s'égarer ou se stériliser. Solidaire de l'équipe, il en éclairera la marche.

L'équipe en janvier 1941

À la veille de l'ouverture de la cinquième session, dans les derniers jours de janvier 1941, l'équipe de l'École, sans compter le personnel subalterne, compte une trentaine de membres [3]. Quelques départs l'ont diminuée depuis l'automne. Laribe d'Arval est parti diriger l'école de formation des cuisiniers des Chantiers de jeunesse [4], et les quatre officiers de marine qui ont été chefs d'équipe à la Faulconnière et à Uriage (Bourgau, Pasteau et Thérené, puis Devictor) ont quitté l'École pour rejoindre les Centres de jeunesse de la Marine nouvellement créés sur le modèle des Chantiers, à Narbonne-plage, Banyuls et Cap Matifou en Algérie [5]. Ils restent en bons termes avec l'équipe d'Uriage dont ils ont partagé l'esprit. L'ancien stagiaire Crochet-Damais, après un bref rattachement à l'École, a rejoint le SGJ qui l'emploie au bureau des cadres.

Plusieurs nouveaux chefs d'équipe sont recrutés pour les premiers stages de 1941. Aux recrues de décembre, Claude Malespina (dessinateur et peintre-décorateur, ainsi que sa femme) et Pierre Ollier de Marichard, s'ajoutent en janvier deux anciens stagiaires : Jean-Pierre Filliette, diplômé de Sciences po entré dans les affaires, officier de cavalerie de réserve (qui

1. Lettre de Dunoyer de Segonzac à Beuve-Méry, 10 janvier 1941.
2. H. Beuve-Méry, « Avec les chefs de futurs chefs, dans un château qu'habita Bayard », *Le Figaro*, 25 janvier 1941.
3. Voir en annexe III le tableau « L'équipe de l'École en janvier 1941 ».
4. Voir R. VAUCHER, *Par nous la France ... Ceux des Chantiers de la Jeunesse*, pp. 71-74.
5. Voir R. HERVET, *Les Chantiers...*, *op. cit.*, pp. 204-205; R. VAUCHER, *op. cit.*, pp. 180-190.

épousera en septembre 1941 la sœur du chef de l'École) et Gilles Souriau, étudiant mobilisé dans la cavalerie, fait prisonnier et évadé ; puis, en février, le jeune pasteur Jacques Lochard, alors aumônier du groupement 7 des Chantiers de jeunesse, à Rumilly, que son ancien camarade d'armée Dumazedier a recommandé à Segonzac.

D'autres nouveaux sont affectés directement aux services spécialisés qui commencent à prendre forme. Au journal, un second officier de marine, Philippe Dyvorne, devient l'assistant du rédacteur en chef Delahousse. Pour l'équipe d'études, on embauche Louis Lallement, autodidacte érudit venu à un catholicisme fervent par les sagesses orientales ; il développera les thèmes moraux et civiques de l'enseignement de l'École. En attendant que Beuve-Méry assume définitivement le rôle de direction qui lui est réservé, Dumazedier anime aussi bien la réflexion pédagogique que les débuts d'une recherche en matière de pensée politique, sociale et culturelle.

Le recrutement des nouveaux instructeurs (stagiaires sélectionnés en fin de session ou personnalités extérieures invitées) reste orienté par les critères habituels de Segonzac (la qualité des hommes et leur capacité à s'intégrer à l'équipe) autant que par les compétences nécessaires au fonctionnement des services de l'École et le souci de faire place aux divers courants de pensée. En outre, des liens se créent progressivement avec la société grenobloise ; Segonzac, lié avec des officiers de la subdivision, est invité à parler devant les étudiants. Paul de la Taille, chargé d'étoffer le secrétariat, recrute dans les familles de la bonne société et dans les mouvements d'Action catholique féminine des jeunes filles susceptibles de partager l'esprit qui anime l'équipe ; Yvonne Jacquot et Marguerite Gillois sont embauchées à ce titre au début de 1941, après avoir travaillé à la transcription des textes du colloque. Elles rejoignent au secrétariat les premières engagées : Louise Monnerot (nièce de l'aumônier), Hélène Labroquère, Colette Souriau (épouse de l'instructeur) et sa sœur [1].

La règle de communauté des chefs

Dans cette équipe sensiblement plus riche que ne l'était celle des origines à la Faulconnière, le développement numérique n'a pas compromis la qualité des relations ni l'unité. Le texte adopté dès 1940 sous le nom de « règle de communauté » (expression doublement évocatrice de la vie monastique) traduit l'ambition de forger une personnalité collective, où chacun ait sa place et soit invité à développer ses qualités propres dans le service du groupe. La règle exige de chacun non seulement tenue et discipline, mais aussi adhésion intérieure, initiative responsable et franchise ; elle semble postuler la transparence des êtres, autant que l'unité absolue de l'équipe, « bloc sans fissure ». Elle instaure un rituel aristocratique qui doit exprimer concrètement, par le geste et le maintien corporel autant que la parole, l'adhésion de chacun à l'ordre collectif. « L'obéissance totale aux ordres des deux vieux chefs » à laquelle s'engagent tous les membres de l'équipe couronne et cimente l'ensemble de ces principes.

Règle de communauté des chefs

I – Principes

1. L'équipe sous les ordres des deux « vieux chefs » est dominée par l'idée d'un loyalisme absolu envers la personne du maréchal Pétain, chef de l'État français.
2. Elle s'engage à obéir avec une soumission totale aux ordres du Maréchal.
3. Elle vit en communauté, chacun étant soi-même responsable de

1. Voir les témoignages de plusieurs d'entre elles dans A. DELESTRE, *Uriage, ..., op. cit.*, pp. 85-86, et dans P. BITOUN, *Les hommes d'Uriage*, *op. cit.*, pp. 61-62.

l'accomplissement de sa mission et tenant à honneur d'enrichir et de fortifier la Communauté. Chaque équipier est au service de l'équipe – l'équipe au service de chaque équipier.
Toute initiative prise en faveur de l'équipe est recommandée.
4. L'obéissance aux ordres des « vieux chefs » est également totale.

II – Règle

1. Tous les équipiers prennent part au décrassage qui suit immédiatement le lever. Tous les disponibles assistent aux couleurs du matin. Les sédentaires du château ont une cérémonie propre.
2. Au début du repas tous les présents chantent en chœur, le repas commençant à l'heure fixée par l'horaire quel que soit le nombre des présents. Le retardataire chante seul même si son retard est motivé par une raison de service. À la fin du repas du soir un équipier choisi à tour de rôle lit une page de qualité écoutée par tous en silence, avec respect. Cette lecture n'est jamais faite par un étranger.
3. Au conseil des chefs l'équipier désigné par le vieux chef prend seul la parole, est écouté en silence par tous. Les décisions du vieux chef sont sans appel. Les questions personnelles se traitent hors du conseil.
4. Chacun est responsable du matériel commun qu'il utilise. Il en prend le plus grand soin et le remet à sa place. De même chaque équipier traite les locaux, les deniers, les biens de la Communauté comme les siens propres. La saleté, le gaspillage sont combattus pas tous.
5. Une propreté méticuleuse est requise de chacun, voire même une certaine élégance.
6. L'horaire est scrupuleusement respecté. L'exactitude est la politesse des rois et une des formes les plus hautes de la discipline.
7. L'équipe forme un bloc sans la moindre fissure, mais elle accueille l'étranger avec une parfaite cordialité. L'équipier est un gentilhomme.
8. Le chef est mis au courant de tout.
9. Toute critique est suivie d'un acte constructif.
10. Tout manquement est avoué au chef ou à l'équipe s'il y a lieu.
11. Une franchise totale, une sincérité absolue envers soi-même et envers les autres est de rigueur.
12. Les principes de l'enseignement donné à l'école sont mis en pratique par les équipiers.

Ces formules peuvent prêter à bien des déviations : soumission hypocrite ou puérile des uns, domination abusive des autres, culte du chef et du groupe, illusion lyrique ou moralisme guindé débouchant sur le fanatisme ou le ridicule. Si l'équipe d'Uriage les évite, elle le doit à la qualité de l'autorité exercée par les deux chefs sur leurs équipiers, avec bon sens et humour. La mention d'une double direction de l'équipe est d'ailleurs révélatrice : les personnalités des deux « vieux chefs », Segonzac et d'Alançon, sont effectivement complémentaires.

Éric d'Alançon semble se tenir dans l'ombre de Segonzac, peu remarqué de l'extérieur et satisfait, dans sa réelle humilité, de cette position. Il est en réalité le véritable « instituteur » interne de la communauté, avec sa recherche intransigeante de l'idéal et son attention aux personnes, son dévouement à la communauté et son souci d'une règle de vie qui préside à tous les gestes de la vie quotidienne. Il est réticent devant les spéculations, et son action s'exerce essentiellement, auprès des instructeurs, sous forme de direction pédagogique et morale, de conseils particuliers, et par la valeur exemplaire de son comportement de chef. Il donne toutefois aux stagiaires des causeries sur le rôle du chef et les exigences de la vie collective, dont les principes essentiels sont résumés dans un texte publié dans les premiers numéros de *Jeunesse... France!*

La nécessité première de la vie en collectivité est à ses yeux celle d'une règle de vie. Il ne s'agit pas d'un simple règlement imposé pour le bon fonctionnement du service, mais d'une charte qui traduise l'intention commune en directives concrètes et forme l'armature de la communauté :

> Il est bon que des hommes qui se sont donnés en équipe à une tâche élevée, les instructeurs dans une école par exemple, s'imposent une règle commune, si réduite soit-elle, pour entretenir et alimenter leur vie d'équipe. Le choix de cette discipline est affaire d'entente entre les membres de l'équipe [1].

La règle personnelle « qu'on s'impose à soi-même pour grandir » est d'ailleurs aussi nécessaire que la règle collective ; « variable avec chaque individu, elle doit venir du dedans ».

Dans un groupe de jeunes composé de personnalités diverses, dont la cohésion est toujours menacée par l'intolérance des uns ou l'individualisme des autres, le chef doit avant tout développer une « atmosphère de cordialité ». Faisant appel à la générosité des hommes, car « la seule vraie joie, dans la vie, c'est de se donner », il doit garder lui-même le souci constant de comprendre chacun :

> Pensez que chez les hommes que vous aurez avec vous, il y aura des richesses, même chez les plus déplaisants, des richesses insoupçonnées, étouffées par des défauts ou des vices. Votre travail sera de *libérer ces richesses*.

L'efficacité du groupe repose sur l'esprit d'équipe qui unit des compagnons « sincères les uns avec les autres, capables de s'ouvrir mutuellement les uns aux autres » avec la conviction qu'il y a un « enrichissement mutuel » à attendre. Il appartient au chef de développer cet esprit, notamment en sachant « créer de la joie » ; le chant collectif sera précieux pour cela, car sa pratique enseigne « qu'exprimer la joie, c'est, en définitive, la créer ».

Enfin les futurs chefs doivent être « patients et tenaces » :

> La France ne se refera pas en trois semaines, elle qui fut battue par vingt ans de facilité et d'abandon (...). Marchez pas à pas ; ne violentez pas les hommes, mais affermissez-vous vous-mêmes et agissez avant tout par l'exemple. Votre rayonnement sera la mesure de votre foi [2].

Ces recommandations n'ont certes rien de bien original ; leur rédaction décousue indique suffisamment que leur auteur n'est pas un penseur qui construit une doctrine éducative, mais un praticien qui communique ses convictions. D'Alançon dédaigne les effets spectaculaires ; soucieux de vérité et d'adéquation entre les gestes et les sentiments, il est aussi attentif aux hommes qu'il conduit qu'à la communauté qu'il veut édifier. Sa loyauté et son désintéressement suscitent l'estime et l'admiration des instructeurs et donnent le ton de la vie collective ; il est en quelque sorte l'âme de l'équipe, c'est lui qui « fait Uriage [3] ». Il n'est certes pas expert en jugement politique, et mettrait volontiers entre parenthèses les options idéologiques – et sans doute à cet égard l'évolution qui s'est amorcée en cette fin de 1940 suscite-t-elle une certaine réticence de sa part. Mais c'est pour une bonne part à ce singulier second, qui semble parfois jouer le rôle d'un maître des novices plus que celui d'un instructeur militaire ou d'un chef scout, que Segonzac doit d'avoir pu faire d'Uriage un haut lieu spirituel, où la multiplicité des activités et la diversité des participants réussissent à se fondre en un esprit commun.

1. E.A., « Les problèmes de la vie en commun », *Jeunesse... France!*, n°s 1 et 2, 13 novembre et 4 décembre 1940.
2. Témoignage du général Dunoyer de Segonzac.
3. Témoignage de Jacques Lochard.

Le Vieux Chef

Quant à Segonzac lui-même, son autorité se confirme avec le temps. Il est « le Vieux Chef ». Si la règle de la communauté emploie le terme au pluriel, l'attribuant à la fois aux deux chefs, il est vite réservé en fait à Segonzac (dès janvier 1941, sous la plume de Mounier et sous celle de Beuve-Méry [1]). Il exprime à la fois affection familière et respect. Segonzac est le patron, celui qui décide et assume toute la responsabilité de l'entreprise commune, l'entraîneur qui montre le chemin, et pour certains un modèle, l'exemple du type d'homme qu'on cherche à promouvoir. Les sentiments et les ambitions qui inspiraient son action dès l'origine sont devenus la raison d'être de l'École, le bien commun de l'équipe. Quant à son style de commandement, deux aspects doivent être soulignés; ils contribuent à expliquer le succès de l'École et la qualité des liens interpersonnels dans l'équipe.

La force de Segonzac, c'est d'abord d'associer la robustesse à la droiture; il rumine certes longuement ses préoccupations, prépare lentement ses décisions, non sans hésitation parfois et même inquiétude. Mais la résolution une fois prise et la position occupée, il est inébranlable. Dans ces milieux de la jeunesse où, en 1940, de jeunes dirigeants de mouvements se trouvent promus à des postes de responsabilité qui exigent un discernement politique et la capacité de résister aux pressions ou aux séductions du pouvoir, les caractères ne sont pas toujours à la hauteur des charges assumées; les manifestes généreux et les bonnes intentions recouvrent parfois le manque de réalisme, de compétence et de courage, comme le notent Mounier et Beuve-Méry [2]. Segonzac a plus de poids et de constance. Solidement enraciné dans ce qu'il appelle le sens de l'homme et le sens de l'honneur, il suit sa voie avec fermeté [3]. Sa lucidité politique peut certes être prise en défaut, mais dans sa tâche d'éducateur relativement libre de ses mouvements, catalyseur d'énergies et éveilleur de générosités, il réussit cette « rencontre de la pensée et de l'action » citée par Beuve-Méry comme la vertu spécifique d'une école de chefs [4]. D'instinct, il sait tradruire l'exigence généreuse des intentions en actes promptement et exactement posés.

Segonzac, cet « homme à la croisée des chemins (...) avant tout rassembleur » [5] a d'autre part la chance ou la vertu de réussir à regrouper des hommes de formation diverse sinon opposée. Lui-même, s'il a choisi de prendre ses distances envers l'armée, demeure évidemment imprégné des habitudes qu'il y a acquises; elle reste comme sa famille. Mais il en est sorti, pour accueillir et unir dans son équipe « deux type d'hommes », opposés et complémentaires à ses yeux [6], qui incarnent les qualités de deux milieux, de deux traditions. Les intellectuels militants, les démocrates (hommes « de gauche » dit ce cavalier monarchiste, c'est-à-dire attachés, à des titres divers, aux convictions libérales ou républicaines) valent par leur générosité dans la recherche de la vérité et de la justice, mais se révèlent souvent « désemparés dans la vie quotidienne, sans ressource dans la bagarre »; par pusillanimité

1. E. MOUNIER, Carnets *Entretiens XI,* 4 janvier 1941; H. BEUVE-MÉRY, « Avec les chefs de futurs chefs... », *Le Figaro,* art. cit.
2. E. MOUNIER, *op. cit.*, 9 janvier 1941, 25 août, 3 septembre; H. BEUVE-MÉRY, art. cit.
3. « Arbre, tel il m'apparut (...), arbre solitaire (...), d'autant plus sensible et mouvant qu'il était lourd, indéracinable, pris dans la terre », témoignage de J.-L. LÉVY dans *Le Vieux Chef, op. cit.,* p. 231.
4. *Le Figaro,* art. cit., 25 janvier 1941.
5. J.-L. LÉVY, témoignage cité.
6. Témoignage du général Dunoyer de Segonzac.

ou idéalisme, ils fuient les affrontements et les dures nécessités de l'action et leur lucidité critique reste stérile. Au contraire, des milieux qui privilégient la formation du caractère par une rude éducation (les familles de l'aristocratie traditionnelle, le scoutisme), sortent des hommes d'action courageux, des meneurs d'hommes; ils font « des officiers exceptionnels en temps de guerre », mais risquent d'être renvoyés à une situation marginale, sans efficacité sociale, face aux travaux et combats quotidiens de la société civile du XXe siècle. Réaliser la rencontre et la synthèse de ces deux types qu'il apprécie, c'est l'ambition de Segonzac et la raison du choix qu'il fait des personnes. Ce goût de la complémentarité, à la recherche de l'homme complet, correspond opportunément aux impératifs d'une époque exceptionnelle où, pour ceux qui ne restent pas indifférents ou passifs, le libre exercice de l'intelligence critique débouche sur le risque physique, tandis que le goût de l'action mène aux confrontations idéologiques. En proposant la pratique d'un style, il réussit à associer des hommes de l'un et l'autre tempérament, conscients du prix des vertus qui ne sont pas les leurs et de la nécessité d'une synthèse. Comme l'équipe marocaine de Lyautey, celle de Segonzac appelle des intellectuels à l'action, des actifs à la recherche, et tous à l'approfondissement de leurs convictions dans un exercice quotidien. Dès ce début de 1941, la collaboration engagée entre un Mounier et un d'Alançon, un Dumazedier et un Cazenavette, augure de l'aptitude de l'équipe à réaliser cette synthèse.

Conclusion de la première partie

REGARDS SUR UNE EXPÉRIENCE DE SIX MOIS

Après quatre stages et six mois de travail, une certaine renommée entoure l'École d'Uriage. Dans les mouvements et organisations de jeunesse, la diffusion du journal *Jeunesse... France!*, l'activité des écoles régionales, les contacts des anciens stagiaires l'ont fait connaître. Au-delà, le grand public ne peut guère être précisément informé. L'École ne s'adresse pas à la masse, comme les Chantiers de jeunesse ou le mouvement Compagnons, et ses activités ne sont pas aussi visibles. Ayant choisi elle-même l'éloignement qui préserve son autonomie, elle a pris le risque d'être mal jugée; au reste, la nature de l'institution se laisse malaisément définir, comme les intentions exactes de ses promoteurs. On connaît les écoles normales, les séminaires, les grandes écoles de l'armée, de l'industrie ou de l'université, les centres de formation des grandes familles de pensée ; ils forment des cadres pour des institutions ou des activités définies. Le stage à l'École des cadres tient de la retraite spirituelle, de la période militaire, du camp-école scout et du centre de perfectionnement professionnel. S'agit-il plutôt d'une nouvelle secte, de réarmement clandestin, d'un futur mouvement de jeunesse unique, ou seulement d'une singulière méthode de recrutement des fonctionnaires de la Jeunesse ? L'État nouveau, à l'imitation des pays totalitaires, a-t-il entrepris la sélection et la formation en vase clos de l'élite de dévoués serviteurs qui lui donneront le contrôle de toute la société ?

Des rumeurs circulent, donnant de l'École des visions fallacieuses et parfois malveillantes tirées de contacts superficiels. Lorsque Beuve-Méry et, un peu plus tard, Mounier, publient leurs impressions (ils sont les premiers à donner sur l'École un témoignage de l'intérieur), leurs premières phrases sont pour dissiper les malentendus et dénoncer les contre-vérités : le premier récuse la vision romantique d'un couvent de moines-chevaliers, ou d'un repaire d'illuminés; le second défend l'École d'être une copie de modèles étrangers, une école militaire ou « quelque pépinière aristocratique semblable aux Écoles de cadets du siècle dernier [1] ».

Auparavant, *Jeunesse... France!* a publié un bref article destiné à couper court aux affabulations et caricatures :

> Les commentaires qui sont faits de divers côtés sur l'École nationale des cadres contiennent de nombreuses critiques qui ont la saveur de s'annuler mutuellement point par point (...). Parfois aussi, au lieu de critiques, nous recevons des conseils (...). Disons seulement qu'on nous a reproché d'une part d'être des totalitaires et d'autre part de défendre de vieilles méthodes démocratiques. Un journaliste a écrit une sorte de légende des « douze fanatiques » instructeurs de la Faulconnière. Certains catholiques craignent qu'on ne leur laisse pas pratiquer leur religion, tandis que des anticléricaux voient déjà les élèves menacés des pires représailles s'ils refusent de faire la prière en commun! (...). C'est pourquoi nous voudrions donner quelques précisions aux lecteurs de *Jeunesse... France!* pour calmer les inquiétudes possibles [2].

Ces divers griefs, auxquels on s'abstient de donner à l'École une réponse théorique qui entraînerait des controverses, mettent en évidence deux des questions majeures qui se posent à son sujet : quelle est sa position religieuse, et surtout par rapport à l'Église catholique ? A-t-elle des objectifs politiques, à quel titre prétend-elle servir la Révolution nationale ?

Neutralité religieuse ?

En matière religieuse, les deux accusations de pression cléricale et de laïcisme contraignant (peut-être liées à quelque incident au cours d'un stage) sont caricaturales, mais recouvrent un problème réel.

Le statut administratif de l'École en fait évidemment un organisme non confessionnel, soumis à la seule autorité du SGJ en dehors de toute référence religieuse. Certes, elle a bénéficié, dès l'origine, de la présence permanente d'un aumônier catholique, dont le statut administratif et canonique semble comparable à celui d'un aumônier militaire. Si le libre exercice du culte catholique est favorisé par sa présence à l'intérieur de l'École (les fidèles des autres confessions ayant la possibilité de se réunir aux heures libres et de participer au culte hors de l'École), l'aumônier n'a pas, en tant que tel, de rôle dans la définition et la mise en œuvre de l'action éducative ou de la ligne idéologique de l'École. L'influence capitale de l'abbé de Naurois pendant la première année tient, on l'a vu, à sa personnalité et à son expérience et non à sa fonction. Et l'indépendance de l'École à l'égard de la hiérarchie religieuse va de soi.

Il n'en reste pas moins que la plupart des membres de l'équipe initiale sont catholiques, le plus souvent par conviction personnelle et non simple conformisme. Chez un d'Alançon, dont la discrétion exclut tout prosélytisme, la source religieuse de l'idéal moral affleure, au point qu'il acceptera difficilement que la règle commune soit rédigée en termes neutres. Mais ce cas est exceptionnel, et pour les instructeurs catholiques comme pour Segonzac, la laïcité d'une institution publique ne fait pas problème ; c'est d'ailleurs, on l'a vu, une de ses convictions fondamentales, que la diversité est une richesse, pourvu qu'on sache dégager des « valeurs communes ». D'accord avec Mounier pour reconnaître diverses mystiques dans le patrimoine français, il tient à les voir représentées dans son équipe, où les athées et les agnostiques doivent être aussi libres et reconnus que les catholiques,

1. H. BEUVE-MÉRY, « Avec les chefs... », art. cit. ; E. MOUNIER, « L'École nationale des cadres », *Esprit*, avril 1941, pp. 429-431.
2. C.L., « L'École nationale des cadres », *Jeunesse... France!*, 8 janvier 1941.

les protestants ou les juifs, la suffisance et l'intolérance des sectaires étant seules exclues. La « synthèse » qu'il recherche dans une perspective nationale reposera sur un fondement moral sans faire explicitement appel à la foi religieuse. En somme, c'est d'un humanisme moral qu'on se réclame à Uriage, comme à *Esprit*, sans que les chrétiens ou les catholiques y soient privilégiés. Les tendances et les sensibilités qui partagent le catholicisme français peuvent être représentées à l'intérieur de l'équipe, elles ne la divisent pas.

Mais cette neutralité religieuse de l'École fait précisément problème, à deux égards. D'abord du côté des mouvements d'Action catholique et de l'épiscopat qui les contrôle. Une partie des stagiaires de l'École sont issus de ces mouvements (moins nombreux sans doute que les anciens scouts), et d'anciens dirigeants de la JOC ou de la JAC, en poste dans les services de la Jeunesse, interviennent à l'École pour présenter les problèmes sociaux. Des contacts réguliers sont amorcés; le secrétaire général de la JEC, Maurice-René Simonnet, séjourne à l'École à Noël 1940 [1]. Mais la sympathie de ces organisations comporte des réticences : réflexe particulariste de mouvements spécialisés par milieux et hostiles à un brassage hâtif, crainte de manœuvres préparatoires à la constitution forcée d'un mouvement de jeunesse unique, mais aussi divergence de perspectives. Dans l'Action catholique, on se réunit entre chrétiens, en associant la connaissance d'un milieu et de ses problèmes à la formation proprement religieuse qui guidera l'engagement dans l'action; la visée éducative est orientée par le souci d'évangéliser, de témoigner de la foi à travers une « action temporelle » menée « en tant que chrétiens ». La perspective d'Uriage est évidemment différente : civique autant que morale, elle s'adresse aux athées et aux agnostiques comme aux chrétiens, sous le signe d'un dévouement commun aux « valeurs spirituelles ». Ce « spirituel » non religieux inquiète peut-être les dirigeants d'Action catholique, et certainement un épiscopat qui craint par ailleurs une mainmise de l'État sur la jeunesse catholique.

Une autre vision des choses a été adoptée aux Chantiers de jeunesse – également institution laïque d'État – dont l'aumônier général, le Père Forestier, joue un rôle important dans l'élaboration de la méthode éducative de l'organisation. La conception que les dirigeants des Chantiers ont de leur mission donne une place fondamentale aux aumôniers et à la croyance religieuse. Le commissaire général, qui affirme qu' « on ne fait pas une société sans Dieu » et que « la France a rempli une mission de civilisation chrétienne, elle la conserve [2] », a défini la place de la religion aux Chantiers. Si la pratique religieuse des divers cultes est facilitée sans aucune obligation, dans le respect de la liberté de chacun, les aumôniers sont d'autre part, pour chaque chef de groupement, « de véritables assistants (...) dans le domaine spirituel, le plus important », en vertu de la bienfaisante influence qu'ils exercent sur les hommes [3]. Sans imposer de doctrine métaphysique ni d'affiliation religieuse, les Chantiers se définissent comme « une école de force virile, de moralité chrétienne et d'unité française [4] ».

Les partisans de cette étroite association des religions à l'action éducative savent que l'École d'Uriage ne la pratique pas de la même manière et s'en plaignent, comme le révèle un curieux texte anonyme publié alors par *La Revue des Jeunes* à propos de la « neutralité » pratiquée dans les Écoles de

1. C.L., « L'École nationale des cadres », *op. cit.*
2. « Rôle des aumôniers dans les Chantiers », *Bulletin périodique officiel* des Chantiers de la Jeunesse, 13 février 1941.
3. Instruction parue au *Bulletin périodique officiel* (5 septembre 1940), citée d'après J.-G. RAVAULT, *L'Institution du stage...*, p. 70. Voir aussi R. P. OMEZ, « Une spiritualité aux Chantiers », *La Revue des Jeunes*, 15 mars 1941.
4. J.-G. RAVAULT, *op. cit.*, p. 77.

cadres [1]. Présenté comme une note qu'un ami de la revue a rédigée à la demande du ministère, ce texte exprime en fait la pensée du Père Forestier, qui la fera commenter dans une réunion de travail des cadres des centres-écoles créés par les Scouts de France. Sans la citer, la note vise l'École d'Uriage, désignée par le titre « Puisque la vie n'est pas neutre... » qui renvoie à la citation du Maréchal affichée en manchette de *Jeunesse... France!*

L'auteur pose d'abord un principe général : « ... à tous les échelons, il faudra faire un effort pour se débarrasser du mythe de la neutralité telle qu'elle était préconisée dans les dernières années ». Il en réclame l'application dans les domaines du patriotisme, de la religion et de la morale.

Du point de vue du patriotisme, aucune institution éducative ne saurait évidemment être neutre. Sur le plan religieux, de même que l'instruction publique doit être « spiritualiste » et assurer « la liberté pour les familles de choisir un enseignement religieux de leur choix à l'intérieur même de l'enseignement de l'État », de même les Écoles de cadres ont une double obligation. Elles doivent d'une part fonder leur enseignement général sur les principes de la « civilisation chrétienne », conformément à la doctrine proclamée par le Maréchal, et d'autre part permettre à leurs élèves catholiques d'approfondir leur formation doctrinale :

« Pour donner satisfaction aux aspirations des catholiques, l'enseignement des Écoles de cadres devrait donc comporter, à côté de l'enseignement commun, des séances d'approfondissement où les problèmes de l'heure seraient étudiés dans la lumière de la vérité chrétienne et selon les récentes encycliques. Ce serait trop peu de laisser aux catholiques la possibilité d'assister à une messe ou de se réunir pour prier ensemble. S'il s'agit vraiment de prendre parti entre le vrai et le faux, le bien et le mal, il faut consacrer à la réflexion intellectuelle le temps nécessaire. »

La formation morale s'appuiera donc sur une philosophie de la vie dont on ne peut cacher « l'origine chrétienne », même détachée des dogmes confessionnels. Si l'application doit être mesurée, le principe est clair :

> Maniée avec discrétion, ne confondant pas le domaine de la pratique religieuse avec celui de ce que l'on pourrait appeler la philosophie de la vie, il semble qu'une telle doctrine (...) donnerait satisfaction à tout le monde et permettrait seule d'échapper aux prestiges d'idéologies fausses comme serait par exemple un nationalisme hypertrophié. Il s'agit de retrouver ce que le Maréchal appelait « notre héritage classique ». Il y a donc tout un patrimoine de pensées traditionnelles – celles qui ont fait la France (...) – à retrouver et à incorporer à l'enseignement des Écoles de cadres [2].

L'auteur anonyme propose en conclusion de prendre pour maître d'un tel enseignement Péguy, « dont l'œuvre est tout imprégnée de cette civilisation française et chrétienne »; une anthologie de ses écrits « devrait être le livre de chevet des élèves qui fréquenteront les Écoles de cadres ».

Rédigée à l'époque où Baudouin contrôle les services de la Jeunesse et prépare la législation de décembre 1940, au moment où Segonzac organise son colloque, cette note exprime le point de vue de milieux catholiques dévoués au nouveau régime. Sans revenir sur le principe de la liberté des cultes et des croyances, on demande à l'État et aux institutions publiques d'affirmer leur inspiration chrétienne, dans le fil de la seule authentique tradition nationale et au nom de la seule vision juste de la société. On exige d'autre part la satisfaction des revendications particulières des catholiques au sein même de ces institutions. Sans être ouvertement condamnée,

1. Anonyme, « Puisque la vie n'est pas neutre... », *La Revue des Jeunes*, 15 décembre 1940, pp. 7-9.
2. « Puisque la vie n'est pas neutre... », *op. cit.*

l'entreprise de Segonzac est critiquée; suspecte de neutralité sceptique, elle est invitée à une rectification.

Sans répondre directement à la semonce, l'équipe de l'École travaillera à élucider la notion de « spirituel » dont elle se réclame. Elle refuse de s'inscrire dans la tendance à la reconfessionnalisation de l'État et de la société, tout en dépassant le laïcisme qui exclut toute expression des croyances religieuses. L'École s'affirmera ainsi comme un des laboratoires où s'expérimentera une nouvelle pratique de la laïcité. Cette laïcité ouverte, fondée sur la collaboration dans le respect mutuel entre des hommes de croyances diverses, postule la possibilité d'une convergence autour de l'affirmation du primat des « valeurs spirituelles », qu'il reste à définir plus précisément.

L'École dans le régime

L'autre grande question qui suscite les interrogations, c'est celle des choix idéologiques et des positions politiques de l'équipe. Les deux griefs de penchant totalitaire et de laisser-aller démocratique cités par l'article de *Jeunesse... France!* paraissent certes s'annuler, mais deux refus ne suffisent pas à définir une position. La réponse publique que donnent ses membres à cette question est constante, en cette première année : ils n'ont pas d'autre doctrine que celle du Maréchal, pas d'autre ambition que de fournir des chefs à la Révolution nationale dont il a été l'initiateur. L'article déjà cité en donne un bon exemple, avec ses brèves affirmations « doctrinales » opposées aux commentaires malveillants :

> Le vrai but de l'École est donc d'aider tous les jeunes fermement décidés à animer la Révolution nationale, à préciser leur action dans le domaine où ils désirent servir. C'est dans ce sens qu'il faut comprendre le principe sur lequel le Chef de l'École transige le moins : être d'un loyalisme absolu envers le Maréchal Pétain.
> (...) L'École n'a pas d'autres tendances générales que celles qu'a exposées dans leurs grandes lignes le Maréchal Pétain. Elle cherche seulement à offrir au Chef, en reconnaissance du don qu'il a fait de sa personne à la France, l'effort des jeunes Français pour réaliser la révolution dont il s'est fait l'âme. C'est pourquoi elle respecte la richesse des divers courants de pensée française tout en essayant de définir les valeurs pour lesquelles les jeunes de France seront prêts demain au sacrifice [1].

On voit que la réponse de l'École aux questions naïves ou provocantes sur son identité idéologique, se développe à trois niveaux :

– Affirmation de « loyalisme absolu » envers le Maréchal; c'est à la fois la charte juridique d'une institution d'État, et l'expression d'une adhésion sincère à la personne du Maréchal et à son appel à l'effort.

– Flou volontaire du programme, selon la pratique des groupes qui, en période de pensée dirigée et de censure, s'abritent derrière « la pensée du Maréchal » pour développer leur propre idéologie.

– Perspectives originales clairement posées, pour qui sait lire, dans les allusions de la dernière phrase : la diversité des courants de pensée (lesquels ?) est respectée; les valeurs communes sont « à définir »; on appelle les jeunes à se préparer à reprendre le combat.

Telles sont les déclarations publiques, qui reflètent l'ambiguïté de la position de l'École envers le régime. Institution éducative à but moral, social et patriotique, elle s'efforce d'échapper à une définition politique périlleuse. Tentons de cerner l'état d'esprit de l'équipe à la fin de 1940.

On a vu comment Segonzac a conçu son entreprise, dans l'été, autour de

1. C.L., « L'École nationale des cadres », *Jeunesse... France!,* 8 janvier 1941.

trois idées maîtresses, qui déterminent sa situation dans le champ politique : le refus d'accepter la défaite et la domination allemande ; le choix de travailler dans le cadre du régime et sous l'autorité du maréchal Pétain auquel il fait confiance ; la volonté de réaliser une œuvre éducative autonome, fondée sur une pensée humaniste ouverte au pluralisme – ce qui exclut le service d'une politique partisane. De ces trois points fondamentaux, qui lui apparaissaient aisément conciliables dans l'été 40, seul le second est ouvertement affirmé. Les deux autres ne peuvent évidemment être proclamés ; comment sont-ils vécus après six mois d'activité ?

Des options claires

L'attitude envers l'Allemagne (exprimée à mots couverts au-dehors, mais ouvertement à l'intérieur de l'École) est tout à fait claire dans le principe, et ne laisse place à aucun compromis. L'initiative de Segonzac procédait d'un refus viscéral d'en rester à la défaite, et de la volonté de préparer la revanche. Le détour d'une action éducative lui permet de s'attaquer à ce qu'il juge être la cause profonde de la défaite (la carence des élites), mais dans l'action pour le redressement national, le combat armé est envisagé comme une phase inévitable, étape ou couronnement de l'œuvre. Dans cette drôle de paix que l'armistice a procurée à la zone non occupée, on demeure donc mobilisé, et les chefs qu'on forme sont de futurs combattants. Aucune concession à une paix allemande n'est possible, aucune collaboration n'est envisageable. Cependant, le Maréchal a solennellement déclaré qu'il engageait le pays dans cette voie. Comme son passé semble garant de ses intentions patriotiques, il faut voir dans ses déclarations, pense-t-on à Uriage comme dans un vaste secteur de l'opinion, soit le résultat des manœuvres d'un Laval, soit des concessions verbales à une politique de collaboration qu'on suppose exigée par l'Allemagne.

Tant qu'un Weygand, même éloigné du gouvernement, et de nombreux patriotes restent dans les conseils du Maréchal, et surtout depuis la rupture du 13 décembre avec Laval, on croit pouvoir compter sur le chef de l'État pour couvrir secrètement les préparatifs d'une revanche dont il saura donner le signal, le jour venu. L'armistice n'est donc qu'une suspension des hostilités, et l'Angleterre, malgré ses erreurs, reste l'alliée dont on applaudit la résistance courageuse. Segonzac, qui intitule « Collaboration », en janvier, un éditorial consacré... à la coopération entre organisations de jeunesse [1], déclare dans ses conférences aux étudiants de Grenoble dans l'hiver : « Je souhaite passionnément la victoire de l'Angleterre [2]. » Ses compagnons ont vécu aussi, la plupart sous l'uniforme, l'expérience de la défaite et en conservent les impressions : stupéfaction, honte (avivée par la déception méprisante de leurs aînés, les poilus de 14-18, pour qui la jeune génération n'a pas su « tenir » comme eux) et refus d'en rester là. Plusieurs ont échappé de justesse à la captivité, ou s'en sont évadés ; quelques-uns ont tenté veinement de rejoindre l'Afrique du Nord ou l'Angleterre pour continuer le combat. Ils ne sont certes pas unanimes sur les modalités de la revanche, et pour certains le primat de l'action éducative repousse au loin une action armée dont les chances semblent actuellement nulles ; du moins adhèrent-ils tous à la perspective patriotique fixée par Segonzac.

Cependant l'ensemble de l'équipe a progressivement compris que l'Allemagne, outre une formidable machine de guerre victorieuse, est aussi le régime totalitaire dont Naurois a révélé l'atrocité quotidienne et la monstruosité idéologique. Le nazisme et le racisme apparaissent comme des

1. P. Dunoyer de Segonzac, « Collaboration », *ibid.*, 8 janvier 1941.
2. *Le Vieux Chef, op. cit.*, p. 102.

adversaires avec lesquels il n'est pas de compromis possible. Certes les idéologies libérales et démocratiques ont suffisamment manifesté, en France, leurs faiblesses et leurs lacunes, et la nation doit réapprendre le sens de l'autorité, de la discipline et de la solidarité ; mais cela signifie qu'une solution française et traditionnelle est à inventer, la transposition des modèles fascistes étant exclue. Aucun de leurs propagandistes n'a été accueilli à l'École, et une des consignes constantes données aux stagiaires est de se tenir à l'écart des groupes ou des journaux fascisants.

La constante intransigeance avec laquelle ces positions envers l'Allemagne, le nazisme et la collaboration sont maintenues à l'École s'accompagne certes d'une incertitude inquiète sur l'évolution de la guerre, sur le sort de la zone occupée, sur la manière dont les consignes supposées du Maréchal sont interprétées et appliquées. Comme Beuve-Méry s'en est vite aperçu, l'École est mal armée sur le plan de l'information et de l'analyse critique des situations, il lui faut apprendre à lire les événements ; mais sa résolution patriotique est incontestable.

Seconde perspective fondamentale pour Segonzac : la conviction que l'œuvre éducative qu'il a entreprise implique une autonomie réelle, à l'égard des différentes factions comme du gouvernement lui-même. Tout son comportement manifeste que l'École est son affaire, ce qui ne va pas sans difficultés ni contradictions pour un organisme d'État investi d'une mission officielle. D'abord, il l'a conçue, créée et animée dès l'origine, fort de la « carte blanche » donnée par les services de la Jeunesse. Voulant réaliser ce que lui suggérait une intuition nourrie de ses ruminations d'officier déçu, il a choisi ce domaine de l'éducation totale à but civique, qui répond certes à des intentions du nouveau régime, mais plus encore à l'idée que lui-même se fait de l'homme et des valeurs. S'il a quitté l'armée, c'est bien pour innover, dans un domaine où il pense avoir les mains relativement libres pour réaliser la synthèse dont il rêve. Respecter les différents courants de la pensée française, rechercher les valeurs communes, c'est nécessairement, comme le lui a bien dit Jean Lacroix, refuser le service inconditionnel de l'État. La sauvegarde de cette autonomie, pour le chef d'une école directement subordonnée à un ministère et donc au pouvoir politique, est affaire de réussite et de caractère. La réussite, au début de 1941, est bien amorcée, avec les sympathies qui entourent l'École et l'élargissement continuel de son champ d'action ; mais l'avenir est loin d'être assuré, sous un gouvernement peu favorable à la libre confrontation intellectuelle et dans une administration de la Jeunesse qui supportera difficilement la cavalcade d'un pur-sang mal contrôlé. Quant au caractère, Segonzac a hérité de la farouche indépendance d'esprit de son père et son grand-père ; si le service de l'État exige le loyalisme, l'honneur commande de prendre ses responsabilités et d'être prêt à rompre pour raison de conscience. Devenu chef, Segonzac aime s'informer, susciter le débat, consulter les amis dont le jugement lui inspire confiance ; il n'entend pas être le rouage d'une administration ou le complice d'opérations politiques. Le rôle de l'École n'est donc pas de servir le gouvernement ni même l'État, mais de remplir la mission que l'équipe définira elle-même à l'usage, sous sa direction, à partir des trois objectifs tracés dès l'été 1940 : former des hommes, préparer la reprise du combat, chercher les voies d'une reconstruction sociale fondée sur les valeurs spirituelles.

Le troisième axe des perspectives initiales est le plus apparent et le plus difficile à interpréter : c'est la vénération envers le maréchal Pétain, l'adhésion au régime de l'État français et le service de la Révolution nationale. S'agit-il d'une façade destinée à donner le change, ou d'un engagement sincère, peut-être mal éclairé ?

« Loyalisme » envers le Maréchal

Le portrait géant du maréchal Pétain qui préside désormais aux conférences dans la grande salle du château d'Uriage est plus qu'un signe conventionnel de respect dû au pouvoir légal. Pour Segonzac et pour une bonne partie de ses compagnons, sa présence traduit la vénération et la confiance qu'ils éprouvent envers le responsables des destinées du pays. S'ils savent éviter, par sens de la mesure, les puérilités de l'hagiographie et, par dignité, les manifestations d'idolâtrie, c'est très sincèrement néanmoins qu'ils se réclament du chef qui a montré la voie du redressement. Leur adhésion relève de ce que les historiens (en premier lieu Jean-Pierre Azéma et à sa suite Pierre Laborie) appelleront le « maréchalisme de base [1] », sous une forme mesurée et plus proche du loyalisme monarchique d'autrefois que du culte religieux de l'homme providentiel. « Loyalisme absolu » selon l'expression du journal *Jeunesse... France!* et de la « Règle de communauté des chefs », dont le fondement se situe en deçà du jugement politique. L'homme qui, en vertu de son passé, de sa personnalité et de sa présence dans des circonstances dramatiques, symbolise désormais l'unité et la continuité de la nation, mérite la confiance qu'il réclame; sa figure tutélaire échappe à la critique politique. La désapprobation marquée envers telle personnalité ou tel acte de son gouvernement n'entame pas la confiance en ses intentions. Cette vénération n'est pas partagée par tous les membres de l'équipe, elle en irrite même quelques-uns, mais ceux dont l'esprit critique la refuse admettent néanmoins l'affirmation du loyalisme comme une condition du travail commun de l'équipe.

Quant au régime – ce mélange de monarchie paternelle, de dictature des bureaux et de confiscation des libertés –, sa légitimité n'est pas contestée, et ses duretés sont jugées imposées par les contraintes de la défaite et du temps de guerre. Si personne à l'École ne défend le régime de la IIIe République tel qu'il a été pratiqué (le jugement qui la condamne est d'ailleurs plutôt moral que politique), une relative diversité d'opinions politiques se manifeste dans l'équipe. Segonzac lui-même aime se déclarer royaliste, non sans une nuance de provocation amusée [2]. Le régime de ses rêves serait une monarchie arbitrale fondée sur l'honneur; à défaut, dénué de sympathie pour la doctrine d'Action française, il reste réservé, mais sait gré à l'État français de restaurer les principes d'autorité, de dévouement au bien commun et de responsabilité que les Français avaient trop oubliés. La politique est évidemment, à ses yeux, tâche ingrate et compromettante; le fait que des arrivistes, des vaniteux ou des partisans peuplent les antichambres de Vichy ne le surprend pas. L'essentiel est que des hommes droits et sûrs soient les garants, notamment dans la Jeunesse, d'un effort réel d'application des idées du Maréchal; or un Lamirand, un Borotra, un du Moulin de Labarthète (que Segonzac connaît personnellement, ainsi que plusieurs autres membres de l'entourage du Maréchal), sont « ... du beau monde (...), des gens bien [3] ». Pour Segonzac, qui reconnaît « s'être toujours déterminé en fonction des hommes plus que des idées », ces relations comptent, alors que le personnel de la République lui était étranger. Qu'un Laval soit méprisable et dangereux, un amiral Darlan opportuniste, c'est dans l'ordre des choses politiques et il appartient aux hommes avertis de se garder de leur influence; tant que le Maréchal et les responsables de la Jeunesse sont là, cela lui paraît possible. À dire vrai, c'est de plus en plus difficile, et en

1. J.-P. Azéma, *De Munich à la Libération 1938-1944, op. cit.* p. 106; P. Laborie, *L'Opinion française sous Vichy, op. cit.*, p. 232.
2. *Le Vieux Chef, op. cit.*, p.100.
3. Témoignage du général Dunoyer de Segonzac.

janvier 1941 s'annonce précisément une passe délicate où les pressions du ministère limitent la marge d'autonomie conquise par l'École.

D'autres, parmi les instructeurs, sont plus attachés que Segonzac aux principes de la démocratie élective et des libertés publiques; ce n'est pas pour eux cependant, après l'effondrement du système parlementaire français, un motif suffisant pour refuser le loyalisme au régime qui permet à l'équipe de travailler dans un climat interne de liberté. Car tous sont d'accord là-dessus : le respect des opinions et la liberté de parole à l'intérieur de l'École doivent aller de pair avec la discipline extérieure.

Quelques membres de l'équipe (l'abbé de Naurois, Lavorel, Souriau, Marichard et Muller) sont réputés « gaullistes » [1]. Ils ne cachent pas leur sympathie pour la France libre, écoutent la radio de Londres, affirment leur solidarité avec ceux qu'ils n'ont pu rejoindre pour continuer le combat; puisqu'il est maintenant trop tard ou trop tôt pour le faire, ils mènent la tâche éducative qui leur est proposée en cette période d'attente. Ces opinions favorables à la dissidence suscitent des discussions, mais pas de véritable division au sein de l'équipe; elles y sont admises comme un élément de la diversité qui est la loi de l'École – la propagande directe auprès des stagiaires étant évidemment exclue.

Reste enfin la Révolution nationale, cet objectif que s'assigne le régime et dont se réclament, avec des intentions diverses, tous ceux qui exercent des responsabilités publiques. En quel sens l'équipe d'Uriage y adhère-t-elle ?

Quelle Révolution nationale ?

Que la Révolution nationale (qui n'a jamais été traduite dans un programme gouvernemental précis et cohérent) soit un thème multiforme, ambigu et contradictoire, de nombreuses analyses l'ont montré, et c'est évident surtout dans cette année 1940 où différentes perspectives restent ouvertes. Concrètement, la formule recouvre à la fois des institutions et des mesures politiques, les intérêts de divers groupes sociaux, des constructions idéologiques et enfin un climat affectif. Pour tenter de préciser ce qu'elle représente alors pour les hommes d'Uriage, on peut distinguer trois niveaux d'analyse.

Sur un plan moral et sentimental d'abord, et notamment dans les organisations de jeunesse en 1940, le thème du redressement national et d'une révolution à opérer suscite un élan authentique et généreux. Bien des jeunes adultes, frappés par le traumatisme de la défaite et révoltés par les médiocrités de l'avant-guerre, sont mobilisés par les tâches de la construction d'un ordre nouveau et du service de la communauté nationale au-delà des clivages traditionnels. Le sentiment patriotique et la conscience d'un danger d'emprise nazie sont de puissants motifs de s'engager derrière le Maréchal. Dans un temps où la « crise d'identité nationale », dans un climat de confusion intellectuelle et idéologique, a abouti à une sorte de « désintégration du tissu social » de la nation, la peur et l'humiliation conduisent à la soumission, au recours à une légitimité irrationnelle, comme le montre P. Laborie [2], mais le choc de la défaite provoque aussi chez certains un sursaut de fierté et de générosité qui se traduit en disponibilité aux propositions du régime. Élan sans doute naïf et mal éclairé, mû cependant par un authentique désir de servir.

Sur un plan plus intellectuel, les déclarations officielles mettent en avant des constatations et des analyses dont certaines relèvent du bon sens : fai-

1. Témoignage de Gilles Souriau.
2. P. Laborie, *L'Opinion française...*, *op. cit.*

blesse démographique française, lacunes d'un enseignement trop intellectuel pour faire place au sport, au sens de l'initiative et des responsabilités et au civisme, impuissance de la société française à sortir de l'archaïsme économique et des affrontements de classes, grippage des rouages de la démocratie parlementaire, ignorance des forces et des ambitions à l'œuvre dans d'autres pays, exclusion de la classe ouvrière et du monde paysan des responsabilités politiques et économiques comme de la vie culturelle... Rien de neuf dans ces critiques, avancées déjà avant la guerre dans divers cercles et reprises par l'un ou l'autre des dirigeants politiques. Rien d'original non plus, puisque les résistants et les Français libres les reprendront à leur compte dans leur volonté de renouveau. Les propagandistes du nouveau régime détournent ces analyses avec sectarisme, en font une machine de guerre contre la gauche et le Front populaire, la République, la démocratie et les « faux principes » de 1789, et innocentent à bon compte les hommes et les groupes qui ont fait Vichy ou s'y sont ralliés; ils accumulent de plus les contradictions, associant les thèmes de l'effort courageux à ceux du repentir pénitent, les perspectives du retour aux traditions archaïques à celles d'une modernisation technocratique. Cependant une partie de la littérature officielle, notamment celle qui s'adresse à la jeunesse, véhicule sous l'étiquette de la Révolution nationale des constats et des propositions qui soulignent des problèmes réels négligés auparavant. L'exploitation de certaines formules inventées par les cercles « non conformistes des années 30 » s'inscrit dans cette ligne; comme la censure ne permet pas aux opposants de rappeler leurs propres interprétations, l'idéologie de la Révolution nationale annexe impunément des idées et des mots d'origines diverses.

Sur le plan proprement politique enfin, bien que le groupe des dirigeants de 1940 soit loin d'être homogène, la Révolution nationale couvre la prise du pouvoir par ceux qui ont une revanche à prendre sur la République et le suffrage universel. Leur projet amalgame des idées nourries depuis longtemps dans la droite et l'extrême droite maurrassienne, avec des thèmes issus du syndicalisme antiparlementaire devenu corporatiste ou fascisant. L'État autoritaire, la protection d'un ordre moral et social menacé, la lutte contre la subversion marxiste s'affirmeront progressivement comme les éléments majeurs du mélange : tentative pour bloquer l'évolution démocratique d'une nation en voie d'industrialisation et d'urbanisation, pour remodeler la société au profit des notables après avoir exclu de la nation ceux que leurs origines ou leurs idées font désigner comme mauvais citoyens : Juifs, étrangers, francs-maçons, communistes, élus démocrates...

Si l'on admet ces distinctions, il apparaît que l'équipe d'Uriage ne participe nullement à l'entreprise politique. Certes, les jeunes hommes rassemblés par Segonzac appartiennent en majorité aux milieux qui la soutiennent : familles de l'aristocratie militaire nostalgiques d'un passé idéalisé, bourgeoisie catholique provinciale et classes moyennes dont les fils étudiants sont promis à des situations de « cadres » et certains d'appartenir aux élites. C'est bien dans leurs milieux qu'on est attaché à l'ordre social, à la hiérarchie, à la morale traditionnelle transmise par l'éducation, qu'on est effrayé par la démocratie et les manifestations de la lutte des classes, condamnée au nom d'un jugement « moral » sur ses méfaits. Mais l'esprit d'Uriage ne s'est construit ni sur les idéologies de la droite, ni sur la défense d'intérêts économiques menacés ou la reconquête d'une autorité sociale perdue. Si l'École est marquée à ses débuts par le vocabulaire et peut-être les préjugés de ces milieux, elle est animée de la volonté d'échapper à ces limites. Le parti pris de pluralisme œcuménique de Segonzac et l'influence de certains de ses compagnons ou conseillers l'écartent de tout sectarisme. Entre autres exemples, il refuse son adhésion aux mesures répressives prises contre certaines catégories de citoyens, et il les tourne autant que possible :

on l'a vu recevoir Mossé, en instance de révocation, et Bothereau, en rupture avec le ministère du Travail. Il refusera constamment de faire la différence, parmi les hommes dont il apprécie le comportement, entre citoyens de première ou de seconde zone, Français de souche ou d'ascendance étrangère, israélites ou « chrétiens ». Cela fait partie de l'idée qu'il se fait de sa responsabilité et de son honneur.

Quant au constat et à la dénonciation des faiblesses de la nation française, on les reprend en compte à Uriage mais on évite d'en faire des armes de polémique. S'il arrive, en ces premiers mois, qu'on abuse à l'École des généralités simplistes sur les « vingt années d'abandon et de laisser-aller », on refuse de désigner sommairement un adversaire responsable de tous ces maux. Et surtout, comme le colloque de décembre l'a montré, on manifeste la volonté de pousser l'analyse intellectuelle, en faisant appel à des compétences de diverses tendances. C'est un constat contradictoire, amorçant une recherche dont le résultat n'est pas donné d'avance, qu'on entend dresser par le travail et la discussion. Ainsi l'équipe d'Uriage sera capable en plusieurs domaines de passer d'un premier jugement, sincère mais mal éclairé, à des conclusions plus nuancées et plus ouvertes dégagées après examen et réflexion collective.

L'esprit d'Uriage s'inscrit aussi dans le climat des appels lancés à l'esprit de sacrifice des Français, et plus particulièrement à la générosité de la jeunesse. Elle les répercute avec sincérité et naïveté, mais aussi avec la volonté d'être vrai, de prêcher d'exemple et de mener des réalisations concrètes. Est-ce illusion mystificatrice, ou réaction de santé et de vérité, que de prétendre mettre en application intégrale (dans des conditions certes exceptionnelles et à échelle très réduite) l'intention de faire naître un « homme nouveau », plus fort et plus conscient, plus solidaire des communautés qui l'entourent ? La réponse tiendra évidemment à la capacité de cette équipe de rester attentive aux problèmes et aux situations réels, en évitant les pièges de l'idéalisme et du refuge dans un monde imaginaire.

Les déclarations publiques par lesquelles l'École d'Uriage affirme n'avoir d'autre ambition que de servir la Révolution nationale sont donc à la fois sincères et ambiguës : c'est *une certaine idée de la révolution à faire* qu'on y sert en réalité, *à sa manière*. Idée claire sur les principes et le but ultime, mais dont les modalités restent à préciser. On le fera à l'expérience, en tâtonnant quelque peu. La plupart sont convaincus que cette idée est celle même du Maréchal (par-delà les partis pris de tels de ses conseillers ou exécutants), les autres constatent qu'il la tolère, provisoirement peut-être. Tant que ce régime permet de mener le travail d'éducation qu'on a entrepris dans la perspective d'une reprise de la lutte, il apparaît normal d'utiliser les structures qu'il offre. Cela implique certains silences et prudences; ce sont les conditions de l'action – et, pour Segonzac, le Maréchal lui-même en donne l'exemple.

Cette attitude peut paraître naïve ou contradictoire au regard d'un jugement politique averti. Elle est certainement fragile et périlleuse, dans une conjoncture où un pouvoir apparemment fort tient secrètes ses intentions réelles et subit la pression de forces extérieures qu'il n'influence guère. Aussi la voie que prétend suivre l'équipe d'Uriage est-elle étroite. Elle affiche un « loyalisme absolu », envers le chef de l'État, tout en refusant d'être un instrument de la politique du pouvoir; elle professe une hostilité radicale à l'Allemagne nazie, sous un gouvernement qui prône la collaboration; elle tient farouchement à son autonomie, mais avec un statut d'organisme d'État dépendant d'un ministère; elle entend mener la libre recherche d'une synthèse humaniste, et le confusionnisme ou l'évasion idéaliste la guettent. Forte de ses intentions généreuses et de la sûreté de sa méthode pédagogique, elle avance sur un terrain politiquement instable.

Pourra-t-elle longtemps continuer à se réclamer d'un simple civisme moral, et faire l'économie de choix directement politiques ?

En désaccord partiel avec cette conclusion, Paul-Henry Chombart de Lauwe admet que « la première année d'Uriage a été marquée par deux équivoques » : l'une sur « la personne et les intentions du maréchal Pétain » (en lui prêtant un « double jeu » illusoire) ; l'autre sur la Révolution nationale, dont l'équipe a « accepté un certain nombre de principes et de valeurs », tout en refusant dès l'origine les mesures de répression et d'exclusion. Mais il insiste sur « la différence radicale entre Uriage à ses débuts et les autres organisations créées à cette époque », et affirme que « dès l'automne 1940, et même bien avant pour plusieurs aspects, les instructeurs d'Uriage, sous le couvert d'une institution officielle, étaient en complet désaccord avec l'orientation de Vichy et avec les autres organisations gouvernementales de jeunesse [1] ».

Il nous paraît que le désaccord est virtuel en 1940 entre le Vichy de Lamirand et l'École, la majorité de l'équipe espérant alors que l'harmonie l'emportera sur les divergences. Si la volonté d'autonomie est incontestable, il est difficile de parler d'une attitude d'opposition au régime et même au gouvernement.

1. Témoignage de P.-H. Chombart de Lauwe, lettre (12 avril 1978) et entretien avec l'auteur.

Deuxième partie

L'ESSOR DE 1941 : FORMATION DES ÉLITES ET RÉFLEXION CRITIQUE

« *Plus tard, quand cette crise tragique de l'histoire aura été franchie et aura porté des fruits, trois noms peut-être domineront l'époque : Marx, Nietzsche et Péguy (...). Péguy, dans son refus des familles closes et des âmes habituées, dans ses appels incessants aux hommes de toute obédience pourvu qu'ils ne trichent pas, dans l'unité profonde de son socialisme, de son nationalisme et de son christianisme, présage et résume les conditions essentielles d'un humanisme retrouvé, d'un nouvel âge du monde.* »

Hubert BEUVE-MÉRY
(« Péguy et la révolution du XXe siècle », 1941-1943)

Devenue École nationale des cadres de la jeunesse, l'École d'Uriage entame le 30 janvier 1941 sa cinquième session; c'est une nouvelle étape qui s'ouvre, dans le développement de ses activités comme dans l'élaboration de son esprit. Cette deuxième période est signalée notamment par un rythme des stages et par un contexte politico-administratif qui durent environ une année.

Pendant huit mois, de février à octobre 1941, l'École mènera parallèlement deux séries de stages : sessions dites normales de trois semaines et sessions spéciales de durée variable réservées à des catégories particulières de stagiaires. À l'automne, cette activité est interrompue pour permettre à l'équipe de se consacrer à la préparation du premier stage long, dit de formation, qui doit occuper le premier semestre de 1942.

Février 1941, c'est aussi l'arrivée à la direction de la Jeunesse de Louis Garrone, désormais principal interlocuteur officiel de Segonzac et tuteur administratif des Écoles de cadres. Dans la politique qu'il élabore, l'École d'Uriage a une place de choix et bénéficie de son soutien. Mais au même moment, l'avènement du gouvernement Darlan permet l'accession aux responsabilités d'hommes qui ont une autre idée de la Révolution nationale et de la collaboration et tentent d'influencer la politique de la jeunesse. Les relations de l'École avec les autorités de Vichy en 1941 sont marquées par une succession de tensions et de crises, à travers lesquelles elle réussit à sauvegarder son autonomie. Ces conditions de protection précaire sont doublement bouleversées dans les premiers mois de 1942, avec le départ de Garrone en février, puis en avril la formation du gouvernement Laval dans lequel Abel Bonnard, en charge de l'Éducation nationale et de la Jeunesse, promeut une autre politique.

Du point de vue de l'École d'Uriage, l'année 1941 englobe donc son activité jusqu'en décembre (moment où commence la préparation intensive du stage long de 1942), ainsi que ses relations avec les autorités de Vichy sous le gouvernement Darlan, jusqu'en avril 1942.

« *L'année Darlan* »

La période du gouvernement Darlan (février 1941-avril 1942) présente, sous son apparente continuité, une série de phases définies par l'interférence de deux développements : celui de la guerre qui s'étend au dehors, et celui de la situation intérieure du pays qui connaît de soudaines modifications. La guerre, dont les Français dans leur majorité ne savent s'ils en sont spectateurs, victimes ou acteurs, apporte à ceux qui ne se résignent pas à la victoire allemande plus de déceptions que de satisfactions. Un sombre premier semestre 1941, après l'heureuse surprise de la résistance britannique à l'automne 1940, voit l'extension de la domination allemande sur l'Europe continentale. Ensuite, l'invasion de l'URSS, puis l'entrée en guerre des États-Unis rendent évidemment sensible la dimension mondiale du conflit, sans paraître présager une proche libération de l'Europe occidentale. La part nouvelle prise par le communisme dans la guerre trouble la fraction nombreuse de l'opinion pour qui il est, idéologiquement ou socialement, un adversaire majeur. Le développement des opérations n'autorise encore aucun espoir concret de retournement.

Sur le plan intérieur et notamment pour la zone dite libre, « l'année Darlan [1] » est le temps d'un gouvernement hétérogène et équivoque. Le partage des responsabilités entre le Maréchal et l'amiral n'est pas clair, et les clans opposés coexistent, dans une tentative de compromis entre la collaboration, l'attentisme et le désir d'une revanche. À la Révolution nationale moralisante et traditionaliste souhaitée par les uns s'oppose la dictature musclée voulue par d'autres, adeptes d'un État fort, d'une économie modernisée et de l'intégration dans l'Europe nouvelle. La tentative extrême menée par Darlan en mai-juin dans la voie d'une collaboration militaire au Proche-Orient et en Méditerranée échoue lorsque l'évolution de la conjoncture détourne l'intérêt des Allemands; cela semble sur le moment une victoire de Weygand et des adversaires de la collaboration. Mais un mois plus tard, c'est le discours déçu et menaçant du Maréchal, le 12 août, et, dans le nouveau climat marqué par les premiers attentats organisés en zone occupée et les représailles qu'ils entraînent, le remaniement gouvernemental et les mesures répressives. Avec Pucheu à l'Intérieur, le clan des technocrates autoritaires et des partisans de la collaboration gagne en influence, cependant que la lutte contre le communisme devient le grand thème de propagande propre à resserrer les rangs autour du Maréchal. La révocation de Weygand à l'automne suscite un autre trouble. Chez les fidèles du Maréchal hostiles à la collaboration, le désarroi est aussi fort que l'avait été le soulagement provoqué par l'éviction de Laval un an auparavant. Année d'incertitudes au total, avec cette succession d'événements souvent surprenants dont la signification reste obscure dans l'immédiat.

Pour ceux qui ont mis quelque espoir, voire un enthousiasme généreux, dans la Révolution nationale, c'est la période où celle-ci prend un début de consistance, avec certaines réalisations corporatives notamment, mais aussi où l'élan se ralentit tandis que des illusions commencent à se dissiper. Le réalisme cynique affiché par le chef du gouvernement, qu'on suspecte de ne croire qu'à sa flotte et à sa carrière, déconcerte les conservateurs soucieux d'ordre moral qu'avait séduits le style paternel et bénisseur du Maréchal – parmi les chrétiens notamment. D'autre part, les ambitions de Pucheu, Marion, et de leurs amis « techniciens » qui prennent en main l'économie dirigée, l'information puis l'administration et la police, inquiètent les mêmes milieux. Les vues de ces transfuges du PPF, soupçonnés d'appartenir à un « groupe Worms » et peut-être à un complot synarchique, apparaissent en contradiction avec les principes de décentralisation et de retour aux valeurs du passé proclamés en 1940. La confiance reste grande dans le Maréchal – à preuve la prudence de beaucoup de résistants déclarés, dont la propagande clandestine évite toute attaque directe –, mais sa présence à la tête de l'État n'est plus liée aux mêmes espérances de

1. Expression et analyse de D. Peschanski, « Le régime de Vichy » dans *Vichy 1940-1944, op. cit.*, pp. 7-49.

renouveau. Son option en faveur d'une politique de collaboration n'a pas amené les adoucissements attendus dans l'application de l'armistice; cette déception donne un début de crédit aux arguments de ceux qui dénient la légitimité à ce régime incapable d'exercer la souveraineté de l'État. Un premier « décrochage » de l'opinion se produit, l'hostilité croissante à l'Allemagne et à la collaboration nuisant à l'image du régime, et la popularité du Maréchal comportant moins de confiance dans le chef politique et plus d'adhésion irrationnelle au protecteur providentiel [1].

Le développement de la politique antisémite au printemps 1941 (commissariat général aux Questions juives de Xavier Vallat, mesures d'aryanisation et deuxième statut des Juifs) inquiètent les milieux libéraux et chrétiens – d'autant plus que certains sont informés de la situation dans les camps d'internement de la zone sud et des premières rafles de Juifs opérées par les Allemands en zone occupée. Dans les cercles intellectuels et militants de caractère syndical, religieux ou politique, les thèmes d'une résistance spirituelle ou humaniste contre le nazisme se diffusent. L'interdiction d'*Esprit* et de *Temps nouveau* en août 1941 marque une étape. La volonté de lutter contre la contagion du national-socialisme n'implique-t-elle pas la désobéissance, sinon la rupture avec le régime de Vichy? À l'automne 1941, les premiers *Cahiers du Témoignage chrétien* commencent à diffuser une réflexion clandestine sur ces sujets.

De nombreux Français, adversaires du nazisme par conviction humaniste, démocratique ou religieuse, avaient estimé en 1940 qu'il y avait quelque chose à faire avec ou sous le régime, en y affirmant une présence active plutôt que de se retirer dans l'exil intérieur du refus radical. Cette position devient difficile à tenir. Entre le conformisme et la rébellion, il y a bien des attitudes intermédiaires et des rythmes d'évolution. Mal informé, on manque de recul, et la vie quotidienne pèse de plus en plus lourdement, avec les restrictions et les pénuries que le premier hiver a rendues graves, les séparations et les déracinements qui durent.

Les organisations de jeunesse (en majorité confessionnelles), fortes des encouragements, des subventions et des moyens matériels qui leur sont donnés, exercent une attraction renforcée sur les jeunes. La discipline qu'elles imposent a sa compensation dans les occasions d'évasion et d'aventure sportive que procurent les sorties et les camps; l'idéalisme qu'elles nourrissent trouve à se traduire concrètement dans des activités de service valorisantes. Cultivant les qualités de caractère, elles entretiennent une ferveur patriotique et un désir de dévouement à de grandes causes. Sur le plan civique et politique, ces énergies sont tantôt absorbées par l'obéissance au Maréchal et l'adhésion aux slogans de la Révolution nationale, tantôt éclairées au contraire par un effort d'information et de réflexion critiques qui rompt le conformisme. Ainsi des méthodes éducatives voisines peuvent-elles conduire à des engagements différents sinon opposés.

L'École d'Uriage en 1941

Au cours de cette année, l'École nationale des cadres d'Uriage développe les activités entreprises ou projetées à l'automne 1940, accroît son rayonnement et affirme son originalité. Les stages et leur public se diversifient : aux six grandes sessions de trois semaines s'ajoutent dix sessions « spéciales », généralement d'une semaine, et diverses réunions de quelques jours.

Deux nouveaux secteurs sont l'objet d'un investissement considérable : les études, l'association d'anciens. Le bureau d'études de l'École est progres-

1. Voir, sur ce détachement de l'opinion et le début des clarifications, P. Laborie, *L'Opinion française...*, *op. cit.*

sivement mis sur pied et étoffé, non sans difficulté. Il contrôle le journal et les autres publications, dirige l'enseignement intellectuel donné aux stagiaires et l'effort de perfectionnement pédagogique, mais il a aussi une fonction de recherche doctrinale et politique ; pour cela, il sollicite et associe les compétences d'amis divers. Un autre service de l'École assure en 1941 le lancement de l'association baptisée Équipe nationale d'Uriage. Sous couvert d'un groupement d'anciens élèves, il s'agit en réalité d'amorcer la constitution d'une force d'intervention au service des objectifs de l'École. Elle disposera ainsi d'un réseau hiérarchisé d'hommes engagés dans une règle de vie, dévoués au Vieux Chef et prêts à suivre les consignes d'action qu'il donnera.

Cet ensemble d'activités exige de multiples contacts extérieurs, qui vont du choix des conférenciers et de la réception des visiteurs aux tournées ou missions que Segonzac donne à ses hommes de confiance pour des liaisons officielles ou non, parfois secrètes. Ainsi l'École devient-elle un pôle important, pour la zone libre et surtout pour le sud-est, d'échanges et de rencontres auxquelles participent, avec des intellectuels et des éducateurs, des professionnels et des cadres de divers secteurs d'activité.

Ces développements et ces contacts amènent l'École à préciser ou infléchir ses orientations – la définition de sa mission, comme elle aime à dire –, et les événements provoquent des prises de position. Segonzac reste ancré dans ses résolutions originelles : volonté d'autonomie, objectif anti-allemand et antinazi, recherche de la synthèse ; mais elles entraînent dans cette période des conséquences nouvelles. L'École choisit, dès le début de 1941, d'expliciter son esprit dans le langage du personnalisme communautaire de Mounier et ses amis. Son chef est amené ensuite à tirer les conséquences de son non-conformisme en déclarant publiquement que s'il est au service du Maréchal, il n'est pas à celui du gouvernement. La tension s'accroît avec le renvoi de Weygand ; au début de 1942, Segonzac est ouvertement accusé de complaisances gaullistes et démocratiques, si bien que la décision est prise en haut lieu de le faire rentrer dans le rang en lui imposant une stricte discipline et le respect d'une doctrine civique officielle. Avant même l'arrivée au pouvoir du gouvernement Laval, qui tranforme le paysage politique, le succès de l'École d'Uriage, exemplaire et suspecte, embarrasse et exaspère les dirigeants du régime. Ils ne se résolvent pas à la briser, mais ne parviennent pas à en faire l'instrument docile qu'ils espéraient.

En décrivant son développement pendant cette période dans son environnement administratif, politique et psychologique, on n'oublira surtout pas que la force essentielle de l'équipe tient à l'affirmation tenace d'un « esprit » et d'un « style » originaux. Énergie tonique, travail acharné pour exprimer et illustrer quelques convictions simples, ouverture à une recherche jamais achevée sont les composantes d'un dynamisme plus fort que les ambiguïtés et les hésitations.

CHAPITRE V

Les conditions du développement de l'École

SOUS LA TUTELLE LOINTAINE DU SECRÉTARIAT GÉNÉRAL À LA JEUNESSE

Au niveau gouvernemental, deux faits majeurs marquent l'orientation de la politique de la jeunesse en 1941. Tout d'abord, la ligne ébauchée à l'automne de 1940 sous le contrôle de Baudouin est maintenue, assurant au SGJ une relative autonomie; le nouveau directeur, Garrone, en profite pour appliquer ses propres vues. Cependant, ce secteur protégé subit, à partir de l'été surtout, le contrecoup des luttes d'influence au sein du gouvernement Darlan; les partisans d'une révolution autoritaire mènent plusieurs offensives pour tenter de prendre le contrôle des institutions de jeunesse et remettre au pas les déviants.

Le ministère

Les remaniements gouvernementaux du début de l'année amènent plusieurs modifications dans le rattachement ministériel de l'administration de la Jeunesse. Après la démission définitive de Baudouin, le 2 janvier 1941, la Jeunesse est rendue au secrétariat d'État à l'Instruction publique (loi du 8 janvier) que dirige alors Jacques Chevalier. Un mois plus tard est formé le gouvernement Darlan. Chevalier, jugé à la fois trop autoritaire, excessif dans son entreprise de révision de la tradition laïque, et anglophile, est bientôt remplacé par Jérôme Carcopino, directeur de l'École normale supérieure faisant fonction de recteur de l'Académie de Paris depuis novembre 1940. Anciennement en relation avec Pétain, Carcopino a été nommé par celui-ci à titre de compromis, face aux pressions d'Otto Abetz qui poussait la candidature d'Abel Bonnard; l'autorité scientifique et personnelle de l'historien de Jules César, son attachement à une laïcité libérale et à la tradition des franchises universitaires, son adhésion globale aux orientations définies par le Maréchal, semblent assurer que l'Université sera tenue et réformée sans être violentée [1]. Secrétaire d'État à l'Éducation nationale et à la Jeunesse, il est placé comme son prédécesseur, dans la hiérarchie ministérielle voulue par le chef de l'État, sous la tutelle (qui restera théorique) du ministre de la Guerre, le général Huntziger.

1. J. Carcopino, *Souvenirs de sept ans;* W.D. Halls, *The Youth of Vichy France*, pp. 22-23.

L'esprit entreprenant et unificateur du secrétaire d'État, qui entend attacher son nom à une grande réforme de l'enseignement secondaire, l'amène très vite à réorganiser l'ensemble des services dont il a la responsabilité. La loi du 23 avril 1941 donne sa charte à un « grand ministère » de l'intelligence et de la jeunesse [1]; le nouveau secrétariat d'État « regroupe et coordonne toutes les institutions de jeunesse anciennes et nouvelles, depuis les établissements scolaires traditionnels jusqu'aux organismes sportifs, en passant par les Chantiers, les centres de jeunes travailleurs, les écoles de cadres, les maisons de jeunes [2] ».

En fait, la hiérarchie construite sur le papier juxtapose une série d'administrations fortes de leur particularisme : secrétariats généraux à l'Instruction publique (le seul directement dirigé par le ministre), aux Beaux-Arts, à la Jeunesse; commissariats généraux aux Chantiers de la Jeunesse, à l'Éducation générale et aux Sports; direction de la Formation des jeunes (qui remplace la précédente direction du Travail des jeunes et des organisations de jeunesse). Carcopino a supprimé le commissariat au Chômage des jeunes, dont les services sont intégrés à la direction de l'Enseignement technique. Il a maintenu le secrétariat général à la Jeunesse, mais se défie de Lamirand qu'il juge exalté et imprudent, voire dangereux; il s'efforce de le surveiller, et lui oppose quelquefois son veto [3], après l'avoir dessaisi d'une partie de ses responsabilités. En effet, la Formation des jeunes, qui contrôle les délégations régionales, les cadres, les écoles et les organisations de jeunesse, est placée sous l'autorité directe du secrétaire d'État, ne laissant sous celle de Lamirand que la Propagande des jeunes. On a interprété cette mesure comme un démantèlement du secrétariat général consacrant l'échec de Lamirand [4].

En pratique, les deux administrations de l'enseignement et de la jeunesse ayant peu d'affinités, l'autorité ministérielle sur la DFJ restera lointaine, et les rapports entre Carcopino et Garrone, pourtant unis par des liens de famille, très lâches. Le ministère, effaré devant ce qu'il appelle le « désordre inimaginable » de l'administration de la Jeunesse, se soucie surtout d'en protéger l'Université et d'empêcher les empiétements des nouveaux « chefs de jeunesse [5] ». Cette situation embrouillée procure à Garrone une large autonomie.

Le remaniement ministériel d'août 1941 remet en cause ces acquis. La tutelle du secrétariat d'État de Carcopino est enlevée à la Guerre et passe à l'Intérieur dont le nouveau ministre, Pierre Pucheu, va s'efforcer de rendre moins fictive qu'auparavant cette hiérarchie des ministères; mais par ailleurs, un nouveau ministre d'État, le conseiller privé du Maréchal Lucien Romier, est chargé de contrôler la Jeunesse et la Légion. Cet imbroglio administratif favorise évidemment les intrigues des clans rivaux. L'autonomie du SGJ et des institutions qu'il contrôle, alors fortement menacée, est finalement maintenue pour l'essentiel. Une nouvelle réorganisation du secrétariat d'État à l'Éducation nationale et à la Jeunesse, en janvier et février 1942, accompagnée de l'éviction du directeur de la Formation des jeunes, Garrone, ouvre la voie à un changement du personnel des services de la Jeunesse. L'opération de reprise en main du SGJ semble fortement avancée, lorsque le retour de Laval au gouvernement, avec Abel Bonnard comme ministre de l'Éducation nationale, ouvre une ère nouvelle.

1. Voir en annexe IV le schéma de l'organisation du secrétariat d'État selon la loi du 23 avril 1941.
2. « L'avenir de la jeunesse française », n° spécial des *Documents français*, juillet 1941, pp. 1 et 2.
3. J. Carcopino, *Souvenirs..., op. cit.*, pp. 288-289 et 517.
4. E. Mounier, Carnets manuscrits *Entretiens XII*, 17 avril 1941.
5. Témoignage de Paul Ourliac, ancien chef-adjoint de cabinet de Carcopino (lettre du 2 juillet 1988).

Secrétariat général à la Jeunesse et direction de la Formation des jeunes

Le SGJ a donc disposé en 1941 d'une marge d'autonomie, qui est allée se rétrécissant au deuxième semestre. Au profit de quels hommes a-t-elle joué ? En principe, de Lamirand, chargé par la loi du 23 avril de « représenter, sous l'autorité du secrétaire d'État, le gouvernement auprès de la jeunesse française », avec la responsabilité de « la formation morale, sociale, civique et professionnelle des jeunes, dans toutes les organisations et institutions relevant du secrétariat d'État ». Il a la délégation permanente de signature du ministre pour toutes les questions relatives à la formation des jeunes ainsi que pour les relations avec les groupements et associations de jeunesse, et il est explicitement « chargé de la propagande des jeunes [1] ». En fait, il est avant tout l'homme de confiance du Maréchal. Dès 1940, il parcourt sans relâche les régions où il préside les « assemblées de la jeunesse »; sa silhouette militaire (canadienne et leggins), son éloquence généreuse font partie du décor du régime. Il a la responsabilité effective des services de propagande, dirigés à Vichy par Pflimlin puis Lansaye, et à Paris par Pelorson qui applique sa propre interprétation, autoritaire et bientôt fascisante, de la Révolution nationale, et réussit parfois à la faire directement cautionner par son chef.

Ainsi le 15 juin 1941, tous deux participent avec Yves de Verdilhac (chef du bureau des délégués régionaux pour la zone occupée) aux Assises de la jeunesse de France organisées salle Wagram par le comité Jeunesse de France et l'hebdomadaire *Jeunesse*. En présence d'Abel Bonnard et dans un style proche du fascisme, les orateurs réclament une « Jeunesse d'État », exaltent « la Terre, le Sang, la Race » et reprennent le mot d'ordre mussolinien : « Croire, obéir, combattre. » Lamirand, présenté comme « le chef de la Jeunesse », fait un discours dur; il se déclare décidé à imposer aux mouvements de jeunesse un contrôle sévère sous peine de suppression, condamne explicitement la « dissidence », commente le « croire, obéir, combattre », et annonce qu'il a reçu des pouvoirs nouveaux du Maréchal pour réaliser la nécessaire unité de pensée de toute la jeunesse. Mais il rappelle aussi que cette unité ne saurait être réalisée au bénéfice d'un clan ou d'un parti, et conclut en réclamant le regroupement et la discipline autour de lui-même et derrière le Maréchal, homme providentiel. Lamirand a-t-il haussé le ton pour garder le contact avec un courant qui lui échappe et faire passer le refus d'une « jeunesse d'État » ? A-t-il cédé à la pression de Pelorson, dont le discours a exalté la « mystique du chef [2] » ? Le chef de la Propagande fera bientôt campagne pour l'unification des mouvements de jeunesse, en affirmant qu'elle respectera le pluralisme et les droits de « la personne spirituelle humaine [3] ». La collection de brochures de propagande éditée par son service présente la vision musclée, pacifiste et européenne, de la Révolution nationale [4].

En zone libre, les manifestations que préside Lamirand en 1941 sont d'un style bien différent. L'esprit commun au scoutisme, aux Chantiers de jeunesse et aux Compagnons y domine, de même que dans la littérature de propagande où la jeunesse unie répond « Présent » à l'appel du Maréchal,

1. Loi du 23 avril 1941 (*Journal Officiel* du 17 juin 1941).
2. G. LAMIRAND, G. PELORSON, Y. de VERDILHAC, *Vers l'unité!*
3. G. PELORSON, « Qu'est-ce que l'unité ? », *Jeunesse*, 7 septembre 1941 ; ID. « Jeunesse 1941 », dans *France 1941. La Révolution nationale constructive. Un bilan et un programme*, pp. 215-231.
4. Collection « France nouvelle. À nous, Jeunes » éditée à Paris par la direction de la Propagande du SGJ en zone occupée : *Forces de la France. Le Maréchal. Les Jeunes*, 32 p.; *Qu'est-ce que la Révolution nationale ?*, 32 p.

dont les textes sont inlassablement cités [1]. Au total, Lamirand semble s'être résigné en 1941 à une sorte de partage des tâches, peut-être prévu par les auteurs de la loi du 23 avril : il abandonne au directeur de la Formation des jeunes la direction effective des services de la Jeunesse en zone libre, et se consacre plus particulièrement aux problèmes de la zone occupée, où il est directement représenté par un délégué général, l'inspecteur général Marcel Didier, tandis qu'un sous-directeur de la Formation des jeunes, Jean Vieux, dirige les bureaux de Paris. Celui-ci se plaint d'ailleurs, dans un rapport au ministre, de la confusion qui résulte de cette double direction, avec Lamirand à Paris et Garrone à Vichy, deux autorités et parfois deux politiques [2].

Louis Garrone est donc, pendant un an, le véritable maître d'œuvre de la politique de la jeunesse en zone sud. Agrégé de philosophie, professeur à l'École des Roches dont le directeur Georges Bertier est son beau-père, installé en 1940 à la tête d'une antenne de l'École à Maslacq (Basses-Pyrénées), il a été nommé en novembre délégué régional à la Jeunesse de Gascogne. Le secrétaire d'État Jacques Chevalier le charge le 14 février de la succession de Goutet à la tête des services de la Jeunesse, qui deviennent direction de la Formation des jeunes par la loi du 23 avril. À quarante ans, Garrone est un « pédagogue de grand talent » et un « authentique humaniste », selon Segonzac [3]. Plus doctrinaire qu'administrateur, catholique convaincu, il se fait une idée personnelle et cohérente de sa mission au service de la jeunesse et du redressement du pays; il la remplira en accord étroit avec l'épiscopat, au point de passer pour être l'agent d'une tentative de mainmise cléricale sur la jeunesse [4]. Conscient de l'autorité que lui donne sa fonction, il entend coordonner et unifier les entreprises dispersées et quelque peu désordonnées dont il hérite. Il saura s'appuyer sur un groupe homogène de chefs de bureau et de service : « l'équipe Garrone ».

La nouvelle direction de la Formation des jeunes comprend d'une part une section d'études (compétente pour les questions de doctrine et de pédagogie et les relations extérieures, en liaison avec le service de la Propagande des jeunes du SGJ) et d'autre part trois grands bureaux : formation des cadres (André Mattéi est nommé chef de bureau le 1er février), groupements de jeunesse (le chef de bureau Michel Dupouey sera remplacé au printemps par son adjoint Jean Moreau), services régionaux (avec Jean Aubonnet, chef du bureau des délégués et son adjoint Maurice Matet). L'équipe constituée par Garrone pour les diriger comporte à la fois des « anciens » nommés par Goutet, et de nouveaux venus. Les officiers et les anciens scouts sont moins nombreux qu'au début et les jeunes diplômés plus nombreux, universitaires (l'helléniste Aubonnet et le philosophe Mattéi) ou anciens de Sciences po comme Dupouey. Certains ont appartenu aux Équipes sociales (Matet, Aubonnet) ou aux cercles « non conformistes » de l'avant-guerre (Jean Moreau, lecteur d'*Esprit*); la plupart sont catholiques et ne relèvent ni de l'orthodoxie maurrassienne ni de la mouvance démocrate-populaire. Massis, conseiller technique au SGJ, est tenu à l'écart par Garrone, à qui il reproche d'être trop favorable aux influences démocrates-chrétiennes ou personnalistes. Au contraire, le juriste Achille Mestre est très apprécié dans les bureaux de la DFJ [5].

1. G. LAMIRAND, *Messages à la Jeunesse.*
2. Rapport mensuel du sous-directeur de la DFJ au ministre, juillet 1941, AN, F 17, 13.381, cabinet du ministre.
3. Témoignage du général Dunoyer de Segonzac.
4. Voir P. PUCHEU, *Ma vie*; P. OURLIAC, « Les lois scolaires de 1941 », dans *Églises et pouvoir politique,* p. 475.
5. Témoignage de Michel Dupouey.

Une mystique de la communauté française

Garrone entend faire partager à l'ensemble des responsables des institutions de jeunesse la visée ambitieuse qui l'anime. Il s'appuie évidemment sur la volonté du Maréchal, qui a reconnu « la vocation particulière de la jeunesse de France à mener à bonne fin les tâches de la Rénovation nationale [1] ». Dans cette perspective, la mission du SGJ est « de préparer la jeunesse, *toute* la jeunesse, à créer la France de demain » – c'est-à-dire à faire vivre les institutions dont le chef de l'État pose les fondements. Il convient donc d'écarter la frénésie activiste qui recherche les réalisations immédiates, comme le bourrage de crâne qui crée une exaltation factice, pour s'attacher à une tâche éducative de longue haleine. Il faudra travailler « dix ans ou plus », car il s'agit « du salut éternel de la France [2] ».

C'est en effet une mystique que Garrone demande à ses collaborateurs d'assimiler. Pour « comprendre et vivre les exigences de l'ordre nouveau », une « véritable conversion » s'impose aux Français. La plupart des adultes, trop « habitués », en étant incapables, il appartient aux jeunes de l'entreprendre, et au SGJ de les guider. Il s'agit de « réaliser la communauté française organique [3] ». La France existe en profondeur; c'est une race, un peuple, fruits d'une longue tradition qu'il faut savoir reconnaître et réapprendre. Les théories politiques, les abstractions divisent, détruisent et égarent. Il faut retrouver le réel et s'y soumettre : la patrie charnelle, les communautés naturelles, les instincts du peuple. Les mots d'ordre politiques ne sont donc pas d'actualité : « Nous ferons la théorie de la France quand la France sera refaite. » En attendant, il faut laisser la grande politique au chef de l'État qui seul en connaît toutes les données, et lui accorder la fidélité absolue qu'il demande [4].

Au service de cette utopie communautaire, Garrone adopte une méthode pédagogique pluraliste : pas de mouvement unique, car la contrainte n'obtient que des résultats artificiels, ni même de programme d'encadrement global de la jeunesse. Il entend plutôt créer des foyers d'action éducative au sein même des communautés humaines (professions, régions, familles, groupements divers); il utilisera pour cela les structures anciennes (mouvements de jeunesse) comme les nouvelles (délégations régionales, écoles de cadres, maisons de jeunes). Il veut éviter d'isoler la jeunesse et empêcher qu'elle soit utilisée à des fins politiques. Le SGJ, dont l'influence sur les jeunes est par définition transitoire, doit donc chercher à agir par la persuasion, en respectant le pluralisme et les initiatives nées au sein des communautés où les jeunes sont insérés. Il a pour mission de susciter et coordonner ces initiatives, de leur faire de la place en brisant les particularismes et les oppositions héritées du passé et de permettre aux nouvelles élites de se dégager. C'est le sens de sa politique envers les mouvements de jeunesse : décidé à reconnaître leur spécificité et à respecter la « vocation propre » qui justifie leur autonomie, il veut aussi les amener à accepter une harmonisation. Il travaillera donc à réduire les concurrences et à définir la perspective d'ensemble dans laquelle s'intégreront les visées particulières de chaque mouvement. Cette perspective, c'est évidemment la redécouverte et le service de la communauté nationale, dans la pluralité de ses traditions mais aussi dans la discipline civique qui est la loi de l'État nouveau.

Usant et abusant des thèmes et du vocabulaire péguystes et berg-

1. *Bulletin de presse* du SGJ, 21 avril 1941.
2. *Instruction générale pour les délégués de la jeunesse*, n° 1, 1er mai 1941, pp. 9 et 7.
3. *Ibid.*, p. 9.
4. Exposé de Garrone à l'École d'Uriage, session spéciale des écoles régionales et des services de la DFJ, juillet 1941, dactylo, 7 p. (arch. ENCU).

soniens, Garrone rejoint, dans sa conception de la société, la tradition organiciste; il cite d'ailleurs souvent la corporation agricole, première pierre de l'édifice du nouvel ordre social. Il condamne l'individualisme, l'esprit de libre examen qui mène à « l'objection de conscience », et le « régime d'opinion » de la démocratie représentative; il écarte les constructions idéologiques qui prétendent expliquer le monde à coups de concepts, et leur oppose une mystique de l'enracinement dans les traditions. Mais il refuse d'autre part « la propagande de masse, grossière et mensongère », et défend le pluralisme, c'est-à-dire le respect d'une diversité qui est affaire de libre choix et pas seulement d'héritage. Adhérant entièrement aux principes de l'État nouveau, il en pratique une interprétation tolérante. Conscient de la double menace de la contagion totalitaire et de la domination allemande, il voit dans l'union de tous derrière le Maréchal la plus sûre défense.

La politique de la jeunesse qu'il fonde sur ces principes a d'évidentes faiblesses. La mystique communautaire et la vision morale de la Révolution nationale ne sont guère partagées par les ministres du gouvernement Darlan, même si le Maréchal et ses proches les apprécient. La politique du pluralisme organisé se heurte d'un côté aux pressions des partisans de l'unification autoritaire, de l'autre à la résistance des particularismes. De plus, elle amène Garrone à soutenir des entreprises dont il approuve le patriotisme et la valeur éducative, mais dont les orientations intellectuelles et politiques trop libres et trop critiques le gênent. Il doit donc soutenir une lutte constante sur plusieurs fronts.

Le rôle des Écoles de cadres

Pendant l'année que dure sa direction, Garrone s'efforce de reprendre en main et de coordonner les organisations dont il a hérité la tutelle. Les Chantiers de jeunesse, dont l'autonomie a été consacrée en janvier 1941, échappent à son autorité, tout en maintenant une orientation parallèle à la sienne. Il réussit à réorienter le mouvement Compagnon et à faire accepter aux autres mouvements de jeunesse, non sans difficulté, une charte qui organise le pluralisme. Quelle est, dans son plan de réorganisation des institutions de jeunesse, la place des Écoles de cadres ?

Le mérite de leur création revient moins à la direction de la Jeunesse qu'aux hommes qui ont su prendre des initiatives audacieuses, Garrone le reconnaît et les en félicite. Le document officieux qui présente en juillet 1941 les institutions de jeunesse montre l'École d'Uriage née de l'initiative de l'équipe fondatrice :

« Parallèlement à l'activité des Écoles de mouvements se développait l'action entreprise par un groupe de jeunes hommes qui, réunis autour de leur chef Dunoyer de Segonzac, se proposaient d'enseigner à la jeunesse française des leçons dictées par l'événement (...). L'École nationale ne tarda pas à donner à toutes les Écoles de cadres un esprit et une méthode [1]. »

Garrone lui-même cite la création de l'École comme un exemple de pari audacieux et de générosité persévérante :

« Elle s'est établie par ce que certains appelaient une folie au lendemain de la déroute : elle a commencé dans l'indifférence totale; elle s'est établie, on peut dire, contre vents et marées et elle a tenu parce qu'elle a voulu exister et qu'elle a voulu continuer d'exister, parce qu'il y avait à la tête de cette École une équipe qui a voulu croire en ce qu'elle faisait [2]. »

1. « L'avenir de la jeunesse française », *Les Documents français*, juillet 1941, p. 6.
2. Exposé de Garrone à Uriage, juillet 1941, cité *supra*.

Cette vérité historique une fois rappelée, la DFJ attribue de nouvelles missions au réseau des Écoles. En 1941, la lutte contre le chômage et la formation de cadres pour les centres de jeunes travailleurs, opérations réussies sinon achevées, cèdent le pas à une tâche plus ambitieuse :

> Servir à la constitution d'une élite de la jeunesse française spécialement formée en vue de la propagation et du développement des méthodes de formation civique de la Révolution Nationale. [... Les écoles doivent donc] donner des cadres aux nouvelles organisations de jeunesse et tenir des sessions d'auditeurs libres à la faveur desquelles sont préparés, pour toutes les communautés de la nation, des jeunes gens instruits des buts poursuivis par le gouvernement, capables de rendre présents, dans leur milieu et dans leur profession, les idéaux qui seront la réalité de demain [1].

Tâche ambitieuse, mais temporaine, car les Écoles de cadres, « institutions de complément et de transition », ne font que « suppléer d'urgence à l'insuffisance des autres établissements de formation » avant de « s'intégrer dans l'éducation générale de la jeunesse ». Le but du SGJ étant de favoriser la mise en place dans chaque milieu « d'élites naturelles » à qui il confiera ensuite les responsabilités, il appartient aux délégués régionaux de la jeunesse de « les chercher », et aux Écoles de cadres de « les former ». Respectant les principes majeurs du SGJ – pluralisme et décentralisation – les Écoles de cadres « ne tendent à aucun titre à former les chefs d'un mouvement général de la jeunesse », ne décernent pas de brevet de « chef de la jeunesse ». En effet, le SGJ n'a pas besoin de « chefs spécialisés dans une technique de groupement et de commandement des jeunes », mais de « guides et animateurs (...) dans leur milieu, dans leur profession ». Les Écoles de cadres se contentent donc de donner « un complément de formation morale et civique ».

Pratiquement, un plan de redistribution des fonctions des diverses écoles est élaboré au printemps 1941, où sont distingués deux statuts correspondant à deux fonctions : Écoles nationales (ou d'État), écoles régionales (ou écoles des mouvements) gérées par des organismes privés subventionnés.

Les écoles régionales ont le double but de former les cadres des services locaux de la Jeunesse (en liaison avec l'École d'Uriage, par des sessions préparatoires aux stages d'Uriage et des sessions d'application postérieures) et d'animer la vie régionale ; elles doivent devenir « des instruments de renaissance et d'unification des valeurs régionales », ce qui les inscrit dans le renouveau régionaliste favorisé par le régime dès l'automne 1940 [2]. Conformément au « désir d'assurer le redressement de la nation par la nation elle-même », elles seront donc confiées à des organismes privés, « personnes morales » représentatives des forces vivantes de la région, sous le contrôle du délégué régional, représentant du SGJ. Les mouvements de jeunesse qui les ont créées devront donc en abandonner la direction – quitte à maintenir pour leurs propres besoins des écoles de mouvements que le SGJ subventionnera également.

Aux Écoles d'État, il revient d'assurer une unité d'inspiration et de doctrine entre les diverses collectivités et institutions qui contribuent à la formation des élites. Les unes, écoles spécialisées, répondront à des besoins particuliers, tandis que les trois Écoles nationales (deux en zone libre, masculine et fémimine, et une en zone occupée) sont les centres supérieurs de formation des cadres. À celle d'Uriage est reconnue officiellement une incontestable primauté :

1. *Instruction générale pour les délégués de la jeunesse*, 1er mai 1941, pp. 50-52.
2. Voir Ch. Faure, *Le Projet culturel de Vichy, op. cit.*, pp. 53-55.

« Une École domine les autres, c'est l'École nationale d'Uriage, véritable École mère d'où sont sortis les instructeurs des écoles régionales, dont les programmes et l'esprit servent de modèle [1]. »

Les directives officielles de la DFJ accordent une grande place à « la diffusion de son esprit ». C'est pour l'assurer qu'elles font l'obligation non seulement aux cadres des écoles régionales, mais aussi aux délégués régionaux et à leurs adjoints « d'être passés par Uriage ». La procédure d'agrément des mouvements de jeunesse adoptée dans l'été 1941 étendra cette obligation à leurs dirigeants. Dans la même perspective sera créée une amicale des anciens élèves d'Uriage « dont l'un des buts principaux sera le développement de l'esprit de cette école ». Le journal *Jeunesse... France* est présenté comme « l'expression de cet esprit »; à ce titre sa diffusion est une des tâches attribuées aux délégués régionaux [2].

Lorque l'organe officiel du SGJ décrit l'esprit d'Uriage (souci d'une collaboration active au redressement national, rôle du chef, sens de l'équipe) et sa méthode (faire appel à toutes les facultés de l'homme par la combinaison d'activités variées) [3], il passe sous silence ce qui est peut-être l'essentiel du « style » d'Uriage : la volonté de « rechercher ensemble des raisons de vivre et de lutter ». Discrétion ou réticence ?

Quoi qu'il en soit, tout porte à penser qu'en ces premiers mois d'exercice de sa fonction, Garrone fait entièrement confiance à l'École d'Uriage et s'appuie sur elle. Il lui attribue une responsabilité vaste et générale, et donne son style et son esprit en exemples à l'ensemble des institutions de jeunesse. Il l'utilise d'ailleurs comme lieu de réunion dans les circonstances délicates : pour négocier avec les dirigeants des mouvements de jeunesse la politique de l'agrément, en mars et en juin, pour présenter aux chefs d'écoles régionales et aux délégués le nouveau statut des écoles, en juillet.

Mais en juillet, précisément, le climat s'est alourdi et un contentieux aussi irritant qu'insoluble est apparu entre le directeur de la Formation des jeunes et l'École d'Uriage. Comme on le verra plus loin, un conflit d'autorité s'ajoute à une divergence d'orientation, et la position d'Uriage au sein des institutions officielles de jeunesse est mise en cause. Ces difficultés sont dues autant à l'évolution du régime et à ses tensions internes qu'aux positions prises par Segonzac et à son attitude indépendante. Cependant, les acquis du printemps 1941 demeurent : l'École d'Uriage occupe une place centrale dans le dispositif mis en place par Garrone, et elle en profite pour développer ses activités et le rayonnement de son esprit.

RESSOURCES MATÉRIELLES ET HUMAINES

Le développement de l'École nationale des cadres d'Uriage en 1941 s'inscrit dans le cadre juridique que lui a donné la loi du 7 décembre 1940; ses ressources financières sont désormais fixées dans le budget régulier de l'État.

Budgets et statuts

Pour l'année 1941, les crédits de fonctionnement attribués à l'École, en application des lois de finances trimestrielles, sont calculés mensuellement,

1. *Bulletin de presse* du SGJ, 21 avril 1941.
2. *Instruction générale pour les délégués de la jeunesse*, 1er mai 1941, pp. 26 et 52.
3. *Bulletin de presse* du SGJ, 16 juin 1941.

sur la base d'un budget total annuel de 3 millions de francs[1]. Le crédit mensuel, fixé en fonction des stages prévus, dépasse 300 ou 350 000 F dans les mois de pleine activité du printemps et de l'été.

Au premier trimestre, il est analogue à celui de novembre et décembre 1940, soit 209 000 F pour mars 1941, non compris les crédits du journal *Jeunesse... France!* et de la bibliothèque qui ont été réservés ni, évidemment, les traitements des 19 membres du personnel statutaire. Les frais généraux de l'École en représentent le quart, environ 50 000 F, consacrés essentiellement au chauffage et à l'entretien des locaux (20 000 F en hiver), au fonctionnement du matériel automobile (15 000 F) et aux déplacements du personnel (4 100 F). Les frais de stage s'élèvent à environ 120 000 F, dont la moitié pour la nourriture des stagiaires (à 18 F par jour), 37 000 F pour le remboursement des déplacements et environ 22 000 F pour l'instruction (frais d'ateliers et chantiers, et 8 500 F pour 20 conférenciers nourris, logés et indemnisés de leur déplacement qui reçoivent un cachet de 100 F). Il reste à la direction de l'École 17 000 F pour rémunérer le personnel auxiliaire qu'elle embauche, et 11 000 F pour sa nourriture. Les effectifs théoriques de ce personnel se gonflent progressivement de janvier à mars, où ils atteignent 25 personnes, dont huit comptables, secrétaires et dactylos, deux chauffeurs, six cuisiniers et aides, six hommes de peine et trois apprentis et serveurs. Les rémunérations sont faibles, malgré les efforts de l'économe Voisin auprès des services financiers du SGJ.

Autre difficulté : l'insuffisance du budget de premier établissement au regard des projets de Segonzac, en ce qui concerne les constructions notamment. Les chiffres globaux des crédits effectivement dépensés à ce titre ne sont pas connus. Pour novembre et décembre 1940, l'École a reçu plus d'un million de francs, et le bureau des cadres proposait alors, pour l'année 1941, un budget de 6 559 000 F. Une partie des dépenses prévues ont été effectivement autorisées et réalisées, mais d'autres projets, comme l'achat de 325 collections d'uniformes à 890 F l'une ou la construction de vingt chalets individuels pour les instructeurs, ont dû être abandonnés; certains travaux ont été retardés, notamment par la longue procédure engagée en 1941 pour l'acquisition par l'État du domaine réquisitionné en 1940.

D'autre part, le statut du personnel principal d'encadrement des Écoles nationales de cadres, que la loi du 7 décembre venait de définir, a été aussitôt remis en cause; il est finalement modifié par une nouvelle loi et un décret signés le 11 août 1941, avec effet rétroactif à compter du 1er janvier précédent. Les services du SGJ ont signalé dès le début de 1941 que l'application de la loi soulevait « des difficultés pratiquement insurmontables[2] ». La première tient à la décision de donner un statut au troisième centre qui fonctionne en zone occupée en le déclarant annexe de l'école masculine; il faut donc modifier la loi qui a créé 38 postes d'encadrement pour deux écoles. Du coup, le SGJ propose de porter l'effectif de chacune de 16 à 20 instructeurs, et d'améliorer leur rémunération pour tenir compte des dures obligations qui leur sont imposées. À ces deux propositions qui répondent évidemment aux vœux de la direction des écoles existantes, il en ajoute une troisième, dont l'origine et la signification sont moins claires. Il s'agit de revenir sur l'attribution aux instructeurs (après un stage d'un an) de la qualité de fonctionnaires, qu'on avait cru de nature à favoriser un

1. Lettre du chef du bureau du budget et de la comptabilité du SGJ au directeur de l'École (18 avril 1941) se référant aux lois de finances des 28 décembre 1940 et 29 mars 1941 pour les deux premiers trimestres (AN, F 44 8, 4816).

2. Note du SGJ (service du personnel et de la comptabilité) au ministre secrétaire d'État à l'Économie nationale et aux Finances, 14 mai 1941, accompagnant deux projets de loi et de décret concernant le personnel des Écoles nationales de cadres (AN, F 44 9, 5566).

recrutement de qualité; en fait « cette qualification s'est révélée incompatible avec l'esprit dans lequel était conçue la fonction d'instructeur ». Le SGJ doit pouvoir recruter selon ses besoins des instructeurs de tout âge et de toute profession, pourvu qu'ils aient l'ensemble exceptionnel de qualités qui assurent un ascendant sur les élèves, et les muter ou les congédier le jour où ces conditions ne sont plus remplies, sans être prisonnier des règles de la fonction publique. Il propose donc de recruter directement les instructeurs par contrat, en compensant la précarité de l'emploi par une augmentation de la rétribution.

Ces propositions, qui s'accompagnent de réflexions exaltant l'importance et le mérite du travail effectué dans les Écoles nationales au service de la Révolution nationale, sont-elles dictées par les nécessités techniques qui sont mises en avant, ou par des intentions plus politiques? Visent-elles à accroître la liberté d'action des chefs d'écoles, ou à donenr au SGJ un contrôle plus effectif sur le personnel qu'il rémunère? La pratique de Segonzac, qui a recruté lui-même ses hommes dès l'origine et continue à le faire en ce printemps 1941, paraît corroborer la première explication, mais les intentions réelles des bureaux demeurent dans l'ombre – d'autant plus que la création de la troisième école, dont les orientations seront encore plus difficilement contrôlées, pose d'autres problèmes.

Quelles qu'aient été les intentions, la réforme est adoptée. Les textes du 11 août maintiennent l'existence de deux Écoles nationales de cadres, l'une masculine et l'autre féminine, et de deux postes de directeurs; mais leur personnel compte désormais trois sous-directeurs, trois économes et 50 instructeurs. Seuls les directeurs et sous-directeurs sont des fonctionnaires, au statut analogue à celui des délégués. Économes et instructeurs deviennent des agents contractuels, bénéficiaires d'une indemnité mensuelle comprise entre 1 500 et 3 500 F pour les célibataires, entre 2 000 et 4 000 F pour les chargés de famille.

Le renouvellement de l'équipe

L'application du nouveau statut s'est faite dans le deuxième semestre de 1941, avec un certain flou quant au nombre de postes dont peut disposer chaque école. À la fin d'août, le bureau du personnel du secrétariat d'État à l'Éducation nationale est prêt à nommer l'économe et 23 instructeurs, dont le médecin et deux administratifs. Fin octobre, 27 contrats ont été signés [1], mais Garrone se plaint de ne connaître ni le nombre total des instructeurs nécessaires au fonctionnement de l'École (il l'estime entre 25 et 30), ni les attributions précises de chacun, ni la situation réelle de ceux que Segonzac a détachés [2], alors que le bureau du personnel du ministère lui réclame un état précis de la répartition des 50 postes d'instructeurs entre les trois Écoles nationales. Fluidité et approximation caractérisent l'état du personnel employé à l'École. Les fréquentes mutations de personnes prennent effet avec anticipation ou retardement, rendant presque impossible la connaissance précise de l'effectif total à un moment donné. De plus la distinction entre instructeurs et personnel auxiliaire n'est pas figée; Segonzac opère des glissements pour présenter des états conformes aux normes qu'on lui

1. Lettre au préfet de l'Isère, 29 août 1941 (AN, F 44 11, direction de l'administration générale, bureau du personnel et du matériel, 8444). Note du bureau du personnel à la DFJ, 29 octobre 1941 (AN, F 44 12).

2. Note de Lallement à Segonzac « Liaison Vichy », novembre 1941 (arch. ENCU).

fixe à la fin de l'année [1]. L'état du personnel en fonction au 1er janvier 1942 comportera finalement 30 noms pour l'encadrement titulaire (y compris le directeur et le sous-directeur) et 40 pour les auxiliaires [2].

Les effectifs de l'équipe se sont donc sensiblement accrus en 1941, et elle a été partiellement renouvelée. Les marins disparaissent tous avant l'été, les deux derniers ayant quitté l'École pour divergence politique. En mars, c'est le rédacteur en chef de *Jeunesse... France!*, Paul Delahousse, brillant officier, ancien scout, catholique marqué par l'influence de l'Action française. Il s'est trouvé en nette opposition dès l'hiver 1940-41 avec des hommes comme Naurois et Chombart de Lauwe, jusqu'à l'altercation décisive, à propos d'un projet d'article pour le journal, qui a amené Chombart à réclamer l'arbitrage de Segonzac; celui-ci a mis fin aux fonctions de Delahousse [3]. Employé lui aussi au journal, le dernier des marins, Philippe Dyvorne, est expulsé en juillet par Segonzac pour avoir adressé à Vichy un rapport dénonciateur sur l'École, peu après que le moniteur d'éducation physique Balési eut choisi de quitter l'École plutôt que de renoncer à un engagement activiste. D'autres départs sont dus au contraire à des missions confiées par le chef de l'École (ainsi Desforges envoyé à l'école régionale de Gascogne en difficulté) ou aux convenances personnelles, pour raisons professionnelles ou autres. Mirman part au printemps 1941, et au début de 1942 l'instructeur Toulemonde et le Dr Jodin reprennent en zone occupée, l'un son poste d'ingénieur textile dans l'affaire familiale de Roubaix, l'autre sa carrière à Paris. Enfin, le départ de l'abbé de Naurois en juillet constitue un cas exceptionnel, on le verra. Il ne sera remplacé qu'à l'automne par le Père Vandevoorde, dominicain qui se fait appeler Père des Alleux et travaille pour le deuxième bureau [4].

Dans le choix des nouvelles recrues qu'il introduit dans l'équipe, Segonzac paraît avoir disposé d'une large liberté. S'il a quelquefois eu de la peine à obtenir le détachement d'un fonctionnaire déjà en poste, on ne lui a jamais imposé une nomination qu'il n'aurait pas souhaitée, et il a finalement obtenu celles qu'il voulait. Il embauche plusieurs anciens stagiaires, dont deux comme chefs d'équipe : en mai, Patrice Van de Velde, un avoué de Valenciennes alors replié en Corrèze, âgé de trente ans et père de famille, lieutenant de réserve et bon alpiniste, fervent d'un catholicisme traditionnel; en septembre, Pierre Hoepffner, Strasbourgeois et luthérien, élève-commissaire de la Marine et responsable éclaireur unioniste, qui a été instructeur puis directeur du centre-école de Tonneins. La compagnie Air France envoie en stage « pour information » un de ses attachés de direction, Bertrand d'Astorg, qui est également écrivain et poète. Membre avant la guerre de la Communauté des Poitevins et du mouvement « Esprit », prisonnier évadé en 1940 et passé en Afrique du Nord avant de rejoindre Air France dont le directeur à Marseille, Louis Charvet, vice-président des Équipes sociales et ami de Lamirand, est attentif aux problèmes de formation des cadres, d'Astorg est de surcroît ami d'enfance de l'épouse de Segonzac; celui-ci en fait un chef d'équipe qui collaborera aussi au bureau d'études. Double fonction aussi pour Gilles Ferry, qui passe en juillet de l'équipe des Comédiens routiers (devenue Compagnie Olivier Hussenot) à celle de l'École, où il devient instructeur et rédacteur du journal. Un ancien stagiaire de la Faulconnière, Jean Jézéquel, effectue un bref passage dans

1. Notes du bureau du personnel (secrétariat d'État à l'Éducation nationale et à la Jeunesse) à la DFJ, 21 octobre 1941, 12 novembre, 6 décembre, 10 décembre. (A.N., F 44 12 et F 44 13).

2. Rapport du directeur de l'École au SGJ, mars 1942 (arch. ENCU, copie dactylo). Voir annexes III et VIII.

3. Témoignage de P.-H. Chombart de Lauwe.

4. Témoignage cité par A. DELESTRE, *Uriage...*, *op. cit.*, p. 84.

les services administratifs au printemps. Un peu plus tard, un stagiaire de juillet, Jean-Pierre Rouchié, sous-officier de cavalerie, poète et ami de la nature, est également affecté au secrétariat administratif, ce qui ne l'empêchera pas d'animer des veillées culturelles.

Pour les services du journal et des autres publications sont embauchés deux nouveaux, Patrice Roserot de Melin en août et Pierre Geny en octobre. Étudiant en droit mobilisé dans la cavalerie blindée, grièvement blessé et fait prisonnier puis rapatrié, Geny est un des benjamins de l'équipe, enthousiaste et impatient d'agir malgré son handicap physique. Louis Poli, fils d'officier et licencié en droit de vingt-sept ans, devenu rédacteur au SGJ après avoir fait deux stages à Uriage, est affecté à l'École pour y créer un service de documentation. Il y sera assisté de Charles Henry-Amar, étudiant grenoblois et animateur d'une revue littéraire et régionaliste, *Cordée*. Un jeune professeur de lettres, Lucette Massaloux (seule femme embauchée à ce niveau), est affectée à la bibliothèque. Un nouveau moniteur d'éducation physique, Maurice Berthet (issu de la promotion « Maréchal Pétain » de la Faulconnière, et affecté alors à l'école régionale de Lapalisse), est adjoint à Vuillemin. À la fin de l'année arrive à l'École Raymond Dupouy, assureur bordelais de trente ans, marié. Ancien militant d'Action catholique, il a créé avec Philippe Gaussot et présidé le Comité catholique d'accueil aux réfugiés d'Espagne, après avoir contribué à animer les camps de Barèges du père Dieuzayde. Démocrate-chrétien, il a été arrêté par les Allemands pour avoir participé à la manifestation de la fête de Jeanne d'Arc à Bordeaux en mai 1941 et condamné à six mois de prison. Après avoir été désigné comme otage à fusiller, il est libéré et rejoint Uriage [1]. Segonzac en fait le responsable des services administratifs.

Au total, le personnel permanent de l'École compte au début de 1942 environ 70 personnes. Autour du noyau central formé par la direction, les chefs de service et les instructeurs, les membres du personnel auxiliaire et « subalterne » forment plusieurs cercles concentriques; l'intégration de chacun à l'équipe dépend de sa personnalité autant que des fonctions qu'il exerce. Depuis le départ des marins, les officiers sont moins nombreux dans l'équipe, alors que les étudiants ou jeunes diplômés (souvent officiers de réserve) forment la majorité. Au début de 1942, l'ensemble de ce personnel sera réparti en trois sections ou équipes.

Organisation des services

Paul de La Taille, officiellement secrétaire du chef de l'École et responsable à ce titre d'un service de secrétariat progressivement étoffé, joue en réalité le rôle d'un chef de cabinet ou aide de camp. Homme de confiance et agent de liaison, il se rend régulièrement à Vichy, où il a un correspondant au cabinet du Maréchal et où il rencontre Lebrec (ancien stagiaire et beau-frère de l'économe Voisin), rédacteur au bureau des cadres, qui héberge et renseigne les envoyés de Segonzac. La Taille accomplit d'autres tâches ou missions plus secrètes, sinon clandestines, comme des passages en zone occupée et divers contacts. Il conserve sa place auprès de Segonzac, avec la fonction de secrétaire particulier, après la création du secrétariat général confié à Dupouy au début de 1942.

L'équipe d'administration, dont Vuillemin est théoriquement le responsable, comporte le service d'économat d'André Voisin, responsable de l'exécution du budget de l'École et de la tenue des caisses annexes. Au service

1. Voir A.-R. MICHEL, *La JEC face au nazisme et à Vichy, 1938-1944,* p. 42; A.D. [Dieuzayde], « Raymond Dupouy », dans *Barèges à ses morts,* pp. 27-28; É. PETÉTIN, *Foi et engagement, le Père Antoine Dieuzayde 1877-1958,* Bordeaux, 1984.

général, Alain Recope de Tilly contrôle les travaux d'aménagement, et Jean Violette assure l'intendance quotidienne, entretien du matériel et ravitaillement. Ils ont sous leurs ordres une quinzaine d'employés, du standardiste-vaguemestre au jardinier : ouvriers spécialisés, manœuvres, personnel des cuisines et du service de table. Le Dr Jodin continue à assurer en 1941 le service médical. Devenu secrétaire général de l'École, Raymond Dupouy, avec son esprit méthodique et efficace, donnera à l'administration une organisation plus régulière.

Le chef d'Alançon dirige *l'équipe d'instruction,* où le groupe des instructeurs habituellement chargés de diriger les cinq ou six équipes de stagiaires se renouvelle. Aux vétérans, Cazenavette et Malespina, se sont joints Filliette et Lochard, puis Van de Velde et d'Astorg, et enfin Hoepffner à l'automne; d'autres instructeurs les renforcent pour les stages particulièrement nombreux. Dans ce groupe prédominent les vertus militaires et scoutes de l'autorité par l'exemple, avec l'attention aux hommes et la recherche du « style » que sait inspirer d'Alançon. Les instructeurs Toulemonde et Nimier (ce dernier étant de plus dessinateur pour le journal) dirigent les services techniques qui organisent les travaux manuels des stagiaires : chantiers de terrassement et de forestage, travaux de construction, ateliers bois et fer aménagés dans le courant de l'année. L'éducation physique et sportive est dirigée par Vuillemin et Berthet, qui ont de plus la charge, dans la plupart des stages de trois semaines, d'une équipe de moniteurs d'éducation physique. L'initiation artistique n'a pas alors de responsable permanent, mais William Lemit, détaché par Jeune France comme moniteur artistique, fait de fréquents séjours à l'École, tandis que d'autres artistes, musiciens ou meneurs de jeu y passent épisodiquement.

L'équipe d'études enfin s'est mise progressivement en place au cours de l'année; son développement a été un des soucis constants de Segonzac, qui a harcelé le SGJ de ses demandes de postes et de crédits. En l'absence de Beuve-Méry qui ne rentre du Portugal qu'en juin, Louis Lallement est le responsable du service, mais le travail solitaire lui convient mieux que l'animation d'une entreprise collective. Dumazedier qui s'intéresse surtout à la psychopédagogie, à l'apprentissage culturel et aux problèmes sociaux est absorbé par les missions qu'il remplit auprès des dirigeants des Maisons de jeunes (avec l'école de Chamarges) et des organisations des Auberges de jeunesse. À partir de juillet, Beuve-Méry reprend en main ce secteur; d'Astorg y collabore, ainsi que Paul Reuter, professeur de droit à Aix-en-Provence, qui effectue deux séjours à l'École en août et en octobre. Cette équipe restreinte donne une impulsion nouvelle aux services de l'École qu'elle supervise : le journal, la documentation et la bibliothèque, les publications.

À *Jeunesse... France!,* après le départ des marins, Charles Muller demeure le gérant; la rédaction en chef passe à Desforges, puis à Souriau, assistés par Ollier de Marichard (lui aussi occupé par l'association ajiste des Camarades de la Route qu'il préside) puis Ferry, avec Pasquier et Nimier pour l'illustration. Marichard est aussi chargé de préparer le lancement d'un grand magazine de jeunesse : ce sera *Marche* (1er janvier 1942). D'autre part, une collection de brochures imprimées est lancée, d'où la création d'un service des fascicules dirigé par Pierre Geny. Au service documentation, Poli abat sans bruit un gros travail mené avec méthode. Aidé de Charles Henry-Amar, il établit et classe des bibliographies, dépouille livres et revues et assure la reproduction des conférences et plans de cercles d'études. À la bibliothèque, François Ducruy assisté de Lucette Massaloux utilise pour les achats qu'autorisent de maigres crédits les conseils d'universitaires comme Jean-Marcel Jeanneney et fait la chasse aux occasions dans les librairies de la région pour constituer son fonds.

Deux services particuliers, placés sous l'autorité directe de Segonzac, ont été créés en 1941. À la fin de l'année, Paul de la Taille est chargé d'organiser un service des Prisonniers qui, par la correspondance et l'envoi de colis, apportera aux prisonniers d'Allemagne une aide matérielle et morale, collectera des fonds et bientôt développera une double activité clandestine (information et propagande; aide aux évasions). Une des secrétaires, Yvonne Jacquot, le seconde particulièrement. Un autre service a été constitué au printemps, autour de Lavorel et de Chombart de Lauwe, pour organiser l'association des anciens; elle est officiellement créée en octobre, sous le nom d'Équipe nationale d'Uriage (ENU). Le service de l'ENU devient dès la fin de 1941 un organe essentiel du rayonnement de l'École.

D'autre part, Segonzac confie aux uns ou aux autres des missions de liaison et de contact (avec les écoles régionales, les mouvements de jeunesse et diverses institutions, avec les bureaux du SGJ). À partir d'octobre 1941, lorsque le rythme habituel des stages est interrompu, une bonne partie des ressources humaines de l'École est mobilisée dans la préparation technique et intellectuelle du grand stage de formation de six mois qu'on attend comme une expérience décisive.

L'extension des activités de l'École exige des moyens de secrétariat croissants. À la fin de 1941, une dizaine de secrétaires et dactylos sont employées dont une à la direction, une à la documentation, deux aux études et deux à chacun des services du journal, des fascicules et de l'association ENU : Mmes Simon et Struhl, Mlles Gaby Audibert, Bonfort, Jeannette Fayolle, Françoise Fournier, Yvonne Jacquot, Janin, Hélène Labroquère, de Montclos et Catherine Tarnaud.

Les annexes

La Maîtrise Jeune France d'Uriage connaît plusieurs changements de nom. Renouant d'abord, non sans difficulté, avec Chancerel qui a reconstitué une troupe à Toulouse en 1941, elle devient « les Comédiens routiers, compagnie Olivier Hussenot-centre dramatique Léon Chancerel ». Mais à l'automne, Jean-Pierre Grenier et Guy Pascal se séparent d'Hussenot pour créer à Lourmarin une autre Maîtrise Jeune France, la Compagnie du Chariot. La troupe d'Uriage prend alors le titre de « Compagnie Olivier Hussenot, née des Comédiens routiers ». Elle compte toujours, comme membres permanents, les Hussenot, Madeleine Barbulée, Antoine Ridard, André Boisard et Maurice Daroux, et reçoit des artistes de passage. Deux jeunes Juifs y ont été incorporés. Sous les noms de Georges et Sylvain, ils sont les spécialistes de la chanson ancienne. Georges Weill est également joueur de flûte, et Sylvain Adolphe photographe.

La compagnie reste administrativement, financièrement et fonctionnellement indépendante de l'École; mais sa proximité, lorsque du moins elle n'est pas en tournée, permet des échanges de services et donne une partie de sa couleur à la vie de l'École. Certains instructeurs ont avec les comédiens des relations plus personnelles. La Maîtrise Jeune France d'Uriage alterne les représentations dramatiques à l'extérieur avec les stages où elle forme des animateurs, meneurs de jeu et équipes d'expression pour les mouvements de jeunesse.

Un grand stage de meneurs de jeu des Chantiers, en juillet-août 1941, se clôt par une fête solennelle le 22 août, en présence de La Porte du Theil. Les comédiens donnent à l'École des spectacles pour les fêtes, animent des veillées, initient les stagiaires aux jeux dramatiques [1]. On prévoit, pour 1942, l'aménagement dans des locaux annexes d'un centre artisanal, avec un atelier de poterie et de céramique.

Un centre de jeunes chômeurs, théoriquement annexé à l'École, a été créé, qui devient ensuite le centre de jeunes travailleurs-Camp Mermoz de Saint-Martin-d'Uriage. Dirigé par Pierre Brun, un étudiant scout de France qui a suivi la première session d'Uriage, puis par Maurice Condroyer, il a une gestion autonome, mais utilise les ateliers et les installations sportives de l'École et fournit une main-d'œuvre complémentaire pour certains travaux. Accueillant quelque 80 élèves de quatorze à dix-huit ans, il relève comme tous les centres de jeunes travailleurs d'abord du commissariat au Chômage des jeunes, devenu commissariat au Travail des jeunes, puis à partir d'avril 1941 de la direction du Travail des jeunes et de l'enseignement technique. Quoiqu'il applique la méthode Carrard d'apprentissage technique, il ne semble ni avoir constitué un terrain d'expérience pédagogique pour l'École ni avoir collaboré aux réflexions qu'on y mène sur le rôle de la jeunesse dans la France de 1941.

Le domaine d'Uriage [2]

Pour loger les nouveaux services développés en 1941, et d'abord pour donner à tous des conditions de vie et de travail convenables, il a fallu réaménager l'espace dont dispose l'École. L'ampleur et l'urgence des travaux demandés par Segonzac ont amené le SGJ, dès mars 1941, à envisager l'acquisition du domaine d'Uriage. Il s'agit de l'ensemble des immeubles réquisitionnés par le préfet de l'Isère en novembre 1940, composé de cinq lots : le château, avec ses dépendances immédiates et son parc de 8 ha, propriété de la famille de Féligonde; le fonds de commerce d'hôtel-restaurant qu'y a créé en 1937 le locataire, M. Thou; la propriété Mollard, composée de plusieurs bâtiments (ferme de l'Espérance, café-restaurant, etc.) et d'une exploitation agricole (16 ha au total); une petite enclave possédée par le jardinier du château, M. Amiguet, comportant plusieurs petites constructions d'habitation; enfin le chalet Reymond, villa récemment construite par un industriel grenoblois sur un terrain attenant, réquisitionnée elle aussi pour le logement de la famille Segonzac. Les prétentions des propriétaires, très supérieures à l'évaluation des Domaines, et l'urgence amènent le SGJ à choisir en juillet la procédure spéciale d'expropriation prévue par la loi du 11 octobre 1940; l'arrêté déclarant d'utilité publique et urgents les travaux nécessaires à l'installation de l'École est pris le 14 août. Seul le chalet Reymond en est exclu (sa réquisition sera transformée en location amiable). Pour le reste du domaine, les indemnités sont déterminées en décembre et le SGJ se prépare à engager au début de 1942 les crédits nécessaires : environ 1 500 000 F dont 750 000 F pour le château et son parc, et 300 000 F pour la propriété Mollard [3].

Cette procédure a permis la réalisation d'une bonne partie des travaux souhaités par Segonzac, malgré les complications juridiques créées par le passage du régime de la réquisition à celui du projet d'acquisition et enfin à celui de l'expropriation. Segonzac n'a pas obtenu tous les crédits demandés.

1. Voir O. Hussenot, *Ma vie publique en six tableaux*, *op. cit.*, p. 90. La compagnie publie six fascicules de *Jeux dramatiques pour la jeunesse : Les Fêtes de mai; L'Été de la Saint-Jean; Saint Louis; L'Automne; Novembre; Noël.*

2. Voir en annexe V le plan du domaine de l'École.

3. Lettres et rapports du service du personnel et de la comptabilité du SGJ, 5 et 24 mars 1941 (AN, F 44 8-SGJ), 3 mai, 16 et 21 juin, 19 juillet (F 44 10-SGJ), 10 décembre (F 44 13-SGJ).

Le budget de premier établissement de l'École pour novembre et décembre 1940 lui accordait un million pour divers aménagements extérieurs et intérieurs, dont 404 000 F pour la construction de chalets d'équipe. Pour 1941, les dépenses d'équipement et de matériel s'élèvent à plusieurs millions (évaluation faite d'après la correspondance du SGJ) [1].

La mise en état du château, entreprise dès l'installation de l'École, s'est poursuivie toute l'année, non sans difficulté dans l'hiver glacial : chauffage central, eau et équipement sanitaire, cuisine; la réfection de l'installation électrique sera demandée pour 1942. Les 70 pièces sont progressivement utilisées et équipées. Au rez-de-chaussée, on a installé les deux salles à manger, respectivement réservées aux instructeurs (le grand carré) et au personnel auxiliaire, les cuisines, une salle de sports, des bureaux et la grande salle de conférences, dite salle Pétain. Enfin chauffée en mars, plus efficacement que par les énormes feux de cheminée qui impressionnent tous les visiteurs, elle s'orne de cinq grandes fresques de Malespina évoquant les moments d'une session (arrivée à l'École, séance d'hébertisme, cercle d'études, chantier de plein air, départ des stagiaires), tandis que le grand portrait du Maréchal peint par Mme Malespina domine l'estrade des conférenciers.

Au premier étage, autour du bureau du directeur qui donne sur la cour d'honneur, sont installés le service des études, la bibliothèque et le service de documentation. Le château abrite encore une chapelle, l'infirmerie, les chambres des instructeurs célibataires et celles qui sont réservées aux visiteurs. Sous la grande terrasse, l'orangerie sert à la fois de réfectoire des stagiaires et de salle de réunion et de fête; le théâtre de verdure qui lui fait face est utilisé l'été pour les représentations et veillées de plein air. L'installation d'une cuisine des élèves dans les dépendances du château, avec les réserves de vivres, a permis la suppression des roulantes placées au début sous des toiles devant la poterne de l'enceinte.

Première annexe utilisée dès décembre 1940, la ferme dite de l'Espérance a servi d'abord de logement et de réfectoire pour les stagiaires qui ne couchaient pas sous la tente. Elle est occupée ensuite par les comédiens et les sportifs, et par les logements du personnel auxiliaire masculin (les secrétaires logées et nourries ont des chambres à l'hôtel).

La grande réalisation de 1941, c'est la construction du village des stagiaires. Segonzac a obtenu dès décembre les crédits pour la construction de six chalets d'équipes, et donné le premier coup de pioche symbolique. Son plan primitif prévoyait en outre 20 chalets individuels pour les instructeurs, une maison commune, et une chapelle qui dominerait l'ensemble du haut de la pente. On se contentera finalement de construire dix chalets d'équipes, dont le premier sera habitable dès mars; huit seront achevés à la fin de 1941. Des entrepreneurs ont réalisé les gros travaux de maçonnerie et de menuiserie, et les équipes successives de stagiaires ont participé à l'édification. Il a été demandé à l'architecte annécien Coulin de concevoir un type de bâtiment rustique capable d'abriter 20 hommes, sans prétention esthétique, mais tout différent des classiques baraquements militaires. Les murs sont en rondins, le toit à deux pentes est coupé par un auvent qui abrite un perron; l'aménagement intérieur marie l'utilitaire au symbolique, avec la différenciation de deux pièces : celle où l'on dort, et celle où l'équipe se réunit pour les repas, les cercles et les veillées, autour d'une vaste cheminée de pierre, cœur de la construction. Chaque chalet porte le nom d'une grande figure de la chrétienté ou de l'épopée nationale, qui est aussi le plus souvent le nom donné à une promotion : Jeanne d'Arc, Foucauld, Mermoz, Bayard, Lyautey, Saint Louis, Roland, Guynemer, auxquels s'ajouteront en 1942 deux héros de 1939-40, Chatellus et d'Alançon.

1. Arrêté ministériel du 15 décembre 1940. Correspondance du bureau du budget et de la comptabilité, 1941 (F 44 7 à 13).

Les dépendances du château abritent les magasins et le service d'entretien ainsi que des ateliers pour les travaux de bois et de fer des stagiaires. Dans un hangar, on commence l'aménagement d'une salle d'étude de 80 places.

Enfin la construction, ou plutôt l'affouillement d'un vaste terrain de sport a été commencée au printemps dans la pente qui sépare la ferme des chalets. Les stagiaires y travaillent lors de leurs chantiers de terrassement ainsi que certains visiteurs comme, en juin, une compagnie itinérante de Compagnons de France. Dès l'automne, ce stade est utilisable comme plateau d'hébertisme et lieu de rassemblement aux couleurs, au pied du mât de 15 m érigé par l'ancien quartier-maître Pasquier; celui-ci a fabriqué quatre écussons géants disposés au pied du mât, aux armes de l'Alsace, de la Lorraine, de Nice et de la Savoie [1].

On entreprend d'aménager aussi des bureaux dans la cimenterie, ancienne usine délabrée située au pied de la colline. Dès 1941, un ancien logement attenant abrite les services des fascicules et de l'ENU.

Austérité et sociabilité

Le domaine comprend 2 ha de terrain cultivable, que l'École fait travailler par son jardinier. Les récoltes sont médiocres, et on réclame pour 1942 des crédits de matériel et de main-d'œuvre pour développer « culture, entretien des arbres fruitiers, basse-cour [2] ». Il s'agit de tenter d'améliorer le ravitaillement, souci permanent que Segonzac délègue à l'ingéniosité de Violette et de son équipe. L'approvisionnement normalement assuré par l'intendance militaire de Grenoble est insuffisant; on le complète par des achats directs à Grenoble ou chez les producteurs. Rutabagas et carottes dans toutes les présentations possibles sont souvent la base des menus. Il faudra la visite de Darlan, en juin, pour obtenir les rations de force réclamées en vain auparavant [3].

L'École dispose d'un parc automobile (deux voitures de tourisme, deux camionnettes, deux camions de 5 t et une ambulance, en partie équipés au gazogène) qu'elle ne peut utiliser qu'en partie faute des autorisations de circuler et surtout du carburant nécessaires.

Sur les plans financier et matériel, la vie quotidienne a donc été assurée, dans des conditions d'austérité rustique où le symbolique a la priorité sur le confort. Quant aux divers projets que Segonzac a formés, sans craindre de voir grand, une partie au moins en a été réalisée ou amorcée, grâce à la ténacité que lui-même et ses hommes mettent à arracher des crédits, à en devancer éventuellement l'octroi ou à inventer des solutions peu coûteuses. Ainsi la bibliothèque, après s'être vu interdire en février 1941 d'acheter des livres sans passer par le service artistique du SGJ dirigé par Alfred Cortot, brave l'interdiction passe des commandes et réussit finalement à obtenir le règlement des factures [4]. Que ce soit par bienveillance ou par laxisme, la direction de Garrone, gérante depuis avril 1941 des crédits de fonctionnement de l'École, est souvent amenée à ratifier les initiatives de Segonzac [5].

Une autre difficulté, et non la moindre, tient aux conditions de vie des

1. Témoignage de Francis Pasquier.
2. « Rapport sur l'organisation de l'ENC » (février 1942), première partie : « description des locaux » (3 p. dactylo, arch. ENCU).
3. E. MOUNIER, Carnets manuscrits *Entretiens XII*, 28 juillet 1941.
4. Correspondances du service personnel et comptabilité du SGJ (AN, F 44 8-9-10).
5. Bureau du budget, service du personnel et de la comptabilité, note du 28 avril 1941 (AN, F 44 8).

familles des instructeurs et des membres du personnel mariés. Ils sont logés dans les villas louées à Uriage ou à Saint-Martin. Les loyers sont très chers, les habitations destinées à des séjours d'été sont difficilement chauffables, et plusieurs propriétaires en reprennent la disposition pendant l'été. Plus problématique encore est le ravitaillement, notamment pour les mères de jeunes enfants, éloignées de leurs attaches familiales et de leurs habitudes [1]. Plusieurs transforment les jardins de leurs villas en potagers, et l'ascendance rurale de l'une, la présence chez l'autre d'une servante d'origine paysanne, la débrouillardise d'une troisième pallient difficilement la pénurie aggravée par le relatif isolement [2].

Si les femmes et les familles n'ont pas de rôle direct dans la vie de l'École, affaire d'hommes, leur présence intervient nécessairement dans l'équilibre pyschologique d'une équipe qui n'est ni une communauté monastique ni un simple milieu professionnel. Le choix de cette activité par leur mari exige de ces jeunes femmes l'acceptation de conditions de vie difficiles. Aussi peu d'argent et moins de facilités qu'en garnison pour les femmes d'officiers, et pour toutes l'austérité du cadre rural; des horaires où le travail intense des instructeurs et leur soumission à la règle de vie de l'équipe laissent peu de place aux loisirs et même simplement à la vie familiale. Avec le recul, les jeunes épouses de 1941 devenues grand-mères estiment parfois, dans les années 80, qu'elles se sont fait voler leur jeunesse; avec le consentement de leur générosité ou de leur naïveté, leurs maris et l'équipe leur ont imposé la charge des enfants, la vie rude et les tâches domestiques sans les intégrer vraiment à la vie interne de l'École, sans leur donner une place active dans l'élaboration de l'esprit d'Uriage.

Cependant les familles installées à Saint-Martin d'Uriage animent une vie sociale parallèle, où l'entraide a plus de place que les mondanités. Les célibataires sont accueillis selon les affinités dans les foyers, à commencer par celui du directeur de l'École. Mme Dunoyer de Segonzac, repliée en 1940 dans sa famille, est arrivée à Uriage à la fin de l'année, peu après la naissance de son troisième enfant. Le charme de « Bobine », comme l'appellent ses amis (elle n'a pas vingt-trois ans), et l'impression d'harmonieux équilibre du couple Segonzac, contribuent à leur manière au prestige du Vieux Chef.

La sociabilité du personnel a ses lieux privilégiés, comme la ferme-auberge de la mère Verdeau au hameau isolé des Davids, où certains se retrouvent autour de fastueux gratins dauphinois, ou les locaux des Comédiens routiers dont le travail s'accommode de moments de puissant chahut. Le canular n'est pas absent de la vie de l'École, il arrive même à Lamirand d'en être l'inconsciente victime, sous le regard complice de Segonzac, le jour où il se fait présenter les instructeurs dans le bureau directorial. Les premiers à qui il a serré la main s'éclipsent par la fenêtre, rentrent par la porte après avoir descendu la façade et remonté l'escalier et reprennent leur tour pour une nouvelle et chaleureuse poignée de mains du cordial secrétaire général, jusqu'à ce que la lassitude des complices mette fin au jeu [3].

1. Rapport cité sur l'organisation de l'ENC en 1941.
2. Témoignages de Mmes Beuve-Méry, Dunoyer de Segonzac, Ferry, Jodin, Muller.
3. Témoignage de P.-H. Chombart de Lauwe.

CHAPITRE VI

À la recherche d'une synthèse : l'esprit d'Uriage

Multiples expressions d'une réflexion collective

À l'issue de la session interne de réflexion de janvier 1941, Segonzac est décidé à avancer dans la voie de la synthèse doctrinale. Si l'École a su affirmer, en le vivant, un style de vie, elle n'a pas encore explicité intellectuellement sa vision de l'homme et du monde, ni précisé ses positions devant l'évolution de la conjoncture nationale et mondiale. Un texte anonyme qui présente l'École, son histoire et ses objectifs exprime alors l'urgence de ce travail, en déclarant, à propos de la future revue, qu'on en attend

> ... des éléments pour la constitution d'une doctrine. Car nous pensons que l'École manquerait à son devoir principal si elle ne cherchait pas à affirmer au grand jour les valeurs fondamentales qui ont été rassemblées au cours des recherches communes et qui constituent les principes d'action de tous les jeunes qui veulent sincèrement l'avènement d'un ordre nouveau en France [1].

Effectivement, la synthèse recherchée se dessinera dans ses grandes lignes en 1941. Les références doctrinales seront explicitées et on tentera de les codifier en une charte de l'esprit d'Uriage.« Esprit » plutôt que « doctrine », pour plusieurs raisons. D'abord par prudence, sinon par nécessité; ainsi Segonzac face aux accusations de déviation, réaffirme-t-il bien haut, à l'automne 1941, qu'on n'a pas à Uriage « d'autre doctrine que celle qui est incluse dans les discours du Maréchal [2] ». Mais aussi par souci de précision, car l'École renoncera à édifier une construction théorique; elle s'efforcera plutôt d'exprimer en quelques formules son éthique, c'est-à-dire les croyances qui inspirent son action, le climat dans lequel se développe son style.

Première difficulté pour l'historien qui tente de rendre compte de ce travail d'élaboration idéologique et d'en donner le bilan pour 1941 : il n'a pas abouti à un texte définitif qui en aurait fixé les acquis, et dont on pourrait rechercher les auteurs ou les sources; la réflexion collective de l'équipe semble s'être développée continûment, et les textes conservés témoignent

1. « L'École nationale des cadres », École nationale des cadres de la jeunesse, Uriage, 27 janvier 1941, 5 p. ronéo. (arch. ENCU).
2. P. Dunoyer de Segonzac, « À la recherche des chefs », *Jeunesse... France*, 22 septembre 1941.

de son avancée, en strates superposées. Encore faut-il distinguer entre ceux qui traduisent le consensus de l'équipe et ceux qui expriment les positions particulières ou les recherches de certains de ses membres.

La deuxième difficulté tient au petit nombre de documents conservés, à leur caractère hétérogène et aux difficultés de leur interprétation. Si la liberté de parole est de règle à l'École, il ne peut en être de même pour l'écrit; dans les textes les plus largement diffusés, même sans censure, la prudence contraint à pratiquer l'allusion ou l'omission, voire le double langage. Sous cet angle, on peut distinguer quatre types de documents : publics, semi-publics, internes et privés.

Le périodique *Jeunesse... France!*, subventionné par le SGJ, soumis à son contrôle sinon à la censure, constitue l'expression la plus vulgarisée et la plus neutre de l'esprit de l'École. Segonzac en a certes la responsabilité, mais il s'adresse à un large public de jeunes, organisés ou non. Il ne faut pas y chercher la fine pointe des réflexions de l'équipe; seul un examen très attentif y distingue la marque propre d'Uriage, qui tient souvent aux silences sur certains sujets. Nous tenterons de nous livrer plus loin à ce travail.

La diffusion semi-publique concerne d'abord l'enseignement donné aux stagiaires, dont une partie est consignée et circule, sous forme de textes ronéotypés, dans le cercle des anciens et des amis. Une partie seulement : certaines conférences n'ont pas été transcrites, et le contenu des autres a été évidemment expurgé des audaces compromettantes. D'où l'intérêt des carnets de notes tenus par les stagiaires, dont quelques-uns ont pu être consultés, ou des rapports de stage. Sans eux, on ne connaîtrait pas ces « mots du Vieux Chef » dans lesquels Segonzac, à la veillée, livre souvent le fond de sa pensée.

Parmi les documents internes, il y a d'abord des textes confidentiels, souvent tirés d'exposés présentés devant un cercle restreint, où les responsables de l'École s'expriment sur la situation politique, portent des jugements et donnent des consignes. C'est le cas lors de la réunion constitutive de l'association des anciens, en octobre 1941, dont les textes dactylographiés circuleront parmi les amis sûrs. Des dossiers de travail collectif ont été conservés aussi dans les archives de l'École, où des ébauches et des notes de travail accompagnent les textes définitifs, comme pour la charte élaborée à la fin de 1941; souvent anonymes et non datés, ce sont des documents d'interprétation difficile.

Documents privés enfin, les notes personnelles et correspondances où chacun exprime sa pensée. Reflétant les situations particulières et les conjonctures momentanées, ils témoignent indirectement de la conscience collective de l'équipe dans ses composantes et donnent l'éclairage irremplaçable du vécu, avec les espoirs et les craintes, les ignorances et les illusions, l'enthousiasme et les incertitudes. On retrouve une partie de ces caractères dans les témoignages oraux, une fois situés, critiqués et confrontés; ceux-ci ont leurs vertus spécifiques – le recul, l'explication, la possibilité de répondre aux questions et de rectifier – comme leurs limites – subjectivité, danger de reconstruction en fonction de l'expérience ultérieure, aplatissement des différences entre les moments successifs.

Les idées et la réflexion d'Uriage ne peuvent être saisis qu'à travers la multiplicité de ces expressions. Nous nous situerons d'abord au cœur de leur élaboration, en présentant le bureau d'études, ses collaborateurs et son travail. On verra plus loin ce qui est transmis aux stagiaires, ce qui est proposé aux lecteurs du journal et des autres publications de l'École, puis ce qui passe dans les écoles et mouvements amis et enfin ce qui filtre jusqu'aux bureaux gouvernementaux et suscite leurs réactions.

LE BUREAU D'ÉTUDES

Une gestation difficile

Un bureau d'études: la création de ce service est une préoccupation constante de Segonzac dès novembre 1940. Il n'a pas obtenu les postes ni les crédits qu'il réclamait à ce titre, et a dû se contenter, au premier semestre 1941, de baptiser bureau d'études un service embryonnaire. Lorsque le bureau des cadres a envisagé en janvier « la création d'un centre d'études à Uriage », les services financiers ont argué du silence des textes réglementaires pour refuser la nomination de personnels à ce titre. Ils ont seulement accepté, en mars, de financer la location d'un local meublé pour loger, avec les professeurs extérieurs, « deux instructeurs chargés de la préparation des conférences », sans création de postes supplémentaires [1]. Tandis que la bibliothèque et le centre de documentation se mettent en place, on tient en février des réunions de travail, avec Beuve-Méry, Lallement et des collaborateurs extérieurs comme Mounier [2]. Lorsque Segonzac veut officialiser cette structure comme bureau d'études permanent, il se heurte à un veto du SGJ concernant Mounier [3].

En mai, il réclame la création à l'École d'un « Centre d'études, doté de la plénitude des moyens souhaitables », avec dix instructeurs spécialisés (alors que, en l'absence de Beuve-Méry, Lallement est le seul à consacrer toute son activité à ce secteur). Pour étoffer son enseignement et travailler à « la mise au point d'une doctrine de la rénovation française », l'École doit rassembler une documentation, préciser ses méthodes pédagogiques et « établir un réseau de collaboration avec des hommes et des organisations dont l'apport à l'École sera nécessaire », surtout pour les stages spécialisés et pour la préparation du stage de six mois, où « la partie culturelle deviendra prépondérante ». L'École nationale des cadres doit également répondre aux demandes formulées par les diverses organisations de formation des jeunes (écoles régionales, mouvements) qui réclament documentation, programmes, conférences; les services d'études qu'elles se donnent sont appelés à former un réseau, où le bureau d'études d'Uriage, comportant un ou deux inspecteurs, devrait jouer le rôle de coordonnateur [4].

En fait, l'École ne recevra guère de moyens supplémentaires et devra surtout redistribuer les fonctions à l'intérieur de l'équipe. Du moins le retour de Beuve-Méry assure-t-il, à partir de juin, une vigoureuse direction des études. Auparavant, Segonzac ne dispose sur place, en dehors des amis extérieurs comme Mounier et Chevallier, que de deux conseillers intellectuels mûrs, tous deux un peu marginaux dans l'équipe : Naurois et Lallement.

L'abbé de Naurois, aumônier catholique de l'École, n'y a pas d'autre fonction et ne sera jamais considéré comme membre du bureau d'études. Détestant les manifestations ostentatoires ou bigotes de piété, il exerce son rôle de prêtre de manière peu conventionnelle, entretenant des relations personnelles avec de nombreux membres du personnel, y compris parmi les non-catholiques. Il fait fonction au moins une fois de chef d'équipe [5], et

1. Correspondances du service personnel et comptabilité du SGJ, 25 janvier 1941, 15 février, 6 et 17 mars (AN, F 44 7).
2. E. MOUNIER, *Entretiens XI*, 12 février 1941.
3. E. MOUNIER, « Entretiens XI », 4 et 13 avril 1941, dans *Œuvres,* t. IV, pp. 704-705.
4. « Nécessité d'un bureau d'études à Uriage », mai 1941, note dactylo., 3 p. (arch. ENCU).
5. Témoignage de l'abbé R. de Naurois.

répète régulièrement ses grandes conférences sur le national-socialisme et le communisme. Cependant une distance semble s'être insensiblement créée entre l'équipe et lui au printemps 1941. Installé à l'hôtel de l'Europe d'Uriage où il a mis au point les textes du colloque, il participe peu à la vie commune, dont il supporte mal la discipline et la promiscuité, si bien que les liens se distendent. Il se heurte surtout à Beuve-Méry, dont l'influence supplante la sienne. Ce n'est pas sur le plan des idées que les deux hommes s'opposent, car leurs orientations spirituelles et politiques sont proches, pour l'essentiel : personnalisme chrétien, refus lucide et attentif des nouvelles idéologies conquérantes, recherche pour la France d'un régime politique qui associerait autorité et liberté, sens très vif de l'injustice sociale et des lacunes du libéralisme. Leurs amitiés dans les cercles démocrates-chrétiens et leurs jugements sur le régime et la nécessaire résistance à la collaboration les rapprochent également, même s'ils n'en tirent pas les mêmes conclusions pour l'action immédiate. Naurois, resté très attaché à l'esprit de la Jeune République (pacifisme exclu) et impatient d'agir, est plus proche des militants des mouvements naissants de résistance, comme son ami François de Menthon, et se déclare « gaulliste ». Beuve-Méry, soucieux de réalisme et d'efficacité à long terme, se méfie d'un activisme qu'il juge prématuré et imprudent, voire « suicidaire », et émet trop de réserves sur le personnage du chef de la France libre pour se reconnaître « gaulliste ».

Mais ces différences seraient accessoires, étant donné le climat de l'École d'Uriage, si elles n'exprimaient une opposition des caractères qui rend impossible la collaboration. Le prêtre prompt à s'extérioriser sans vergogne, causeur intarissable, tempérament passionné et cyclothymique, chaleureux et impulsif, est mal supporté par l'intellectuel austère, avare de ses manifestations, ennemi de tous les excès surtout verbaux, qui cultive discipline, régularité et réserve comme vertus maîtresses. Beuve-Méry juge sans doute la personnalité de l'aumônier dangereuse pour les causes mêmes qu'il entend servir ; tout en approuvant les idées développées dans ses conférences, il ne cache pas son exaspération devant des manifestations qu'il juge excessives et imprudentes. Déjà menacée, l'École ne doit pas donner prise inutilement aux attaques ni se faire taxer de légèreté. Segonzac, qui a confié à Beuve-Méry la responsabilité du travail intellectuel de l'École, accepte en juillet de se séparer de l'aumônier, malgré l'amitié qu'il éprouve pour lui. Les circonstances précises de cette décision sont obscures. Mounier, se souvenant qu'en avril Segonzac avait été sommé de se passer des services de l'abbé en même temps que des siens, a cru que le renvoi de l'aumônier en juillet était imposé par Garrone ; mais Segonzac affirmera n'avoir pas reçu d'ultimatum de Vichy concernant Naurois. C'est pendant le congé de juin que celui-ci se voit notifier par d'Alançon la décision de Segonzac, dont il ne comprend pas la raison [1]. Il regagne Toulouse amer et déçu [2]. Il est probable que Segonzac s'est résolu, devant les reproches de Garrone alors excédé de ses manifestations d'indépendance, à lui donner un gage de discipline tout en supprimant une cause de tension interne et de provocation inutile. Dans l'équipe, malgré les vifs regrets de plusieurs, on accepte le départ de celui qui a été le principal artisan de l'orientation idéologique de l'École à ses débuts.

Dans un style bien différent, le permanent aux études, Louis Lallement,

1. E. Mounier, *Entretiens XI*, 4 avril 1941 et *Entretiens XII*, 28 juillet 1941. Témoignages du général Dunoyer de Segonzac et de l'abbé de Naurois.

2. Lié à la Résistance, il passera en Espagne à la fin de 1942 pour rejoindre Londres, où il entrera dans l'aumônerie des Forces navales de la France libre. Aumônier du 1er bataillon de fusiliers marins en 1944, il débarquera avec les commandos sur la plage d'Ouistreham le 6 juin et sera fait Compagnon de la Libération.

est aussi une personnalité originale et difficile. Apprécié de Segonzac qui l'invite volontiers à sa table, il s'impose par ses qualités intellectuelles : capacité de travail assidu et méthodique, érudition historique, goût de la spéculation philosophique et religieuse ; la sincérité de ses convictions, sa loyauté et son désintéressement sont évidents [1]. Mais l'homme, avec son allure monacale et son absence de fantaisie, semble compliqué et mystérieux, mal adapté aux nécessités de la vie commune – surtout lorsqu'il devient le voisin des comédiens, qu'il dédaigne et dont la bruyante exubérance suscite ses colères. Il est en 1941 la cheville ouvrière du service des études : rédaction de rapports et d'articles [2], mise en forme des projets de charte doctrinale de l'École, missions à Vichy auprès de Garrone comme porte-parole de Segonzac. La grande conférence sur « la mission de la France » qu'il présente à chaque stage de 1941 se situe dans une perspective antitotalitaire et étrangère au nationalisme maurrassien. Lallement, qui exalte une France chrétienne idéalisée et magnifie les réussites de la civilisation médiévale, donne plus de place, notamment pour la période contemporaine, au mouvement des idées qu'aux transformations économiques et sociales. Ses centres d'intérêt personnel semblent relever de la philosophie de l'histoire, davantage que de la connaissance du monde actuel. Dans un article consacré aux notions de civilisation et de tradition, il explique que la survie et le développement d'une civilisation dépendent de la capacité des élites à assumer leur vocation en actualisant la tradition où s'incarne le génie d'un peuple. Au-delà des rites, des coutumes et des œuvres de culture, la tradition est une réalité spirituelle, qui marie la référence à une vérité supérieure immuable avec l'effort d'adaptation aux circonstances contingentes : permanence de l'idée présente dans le devenir [3]. Cette vision spiritualiste et historique n'a rien de contraire aux orientations prises par l'École, et Lallement contribuera, à la fin de 1941, aux efforts de l'équipe pour définir l'esprit d'Uriage. Mais sa démarche déductive quelque peu scolastique, son goût pour la métaphysique suscitent une certaine réserve, au moment où on a besoin de fermes directives face au régime, et de lumières dans les domaines de la psychopédagogie, de la sociologie, voire de l'économie politique. Constatant sans doute qu'il n'est pas vraiment à sa place dans l'équipe, trop étranger peut-être à ses objectifs concrets, Lallement quitte de lui-même l'École, sans être retenu par Segonzac, au début de 1942.

Autour de Beuve-Méry

C'est donc autour de Beuve-Méry que s'organise définitivement, au second semestre 1941, l'activité du bureau d'études qui prend dès lors une place majeure dans la vie de l'École, sans que Garrone ait donné, de Vichy, un accord entier à la création de ce service qui manifeste la prétention de l'École à poursuivre une recherche autonome.

« Les études », comme on les appelle, prennent d'abord en charge l'organisation de la partie intellectuelle des stages : programmes, choix des conférenciers. À partir de l'acquis des premières sessions, on met progressivement au point des ensembles plus cohérents, en regroupant les conférences en séries qui se succèdent au cours des trois semaines d'un stage. On étudiera successivement, par exemple : les orientations fondamentales (les

1. Témoignages du général de Segonzac, d'H. Beuve-Méry, F. Ducruy, P. Ollier de Marichard.

2. L. Lallement, « Uriage, École nationale des cadres de la jeunesse », *Jeunesses et communauté nationale,* Rencontres, n° 3, 1941.

3. L. Lallement, « Avant d'interroger l'histoire », *Le Sens chrétien de l'histoire,* Rencontres, n° 4, 1941.

valeurs spirituelles et la Patrie), puis le travail et les problèmes sociaux, enfin les problèmes de la jeunesse et la formation des futurs chefs. À l'automne, la préparation du grand stage de six mois, dit de formation, mobilisera le service des études, pour élaborer le programme comme pour mettre au point une méthode pédagogique qui privilégie l'apprentissage et l'entraînement des stagiaires.

Le bureau d'études intervient également dans l'activité éditoriale de l'École. Son chef a la responsabilité du journal, des fascicules et des divers documents distribués; si sa signature apparaît peu, il revoit tous les textes. Il développe aussi des relations suivies avec les responsables des études des écoles régionales, qui seront réunis plusieurs fois à Uriage, et il intervient dans le cadre de l'association des anciens. Il contribue pour une bonne part au rayonnement de l'École, devenue foyer de recherche intellectuelle autant que laboratoire d'un style de vie.

Pour le compte de l'équipe enfin, le bureau d'études, en avant-garde, éclaire l'effort collectif pour expliciter l'esprit d'Uriage : réunions de travail, notes à l'attention du Vieux Chef, causeries hors stage à l'usage des insrtructeurs, conversations particulières... Il ne s'agit plus tellement de la recherche des principes fondamentaux – ils ont été affirmés, avec Mounier notamment, dès les premiers mois de 1941 – que des applications à en tirer pour préciser la mission de l'École et sa politique. Derrière le principe du « loyalisme envers le Maréchal », que penser du gouvernement et de sa politique générale ? En quel sens intervenir dans les affaires de la jeunesse ? Il appartient aussi au bureau d'études d'explorer les domaines encore mal reconnus où l'École souhaite pénétrer. C'est le cas notamment du secteur social, au sens large, surtout après la promulgation de la Charte du travail; les problèmes de l'industrie, du régime économique, du monde ouvrier et de la lutte des classes seront sérieusement abordés à la fin de l'année.

L'ensemble de ces développements est marqué par la personnalité de Beuve-Méry. Segonzac dépeindra ce « moraliste intransigeant » : « (...) Outre une rare intelligence de toutes choses, et en particulier de l'actualité, il pratiquait au plus haut degré l'honnêteté intellectuelle et la rigueur dans l'analyse des faits [1]. »

Il ne s'est pas intégré à l'équipe sans quelques tiraillements. Si tous respectent sa compétence et sa loyauté, certains craignent son esprit critique corrosif, qu'ils prennent pour celui d'un sceptique, et ses jugements qui leur semblent « introduire la politique à l'École [2] ». Cependant, sous sa direction, l'activité intellectuelle de l'École assure sa méthode, élargit ses perspectives, gagne en efficacité.

La méthode : un travail collectif de documentation et d'information s'organise. Il faut parler en pleine connaissance de cause des problèmes, bannir les spéculations nébuleuses et les affirmations naïves au profit d'une analyse rigoureuse des situations (connaissance précise des données, étude contradictoire des interprétations); avec l'apport de divers spécialistes, les sciences sociales vont pénétrer dans la réflexion de l'École.

Les perspectives : la vision personnelle de Beuve-Méry répond éminemment à l'exigence d'une « synthèse » qui anime l'équipe. Il excelle à situer chacun des problèmes particuliers qu'on étudie dans sa vision d'ensemble de la crise présente de civilisation. Bouleversements matériels et aspirations révolutionnaires, valeurs personnalistes à redécouvrir, originalité française à affirmer, réforme personnelle à accomplir s'ordonnent et prennent sens dans cette perspective.

L'efficacité : refusant les satisfactions illusoires du raisonnement théorique ou de la formule brillante, Beuve-Méry conclut toujours en renvoyant

1. *Le Vieux Chef, op. cit.*, p. 89.
2. Voir les témoignages cités par A. DELESTRE dans *Uriage..., op. cit.*, p. 95.

ses auditeurs à leurs responsabilités concrètes, si modestes soient-elles, au « que faire ? ». Il soupèse certes et balance longuement avant de se prononcer; dans les conversations, on raille sa manie de contredire, de multiplier les arguments opposés et les réticences, de refroidir les enthousiasmes [1]. Mais lorsqu'il juge venu le moment de prendre position, ses conclusions sont nettes et les orientations qu'il propose sont opérationnelles. Aussi le bureau d'études, loin d'être une annexe où l'on brasse des idées, des mots ou des rêveries, devient un des centres d'animation de la vie de l'École; on y travaille en fonction des besoins et des projets de toute l'équipe. Ainsi les dossiers constitués sur les questions sociales aboutiront à des propositions d'action, la définition de la mission et de l'esprit d'Uriage servira de manifeste à l'association des anciens, les exposés savants sur le travail ou la Patrie se traduiront en mémentos utilisables en cercles d'études.

D'autres membres de l'équipe collaborent aux études dans le second semestre 1941, en n'y consacrant qu'une partie de leur temps. C'est le cas de Bertrand d'Astorg, en même temps chef d'équipe, qui présente ses méditations spirituelles sur le héros et le saint et sur le sens de l'honneur. Malgré leur présence intermittente, deux hommes surtout exercent une importante influence : Paul Reuter et Joffre Dumazedier.

Le premier, temporairement intégré dans l'été 1941, met au service du bureau d'études de brillantes qualités intellectuelles. Collaborant de près avec Beuve-Méry, très apprécié de Segonzac pour son agilité d'esprit et ses vertus de « compagnon charmant [2] » et des instructeurs pour sa simplicité et sa fantaisie un peu gavroche, ce professeur de droit n'a rien de pontifiant. Joignant à sa compétence en droit financier la culture et le talent, il est capable d'intervenir, toujours de manière claire et vivante, sur les sujets les plus divers : philosophie politique, exhortation patriotique, réflexions sur le rôle de l'armée dans la cité, sur les rapports entre travail manuel et travail intellectuel ou sur la fonction critique de l'intelligence.

Dumazedier, membre permanent de l'équipe, a souvent été envoyé en mission ou affecté à des tâches particulières; à partir de l'été 1941, il est intégré au bureau d'études. Avec sa grande capacité de travail, son souci passionné de lucidité scientifique et de démonstration rationnelle, il multiplie les enquêtes et les contacts, les analyses et les propositions, dans deux domaines surtout : le secteur dit social, où il met en garde contre les pièges de la bonne volonté unanimiste et prépare le contact avec des militants syndicalistes grenoblois, et la psychopédagogie. Il devient le maître d'œuvre de la préparation du stage de six mois sur le plan pédagogique.

Comme l'équipe des études ne travaille absolument pas en circuit fermé, bien d'autres instructeurs contribuent à l'activité intellectuelle de l'École, par leur fonction (Poli à la documentation et Ducruy à la bibliothèque, les rédacteurs du journal, les responsables de l'ENU) ou par leur personnalité. C'est le cas notamment de Chombart de Lauwe, à la fois chef d'équipe, organisateur des tournées d'enquête régionale et chargé de missions de liaisons extérieures. Entre les intellectuels patentés et les entraîneurs d'hommes, plus d'un « chef » a le goût des idées et de la réflexion, à l'image de Segonzac. L'esprit d'Uriage est œuvre collective.

Mais l'École dispose aussi, dès le début de 1941, d'autres ressources. Les collaborations extérieures, amorcées avec les journées d'études de 1940, se multiplient pendant cette année. Leur influence consolide de manière décisive les orientations prises dès les premiers mois dans le sens du personnalisme communautaire.

1. Voir le portrait tracé par B. CACÉRÈS dans *La Rencontre des hommes*.
2. *Le Vieux Chef*, *op. cit.*, p. 91.

COLLABORATEURS ET CONSEILLERS

Au premier rang des collaborateurs extérieurs de l'École figurent, dès le début de 1941, Emmanuel Mounier et Jean Lacroix. Tous deux deviennent alors des conférenciers attitrés : Mounier participe en outre aux réflexions des études sur les orientations de l'École, avant que lui soit interdite en juillet toute activité à Uriage. Plusieurs témoignages, à commencer par celui de Segonzac, soulignent l'importance de la contribution des deux philosophes à la pensée collective de l'École, dans un climat de franchise et de confiance remarquable.

Emmanuel Mounier

Les notations de Mounier dans ses carnets attestent en effet l'estime croissante qu'il éprouve pour Segonzac. Après avoir apprécié dès leur première rencontre sa simplicité et son ouverture [1], il précise un mois plus tard : « ... ce grand garçon un peu lent, presque timide, parlant peu, est bien sympathique à seconde connaissance », avant de déclarer : « Segonzac est décidément un grand type », et enfin, au moment où lui-même est définitivement éloigné d'Uriage : « Le Vieux Chef se bat bien. [... Ce n'est] pas un dialecticien, mais avec ses épaules râblées, bien campées dans la vie, il va droit au vrai [2]. » Ces éloges tranchent sur les appréciations ironiques ou sévères que porte Mounier sur nombre d'autres chefs de jeunesse. S'étant engagé sans réticence aux côtés d'Uriage, il a continué à en suivre le combat sans amertume après en avoir été exclu. Une coopération si proche, malgré les évidentes différences de formation, d'expérience et de style qui séparent les deux êtres, suppose de profondes affinités.

C'est d'abord la rencontre de deux êtres doués de cette densité intérieure que Mounier appelle le spirituel, et Segonzac la qualité. Leur confiance mutuelle a pu se nourrir de la reconnaissance d'une parenté d'inspiration et de vocation. Leur action se fonde sur les mêmes valeurs, qui ont nom fidélité, engagement, ouverture et communauté pour Mounier, et pour Segonzac honneur, sens de l'action, souci de synthèse et vie d'équipe. Doués l'un et l'autre, au-delà du contraste de leurs tempéraments, d'une assurance sereine qui fait autorité, ils n'ont pas pu ne pas se reconnaître comme personnalités de rayonnement. Tous deux radicalement détachés des soucis de fortune, de carrière ou de clientèle, ils sont obstinément attachés à poursuivre librement l'œuvre dont ils ont pris l'initiative et le risque. Ils savent aussi l'un et l'autre associer la responsabilité d'une entreprise difficile, revue ou école, avec l'ouverture aux rencontres personnelles, et l'ascendant du chef de file avec l'esprit fraternel du compagnon.

Ils ont de plus adopté, par des cheminements certes différents, la même stratégie de la présence publique dans la France de 1940 et sa zone « libre ». Pour l'un et l'autre, des tâches urgentes s'imposent, et le risque de parler et d'agir en semi-liberté est préférable à celui de l'abstention. On a déjà vu les motifs de Segonzac décidant de se consacrer à la formation de chefs. En ce qui concerne Mounier, son attitude en cette année 1940-41 fait l'objet d'une controverse qui a resurgi à plusieurs reprises depuis 1945 : en dernier lieu, John Hellman et Zeev Sternhell en donnent une interprétation opposée à celle que Mounier lui-même et ses amis ont présentée. Ils montrent le fon-

1. E. Mounier, Carnets manuscrits *Entretiens XI*, note du 4 décembre 1940.
2. *Ibid.*, 4 janvier 1941, 12 février, 28 juillet.

dateur d'*Esprit*, animé par la détestation de la société bourgeoise, de la démocratie et du capitalisme matérialiste, adhérant en 1940 au régime de Vichy et en devenant pour près d'une année un des fervents idéologues. Sans reprendre le détail d'arguments exposés ailleurs [1], rappelons les conclusions qui paraissent s'imposer quand on confronte les textes publiés par Mounier aux notations de ses carnets où il consigne, pour l'avenir, les informations et les réflexions qui ne peuvent s'imprimer alors. Le rapprochement de trois passages fournit les repères essentiels.

Dès août 1940, lorsqu'il retrouve ses amis à Lyon et formule le projet de reprendre la publication de sa revue, il note dans quel esprit il le fera :

> ... Un nouveau visage est imposé à l'histoire qui nous attend, un visage autoritaire; nous ne pouvons éluder ces oscillations à grande amplitude de l'histoire, ni travailler à contre-courant de ses données élémentaires. Il ne reste qu'à assurer les mêmes fidélités, avec des gestes et des formes nouvelles, dans la matière nouvelle. Blondel a une bonne formule : « faire de l'armement spirituel clandestin », c'est-à-dire profiter des similitudes de noms entre nos valeurs et les valeurs publiquement proclamées pour y introduire, à la faveur de cette coïncidence, le contenu désirable [2].

À la veille de la parution du premier numéro de la nouvelle série d'*Esprit*, il résume les arguments qu'il oppose à ceux de ses amis qui le blâment et qui parlent de compromission :

> ... Oui, si possible succès de l'Angleterre. Non, aucune compromission avec le nazisme. Mais on ne fonde sa présence à l'histoire ni sur un futur indépendant de nous, ni sur une négation. Donc par écrit (et beaucoup mieux de bouche à oreille et dans l'influence), un silence total à ce qu'on désapprouve, peser de toute sa force dans le sens des déterminations heureuses, être présent à ce qui, indifférent en soi, est dans la ligne de l'histoire et survivra à tous les événements afin d'éviter que cela se fasse sans nous, nous rejette de l'histoire, et se passe peut-être de manière aberrante. Se refuser, d'un mot, de livrer déjà un régime mixte, comme celui de Vichy (à qui ma position de citoyen français m'attache bon gré mal gré) à ses déterminismes intérieurs, de désespérer en avance sur l'événement. Si les déterminismes internes ont le dessus, nous n'aurons le droit de jeter l'anathème, ou de nous replier définitivement, que dans la mesure où nous aurons fait effort pour les contrecarrer [3].

En mars, il répond aux critiques de Daniel Villey en des termes voisins :

> ... Nous sommes dans une situation encore très ouverte, nous jouons à l'ouvrir de plus en plus, et pesons dans ce sens par l'écrit et par la parole. Nous ne concédons rien, sinon certains silences, que nous nous efforçons immédiatement de rendre transparents. Nous avons une conscience de mobilisés. Nous menons notre combat. Et nous le pouvons parce que cette situation ouverte permet tout [4].

Et il confie, au terme d'une réflexion plus personnelle sur son tempérament et le style d'action qui est le sien :

1. Voir notre étude « Emmanuel Mounier devant Vichy et la Révolution nationale en 1940-41 : l'histoire " réinterprétée " »; J. HELLMAN, *Emmanuel Mounier and the New Catholic Left 1930-1950*; Z. STERNHELL, *Ni droite ni gauche. L'idéologie fasciste en France, op. cit.*, et « Emmanuel Mounier et la contestation de la démocratie libérale dans la France des années trente », art. cit. Voir aussi le résumé de la controverse par P. BITOUN, *Les Hommes d'Uriage, op. cit.*, pp. 13-25.
2. « Entretiens X », note du 4 août 1940, *Œuvres*, t. IV, p. 668.
3. Note du 10 novembre 1940, *ibid.*, pp. 677-678.
4. Note du 30 mars 1941, *ibid.*, p. 702.

> Je suis un homme de conversation, de méditation, de dialogue, qui sent l'étroite responsabilité de sa méditation parmi les hommes, ne veut la poursuivre que dans une communication et un service permanents. C'est en ce sens que je fais de l'action (...). Je me vois aisément travaillant sur toutes les pentes politiques dans ce qu'elles gardent d'ouvert pour les maintenir ouvertes. Dans un régime subnazi ou communiste, non. Mais dans un régime communisant ou sous Vichy, si ; dans la mesure où les jeux ne sont pas faits, où l'on peut pousser de toutes ses forces encore dans le sens de l'homme, si. Ce n'est peut-être pas une position d'efficience politique (...). Je pense bien peser dans le *sens d'une efficacité, mais dont le point d'insertion est autre que politique* [1].

Mounier a donc choisi d'être présent en combattant, de s'exprimer pour faire barrage à la contamination du nazisme et peser autant que possible sur l'évolution du régime sans lui faire allégeance. Il entend continuer son action de témoin et d'interprète de valeurs permanentes confronté à des conjonctures changeantes. Il s'engage donc consciemment sur un terrain où règne l'ambiguïté, pour y faire œuvre de discernement et aider ses lecteurs ou auditeurs à actualiser les affirmations fondamentales de la révolution spirituelle que recherche *Esprit* depuis l'origine. Face au discours officiel de la Révolution nationale qui exploite un vocabulaire et des thèmes familiers au courant personnaliste, il n'entend pas se replier dans une opposition radicale et silencieuse, mais faire le difficile travail, sous la censure, de la réinterprétation des mots et du redressement des pensées.

Ce combat des idées, c'est en priorité auprès de la jeunesse qu'il le mène, à la fois parce qu'elle est la cible privilégiée de la propagande totalitaire et parce que le foisonnement des organisations dans ce secteur fournit de nombreuses occasions d'intervenir, par la parole ou par la plume [2].

Ayant pris contact dès septembre 1940 avec les services du SGJ, Mounier s'est lié d'abord au mouvement Compagnons en collaborant à son hebdomadaire, puis à l'École d'Uriage, et en janvier 1941 à Jeune France dont il contribue à rédiger le manifeste [3]. Dans les Chantiers de jeunesse, il a des amitiés chez les intellectuels du quartier général de Châtelguyon, comme Michel Herr et Robert Barrat ; il est invité à parler devant des chefs et se félicite de voir des groupements s'abonner à *Esprit* sur la recommandation du commissariat général [4].

Il a donné aussi, dans la revue, une place majeure aux problèmes de ce qu'il appelle « le mouvement de jeunesse français », lançant en éditorial, en janvier 1941, un appel « Aux jeunes Français » suivi d'un long article-manifeste, puis rendant compte de diverses initiatives et prenant part aux débats sur le pluralisme [5]. Il a noté en mars : « ... la revue n'est qu'un tremplin. Notre action à Uriage, dans les Chantiers, dans les mouvements est dix fois plus importante [... pour empêcher] la victoire spirituelle du nazisme sur la jeunesse française [6]. »

1. « Entretiens x », note du 30 mars 1941, p. 701.
2. Voir B. COMTE, « À propos de l'action d'Emmanuel Mounier dans les organisations de jeunesse aux débuts du régime de Vichy (1940-1941) », dans G. CHOLVY, *Mouvements de jeunesse chrétiens et juifs...*, pp. 349-360.
3. E. MOUNIER, « Entretiens XI », 18 janvier 1941, *Œuvres*, t. IV, p. 689 ; Lettre du 15 octobre 1940, *ibid.*, p. 674 ; « Entretien XI », 28 janvier 1941, *ibid.*, pp. 690-691.
4. E. MOUNIER, Carnets manuscrits *Entretiens XI*, 17 avril 1941 et *Entretiens XII*, 7 juillet 1941. Voir M. HERR, « Le chef de groupe dans les Chantier de la Jeunesse », *Esprit*, mai 1941, pp. 452-462 ; Carnets manuscrits *Entretiens XII*, 11 août 1941, 10 septembre 1941 ; *Bulletin périodique officiel* des Chantiers, 3 avril et 1er mai 1941.
5. « Programme pour le mouvement de jeunesse français », *Esprit*, janvier 1941, pp. 152-167 ; E. MOUNIER, « Jeune France », *ibid.*, février 1941, pp. 261-263 ; « L'École nationale des cadres d'Uriage », *ibid.*, avril 1941, pp. 429-431 ; « Les devoirs du pluralisme », *ibid.*, avril 1941, pp. 361-367.
6. Note du 30 mars 1941, *Œuvres*, t. IV, p. 703.

Lorsque la revue a été interdite, et lui-même écarté des organisations de jeunesse, il note les deux résultats positifs de ces mois de présence :

1°) le freinage net de la poussée totalitaire;
2°) la suture entre notre génération et les jeunes [1].

Portant une attention constante au personnel et à l'action du SGJ, il exprime alternativement confiance et déception. Conscient des ambiguïtés de l'attitude de Lamirand et de Garonne, il est sévère pour leur relative inconsistance, mais surtout alarmé par les intrigues des partisans du mouvement unique et autoritaire. Il tirera de cette expérience, à la Libération, une conclusion dure sur l'attitude d'adhésion à la Révolution nationale de toute une fraction de la jeunesse organisée – notamment du côté du scoutisme et des chrétiens, victimes d'une éducation faussement « spirituelle » et infantilisante qui les a mystifiés [2].

De cet effort de présence active et vigilante de Mounier au monde de la jeunesse, l'École d'Uriage a été un des lieux privilégiés. Comment la collaboration s'est-elle développée, et quel en a été l'effet, pour autant qu'on puisse le mesurer ?

« *Uriage, c'est* Esprit »...

Mounier est d'abord, en ce premier semestre 1941, un des conférenciers attitrés de l'École; il intervient à chaque stage ou presque, répétant le plus souvent une conférence intitulée « Fin de l'homme bourgeois » qu'il publiera en juillet, et peut-être aussi la causerie déjà présentée au colloque sur l'humanisme français.

Il participe en outre, dès février, aux réunions du bureau d'études officieux qui travaille à l'École. Un mois plus tard, Vichy interdit à Segonzac d'intégrer Mounier à l'organisme officiel; on n'a rien à lui reprocher, mais on préfère que Segonzac s'entoure de « gens sans passé ». Le chef de l'École proteste et use de l'autorisation qu'on lui a donnée de continuer à inviter Mounier comme conférencier [3]. Mais en juillet, épilogue du « long orage » qui s'est abattu sur Uriage depuis la visite de Darlan en juin, il se voit interdire aussi bien de faire parler Mounier à l'École que de publier dans sa collection le texte *Pour un humanisme français* dont la parution était annoncée [4]. Autant de décisions signifiées par Garrone, qui tente de les justifier : « Il vaut mieux que l'École fasse elle-même sa doctrine », explique-t-il; et il met en garde Schaeffer : Mounier « qui a déjà fait tous les malheurs d'Uriage » risque de nuire de même à Jeune France qu'il « noyaute [5] ». Mounier a subodoré « des influences latérales, Massis notamment [6] ». Un mois plus tard, le secrétaire à l'Information Marion lui notifie la décision de Darlan interdisant *Esprit.*

Après cet été 1941 qui marque la fin de ses activités publiques (revue, collaboration officielle aux institutions de jeunesse), Mounier fait retraite, écrit et anime, en liaison avec *Combat,* les groupes d'études clandestines de zone sud. Il n'a pas le sentiment d'un échec, estimant au contraire avoir atteint,

1. Note du 10 septembre, *Œuvres,* t. IV, p. 714.
2. E. MOUNIER, « La jeunesse comme mythe et la jeunesse comme réalité. Bilan 1940-1944 », *Esprit,* 1er décembre 1944, pp. 143-151.
3. E. MOUNIER, notes du 12 février 1941, 4 avril, 13 avril et 28 juillet, *Œuvres,* t. IV, pp. 693, 704, 705 et 711-712.
4. *Jeunesse... France,* 8 juin 1941.
5. *Entretiens XII,* note du 25 août 1941.
6. *Entretiens XI,* 13 avril 1941.

au cours de cette période, son double but : « ... maintenir une fidélité, aussi clairement et aussi longtemps que possible, en soutenant les courages; faire le lien avec la génération nouvelle des vingt et vingt-cinq ans. Ce lien est si bien noué que le scandale sera grand, aux Chantiers et ailleurs [1] ».

S'abstenant à l'automne de rendre visite à l'École, il reste en liaison avec Segonzac et Beuve-Méry, est tenu au courant des démêlés du Vieux Chef avec Vichy, échange avec lui des marques de solidarité [2] sans le moindre dissentiment. Il n'a pas été avare d'éloges sur Uriage, « un des îlots réels de santé, des coins de France vraiment libre [3] », qu'il félicitait d'être

> école de culture et de caractère. Faut-il ajouter que le sens de la dignité française et le courage civique y donnent la main à une absence de préjugés politique ou social, à une acuité de regard sur les vrais problèmes de l'heure, qui en font non seulement une école de jeunes, mais une école au cœur, à l'âme, à l'esprit jeune.

Il ajoutait, à propos de Segonzac :

> Il était difficile de réunir à son poste une aussi harmonieuse composition de fermeté et de qualités de cœur. Il y apporte l'ouverture d'une intelligence qui voit toutes choses avec justesse sans être défavorisée par le préjugé qu'aurait rencontré à sa place un intellectuel de profession. La chaleur amicale, la tenue, le désintéressement que le Chef Segonzac apporte à sa mission ont fixé l'atmosphère de la maison. Ni l'intrigue personnelle, ni la passion politique n'ont été tentées d'y faire la moindre incursion [4].

Il citait *Jeunesse... France* comme le journal « le plus vivant de la nouvelle presse des jeunes [5] », « celui où la mesure, la générosité, la dignité, le sens des vrais problèmes établissent les plus justes perspectives [6] ».

Au lendemain de son exclusion, il qualifie l'École de « beau rocher de fidélité française [7] » et relève, sans chercher à la réfuter, l'allégation répandue dans les milieux hostiles : « Uriage, c'est *Esprit.* » Cette assimilation justifiée, on vient de le voir, sur le plan de l'amitié et de l'idéal, l'est-elle aussi sur celui de la pensée ?

Il est difficile d'apprécier la pénétration de la pensée de Mounier à l'École d'Uriage, d'autant plus que son influence s'exerce conjointement avec celles de ses amis Lacroix, Beuve-Méry, Naurois, et quelques autres. C'est cependant à Mounier, à cause du rayonnement exceptionnel de sa personnalité et de sa situation de chef de file du courant personnaliste, que nous référerons l'évolution de l'École dans deux domaines : l'explicitation des valeurs fondamentales, et la distance prise à l'égard de la Révolution nationale.

Sur le plan des valeurs, c'est insensiblement que s'effectuent un glissement ou une maturation. Des expressions employées à Uriage dès l'origine se lestent d'une signification plus précise; les convictions professées spontanément – produit d'un héritage humaniste, patriote et chrétien – s'élucident en subissant l'épreuve de la critique intellectuelle. Il sera toujours question de patrie, de chef, d'honneur et de style, mais ces mots d'ordre seront intégrés dans une perspective plus vaste, celle d'une révolution totale à accomplir pour la personne humaine. Au vocabulaire familier à *Esprit*

1. *Entretiens XII,* 25 août 1941.
2. *Ibid.,* 2 octobre 1941.
3. Lettre à Étienne Borne du 22 février 1941, *Œuvres,* t. IV, p. 695.
4. E. MOUNIER, « L'École nationale des cadres d'Uriage », art. cit.
5. *Esprit,* mars 1941, p. 351.
6. *Ibid.,* juin 1941, p. 608.
7. Note du 28 juillet, *Œuvres,* t. IV, p. 711.

seront empruntées des expressions comme « primauté du spirituel » (formule empruntée par Mounier à Maritain dès 1932) et même « personnalisme » (défini, contre l'individualisme bourgeois et contre les collectivismes totalitaires, comme un combat pour l'épanouissement de la personne répondant librement à une vocation, dans la solidarité avec les diverses communautés dont elle relève). Un témoignage inattendu de l'usage de ce vocabulaire est donné par Segonzac lui-même, répondant à un journaliste fascisant, qui le presse d'avouer sa « conception philosophique de l'homme », qu'il se réclame du « personnalisme [1] ». De même, dans une des conférences qu'il donne aux étudiants de Grenoble, sous le titre « Révolution nationale, révolution personnelle », comme dans un « mot du vieux chef » adressé aux stagiaires de septembre 1941, il reprend, en s'inspirant d'un texte de Beuve-Méry, le schéma d'une révolution à la fois personnelle et communautaire [2]. On verra aussi l'importance que prend à l'École, dès 1941, la référence à Péguy comme maître à penser et surtout maître de discernement, face aux révolutions du XXe siècle. Quoique Mounier n'ait fait que le citer brièvement dans sa première conférence, et que les développements précis sur son œuvre soient surtout dus à Lacroix et Beuve-Méry, on ne peut oublier que Mounier a été au premier rang, depuis dix ans, de ceux qui ont relevé l'héritage du Péguy révolutionnaire (socialiste, patriote et chrétien) contre les interprétations inspirées par un conformisme moralisant ou par le dogmatisme du nationalisme maurrassien.

Mounier a contribué d'autre part à faire prendre conscience aux hommes d'Uriage de leur responsabilité politique. Avant Beuve-Méry puis avec lui, il les a aidés à porter un regard critique sur la nature d'un régime qui se présente comme celui du bon sens (le retour au réel) et de la générosité (l'esprit de sacrifice). On est spontanément d'accord à Uriage sur le refus de la collaboration et de l'antisémitisme et la vigilance à l'égard de Darlan et de ses ministres. Mais Mounier, dont la pureté de cœur et l'absence d'esprit partisan en imposent, donne l'exemple d'un spirituel qui prend pleinement en compte la dimension politique. Pour lui, les rapports politiques, avec les conflits d'intérêts ou d'idéologies et les épreuves de force qu'ils impliquent, forment pour une part le support de toute communauté nationale; il est illusoire de prétendre développer un civisme apolitique de l'adhésion confiante sans jugement critique. Pas plus la vertu professionnelle d'obéissance au pouvoir légal ancrée chez les militaires, que le nouveau principe du « loyalisme absolu envers le Maréchal », ne dispensent de lucidité politique l'éducateur soucieux de formation civique. C'est à juste titre que les adversaires de Mounier, au SGJ ou dans le scoutisme et les Chantiers, lui reprochent non tant ses options politiques que d'introduire « la politique », là où la confiance envers le Maréchal et l'obéissance à ses consignes doivent être les seules règles.

Un mot de Mounier en 1942, lorsqu'il est emprisonné et inculpé d'action subversive, résume toutes ces explications. Dans la note où il suggère à son avocat de demander à Segonzac une lettre attestant que son enseignement à Uriage « n'a jamais contrevenu aux principes de la Révolution nationale », il ajoute en aparté : « C'est très vrai, tout en étant très faux!... » Segonzac enverra d'ailleurs l'attestation sollicitée, en qualifiant l'enseignement de Mounier de « strictement conforme aux principes de la Révolution natio-

1. M. AUGIER, « Marchons au pas, camarades! Une enquête sur la Jeunesse dans la Révolution nationale », *La Gerbe,* 24 juillet 1941 (cité d'après la copie dactylo effectuée au service documentation de l'École, arch. ENCU). Au moment de l'exclusion de Mounier, Segonzac met son point d'honneur (et quelque malice, devant cet interlocuteur-là) à affirmer ainsi sa solidarité, malgré son peu de goût pour les « ismes ».

2. Notes manuscrites de Segonzac (arch. ENCU). Cahier de stage d'A. Lecoanet.

nale tels qu'ils étaient définis dans les discours et messages d'alors du chef de l'État » – expression conforme, en septembre 1942, à son attitude publique qui consiste à se réclamer de la pensée du Maréchal contre la politique de Laval [1].

Jean Lacroix

L'influence de Jean Lacroix s'exerce dans le même sens, à la manière qui lui est propre. Lacroix ne collabore pas directement au bureau d'études, mais n'en est pas moins un des conférenciers les plus réguliers de l'École. Il traite de sujets variés, liés à ses propres travaux ou demandés par l'École, conformément à son habitude d'apporter le recul de la réflexion critique sur les questions que pose la vie. Il présente ainsi la psychologie de l'adolescent, l'actualité de Péguy, le marxisme, la famille dans la cité, la primauté de la personne. Ses nombreuses visites sont évidemment l'occasion d'entretiens avec ses amis, Segonzac, Naurois et Beuve-Méry notamment.

Parmi les textes qui nous sont parvenus, les conférences sur le marxisme et sur Péguy, après celle du colloque sur « Patrie-Nation-État », permettent d'apprécier l'effort de critique et de reconstruction intellectuelles et morales auquel il se livre. L'exposé sur le marxisme (présenté moins d'un mois après l'attaque allemande contre l'URSS) entend se situer sur le terrain de l'objectivité, en résumant la théorie économique de Marx d'une part, et sa vision de l'histoire de l'autre. La part de la critique est brève mais vigoureuse. Évoquant ce qu'il appelle les contradictions internes du marxisme, Lacroix relève cette « perversion même de l'esprit » par laquelle la révolution à faire est érigée en juge unique de la vérité et de la morale (il note au passage que le national-socialisme a fait sien à son tour ce principe d'efficacité). Il souligne surtout la contradiction interne que recèle la volonté de réaliser ici-bas la société réconciliée, c'est-à-dire de faire descendre l'éternité dans le temps de l'histoire et finalement de rendre immanent le transcendant; d'où « l'opposition spirituelle radicale » entre le socialisme marxiste et le christianisme. La démarche de Lacroix est fidèle à l'attitude d'*Esprit* envers le marxisme, dans la voie tracée par Berdiaeff : effort de connaissance exacte de la pensée, sympathie envers la partie critique et adhésion à la volonté révolutionnaire, refus nettement marqués, sans polémique. Enfin Lacroix se réfère à nouveau, pour souligner l'actualité de la pensée de Marx, à la « Révolution du XXe siècle » fondée sur les deux inspirations de Marx et de Nietzsche (parfois confusément mêlées, comme chez un Malraux). Sa conclusion est un appel et une mise en garde, pour une France aujourd'hui menacée

> de périr par imitation si elle se laisse emporter par le courant, ou par inanition si elle reste trop à l'écart. Elle ne peut vivre qu'en intégrant les éléments sains de cette révolution, en la dépassant et en faisant du neuf [2].

Le refus implicite de la croisade anticommuniste qui s'annonce s'accompagne donc de l'appel à une présence active dans le bouleversement révolutionnaire en cours, au nom d'une vision humaniste et spirituelle qui doit permettre de dépasser les nouvelles idéologies qui mutilent l'homme. De cette vision, qui implique fierté nationale et volonté de maintenir le pluralisme (thème majeur d'*Esprit* en cette année 1941), l'introduction de l'exposé sur Péguy souligne l'actualité :

1. Note de Mounier et lettre de Segonzac (25 septembre 1942), arch. privées.
2. « Force et faiblesse du marxisme, par Jean Lacroix. Uriage, 17 juillet 1941 », 12 p. ronéo. (arch. ENCU).

> Le plus grave problème qui se pose aujourd'hui à la France est celui de son unité à faire, à retrouver, de la communauté nationale à reconstruire. Or refaire une unité de violence, une unité totalitaire serait la pire des choses. La France est essentiellement un dialogue entre des mystiques diverses. Supprimer le dialogue serait détruire l'âme même de la France. Mais d'autre part un dialogue suppose un certain fonds commun qu'il s'agit précisément de redécouvrir. Il faut donc une unité qui soit l'unité d'une multiplicité, une unification qui ne sacrifie pas la richesse et la diversité. Cette unité d'une multiplicité, Péguy l'a non seulement pensée mais vécue. C'est pourquoi son exemple est si actuel [1].

Le Péguy que présente Lacroix est donc celui de la diversité créatrice, du désordre fécond, de la lutte contre l'habitude et le vieillissement, celui qui déclare : « Avec un fatras, avec un désordre vivant, il y a toujours de la ressource et de l'espoir. Il n'y a plus aucun espoir avec un ordre mort (...). Je n'éprouve aucun besoin d'unifier le monde. Plus je vis, plus je découvre que les hommes libres et que les événements libres sont variés [2]. »

Né de la hantise de la misère et de la résolution d'instituer enfin la cité par la suppression de la misère, l'esprit révolutionnaire de Péguy a déclaré la guerre à l'esprit bourgeois qui fait régner l'Argent et qui, par le parti intellectuel, domine les esprits. La mission de la France est à ses yeux « de défendre la liberté, toutes les libertés ». Il oppose donc deux visions de l'homme et de l'ordre social, deux « systèmes » : le chevaleresque, à la française, où tout repose sur la proposition, la requête et la confrontation des valeurs; le romain qui cherche la domination, la conquête et l'ordre imposé. « Les Français ont excellé dans l'un, et les Allemands ont quelquefois réussi dans l'autre... », écrit Péguy. Contre la religion avilie de la bourgeoisie, dévoyée en cléricalisme, Péguy chrétien redonne sa place centrale à l'incarnation : le spirituel ne se vit que dans le charnel, l'éternité ne se gagne que par la présence au temps. Enfin, le Péguy bergsonien, constatant la loi de pesanteur qui amène la dégradation de toute mystique en politique, en appelle, contre la force d'inertie du « tout-fait » et de l' « habitué », à la fidélité vigilante et attentive qui se nourrit d'espérance. Tout l'exposé est une invite à la liberté créatrice contre le conformisme de la soumission, à l'esprit révolutionnaire, qui est approfondissement et dépassement, contre la résignation ou la réaction. Lacroix a-t-il précisé oralement que la révolution reste à faire et qu'il ne faut pas la confondre avec un retour à l'ordre imposé par des notables résignés à une domination étrangère? Son exposé (repris du « Péguy ou l'âme inhabituée » qu'il a publié en 1937 [3]), « magistrale conférence » selon d'Alançon [4], répond à l'exploitation qu'on fait de Péguy du côté de Vichy, et illustre bien l'attitude d' « armement spirituel » choisie par Mounier et lui.

« Uriage, c'est *Esprit* »; la formule qu'on répand dans les cercles adverses est évidemment simpliste. *Esprit* a une histoire, vieille de presque dix ans et développée dans un certain climat politique et culturel; l'École d'Uriage prétend, elle, répondre à d'autres défis. Mais le drame national de 1940, greffé sur le conflit mondial, a brutalement modifié le paysage, provoquant des ruptures et des rapprochements. Dans ce reclassement, il est vrai que les héritiers de Péguy, de Blondel et de Maritain, avec leur volonté de révolution totale d'inspiration spirituelle, ont rencontré à Uriage ceux de Lyautey, avec leur aspiration à une synthèse patriotique et à une éducation pour l'action disciplinée et efficace. Les philosophes du personnalisme, en

1. J. Lacroix, « La pensée de Charles Péguy », 11 p. ronéo. (arch. ENCU).
2. *Ibid.*
3. J. Lacroix, *Itinéraire spirituel* (*Cahiers de la Nouvelle Journée,* 35).
4. E. d'Alançon, « Chronique d'Uriage », *Jeunesse... France!,* 8 avril 1941.

accompagnant de leur réflexion l'entreprise de Segonzac, l'ont lestée intellectuellement et ont fourni à l'équipe le langage cohérent propre à traduire son expérience, à exprimer ses convictions et ses refus spontanés. Ils lui ont donné l'exemple d'une démarche adaptée au développement d'un projet révolutionnaire ouvert : entre les écueils de l'éclectisme et du dogmatisme, l'ancrage en des certitudes profondes permet une présence attentive à l'événement. À partir de cette orientation personnaliste et péguyste, en laquelle il se reconnaît pour l'essentiel, c'est désormais Beuve-Méry qui joue, de l'intérieur, le rôle majeur dans l'effort pour esquisser la « synthèse » recherchée et définir les applications à en tirer.

Amitiés religieuses

D'autres influences ont contribué à ancrer les dirigeants de l'École dans l'orientation personnaliste et communautaire, comme à élargir leur vision des enjeux et de leurs responsabilités. C'est d'abord l'amitié de théologiens catholiques dont les analyses éclairent l'inspiration et le prolongement chrétiens de ces réflexions.

Mgr Bruno de Solages, cousin et ami de l'abbé de Naurois, est venu faire aux stagiaires en juillet une conférence que Vichy interdit au dernier moment et qu'il présente à huis clos devant les seuls instructeurs. Philosophe et théologien, recteur de l'Institut catholique de Toulouse depuis 1932, c'est un des proches de l'archevêque, Mgr Saliège, dont il partage la vigoureuse opposition à l'influence nazie. Ami du père Teilhard de Chardin, diffuseur et interprète de sa pensée, il s'est engagé dans l'effort du catholicisme social et des mouvements d'Action catholique pour « rechristianiser les hommes qui rebâtiront une chrétienté [1] », en insistant sur les dimensions intellectuelle et politique de l'œuvre de renouvellement. En 1941, il couvre les activités des intellectuels résistants repliés dans la région toulousaine, et il est tenu par le pouvoir pour un homme dangereux [2].

La conférence, intitulée « Force du christianisme, carence des chrétiens », sera reproduite et diffusée par l'École sous le titre plus neutre : « Christianisme et société [3]. » Rejetant, au nom du primat de la personne, les prétentions des États totalitaires, il appelle ceux qui se veulent chrétiens à le devenir véritablement, en inventant les formes d'engagement social qu'inspirera leur foi. Sans donner de consignes, il se réfère à ce qu'il estime être le cœur du message chrétien, la fraternité entre tous les hommes au nom de l'amour divin, pour appeler à l'action – une action éclairée par le libre jugement de la conscience chrétienne, et mue par un esprit d'initiative inventive. À demi-mot, c'est déjà l'esprit de la résistance spirituelle qui parle ici – les « discours interdits » du recteur et son action de secours aux réfugiés et persécutés et d'aide aux résistants l'illustreront bientôt.

Autre invité de renom, le Père de Lubac, déjà présent aux journées d'études de 1940, donnera à Uriage plusieurs conférences marquantes. Ce jésuite, professeur de théologie fondamentale et d'histoire des religions aux Facultés catholiques de Lyon, est déjà connu come historien érudit du dogme catholique et interprète novateur de la tradition patristique. Son ouvrage *Catholicisme, les aspects sociaux du dogme* publié en 1938 et réédité en 1941, a mis en lumière la dimension collective de la foi chrétienne; corrigeant la dérive individualiste des siècles précédents, il étaye les expériences communautaires menées alors. Nettement engagé dans la voie de la

1. B. de Solages, *Pour rebâtir une chrétienté*, Paris, 1938.
2. J. Duquesne, *Les Catholiques français sous l'occupation, op. cit.*, pp. 162-163.
3. « Christianisme et société, par S.E. Mgr de Solages, 19 juillet 1941 », 7 p. ronéo. (arch. ENCU).

résistance spirituelle, il a adressé quelques mois plus tôt une lettre à ses supérieurs pour les alerter sur le danger de la stratégie du national-socialisme, révolution antichrétienne, à la conquête des esprits. Inquiet de la passivité des catholiques et du silence de leurs chefs spirituels, il réclamait l'intervention de ceux-ci pour alerter les consciences et armer les fidèles, et surtout la jeunesse, contre la tentation [1].Ami et confident du Père Chaillet, il a approuvé son projet d'une publication clandestine, dont il sera le principal conseiller et collaborateur [2]. C'est au moment où va s'imprimer à Lyon le premier *Cahier du Témoignage chrétien* que le Père de Lubac présente à Uriage, le 1er octobre 1941, ses réflexions sur la dimension religieuse de la crise de la civilisation européenne, sous le titre : « Explication chrétienne de notre temps [3]. »

Dénonçant d'une part les erreurs du rationalisme laïciste et d'autre part les défaillances des chrétiens repliés dans une attitude craintive de conservation, il montre que le temps présent a soif d'absolu et de mystique et peut les trouver dans la tradition chrétienne revigorée. Une renaissance catholique s'annonce, sur laquelle s'appuiera la « révolution humaine » sans laquelle il ne saurait y avoir de « révolutions nationales ». Reprenant ici les termes de Beuve-Méry [4], le Père de Lubac propose aux chrétiens un retour aux sources de leur foi qui leur permettra d'animer une entreprise de reconstruction future, évidemment distincte de la Révolution nationale de Vichy.

Guidé par l'abbé de Naurois, Segonzac a choisi d'inviter des théologiens qui sont des novateurs et des résistants. Sans complaisance envers le rationalisme et l'athéisme modernes, ils s'efforcent de renouveler l'expression de la tradition chrétienne. Conscients de la menace, pour la foi chrétienne comme pour la patrie française et la liberté humaine, ils désignent le national-socialisme comme l'adversaire et cherchent à mobiliser contre lui « les armes de l'esprit ». Se gardant de faire allégeance au régime de Vichy, ils exercent leur vigilance contre toute complicité envers le néopaganisme. À leur école, l'équipe d'Uriage n'apprend pas à cultiver la religion de l'homme providentiel.

« *Apparition* » *du Père Maydieu*

Beaucoup plus étroite, quoique discrète, est la collaboration qu'amorce avec l'École le Père Maydieu. Ce dominicain de quarante ans, attaché à Paris aux éditions du Cerf, théologien de la présence militante au monde et homme de contact, devient un ami très sûr, un compagnon de recherche et un conseiller écouté de l'équipe. Visiteur épisodique, presque furtif, dont les passages à l'École n'ont guère laissé de traces écrites, il a fait sur ses membres, dès sa première visite, une profonde impression. Segonzac en rappellera longtemps après le souvenir, avec une gravité émue, comme d'un moment lumineux éclairant la grisaille d'une période d'incertitude. À l'heure, dit-il, où il fallait tracer une voie entre les solutions trop simples des hommes d'action et les théories trop abstraites des penseurs, « il nous man-

1. « Lettre à mes supérieurs », Lyon, 25 avril 1941, publiée dans J. Chélini, *L'Église sous Pie XII. La tourmente 1939-1945, Paris, 1983.*

2. R. Bédarida, *Les Armes de l'Esprit, Témoignage chrétien (1941-1944), op. cit.*, pp. 44, 51 et *passim*; et *Pierre Chaillet. Témoin de la Résistance spirituelle*; H. de Lubac, *Résistance chrétienne à l'antisémitisme, Souvenirs 1940-1944.*

3. H. de Lubac, « Explication chrétienne de notre temps », *Cité nouvelle*, 25 octobre 1941. Texte publié sous le titre *Vocation de la France.* Voir H. de Lubac, *Mémoire sur l'occasion de mes écrits, op. cit.*, p. 49.

4. H. Beuve-Méry, « Révolutions nationales, Révolution humaine », art. cit.

quait l'homme introuvable qui eût les qualités des deux avec assez de supériorité, naturelle ou donnée par grâce, pour n'être pas discuté. C'est alors que le père Maydieu apparut [1]. »

Cette rencontre a probablement eu lieu dans les premiers mois de 1941, au moment crucial où « après quelques mois d'intense rumination intellectuelle » et après les déceptions du colloque, « des difficultés étaient apparues » dans l'équipe, perplexe sur les orientations à prendre [2]. Pour le chef de l'École, c'est le « surgissement imprévisible » d'un vrai témoin de « la primauté de l'Esprit ». Le Père Maydieu, parcourant la France d'une zone à l'autre à la recherche de foyers de liberté à encourager, de bonnes volontés à éclairer et à stimuler, a bien des raisons de s'intéresser à Uriage [3]. Ancien condisciple de Lamirand à l'École centrale, il suit ce qui se fait dans la jeunesse. Animateur, dès 1934, des « amis de *Sept* », puis directeur de *La Vie intellectuelle* et aumônier des amis de *Temps présent*, il a été en relation avec *Esprit* comme avec les démocrates-chrétiens et Beuve-Méry. Il vient de créer la collection « Rencontres » pour suppléer *La Vie intellectuelle* suspendue; il prépare un volume sur la jeunesse avec la collaboration de Lallement et de Reuter. C'est Beuve-Méry qui l'introduit à l'École, « comme contrepoids » à l'abbé de Naurois [4].

Une fois de plus, c'est d'abord la personne et son style qui séduisent Segonzac. Ce prêtre, l'homme de contact et de dialogue fraternel, lui apparaît comme un exceptionnel exemple d'humanité réussie, dont l'allure peu ecclésiastique est « le résultat d'un non-conformisme absolument naturel (...), d'une existence si mêlée à celle de tous les êtres de tous les abords... ».

Et Segonzac ajoute, nous en apprenant autant sur son propre idéal que sur la personnalité du dominicain :

> Ce dépouillement et cette indépendance se traduisaient par une allure pleine de noblesse, c'est-à-dire marquée par une aisance souveraine. Aisé, le Père l'était dans n'importe quel milieu, et souverain tout aussi bien. Seulement, au lieu que d'autres tiennent cette double supériorité de la naissance, de l'intelligence ou de la puissance, lui la recevait des profondeurs de l'âme et des hauteurs de l'esprit.
> Pour nous, qui étions à la recherche d'une élite nouvelle en remplacement d'une autre dont la faillite nous était apparue évidente dans l'ordre spirituel, le Père se présentait comme un prototype séduisant.
> D'autant plus qu'il était viril. [... Son] physique plein d'énergie et de hardiesse (...) ne mentait pas [5].

Tel est l'homme qui devient vite « un familier de la maison ». Le frère prêcheur ne semble pas avoir été invité à parler devant les stagiaires; mais il s'entretient avec les instructeurs, et surtout avec le noyau des dirigeants et des intellectuels de l'École, développant des réflexions dont un article écrit dans l'été 1941 donne une idée : « Vivons comme des hommes libres », dit-il aux chrétiens, en leur proposant comme tâche prioritaire le souci de leur patrie; celle-ci a besoin de « redécouvrir ce qu'elle est », c'est-à-dire sa vocation humaine, plutôt que de pratiquer « des examens de conscience » dont « le temps n'est pas encore venu ». Les Français n'ont qu'à être fidèles aujourd'hui à leur constante ambition « de bâtir une cité au service de l'homme et de l'humain »; or, « servir l'homme, c'est servir la liberté », car

1. P. DUNOYER de SEGONZAC, « Uriage », *La Vie intellectuelle*, août-septembre 1956, pp. 71-74 (n° spécial consacré au Père Maydieu au lendemain de sa mort).
2. *Ibid.*
3. Témoignage du Père Dubarle.
4. Témoignage d'H. Beuve-Méry. Voir A. COUTROT, *Un courant de la pensée catholique. L'hebdomadaire « Sept » (mars 1934-août 1937), p. 226 sq.*
5. P. DUNOYER de SEGONZAC, « Uriage », art. cit.

la liberté est la nature de l'homme. La tâche présente reste donc « l'édification du pays dont la vocation était de servir la liberté », en refusant un salut de la patrie obtenu au mépris de sa liberté, car « on ne peut pas reconstruire la France au mépris de sa vocation »; d'ailleurs « l'autorité tyrannique se détruit elle-même aussi bien que la liberté anarchique ». Il n'y a donc qu'à vivre en hommes libres, en conservant au-dedans la liberté d'esprit, en poursuivant la conquête de la vérité, en construisant les communautés humaines, de toute dimension, où la liberté sera vécue dans la solidarité; telle est la véritable tâche chrétienne d'aujourd'hui [1].

Réflexions toniques d'un religieux qui a opté dès juin 1940 pour la poursuite du combat et l'opposition au nouveau régime, avant de participer dès sa première réunion (décembre 1941) au Comité national des écrivains créé dans le cadre du Front national [2]. Il témoigne d'une santé morale et d'un goût de la liberté à l'opposé d'un conformisme catholique qui associe les thèmes du châtiment providentiel, de l'expiation et du rachat, avec un triomphalisme clérical satisfait de la revanche (également providentielle) prise sur les tenants de la République laïque... Parlant en théologien, Maydieu ne sépare pas la vocation spirituelle des chrétiens des tâches concrètes de libération des hommes. En patriote, il n'oppose pas non plus les travaux quotidiens, que chacun doit mener en préservant sa liberté intérieure, aux combats pour la liberté qui s'engagent en même temps. Il expliquera, à la fin de la guerre, comment il s'est gardé de détourner les jeunes catholiques des tâches politiques vers les activités confessionnelles :

> Dans l'occupation, il ne me souvient pas d'avoir jamais adressé la parole, comme prêtre, à de jeunes garçons, [... notamment] dans des écoles de cadres, (...) sans avoir rappelé ce grand devoir, qui était alors actuel, de se maintenir libres et disponibles sur le sol de France pour le jour où la patrie aurait, pour se libérer, besoin de leurs cœurs et de leurs bras [3]...

Au-delà de son rôle d'informateur venu de zone occupée et d'ami qui partage le souci éducatif d'Uriage, le Père Maydieu a aidé l'élément catholique de l'École à prendre du recul et à confirmer sa volonté d'indépendance et de libre jugement. Il partage de plus « le rêve merveilleux d'une synthèse » qui inspire la recherche intellectuelle et morale de l'École; dans ce groupe qui rassemble chrétiens et non-chrétiens au nom du spirituel, il accomplit sa mission de prêtre en témoignant du message chrétien sur le sens de l'homme [4]. Avec « l'intraitable passion de la liberté » qui l'anime, et la « volonté d'une présence totalement chrétienne (...) à tous les carrefours où se fait l'histoire [5] », il a conforté l'équipe d'Uriage dans son double projet de reconstruction civique et de résistance à l'oppression, en l'aidant à percevoir que la première dépendait au fond de la seconde.

Jean-Jacques Chevallier

Un autre universitaire, conférencier et familier de l'École, a contribué à sa manière à l'élaboration de la synthèse et à la formulation de l'esprit

1. A. Maydieu, « Chrétiens en France souffrante », *Chroniques de la vie intellectuelle* repris dans *Le Christ et le monde*.
2. Voir P. Seghers, *La Résistance et ses poètes*, 1974, pp. 173, 209; J. Lacouture, *François Mauriac*, 1980, pp. 380-382.
3. A. Maydieu, « Épiphanie 45 », *Le Christ et le monde, op. cit.*
4. A. Maydieu « Le témoignage au Christ, confluence des chrétiens », *Le Christ réconciliateur des chrétiens*, p. 69.
5. E. Borne, « Le Père Maydieu. Un moine du vingtième siècle », *Le Monde*, 4 mai 1955.

d'Uriage. Jean-Jacques Chevallier, à la suite de sa première intervention aux journées d'études de 1940, remonte régulièrement à Uriage, où il apporte à l'équipe sa double compétence. C'est d'abord celle du professeur de droit, historien des idées et des régimes politiques, et observateur attentif des mutations contemporaines [1]. Démocrate-chrétien attaché au « démo-libéralisme » à l'anglaise, il a été profondément troublé par le spectacle des divisions haineuses de 1936 et de l'effondrement de juin 1940. Il réfléchit au nécessaire rééquilibrage du régime démocratique, qui doit retrouver l'efficacité sans laquelle la liberté n'est plus garantie. À quoi bon proclamer le respect de la personne humaine, si l'on n'est pas capable d'assurer la survie de la collectivité fondée sur ce principe ? Il faut aussi, à l'ère des masses, nourrir la faim spirituelle et affective des citoyens, leur donner la « pâture d'irrationnel » dont l'absence, en démocratie, assure le succès des mythes totalitaires. Ces thèmes, qu'il n'aborde pas devant les stagiaires, nourrissent ses entretiens avec Segonzac, Naurois et l'équipe dirigeante [2].

Mais ce juriste est aussi un sportif, ancien champion universitaire de course à pied et skieur accompli ; il a le souci d'une véritable éducation de la jeunesse, fondée sur la formation des caractères – et de plus c'est un conférencier brillant à la parole entraînante. C'est à ce titre qu'on le fait intervenir au cours des stages, en réponse à deux questions qu'il a lui-même suscitées dans l'équipe. Qu'est-ce que l'action « efficace », sur le mode non machiavélien ni totalitaire, qu'il réclame de la démocratie ? Et comment définir cet « ordre viril » auquel il aime faire allusion ? Sur ces deux thèmes, il répétera aux sessions de 1941 deux conférences qui seront tenues parmi les plus significatives de l'esprit et du style d'Uriage. Segonzac évoquera plus tard l'influence de cet intellectuel qui « prêchait d'exemple », en ajoutant : « ... et j'eusse aimé que l'homme nouveau lui ressemblât [3] ».

Borotra, commissaire général à l'Éducation générale et aux Sports, appelle bientôt Chevallier auprès de lui à Vichy pour présider à l'organisation de « l'éducation générale et sportive » dans les établissements scolaires, où des « maîtres d'éducation générale », choisis parmi les professeurs, animeront des activités sportives, manuelles et artistiques avec un souci de formation du caractère. Ce sont alors pour une bonne part l'expérience d'Uriage et les instances du Vieux Chef qui le persuadent d'accepter cette reponsabilité, malgré ses réticences : « Vous serez Uriage à Vichy », lui dit Segonzac [4]. Après sa nomination en juin 1941, il ne reviendra à l'École qu'exceptionnellement, mais sa pensée y restera présente. On reparlera souvent de la valeur de l'action, et on reviendra sur « l'ordre viril ». Ses conférences seront publiées dans la collection de l'École, ainsi qu'une brève étude consacrée à Vauban.

D'autres contributions à l'élaboration de l'esprit d'Uriage pourraient être évoquées. Conférenciers, visiteurs et correspondants lui communiquent leurs expériences et leurs interrogations et apportent des éléments à la réflexion collective. Cependant les collaborateurs principaux qu'on vient de présenter ont des points communs. Les intellectuels que l'École s'est attachés, si savants soient-ils dans leur spécialité, sont tous davantage que des spécialistes. Ils partagent la conscience de l'ampleur de la crise et l'ambition d'une synthèse qui reste à construire, avec le souci d'une pensée opérationnelle et éducative, qui parte des problèmes de la vie et y ramène. En grande majorité chrétiens et d'orientation personnaliste, ils se situent diversement par rapport au clivage traditionnel entre la droite et la gauche fran-

1. Voir *Histoire des idées et idées sur l'histoire. Études offertes à Jean-Jacques Chevallier*, pp. XI-XIV.
2. Témoignage de l'abbé R. de Naurois.
3. *Le Vieux Chef, op. cit.*, p. 94.
4. Témoignage de J.-J. Chevallier (lettre du 19 juin 1976).

çaises. Les uns le récusent ou prétendent le dépasser; d'autres, restant attachés à une des familles politiques, recherchent une expression renouvelée de ses convictions. Tous ont adopté la double attitude de résistance spirituelle au nazisme et de sursaut patriotique après la défaite. Ils pensent que la guerre n'est pas terminée pour la France, dont le destin est lié à la victoire de l'Angleterre, et que la nation française doit utiliser ce moment d'apparente impuissance pour reprendre conscience d'elle-même, de ce qui fait son unité, et pour préparer les transformations révolutionnaires qui s'imposeront dans le monde de demain.

ÉLABORATION D'UNE CHARTE

Dès son premier séjour au printemps, et beaucoup plus nettement à son retour du Portugal, Beuve-Méry, chef de l'équipe d'études, assurant la coordination des collaborations extérieures, devient le maître d'œuvre, sur le plan intellectuel, de la synthèse doctrinale. Il y apporte la marque de sa culture et de sa vision du monde, avec les traits qui lui sont propres : intransigeance dans les principes, lucidité et ampleur dans l'analyse, souci des disciplines constructives dans l'application.

La démarche de Beuve-Méry

Le directeur des études, fort des informations que ses relations et ses lectures lui permettent de rassembler, mène un véritable travail de sape, à travers les conversations, contre la confiance absolue de Segonzac et de plusieurs de ses amis envers le Maréchal :

> Dès que je les ai vus pour la première fois en décembre 1940, j'ai commencé de réunir pour eux les arguments et preuves de fait qui devaient les faire évoluer peu à peu [1]...

Il dirige d'autre part le travail et formule ses propres propositions pour l'élaboration de la synthèse doctrinale. Cette activité a laissé peu de traces écrites : de ses conférences aux stagiaires ne subsistent que quelques notes prises par des auditeurs (« Crise de la civilisation moderne », « Réalités françaises », « Doctrine nationale », « L'École nationale des cadres »); il a signé en 1941 trois articles, dont deux sur l'École d'Uriage [2] et conservé une note manuscrite résumant un exposé probablement présenté aux instructeurs.

Les affirmations essentielles de Beuve-Méry sont clairement résumées par quelques lignes de *Jeunesse... France!* relatant son exposé aux responsables des mouvements de jeunesse réunis à Uriage le 1er mars :

> En termes lumineux, l'orateur chercha à situer la Révolution nationale en face des récentes expériences étrangères; il montra que la défaite ne fut chez nous que l'occasion d'une réforme qui depuis longtemps s'imposait; mais dans la crise mondiale que nous traversons, ajoutait-il, la France doit trouver sa solution originale qui peut-être libérera par surcroît les autres nations.
> Cette solution doit être fondée sur une doctrine qui oscille autour des deux

1. Lettre à Paul Thisse, mai 1964.
2. H. BEUVE-MÉRY, « Avec les chefs de futurs chefs, dans un château qu'habita Bayard », *Le Figaro,* 25 janvier 1941; « Ici l'on forme des chefs », *Temps nouveau,* n° 31, 15 août 1941; « Révolutions nationales, Révolution humaine », *Esprit,* mars 1941, pp. 281-284 (article repris dans *Réflexions politiques, 1932-1952,* pp. 128-132).

> termes « personne » et « communauté »; la mise au point et l'adaptation n'en sont d'ailleurs pas encore faites, et un vigoureux effort intellectuel s'impose (...).
> Mais ce qui rendra difficile la réalisation des plans conçus dans un esprit largement humain et intégralement français, c'est la situation précaire où se trouve notre gouvernement, et ce sont toutes les hypothèques qui pèsent sur notre pays. Aussi M. Beuve-Méry concluait-il en invitant tous ses auditeurs à prendre conscience de leurs responsabilités [1]...

On voit comment Beuve-Méry développe sa pensée en quatre temps. La description critique des « expériences étrangères » (nationalistes, fascistes ou communistes) souligne d'abord les oppositions et les traits communs : renforcement autoritaire d'un État propagandiste et répressif, organisation collective de la vie économique et sociale aux dépens des droits individuels, appel aux nouveaux mythes « antinomiques des vieilles valeurs chrétiennes »; l'Europe subit « un immense bouleversement révolutionnaire, une crise profonde de toute la civilisation [2] ». Les « réalités françaises » ensuite, ce sont la faiblesse et la division qui, sur tous les plans, de la démographie à l'énergie morale, expliquent la défaite de la France, et son entrée tardive et contrainte dans la mutation révolutionnaire. Mais il revient à la France d'inventer et de réaliser la solution originale qui seule lui conviendra, et servira peut-être d'exemple : une « révolution humaine », fondée sur une foi spirituelle dans le primat de l'homme, personne et communauté. D'où l'appel à l'effort, et le programme de reconstruction fondé sur ces valeurs, dans les champs économique, social, politique et culturel, voire moral et spirituel. Une condition nécessaire s'impose cependant comme un préalable (discrètement évoquée dans les écrits publics, elle est ouvertement exprimée à l'École) : se libérer de la domination étrangère. En effet, l'entreprise révolutionnaire ne saurait être le fait d'un gouvernement asservi, d'un peuple résigné à subir la loi du vainqueur; dans la période actuelle où la France est impuissante, l'action consiste d'abord à former les idées et les hommes qui agiront demain et à préparer la libération.

Cette présentation de la situation de 1941 donne à la recherche amorcée par l'équipe de l'École une structure intellectuelle vigoureuse, qui intègre aussi bien la méditation sur les valeurs que le souci pragmatique d'efficacité. Les perspectives s'élargissent : les événements apparemment désordonnés que sont la crise du monde libéral et la montée des nouvelles idéologies, la guerre, la défaite française et l'effondrement d'un univers politique, sont situés dans une vision d'ensemble et éclairés par une interprétation globale qui en intègre aussi bien les éléments matériels que culturels. Et la réponse qu'on imagine, face à cette crise de civilisation, fait place à diverses formes d'action pour opérer la révolution globale qui s'impose : action institutionnelle sur les plans politique, économique, social, dans le cadre national et international, action personnelle sur les plans intellectuel, moral et spirituel. La contradiction apparente est donc levée, entre la dimension politique et institutionnelle des problèmes à résoudre, et le choix d'une action pédagogique, culturelle et morale, dans ce temps de parenthèse que connaît la France. L'unité du combat à mener est nettement affirmée, dans un monde ramené aux grandes lignes de force qui en gouvernent l'évolution. Et ce combat pour la restauration du primat de l'homme, « de la personne ordonnée à une fin qui la dépasse », implique la volonté de dépasser le marxisme et le nationalisme, au lieu de les rejeter par ignorance ou impuissance. Ainsi est ouverte la voie de la « synthèse » que Segonzac a toujours

1. F. Ducruy, « En marge des journées d'Uriage : la Jeunesse veut faire le point », *Jeunesse... France!*, 22 mars 1941.
2. « Révolutions nationales, révolution humaine », art. cit.

recherchée, plus précise et plus ample à la fois qu'il ne l'avait sans doute imaginée.

Autre vertu de la démarche intellectuelle de Beuve-Méry : le réalisme, manifeste dans son souci de tenir compte de l'ensemble des données et de signaler les obstacles, comme dans ses mises en garde contre les tentations de la facilité. Il avertit ainsi les adversaires du marxisme, que « la lutte des classes est un fait autant qu'une doctrine, un fait enraciné profond, et qu'il n'est vraiment justiciable ni de la force, ni des réconciliations sentimentales, nécessairement éphémères [1] ».

Il dénonce de même la tentation « de projeter en rêve d'avenir on ne sait quelle nostalgie du passé ». Quant à la Révolution nationale, évoquée dans l'article d'*Esprit*, il évite de la critiquer directement, mais décrit les principes et les moyens de la révolution véritable en des termes qui font apparaître le décalage entre les deux. Les observations de Mounier, qui craint que son collaborateur n'ait « trop camouflé ses pointes » et que « l'ironie de certaines de ses formules ne frappe pas assez », indiquent assez les intentions de l'auteur, peut-être maladroitement exprimées sous la censure [2]. Ayant exposé les « difficultés » de la situation française, Beuve-Méry conclut sur l'effort qui mène à la « révolution humaine ». Effort intellectuel de critique et de synthèse d'abord, en commençant par rejeter « ... dans un même refus les slogans strictement publicitaires et les conceptions simplistes jusqu'à l'imposture [3] ». Effort moral aussi, pour découvrir le style de vie authentique, à travers « d'héroïques témoignages ». Face à ces exigences, l'œuvre hâtive et partiale entreprise par le régime ne peut pas ne pas apparaître dérisoire autant que dangereuse.

Vers la révolution personnaliste et communautaire

Ces positions sont explicitées dans une note manuscrite destinée à l'usage interne de l'École, composée de deux parties (« Pour une révolution personnaliste et communautaire » et « L'École nationale des cadres »), dans laquelle on peut voir un schéma d'exposé oral, sans doute présenté par Beuve-Méry aux instructeurs au printemps 1941 [4]. À partir de principes qui concernent les divers champs de la vie individuelle et collective, sont exposées d'une part des propositions de réformes institutionnelles, d'autre part des consignes de conduite politique concrète, données à titre d'exemple.

Les « principes fondamentaux », vigoureusement posés, sont fondés sur le primat de la personne, au nom de sa valeur spitituelle, et sur l'existence de la communauté. Celle-ci, sous ses diverses formes, est aussi indispensable à la personne qu'incapable de constituer sa fin, ce qui justifie la condamnation immédiate et radicale des doctrines nationale-socialiste et communiste.

1. « Révolutions nationales, révolution humaine », art. cit.
2. E. MOUNIER, *Entretiens XI*, note citée dans *Bulletin des amis d'E. Mounier,* 61, mars 1984, p. 10. L'article de Beuve-Méry, présenté inconsidérément par Z. Stemhell comme favorable au régime de Vichy (*Ni droite ni gauche, op. cit.*, pp. 307-309) est commenté avec une tout autre perspicacité à nos yeux, par L. Greilsamer dans *Hubert Beuve-Méry*, pp. 150-152.
3. H. BEUVE-MÉRY, « Révolution nationale... », art. cité.
4. Manuscrit, 4 p, communiqué par H. Beuve-Méry. Ce canevas très élaboré a été rédigé en 1941, probablement dès février (Segonzac en utilise l'architecture et de nombreuses formules dans une causerie à la promotion « Foucauld », fin mars; une partie du texte est d'ailleurs étroitement apparentée à l'article d'*Esprit,* dont elle constitue un développement). On peut y voir la substance d'un exposé programmatique de Beuve-Méry, présenté à l'équipe au moment où il prend en charge les études. Voir le texte reproduit en annexe, documents.

Référence est faite au christinianisme, mais la possibilité ou l'opportunité d'instaurer un « ordre chrétien » est présentée comme une question ouverte.

Les « principes dérivés » s'appliquent à tous les aspects de l'existence. Ce sont le souci d'équilibre entre des valeurs complémentaires (autorité et liberté, chef et communauté, État national et organisation européenne ou internationale), le culte du style de vie sur le plan moral, et l'exigence d'authenticité dans la pensée et de santé dans la culture du corps.

En ce qui concerne les réformes institutionnelles à promouvoir, Beuve-Méry ne construit pas un schéma de constitution politique et d'organisation sociale, mais trace une série de perspectives générales. Partant de la situation de la France en 1939 plutôt qu'en 1941, il ne tient guère compte des réformes amorcées par le nouveau régime, et note à nouveau que le possible sera largement conditionné par l'issue des « événements extérieurs ». Trois grandes lignes de force orientent sa réflexion.

C'est d'abord la volonté d'instaurer un *ordre communautaire*, en rétablissant des disciplines collectives contre l'individualisme anarchique (c'est le thème de « l'organisation ») et contre le règne de l'argent, et en instituant un équilibre entre un État à l'autorité renforcée et des corps intermédiaires restaurés (famille, profession, mouvements de jeunesse et écoles de cadres). Dans l'ordre économique, il s'inspire du dirigisme planiste d'Henri de Man : l'économie de marché est associée à la planification, et les entreprises sont réparties en trois secteurs, l'un socialisé, l'autre contrôlé, le troisième libre. Sur le plan social, le mot de corporation est cité, mais il se réfère, plutôt qu'aux diverses formes du corporatisme, à la formule de François Perroux : l'entreprise doit devenir « communauté de travail » à direction paritaire, à partir d'un syndicalisme obligatoire mais pluraliste ; la fin visée est la supression des causes de la lutte des classes. Les mesures de « consolidation » de l'institution familiale, d'instauration d'un « service national du travail » des jeunes, « toutes classes confondues », répondent au même souci d'organiser la vie communautaire, ainsi que le « très gros effort de culture artistique populaire » réclamé. C'est dans le domaine politique que les perspectives restent le plus incertaines. Comme il paraît évident que l'exécutif doive jouir d'une forte autorité, le texte se contente de poser, au nom du « binôme autorité-liberté », quelques-unes des limites essentielles destinées à empêcher la déviation vers la dictature. La forme du régime n'est pas définie, et le terme « démocratie » n'est pas employé [1].

Cependant l'ordre communautaire sera fondamentalement *pluraliste*. En matières économique et sociale, on vient de voir le rôle du marché, d'un secteur libre dans la production, du pluralisme syndical. Dans l'organisation politique, à défaut d'une séparation des pouvoirs à laquelle il faudra peut-être renoncer, les institutions devront assurer les moyens de l'expression et de la représentation des « gouvernés », d'un contrôle sur l'exécutif et de l'existence d'une opposition, à condition qu'elle ne mette pas en cause « le principe de la communauté (ni communiste, ni nazie) ». Si le régime parlementaire tel que l'a pratiqué la France au XXe siècle est évidemment condamné par prétérition, et les « anciens partis » rejetés (y compris les démocrates-chrétiens « entachés de libéralisme et de capitalisme »), la IIIe République n'en est pas moins jugée équitablement comme « un chapitre de l'histoire, avec ses grandeurs et ses fautes » ; la consigne est de « ne jamais faire chorus avec l'adversaire pour l'accabler ». La presse enfin « dans l'ensemble soumise hier à l'argent, aujourd'hui aux ordres », doit témoigner « contre la censure, de la liberté nécessaire de l'esprit ».

Organisé, pluraliste, le nouvel ordre doit être aussi animé d'une intention morale et d'un *dynamisme spirituel*. Outre l'abrupte et surprenante affirma-

1. « Pour une révolution personnaliste et communautaire » note manuscrite. Les citations qui suivent sont tirées de ce texte.

tion initiale : « Dieu à l'école et dans la cité », c'est l'appel à revenir à un style de vie austère et laborieux (« inspiré des meilleures traditions et des qualités de la race »), et à fournir un effort intellectuel pour découvrir les voies de la synthèse politique et sociale qui s'impose. Le système d'enseignement doit associer à sa mission d'instruction une œuvre d'éducation et organiser la pratique généralisée du sport. La famille, mieux protégée juridiquement et économiquement, doit recouvrer sa dignité. Mais comment réaliser, dans une nation comme la France, ce consensus minimal sur des fins morales et spirituelles, puisque les moyens de la violence totalitaire et de l'enrégimentement des esprits sont exclus ? La propagande et les slogans joueront certes leur rôle pour vulgariser les convictions, mais l'action essentielle est attendue des « Ordres ». Un Ordre laïc, c'est une communauté de personnes unies par un engagement volontaire de solidarité et de fidélité à une règle de vie, dans le cadre d'une vie familiale, professionnelle et civique normale. Constituant une élite indépendante des hiérarchies économiques ou politiques, vouée au rayonnement et non à l'exercice du pouvoir ou à la conversion des âmes, l'Ordre est un réseau d'influence propre à reconstituer le tissu social désintégré par l'individualisme et la défaillance des cadres de la nation. Organisme privé sans être clandestin, il pourrait recevoir une reconnaissance légale dans la société communautaire future, comme foyer d'expérimentation et force d'entraînement pour inventer un nouveau style de rapports sociaux.

Cet ensemble de perspectives institutionnelles ne doit rien, on le voit, aux doctrinaires de la Révolution nationale de Vichy, quoiqu'il porte évidemment la marque de l'époque et de ses incertitudes. Il est proche sur certains points – la famille, la conception de la laïcité – des propositions des démocrates-chrétiens des années 30, que Beuve-Méry a côtoyés à la revue *Politique*, mais s'en éloigne sensiblement en matière politique et économique. La parenté de vocabulaire et d'inspiration avec le mouvement *Esprit* est évidente, mais Beuve-Méry n'en retient ni la laïcité ni le lien avec la tradition proudhonienne. Les thèmes de la coopération et de la décentralisation sont absents, excepté la mention, comme idée à creuser « d'un retour aux provinces dans toute l'Europe », sur le modèle du fédéralisme suisse.

Au total, l'esprit des réformes esquissées n'est pas plus aristocratique que démocratique. L'accent est mis plutôt sur la nécessaire et difficile conciliation de l'autorité et de la liberté, de la communauté organique et des droits de l'homme, dans le triple refus des totalitarismes, de l'individualisme et de la dictature de l'argent. Quoiqu'il ne s'agisse pas d'un programme d'action politique, mais seulement d'un cadre général destiné à situer dans une perspective d'ensemble l'action éducative de l'École, on remarque l'absence de référence aux acteurs et aux moyens de la révolution souhaitée, en termes de forces sociales. La définition du moment et des méthodes de l'action révolutionnaire, qui a suscité tant de controverses en France même entre diverses tendances du socialisme marxiste, n'a aucune place ici. Révolution violente ou légale ? Conquête du pouvoir politique, ou lent travail d'éducation pour une révolution spirituelle ? Ces question ne sont pas posées.

Les perspectives lointaines étant ainsi jalonnées, il y a dans l'immédiat des actes à poser, des attitudes à tenir sur le plan politique. Le document énumère, « à titre indicatif », une série de jugements et de conduites qui découlent logiquement des principes posés. C'est d'abord le refus des « antis », c'est-à-dire des oppositions systématiques et négatives. Même à l'égard du nazisme et du communisme, l'affirmation positive de « la communauté personnaliste, qui obéit à ses lois propres et reprend son bien partout où elle le trouve », vaut mieux que toutes les critiques; on retrouve là le souci de « dépasser » les idéologies adverses. Les « anciens partis » sont l'objet d'une défiance globale, particulièrement l'Action française, le PPF et le PSF qui penchent, consciemment ou non, vers un national-socialisme totalitaire; ce sera l'objet d'un « décrassage politique » que de montrer comment et pourquoi. Quant à la Légion, à l'efficacité dérisoire malgré ses vastes ambitions, elle comporte des éléments dynamiques qui l'inclinent à un « empirisme prétotalitaire »; la consigne ne sera pas de s'en tenir à l'écart, mais de l'influencer par la pénétration d'hommes sûrs et organisés. En matière de presse, on soutiendra les organes qui s'efforcent d'échapper à la servilité, aux dépens de ceux qui s'y vautrent; on boycottera *Gringoire.*

En ce qui concerne la guerre enfin, Beuve-Méry est très net :

> L'Allemagne, entreprise hégémonique à base de principes inhumains, exclut dans sa forme actuelle toute collaboration qui ne soit contrainte, tactique ou trahison. La libération du territoire est une condition *sine qua non* de toute révolution nationale et de toute collaboration sincère. L'Angleterre [constitue] un élément extérieur mais irremplaçable de la Révolution nationale, impossible sans un écroulement nazi. [Il faut donc] distinguer les combattants gaullistes des fuyards et des planqués.

Quant à l'Union soviétique, il recommande de « ne pas compter sur son aide, mais ne pas faire le jeu allemand par peur du communisme ». L'adversaire est donc clairement désigné, d'autant plus que l'auteur, qui préconise l'organisation d'une communauté internationale, fait cette recommandation : « Opposer sans cesse le nouvel ordre allemand et l'ordre européen. »

Ces ultimes affirmations expriment plus nettement qu'aucun document diffusé ne pouvait le faire les perspectives dans lesquelles se situe l'action de l'École. La note annexe sur « L'École nationale des cadres » pourra bien répéter que l'objectif premier de l'École est de « vivre et faire vivre par les élèves les principes de la Révolution nationale », en y ajoutant aussitôt d'ailleurs l'objectif second « de poursuivre l'élaboration et la systématisation de ces principes »; il est clair désormais que l'expression « Révolution nationale » est à double sens, et que c'est une autre révolution qu'on vise en reprenant le slogan officiel, pour deux raisons. En premier lieu, parce qu'il ne peut être question de réaliser cette révolution sans libération du territoire et victoire de l'Angleterre, et ensuite parce que la véritable révolution, qui créera la communauté personnaliste, est d'une autre nature que l'opération entreprise par le régime. Que certaines initiatives de Vichy, surtout en ce qui concerne la jeunesse, rejoignent les directions tracées ou amorcent les réalisations futures, que même le chef de l'État puisse un jour, comme l'espère Segonzac, se révéler, contre son actuel gouvernement, favorable au combat pour la libération, ce n'est pas radicalement exclu; mais il est patent que l'équipe d'Uriage a désormais sa propre ligne politique. La note l'exprime à mots couverts, en signalant la situation de « porte-à-faux » où se trouve l'École devant la mission qu'elle se donne à elle-même :

> En effet l'École est officiellement placée sous le signe de la Révolution nationale. L'opinion aura donc tendance à lui appliquer les mêmes jugements qu'à la Révolution nationale, bons ou mauvais. Mais une action comme celle de l'École échappe, par définition, aux routines administratives, voire à certaines paresses ou timidités gouvernementales. Il lui arrivera donc d'être suspecte à certaines autorités insuffisamment révolutionnaires.
> Toutes ces difficultés sont plus ou moins inévitables. Elles commandent une certaine prudence mais ne doivent pas faire dévier l'École de sa ligne actuelle [1]...

Cette deuxième partie de la note de Beuve-Méry s'achève donc sur des propositions concrètes « pour aller de l'avant » selon cette ligne. Après avoir

1. « L'École nationale des cadres », 2e partie de la note manuscrite.

recommandé un effort de volonté et de rigueur dans l'organisation du travail de tous, il insiste sur les deux domaines où doit s'affirmer l'autonomie de l'École : la recherche (elle doit « constituer un centre d'études actif, en liaison avec les chercheurs orientés dans le même sens ») et l'action. Au stade préparatoire où l'on en est, celle-ci consiste à regrouper les anciens en amicale, en sélectionnant les meilleurs avec qui l'on gardera un contact plus étroit, et à peser le plus efficacement possible sur la sélection préalable et le placement ultérieur des stagiaires.

Il est difficile de mesurer exactement la portée de cette double note dont l'origine et la destination restent imprécises. A-t-elle été rédigée dans la solitude, ou vient-elle en conclusion d'une réflexion collective, d'un débat ? Il est sûr du moins qu'elle n'exprime pas une simple position individuelle, mais qu'elle propose à l'équipe une ligne de conduite et exprime des convictions et des résolutions destinées à prendre valeur de référence. À preuve la manière dont Segonzac l'utilise, en en reprenant certaines formules littéralement, dans le « Tour d'horizon » qu'il fait devant la promotion « Foucauld » en mars 1941 [1].

Ainsi prend forme la « synthèse » recherchée dès l'origine. La définition des « valeurs communes », dans le langage du personnalisme, est certes ici réduite à l'essentiel, mais le mérite du texte est d'en montrer la portée révolutionnaire sur les différents plans de la vie individuelle et collective. Les convictions spirituelles entraînent des choix économiques, sociaux, politiques, patriotiques et internationaux. L'option pédagogique prise au départ par les hommes d'Uriage est clairement située comme le moment préparatoire d'une action non seulement militaire comme cela a toujours été envisagé par Segonzac, mais civique, au service de la cité. Et de cette orientation découlent les formes d'action que l'École peut adopter immédiatement : multiplier les contacts et les collaborations, rassembler les anciens les plus convaincus comme pour préfigurer « l'Ordre » dans lequel se prolongerait l'influence de l'École.

À la fois « laboratoire et champ d'application, centre de recherches et centre de rayonnement », l'École doit conserver la priorité qu'elle a donnée à l'action pédagogique. Mais l'influence de Beuve-Méry l'amène à élargir ses ambitions en levant définitivement les hésitations à pénétrer dans le domaine politique. Le loyalisme dévoué envers le Maréchal que continue à professer Segonzac, la volonté de large rassemblement autour d'une tâche éducative et civique, ne dispensent pas plus l'équipe de préparer la future révolution institutionnelle et sociale, que de prendre dès aujourd'hui position devant les actes du gouvernement. À la confiance spontanée, quoique parfois inquiète, de loyaux subordonnés se substitue le discernement critique d'un groupe doté d'un projet révolutionnaire autonome.

Un travail collectif

La recherche doctrinale menée au long de la première année se traduira, à la fin de 1941, par la rédaction d'une sorte de charte où l'École présente les convictions qui l'animent et le rôle qu'elle se donne. Effort nécessaire, autant que difficile. La vie même de l'École exige une telle mise au point. En effet, on s'inquiète, non seulement à l'extérieur, mais aussi parmi les stagiaires, de mal comprendre au service de quelle cause précise l'enseignement de l'École invite à s'engager; ainsi le jeune inspecteur des Finances Paul Delouvrier note, dans le compte rendu très favorable qu'il publie de son stage de l'été 1941, que certains élèves trouvent les chefs de l'École « trop silencieux » et regrettent l'absence d'une doctrine et de consignes

1. D'après le carnet de stage d'André Pierre.

précises [1]. D'autre part, la création de l'association des anciens et la préparation du grand stage de formation de six mois obligent l'équipe dirigeante à préciser les convictions communes et les objectifs poursuivis. Mais la tâche est délicate, et les difficultés s'accumulent avec les interdits et les pressions croissantes dont l'École est l'objet. Après « l'orage » de l'été et l'interdiction de Mounier, il faut tempérer l'usage du vocabulaire personnaliste et communautaire. À l'automne, Garrone somme Segonzac d'abandonner l'ambition d'élaborer une doctrine; à ses yeux, la doctrine est déjà donnée, on la trouve dans les enseignements du Maréchal et les consignes du SGJ. Uriage doit se contenter de la mettre en application, et limiter ses recherches aux méthodes pédagogiques qui font son originalité.

On renoncera donc à parler ouvertement de doctrine, de révolution personnaliste et communautaire ou de positions politiques, pour s'attacher, avec plus de modestie apparente, à définir l'esprit d'Uriage. On se contente d'abord d'évoquer un triple principe : Primauté du spirituel-Sens de l'honneur-Culte de la Patrie. Segonzac le présente à l'automne, par écrit et oralement, comme le condensé des enseignements du Maréchal [2] et le propose à l'adhésion des membres de l'association des anciens [3]. On entreprend ensuite le travail collectif qui aboutira à l'adoption, en janvier 1942, d'une charte définissant « la mission, la règle et l'esprit d'Uriage ». Son élaboration paraît avoir été menée en quatre temps.

À l'approche du stage de six mois, on a demandé à plusieurs instructeurs de rédiger chacun un bref développement à partir de la formule « Spirituel-Honneur-Patrie ». Lallement en a fait une première synthèse, rédigeant un manifeste doctrinal intitulé « L'esprit de l'École », que l'équipe d'études a modifié et soumis, sous le titre « L'esprit d'Uriage », à l'ensemble des instructeurs, en sollicitant leurs observations avant une discussion générale. Mais ce projet est ensuite abandonné; c'est un nouveau texte, à la fois plus concis et plus complet, intitulé « La mission, l'esprit et la règle d'Uriage », qui est soumis le 15 janvier 1942 à la signature individuelle des instructeurs et qui constitue la charte de l'équipe [4].

« *L'esprit d'Uriage* » : *une profession de foi*

Le texte de l'équipe d'études intitulé « L'esprit d'Uriage », rédigé probablement à l'automne 1941, se présente comme un projet pour l'élaboration d'une charte à usage interne, « ... charte concrétisant et précisant les liens qui font de l'ensemble des instructeurs une communauté (...), exprimant l'adhésion solidaire de toute l'équipe à un ensemble de principes d'action (...), expression de la foi et de la volonté communes [5] ».

Conçue comme une profession de foi de l'équipe, la charte définira les principes beaucoup plus que les modalités de son action; aussi le projet s'attache-t-il à définir des valeurs, en commençant par les plus hautes, au risque de se perdre dans la métaphysique. C'est aussi en quelque sorte la règle de vie d'une communauté; le préambule s'appuie d'ailleurs essen-

1. P. Delouvrier, « Uriage, École nationale des cadres de la jeunesse », *Gazette de l'Inspection*, octobre 1941.
2. Éditorial, *Jeunesse. France*, 22 septembre 1941; allocution de clôture à la promotion « Roland », octobre 1941 (Cahier de stage d'A. Lecoanet).
3. H. Lavorel, « Chronique d'Uriage », *Jeunesse... France*, 1er novembre 1941.
4. Quatre documents dactylo., rédigés par des instructeurs; « L'esprit de l'École, rédaction Lallement », 5 p. dactylo.; « L'esprit d'Uriage », 9 p. ronéo., avec note aux instructeurs; « La mission, l'esprit et la règle d'Uriage », 8 p. ronéo., avec note aux instructeurs du 15 janvier (arch. ENCU).
5. « L'esprit d'Uriage », texte ronéo. d'où sont tirées les citations qui suivent.

tiellement sur l'expérience collective, et évite ainsi toute référence aux enseignements du Maréchal ou aux objectifs de la Révolution nationale :

> Les instructeurs de l'ENC forment une communauté qui, fondée sur l'adhésion de tous au même idéal concret, se cimente par l'esprit commun [... qui] constitue l'ambiance de l'École et doit en animer toutes les activités. Le faire rayonner dans le pays est la tâche essentielle de l'École. Le maintenir dans la communauté, en l'affirmant en toutes circonstances par des actes, est donc le premier devoir de chacun dans l'équipe des instructeurs.

L'esprit d'Uriage est défini en huit chapitres.

I. Sens et service du spirituel

Affirmation fondamentale : « Les réalités sensibles, les valeurs intellectuelles ou morales sont l'expression de réalités, de valeurs d'être, plus hautes, inexprimables mais également concrètes, qui sont la raison d'être de l'homme et donnent à la vie son sens. »

Seule « une foi religieuse » peut donner sa pleine valeur à cette affirmation; en son absence, l'idéal de « l'homme de bonne volonté » décidé à « se dépasser vers le haut » fondera déjà une authentique vie intérieure. C'est là que s'enracinent la conscience de la personne et sa dignité, qui consistent à répondre à une vocation. C'est là aussi que toute société prend son véritable sens; au-delà de l'économique et du politique, elle existe par et pour la communion des personnes. Or c'est par des actes qu'on sert le spirituel, « dans le charnel et selon un réalisme intégral », c'est-à-dire dans une tension féconde entre les exigences de l'esprit et « toutes les servitudes de l'incarnation ».

Dans le présent, c'est dans le domaine spirituel qu'il faut chercher aussi bien l'explication de l'effondrement français que les ressources nécessaires à une « rénovation nationale ».

II. Sens et service de la France

Ce territoire patrimonial « où s'est depuis des siècles incarné par prédilection le service du spirituel est le lieu sacré de notre attachement ». Aussi, en France, servir le spirituel c'est « aimer efficacement la Patrie » et participer à sa mission qui est – l'histoire le montre – « le service des plus hautes valeurs humaines, l'instauration et la défense d'un ordre politique et social favorable à leur libre épanouissement ».

L'amour et le service de la France sont plus que jamais requis « dans la crise présente où la perte du juste sens de l'homme et du spirituel a jeté le monde (...). Dans cette conviction vécue doivent communier tous les éléments de la communauté nationale – la diversité des aptitudes et des vocations convergeant dans l'unité de cœur et d'action sous le signe de la France ».

III. Sens et service de la rénovation nationale

La France de 1939 avait perdu conscience de cette mission (querelles égoïstes, facilités de la démagogie, polémiques idéologiques). La première tâche de la rénovation nationale est donc de « rendre aux Français le sens de la mission de la France », en rassemblant « tous les héritages du passé comme toutes les valeurs du présent, pour un effort créateur dans lequel se ressoude l'unité nationale ».

N'y suffiront ni « une quelconque réforme institutionnelle corrigeant les erreurs passées », ni l'effort pour rattraper le retard en imitant les autres nations. Il faudra certes tirer les leçons des « expériences étrangères », mais « c'est dans son style propre, selon ses traditions, qu'il faut reconstruire la France [... c'est-à-dire] promouvoir un ordre nouveau servant l'accomplissement de la personne humaine ».

IV. Esprit chevaleresque

Puisqu'il faut mener « dans les difficiles circonstances présentes et dans l'état actuel du pays » une « croisade intérieure », on fait appel à l'esprit chevaleresque, composé d'un ensemble de vertus : sens de l'honneur (« honneur personnel, honneur de l'équipe, honneur du pays »), loyauté, générosité, sens de la justice, sens de la grandeur dans la simplicité, goût de l'engagement, juste sens de la force, fidélité, goût de l'entreprise « poussé jusqu'au sens de l'aventure et du risque, sans vaine bravade mais non sans un certain panache ».

V. Esprit de communauté

Il est fondé sur « la communion dans une même foi, animant la diversité des vocations personnelles (...) au bénéfice de la cause commune ».

La « règle » de l'équipe en est l'armature; elle prévoit la franchise « de tous et entre tous ». « Les liens d'homme à homme qui tissent concrètement la communauté » sont aussi essentiels que l'attachement au chef, « clef de voûte de l'équipe ». Plutôt qu'une « impossible unanimité ou une pure et simple obéissance » est requise « l'adhésion loyale de tous aux principes de l'équipe ».

VI. Sens de l'élite

L'élite se définit, outre la compétence, par « la valeur spirituelle et morale, par laquelle l'homme s'élève sans se séparer ». Elle est constituée, dans toute collectivité, par le petit nombre d'hommes qui savent prendre le groupe en charge pour lui permettre d'accomplir sa mission. « Solidaire de la masse », l'élite a pour mot d'ordre de servir, et pour péché capital l'esprit de caste. La rénovation nationale a pour première condition « le dégagement et la mise en place des élites authentiques ».

VII. Sens social

Les vocations personnelles sont complémentaires et solidaires, on le montre par métaphore : « Les liens économiques, les liens charnels, les liens spirituels tissent sur triple chaîne la trame des destins des communaués humaines; les fils des destins individuels s'y entrecroisent en une indissoluble solidarité. » Chacun, conscient de cette communauté de destin, devra voir en tout homme un semblable, être attentif à toute souffrance, et d'autre part se soumettre aux lois de la « construction sociale » : « Autorité, hiérarchie, organisation, interdépendance, limitation de la liberté. Et surtout sacrifice des biens individuels au bien commun dans tout ce qui est temporel... »

VIII. Goût de l'action

Ce dernier chapitre, que l'avant-projet ne comportait pas, ramène brusquement aux nécessités du moment présent et au thème de l'action efficace : « C'est sur le plan des réalités sociales et politiques qu'il faut porter la lutte, car l'heure n'est pas aux jeux idéologiques gratuits. La liquidation effective du désordre établi et la construction d'un ordre nouveau exigent des hommes qui aient le goût de l'action (...), le sens de l'effort, le sens des servitudes matérielles (...), de l'affirmation de la personnalité dans ses actes, le goût des joies viriles que procure l'action (...), le souci de l'efficacité rejoignant celui de l'authenticité. »

Ainsi s'achève cette singulière profession de foi, où un organisme d'État se définit comme « communauté » partageant une mystique, dans un langage philosophique, parfois scolastique, et orné de lyrisme claudélien. C'est le style de Lallement, auteur d'un avant-projet que l'équipe d'études a modifié principalement sur deux points, un ajout et une suppression.

Le dernier chapitre consacré à l'action corrige en finale ce qu'avait d'éthéré un texte où il était beaucoup question d'« incarnation », de « solidarités charnelles », d'« enracinement » et de « réalisme intégral », mais fort peu de la situation concrète du pays et des choix qu'elle implique. D'autre part, on a supprimé un chapitre intitulé « Loyauté envers le Maréchal », où Lallement écrivait :

> Le Maréchal représente à l'heure actuelle le symbole de l'unité française et de l'effort de reconstruction (...). En cette loyauté, se résolvent les questions nombreuses que les angoisses du présent justifient quand on a le souci profond du corps et de l'âme de la France – mais qui, en l'absence de qualifications et d'informations étrangères aux instructeurs de l'École, ne sont justiciables que d'un acte de foi dans les destins de la France et la personne du chef de l'État.

Attaquant de front cette délicate question, Lallement lui donnait une réponse décevante, en proposant de dépasser les interrogations légitimes dans un acte de foi. C'était aligner l'École sur les positions de civisme apolitique et de confiance inconditionnelle dans le Maréchal que défendaient Garrone et les dirigeants des Chantiers, dont Uriage s'est précisément séparé au cours de l'année 1941. Mais en éliminant ce chapitre, l'équipe d'études a supprimé toute référence au Maréchal, de même qu'à la Révolution nationale puisqu'on lui substitue la « rénovation nationale », sans évoquer aucunement la devise Travail-Famille-Patrie. L'intention de marquer une distance est nette.

Ce projet de l'équipe d'études n'a pas été retenu; on ne sait pourquoi mais on peut formuler deux hypothèses. Le texte a pu être rejeté après discussion par l'ensemble des instructeurs, pour des raisons de forme (langage et raisonnement trop métaphysiques) ou de fond (idéalisme, défaut d'insertion dans le quotidien), ou abandonné après le départ de Lallement. Peut-être Beuve-Méry, dont on croit reconnaître le style dans le chapitre ajouté sur l'action, a-t-il alors pris l'affaire en main et proposé une présentation plus proche de l'expérience de l'équipe. Seconde hypothèse : on a pu juger trop compromettant ce texte doctrinal, au moment où Garrone reproche à Segonzac de prétendre faire sa doctrine lui-même au lieu de se contenter de la recevoir du Maréchal et de ses interprètes. La tension qui règne depuis l'automne entre l'École et le pouvoir de tutelle exige peut-être, à la veille du stage de six mois dont on attend beaucoup, plus de prudence et de modestie dans un texte qui engage toute l'École.

La charte de la communauté (janvier 1942)

C'est donc un texte présenté tout autrement qui sera effectivement adopté à la fin de janvier 1942, pour l'ouverture du stage de six mois, sous le titre « La mission, l'esprit et la règle d'Uriage » [1]. Segonzac en avait annoncé la mise au point dans un message aux instructeurs pour le 1er janvier. Analysant les forces et les faiblesses de l'équipe, il relevait les critiques ou les hésitations devant « le caractère un peu aventureux, un peu en marge, de la mission de l'École » et affirmait :

> La prise de conscience des réalités nous a posé le problème de la mission de l'École. On s'inquiète de ne pas savoir très bien où l'on va, de ne pas assurer les arrières, de manquer de témoignages de satisfaction. Sait-on où va la France ? Veut-on des décorations ?
> Uriage, né de rien, mène un combat très dur qui doit l'amener à réaliser une institution vraiment révolutionnaire à côté d'institutions officielles qui ne modifient rien à l'ancien état de choses (...).

1. Voir le texte reproduit en annexe, documents.

> D'autre part, la communauté de l'École est en petit une véritable communauté nationale (...); non seulement elle peut être la seule à pouvoir penser sainement les problèmes de l'heure mais elle a un témoignage à donner. *Et ceci constitue l'essentiel de sa mission; y manquer serait grave.*
> (...) Je suis absolument convaincu de la grandeur de la mission d'Uriage. Elle frappe en général les étrangers à l'École (...). Si des défaillances se produisent, nous continuerons sans les défaillants (...).
> Au cours du mois de janvier nous nous efforcerons à préciser cette mission, à associer nos convictions, à refaire une fois de plus, sans nous lasser, l'unité [1].

La charte adoptée est donc centrée sur la mission d'Uriage; elle prend son point de départ dans la situation et l'expérience de l'École, et non dans les définitions métaphysiques comme le projet précédent. Elle manifeste plus de prudence tactique (en rétablissant notamment la référence au Maréchal et à son entreprise de rénovation), plus de sens pédagogique aussi en insistant sur le type de formation qu'entend donner l'École, plus de réalisme en situant son action dans le contexte global « de la crise sans précédent que traverse le monde », plus de rigueur enfin en insistant sur le rôle de l'autorité et de la discipline dans l'équipe.

La mission d'Uriage, est de former « une élite de jeunesse » pour les tâches futures, en faisant « des hommes aussi complets que possible, des Français de bonne race, des chefs également aptes à servir et à commander »; cette formation comporte l'éducation de la vigueur physique, la culture de l'intelligence, la formation civique et sociale, l'éducation spirituelle et morale et la préparation technique au commandement [2].

L'esprit commun est imposé par cette mission; il comporte « une foi généreuse dans l'œuvre commune, l'adhésion commune à un certain nombre de valeurs (spirituel-honneur-Patrie), un souci commun d'efficacité ». L'efficacité est fondée sur le sens du réel et la mise en œuvre des qualités propres à l'action (l'exemple, le juste sens de la force, les compétences techniques, le sens de l'équipe et le sens du chef).

La règle enfin, substituée à la première « règle de communauté des chefs » de 1941, comporte quelques grands principes et des articles pratiques. Conservant les normes générales de vie commune et les grands rituels, elle y ajoute une réglementation concernant l'admission et l'exclusion des équipiers, la sanction des fautes et l'organisation du travail.

Comparé au projet précédent, ce texte est plein d'énergie mobilisatrice. Au nom de la mission que l'École se donne dans une situation de crise nationale et mondiale, il présente les valeurs spirituelles et les principes d'action comme des exigences impérieuses; la règle de vie de l'équipe en constitue la première application. Renonçant à justifier philosophiquement ses affirmations doctrinales comme à préciser la portée politique de son action, l'équipe semble songer surtout à renforcer sa cohésion, sa discipline et la volonté de ses membres de faire œuvre commune (l'adjectif « commun » revient dix fois dans les cinq premières pages, associé aux termes : œuvre, mission, esprit, responsabilités, etc.).

Plutôt que de définir théoriquement la foi « dans l'aspiration de l'homme vers le divin, dans la vitalité et l'unité profonde de la communauté nationale, dans la mission universelle de la France », on préfère affirmer qu'elle doit inspirer « l'engagement total, le sacrifice jusqu'à la victoire ou à la mort ». Quant au spirituel, il est défini plus nettement qu'auparavant :

> C'est l'aspiration profonde de l'homme à des réalités invisibles qui le dépassent, donnent à sa vie sa raison d'être, son sens et son prix.

1. « L'année 1942 sera décisive pour Uriage... – Vieux Chef, 1er janvier 1942 », 2 p. ronéo., (arch. ENCU).
2. « La mission, l'esprit et la règle d'Uriage », 8 p. ronéo. (arch. ENCU), document dont sont tirées les citations suivantes.

> Cette aspiration qui est toujours de nature religieuse est la part divine de l'homme. Elle lui permet d'atteindre à l'unité de conscience ou d'esprit, d'ordonner toute sa vie à une vocation, d'assurer la fidélité de son témoignage, en un mot d'être une personne. Ce qui n'implique pas nécessairement l'adhésion à une religion déterminée : croyants et non-croyants sont, en France, assez pétris de christianisme pour que les meilleurs d'entre eux puissent se retrouver, en deçà des révélations et des dogmes, à la hauteur de la communion des personnes, dans une même recherche de la vérité, de la justice et de l'amour.

La Patrie est toujours à la fois héritage du passé, sens de la terre nourricière, et foi dans « les promesses de l'avenir (...), une volonté de vivre, un appel, une mission »; les valeurs spirituelles dont le service constitue « la mission universelle de la France » sont nommées : la vérité et la justice.

Ces valeurs présentées comme des exigences pressantes ne sont pas dissociées de leurs implications concrètes. La mission d'Uriage réclame « la connaissance pratique des données charnelles, le respect des lois de l'action temporelle et des données de l'expérience ». D'où l'insistance sur le sens de la force, vertu que la défaillance des chrétiens avait abandonnée aux interprétations nietzschéennes; sur l'esprit d'équipe, qui implique le dévouement total de tous et de chacun à l'entreprise commune, et assure le partage des tâches et la convergence des efforts; sur le rôle du chef enfin, qui mérite « une obéissance spontanée et totale pour l'édification de l'œuvre commune », mais ne doit susciter « d'attachement personnel » que par référence à la mission de l'équipe, qui est première.

En matière de positions politiques, la charte reprend la tactique familière à Beuve-Méry cette année-là. Le contexte national et mondial est nettement évoqué, mais le silence est fait, hormis quelques références conventionnelles, sur la Révolution nationale. Le préambule évoque « la crise sans précédent (...) qui engage toute les valeurs », dans laquelle la France « a un rôle nécessaire à jouer », à condition de « se rénover ». La suite du texte s'abstient de proposer des objectifs explicites, le mot « politique » est même évité. On évoque à trois reprises le Maréchal et ses enseignements, en se gardant de définir une attitude précise à son égard. Dans la nouvelle règle de l'École, les deux premiers principes de la première règle de communauté ont disparu : il n'est plus question de loyalisme absolu envers la personne du Maréchal, ni de soumission totale à ses ordres. Le premier article de la règle de 1942 se contente de définir l'équipe : c'est une « communauté ordonnée à sa mission sous les ordres du Vieux Chef ».

On fait donc référence au Maréchal comme à celui qui a indiqué une voie, préconisé un effort, donné un cadre pour une recherche; il reste à la mener à bien, en doctrine comme en application, et ce sera une œuvre de longue haleine. Ainsi, à propos de la formation civique et sociale : « L'École apprend aux futurs chefs, dans la ligne tracée par le Maréchal, les lois naturelles profondes, l'organisation présente, les réformes nécessaires ou souhaitables de la Famille, du Travail et de la Cité. »

Formule pesée, qui réussit à éviter l'approbation comme la critique des réformes effectivement réalisées ou annoncées! On évite à nouveau de citer exactement la devise du régime, auquel on ne fait pas d'autre allusion. Toutefois la charte évoque prudemment la vigilance nécessaire aujourd'hui devant la propagande totalitaire, et la préparation de l'action armée de demain : au chapitre des compétences techniques à diffuser, elle affirme qu'il faut

> ... connaître, pour mieux s'en défendre ou s'en servir, la puissance des moyens modernes de persuasion : presse, radio, cinéma, etc.; connaître également, pour ne pas risquer d'être pris totalement au dépourvu, la technique moderne des révolutions ou contre-révolutions armées.

Moins explicite sur les positions de l'équipe que tel document à usage interne, la charte reprend les techniques habituelles des textes semi-publics : silences, allusions voilées, formules révérentielles destinées à faire passer un message hétérodoxe. Entre l'affirmation provocante de ses pensées profondes qui serait suicidaire et la reproduction du discours officiel qui mentirait et égarerait, on choisit ici l'expression à demi-mot qui évite le scandale tout en alertant les incertains par son ambiguïté même. Le résultat risque de paraître décevant aux autorités comme aux fidèles de l'École.

Mais l'essentiel est sans doute ailleurs. La charte, en donnant la priorité à la mission de l'École, exprime la volonté de l'équipe de définir elle-même cette mission, à la lumière de ses convictions et de son expérience. La mission en effet n'est pas entendue au sens du langage militaire (objectifs fixés par l'autorité supérieure), mais au sens du discernement d'une vocation par une conscience libre convaincue d'avoir à répondre à un appel. L'équipe d'Uriage, au-delà du statut que lui a donné la loi, prétend se définir par ce qu'elle choisit de faire, en fonction des circonstances et de sa propre idée du nouvel ordre. En ce début de 1942, après seize mois d'activité, l'adoption de la charte signifie que l'École a conservé l'autonomie de ses origines, tout en précisant sa ligne et en étendant son champ d'action.

Il reste que ces textes ne sont qu'une expression partielle et approximative, avec leurs silences volontaires et leur caractère abstrait, de ce que vit l'équipe quotidiennement. Tentons d'en donner une idée plus précise.

UN STYLE DE VIE

Le travail des intellectuels est étroitement associé, dans la période de préparation du stage de six mois surtout, à l'expérience pédagogique des instructeurs d'une part, mais aussi à l'effort de l'ensemble de l'équipe pour incarner le style dont elle prétend donner l'exemple.

Les intellectuels dans l'équipe

En poursuivant avec obstination la formation d'un véritable bureau d'études et en en confiant la direction à Beuve-Méry, Segonzac n'a jamais songé à faire d'Uriage le foyer d'une école de pensée originale, encore moins à rivaliser avec l'Université, lieu de développement et de transmission du savoir. Il sait, d'instinct en quelque sorte, que la recherche de la connaissance fait partie, comme la création artistique et la formation du caractère, du développement de la personne. En outre, entendant mener une recherche collective sur les principes et les moyens du redressement national, il a voulu bénéficier de diverses compétences et disposer de quelques têtes bien faites, capables de prendre du recul et de poser les vraies questions. Mais ce travail intellectuel n'a jamais été conçu comme séparé et autosuffisant; il est une contribution à la vie de l'équipe. Dans ce laboratoire qu'entend être l'École d'Uriage, le produit dont on poursuit l'élaboration ce sont les hommes, les « chefs » (c'est-à-dire les élites nouvelles, destinées à montrer la voie aux masses). Les réflexions et les savoirs théoriques ne sont cultivés que pour servir cet objectif pratique. Comme le dira plus tard Gilles Ferry :

> il est nécessaire que le problème de l'homme, si souvent posé en termes abstraits, trouve quelque part une réponse concrète et que les meilleurs puissent travailler ensemble à la recherche d'une sagesse, la vivre, la traduire dans un

style et se préparer ainsi à leurs responsabilités. C'est la tâche que s'est fixée Uriage » (...).

À la différence d'un programme d'université qui est centré sur une matière, sur un thème général ou sur un auteur, celui-ci [le programme intellectuel du stage de six mois] est centré sur l'action. Cela ne signifie point qu'il bannisse toute connaissance théorique ou abstraite, toute ouverture sur les problèmes généraux. Mais l'abstraction n'est atteinte qu'à partir des données de l'action et pour éclairer et élargir l'action (...). Bref, on ne cherchera à acquérir une culture que pour déterminer un comportement [1].

C'est donc une connaissance pour l'action qui est demandée aux intellectuels dans l'équipe. Pour ceux d'entre eux dont la formation était achevée, surtout s'ils sont entrés dans l'équipe après qu'elle eut fixé son style, l'adaptation n'allait pas de soi. Les témoignages ne manquent pas sur les difficultés suscitées par cet effort d'intégration; les plus jeunes surtout des instructeurs, et les plus marqués par l'esprit scout ou militaire, se sentent quelque peu étrangers aux réflexions des intellectuels et craignent leur dédain. Cet écart habituellement voilé se manifeste parfois au grand jour, au cours de vives explications. Il est surmonté grâce aux rôles complémentaires que tiennent Segonzac, attaché à l'apport des intellectuels autant qu'intéressé, voire amusé par leurs joutes dialectiques, et Beuve-Méry, dont la personnalité en impose à tous, même à ceux qui jugent son esprit « négatif » ou « intellectuellement anarchiste [2] ». Et l'équilibre réalisé entre les tempéraments et les spécialités apparaît avec le recul comme une des réussites originales d'Uriage. L'intégration à l'École d'un Reuter, avec l'aisance et l'humour qui le caractérisent, la manière dont un Chevallier sait trouver les mots pour parler du style, portent témoignage de cette réussite. Le premier expliquera longtemps après, pour rendre hommage au second, comment ils concevaient leur fonction d'enseignement auprès des stagiaires :

Tout désorientait les jeunes de France. Que leur dire, qui respecte la liberté de leur conscience et qui reste vrai quels que soient le tour et le détour d'événements qui nous échappaient totalement?

Un évident bon sens nous dictait à tous une réponse simple : les années qui s'annonçaient seraient dures; en tant que Français nous serions à la fois seuls et solidaires, et impliqués dans les déroulements indéfinis d'un processus révolutionnaire à l'échelle mondiale; la France vaudrait finalement, dans tous les sens du terme, ce que vaudraient ses enfants en force physique, intellectuelle et morale. Ces convictions ne nous dotaient point d'une morale au sens philosophique du terme et encore moins d'une idéologie politique. Elles posaient cependant quelques principes et postulaient quelques attitudes fondamentales; cela ne dispensait pas d'autres choix mais il était déjà ambitieux de vouloir marquer de ce sceau ceux qui approcheraient notre équipe [3].

Le travail intellectuel est essentiel dans l'équipe d'Uriage, sans être premier; il vient préciser et prolonger un consensus qui tient aux « attitudes fondamentales », aux réactions « instinctives » (le mot est cher à Segonzac [4]). Se confiant en juillet 1941 à un journaliste, le chef de l'École déclare : « Nous commençons à peine à respirer, déjà on nous recouvre de critiques! Il paraît que nous n'avons pas de doctrine! Et on crie au scandale! (...) Il faut bien vivre, avant de s'endoctriner! Mon Dieu! Nous espérions

1. G. FERRY, *Une expérience de formation de chefs...*, *op. cit.*, pp. 10 et 72-73.
2. Témoignages de Charles Muller, Gilles Ferry, du général Dunoyer de Segonzac, de Lucette Kellermann et de François Ducruy.
3. P. REUTER, « Souvenirs d'Uriage », *Histoire des idées...*, *op. cit.*, p. 243.
4. P. DUNOYER de SEGONZAC, « Vie communautaire et style de vie », éditorial de la dernière livraison de *Jeunesse... France-Cahiers d'Uriage*, décembre 1942.

apprendre... en enseignant, et, en éclairant nos pensées, les formuler petit à petit [1]. »

Les intellectuels qui exercent une influence sur l'évolution morale et surtout politique de l'équipe sont ceux qui ont d'abord fait la preuve de leur capacité à s'intégrer à la communauté, à se soumettre à la mission commune et à la règle qui en découle, ceux qui participent le plus pleinement au « style de vie » commun.

La règle et le style

« Une communauté », c'est la notion à laquelle se réfère la nouvelle règle de 1941 dès son premier article, pour définir l'équipe d'Uriage [2]. Communauté au sens fort, c'est-à-dire un groupe d'hommes aux talents et aux fonctions complémentaires, formant un tout cohérent, rassemblés par la conscience d'un objectif commun et l'obéissance à un chef; chacun y prend, à la place qui est la sienne, sa part de responsabilité dans la réussite de l'œuvre commune et y engage son honneur.

Dans la suite de ce texte, les mots clés constamment répétés sont, avec « communauté » (art. 1, 2 et 9) ou « équipe » qui le remplace ailleurs, ceux de « mission » (art. 1, 3, 8, 10 et 11) et d' « honneur » (art. 1, 2, 10, 15 et 25). L'engagement de chacun des membres de l'équipe ne porte pas seulement sur l'acceptation de la discipline commune et l'effort pour remplir de son mieux la tâche qui lui est confiée, mais aussi sur le devoir d' « enrichir et fortifier la communauté ». Les procédures définies (art. 8, 9) pour l'admission de nouveaux membres le manifestent; le nouveau venu passe par quatre étapes : appel décidé par le Vieux Chef, temps de préparation (stage à Uriage ou dans une école régionale), agrément qui l'intègre dans l'équipe à titre temporaire, admission définitive deux mois plus tard. Symétriquement, la règle prévoit le cas du départ volontaire d'un équipier, soumis au consentement du Vieux Chef. D'autre part, la règle ne prévoit pas de punitions disciplinaires, mais des pénalités morales qui vont des réprimandes au blâme public; au-delà, l'exclusion est la seule peine prévue contre ceux dont la conduite compromet la mission commune ou porte atteinte gravement à l'honneur. Tous ces traits traduisent l'importance donnée au sens de l'honneur comme motivation essentielle des équipiers et ciment de leur cohésion : conscience et fierté de ce qu'on se doit à soi-même, respect réciproque et sentiment d'une responsabilité partagée. La devise : « Plus est en nous » exprime ce climat.

L'obéissance « entière en esprit et en fait » aux ordres du Vieux Chef vient ensuite, complétée par le devoir d'initiative, et suivie des deux vertus de « franchise totale, sincérité absolue » et de gaieté. On sait le rôle du chef de la communauté, son autorité sans appel; aucune contestation sérieuse ne paraît avoir jamais surgi à ce sujet, aucun de ses équipiers ne s'est senti diminué d'accepter une telle autorité. Le fondateur de la communauté en a choisi chacun des membres, en instituant un lien personnel qui double le lien collectif sans se confondre avec lui. Il est celui qui incarne la conscience collective d'une mission, l'éveilleur, l'aiguillon des enthousiasmes et des énergies, autant que le responsable qui porte la charge du développement de l'entreprise. Autorité charismatique évidemment, mais fondée sur la confiance réciproque et la foi partagée, et sur la libre décision de réaliser ensemble une œuvre de longue haleine. L'obéissance exigée et promise dans ces conditions est tout autre que celle que requièrent la discipline militaire ou la hiérarchie administrative. Elle est plus proche de la

1. R. Benjamin, « La France retrouve son âme », *Candide*, 17 septembre 1941.
2. Voir en annexe « La mission, l'esprit et la règle d'Uriage », III, la Règle.

vertu d'obéissance pratiquée dans les communautés religieuses qui respectent la conscience de leurs membres. Réclamant beaucoup plus que la discipline extérieure, elle se soucie de développer et d'éduquer la liberté intérieure de chacun. Ainsi l'individu reconnaît qu'il ne s'appartient plus et agit en conséquence, sans s'être donné à un maître, puisque c'est la mission à laquelle il a choisi de se vouer qui commande l'obéissance.

Les autres obligations ou recommandations que comporte la règle ont un objectif tantôt utilitaire tantôt symbolique. Aux yeux de Segonzac, la présence d'une part de contrainte est tout aussi indispensable que celle de « traditions » qui se sont spontanément formées avant d'être codifiées. Leur fonction est symbolique, quasi liturgique, l'esthétique et le gestuel exprimant et développant l'âme commune [1].

Dans ce cadre communautaire, l'équipe cultive un style de vie marqué par les fameuses vertus viriles à l'honneur dans ces années : exercice régulier et intense du corps, entraînement du caractère, force d'âme dans la décision et dans l'action. Comme on le verra à propos de l'exhortation de Jean-Jacques Chevallier appelant ses auditeurs à rechercher « l'ordre viril et l'efficacité dans l'action », il ne s'agit pas d'une imitation ni d'une contagion inconsciente du fascisme exaltant le héros viril. La différence est nettement marquée par l'affirmation constante de la vocation unique de chaque personne et la part maîtresse qui est donnée au spirituel. À chacun de découvrir et d'approfondir ses raisons de vivre, l'appel divin ou l'exigence intérieure auxquels il lui faut répondre pour devenir lui-même. Que l'accent soit mis sur la force virile et sur l'honneur aristocratique, c'est incontestable ; l'équipe d'Uriage répond par là, dans le style qui lui est propre, aux aspirations communes des jeunes hommes de la génération de 1930-40, marqués par l'humiliation profondément ressentie de la défaite et la perspective de la réduction en esclavage [2]. Quel qu'en soit le vocabulaire, l'exaltation de la force, du courage et de l'endurance est, pour les éducateurs patriotes, aussi nécessaire psychologiquement – retrouver la fierté – que politiquement – préparer le combat de la libération. La charte de l'équipe fait une place au « juste sens de la force », explicitement opposé au concept nietzschéen, et le Père de Lubac analysera à Uriage en 1942 la notion d'« ordre viril » ; au même moment, Étienne Borne rapproche, en les distinguant, morale chrétienne et morale héroïque, et la JEC étudie la virilité [3].

Dans la vie quotidienne de l'équipe, le culte des vertus viriles et aristocratiques est équilibré par la pratique d'une morale très classique, plus proche de la conscience professionnelle des bons artisans que de la recherche de la prouesse. Ainsi la règle insiste sur la ponctualité, l'effort constant pour combattre la négligence et le gaspillage, le dévouement et la rigueur dans l'accomplissement des tâches. L'effort demandé à chacun pour faire de son mieux et tenter parfois de « se dépasser », est tempéré par la camaraderie et la bonne humeur au sein de l'équipe, où la confiance mutuelle s'exprime en relations franches et rudes, dans le respect de la vie privée de chacun. Il y a bien plus de sagesse réaliste et de sens de la mesure dans le style de vie effectivement pratiqué à Uriage sous la conduite de Segonzac et de d'Alançon, que ne le donne à croire l'image simpliste de « moines-chevaliers » cultivant avec exaltation les vertus héroïques dans leur austère retraite.

Évidemment, la réussite de cette ambiance collective ne va pas sans ombre pour l'un ou l'autre. Tel membre de l'équipe jugera ultérieurement que le climat d'enthousiasme et d'émulation régnant sous une autorité cha-

1. Voir le texte cité de P. Dunoyer de Segonzac, « Vie communautaire et style de vie ».
2. Voir G. Gadoffre, « Uriage et le style militaire », *Esprit*, mai 1981, pp. 37-38.
3. E. Borne, « D'un héroïsme chrétien », *Jeunesses et communauté nationale* ; A.-R. Michel, *La JEC face au nazisme et à Vichy, op. cit.*, p. 226.

rismatique l'a amené à forcer ses talents; trop jeune et mal préparé, il a imité des « chefs » qu'il admirait, comme on joue un rôle. Un autre évoquera sa gêne croissante dans cette « communauté » improvisée, qui tient du régiment et du monastère sans assurer à ses membres ni la liberté intérieure que laisse aux soldats la discipline formelle de l'armée, ni la respiration personnelle que permet la règle du silence monastique; pour lui, il y a trop de paroles à Uriage, et trop de souci de se modeler sur un type idéal. D'autres regrettent que la ferveur des débuts, où ils ont trouvé une qualité spirituelle exceptionnelle, se soit diluée – à cause de certains départs peut-être, ou par le simple effet du développement des activités. Difficultés et lacunes sans doute réelles, mais il reste que pour l'ensemble des participants, le style de l'équipe d'Uriage a été à la fois exaltant et équilibré, échappant aux dérives névrotiques qui guettent les communautés élitistes ou sectaires inspirées d'un idéal fort : dérive vers la soumission aveugle au chef, l'activisme forcené, le culte de la prouesse ou la rêverie stérile.

Le style de vie pratiqué par l'équipe d'Uriage comporte des traits saillants, qui frappent le visiteur : noblesse austère du cadre, ordre et discipline, rythme plein des activités, rudesse des exercices physiques, netteté de la tenue et force des rites. Mais tout cela est « ordonné », comme le dit la règle, à ce que l'équipe appelle sa mission : la patrie à libérer, les élites à éveiller et mobiliser, la synthèse à élaborer, projets entrelacés qui sous-tendent toutes ses activités. Les visiteurs les plus attentifs le notent, comme Paul Reuter, qui a ressenti un « choc » à son premier contact avec l'École. Uriage, pour lui, « c'est la France », tout autrement que le décor militaire de Vichy qui évoque une dérisoire principauté d'opérette; c'est l'ouverture sur l'avenir, loin des routines de la IIIe République dont il a la nausée; c'est un climat de liberté et de véritable résistance [1]. Il le décrira plus tard :

> Ceux qui animaient ce lieu (...) étaient avant tout portés par l'amour d'une France, dont l'image certes variait beaucoup de l'un à l'autre, mais qui pour tous était appelée à vivre, où l'on respirerait librement et qui serait faite de nos efforts et de nos sacrifices. Incertitudes ? Certes, mais créatrices d'un avenir dont la reprise attendue des combats, puis leur fin définitive, ne marqueraient que la phase initiale. Illusions ? Certes (...). En tout cas, on ose à peine l'écrire aujourd'hui, le drapeau qui flottait au grand mât et laissait onduler les trois couleurs sur les sapins noirs faisait battre nos cœurs : là nous étions en France [2] !

Joffre Dumazedier, soucieux de cerner la spécificité d'Uriage en réagissant contre les visions simplistes qui en font la matrice de toutes les expériences ultérieures d'éducation populaire, soulignera ultérieurement le caractère circonstanciel du rassemblement de forces culturelles différentes réalisé à Uriage, « provoqué par une situation historique aujourd'hui dépassée », et « les origines idéologiques dominantes de l'équipe d'Uriage »; ce qui rendait « très minoritaires » (mais non pas marginaux) les représentants des « courants laïques à orientation sociale et socialiste » parmi lesquels il se situait. Il témoigne en même temps de son adhésion au style de l'équipe :

> L'École d'Uriage avait mis l'accent non seulement sur le sens national et le rejet de l'idéologie nationale-socialiste, mais encore sur la nécessité pour chacun de forger son caractère, d'avoir un idéal et de vivre un engagement spirituel ou social de toute sa personne. Des activités d'Uriage, rayonnait un dynamisme qui a fait le succès de notre équipe, autant que ses conférences ou ses discussions de groupes. Contre la passivité et le conformisme, Uriage encourageait (...) un style de vie où le développement du corps équilibre celui de

1. Témoignage de Paul Reuter.
2. P. Reuter, « Souvenirs d'Uriage », *Histoire des idées..., op. cit.*, p. 241.

l'esprit, où le développement du caractère est aussi important que l'acquisition de la connaissance. (...). Nous étions nombreux, de toutes tendances, à adhérer profondément à cette exigence à la fois du corps et du cœur et de l'esprit. Même quand nous ne la réalisions pas de la même manière avec les mêmes valeurs, nous prenions part aux mêmes activités (...). Il régnait à Uriage un esprit de tolérance et de fraternité dont tous bénéficiaient [1].

Et Bénigno Cacérès explique à son tour :

Uriage a créé un style de vie. Il s'agissait de changer l'Homme. Certes, dans les discussions certains affirmaient que, pour changer l'homme, il fallait d'abord ou en même temps changer la société. Des principes s'affrontaient mais une unanimité existait pour considérer que l'éducation était première, indispensable (...). Peut-être cet art de vivre, cet échange et cette communication établis entre les hommes sont-ils l'apport essentiel d'Uriage [2].

Cependant l'équipe de l'École, dès la fin de 1941, s'interroge sur le prolongement éventuel à donner à sa vie communautaire; le projet de former un Ordre se fait jour.

L'idée d'un Ordre

On a vu que Beuve-Méry citait, parmi les instruments de la révolution personnaliste et communautaire, des « Ordres, privés à l'origine, susceptibles de devenir des institutions avec un triple but de recherche, exemple, action »; avec les écoles de cadres, ils formeraient les foyers générateurs de la société nouvelle. L'idée d'un Ordre d'Uriage a émergé dans les conversations de l'équipe en 1941. Visiteur de l'École en octobre, Alfred Fabre-Luce, voyant dans cette « réunion d'hommes jeunes et ardents, dans un lieu sublime dont les femmes sont exclues (...) comme la première cellule d'un monde nouveau introduit dans un monde usé », conclut : « À la France de Pétain survivra, au besoin, un Ordre des Chevaliers d'Uriage [3]. » La formule est peut-être de lui, mais l'idée était dans l'air.

La référence à une chevalerie médiévale idéalisée a été dès l'origine un des éléments du climat d'Uriage. Heureuse d'exploiter le lien assez ténu entre le château et le personnage de Bayard, l'École a donné à sa première promotion baptisée à Uriage le nom du connétable. L'insigne dessiné pour l'Équipe nationale d'Uriage, qu'on retrouve sur le papier de correspondance de l'École et sur la couverture des *Cahiers d'Uriage* de 1942, représente un chevalier monté et armé de pied en cap, au visage entièrement caché. Ce n'est pas seulement l'expression d'un esprit « vieille France », catholique, monarchiste et aristocratique, encore que cette tradition reste familière aux officiers de cavalerie issus de familles nobles. Les fondateurs d'Uriage, marqués par Lyautey, Garric et le scoutisme catholique, s'expriment ici dans un langage symbolique commun à tout un courant idéologique et pédagogique. Évoquer la chevalerie, c'est exalter les vertus d'honneur et de générosité, en réaction contre l'individualisme et le matérialisme de l'ère moderne, bourgeoise et urbaine. Les mouvements éducatifs, catho-

1. « Témoignage de Joffre Dumazedier », *Les Cahiers de l'animation* (INEP), nos 49-50, pp. 158-163. Voir aussi, du même auteur, « Renouveau de l'éducation populaire à la Libération. Les antécédents (1941-44) de *Peuple et Culture* », *L'Éducation permanente*, nos 62-63, mars 1982, pp. 127-137.

2. « Témoignage de Bénigno Cacérès », *Les Cahiers de l'animation*, *op. cit.*, pp. 164-166.

3. A. Fabre-Luce, *Journal de la France 1939-1944*, t. II, p. 387 (reproduisant ici le texte de l'éd. de 1942) et *Vingt-cinq années de liberté*, II : *L'Épreuve*, p. 95.

liques surtout, en ont fait un modèle moral pour la jeunesse, paré d'une stylisation esthétique qui met en mouvement les imaginations et les sensibilités. Pour le Père Doncœur, la chevalerie et Jeanne d'Arc ont montré la voie de la chrétienté à reconstruire, de la patrie à défendre et de l'élite à former; la loi du scoutisme catholique ajoute à l'obligation d'être courtois, commune à l'ensemble des mouvements scouts anglais et français, celle d'être « chevaleresque [1] ».

La charte d'Uriage a repris l'expression à propos du sens de l'honneur, élément de l'esprit d'Uriage; un chef de jeunesse, déclare-t-elle, « est naturellement chevaleresque ». Le chevalier évoqué ici incarne essentiellement un type d'homme, brave, courtois et généreux, capable aussi bien de manier les armes au service d'un idéal de foi et de justice, que de mener le combat intérieur de la parfaite maîtrise de soi. En bref, un type de héros humaniste et chrétien, antagoniste des héros exaltés par les régimes totalitaires. Déjà Marc Sangnier, fondant en 1902 la « Jeune Garde », service d'ordre du Sillon, la comparait à « une chevalerie des temps nouveaux », associant la combativité physique au sens religieux de la prière et de l'obéissance à une règle de vie [2]. Dans l'entre-deux-guerres, des catholiques de droite comme des démocrates-chrétiens reprennent la métaphore : Paul Baudouin en 1939 souhaite la renaissance d'une chevalerie pour défendre le patrimoine spirituel de l'Occident chrétien, et Georges Bidault réclame en 1938 « contre les nouveaux barbares [l'Allemagne nazie] une nouvelle chevalerie (...) bras séculier de la civilisation [3] ». L'équipe d'Uriage s'inscrit dans cette tradition.

L'idée d'un ordre, moins militaire et plus sociologique, n'est pas non plus originale. Apparue dans les années 30 au sein de groupes qui préconisaient une révolution spirituelle, elle était liée au thème des élites comme à celui d'une crise globale de la civilisation imposant une reconstruction totale de l'homme et de la société.

Henri de Man, dans la conclusion de son manifeste *Au-delà du marxisme* (1927), affirmait déjà que le renouveau spirituel du mouvement socialiste reposerait essentiellement sur l'action d'une élite capable de donner l'exemple d'une transformation intérieure avant de propager ses idées. Peu après c'est le groupe de l'Ordre Nouveau, formé en 1931 autour de Robert Aron, Arnaud Dandieu, Alexandre Marc, Daniel-Rops et Denis de Rougemont, qui réclame une révolution globale, à la fois spirituelle et politico-économique. Il s'agit d'inventer une nouvelle civilisation, fondée sur le primat de la personne, comportant une économie des besoins anti-productiviste, et une politique des corps intermédiaires antiétatique. Ces intellectuels, après avoir lancé une revue, tentent d'organiser un mouvement; ils le conçoivent sous la forme de « cellules » (locales, professionnelles, associatives ou doctrinales), petits groupes autonomes et diversifiés disséminés dans le corps social. Les cellules sont destinées à développer au sein de la société actuelle « les germes de l'ordre futur qui en se développant feraient peu à peu craquer l'ordre ancien et s'épanouir l'harmonie de la cité nouvelle », par un effet de « contagion idéologique [4] ».

Ces partisans d'une rupture radicale avec l'ordre établi et d'un engagement personnel révolutionnaire pensent avoir trouvé là la méthode qui

1. Ph. Laneyrie, *Les Scouts de France*, *op. cit.*, pp. 105-108.

2. J. Caron, *Le Sillon et la démocratie chrétienne 1894-1910*, pp. 161-162, 165.

3. P. Baudouin, « Témoignage. Discours à des jeunes... », art. cit.; G. Bidault, *L'Aube*, 11 juin 1938, cité par D. Zeraffa, « La perception de la puissance en France par les partis politiques en 1938-1939 – Dans la formation démocrate-chrétienne », *Revue d'histoire moderne et contemporaine*, octobre-décembre 1984, p. 654. Voir aussi P. Archambault, *Chevalerie 1830*, Paris, 1942.

4. J.-L. Loubet Del Bayle, *Les Non-Conformistes des années 30. Une tentative de renouvellement de la pensée politique française*, p. 111. Voir aussi E. Lipiansky, *L'« Ordre Nouveau » (1930-1938)*, dans *Ordre et démocratie*, pp. 1-103.

convient à leur projet : action de laboratoire (expérimenter à échelle réduite les formules de l'ordre nouveau) doublée d'une influence de rayonnement (réaliser sa propre conversion intérieure et porter témoignage par l'exemple). À propos de ce style d'action, Daniel-Rops évoque les notions de corps franc, de chevalerie et d'ordre [1]. Mais la réalisation a tourné court. Aux intellectuels du groupe de l'Ordre Nouveau, il manquait évidemment l'assise concrète d'une communauté de vie effective susceptible de témoigner d'une manière de vivre autre; une expérience de stage en usine a constitué un premier pas dans cette voie, sans lendemain. Restée à l'état d'utopie, la tentative illustre cependant l'aspiration à doter la « révolution spirituelle » de ses moyens d'action spécifiques, qui ne sauraient être ni ceux des Églises ou des courants philosophiques, ni ceux des organisations politiques ou syndicales. En un temps de mobilisation et d'encadrement des masses par les moyens de la propagande ou de la contrainte, la méthode des « cellules » représente une formule originale de transformation de la société par l'action du « ferment dans la pâte [2] ».

Une aspiration analogue se fait jour à *Esprit*, surtout après la rupture de Mounier, en 1933-34, avec Georges Izard et la Troisième Force qu'il dirige. La Troisième Force, mouvement d'action politique, a été fondée en 1932 en même temps qu'*Esprit*, revue de réflexion, par le même groupe et dans les mêmes perspectives. Mais elle a subi, juge Mounier, la contagion des « méthodes politiques habituelles », qui étouffent la vocation spirituelle. Il prône plutôt une action de longue durée menée par de « petits noyaux explosifs », en affirmant : « Ce ne sont pas les masses qui font l'histoire, mais les valeurs qui agissent sur elles à partir de minorités inébranlables [3]. » Poursuivant ensuite sa recherche d'une « technique des moyens spirituels », il conclut son inventaire des « ruptures constructives » en invitant ses lecteurs à former « une armature de communautés organiques » :

> Chaque fois dans l'histoire que les communautés établies se décomposent, des communautés fragmentaires, perdues comme des îlots, se forment à travers le processus même de décomposition, autour de quelques noyaux personnels résistants. Susciter, révéler, aider et joindre entre elles ces communautés héritières est une des tâches essentielles de la révolution organique. Il y a aujourd'hui un vœu unanime pour la création d'une sorte d' " ordre laïque " où des moyens tels que ceux que nous avons définis (...) donneraient lieu à des engagements d'honneur, et par le caractère public qu'ils y prendraient, auraient une puissance d'entraînement considérable [4].

Finalement, il se contentera de développer les goupes d'amis d'*Esprit*, lieux de rencontre entre des hommes de diverses compétences accordés sur des principes et convictions communs, autant que soutien moral et financier pour la revue. Les amis d'*Esprit* ne formeront pas « l'ordre laïque » qu'ils paraissaient souhaiter en 1935.

L'instrument de la révolution spirituelle

Dans des cercles plus spécifiquement religieux, l'aspiration à fonder un ordre évoque plus précisément le monachisme cénobitique avec ses tradi-

1. *L'Ordre Nouveau*, n° 8, janvier 1933 (J.-L. Loubet del Bayle, *op. cit.*, p. 299).
2. *Ibid.*, pp. 111 et 299.
3. E. Mounier, Lettres à Georges Izard (6 septembre 1933 et 16 octobre 1934), *Œuvres*, t. IV, pp. 536 et 558. Voir J.-L. Loubet Del Bayle, *Les Non-conformistes...*, *op. cit.*, pp. 150-151, et M.Winock, *Histoire politique de la revue « Esprit » 1930-1950*, p. 110.
4. E. Mounier, « Pour une technique des moyens spirituels », *Esprit*, février 1935 et *Œuvres*, t. I, p. 360.

tions (communauté, règle, engagement par des vœux, ascèse et partage du temps entre la prière et le travail), ou les divers tiers-ordres qui ont permis à des laïcs de se lier à une règle religieuse. Mais on y retrouve aussi l'idée de la contagion par l'exemple, et celle d'une lointaine préparation à un nouvel état de civilisation. Ainsi dans les cercles d'intellectuels catholiques des années 30 qu'évoque Jean Guitton, avec leurs interrogations :

> Est-ce qu'on ne pourrait pas, pour jeter le bon grain dans la terre, imiter d'une manière nouvelle ce qu'avaient fait les chrétiens à la fin de l'Empire romain : fonder un *ordre* nouveau, comme les moines d'Occident, comme les grands « ordres » franciscain et dominicain, ou mieux, comme ce qu'avait été au Moyen Âge l'institution de la chevalerie ? promouvoir quelque « ordre laïc des temps nouveaux », préparant un nouveau Moyen Âge ? Les « sociétés de pensée » qui ont fait les Révolutions française, russe, puis chinoise, n'avaient-elles pas été formées clandestinement par des groupuscules ? (...)
> Telle était l'idée commune à (...) Garric dans les Équipes sociales; Antoine Martel, Légaut, Perret, dans leurs premières communautés; Jacques Chevalier et son « groupe de travail en commun »; le colonel Roullet, avec l'*Épi*. Il y avait beaucoup d'autres groupes analogues en France à ce moment-là. C'était une végétation diffuse, ou plutôt une convergence de mouvements qui s'ignoraient les uns les autres mais qui travaillaient dans le même sens [1].

L'influence de Berdiaeff publiant en 1927 *Un Nouveau Moyen Âge* et celle de Maritain se combinent là avec l'héritage de Péguy. On les retrouve à l'origine du mouvement Communauté créé par le jeune militant catholique belge Raymond de Becker. Il a médité à l'abbaye de Tamié, en 1933, l'idée d'un nouvel ordre de civilisation chrétienne, anticapitaliste et « totalitaire », qu'il entend promouvoir, contre l'individualisme libéral, en transposant l'expérience du monachisme. Après avoir fréquenté ensuite Henri de Man, les réunions de Pontigny, les cercles de Berdiaeff et de Maritain, il a obtenu en 1933-34 la collaboration de Mounier. Il veut faire de Communauté un ordre explicitement catholique, destiné à soutenir à la fois la vie spirituelle de ses membres et leur action sociale et politique. La réalisation, là encore, tournera court, avant que la découverte de l'Allemagne, en 1936, amène Becker, activiste passionné, à adhérer au national-socialisme [2].

Un peu plus tard, une formule analogue est utilisée par les fondateurs de l'Ordre des Compagnons de Péguy en 1938-39. Ces catholiques nationaux qui se réclament de la tradition de la chrétienté, sous le signe de Saint Louis, Jeanne d'Arc et Péguy, « ennemis-nés du marxisme », condamnent le monde bourgeois et son matérialisme ainsi que le désordre politique et entendent provoquer un « redressement moral et spirituel » qui entraînera une « révolution politique ». S'agit-il de réaction, de restauration ou d'innovation ? La méthode du moins est claire :

« Seul un Ordre composé d'hommes décidés à s'imposer eux-mêmes des règles de vie particulièrement intransigeantes, serait capable d'acquérir l'autorité spirituelle qui, par-delà le régime, parmi d'autres régimes, concourrait au rétablissement et à la grandeur de la France. »

L'Ordre des Compagnons de Péguy est séculier « en ce qu'il doit participer aux luttes du siècle, hormis les luttes strictement politiques », mais il est une « communauté d'hommes puisant leur force et leur orientation dans le

1. J. Guitton, *Écrire comme on se souvient*, pp. 205-206.
2. R. de Becker, *Livre des vivants et des morts*, pp. 89-203. Voir E. Mounier, *Œuvres*, t. I, p. 893 et t. IV, pp. 538-575; M. Winock, *Histoire politique..., op. cit.*, pp. 165-166.

culte des vertus françaises et par là aussi nécessairement dans la Chrétienté [1] ».

De bords opposés nous viennent enfin deux témoignages de l'émergence de l'idée d'ordre, en 1942, chez des militants conscients de la gravité de la crise nationale et européenne. Le démocrate-chrétien Georges Hourdin, traçant le bilan de l'œuvre des « revues de position » d'inspiration spirituelle ou humaniste qui ont fleuri dans l'entre-deux-guerres (*Europe* et *L'Ordre Nouveau*, *Esprit* et *Les Cahiers de la nouvelle journée*), invite les catholiques à s'atteler à la synthèse qui reste à faire, en rupture avec l'héritage vieilli du XIXe siècle. Il faut pour cette tâche former des équipes regroupant des intellectuels de diverses spécialités, capables d'associer leurs compétences et surtout de mener « un effort de sainteté, de travail collectif et de vie communautaire ». Ainsi pourra être menée « une élaboration doctrinale du monde moderne [qui soit] une œuvre de renaissance nationale et chrétienne »; il y faudra l'invention d' « une sorte de vie conventuelle moderne ».

Se référant au rêve formulé par Alexis Carrel, de voir des savants mener une vie communautaire comme les moines d'autrefois, il conclut :

« Les foyers culturels de demain et les revues de position même politiques ne traceront les grandes lignes de l'Ordre nouveau après lequel le monde aspire que si, se référant à l'expérience monastique, ils constituent d'abord eux-mêmes, dans leur vie de travail, une sorte d'ordre nouveau [2]. »

Lié à Beuve-Méry comme au Père Maydieu, Hourdin a-t-il pensé en écrivant ces lignes à l'expérience d'Uriage, dont il a rencontré les responsables au cours d'un de ses passages en zone sud, sans être convaincu d'ailleurs de l'efficacité de leur entreprise [3] ? C'est son expérience propre d'intellectuel catholique voué à la « prédication par la presse » qui l'amène à cette idée. En jouant sur le double sens de l'expression « ordre nouveau » (un nouvel ordre de civilisation à promouvoir, un nouvel ordre religieux à fonder dans la tradition monastique), il souligne la portée de la notion : dans les deux acceptions, l'ordre est une structure forte, qu'on oppose au désordre établi ou à l'impuissance des individus dispersés.

Le mot et l'idée d'ordre apparaissent, au même moment, dans un cercle lié à l'aile autoritaire du gouvernement de Vichy. Autour d'Angelo Tasca, un groupe d'intellectuels, anciens non-conformistes de gauche ou de droite liés au secrétaire d'État à l'Information Paul Marion (Jean Maze, Maurice Gaït, François Gravier) s'interrogent sur les moyens de créer une force neuve et cohérente au service de la véritable révolution, nationale et sociale. Ils concluent :

> Pour arriver à faire quelque chose de sérieux, de grand, de durable, il faut éviter les pratiques des anciens partis, ou l'esprit des petits clans : il nous faut quelque chose comme un « ordre ». L'ordre implique d'abord un engagement personnel en vue d'un but qui devient pour chacun le centre de son être et de sa vie; il établit ensuite entre ceux qui y participent des rapports de nature personnelle, rapports de confiance, de solidarité, de communion, et qui ne sont donc point fondés, comme dans les partis politiques, sur la possession d'une carte d'adhérent et sur le paiement des cotisations. L'ordre est hiérarchique, fondé sur des degrés différents et concentriques, suivant précisément le sérieux, l'intensité de l'engagement auquel on s'est livré et suivant l'importance des services qu'on peut rendre. L'ordre est aristocratique et aussi démo-

1. *Ordre des Compagnons de Péguy, Textes et travaux.* Les citations sont extraites du commentaire (rédigé en 1941) des « Constitutions » que l'Ordre a élaborées en 1938-39.
2. G. HOURDIN, « Des " Cahiers de la Quinzaine " à... " Rencontres " », dans *Foyers de notre culture*, coll. Rencontres, n° 9.
3. G. HOURDIN, *Dieu en liberté*, p. 208.

cratique, dans le sens que l'unité de mesure est fixée uniquement par le « rendement » de chacun et non point par son origine, sa position sociale [1].

Tasca et ses amis recherchent davantage, sous le nom d'« ordre », un instrument de rassemblement et de lutte pour le pouvoir qu'une cellule de rayonnement au service de la révolution spirituelle. Mais l'analogie du vocabulaire est révélatrice des connexions et des interférences, peut-être des emprunts, à l'intérieur d'une époque et d'une génération. Si différents que soient les objectifs et les idéologies, il y a une parenté dans les recherches.

L'idée d'un « ordre » laïc est donc familière depuis les années 30 aux intellectuels, surtout catholiques, conscients d'une crise de civilisation et soucieux d'engagement au service d'une révolution spirituelle. Il n'est pas surprenant qu'elle réapparaisse au sein de l'équipe d'Uriage après une année de travail commun. Y a-t-elle été introduite par Lallement, qui semble y avoir été attaché, par Beuve-Méry ou par un ami de l'extérieur comme le Père Maydieu ? Restée à l'état d'utopie dans la plupart des cercles qui l'avaient formulée, elle rencontre à Uriage un terrain plus favorable à une application réelle, pour deux raisons semble-t-il.

La première tient aux circonstances. Dans la déroute et la défaite, on a vu s'effondrer les structures politiques et se déconsidérer une bonne part des élites installées. Le nouveau régime, en suspendant l'activité des organisations politiques et syndicales, a creusé un vide que remplit d'abord le prestige de l'homme providentiel, garant et refuge, et ensuite la présence de ses fonctionnaires et de ses notables. Du coup, il a ouvert un champ à ceux qui cherchent de nouvelles formes d'action. Pour bien des esprits, l'avenir apparaît, en cette année 1941, enfermé entre deux perspectives : l'hypothèse, sinistre pour ses adversaires lucides, d'une longue domination du nazisme sur le continent européen, et celle d'un écrasement de la puissance militaire allemande par le feu et le sang, dans une Europe en ruine vouée à l'anarchie. Dans les deux cas, la tâche la plus utile est d'édifier quelques môles solides capables de tenir et de servir de fondations à une future renaissance. De petites communautés d'hommes résolus, étroitement liés entre eux par un engagement fort, pourraient être appelés à rester les seuls témoins de l'humanisme européen issu du christianisme, de la Renaissance et des Lumières. Mounier évoque à plusieurs reprises ces perspectives dans ses carnets, y compris celle de la disparition du christianisme comme institution établie [2] et cite des formules de Beuve-Méry en ce sens : « ... Tout finira par une désintégration générale, avec un retour aux moines défricheurs [3]. » La relative protection à l'égard du cataclysme européen dont jouit alors la zone non occupée apparaît dans cette hypothèse comme un sursis éphémère, pendant lequel une relative liberté permet de poser des jalons pour préparer la suite. Pour les esprits plus optimistes qui attendent l'heure de reprendre le combat, persuadés que la guerre atteindra bientôt à nouveau le territoire français, l'urgence n'est pas moindre de s'organiser pour être prêts à l'heure imprévisible où les Français redeviendront acteurs. L'École d'Uriage, que ses positions hostiles à la collaboration privent de l'assurance de durer comme institution d'État, ne doit-elle pas rechercher d'autres modalités de présence et d'influence ?

À Uriage, d'autre part, ce projet d'un ordre naît dans une communauté déjà formée et expérimentée, qui s'est donné une règle et des traditions. Née des circonstances, sans manifeste doctrinal, elle a élaboré un style de vie et défini des objectifs ambitieux : sa mission. Avec l'association des anciens « Équipe nationale d'Uriage », elle entreprend de regrouper ses

1. Note d'Angelo Tasca du 10 juillet 1942, *Vichy 1940-1944*, *op. cit.*, p. 403.
2. Voir B. Comte, « Emmanuel Mounier... », art. cit., pp. 274-276.
3. Carnet manuscrit *Entretiens XII*, note du 5 octobre 1941.

amis dispersés au sein de la société française, résolus à prendre un engagement personnel qui implique la fidélité au style de vie, la disponibilité aux réquisitions éventuelles du chef, et une action d'exemple et de propagande au service de la mission commune. Uriage constitue un foyer attractif de vie communautaire, installé dans un lieu de retraite prestigieux (ce qui manquait aux équipes d'intellectuels comme celle de *L'Ordre Nouveau*), disposant d'un réseau d'affiliés, d'un terrain d'action (la formation des hommes) et d'une méthode.

L'idée d'un ordre prend donc là une force et surtout un fondement concret qu'elle n'avait pas connus ailleurs. Les ambitions de l'équipe ne sont pas celles des groupes intellectuels qu'on a cités; elle entend en priorité développer un style de vie : vivre pleinement, en agissant, assumer ses responsabilités et se préparer à prendre part aux inéluctables combats. On échange donc suggestions et réflexions, à la recherche de la structure forte qui cimenterait le lien des membres de l'équipe entre eux et avec les plus convaincus de ses élèves et amis. Il s'agit de répondre à des objectifs presque contradictoires : prolonger, dans les conditions ordinaires de la vie sociale, le climat d'engagement intense réalisé dans la retraite des stages à l'École; diffuser l'esprit de la communauté, sa résolution de marcher ensemble sous les ordres de son chef, dans un réseau plus vaste formé d'éléments dispersés; créer un lien secret, peut-être clandestin demain, sans tomber dans les travers des franc-maçonneries d'initiés; solliciter un engagement entier au service d'objectifs lointains, sans pouvoir tracer de perspectives d'action précises à moyen terme. Il ne saurait être question de donner à la communauté projetée un fondement proprement religieux qui éliminerait les agnostiques, ni d'enfermer dans des règles strictes la vie familiale et professionnelle des membres. On réfléchit à ces perspectives. À l'enthousiasme juvénile de certains instructeurs pressés d'édifier la nouvelle communauté, Beuve-Méry oppose sa circonspection coutumière, en soulignant les difficultés et les pièges de l'entreprise. Segonzac a la sagesse d'éviter une action prématurée et de laisser l'idée mûrir. La création d'un Ordre demeure une perspective lointaine, sinon utopique; dans l'immédiat, la communauté d'Uriage se définit plus modestement comme une équipe attelée à sa tâche éducative.

CHAPITRE VII

Les stages

SESSIONS ET STAGIAIRES

Les élites de la nation

L'activité principale de l'École reste en 1941 la succession de stages de plus ou moins longue durée, dont l'organisation, le recrutement et les objectifs continuent d'évoluer.

On a vu comment Garrone, à la direction de la Formation des jeunes, s'est efforcé, au printemps 1941, de redéfinir la nature et les fonctions des diverses écoles de cadres, et comment l'équipe de l'École avait pris les devants en définissant elle-même ses orientations. En janvier, les instructeurs réunis en session interne en ont établi les grandes lignes qui, dans les mois suivants, sont présentées aux lecteurs de *Jeunesse... France!*

L'École aborde une nouvelle étape dans la mission qu'elle se fixe. Après avoir fourni des cadres aux Chantiers de jeunesse d'abord, puis au SGJ, elle entend élargir son recrutement à des hommes « en place », c'est-à-dire déjà insérés dans une vie professionnelle où ils sont destinés à demeurer. On prévoit de laisser, pour l'essentiel, aux écoles régionales ou spécialisées la formation des chefs des mouvements et institutions de jeunesse, tandis qu'à Uriage « passeront les jeunes hommes de toutes les élites qui servent dans leur profession : jeunes officiers et jeunes contremaîtres, cultivateurs et médecins, employés, ouvriers et avocats. Ils apprendront à se connaître, à s'estimer ; ils chercheront ensemble le dénominateur commun qui les unit ; ils prendront conscience de leur rôle de chefs dans leurs milieux respectifs, dans leurs sphères ; ils recevront les mots d'ordre de la Révolution nationale. Et alors, ils repartiront vers leurs métiers dont ils ne se seront échappés que le temps de devenir plus documentés et plus forts [1] ».

Il ne s'agit de rien de moins que « de créer et d'affirmer les élites de tous ordres de la nation [2] ». La Révolution nationale « ne peut être l'œuvre d'un mouvement, encore moins d'une classe », elle exige la collaboration de toutes les élites : « élite ouvrière, élite intellectuelle, élite bourgeoise aussi. » Elles doivent être unies dans un même esprit, à l'opposé du « déplorable esprit d'avant-guerre (...) antagonisme de classe et défense systématique des intérêts personnels », et préparées à accomplir leur mission par « une forma-

1. P.D., « De quels cadres s'agit-il ? », *Jeunesse... France!*, 22 janvier 1941.
2. *Ibid.*

tion morale, sociale et spirituelle ». Les sessions de l'École, avec son climat « de franchise et de simplicité » et ses méthodes de travail en équipe, constitueront pour les membres de ces élites « une sorte de retraite en commun [qui permettra] la confrontation de points de vue différents, mais le plus souvent conciliables, qui jusqu'ici s'affrontaient vainement [1] ».

Cette ambition d'élargissement semble ratifiée par le SGJ, lorsque Lamirand, passant à Uriage au cours d'une tournée dauphinoise, s'adresse le 9 mars aux instructeurs. Il insiste « sur la part toujours plus importante que l'École devra prendre dans la conquête des jeunes et de tous ceux qui auront à jouer un rôle de chef dans la Nation. C'est à l'École d'Uriage qu'est conférée la mission de réunir dans un même esprit de collaboration des élites de tous les milieux qui doivent participer à l'œuvre commune de redressement [2] ».

Derrière ces paroles officielles, on retrouve évidemment l'ambiguïté déjà signalée dans la fonction de l'École, et le problème de son autonomie. Organe du SGJ, son rôle est de former des chefs *pour la jeunesse*; mais en prétendant réunir les élites de tous les milieux, c'est à *la nation tout entière* qu'elle s'adresse à travers ses cadres, jeunes par l'esprit et le dynamisme sinon par l'âge. Qu'est cette « éducation civique et morale de la nation » que le SGJ semble prêt à confier aux Écoles de cadres [3] ? Lui appartient-il d'ailleurs d'en décider, alors que d'autres organes gouvernementaux, comme l'Information et la Propagande, se donnent précisément cette mission d'influence et de contrôle idéologique [4]? C'est dans le but d'imposer sa réponse à ces questions que l'amiral Darlan, vice-président du Conseil, inspecte l'École en juin et tente d'en faire une école de formation pour les ministères. Cette opération fait long feu, et Segonzac continuera de s'abriter sous la tutelle molle du SGJ pour déborder le domaine de la jeunesse.

La formule de sessions largement ouvertes aux hommes en place a été lentement et progressivement appliquée. À partir d'avril, on fera alterner des sessions relativement longues et de courtes sessions « adaptées au temps dont chacun disposera », où sont appelées « les élites de la nation ».

Des deux séries de sessions qui alternent, la première prend la suite des quatre stages de l'automne 1940 : de février à octobre, six sessions normales de trois semaines se succèdent, dites sessions d'information générale. À côté des stagiaires issus des organisations de jeunesse ou qui s'y destinent, d'autres, les plus nombreux, sont des gens en place qui retourneront à leur situation professionnelle. Les trois premières sessions comportent, comme celles de 1940, chacune une équipe de 15 à 20 candidats à un poste de moniteur d'éducation physique, que Vuillemin prend en charge et dont le programme est évidemment particulier. Ces six sessions sont identifiées chacune par une lettre et le nom de baptême de la promotion :

E – « Jeanne d'Arc » (30 janvier au 18 février) : 83 stagiaires, dont 19 moniteurs d'éducation physique.
F – « Foucauld » (13 au 31 mars) : 88 stagiaires, dont 15 moniteurs.
G – « Mermoz » (16 mai au 3 juin) : 123 stagiaires, dont 15 moniteurs.
H – « Richelieu » (15 juillet au 4 août) : 110 stagiaires.
I – « Saint-Louis » (18 août au 8 septembre) : 90 stagiaires.
J – « Roland » (14 septembre au 3 octobre) : 107 stagiaires.

L'autre série est celle des sessions spéciales, de plus courte durée, qui

1. J.-P. Filliette, « Recherche d'un plan d'action », *ibid.*, 22 avril 1941.
2. « Le Chef de la jeunesse à l'École d'Uriage », *ibid.*, 22 mars 1941.
3. « Écoles des cadres », *Les Documents français* (nº spécial, juillet 1941 : « L'avenir de la jeunesse française », p. 6).
4. Voir L. Gervereau et D. Peschanski (sous la direction de), *La Propagande sous Vichy 1940-1944*, et notamment D. Peschanski, « Encadrer ou contrôler ? », pp. 10-31.

s'adressent chacune à un public spécifique et homogène (étudiants, officiers, élèves d'une Grande École ou cadres d'un mouvement de jeunes). L'École en organise une douzaine en 1941, qu'on étudiera séparément. Les deux séries de sessions, qui alternent généralement mais se chevauchent quelquefois, ont amené à l'École quelque 1 200 stagiaires, ce qui porte pour 1940 et 1941 le nombre total des stagiaires à 1 000 environ pour les dix sessions normales, et 600 pour les sessions spéciales.

Il s'y ajoute, d'autre part, des sessions exceptionnelles, sous diverses formes. L'École convoque de son propre chef ses anciens élèves à des rencontres de deux ou trois jours. Elle organise aussi pour le compte du SGJ de brèves sessions de travail qui réunissent les dirigeants des mouvements de jeunesse, et une semaine d'études pour les animateurs des délégations et des écoles régionales. Il lui arrive aussi d'offrir simplement l'hospitalité à une organisation qui réunit ses responsables pour une session interne. Ainsi la nouvelle association des Auberges Françaises de la Jeunesse vient discuter à Uriage sa charte constitutive [1].

Cependant Segonzac mûrit au long de cette année le projet « lointain et ambitieux » de faire d'Uriage une « véritable école de formation de chefs », en organisant des stages de plusieurs mois, destinés à de jeunes adultes soigneusement triés et fortement motivés, dont la progression serait programmée et les capacités évaluées. Reprenant la vieille idée de l'insuffisance de la sélection purement intellectuelle opérée par les Grandes Écoles, il souhaite accueillir une partie de leurs diplômés « sélectionnés sur leurs dons de chefs », en les mêlant à d'autres jeunes gens « venant de partout et remarquables simplement par leur aptitude au commandement [2] ». À la fin de l'année, la décision est prise d'organiser en 1942 un « cours de six mois », dont la préparation est entamée à l'automne, mobilisant les énergies et le travail de l'ensemble de l'équipe, des intellectuels aux instructeurs, avec la perspective d'une partie difficile où l'École joue ses meilleurs atouts.

Animateurs de jeunesse et gens en place

Les 1 200 stagiaires de 1941 sont nominativement connus par le fichier général des anciens élèves de l'École; les dossiers des sessions d'information générale contiennent en outre la fiche d'inscription et la feuille d'appréciation finale de chaque stagiaire [3]. Ces documents permettent, mieux que le tableau statistique des professions aux rubriques approximatives publié par le journal [4], d'esquisser une description du public des sessions normales.

Les trois premiers stages de l'année, comme ceux de 1940, conduisent près d'un stagiaire sur trois à un emploi au service du SGJ : 90 environ sur 300 seront employés à la fin de l'année dans les écoles régionales et centres de jeunes travailleurs (une cinquantaine), dans les délégations (une trentaine) ou dans les services centraux. Pour la session de mars c'est exactement la moitié de la promotion qui suit cette voie. Le SGJ a encore des

1. Voir en annexe VI le tableau des stages en 1940-41.
2. P. Dunoyer de Segonzac, « À la recherche des chefs », *Jeunesse... France*, 22 septembre 1941.
3. Fichier nominatif de l'ensemble des stagiaires constitué en 1942; listes des participants de certains stages; dossiers des stagiaires (pour l'ensemble des sessions normales et certaines sessions spéciales) comportant leur fiche d'inscription initiale et la feuille d'appréciation finale. Les feuilles d'inscription remplies par les stagiaires à leur arrivée comportent les rubriques suivantes : nom, date et lieu de naissance, profession, situation de famille et situation militaire, diplômes obtenus, langues et sports pratiqués, voyages à l'étranger, activités dans les mouvements de jeunesse et desiderata, c'est-à-dire emploi ou affectation sollicités (arch. ENCU).
4. *Jeunesse... France*, 22 septembre 1941.

postes à pourvoir, des lacunes à combler (notamment avec l'appel de la classe 1941 dans les Chantiers), et il a décidé de faire passer par l'École nationale ceux de ses fonctionnaires déjà en place qui n'y ont pas fait de stage préalable.

Cette répartition se modifie brutalement à partir de juillet. Dans les trois dernières promotions de l'année, moins de 5 % des stagiaires sont dirigés vers les emplois du SGJ. C'est le résultat d'un événement imprévu : la visite de l'amiral Darlan à l'École le 2 juin ; séduit, cherchant à la contrôler en l'utilisant, il a pris la décision d'y envoyer systématiquement les futurs hauts fonctionnaires, issus des concours de recrutement ou élèves des Grandes Écoles, ainsi que des officiers des diverses armes. On sait mal comment cette décision de principe a été reçue et appliquée, sauf pour la session de juillet dont 80 élèves sur 110 relèvent de ces catégories. Dans les deux suivantes, les fonctionnaires civils disparaissent presque, sans que le SGJ retrouve un fort contingent. La décision de Darlan n'a sans doute pas déplu à Segonzac, qui l'a peut-être même négociée avec lui. Cependant l'application brutale qui en a été faite en juillet a placé l'École devant une situation inédite : l'accueil de jeunes fonctionnaires à qui leur administration impose l'obligation du stage, après les avoir sélectionnés selon des critères qui ne peuvent être ceux de l'École. Pendant les derniers mois de l'année, c'est plutôt en sessions spéciales que seront accueillis les élèves de Grandes Écoles (Polytechnique, l'École de l'Air et Saint-Cyr).

C'est donc au deuxième semestre de 1941 que l'École s'est nettement tournée vers les gens en place, sans s'écarter cependant des milieux de jeunesse, car bien des stagiaires engagés dans une profession sont en même temps membres, quelquefois responsables, d'un mouvement de jeunesse ou exercent une activité bénévole dans une des institutions patronnées par le SGJ. Garrone a d'ailleurs imposé aux mouvements de jeunesse, dans les conventions d'agrément qu'ils signent durant l'été 1941, l'obligation pour leurs responsables nationaux d'effectuer un stage dans les écoles du SGJ ; mais cette clause ne sera pas strictement appliquée. *Jeunesse... France* peut donc répéter en septembre que l'École reçoit deux catégories de stagiaires : gens en place et responsables de jeunesse [1].

On connaît mal les modalités du recrutement des stagiaires : appel et examen des candidatures par l'École ou par le SGJ, critères de sélection, motivations des volontaires. C'est l'École qui établit son programme de stages et le soumet à l'approbation de la direction de la Formation des jeunes. Souvent le *Bulletin de presse* du SGJ annonce le stage ; les délégués régionaux et départementaux sont chargés de recueillir, voire de provoquer les candidatures. Cependant, les mouvements de jeunesse, informés par la voie officielle ou par le jeu des relations, suscitent des candidatures, ainsi que l'École elle-même par ses propres réseaux d'anciens et d'amis. Les filières privées et officielles se recoupent d'ailleurs souvent, dans la mesure où les anciens d'Uriage sont présents dans toutes les institutions de jeunesse.

Les règles de la procédure administrative semblent être restées relativement floues en 1941, et sans doute Segonzac a-t-il, à son habitude, exploité cette imprécision pour accroître sa marge de manœuvre en adressant lui-même des propositions à divers groupements ou entreprises considérés comme sympathisants. À l'automne 1941, réunissant les responsables régionaux de l'association des anciens élèves, il leur fixe comme tâche la plus urgente de contribuer à l'amélioration du recrutement « trop négligé » de l'École en recherchant les meilleurs candidats [2]. C'est peut-être ce qui

1. « À la recherche des chefs », art. cit. ; « L'amiral Darlan à Uriage », *Jeunesse... France*, 8 juin 1941.

2. Exposé de Segonzac à l'assemblée constitutive de l'association, le 21 octobre, *Bulletin de l'ENU*, 1 (arch. ENCU).

amène Garrone à réagir, lors de son dernier effort pour reprendre le contrôle des activités de Segonzac. Dans une instruction du 1er décembre, il décide que le recrutement des stagiaires des Écoles de cadres est assuré exclusivement par son administration centrale, dont le pouvoir d'accepter ou non les candidats proposés par les délégués est « discrétionnaire » – sauf présentation par un service public ou une association agréée [1]. Segonzac demandera alors aux chefs de sections régionales de l'association des anciens de lui communiquer directement, accompagnées de leurs appréciations, les candidatures qu'ils adressent par ailleurs aux délégués selon la filière hiérarchique réglementaire [2]. Mal définies ou mal appliquées, les procédures de recrutement des stagiaires sont donc restées approximatives, et l'École a réussi à conserver une initiative et un contrôle – à l'exception évidente des inscriptions d'office décidées par le SGJ, les ministères ou d'autres institutions.

Diversité professionnelle

L'élargissement du recrutement entraîne naturellement l'ouverture de l'éventail des âges et des professions des stagiaires. Au public jeune des premières sessions où dominaient les membres des classes 1940 et 1941 succède, à partir de juillet surtout, une population un peu plus âgée. Les deux tiers environ des stagiaires des sessions normales de 1941 appartiennent à la tranche des vingt à trente ans, avec de fortes pointes autour de vingt et vingt et un ans au début, et de vingt-cinq à trente ans ensuite. Les moins de vingt ans sont peu nombreux, et le reste s'échelonne jusqu'à la quarantaine et parfois la cinquantaine.

Les étudiants et les sans-profession restent nombreux, mais une plus grande part des stagiaires ont déjà exercé une activité professionnelle. Interrompue pour presque tous par la mobilisation, elle a été pour certains durablement suspendue soit par l'exode et le repli en zone libre (de Parisiens et d'Alsaciens et Lorrains surtout), soit par une mise en congé ou une réduction d'activité dues aux circonstances (industries d'armement, aviation et marine, certaines professions libérales).

On ne peut proposer qu'une réponse approximative à la question de la répartition professionnelle des stagiaires; représentent-ils comme on l'affirme « tous les milieux qui forment la communauté nationale » ? La statistique globale de 1940-41 fait apparaître, à côté des sans-profession et des employés du SGJ, la forte participation des officiers en activité ou en congé (13 %) , industriels et ingénieurs (10 %), étudiants (8 %), enseignants (7 %), hauts fonctionnaires (7 %), ouvriers (7 %), professions du commerce et des assurances (6 %), et le petit nombre des professions libérales (4 %), techniciens (4 %), employés (3 %) et agriculteurs (2,5 %). Au total, plus d'un quart de fonctionnaires civils et militaires, et une majorité de diplômés. Les manuels sont nettement sous-représentés; moins de 15 % des stagiaires, contre plus de 70 % dans la population active, sont ouvriers, employés ou agriculteurs.

Ces chiffres globaux dissimulent une évolution sensible au long de l'année 1941. Jusqu'en mars, dans un ensemble très diversifié ressortent les groupes plus nombreux des étudiants et sans profession, des membres des professions libérales et des diplômés (ingénieurs, HEC ou Sciences po notamment). Les ouvriers sont pratiquement absents, une fois disparus les jocistes des origines, ainsi que les officiers d'active de l'armée de terre.

1. « Instruction portant réglementation des stages en Écoles de cadres », DFJ, 1er décembre 1941, 10 p. (AN, F 44 33, SGJ).

2. Circulaire ENU aux chefs de section, 24 février 1942 (arch. ENCU).

Seule filière particulière, celle de l'École nationale de la France d'outre-mer qui a envoyé, en février et mars, une quinzaine de ses élèves.

À partir de mai 1941 au contraire, des contingents importants de certaines catégories se succèdent, donnant à chaque promotion son profil professionnel spécifique. La promotion « Mermoz » comprend, sur 123 stagiaires, 15 ouvriers, 9 ingénieurs et 4 industriels, 11 officiers (9 de marine et 2 aviateurs) et une dizaine d'« instituteurs coloniaux » (Français candidats à des postes outre-mer).

Vient ensuite la promotion « Richelieu » (juillet), au recrutement exceptionnel. Les trois quarts des stagiaires sont des officiers et jeunes fonctionnaires, envoyés à Uriage par leurs administrations sur ordre du vice-président du Conseil. En fait, la décision prise par l'amiral Darlan à la suite de sa visite à l'École du 2 juin, n'est appliquée que par la Guerre et les Colonies, outre les ministères qu'il contrôle directement [1]. L'Intérieur annonce un contingent de 25 stagiaires, mais n'en envoie que 15, frais émoulus du concours de rédacteur au ministère ou chef de cabinet de préfet. Les Affaires étrangères envoient 18 jeunes fonctionnaires, issus des concours diplomatique et consulaire, futurs attachés de consulat ou secrétaires-interprètes pour l'Extrême-Orient. L'École nationale de la France d'outre-mer envoie encore 13 de ses élèves. Enfin les armées occupent plus de 30 places : au contingent habituel de marins (8) et d'aviateurs (2) s'ajoute cette fois un groupe important d'officiers de l'armée de Terre (15 annoncés, 22 finalement inscrits), venant en majorité des divisions militaires de Lyon et de Toulouse. Deux jeunes inspecteurs des Finances et deux cadres des Assurances générales complètent le lot. Le reste de la promotion, à part 4 artisans compagnons, est divers comme précédemment.

Dans les deux derniers stages de l'année, au contraire, les fonctionnaires des grands corps et des ministères sont presque entièrement absents (excepté l'inspection des Finances), et les marins totalement ainsi que les élèves des Grandes Écoles (désormais invités à des sessions spéciales). D'autres groupes dominants apparaissent. Les deux dernières sessions, « Saint Louis » en août et « Roland » en septembre, ne comportent que de rares agriculteurs, employés et commerçants, et peu d'étudiants ; elles sont occupées en majorité par les officiers (20 %), les enseignants (12 %) et surtout les cadres et travailleurs de l'industrie (38 %, dont 12 % d'ouvriers et 11 % de dessinateurs et techniciens). Est-ce à dire que l'armée de Terre, l'enseignement et l'industrie sont devenus pour l'École d'Uriage les milieux privilégiés où elle recherche les élites de la nation ?

En réalité on a affaire ici à trois cas particuliers, où les conditions de la pénétration de l'influence d'Uriage sont évidemment bien différentes. L'armée et l'enseignement (avec le monde étudiant) constituent naturellement pour l'École des secteurs de prospection privilégiés, à la fois essentiels et relativement faciles à atteindre. Pour l'armée de Terre, l'hypothèse d'une décision hiérarchique est plausible, invitant les chefs de corps à constituer des listes d'officiers, volontaires ou désignés d'office. Au total, plus de 50 officiers de l'armée de Terre suivent l'un des trois derniers stages normaux de 1941, et 64 le stage spécial organisé pour eux en novembre. Parmi eux, les capitaines sont les plus nombreux, mais il y a aussi des officiers supérieurs, dont quelques colonels, comme le commandant en second de l'École spéciale militaire (transférée de Saint-Cyr à Aix-en-Provence). Ils viennent de toutes les unités de la métropole et d'Afrique du Nord, ainsi que des écoles, des états-majors et des bureaux de Vichy. Dans l'enseignement public, d'autre part, le recrute-

1. Correspondances adressées au directeur de l'ENC par les ministères et le bureau des cadres de la direction de la Jeunesse (arch. ENCU).

ment des volontaires s'est probablement effectué à la fois par la voie hiérarchique des inspecteurs d'académie, et par les relations des délégations à la jeunesse qui collaborent avec les enseignants dans les activités parascolaires. La direction de l'École donne une attention particulière au corps des instituteurs dans lequel elle veut faire pénétrer son influence : c'est une des tâches prioritaires qu'elle assigne à l'automne 1941 à l'association des anciens élèves.

Les milieux industriels

Reste l'industrie, qui ne présente évidemment pas les mêmes filières hiérarchiques, et pour laquelle l'École a dû en quelque sorte inventer une stratégie de pénétration, en surmontant bien des obstacles. Ses contacts avec ce milieu se sont développés à la fin de l'année surtout, et sont restés limités à quelques secteurs particuliers.

Les industriels sont en majorité des patrons de petites entreprises, venus en stage isolément. Les ingénieurs, constamment représentés, dès l'automne 1940, à raison de cinq à dix par sessions, deviennent plus nombreux dans l'été 1941 ; ils sont d'origines géographiques variées. Leur présence doit sans doute davantage aux relations des membres de l'équipe d'Uriage (par les études, les professions, les mouvements de jeunesse) et à sa réputation qu'à un effort de prospection particulier dans ce milieu. Au contraire, le brusque afflux d'ouvriers dans l'été 1941 révèle des filières particulières de recrutement.

La session « Richelieu » en juillet, celle des futurs fonctionnaires, comporte 4 « ouvriers » – en réalité tous compagnons du Devoir du Tour de France (un menuisier, deux charpentiers et un tailleur de pierres) de la région lyonnaise. Dans les deux dernières sessions, une expérience systématique semble avoir été menée avec l'arsenal maritime de Toulon et diverses entreprises travaillant pour la Marine. La promotion « Saint Louis » compte, sur les 14 ouvriers et techniciens, 6 artificiers ou métallurgistes de la Marine ; dans la suivante « Roland », une quarantaine de stagiaires ont été envoyés par la Marine nationale et les Industries navales, dont 10 polytechniciens nommés ingénieurs des Industries navales, 18 dessinateurs de tous niveaux (ingénieurs des Arts et Métiers ou diplômés des écoles techniques de la Marine) et une dizaine d'ouvriers des arsenaux. On ne sait s'il s'agit là d'une décision unilatérale des bureaux de l'Amirauté, ultime séquelle de la visite de Darlan à Uriage, ou d'une sorte de contrat passé avec l'École, qui saisit cette occasion de développer son action en milieu industriel.

Les ouvriers du secteur privé sont au contraire envoyés à l'École isolément ou en petits groupes. Exceptionnellement, la promotion « Mermoz », en mai, compte, sur 15 ouvriers, un groupe de 4 mineurs de La Mure en Dauphiné ; les autres viennent de diverses entreprises de mécanique, de métallurgie ou de chimie de la région lyonnaise. Près de la moitié de ces « ouvriers » sont d'ailleurs contremaîtres, chefs d'équipe ou moniteurs d'apprentissage. Dans les sessions précédentes déjà, une partie des ouvriers présents avaient été choisis pour leurs activités ou leurs capacités d'animateurs de groupes de jeunes, comme les trois jeunes ouvriers venus en février des usines d'aluminium de la société Alais, Froges et Camargue à Rioupéroux (Isère) et Saint-Auban (Hautes-Alpes), et le jeune ajusteur envoyé au stage de mars par le chef du personnel de la SNCASE (Société nationale de constructions aéronautiques du Sud-Est) à Marseille. Dans ces deux cas, c'est la direction de l'entreprise qui est entrée en contact avec l'École et a désigné les stagiaires, les choisissant comme entraîneurs de jeunes et non comme militants ouvriers. Segonzac a même reçu une demande du directeur des Forges et hauts-fourneaux d'Allevard, qui souhaitait que l'École lui envoie d'anciens élèves comme candidats au poste de chef du personnel [1].

À ces recrutements de stagiaires ouvriers par la voie hiérarchique de la direction de l'entreprise, s'oppose celui de ce militant de Tarbes âgé de cinquante-sept ans, admis dans la session « Foucauld » comme responsable d'organisations locales de jeunesse (lié au mouvement ajiste, il est volontaire pour créer un centre de jeunes travailleurs dans le cadre du SGJ). Il est en effet membre de l'Union départementale des syndicats (ex-CGT) des Hautes-Pyrénées; séduit par son contact avec l'École, il reste en relation avec elle après son stage et convainc Vivier-Merle, responsable de l'Union départementale du Rhône, de venir parler à Uriage. Premier indice, apparemment isolé à ce moment-là, de la volonté de l'École de poursuivre les contacts syndicalistes « amorcés en décembre avec Bothereau [2] ».

De l'industrie privée, viennent en plus grand nombre les ingénieurs et cadres supérieurs, souvent groupés. Dans la promotion « Saint Louis » en septembre, figurent le directeur-adjoint de la société lyonnaise Rhodiaceta, deux ingénieurs et un chef d'atelier du Péage-de-Roussillon, ainsi qu'un ingénieur et un technicien chimiste de Lyon; c'est le début d'un lien qui se développera entre l'École et les entreprises de la chimie lyonnaise. Plusieurs ingénieurs ou techniciens des industries aéronautiques, appartenant aux groupements Jeunesse et Montagne de Savoie et du Dauphiné, sont envoyés à l'École à ce titre. Certains stagiaires, patrons ou dirigeants d'organisations patronales, permettent à l'École d'amorcer des contacts dans le monde des dirigeants d'entreprises : ainsi René Débia, secrétaire-adjoint de la Chambre de commerce de Marseille; à Lyon, Jean Courbier, ingénieur et industriel issu d'une famille influente, catholique et ouverte aux problèmes sociaux, et Louis Lemaigre, secrétaire général de la société Le Carbone-Lorraine.

L'école est donc entrée en relation, en 1941, avec le monde de l'industrie. Après avoir accueilli dans ses stages, à titre individuel et surtout comme animateurs de jeunesse, des industriels, des ingénieurs et quelques ouvriers, elle a répondu à des demandes ponctuelles de chefs d'entreprise, puis engagé un effort particulier pour atteindre plus largement les professions industrielles. Les industries navales et aéronautiques, puis les industries métallurgiques et chimiques de la région lyonnaise, ont été principalement concernées par cette action. La plupart de ces stagiaires « industriels » ont été recrutés à l'échelle des entreprises, qui ont accepté de se prêter à une expérience de brassage social en envoyant dans le même stage des cadres et des ouvriers; d'autres se sont portés candidats à l'instigation de la délégation locale à la jeunesse ou d'une organisation, voire d'un syndicat. Dans tous les cas il a fallu évidemment l'aval de la direction de l'entreprise.

En 1942, la direction de l'École développera une action spécifique pour atteindre le monde ouvrier à travers ses représentants les plus conscients, les militants syndicaux; ce ne paraît pas être le cas en 1941. Cette première approche semble cependant avoir permis à l'équipe de prendre conscience des dfficultés de réaliser le brassage social, le « rassemblement de toutes les élites » qui favorisera « l'intégration du monde ouvrier dans la communauté nationale » (titre d'une conférence de Charles Blondel à la session « Richelieu »). À preuve, les réflexions soumises au Vieux Chef dans une note interne, synthèse d'une réunion tenue durant l'été 1941 avec des syndicalistes et des jocistes, où l'on a pesé les avantages et les inconvénients de sessions mixtes où seraient mêlés ouvriers, techniciens et patrons [3]. Elles

1. Correspondances classées dans les dossiers des stages (arch. ENCU).
2. *Ibid*, session « Foucauld ».
3. « Nouvelle orientation des Écoles », note dactylo, 2 p. marquée « Vieux Chef » (arch. ENCU).

peuvent être l'occasion d'amorcer « le rapprochement, la compréhension entre divers milieux sociaux » et de « créer un courant favorable, dans le peuple, à la réforme des institutions », voire de « susciter çà et là des initiatives ingénieuses qui peuvent servir de prototypes sur le plan national ». Mais elles présentent aussi de nombreux dangers. L'expression des éléments ouvriers risque d'être étouffée sous les discours des intellectuels, et « les problèmes qui font le pain quotidien des jeunes ouvriers » d'être éclipsés par les généralités faciles, voire les slogans simplistes. Et quels jeunes ouvriers recruter ? À part quelques syndicalistes, seuls les militants communistes et jocistes ont une doctrine et une méthode. Attention aux réactions hostiles des camarades de ceux qui bénéficieront d'un « congé exceptionnel pour rencontrer des patrons », aux soupçons de noyautage ou de manœuvre pour créer une organisation « jaune ». Et attention surtout à ne pas susciter involontairement des recrues pour un néopaganisme brutal et conquérant, qui s'appuierait sur le naturisme et le nationalisme pour enrégimenter les masses... Cependant la note conclut en faveur d'une expérience de sessions mixtes, après étude approfondie et sous certaines conditions propres à diminuer les risques signalés.

À en juger par l'origine socioprofessionnelle de ses stagiaires, l'École a commencé en 1941 à se tourner vers l'ensemble des milieux professionnels. On relève cependant la quasi-absence des paysans, que les difficultés matérielles ne suffisent pas à expliquer, ainsi que celle des professions médicales (5 médecins sur quelque 760 stagiaires, alors que les avocats sont 22). En dehors des étudiants et des fonctionnaires ou animateurs de la jeunesse, les professions d'encadrement dominent : militaires, ingénieurs, enseignants.

Les sessions spéciales

Le constat est évidemment plus net encore si l'on tient compte de la dizaine de sessions spéciales qui se succèdent à Uriage de décembre 1940 à novembre 1941. Nombreuses au premier semestre, elles durent généralement une semaine. Plusieurs d'entre elles s'adressent aux responsables d'organisations de jeunesse en voie de création ou de réorientation : Compagnons, Maisons de jeunes, Auberges de jeunesse. Seule la session des chefs Compagnons, en mai, a l'allure d'un stage en école de cadres – le seul que l'École ait organisé pour un mouvement particulier. Dans une conjoncture exceptionnelle de crise et de relance, Uriage rend un service momentané à la direction provisoire du mouvement qui s'appuie sur elle. À l'ordinaire, les mouvements forment leurs responsables dans leurs propres écoles ou camps, et ne les envoient à Uriage que pour bénéficier du fameux « brassage » des sessions normales.

Pour les Maisons de jeunes et les Auberges de jeunesse, organismes nouveaux ou en réorganisation, les sessions particulières destinées à leurs dirigeants sont plutôt des réunions d'études, où l'École prête ses services – son cadre, son atmosphère, ses horaires alternés, quelques conférences et surtout ses activités de sport et de détente – à des groupes qui ont leur propre programme de travail. Lorsque les deux organisations, consolidées, ouvrent leurs propres écoles de formation de cadres, la tâche de suppléance remplie par Uriage au début de 1941 prend fin, sans que les relations amicales soient interrompues.

Cinq autres sessions spéciales s'adressent à des étudiants, pendant les vacances scolaires. À Pâques, deux stages d'une semaine en regroupent plus de 200 venus de toutes les académies de la zone libre. La répartition des stagiaires par discipline ou par appartenance à une organisation n'est pas connue, à part la présence d'un noyau relativement fort de membres de la « Fédé » protestante, et celle d'un groupe d'élèves (sept au moins) de l'École spéciale militaire d'Aix-en-Provence. Les trois autres stages d'étudiants sont destinés à des groupes particuliers : « étudiants coloniaux » membres d'un foyer marseillais, élèves des écoles militaires (Polytechnique en août, l'École de l'Air en septembre). Au total, environ 80 élèves des écoles militaires sont donc passés par Uriage en 1941.

Enfin, deux sessions spéciales seulement s'adressent à un milieu professionnel déterminé, et c'est encore l'armée qui rode la formule, après un stage d'instituteurs coloniaux dans l'été, avec la session d'officiers qui clôt en novembre la série des stages de 1941 et annonce les stages professionnels de 1942.

Cette orientation privilégiée de l'École en 1941 en direction de certains milieux et professions, rend sensible la double limite que rencontre la réalisation de son ambitieux programme (« créer et affirmer les élites de la nation »). Dans l'immédiat, le recrutement des volontaires ne dépend-il pas des hiérarchies instituées ? L'armée, les ministères, les entreprises constituent des filières simples pour susciter des candidatures par en haut, comme on l'a vu. Plus profondément, le risque apparaît de reproduire en modèle réduit la configuration des strates supérieures de la pyramide sociale ; on confondrait alors l'appartenance aux « élites » avec la compétence et l'autorité que confèrent l'instruction et les relations (mais non la fortune, que le système de recrutement des stagiaires ne favorise évidemment pas). Les « nouvelles élites », les « véritables chefs » que cherche à promouvoir l'École restent encore majoritairement issus des milieux que la naissance ou l'instruction ont privilégiés. Cependant la volonté d'accueil et l'effort d'ouverture sont indéniables, et pratiquement un réel brassage est réalisé dans ces stages où se côtoient, malgré la disproportion numérique, officiers et universitaires, diplômés et travailleurs manuels, étudiants et quadragénaires. La confrontation entre les divers groupes sociaux, pour brève qu'elle soit en trois semaines de vie commune intense, n'est pas éludée. Quant à la conscience et aux convictions communes que l'École entend développer, à la conception du rôle des élites dans la communauté nationale qu'elle propose, on sait déjà de quelle inspiration elles relèvent, et quelles expressions théoriques elles ont reçues. C'est par l'expérience du style de vie qu'on leur fait pratiquer, autant que par les enseignements qu'on leur propose, que les stagiaires sont invités à les partager.

LA VIE DES STAGIAIRES

À leur arrivée au château, les stagiaires sont affectés à une équipe et munis d'effets vestimentaires (dont la tenue d'uniforme bleue : chemise et blouson, culotte de golf et béret). Ils prennent connaissance d'un règlement en six articles (règles de tenue et d'hygiène, obligations de l'équipe de jour) et du programme détaillé du stage ; sur une large feuille de papier quadrillé qui représente une semaine, chaque journée est divisée en heures et quarts d'heure, affectés à une activité représentée par une couleur [1].

Des journées pleines

La trompe du réveil, à 7 heures, donne le signal du « giclage » dans les chalets : les équipiers ont cinq minutes pour se rassembler, en petite tenue,

1. « Prescriptions concernant la discipline des stagiaires », 1 p. ronéo. (arch. ENCU). « Programme de travail », cahier de stage d'A. Lecoanet.

devant le château d'où Vuillemin les entraînera à travers le parc. À la rituelle séance de décrassage participe l'ensemble des instructeurs, Segonzac en tête. Pendant vingt minutes se succèdent les exercices d'étirement, d'échauffement et d'assouplissement musculaires, le trot puis la course soutenue, et enfin la reprise de souffle au retour (au pas cadencé et en chantant), le tout rythmé par les vigoureuses exhortations du bouillant moniteur : « Allons, garçons! Secouons-nous! » Gare à ceux qui se font traiter de « touristes »!... Vuillemin a repris et perfectionné la technique du « dérouillement » pratiquée par les Éclaireurs dans leurs camps – écoles de Cappy, pour en faire ce « décrassage matinal », élément de la pédagogie, du style et de la légende d'Uriage. Chevallier chante les vertus de ce « coup droit porté à la passivité, notre principale ennemie du réveil, au petit matin glacé, [qui] assure le triomphe (...) de la *bonne part* de nous-mêmes, la part virile, active, alerte, diligente, sur l'autre, la *mauvaise part*[1]. »

Dans « l'euphorie » ainsi conquise, on vaque aux ablutions, à la nourriture et au rangement des chalets, sous la responsabilité d'un homme de jour dans chaque équipe, avant la cérémonie du lever des couleurs qui rassemble toute l'École à 8. h 45.

La matinée, de 9 heures à midi, est partagée entre deux activités, suivies chacune d'un battement d'un quart d'heure : la leçon d'éducation physique (une heure) et une séance d'étude d'une heure et demie (cercle d'études par équipe, ou témoignage donné devant la moitié de la promotion). Les stagiaires sont répartis en deux groupes qui permutent au milieu de la matinée, pour utiliser à tour de rôle le plateau d'éducation physique. Après le repas de midi, que les stagiaires prennent dans l'orangerie sans leurs instructeurs, un temps libre est consacré à la réflexion, au travail personnel ou aux conversations particulières. L'après-midi, de 14 h 30 à 18 h 30, est également partagée entre le plein air et l'étude : deux heures de chantiers (après l'aménagement des chalets, c'est le travail de terrassement pour le futur stade, ou le forestage dans les taillis du parc); une heure et demie pour la conférence générale ou un cercle d'études.

Un nouveau temps de repos est ménagé après le dîner, et à 21 heures c'est le rassemblement dans la grande salle où flambe le feu de bois, pour le « mot du Vieux Chef » quotidien (un quart d'heure pour commenter un aspect de la journée, faire le point sur le déroulement du stage, expliquer une consigne) qui introduit la veillée. Veillée générale deux fois par semaine environ, en présence de visiteurs « hôtes d'honneur » du château, avec la part du spectacle (donné par les Comédiens routiers lorsqu'ils sont à Uriage, ou par un groupe de stagiaires), celle du chant choral et celle de la lecture suivi de méditation silencieuse; veillée d'équipe les autres jours, organisée par chaque équipe dans son chalet et également achevée en méditation.

Les dimanches, et souvent aussi les samedis, sont consacrés à des sorties : excursions en montagne ou dans la campagne, visites aux Chantiers de jeunesse voisins ou à quelque autre centre de jeunes, sortie libre. Chaque session a sa journée d'enquête régionale, précédée de l'initiation méthodologique de Chombart de Lauwe et suivie des rapports des équipes; celles-ci reviennent parfois, le dimanche suivant, dans les villages où elles ont enquêté, pour donner une fête ou tenir des réunions.

Plus que l'horaire des activités, évidemment, c'est la manière de les mener qui importe. On sait que l'École ne prétend pas « former » ses stagiaires, mais leur faire faire l'expérience d'une vie plus pleine; elle ne vise

1. Voir *Le Chef*, mai 1942, p. 184; J. DUMAZEDIER, « Décrassage à Uriage », *Jeunesse France – Cahiers d'Uriage*, 30, avril 1942; J.-J. CHEVALLIER, « L'efficacité dans l'action », conférence citée.

« pas à donner un enseignement mais à élever, au sens propre du terme [1] ». C'est le style qui entraîne l'adhésion des stagiaires et fait naître un esprit commun. Le site y contribue (simplicité austère des bâtiments, grandeur des perspectives, netteté dans l'ordonnancement des lieux correspondant aux diverses activités), et davantage les principes de la vie collective. Paul Reuter semble les décrire dans un texte (peut-être antérieur à son séjour à l'École d'août 1941) où il explique que toute éducation a pour but ultime « d'enseigner à ceux qui ont tout appris l'art suprême de tout ramener à l'unité, d'engager tout ce que l'on sait dans tout ce que l'on fait (...), l'art, dernier et unique, de vivre en homme ».

Cette visée requiert à ses yeux, au-delà de la pédagogie scolaire intellectuelle, abstraite, analytique et individualiste, la mise en œuvre de « pédagogies extra-scolaires » à la fois physiques et spirituelles, concrètes, synthétiques et collectives, capable d'atteindre « l'homme complet ». L'institution éducative idéale qu'il évoque ressemble fortement à l'École d'Uriage : fondant la vie collective sur les principes de discipline, de hiérarchie et de responsabilité, elle créerait une communion dans la vie quotidienne partagée, offrant en somme « une expérience partielle et temporaire de monachisme laïc ». Située hors des villes, au contact de la nature et de la terre éducatrices, elle organisera des travaux collectifs utiles, comme la confection d'objets simples et parfaits, antidotes à la division du travail, et mêlera le sérieux à l'artifice par la pratique du jeu éducatif [2]. Reuter lui-même amènera à l'École et montrera aux stagiaires la table de bois qu'il a fabriquée durant son séjour dans un village des Hautes-Alpes [3].

D'Alançon résume pour sa part une année d'expérimentation pédagogique en soulignant trois principes majeurs : la vie en équipe, le rythme des activités et l'esprit de vérité.

Vie en équipe

« La vie en équipe est la base de la règle d'Uriage », c'est l'article 1 du règlement des stagiaires. Ils sont répartis en équipes volontairement hétérogènes, où sont mêlés âges, régions d'origine, professions et niveaux d'études. Chaque équipe a son instructeur, son chalet dont elle prend le nom et sa couleur (un ruban porté au côté droit). Les 15 ou 20 stagiaires, sous la responsabilité tournante de l'équipier de jour, sont chez eux dans leur chalet : une pièce-dortoir où sont superposés les sommiers recouverts d'une paillasse, et la salle de veillée dont la cheminée de pierre est le principal ornement, avec une table et des bancs de bois et les petites armoires pour les effets individuels posées contre les murs. À la veillée du premier soir, chacun des équipiers se présente. Parmi les activités collectives, il en est trois qui favorisent particulièrement la cohésion de l'équipe : la « promenade Deffontaines », les cercles d'études et les veillées.

L'enquête ou exploration régionale qu'on continue d'appeler « promenade Deffontaines » est essentiellement une entreprise collective, chaque équipe ayant la responsabilité d'une localité à visiter et d'un rapport à présenter à la réunion-bilan du lendemain; les équipiers se répartissent le travail, par groupes de deux ou quatre.

L'organisation des cercles d'études est confiée à l'instructeur-chef d'équipe, avec une grande latitude d'action. Il est certes muni d'instructions

1. É. d'Alançon, « Uriage : principe d'éducation et d'activité », *Jeunesse... France*, 22 septembre 1941 (article reproduit par *La Revue des Jeunes* , décembre 1941).
2. P. Reuter, « Les pédagogies collectives extra-scolaires », *Jeunesses et Communauté nationale*, coll. « Rencontres ».
3. Témoignage de Paul Reuter.

et de documentation, concernant aussi bien les sujets à traiter que la méthode à suivre, en trois temps : introduction (il présente le problème et énumère les questions majeures); discussion (il s'efforce d'ordonner les interventions en veillant à ce que chacun parle et exprime son expérience de vie plutôt que des connaissances livresques); conclusion (il reprend les idées forces). Mais dans la pratique il est libre de prolonger une discussion, ou d'introduire d'autres thèmes non prévus dans le programme; d'Alançon, qui va d'une équipe à l'autre, est là pour coordonner et conseiller. Le but à atteindre n'est évidemment pas de diffuser un savoir, mais de « dégager des personnalités en leur permettant de s'affirmer (...), réunir l'apport de tous pour le fondre en un creuset », et créer « le dénominateur commun cher à Lyautey ». Les veillées d'équipe sont aussi l'occasion, entre deux chants, mimes ou bonnes histoires, d'échanges entre co-équipiers « dans une ambiance intime »; on revient sur les activités de la journée : « C'est donc là (en équipe) qu'on fera le point, qu'on dressera le bilan des acquisitions, qu'on stigmatisera en toute simplicité les défaillances [1]. »

Telle est du moins l'idée qu'on se fait d'une veillée réussie, et certains stagiaires se souviendront de moments d'une qualité exceptionnelle par la sincérité et la profondeur des échanges.

Rythme et vérité

Après la vie en équipe, le deuxième principe est celui du rythme, « à la fois facteur d'équilibre et d'éducation [2] ». Il inspire l'alternance constante, non seulement entre activités physiques et intellectuelles, mais entre travaux utilitaires et exercices d'entraînement, entre l'effort individuel et l'action collective, entre la dépense dans l'action et l'écoute, voire le recueillement. Comme l'écrit avec humour le stagiaire Delouvrier, « le plus grand mérite du programme de l'École est l'astucieuse combinaison des efforts. Il n'a pas manqué d'intellectuels pour juger faible la partie intellectuelle de l'enseignement d'Uriage, mais j'ai eu des ampoules et des courbatures. Chacun a donc eu un aliment à la critique, une cause de fatigue et une source de contentement : la perfection dans le juste équilibre [3] ».

Le sens du rythme est aussi celui de l'équilibre et de l'harmonie. Une stricte ponctualité, le partage et la rotation des tâches y contribuent, ainsi que les disciplines quotidiennes, celle des déplacements par exemple, car pour Segonzac « aller d'un point à un autre, en ordre et en rythmant le pas, n'est pas une manifestation militaire. C'est la meilleure façon de se déplacer vite, harmonieusement et allégrement [4]. »

Le troisième principe de la vie commune est plus difficile à saisir. Si l'on en croit d'Alançon, le plus qualifié peut-être pour en parler,

> La marque profonde d'Uriage, c'est essentiellement l'esprit de vérité; nous nous efforçons de le faire régner dans notre vie, dans nos comportements habituels vis-à-vis de nous-mêmes et des autres, dans nos études et nos méthodes; dépouiller l'artificiel pour retrouver le vrai, être simples, voir les hommes, les choses et les faits tels qu'ils sont, voilà ce à quoi nous convions d'abord nos stagiaires [5].

« Esprit de vérité », c'est d'abord la franchise des relations entre hommes, la netteté qui fait détester le bluff, et notamment celui qui tente les intellec-

1. « Vie de l'École », 7 p. dactylo (arch. ENCU).
2. É d'Alançon, « Uriage : principe d'éducation et d'activité », art. cit.
3. P. Delouvrier, « Uriage, École nationale des cadres de la Jeunesse », *La Gazette de l'Inspection*, octobre 1941.
4. P. Dunoyer de Segonzac, « Discipline », *Jeunesse... France!*, 8 avril 1941.
5. É. d'Alançon, « Uriage : principe d'éducation et d'activité », art. cit.

tuels : « C'est qu'à Uriage on ne se paie pas de mots, on parle clair et avec un ardent souci de sincérité totale [1]. »

On sait que Segonzac pratique le contact direct; il reçoit individuellement les stagiaires à leur arrivée et « de son œil clair, de sa voix patiente soupèse les intentions de chacun [2] ». Lorsqu'il accueille dans l'équipe un nouveau membre, futur instructeur, il s'enquiert de ses orientations et convictions, prend l'engagement de les respecter, et avertit le candidat : on lui dira nettement « ce qui n'ira pas », et on attendra de lui la même franchise. On a déjà rencontré ce souci de respecter les convictions et les personnes, à l'égard des conférenciers; il en va de même envers les stagiaires. L'importance donnée à la vie intérieure, au sens du spirituel se traduit par la place réservée au silence et à la méditation; le respect de ces temps de respiration individuelle manifeste le refus d'utiliser la discipline, le prestige des chefs et la pression du groupe pour modeler les consciences.

Dépouiller l'artificiel, être simple, voir le monde tel qu'il est : on tient à Uriage à bannir l'enflure, à éviter la dégradation du rite en convention et du style en artifice. Segonzac le premier blâme l'affectation de ces officiers de son arme qui « se gargarisent de l'esprit cavalier » et confondent le panache avec la désinvolture; l'élégance de la tenue et du geste, rappelle-t-il, ne vaut que par celle de l'esprit et du cœur qu'elle exprime [3]. De même Chevallier met en garde ses auditeurs contre les « prestiges extérieurs » de ce qu'il appelle « le viril-postiche », prestiges de l'art ou du verbe, de la démarche ou du masque résolus derrière lesquels se dissimulent souvent « de pauvres hommes » : « Tout est toujours d'abord à l'intérieur, dans l'âme, dont l'extérieur est la projection plus ou moins réussie [4]. »

Primat du cœur sur le geste qui l'exprime, primat de l'acte sur la parole qui le prépare; dans sa conférence sur l'efficacité, Chevallier dénonce la tentation des jeux du raisonnement séparés de l'action. L'invitation à un engagement concret dans le monde réel inspire toute la pédagogie des stages, c'est pourquoi les grandes conférences sont doublées de témoignages ou de cercles d'études qui traitent le même thème à partir de l'expérience.

UN ENSEIGNEMENT MORAL ET CIVIQUE

Chaque session de l'École d'Uriage comporte une part de travail intellectuel : enseignement magistral et exercices d'application. Il en est resté divers documents, plus nombreux que pour les autres activités et prêtant davantage à l'analyse et au commentaire : programmes de stages, textes de conférences, rapports et notes de stagiaires. On doit se garder d'isoler et de majorer cet élément, et se souvenir qu'une session à Uriage engage les participants dans une expérience globale, à la faveur d'un temps de retraite et de vie commune. Il ne s'agit pas de rendre le stagiaire plus savant ni même mieux informé, mais avant tout plus conscient de ses responsabilités, plus maître de lui-même et plus capable de s'engager. C'est l'esprit d'un stage

1. « Vie de l'École », document cité.
2. M.-J. TORRIS, « Uriage, École nationale des chefs – choses vues », *Candide*, 30 juillet 1941. Les anciens se souviennent d'une anecdote : Segonzac, recevant un jeune diplômé de bonne allure, candidat à un poste à l'École, a rompu brutalement l'entretien sur une question de son visiteur, et lui a montré la porte; le jeune homme voulait savoir, avant toute autre explication, combien il toucherait par mois.
3. P. DUNOYER DE SEGONZAC, « L'officier », 5 p. dactylo. (arch. ENCU).
4. J.-J. CHEVALLIER, *L'Ordre viril et l'efficacité dans l'action*, *op. cit.*

qui compte; il se crée à travers les temps forts, les gestes symboliques et les relations interpersonnelles autant et plus que par l'échange des connaissances et des idées. En présentant ici une sorte de schéma-type de l'enseignement donné dans les sessions d'information générale, on n'oubliera pas qu'il s'inscrit dans cet ensemble.

L'enseignement de type magistral, c'est 10 à 15 conférences d'une heure données à l'ensemble de la promotion, suivies de réponses aux questions de l'auditoire. Le genre varie, de la leçon universitaire des professeurs de droit à la conférence du diplomate ou de l'homme de lettres et à l'allocution, voire l'exhortation du chef de jeunes. Les membres du personnel, et notamment du bureau d'études, en assurent la plupart, avec les amis proches, mais on fait appel aussi à des personnalités invitées au titre de leurs compétences et à des visiteurs de passage; exceptionnellement, la session « Richelieu » présente aux stagiaires, futurs hauts fonctionnaires, une brochette fournie et brillante de conférenciers extérieurs [1]. Les textes de certaines conférences sont ensuite ronéotypés et diffusés dans le réseau des anciens et amis de l'École.

D'autres prestations ont une allure plus familière, tels les témoignages livrés sur une expérience, par des stagiaires aussi bien que par des instructeurs ou des invités, et les interventions sous diverses formes au cours des veillées générales (lecture de texte, méditation); enfin les cercles d'études et les veillées d'équipe se construisent autour d'un schéma fourni par l'École. Les plans types de cercles d'études sont ronéotypés et souvent publiés par *Jeunesse... France!*. Ceux qui ont été rédigés dans les premiers mois reflètent un moralisme patriotique assez court, alors que ceux que le bureau d'études met au point en 1941 sous le titre : « Quelques idées concernant... » (la Patrie, le travail, la vie intérieure), beaucoup plus élaborés, constituent de véritables guides de travail.

Coup d'envoi

Essentielles sont les deux premières journées, répondant à un schéma constamment répété : il s'agit de créer le climat, en allant droit à l'essentiel. Au cours de la veillée initiale où une mise en scène graduée fait alterner chants, prises de parole et temps de silence, Segonzac présente l'action qui va se mener : « Le Vieux Chef se lève alors et souhaite la bienvenue aux stagiaires. D'une voix nette, il retrace en quelques mots la situation tragique du pays, repose la question qui a valu la réunion autour de lui de l'équipe qu'il a choisie. Il exhorte les nouveaux venus à se rendre compte de l'importance de l'œuvre à entreprendre. Il donne un aperçu du programme [2]. »

Puis d'Alançon lit la page de Péguy sur l'honneur de « l'ouvrage bien faite », dite page « du bâton de chaise » :

> Nous avons connu un honneur du travail exactement le même que celui qui au Moyen Âge régissait la main et le cœur (...). Nous avons connu ce soin poussé jusqu'à la perfection (...). Nous avons connu cette piété de l'*ouvrage bien faite* (...). Ces ouvriers (...) travaillaient. Ils avaient un honneur, absolu, comme c'est le propre d'un honneur. Il fallait qu'un bâton de chaise fût bien fait (...). Une tradition, venue, montée, du plus profond de la race, une histoire, un absolu, un honneur voulait que ce bâton de chaise fût bien fait. Toute partie, dans la chaise, qui ne se voyait pas, était exactement aussi parfaitement faite que ce qu'on voyait. C'est le principe même des cathédrales [3].

1. Voir en annexe VII le programme de la session « Richelieu », 15 juillet - 3 août 1941.
2. « Vie de l'École », 7 p. dactylo. (arch. ENCU).
3. Ch. PÉGUY, *L'Argent*, dans *Œuvres en prose*, « Bibl. de la Pléiade », t. II, pp. 1106-1107.

Un moment de méditation silencieuse précède la séparation. Le lendemain, Vuillemin donne sa première leçon d'initiation, théorique et pratique, à la méthode naturelle d'éducation physique (« éducation virile », sous la devise : « être fort pour être utile »), et l'équipe de jour désignée pour le lever des couleurs en apprend de son instructeur, non seulement le rituel, mais la signification : « Penser aux Français qui voient flotter un autre drapeau [1] ».

Les premières conférences, données par les intellectuels de l'équipe, posent les problèmes majeurs de la civilisation, du pays, de la jeunesse. Dès l'hiver 1940-41, Naurois et Chombart de Lauwe présentaient l'affrontement des totalitarismes et la nécessité de jalonner une voie française de la révolution qui se cherche. Plus tard, Lallement répète régulièrement sa longue conférence sur la mission de la France, tandis que Beuve-Méry ouvre les stages du second semestre avec l'un de ses exposés synthétiques sur la France en 1941, ses réalités et ses problèmes, ou plus largement encore sur la crise de la civisation moderne.

Ce dernier exposé, connu par les notes d'un auditeur [2], est typique de l'élargissement des perspectives proposées alors aux stagiaires. Il présente d'abord les racines profondes de cette crise du XXe siècle que Péguy a annoncée et Valéry observée, et dont la guerre n'est qu'un révélateur. La crise est l'aboutissement de cinq siècles de rationalisme et d'un siècle de progrès matériel. La désintégration de l'homme est le résultat de sa tentative de « recréer le monde sur de fausses bases : scientisme, veau d'or, État malade, termitière socialiste, etc. »; le fond du problème est donc d'ordre spirituel. Il décrit ensuite la situation particulière de la France. Mieux protégée que les autres pays, à la fois par sa stabilité économique et par sa vieille imprégnation d'universalisme chrétien dont un Bergson est le témoin, elle a néanmoins été déséquilibrée par la crise économique, auquel l'État parlementaire n'a pas résisté; d'où la révolution politique dont la défaite a été l'occasion. Dans la dernière partie de la conférence, l'auteur présente une issue au problème spirituel : l'homme n'existe que dans l'effort pour se dépasser, seule façon de développer pleinement sa personnalité, et cela ne peut se faire que dans et par la société. Il propose quelques points de repère concernant les actions à entreprendre : inventer une économie « juste et humaine » après la faillite du capitalisme libéral, rassembler une société déchirée par un siècle de lutte des classes (lutte des classes qui est « un fait », rappelle-t-il).

C'est souvent en début de stage également qu'interviennent Mounier ou Lacroix, étudiant la civilisation, la communauté nationale ou l'humanisme personnaliste. Avec ces conférences d'ouverture, le décor est planté et la perspective dessinée. Les Français de 1941, héritiers d'une tradition spirituelle, confrontés non seulement à un malheur national mais à une crise révolutionnaire, ont un défi multiple à relever; contre les séductions des solutions fallacieuses, une vision de l'homme leur est proposée qui sera la ligne directrice de leur effort.

La série des conférences que comporte la suite du stage explore généralement trois domaines : recherche et esquisse des valeurs communes, connaissance des réalités françaises et surtout des problèmes sociaux, préparation aux responsabilités d'homme et de chef de jeunesse.

1. Carnet de stage d'A. Lecoanet (septembre 1941).
2. « La crise de la civilisation moderne », première conférence de la session « Richelieu » (16 juillet 1941), d'après le carnet de stage de Jean Le Veugle.

Les valeurs communes

Au printemps et à l'été 1941, Segonzac ou Lallement présentent à certains stages « la Révolution nationale ». Il ne s'agit pas de l'exposé d'une doctrine officielle, ni même d'un commentaire des paroles du Maréchal, mais plutôt d'un développement inspiré par la note de Beuve-Méry : « Pour une révolution personnaliste et communautaire ». Segonzac, après avoir rappelé la nécessité du « loyalisme le plus absolu envers la personne du Maréchal », présente les deux principes de la révolution à faire : respect de la personne et service de la communauté; il en envisage, comme Beuve-Méry, les applications dans les domaines spirituel, moral, intellectuel, politique et social. Il insiste sur le lien entre la révolution institutionnelle et l'effort de chacun pour transformer sa vie, selon son exhortation aux étudiants de Grenoble : « Soyez des hommes... Soyez des chefs... Soyez virils et généreux... Ayez de la qualité [1]. »

Ni lui ni Lallement ne laissent place à l'éloge (ni même à l'exposé) de l'action gouvernementale. Un stagiaire s'en plaint, regrettant l'absence d'étude de « la politique concrète du gouvernement [2]. »

Il arrive cependant que des personnalités nettement engagées au service du régime soient invitées à en présenter un aspect. Ainsi René Gillouin vient parler de « la doctrine du nouvel État français », le professeur Achille Mestre de « l'esprit de la Révolution nationale », Louis Salleron de « la Corporation paysanne » et René Benjamin de « la personnalité du Maréchal ». Ces quatre conférences ont été données dans l'été 1941, les deux dernières à la session « Richelieu » des futurs hauts fonctionnaires dont le programme est exceptionnel. Elles ne seront pas répétées et on n'en reproduira pas le texte – sauf celui de Salleron, dont l'intelligence originale et solitaire a frappé Segonzac [3]. Mestre, professeur de droit réputé, conseiller du SGJ et ami du ministre Barthélemy, parle de la future constitution en condamnant sans appel le régime de la IIIe République et sa fausse représentation de citoyens – individus coupés de leurs liens sociaux [4]. Gillouin, doctrinaire de la réforme de l'État, traditionaliste autoritaire lié avant la guerre à Abel Bonnard et à Weygand, est un des conseillers privés du Maréchal dont il a rédigé de nombreux discours ou écrits. Il est incontestablement un des inspirateurs de la philosophie du régime, en même temps qu'un patriote antiallemand et antinazi, hostile à la collaboration de Darlan comme à celle de Laval, et opposé au programme de mesures antisémites du gouvernement. La leçon de doctrine politique qu'il donne à Uriage ne paraît pas avoir soulevé de réactions fortes; du moins l'impression favorable qu'il déclare avoir retirée de sa visite n'est pas celle d'un serviteur inconditionnel du pouvoir [5]. Le cas de Benjamin est différent. Segonzac se souviendra de ce « thuriféraire de l'homme Pétain » comme du « seul porte-parole déclaré du régime » qui ait participé à une session de l'École; il semble d'ailleurs qu'on le lui ai fait sentir. Il a remporté un vif succès auprès des stagiaires en faisant un portrait vivant du Maréchal, et sa visite à l'École lui a inspiré un

1. « Révolution nationale, révolution personnelle – Conférence aux étudiants », notes manuscrites de Segonzac, 5 p. (arch. ENCU).

2. Rapport anonyme d'un stagiaire de la session « Mermoz », mai 1941 (arch. ENCU).

3. *Le Vieux Chef, op. cit.*, p. 94.

4. « L'esprit de la Révolution nationale », conférence du 29 septembre 1941, cahier de stage d'A. Lecoanet.

5. R. GILLOUIN, *J'étais l'ami du Maréchal Pétain*, p. 181. Voir M.R. MARRUS et R.O. PAXTON, *Vichy et les Juifs*, pp. 192-193 et E. MOUNIER, *Entretiens XII*, 29 août et 2 octobre 1941.

article lyrique sur ce lieu « où la France retrouve son âme », mais Mounier, qui le tient pour un des « inspecteurs plus ou moins officiels » que Vichy « bombarde » à Uriage, l'a vu « qui traînait dans les coins, ostensiblement abandonné de tous [1] ».

Ces interventions mises à part, il est clair que ce n'est pas à Vichy que l'École puise ses références majeures et que, même lorsqu'elle traite de la Révolution nationale, c'est sa propre vision de la révolution qu'elle expose. Quelle place donne-t-elle aux combats idéologiques du moment ?

On présente essentiellement aux stagiaires, en 1941, les grandes lignes d'un humanisme personnaliste, au nom duquel on condamne radicalement les mystiques totalitaires. Au premier semestre, c'est l'abbé de Naurois qui présente ces idées, avec ses exposés régulièrement répétés : « Les orientations d'une doctrine nationale », « Le national-socialisme », « Nazisme et communisme ». Il invite un jour son ami Henri Jourdan à parler de son expérience berlinoise. Et les conférences de Mounier, Lacroix, Beuve-Méry, Chombart de Lauwe, Chevallier, entre autres, appellent constamment à la vigilance face à la menace extérieure et intérieure du nazisme.

Sur le communisme, une causerie est parfois donnée par l'instructeur Desforges. La condamnation sommaire du marxisme semble rester de règle pendant le premier semestre, accompagnée d'un éloge de la générosité et de l'efficacité du militantisme communiste. Les thèmes sociaux concernant le monde ouvrier, dont on verra la place dans l'enseignement de l'École, n'impliquent pas alors de véritable confrontation avec le communisme. Il en sera autrement vers la fin de l'année, moins à cause de l'entrée dans la guerre de l'Union soviétique que de l'attraction à nouveau exercée par le Parti communiste clandestin avec les actions spectaculaires qu'il inspire. Au témoignage d'Alfred Fabre-Luce qui visite Uriage en octobre, Segonzac « pendant cette année 1941, a mesuré mieux qu'un autre la montée du péril communiste [2] ». Dès juillet, la pensée marxiste a été l'objet d'une approche objective, avec la double conférence donnée par Jean Lacroix sous le titre « Force et faiblesse du marxisme ».

Lacroix ouvre ce cours sur des propos significatifs. Il annonce d'une part son intention de mener une étude scientifique, « littérale » (au moins sur le plan économique), de la pensée de Marx; mais il affirme aussi, en rappelant la « prophétie » faite dans les années 20 par Berdiaeff (« un des plus grands philosophes de l'heure »), que Marx et Nietzsche sont en train de se partager le XXe siècle, ou plus exactement « chaque homme du XXe siècle ». Ainsi tel penseur que l'on avait pu croire marxiste, comme Malraux, se révèle nietzschéen, tandis que le national-socialisme, dans sa pratique, fait de larges emprunts à la méthode d'action des révolutionnaires marxistes. C'est donc dans le contexte de la « Révolution du XXe siècle » qu'est situé la pensée marxiste, qui n'en est pas moins analysée avec précision et objectivité. Cet exposé, présenté aux stagiaires des grands corps, ne semble pas avoir été repris dans les sessions suivantes; il sera surtout exploité par le bureau d'études, auquel il fournit matière et élan pour le travail ultérieur [3].

Il n'y a pas trace de conférences consacrées en cette année 1941 aux autres courants de pensée, nationalistes, socialistes ou libéraux. La doctrine de l'Action française ne paraît pas avoir été jamais exposée par un de ses sectateurs, depuis la malheureuse visite de Massis en 1940. Thierry Maul-

1. *Le Vieux Chef, op. cit.*, p. 94; R. BENJAMIN, « La France retrouve son âme », *Candide*, 17 septembre 1941; E MOUNIER, « Entretiens XII », 28 juillet 1941, *Œuvres*, t. IV, p. 711.
2. A. FABRE-LUCE, *Journal de la France*, 2e éd., 1946, p. 387.
3. J. LACROIX, « Force et faiblesse du marxisme », deux conférences du 17 juillet 1941, 23 p. ronéo. (arch. ENCU).

nier, invité en juillet à présenter une conférence sur « Vérités et erreurs du nationalisme », a fait défaut. Le socialisme utopique ou humaniste, le courant proudhonien, le syndicalisme révolutionnaire ou réformiste ne semblent pas non plus avoir fait l'objet de présentation détaillée, malgré les marques d'intérêt qu'on peut leur manifester en passant. Quant à la démocratie libérale, elle n'est guère étudiée au fond; on répète souvent la dénonciation habituelle et vague des vices du parlementarisme français, mais l'analyse critique amorcée par Chevallier au colloque de 1940 n'est pas poursuivie. Un cercle d'études consacré, sous le titre « Les faux principes », à la devise Liberté – Égalité – Fraternité, se soucie surtout de dénoncer le primat de l'individu sur la société, et les méfaits de cet individualisme qui a corrompu aussi bien la morale chrétienne que la vertu républicaine [1]. Les idées de 1789 et la pensée libérale sont relativement méconnues.

Thèmes personnalistes

Le personnalisme chrétien, au contraire, a la part belle, et d'abord dans sa dimension proprement religieuse. Avec Mgr Bruno de Solages en juillet et le Père de Lubac en octobre, il se trouve magistralement représenté dans les deux stages dont le programme nous est entièrement connu. Dans sa conférence « Force du christianisme, carence des chrétiens », prononcée malgré l'interdiction de Vichy, Mgr de Solages entend montrer ce qu'apporte le christianisme au développement de la civilisation, mieux que les grandes idéologies sociales. Bien qu'il soit essentiellement une religion, et non une doctrine sociale, le christianisme « ne peut pas ne pas prendre de position sociale », en vertu notamment de sa vision communautaire du salut; en cela, on peut mettre ses perspectives en regard avec celles du marxisme, ce qui soulignera leur différence fondamentale. Sur le plan doctrinal, l'auteur traduit en termes personnalistes les affirmations traditionnelles de l'Église sur les rapports de la personne avec les sociétés dont elle est membre. Si la société est une donnée fondamentale de la vie humaine, avec ses contraintes d'organisation et d'autorité qui s'imposent aux individus, elle est néanmoins essentiellement au service des personnes, dont elle doit respecter la liberté. Le devoir de participation à la vie sociale peut mener au sacrifice de la vie pour la Patrie, mais n'implique jamais une soumission entière de tout l'être; la part la plus importante de la vie personnelle échappe à l'autorité sociale : liberté de l'esprit (en matière scientifique notamment), vie intérieure, responsabilité morale. Le christianisme s'oppose donc à l'État totalitaire, qui enferme les individus dans un système clos d'obligations sans appel. Cependant le christianisme, qui détient une immense capacité de transformation sociale, avec sa proclamation de fraternité universelle et son appel à la charité, n'a pas supprimé les injustices et les guerres. La raison n'en est pas dans un culte des vertus passives sans souci d'efficacité qu'on lui impute à tort, mais dans son refus d'être un système politique et d'agir par les moyens du pouvoir et de la violence. Les chrétiens ont raison de refuser cela, mais leur tort est de n'être « pas assez chrétiens ».

Le christianisme en quelque sorte « n'est pas commencé », comme le dit Papini, et la christianisation de la civilisation demeure une tâche à mener; peut-être les mouvements de jeunesse catholiques préparent-ils, à longue échéance, l'avènement d'une « civilisation plus chrétienne » ? Le conférencier conclut, avant un appel à l'action (« faire à tout instant le devoir du moment présent »), par une profession de confiance :

1. Cahier de stage d'A. Lecoanet.

> La seule chose que je sais, c'est que Dieu mène le monde vers le Royaume des cieux. L'attitude chrétienne en des époques très dures consiste, non pas à trop spéculer sur ce que sera le monde, non pas à désespérer, à gémir, mais à penser qu'il y a pour tous les hommes des vérités qui demeurent vraies quoi qu'il arrive [1].

Présentant un christianisme actualisé, Solages a dénoncé le culte de l'État et la soumission aveugle au pouvoir ainsi que le cléricalisme. Ne rejetant le marxisme qu'après l'avoir examiné avec sympathie, relativisant l'idée de « doctrine sociale chrétienne », sa conférence qui se dit « documentaire » est en réalité une exhortation à l'autonomie, contre les conformismes, et à l'engagement actif, contre les résignations. Que les auditeurs l'aient identifié ou non comme un dissident, son propos tonique les invite à prendre du champ et à suivre les jugements de leur conscience.

Le Père de Lubac, dans sa conférence « Explication chrétienne de notre temps », aborde les mêmes thèmes par le détour de l'histoire, avant de faire la critique des mythes contemporains [2]. Il montre comment la crise de civilisation est partiellement d'ordre spirituel; c'est une civilisation détachée de ses sources religieuses qui s'effondre. À ce titre, les chrétiens ont leur part de responsabilité, et une mission à assumer pour l'avenir. Il y a eu en effet défaillance : une religion routinière « de conservatoire » a cessé d'être principe de vie et d'invention, le sens de l'Église comme communauté fraternelle s'est dissous dans l'individualisme. On a laissé, en se repliant sur la vie privée, le champ libre au machiavélisme en politique, au libéralisme en économie. Depuis la désagrégation de la chrétienté médiévale, qu'on doit d'ailleurs se garder d'idéaliser, il s'est produit une sorte de mutation dans l'ordre spirituel, avec le recul de la foi devant le rationalisme. Les valeurs chrétiennes, laïcisées, ont été stérilisées et tournées en idéologie; les âmes asphyxiées ont été livrées au désespoir métaphysique, aussi profond que leurs faim et soif d'absolu inassouvies. Enfin, là où le sens du mystère a été expulsé, ont déferlé les mythes, comme aujourd'hui ceux que charrient le national-socialisme et le communisme, mystiques de remplacement. Il reste à reconstruire, sans pessimisme car toute crise est invitation à progresser, et surtout en France, ce pays qui a su assumer dans le passé une vocation chrétienne en unissant le sens de l'homme tiré de l'Évangile aux acquis de la cité antique. Le christianisme propose des valeurs universelles : respect de la personne, ouverture à une communauté spirituelle et croyance en Dieu. Pour le Père de Lubac, seul un esprit véritablement « catholique », revigoré à la source évangélique après des siècles de dérive individualiste et rationaliste, peut contribuer à donner à la « révolution humaine » qui se cherche son inspiration (mais non directement son gouvernement). La France, au nom de sa plus ancienne tradition, se doit de l'entreprendre. Le Père de Lubac présente lui aussi les valeurs chrétiennes en termes personnalistes; il les montre à la fois incarnées (liées à un moment et un pays) et universelles, et les oppose aux nouveaux mythes totalitaires; ceux-ci ne fascinent que des esprits diminués et aphyxiés dans le vide spirituel du monde contemporain. Ces thèmes sont repris, à la veillée qui suit, par le Vieux Chef. Il oppose les erreurs des « réactions cléricales » qui prétendent imposer des « solutions chrétiennes » au vrai christianisme fondé sur la conviction personnelle; pour lui, s'il est « nécessaire d'avoir une foi, croire en la patrie est déjà une foi suffisante [3]... ».

Mounier avait déjà illustré, dans un autre registre, ces perspectives dans

1. « Christianisme et société, par S. E. Mgr de Solages, 19 juillet 1941 », 7 p. ronéo.; seul le titre a été modifié dans cette transcription (arch. ENCU).
2. H. de LUBAC, « Explication chrétienne... », art. cit.
3. « Mot du Vieux Chef » à la veillée du 1er octobre 1941 (d'après le cahier de stage d'André Lecoanet).

sa conférence répétée plusieurs fois sur « Le bourgeois » ou « La fin de l'homme bourgeois ». Dans son style d'analyse prophétique, il y évoquait un long chapitre d'histoire sociale et mentale, pour dénoncer un esprit, refuser une fausse croisade et annoncer la révolution à faire.

Contre ceux qui voient dans le communisme la seule maladie qui ait affaibli la France, Mounier dénonce l'esprit bourgeois :

> La France de 1940 a succombé de sa langueur bourgeoise au moins autant que de ses fièvres extrémistes, de sa médiocrité autant et plus que de ses folies. Que les médiocres qui ont déjà, mais en vain, essayé leur fiel contre nos écrivains et nos artistes, ne portent pas aujourd'hui une main sacrilège sur le drapeau de la croisade (...). Ce n'est pas avec la peur des petits-bourgeois, triomphante après avoir été atterrée, que nous referons la France ni l'Europe. Il est plus que jamais opportun d'attirer l'attention sur ses méfaits, alors qu'elle s'arroge le droit de dénoncer partout les causes d'une défaite et d'une décadence dont elle est une des premières responsables [1].

La bourgeoisie, en effet, au cours des « trois siècles d'histoire qui lui ont appartenu », a choisi la sécurité matérielle en renonçant à l'esprit de liberté et d'aventure de ses débuts, en abandonnant successivement la religion, la fécondité et la culture. Culte de l'argent, individualisme qui ignore toute solidarité, utilitarisme, modération devenue pusillanimité, ce sont les traits d'une bourgeoisie longtemps triomphante, puis « guidée par ses peurs » depuis le XIXe siècle, et désormais condamnée par ses échecs et ses démissions. Il ne s'agit pas de réprouver en bloc les membres d'une catégorie sociale : on connaît des familles où la fidélité aux traditions reste vivante et créatrice, et des « jeunes hommes de plus en plus nombreux qui, issus des milieux les plus fermés, ont fait pour leur compte la conversion nécessaire ». Mais il faut voir qu'un certain type d'homme bourgeois va être inéluctablement balayé par l'histoire qui se fait :

> Tel est le style d'humanité contre lequel s'amorce déjà, dans le creuset caché des civilisations naissantes et dans la fièvre incertaine des jeunes cœurs, la grande coalition du siècle, celle qui n'a pas encore sa forme, mais qui sauvera l'homme, ou avant que de naître sombrera avec lui. De jeunes bourgeois en prennent conscience chaque mois, dans la retraite des Chantiers, des mouvements ou des amitiés privées, avec de jeunes ouvriers et de jeunes paysans. Les uns et les autres ne voudraient pas se réjouir de la fin du communisme sans jurer de ne pas laisser abandonnée la grande espérance qu'il avait soulevée et la grande révolte qu'il avait recueillie (...). Ils se rappelleront, pour ne pas dévier, qu'il n'est de croisade que de la vérité et de la charité...

Que le conférencier soit Naurois, Mounier, Lacroix, Beuve-Méry, Mgr de Solages ou le Père de Lubac, chacun des stages de 1941 comporte une ou plusieurs causeries consacrées à cette réflexion sur les valeurs; une perspective est donnée pour l'intelligence de la situation, des critères de discernement sont proposés, et une ligne de conduite indiquée. L'École propose à ses stagiaires un humanisme fondé sur ces affirmations simples : l'homme est personne, la société est communauté; la négation ou le silence sur les réalités spirituelles sont mutilation et dégradation.

Ainsi Segonzac, dans un bref « mot du Vieux Chef », parle de ce qu'il appelle « notre révolution », en l'opposant aux autres, ces révolutions nationales ou socialistes qui sont pour la plupart « communautaires, mais non personnalistes ». Une révolution personnaliste, inspirée ou non du christianisme, se fonde sur le respect de la personne et de sa liberté; ces valeurs commandent un style d'éducation : équilibre entre le physique et le moral,

1. E. MOUNIER, « Fin de l'homme bourgeois », *Esprit,* juillet 1941. L'École d'Uriage n'a pas reproduit le texte de la conférence.

recherche de la force et du courage désintéressé, courage moral et civique notamment. Mais « notre révolution sera communautaire aussi », ajoute-t-il; à la réforme individuelle, elle joindra la recherche « d'un certain ordre », l'ordre nécessaire à la survie de la communauté. En bref, « faire des hommes, faire des communautés viables, voilà la tâche [1] ». En une autre occasion, il rappelle aux stagiaires qu'ils participeront à Uriage à un effort de « recherche en commun de la vérité », avec un « essai de nouvelle vie (...), vie rude, sans confort, en communauté ». Quant à la doctrine nécessaire à la révolution, « elle se fait » autour des grandes lignes déjà tracées : « ...dans l'ensemble : antimarxisme, antinazisme. Retrouver un christianisme vivant. Plus de partis politiques. Faire une communauté avec les ouvriers et les paysans (...), dégager les éléments sains et les intégrer à la Révolution nationale [2] ».

Certains stagiaires se sont déclarés déçus par la minceur doctrinale de cet enseignement; il semble effectivement en retrait sur le colloque, qui avait tenté d'amorcer une confrontation entre le libéralisme démocratique, le courant syndicaliste et le nationalisme. Prudence nécessaire, méfiance de Segonzac envers les controverses idéologiques ? Peut-être surtout volonté de faire vite et simple et de fournir de fermes points d'ancrage plutôt que de savants développements. Les valeurs communes sont d'ailleurs explicitées à travers la part de l'enseignement qui concerne la France, ses traditions et ses problèmes actuels.

La communauté nationale

La Patrie, la France, sont évidemment au centre des réflexions proposées aux stagiaires. Un mémento, pour le cercle d'études sur la Patrie [3] qui revient régulièrement, reprend les définitions et les articulations chères à Jean Lacroix. Comme toute réalité humaine, la patrie est à la fois solidarité physique et communauté spirituelle. Elle réclame l'amour de ses membres, comme lieu d'épanouissement de leur vocation personnelle et relais vers la solidarité humaine universelle. Communauté ouverte, par conséquent, elle doit résister aux déviations aberrantes qui asphyxient la vie sociale, avec le culte de l'État tout-puissant, du Peuple supérieur et exclusif, ou de la classe abusivement confondue avec la réalité nationale. Dans cette perspective, le défilé habituel des gloires qui illustrent le génie de la France cède la place à des propositions universelles, applicables à toutes les patries. On affirme nettement leur légitime et nécessaire diversité, leur complémentarité féconde, et leur profonde convergence animée par la vocation du genre humain à la réconciliation, sans nier pour autant les inévitables conflits qu'il faut savoir assumer et dépasser. Les instructeurs responsables des cercles d'études en équipe ont peut-être eu quelque mal à exploiter ce texte ambitieux; du moins leur permet-il d'expliquer la différence entre l'amour de la patrie prôné à Uriage, et les sentiments auxquels font appel les fascismes, le marxisme-léninisme, ou les nationalismes.

Dans une conférence donnée à la promotion « Mermoz » (mai 1941) sur « la communauté française », Mounier reprend le thème qu'il avait traité au colloque, d'une tradition spirituelle de la France faite de la rencontre des

1. « Mot du Vieux Chef. Uriage, septembre 1941 », document ronéo. 1 p., École régionale de Terrenoire (archives de J. Le Veugle).

2. « Directives du Vieux Chef » à l'ouverture de la session « Richelieu » (d'après le carnet de stage de Jean Le Veugle).

3. « Quelques idées concernant la Patrie », document ronéo., 6 p. (plan de cercle d'études rédigé par Lallement, début 1941), publié dans *Jeunesse... France,* 8 septembre 1941.

trois mystiques : chrétienne, républicaine et socialiste [1]. Mais l'École se fait sa propre vision de cette tradition française, avec la longue conférence de Louis Lallement, « La mission de la France », qui occupe à chaque stage, à partir de février 1941, une place privilégiée, souvent le premier ou le dernier jour [2].

L'auteur y déroule un vaste panorama historique, du baptême de Clovis à la crise du milieu du XXe siècle, en utilisant des notions de philosophie de l'histoire proches du providentialisme, et en empruntant parfois sa vision du passé à l'imagerie traditionaliste ou nationaliste. La France monarchique et chrétienne est idéalisée, l'épopée napoléonienne exaltée, alors que le dernier siècle, bourgeois, industriel et parlementaire, est sévèrement traité. Mais l'exposé s'appuie sur de grandes affirmations que la conclusion dégage. Parler de mission d'un peuple, ce n'est pas revendiquer une supériorité ou le droit de dominer, ni lui imposer un destin prédéterminé, mais découvrir, dans la communauté que forment ses membres à travers les générations, une conscience commune, une tradition vivante. Dans le cas de la France, ce ne sont ni la recherche de la puissance ni la rivalité des intérêts qui caractérisent cette conscience commune, mais l'attachement à des valeurs spirituelles et, à travers elles, le service de la communauté des nations, car, dans la tradition française, national ne s'oppose nullement à universel. Avec Curtius et Bergson, Michelet et Péguy, Lallement voit la France une et diverse, nécessaire à l'humanité comme à l'Europe, et l'appelle à renouer avec sa tradition spirituelle par-dessus un siècle d'anarchie individualiste. L'exposé, qui ne semble faire référence ni au Maréchal ni à la Révolution nationale, développe les thèmes abordés par Mounier au colloque, dans le langage souvent vieille France et parfois réactionnaire de l'auteur.

La conférence de Mounier sur l'homme bourgeois rétablit l'équilibre, comme le fait sans doute l'intervention unique de Joseph Hours, professeur d'histoire à la khâgne de Lyon. Sa conférence à la session « Richelieu » sur « la permanence des traditions françaises depuis 1870 » n'a pas été conservée, mais on peut imaginer ce que son intelligence intuitive des situations et des mentalités et son sens des continuités lui inspiraient sur le thème de la relève par les républicains et par le peuple des anciennes classes dirigeantes défaillantes.

D'autres approches des réalités françaises sont plus concrètes et plus directement liées aux problèmes de 1941. La défaite d'abord, dont on parle souvent. Segonzac y revient constamment dans ses allocutions, donne quelquefois un témoignage sur « la guerre » ou lance, au cours de son allocution d'ouverture de stage : « J'ai quitté en 39 ma garnison de Reims (...). Je suis bien décidé à y rentrer les armes à la main [3]. »

L'ambassadeur André François-Poncet, retiré à La Tronche, vient en voisin, en février, parler des « leçons de la défaite », et déclare : « La France n'a pas à rougir d'avoir fait la guerre; elle n'a pas à tomber à genoux comme si elle était coupable [4]. » Loin de se laisser submerger par l'impression d'une défaite définitive, les Français doivent en comprendre les causes pour y porter remède; c'est de n'avoir su ni préparer ni affronter cette guerre prévisible qu'ils sont coupables. Atteints d'une sorte d'inhibition collective (« l'information ne déclenchait pas les ressorts de l'action ») qui les a rendus incapables de tenir compte des faits, par fanatisme, esprit partisan ou rou-

1. E. MOUNIER, « Pour une charte de l'unité française », *Esprit*, août 1941, pp. 689-711 et « Unité française et pluralisme », *ibid.*, janvier 1941, pp. 132-138.
2. D'après les notes du cahier de stage d'André Lecoanet (octobre 1941).
3. Témoignage de P.-H. Chombart de Lauwe.
4. « Les leçons de la défaite, conférence du 14 février 1941 », document dactylo., 9 p. (arch. ENCU). Ce texte ne semble pas avoir été diffusé par ronéotypie.

tine, ils ont été aussi victimes des vices de leur système politique. S'élevant à la fois contre la résignation passive et contre « l'esprit de révolte », admettant la nécessité de « s'incliner devant la force majeure », François-Poncet reprend en l'interprétant la formule officielle : « ... collaborer avec l'occupant – au sens où l'a indiqué le Maréchal : dans l'honneur et la dignité. Plier le corps, ne pas plier l'âme, la garder intacte ».

Consignes ambiguës, qui évitent de rompre avec la politique du Maréchal sans lui faire allégeance de manière explicite, et refusent la soumission au vainqueur sans appeler à une résistance déclarée. Il reste à préparer la jeunesse à un avenir difficile, en formant des caractères aptes à un comportement plus viril que celui de leurs aînés, et plus respectueux des disciplines collectives. L'ancien sous-secrétaire d'État de Poincaré et de Tardieu s'exprime en républicain conservateur et patriote, et en connaisseur de l'Allemagne nationale-socialiste; derrière l'élégance et l'humour facilement caustique « où l'on retrouvait un combiné de la rue d'Ulm et du quai d'Orsay », ce visiteur épisodique laisse à l'École un souvenir tonique. Il y a fait connaître les *Discours à la nation allemande* de Fichte (1807) dont il a lu en veillée des extraits appelant au réveil de la conscience nationale [1].

Les stagiaires ne peuvent se méprendre sur l'attitude de l'École envers l'Allemagne, rappelée en maintes occasions. Le Vieux Chef a déclaré en mars, à propos du « parti gaulliste » :

> Nous n'avons pas à juger l'action de de Gaulle; tout gaulliste, s'il est convaincu en conscience, a le devoir de partir en Angleterre, comme nous celui de rester autour du Maréchal (...). Je crois qu'il faut souhaiter la victoire anglaise, non pour le bénéfice de l'Angleterre, mais pour le succès de notre action (...). L'ennemi n° 1, c'est le national-socialisme [2]...

Il répète sa consigne : « Il n'est pas honorable de lire *Signal, l'Illustration* ou *Gringoire.* » On invite un jour trois stagiaires expulsés de la zone interdite, où ils habitaient, à présenter leur témoignage sur cette zone; on refuse au contraire la parole à des marins prêts à donner sur Mers el-Kébir un témoignage hostile à l'Angleterre. Un stagiaire de la promotion « Mermoz » dénonce, dans un rapport qui parvient à l'École, ces partis pris hostiles à la politique officielle de collaboration [3]. Paul Reuter, dès son arrivée à l'École en août 1941, parle du sort de l'Alsace-Lorraine. Né lui-même avant 1914 en terre annexée, il a vu le drapeau allemand flotter à nouveau sur Metz; il exprime sa révolte viscérale, et son écœurement devant la résignation des « pétainistes heureux ». Que de tels propos soient tenus et entendus à Uriage, c'est pour lui un des tests qui le décident à se joindre à l'équipe [4].

La vocation impériale et les réalisations coloniales sont aussi un élément du patriotisme de Segonzac, et la référence à Lyautey les accompagne. D'anciens collaborateurs du résident général sont invités à parler de lui et de son œuvre : Vatin-Pérignon en mars et Wladimir d'Ormesson en mai. Celui-ci (dont le fils Olivier, « guerrier à panache du meilleur cru », a été sous les ordres de Segonzac en mai 1940) [5] a cité en mars un texte du chef de l'École dans *Le Figaro*, dont il est éditorialiste « non politique ». Relevé par Vichy en octobre 1940 de son poste d'ambassadeur au Vatican, il est radicalement hostile à la collaboration et, malgré ses sympathies pour les principes de la Révolution nationale, sévère envers le régime; il en juge

1. *Le Vieux Chef, op. cit.*, pp. 93-94; E. MOUNIER, *Œuvres*, t. IV, p. 709.
2. « Tour d'horizon », causerie de fin de stage de Segonzac à la promotion « Foucauld », mars 1941 (notes du stagiaire A. Pierre, d'après son cahier de stage).
3. Rapport anonyme (arch. ENCU).
4. Témoignage de P. Reuter.
5. *Le Vieux Chef, op. cit.*, p. 72.

« l'atmosphère nauséabonde » et le chef « trop vieux, beaucoup trop vieux[1] ».

La promotion « Saint Louis », en août, entend les témoignages d'étudiants coloniaux qui suivent alors une session spéciale. Un musulman d'Algérie, un Indochinois, un Guyanais et un Sénégalais présentent chacun la culture de son peuple et la manière dont il vit son séjour en métropole.

Lorsque Chombart de Lauwe introduit les journées d'enquête de géographie humaine qui ont toujours un grand succès, sa conférence initiale intitulée « Exploration régionale » présente nettement l'objectif : il s'agit de « retrouver la France – charnellement et spirituellement – par le petit bout, c'est-à-dire par le contact avec les hommes et les choses » et d'apprendre à poser les bonnes questions qui feront découvrir des réalités humaines ignorées. Chombart de Lauwe transforme les objectifs et la méthode de la promenade d'exploration régionale mise au point par Pierre Deffontaines pour les Scouts. De cet exercice d'apprentissage de l'observation des paysages et des groupes humains, il fait en 1941 une enquête sociale, appuyée sur un guide de travail qui présente les domaines à explorer. Après les bases géographiques et démographiques, la vie sociale sous tous ses aspects (ressources économiques, vie familiale, traditions, organisation politique, vie culturelle et religieuse), et enfin les problèmes actuels : préoccupations matérielles, sociales et civiques des gens (y compris leur attitude devant la Révolution nationale)[2]. La méthode intellectuelle qui associe les démarches historique, géographique et sociologique s'accompagne d'un effort d'ouverture du cœur, pour une adhésion plus consciente à la communauté nationale.

Les stages du second semestre 1941 s'ouvrent sur une conférence de Beuve-Méry intitulée « Crise de la civilisation moderne » ou « La France en 1941 ». La défaite et les difficultés françaises y sont situées dans leur contexte de crise de civilisation, mais les éléments spécifiques de la situation nationale y sont aussi analysés, et les conditions d'un relèvement décrites, dans les domaines démographique, économique, social, politique et spirituel. En septembre, Beuve-Méry introduit avec une conférence intitulée « Problèmes actuels » la première semaine de la session, consacrée aux problèmes sociaux. Il y décrit le vieillissement et l'affaissement démographique français, les vices d'un capitalisme libéral où la concentration financière aboutit à « des situations parfaitement inhumaines », et le déchirement d'une nation divisée par la lutte des classes et la non-intégration du prolétariat[3].

Problèmes sociaux

Les problèmes sociaux occupent en effet une place importante dans l'enseignement de l'École, surtout au second semestre. Les questions économiques ne sont guère étudiées. On dénonce, certes, le règne de l'argent dans le monde bourgeois, et Beuve-Méry analyse les vices du capitalisme libéral; mais on ne poursuit pas le travail amorcé au colloque par Mossé, au plan de l'analyse critique comme à celui des propositions constructives. Avec le séjour de Paul Reuter durant l'été, cependant, l'École a un spécialiste du droit des sociétés et lui demande un témoignage. Son exposé sur les

1. Voir W. d'Ormesson, *Les Vraies Confidences.*

2. Cahier de stage d'A. Lecoanet; « Valeur et rôle des enquêtes sociales, deux années d'expérience à Uriage », note anonyme (arch. ENCU). La brochure de P.-H. Chombart de Lauwe, *Pour retrouver la France*, est présentée *infra.* Voir Ch. Faure, *Le Projet culturel..., op. cit.,* p. 222.

3. Notes du cahier de stage d'A. Lecoanet, session « Roland ».

trusts dévoile les artifices juridiques par lesquels les sociétés anonymes dissimulent l'essentiel de leur fonctionnement : identité des dirigeants, pénétration ou contrôle réciproques, bénéfices, moyens de pression sur les pouvoirs publics, liens internationaux... Dans le style alerte et imagé du brillant conférencier qu'est Reuter, cet exercice de « déshabillage » révèle l'existence d'une nouvelle féodalité [1].

D'autres conférences abordent-elles le problème global de la crise du capitalisme et de l'ordre corporatif à construire ? On n'en a pas gardé de traces. L'économiste grenoblois Jean-Marcel Jeanneney, qui commence alors à fréquenter l'École, fournit une remarquable contribution sur le problème démographique français. Avec une grande clarté et en évitant le moralisme, il résume les acquis de l'école démographique française : description de la situation, examen des causes, réfutation des arguments malthusiens et proposition de remèdes. Il faut réduire la mortalité, infantile notamment, et surtout accroître « les naissances souhaitées plutôt que les naissances subies ». En écartant toute idée de retour en arrière ou de contrainte religieuse, en faisant la part de l'utile « propagande morale et sociale » et de la nécessaire répression pénale, les pouvoirs publics doivent surtout développer leur « bonne politique, mais trop timide » d'avantages économiques aux familles nombreuses : allocations familiales et réductions d'impôts [2].

Une place particulière est faite à la présentation du peuple ouvrier et de la paysannerie – ces deux « mondes », selon le vocabulaire consacré dans les milieux chrétiens. À chaque session on y revient, avec des témoignages et souvent l'exposé d'un expert.

Sur le monde paysan, on entend le témoignage d'un ami de l'École : Terpend, militant jaciste en poste dans les services du SGJ, Raimondi, fondateur et directeur d'une école professionnelle rurale, ou encore Michel Bonnet, chef d'exploitation dans la région lyonnaise. Celui-ci, dans la causerie qu'il répète, exprime les sentiments des paysans : menant une vie pénible, aspirant confusément à la fierté et la dignité qu'on ne leur reconnaît guère, ils revendiquent une rémunération plus équitable de leur travail et les moyens d'un développement culturel autonome. Dénonçant la désertion des campagnes, Bonnet condamne au passage l'individualisme hérité de 1789 et loue telle « loi du Maréchal » sur l'habitat rural qui a pris en compte le sort des femmes de paysans. Il témoigne cependant dans l'ensemble d'une grande prudence envers le nouveau régime ; il attend la mise en place de l'organisation corporative avec un préjugé favorable, sans plus.

Mais l'École a d'autre part fait appel, pour étudier la corporation paysanne, à son principal promoteur, Louis Salleron, dont elle reproduira et diffusera l'exposé. Doctrinaire le plus en vue des thèses corporatistes à l'Union nationale des syndicats agricoles d'avant-guerre, Salleron a été le principal auteur du premier projet de corporation agricole, favorable à l'autonomie de la profession. La loi du 2 décembre 1940 a constitué un compromis avec d'autres vues ; Salleron a été nommé délégué de l'Organisation corporative paysanne. Il la présente à Uriage, après avoir rappelé l'histoire et la doctrine du mouvement corporatiste agricole ; cette profession victime de l'individualisme doit être structurée par un puissant réseau d'associations syndicales et coopératives, « instrument de l'émancipation paysanne ». Il ne cache pas cependant la difficulté de la situation pour les corporatistes. Ils sont contraints de faire appel à l'État fort, à l'autorité de la loi, aux compétences de fonctionnaires ou d'anciens parlementaires, pour mettre sur pied une organisation qu'ils souhaitent privée, et pour libérer la

1. Notes du cahier de stage d'A. Lecoannet, session « Roland ».
2. « Démographie de la France, résumé de la conférence du 29 septembre 1941, par J.-M. Jeanneney », 4 p. ronéo (arch. ENCU).

profession de toute tutelle et assurer son développement autonome sous la responsabilité du syndicalisme. Mise en place dans une conjoncture économique difficile, la nouvelle organisation corporative ne soulève pas l'enthousiasme; Salleron le reconnaît, et ajoute : « Nous avons l'habitude des difficultés. Entre 36 et 38, nous en avons vu bien d'autres [1]. »

Cet exposé unique d'un des experts influents du régime semble avoir été reçu à titre documentaire. L'École ne s'engage pas plus avant dans la défense et illustration des réalisations paysannes du régime, et ne contribue guère à la vulgarisation de l'idéologie agrarienne qui connaît alors un grand succès [2].

En ce qui concerne le monde ouvrier, l'École se tient encore plus à l'écart des projets gouvernementaux, à vrai dire confus et incertains en 1941. La seule grande conférence sur ce sujet est due à Charles Blondel, juriste et interprète qualifié des thèses catholiques sociales. Fils du philosophe, maître des requêtes au Conseil d'État, collaborateur des Semaines sociales et des Écoles normales ouvrières des syndicats chrétiens, également familier d'*Esprit* en 1937-38, il est proche de Mounier et de Lacroix, qui ont retenu dans l'été 1940 sa formule « faire de l'armement spirituel clandestin [3] ». Parlant, devant la même session des hauts fonctionnaires, de « L'intégration du monde ouvrier dans la communauté nationale », il explique comment le prolétariat ouvrier s'est trouvé en situation de sécession dans une communauté nationale par ailleurs désagrégée par l'individualisme; il expose les handicaps qui pèsent sur lui : dépendance et isolement, que ne compense pas une solidarité ouvrière qu'on empêche de s'exercer pleinement, déshumanisation d'un travail qui a perdu son caractère d'activité libre et personnelle. Il refuse les solutions faciles, inspirées par le moralisme ou par l'esprit partisan qui désigne des boucs émissaires (les doctrines marxiste ou syndicaliste pour les uns, le système capitaliste pour les autres). Le collectivisme marxiste ou socialiste est écarté car il déplace le problème au lieu de le résoudre, en substituant l'État au patronat sans modifier radicalement la condition de l'ouvrier asservi à la machine. Mais, ajoute Charles Blondel, « le corporatisme n'est pas par lui-même une solution. La plupart du temps, presque toujours, il n'est qu'un moyen au service d'une certaine politique (...) ».

La véritable solution du problème passe plutôt par la « réhumanisation » du travail (que peuvent favoriser l'orientation professionnelle comme la législation sociale), et par une organisation des professions qui réduirait les antagonismes entre partenaires de l'activité industrielle. Évoquant au passage « la communauté contractuelle proposée par les syndicats chrétiens, partisans convaincus de la liberté syndicale » (c'est-à-dire l'organisation de conseils mixtes, élus par les divers syndicats), qu'il oppose aux diverses formes de corporation, Blondel insiste sur un point : pour que la nécessaire organisation professionnelle favorise effectivement l'intégration des ouvriers à la communauté nationale, il faut « que les travailleurs aient confiance, que ce soit leur chose », et que se réalise « une certaine libération du monde du travail ». Il y a donc une autonomie à respecter et, sur le plan culturel, des valeurs originales à reconnaître et à introduire dans le patrimoine national. En conclusion, pas d'autorité sans liberté, ni de réforme

1. « La Corporation paysanne, par M. Louis Salleron, délégué à l'Organisation corporative paysanne », 6 p. ronéo. (arch. ENCU). Salleron publiera sur ce sujet, en 1943, *Un régime corporatif pour l'agriculture* et *La Corporation paysanne*.

2. Voir P. BARRAL, *Les Agrariens français de Méline à Pisani*; P. BARRAL et I. BOUSSARD, « La Politique agrarienne », *Le Gouvernement de Vichy 1940-1942*, pp. 211-233; I. BOUSSARD, « La Corporation paysanne », *La Propagande sous Vichy 1940-1944*, *op. cit.*, pp. 74-81.

3. E. MOUNIER, *Œuvres*, t. IV, p. 668.

juridique sans recherche d'un « nouvel ordre économique » fondé sur « le primat de l'homme », seule réponse valable au marxisme [1].

Cette conférence, prononcée trois mois avant la promulgation de la Charte du travail [2] écarte nettement les analyses et surtout les solutions marxistes et reste prudente sur le rôle des syndicats, mais elle critique nettement les corporatismes (celui du Portugal de Salazar comme celui de l'Allemagne nazie), et insiste sur les idées de liberté, libération. Évitant toute référence à la Révolution nationale et aux discours du Maréchal comme aux projets du ministre Belin, Blondel pose des principes qui mènent logiquement au refus des solutions envisagées à Vichy ; c'est le courant résistant du catholicisme social et du syndicalisme chrétien qu'il exprime.

Des témoignages sont demandés à des représentants du monde ouvrier, comme Cacérès, le compagnon charpentier toulousain, qui revient plusieurs fois à Uriage en 1941. On a également invité, en juillet, Jean Bernard, le peintre devenu tailleur de pierres qui a entrepris avec l'appui gouvernemental la restauration et l'unification du mouvement compagnonnique ; son Association ouvrière des Compagnons du Tour de France, installée à Lyon, vient d'obtenir du Maréchal une charte et publie une revue, *Compagnonnage*. Ses relations avec Uriage ne dépasseront d'ailleurs pas ce contact épisodique [3].

En d'autres occasions, c'est Lucien Barnier, chef dans le mouvement Compagnon et ancien stagiaire, qui vient parler de « Jeunesse ouvrière et propagande communiste », ou un contremaître qui donne un témoignage favorable à un syndicalisme unifié et à des organismes professionnels tripartites. Le point de vue patronal n'est pas oublié, sans être privilégié ; la session « Foucauld », en mars, entend le témoignage d'un « grand industriel » qui expose, au nom d'une longue expérience patronale, « ses conceptions sur les possibilités de collaboration avec les ouvriers [4] ». Une causerie de Paul Reuter sur « le travail manuel » résume les impressions d'un universitaire s'essayant au travail ouvrier, et montre ce que la culture intellectuelle perd à rester coupée de cette part de l'expérience humaine [5].

Plusieurs interventions pédagogiques viennent généralement compléter cette initiation aux problèmes sociaux. Suzanne Fouché, fondatrice de la Ligue pour l'adaptation du diminué physique au travail, à qui son action, dans l'esprit des Équipes sociales, a valu une notoriété internationale, présente à Uriage, comme elle le fait pour les Chantiers, « les difficultés et les souffrances du jeune travailleur ». Après avoir exposé la situation, elle réclame des mesures économiques précises, sur l'emploi et les salaires notamment, mais aussi un changement moral et social plus profond, pour développer « une société au service de l'homme » dont on ne se soucie guère dans le présent [6]. Le Dr Jodin répète la causerie sur « les fléaux sociaux » dans laquelle il donne informations et conseils sur l'hygiène, la tuberculose et les maladies vénériennes, les causes sociales de la prostitution et la nécessité d'une véritable éducation sexuelle. Une brève intervention, en septembre, du délégué départemental du Secours national en Corrèze, Edmond Michelet, expose les buts et l'organisation de cette institution de

1. « L'intégration du monde ouvrier à la communauté nationale, par M. Charles Blondel, 29 juillet 1941 », 9 p. dactylo. (arch. ENCU).
2. Voir J. JULLIARD, « La Charte du travail », *Le Gouvernement de Vichy 1940-1942, op. cit.*, pp. 157-194.
3. Témoignage de B. Cacérès. Voir Ch. FAURE, *Le Projet culturel de Vichy..., op. cit.*, p. 116.
4. « Chronique d'Uriage. À travers la sixième session », *Jeunesse... France !*, 8 avril 1941.
5. D'après le cahier de stage d'André Lecoanet.
6. S. FOUCHÉ, « Difficultés et souffrances du jeune travailleur », 7 p. ronéo. (arch. ENCU). Voir S. FOUCHÉ, *J'espérais d'un grand espoir.*

solidarité [1]. Enfin un cercle d'études sur le travail est habituellement programmé, en vue duquel deux mémentos de l'instructeur ont été successivement rédigés. Le premier, banal, traite de la vie professionnelle sous l'angle moral, en incitant à la conscience professionnelle et à l'effort réciproque des dirigeants et des subordonnés pour mieux se comprendre [2]. Mais le second va beaucoup plus loin.

La première partie du texte est consacrée aux définitions : le travail, à la fois peine, joie et dignité, présente deux faces indissolublement liées. Comme activité individuelle, il offre à chacun, selon son métier, la voie d'un accomplissement personnel; comme activité sociale, il constitue une donnée universelle de la condition humaine, et permet l'apprentissage des solidarités communautaires. Sa valeur est ensuite examinée, sur le double plan de l'utilité (l'efficacité technique, le salaire, avec tous les problèmes qui leur sont liés) et de l'éthique; comme discipline, entraînement, service, source de vie communautaire, le travail est « le premier moyen d'élever l'homme à l'humain ». Le texte débouche, après cette réflexion placée sous le signe de « l'éthique personnaliste », sur les problèmes qui se posent dans la société contemporaine fondée sur la division du travail. Un « marché du travail livré à l'anarchie » engendre ces « anomalies antihumaines et antisociales » que sont le chômage et le parasitisme; il laisse au hasard, aux préjugés ou aux privilèges les choix que l'orientation professionnelle devrait réguler. Il faut donc organiser le marché du travail, assurer une juste répartition des profits entre les travailleurs et la communauté qui a la charge des activités non rentables, et corriger les méfaits du laisser-faire sans tomber dans les abus de la contrainte collectiviste ou du dirigisme planificateur.

D'autre part, le progrès technique, en permettant la réduction du temps de travail, fait apparaître le problème de « l'organisation des loisirs » et invite à réformer un capitalisme dont « la conception uniquement technique, mercantile et individualiste du travail » doit être dépassée. La « religion du travail » dans notre civilisation dissimule mal le primat de « l'avoir » – acquisition de richesses ou de puissance – sur « l'être » – la vie humaine – Pour les masses prolétarisées, le travail ne garantit pas plus la sécurité de la vie matérielle qu'il ne permet la valorisation morale du travailleur. La rénovation française passe donc par l'effort d'organisation et d'éducation qui rendra au travail « sa valeur d'éthique personnelle et de service communautaire [3] ».

Dense et vigoureux, ce mémento est l'un des premiers textes diffusés au printemps 1941 par le bureau d'études; si Lallement en est le rédacteur, c'est au nom d'une équipe dont étaient sans doute Mounier et Beuve-Méry. Le problème social actuel est présenté avec une ampleur de vues et un sens de l'articulation des plans qui évoquent la manière du dernier. Ce texte témoigne, comme celui sur la Patrie, de la pénétration à l'École de la pensée personnaliste. On en reconnaît le vocabulaire et surtout la démarche : la réflexion sur les valeurs enrichit l'analyse des données concrètes sans l'évacuer, et la pensée progresse en approfondissant les contradictions de manière à dégager la complémentarité des éléments apparemment opposés. C'est une étape, sinon dans la détermination des orientations d'Uriage, du moins dans la réflexion qui les soutient et les traduit. Garrone critiquera ces deux mémentos en septembre, y voyant un exemple typique des errements

1. Cahier de stage d'André Lecoanet.
2. Plan de cercle d'études « Uriage. Le Travail », 2 p. ronéo. non daté (arch. ENCU).
3. « Quelques idées concernant le travail. École nationale des cadres, Uriage, documentation », 4 p., imprimé, sans date (arch. ENCU). La première partie a été publiée dans le journal *Jeunesse... France* (22 mai 1941); malgré l'annonce « à suivre », la deuxième ne le sera pas.

doctrinaux de l'École et de ses prétentions à philosopher, là où on attend un commentaire de la pensée du Maréchal assorti de l'étude de cas concrets [1].

Formation des chefs

Moins riche intellectuellement, le dernier volet de l'enseignement distribué aux stagiaires est cependant essentiel au point de vue pédagogique : on leur présente les problèmes et l'organisation de la jeunesse, on leur donne des consignes pour la formation des hommes et surtout des chefs.

L'École se garde de donner à ses élèves une doctrine de la jeunesse, mais elle accueille assez souvent un des porte-parole du SGJ qui expose le point de vue officiel. Lamirand, en visite le 9 mars, s'est entretenu avec les instructeurs; en août, il intervient à la fin du stage des polytechniciens, pour « résumer l'enseignement du vieux chef de Segonzac et de ses collaborateurs », en demandant aux stagiaires de se faire les propagandistes de la véritable pensée du Maréchal et de sa Révolution nationale, qui « reste à faire [2] ». Louis Garrone, à plusieurs reprises, expose sa doctrine aux stagiaires. Il leur présente en juillet ce qu'il appelle « le problème national » (il s'agit de « retrouver par l'expérience une patrie charnelle (...), recréer le sens d'être un peuple, une race »), et ses vues sur l'organisation de la jeunesse : « le pluralisme dans l'ordre et le contrôle (...) sans domination temporelle sur les consciences [3] ». Dupouey, chef du bureau des mouvements à la DFJ, conclut une conférence sur « l'organisation de la jeunesse » par une profession de foi libérale et pluraliste. La création d'un mouvement unique est exclue, car ce seraient solution de facilité et abus de pouvoir de la part de l'État dont le rôle est d'inciter et d'aider, non de faire par lui-même; aussi le SGJ n'a-t-il ni doctrine ni système de la jeunesse, il cherche l'équilibre entre autorité et liberté [4].

Ces vues correspondent, pour l'essentiel, à celles que développent par ailleurs les instructeurs de l'École, Segonzac et Chombart de Lauwe notamment, dans leurs causeries sur la jeunesse ou sur le rôle des Écoles de cadres. Une causerie de Beuve-Méry, retour du Portugal, présente l'organisation de la jeunesse dans ce pays, en en soulignant les aspects positifs : si l'adhésion au mouvement officiel est obligatoire, les mouvements privés n'ont pas été supprimés (mais ils restent peu développés); « l'embrigadement » demeure modéré, car l'objectif est éducatif plutôt que directement politique; le régime, renonçant aux ambitions totalitaires qui avaient marqué ses débuts, formule des directives sans prétendre imposer « un absolu » ni « une religion [5] ». D'autre part, l'École demande fréquemment des témoignages à des responsables d'organisations de jeunesse, en particulier à des chefs des Chantiers de jeunesse (Perronne, Herr), de Jeunesse et Montagne (Rochette) et du mouvement Compagnon (Deltombe, Cruiziat), ainsi que du scoutisme et des mouvements confessionnels. Chacun présente son organisation, dans la perspective « œcuménique » qui est de règle à Uriage.

Une grande place est aussi donnée, à chaque stage de l'École, à la formation personnelle des futurs chefs sur les plans psychologique et moral. Jean Lacroix intervient encore ici, avec une conférence sur « la psychologie de

1. Circulaire du directeur de la Formation des jeunes aux directeurs des Écoles de cadres, 8 septembre 1941 (arch. ENCU).
2. Compte rendu du stage de polytechniciens d'août 1941 publié par *Jeunesse... France*, 8 septembre 1941.
3. « La jeunesse française », conférence de Garrone à la session « Richelieu » (juillet 1941), d'après les notes d'un stagiaire (carnet de stage de Jean Le Veugle).
4. Notes du cahier de stage d'A. Lecoanet (23 septembre).
5. *Ibid.*

l'adolescent ». Le Dr Jodin donne une initiation théorique aux méthodes d'investigation psychosociologique dans l'orientation professionnelle, et en fait l'application en soumettant les stagiaires volontaires à un examen psychotechnique [1]. Vuillemin prolonge ses leçons pratiques par une conférence sur « la valeur éducative du sport », dont il présente les aspects individuels et sociaux avant d'exposer la nouvelle doctrine officielle de « l'éducation générale » dans la vie scolaire [2].

La famille est l'objet d'une double approche. Une conférence de Jean Lacroix analyse l'institution, cette communauté vouée au « social privé », enracinée dans la vie biologique et sexuelle et ouverte sur le « social public » de la profession et de la cité [3]; un cercle d'études fait réfléchir les stagiaires sur leur expérience. Un autre cercle d'études est proposé sur « la femme et le mariage », et on diffuse un texte d'Anne-Marie Hussenot : « La mission de la femme française. » L'auteur part d'une vision très traditionnelle de la mission de la femme, qui pour l'essentiel « gravite autour de deux pôles : l'enfant et l'homme. La femme est la compagne de l'homme, et la mère de ses enfants ». Le « métier de femme » a toujours requis les vertus de tendresse et de féminité, mais aussi celles de force et de simplicité dans le don de soi : les Françaises de 1941 doivent y ajouter, à l'heure de la mobilisation pour la Révolution nationale, le sens de l'équipe et celui du danger. Argumentation doublement significative : l'idéologie d'Uriage ne reconnaît à la femme qu'un rôle second; mais l'éthique mobilisatrice fait appel à la participation féminine, en utilisant la figure de Jeanne d'Arc [4].

Bertrand d'Astorg consacre une conférence au « culte des héros ». Il y célèbre les valeurs de la chevalerie, qui a su associer à l'exercice de la force celui des vertus spirituelles de la sainteté; il évoque la Jeanne d'Arc de Péguy, « sainte entre tous les héros, héroïque entre tous les saints ». En cette méditation éloquente qui définit la vie comme « un combat, et un combat mortel », l'auteur dessine, face aux séductions du héros nietzschéen ou fasciste, un autre modèle de héros, aristocrate et patriote autant que chrétien, qui semble associer l'héritage de Barrès à celui de Péguy [5]. D'autre part, les stagiaires sont invités à discuter, en cercles d'études, de l'éducation morale de la jeunesse, à partir de mémentos sans originalité sur « les qualités du chef » ou « les qualités à exiger du jeune Français ». À propos du chef, défini comme « homme complet, organisateur et non technicien (...) au service d'une mission qui légitime son autorité », on ne cite que des exemples militaires (dont celui de Pétain) avant d'énumérer en conclusion « les grands chefs français : Turenne, Vauban, Foch, Pétain [6] ».

En juillet, on consacre une série de témoignages à des types de chef : le doyen de Faculté, le diplomate, l'officier. Le premier est présenté par le doyen Garraud, de la Faculté de droit de Lyon, catholique engagé dans les œuvres de secours aux réfugiés et coprésident de l'Amitié chrétienne, le second par le diplomate Fouques-Duparc, qui démissionnera du Quai d'Orsay en 1942 pour animer une cellule diplomatique clandestine liée à

1. Notes du cahier de stage d'A. Lecoannet (septembre).
2. *Ibid. Jeunesse... France* répercute abondamment ces réflexions.
3. J. LACROIX, « Ton foyer dans ta cité, ta profession au service de ton foyer, conférence du 30 septembre 1941 », 11 p. ronéo. (arch. ENCU).
4. A.-M. HUSSENOT, « La mission de la femme française », 4 p. ronéo., Uriage-Documentation (arch. ENCU) et *Jeunesse... France*, 8 mai 1941.
5. Notes d'André Lecoanet (cahier de stage, 26 septembre).
6. « Les qualités à exiger du jeune Français », plan pour cercle d'études, 3 p. ronéo. et *Jeunesse... France*, 8 avril 1941 ; « Plan de cercle d'études sur les qualités du chef », 3 p. ronéo. (arch. ENCU).

Alger [1]. Segonzac parle lui-même de l'officier, en joignant la conviction (grandeur de la vocation militaire) à la lucidité critique (faiblesses du corps des officiers [2].)

Les stagiaires sont invités à réfléchir sur l'action, à plusieurs occasions. D'abord avec un cercle d'études sur la vie intérieure, pour lequel le bureau d'études a rédigé un mémento. On y souligne la nécessité pour l'homme d'action de développer une vie intellectuelle (pas d'action sans pensée pour la diriger) et une vie spirituelle, car seul le cœur, ou la conscience, donne un sens aux actes qu'on pose [3].

L'efficacité dans l'action

L'avant-dernier mot du stage, avant la conclusion de Segonzac qui prépare à la cérémonie d'engagement, revient au premier semestre à Jean-Jacques Chevallier. Sa conférence sur « l'efficacité dans l'action » est née d'une question posée par Segonzac au politologue après le colloque de 1940 : comment retrouver la source de cette efficacité, que les démocraties libérales semblent avoir abandonnée aux États totalitaires ? Pour y répondre, Chevallier laisse de côté le droit constitutionnel. Venu de Grenoble au château d'Uriage en vélo, il explique aux stagiaires ce qu'est le sens de l'action en exploitant son expérience de sportif, son instinct de pédagogue, ses réflexions de citoyen et de soldat qui a connu la honte de la déroute. Sa conférence doit donner aux stagiaires le coup d'élan en fin de session, pour le retour aux tâches de la vie quotidienne. Il les exhorte, sur le ton d'enthousiasme réfléchi qui lui est propre :

> Vous opposerez à la passivité, à la loi du moindre effort, à la lenteur, une sorte d'élan actif, une sorte d'allégresse dans le travail et une certaine impatience du résultat. Vous développerez en vous-mêmes ces qualités par un entraînement raisonné afin de les communiquer à ceux qui vous seront confiés; car rien ne se communique vraiment que par contagion, contagion heureuse et joyeuse [4].

Il leur propose alors une méthode d'entraînement du caractère, qui utilise les sports (l'alpinisme et sa « volupté de la difficulté recherchée et vaincue », les exercices mis au point par Vuillemin, et surtout son fameux décrassage matinal). Les hommes ainsi formés auront le goût du risque et de l'effort, l'amour du travail bien fait (Péguy), l'habitude d'une tenue correcte (le gentleman) et l'attitude d'authenticité qui ruine tous les bluffs. L'exposé se conclut sur un éloge du sens de l'équipe qui décuple l'efficacité de chacun : l'équipe stimule l'individu, l'amène à être vrai, à cultiver la meilleure part de lui-même au service de la mission commune.

Le conférencier, qui a déclaré aux stagiaires : « Vous aurez, chefs, à reconstituer un ordre mâle, un ordre viril », consacre une deuxième conférence à expliciter cette notion ambiguë. Il ne s'agit ni de l'ordre établi du monde bourgeois, ni de l'ordre moral, mais d'un ordre inspiré du christianisme. La virilité s'oppose à la féminité, car « la femme a son ordre propre, qui est complémentaire de l'ordre viril... » et plus encore à l'infantilisme et

1. Textes non retrouvés. Voir F. Delpech dans *Églises et chrétiens dans la Deuxième Guerre mondale. La région Rhône-Alpes, op. cit.*, pp. 152, 164 et J. Chauvel, *Commentaire*, I, 1971, p. 320.
2. « L'officier, par le chef de Segonzac. Uriage Documentation », 5 p. dactylo. (arch. ENCU).
3. « Quelques idées concernant la vie intérieure. Uriage Documentation », feuillet de 4 p. imprimé (arch. ENCU). Texte publié par *Jeunesse... France.* (22 juin).
4. « Conférence prononcée par M. J.-J. Chevallier » (sans titre ni date), 6 p. dactylo. (arch. ENCU).

à la sénilité. Elle s'exprime par le style, et plus profondément se définit par la résolution de « vivre en homme », ce qui implique le sens de la responsabilité (selon Saint-Exupéry), le sens de l'honneur (Vigny), le sens de la qualité (Montherlant) et le sens de la force, au service du maintien de l'intégrité personnelle et du développement de la communauté. L'ordre viril, qu'il ne faut pas confondre avec le gonflement ou l'enflure, « le snobisme de la dureté », n'exclut d'ailleurs pas ce qu'il fait passer en second : sensibilité et compassion, détente et abandon – « la part du rêve [1] ».

Les sessions de 1941 connaissent un de leurs temps forts avec cette double allocution. La brochure qui la reproduira, dans la collection de l'École, sera largement répandue dans les milieux éducatifs; on la considérera comme un témoignage majeur de l'esprit de l'École et on la louera de tout côté, y compris dans l'entourage de Marion [2].

Exhortations plutôt que conférences, ces textes dont la formulation est devenue désuète prêtent à une critique facile, qui les taxera de boy-scoutisme, de moralisme ou de conformisme pétainiste. Deux remarques préviendront les contresens. Avant tout, ces appels à l'action, dans la situation de 1941 où le lâche soulagement des uns le dispute à l'accablement passif des autres, expriment une réaction de santé, de courage et de dignité. Dans l'ensemble de l'action éducative de l'École ensuite, le style dont ils témoignent n'est pas séparable des raisons et des valeurs qui l'inspirent. Le culte de l'action énergique et disciplinée, l'éloge de la « virilité » ne prennent leur sens que reliés à la conception de l'homme, de la Patrie, que tout l'enseignement d'un stage vise à développer.

À l'automne, c'est un instructeur, le pasteur Lochard, qui parlera de l'action, dans un style à la fois plus intérieur et plus engagé; il définit l'action comme le rayonnement d'une personnalité qui s'exprime à travers toutes les situations de la vie, et conclut en invitant à la solidarité, en un temps où les détresses sont nombreuses [3].

Segonzac enfin, dans ses « mots du Vieux Chef » de fin de journée, renouvelle constamment l'appel à l'action énergique et persévérante. Son discours habituellement sobre et dénué d'effets oratoires s'anime parfois d'une boutade ou d'une interpellation. Ainsi, à propos des perspectives professionnelles dans les organisations de jeunesse : « Il n'y a pas là d'avenir, Dieu merci, car il n'est pas question de fonctionnariser la jeunesse [4]. »

Et, s'adressant aux futurs hauts fonctionnaires (dont Beuve-Méry dira que le chef de l'École les a traités « à la schlague ») : « La guerre n'est pas finie : êtes-vous capables de donner quelques années de votre vie [5] ? »

La littérature et les arts n'ont qu'une place réduite dans cet enseignement. La visite de Claudel, qui après une causerie sur « le geste et la parole » lit des extraits de *Jeanne au bûcher*, est exceptionnelle [6]. On utilise les références littéraires à la manière des moralistes, comme illustrations au service de l'idée. Péguy est le plus souvent cité, puis Vigny, Montherlant et Saint-Exupéry, Malraux, Pascal, Dostoïevski; Bernanos rarement, mais souvent Maritain. La pensée scientifique contemporaine n'est guère évoquée, ni les questions qu'elle pose sur la connaissance ou la situation de

1. J.-J. CHEVALLIER, *L'Ordre viril et l'efficacité dans l'action*, Uriage, 1941, 48 p.
2. Rapport de Tasca sur la jeunesse pour le ministre Moysset, dans *Vichy 1940-1944*, *op. cit.*, p. 273.
3. « Valeur de l'action », causerie du 1er octobre 1941 (d'après le cahier de stage d'André Lecoanet).
4. Causerie à la session « Richelieu », juillet 1941 (d'après les notes du carnet de stage de Jean Le Veugle).
5. Allocution du Vieux Chef à la session « Richelieu », *ibid.* et témoignage d'Hubert Beuve-Méry.
6. Au cours de la session « Richelieu » (juillet 1941).

l'homme dans l'univers. Quant aux arts plastiques, ils sont parfois l'objet d'une causerie, comme celle de Malespina sur « l'art moderne », initiation aux peintres de l'École de Paris [1]. La musique est pratiquée aux moments de détente, un récital est parfois organisé avec un interprète professionnel, comme la pianiste lyonnaise Reine Gianoli.

Mais ce sont surtout à titre éducatif et sous forme collective que les arts sont enseignés, le geste et le chant en premier lieu comme moyen d'expression du groupe et apprentissage du style corporel. Les Comédiens routiers, pendant leurs séjours à Uriage, et d'autres formations (troupe de danse folklorique Jeune France dirigée par Guilcher, équipes des Chantiers de jeunesse, etc.) donnent pour les stagiaires des séances à la fois récréatives et éducatives.

Une méthode et une devise

La principale originalité de cet enseignement tient sans doute à la variété des intervenants et de leur présentation. En associant les exposés d'experts, les témoignages sur une expérience, les échanges et les allocutions des chefs, on institue une confrontation permanente entre diverses démarches qui est une invitation à penser par soi-même.

La qualité intellectuelle des prestations ainsi fournies aux stagiaires est certes inégale. Certaines causeries relèvent de la littérature facile pour adolescents, courante dans les mouvements de jeunesse et aux Chantiers : imagerie héroïque, appel à une générosité sentimentale, idéalisme creux; certains stagiaires en conserveront une impression globale de « pauvreté intellectuelle » – mais cette appréciation sur le niveau de l'enseignement dissimule peut-être le désaccord du témoin sur les orientations [2]. D'autres exposés n'échappent pas au conformisme de l'époque, véhiculant les slogans de la Révolution nationale à la manière de Lamirand. En rester là cependant serait se contenter d'un regard bien superficiel. Reprises dans leur mouvement global, les analyses, réflexions et exhortations adressées aux stagiaires prennent un double sens : mise en œuvre d'une méthode, affirmation de valeurs.

La démarche intellectuelle à laquelle sont conviés les stagiaires se développe en trois temps, qui correspondent à trois niveaux de l'engagement personnel. Le premier temps est celui de l'analyse, occasion d'une prise de conscience; on veut, à travers les événements et les situations qui concernent les Français de 1941, faire apercevoir les problèmes, les courants et les enjeux de la mutation de civilisation qui se cherche. Le temps de l'affirmation vient ensuite, où il n'est pas question de proposer une synthèse doctrinale savamment élaborée, mais de donner l'éclairage des valeurs personnalistes et patriotiques qui fondent les certitudes et les refus. Le dernier temps est celui du style, qui comporte l'engagement personnel dans une manière de vivre, avec impatience d'agir et résolution de combattre.

Au fond, la perspective qui donne sa cohérence à cet enseignement, inséré dans l'ensemble de l'action pédagogique de l'École, est justement exprimée par la formule que met en avant Segonzac en septembre 1941 : primauté du spirituel, culte de la Patrie, sens de l'honneur et de l'équipe [3].

Le spirituel, il y est constamment fait référence, sans qu'il soit très préci-

1. D'après le cahier de stage d'André Lecoanet (septembre 1941).
2. Voir l'exemple cité par H. Claude, dans *Églises et chrétiens dans la Deuxième Guerre mondiale. La région Rhône-Alpes, op. cit.*, p. 314.
3. Termes employés et commentés par Segonzac dans son mot de la veillée finale du stage de septembre (cahier de stage d'André Lecoanet).

sément défini ; immanent à la personne, comme sa vocation suprême, et à la communauté dont il est la forme supérieure de communion, il n'est pas séparé des réalités les plus humbles et les plus matérielles de l'existence, auxquelles il donne sens humain. La foi en cette réalité mystérieure éclaire tous les efforts pour construire un nouvel ordre de civilisation, un homme nouveau.

La Patrie, c'est la France personnifiée, avec ses traditions et ses réussites passées, qu'on exalte parfois dans un style proche du nationalisme réactionnaire du régime. C'est aussi la communauté à reconstruire, avec et pour les Français de tous les milieux sociaux, dans le respect des diversités. Ainsi la volonté de rassemblement œcuménique et de synthèse, en inspirant un effort de connaissance mutuelle et de coopération entre partenaires, évite les pièges des unanimités contraintes et des élans fusionnels.

L'honneur et *l'équipe*, c'est la manière pour chacun de prendre ses responsabilités, d'affirmer ses solidarités et ses fidélités, et de se préparer à l'action en cherchant à la fois l'efficacité et l'authenticité ; toute entreprise collective exigeant aussi et d'abord l'effort de chacun de ses membres vers la qualité et le style, la victoire sur soi-même est gage de la réussite commune.

À l'écoute des colonisés

L'École a fait place, dans son activité de 1941, aux hommes et aux problèmes de l'Empire, sans se contenter de l'habituel discours sur la mission civilisatrice et l'œuvre colonisatrice de la France, en référence à Brazza et Lyautey.

Une session spéciale est organisée pour des instituteurs coloniaux, en période de semi-vacance de l'École à la fin d'avril 1941. Elle a peut-être été demandée par le service de l'Instruction publique du secrétariat aux Colonies, qui en a défini l'objectif ; il s'agit, au moment où se met en place dans l'enseignement l'« éducation générale », de rechercher l'application qui peut être faite, pour la jeunesse coloniale, des principes et des méthodes adoptés en métropole. Pratiquement, l'École a mis au point un programme d'études d'une semaine proche de son schéma type, en trois parties. La première, consacrée à la « doctrine » (Patrie, Révolution nationale, Chef) donne la parole, selon l'habitude, à Lacroix, Lallement, Segonzac ; dans la deuxième (connaissance des administrations, des institutions et mouvements de jeunesse) et la troisième (éducation générale : rôle de l'effort, du jeu, du sport ; techniques de l'entraînement, activités artistiques et d'animation collective), Dumazedier assure un bon nombre des causeries, avec les témoignages ou démonstrations de divers spécialistes. Mais cette semaine (25 avril-1er mai) n'a été suivie que par quelques stagiaires [1].

Peu auparavant, l'École a entamé une collaboration avec le Foyer des Étudiants africains et asiatiques de Marseille, dont le directeur Jules Belpeer et trois membres suivent le premier stage étudiant d'avril 1941. Belpeer a fondé ce foyer avant la guerre, pour l'accueil des étudiants « coloniaux » (c'est-à-dire indigènes des colonies françaises) qui passent ou séjournent à Marseille et à Aix ; son foyer leur propose une aide matérielle et morale, un lieu d'échanges et de contacts. L'association privée qui le gère bénéfice de l'appui de la Chambre de commerce et de l'évêché ; dans une perspective voisine de celle d' « Ad Lucem », inspirée d'humanisme chrétien et de sens de la communauté française, elle entend faire œuvre de promotion et d'amitié sans prosélytisme en visant l'intercommunication des

1. « ENCU – Plan du programme pour les instituteurs, 26 avril 1941 », 4 p. dactylo. (arch. ENCU) ; « Un an d'activité », *Jeunesse... France*, 22 septembre 1941.

traditions culturelles et spirituelles [1]. Membre actif des amis d'*Esprit*, Belpeer est lié, dès 1940, à l'organisation clandestine fondée par Frenay à Marseille. Séduit par ce qu'il a rencontré à Uriage, il projette d'abord d'y organiser un grand camp de vacances « ouvert à tous les étudiants coloniaux de France » pendant l'été, puis se rabat sur un projet plus modeste. Avec l'appui de Garrone et de Segonzac, c'est une session spéciale de trois semaines pour 23 étudiants coloniaux, à la fois camp de vacances et période de formation, qui est organisée à Uriage du 27 juillet au 18 août, en concomitance avec la fin de la session « Richelieu », puis avec le stage « Polytechniciens » d'une semaine [2].

Session exceptionnelle à plus d'un titre; d'abord parce que le Foyer de Marseille s'y retrouve en quelque sorte en corps constitué. Tous les stagiaires en sont membres, originaires d'Indochine (neuf), d'Afrique noire (quatre, dont le Sénégalais Alioune Diop), du Maghreb (quatre), de Madagascar (deux), de Guyane et de Nouvelle-Calédonie. Ils sont de plus encadrés par leurs propres animateurs, étrangers à l'École; Belpeer lui-même les dirige, assisté de ses collaborateurs Jacques Baumel et Xavier de Leusse. Un programme spécial a été mis sur pied. Les étudiants coloniaux, formés en équipe sous la responsabilité de Belpeer, ont leurs locaux (deux chalets, après la fin de la session « Richelieu »), leurs propres activités physiques et surtout leurs thèmes de réflexion. Ils suivent avec les autres stagiaires quelques grandes conférences « doctrinales » (Mission de la France, Sens de l'honneur, Esprit d'équipe), mais pour le reste ont leur propre programme, mis au point avec Beuve-Méry et Lallement. Ils entendent des causeries sur l'Empire et ses ressources (Belpeer, Baumel), sur Charles de Foucauld (Follereau), et participent à des réunions d'études animées par quelques-uns d'entre eux : Nguyen Van Thoai, étudiant en sciences, sur la jeunesse coloniale; Mohammed Salah Belguedj, agrégatif d'arabe, sur l'islam; Van Thoai et Tran Thanh Xuan (École des Mines) sur bouddhisme et confucianisme. Enfin, sept d'entre eux livrent un témoignage aux stagiaires métropolitains qu'ils côtoient, sur l'Afrique du Nord, l'islam, le Sénégal, la jeunesse indochinoise. Selon la coutume, veillées, excursions en montagne et « promenades Deffontaines » ponctuent le stage.

Le rapport de Belpeer exprime une grande satisfaction, aussi bien pour la « discrétion et la bonne volonté » de ses stagiaires que pour la cordialité de l'accueil que leur ont fait l'École et ses élèves métropolitains. « Tenant absolument à parler avec la plus grande simplicité et la plus grande franchise », les étudiants coloniaux ont pu s'exprimer et se faire entendre, apportant « le témoignage de leurs pays et de leur âme ». Du côté de l'École, un bref rapport rédigé à l'issue du stage fait état aussi bien des inquiétudes et incertitudes (nationales, culturelles et spirituelles) des stagiaires coloniaux, que de leur satisfaction d'avoir été écoutés et reconnus et de leur enthousiasme pour ce qu'ils ont découvert à l'École. L'École d'Uriage « semble réellement avoir été pour eux une révélation [3] ». Outre le sens de la discipline librement consentie et celui de l'effort, ils ont aperçu « pour la première fois les véritables fondements de l'éthique française », et un courant s'est établi « entre la communauté d'Uriage et la communauté de Marseille [4] ».

1. « Rapport d'activité pour 1941 » communiqué à l'École par Belpeer en janvier 1942, 9 p. dactylo. Voir E. MOUNIER, carnet manuscrit *Entretiens XII*, juin 1941 et H. FRENAY, *La Nuit finira, op. cit.*, t. I, p. 53.
2. Rapport de J. Belpeer, « Les étudiants coloniaux à Uriage », 25 septembre 1941, 8 p. dactylo. (arch. ENCU).
3. « ENCU – Notes sur le stage des étudiants coloniaux (août 1941), 18 août 1941 », 3 p. dactylo. (arch. ENCU).
4. Rapport Belpeer du 25 septembre 1941 cité.

Cette réussite suscite une série de prolongements. Formés en équipe permanente (baptisée « Dupleix »), les stagiaires continueront à travailler à Marseille; Chombart de Lauwe, leur principal animateur et interlocuteur à Uriage, reste en contact avec Belpeer et le Foyer. On prévoit de mettre au travail, à Marseille et ailleurs, une série d'équipes de réflexion sur les problèmes de l'Empire, dont le bureau d'études de l'École assurerait la coordination [1]. La publication d'un fascicule « Témoignages sur l'Empire » est mise en chantier, avec la collaboration des stagiaires de 1941. Belpeer, affirmant que « le renouvellement de ce camp est souhaité unanimement », demande à l'École de prévoir l'organisation de nouveaux stages-camps de vacances pour Pâques et pour l'été 1942 [2].

Cet épisode relativement mineur est significatif, après bien d'autres, des ambitions et de la manière de l'École. L'intérêt pour les affaires de l'Empire n'est évidemment pas original dans la France de 1941; atout dans la guerre et enjeu politique pour le régime de Vichy, l'Empire est également pour l'opinion l'objet d'un transfert de fierté et d'espoir. D'autre part, la perspective d'une rencontre des cultures et des spiritualités dans le respect mutuel ne saurait surprendre chez des hommes qui se réclament de Lyautey. Mais le choix de donner la parole en métropole même à des partenaires indigènes qui vivent la situation d'acculturation est plus original. Les stagiaires « coloniaux » ont pu s'exprimer et dire leurs déceptions concernant le passé : « La présence de la France dans les colonies est considérée comme un moindre mal (...). Ils ont gardé un souvenir pénible de l'après-guerre 1914-18; ils estiment qu'à ce moment-là leur effort et leurs sacrifices n'ont pas été récompensés par les concessions qu'ils attendaient, notamment en Afrique du Nord. »

Leur désarroi n'est pas moindre devant la situation de l'Europe et la remise en cause des fondements de la civilisation française. La métropole semble aujourd'hui renier et dénoncer cette philosophie individualiste et libérale issue du XVIIIe siècle, qu'ils avaient accueillie comme une libération. Ils aspirent confusément à un renouvellement des sources spirituelles, qui réponde à la fois aux attentes morales et peut-être religieuses de leurs peuples, et aux nouveaux problèmes nés du machinisme. En écoutant ces voix, en intégrant à sa recherche ces réalités et ces aspirations, l'École élargit son champ de réflexion et approfondit sa perception d'une crise de civilisation.

Réticences et adhésions

Chez les stagiaires, l'expérience d'une session à Uriage suscite naturellement des impressions et réactions diverses, du rejet à l'adhésion enthousiaste.

Certains restent étrangers à l'esprit qu'on s'efforce de leur communiquer. C'est souvent le cas pour ceux qui ont été inscrits au stage d'office, comme les jeunes fonctionnaires de la promotion « Richelieu » en juillet, envoyés à Uriage par décision administrative; la réticence guindée et offusquée de certains futurs diplomates devient légendaire dans les milieux de la jeunesse, et la grande presse s'en fait l'écho. Des étudiants prolongés à la recherche d'une « situation », plus riches en ambition qu'en capacités, ne s'inscrivent à un stage que dans l'espoir d'obtenir un emploi dans les services de la Jeunesse. De jeunes diplômés rompus aux exercices de l'esprit acceptent mal d'être soumis à l'épreuve de la rude discipline, des conditions

1. « Notes sur le stage... », document cité.
2. Correspondance de Belpeer avec l'École, décembre 1941-janvier 1942 (arch. ENCU).

de vie austère, des frottements de la vie commune, de l'effort physique. La réaction de rejet est alors réciproque.

Parmi ceux qui acceptent de se plier, le temps d'une session, au style de l'École, beaucoup n'y donnent qu'une adhésion partielle, ou superficielle et éphémère. Quelques-uns, qui ont déjà une idée arrêtée de la Révolution nationale ou du rôle de la jeunesse, désapprouvent l'orientation de l'enseignement de l'École : les partisans d'une franche collaboration avec l'Allemagne sont hostiles, les gaullistes souvent déçus, et les pétainistes dociles troublés. D'autres, qui sont à la recherche de guides et souhaitent des consignes, repartent frustrés, faute d'avoir reçu des réponses simples à leurs interrogations; l'esprit d'Uriage leur apparaît incertain ou négatif, avec ce loyalisme envers le Maréchal qui se traduit par la critique de ses actes, cette hostilité à l'Allemagne qui n'est pas ralliement à la cause gaulliste, ce double refus des modèles totalitaires et de la démocratie parlementaire. La sympathie pour la pédagogie tonique de l'École et sa foi patriotique s'accompagne souvent de réticences devant la subtilité de son attitude politique.

D'autres stagiaires, élèves dociles de l'École pour le temps d'une session qu'ils suivent avec conscience et intérêt, ne sont pas disponibles pour une adhésion entière à son esprit. Des militants de mouvements de jeunesse, retrouvant avec plaisir à Uriage des pratiques et un vocabulaire familiers, ne sont pas prêts néanmoins à se laisser modeler par l'esprit de l'École. Parmi les plus âgés, déjà engagés dans une vie professionnelle et des activités associatives, beaucoup retiennent de leur stage des éléments utilisables (méthodes pédagogiques, enseignement civique) sans se poser la question d'une adhésion globale. Appréciant la vertu du temps de retraite qui leur a été offert, ils n'y ont pas fait de découverte décisive.

Pour quelques-uns, au contraire, le stage à Uriage représente une expérience marquante, voire un véritable tournant dans leur vie. Des éducateurs sont heureux de rencontrer une communauté fervente qui paraît incarner mieux que toute autre leur vision humaniste et civique; des intellectuels, des militaires et des cadres découvrent une combinaison originale de l'analyse et de l'action, du parler libre et de la discipline, de l'interrogation et de la décision, qu'ils n'avaient pas connue dans leurs écoles, leurs casernes ou leurs bureaux; de jeunes hommes, marqués par le désarroi devant la défaite et l'ambiguïté du nouveau régime, trouvent des explications et des propositions propres à les guider en fixant leur générosité.

L'adhésion de ceux-là au style d'Uriage comporte plusieurs niveaux. Il y a d'abord le prestige, et le choc qu'il produit sur les sensibilités : le décor, l'aura personnelle de Segonzac et la « classe » des instructeurs, le climat de fierté patriotique. Plus profondément, certains retiennent de leur stage une leçon de courage et d'engagement généreux (« la générosité, seule chose qui compte », déclare Segonzac à la promotion « Richelieu »). L'appel à lutter contre la passivité et la résignation, la dénonciation de l'esprit bourgeois retentissent en profondeur chez beaucoup de stagiaires qui en tirent des résolutions concrètes pour l'orientation de leurs activités. La correspondance adressée par d'anciens stagiaires à Segonzac ou aux instructeurs témoigne des liens créés [1]. Les signataires de ces lettres se reconnaissent souvent solidaires de l'équipe et se montrent disposés à la servir : « Vous savez, chef, que je suis prêt à prendre ma part de l'œuvre commune et à répondre à votre appel. » La création de l'association des anciens élèves, à la fin de 1941, répond à leur attente.

Parmis ces adhérents enthousiastes, certains sont d'une grande naïveté politique, manifestant plus de ferveur « révolutionnaire » au service du Maréchal que d'esprit critique. Certains des stagiaires des premières ses-

1. Correspondance des anciens élèves (arch. ENCU).

sions n'ont pas aperçu autre chose, dans l'esprit d'Uriage, que la réalisation des directives de Lamirand, comme aux Chantiers : foi dans la Révolution nationale et dévouement à son chef, volonté de faire du nouveau en abolissant l'héritage de « l'ancien régime », vision foncièrement morale, sinon moralisante, des problèmes de la nation et de la jeunesse [1]. Opinion encore plus répandue dans le public des écoles régionales, comme on en a le témoignage pour Bobigneux-Terrenoire [2]. D'autres ont mieux saisi les intentions de l'École à ses débuts, lorsqu'ils affirment qu'elle leur a permis de comprendre la véritable pensée du Maréchal qui veut à la fois relever le pays et chasser l'envahisseur. L'un d'eux explique comment Uriage lui a montré la fausseté des étiquettes simplistes, comme celles qui opposent des « pétainistes » (résignés à la défaite et à la collaboration) et des « gaullistes » (dissidents); lui, qui refuse la domination allemande, se veut loyal envers le Maréchal, mais pas membre du parti des nantis et des lâches [3].

Plus averti, le chef Compagnon Lucien Barnier a retenu de son stage de juillet 1941 une double leçon. Il a été sensible à la force persuasive de Segonzac, exhortant chacun à « chercher au tréfonds [de soi] les possibilités de s'améliorer, de faire naître un être nouveau »; il a découvert aussi à l'École ce sens de la « patrie charnelle » au nom duquel il s'engagera peu après dans la Résistance [4]. À partir de l'été 1941 en effet, les stagiaires comme les anciens élèves restés en contact avec l'École ne peuvent se méprendre; pour l'équipe d'Uriage, la Révolution nationale est subordonnée à la condition préalable et nécessaire de la libération du pays, sans laquelle elle n'est que formule creuse ou ambition avortée. L'opposition résolue de l'École aux menées du clan autoritaire (Pucheu, Marion) qui cherche à contrôler la jeunesse annonce la déclaration publique par laquelle Segonzac se désolidarisera définitivement du gouvernement.

Enfin beaucoup de ceux qui adhèrent à l'esprit d'Uriage, parmi les plus mûrs surtout, sont attirés et retenus par la perspective de large synthèse qui l'inspire. Synthèse entre révolution personnelle et engagement collectif, entre l'action immédiate au service de la jeunesse et l'édification d'une société, d'une civilisation plus humaines. Un long parcours leur est proposé, dans un compagnonnage fervent au nom d'un engagement du cœur. Malgré l'incertitude qui pèse sur les modalités politiques de cette action, ils témoignent une entière confiance au Vieux Chef et à son équipe.

1. Lettre d'un ancien stagiaire de la session « Bayard », 28 mai 1941.
2. Déclarations de stagiaires citées par M. Luirard, *La Région stéphanoise dans la guerre et dans la paix (1936-1951)*, pp. 389-390.
3. Lettre d'un stagiaire d'avril 1941, étudiant à Lyon et originaire de la zone interdite, 4 mai 1941 (arch. ENCU).
4. L. Barnier, *J'ai quitté le parti pour Dieu*, p. 62.

CHAPITRE VIII

Les publications d'Uriage

« JEUNESSE... FRANCE »

Le journal *Jeunesse... France!* lancé par l'École en novembre 1940 paraît régulièrement jusqu'au 15 janvier 1942 (n° 28). Il conserve sa formule de bimensuel de 12 pages, mais modifie plusieurs fois sa manchette. Au sous-titre « Bulletin des chefs » est substitué en avril celui d'« Organe de l'École nationale des cadres »; en mai on adopte l'intitulé définitif « *Jeunesse... France* [sans point d'exclamation], Journal des chefs de la jeunesse. » Le périodique est effectivement surtout l'organe de l'École, mais s'adresse aussi, au nom du SGJ, à tous les responsables d'organisations de jeunesse.

Bulletin de l'École et journal des Chefs de jeunesse

Entièrement confectionné à Uriage, sous la seule responsabilité du directeur de l'École et par le personnel qu'il a choisi pour cela, *Jeunesse... France* témoigne de l'activité de l'École des cadres, et exprime ses convictions et ses espoirs sur les problèmes de la jeunesse. Seul lien régulier de l'équipe d'Uriage avec ses anciens stagiaires et ses amis des écoles régionales, il est son principal instrument d'influence à l'extérieur.

Cependant ce journal vit essentiellement des crédits dispensés par le secrétariat général à la Jeunesse. Bien d'autres organes, et notamment ceux des mouvements de jeunesse, sont également subventionnés, mais *Jeunesse... France*, en l'absence d'un journal édité par les services du SGJ eux-mêmes, est le seul à être entièrement « œcuménique », puisqu'il fait place aux activités des divers mouvements et rend compte du développement de toutes les institutions crées ou soutenues par le SGJ (Chantiers, Maisons de jeunes, Service civique rural, etc.). Ce n'est certes pas le journal officiel du SGJ mais en s'efforçant de dépasser les particularismes pour développer un esprit commun chez tous les cadres de la jeunesse, il sert sa politique. La question est évidemment de savoir si le consensus patriotique et civique, moral et éducatif qu'il cherche à favoriser est exactement celui que prône le SGJ. Cela semble être le cas au début de 1941, d'où son allure de journal officieux.

Cette situation ambiguë présente pour chacun des partenaires des avantages et des inconvénients. Elle suppose d'une part, du côté des services du SGJ, une confiance assurée dans le travail de l'équipe et de larges disponibilités financières. En période de tension entre l'École et le SGJ, et surtout lorsque des exigences venues de plus haut obligent Garrone et ses collaborateurs à contrôler de plus près les activités d'Uriage, une menace pèsera sur les ressources financières du journal, donc sur son indépendance. Ce sera le cas pendant tout le deuxième semestre de 1941, avec des tensions croissantes qui aboutissent, après la restriction progressive des crédits à l'automne, à la disparition du journal en janvier 1942.

Pour l'École, d'autre part, cette formule a été considérée dès l'origine comme provisoire. Le journal bimensuel ne peut remplir les trois fonctions escomptées. Il est surtout un bulletin de liaison et d'information pour les anciens et les amis de l'École devenus « chefs de jeunesse ». Or, on souhaite aussi un organe de formation pédagogique et de réflexion pour les éducateurs, et un magazine de propagande à diffusion massive. *Jeunesse... France*, aux yeux de sa direction, doit frayer la voie à une série de publications spécialisées; ce ne sera réalisé qu'en 1942, avec des moyens insuffisants.

Budget et diffusion

C'est en décembre 1940, on l'a vu, que l'appui du SGJ a donné à *Jeunesse... France!* l'élan pour l'année à venir, en en faisant un « bulletin des chefs » bimensuel, tiré à 25 000 exemplaires et vendu 1 F. L'École reçoit à cet effet en décembre un crédit de 53 000 F. La reconduction de ces crédits pour l'année 1941 a fait problème et n'a été décidée qu'en mars. Le bureau des cadres du SGJ, dans le projet de budget qu'établit en décembre le commandant de la Chapelle, prévoit, au chapitre « propagande » du budget de fonctionnement de l'École, un double crédit. Portion congrue (15 000 F par mois) pour le « Bulletin des chefs », qu'il présente comme « le lien entre tous les élèves sortis d'Uriage », et une somme importante (100 000 F par trimestre) pour une « Revue de la jeunesse » trimestrielle illustrée, qui serait « l'organe officiel de propagande du ministère de la Jeunesse [1] ».

Au début de 1941, ce projet de revue ayant été abandonné, Segonzac réclame pour le seul bulletin un crédit mensuel équivalent à celui de décembre, supérieur au total prévu par La Chapelle pour les deux périodiques : 56 000 F par mois, devis prévisionnel à l'appui [2]. Les services du SGJ réservent d'abord leur réponse, en attendant une décision de Lamirand « sur le principe et l'importance de ce périodique ». En mars, la décision est positive et Segonzac reçoit les crédits demandés pour le trimestre, avec la consigne d'obtenir une réduction des frais d'imprimerie [3].

Des crédits équivalents, aux trimestres suivants, permettront pour l'ensemble de l'année un tirage moyen de 27 000 exemplaires, dont un petit nombre seulement sont vendus (l'École reverse alors les recettes au Trésor); la balance globale des comptes de la gestion du journal sera établie en fin d'exercice [4]. Le SGJ a donc finalement accepté de subventionner, à fonds perdus ou presque, la publication du journal, sur les bases que Segonzac lui

1. « Projets de budgets des Écoles dépendant du bureau des cadres pour l'année 1941 », document signé par La Chapelle, 7 décembre 1940 (AN, F 44 2, SGJ cabinet).

2. Note du chef du service personnel et comptabilité du SGJ, 23 février 1941 (AN, F 44 7, SGJ).

3. Lettres du SGJ, service personnel et comptabilité, au directeur du Centre de formation des chefs supérieurs de la jeunesse française, 28 février et 17 mars 1941 (AN, F 44 7 et 8, SGJ).

4. « Rapport sur la gestion du journal *Jeunesse... France* », établi le 14 décembre 1941 par André Voisin, régisseur d'avances, et contresigné par le directeur de l'École, 8 p. dactylo. (arch. ENCU).

avait proposées, et sans prévoir un contrôle préalable strict du contenu de la publication.

Le tirage ordinaire du journal, en constante progression durant le premier semestre (des 22 000 exemplaires du 24 décembre 1940 aux 30 000 du 22 juillet 1941) plafonnera ensuite, oscillant jusqu'en décembre entre 26 000 et 30 000 exemplaires. Deux numéros spéciaux dépassent ces chiffres, le premier consacré à l'Empire (8 juillet), tiré à 100 000 exemplaires dont 50 000 sont achetés par le ministère des Colonies, l'autre (1er novembre) sur la jeunesse tiré à 45 000 dont 10 000 retenus par le secrétariat général.

Habituellement, la diffusion se fait sous quatre formes : abonnements, services gratuits, vente directe par les services du SGJ, distribution commerciale par les Messageries Hachette. On en connaît la répartition pour les derniers mois de 1941. Le nombre des abonnés individuels est alors en forte croissance (2 571 au 22 septembre; 3 849 au 15 décembre). Encore faible par rapport au tirage (un huitième), il représente le public des amis de l'École : anciens élèves d'Uriage et des écoles régionales, responsables d'organisations de jeunesse et cadres des Chantiers, collaborateurs et sympathisants. Le chiffre atteint à la fin de la première année, absolument insuffisant pour donner au journal une assise financière autonome, témoigne cependant du rayonnement de l'École, bien au-delà du cercle des anciens. Il s'y ajoute, pour quelques centaines d'exemplaires, des abonnements collectifs souscrits par des administrations ou des groupements des Chantiers : subvention déguisée et témoignage d'estime.

La vente au numéro a été confiée par contrat aux Messageries Hachette qui reçoivent de 9 000 à 10 000 exemplaires, environ le tiers du tirage total. Cette diffusion commerciale, évidemment onéreuse, semble avoir été décevante (le bouillon, non chiffré, est déclaré considérable); elle est surtout mal adaptée au public que vise le journal. À la fin de l'année, on en réduit progressivement l'importance, à mesure que les services du SGJ prennent la relève, et Segonzac prévoit de mettre fin au contrat.

Une part croissante de la diffusion doit en effet être assurée par les délégations régionales et départementales de la jeunesse. Dès le printemps, le SGJ a fait obligation aux délégués de diffuser le journal qui reflétait « l'esprit de l'École des cadres », alors objet de tous les éloges [1]. Le résultat semble mince : à l'automne, les délégations n'achètent ferme que quelques centaines d'exemplaires (de 500 à 1 500 au total, soit quelques dizaines par département). Elles en retiennent un peu plus (de 1 000 à 3 500) pour les ventes à la criée qu'elles organisent – mais sur ce total, combien d'invendus retournent-elles ?

C'est certainement moins de 10 000 exemplaires qui sont effectivement vendus, au total, sous ces diverses formes. Le service gratuit reste encore en novembre 1941 le mode de diffusion le plus important, avec plus de 1 500 exemplaires adressés à des destinataires individuels, et environ 9 000 à des collectivités. L'École assure elle-même des expéditions gratuites, et le reste est distribué par le SGJ avec ses délégations, les écoles régionales et les autres institutions de jeunesse.

En somme, le journal n'a pas réussi, en dehors du cercle croissant mais limité de ses abonnés, à trouver la formule de vente au numéro qui lui aurait permis de se constituer un large public et d'approcher de l'équilibre financier. Si déception il y a eu, c'est moins du côté d'Hachette dont on attendait peu, que du côté des réseaux non commerciaux de distribution payante. Les mouvements de jeunesse ont chacun leur propre presse à vendre; quant aux délégations, ont-elles manqué de conviction, ou de savoir-faire ? L'École, misant sur leur collaboration, a décidé en septembre

1. *Instruction aux délégués à la jeunesse*, direction de la Formation des jeunes, avril 1941, pp. 33 et 53 (arch. ENCU).

de créer des éditions régionales du journal en laissant une page à leur disposition. Partiellement appliquée, cette mesure n'a pas suffi à augmenter considérablement la diffusion du journal dans les régions. À la fin de l'année, c'est de ce côté qu'on espère un progrès, ainsi que des abonnements pour lesquels on compte lancer une campagne. C'est que la question financière, comme on le verra, se pose avec acuité en décembre, entraînant une série de mesures de rigueur : le prix de vente est porté à 1,50 F, et le tirage est ramenée à 16 000 exemplaires au 15 décembre, avec suppression des services gratuits et diminution du contingent livré à Hachette [1].

Le bilan d'un an de publication constate, au 30 novembre, une recette de 141 000 F pour 650 000 F de dépense. C'est donc pour plus des trois quarts de son coût que le journal a été subventionné par le SGJ, situation acceptée pendant cette période de lancement par les deux partenaires. Mais à la fin de 1941, pour de multiples raisons, le renouvellement de l'accord fait problème, et l'École devra choisir entre un modeste journal d'abonnés relativement indépendant, et un grand organe de propagande subventionné dont elle risque de perdre le contrôle.

Rédaction

Après l'improvisation des premiers mois, le service du journal s'affirme comme une des activités importantes de l'École, mais il met longtemps à devenir l'affaire d'une équipe relativement spécialisée et compétente. Le gérant reste Charles Muller, responsable de la publication depuis l'origine et homme-orchestre de la confection des premiers numéros, qui conserve la direction administrative. À ses côtés, un service de rédaction s'est progressivement constitué, non sans flottements. Au début de 1941, les marins restés à l'École y jouent un rôle important. Paul Delahousse signe bon nombre d'articles généraux, voire d'éditoriaux, outre les rubriques spécialisées qu'il assure; c'est à propos de la ligne du journal que se manifeste bientôt la sérieuse divergence politique qui le sépare de la majorité de l'équipe et provoque son départ. Son camarade Dyvorne travaille également au journal et le remplace partiellement, rédigeant la « Chronique d'Uriage » et de nombreux comptes rendus ou petits reportages, jusqu'à son renvoi de l'École par Segonzac en juillet. Les autres instructeurs et collaborateurs de l'École poursuivent leur contribution intermittente à la rédaction.

De nouveaux venus y apparaissent alors : Desforges est en mai et juin rédacteur en chef; Ferry et Ollier de Marichard, au second semestre, développent de nouvelles rubriques (revue des livres ou des revues, chronique des spectacles ou notations sur l'actualité). À l'automne, lorsque le bureau d'études est définitivement constitué et les services de l'École réorganisés, une nouvelle répartition des tâches est adoptée. Souriau devient le responsable du journal, mais Beuve-Méry et le bureau d'études supervisent désormais toute la production intellectuelle de l'École, y compris l'ensemble des publications. Jusque-là le journal, en l'absence d'une équipe de direction cohérente, est resté plutôt le reflet des activités de l'École que l'instrument d'un message adressé à un public.

Cette diversité des rédacteurs, qui dilue les responsabilités, constitue une première difficulté pour l'analyse du contenu « idéologique » de *Jeunesse... France*. Mais, plus encore, sa nature ambiguë et les contraintes qui pèsent sur l'ensemble de la presse risquent de fausser les perspectives. Exemple de ces difficultés : dans les premiers mois de 1941, une grande page (la deuxième) est régulièrement consacrée à l'exposé, dans un style très officiel, des objectifs et des réalisations du nouveau régime, sous le titre : « Le

1. « Rapport sur la gestion... » cité, 14 décembre 1941.

Maréchal refait la France. » Quelle signification doit-on donner à cette manifestation d'allégeance ? Est-ce soumission anodine à une obligation de reproduire ou de condenser les textes passe-partout diffusés par les services de propagande ? Ou une concession nécessaire pour faire passer par ailleurs des textes moins conformistes? Ou encore le résultat de choix délibérés, appelant de la part du lecteur une lecture sélective ? Il serait alors suggéré à ce dernier de distinguer, parmi les thèmes de la propagande officielle, ceux que le journal met en valeur, de ceux qu'il se contente de mentionner et de ceux qu'il écarte. En l'absence d'informations sûres, on se contentera de rappeler deux données incontestables : *Jeunesse... France* a toujours été rédigé sous la responsabilité de Segonzac; ses rédacteurs ont dû constamment composer avec un langage officiel qui avait l'accord de certains d'entre eux.

Sont-ils soumis à une censure ? Pas au début, au témoignage de Charles Muller, mais ils connaissent les règles de prudence à observer. Gilles Souriau se souvient d'avoir eu à déposer les textes, à la fin de l'année, à la censure de Grenoble, au demeurant assez compréhensive. La DFJ reconnaît alors qu'il lui incombait d'exercer sur le journal « une censure que les circonstances, l'éloignement surtout rendaient très difficile »; elle l'a rendue plus effective à l'automne, refusant « un certain nombre d'articles [1] ». On est donc en régime d'expression limitée et contrôlée. Le lecteur de 1941, qui le sait et compare spontanément divers périodiques, est nécessairement sensible aux allusions, aux silences et aux changements de ton, dans lesquels il devine un message ou décèle une nuance critique. Faute de reconstituer ce contexte mental en menant une étude comparée de divers périodiques, on peut du moins dégager les orientations majeures qui se dégagent d'un examen attentif de *Jeunesse... France* dans l'année 1941.

Les rubriques

Jeunesse... France se présente sous la forme d'un cahier de 12 pages de format 29 × 43 (soit la moitié du format des quotidiens), dont le papier et la typographie sont ceux des imprimeries de presse. L'illustration comporte quelques photographies, et de nombreux dessins et croquis dus à Muller et Nimier d'abord, puis aussi à Ollier de Marichard, Malespina et Pasquier. On semble avoir cherché progressivement à aérer et diversifier la mise en pages. Les textes présentés alternativement sur deux, trois ou quatre colonnes, sont composés en caractères variés (cinq corps sont utilisés, romains et italiques); chaque article ou rubrique a son dessin de titre original, souvent égayé d'un croquis. Cette variété corrige en partie l'impression d'austérité que donne ce journal de période de restrictions.

La surface rédactionnelle est répartie entre une douzaine de rubriques. D'abord, les réflexions morales et civiques et les exhortations adressées à la jeunesse. L'éditorial de Segonzac figure régulièrement en première page; il l'occupe seul, avec une grande illustration, à partir d'avril, repoussant en pages 2 ou 3 les textes d'auteurs et les articles de fond. Quelques textes sont empruntés à des écrivains illustres, comme Jean Schlumberger ou Thierry Maulnier; plus souvent c'est l'un des instructeurs ou un ami de l'École qui présente ses réflexions. Il est rare que le journal reproduise ou résume le texte d'une conférence donnée à un stage; c'est le cas pour celles de Jean-Jacques Chevallier sur « L'ordre viril » et « L'efficacité dans l'action [2] ». Mais il publie les plans de cercles d'études élaborés par Lallement et le bureau d'études, ainsi que les réflexions pédagogiques du chef d'Alançon. À

1. « Note sur le journal *Jeunesse... France* » , s.d. (AN, AG II 440 I).
2. *Jeunesse... France!,* 8 mars 1941.

plusieurs reprises, un des instructeurs (Chombart de Lauwe, Lavorel, Filliette, Ducruy) est chargé, sous couvert de retracer l'histoire de l'École ou de faire le bilan de son activité, de rappeler les orientations pédagogiques et civiques qui l'inspirent. Aux « Belles pages françaises et étrangères » qui occupaient une double page dans les premiers numéros succède une rubrique « Valeurs françaises ». Par l'histoire et la littérature, on y fera revivre « ceux qui ont formé notre patriotisme national », et dans tous les domaines on illustrera la place de la France dans la civilisation, et notamment son rôle de « gardien de la culture occidentale et chrétienne ». Ces deux séries ont surtout fait appel, à côté des historiens, aux écrivains des XIXe et XXe siècles qui ont exalté les valeurs traditionnelles et l'humanisme chrétien : Péguy, Malègue, Lyautey, Pierre Termier, Alain Fournier, Kipling, et aussi Mistral, Psichari, Montherlant, Pierre de Coubertin, Pourrat... Cependant Le Corbusier et Hyacinthe Dubreuil sont également exploités, dans leur effort pour penser les problèmes humains nés du machinisme et de la technique. Dans la série plus banale qui prend la suite en juillet, « Gestes de France », sont relatés de hauts faits du dévouement patriotique, le plus souvent des exploits militaires. Enfin, à partir du nº 10 (8 avril 1941), une page spéciale « Ouvriers et paysans » présente des témoignages. Toute cette partie du journal consacrée à la formation civique (environ le tiers de la surface rédactionnelle) donne plus de place, on le voit, aux témoignages, aux illustrations et aux exhortations qu'aux discussions d'idées proprement dites.

La page « Le Maréchal refait la France », information officielle proche de la propagande qui exposait les principes du nouveau régime et leurs premières applications, en s'inspirant de près des indications fournies par le SGJ [1], disparaît dès le nº 9 (22 mars 1941). Une autre rubrique intitulée « L'action du Secrétariat » apparaît en février; consacrée essentiellement à la description des organes administratifs du SGJ et des institutions qu'il a créées, elle disparaît en mai. Le SGJ occupe évidemment une grande place dans le numéro spécial consacré aux « Institutions nouvelles de la jeunesse » (1er novembre 1941) qui s'ouvre sur un exposé de Garrone; un article de Lamirand avait été publié en première page en février [2]. Mais sur l'ensemble de la collection du journal, au deuxième semestre surtout, la place donnée aux représentants officiels du SGJ est restreinte. Le journal s'est gardé de devenir le porte-parole du ministère, préférant rendre compte de la pluralité des réalisations des organisations de jeunesse.

Plusieurs rubriques sont consacrées à la description de ces activités. C'est d'abord la grande série « Jeunesses française et étrangères » dont on a vu le départ dès le premier numéro; elle se poursuit pendant une grande partie de l'année, en donnant successivement la parole à des représentants des grands mouvements de jeunesse français. Après le scoutisme, la JAC et la JOC, on y présente la FFACE protestante, l'UNEF, les Auberges Françaises de la Jeunesse, les Compagnons de France, les Camarades de la Route, l'ACJF, c'est-à-dire l'ensemble des mouvements partisans du pluralisme qui sollicitent l'agrément officiel du SGJ. *Jeunesse... France!* rechigne à faire place au mouvement doriotiste Union populaire de la jeunesse française, dont il ne publie un bref communiqué qu'accompagné d'une vigoureuse mise au point sur le vrai et le faux loyalisme envers le Maréchal; il refuse ensuite de publier un exposé de son secrétaire général [3]. Il accepte au

1. Rubrique « Le Maréchal refait la France » du *Bulletin de presse*, fascicule mensuel publié dès août 1940 par les services de la propagande de la direction de la Jeunesse pour informer la presse et lui suggérer des thèmes et la manière de les traiter.
2. « Effort et union », *Jeunesse... France!*, 8 février 1941.
3. « À propos de l'Union populaire de la jeunesse française », *ibid.*, 8 mars 1941 et 8 mai 1941.

contraire de donner une colonne au nouveau mouvement Jeunesse de France et d'outre-mer, que J. Ronin présente de manière modérée et consensuelle en dissimulant son idéologie autoritaire inspirée de Darnand; le journal fait précéder ce texte d'un chapeau qui marque les distances [1]. Dans la même série sont présentées sur un ton de description objective d'autres réalisations étrangères, notamment, sous la plume de Beuve-Méry, l'organisation de la jeunesse portugaise [2]; l'auteur expose que le mouvement d'État obligatoire qui vise à « la formation intégrale de la jeunesse » n'a pas supprimé l'existence de mouvements privés indépendants; au total, si la réalisation pratique laisse à désirer, notamment pour la formation des cadres, « du moins la tâche assignée à la jeunesse portugaise et les méthodes employées sont-elles saines ». Le journal relate par ailleurs les activités et les grandes manifestations des mouvements (avec, au premier semestre, une page « Dans les mouvements »), sans oublier les deux sessions d'études tenues à Uriage au printemps de 1941.

Une rubrique « La vie dans les Écoles et les Chantiers » occupe au moins une page, parfois deux ou trois. L'activité des Écoles de cadres (écoles régionales, spécialisées, féminines, écoles de zone occupée) est évoquée : reportages ou correspondances, programmes de sessions, comptes rendus. Quant aux Chantiers de jeunesse, c'est au moins une colonne, parfois une ou deux pages qui leur sont consacrées : reportages, témoignages, articles de réflexion pédagogique signés par des chefs amis d'Uriage.

La vie de l'École elle-même est naturellement évoquée sous ses divers aspects dans la rubrique « Chronique d'Uriage » : brèves notations sur la vie quotidienne et l'atmosphère des stages, parfois allusion à une décision ou à un événement marquants, à une conférence particulièrement réussie. Plus originale est la rubrique « Pour les chefs des Écoles de cadres » que Dumazedier inaugure dans les derniers numéros du journal : il s'agit de monnayer les travaux du bureau d'études, à commencer par l'initiation à la psychopédagogie qu'il a organisée pour les instructeurs qui préparent le stage de six mois. *Jeunesse... France* supplée alors la revue spécialisée qui reste depuis un an à l'état de projet.

Le journal poursuit d'autre part la série des rubriques pédagogiques destinées aux jeunes chefs. Sous le titre global « Le Chef et ses jeunes », on présente tour à tour les techniques des travaux manuels, des arts et jeux collectifs, de la documentation et des bibliothèques. Deux activités occupent une place privilégiée. Celle des meneurs de jeu (chant choral, jeu scénique, récitation collective, mime et danse) est évidemment présentée par les membres de la Compagnie Hussenot-Maîtrise d'Uriage : conseils techniques, présentation des réalisations de la compagnie, textes pour célébrer les grandes fêtes comme Noël. Quant à l'éducation sportive, la dernière page lui est régulièrement consacrée à partir de mai 1941 ; à côté des informations sur les compétitions et manifestations, Vuillemin y développe sa philosophie de l'athlétisme et passe en revue les différents sports, sans oublier la leçon d'hébertisme.

À partir d'avril apparaissent plusieurs rubriques d'actualité. Ce sont d'abord « Les échos » : sur une demi-page, une page parfois, sont juxtaposées quelques brèves informations suivies de commentaires alertes et souvent acides. Les auteurs prennent pour cible, dans la production culturelle et notamment cinématographique, les vedettes de la vie parisienne et les célébrités de l'art commercial ou mondain, Sacha Guitry en tête. Ils se risquent quelquefois à des attaques politiques, pour dénoncer les organes de la propagande totalitaire, antisémite ou collaborationniste. Une autre

1. « Dans les mouvements », *Jeunesse... France!*, 22 mars 1941.
2. « Jeunesse portugaise », *ibid.*, 1er décembre 1941.

rubrique, « Les livres », paraît irrégulièrement; c'est le plus souvent Gilles Ferry qui rend compte d'un ouvrage contemporain (Silone, Montherlant, Copeau, Chancerel). Une revue des périodiques, « À travers la presse », connaît, entre avril et juin, plusieurs présentations éphémères. On a commencé par une revue de « la presse jeune », puis on s'est intéressé à l'ensemble de la presse quotidienne et périodique, en dégageant un thème (la famille); on s'est essayé aussi à des commentaires sur le conflit européen, avec « La campagne de Grèce » puis « La guerre en Orient », en utilisant la presse étrangère et surtout le « Sirius » de *Temps nouveau* [1]. La tentative était-elle trop audacieuse ? La rubrique est vite abandonnée; on se contentera désormais de reproduire épisodiquement un bref extrait d'une publication amie, ou de signaler un article important.

À deux reprises, un effort de réorganisation de cet ensemble rédactionnel a été entrepris. En mai 1941, une diversification des rubriques accompagne la disparition des pages officielles, avec l'apparition des pages « Ouvriers et paysans » et « À la recherche des valeurs françaises », de la page sportive, des échos et de la tentative de revue de presse (le graphisme du titre *Jeunesse... France* est alors modifié, et le sous-titre définitif « Journal des chefs de la jeunesse » adopté). Une campagne d'abonnements et de vente à la criée est lancée par le rédacteur en chef Desforges, à l'occasion des numéros spéciaux qui se succéderont désormais à un rythme mensuel : « Jeanne la Lorraine » (8 mai 1941), « Le Travail » (22 mai), « Terre de France » (8 juin), « Notre Empire » (8 juillet), « Vacances » (22 juillet), « L'Aviation » (26 août), « L'École nationale des cadres, un an d'activité » (22 septembre) et « Les institutions nouvelles de la jeunesse » (1er novembre). À l'automne ensuite, lorsque l'équipe d'études prend plus nettement en charge la conception du journal, l'élément culturel et intellectuel de *Jeunesse... France* se développe, avec les grands articles de la page 2 et les études pédagogiques; l'équipe de rédaction semble s'exercer en vue de la publication de la revue dont le projet se précise alors.

Le bimensuel *Jeunesse... France* s'est techniquement amélioré en 1941, et s'est acquis une notoriété dans les organisations de jeunesse. En quel sens cette influence s'exerce-t-elle ?

Pour la formation des jeunes chefs

L'effort éducatif et civique du journal semble s'orienter autour de trois perspectives majeures : la formation des jeunes, auxquels on propose un modèle d'homme et de chef; la connaissance de la communauté nationale; enfin l'appel à une mobilisation des énergies, pour des tâches ou pour une cause qu'on évoque sans les expliciter.

La formation psychologique et morale des futurs chefs est évidemment l'objectif premier du journal comme de l'École. Les techniques de la vie en collectivité y ont leur part, des règles de l'hygiène aux loisirs de groupe et à la création artistique; elles concourent à réaliser le style cher à l'École. On ne reviendra pas sur les rubriques particulières que le journal leur consacre, dans l'esprit alors largement commun à toutes les publications contemporaines destinées à la jeunesse organisée. L'essentiel est plutôt le rappel de principes éducatifs fondamentaux, qu'on trouve dans les éditoriaux de Segonzac, réunis à deux reprises en brochure [2], et dans quelques articles de ses collaborateurs.

S'adressant d'abord aux chefs, Segonzac leur demande d'unir un sens

1. *Jeunesse... France!*, 8 mai et 22 mai 1941.
2. P. Dunoyer de Segonzac, *Réflexions pour de jeunes chefs*, éd. ENCU, juillet 1941; 2e éd. augmentée, octobre 1942.

rigoureux de l'autorité et un souci éducatif constant [1]. Homme de l'autorité, qu'il exerce au nom d'une mission et pour le service de la communauté, le chef, non content d'être un « capitaine d'équipe (...) premier en tout [2] », doit accepter l'ascèse du détachement affectif, s'imposer désintéressement et solitude : « Responsable de tous, il ne saurait avoir partie liée avec aucun d'entre eux », ni en aucun cas « se laisser aller à la camaraderie ». Il s'astreint donc à la sobriété du langage comme du geste, à l'exemple du Maréchal, et repousse la « sensiblerie malsaine » qui fait rechercher des satisfactions affectives [3]. Mais cette autorité, si sévère et pudique soit-elle, suppose « l'assentiment intime » des hommes, qui ne peut être le fruit de la contrainte. Aussi le chef doit-il être « éducateur », fin et patient, perspicace dans la connaissance des caractères et judicieux dans le choix des moyens. Pratiquant le contact assidu avec ses hommes dans la vie quotidienne, il sait notamment exploiter les loisirs collectifs, ce « puissant moyen d'action [pour] inculquer à ses hommes ce style de vie commune, non uniforme, qui, respectant les divergences légitimes, traduit la profonde union des âmes [4] ».

À tous les jeunes ensuite, Segonzac présente la révolution à faire comme une question de morale, de caractère et d'abnégation. Elle réclame d'abord des hommes accomplis, résolus et maîtres d'eux-mêmes; l'énergie virile, la capacité de décision et le sens du réel, trop négligés par l'Université et découragés par les mœurs françaises de l'entre-deux-guerres, sont prônés, à la suite de J.-J. Chevallier [5]. Les intellectuels, notamment, ne doivent plus mépriser ces qualités, et Segonzac propose en son langage militaire de les juger en partie là-dessus : « ... Il faut désigner sans tarder les intellectuels de la Révolution nationale; choisissons-les de préférence en bonne condition physique, bons pères de famille et capables de sauter dans un tramway en marche [6]. »

Autres qualités que les jeunes doivent cultiver : la loyauté, qui va du refus de copier dans les écoles à celui de moucharder dans la vie publique [7]; le sens de la responsabilité et des disciplines collectives, contre l'individualisme français et « la liberté devenue licence [8] »; la solidarité dans les communautés auxquelles chacun appartient, et l'ouverture sur les milieux différents socialement et idéologiquement – ouverture particulièrement demandée aux privilégiés que sont les étudiants [9].

L'effort personnel de générosité virile qu'on demande aux jeunes paraît parfois résumer tout leur rôle dans la Révolution nationale, lorsque celle-ci est présentée comme « une révolution intérieure de chaque individu [10] », une révolution à faire « d'abord en nous [11] », « dans l'ordre moral [12] », contre les

1. Voir l'article qu'il a fait rédiger par François Ducruy : P. DUNOYER de SEGONZAC, chef de l'École des cadres d'Uriage, « Notes sur le chef », *La Revue des Jeunes*, janvier 1941, pp. 17-18. W. d'ORMESSON cite de longs extraits de ce texte dans deux éditoriaux du *Figaro* (« L'autorité du chef », 13 mars 1941; « Nécessité d'une mystique », 14 mars 1941).

2. P. DUNOYER de SEGONZAC, « Le chef éducateur », *Jeunesse... France!*, 24 décembre 1940.

3. ID., « Simplicité du chef », *ibid.*, 8 octobre 1941; « Le chef et ses hommes », *ibid.*, 15 novembre 1941.

4. ID., « Notes sur le chef », art. cit.

5. J.-J. CHEVALLIER, « L'ordre viril et l'efficacité dans l'action », *Jeunesse... France!*, 8 mars 1941.

6. P. DUNOYER de SEGONZAC, « Intellectuels », *ibid.*

7. ID., « Loyauté », *ibid.*, 8 septembre 1941; « Droiture », *ibid.*, 15 janvier 1942.

8. ID., « Discipline », *ibid.*, 8 avril 1941.

9. G. FERRY, « Solidarité », *ibid.*, 22 septembre 1941; cf. E. d'ALANÇON, « Les étudiants et la Révolution nationale », *ibid.*, 8 mai 1941.

10. B. CACÉRÈS, « Comment je vois la Révolution nationale », *ibid.*, 22 juin 1941.

11. M. DUPOUEY, « Devoirs des jeunes », *ibid.*, 22 avril 1941.

12. R. DAROLLE, « Héroïsme!... », *ibid.*, 8 mars 1941.

égoïsmes et les routines, contre la mentalité de classe. Ce discours moral, voire moralisant, loin d'être propre à Uriage, est largement commun aux mouvements de jeunesse, confessionnels ou non, surtout scouts, comme aux responsables du SGJ et à certains penseurs du régime; sur ce plan, l'originalité d'Uriage n'apparaît pas nettement à la lecture du journal. Il est évident toutefois que la conception du chef et de sa mission développée ici, quelque aristocratique et étrangère à l'éthique démocratique qu'elle puisse paraître, s'oppose à celle des fascismes avec leur prétention totalitaire.

Connaître la communauté nationale

La deuxième orientation concerne la connaissance des réalités qui font la communauté nationale : découverte des divers milieux et activités, conscience d'un patrimoine de valeurs.

Y contribuent d'abord les articles où Chombart de Lauwe présente l'exercice d'« exploration régionale » qu'il fait pratiquer aux stagiaires. L'étude historique et géographique d'un terroir et de la communauté humaine qui l'occupe introduit à « l'enquête sociale » et éventuellement à une expérience de participation à la vie locale; autant qu'un travail d'équipe, un effort d'organisation et d'astuce de la part des jeunes qui s'y livrent, c'est une exploration « à la recherche de la terre de France ». L'auteur en présente ainsi les objectifs :

> Toutes nos valeurs ne sont-elles pas à réviser? Au moment où tant de gens parlent de la France avec une émotion patriotique, des jeunes veulent retrouver leur pays ailleurs que dans les livres et les discours. Par équipes, ils parcourent nos provinces, cherchant à en comprendre les paysages divers et à s'enrichir de l'expérience des hommes qui y vivent. Ils reconstruisent ainsi pour eux-mêmes une image de leur pays plus vivante et plus complète, qui leur permettra de mieux le servir. Pour les aider, nous avons réuni quelques conseils pratiques, fruits de nos premières expériences de travail d'équipe (...). Nous essayons de nous orienter vers une méthode d'enquête sociale qui facilite notre action de rénovation nationale dans les milieux où nous vivons [1].

Pour la page spéciale « Ouvriers et paysans », *Jeunesse... France* fait appel à des hommes d'expérience. Du côté paysan, quelques agriculteurs (Michel Bonnet, André Duprat, Louis Rousseau, Jean Terpend) donnent parfois leur témoignage, mais la signature la plus fréquente est celle d'un enseignant-formateur, R. Raimondi, directeur de l'École pratique rurale de Villard-de-Lans qui reçoit l'hiver des fils de paysans pour leur donner une formation générale, technique et professionnelle. Disciple enthousiaste du ministre Caziot, il dénonce sans nuance « la formidable désertion agricole (...) une des causes profondes du désastre, cause principale de l'énorme difficulté de l'actuel relèvement économique de la France ». Il applaudit à la création de la Corporation paysanne, dans laquelle les paysans se dirigeront eux-mêmes « à l'abri des influences politiques » étrangères à la profession, et s'associe avec conviction à l'exaltation de la terre, nourricière d'une « race robuste et forte », et de « la patrie française, résultat de deux mille ans de paysannerie chrétienne ». Plus originaux apparaissent ses plaidoyers de spécialiste, pour une véritable formation professionnelle des futurs agriculteurs et pour une aide gouvernementale effective aux jeunes qui s'installent. Il prémunit aussi les citadins contre les illusions d'un retour à la terre improvisé ou d'un service civique rural généralisé et obligatoire,

1. P.-H. CHOMBART de LAUWE, « À la recherche de la terre de France », *Jeunesse... France!*, 8 juin 1941.

auquel il oppose le principe du volontariat sélectif [1] – contrairement à l'opinion de Joseph Fontanet qui, au nom de la Mission de restauration paysanne, défend le Service civique rural [2]. Participant de l'idéologie paysanne et agrarienne alors en faveur, ces chroniques n'apportent guère d'analyse précise, mais donnent du moins un écho des frustrations des agriculteurs et de l'aspiration du monde paysan à être reconnu dans son originalité.

Quant aux ouvriers, Bénigno Cacérès, « ouvrier-charpentier », s'exprime régulièrement en leur nom. Dans son langage spontané, châtié pour la circonstance, il témoigne surtout de la vie quotidienne, de ses difficultés, et de « ce que pense le monde ouvrier » : crainte de manquer de travail, problèmes du logement et de l'alimentation, réactions devant les conditions de travail et les rapports humains sur le chantier ou à l'atelier, difficultés propres aux apprentis et aux jeunes non qualifiés. Affirmant fortement la personnalité ouvrière (celle des compagnons-artisans plus que celle des ouvriers de la grande industrie) et la dignité du travail manuel, il tend la main aux jeunes des autres milieux ; il leur propose un effort de connaissance et de compréhension réciproques, première amorce de cette révolution non politique qui associera tous les Français travailleurs. Aux jeunes patrons particulièrement, il demande de comprendre que « ce sont des hommes qu'ils occupent », et d'apprendre qu'il y a « beaucoup à faire, beaucoup à changer » pour faire droit concrètement aux aspirations élémentaires des travailleurs. Cacérès, qui avec une verve et une chaleur communicatives fait fonction de prolétaire de service dans l'équipe de l'École, livre ici une expérience et affirme une présence plus qu'il ne donne une information précise ; sur l'apprentissage toutefois, qu'il connaît bien, il donne une analyse assortie de propositions [3].

Quelques correspondances d'anciens stagiaires ouvriers manifestent surtout la joie d'avoir été accueillis en égaux à l'École [4]. Un bref billet de Dumazedier rend un son un peu différent. Il y rend compte, au moment où l'École se soucie d'ouvrir plus largement ses stages au monde ouvrier, d'une session d'études de syndicalistes à laquelle il a participé en Savoie. Les participants ont affirmé que l'unité nationale est « impossible tant que le prolétariat ne sera pas intégré à la Nation ». Voulant « éclairer les pouvoirs publics », ils ont adressé respectueusement au Maréchal des propositions de réforme : au-delà de la création salutaire de services sociaux et de corporations, il faut « des réformes de structures (...), réformes sociales hardies [5] ».

L'armée et les officiers, c'est surtout au passé que le journal les évoque, avec les récits de faits d'armes où les traditions de la Marine alternent avec les exploits des pionniers de l'aviation et les gestes des explorateurs et coopérants de l'Empire. Cependant, Segonzac évoque l'armée de 1941 dans l'éditorial exceptionnellement long où il déplore la coupure entre l'armée et le pays qui a marqué le XXe siècle depuis l'affaire Dreyfus, et montre les conditions du redressement que peut réussir l'armée de l'armistice, corps de volontaires. Il l'imagine recrutant des officiers « de vocation », les groupant en une « communauté exemplaire » rassemblée dans le culte de l'honneur et

1. R. Raimondi, « La désertion agricole », *Jeunesse... France!*, 22 avril 1941 ; « La Corporation agricole », *ibid.*, 22 septembre 1941 ; « Pro agricola », *ibid.*, 8 juin 1941 ; « L'avenir de l'apprenti rural », *ibid.*, 22 mai 1941 ; « Service civique rural », *ibid.*, 22 juillet et 8 août 1941.

2. *Jeunesse... France!*, 8 juin 1941.

3. B. Cacérès, « Ouvriers et paysans, montrons-nous tels que nous sommes », *ibid.*, 8 avril 1941 ; « Ce que pense le monde ouvrier », *ibid.*, 22 avril 1941 ; « L'apprentissage de l'artisan », *ibid.*, 22 mai 1941 ; « Comment je vois la Révolution nationale », *ibid.*, 22 juin ; « Un congé payé vous parle », *ibid.*, 22 juillet ; « Réflexions d'un ouvrier », *ibid.* 8 août ; « Hiver », *ibid.*, 1er décembre 1941.

4. « Lettre d'un artisan », *ibid.*, 15 novembre 1941.

5. J. Dumazedier, « Syndicalisme rénové », *ibid.*, 22 septembre 1941.

le souci de l'exemple, les initiant à la compréhension de la question sociale, et les formant dans ses écoles devenues de véritables écoles de cadres [1].

Jeunesse... France s'est donc efforcé de montrer les différents milieux sociaux et d'inciter leurs membres à une connaissance réciproque, autant que pouvait le faire un magazine de jeunesse. De l'enseignement, il est souvent question pour dénoncer les lacunes d'un système français qui instruisait sans éduquer, et pour souhaiter le succès des réformes en cours, à commencer par « l'éducation générale » dont est chargé Chevallier. Aucune étude précise ne lui est cependant consacrée, alors que le sport occupe régulièrement la dernière page, avec la chronique de Vuillemin.

Défense de l'intelligence

Cependant, le journal apporte une attention particulière au rôle des intellectuels, à leur responsabilité envers la jeunesse comme à leur place dans le redressement national; à l'automne 1941, plusieurs grands articles (originaux ou reproduits) en deuxième page sont consacrés à ce thème. Ainsi l'animateur de la nouvelle association des Auberges Françaises de Jeunesse, déplorant la difficulté que rencontrent les organisations de jeunesse à recruter des chefs compétents et valeureux, l'attribue en partie à l'abstention de « nos meilleurs intellectuels », qu'on a eu le tort de décourager :

> Nous devons lutter pour que soit levé le voile de suspicion qui flotte sur les intellectuels et qui a provoqué chez eux une rétraction générale. Nous devons lutter contre l'esprit de revanche qui s'est installé dans certains groupes et a conduit à de criminelles brimades [2].

Le « procès de l'intelligence » mené depuis la défaite par les cercles activistes qui font peser la responsabilité de la catastrophe sur les écrivains « décadents » comme Gide [3] amène *Jeunesse... France* à défendre la pensée libre. André Lacaze oppose le « vrai libéralisme » au « faux libéralisme » qui admet toutes les opinions parce qu'il méprise la pensée, et à l'enseignement neutre qui cultive l'indifférence par peur de l'engagement. Professeurs et philosophes doivent associer la foi enthousiaste, le témoignage intellectuel et spirituel qui « fait lever les croyances », avec une tolérance ouverte à la confrontation des convictions dans le respect mutuel. L'opposition des esprits, quelque douloureuse qu'elle puisse être à ceux qui aspirent à une communion des cœurs, est la loi même de la vie; elle nourrit la fécondité et assure le progrès d'une société d'hommes libres – c'est-à-dire d'hommes qui savent « dire non [4] ». C'est sans doute cette dernière formule qui a fait juger en haut lieu l'article « imprudent » et qui a entraîné le renforcement d'une censure auparavant symbolique.

Peu après, le Père Carré, o.p., évoquant la tradition intellectuelle française, en souligne les faiblesses et les mérites. Ayant souvent succombé à la tentation de l'abstraction et de la spéculation en chambre, ses représentants ont su cependant rester fidèles à ce qui fait sa noblesse. Dans le récent

1. P. DUNOYER de SEGONZAC, « L'armée et le pays », *Jeunesse... France!*, 1er décembre 1941.
2. D. MAGNANT, « Trouver des chefs », *ibid.*, 8 octobre 1941.
3. Ce procès a suscité les protestations des revues soucieuses de défendre la liberté de l'esprit. Voir E. MOUNIER, « Le seul mal de l'intelligence », *Esprit*, mai 1941 et G. DRU, « Plaidoyer pour l'intelligence », *Messages* (JEC), juillet 1941 (cité par A. MICHEL, *La JEC...*, *op. cit.*, pp. 153-154). Par certaines allusions de ses rédacteurs, *Jeunesse... France* participe d'ailleurs du climat de condamnation sommaire des pensées et des œuvres réputées « décadentes ».
4. A. LACAZE, « Le libéralisme de la pensée », *Jeunesse... France*, 8 septembre 1941.

avant-guerre encore, ils ont cherché une expression moderne qui témoigne des valeurs pour « le spirituel, le sens de l'homme [1] ». Cet article du directeur de la *Revue des Jeunes*, publié en pleine crise « doctrinale » entre l'École d'Uriage et le SGJ, apparaît comme un témoignage de soutien à Segonzac; Uriage y est cité très élogieusement.

Enfin Paul Reuter oppose à la néfaste condamnation de l'esprit critique, c'est-à-dire de l'intelligence elle-même, les règles du bon usage de l'intelligence critique, éminemment constructive puisqu'elle suppose l'éducation du caractère; il dénonce en passant le danger totalitaire :

> Des lèvres altérées et des cœurs impatients aspirent à d'autres sources où l'on puisse boire en troupe, voire en troupeau, et ils interrogent les forces obscures de la nature ou d'une facile surnature, l'instinct collectif imputé à la nation ou à la race, la foi, la " mystique ", comme l'on dit aujourd'hui [2].

Autant d'affirmations qui relativisent les admonestations de Segonzac stigmatisant comme une duperie la parole détachée de l'action [3], et celles d'Alançon reprochant aux étudiants leur manie des palabres, leur vie en vase clos et leur inaptitude à agir [4]. *Jeunesse... France* dénonce l'intellectualisme dans l'enseignement et une hygiène mentale désordonnée, non l'intelligence ou les intellectuels. Chombart de Lauwe traduit bien l'ambition pédagogique de l'École et la conception qu'on s'y fait de la culture, lorsqu'il expose le bénéfice qu'un étudiant, « apprenti penseur », peut retirer du contact avec les travailleurs manuels, ouvriers et paysans :

« ... Leur compétence dans leur métier est une forme de culture dont il peut s'enrichir (...), il y retrouvera la tradition française d'un véritable humanisme [5]. »

À la recherche des « valeurs françaises »

Jeunesse... France n'a rien publié qui ressemble à un manifeste et ne cite qu'allusivement le trinôme Spirituel – Patrie – Honneur, mais donne une grande place à l'illustration des « valeurs françaises ». Un premier effort d'explicitation, au début de 1941, s'appuie sur l'histoire et la culture classique, pour en arracher l'héritage aux « esprits tendancieux » et aux « politiciens » qui l'accaparaient sous l'ancien régime. Sont reconnues comme valeurs françaises le sens de l'équilibre et de l'universel, la capacité de discernement et d'adaptation, la passion de la vérité et le dévouement aux grandes causes; la Croisade en a été le fruit, mais aussi les guerres de religion et celles de la Révolution, avec « l'héroïsme prodigué de part et d'autre », et enfin les efforts déployés depuis un siècle « à la recherche d'un meilleur ordre social [6] ». Un peu plus tard, le présentateur de la nouvelle rubrique « Valeurs françaises », consacrée au patrimoine culturel et moral de la France, affirme :

« [La France] est devenue le gardien de la plus authentique culture occidentale et chrétienne; et sur ce point, son rôle au cours de la dramatique période où nous vivons, doit être primordial dans l'histoire du monde [7]. »

1. A.-M. Carré, « Pour que l'esprit vive », *Jeunesse... France!*, 8 octobre 1941.
2. P. Reuter, « Critique de l'intelligence ou intelligence de la critique », *ibid.*, 1er décembre 1941.
3. À propos des politiciens de la République, comme Daladier et Reynaud explicitement cités pour une fois dans le journal (éditorial, 8 octobre 1941).
4. É. d'Alançon, « Les étudiants et la Révolution nationale », *ibid.*, 8 mai 1941.
5. P.-H. Chombart de Lauwe, « À propos de l'apprentissage intellectuel », *ibid.*, 22 mai 1941.
6. F. Ducruy, « Les valeurs françaises », *ibid.*, 8 février 1941.
7. « Valeurs françaises », *ibid.*, 22 avril 1941.

Et Segonzac, au début de 1942, appelle les jeunes à se mobiliser pour :

> défendre et servir les vraies valeurs nationales, celles en particulier qui relèvent d'un christianisme dont notre pays s'est nourri depuis toujours et auquel il ne peut, sans perdre son âme, devenir infidèle [1].

Les allusions au totalitarisme sont rares mais claires. On condamne les forces obscures de l'instinct collectif et les « fausses mystiques », et on reproduit un texte de Thierry Maulnier qui oppose aux systèmes totalitaires, fondés sur la suprématie intolérante d'un principe unique et absolu, la tradition française d'équilibre entre des forces et des aspirations diverses [2]. Beuve-Méry se réfère à ce texte dans ses causeries [3]. Mais le journal se soucie peu des idéologies, et ne cite pas plus le nom de Marx que le personnalisme. Les rubriques patriotiques, on l'a vu, visent surtout à conforter la confiance des lecteurs dans le passé et l'avenir de la Patrie en exaltant ses réussites et en exprimant sa sagesse. Thème patriotique, illustré par les nombreux récits de faits d'armes de la guerre de 39-40 (la jeune génération n'a pas démérité) et par les numéros spéciaux consacrés à Jeanne d'Arc, à l'Empire, à l'épopée de l'aviation. Thème humaniste, avec de grands textes sur la terre et les vertus paysannes (Pesquidoux, Pourrat, Roupnel), sur le travail et la technique (Le Corbusier et Hyacinthe Dubreuil), sur le sport (Montherlant) et la contemplation (Psichari).

Cette défense et illustration du génie français évite le nationalisme; elle privilégie les conquêtes morales et culturelles à portée universelle, mais aussi les vertus individuelles au détriment des mouvements collectifs et des conflits sociaux ou idéologiques. D'où l'ambiguïté de cet appel aux traditions : destiné pour une part à faire pièce aux tentations de la résignation passive ou de l'adhésion aux mystiques totalitaires, il est aussi politiquement conservateur et proche du moralisme du régime.

On a vu la place majeure que le journal donne aux diverses organisations de jeunesse, institutions officielles et mouvements privés, dans la perspective « œcuménique » chère à Segonzac. *Jeunesse... France* est sur ce plan un bon instrument au service de la mission que l'École entend remplir : offrir aux divers mouvements un lieu d'expression et de rencontres, contribuer à créer le climat de compréhension mutuelle et de coopération sans lequel le pluralisme serait condamné. La série d'articles où chaque mouvement se présente, s'achève par un tableau synoptique de toutes les publications de jeunesse.

Cette jeunesse qu'on veut unie et fervente, c'est naturellement sous l'égide du Maréchal et de la Révolution nationale qu'on s'adresse à elle : références rituelles sur lesquelles s'ouvrent ou s'achèvent de nombreux articles, et notamment sous la plume du directeur et éditorialiste du journal. Mais *Jeunesse... France*, conservant la discrétion qu'on a remarquée à ses débuts, ne s'associe pas au culte puéril que rendent à l'homme Pétain ses thuriféraires; aucun article ne lui est consacré, et ce n'est qu'occasionnellement que l'une ou l'autre de ses vertus est citée en exemple – dévouement à la patrie, fermeté, concision. Son aphorisme « la vie n'est pas neutre; elle consiste à prendre parti hardiment » est conservé en exergue; jusqu'en mars, on insère souvent en première page un encadré regroupant des « Paroles du Maréchal », qui disparaît ensuite. Le journal ne rend pas compte des manifestations officielles organisées autour du chef de l'État, ni même de ses discours ou messages. L'usage de l'iconographie pétainiste reste modéré : sur les 28 numéros, trois seulement comportent, comme

1. « 1942 », *Jeunesse... France!*, 1er janvier 1942 (éditorial).
2. Th. MAULNIER, « Principes d'un ordre français », *ibid.*, 15 décembre 1941.
3. Notes du cahier de stage d'André Lecoanet.

illustration de première page, un portrait du Maréchal (dont une reproduction du grand tableau peint par Mme Malespina pour la salle de conférences de l'École); dans les pages intérieures, seule la page semi-officielle des premiers numéros « Le Maréchal refait la France » s'illustre à plusieurs reprises de photographies des services de propagande montrant le chef de l'État au travail.

Cette rubrique est la seule où le journal se fait le porte-parole direct du nouveau régime. On a vu les difficultés que présente son interprétation, selon qu'on attribue la signification majeure à l'existence de cette page aux débuts du journal et à son contenu, ou à ses silences et à sa disparition dès le n° 9. On y a successivement présenté les nouvelles institutions, les réformes dans l'Éducation nationale, la conception de l'autorité dans le nouveau régime, et enfin la place donnée au travail, à la famille et à la jeunesse. Par la suite, aucune analyse ne sera donnée des actes du gouvernement en dehors de l'action du SGJ; si le représentant du monde rural salue la création de la Corporation paysanne, la publication de la Charte du travail n'est même pas signalée. Des ministres, il n'est jamais question. La visite de l'amiral Darlan à Uriage donne lieu à un reportage d'une page : deux grandes photographies où Segonzac se trouve en vedette, et quelques lignes de compte rendu anodin [1]. Au contraire, le général Weygand est l'objet d'un hommage exceptionnel « au moment où il prend sa retraite », c'est-à-dire lorsqu'il est démis de ses fonctions en Afrique du Nord :

« ... Sa vie est l'expression des vertus et des valeurs françaises. Méditons sa citation qui nous donne l'exemple d'une mission bien remplie. Il est un de ces hommes dont la France est fière [2]. »

Le rôle des jeunes comme « aile marchante de la Révolution » est surtout exposé par Michel Dupouey dans la dizaine d'articles qu'il donne au journal. Le chef du bureau des mouvements de la DFJ, passé à l'équipe de direction du mouvement Compagnon, s'exprime autant en familier de l'École, en chef de jeunes, qu'en responsable administratif. Il se fait tantôt le porte-parole d'une jeunesse convaincue et combative, demandant aux dirigeants du pays de ne pas décevoir son ardeur, et réclamant pour elle « une certaine liberté d'expression », des chefs dignes de son dynamisme et même un « gouvernement des jeunes par les jeunes ». Tantôt il parle en chef responsable, voir en guide de cette jeunesse; il expose alors sa vision d'une « société organisée » autour des élites, où « l'ordre corporatif » permettra l'émergence d'une « nouvelle noblesse [3] ». À ses yeux, la Révolution nationale, « œuvre de tous les Français, faite pour tous les Français », et non revanche d'un parti tourné vers le passé, doit fournir aux jeunes une mystique; sinon « d'autres chefs se lèveront, qui parleront un langage plus exaltant et qui, eux, proposeront de fausses mystiques. Ces jeunes, qui auront longtemps attendu, ne feront pas de recherches subtiles et s'élanceront dans les rangs du premier qui les appellera [4]. »

La vraie mystique doit associer la perspective modeste et réaliste de la formation personnelle, dans les tâches quotidiennes, à celle de la formation politique par les responsabilités civiques. Dans ce pays sur lequel la défaite subie il y a un an continue à peser lourdement, les causes profondes du mal sont encore à l'œuvre, explique Dupouey, malgré l'intervention du Maréchal. Celui-ci, en sauvant l'ordre, a permis la survie de la nation; il appar-

1. « L'amiral Darlan à Uriage », *Jeunesse... France!*, 8 juin 1941.
2. « Weygand », *ibid.*, 1er décembre 1941.
3. M. Dupouey, « L'aile marchante de la révolution », *ibid.*, 22 février 1941; « Décevra-t-on l'ardeur des jeunes? », *ibid.*, 22 septembre 1941; « De vrais chefs pour les jeunes », *ibid.*, 8 octobre 1941; « Gouvernement des jeunes par les jeunes », *ibid.*, 22 février 1941; « Formation des élites », *ibid.*, 22 janvier 1941.
4. « Décevra-t-on l'ardeur des jeunes? », art. cit.

tient maintenant aux jeunes de délivrer le pays de la défaite, en combattant la facilité et l'égoïsme. Ils doivent former, chacun dans la communauté dont il relève, des « îlots de résistance », et s'armer « pour cette revanche sur soi-même » :

« Il reste à chaque jeune Français la possibilité unique de reconquérir cet honneur dont il s'est trouvé frustré un jour, et de reconquérir celui de la Patrie [1]. »

Perspectives politiques

Résistance, reconquête...; combat contre l'égoïsme, revanche contre soi-même... Allusions et ambiguïtés significatives, qui amènent à poser, à propos du journal *Jeunesse... France*, la question décisive pour toutes les institutions qui affirment, sous le régime de Vichy, leurs intentions patriotiques. Ce patriotisme incontestable dont fait preuve *Jeunesse... France*, animé de fierté nationale et orienté vers le relèvement du pays, débouche-t-il sur l'attentisme (repli sur l'effort moral personnel et la reconstruction intérieure, et confiance au Maréchal pour le reste) ou sur la préparation vigilante d'une reprise du combat ? Plus que dans les grands articles où l'expression à demi-mot (sinon le double langage) est de règle, avec ses équivoques, c'est dans les brèves notations plus spontanées, dans les allusions, et dans une tonalité générale qu'on va chercher la réponse.

Il n'y a pas de doute possible sur l'attitude du journal devant la défaite de 1940 et la guerre qui continue au dehors. L'éphémère revue de presse a salué, avant de disparaître, l'héroïsme des soldats grecs luttant contre l'envahisseur [2]. Le journal renonce ensuite à commenter opérations militaires et enjeux stratégiques, mais il exprime éloquemment son refus d'en rester à la défaite lorsqu'il publie en première page, sous couvert de l'hommage rituel à Jeanne d'Arc, une carte de « la France en 1429 ». Le pays y apparaît coupé en deux selon une ligne de démarcation aussi suggestive que discutable historiquement; Segonzac explique dans son commentaire qu'à cette division physique s'ajoutait, pis, une division morale entre deux camps « et, à l'intérieur du royaume libre, entre mille dissentiments politiques [3] ». Dans l'ensemble de ses éditoriaux, à côté des thèmes moraux et civiques signalés plus haut, s'entrecroisent souvent ceux de la liberté et de la servitude, de l'honneur perdu ou reconquis, du combat pour la grandeur :

« Le problème pour les jeunes est de savoir s'ils accepteront un esclavage, ou plutôt s'ils ont en eux les ressources profondes qui leur permettraient d'y échapper [4]... »

« Combattre pour garder simplement son honneur d'homme, même dans des situations désespérées, c'est garder aussi la fierté de soi-même et se donner les meilleures raisons de croire en son avenir [5]... »

Et surtout, au lendemain de Pearl Harbor :

> L'an prochain verra-t-il un réveil ? Jeunes Français, dites-vous bien que rester passifs en 1942 sera plus qu'un crime : une monstrueuse bêtise ! À certains signes, la Providence vous montre que la France va peut-être avoir la possibilité de retrouver son honneur et sa grandeur. Mais elle ne le fera que si vous êtes capables de vous lancer dans l'action [6].

1. M. DUPOUEY, « Combat continu », *Jeunesse... France!*, 15 décembre 1941.
2. « La campagne de Grèce », *ibid.*, 8 mai 1941.
3. P. DUNOYER DE SEGONZAC, « Jeanne la Lorraine », *ibid.*, 8 mai 1941.
4. ID., « Liberté ? », *Jeunesse... France!*, 22 mars 1941.
5. ID., « L'honneur », *ibid.*, 22 juin 1941.
6. ID., « 1942 », *ibid.*, 1er janvier 1942.

Le journal s'abstient de toute critique envers l'Angleterre, sauf à l'occasion de la guerre de Syrie de juin 1941, allusivement évoquée en un sens qui n'est pas favorable aux anglo-gaullistes. Si un récit de fait d'armes de l'aviation de Vichy, publié peu après, se contente de mentionner « l'ennemi » sans qualificatif [1], Segonzac avait auparavant rendu hommage à « nos coloniaux, [qui font preuve] d'un sens de la fidélité égal au sens de l'honneur des métropolitains qui combattent avec eux fraternellement en ce moment même, pour le salut de l'Empire »; la rédaction publiait le récit d'un combat naval de Suffren contre la flotte anglaise « au moment où notre marine est appelée à défendre nos colonies contre les coups, d'où qu'ils viennent, qui leur sont portés [2] ».

Les pages consacrées à « Jeanne la Lorraine » quelques mois plus tôt désignent clairement l'adversaire et les fléaux qu'elle a su combattre : non pas l'Angleterre, mais l'envahisseur et occupant, la division et la dépendance de la Patrie. Elles s'ouvrent sur un appel, lancé à « tous les jeunes Français auxquels le sort des armes a été contraire, tous ceux aussi qui n'ont même pas eu l'honneur de se battre, tous ceux qui sont exilés sur la terre étrangère, tous ceux qui travaillent à restaurer leur patrie... ».

Le journal les invite au recueillement et à la réflexion sur l'exemple laissé par Jeanne, afin de savoir se préparer « aux sacrifices qui peuvent nous être demandés » pour le pays [3].

Si la guerre germano-soviétique n'est jamais mentionnée au second semestre, le journal s'enhardit à publier en plein hiver, sans commentaires, le récit par le comte de Ségur du passage dramatique de la Bérézina par la Grande Armée en retraite en novembre 1812 [4]. Faut-il ajouter que le silence total est fait sur les réalisations intérieures comme sur les succès extérieurs du IIIe Reich, qui n'est jamais donné en exemple à aucun titre, ni même cité, hormis l'article consacré par Chombart de Lauwe en 1940 à la jeunesse hitlérienne ?

En conséquence, le silence sur la politique de collaboration officiellement adoptée par le chef de l'État s'accompagne de mises en garde hostiles ou méprisantes à l'égard de la presse et des mouvements collaborationnistes. À propos du mouvement doriotiste UPJF, on recommande de ne pas « faire le jeu d'individus, le plus souvent à la solde de l'étranger, consciemment ou inconsciemment » – mais ici le rédacteur (Delahousse) ajoute : « De quelque étranger que ce soit d'ailleurs »; il réclame, au nom de la loyauté envers le Maréchal, « l'obéissance totale à son gouvernement », point sur lequel le journal s'abstient habituellement; on sait que Delahousse quittera l'École à cause de cette divergence [5].

Quand s'organise le mouvement des Auberges Françaises de la Jeunesse, le chroniqueur des « Échos » se félicite de ce que les anciens ajistes ralliés à *Je Suis Partout* et à *La Gerbe* (Marc Augier) en aient été écartés [6]. *Gringoire* est dénoncé à plusieurs reprises, ainsi que les illustrés « type *Signal* » auxquels on préfère les « magazines français ». Le refus de la propagande antisémite qui s'exprime habituellement par le silence total du journal sur le « problème juif », devient explicite dans un écho intitulé « Chronique du

1. ID., « En Syrie, dans le secteur de Palmyre », *ibid.*, 22 août 1941.
2. P. Dunoyer de Segonzac, « Notre Empire », *ibid.*, 8 juillet 1941. Segonzac renouvellera, en octobre, cette condamnation de l'action militaire des gaullistes en Syrie : à ses eux, les officier qui ont accepté de combattre d'autres Français aux côtés d'une puissance étrangère « ont perdu le sens de l'honneur, en quelque sorte » (allocution aux anciens, réunion du 21 octobre 1941, citée *infra*).
3. « Sous le signe de Jeanne d'Arc. Le message », *ibid.*, 8 mai 1941.
4. « La campagne de Russie », *ibid.*, 15 décembre 1941.
5. P.D., « À propos de l'Union populaire de la jeunesse française », 8 mars 1941.
6. « Les échos », *Jeunesse... France!*, 22 septembre 1941.

cinéma » qui dénonce l'invasion de « nos pauvres écrans " français " par les trois films *Le Juif Süss, Les Rapaces* et *Le Petit chocolatier* » :

> Trois films, un seul sujet (...). Il y aurait beaucoup à dire quant au fond même de ces " nouveautés " (...). La production française d'avant-guerre (...) nous avait habitués à moins de lourdeur, à un esprit plus sûr, moins malsain... plus spécifiquement français [1].

Le tonus patriotique de *Jeunesse... France*, sa volonté de prémunir ses lecteurs contre les facilités de la résignation ou les séductions du totalitarisme sont évidents. Quant à son attitude envers le régime, pour autant qu'on puisse la discerner, elle paraît avoir évolué. Au début de l'année, on a vu le journal exposer avec modération et docilité la philosophie du régime, dans la page « Le Maréchal refait la France ». Non sans ambiguïté, comme à propos des « principes nouveaux » substitués à « l'ancienne trilogie » de la République : respect de la personne, autorité et discipline, responsabilité, renaissance des élites [2]. Naïveté ou stratégie de récupération ? « L'ancien régime » est sommairement condamné à plusieurs reprises. À partir de l'été 1941 au contraire (est-ce le départ des marins, ou l'entrée en fonction de Beuve-Méry ?), on insiste de préférence sur les thèmes de la nécessaire diversité, des droit de l'intelligence critique et de la fidélité à un humanisme d'inspiration chrétienne. Aucun écho n'est donné, ni au discours du Maréchal du 12 août (le « vent mauvais ») qui annonce un durcissement du régime, ni ensuite à la Charte du travail. *Jeunesse... France* prend une distance croissante avec la propagande gouvernementale.

À Vichy, la direction de la Formation des jeunes ne s'y est pas trompée. Elle a constaté, dès l'été 1941, que le journal reflétait « les incertitudes doctrinales de l'École », et relevé des articles « imprudents », comme ceux du 8 septembre sur « Le libéralisme de la pensée », et « Quelques idées concernant la Patrie [3] ». La censure préalable est alors devenue plus effective ; à partir du 1er octobre, elle a arrêté plusieurs articles [4].

Elle en a cependant laissé passer d'autres, comme celui où Paul Reuter montre ce qu'est le véritable esprit critique, avec l'exemple de « l'officier intelligent » recevant un ordre qu'il désapprouve. Il lui donnera, certes, l'obéissance requise, « mais ne s'abstiendra pas de tirer certaines conclusions de son jugement ; il n'est pas de discipline ni d'ordre, si rigoureux soient-ils, qui ne laissent une certaine latitude dont il soit possible de profiter ». L'auteur souligne la précieuse leçon qu'il y a à tirer de ces situations où l'on est amené à porter un jugement « en contradiction avec une hiérarchie que l'on accepte » et à recueillir « l'avertissement d'une loi intérieure [5] ».

À la fin de l'année, *Jeunesse... France*, après avoir publié le manifeste initial de l'association des anciens élèves de l'École [6], donne un écho des préoccupations de l'équipe. Ainsi, l'éditorial particulièrement ambigu où Segonzac commente la préparation de la future constitution. Après avoir renouvelé la condamnation des institutions « détestables » qui ont régi les Français, et l'hommage à la personnalité « exceptionnelle » du Maréchal, il développe une mise en garde contre la mentalité de confiance aveugle en un homme providentiel. Tout homme est faillible, la déception et le discré-

1. « Les échos », *Jeunesse... France!*, 15 décembre 1941 et 22 juillet 1941.
2. « Le Maréchal refait la France. Le respect de la personne et l'autorité », *ibid.*, 8 février 1941.
3. A. LACAZE, art. cit. ; Mémento de cercle d'études, texte cité.
4. « Note sur le journal *Jeunesse... France* de l'École d'Uriage » adressée par la DFJ au cabinet civil du chef de l'État (AN, AG II 440 1).
5. P. REUTER, « Critique de l'intelligence ou intelligence de la critique », *Jeunesse... France*, 1er décembre 1941.
6. « Équipe nationale d'Uriage », *ibid.*, 15 novembre 1941.

dit suivent inévitablement « l'amour exagéré » pour le dirigeant idolâtré dont on a attendu des prodiges. Les institutions doivent « être respectées pour elles-mêmes », et fonctionner « même si le chef de l'État est médiocre », sans « faux personnalisme [1] ». Le lecteur averti doit-il comprendre que le « loyalisme absolu » envers la personne du Maréchal ne résout pas tous les problèmes, surtout s'il sait que Segonzac a publiquement affirmé qu'il n'était pas au service du gouvernement ? Au 1er janvier 1942, c'est sur un ton de mobilisation dramatique qu'il s'adresse aux anciens et aux amis de l'École :

« À l'aube d'une année nouvelle grosse encore de terribles incertitudes et de dangers immenses (...) tous nous gardons notre foi dans la France, dans son chef, dans notre volonté de travailler ensemble à faire des jeunes dont nous avons pris la charge les hommes héroïques que notre Pays réclame [2]. »

Ces derniers numéros semblent marqués par le sentiment de vivre une période de transition dans l'attente de nouvelles échéances. Les « chefs de la jeunesse » sont invités à préparer l'avenir. Tout en continuant à affirmer que la révolution à faire doit commencer par la révolution personnelle de chacun [3], *Jeunesse... France*, loin d'enfermer ses lecteurs dans le seul perfectionnement moral individuel, les avertit qu'ils seront demain attelés à de nouvelles tâches. C'est ainsi que le responsable de l'association « Équipe nationale d'Uriage » affirme dans le dernier numéro du journal, en conclusion d'un article sur le véritable esprit d'équipe :

> Dans les époques troublées, les individus sont étouffés dans les difficultés de la vie journalière. Seules les équipes vivent. Pendant cette période de répit qui est actuellement donnée au pays, un grand nombre d'entre elles se forment, se connaissent et s'estiment ; lorsque viendra l'heure de rebâtir, la France aura retrouvé la force d'âme qui permet l'accomplissement d'une grande œuvre [4].

Deux conclusions se dégagent de cette analyse du contenu de ce premier *Jeunesse... France*, qui cesse de paraître à la fin de janvier 1942. D'une part, avec son statut ambigu et sa solidarité obligée avec les orientations du SGJ, le journal a contribué au barrage contre la contagion totalitaire, et proposé à ses lecteurs d'autres perspectives que celles de l'attentisme ou de la résignation. D'autre part, sous la continuité apparente du ton (exaltation des vertus patriotiques, propagande pour une jeunesse saine, engagement dans l'œuvre du redressement national), une évolution s'est dessinée. L'adhésion spontanée et enthousiaste de 1940 aux perspectives offertes à la jeunesse par le nouveau régime a fait place à la réticence ou à l'inquiétude, en tout cas à plus de circonspection. C'est sans doute l'effet des événements et de l'évolution du régime, mais plus encore l'expression très atténuée de la distance marquée par l'équipe et des tensions qui en sont résultées, avec le départ des marins les plus pétainistes et l'accentuation du contrôle exercé par le bureau d'études avec Beuve-Méry.

Ce glissement a été noté et blâmé à la direction de la Formation des jeunes, responsable du contrôle du journal, qui en a averti le cabinet civil du Maréchal. Le journal de l'École d'Uriage, expose-t-on, « a eu dans ses débuts une formule attrayante et riche qui lui a attiré de nombreuses sympathies », avant que ne déteignent sur lui « les incertitudes doctrinales de

1. P. Dunoyer de Segonzac, « Rôle des institutions », *Jeunesse... France!*, 15 décembre 1941.
2. P. Dunoyer de Segonzac, « 1942 », *ibid.*, 1er janvier 1942.
3. « Équipe nationale d'Uriage », art. cit. du 15 novembre 1941.
4. P.-H. Chombart de Lauwe, « L'esprit d'équipe », *Jeunesse... France*, 15 janvier 1942.

l'École ». « Quelques articles imprudents » ont amené la DFJ à exercer une censure plus sérieuse. Depuis octobre, aucun texte « répréhensible » n'a été publié, mais il n'en subsiste pas moins « une certaine orientation des articles » qui n'est pas satisfaisante : « Ceux-ci traitent plus de problèmes sociaux et de questions personnelles que de questions proprement " Révolution nationale ", alors que le rôle de l'École [est] essentiellement politique [1]. »

Les faiblesses du journal sont dues, selon la DFJ, à l'idée que Segonzac et « certains éléments influents de son bureau d'études » se font de leur rôle. Ils se considèrent comme les champions d'une « cause spirituelle » et négligent d'enseigner les principes et les réalisations de « l'ordre politique » au service duquel ils ont été placés. Le remède envisagé doit donc répondre au mal : tout en assurant « un contrôle plus étroit des programmes et des publications de l'École », il faut surtout veiller au redressement de ses orientations.

La disparition du journal

Quelques semaines après la rédaction de cette note, *Jeunesse... France* annonce à ses lecteurs, le 15 janvier 1942, la suspension de sa parution, et son remplacement prochain par une revue mensuelle à tirage restreint, diffusée uniquement sur abonnements; la revue ne paraîtra qu'en mars 1942. Cette fin brutale a été précédée de signes annonciateurs.

Dès octobre, des difficultés ont surgi, entraînant des modifications dans la gestion du journal. Segonzac a décidé de diminuer le contingent livré aux Messageries Hachette, et porté le prix de vente à 1,50 F. Le souci de réduire le déficit est évident; il couvre peut-être aussi une crise proprement politique, dans une période de vive tension entre Garrone et Segonzac.

À la fin de novembre, c'est le secrétariat général à l'Information qui impose une série de mesures draconiennes : suppression des services gratuits (une centaine de « services de presse » sont maintenus) et réduction de la vente dans les kiosques, ce qui permet de ramener le tirage de 27 000 à 16 000. C'est alors que l'École, dans un rapport sur la gestion du journal [2], justifie le déficit de la première année et affirme son intention de « tendre à l'équilibre du budget » en renforçant les mesures d'économie déjà prises. Cependant le numéro du 1er décembre publie côte à côte l'annonce des restrictions imposées par Marion et l'hommage exceptionnellement solennel à Weygand qui tient du défi. Bien plus, dans le dernier numéro, l'avis aux lecteurs annonçant la suspension de la parution voisine avec un encadré qui a tout l'air d'une bravade sarcastique lancée aux hommes de l'Information : un poème reçu d'un collaborateur de Marion, obscur galimatias, est publié avec l'indication de son origine et un croquis qui ridiculise l'auteur. Le lecteur n'est-il pas invité à faire le rapprochement [3] ?

Y a-t-il eu négociation, ou décision imposée ? La disparition du journal et son remplacement par une revue à diffusion restreinte s'inscrivent dans un triple contexte de suspicion politique, de restriction budgétaire et de réorganisation des publications de l'École.

La suspicion qui pèse sur les orientations de l'École est évidente. Garrone tente en vain, à l'automne 1941, d'obtenir la soumission de Segonzac. Après son départ, c'est le cabinet du Maréchal qui, en décembre, se saisit directe-

1. « Note sur le journal *Jeunesse... France* de l'École d'Uriage et sur l'utilité de nommer d'urgence un aumônier à cette École », cabinet civil du chef de l'État, s. d. (novembre ou décembre 1941) (AN, AG II 440 I).
2. « Rapport sur la gestion du journal *Jeunesse... France* », 14 décembre 1941, cité.
3. « Le poète et la révolution », *Jeunesse... France*, 15 janvier 1942.

ment du problème de l'École d'Uriage et le soumet en mars 1942 au Conseil national, comme on le verra.

Les restrictions budgétaires sont une autre donnée certaine. Si le budget de l'École pour 1942 comporte un crédit total pour les publications comparable à celui de 1941, la répartition en sera différente. Les activités éditoriales de l'École se multipliant, le journal doit laisser une part accrue de ce crédit aux autres postes, comme l'impression des « Cahiers de cycle » distribués aux stagiaires de la session de six mois qui s'ouvre en février 1942.

Trois projets pour 1942

Segonzac et son équipe ont en effet mûri plusieurs projets de diversification des publications de l'École, et tout semble s'être passé comme si la disparition du journal avait été le prix à payer pour passer à la réalisation de ces projets longtemps différés. Ce n'est pas seulement une revue, intitulée *Jeunesse France-Cahiers d'Uriage,* qui se substitue au journal disparu, mais deux autres publications nées au début de 1942 : un magazine à grand tirage, *Marche,* et une feuille à diffusion confidentielle et semi-clandestine, organe de l'association des anciens.

Une revue devait doubler le journal dès l'origine, on l'a vu. Annoncée aux lecteurs, sa parution a été reportée sans que le projet soit abandonné. À la fin de 1941, sa réalisation est devenue possible intellectuellement, grâce au développement du bureau d'études, et importante pédagogiquement à la veille de l'ouverture du stage de six mois. Segonzac fait alors établir par l'équipe d'études un projet de « revue pédagogique et documentaire » de 48 ou 60 pages. La livraison mensuelle formerait un dossier, composé de fiches à classer par rubriques. Un budget prévisionnel équilibré est établi en tablant sur 1 500 abonnés; l'équilibre financier de la revue est sans doute la condition nécessaire pour que l'École soit entièrement maîtresse de son contenu [1]. Ainsi s'annoncent les *Cahiers d'Uriage* mensuels qui succèdent au journal *Jeunesse... France* en mars 1942.

Autre projet ébauché dès le printemps 1941, celui d'un magazine de jeunesse à grande diffusion. Pierre Ollier de Marichard (dit POM) a soumis à Segonzac, dès mars 1941, un projet de transformation de *Jeunesse... France* en mensuel illustré de 40 pages, capable de rivaliser avec les organes commerciaux; les rubriques habituelles du journal de l'École y seraient conservées, aérées et colorées par des reportages, un feuilleton, une revue de l'actualité [2]. Un devis approximatif présente un budget équilibré pour 20 000 exemplaires vendus 8 F. Ce prix élevé et la difficulté d'un lancement commercial rendent le projet aléatoire. Est-il présenté au SGJ ? Il n'est pas mis à exécution en tout cas.

L'idée suit alors un autre cours, et rencontre un projet des dirigeants du mouvement Compagnons. Il manque en effet, dans la presse française, un hebdomadaire pour les jeunes de quinze à vingt ans qui n'appartiennent pas à un mouvement de jeunesse; ils n'ont à lire que des magazines pour adultes comme *7 jours* ou *Dimanche illustré,* quand ce n'est pas *Signal* – tous organes de groupes d'affaires ou de propagande pro-allemande [3]. L'équipe d'Uriage et celle des Compagnons (animée par Philippe Gaussot, de l'hebdomadaire *Compagnons*), après avoir travaillé séparément à deux projets

1. « Note personnelle pour le Vieux Chef sur le lancement d'un *Cahier Jeunesse France* », rapport anonyme, 2 p. dactylo. (arch. ENCU).
2. « Projet et présentation de la revue *Jeunesse... France* », établi par POM, 3 mars 1941, 6 p. dactylo. (arch. ENCU).
3. « Projet de lancement d'un hebdomadaire de la jeunesse, présenté par l'École nationale des cadres d'Uriage », 15 p. dactylo. (arch. ENCU).

parallèles, se concertent et obtiennent l'accord de principe des grands mouvements de jeunesse. Ceux-ci sont prêts « à soutenir un hebdomadaire de jeunesse propre et français, dirigé par un homme et rédigé par une équipe en qui ils auraient confiance ».

Cet accord se concrétise le 4 avril 1941, au cours d'une réunion convoquée à Vichy par M. Pflimlin, chef du service presse-propagande du SGJ; y participent, outre Dupouey (du bureau des mouvements du SGJ), Segonzac et Gaussot, les représentants du Scoutisme français, de l'ACJF, des Compagnons (Cruiziat) et des Camarades de la Route (Ollier de Marichard). On adopte un projet détaillé : constitution d'une équipe de direction, maquette, budget. Les hommes d'Uriage, laissant à leurs partenaires l'administration qui s'installera à Lyon, auront une grande part à la rédaction; Segonzac sera le directeur responsable de la publication; Muller, Chombart de Lauwe et Ollier de Marichard assisteront le rédacteur en chef Gaussot. Parmi les collaborateurs prévus, les intellectuels d'Uriage voisinent avec diverses notabilités des lettres et du journalisme. La maquette retenue, pour un hebdomadaire de 24 pages intitulé *Marche de la jeunesse*, s'inspire du précédent projet d'Ollier de Marichard. Les protagonistes constatent le désarroi de la jeunesse française :

« Les événements la dépassent et la troublent. Elle perd conscience d'appartenir à un pays qui se veut et qui se construit. Elle est à la merci de ceux qui sont prêts à la flatter pour des fins personnelles. Elle est en même temps passionnée d'action. Il serait dangereux de la laisser se bercer de rêves faciles. Il serait plus dangereux encore de laisser s'éteindre l'espoir qui l'anime. »

Ils veulent l'éduquer, « donner aux jeunes Français l'esprit de sacrifice et les amener à un patriotisme vivant » en répandant la fierté de la France, en faisant connaître ses traditions, ses provinces et son peuple, et en diffusant les réalisations des jeunes et les techniques éducatives. Le budget qu'ils prévoient sera équilibré en période normale, pour 200 000 exemplaires vendus 2 F, avec un bouillon de 30 %. Il ne reste qu'à obtenir la subvention initiale couvrant les trois premiers mois, soit 2 500 000 F au total à verser au compte de l'ENC.

C'est en effet l'École qui prend la responsabilité du projet auprès du SGJ, avec l'accord de Pflimlin. À la mi-mai, Lamirand a été informé et a donné son accord de principe, avec une réserve concernant la contribution financière du SGJ, qui ne pourra être « que très sensiblement inférieure » à la demande formulée [1]. Segonzac adresse alors au service de la presse de la vice-présidence du Conseil la demande d'autorisation requise; la publication doit être lancée le 14 juillet 1941 [2].

En fait, ce projet ambitieux et onéreux traînera six mois du fait des services de Vichy, et *Marche, le magazine français,* ne sera lancé que le 1er janvier 1942. La subvention d'un million finalement obtenue permet néanmoins un bon départ [3].

Le lancement de *Marche* oblige évidemment Segonzac à modifier la formule de *Jeunesse... France,* pour éviter un double emploi tout en conservant un organe propre à l'École, ce que ne saurait être *Marche* qui s'adresse à la masse, même si Segonzac en est le directeur nominal et Ollier de Marichard le gérant et, avec Gaussot, l'animateur effectif.

Un troisième projet de publication, bien différent, rencontre encore plus de difficultés sans être moins important pour l'École : l'Équipe nationale

1. Réponse du bureau de la Propagande du SGJ (M. Pflimlin) au directeur de l'ENC, 13 mai 1941 (arch. ENCU).

2. Lettre du directeur de l'ENC au chef du service de la presse, vice-présidence du Conseil (14 mai 1941).

3. Témoignage de P. Ollier de Marichard.

d'Uriage, association des anciens constituée en octobre, doit avoir son organe. Mais cette initiative a suscité des méfiances, et l'opposition de Garrone; si finalement l'ENU a pu être créée, le bulletin prévu ne peut être lancé, pour cause, dit-on, de « restrictions de papier [1] ». En attendant des jours meilleurs, on prévoit d'encarter dans *Jeunesse... France* une simple feuille qui donnera aux adhérents « les renseignements relatifs à l'ENU ». Ce procédé semble avoir été utilisé en janvier. À partir de février, après la disparition de *Jeunesse... France,* un fascicule broché mensuel intitulé *Équipe nationale d'Uriage* sera adressé aux adhérents de l'association.

De « Jeunesse... France » aux « Cahiers d'Uriage »

Au début de 1942, la diversification des publications de l'École est réalisée en même temps que celle de ses activités, ENU et stage de six mois. On pourrait y voir la raison majeure et suffisante de la disparition du journal *Jeunesse... France,* dont la formule mixte aurait perdu sa raison d'être. Il semble en réalité que l'École a été contrainte à en suspendre la parution. Lorsqu'elle établit le rapport du 14 décembre, qui prévoit de continuer la publication du journal moyennant un effort d'économies et une campagne d'abonnements, la direction de l'École espère conserver le journal, malgré le lancement imminent de *Marche* et le projet de revue éducative. Elle désire en effet conserver le contact avec l'ensemble des chefs de jeunesse, adhérents des mouvements et amis des Écoles de cadres notamment. Mais le SGJ annonce alors que son budget de propagande sera considérablement diminué dès janvier 1942. Le journal n'est donc plus viable que sous un tirage très restreint; l'École a alors avantage à le transformer en revue, en gardant le même titre, ce qui lui évite d'avoir à demander une nouvelle autorisation administrative.

La décision de transformer la publication semble bien avoir été brusquée; le premier numéro de la revue mensuelle, intitulée *Jeunesse France-Cahiers d'Uriage,* ne paraîtra qu'en mars, après plus d'un mois d'interruption. L'École ne réussit à lancer les publications spécialisées auxquelles elle tient qu'au prix de l'abandon du journal; quant au SGJ, par manque réel de moyens ou parce que lui aussi a voulu donner la priorité au lancement de *Marche,* il a refusé de continuer à subventionner à fonds perdus l'organe qu'il contrôlait mal.

C'est la fin d'une équivoque, qui soulage peut-être tous les partenaires; c'est aussi l'indice d'un glissement, sinon d'un changement de registre dans le rayonnement de l'École dont les nouvelles publications ne pourront passer, comme *Jeunesse... France* à ses débuts, pour organe officieux du SGJ.

DE L'ÉDITION AU CINÉMA

La collection « Le Chef et ses jeunes »

En décembre 1940, *Jeunesse... France!* avait annoncé le lancement d'une collection de brochures, « Le Chef et ses jeunes », dont trois ont été publiées au début de 1941 [2]. Elles reproduisaient l'enseignement de l'École sur les

1. Circulaire adressée aux adhérents par le secrétaire général de l'ENU, 20 décembre 1941.

2. *Entretiens et causeries; Conseils pratiques; Notes techniques* (textes non retrouvés).

techniques de l'encadrement et des activités dans les centres de jeunesse, en développant des articles publiés dans le journal. En mars, celui-ci avertit ses lecteurs que ces trois fascicules, épuisés, seront refondus et augmentés. Le service créé à l'École à cet effet élabore alors le plan théorique de la nouvelle collection : une quarantaine de brochures sont prévues, réparties en quatre séries, et les auteurs sont désignés [1]. La première série, intitulée « Le Chef et ses jeunes » ou encore « Méthode », sera consacrée aux connaissances pratiques nécessaires aux dirigeants d'un centre de jeunesse, depuis le secourisme et l'éducation physique jusqu'à la bibliographie et les loisirs, sans oublier l'organisation administrative de la France et celle du SGJ. La quatrième, « Gestes de France », présentera des « figures de chefs » (à commencer par le maréchal Pétain, puis Vauban, Bayard, saint Louis, Lyautey, etc., ainsi qu'un jociste et un scout à déterminer), et d'autres biographies de grands personnages : bâtisseurs de l'Empire (depuis Jacques Cartier), représentants de la science et de la pensée (Pascal, Corneille, Pasteur), héros de l'aviation française (Mermoz, Daurat, Guynemer), soldats glorieux. Portraits exemplaires, épisodes héroïques : ce sont les thèmes habituels d'une littérature destinée à l'édification de la jeunesse, que le scoutisme et les propagandistes conservateurs pratiquent habituellement; l'ancienne France, l'héroïsme militaire ou colonial et la morale catholique y ont plus de place que le monde d'après 1789 et la pensée contemporaine.

Les deux autres séries annoncées sont plus originales. La deuxième, « Réalités françaises », comportera, à côté d'ouvrages collectifs (sur les mouvements de jeunesse français et sur les divers milieux sociaux et professionnels), plusieurs titres plus engagés. Chombart de Lauwe doit présenter son étude *Jeunesses étrangères (italienne et allemande) vues par des Français,* l'économiste Jeanneney un *État de la France,* bilan statistique de l'économie et de la démographie françaises, et Beuve-Méry trois études : *La France dans les cinquante dernières années, Le Rayonnement de la France, Possibilités françaises.* Tous ces titres sont ceux de conférences faites aux stagiaires dans les premières sessions de 1941.

Dans la troisième série intitulée « Pour une Révolution nationale » (la formule est significative), un premier volume, *Entretiens pour de jeunes chefs,* reproduira les plans de cercles d'études élaborés à l'École; un second regroupera des témoignages sur l'esprit d'équipe (dans le sport, le travail manuel, la recherche scientifique, etc.); trois volumes concerneront le droit, l'économie et les relations sociales dans l'entreprise (points de vue ouvrier et patronal, syndicalisme et corporatisme); un autre traitera de la mission colonisatrice de la France. Les quatre derniers aborderont des thèmes de morale civique et de philosophie politique. Lallement présentera *La Crise du monde moderne et la mission de la France;* un volume intitulé *Pour une communauté française* regroupera des exposés de Mounier (Personne et communauté), de Lacroix (État-Nation-Patrie), de Chombart de Lauwe (Peuple, race, tribu) et peut-être de Naurois (Société, collectivité, communauté; individu et personne); un autre, dont l'auteur n'est pas précisé, sera consacré à *La Notion de chef-Autorité et liberté*; dans le dernier, *Action civique et politique,* Chevallier traitera de politique intérieure et extérieure ainsi que de l'efficacité dans l'action.

La seule énumération de ces titres constitue un reflet assez fidèle de l'enseignement donné aux stagiaires en ce printemps 1941. Il y manque les analyses et les exhortations tournées contre l'Allemagne et la collaboration, que la censure n'aurait évidemment pas laissé passer, et on y a ajouté quelques-uns des exposés présentés au colloque de décembre par des spécialistes. On y distingue nettement les deux orientations, ou plutôt les deux

1. Plan d'une série de fascicules, non daté (printemps 1941), 2 p. dactylo. (arch. ENCU).

niveaux de la réflexion menée à l'École à ce moment-là. D'un côté, avec les « Gestes de France » et les « Figures de chefs », des productions assez conventionnelles : exaltation épique ou hagiographique de héros et de moments légendaires, parmi lesquels le Maréchal a la première place. D'autre part, des réflexions sur la situation de la France et du monde et sur le contenu de la révolution à faire, menées par les intellectuels qui guident l'École sur la voie d'une pensée critique et d'une libre confrontation des idées. Le premier de ces genres occupe souvent les colonnes de *Jeunesse... France*; les fascicules ont pour objectif d'aller plus loin et d'explorer les problèmes posés par la reconstruction du pays et la recherche d'un nouvel ordre de civilisation.

En juin 1941, la sortie des premiers volumes (dont les *Réflexions pour de jeunes chefs* où Segonzac a rassemblé ses principaux éditoriaux de *Jeunesse... France*) est annoncée par le journal, qui présente à ses lecteurs le plan de la collection. Elle comporte alors une cinquième série « Les traditions françaises », et la quatrième a reçu un nouveau titre, « La communauté nationale », plus neutre que le précédent « Pour une Révolution nationale ». Parmi les premiers volumes à paraître, *Pour un humanisme français* de Mounier (c'est le texte de l'exposé qu'il a présenté au colloque) est annoncé pour juillet; sur ordre venu de Vichy, Segonzac renonce à cette publication, que Mounier assurera lui-même dans sa revue.

En fait, neuf volumes sont publiés en 1941, et cinq autres en 1942, formant une seule collection « Le Chef et ses jeunes » dont les volumes seront numérotés de 4 à 12. Ce sont des brochures de format in-16° (17,5 × 11,5 cm), épaisses de 35 à 60 pages pour la plupart, et sans illustration autre que le dessin de couverture. Éditées par l'École, elles sont imprimées à Grenoble et distribuées à un prix modique (généralement entre 4 et 8 F), à la fois par l'École et par certaines librairies. Le tirage n'est pas connu; des crédits particuliers sont inscrits au budget de l'École pour cette dépense [1].

À la fin de l'année, des négociations sont menées avec François Perroux qui dirige aux Presses Universitaires de France, avec Robert Delavignette et Jacques Madaule, la collection « Bibliothèque du peuple ». Une trentaine de volumes sont parus en 1941, de format analogue à la collection d'Uriage et de 64 pages; parmi les auteurs, bon nombre d'intellectuels démocrates-chrétiens ou amis d'*Esprit*, et le pasteur Jean Joussellin pour deux volumes, mais aussi Louis Salleron et J.-F. Gravier. Un accord semble avoir été au moins ébauché, puisque les PUF annoncent en décembre 1941 le lancement d'une série annexe intitulée « Formation des jeunes », sous la responsabilité de Segonzac (directeur-adjoint) et Beuve-Méry (secrétaire général). Dix volumes sont annoncés « en préparation », dont aucun ne paraîtra, quoique l'annonce en ait été faite dans tous les volumes de la « Bibliothèque du peuple » parus en 1942.

Les neuf volumes de 1941

Neuf fascicules ont été publiés par l'École en 1941 :

4. *Le Chef et ses jeunes.* IV *Secourisme,* par le Dr R. Jodin, 35 p.
5. *Réflexions pour de jeunes chefs,* par le Chef Dunoyer de Segonzac, directeur de l'ENC, 34 p. (série « La Communauté nationale »).
6. *Pour retrouver la France. Enquêtes sociales en équipes,* par P.-H. Chombart de Lauwe, 83 p.

1. Lettre du service personnel et comptabilité au préfet de l'Isère, 25 juillet 1941 (AN, F 44 10-SGJ).

7. *L'Ordre viril et l'efficacité dans l'action,* par J.-J. Chevallier, professeur à la Faculté de droit de Grenoble, directeur de l'éducation générale au commissariat à l'Éducation générale et aux Sports, 48 p. (série « La Communauté nationale »).
8. *Un Français efficace, Vauban,* par J.-J. Chevallier, 42 p. (série « Gestes de France »).
9. *Psychologie des jeunes. L'adolescence scolaire,* par J. Lacroix, agrégé de l'Université, 53 p.
10. *Description statistique de la France et de son économie (1919-1939),* par J.-M. Jeanneney, professeur d'économie politique à la Faculté de droit de Grenoble, 61 p.
11. *Mouvements de jeunesse,* 139 p.
12. *Mémento d'éducation physique et d'initiation sportive,* par R. Vuillemin, inspecteur-adjoint à l'Éducation générale et aux Sports, instructeur à l'École nationale des cadres d'Uriage, 227 p.

Certains sont des guides pratiques ou des mémentos techniques, d'autres des exposés universitaires de caractère scientifique, tandis que dans quelques-uns, l'expérience et l'esprit d'Uriage s'expriment plus directement. Si le petit guide du secourisme reste au niveau de l'information et des conseils pratiques, l'épais « mémento » de Vuillemin constitue un véritable manuel officieux où l'auteur, après avoir présenté la « nouvelle doctrine nationale » en matière d'éducation générale, expose la méthode naturelle d'Hébert (doctrine et pratique) et propose une initiation progressive à l'exercice des sports et des réflexions sur « la valeur éducative du sport ».

D'un tout autre style, les études de Lacroix et Jeanneney sont plus remarquables par leur qualité intrinsèque que par leur lien avec l'esprit d'Uriage. Excellents exemples de pédagogie universitaire, elles rendent accessible sous une forme simple et synthétique une somme considérable d'informations et de réflexions. La brève présentation par Jeanneney de la situation démographique et économique de la France à la veille de la guerre est particulièrement intéressante, avec son parti pris d'objectivité et sa remarquable illustration de cartes, tableaux statistiques et graphiques. Ce condensé d'un cours de Faculté apporte au public de jeunes et d'éducateurs une information rare et des éléments pour une réflexion actuelle au seuil de laquelle l'auteur s'arrête.

Deux autres volumes sont plus révélateurs, sous une apparence documentaire, de l'esprit d'Uriage. L'un est consacré aux mouvements de jeunesse, présenté chacun par un de ses dirigeants : le scoutisme (Cazenavette et A. Basdevant), l'ACJF (A. Gortais), la JOC (J. Trouville), les Compagnons de France (G. Horlin), l'UCJG et la FFACE (G. Casalis), les AFJ et les Camarades de la Route (Ollier de Marichard), les Équipes sociales (H. Bartoli) et les Jeunesses paysannes (Ch. Nicot); seul ce dernier mouvement se réclame, dans la ligne du Front paysan de Dorgères, d'une « doctrine antidémocratique ». Segonzac lui-même, introduisant le volume, plaide, à son habitude, pour la collaboration dans le pluralisme entre les cinq ou six mouvements réellement sérieux et utiles, confessionnels et non confessionnels. Pas de mouvement unique, mais « un esprit unique : esprit de fidélité au Maréchal et à son œuvre par exemple », et un effort accru pour resserrer les liens déjà formés entre ces mouvements, en bannissant tout particularisme.

Dans le guide qu'il consacre à ce qu'il appelle désormais « enquête sociale » (plutôt qu' « exploration régionale »), Chombart de Lauwe rend compte de l'expérience qu'il a menée à Uriage, à partir de la « promenade Deffontaines » pratiquée avant la guerre par les scouts. Tout en multipliant les conseils pratiques et en énumérant les questions à examiner et les pistes à suivre dans une enquête en milieu rural, il ne perd jamais de vue l'objectif de pédagogie civique qu'il donne à l'exercice. Il propose de « retrouver la

France », non en développant les mythes d'un passé idéalisé, mais en l'observant dans la diversité concrète de ses paysages, de ses milieux sociaux et de ses traditions. L'observateur est appelé à enrichir le regard qu'il porte sur l'autre, à découvrir ses propres ignorances et ses préjugés, à sympathiser et à mesurer la complexité des situations : ce sont autant d'antidotes contre les visions simplistes et les jugements intolérants. Derrière les conseils précis et pratiques donnés aux jeunes qui entendent mener de telles enquêtes, l'auteur les appelle à découvrir ce qu'il nomme « un humanisme français », en quoi la Patrie s'affirme comme valeur culturelle et morale. De la pluralité de ses sources et des ses expressions, on déduit qu'aucun des éléments qui le composent ne peut être ignoré ou retranché, et que l'ouverture à l'étranger, l'effort pour le comprendre et l'accueillir en font partie intégrante, de même que le respect des traditions des peuples de l'Empire. Le sens de la Patrie se présente ici tout à l'opposé d'un nationalisme de la « France seule » ou d'un patriotisme nostalgique.

Deux volumes, parmi les premiers parus à l'été 1941, sont signés de Jean-Jacques Chevallier et un de Pierre Dunoyer de Segonzac. Chevallier réunit ses deux conférences de fin de stage sur l'efficacité dans l'action et l'ordre viril, en y ajoutant une double mise en garde, contre les doctrines de l'efficacité à tout prix qui oublient le respect dû à la personne, et contre un « faux personnalisme » qui mépriserait l'efficacité. « Toute communauté inefficace qui respecte la personne sera écrasée et absorbée par une communauté efficace qui ne la respecte pas », affirme-t-il. Il illustre ensuite ce thème dans un opuscule consacré à Vauban, « Français efficace ». S'inspirant de la biographie de Daniel Halévy, il évoque l'habile ingénieur et l'infatigable coureur de chantiers au service de son roi, mais aussi l'esprit libre qui méprise les honneurs de cour et lutte contre la domination de l'argent, et le sage qui connaît le prix des hommes et de leurs souffrances. Vauban a su mettre autant de perspicacité à observer le système fiscal, les ressources économiques du royaume et les conditions de la promotion sociale des élites, qu'à concevoir des lignes de fortifications; il a joint au dévouement loyal du bon serviteur l'indépendance d'esprit d'un homme d'étude passionné pour le bien public. Évitant toute allusion à l'actualité, Chevallier donne d'une plume alerte une leçon de civisme intelligent; mais la série « Gestes de France » qu'il inaugurait ne sera pas poursuivie.

Segonzac a, pour sa part, rassemblé les éditoriaux qu'il a écrits pour *Jeunesse... France!* de décembre 1940 à mai 1941, en y joignant le texte d'un message prononcé à *Radio-Jeunesse* le 11 mai. Sa brochure, déclare-t-il dans l'avant-propos, « ne prétend pas constituer un ensemble cohérent; elle résume cependant quelques-unes des notions auxquelles l'enseignement donné à l'ENC reste attaché ». Elle s'ouvre sur deux textes consacrés à Jeanne d'Arc; chef militaire victorieux contre l'envahisseur, elle a su également incarner ces « qualités purement et traditionnellement françaises » qui composent « une sorte d'idéal du chef », et donner un exemple de foi vigoureuse et de confiance dans les capacités de son pays et de son peuple. Mais ce qu'elle a réalisé en son temps comme par miracle doit être attendu aujourd'hui, à l'appel du Maréchal, de l'effort de tous les Français :

> Jeanne d'Arc accomplit cette merveille de rendre vivante tout d'un coup une communauté nationale qui s'ignorait ou s'était dispersée.
> Nous, nous avons cette chance d'avoir le Maréchal. Grâce à lui notre communauté surgira avec force dès qu'il y aura en France assez de vrais hommes pour la composer. Nous voulons à Uriage travailler à cela. (...)
> Mais petit à petit le jour viendra où, dans ce pays aussi troublé, aussi atteint qu'il y a cinq siècles, apparaîtra une génération de jeunes garçons capables

> d'efforts rudes, (...) désireux de se mettre au service d'une mission de grandeur pour laquelle ils sauront donner leur vie [1].

Ainsi le témoignage de loyalisme envers le Maréchal n'est pas séparé de l'évocation, à demi-mot, de l'objectif de libération.

Segonzac a placé en conclusion de la brochure les textes intitulés « Collaboration » et « Résurrection ». La collaboration est celle que l'École entend favoriser, entre toutes les organisations de jeunesse, pour réaliser « l'union de tous les jeunes Français dans la recherche d'un même idéal ». La résurrection de la jeunesse, désormais debout et partant à l'aventure en chantant, annonce celle de la patrie, dont une allusion à un village des Vosges indique le sens. Dans son avant-propos, Segonzac a souhaité que pour les anciens, ces pages évoquent « l'ambiance des veillées dans la grande salle de la Faulconnière ou d'Uriage » et ses « mots du Vieux chef ». C'est les inviter à lire entre les lignes de ces pages souvent banales et à se souvenir de ses consignes : se forger un caractère et un moral de futur combattant.

Rapidement épuisés, la plupart de ces fascicules seront réimprimés en 1942 et cinq nouveaux titres s'y ajouteront. Mais bon nombre des volumes annoncés n'ont pas été publiés, pas plus ceux de la série « Gestes de France », faciles à rédiger et assurés de trouver un public, que les textes de Beuve-Méry ou les exposés sur les problèmes économiques, sociaux et politiques. Problèmes financiers ou matériels, ou, plus vraisemblablement, difficulté d'exprimer nettement sa pensée sur ces sujets ?

Si la collection n'a pas été réalisée avec l'ampleur projetée, elle a trouvé cependant une audience incontestable dans le public qu'elle visait, celui des organisations de jeunesse. En témoignent les commentaires très favorables parus dans leurs publications, y compris dans celles qui évitent de faire de la publicité à l'École et à ses stages, ainsi que dans des organes catholiques comme *La Revue des Jeunes* ou *Renouveaux*, périodique de l'Action populaire. Elle illustre l'ambiguïté de la situation de l'École, mais aussi le caractère tonique de son action et son effort pour faire connaître les « réalités françaises » comme les « valeurs communes ». On n'y retrouve pas plus que dans le journal la partie la plus originale du travail du bureau d'études, à propos notamment des perspectives de la reconstruction future ; c'est dans les documents ronéotypés internes ou à diffusion restreinte qu'il faut en chercher la trace, avant qu'en 1942 la revue *Cahiers d'Uriage* en donne régulièrement l'écho.

Un projet avorté : le film « Chefs de demain »

L'expérience menée à Uriage se prête à une expression cinématographique qui exploiterait son décor et ses manifestations collectives caractéristiques. Le projet en est effectivement formé en 1941, dans des conditions confuses qui provoquent son abandon.

L'initiative en est venue du Centre artistique et technique des Jeunes du cinéma, association de professionnels créée dès 1940, qui donne aux stagiaires qu'elle recrute sur concours les moyens de réaliser des films de court métrage. Subventionné par le SGJ, le CATJC est dirigé en 1941 par Paul Legros, ancien chef du bureau des mouvements à la direction de la Jeunesse, qui l'installe à Nice. Les films des stagiaires sont produits et exploités par une société commerciale créée à cet effet, les Artisans et techniciens associés du cinéma. Maurice Cloche, un des animateurs, a réalisé un des

1. Message à *Radio-Jeunesse* du 11 mai 1941, *Réflexions pour de jeunes chefs*, par le Chef Dunoyer de Segonzac.

premiers films, *Départ à zéro* [1]. Plusieurs des projets programmés en 1941 ont pour thème l'activité des nouvelles institutions de jeunesse. Si *Nous les jeunes* est abandonné après des dépenses jugées excessives [2], Georges Régnier réalise *Jeunes en montagne,* et Maurice Labro un film commandé par le service de propagande des Chantiers de jeunesse, d'abord intitulé *La Grande Équipe* et finalement achevé à l'automne 1941 sous le nom de *Chantier 41*; il a été tourné, sur un scénario de Roger Leenhardt et Claude Roy et avec la collaboration de Claude Renoir comme opérateur, au camp du Charvet, du groupement XII de Vizille [3].

René Clément est chargé, dans ce cadre, de réaliser un film sur « l'École des chefs de la jeunesse », dont le scénario est rédigé au printemps sous le titre *Chefs de demain.* Des négociations compliquées sont alors engagées sur les aspects administratifs et financiers de l'entreprise, subventionnée par la propagande du SGJ [4], comme sur la mise au point du scénario [5] et sur la distribution. Les rôles principaux sont d'abord confiés aux Comédiens routiers d'Hussenot, tandis que l'École doit fournir la figuration. Lavorel, lui-même professionnel du cinéma, est évidemment, avec POM, l'interlocuteur du CATJC et de René Clément, qui fait plusieurs visites à Uriage. En juillet, on discute toujours le scénario, et Clément modifie son découpage. Le 7 août, Legros avise Segonzac qu'il renonce à utiliser les Comédiens routiers, trop occupés par ailleurs; il a prévu une autre distribution, et annonce le début du tournage pour le milieu d'août. Il envoie à Segonzac le découpage définitif et le plan de travail pour les séquences à tourner à l'École [6]. Mais il n'y aura pas de tournage à Uriage, quoiqu'on annonce en novembre que le film est « en cours de montage [7] ». Un an plus tard, le SGJ citera, parmi les productions du CATJC-ATAC, un film de René Clément *On demande des hommes,* réalisé « dans le cadre des Écoles de cadres de la jeunesse [8] ». Ce n'est pas le film qui avait été préparé sur l'École d'Uriage; un montage a peut-être été réalisé à partir de séquences tournées dans d'autres écoles, ou à partir de reconstitutions en studio.

Selon Segonzac, c'est lui-même qui a mis fin à la collaboration amorcée, en refusant le scénario qu'on lui proposait. Déjà réticent devant l'idée de donner une expression cinématographique de son travail de formation de chefs, il n'a pas apprécié l'exaltation simpliste du décor et des gestes extérieurs envisagée par le cinéaste. Le film aurait illustré, à son avis, une mythologie du chef « dans le style *Ordensburgen* », plutôt que l'esprit d'Uriage [9]. Les difficultés qu'a connues l'École durant l'été 1941, dans un climat alourdi par les pressions, les dénonciations et les menaces, ne sont peut-être pas étrangères à sa décision de couper court à une réalisation dont il n'avait pas la maîtrise.

1. P. LEGROS, « Chronique du cinéma des jeunes », *Jeunesse... France,* 22 juin 1941. Voir Ch. FAURE, *Le Projet culturel..., op. cit.,* p. 257.
2. Rapport du Comité budgétaire pour 1941 (AN, A.G. II 440).
3. GEORGES SYLVAIN [Georges WEILL et Sylvain ADOLPHE], « Chantiers de la Jeunesse. Un film », *Jeunesse... France,* 15 décembre 1941.
4. Note du chef de service du personnel et de la comptabilité du SGJ pour le bureau de la propagande, 10 juin 1941 (AN, F 44 10, SGJ).
5. Correspondances Lavorel-Clément du 23 juillet (arch. ENCU).
6. Notes d'Antoine Ridard; lettre de Paul Legros à Dunoyer de Segonzac (arch. ENCU).
7. *Jeunesse... France,* 1er novembre 1941; *Bulletin de presse* du SGJ, 21 novembre.
8. *Ibid.,* 5 février 1943.
9. Témoignage du général Dunoyer de Segonzac.

CHAPITRE IX

Deux réseaux d'influence : écoles et anciens

LES ÉCOLES FILLES D'URIAGE

Quinze centres-écoles ont été créés par les mouvements de jeunesse en zone non occupée à l'automne 1940 et confiés à des équipes issues en majorité du deuxième stage de la Faulconnière (cinq chefs, dont un intendant, pour chaque centre). Ils deviennent en 1941 « Écoles régionales de cadres », dotées d'un statut légal et étroitement liées à l'École d'Uriage qui joue auprès d'elles un rôle de « direction spirituelle [1] ».

Les débuts

Ouverts le 25 octobre 1940, les centres ont formé, en stages de deux ou trois semaines, des chefs et des moniteurs pour les Centres ou Chantiers de jeunes travailleurs créés dans le cadre de l'Entraide des jeunes. Ils dépendent du bureau des cadres du SGJ, et sur place les délégués régionaux et départementaux à la jeunesse organisent le recrutement des stagiaires et leur placement à la sortie. L'École d'Uriage est dès lors reconnue comme « l'École mère », la « maison mère » qui leur sert de modèle et de guide [2]. Les lois de finances du premier semestre 1941 prévoient la prise en charge, sur le budget ordinaire du SGJ, de cinq écoles permanentes « spécialisées » (pour la zone non occupée) et, sur son budget extraordinaire, de dix-neuf écoles provisoires de formation des cadres, gérées par les mouvements [3].

Le nombre et l'implantation des écoles régionales varient constamment. À l'origine, les Scouts de France en ont créé cinq, à Saint-Genis-Laval (près de Lyon ; chef Moulin), la Vareinne (à Montluçon ; chefs Rousselle et Maurer), Lapalisse (château des Vignots ; chef Roucher), Lascazères (Hautes-Pyrénées ; chefs Tiberghien puis Boutier) et Corbiac (par Bergerac ; chef

1. Ces pages résument la présentation plus détaillée des écoles (régionales, féminines et de zone occupée) donnée dans la thèse dactylographiée *L'École nationale des cadres d'Uriage. Une communauté éducative non conformiste..., op. cit.*

2. Notes pour le ministre, bureau des cadres du SGJ, s.d. (F 44 1 et 2, SGJ, cabinet).

3. Rapport au ministre (12 mars) et note pour la direction de la Jeunesse (14 mars), bureau du budget et de la comptabilité du SGJ (AN, F 44 8, SGJ, service personnel et comptabilité).

Roze). La JOC en a fondé quatre, à la Plainartige (près de Limoges; chef Matharel), Marseille-La Blancarde (chef Duval), Toulouse (chef Ponthieu) et Saint-Étienne (chef Casado). Les Éclaireurs unionistes en dirigent trois, à Tonneins (Lot-et-Garonne; chef Crozat), Chassiers (par Largentière, Ardèche; chef Diederichs) et Sumène-le-Mas (Gard; chef Gangloff). Les Éclaireurs de France ont aussi trois centres, à Die-Le Martouret (chef Rouchy), La Peyrouse (à Saint-Sorlin-en-Valloire; Drôme; chef Drouot) et Le Coudon-La Valette (Var; chef Daune) [1].

Installées dans des châteaux ou de grandes propriétés fournis par des amis des mouvements, ces écoles imitent Uriage, associant une formation générale (civique et morale) à l'éducation physique et à la formation technique des futurs chefs. Ce dernier aspect prend la plus grande place, tandis que le premier se réduit à des causeries improvisées des instructeurs à partir des enseignements des mouvements et de la Faulconnière, avec quelques conférences données par des personnalités locales. Chaque école a son profil. Celles de la JOC trouvent difficilement le leur, entre le style scout ou militaire et le souci du mouvement de coller à la mentalité ouvrière et de ne pas céder à la tentation de se prendre pour des chefs [2]. Aussi disparaîtront-elles rapidement, tandis que la JOC organisera son propre service des jeunes chômeurs qui deviendra l'association Moissons nouvelles, avec ses propres sessions de formation. Plus à l'aise, les Scouts de France ne sont pas moins soucieux d'affirmer leur originalité. Dans une réunion des chefs d'écoles du mouvement, ses dirigeants déclarent :

> Nos Écoles sont des Écoles scoutes de France. Elles doivent l'être officiellement (...). C'est une école de " service scout " : nous enseignons aux jeunes, selon les directives du SGJ, la doctrine du maréchal Pétain. Mais nous le faisons avec notre esprit, nos méthodes, notre " style ". À cette condition seulement, il y a " enrichissement " (...). L'École doit être imprégnée de l'esprit des camps scouts aussi bien que de l'esprit d'Uriage [3].

Des membres de l'équipe d'Uriage sont envoyés, à la fin de 1940, en tournée d'inspection dans les écoles régionales, qui demandent et reçoivent conseils et encouragements. Mais le chômage des jeunes se révélant moins massif qu'on ne le craignait, on cesse de créer des centres de jeunes travailleurs; les écoles régionales perdent alors leur débouché originel et doivent réaliser une reconversion, comme le fait Uriage, si elle veulent subsister.

La réorganisation de 1941

Garrone décide au printemps 1941 de maintenir ces écoles en modifiant leur statut, dans le cadre de sa politique d'ensemble soucieuse de décentralisation autant que de pluralisme et d'encouragement à l'esprit associatif. Le décret du 11 août 1941 crée dix écoles régionales en zone non occupée, une par « région de la Jeunesse » [4]. Leur gestion est retirée aux mouvements (qui peuvent ouvrir par ailleurs et faire subventionner leurs propres centres de

1. *Jeunesse... France!*, 22 janvier 1941.
2. Voir la lettre de Marcel Montcel, président de la JOC, au SGJ, décembre 1940 (AN, F 44 2, SGJ, cabinet).
3. Compte rendu de la réunion des chefs d'écoles des 10-11 janvier 1941, 3e partie. (Circulaire du QG des SdF, 6 février 1941, arch. ENCU).
4. Le territoire métropolitain a été divisé par l'arrêté du 2 février 1941 en 22 « régions de la Jeunesse » formant les circonscriptions des délégations régionales. La zone non occupée comprend les dix régions 13 à 22. On remaniera cette carte en 1942 pour la faire coïncider avec celle des régions administratives, au nombre de six en zone non occupée.

formation) et remise à des associations régionales créées sous le contrôle des délégués régionaux. Ces associations grouperont des personnalités représentatives des activités économiques, sociales, intellectuelles et religieuses, tandis que le SGJ assurera le financement des écoles, dont le bureau des cadres nommera le personnel et contrôlera l'activité [1].

Garrone présente lui-même sa réforme à Uriage, où il a réuni en session exceptionnelle, du 7 au 12 juillet 1941, quelque 120 responsables (chefs et instructeurs des écoles régionales, délégués à la jeunesse et autres fonctionnaires du SGJ), dont une centaine sont d'anciens stagiaires de l'École nationale. Présentant, dans une conférence inaugurale, sa doctrine et le rôle qu'il attribue aux écoles, il fait l'éloge d'Uriage, dont il décrit le développement spontané comme un modèle de réussite due à la foi et à l'audace. L'éloge est suivi d'une ferme mise en garde contre la tentation de faire de la théorie politique ou de se perdre dans les spéculations intellectuelles [2], ce qui amène une vive tension entre Garrone et Segonzac. Cependant, les débats dirigés par Mattéi, autour d'une série de conférences et de cercles d'études, aboutissent entre autres conclusions à reconnaître que « l'unité de doctrine et l'inspiration spirituelle des écoles dépendront d'Uriage, plus que par le passé [3] ».

L'application de la réforme amène, au deuxième semestre, un reclassement des écoles, dont plusieurs disparaissent. Après Saint-Genis-Laval, Saint-Étienne et la Vareinne, Tonneins et Chassiers sont fermées; d'autres sont transférées, tandis que de nouvelles sont créées, notamment en Afrique du Nord. Au début de 1942, 11 écoles couvrent inégalement les dix régions de la zone non occupée en métropole.

Transférée de la Plainartige au Châtelard (à Saint-Junien, Haute-Vienne), l'école de la 13e région (Marche-Limousin), école d'État spécialisée, n'a qu'un développement médiocre. Le départ de son chef, Matharel, en février 1942, entraîne celui de quatre instructeurs; un ancien stagiaire d'Uriage, François, le remplacera [4].

Lapalisse, au contraire, a fait figure dès 1940 d'« école de cadres modèle » avant de devenir école de la 14e région (Auvergne-Bourbonnais). Son chef Roucher est parti fonder celle d'Alger, laissant la direction à son adjoint Bernard qui publie un bulletin mensuel : *Élan. Je sers* [5].

La 15e région (Lyonnais) est la seule à ne pas avoir d'école, malgré plusieurs tentatives de création, activement soutenues par le délégué départemental à Bourg, Paul Martin, homme de confiance d'Uriage.

La Peyrouse à Saint-Sorlin-en-Valoire, école de la 16e région (Dauphiné-Savoie), est vigoureusement dirigée par Drouot et son adjoint Dourver, qui exaltent l'action virile et entretiennent un intense esprit communautaire [6].

L'école fondée à Saint-Didier-en-Velay pour remplacer celle de Saint-

1. *Bulletin de presse* du SGJ, n° 22, 4 août 1941.
2. G. LEBREC, « La session des cadres d'écoles régionales », *Jeunesse... France*, 8 août 1941; *Bulletin de presse* du SGJ (14 et 21 juillet 1941); Circulaire du mouvement éclaireur unioniste, 17 juillet 1941, 6 p. dactylo. (arch. ENCU); « Première conférence de M. Garrone, juillet 1941 », 7 p. dactylo. (arch. ENCU).
3. Circulaire du commissariat des écoles des E.U. citée, 17 juillet 1941.
4. *Bulletin de presse* du SGJ, 23 juin 1941; Rapport sur les visites effectuées aux Écoles régionales de cadres du 30 septembre au 13 octobre 1941, 6 p. dactylo. (arch. ENCU); correspondance ENU, 20 février 1942.
5. Rapport de Bourgau cité dans *Jeunesse... France!*, 2, 4 décembre 1940; H. BERNARD, « Sessions volantes à l'école de Lapalisse », *Jeunesse... France – Cahiers d'Uriage*, avril 1942, 4 p.
6. D'après la présentation de l'équipe rédigée par un de ses membres (JRF, « L'équipe de La Peyrouse », *ibid.*, mai 1942, 4 p.). Voir aussi *Le Chef*, organe des EDF, juin 1941.

Étienne (17e région, Forez-Velay-Vivarais) s'est installée ensuite au château de Bobigneux (Saint-Sauveur-en-Rue, Loire) où son chef, Jean Stouff, lui donne un grand rayonnement. Il publie un bulletin, *La Cordée,* et s'établit à la fin de 1941 à Terrenoire, en pleine agglomération minière stéphanoise [1].

Dans la 18e région (Guyenne-Périgord), l'école de Corbiac végète. Le chef Roze est remplacé par l'intendant Machu, qui n'évite pas la fermeture de l'école au début de 1942.

L'école de la 19e région, transférée de Lascazères à Bazet (Hautes-Pyrénées) connaît aussi des difficultés. Au printemps 1941, le délégué-adjoint à Pau, Crame, fait appel à Uriage où il a été stagiaire. Segonzac envoie Desforges, qui prend en main l'école, l'installe à Uzos près de Pau dans un site prestigieux, et lui insuffle ferveur et dynamisme. L'équipe forme une communauté intensément unie par une règle de vie : on exalte le dévouement chevaleresque et la virilité dans un climat de mobilisation physique et spirituelle où tous sont mis à l'épreuve et incités à la prouesse, selon la devise « Quand même »; elle publie le bulletin mensuel *Joie* [2].

La 20e région ouvre en octobre 1941 son école à Cugnaux près de Toulouse. Elle est animée, autour du chef Colombino, par une équipe issue des récentes promotions d'Uriage [3].

L'école fondée par les Éclaireurs unionistes à Sumène a été transférée au domaine de Saint-Bauzille à Béziers pour devenir école de la 21e région (Languedoc-Roussillon), tout en restant sous la responsabilité du mouvement protestant qui y tient des sessions et camps de vacances. Le chef Gangloff organise en décembre, à la demande du délégué régional, une session de trois jours pour des ecclésiastiques : on présente à 32 directeurs diocésains des œuvres ou aumôniers de mouvements l'action du SGJ et sa politique de formation des cadres [4].

La 22e région (Provence et Corse) compte trois écoles. C'est la plus récente, Aiguebelle (au Lavandou, Var) qui est l'école régionale; le chef Maurer, assisté d'une équipe d'anciens de la Faulconnière et d'Uriage, publie un bulletin, *Aiguebelle*, organise des sessions dans les Alpes et en Corse et s'installe au début de 1942 à Meyrargues, près d'Aix [5]. L'école de Marseille, transférée boulevard Sainte-Anne sous la direction de Casado, développe une action particulière dans les milieux ouvriers, avec la collaboration de Louis Charvet, sous-directeur d'Air France et dirigeant des Équipes sociales, qui publie le livre *Métier de chef* [6]. Au Coudon, une équipe d'anciens d'Uriage entoure Rosset, l'adjoint de Daune qui lui a succédé à la direction.

En Afrique du Nord, on a créé deux écoles : El Riath, à Birmandreis, pour l'Algérie, sous la direction expérimentée de Roucher, et Bir-el-Bey pour la Tunisie, où le chef de Clerck dirige une équipe formée en partie d'anciens instructeurs de Chassiers et de Tonneins.

1. Voir M. Luirard, *Le Forez et la Révolution nationale (juin 1940 – novembre 1942)*, pp. 240-245.
2. A. Desforges, « L'équipe d'Uzos », *Jeunesse... France – Cahiers d'Uriage,* mai 1942, 3 p.; A. Pierre, « Sorties de plein air à l'école d'Uzos », *ibid.*, avril 1942, 3 p.; *Joie*, bulletin mensuel de l'école.
3. *Bulletin de presse* du SGJ, 7 novembre 1941.
4. « Rapport moral de fin de session. Saint-Bauzille, 3e session, 17-19 décembre 1941 », 7 p. dactylo, 24 décembre 1941 (arch. ENCU); *L'Espérance*, organe des UCJG, octobre 1941.
5. *Bulletin de presse* du SGJ, 7 novembre 1941; F. Maurer, « Sessions volantes à l'École d'Aiguebelle », *Jeunesse France – Cahiers d'Uriage*, mars 1942, 3 p.
6. L. Casado, « Sessions ouvrières à l'école de Marseille », *ibid.*, avril 1942, 8 p.; correspondance de Louis Casado avec Uriage, janvier 1942.

La direction de « l'École mère »

En octobre 1941, au moment où les écoles passent de la responsabilité des mouvements à celles des associations régionales, Uriage, qui doit continuer à les guider pédagogiquement et « spirituellement », invite leurs responsables à faire le bilan d'une année de travail. On établit des rapports, et Segonzac envoie des membres de son équipe en inspection dans les écoles régionales [1], avant d'en réunir les cadres, chefs et assistants, à Uriage le 20 octobre. L'occasion de la réunion est fournie par l'anniversaire de la promotion « Maréchal Pétain » de la Faulconnière, le 21 octobre, et la constitution officielle de l'association des anciens. Environ 80 cadres de 13 écoles participent à une journée de travail, répartis selon les spécialités : Segonzac préside la réunion des chefs d'écoles, Beuve-Méry celle des responsables de l'enseignement, Voisin réunit les intendants, Vuillemin les moniteurs d'éducation physique, Hussenot les meneurs de jeu et trois instructeurs, les assistants.

On examine les difficultés matérielles des écoles, leurs efforts pour toucher les différents milieux. Si les militaires et les agriculteurs apparaissent comme des publics « faciles », les chefs d'écoles se soucient surtout d'atteindre les étudiants, les instituteurs et les ouvriers, moins dociles, et d'obtenir leur adhésion. On pratique dans les écoles régionales les mêmes activités qu'à Uriage – du décrassage à l'exploration régionale – mais la partie intellectuelle est faible, faute de moyens (les bibliothèques sont pauvres) et de compétence; on mise beaucoup sur les cercles d'études pour lesquels on utilise les documents fournis par Uriage [2]. Constatant la difficulté de faire travailler ensemble des stagiaires de niveau intellectuel très inégal, on se demande s'il faut se mettre à tout prix à la portée de tous, ou courir le risque de ne pas être compris. Faux problème, aux yeux de Beuve-Méry, qui pose la question du recrutement : si le brassage est nécessaire, il ne doit pas se faire aux dépens du niveau intellectuel, car « nous n'avons pas à travailler avec des veaux! [3] ».

Tous les responsables des écoles souhaitent « ardemment » le resserrement des liens avec Uriage, l'envoi de conférenciers et d'instructeurs en mission, la communication d'informations et de documents. Ils réclament encore davantage des orientations politiques, voire des directives, comme l'indique la conclusion du rapport de synthèse :

« Il faut surtout noter que beaucoup de stagiaires ressentent le besoin d'être guidés et conseillés, en particulier dans le domaine politique. Les écoles ne sentent que trop leur impuissance à les satisfaire [4]. »

Segonzac répond à cette demande dans l'allocution qu'il adresse à l'ensemble des participants. Présentant le bilan des actions menées dans la jeunesse, il souligne les faiblesses du SGJ, le manque de coordination entre les diverses organisations et la menace que font peser les partisans d'un encadrement autoritaire. Il demande donc à ses disciples de rester unis et de tenir, face à ces « ennemis », dans « un esprit apolitique » – c'est-à-dire sans esprit de parti, mais en faisant place à « un enseignement du politique, à condition que ledit politique soit inspiré directement des discours et des actes du Maréchal ». Il désigne les convictions majeures qui font l'esprit commun des écoles :

1. « Rapport sur les visites effectuées aux Écoles régionales de cadres du 30 septembre au 13 octobre 1941 », 6 p. dactylo. (arch. ENCU).
2. « Compte rendu sommaire des rapports des écoles régionales. Uriage, 18 octobre 1941 », 7 p. dactylo (arch. ENCU); « Rapport sur les visites... » cité.
3. « Session des écoles régionales, 20-21 octobre 1941 », compte rendu de la réunion des responsables des études (fonds Beuve-Méry, arch. ENCU).
4. « Compte rendu sommaire des rapports... », document cité.

[ce sont] les trois principes en honneur à Uriage : primauté du spirituel, sens de l'honneur, culte de la Patrie. Il est entendu que l'esprit chrétien reste à la base de notre civilisation, et ceci nous amène à préciser notre indépendance vis-à-vis des idéologies étrangères [1].

Présentant aux mêmes, le lendemain, l'association des anciens baptisée Équipe nationale d'Uriage (ENU) dont c'est l'assemblée constitutive, il explique aux chefs d'écoles ce qu'il attend d'eux. Responsables de l'association chacun dans sa région, ils doivent travailler à mieux connaître celle-ci, à en apprécier les ressources humaines et à détecter les personnalités susceptibles d'être associées à l'ENU [2]. Déjà imitateurs et fils spirituels de Segonzac, les chefs d'écoles deviennent ses lieutenants, chargés de tisser le réseau des militants de l'esprit d'Uriage. Ce glissement n'échappe pas à l'attention de Garrone, qui reprochera bientôt à Segonzac d'exiger des chefs d'écoles une allégeance personnelle incompatible avec la hiérarchie administrative qui en fait des subordonnés de la DFJ [3].

Écoles spécialisées et Centres de jeunesse

Quatre écoles spécialisées fonctionnent en 1941 sous la gestion directe du SGJ, dont celle du Châtelard (en même temps école régionale du Limousin, on l'a vu), l'école des moniteurs de Sainte-Musse à Toulon et celle des Auberges de jeunesse de Mollans (Drôme), indépendante d'Uriage mais amie. La quatrième est un peu fille d'Uriage, c'est l'école des Maisons de jeunes fondée en 1940 au Martouret près de Die par le vétéran EDF Maurice Rouchy et quatre autres stagiaires de la Faulconnière; elle est transférée à Chamarges en 1941, après un stage de quinze jours de son équipe à Uriage. Les contacts seront permanents entre Uriage et Chamarges, par Ollier de Marichard et Dumazedier notamment. Celui-ci rend compte du travail de la seconde dans le journal de l'École [4].

D'autres expériences de formation s'inspirent de l'exemple d'Uriage, comme le Centre de civisme de Mercuès, près de Cahors, où est organisée dans l'été 1941, à l'initiative du préfet du Lot et avec l'aide de l'inspecteur d'Académie Delbos et de Segonzac, une série de sessions pour enseignants, ecclésiastiques et militaires. L'équipe dirigeante, qui comprend un instructeur d'Uriage, Hoepffner et un assistant de Corbiac, a participé à la session des écoles régionales à Uriage en juillet et calque ses programmes et sa méthode sur ceux de l'École nationale, dont elle présente l'expérience à ses stagiaires [5].

À Saint-Étienne, la direction de l'École nationale professionnelle, ayant créé dès 1940 des sections d'apprentissage pour « jeunes inoccupés », a voulu qu'une formation civique et morale, une éducation globale, soient données à ces adolescents. Un groupe d'anciens stagiaires d'Uriage, autour de Jean Stouff, a créé le Centre de jeunesse de l'ENP. Géré par une associa-

1. « Réunion générale du 20 octobre 1941. Exposé du Vieux Chef », *Bulletin de l'Équipe nationale d'Uriage*, n° 1, 1er novembre 1941, 3 p. ronéo. (arch. ENCU).
2. « Réunion générale du 21 octobre 1941. Exposé du Vieux Chef », 3 p., *ibid.*
3. Correspondances de Segonzac avec la direction de la Formation des jeunes, automne 1941 (arch. ENCU).
4. *Jeunesse... France*, 8 avril 1941 et 15 janvier 1942.
5. Projet de programme, 19 juillet 1941 (arch. ENCU) et témoignage de P. Hœpffner. Voir *Le Chef*, revue des SdF, novembre 1941; *Renouveaux*, 1er novembre 1941; C. MAIGNIAL, « Une expérience, le Centre de civisme de Mercuès », *Le Chef Compagnon-Métier de Chef*, n° 6, novembre 1941; P. LABORIE, *Résistants, Vichyssois et autres. L'évolution de l'opinion et des comportements dans le Lot de 1939 à 1944*, 1980, p. 201.

tion locale sous la double tutelle de l'enseignement technique et du SGJ, le Centre est dirigé à partir de juillet 1941 par Jean Le Veugle. Menant avec ses assistants une vie communautaire strictement réglée, il transpose les rites d'Uriage, crée un foyer géré par les apprentis, mène des enquêtes sociales et fait du Centre un foyer d'initiative sociale et de ferveur patriotique. Jeune professeur, protestant, Le Veugle a été assistant à l'école de Chassiers avant de suivre à Uriage la session « Richelieu ». Enthousiasmé par l'esprit de l'École et bouleversé par un entretien avec Segonzac, il s'est engagé derrière lui de toute son âme et lui rend compte du travail qu'il mène dans l'esprit d'Uriage [1].

On trouve aussi d'anciens stagiaires d'Uriage à la tête de centres ou chantiers de jeunes travailleurs et d'ateliers d'apprentissage : atelier de la Poudrerie à Bergerac, centres de Belle-Ombre à Clermont-Ferrand, Bon-Voyage à Nice, de Rosières (Cher), de Pont-de-Vaux et Vonnas (Ain), de Montclar (Tarn-et-Garonne), de Tiaret en Algérie. Un ancien stagiaire, Philippe de Chevigny, est instructeur à l'école de cadres de la Mission de restauration paysanne de la Barthelasse en Avignon, et un autre dirige le centre de préapprentissage de Saint-Pal-de-Mons (Haute-Loire). Bon nombre de ces anciens d'Uriage restent en relations avec l'École, confiant leurs projets et leurs difficultés à leurs anciens chefs, sollicitant aide ou conseil [2].

Les délégations à la jeunesse aussi comptent dans leur personnel un grand nombre d'anciens élèves de l'École. Si les 13 délégués régionaux nommés en zone sud en octobre 1940 n'ont pas eu le temps d'y faire un stage, la majorité de leurs adjoints nommés en 1941 sont d'anciens ou futurs stagiaires d'Uriage; c'est le cas de 36 des 60 délégués en poste en juin 1941 [3]. Il ne s'ensuit pas que tous ces hommes soient acquis aux orientations de l'École; c'est du moins le cas de certains, qui adhèrent à l'association des anciens et favorisent la diffusion de l'esprit d'Uriage en s'appuyant sur les écoles régionales.

Ces allégeances, ces affinités et ces liens font de l'École d'Uriage, pour la zone non occupée, le principal foyer d'influence au sein des institutions de jeunesse dépendant du SGJ, et le centre d'un réseau parallèle. On ne s'étonne pas que Garrone et ses supérieurs en aient pris ombrage, ni qu'il leur ait été difficile de sévir contre cette usurpation de pouvoir sans risquer des réactions en chaîne imprévisibles.

AUTRES ÉCOLES DE CADRES DE LA JEUNESSE

D'autres écoles de cadres du SGJ échappent au magistère d'Uriage, tout en entretenant des relations avec l'équipe de Segonzac : les écoles féminines de zone non occupée, qui forment un réseau complet; les écoles de zone occupée, masculines et féminines, dont le statut légal est plus flou et le développement plus heurté.

1. Notes adressées par Stouff au délégué régional (mars 1941); rapport historique de Le Veugle (1943) sur l'activité du Centre (documents J. Le Veugle); J. Le Veugle, « L'action " jeune " à l'ENP de Saint-Étienne », *Jeunesse... France-Cahiers d'Uriage*, mai 1942, 4p.; Témoignage de Jean Le Veugle.
2. Dossiers de stagiaires; Fichier ENU; Correspondances des anciens élèves de l'École (arch. ENCU).
3. Arrêtés de nomination du 22 février 1941, des 9 et 30 juin, 7 et 12 août (A.N., F 44 8 et 10); Liste des délégués publiée par *Les Documents français*, juillet 1941, art. cit.

Écully et les écoles féminines

Le 15 octobre 1940 s'est ouverte à Écully près de Lyon une École de formation des cadres féminins, sommet de la pyramide à trois étages prévue par Jeanne Aubert, fondatrice et présidente nationale de la JOCF, que le SGJ a chargée d'organiser la lutte contre le chômage de la jeunesse féminine. Comme pour les garçons, l'École nationale formera les animatrices des écoles régionales qui fourniront des cadres pour les centres de jeunes travailleuses. Aux trois écoles régionales de Saint-Galmier (Loire), Marseille et Pau s'ajoutent des centres de formation temporaires [1]. La loi du 7 décembre 1940 créant deux Écoles nationales de cadres de la jeunesse donne le même statut et les mêmes moyens en personnel à l'École féminine d'Écully qu'à celle d'Uriage. À la première directrice, Marie-Madeleine Bureau, succède Élisabeth Guyon, épouse d'un universitaire prisonnier, assistée de Marie Aubertin, responsable des études. De brèves sessions d'information (de dix jours à trois semaines) alternent avec des sessions de formation (un à trois mois). Comme Uriage, Écully, après avoir formé des cadres d'écoles régionales, se tourne vers l'ensemble de la jeunesse et vers les professions d'encadrement : enseignantes, surveillantes et contremaîtresses, assistantes sociales et surintendantes d'usine. Garrone dirige à l'automne, à Vichy et à Écully, deux sessions de réflexion sur l'organisation de ces formations [2].

En fait, Écully est à la fois très proche et très différente d'Uriage. N'ayant ni les origines militaires ni les vastes ambitions de synthèse de celle-ci, l'École féminine se donne des objectifs plus modestes et un style plus simple. Elle applique les principes du brassage social, de la discipline consentie et des rythmes équilibrés, mais elle ignore les appellations de chef, cheftaine et les rituels hérités de la chevalerie [3]. Dans son programme éducatif, le développement du sens social et des savoir-faire correspondant aux tâches dites féminines est privilégié, à côté de la culture générale et de la formation professionnelle.

Cependant une solidarité unit les deux écoles, entretenue par des visites (Chombart de Lauwe, Beuve-Méry sont des familiers d'Écully); plus encore, elles sont en communion dans leurs orientations spirituelles et politiques. Le même souci de pluralisme et le même humanisme d'inspiration chrétienne, avec le même esprit patriotique, les animent et elles forment naturellement un front commun contre les entreprises autoritaires.

En zone occupée

Les conditions sont bien différentes dans la zone nord, où l'occupant interdit les activités publiques des mouvements de jeunesse tandis que des groupes d'activistes s'appuient sur lui pour développer une propagande en direction des jeunes. Les services du SGJ sont donc contraints à la prudence. Dès juillet 1940 cependant, une action a été entreprise, à l'instigation de la direction de la Jeunesse de Vichy représentée par Dhavernas, pour mobiliser les dirigeants des mouvements de jeunesse dans la prise en charge

1. *Bulletin de presse* du SGJ, 9 juin et 19 septembre 1941 ; *Jeunesse... France*, 8 octobre 1941 ; *Bulletin de presse*, 3 avril 1942.

2. « Réunion de complément de formation des cadres des Écoles féminines de cadres », *Cahiers d'information* du SGJ, n° 3, 9 janvier 1942, p. 24.

3. G. RAVON, « Au centre d'Écully », *Le Figaro*, 14 janvier 1941.

des jeunes chômeurs [1]. Le pasteur Jean Joussellin, qui représente en zone occupée la direction nationale des Éclaireurs unionistes, est chargé de constituer une équipe de scouts et de jocistes, avec lesquels il crée un premier centre-école de formation de cadres au château de Sillery à Épinay-sur-Orge. À cette École de cadres de l'Île-de-France, dont la première promotion est baptisée « Maréchal Pétain » quelques jours avant son homonyme de la Faulconnière, s'ajoute bientôt un Centre de formation des cadres supérieurs, ou « École des Ténors » que dirige également Joussellin, au château de Charaintru (Seine-et-Oise). Sœur d'Uriage pour la zone occupée, l'École de Charaintru formera des cadres pour les écoles régionales et pour l'administration du SGJ, sans avoir de statut officiel avant la loi du 11 août 1941, qui en fera une annexe de l'École nationale masculine, avec un sous-directeur, un économe et une quinzaine d'instructeurs. Joussellin, promu délégué régional à la jeunesse, est aussi responsable du service des cadres officieux du SGJ en zone occupée, sans existence légale. Pratiquement il « inspire et dirige » un réseau de 17 centres-écoles, centres spécialisés nationaux et écoles régionales [2].

À l'issue d'une mission effectuée pour Segonzac, à l'automne 1940, dans les écoles de la zone occupée, Chombart de Lauwe souligne la similitude des objectifs de Joussellin et d'Uriage et l'analogie des méthodes : souci de formation globale, vie d'équipe, mot d'ordre quotidien du chef de centre [3]. Joussellin veut former des citoyens capables de discernement et d'engagement personnels, dans une perspective pluraliste qui reconnaît et accepte les différences politiques et religieuses en cherchant à les dépasser dans une action commune. Convaincu que les raisons de combattre qu'avaient en 1939 les Français restent valables, son patriotisme refuse d'en rester à la défaite [4]. Dans un style moins militaire que celui d'Uriage, davantage marqué par des expériences antérieures de militantisme politique et moins par les thèmes en honneur à Vichy, cet esprit est proche d'Uriage.

Mais l'entreprise de Joussellin est compromise dès le printemps 1941. Elle s'accompagnait d'un pluralisme confinant au désordre dans l'orientation idéologique des responsables de centres et ateliers de jeunes travailleurs : les uns étaient proches du fascisme et prônaient la collaboration, d'autres passaient pour démocrates et même « gaullistes » [5]. Joussellin est révoqué en mai et provisoirement remplacé par le jociste Paul Hibout, employé au SGJ ; l'activité de l'ensemble des centres-écoles est suspendue et Garrone préside en août une session des cadres où il affirme l'autorité de

1. Note du cabinet militaire du chef de l'État (AN, AG II 613, CM 30-B). Voir le récit du pasteur Bertrand, président des EU, dans P. Bolle, « Paris été 1940 : journal d'un pasteur », *Bulletin de la Société de l'histoire du protestantisme français,* juillet-septembre 1981.

2. « Des cadres pour les jeunes chômeurs en territoire occupé », par Coucou, *L'Équipe,* organe des Routiers éclaireurs unionistes, 1941, pp. 88-90 ; R.V., « Les Écoles de cadres en zone occupée », *Jeunesse... France!,* 22 février 1941.

3. « Notes sur la jeunesse en zone occupée. Uriage, 3 novembre 1940, mission de liaison du chef Chombart de Lauwe du 23 octobre au 2 novembre 1940 », 15 p. dactylo. (arch. ENCU).

4. « Des cadres pour les jeunes chômeurs... », art. cit. ; J. Joussellin, « Dernière heure », *Le Lien – L'équipe – Sois prêt* (organes des chefs EU), n° spécial de juillet 1940 (texte reproduit en juillet 1944 à Alger dans *Cappy,* revue des chefs et cheftaines EDF, EU, FFE, n° 2). Voir aussi du même auteur *Le Rôle de la jeunesse,* conférence à l'École libre des Sciences politiques (1er mars 1941) ; *École de civisme* (1941) ; *Comment les jeunes reconstruiront la France* (1942) ; *Le Chef et son métier* (1942).

5. F. Sentein, *Minutes d'un libertin,* pp. 220, 238, 243 ; Note du cabinet militaire du chef de l'État citée.

ses services pour l'organisation de leur formation [1]. Son intervention, comparable à l'action de reprise en main qu'il mène à l'égard d'Uriage, est peut-être un contre-feu destiné à barrer la route aux partisans d'un encadrement autoritaire de la jeunesse : Georges Pelorson (responsable au SGJ de la Propagande des jeunes pour la zone occupée) et Jacques Bousquet, qui réussit alors à s'infiltrer dans les services du SGJ.

Professeur de lettres au lycée Voltaire, Bousquet y a créé un mouvement, Les Jeunes du Maréchal, dont Carcopino a freiné le développement; sous couvert de propagande civique en faveur du Maréchal parmi les lycéens, il propage un activisme fascisant et collaborationniste [2]. Dans l'été 1941, le SGJ, le fait inviter à une session à Uriage (où il ne viendra pas), puis à une rencontre avec Garrone à Vichy, qui aboutit à son détachement, le 25 octobre, comme chargé de mission au SGJ, avec les fonctions de directeur de l'École nationale des cadres supérieurs pour la zone occupée et inspecteur des écoles spécialisées. Carcopino s'indigne de cette nomination, obtenue grâce au soutien de Pucheu, avec l'accord des autorités allemandes; il tance Lamirand. En fait, c'est l'échec de l'effort de Garrone pour prendre le contrôle de la formation des cadres en zone occupée [3].

Lamirand inaugure en janvier 1942 la nouvelle École nationale, que Bousquet a transférée du château de Madrid à La Chapelle-en-Serval (Oise), avec une nouvelle équipe. L'organisation est calquée sur le modèle d'Uriage : stages d'information pour les cadres du SGJ et les étudiants, enseignants, ouvriers et industriels; session de formation de six mois pour des animateurs de jeunesse [4]. Le désordre s'y installera, surtout après le départ de Bousquet, nommé en avril 1942 directeur du cabinet de son protecteur Abel Bonnard devenu ministre. À Uriage, on a été informé dès janvier 1942 d'incidents survenus à la première session, et de l'intention d'un certain nombre d'instructeurs des écoles de zone occupée de quitter ensemble leurs fonctions pour ne pas collaborer avec la nouvelle équipe. Segonzac en avertit Garrone en soulignant le « discrédit qui risque de retomber sur toutes les entreprises officielles de la Jeunesse en zone occupée », et même d'influencer « certains milieux de zone libre [5] ». Quelques semaines plus tard, Segonzac et Bousquet se succéderont devant la commission du Conseil national chargée d'étudier les questions de jeunesse. Ils incarneront les deux positions extrêmes de « démocrate » et de « totalitaire ». D'une visite faite par la suite à La Chapelle-en-Serval, Segonzac gardera l'impression d'une équipe de « farfelus et d'illuminés [6] ».

Les écoles de la zone occupée ont été réorganisées. Toutefois, en 1942, certaines conservent l'orientation adoptée à l'époque de Joussellin, comme les écoles spécialisées de la Maison verte à Saint-Germain-en-Laye avec les chefs Léri et Espéret, et de Roissy avec le chef Basseville, commissaire Sdf

1. « Notes de la zone occupée. L'activité des écoles de cadres. Les écoles spécialisées », *Cahiers d'information* de la DFJ, n° 2, s.d. (janvier 1942 ?), p. 18; Circulaire de Garrone aux directeurs d'écoles et chefs de bureau de la DFJ à Paris, 20 août 1941 (AN, F 44 33, SGJ).

2. Voir J. Carcopino, *Souvenirs de sept ans, op. cit.*, p. 518; *Jeunes du Maréchal*, brochure multigraphiée, 76 p. (AN, F 17 13.366).

3. Lettre du SGJ au ministre de l'Éducation nationale et de la Jeunesse, 8 juillet 1941 (AN, F 44 10, SGJ 7172); Arrêtés du 11 octobre et du 25 octobre 1941 (AN, F 44 35).

4. Voir *Bulletin de presse* du SGJ, 16 janvier et 13 mars 1942; Dossiers sur La Chapelle-en-Serval, AN, AG II 440 CCIII I et F 17 13.367.

5. Lettre du directeur de l'École nationale des cadres d'Uriage au directeur de la Formation des jeunes, 21 janvier 1942 (arch. ENCU).

6. Témoignage du général Dunoyer de Segonzac.

qui a travaillé avec Segonzac dès la Faulconnière et reste ami d'Uriage [1].

Le SGJ a également créé en zone occupée, dès 1940, une section féminine de l'ENJ, avec des centres de formation pour apprenties et jeunes chômeuses et des écoles de monitrices. En 1941, le service de formation des cadres féminins de Mlle Clary gère trois écoles de monitrices, à Champrosay (Draveil, Seine-et-Oise), Boussy-Saint-Antoine (Seine-et-Oise) et Saint-Cloud [2].

Ces réseaux parallèles d'écoles de cadres de la jeunesse ont des traits communs (si l'on met à part l'école de Bousquet). Leur pédagogie mêle les influences du scoutisme et des Équipes sociales – avec plus de traits d'origine militaire en zone sud, plus d'influence de la JOC-JOCF chez les filles et en zone nord. Ils recherchent tous un humanisme pluraliste, marqué essentiellement par la tradition chrétienne et les expériences du catholicisme social, mais faisant place aussi à la morale et aux valeurs laïques. Leur engagement civique non politique au service de la communauté nationale associe le souci patriotique de la libération à celui de la reconstruction.

Cependant, ces similitudes font ressortir aussi l'originalité d'Uriage, avec son réseau d'écoles-filles durablement unies par une inspiration commune, son ambition de promouvoir des élites nouvelles et de réaliser une synthèse révolutionnaire, son projet de préparer la reprise du combat des armes. Plus proche peut-être que d'autres, au début, des perspectives de la Révolution nationale, l'équipe de Segonzac a les moyens de s'en dégager et d'aller au-delà; elle puise sa résolution dans la haute idée qu'elle a de sa mission.

L'ÉQUIPE NATIONALE D'URIAGE

La décision de créer une association des anciens de l'École d'Uriage a été prise dans les premiers mois de 1941. Garrone approuve ce projet, et fait part aux délégués régionaux de la jeunesse, dès avril 1941, de la création d'une « Amicale des anciens élèves d'Uriage (...) dont l'un des buts principaux sera le développement de l'esprit de l'École [3] ». *Jeunesse... France!* l'annonce, en la présentant comme un instrument pour des réunions périodiques d'anciens, « retraites de quelques jours », où ils se retremperont dans le climat de l'École, confronteront leurs expériences et chercheront la solution des problèmes rencontrés dans la mise en œuvre de leur idéal [4].

Vers un regroupement des anciens

Deux réunions d'anciens amorcent cette activité nouvelle. La première en regroupe 93, du 26 au 28 avril, la seconde 75, du 3 au 5 mai. Elles ont été annoncées officiellement, mais aucun compte rendu n'en est publié [5]. On

1. Voir F. Sentein, *Minutes d'un libertin, op. cit.*, p. 243 sqq.; G. Espéret, « L'expérience de l'école des cadres spécialisée de Saint-Germain-en-Laye », *Jeunesse... France – Cahiers d'Uriage*, n° 34, août 1942, 4 p.; Correspondance de F. Basseville avec la direction de l'ENU, janvier 1942 (arch. ENCU).

2. *Cahiers d'information* de la DFJ, n°s 1 et 2.

3. « Instruction générale aux délégués », DFJ, avril 1941, p. 52.

4. J.-P. Filliette, « Recherche d'un plan d'action », *Jeunesse... France!*, 22 avril 1941.

5. *Bulletin de presse* du SGJ, 10 mars 1941 et *Jeunesse... France*, 8 mai 1941.

sait seulement que les anciens ont dressé « comme un magistral inventaire de ce qui était sorti d'Uriage », et posé les premiers fondements de l'association [1]. L'expression « Équipes d'Uriage » a été utilisée [2] – ce qui semble indiquer un projet de structure décentralisée –, et on a entrepris le recensement des anciens qui ont été perdus de vue [3].

Mais ce recensement ne vise à être complet que pour mieux permettre la sélection des éléments les plus fidèles à l'esprit de l'École. Segonzac n'entend nullement constituer une amicale d'anciens stagiaires désireux de cultiver leurs souvenirs. Il veut créer, sous le nom d' « Équipe nationale d'Uriage », un réseau d'hommes sûrs, en nombre restreint pour commencer. On choisira ceux qui manifestent initiative, compétence et rayonnement, avec des qualités de chef et l'exemple d'une vie irréprochable. Renouvelant le serment d'Uriage, ils prendront un engagement de discipline envers le chef et de solidarité envers l'équipe. Pour repérer les meilleurs, les services de l'École établissent la liste, pour chaque instructeur-chef d'équipe, de tous les stagiaires qu'il a dirigés afin qu'il donne son appréciation sur leur aptitude à entrer dans l'Équipe nationale. Entrepris en mai-juin, ce travail d'enquête permet de dresser une liste provisoire des noms proposés. Ces intentions et cette procédure soulèvent quelques inquiétudes au SGJ, surpris de voir naître une association fermée dont les fondateurs cooptent les membres.

Après la visite de Darlan à Uriage en juin et les émotions de l'été, l'incertitude qui pèse sur l'avenir de l'École accentue le caractère secret de ces préparatifs. Des stagiaires croient savoir qu'un « faisceau » va être créé ; certains se déclarent volontaires auprès de leur chef d'équipe « si un regroupement de fidèles s'opère », en promettant le secret le plus absolu [4].

Segonzac soumet un projet de statuts à Garrone, qui lui expose en réponse ce que doit être et ce que ne doit pas être l'association [5]. À la fin d'août, Segonzac dépose les statuts définitifs à la préfecture de Grenoble [6] et nomme, comme responsables des sections régionales de l'association, les directeurs des écoles régionales. Une circulaire leur donne les premières consignes pour le recrutement des membres. Ils doivent donner leur appréciation sur chacun des anciens résidant dans leur région qu'on a inscrits sur la liste provisoire. Ils prendront ensuite contact avec ceux pour lesquels ils ont donné un avis favorable, les convoqueront à une réunion régionale préparatoire et leur proposeront de faire acte de candidature en remplissant une fiche de renseignements [7]. Chombart de Lauwe, désormais responsable à l'École du service Équipe nationale d'Uriage avec le titre de chef-adjoint de l'ENU suit ce travail.

La liste provisoire soumise aux responsables régionaux compte 460 noms, sur les quelque 1 600 anciens stagiaires de l'École ; ils doivent les classer en six groupes (hors classe, très bon, bon, à éliminer provisoirement, définitivement, à surveiller). La nouvelle liste que le service central de l'ENU à Uriage établit en fonction de ces appréciations retient en priorité quelque

1. R. Juteau, « Uriage, centre de rénovation nationale », *L'Espérance* (bulletin de l'UCJG), juin 1941, pp. 128-132.
2. Lettre de H. Cazaban, 20 avril 1942 (arch. ENCU).
3. *Jeunesse... France*, 8 mai et 8 juin 1941.
4. Notes personnelles de Jean Le Veugle, stagiaire de la promotion « Richelieu » (25 juillet 1941).
5. « Projets de statuts pour l'association amicale des anciens de l'École nationale des cadres-Équipe nationale d'Uriage », 6 p. ronéo. ; « Note sur l'amicale d'Uriage », signée Garrone, 2 p. (arch. ENCU).
6. *Journal officiel*, 10 septembre 1941.
7. « Note aux directeurs d'écoles régionales au sujet de l'Équipe nationale d'Uriage », signée par P. Dunoyer de Segonzac, directeur de l'ENC et chef de l'ENU, 3 p. ronéo. (arch. ENCU).

200 candidatures à accepter immédiatement. 167 cotisations auront été reçues au 31 janvier 1942, 217 un mois plus tard [1].

Chargés en même temps de lancer des associations d'anciens de leurs écoles, les chefs d'écoles régionales doivent en préparer les statuts, dresser les listes des candidats et organiser en octobre une réunion constitutive. Ils doivent aussi recueillir des fonds pour le démarrage de l'association; l'École leur demande de solliciter les dons de personnalités amies, en faisant « un choix discret [2] ». L'association Équipe nationale d'Uriage tiendra sa première assemblée générale au moment de la réunion à Uriage des directeurs et instructeurs d'écoles régionales, les 20 et 21 octobre 1941 (anniversaire de la visite du maréchal Pétain à la Faulconnière).

Au moment où cette convocation est lancée, fin septembre, se répandent des bruits alarmants. Stouff, chef de l'ERC de Bobigneux, confie à ses proches ces informations secrètes : le PPF cherche à prendre le pouvoir à Vichy, et va s'emparer du SGJ.

> Garrone sauterait. Uriage sera fermé pendant trois mois. Les chefs iront travailler à la mine (...). Les Écoles régionales seraient menacées.
> (...) On ignore la position du Maréchal. Nous sommes prêts à défendre la doctrine d'Uriage coûte que coûte, par tous les moyens [3].

En réalité, ces « informations » mêlent des vérités, à propos des manœuvres menées contre Garrone, et des interprétations fantaisistes : c'est la préparation du grand stage de six mois qui amènera Segonzac à interrompre les sessions de l'École et à envoyer ses chefs d'équipe en stage à la mine en janvier 1942.

L'alerte sera de courte durée, mais la réaction des cadres de Bobigneux témoigne à la fois de la dramatisation qui accompagne la création de l'association, et de la résolution combative qui anime ses premiers membres, dans un climat de veillée d'armes.

Réunion anniversaire à Uriage

À la réunion d'Uriage sont invités l'ensemble du personnel des écoles régionales et « un certain nombre » d'anciens de la promotion « Maréchal Pétain ». Comme toujours, le décrassage matinal suivi de la levée des couleurs, le parcours Hébert en fin de matinée, le « mot du Vieux Chef » le soir ponctuent ces journées, avec les deux veillées occupées par un exposé de d'Astorg sur la morale de l'honneur et une représentation de la compagnie Hussenot. Sous un merveilleux soleil d'automne, les anciens renouent avec le climat d'amitié et de fervent dévouement de l'année précédente [4]. Après la première journée consacrée au bilan des écoles régionales, la seconde est celle de l'ENU. Chaque équipe régionale fait le point sur sa double mission : section régionale de l'ENU et association des anciens de l'école régionale. Puis vient la réunion de synthèse, suivie de l'assemblée générale constitutive qui approuve les statuts de l'association et élit les dirigeants. Le temps fort de la journée a été la première réunion générale du matin, avec l'exposé du Vieux Chef sur l'ENU. Commentant librement un texte de présentation préparé par Chombart

1. Registre des recettes du trésorier de l'ENU (Fonds Voisin, arch. ENCU).
2. Lettre circulaire aux chefs de sections régionales et aux directeurs d'écoles régionales, 24 septembre 1941 (arch. ENCU).
3. Notes personnelles de Jean Le Veugle (à Bobigneux, le 23 septembre 1941).
4. Lettre circulaire aux directeurs d'écoles régionales, 7 octobre 1941 (programme de la réunion en annexe); H. LAVOREL, « Chronique d'Uriage », *Jeunesse... France*, 1er novembre 1941.

de Lauwe, Segonzac expose les buts et l'esprit de l'association ainsi que l'organisation prévue par les statuts, avant de donner aux premiers membres ses directives pour l'action immédiate.

Le but essentiel de l'ENU, explique Segonzac à la suite de Chombart de Lauwe, est de prolonger et d'amplifier l'action de l'École nationale, en la faisant pénétrer plus profond dans le tissu de la nation avec ses réalités régionales et professionnelles; aussi la première tâche des équipes régionales sera-t-elle de recruter des stagiaires pour Uriage, de les encadrer après leur stage, de faire connaître l'École et de diffuser ses publications. Il n'est pas question de chercher le nombre; c'est « une élite » qu'on regroupe, selon la formule de Segonzac : « réunir les meilleurs pour une action commune [1] ».

Cette élite de « gens en qui nous avons confiance » est animée par l'esprit de l'École. La charte qui définira celui-ci, en voie d'élaboration, développera les trois valeurs fondamentales : sens du Spirituel, de l'Honneur, de la Patrie. L'objectif est « de refaire le pays par en haut », en entreprenant une révolution qui porte à la fois « sur le plan spirituel, le plan personnel (physique et moral), le plan national, le plan social, le plan économique, le plan administratif, politique et juridique ». Tout membre de l'Équipe doit commencer par se réformer lui-même et donner l'exemple, car, selon la formule du maréchal Pétain, « la première révolution à opérer est une révolution personnelle ». À chacun ensuite de distinguer le ou les plans sur lesquels il peut jouer un rôle. L'Équipe, en tant que telle, « ne développera son action progressivement dans chacun d'eux que dans la mesure où cela sera opportun en tenant compte des circonstances et des intérêts généraux du pays [2]. »

Outre l'aide apportée directement à l'action de l'École, les équipes locales créées par les premiers membres devront avoir une « action de rayonnement », dans la perspective qu'indique Segonzac :

> Nous travaillons (...) sur le plan national, avec le désir de nous mettre au-dessus des partis, des mouvements même; nous travaillons pour le Maréchal; nous savons ce qui est sain dans la nation et ce qui ne l'est pas (...); nous sommes le soutien des institutions créées par le Maréchal et dans ces institutions nous faisons même un choix (...); je considère que seuls les mouvements confessionnels et le mouvement Compagnon sont ceux que nous pouvons appuyer et vers lesquels nous pouvons orienter des garçons (...) à l'exclusion des autres, parce qu'il faut faire un choix (...)
> On n'invente rien dans la vie et l'essentiel est de partir avec une doctrine, des cadres solides. Il faut tenir et savoir dans quelle direction on va; lentement, petit à petit, on s'élève à des plans de plus en plus élevés et on réussit [3].

En conclusion, Segonzac précise « en deux mots, très rapidement, l'esprit dans lequel on travaille ici ». Il se défend de faire un exposé doctrinal, mais aborde directement les problèmes de l'heure, en des termes qui témoignent de ses convictions et de ses incertitudes, de ses prudences et de ses audaces en cet automne 1941 (peu avant le renvoi de Weygand qui marquera une nouvelle étape de son évolution) :

> (...) Nous avons le sentiment qu'il faut travailler dans une certaine direction (à cette direction il n'y a peut-être pas de limites assez précises, nous le regrettons,

1. « Réunion générale du 21 octobre 1941 », 9 p., dactylo. (compte rendu sténo.). Version condensée et expurgée dans *Bulletin de l'ENU*, n° 1, 1er novembre 1941 (« Exposé du Vieux Chef »).
2. « L'Équipe nationale d'Uriage », 8 p. dactylo. sans date ni signature (P.-H. Chombart de Lauwe). Voir la rédaction simplifiée : « Équipe nationale d'Uriage », *Jeunesse... France*, 15 novembre 1941.
3. « Réunion générale du 21 octobre 1941 », document cité, p. 2.

mais il est difficile de faire mieux); je vous l'ai souvent répété, nous nous inspirons de la civilisation chrétienne. Vous savez que nous refusons tout ce qui est totalitaire d'où qu'il vienne; vous savez que nous sommes déterminés à ne reconnaître aucun ancien parti politique d'avant-guerre, à en détruire l'esprit. Au point de vue politique, la politique que nous suivons est celle du Maréchal, celle qu'il veut faire, qu'il ne peut pas toujours faire exécuter; pourquoi? parce qu'il est mal servi; il n'est pas suivi. Ce sont des choses qu'il faut constater : autour de lui se trouvent un certain nombre d'hommes, dont tous n'ont pas un esprit de fidélité à son égard, ou un esprit national; tous ne désirent pas servir uniquement le pays; beaucoup pensent à se servir d'abord eux-mêmes. Bref, nous avons le sentiment que nous représentons la pensée du Maréchal; c'est ambitieux peut-être, mais nous le croyons.

Vous savez que l'une des questions qui se posent toujours pour nous, c'est la question de nos rapports avec l'étranger. Est-il nécessaire de rappeler qu'il est indispensable de conseiller aux jeunes Français qu'il n'y a pas lieu de nous mettre à la remorque de l'un ni de l'autre? C'est dans cette mesure qu'on a condamné le gaullisme. Si vous aviez suivi la session d'Uriage, nous avons pu avoir l'occasion de voir des officiers revenus de Syrie. Ils constatent que les Français passés au service du général de Gaulle avaient semble-t-il perdu le sens de l'honneur en quelque sorte, alors que les gens qui se sont battus ont sauvé l'honneur. Vous savez qu'on nous a accusé de gaullisme.

Vis-à-vis de l'Allemagne, je serai tout aussi net. On a abusé du mot " collaboration ", il est mauvais; nous sommes bien obligés bon gré mal gré d'accepter une certaine coordination d'efforts qui nous permet à la fois de vivre, peut-être, dans une certaine mesure, et qui permet aussi aux Allemands de continuer la guerre. Il y a une idée réciproque qui est dans des faits auxquels nous n'avons pas pu échapper. Nous n'attendons qu'une chose; c'est que le territoire soit libéré; que nous le voulions ou non, le seul fait de la présence de l'occupant sur les 2/3 de la France nous est odieuse et je pense que personne n'y trouvera rien à redire. Pour les gens de la zone occupée, ce sentiment d'exaspération croît de jour en jour. D'autre part, le national-socialisme est complètement opposé à la civilisation chrétienne, et par conséquent pas d'équivoque. J'ai eu la visite d'un agent de la Gestapo et j'ai eu une discussion avec lui sur ce que je viens de vous dire. Il a fait un rapport au gouvernement qui n'a pas trouvé cela extraordinaire. Il faut que cet état de fait cesse et il cessera lorsque nous serons capables de ne pas nous mettre à la remorque des uns ou des autres, ce que les Français font depuis longtemps par faiblesse.

Quand on n'est pas costaud, on cherche d'un autre côté une aide et un secours; si nous ne sommes pas capables de recréer une force, c'est fini (...). Nous pouvons le faire : en dehors de la volonté que nous avons, nous avons derrière nous les réalisations que nous avons effectuées; il y a un certain nombre d'éléments qui travaillent en notre faveur : il y a la guerre qui se passe en Russie, qui arrange pas mal de choses; en constituant une Équipe nationale d'Uriage, nous ne tenons pas à faire quelque chose de brillant, nous voulons une élite, au service de la nation, au service des autres [1].

Après avoir rappelé le mal que cause le particularisme de trop d'organisations, et la nécessité pour « une véritable élite » de le dépasser en travaillant au service de la nation, il conclut :

Nous travaillons pour les autres; nous avons le droit d'avoir l'esprit critique, cela est certain; une fois cela fait, travaillons pour ceux qui nous paraissent absolument dans la ligne de la nation. Bien entendu, je conçois parfaitement que ce que je viens de vous dire, qui est une prise de position, ne soit pas suffisant. J'admets que vous ayez besoin d'avoir une indication donnée par Uriage au sujet de tel ou tel problème qui se posera à vous. Je vous demande, toutes les fois que cela se produit, de nous alerter tout de suite; nous ne vous donnerons peut-être pas la solution, mais nous vous donnerons notre opinion sur tous les

1. « Réunion générale... » *ibid.*, pp. 7 et 8. La sténographie reproduit le langage parlé; on a apporté dans l'extrait cité quelques modifications de ponctuation.

points que vous nous apporterez, aussi sincère que possible. Je vous le demande, parce que cela nous renseignera sur des difficultés que nous ne connaissons pas; cela accroîtra cette unité d'action qui est capitale [1].

Comme auparavant, Segonzac exclut toute forme de complicité avec l'occupant et désigne le totalitarisme comme le mal le plus redoutable. Il porte contre l'action gaulliste en Syrie une condamnation morale confuse; il se réclame intégralement de « la politique du Maréchal », mais prend soin de la distinguer de celle que pratique le gouvernement, voire de les opposer.

Le *Bulletin* mensuel de l'ENU tirera de cette allocution un résumé en forme de profession de foi qu'il encadrera dans ses premiers numéros :

N'oubliez pas :
que notre action s'inspire des préceptes de la civilisation chrétienne.
Que nous ne reconnaissons aucun parti politique d'avant-guerre, que nous voulons même détruire l'esprit de ces partis.
Que notre politique est celle du Maréchal, que nous sommes certains de suivre avec plus de fidélité que quiconque.
Que nous refusons de nous mettre à la remorque de l'étranger quel qu'il soit.
Que nous attendons avec impatience le moment où la France sera libre.
Que nous avons besoin de vos informations, de vos renseignements.
L'ENU est une équipe d'hommes d'élite au service de la France, au service des Français, au service du Maréchal. Elle n'a pas d'ambition personnelle : elle doit être le plus solide soutien qu'on ait jamais vu des plus saines institutions françaises et des Français dignes de ce nom [2].

On notera la « certitude » d'être les plus fidèles à la politique du Maréchal, l'absence de référence à la Révolution nationale et l'ambiguïté des expressions « les plus saines institutions françaises », « les valeurs françaises », « les Français dignes de ce nom ».

Dans ces formules, qui font pressentir la proximité de choix difficiles, apparaît le double rôle assigné à l'ENU : dans l'immédiat, diffuser l'influence d'Uriage et aider au développement de l'École; à plus longue échéance, constituer une structure de résistance, de combat et de préparation aux reconstructions d'après la Libération – mais cet aspect est suggéré sans être jamais explicité.

Le texte publié par le journal pour célébrer officiellement la naissance de l'ENU s'achève sur cette pensée analogue, exprimée sur le mode mineur. Après avoir rappelé les responsabilités individuelles de « l'équipier » membre de l'ENU, l'auteur conclut sur la mission de l'équipe :

Les jeunes Français qui la constituent sont arrivés à l'âge d'homme à un moment où leur pays est défait et désemparé. À d'autres époques ils auraient pu se consacrer à un travail qui leur plaisait, à l'étude, aux arts, aux voyages, à tout ce qui enrichit la vie et la rend agréable. À l'heure actuelle, au lieu de travailler dans le calme, il leur faut tout remettre en question. Il leur faut défendre pied à pied le peu qui reste et rebâtir ce qui est détruit. L'avenir est incertain et ils doivent se tenir prêts à des sacrifices chaque jour plus grands, au besoin au sacrifice de leur vie. L'équipe leur permettra de voir venir ces épreuves avec joie, parce qu'ils y prendront conscience des devoirs qui incombent à une élite d'un pays vaincu et ils verront que ces devoirs ont de la grandeur, surtout lorsque ce pays s'appelle la FRANCE [3].

À l'issue de la journée anniversaire, la promotion « Maréchal Pétain » adresse un télégramme au chef de l'État; les signataires affirment leur

1. « Réunion générale du 21 octobre 1941 », *op. cit.*, pp. 8 et 9.
2. Conclusion de l'« Exposé du Vieux Chef », *Bulletin* n° 1, cité, p. 3.
3. « Équipe nationale d'Uriage », *Jeunesse... France*, 15 novembre 1941.

« profond attachement à la personne » du Maréchal, et renouvellent le serment « de servir la France de tout leur cœur et de toutes leurs forces jusqu'à la mort ». Le texte ne comporte ni serment de fidélité au Maréchal, ni formule d'allégeance inconditionnelle à sa politique ou même simplement à sa pensée [1].

Organisation de l'association

Les statuts de l'association lui donnent une organisation complexe. L'Équipe nationale comporte des membres actifs et des membres d'honneur, tous admis sur décision du conseil général; elle reçoit l'affiliation des associations d'anciens des écoles régionales, appelées équipes régionales. Sont admis comme membres actifs, les instructeurs d'Uriage et certains anciens stagiaires, des instructeurs et anciens stagiaires des écoles régionales « ayant donné des preuves particulières de leur valeur », et enfin « quelques personnes admises dans l'Équipe pour services exceptionnels » (en fait, quelques conférenciers et chefs de mouvements proches de l'École). Ceux des candidats qui ne sont pas directement admis pourront l'être ultérieurement « après avoir réussi certaines épreuves ». Les admis doivent faire acte de candidature et payer une cotisation annuelle de 50 F. Aucun engagement de fidélité ou d'obéissance n'est statutairement exigé, quoique la discipline interne et le respect du code de l'honneur fassent partie des obligations non écrites. Quant aux membres d'honneur, on renoncera à en nommer.

À la tête de l'association, un conseil général en assure la direction; il est composé du directeur de l'ENC et de six membres élus pour trois ans par l'assemblée générale. Le premier conseil, présidé par Dunoyer de Segonzac avec Chombart de Lauwe pour adjoint, comprend Lavorel (secrétaire général), Voisin (trésorier) et trois chefs d'école : Desforges, Casado et Stouff. En pratique se réunira à Uriage un comité où siégeront, outre les membres du conseil, les chefs d'Alançon, Beuve-Méry et Vuillemin. Un bureau permanent dirigé par Chombart de Lauwe et Lavorel assure le secrétariat; c'est le service ENU de l'École.

L'Équipe est divisée en sections régionales, à la tête desquelles ont été nommés (en principe, par le conseil) les chefs d'écoles : Drouot (école de La Peyrouse) dirige la région Dauphiné-Savoie; Casado (Marseille) la Provence; Stouff (Bobigneux – Terrenoire) le Forez-Velay-Vivarais; Gangloff (Saint-Bauzille) le Languedoc-Roussillon; Colombino (Cugnaux) le Haut-Languedoc; Desforges (Uzos) la Gascogne-Béarn; Machu (Corbiac) la Guyenne-Périgord; Matharel (Le Châtelard) le Limousin-Marche; Bernard (Lapalisse) l'Auvergne-Bourbonnais; Martin (délégué départemental à la jeunesse à Bourg) le Lyonnais; Roucher (El-Riath) l'Algérie; Diederichs (Bir-el-Bey) la Tunisie. La zone occupée n'est pas oubliée, mais le conseil s'en réserve la direction. Les chefs de sections régionales (qui ne peuvent en aucun cas être choisis parmi les fonctionnaires de la Jeunesse) sont entourés de conseils élus par l'assemblée régionale et approuvés par le conseil général. Il leur appartient d'animer leur section, d'organiser des réunions, de proposer de nouveaux membres et de créer les équipes locales dites « de rayonnement ».

Les directeurs d'école régionales sont également chargés d'organiser leurs propres associations d'anciens, qui prendront le nom d'Équipe régionale de... (Terrenoire, La Peyrouse, etc.). Elles auront leurs statuts, leurs adhérents, leur budget et leurs activités, centrées sur le développement de chaque école et tournées surtout vers les jeunes.

1. *Jeunesse... France*, 1er novembre 1941.

L'assemblée fondatrice de l'ENU a décidé la création d'un bulletin et d'un service d'entraide. Les directives données aux premiers membres concernent particulièrement, outre l'aide apportée à l'action de l'École nationale, la connaissance de la région, la liaison avec les mouvements de jeunesse, la collaboration avec les éducateurs (instituteurs et professeurs, clergé, officiers) et avec les délégués à la jeunesse, et enfin les contacts avec les prisonniers de guerre libérés et avec les amis résidant en zone occupée.

Sur environ 200 anciens pressentis pour entrer dans l'ENU, 105 étaient présents à Uriage lors des journées d'octobre. Outre les instructeurs des écoles régionales et les membres de la promotion « Maréchal Pétain » de la Faulconnière, on n'a retenu dans cette première sélection qu'un petit nombre d'anciens stagiaires. Les autres devront faire leurs preuves.

Premières activités

Le bureau central mène une activité considérable : circulaires hebdomadaires ou bimensuelles aux sections régionales, examen des candidatures, correspondance avec les anciens qui apportent des informations ou sollicitent des directives. Le comité de l'ENU se réunit à l'École mensuellement, avec ordre du jour et compte rendu adressé aux sections [1]. Le bulletin ne voit le jour, par suite de difficultés financières et administratives, qu'en décembre. À partir du 1er janvier 1942, la parution mensuelle est régulière, sous la forme d'abord d'une feuille volante encartée dans *Jeunesse... France*, puis d'un fascicule imprimé de 12 à 16 pages. Après le « mot du vieux chef » initial, un article de fond rappelle la mission de l'ENU et répond aux difficultés et objections qu'elle rencontre, le plus souvent sous la signature de Chombart de Lauwe. L'École d'Uriage annonce le programme de ses sessions, présente certaines de ses activités comme le service Prisonniers. Le reste est consacré aux comptes rendus de réunions, aux programmes de travail, à la propagande pour *Jeunesse... France* et pour les fascicules de l'École, et à quelques pages documentaires destinées à alimenter le travail des équipes locales.

Le comité élabore un programme d'action pour l'année 1942, et le présente à l'ensemble des chefs de sections, réunis à Uriage les 10 et 11 janvier pour une journée de travail suivie d'une sortie en montagne [2]. On tient à rappeler la mission de l'Équipe nationale, ramenée à un « but précis » : servir « l'Unité française », en la maintenant aujourd'hui devant les menaces de division et d'influence étrangère, et en préparant les bases de la reconstruction qui sera possible demain [3]. Parmi les tâches fixées aux sections, « la plus urgente est celle du recrutement pour les écoles de cadres »; les chefs de sections régionales sont chargés de recueillir des candidatures, qu'ils communiqueront à l'École, accompagnées de leurs appréciations, en même temps qu'ils les présenteront aux délégués régionaux, officiellement chargés de les transmettre au SGJ [4]. La filière privée, dont Segonzac inspire et contrôle les membres à tous les échelons, tend ainsi à doubler la hiérarchie administrative des services de la Jeunesse.

Le bureau central donne l'impulsion pour le démarrage des équipes régionales. Chombart de Lauwe et Lavorel visitent et inspectent les régions; deux grandes enquêtes sont lancées sur les thèmes de la jeunesse et

1. Dossier ENU (arch. ENCU).
2. « Réunion des chefs de sections régionales à Uriage les 10 et 11 janvier 1942 », *Équipe nationale d'Uriage*, bulletin n° 2, février 1942; P.-H. Chombart de Lauwe, « Départ », *ibid.*
3. P.-H. Chombart de Lauwe, « Prise de conscience », *ibid.*, n° 1, 1er janvier 1942.
4. Circulaire ENU aux chefs de section, 24 février 1942 (arch. ENCU).

de la cité. L'École nationale organise en mars une session spéciale pour les « nouveaux membres » de l'ENU ; en effet, celle-ci admet désormais, sur présentation des sections régionales, des hommes qui ne sont pas anciens élèves d'Uriage, à condition qu'ils y effectuent au moins une courte session. Enfin une assemblée générale de l'ENU est prévue pour 1942 [1].

Quant aux sections régionales, on propose un calendrier précis à leur double activité. Elles doivent d'une part lancer leurs associations d'anciens des écoles régionales et de l'autre, en tant que sections de l'ENU, étudier des candidatures, organiser une réunion trimestrielle, créer des sections locales et assurer des permanences dans les principales villes. Les équipes locales « de rayonnement » définiront leur programme : enquêtes sur l'état de l'opinion et les ressources humaines de la région, contact avec les organisations de jeunesse, avec les anciens prisonniers de guerre, constitution d'un fichier des personnalités et organismes jugés sympathisants.

Ces directives sont évidemment appliquées avec plus ou moins de conviction et de succès. Dans la région stéphanoise où Stouff dispose d'un réseau dense de sympathies, la section régionale de l'ENU et l'association Équipe de Terrenoire ont été constituées dès décembre, dans un climat de ferveur :

« À Terrenoire, Stouff nous parle de l'ENU. Ce doit être une chevalerie. Rien que des types prêts à mourir pour notre cause. Réunion du Comité directeur régional. Lecture par Stouff des directives du Vieux Chef [2]. »

Le chef régional, cependant, parvient mal à intéresser les anciens d'Uriage, vibrants de souvenirs, aux réunions tenues dans la modeste école de Terrenoire ; il souhaite davantage de réunions à Uriage même [3].

En ces premiers mois de 1942, c'est surtout le personnel d'encadrement des écoles régionales et les anciens engagés dans des organisations de jeunesse qui participent aux activités de l'ENU naissante ; plus tard, des groupes locaux plus autonomes par rapport au réseau des écoles se dégageront progressivement. L'ENU apparaît alors essentiellement comme une structure de soutien et de diffusion du rayonnement d'Uriage.

Difficultés avec l'autorité de tutelle

Cependant cette nouvelle initiative de Segonzac a suscité des oppositions et des suspicions de divers côtés.

L'ambition de maintenir et de prolonger dans la vie adulte les directives données aux jeunes par une institution d'éducation est classique ; après les collèges de jésuites et la tradition séculaire de leurs congrégations, les mouvements de jeunesse des années 30 emploient le même procédé (c'est précisément en 1941 que naissent les Amitiés scoutes, fraternités de ménages). Les Chantiers de jeunesse fondent en août 1941 leur association d'anciens, l'ADAC. Ouverte à tous et fortement hiérarchisée, elle se donne pour but « de prolonger et développer (...) l'enseignement donné et les pratiques observées dans les Chantiers sur les plans de la vie personnelle, sociale et nationale ». Par la presse et la correspondance, les réunions et les rencontres, les dirigeants des Chantiers entendent organiser l'entraide entre leurs anciens, favoriser leur participation aux associations locales sportives ou éducatives et contribuer à développer un climat de discipline civique

1. Ordres du jour du comité de l'ENU, 9 janvier et 27 février 1942. (arch. ENCU).
2. Notes personnelles de Le Veugle, journées des 3 et 7 décembre 1941.
3. Comptes rendus mensuels de Stouff, du 19 septembre au 9 avril 1942, avec extraits de comptes rendus des réunions de Terrenoire (arch. ENCU).

autour du Maréchal en effaçant les divisions [1]. L'association reçoit d'importantes subventions gouvernementales.

Garrone a donné son accord à la création d'une amicale des anciens d'Uriage dont les buts seraient analogues à ceux de l'ADAC, mais le projet de Segonzac se révèle assez différent. L'ENU sélectionne ses membres; elle renforce le lien personnel qui unit les anciens et les écoles régionales à l'École nationale et à Segonzac, en ignorant les structures administratives mises en place par le SGJ; elle assigne aux équipes locales des « missions » d'enquête, d'information et de « rayonnement », et non de simples activités d'entraide. Garrone attendait une amicale, et il voit s'organiser une sorte de mouvement, sinon de parti, entre les mains d'un chef qui semble utiliser à ses fins personnelles l'autorité que lui donne sa fonction officielle dans le cadre du SGJ. Or, Garrone et Segonzac sont déjà en difficulté depuis l'été 1941, le directeur de la Formation des jeunes reprochant à celui de l'École de prétendre enseigner et même élaborer sa propre « doctrine », et d'avoir pris une orientation « politique », sous l'influence des Mounier et Beuve-Méry.

La constitution de l'association fait rebondir ce double conflit d'autorité et d'orientation. Une note de Garrone à Segonzac à propos des statuts de l'association en expose clairement les termes. Garrone y résume les objectifs qu'il reconnaît à une amicale : créer un lien, susciter solidarité et entraide, prolonger et multiplier l'influence de l'École. Il admet implicitement la sélection des meilleurs, source d'émulation et de discipline, et attend de l'amicale qu'elle assure à l'École un « contact permanent avec le réel (...) en lui apportant la nourriture des réalités quotidiennes » et en jouant le rôle de « témoin de l'opinion » en même temps que d' « agent recruteur ». Il y a là une première pointe : Garrone reproche à l'École, à partir de juillet 1941, de donner trop de place à la spéculation abstraite au lieu de s'ancrer dans la connaissance de la patrie « réelle » et « charnelle ». Ses craintes se lisent dans le paragraphe qui expose ce que l'amicale ne doit pas être : ni une « organisation de jeunesse » indépendante, ni « une ligue des écoles de cadres » groupées en dehors de la hiérarchie administrative, ni « un mouvement » avec son particularisme, ni « une chapelle » avec « son dogme ou sa philosophie », ni une « société secrète » (qui serait « contraire à l'ordre public, et, pour les catholiques, à leur morale »), ni une « féodalité » fondée sur des liens de fidélité personnelle. Elle ne doit donc « pas se livrer à une action extérieure, être une sorte de légion », mais se contenter d'un objectif interne de formation morale et civique de ses membres, sans rechercher embrigadement ni noyautage. « Elle ne fera pas une politique, mais des citoyens [2]. »

Ces observations de Garrone, qui sont des directives, soulignent en les grossissant les caractères du projet de Segonzac : l'ENU sera effectivement un peu de tout ce que Garrone ne voulait pas qu'elle soit. Segonzac apporte quelques modifications à ses satuts (en prévoyant notamment un contrôle de la DFJ sur les textes et les actes de l'association), proteste de ses bonnes intentions, diffuse la note de Garrone [3]... et poursuit la réalisation de son projet. Garrone laisse faire, se contentant d'accuser réception de tous les

1. *Bulletin périodique officiel*, 4 septembre et 25 septembre 1941. Voir R. HERVET, *Les Chantiers de la Jeunesse*, *op. cit.*, p. 87; J.-G. RAVAULT, *L'Institution du stage...*, *op. cit.*, pp. 288-291.

2. « Note sur l'amicale d'Uriage », signée Garrone, copie dctylo, 2 p., s.d. (antérieure à septembre 1941) (arch. ENCU).

3. Lettre du directeur de l'ENC au directeur de la Formation des jeunes, 5 septembre 1941; Circulaire du même aux délégués régionaux, même date (arch. ENCU).

documents et circulaires qui lui sont communiqués [1], mais le malentendu persiste.

L'établissement du budget de l'assocation et la fixation du montant de la subvention allouée par le SGJ ont été l'objet, entre septembre 1941 et février 1942, de discussions serrées. Segonzac prévoyait 344 000 F de dépenses annuelles, on lui en autorise 180 000 dont 105 000 couverts par la subvention, le reste provenant des cotisations. Un premier versement de 30 000 F a été fait le 31 décembre, puis un deuxième, de 60 000 F, le 23 avril 1942 [2]. Entre-temps, l'ENU a reçu un don de 20 000 F du cabinet du Maréchal – aide accordée sans doute par le cabinet militaire, peut-être pour alimenter le budget du service Prisonniers qui utilise partiellement la comptabilité de l'ENU [3].

Au cours de ces échanges, les services de Garrone ne connaissent que l'Association amicale des anciens de l'ENC, alors que Segonzac s'adresse à eux en tant que président de l'Équipe nationale d'Uriage, ou même simplement chef de l'ENU. Garrone s'émeut à la lecture des comptes rendus des journées des 20 et 21 octobre, publiés par *Jeunesse... France.* C'est l'occasion pour lui d'exprimer l'ensemble de ses griefs à l'égard de Segonzac, qui se conduit en chef de parti, sinon en chef de bande, crée une hiérarchie parallèle et élabore sa propre doctrine sous le couvert du SGJ. Segonzac multiplie les assurances et les apaisements, comme dans cette lettre du 29 novembre accompagnant l'envoi de documents qui témoignent de l'activité de l'association :

> Vous verrez qu'il ne s'agit en aucune manière de créer une dualité de commandement ou de donner des directives qui seraient contraires aux vôtres. Il s'agit avant tout pour nous de resserrer les liens qui unissent les membres de l'Équipe et de faire rayonner au maximum l'esprit d'Uriage et des écoles régionales dans le pays.
> Nous vous tiendrons au courant régulièrement de tout ce qui sera fait et nous informerons le mieux possible les délégués de la jeunesse et tous vos représentants pour assurer une bonne liaison entre tous les organismes de la Jeunesse [4].

Ces protestations de discipline laissent en réalité entier le problème de fond, qui resurgira précisément à propos des délégués. Certains d'entre eux ont mal accepté la création du réseau de l'ENU, et surtout le rôle attribué par Segonzac aux chefs d'écoles régionales : un pouvoir parallèle d'animation et de stimulation des activités de jeunesse est érigé dans la région et menace leur autorité. Garrone les soutient, et s'en explique auprès de Segonzac :

> J'ai l'honneur de vous faire savoir que les objections qu'a provoquées de la part de certains délégués la création de cette équipe, objections que moi-même j'avais prévues quand je vous avais fait remarquer qu'il ne convenait pas que la qualité de chef de section régionale soit dévolue aux chefs d'écoles qui sont placés sous l'autorité des délégués, m'interdisent pour l'instant de conférer à l'Équipe nationale un crédit qui semblerait contredire la hiérarchie que j'entends faire respecter dans la région.
> Il importe en effet que l'action de la jeunesse ne soit pas partagée entre des autorités qui laisseraient croire à deux politiques différentes quand bien même ces politiques seraient identiques dans leurs fins. L'existence de deux organisations parallèles ne manquerait pas de nuire à une vue claire des principes et des moyens.

1. Lettres et notes de la DFJ au directeur de l'ENC, janvier et février 1942 (arch. ENCU).
2. Correspondance ENC-DFJ (Fonds Voisin, arch. ENCU); Documents du service budget-comptabilité (AN, F. 44 13, SGJ).
3. Livre des recettes de l'ENU (arch. ENCU).
4. Lettre du 29 novembre 1941.

Je n'ai jamais douté de l'intérêt qu'il y avait à grouper les anciens élèves d'Uriage et du bénéfice qui pouvait résulter du concours qu'ils apporteraient sous cette forme à la vie des délégations et à la diffusion de l'œuvre d'Uriage. Je reste cependant convaincu que ces bénéfices ne seront définitivement acquis que lorsque l'Association aura une structure saine qui ne laissera aucun doute sur sa position vis-à-vis des organes officiels [1].

Cette ultime intervention d'un directeur dont le départ est décidé marque nettement la permanence des deux griefs qu'il a nourris contre Segonzac : création d'une hiérarchie parallèle, attitude politique ambiguë qui laisse croire à une opposition à la politique officielle. Il désapprouve, objecte et refuse sa confiance, sans sévir. On tentera d'expliquer plus loin cette étrange attitude. Il est clair, en ce qui concerne l'ENU, que Segonzac, négligeant les recommandations et les menaces, a réussi à lui donner les structures et les orientations correspondant à la mission qu'il lui assigne. En protestant sans sanctionner, Garrone laisse à ses successeurs une situation hypothéquée. Segonzac a su se donner un nouvel instrument, qui lui sera précieux lorsqu'en avril 1942 des adversaires résolus prendront le pouvoir dans les services de la Jeunesse.

Préventions et sympathies

La DFJ n'est pas la seule à s'interroger sur les intentions de Segonzac; aussi celui-ci entreprend-il de s'expliquer. Le bureau de l'ENU a dressé une liste de personnalités « à voir » : Dary des Scouts de France, Gortais de l'ACJF, Dubois (JOC), les responsables de l'association des anciens des Chantiers (ADAC), le cardinal Gerlier et Mgr Courbe, le Père Doncœur, Garric, Valentin, Perroux [2] et les Compagnons de Péguy [3]. Dès octobre 1941, Chombart de Lauwe a été reçu par Mgr Gerlier, a rencontré Dary et le chef Compagnon Tournemire.

Le cardinal Gerlier, très intéressé par ce que l'envoyé de Segonzac lui dit du travail d'Uriage, est surtout satisfait de savoir que les convictions catholiques y sont « ouvertement affirmées ». Cependant, « il marque nettement sa réticence quant aux mouvements d'anciens – qu'il s'agisse de celui d'Uriage ou de celui des Chantiers – dont il craint qu'ils ne détournent les jeunes de participer à l'Action catholique ».

Tournemire ne cache pas ses réticences devant l'orientation générale prise par l'École d'Uriage. En ce qui concerne l'ENU, il partage avec Dary une réaction de méfiance :

(...) Ils considèrent que l'action d'Uriage doit être entièrement conçue dans le cadre strictement officiel, ce qui condamne l'ENU à leurs yeux.
Ils ne veulent pas de l'ENU comme centre de brassage et de liaison entre les mouvements : ceci est suffisamment assuré à leurs yeux par la collaboration des chefs nationaux des mouvements. (...) Quant à l'ENU, les chefs de mouvements craignent eux aussi la concurrence d'une hiérarchie parallèle aux hiérarchies officielles et jouissant de tout le prestige d'Uriage. La réaction des

1. Le directeur de la Formation des jeunes (section d'études) à M. le chef de l'ENCU, lettre du 21 février 1942 (arch. ENCU).
2. François Perroux n'a pas été un familier ni même un conférencier d'Uriage, où cependant on se réclamait de ses idées sur l'entreprise comme communauté de travail. Alors introduit et influent dans certains cercles liés au pouvoir, il reproche à l'École, et surtout à Beuve-Méry, de n'avoir pas assez nettement rompu avec les principes du libéralisme issu de 1789. Voir la lettre de Reuter à Perroux (14 avril 1942) citée dans A. Delestre, *Uriage..., op. cit.*, p. 121.
3. Note manuscrite du secrétariat de l'ENU.

chefs Tournemire et Dary est la même : ils n'admettent l'intérêt de l'ENU que si elle doit être un mouvement politique.

Ces réactions amènent Chombart à souligner en conclusion de son rapport « combien le travail de mise sur pied de l'ENU va être délicat [1] ».

Du côté des Chantiers de jeunesse, la direction de l'ENU a voulu couper court à toute suspicion de débauchage en demandant à ceux de ses adhérents qui font leur temps de service aux Chantiers de s'abstenir des activités des associations d'anciens des Écoles de cadres, pour se consacrer à leur travail présent. Des consignes de prudence sont également données à ceux qui militent dans un mouvement de jeunesse agréé. Il faut éviter de « créer des cas de conscience inutiles », et on ajoute : « Lorsque nous serons mieux connus, on comprendra qu'il ne s'agit pas pour nous d'accaparer des gens déjà orientés vers d'autres buts, mais de leur donner le moyen d'enrichir leur mouvement propre par les contacts qu'ils pourraient avoir avec des représentants d'autres mouvements au sein des équipes [2]. »

Ces précautions et les contacts au sommet ont porté leurs fruits; dès décembre, le comité de l'ENU décide d'admettre, en qualité de membres actifs, les dirigeants des mouvements de jeunesse qui ont participé aux réunions d'Uriage. On sollicite, chez les EDF, le commissaire national Pierre François, qui donne immédiatement une adhésion chaleureuse, et André Basdevant, qui rencontre Segonzac en janvier. Pour les mouvements protestants, on demande conseil à Lochard, alors en poste à l'UCJG à Valence, et à Casalis, qui invite un représentant de l'association au congrès de Grenoble de la FFACE en février; on sollicite l'adhésion du commissaire national des EU, Gastambide. Chez les Scouts de France, Dary lui-même donne rapidement son adhésion, et d'autres membres du quartier général posent leur candidature qui est acceptée. Le chef éclaireur israélite Marc Haguenau devient membre de l'ENU au printemps 1942. Gortais, secrétaire général de l'ACJF, a été également invité à donner son adhésion [3]. Ces invitations et ces adhésions sont-elles plus que des gestes de courtoisie ? Faut-il y voir le signe que les préventions à l'égard de l'ENU ont totalement disparu ? En tout cas, l'École va utiliser la structure ENU en 1942 pour proposer des rencontres et une collaboration aux dirigeants des mouvements de jeunesse.

Il en va de même avec d'autres organismes. Chombart de Lauwe entre en contact avec le centre Économie et Humanisme à Marseille et invite le Père Lebret à Uriage. Un repérage discret a été fait des sympathisants de l'École dans les états-majors des régions militaires et dans les ministères. À Vichy, Lebrec, qui travaille dans les services de la Jeunesse, anime une équipe où se retrouvent de jeunes fonctionnaires de plusieurs administrations.

Bilan au printemps 1942

Le 1er avril 1942 sera dressée, par régions, la liste des membres de l'ENU qui ont payé la cotisation, reçu leur carte et l'insigne. Ils sont 195 (sans compter le personnel de l'École nationale), dont environ 80 instructeurs des écoles régionales. Parmi les personnalités amies, Jean-Marcel Jeanneney et Jean-Jacques Chevallier ont cotisé dès le début de 1942. À partir de mars, le

1. « Compte rendu des contacts pris par le chef Chombart de Lauwe » (2 p. dactylo.), signé par L. Lallement et inclus dans son dossier « Liaison Vichy, 2 au 6 novembre 1941 » (arch. ENCU).

2. « Note pour les Anciens d'Uriage et des écoles régionales de cadres actuellement dans les Chantiers de jeunesse, ou militant dans des mouvements agréés », *Équipe nationale d'Uriage*, bulletin n° 1, 1er janvier 1942.

3. Correspondances des personnes citées avec le service ENU, décembre 1941-janvier 1942 (arch. ENCU).

budget de l'ENU est également alimenté par des dons reçus de particuliers ou d'organismes, sous le couvert du service Prisonniers qui collecte des fonds pour les colis qu'il envoie dans les camps.

Encore restreint, développé moins rapidement peut-être qu'on ne l'avait envisagé au départ, le réseau de l'ENU donne au rayonnement de l'École un instrument souple. Servant au début surtout sa propagande (recrutement de stagiaires et diffusion des publications), il est destiné à multiplier les applications de l'esprit d'Uriage grâce aux initiatives des équipes locales, et peut-être à suppléer une éventuelle mise en veilleuse de l'École, qui se sait menacée.

Garrone n'avait pas tort de suspecter cette association, qui n'est pourtant pas une société secrète, ni une ligue ou l'ébauche d'un parti. Plusieurs textes d'orientation publiés par les premiers bulletins de l'ENU définissent, à condition d'y lire entre les lignes ce qui ne peut s'imprimer, les perspectives proposées aux fidèles; elles sont à la fois incertaines dans leurs modalités et très claires dans leur direction générale.

À la fin de 1941, on a présenté comme objectif principal de l'ENU le service de « l'unité française ». Chombart de Lauwe développe ce thème dans un article-manifeste :

> (...) L'ENU est au service de toute la communauté française. Nous sommes toujours en temps de guerre. En zone libre, on a parfois tendance à l'oublier. (...) Notre programme tient en deux mots : UNE FRANCE. Il n'y a pas pour nous quatre zones, des prisonniers, un Empire, mais « UNE FRANCE », une communauté française. Il n'y a pas des partisans de telle ou telle doctrine, des partisans de telle ou telle puissance étrangère, mais des Français. Il n'y a pas des mouvements qui s'opposent, mais des groupes de jeunes qui, tout en gardant leur personnalité, travaillent tous à la même œuvre. Il n'y a pas une histoire de France qui se termine en 1789, une autre qui commence à la Révolution, il y a toute l'histoire de France. Il faut avoir le courage et l'orgueil de tout son passé. Voilà l'idéal! la réalité en est loin (...).
> (...) Notre mission est d'être prêts. La paix apportera aux Français la possibilité de se retrouver unis dans la grande œuvre de résurrection du pays. En attendant, les heures sont incertaines et difficiles. Il importe qu'une élite française consciente d'elle-même soit le ciment tout préparé qui consolidera les éléments disparates. Notre travail doit être d'aider ces éléments à se reconstituer, à vivre et à entretenir le ciment. C'est le meilleur service que nous puissions rendre au chef de l'État. Le jour venu, il pourra, sur les bases qu'il aura préparées, rebâtir plus solidement que jamais l'édifice détruit.
> C'est pourquoi il ne faut pas attendre des mots d'ordre, des solutions provisoires et faciles. En nous-mêmes, dans nos milieux naturels, il faut retrouver la France, la faire vivre, l'animer (...) [1].

Les orientations proposées par l'équipe d'Uriage se fondent maintenant sur une vision tragique de la situation du pays. On n'y retrouve plus les espoirs qu'avait pu susciter l'élan de la Révolution nationale; même le rôle salvateur du Maréchal semble effacé. La division, la domination étrangère et l'impuissance du pays sont les réalités fondamentales d'aujourd'hui, comme l'écrit un peu plus tard Segonzac :

> La France s'efforce à ne pas mourir. Voilà bien le problème. On vit à peine quand il manque deux millions d'hommes, quand l'Empire est divisé en plusieurs morceaux, quand on a à nourrir un occupant nombreux et exigeant, quand le monde lui-même, tout entier, va à la catastrophe.
> Il s'agit de savoir si nous aurons assez de santé pour être capables de passer les caps les plus difficiles. Cette santé, à la lettre, doit être tant morale que physique [2].

1. P.-H. CHOMBART de LAUWE, « Prise de conscience », *Équipe nationale d'Uriage*, bulletin n° 1, 1er janvier 1942.
2. « Le Mot du Vieux Chef », *ibid.*, n° 3, mars 1942.

La mission que se donne Uriage est donc de reconnaître et de regrouper« les hommes de la vraie bonne trempe ». En cette période d'incertitude et de gestation, on n'a pas de consigne d'action simple à leur donner; il s'agit d'être forts et de se tenir prêts :

> Les meilleurs par définition surnageront seuls et seront les piliers sur lesquels on construira sans trop de peine. Nous avons le devoir d'être ou de devenir ces meilleurs. Que chacun d'entre nous assure sa condition physique et morale au jour le jour [1].

Il ne s'agit donc plus de fournir des cadres à la reconstruction immédiate entreprise par le Maréchal en 1940, mais de constituer des môles de survie et de force au milieu de la tourmente, piliers d'une reconstruction future. On ne dit pas, mais on pense évidemment qu'entre-temps s'insérera le moment de la lutte armée pour la libération; l'ambition de l'Équipe est d'associer les vertus militaires de courage et de discipline aux mérites de la compétence professionnelle et du dévouement civique. D'où l'appel final de Segonzac :

> Le problème posé est le suivant : peut-on recréer en France une élite d'hommes choisis sur leur caractère et leur valeur professionnelle, élite cohérente, animée d'un esprit de communauté, disciplinée, capable d'action vigoureuse et efficace non à son profit, mais à celui du pays?
> On ne peut bâtir une élite que si les matériaux de construction existent. Tout est là : les avons-nous? Aux Anciens de fournir la réponse [2].

1. « Le Mot du Vieux Chef », *Équipe nationale d'Uriage,* n° 3, mars 1942.
2. *Ibid.*

CHAPITRE X

L'École des cadres et les organisations de jeunesse

Dès sa naissance ou presque, l'École d'Uriage a été liée aux mouvements de jeunesse et elle a été progressivement impliquée dans les problèmes nouveaux que leur posent la situation du pays et la politique gouvernementale. Organisme d'État par statut, foyer de réflexion et de rencontre autonome par volonté, elle devient en 1941 l'un des protagonistes du jeu complexe qui s'instaure autour du SGJ et de sa « politique de la jeunesse [1] ».

On verra au chapitre suivant comment l'École s'insère dans cette politique et les tensions qui s'ensuivent avec les autorités. Du côté des mouvements et des organisations de jeunesse, l'action de l'École s'exerce à deux niveaux. Elle prend d'abord une certaine part à l'élaboration de la politique du SGJ envers les mouvements; elle intervient dans les débats qui concernent leur unification et leur autonomie et aboutissent à la définition d'un pluralisme contrôlé. Elle développe, d'autre part, des relations de coopération plus ou moins étroites avec chacun des mouvements et organismes de jeunesse : échanges de services, amitiés et influences individuelles.

VERS LE PLURALISME ORGANISÉ

Les mouvements scouts et confessionnels en 1940

Dès l'été 1940, la création de la direction de la Jeunesse et les premières pressions des partisans d'une organisation autoritaire ouvrent le débat sur l'avenir des mouvements de jeunesse. Une ordonnance allemande les interdit en zone occupée, tandis que les équipes de direction installées en zone sud ébauchent leur réorganisation en remplaçant les dirigeants prisonniers ou dispersés et en se donnant une ligne de conduite provisoire. Les organi-

1. A. Basdevant, « Les services de jeunesse pendant l'occupation », art. cit.; B. Comte, « Encadrer la jeunesse ? » dans *La Propagande sous Vichy 1940-1944*; « Les organisations de jeunesse », *Le Régime de Vichy et les Français,* colloque IHTP-CNRS juin 1990, actes à paraître; A. Coutrot, « Quelques aspects de la politique de la jeunesse », *Le Gouvernement de Vichy 1940-1942, op. cit.*; J. Duquesne, *Les Catholiques français..., op. cit.* (chap. VIII : « La jeunesse : un enjeu »); *Éducation populaire – Jeunesse dans la France de Vichy 1940-1944. Les Cahiers de l'animation,* 49-50, avril 1985; W.D. Halls, *The Youth of Vichy France, op. cit.*

sations de jeunesse qui étaient liées aux formations politiques ou syndicales de gauche, dissoutes en droit ou en fait, disparaissent de la scène publique, et leurs dirigeants sont réduits au silence; certains de leurs membres se retrouvent dans les nouvelles organisations alors en voie de création, Compagnons et Maisons de jeunes, puis Auberges de jeunesse, ou rejoignent les mouvements officiellement encouragés, comme les Éclaireurs neutres ou protestants. Les mouvements scouts et confessionnels, au contraire, s'apprêtent à faire face à de nouvelles responsabilités, en liaison avec la nouvelle administration de la Jeunesse. Parmi leurs dirigeants, pour la plupart récemment démobilisés, quelques-uns refusent cette collaboration. La grande majorité choisit la présence, motivée par des convictions diverses : fierté patriotique et assurance que la supériorité militaire ne suffit pas à donner raison au vainqueur; colère contre les responsables des erreurs et des fautes qui ont amené la défaite; volonté de participer à l'effort de redressement qui s'impose, de soulager les misères et d'être présent là où des jeunes sont menacés d'abandon ou d'embrigadement totalitaire; en conséquence, disponibilité aux propositions du nouveau ministère (qui promet des subventions), à condition que l'autonomie et l'esprit propre de chaque mouvement soient respectés.

Sur ce fond de réactions communes se détachent des attitudes particulières. On sait que plusieurs dirigeants des Scouts de France sont engagés dans les nouvelles institutions de jeunesse, au plus haut niveau, en vertu d'une mission civique à remplir et d'une similitude supposée entre les principes fondamentaux du scoutisme et ceux du nouveau régime. Ainsi, Goutet prend la direction de la Jeunesse, Dhavernas fonde les Compagnons et le général de la Porte du Theil les Chantiers, Schaeffer anime *Radio-Jeunesse* puis Jeune France, tandis que le Père Doncœur et le Père Forestier encouragent ces initiatives : ils se soucient tous de remplir un vide, et d'exploiter l'occasion d'étendre les méthodes et l'esprit du scoutisme à l'ensemble de la jeunesse. Aussi le scoutisme catholique est-il certainement l'organisation de jeunesse où se manifeste l'accord le plus spontané et le plus global avec les thèmes et les actions que le ministère propose aux jeunes.

Les autres associations scoutes, ainsi que les mouvements protestants, ne s'engagent pas autant, mais optent pour une attitude de présence active tout en affirmant leurs traditions spirituelles et en veillant à conserver leur indépendance. Les Éclaireurs de France maintiennent leur inspiration laïque et leur tradition de tolérance ouverte à tous les courants spirituels. Les protestants, marqués par l'inspiration barthienne, sont particulièrement soucieux, non seulement de continuer à faire barrage à l'éventuelle contagion du nazisme, mais encore de maintenir une distinction : le loyalisme envers l'État et le service de la communauté ne doivent pas entraîner l'aliénation de la liberté des témoins de la Parole de Dieu, unique Seigneur.

Cependant les six associations scoutes (Scouts de France, Guides de France, Éclaireurs de France, Éclaireurs unionistes, Éclaireurs israélites, Éclaireuses) se sont rassemblées en une fédération créée en octobre 1940, le Scoutisme français. Avant la guerre, le bureau interfédéral du scoutisme français, organe de coordination créé en 1928 sous la présidence d'honneur du maréchal Lyautey, était paralysé par les rivalités et les divergences entre associations; le fossé idéologique qui séparait les associations catholiques des autres s'était approfondi à l'époque du Front populaire. Dans l'été 1940, la nécessité de faire front commun pour sauvegarder l'existence et l'autonomie des mouvements et soutenir les plus menacés, EDF et surtout EIF, fait prévaloir l'union. La déclaration de l'Oradou, adoptée après de difficiles négociations, en constitue la charte. La Fédération sera présidée par un « chef scout », le général Lafont (auparavant chef scout des SdF depuis 1936), entouré d'un conseil national où sont représentées les six associations. En zone non occupée, le commissaire national EDF Pierre François préside le collège qui supplée le chef scout en son absence, tandis qu'un autre EDF, André Basdevant, assure le secrétariat général de la Fédération. Le Scoutisme français s'est donné un programme de rapprochement et d'harmonisation des structures et des méthodes des associations fédérées, qui conservent chacune leur autonomie [1].

Les mouvements catholiques fédérés par l'ACJF restent réservés, moins peut-être par opposition politique que par souci de maintenir leur spécificité. Participant avec prudence aux institutions nouvelles de jeunesse, ils sont particulièrement sensibles, appuyés en cela par un épiscopat pourtant très dévoué au Maréchal, aux menaces d'absorption ou d'étatisation. La JAC, cependant, semble avoir eu moins de réticence à exploiter la situation favorable créée par le nouveau régime, tandis que la JOC accepte de prendre des responsabilités dans la lutte contre le chômage des jeunes, tout en maintenant une nette distance avec le régime, peut-être par souci de coller à une mentalité ouvrière qui reste défiante.

Quant au nouveau mouvement des Compagnons de France, tel qu'il se développe au second semestre 1940 sur les bases de la charte de Randan rédigée en août, il est tout à fait original et riche de multiples possibilités. D'une part, en effet, il est engagé sans réticence dans l'œuvre de la Révolution nationale, et singulièrement dépendant du SGJ sur le plan administratif et financier; mais, d'autre part, le rassemblement œcuménique de diverses familles spirituelles qui a présidé à sa naissance, l'importance de l'élément laïc et de l'inspiration de gauche, le souci de tolérance et la volonté révolutionnaire font que son allégeance au régime et à son chef est susceptible de développements contradictoires. En bref, sa doctrine reste à édifier, sur la base de premières déclarations anti-individualistes et anticapitalistes, marquées aussi de personnalisme et d'esprit communautaire antitotalitaire.

Unité ou pluralisme de la jeunesse?

Dans la confusion des débuts, les autorités multiplient les déclarations et les gestes rassurants quant à la survie et à l'indépendance des mouvements, tout en les invitant à se regrouper, à accepter une discipline; on a vu l'échec du projet de « charte de la jeunesse » préparé par l'administration et refusé par les mouvements [2]. La collaboration institutionnelle, dans le cadre de l'Entraide nationale des jeunes, est amorcée, dans des conditions juridiques peu précises : les mouvements fournissent des cadres et les forment, le SGJ subventionne. Avec la formation du gouvernement Darlan et la promotion d'une nouvelle équipe de jeunes politiques ambitieux, des rumeurs courent sur « l'échec » de Lamirand et sur un projet de création d'un grand mouvement de jeunesse à vocation unitaire [3]. Dans ce climat d'incertitude et de confusion, une offensive idéologique des conservateurs nationalistes suscite une vive émotion et déclenche un long débat sur le thème : unité ou pluralisme des organisations de jeunesse. *La Revue universelle*, organe des intellectuels inspirés par l'Action française, a publié un article provocant d'Édouard Lavergne. Celui-ci condamne radicalement les « anciens mouvements de jeunesse », notamment confessionnels, qui, sous la République,

1. A. BASDEVANT, « Scoutisme français », *Jeunesse... France*, 1er novembre 1941; *Le Chef* (organe des EDF), novembre 1940; *Règles de base du Scoutisme français*, Vichy, 1943.
2. Voir J. DUQUESNE, *op. cit.*, pp. 212-214; W.D. HALLS, *op. cit.*, p. 140.
3. Voir E. MOUNIER, Carnets manuscrits *Entretiens XI*, 4 et 9 janvier 1941, 17 avril 1941.

ont « fait la preuve de leur impuissance » en ne réussissant pas à « faire des jeunes Français des hommes forts »; il est temps pour l'État de prendre acte de cet échec, et d'entreprendre le rassemblement de la jeunesse française pour le service de l'intérêt national. Le grand mouvement nouveau dont la création s'impose doit être fondé sur « les principes de l'obligation et de l'unité » contre « le dilettantisme et la multiplicité » qui ont régné dans le passé [1]. Cette déclaration émeut d'autant plus vivement les tenants du pluralisme et de l'autonomie des mouvements que le directeur de la revue, Massis, est introduit dans l'entourage du Maréchal et chargé d'une mission d'étude des problèmes de la jeunesse.

L'épiscopat de la zone sud rappelle, le 6 février, son opposition au mouvement unique, en lançant la formule : « Jeunesse unie au service du pays, oui! Jeunesse unique, non! », tandis que plusieurs revues, dont *Métier de chef*, *Esprit* et *La Revue des Jeunes* renouvellent dans les mois suivants leur défense du pluralisme [2].

C'est à ce moment que l'École d'Uriage est mêlée pour la première fois aux affaires des mouvements : elle accueille, du 1er au 3 mars, une brève session d'études qui rassemble, sous l'égide du SGJ, les dirigeants des principaux mouvements.

Réunion des mouvements à Uriage

Cette rencontre, la première depuis le lancement des Compagnons à Randan en août 1940, avait été réclamée par certains mouvements, mais toujours retardée par les autorités; y suppléaient en attendant des réunions régulières autour du chef du bureau des mouvements du SGJ, Dupouey [3]. En février, Segonzac avait proposé d'organiser à Uriage une session de trois jours où les dirigeants des mouvements pourraient « chercher les conditions d'une collaboration », tâche difficile qui suscitait l'ironie de Beuve-Méry, qualifiant en privé une telle réunion de « genre panier de crabes [4] ».

La rencontre est dirigée par Dupouey, en l'absence de Lamirand comme de Garrone qui vient d'entrer en fonction – comme si le SGJ souhaitait tâter le terrain avant de s'engager [5]. Une soixantaine de participants représentent, outre le SGJ, quelque 25 mouvements : les six associations fédérées dans le Scoutisme français, sept mouvements d'Action catholique (JEC et JECF, JOC et JOCF, JAC et JACF, JICF), les mouvements groupés dans le Conseil protestant de la jeunesse (Éclaireurs unionistes, Éclaireuses, Unions chrétiennes de jeunes gens et de jeunes filles, Fédération des associations chrétiennes d'étudiants), trois autres mouvements catholiques (dont la Fédération française des étudiants catholiques), les Compagnons de France, l'UNEF, l'association Jeune France, deux nouveaux mouvements d'action civique (les Équipes et cadres de la France nouvelle, qui ont pris la suite des Jeunes de la DRAC dans un esprit patriote et conservateur proche de la

1. É. Lavergne, « Pour une jeunesse nationale », *La Revue universelle,* nouvelle série, 2, 15 janvier 1941, pp. 96-102.

2. E. Mounier, « Programme pour le mouvement de jeunesse français » et « Unité française et pluralisme », *Esprit,* janvier 1941; « Les devoirs du pluralisme », *ibid.,* avril 1941; A. Cruiziat, « Unité dans la diversité », *Le Chef Compagnon,* 15 décembre 1940; M. Lelarge, « Vers un pluralisme actif », *Métier de chef,* mai et juin 1941; M. Dupouey, « Défense du pluralisme », *La Revue des Jeunes,* 15 avril 1941; M.-D. Forestier, « La réponse des faits », *ibid.,* 15 mai 1941.

3. Rapport présenté à l'assemblée générale des Éclaireurs unionistes de France par le commissaire national Gastambide, *Le Lien,* mai 1941, p. 119.

4. E. Mounier, *Entretiens XI,* 17 février 1941.

5. F. Ducruy, « La Jeunesse veut faire le point. En marge des journées d'Uriage », *Jeunesse... France!,* 22 mars 1941.

Légion, et la Jeunesse de France et d'outre-mer, plus activiste), et deux mouvements politiques fascisants (les Jeunesses paysannes de Dorgères et l'Union populaire de la jeunesse française, doriotiste).

La présence des trois derniers mouvements cités, partisans d'une organisation autoritaire de la jeunesse au service d'une politique d'extrême droite, détonne dans une assemblée où dominent nettement les éléments formés par le scoutisme et par les mouvements confessionnels, catholiques et protestants, ainsi que les étudiants. Un participant a même relevé « avec angoisse (...) que l'ensemble de la jeunesse non chrétienne était presque entièrement absente [1] ». En dehors de la conférence d'ouverture que prononce Beuve-Méry et qu'il conclut par une invitation pressante à la coopération entre mouvements, la session ne comporte guère d'exposés magistraux. C'est plutôt une série d'échanges de vues, dirigés par Dupouey, sur les thèmes de la Révolution nationale (comment la faire passer dans les mouvements, et à travers eux dans le pays), des problèmes ouvriers et paysans et du rôle SGJ Sur la formation des cadres, Segonzac intervient brièvement mais « de manière fort opportune, à en juger par les réactions de l'auditoire [2] ».

Dans une atmosphère « extrêmement amicale et confiante », marquée de « simplicité et franchise », animée par les exercices de chant dirigés par le chef Compagnon Cruiziat, les débats manifestent une convergence générale sur certains principes. Il y a d'abord « accord profond » sur « le maintien du pluralisme, à condition qu'il n'implique pas dispersion, désordre et mésentente » : il faut à la fois « sortir de cette anarchie dans laquelle nous avons trop longtemps vécu, et éviter un mouvement unique (...) qui porterait atteinte aux valeurs spirituelles auxquelles nous tenons [3] ». Prêts à collaborer entre eux, les mouvements admettent aussi que leur action éducative doit comporter une part de formation civique. En somme, on est d'accord, face à l'offensive des partisans de la « jeunesse d'État », pour concéder quelque chose au SGJ qui réclame plus de cohésion et un engagement civique au service de la Révolution nationale. Mais les esprits ne semblent pas mûrs pour passer aux réalisations. Ainsi, l'ambition d'atteindre toute la jeunesse française, que les mouvements proclament comme l'avaient fait les Compagnons à Randan, ne donne-t-elle lieu à aucune proposition nouvelle. On reconnaît la nécessité de dégager des élites dans tous les milieux, de former des cadres plus nombreux; c'est alors que Segonzac rappelle la mission de son École, et invite les mouvements à y collaborer en y envoyant en plus grand nombre leurs adhérents ou sympathisants. L'École pose en quelque sorte sa candidature à développer un service commun à l'ensemble des mouvements, qui favoriserait à la fois leur collaboration, leur rayonnement et leur élargissement; mais aucune décision n'est prise dans ce domaine non plus.

En ce qui concerne la manière de servir la Révolution nationale, une distinction semble avoir réalisé l'accord des participants : s'il faut intégrer « le » politique à l'action éducative – c'est-à-dire informer sur l'organisation du pays et ses lois, et préparer les jeunes à prendre leurs responsabilités dans la communauté nationale –, il n'est pas question de faire de « la » politique dans les mouvements, au-delà du loyalisme qu'on doit à l'État et plus particulièrement à son chef. Seules mesures pratiques finalement envisagées : la tenue régulière, à Uriage, d'assemblées des dirigeants des mouvements analogues à celle-ci, et la formation d'un comité consultatif auprès du secrétaire général à la Jeunesse. Cette réticence à engager des actions concrètes

1. G. Casalis, « Présence », *Correspondance* (FFACE), avril 1941, pp. 10-15.
2. F. Ducruy, art. cit.
3. Rapport de Gastambide cité, p. 119; R. Juteau, « Uriage, centre de rénovation nationale », *L'Espérance* (organe de l'UCJG), juin 1941, pp. 128-132.

peut s'expliquer par la force des habitudes particularistes, ou par la tendance invétérée de jeunes intellectuels à prolonger les discussions théoriques au lieu de décider du « premier pas à faire ensemble [1] ». Les dirigeants des mouvements sont sans doute aussi retenus par leurs incertitudes, sinon leurs inquiétudes, sur les intentions du SGJ lorsqu'il propose une collaboration organique, et sur la signification de la Révolution nationale.

Les véritables conclusions de ces journées sont tirées peu après par le SGJ, avec une note du bureau des mouvements intitulée : « Principe du pluralisme des mouvements de jeunesse. » Elle donne une définition et une justification officielle de ce pluralisme « exigé par les besoins naturels de la jeunesse », sur le triple plan spirituel, social et pédagogique, et déclare :

« Le principe d'union de la jeunesse doit être la reconstruction de notre Communauté nationale dans son sens le plus authentiquement français, c'est-à-dire dans le respect de la personne [2]. »

Ceci posé, le SGJ affirme son option pour un « pluralisme organique » qui dépassera la simple juxtaposition des mouvements. Ceux-ci doivent collaborer entre eux et avec le SGJ, dans le respect de l'intégrité spirituelle de chaque mouvement, ainsi que de l'originalité de ses méthodes. Pratiquement, la création de trois organismes est annoncée : un comité consultatif restreint, composé de personnalités compétentes et appelé à donner des avis sur la politique globale de la jeunesse; un conseil national des mouvements, organisme représentatif que le secrétaire général réunira trois ou quatre fois par an pour délibérer de leurs affaires; enfin des commissions de travail spécialisées, qui étudieront les techniques éducatives pratiquées par chaque mouvement.

Dès le 7 avril, le premier de ces organismes tient sa première réunion, sous le nom de Conseil national de la jeunesse. Lamirand en a nommé, pour un an, les sept membres : quatre dirigeants de mouvements (le général Lafont, président du Scoutisme français, Jeanne Aubert, présidente de la JOCF, Albert Gortais, secrétaire général de l'ACJF et Charles Nicot, chef national des Jeunesses paysannes de Dorgères), et trois personnalités (Jean-Jacques Chevallier, Hyacinthe Dubreuil et le Dr Biot); s'y ajoutent de droit, avec voix consultative, le directeur de la Jeunesse et le chef de l'École nationale des cadres. Le Conseil, réuni mensuellement, pourra soumettre des questions au secrétaire général, étudier des solutions, et donnera son avis sur tout projet de loi ou de décret concernant la jeunesse [3].

En ce printemps 1941, au moment de l'entrée en fonction de Garrone, l'École d'Uriage est donc devenue un partenaire du jeu qui se mène entre le SGJ et les mouvements. On retiendra de cet épisode les liens qui se sont noués entre l'équipe de l'École et l'ensemble des dirigeants des mouvements à la faveur de l'hospitalité d'Uriage, liens particulièrement confiants avec les mouvements protestants, à en juger par l'abondance des comptes rendus. Quant à l'influence exercée par Uriage sur les débats en cours, on ne la majorera pas, mais le fait que Beuve-Méry, en ouvrant la session, lui ait donné son arrière-plan et peut-être son langage, n'est pas indifférent. De manière plus générale, l'École est désormais un des éléments du front commun que forme le SGJ avec les mouvements pour la défense du pluralisme (le compte rendu de la réunion de mars publié par *Jeunesse... France* prend explicitement le contre-pied des thèses de Lavergne dans *La Revue universelle*) et semble y jouer un rôle intermédiaire. Elle renforce de son

1. F. Ducruy, *art. cit*; G. Casalis, « Présence », art. cit. et « Rencontre », *Le Lien*, avril 1941 (Éclaireurs unionistes); R. Juteau, art. cit.

2. « Principe du pluralisme des mouvements de jeunesse », note publiée par *Jeunesse... France!* (22 mars 1941) et par les revues des mouvements, à la demande du SGJ.

3. *Bulletin de presse* du SGJ, 7 avril 1941.

influence la pression qu'exerce le SGJ sur les mouvements pour qu'ils renoncent à une dispersion dangereuse et rassemblent leurs efforts; Segonzac et Beuve-Méry pensent même qu'un mouvement d'État organisé dans l'esprit libéral de Lamirand pourrait être préférable, pour faire barrage aux entreprises totalitaires, à une prolifération d'entreprises incontrôlables [1]. Elle se retrouve, d'autre part, aux côtés des mouvements pour défendre leur liberté d'action lorsque le pouvoir est tenté d'imposer une doctrine.

Dans les mois qui suivent, plusieurs stages spécialisés de l'École d'Uriage manifestent cette ouverture vers les mouvements de jeunesse, avec les deux sessions où les militants des Auberges de jeunesse reconstituent leur mouvement et un stage destiné aux chefs Compagnons. Les deux stages d'étudiants des vacances de Pâques rassemblent un public plus hétéroclite, malgré la forte participation de membres de la JEC et de la « Fédé » protestante.

La politique d'agrément

Cependant Garrone, désormais responsable des relations du ministère avec les mouvements, prépare le nouveau dispositif destiné à régler leur collaboration « organique » à l'action du SGJ. Pour présenter et faire accepter les mesures qu'il entend prendre, il convoque, à Uriage encore, une deuxième rencontre des dirigeants des grands mouvements du 3 au 5 juin 1941 (au lendemain de la visite de Darlan à l'École). À ces débats participent notamment les associations groupées dans le Scoutisme français, dans l'ACJF et dans le Conseil protestant de la jeunesse, ainsi que le mouvement Compagnon, les associations des Auberges de jeunesse et au moins un des mouvements à coloration antisémite, si c'est bien à cette session qu'éclate un vif incident. Un des participants ayant protesté contre la présence d'un dirigeant des Éclaireurs israélites, Garrone, très embarrassé, parle d'en référer au commissariat général aux Questions juives, mais les Scouts de France mettent fin au débat par une vigoureuse déclaration de solidarité avec leurs camarades israélites [2].

Garrone annonce dès l'ouverture qu'il est venu « dans l'unique intention de prendre les décisions qu'il savait nécessaires »; il s'agit, et la tâche est urgente, « de sauver l'âme de la France en chaque adolescent [3] ». Ayant ensuite invité chacun à s'exprimer, il constate l'opposition de « l'immense majorité des participants » à une unification totale de la jeunesse et leurs dispositions favorables à une collaboration. Il expose enfin son projet : le SGJ donnera son « agrément » à une dizaine de mouvements, ceux qui représentent authentiquement les grandes familles spirituelles de la France et offrent les garanties requises. Respectés dans leur originalité comme détenteurs, chacun, d'une part du patrimoine français, ils seront invités à un effort de compréhension et d'interprétation mutuelle, à un élargissement de leurs perspectives. À ces fins, le passage de leurs cadres dans les écoles régionales ou nationales du SGJ est prévu, à côté d'échanges de sta-

1. E. MOUNIER, Carnet manuscrit *Entretiens XI*, note du 4 janvier 1941. Voir dans le même sens P. DUPLOY, dans *Jeunesses et communauté nationale*, coll. Rencontres, 1941.

2. M. AUGIER, « Marchons au pas, camarades! Une enquête sur la jeunesse dans la Révolution nationale », *La Gerbe*, 24 juillet 1941. Garrone provoquera lui-même, un peu plus tard, un incident analogue en se faisant l'interprète des prétentions du commissariat aux Questions juives, d'après Mounier (*Entretiens XII*, 7 octobre 1941).

3. F. DUCRUY, « Les chefs des mouvements de jeunes se réunissent à Uriage », *Jeunesse... France*, 22 juin 1941. Voir aussi « A Uriage, les chefs de mouvements, réunis par M. Garrone, prennent des décisions capitales pour l'avenir de la jeunesse française », *Bulletin de presse* du SGJ, 23 juin 1941.

giaires entre les camps-écoles ou sessions de formation des divers mouvements. Enfin des procédures de consultation et de collaboration, aux niveaux régional (autour des délégués à la jeunesse) et national (au SGJ) seront instaurées, ainsi qu'un contrôle moral et financier des activités des mouvements, en échange des aides et des subventions qui leur seront accordées.

Les propositions de Garrone ont sans doute suscité de nettes réticences, puisqu'elles seront modifiées après négociation. Dans l'immédiat, les conclusions de la réunion ne donnent lieu à aucun communiqué. Un mois plus tard, le SGJ publie un texte que les organes des mouvements reproduiront, généralement sans commentaire. Présenté comme une déclaration spontanée et unanime, il reflète en réalité la philosophie civique de Garrone, réduite à des formules vagues auxquelles les mouvements ont donné leur accord d'assez mauvaise grâce :

> Les Mouvements de jeunesse, réunis à Uriage (...), se déclarent au service de la communauté nationale et s'engagent, dans la richesse de leurs diversités, à maintenir l'unitié profonde de la France, par celle de la jeunesse.

Cet engagement est précisé dans quatre domaines :

« Territorialement », les mouvements éduqueront leurs membres dans la pensée de la France *une*, par-dessus les divisions entre France libre, occupée, prisonnière ou d'outre-mer.

« Socialement », ils développeront la connaissance mutuelle entre différents milieux « pour vaincre l'isolement et l'antagonisme des classes ».

« Historiquement (...), ils enseigneront la continuité du peuple français (...), préoccupés de vivre la France sans esprit de système. »

« Spirituellement, ils restaureront et respecteront les communautés naturelles où vit l'âme de la France », et contribueront à fonder une « unité spirituelle profonde ».

La déclaration conclut :

> Ils reconnaissent comme valeurs spirituelles supérieures celles qui fondèrent l'unité française et la continuité du peuple dans le respect des vocations personnelles de la famille, du métier, de la cité. Sous l'égide du secrétariat général à la Jeunesse, ils resteront étroitement et organiquement unis, ouverts à tous et au service de tous pour la Révolution nationale et le relèvement de la France [1].

Les hommes d'Uriage, en butte alors à de graves difficultés, ne semblent pas avoir joué un rôle majeur, sinon celui de l'accueil, dans cette seconde réunion ni dans l'élaboration de la déclaration qui porte la marque de Garrone, avec l'insistance sur les « communautés naturelles » et la « continuité du peuple ».

Les négociations autour de la procédure d'agrément, dont Garrone fixe finalement les modalités le 20 juin, se déroulent en dehors de l'École, qui prépare alors sa session de juillet destinée aux cadres des écoles régionales. Le Scoutisme français obtient le premier son agrément, par convention bilatérale; il est suivi par le mouvement Compagnon réorganisé. Quant aux mouvements groupés dans le Conseil protestant de la jeunesse, ils accompagnent leur demande d'agrément d'une « note jointe » doctrinale d'une remarquable vigueur. Rappelant le fondement évangélique de leur mission éducative, ils posent les conséquences qu'ils en tirent : refus radical du racisme, du culte de la force et du nationalisme totalitaire; loyalisme

1. « Déclaration commune des mouvements de jeunesse français », texte publié par le SGJ à Vichy le 19 juin 1941 et inséré dans la presse des mouvements (*Jeunesse... France*, 22 juillet 1941). Voir l'éditorial du *Figaro* : CELTUS, « Une ou plusieurs " jeunesses " ? », 14 juillet 1941.

envers l'État, orienté par le « désir de travailler de toutes leurs forces à la libération et au redressement du pays [1] ». À la fin de l'été, la convention d'agrément signée par Boegner et Garrone entérinera ces affirmations. Enfin l'ACJF est l'objet d'une négociation entre SGJ et épiscopat. Celui-ci entend sauvegarder le caractère religieux des mouvements d'Action catholique et en garder le contrôle; il réclame même un droit de regard sur ce qui se passe dans les Écoles de cadres, Auberges de jeunesse et autres institutions neutres. Au nom de la distinction des domaines spirituel et temporel, il veut que l'action politique soit nettement écartée. Garrone, de son côté, demande aux évêques d'obtenir une meilleure discipline de leurs fidèles, notamment de certains dirigeants ou aumôniers de mouvements dont les consignes « ont pu passer pour des blâmes implicites » de l'action gouvernementale [2]. La convention finalement signée le 16 décembre donne en bloc l'agrément à tous les mouvements d'Action catholique reconnus tels par l'assemblée des cardinaux et archevêques. Elle sauvegarde à la fois l'autonomie des mouvements à l'égard du SGJ et l'autorité de l'épiscopat, puisque les directives données par le SGJ ne seront appliquées dans les mouvements qu'après accord de la hiérarchie, et par l'intermédiaire des délégués que celle-ci aura nommés auprès du secrétaire général. En ce qui concerne l'obligation du stage en Écoles de cadres, elle est réduite aux seuls dirigeants *permanents* des mouvements d'Action catholique; l'aumônier général de l'ACJF, régulièrement invité aux sessions, pourra les y accompagner [3].

Le rôle de l'École nationale des cadres

Le pluralisme a été maintenu et institutionnalisé, malgré les pressions de Pucheu au sein du gouvernement et les plaidoyers des partisans de l'unification autoritaire de la jeunesse. À la fin de l'année, une nouvelle offensive idéologique est lancée par François Gravier dans la revue *Idées*. Il réclame « une organisation civique de la jeunesse », en dénonçant « les mouvements de jeunesse traditionnels » (qu'il réduit au scoutisme, avec sa « puérilité moralisatrice » et sa « déficience intellectuelle affligeante »). Ils ont perdu leur utilité, déclare-t-il, comme la communauté artificielle qu'ils prétendaient créer, à l'heure où les communautés réelles de la nation reprennent vie. Ils doivent donc laisser la place, d'une part à des institutions comme les Maisons de jeunesse, « forme spécifique, plus riche et plus souple qu'aucune autre, de la Jeunesse unique », et d'autre part à un mouvement civique unique, « aile marchante de la Révolution nationale [4] ».

Les organes catholiques répliquent à nouveau, de *Cité nouvelle* à *Demain*, et les *Cahiers de notre jeunesse* s'appuient sur des textes de *Jeunesse... France* et citent Dunoyer de Segonzac avec le Père Doncœur et Thierry Maulnier [5]. La querelle de la jeunesse unique se poursuivra tout l'hiver, avec les assauts de Pucheu et les pressions contradictoires exercées sur le Maréchal

1. « Note jointe à la demande d'agrément du CPJ », dans *Le Conseil protestant de la jeunesse*, *op. cit.* Le pasteur Westphal explique dans sa préface que ce papier a été « écrit sous la contrainte de l'Esprit. Il est notre examen de conscience et notre engagement, la confession de toute notre responsabilité ».

2. A. BASDEVANT, « Les services de jeunesse pendant l'occupation », art. cit., pp. 73-74; J. DUQUESNE, *Les Catholiques français...*, *op. cit.*, pp. 216-217.

3. Voir le texte de la convention d'agrément, cité dans G. COMBES, *Jeunesse unie? Oui. Jeunesse unique? Non.*

4. F. GRAVIER, « Jeunesse et Révolution », *Idées*, décembre 1941.

5. A. de SORAS dans *Cité nouvelle*, 25 janvier 1942; A. DENYS dans *Demain*, 1er février 1942; *Cahiers de notre jeunesse*, février-mars 1942 et avril 1942.

dont est témoin le pasteur Boegner [1], jusqu'à la déclaration du chef de l'État au Conseil national, en mars 1942. Il y règle en principe la question, en affirmant que la jeunesse unie ne saurait être ni une jeunesse d'État ni une jeunesse unique. La politique d'agrément de Garrone assure aux mouvements reconnus des aides matérielles considérables sans entraver gravement leur liberté. Mais l'École d'Uriage ne joue plus de rôle organique, au second semestre 1941, dans les relations entre SGJ et mouvements. C'est à Vichy que Lamirand réunit en session d'études, du 20 au 22 novembre, les chefs des mouvements agréés et ceux des Écoles de cadres pour étudier les institutions nouvelles. Il s'agit d'ailleurs de montrer, au moment où l'École d'Uriage est suspecte d'« anarchisme doctrinal » et d'« objection de conscience », que la doctrine civique qu'elle prétend rechercher existe déjà. Elle paraît cesser alors de jouer ce rôle de lieu de rencontres et de catalyseur de l'union qu'elle a tenu au premier semestre.

Cependant les conventions d'agrément stipulent : « Nul ne peut être dirigeant d'une association agréée, s'il n'a pas effectué, selon le cas, un stage à l'École nationale ou à une école régionale de cadres du secrétariat général à la Jeunesse. » Les directives d'application données par Garrone précisent le rôle de ce stage, en des termes qui garantissent l'autonomie et la spécificité des mouvements et limitent le rôle de l'École nationale :

> Il importe que les chefs [des mouvements] aient des qualités générales et des aptitudes supérieures à celles que le mouvement seul pourrait exiger (...). Le mouvement préparera de tels chefs, mais le secrétariat général contrôlera cette préparation et l'aidera en faisant passer les chefs dans les Écoles de cadres, nationales ou régionales selon les cas. Celles-ci n'ont pas la prétention de doubler la formation donnée dans le mouvement ou de la « coiffer », elles ont le dessein de réunir les jeunes chefs d'organisations et de milieux différents, de les aider à se connaître, à confronter leurs problèmes respectifs et à déborder le cadre habituel de leurs vues, comme de les faire accéder ensemble à la connaissance des questions d'intérêt public (...). L'École nationale a pour but essentiel d'approfondir et de faire vivre l'esprit de la Révolution nationale (...). [En ce qui concerne] les modalités selon lesquelles s'effectuera le passage des chefs dans les Écoles de cadres, chaque mouvement aura son statut propre afin que ce passage ne vienne en rien désorganiser ou gêner son action [2].

On demande à l'École d'Uriage d'assurer un brassage entre les jeunes chefs de formation différente, et de propager « l'esprit de la Révolution nationale »; on est loin des ambitions plus vastes que Garrone avait encouragées au début de 1941 : développer son propre esprit, sinon sa doctrine, faire surgir et animer les élites nouvelles...

Comment ces principes ont-ils été appliqués à Uriage? L'École n'a réservé aucun de ses stages aux mouvements de jeunesse, à part le stage des chefs Compagnons et les deux sessions organisées au printemps 1942, l'une pour les bureaux d'études, l'autre pour les aumôniers d'Action catholique. Dans les autres cas, les cadres de mouvements qui participent à des stages sont mêlés à l'ensemble des stagiaires, sans que l'École cherche à les distinguer. Le rassemblement qu'elle organise les 14 et 15 août 1941, en présence de l'évêque de Grenoble, associe des membres des mouvements aux anciens élèves de l'École, mais il a un caractère avant tout local [3].

Les relations d'Uriage avec les mouvements se sont progressivement diversifiées et individualisées, marquées selon les cas par une certaine méfiance, quelquefois croissante, ou par une complicité confiante. La des-

1. M. Boegner, *Les Églises protestantes pendant la guerre..., op. cit.*, pp. 21-22.
2. Direction de la Formation des jeunes, « Instruction générale sur les mouvements de jeunesse », 1er septembre 1941.
3. « 15 août à Uriage », *Jeunesse... France*, 26 août 1941.

cription de ces relations bilatérales éclaire la situation originale de l'École dans l'ensemble des institutions de jeunesse.

COOPÉRATION RÉSERVÉE DES MOUVEMENTS CATHOLIQUES

La vue d'ensemble donnée ici, sous bénéfice d'inventaire, des relations de l'École d'Uriage avec les mouvements et organisations de jeunesse révèle un paradoxe. Les mouvements catholiques (ACJF, Scouts de France), ainsi que les Chantiers de jeunesse, organisations puissantes, proches, à l'origine, de l'équipe d'Uriage et lui fournissant une bonne part de sa clientèle, semblent avoir été globalement les plus réticents à son égard. Les mouvements minoritaires, comme les Éclaireurs de France laïques et les organisations protestantes, entretiennent avec elle, au sommet, des contacts plus étroits et souvent extrêmement confiants. Les organisations nouvelles enfin, comme les Compagnons et les associations restaurées des Auberges de jeunesse, se développent largement en solidarité avec Uriage et recherchent son appui.

Pour expliquer cette diversité des attitudes, on doit revenir sur ce qui fait l'originalité de chaque mouvement (à partir de ses publications, lorsqu'on ne dispose pas d'étude historique fondée sur des archives). Sans prétendre que la nature des relations avec Uriage constitue un discriminant essentiel pour dresser une typologie des organisations de jeunesse, on est amené à opérer un classement en recherchant des critères significatifs. Mouvements et organisations de jeunesse se différencient évidemment par l'âge et le nombre de leurs membres (adolescents ou jeunes adultes, masse ou élite), ainsi que par la cohérence et la vigueur de leur inspiration pédagogique et idéologique. À l'égard d'Uriage, leur attitude semble commandée d'une part par les options pédagogiques (le « brassage » ou la spécialisation) et parfois théologiques (rapports du spirituel et du temporel), d'autre part par les orientations philosophico-politiques (l'influence du personnalisme, le degré d'adhésion au régime et à sa politique de la jeunesse).

Les Scouts de France

Du côté des Scouts de France, le contraste est frappant entre la grande place que tient le mouvement dans la vie de l'École d'Uriage, et le faible écho qu'il paraît avoir donné aux activités de celle-ci. On a vu l'importance des emprunts faits par l'École, dès sa création, aux techniques d'encadrement et de formation du scoutisme jusque dans les rites et le vocabulaire. Plus profondément, l'esprit d'Uriage doit beaucoup aux valeurs exaltées par le mouvement scout, même s'il les transpose : servir, avec le sens de l'honneur et de l'équipe; dégager de nouvelles élites en leur proposant l'effort et le dépassement. Bien des familiers de l'École ont été sensibles à cette parenté, que ses dirigeants ne renient pas et que paraît incarner un Cazenavette, produit exemplaire de l'éducation scoute et pilier de l'École d'Uriage dont il est le premier des chefs d'équipe. Dans les causeries de l'École comme dans les articles de *Jeunesse... France* où sont présentées les diverses organisations de jeunesse, le scoutisme vient toujours en premier et le journal de l'École abonde en informations sur la vie du mouvement et ses manifestations publiques. Or le mouvement des Scouts de France, de son côté, semble n'avoir jamais mis beaucoup de zèle à faire connaître Uriage. On a déjà remarqué le souci de ses dirigeants de faire des écoles régionales qu'ils contrôlaient des « Écoles scoutes de France » en les défendant contre les influences étrangères, y compris celle d'Uriage, et notamment en combattant la neutralité religieuse [1]. De manière plus surprenante, les publications officielles du mouvement (les deux mensuels *Servir – La Route des Scouts de France*, « organe fraternel des Scouts-Routiers » et *Le Chef*, « organe officiel des Scouts de France », revue destinée aux cadres) n'ont jamais présenté à leurs lecteurs l'École d'Uriage, alors que les articles concernant les Chantiers de jeunesse abondent dès 1940, et que les autres organisations sont citées ou présentées. Contrairement aux organes des autres mouvements, jamais les publications SdF n'invitent un routier à rendre compte d'un stage effectué à Uriage; elles ne mentionnent pas les réunions des dirigeants des mouvements qui s'y tiennent et, lorsqu'elles évoquent l'activité des écoles régionales SdF, c'est sans mentionner l'École nationale [2]. Celle-ci n'est évoquée qu'une fois en ces années par *La Route*, de manière allusive et un peu ironique, à propos du « célèbre et classique secrétaire d'ambassade » qu'on initie à la « promenade Deffontaines » empruntée au scoutisme [3].

Seules les revues de presse de ces organes citent, de manière élogieuse, *Jeunesse... France*. En avril 1942 encore, le commissaire national de la branche Route énumère les diverses organisations où un scout-routier peut rendre service en oubliant l'École nationale des cadres [4]. À l'automne 1942 seulement, l'organe des Routiers citera Uriage parmi les organisations de jeunesse qui témoignent d'un esprit commun, avec les Scouts et les Compagnons [5].

On n'a pas de traces non plus de relations au sommet entre l'École et le mouvement (visites ou correspondances) mis à part le contact avec Dary qui l'amène à donner son adhésion à l'ENU. Situation paradoxale, alors que l'École compte beaucoup d'anciens scouts dans ses élèves et dans ses amis et qu'elle ne les détourne pas de la fidélité à leur mouvement. Cette froideur ne peut être fortuite; un témoignage fait même état d'une circulaire du quartier général invitant les animateurs des troupes scoutes à une vigilante réserve dans leurs contacts avec les gens d'Uriage [6].

Deux motifs peuvent expliquer cette attitude, ils se recouvrent d'ailleurs partiellement. C'est d'abord un réflexe d'autodéfense de la part d'un mouvement qui voit proliférer les institutions qui puisent dans son expérience et son patrimoine et craint peut-être de ne pas tirer tout le bénéfice d'une situation exceptionnellement favorable. Le changement de régime justifie ses critiques passées envers une société déchristianisée, individualiste et démoralisée, tandis que la présence de plusieurs de ses anciens dirigeants à la tête des nouvelles institutions de jeunesse devrait lui assurer une position privilégiée. La situation d'autonomie et l'influence que l'École d'Uriage conquiert progressivement en cette première année, le rôle que lui reconnaît Garrone, portent-ils ombrage au mouvement scout, qui a dû accepter de s'associer à ses frères rivaux protestants et laïques dans le Scoutisme français, où il sent peut-être son originalité menacée?

Il y a d'autre part l'influence des deux religieux qui sont les maîtres à penser des Scouts de France. Le Père Forestier, aumônier général des Scouts en même temps que des Chantiers, et son maître et ami le Père Doncœur qui a repris du service comme aumônier des Routiers, manifestent

1. Circulaire du QG des SdF du 6 février 1941 citée « Réunion des chefs d'écoles ».
2. F. Basseville (commissaire délégué aux Écoles), « Écoles de cadres et scoutisme », *La Route des Scouts de France*, février 1941; note signée F.B., *Le Chef*, janvier 1941.
3. J. Foillard, « À propos d'un article de *Candide* », *La Route...*, septembre 1941.
4. J. Chaveyriat, « Route », *Le Chef*, avril 1942.
5. F. Jaeger, « Rassemblements », *La Route*, octobre 1942.
6. Témoignage d'A. Ridard sur une tournée des Comédiens routiers (juin 1941).

une suspicion puis une opposition résolue envers les orientations d'Uriage. On a vu, dès la fin de 1940, l'attaque portée par le premier contre la « neutralité » religieuse des Écoles de cadres, et la présence silencieuse de l'autre aux journées d'études d'Uriage; une deuxième visite du Père Doncœur à l'École, en février 1941, ne semble pas avoir été plus féconde, puisqu'il s'est contenté de lire aux stagiaires, à la veillée, des pages de Péguy. Dans les mois qui suivent, Segonzac et Beuve-Méry acquièrent la conviction que leur entreprise a trouvé dans le Père Forestier un adversaire influent. Le désaccord fondamental entre les intellectuels d'Uriage proches d'*Esprit* et le Père Doncœur, malgré l'importance de l'héritage commun et la similitude fréquente du vocabulaire (Péguy), dépasse évidemment l'affaire de la neutralité religieuse, qui n'en est qu'un symptôme. Il est politique, mais plus profondément encore philosophique et théologique : une conception de l'engagement des chrétiens, de la discipline et de l'obéissance, de l'ordre et du pouvoir, donc de la liberté, est au fond en cause.

La pensée du Père Doncœur

Le Père Doncœur développera en 1942, dans son livre *Péguy, la révolution et le sacré*, sa vision de « la révolution de 1940 », réponse providentielle aux cris du prophète Péguy. Péguy dénonçait la stérilité du « monde moderne » et appelait une restauration du sens du sacré, un « ressourcement » dans une mystique d'où jaillirait la véritable révolution, à la fois spirituelle et temporelle. C'est précisément, pour Doncœur, ce qui s'est engagé en 1940. Il s'agit en effet de tout autre chose qu'un simple changement constitutionnel, le nouveau régime est véritablement « un mode nouveau de l'État (...). La Révolution a réintroduit le sacré dans le gouvernement d'un pays qui en avait perdu jusqu'au sens ». La prise de commandement par le maréchal Pétain est un événement « charismatique » dont les circonstances constituent au sens propre « un sacre ». Le chef de l'État investi dans ces conditions peut « disposer souverainement du sort de la France, comme un père du patrimoine dont il est héritier »; ses actes revêtent le caractère « intouchable » propre au sacré, comme dans les sociétés anciennes où, « par-delà toutes les instances juridiques, le chef créait un ordre transcendant de justice hors de toutes nos atteintes ». Certes, le charisme qui consacre les grands chefs peut receler une imposture; mais

> lorsque le chef ajoute à ces prestiges celui de la sagesse et de la bonté, celui du courage et du plus sublime désintéressement, alors un peuple se recueille et, renonçant à ses privilèges anarchiques, sûr des voies où on l'emmène, demande à l'obéissance et à la foi son salut [1].

C'est à une véritable sacralisation du régime, de l'autorité de son chef et de la Révolution nationale que se livre Doncœur. Il en tire les conséquences dans un article où il montre en quoi consiste le civisme chrétien. Il rappelle d'abord les principes et distinctions traditionnels de la réflexion chrétienne : nécessité de l'engagement dans les entreprises du monde, contre les scepticismes, les peurs ou les scrupules; règles de prudence à observer à l'égard des affaires politiques, selon la valeur des fins poursuivies et des moyens employés. En principe, il faut distinguer trois situations : face aux entreprises temporelles mauvaises (dans la fin ou les moyens), le chrétien doit s'engager courageusement dans l'opposition; dans les cas douteux (manque d'information, difficulté de porter un jugement), il a le droit et peut-être le devoir de s'abstenir; lorsque l'entreprise apparaît au contraire

1. P. Doncœur, *Péguy, la révolution et le sacré*, *op. cit.*, pp. 51-56.

« impure » (bonne dans sa fin, et en gros dans ses moyens, quoique mêlée d'éléments douteux), le chrétien qui a choisi l'enracinement dans le réel, toujours impur, doit son concours à ceux qui travaillent pour le bien. Celui qui refuserait alors, même de bonne foi, de répondre à l'appel des représentants légitimes du pouvoir engagé dans cette voie, mériterait d'être condamné comme « objecteur de conscience aveuglé ».

Doncœur applique ensuite ces principes à la France de 1941, où un homme glorieux et vénérable « s'engage dans la plus tragique aventure » avec l'amour désintéressé de son pays. Il s'agit évidemment d'une « entreprise impure : substantiellement juste et noble (...), mêlée de contingences »; par conséquent « la règle du chrétien, comme citoyen, sera de s'y engager résolument », sans rechercher une pureté chimérique que les affaires temporelles ne sauraient comporter. Il y a certes les droits de la conscience. En régime démocratique, ils s'exerçaient par la critique et le refus; aujourd'hui, ils se limitent pour le chrétien à apprécier la légitimité morale de l'action menée par un pouvoir autoritaire. Puisque cette légitimité est démontrée, le citoyen ordinaire n'a pas à s'ériger en juge de la valeur politique des actes du pouvoir légitime. Sur ces questions techniques, c'est à bon droit que « le régime autoritaire de la France nouvelle (...) réserve la parole aux citoyens responsables et compétents ». Les autres lui doivent un entier loyalisme; que chacun « s'occupe de soi et de son office ». Une telle attitude ne saurait être suspectée de compromettre la foi ou de l'inféoder au pouvoir, puisqu'il s'agit de se conduire en citoyen, dans la poursuite d'un objet temporel.

Le propre du chrétien sera de s'engager à fond sur la voie ainsi tracée à la lumière de la foi, en ne réservant que « l'honneur de Dieu » et en espérant conserver « un cœur pur » quelle que soit la fortune des actes qu'il posera [1].

Ces affirmations assurées du Père Doncœur ont surpris certains de ses disciples et amis et provoqué leurs protestations devant ce qui leur apparaît comme un retournement. Il leur a certes toujours enseigné l'enracinement dans les réalités « temporelles » et le devoir d'engagement; mais la cause était celle de la restauration en France d'un « ordre chrétien ». Elle impliquait une réserve critique, avant la guerre, envers les engagements directement politiques : le travail d'éducation et d'apostolat pour « refaire une chrétienté » avait la priorité. Or la doctrine de l'engagement civique prônée en 1941 conclut à un devoir d'obéissance pratiquement inconditionnelle envers le chef d'un gouvernement autoritaire.

Le retournement n'est qu'apparent. Certes il y a envers le Maréchal le dévouement zélé du jésuite marqué par l'expérience des tranchées, promoteur enthousiaste de la cause des religieux anciens combattants, bouleversé par la défaite de 1940 et recevant comme un miracle les paroles du vieux soldat sur le « don de sa personne » [2]. Mais plus profondément, Doncœur semble avoir toujours conservé la nostalgie d'un ordre intégral, à la fois spirituel et temporel, et d'une convergence héroïque des énergies. Il a vu surgir en 1940 un pouvoir politique enfin favorable, après des décennies d'hostilité, à l'Église et aux valeurs religieuses. C'est pour lui la fin d'un long divorce, la chance de refaire un « tissu social » dans la perspective communautaire de la chrétienté. Il veut saisir à tout prix cette chance. Il est certes foncièrement hostile au nazisme et à la loi du vainqueur, mais donne une priorité absolue à l'œuvre entreprise par le Maréchal pour redresser la France de l'intérieur en faisant appel à l'union de tous les bons citoyens.

Son article paraît à la fin de 1941, au moment où, Pucheu étant à l'Intérieur, le renvoi de Weygand trouble bien des officiers et des anciens

1. P. DONCŒUR, « L'engagement, dialectique de la conscience civique », *Cité nouvelle*, 10 décembre 1941.

2. Voir P. DONCŒUR, « Le chef de France », *La France vivra* (Noël 1941).

combattants, et alors que, peu après l'interdiction d'*Esprit* et de *Temps nouveau*, on diffuse clandestinement à Lyon « France, prends garde de perdre ton âme », premier *Cahier du Témoignage chrétien*. D'autres jésuites y dénoncent non seulement la mystique antichrétienne du nazisme mais aussi sa stratégie de pénétration en France à la faveur de la « collaboration » du gouvernement de Vichy. Ce sont les options de la résistance, patriotique et spirituelle, que Doncœur dénonce en fait comme « abstention » coupable et « objection de conscience aveugle ». L'argument est répandu en 1941 ; on verra comment Garrone l'exploite contre Mounier.

Il y a sans doute aussi chez le Père Doncœur une part d'angélisme, de méconnaissance de ces réalités économiques, sociales et idéologiques qu'il qualifie d'« impures ». Cette lacune est aggravée par un certain isolement où il s'enferme, à l'égard notamment de ses confrères jésuites de Lyon ; entraîneur habitué à la compagnie de disciples plutôt que de pairs, il ne recherche pas les confrontations ou les instances de réflexion collective qui permettent à d'autres de s'informer et de s'éclairer mutuellement. Ainsi le fossé se creuse-t-il entre ceux qui, comme lui, érigent en devoir de conscience absolu l'obéissance au Maréchal et à son gouvernement, la mobilisation au service de la Révolution nationale, et ceux qui entendent d'autres appels : la lutte sur tous les fronts contre le nazisme, la préparation à la reprise de la guerre aux côtés des Alliés. La contradiction entre les deux attitudes n'apparaîtra que progressivement, c'est l'enjeu d'une lutte d'influence qui va se durcir dans les organisations de jeunesse catholiques.

L'influence du Père Forestier

Le Père Doncœur ne développe pas explicitement cette théologie civique dans les publications des Scouts de France, mouvement d'adolescents et de jeunes [1]. Son ami le Père Forestier n'y fait que prudemment allusion. S'adressant au aumôniers scouts dont il est l'animateur, il souligne le succès rencontré depuis l'armistice par l'esprit et les méthodes du scoutisme, non seulement dans les organisations de jeunesse qui l'imitent toutes quelque peu, mais plus largement encore chez les nouveaux dirigeants :

> Actuellement, tous ceux qui travaillent à faire remonter la pente à notre pays en viennent forcément à se fixer comme objectifs ceux-là mêmes que le scoutisme s'était fixés depuis vingt ans (...). Le gouvernement ouvre toutes grandes, dans l'enseignement d'État et la Marine, les portes au scoutisme et à ses méthodes (...) [2].

Mais le Père Forestier dévoile ailleurs le fond d'une position théologico-politique qui se révèle identique à celle du Père Doncœur. Les « articles d'orientation » qu'il donne régulièrement (depuis 1935) à *La Revue des Jeunes* sont habituellement consacrés, en 1940 et 1941, aux aspects religieux, moraux et pédagogiques de l'effort qui est demandé à la jeunesse pour participer au redressement du pays. À la fin de 1941 cependant, Forestier va plus loin en insistant explicitement à deux reprises sur le devoir d'obéissance au Maréchal et à ceux auxquels il délègue son autorité. Dans le long article qu'il consacre au livre du général Laure, *Pétain*, après avoir retracé la carrière du Maréchal et fait l'éloge de l'homme et du chef, il change de registre et poursuit en théologien :

1. Voir P. DONCŒUR, *La Route des Scouts de France. 1941. Doctrine et programme*, texte repris sous le titre *Jalons de Route, programme pour de jeunes chrétiens* dans les publications *Construire*, 5ᵉ série, et aux éd. de l'Orante, 1942, 36 p.
2. M.-D. FORESTIER, « L'heure du Scoutisme », éditorial du *Bulletin de liaison des aumôniers scouts*, supplément au *Chef*, avril 1941.

> Faut-il ajouter que si les dons exceptionnels, le passé prestigieux du Maréchal lui ont fait confier les destinées de la France, ce n'est plus en raison de ses qualités, en vertu de notre admiration, que nous lui devons l'obéissance civique : c'est parce qu'il est le chef légitime.
> (...) Le chef, même s'il a été choisi par les hommes, ne tient son pouvoir que de Dieu, et doit être comme tel obéi dans ce qu'il ordonne, en vue du bien commun de la cité. Chef dans sa personne (...) et dans celle de ses seconds (...). Nous avons bien besoin de désintoxiquer nos esprits de la manie de critiquer ou de dénigrer nos chefs, ce qui nous rend ingrats, souvent injustes et parfois stupides.
> Quand c'est pour Dieu que l'on obéit, disait Léon XIII, la soumission est raisonnable, l'obéissance pleine d'honneur. Il peut arriver – et nous avons connu naguère cette situation – qu'en certaines circonstances, une telle soumission représente un fameux acte de foi. Qu'elle devrait paraître aisée, en ces jours où c'est toute une longue vie de service et d'honneur qui nous est garante des lendemains.

Il conclut, après avoir rappelé curieusement que le Maréchal est à jamais le vainqueur de Verdun « pour l'Histoire et pour la Légende » :

« Une première fois, en ces heures grandioses, Dieu s'est servi de lui pour nous sauver (...). Saurons-nous nous réjouir assez d'avoir à notre tête quelqu'un à aimer qui incarne notre Patrie et la dirige, comme il en fut toujours aux plus belles heures de notre histoire et de notre grandeur [1]. »

C'est ensuite l'anniversaire du 11 novembre qui inspire au Père Forestier une méditation politico-morale sur la leçon des vingt dernières années; elle s'achève, dans une effusion lyrique, sur une sorte de vision d'extase. Les sacrifices de la génération des tranchées ont été gâchés par « la paix maçonnique des banquiers » et les erreurs qui ont suivi, jusqu'au désastre de 1940. Mais aujourd'hui l'espérance est revenue, surgie « d'un crédit ouvert dans le ciel et d'une présence sur la terre » :

« Présence des morts dans le Ciel. Présence du Maréchal sur la Terre. Rayons qui percent les nuées. Allons, amis, courage, les camarades sont là et le Chef est à la barre. L'avenir sera, la grâce de Dieu aidant, ce que nous le ferons [2]. »

L'adhésion à la personne, à l'autorité et à l'œuvre du Maréchal relève, dans ces écrits, de la foi religieuse et ne laisse évidemment guère de place à un examen critique. Les deux religieux ont-ils explicitement prêché dans le mouvement scout catholique cette vision sacralisée du nouveau régime ? Il est certain que, par les réseaux d'obédience filiale et de confiance intime qui se sont tissés autour d'eux depuis quinze ans, bon nombre d'aumôniers et de dirigeants du scoutisme catholique ont connu ces positions et subi leur influence. Faut-il ajouter que les esprits étaient préparés, dans le scoutisme catholique, à suivre ces conseils? Oui, si l'on considère l'imprégnation d'une idéologie, due précisément à Doncœur et à Forestier, dans laquelle sont associés la chrétienté à refaire, le sens de la hiérarchie et de la discipline, la recherche d'un ordre sacré [3]. Mais le culte de la chevalerie, la fierté patriotique et l'esprit de résistance liés à Verdun, le refus du nazisme et le goût de l'engagement jusqu'au sacrifice de la vie pouvaient aussi favoriser la réaction inverse d'opposition à Vichy, comme cela a été le cas pour certains disciples du Père Doncœur qui se sont alors séparés de lui.

1. M.-D. Forestier, « Quand le général Laure parle du Maréchal Pétain », *La Revue des Jeunes*, nouvelle série, 13, novembre 1941, pp. 1-8 (reproduit dans R.P. Forestier, *Jalons de Route*).

2. M.–D. Forestier, « Communicantes (11 novembre 1918-11 novembre 1941) », *La Revue des Jeunes*, 14 décembre 1941, pp. 1-5 (reproduit *ibid.*)

3. Voir Ph. Laneyrie, *Les Scouts de France, op. cit.*, pp. 103-110 et 134-138 et « Le mouvement des Scouts de France, face aux totalitarismes dans les années 30 », *Revue d'histoire de l'Église de France*, 191, juillet-décembre 1987, pp. 263-268.

Aussi, l'hostilité de Doncœur et de Forestier envers les orientations qu'a adoptées l'École d'Uriage influence-t-elle au moins une partie des responsables des Scouts de France. Les discours de l'abbé de Naurois, les analyses de Mounier et de Beuve-Méry, et certaines déclarations de Segonzac sont estimés imprudents, inopportuns, voire sacrilèges, et le climat d'Uriage moins sain que celui des Chantiers, malgré la sympathie qu'on peut avoir pour le tonus pédagogique et patriotique dont fait preuve l'École. En 1942, le général Lafont, ancien supérieur militaire de Segonzac, lui fera sentir qu'il manque de loyalisme [1].

La froideur des relations au sommet entre Scouts de France et École d'Uriage n'empêche pas le développement de contacts à la base et d'amitiés confiantes entre Scouts catholiques et équipiers d'Uriage. Au reste, malgré les fortes structures hiérarchiques du mouvement scout et son culte de la discipline, les situations locales sont diverses, et dépendent, surtout chez les Routiers, de la personnalité et des options des aumôniers ou de tel chef influent. Mais les Scouts de France, en tant que corps, apparaissent au total avoir été relativement réfractaires à l'esprit d'Uriage, dont l'influence s'exerce de l'extérieur sur certains de leurs membres; on verra une situation analogue du côté des Chantiers.

Mouvements d'Action catholique

Les relations de l'École avec l'Association catholique de la jeunesse française et ses mouvements spécialisés semblent marquées également, à cette époque, par des réticences ou des divergences. La direction de l'ACJF pour la zone sud est installée à Lyon, avec le secrétaire général Albert Gortais et l'aumônier général le Père Lambert, s.j.; les mouvements spécialisés JAC, JEC, JOC, JIC, ont également établi leurs secrétariats pour la zone sud à Lyon ou dans sa banlieue, ainsi que l'organisation des Groupes d'amitié aux Chantiers qui regroupe les membres des mouvements de jeunesse catholiques (Scouts et Action catholique) présents dans les Chantiers de jeunesse. En juin 1941, une équipe de dirigeants et d'anciens de l'ACJF lance à Lyon une revue mensuelle, les *Cahiers de notre jeunesse*, qui, sans être l'organe officiel de l'association, s'appuie sur ses options éducatives et religieuses pour inciter à l'engagement civique – c'est-à-dire à la résistance spirituelle contre le paganisme nazi.

L'ACJF et les mouvements d'Action catholique spécialisée qu'elle fédère depuis 1927-31 occupent une position particulière dans l'ensemble des mouvements de jeunesse. C'est dû d'abord à leur nature essentiellement apostolique, qui en fait, pour l'Église catholique, des instruments de reconquête de la jeunesse (évangélisation, rechristianisation collectives) autant que d'éducation et de formation de leurs membres. Nés au lendemain de la rupture entre l'Église et l'Action française, les mouvements « spécialisés » sont particulièrement chers aux évêques nommés à cette époque par Pie XI, au premier rang desquels le cardinal Gerlier. Ils sont, certes, dirigés par des équipes de laïcs et inspirés par des aumôniers dont les jugements civiques et politiques ne sont pas toujours ceux de la majorité de l'épiscopat; cependant, leurs relations avec les institutions de jeunesse créées en 1940 sont liées pour une part à l'attitude de l'épiscopat envers le régime et sa politique : volonté de sauvegarder l'autonomie et l'originalité de ces mouvements face aux menaces d'étatisme ou de « jeunesse unique », mais aussi souci de maintenir et de fortifier de bons rapports avec un régime favorable à l'Église, à ses idées et à ses intérêts. C'est peut-être ce qui amène la JEC, d'abord réservée à l'égard du régime, à lui marquer plus de

1. Témoignage du général Dunoyer de Segonzac.

sympathie dans l'année 1941-42, lorsque l'accord entre Garrone et l'épiscopat a donné satisfaction à celui-ci [1].

D'autre part, sur le plan des options civiques, un noyau de responsables de ces mouvements, surtout à l'ACJF et à la JEC, est préparé à donner une priorité au combat contre les totalitarismes, et donc porté à une certaine réserve face aux propositions et à la propagande de Vichy. Une information sérieuse a été diffusée par leurs publications dans les années d'avant-guerre; répercutant les textes de *Sept* et de *La Vie intellectuelle*, les organes de la JEC et de l'ACJF ont armé leurs lecteurs contre la menace totalitaire, surtout celle du néo-paganisme nazi [2]. Les liens avec les anciens dirigeants devenus militants démocrates-chrétiens et engagés dans la Résistance en 1941, l'influence des inspirateurs lyonnais de la résistance spirituelle, contribuent à une attitude de vigilance sinon d'opposition à l'égard du régime. La JEC a certes fait campagne en 1938-39 sur plusieurs thèmes qu'on retrouve dans l'idéologie de la Révolution nationale; elle parlait en effet de reconstruire une communauté nationale sur les bases saines des traditions rurales et chrétiennes, de promouvoir le travail, la famille et la patrie et de combattre pour un redressement moral. Cependant la vigilance, sans doute inégalement partagée dans les groupes locaux, est pratiquée par Gortais au secrétariat général de l'ACJF et par Simonnet à celui de la JEC. Elle s'exprime ouvertement dans les *Cahiers de notre jeunesse*. La distance à l'égard de la Révolution nationale est donc ici plus marquée, jusque dans les mots d'ordre de participation à la construction d'une véritable communauté française. Sur le plan pédagogique enfin, les mouvements spécialisés s'adressent chacun à un milieu social dont il entend prendre en charge l'originalité, l'expérience et les problèmes, en recherchant l'apostolat du semblable par le semblable. Ils se sont fait une véritable doctrine de cette « spécialisation », qui permet à leurs yeux l'éducation et la christianisation de la masse par et dans la transformation du milieu; c'est particulièrement vrai de ceux qui s'adressent aux milieux populaires, JOC et JAC.

L'ensemble de ces caractères explique qu'à l'égard d'une institution comme l'École d'Uriage, il y ait, du côté de l'ACJF, à la fois une convergence certaine des orientations civiques et philosophiques et des décalages de méthode et de stratégie. À considérer les textes des *Cahiers de notre jeunesse*, et l'adhésion ultérieure à l'équipe d'Uriage de membres de l'ACJF, on est frappé par les convergences (vision personnaliste et communautaire, volonté de réaliser l'intégration de la communauté nationale à partir de la transformation de chaque groupe social, et surtout effort de réarmement moral contre les menaces totalitaires et le silence complice). Mais, dans les textes officiels et le comportement des directions des mouvements, se manifestent souvent des réticences envers l'activité de l'École d'Uriage. Institution d'État, confessionnellement neutre, recherchant systématiquement le « brassage » entre les divers milieux, elle semble prendre le contre-pied des méthodes de l'Action catholique spécialisée.

Réticences

L'École ne semble pas avoir noué de rapports étroits au sommet avec l'ACJF. Le rapport présenté par Gortais dès janvier 1941 au conseil fédéral de Lyon manifeste une nette réticence envers les entreprises qui prétendent

1. Voir J. Duquesne, *Les Catholiques français..., op. cit.*, p. 211 sq.; E. Mounier, « Entretiens XI », *Œuvres*, t. IV, p. 693; A.-R. Michel, *La JEC face au nazisme et à Vichy (1938-1944)* pp. 138-160.

2. A.-R. Michel, « L'ACJF et les régimes totalitaires dans les années 1930 », *Revue d'histoire de l'Église de France*, 191, juillet-décembre 1987, pp. 253-262.

s'adresser indistinctement aux jeunes de toute origine. Ainsi, à propos de la formation des élites, il rappelle la doctrine de l'ACJF :

« (...) *Des dirigeants dans chaque milieu*, donc *une élite ouvrière, une élite paysanne* (...). Toutes les fonctions de chef ne sont pas interchangeables (...). C'est dans leur vie de paysan que doivent se former les chefs paysans (...). »

Plus clairement encore, à propos de la consigne d'union de la jeunesse française, il explique qu'union n'est pas uniformité, mais collaboration fraternelle entre des groupes reconnus différents, et il précise :

> Le brassage méthodique entre les jeunes appartenant aux différents milieux, si sympathique soit-il (...), ne supprime aucunement ce problème fondamental. Même si ce brassage doit réussir à faire naître des liens d'estime réciproque et d'amitié entre ces jeunes, il reste qu'après de telles rencontres plus ou moins prolongées, le fils de bourgeois se retrouve bourgeois et le fils d'ouvrier se retrouve ouvrier.

Aussi, consciente de l'artifice des expériences communautaires qui proposent « un temps de vie commune éloignée de toutes ces préoccupations », l'ACJF entend faire découvrir aux jeunes « non pas simplement le sens de leur vocation de Français, mais surtout – afin d'échapper aux décevantes abstractions et d'être réalistes comme la vie elle-même l'exige – le sens de leur vocation d'ouvrier français, de paysans français, de bourgeois français [1] ».

Deux ans plus tard, dans un contexte de rupture et de clandestinité qui explique sa sévérité envers les entreprises du SGJ, Maurice–René Simonnet, dans un nouveau rapport aux dirigeants de l'ACJF, reprend de manière plus polémique les griefs de l'ACJF envers la méthode des Écoles de cadres. Dressant le bilan, parmi les « faux remèdes » aux difficultés de la jeunesse, des tentatives du SGJ pour encadrer la jeunesse, il évoque explicitement les stages en « Écoles de cadres » en ces termes :

> (...) Il faut des cadres, des chefs. On en manque. Créons-en ! Poser et résoudre le problème de façon aussi simpliste, c'est le mal poser : encadrer la jeunesse, c'est un moyen. On encadre pour conduire quelque part (...). Le but, c'est d'éduquer, de former des hommes. Mais on ne forme pas un homme abstrait, interchangeable. On forme tel homme, de tel âge, de tel milieu social : autant d'hommes à former, autant de cas particuliers. Il aurait dû en résulter une grande variété d'Écoles de cadres. Et il n'en fut rien. On « forme » dans les mêmes sessions des chefs de Chantiers de la Jeunesse, des délégués à la jeunesse, des moniteurs d'éducation physique, des meneurs de jeu, des dirigeants de mouvements, des moniteurs de colonies de vacances, etc., etc. En trois semaines de stage, on était promu « chef » bon à tout faire [2].

Il critique plus loin de la même manière les efforts d'unification de la jeunesse entrepris par le SGJ. L'ambition de rapprocher les milieux sociaux par le « brassage » a été déçue ; quant à l'unité entre les divers mouvements, c'est par l'uniformisation sous l'action de l'État qu'on l'a cherchée, et notamment lorsqu'on a prétendu former leurs chefs « dans les mêmes écoles de cadres où ils recevaient la même formation » – prétention à laquelle l'opposition des mouvements a réussi à faire échec.

L'École d'Uriage est clairement visée par ces jugements sévères, qui comportent d'ailleurs un contresens sur ses objectifs pédagogiques. Simon-

1. A. Gortais, « Les jeunes au service de la communauté française », rapport présenté par le secrétaire général A. Gortais à la réunion des présidents diocésains et dirigeants fédéraux de l'ACJF à Lyon, janvier 1942 [erreur pour janvier 1941], dans *Sept ans d'histoire au service de la jeunesse et de la France*, p. 44.

2. « Notre politique de la jeunesse », rapport de M.-R. Simonnet aux réunions clandestines de Montmartre, Toussaint 1943 (*Ibid.*, pp. 137, 143).

net en avait cependant une connaissance directe, l'ayant visitée dès la fin de 1940 et étant revenu faire une conférence en 1942 [1].

Du côté de l'épiscopat, c'est le cardinal Gerlier qui, un an après la conférence de Mgr Guerry à Uriage, reçoit Chombart de Lauwe et lui fait part de ses inquiétudes à propos du pluralisme. Il se montre très intéressé par les informations qui lui sont données sur l'activité de l'École, très satisfait d'y savoir les convictions catholiques ouvertement affirmées, contrairement à ce qui lui avait été rapporté, mais réticent devant la création d'une association d'anciens élèves qui pourrait concurrencer l'Action catholique [2]. C'est d'ailleurs au même moment que Mgr Chollet, négociant au nom de l'épiscopat la procédure d'agrément des mouvements par le SGJ, demande à celui-ci que « quelque contrôle » soit accordé à l'Église pour vérifier que, dans les Écoles des cadres, Maisons de jeunes et Auberges de jeunesse « il n'y ait jamais rien de contraire à sa doctrine ou à la morale [3] ».

La réticence certaine de l'ACJF devant les méthodes des Écoles de cadres se retrouve même dans les *Cahiers de notre jeunesse*. René Wargnies, auteur d'un article sur ce sujet, exprime sa sympathie pour l'expérience d'Uriage en signalant certaines lacunes (les problèmes institutionnels). Il estime que, si l'École a su être utile lors des réunions des dirigeants de mouvements, c'est cependant au sein des diverses familles spirituelles que doit être menée l'éducation des nouvelles élites. En somme, l'expérience est appréciée dans la mesure où elle n'empiète pas sur l'action des mouvements mais se contente d'y apporter un complément. Cependant les *Cahiers*, dès leurs premiers numéros, citent *Jeunesse... France* en bonne place dans leur revue de presse et signalent les brochures de la collection « Le Chef et ses jeunes ». La sympathie et la solidarité s'affirmeront plus nettement en 1942, et les *Cahiers* citeront Segonzac (curieusement associé à Doncœur) parmi les voix « les plus authentiques de la jeunesse », auprès de qui on peut chercher « des leçons de courage, de ferveur et d'espoir, bases d'un relèvement vrai [4] ».

Collaborations

Si la direction de l'ACJF est demeurée relativement réservée devant l'expérience d'Uriage et ses méthodes, certains des mouvements spécialisés qu'elle fédère ont développé des relations particulières avec l'École des cadres. De nombreux jécistes y ont fait un stage dès la Faulconnière, et Michel Rondet, le secrétaire fédéral de Grenoble, a fréquenté Uriage et organisé une conférence de Segonzac pour les étudiants [5]. Mais au niveau dirigeant, ce sont la JOC et la JAC qui ont eu les contacts les plus suivis avec l'École, peut-être à cause de la présence au SGJ de certains de leurs dirigeants et, pour la JOC, à cause de son rôle dans l'Entraide nationale des jeunes en 1940 – expérience qui semble d'ailleurs avoir été décevante. Il y aura toujours des jocistes à Uriage, comme stagiaires, comme conférenciers et, à partir de l'été 1941, comme interlocuteurs du bureau d'études dans son effort pour penser les problèmes ouvriers et syndicaux. Malgré les réti-

1. *Jeunesse... France!*, 8 janvier 1941; « Plan des études », dossier du stage de formation février-août 1942 (arch. ENCU), voir annexe IX.
2. « Liaisons Vichy, 2-6 novembre 1941 » (arch. ENCU).
3. Lettre du 25 octobre 1941, citée par J. DUQUESNE dans *Les Catholiques français..., op. cit.*, pp. 216-217.
4. R. WARGNIES, « Les Écoles de cadres du régime nouveau », *Cahiers de notre jeunesse*, 2, juillet-août 1941; « À travers la presse – Jeunesse et Révolution », *ibid.*, 7, février-mars 1942.
5. *Bulletin de presse* du SGJ, n°s 4-5, novembre-décembre 1940. Témoignage de Michel Rondet, s.j.

cences de la JOC devant le système officiel d'encadrement de la jeunesse et son malaise devant le style scout ou militaire et la « mystique de la jeunesse [1] », malgré sa défiance envers le mouvement Compagnons en qui elle craint un rival, elle a suivi avec une relative sympathie les efforts d'Uriage.

La JAC a envoyé moins de stagiaires à Uriage qu'aux écoles régionales : les traditions et la mentalité du milieu le rendent peu réceptif à certains aspects du « style de vie » d'Uriage. Cependant, Jean Terpend puis d'autres membres du mouvement sont régulièrement invités à Uriage pour y présenter soit le mouvement lui-même, soit plus généralement le monde paysan, ce méconnu. Et dans l'été 1941, un délégué d'Uriage est invité, avec des moniteurs de Jeune France et des chefs scouts, à participer à l'animation d'un « camp-école de jeunes ruraux » organisé à Limoux par un viticulteur jaciste. Premier du genre, ce camp amalgame la formule traditionnelle des journées d'études de la JAC avec les méthodes des « camps de jeunesse » imitées du scoutisme et pratiquées à Uriage. *Jeunesse... France* y voit un « premier essai », qui a fait découvrir aux jeunes paysans les vertus de l'éducation physique, des chants et des jeux, et qui inaugure une collaboration entre la JAC et les Écoles de cadres [2]. La JAC organisera effectivement par la suite des sessions de formation et même des stages de trois semaines pour la formation des « jeunes chefs du monde rural », mais ces réalisations se feront hors de toute association organique avec l'École d'Uriage. Plus engagée que les autres mouvements d'Action catholique dans les tâches de formation et de prise de responsabilité proposées par le régime, avec la Corporation paysanne, la JAC ne se lie guère aux Écoles.

Au total, le bilan de la collaboration avec l'Action catholique semble mince, malgré la présence de stagiaires et la convergence croissante des perspectives d'Uriage avec celles des *Cahiers de notre jeunesse*. Il en aurait sans doute été autrement si l'équipe d'Uriage avait compté des membres influents des mouvements d'ACJF, capables de faire comprendre à leurs dirigeants le sens de l'expérience au-delà des singularités de style ou de vocabulaire et de la prétention à opérer un « brassage » étranger à l'Action catholique. La situation évoluera en 1942, avec la nécessité de faire front contre les menaces d'unification forcée de la jeunesse. Dès le printemps 1942, une session exceptionnelle est organisée à l'École pour des aumôniers de groupements catholiques de jeunesse; cette réalisation implique l'accord des évêques, et au moins l'atténuation de certaines préventions et suspicions. Mais si les malentendus sur la « neutralité » sont dissipés, le problème des méthodes demeure, comme le révèle cette interpellation lancée par les stagiaires aumôniers aux responsables de l'École :

« Nous avons besoin de chefs, certainement. Mais, demandent avec insistance les dirigeants de l'AC, formez-nous des chefs *pour le milieu auquel ils sont destinés*. À cette seule condition nous vous enverrons nos militants jocistes. Autrement, vous formez des chefs *in abstracto, sans efficacité* [3]. »

La relative réserve du scoutisme catholique et des mouvements de l'ACJF à l'égard de l'École d'Uriage est sans doute la résultante de ces facteurs croisés. L'École, proche du scoutisme par le style et la perspective éducative, s'en éloigne par ses ambitions intellectuelles et surtout par ses interrogations idéologiques et politiques; la convergence de sa démarche

1. Voir le témoignage d'André VILLETTE, ancien secrétaire général de la JOC : « La Jeunesse ouvrière chrétienne pendant la guerre », Comité d'histoire de la Deuxième Guerre mondiale, réunion de la commission d'histoire de la vie religieuse, 13 juin 1979, multigraphié, 46 p.

2. P.-H. CHOMBART de LAUWE, « Un camp-école de jeunes ruraux organisé par la JAC dans l'Aude », *Jeunesse... France*, 8 septembre 1941.

3. « Uriage 22-26 juin 1942. Impression d'un stagiaire », document anonyme dactylo., 4 p. (arch. ENCU).

avec celle d'une partie de l'ACJF sur ce dernier terrain est masquée par la différence des méthodes et du climat. Il reste cependant la part des influences et des amitiés individuelles : par les stages et par la lecture des publications de l'École, bien des militants des mouvements catholiques sont entrés en relation avec elle, et certains ont adhéré à son esprit.

SYMPATHIES CHEZ LES MINORITAIRES

Originalité protestante

L'École d'Uriage suscite plus d'intérêt chez les mouvements de jeunesse protestants. En 1940, les cinq associations, dont deux féminines et une mixte, regroupent quelque 20 000 adhérents [1]. La plus importante est celle des Éclaireurs unionistes, installée à Vichy et dirigée, sous la présidence de Jean Beigbeder, par le commissaire national Jean Gastambide, qui est également membre du collège de direction du Scoutisme français, et délégué des EU à la direction initiale du mouvement Compagnons. La vénérable association des Unions chrétiennes de jeunes gens (UCJG) dirigée par Jean Beigbeder à Cauterets, a son secrétariat à Valence. Enfin, la Fédération française des associations chrétiennes d'étudiants (FFACE) présidée à Paris par le pasteur Pierre Maury, est représentée à Grenoble, pour la zone non occupée, par le pasteur Charles Westphal. Elle a son siège à Nîmes, puis Lyon, avec le jeune pasteur Georges Casalis comme secrétaire général.

Malgré la diversité de leurs méthodes et l'ouverture qu'elles ont toujours manifestée aux non-protestants, ces associations ont formé, dès 1940, un ensemble relativement homogène et très solidaire. L'ancienne Commission inter-mouvements, qui assurait avant la guerre un lien assez lâche entre les cinq organisations et avec les Églises, a donné naissance à un Conseil protestant de la jeunesse. Ébauché dès juillet 1940 à Montauban autour du président Marc Boegner, il est officialisé en juillet 1941 à Nîmes, comme association déclarée destinée à recevoir l'agrément du SGJ, après que les Églises eurent accepté d'en être en quelque sorte les tutrices et les garantes devant les pouvoirs publics. Le protestantisme français a donc rapidement réalisé un front commun dans le domaine de la jeunesse, auquel le président Boegner se montre très attentif dès l'été 1940 [2]. Le développement de l'association caritative CIMADE traduit et renforce cette cohésion. Deux traits originaux caractérisent ces mouvements. C'est d'abord l'importance de leurs liens internationaux, par les Unions chrétiennes de jeunes gens et de jeunes filles rattachées aux Alliances universelles à dominante anglo-saxonne (YMCA pour les garçons), comme par la Fédé des étudiants (FFACE); celle-ci fait partie d'une Fédération universelle, dont Pierre Maury a été secrétaire général et dont Suzanne de Dietrich est une des secrétaires à Genève sous la présidence du pasteur Visser't Hooft. Second caractère : ces mouvements dans leurs équipes dirigeantes, et tout particulièrement la Fédé, sont, dans le protestantisme français, des foyers privilégiés de la pénétration du courant inspiré par Karl Barth. Maury a été le premier introducteur en France de la pensée du théologien suisse, tandis que Westphal et Casalis ont provoqué en 1939 et 1940 la rédaction de ses deux lettres aux protestants français, stimulation à s'engager dans la lutte contre le

1. Voir G. CASALIS, « La jeunesse protestante en zone non occupée 1940-1942 », dans *Églises et chrétiens dans la Deuxième Guerre mondiale. La France*, pp. 101-115; M. BOEGNER, *Les Églises protestantes pendant la guerre..., op. cit.*
2. Voir P. BOLLE, dans *Églises et chrétiens... La France, op. cit.*, p. 153.

nazisme [1]. Eux et leurs amis sont attentifs à l'exemple donné par Niemöller et l'Église confessante allemande, directement affrontés à la domination nazie. Aussi le CPJ et les directions des mouvements sont-ils fortement intégrés au groupe d'intellectuels, de pasteurs et de responsables qui constitue l'aile avancée du protestantisme français engagée dans la résistance spirituelle. Casalis et Gastambide sont parmi les seize participants de la réunion de Pomeyrol (septembre 1941) où est élaborée une charte théologique du refus du nazisme et de l'antisémitisme. Au nom de la révélation biblique de la transcendance de Dieu qui condamne toutes les idôlatries, et du message évangélique de l'unique souveraineté de Jésus-Christ, sont radicalement rejetées toutes les formes de totalitarisme et de racisme [2].

Les Éclaireurs unionistes sont entrés en relation avec l'École d'Uriage dès l'automne 1940, dans le cadre de l'Entraide des jeunes. Les trois camps-écoles qu'ils créent alors sont dirigés par trois chefs issus de la Faulconnière ainsi que leurs adjoints, sous le contrôle du commissaire national Juteau qui a lui-même participé à la deuxième session de l'École. La presse officielle du mouvement publie ces nominations [3], puis consacre régulièrement une page aux informations concernant les trois écoles et annonce leurs sessions. Dans son rapport annuel sur la vie du mouvement, le commissaire national évoque longuement la fondation et l'activité de ces écoles, et le rôle de l'École d'Uriage [4]. Les Éclaireurs unionistes déclareront avec satisfaction avoir donné dans leurs écoles « un enseignement analogue à celui que donne l'École d'Uriage sur la Révolution nationale : révolution personnelle et sens communautaire [5] ».

Ces premières relations de coopération vont se préciser au début de 1941, et devenir tout à fait cordiales. La réunion des dirigeants des mouvements à Uriage en mars 1941 a bénéficié d'une forte participation protestante, avec notamment, du côté masculin, Bruston et Juteau (représentant les UCJG), Gastambide (EU) et Casalis (FFACE). Les responsables protestants, relativement satisfaits des travaux, en rendent longuement compte dans leurs publications, contrairement aux dirigeants des mouvements catholiques. Tandis que le commissaire Gastambide résume à l'assemblée générale des EU les débats et les conclusions de cette réunion « extrêmement amicale et confiante [6] », Casalis, dans la revue de la Fédé, évoque rapidement le contenu et l'atmosphère de la session avant de développer ses réflexions sur le bilan de cette rencontre. La revue scoute *Le Lien* reprend presque textuellement cet article, dont *La Revue des Jeunes* et *Esprit* citent ensuite des extraits [7]. Puis Juteau, représentant des UCJG aux journées d'Uriage, joint au compte rendu qu'il en fait dans la revue du mouvement, une présenta-

1. Voir G. Casalis, « La jeunesse protestante... »; P. Bolle, « L'influence du barthisme dans le protestantisme français », *ibid.*, p. 59-66; « Les protestants et leurs Églises devant la persécution des Juifs en France », dans *La France et la question juive*, pp. 171-195; R. Fabre, « Les étudiants protestants face aux totalitarismes dans les années trente », *Revue d'histoire de l'Église de France*, 191, juillet-décembre 1987, pp. 269-284.

2. P. Bolle, « Les protestants et leurs Églises... » *op. cit.*, pp. 181-182; « Les thèses de Pomeyrol », dans *Spiritualité, théologie et résistance. Yves de Montcheuil, op. cit.*, pp. 182-195.

3. *Le Lien*, revue mensuelle des chefs EUF, septembre et novembre 1940.

4. « Rapport du commissaire national J. Gastambide à l'assemblée générale de l'association des Éclaireurs unionistes, 30 mars 1941 », *ibid.*, mai 1941, pp. 124-125.

5. Rapport du commissaire national sur les EU en 1941, *ibid.*, janvier 1942.

6. « Rapport... » cité, *Le Lien*, mai 1941, p. 119.

7. G. Casalis, « Présence », *Correspondance*, avril 1941, pp. 10-18; « Rencontre », *Le Lien*, avril 1941; « Rencontre à Uriage », *La Revue des Jeunes*, avril 1941; « Deux autocritiques des mouvements de jeunesse », *Esprit*, mai 1941.

tion d'ensemble, extrêmement sympathique, de l'École des cadres. Après en avoir rappelé les origines, il en présente le chef, animé de

> cette foi profonde – foi religieuse, mais aussi foi dans les destinées de la France – qui est à la source de toute action (...). Autour de lui, une équipe d'une vingtaine d'instructeurs, tous désintéressés comme lui, ardents, convaincus (...). Tous vivent en communion de pensée avec le chef. Ils seraient prêts à le suivre n'importe où. Ils sont unis entre eux par la tâche de chaque jour. Ils forment vraiment une communauté.

Décrivant ensuite « le but et la méthode » de l'École, il souligne qu'Uriage n'a jamais eu la prétention de former des chefs en trois semaines, mais entend simplement réunir les jeunes responsables d'aujoud'hui et de demain pour les faire réfléchir, les amener à collaborer et surtout développer en eux le sens de l'action et l'enthousiasme :

> Ce qui importe, c'est qu'il y ait des Français conscients de ce qu'ils sont et de ce qu'ils veulent, dignes de la plus haute tradition de leur pays; des Français qui, bien que vaincus matériellement et subissant extérieurement la loi du vainqueur, ne le soient pas spirituellement au point de devenir dans leur âme et dans leur vie intérieure des esclaves. Voilà le sens qu'Uriage donne d'abord à la rénovation nationale : susciter des hommes neufs, développer à la fois le sens de la personnalité et celui de l'appartenance à une grande communauté. C'est pourquoi Uriage est avant tout un centre d'études : il faut penser juste pour agir efficacement. Il faut connaître tout ce que fut la France et sa richesse spirituelle. Il faut savoir aussi ce qu'elle est aujourd'hui, la pénétrer dans toutes les manifestations de sa vie, dans ses aspirations et dans ses mouvements. La méthode vise donc à l'épanouissement complet de la personne dans le cadre d'une communauté solide et disciplinée : l'un ne va pas sans l'autre. C'est toute une nouvelle vie, dont beaucoup font à Uriage la découverte (...).

Enfin Juteau évoque le projet d'association des anciens en cours d'élaboration, avant de conclure :

> L'École s'élargit et perfectionne ses moyens; mais c'est surtout l'extension de son rayonnement qui importe au redressement de la France et de sa jeunesse. Nous ne doutons pas qu'Uriage continue sûrement sa marche en avant. Nous croyons en son avenir [1].

Une profonde communauté de vues

Aussi c'est à Uriage que le même Juteau pense organiser, en avril, une rencontre des cadres des écoles régionales des EU. Entre-temps ont eu lieu, à Pâques, les deux sessions spéciales d'étudiants; la FFACE a presque colonisé la seconde avec une vingtaine de « fédératifs » présents sur quelque 80 stagiaires, et parmi eux Casalis et le futur pasteur André Dumas. Celui-ci rend compte du stage dans la revue de la Fédé, en termes également sympathiques, après que Lochard (membre de l'équipe d'Uriage) eut présenté cette « école d'hommes ». Soucieux de caractériser les orientations de l'École, Dumas note avec satisfaction, en regrettant que les stagiaires n'y soient pas suffisamment attentifs, « la différence étonnante de contenu mis sous le slogan de " Révolution nationale " à Uriage et à la radio, par exemple ». Il est heureusement surpris de constater la grande place faite aux valeurs chrétiennes, dans un enseignement qui s'adresse à tous sans caractère confessionnel :

« Je dis ceci en remerciant Dieu que parmi ces hommes de caractère dont

1. R. Juteau, « Uriage », centre de rénovation nationale », *L'Espérance*, art. cit.

l'École de cadres avait besoin, se soient justement trouvés un grand nombre de jeunes formés par la foi en Jésus-Christ et vivant dans son Église. »

Dumas a relevé les deux caractères dont l'association fait l'originalité d'Uriage : « On sent la marque de jeunes militaires » dans la pratique de la vie collective, tandis que « intellectuellement, l'influence du groupe *Esprit* se fait sentir première à Uriage, corrigée peut-être par un sens plus évident de l'efficacité concrète, ainsi que par un vocabulaire moins unifié ». Après avoir noté encore que pour les gens d'Uriage les tâches à accomplir après la défaite ne relèvent pas d'un « programme dicté », mais d'une « exigence à découvrir en l'accomplissant », il conclut en citant « ces phrases presque littérales du Vieux Chef : Nous gardons le sentiment fragile mais puissant qu'il y a en France des valeurs spécifiques et premières. Les deux principes de la Révolution nationale sont alors le respect de la personne et le désir de vivre en communauté (...) [1] ».

Les membres des mouvements protestants ont donc été amplement, précisément et intelligemment informés des buts et des activités de l'École en ce printemps 1941. Peu après, Segonzac est appelé à parler devant le groupe de la Fédé de Grenoble : sa causerie « Agir » succède à celle du pasteur Roland de Pury « Espérer » [2]. En février 1942, la FFACE tient son congrès de zone non occupée à Grenoble, et une « belle balade à Uriage » en est le point final. Jacques Lochard alterne les fonctions de responsabilité qu'on lui confie dans les mouvements protestants d'une part, à l'École d'Uriage de l'autre. Déjà chef EU, il est nommé à l'automne 1941 membre du secrétariat des UCJG, mais est accaparé au premier semestre 1942 par son travail d'instructeur-chef d'équipe au stage de formation de six mois d'Uriage. Revenu en septembre aux EU, qui le nomment commissaire national à la Route, il adresse, dans son premier éditorial, un appel aux routiers protestants; il les invite à participer plus nombreux à « l'ardente recherche » qui rassemble à Uriage de jeunes hommes « parmi les plus inquiets et les plus tourmentés – et aussi parmi les plus ardents et les plus résolus [3] ».

De cette active sympathie réciproque, on pourrait trouver des explications dans la situation particulière des dirigeants protestants. Plus que jamais minoritaires en face des mouvements catholiques dans une jeunesse où la plupart des organisations laïques ont disparu, et sur la défensive dans une conjoncture politique où ils peuvent redouter les complicités entre la hiérarchie catholique et le régime, ils ont sans doute été séduits par la netteté des positions « œcuméniques » qu'a prises l'École, et par la liberté de parole qui y règne. Ils ont pu aussi être initiés au décryptage du langage convenu et aux intentions patriotiques et spirituelles profondes de l'École, par les amis proches qu'ils ont dans la place. Après Ollier de Marichard (ancien militant des Éclaireurs unionistes et de la Fédé en même temps que des Étudiants socialistes et du mouvement ajiste) et le pasteur Lochard, c'est Pierre Hoepffner qui arrive à Uriage en 1941, venant de l'école régionale de Tonneins. Tous trois adhèrent très fortement à l'esprit et au style de l'École, comme un peu plus tard Le Veugle à Saint-Étienne.

Casalis, appréciant cette époque avec le recul du temps, saluera l'École d'Uriage, « réalité sans doute ambiguë, mais infiniment salutaire et tonique dans la France d'alors » et bienfaisante pour les mouvements de jeunesse protestants, auparavant « largement paralysés par l'élitisme du protestantisme français, minoritaire et décimé par la persécution » :

1. A. Dumas, « Session d'étudiants de Pâques 1941 », *Correspondance*, mai 1941, pp. 25-28; J. Lochard, « Uriage, École d'hommes », *ibid.*, pp. 21-24.
2. « Nouvelles des groupes », *ibid.*, juillet 1941.
3. Assemblée générale des UCJG, à Castres, octobre 1941, *L'Espérance*, janvier 1942; J. Lochard, « Les hommes que nous formons », *Le Lien*, septembre 1942.

> [Uriage, avec] l'extraordinaire circulation des hommes et des idées qui caractérisait chacune des sessions, [a favorisé] l'éclatement des mentalités du ghetto protestant, [en donnant] la vision d'une France diverse et composite, et pourtant une dans sa volonté de ne pas se laisser abattre par l'occupation et l'idéologie de l'ennemi.

C'est pour une bonne part à travers ces contacts que la jeunesse protestante a découvert ou approfondi « le sens du séculier, de l'autonomie du politique, de l'importance du corps » et opéré « la dénonciation de l'idéalisme religieux et la sensibilisation à l'économie [1] ». En somme, le courant a remarquablement passé, et l'échange a été positif entre les disciples de Barth et ceux de Lyautey et de Mounier.

Les contacts avec l'École d'Uriage des autres associations masculines membres du Scoutisme français, Éclaireurs de France et Éclaireurs israélites, n'ont pas laissé autant de témoignages, mais semblent avoir été sinon aussi intimes du moins confiants et amicaux.

Les Éclaireurs de France

Le mouvement des Éclaireurs de France, lui aussi minoritaire dans le scoutisme en France quoiqu'il en soit la plus ancienne organisation, avait, avant la guerre, une structure fédérale assez lâche, et une assise idéologique moins précise que les associations confessionnelles.

Fondée en 1911, la Fédération des associations d'Éclaireurs de France a rassemblé dès l'origine des hommes de convictions diverses, unis dans le souci de faire bénéficier l'ensemble de la jeunesse de la méthode éducative mise au point par Baden-Powell. Des éducateurs protestants et catholiques y ont collaboré, sous le signe d'une morale chrétienne laïcisée et déconfessionnalisée, avec des représentants de la bourgeoisie républicaine et patriote, des membres de l'enseignement public et des pionniers de l'éducation nouvelle imitée des Anglo-Saxons, comme le directeur de l'École des Roches Georges Bertier, qui préside la Fédération de 1920 à 1936. Le commissaire national qui dirige en fait le mouvement est depuis 1922 André Lefèvre, l'animateur de la Maison pour tous de la rue Mouffetard, catholique fervent, voué à une action laïque d'éducation de la jeunesse des milieux populaires. La définition de la laïcité neutre du mouvement a toujours été délicate : elle exclut le scepticisme, mais respecte toutes les convictions et entend s'adresser à tous, tout en encourageant l'approfondissement des croyances religieuses. Pratiquement, l'esprit EDF se fonde sur le culte du caractère, de la loyauté morale et du sens des disciplines collectives [2].

Le mouvement, qui se veut complémentaire de l'école, a pénétré à partir de 1925 les milieux de l'enseignement public – écoles normales, collèges et lycées. Ce lien s'est renforcé à l'époque du Front populaire; le mouvement demeure politiquement neutre, mais a des amitiés au gouvernement (Marc Rucart et Léo Lagrange). Le directeur de l'enseignement secondaire, Albert Chatelet, accepte la présidence de la Fédération, dont le comité directeur accueille de nombreux enseignants, inspecteurs et chefs d'établissements. Les Éclaireurs de France sont reconnus, par circulaires ministérielles, comme le seul mouvement autorisé à constituer des groupes au sein des établissements d'enseignement public et notamment des écoles normales d'instituteurs et d'institutrices – ce qui avive leur rivalité avec le scoutisme catholique, plus jeune mais en plein essor et conquis par l'idéologie de Doncœur et Forestier. C'est aux EDF qu'on demande des anima-

1. G. Casalis, « La jeunesse protestante... », *op. cit.*, p. 111.
2. Voir P. Kergomard et P. François, *Les Éclaireurs de France de 1911 à 1951.*

teurs capables de former, en transposant les méthodes scoutes, des moniteurs pour les centres de jeunes chômeurs créés en 1938, ou des surveillants de colonies de vacances laïques. Les centres d'entraînement créés alors illustrent la coopération entre les Fédérations des Éclaireurs et des Éclaireuses, la Ligue de l'enseignement, et la direction de l'enseignement primaire; le mouvement est également appelé à contribuer à l'élaboration de programmes pour les « loisirs scolaires » qu'on cherche à organiser. Il apparaît donc en 1939 fortement intégré au régime républicain et à l'école laïque – sans exclure l'inspiration chrétienne qui anime nombre de ses dirigeants, ni renoncer aux principes pédagogiques et moraux hérités de Baden-Powell. Dénonçant l'individualisme égoïste d'une société dissolue, il entreprend, au congrès de Vizille (août 1938), une sorte de croisade morale « à la conquête de la France [1] ».

Les drames de l'été 1940 et l'avènement du nouveau régime ont par conséquent, pour les Éclaireurs, un tout autre sens que pour les scouts catholiques; la bourgeoisie républicaine et libérale de mouvance radicale-socialiste qui peuplait leurs comités locaux est largement écartée du pouvoir, tandis que l'enseignement public neutre est mis en accusation et que les ligues et amicales laïques sont dissoutes. Dès juillet-août 1940, André Lefèvre a réuni à Vichy un petit groupe d'anciens dirigeants EDF qui élabore un plan de réforme du mouvement marqué par le nouveau climat. Ce plan est adopté par le conseil des commissaires réuni à Auvillar (Tarn-et-Garonne) en septembre, en même temps qu'est décidée l'intégration dans le Scoutisme français, qui prendra forme au camp de l'Oradou.

À Auvillar, la Fédération d'associations locales dominées par des notables fait place à une organisation unitaire, hiérarchisée et centralisée, dirigée par des commissaires, chefs-scouts. André Lefèvre, fatigué, confie la direction du mouvement à un de ses adjoints, Pierre François. L'esprit EDF est redéfini, en des termes qui insistent sur l'idéalisme (tous ses membres sont attachés « à un idéal spirituel ou religieux »), sur les vertus du cérémonial et de la vie « simple et rude, comportant des efforts et des exploits » ainsi que sur sa mission civique pour « l'union entre tous les Français et la reconstruction de la Patrie ». André Lefèvre invite les chefs à prendre conscience des devoirs urgents que la situation présente crée au mouvement, et à se tourner vers des activités nouvelles. Le mouvement, favorable à un « scoutisme français uni », accepte d'entrer dans une confédération qui regroupera toutes les associations, à condition que soient sauvegardées « la personnalité et l'originalité profonde propres à chacune (...), correspondant aux diverses familles spirituelles dont la France est composée [2] ».

Les délicates négociations pour la définition de l'esprit commun entre les scoutismes chrétien et neutre aboutissent rapidement à un compromis. La charte de l'Oradou se réfère à « l'inspiration chrétienne » du « scoutisme de BP » pour excluse une « neutralité purement négative », tout en admettant la coexistence des associations scoutes confessionnelles et des EDF qui ne le sont pas. Ceux-ci s'adressent également aux jeunes qui « ne professent pas la foi chrétienne, mais désirent vivre un idéal de franchise, de service et de pureté conforme aux traditions de la chevalerie française ». Forcée par les circonstances et la nécessité de présenter un front commun devant les nouveaux pouvoirs, l'union est motivée aussi par la volonté « d'unir plus étroitement la jeunesse au service du relèvement du pays [3] ». Elle est particulièrement bénéfique pour les mouvements scouts les plus menacés : Éclaireurs israélites au premier chef, mais aussi EDF. Les autres mouvements de jeu-

1. P. Kergomard, dans *Les Éclaireurs de France, op. cit.*, pp. 217-220.
2. « Résolutions du conseil des commissaires à Auvillar (10-11 septembre 1940) », *Le Chef*, organe officiel des chefs EDF, octobre 1940, p. 100 sq.
3. P. François, dans *Les Éclaireurs de France de 1911 à 1951, op. cit.*, p. 239 sq.

nesse non confessionnels ont pratiquement tous disparu, et les EDF sont, en 1940, le seul témoin d'une conception laïque de l'éducation. Isolés, ils craignent la concurrence du nouveau mouvement Compagnons, pluraliste lui aussi et favori de l'administration. Le Scoutisme français va donc constituer pour eux une structure protectrice, dans laquelle la solidarité des Scouts de France, beaucoup plus puissants et mieux en cour au point d'être tentés parfois de s'identifier au régime, ne fera pas défaut. Les dirigeants EDF se voient d'ailleurs confier des postes importants dans les instances confédérales : leur commissaire national, Pierre François, seconde le « chef scout » national (général Lafont) et préside en son absence le collège qui dirige le scoutisme en zone libre, tandis qu'André Basdevant, autre dirigeant EDF, assure le secrétariat général de la confédération. Dans ce cadre, les EDF sauvegardent leur inspiration pluraliste et accueillent des garçons de toutes origines et convictions, incroyants aussi bien que catholiques, protestants et juifs; ces derniers, déjà représentés dans le mouvement, y trouveront asile jusqu'à la fin, de même que des militants des anciennes amicales laïques qui ont souvent transmis leurs locaux et leur matériel à l'association des EDF. Celle-ci, d'autre part, avec sa double tradition de loyalisme républicain et de neutralité politique, s'efforce de distinguer entre la tâche morale et civique qu'elle entend mener pour le redressement, et l'adhésion qu'elle évite aux formules de la Révolution nationale.

Un civisme pluraliste

L'attitude des dirigeants EDF envers le régime apparaît en effet très réservée. Ils reconnaîtront certes avoir été en 1940 « étourdis par la défaite » et plongés dans « l'incertitude [1] »; mais le « loyalisme » qu'ils déclarent alors à l'égard des nouvelles autorités ne comporte aucun enthousiasme. Tandis que les relations de confiance nouées avec les fonctionnaires du SGJ leur valent leur part des aides et subventions allouées aux mouvements de jeunesse sans aliénation de leur liberté, leur réserve puis leur défiance devant la politique générale s'affirment dès 1941 par un « mutisme significatif [2] ». Les textes diffusés en 1941 témoignent de cette attitude de présence effective mais réservée. Les EDF entendent certes coopérer au redressement et à la reconstruction du pays, ayant dès l'origine inscrit leur action éducative dans la perspective de la formation de futurs citoyens « joyeux, actifs et utiles », selon la formule de Baden-Powell. Le sursaut moral que leur inspire la situation de 1940 les amène donc à donner un soutien de principe aux initiatives de l'administration de la Jeunesse et à participer à son effort d'encadrement et de formation des jeunes. Mais ils insistent aussi sur l'esprit patriotique, au nom duquel ils refusent radicalement tout défaitisme. Comme le dit un de leurs dirigeants, « il s'agit de savoir si la France continuera à vivre comme une nation souveraine, ayant une personnalité propre et une mission spirituelle à remplir, ou si elle ne sera plus que l'ombre d'une gloire passée, une nation déchue, enchaînée matériellement et surtout spirituellement à des forces avec lesquelles elle n'aura plus aucune mesure [3] ». Pour mobiliser les jeunes au service de la Patrie en danger et de la civilisation menacée, ils entreprennent en 1941 « un inventaire des valeurs françaises » et « une campagne pour ces valeurs [4] ». Ils présentent ce

1. Commissaire national P. FRANÇOIS, rapport moral à l'assemblée générale du 18 mars 1945, *Le Chef*, organe officiel des chefs EDF, avril 1945, p. 117.
2. P. FRANÇOIS, dans *Les Éclaireurs..., op. cit.*, pp. 229-247.
3. E. PEYRE, « Où en est la Route des EDF ? », *Le Chef*, août-septembre 1941.
4. « Objectifs des Éclaireurs de France pour 1942 », *ibid.*, octobre 1941. Voir aussi *Le Routier*, organe mensuel des clans routiers EDF.

patriotisme en le référant au passé et à l'avenir du pays et non à la Révolution nationale, que la presse du mouvement ne cite jamais. Le refus d'une éventuelle unification forcée de la jeunesse et des concessions à l'esprit totalitaire, fondé sur le « libre jeu des convictions spirituelles, religieuses ou non » et des « traditions authentiquement françaises » est fréquemment et explicitement rappelé [1].

Les EDF acceptent une tâche d'éducation civique, mais ils précisent que la compétence du scoutisme ne concerne que les adolescents et les jeunes, et qu'on ne peut prolonger ses méthodes à l'âge adulte [2]. Les vertus d'effort, d'honneur, d'ordre, de discipline et de conscience professionnelle valent pour tous, mais les adultes ont leurs responsabilités civiques propres – autrement dit : la coopération du mouvement avec l'administration de la Jeunesse n'a pas à être transposée en soumission des adultes au gouvernement. Le mouvement maintient par ailleurs son originalité d'organisation laïque, fondée sur le respect de la liberté de conscience et de toutes les traditions spirituelles, et décidée à faire « œuvre de réconciliation entre croyants et non-croyants, étant bien entendu que tous croient à la primauté de l'esprit chrétien, à la primauté de la France [3] ». Seul mouvement « neutre » à subsister au début de 1941, les Éclaireurs de France sont conscients d'avoir une mission propre à remplir ; ils affirment publiquement leur volonté de favoriser, par l'ouverture et la confrontation, « l'épanouissement de toutes les forces spirituelles [4] ». D'autre part, les relations « traditionnellement étroites » qu'ils entretenaient avant la guerre avec les Éclaireurs unionistes deviennent des « liens privilégiés », nourris par des « conversations et consultations fréquentes », avec une « convergence de pensée » réconfortante et dans plusieurs circonstances une heureuse influence de la « conscience exigeante » des EU sur les choix des EDF [5].

Avec ce mouvement essentiellement pluraliste, l'École d'Uriage a noué des relations moins étroites qu'avec les Éclaireurs unionistes, néanmoins empreintes de sympathie. La rencontre s'est faite dès le deuxième stage de la Faulconnière en 1940 ; l'intérêt des EDF pour les trois centres de formation de cadres qu'ils ont créés en octobre 1940, apparaît à travers leur presse au premier semestre 1941. André Lefèvre, qui s'est lui-même chargé de les organiser, lance des appels dans *Le Chef*, et les premières sessions de chacune des trois écoles y sont décrites [6]. C'est à La Peyrouse et au Coudon que sont organisés à Pâques les camps-écoles dits « Cappy » où les mouvements EDF et EU forment leurs chefs. Quant aux réunions des dirigeants des mouvements de jeunesse à Uriage, les organes des EDF rendent compte en détail de leurs travaux et de leurs conclusions, et le commissaire national dit sa « joie profonde » d'avoir constaté une identité totale de vues entre les participants, autour d'un programme qui est celui des EDF : « Refaire la Communauté française, dans le respect et le maintien de ses spiritualités, de ses traditions et de sa civilisation [7]. »

Auparavant, les EDF ont fourni une participation importante au premier stage pour les responsables de Maisons de jeunes, à Uriage en décembre 1940. Codirigé par Ronald Seydoux, avec l'aide pour l'animation de Fer-

1. Rapport du commissaire général P. François à l'assemblée générale du 22 décembre 1941, *Le Chef*, janvier 1942.
2. « Le scoutisme et les adultes », éditorial de P. François, *ibid.*, mars 1941.
3. Rapport à l'assemblée générale du 22 décembre 1941 cité.
4. Rapport du commissaire national P. François à l'assemblée générale du 5 janvier 1941, *Le Chef*, janvier 1941.
5. P. François, *Les Éclaireurs de France...*, *op. cit.*, p. 242.
6. A. Lefèvre, « Au service de l'Entraide nationale des jeunes. Nos trois centres de formation de cadres », *Le Chef*, décembre 1940.
7. « Un grand mouvement, un grand champ d'action », éditorial de P. François, *ibid.*, juillet 1941.

nand Bouteille (tous deux membres des EDF), il fait l'objet d'un compte rendu dans *Le Chef*, tandis que l'organe des clans routiers EDF publie les impressions d'un éclaireur, stagiaire de la promotion « Lyautey »; celui-ci s'attache d'ailleurs davantage aux éléments descriptifs et pittoresques qu'à l'analyse de l'esprit de l'École [1].

Les publications des EDF citent constamment, dans leurs revues des périodiques, *Jeunesse... France* et elles en recommandent la lecture; au début de 1942, elles présentent avec éloge la collection des fascicules « Le Chef et ses jeunes », en citant particulièrement la brochure *L'Ordre viril...* de Jean-Jacques Chevallier et les *Réflexions pour de jeunes chefs* de Dunoyer de Segonzac, « (...) modèle de clarté, de loyauté intellectuelle et morale, un produit de l'authentique esprit français. L'ensemble servira à créer cette union dans la diversité, cette collaboration dans l'amitié spontanée et désintéressée, but actuel vers lequel tend la jeunesse organisée [2] ».

Le bureau d'études du mouvement, où François Goblot est assisté de Jean Libmann, ancien stagiaire de la Faulconnière et instructeur à l'école régionale du Martouret, rédige lui-même des études *(La Spiritualité des EDF; Valeurs traditionnelles de la France)* dont l'esprit est parent de celui d'Uriage.

Au début de 1942, André Basdevant présentera le Scoutisme français aux stagiaires de six mois. Avec Pierre François, il aura été, au témoignage ultérieur de Segonzac, parmi les dirigeants scouts les plus proches d'Uriage. Entre l'École et les EDF, la coopération s'est développée sur un fond d'accord confiant [3].

Les Éclaireurs israélites

Quatrième association de scoutisme masculin, le mouvement des Éclaireurs israélites de France n'a entretenu avec l'École d'Uriage que des relations épisodiques, quoique significatives, qui, au surplus, ont peu laissé de traces. Les EIF donnent peu de publicité à leurs activités en 1940-41; ils ont cessé la publication de leur bulletin imprimé et ne diffusent que des documents ronéotypés, dont quelques-uns ont été reçus et conservés à Uriage [4]. Les témoignages concernant leurs relations avec l'École des cadres ont un intérêt particulier, étant donné l'originalité du mouvement et surtout la situation précaire qui lui est faite par le régime à ses débuts, avant la persécution ouverte [5].

Les EIF ont été officiellement créés en 1927, à la suite des initiatives lancées dès 1923 par leur fondateur Robert Gamzon, devenu commissaire national tandis qu'Edmong Fleg présidait le comité central du mouvement. À la veille de la guerre, celui-ci comprend quelque 2 500 membres; il est implanté essentiellement en région parisienne, en Alsace et Lorraine et en Afrique du Nord, ainsi que dans quelques autres centres urbains (une dizaine d'unités seulement dans la future zone libre de 1940). Il s'est développé d'abord dans cette moyenne bourgeoisie fière de la qualité de Fran-

1. *Le Chef*, janvier 1941; « Flamant » (Stephen Maret de Grenand), « Impressions sur l'École supérieure des cadres à Uriage », *Le Routier,* février 1941.
2. J. Kergomard (vice-président des EDF), « On a lu... », *Le Chef,* février 1942.
3. Témoignage du général Dunoyer de Segonzac.
4. « Rapport sur l'activité du mouvement », Moissac, 25 novembre 1941, 2 p., avec sept annexes, dont un « Court historique du mouvement » et un « Rapport sur l'activité du mouvement depuis juin 1940 », 6 p. (arch. ENCU). Voir Centre de documentation juive contemporaine, CCXIII-82 et CCXX-41-42.
5. A. Michel, *Les Éclaireurs israélites de France pendant la Seconde Guerre mondiale, septembre 1939-septembre 1944; action et évolution;* L. Lazare, *La Résistance juive en France*, pp. 67-77.

çais israélites, aux fils de laquelle il propose un scoutisme de religion israélite, mais sans lien avec l'institution officielle des Consistoires; il a su s'ouvrir ensuite à d'autres couches du judaïsme français : quartiers populaires, immigrés récents. Il s'est ainsi orienté vers l'affirmation d'une « identité juive » largement conçue, où sont invitées à cœxister, non sans difficulté, les diverses tendances du judaïsme français des années 30 : Juifs religieux, orthodoxes ou non, et libres penseurs; milieux juifs plus ou moins assimilés, et courants traditionalistes et sionistes. Il associe l'amour de la France républicaine à la redécouverte du patrimoine culturel juif et à la pratique de la pédagogie et de la morale du scoutisme.

Le mouvement a été reconnu par les autres associations scoutes françaises en 1938, dix ans après en avoir fait la demande, et a été affilié au Bureau interfédéral du scoutisme français. Cependant Gamzon et ses amis étaient attentifs aux événements et soucieux de préparer l'avenir, au moment où triomphaient en Allemagne les tenants d'un racisme antisémite et où, en France même, une nouvelle poussée d'antisémitisme répondait à l'afflux de réfugiés d'Europe centrale. Pour accueillir et faire vivre les jeunes réfugiés, comme pour aguerrir les jeunes Juifs français, leur donner les moyens de subsister par leur travail et de se défendre solidairement, Gamzon a mis son espoir dans la formation professionnelle aux métiers manuels. Il crée un atelier de menuiserie en 1938, une ferme-école en 1939, avec quelque chose de l'esprit pionnier qui anime les communautés installées en Palestine. Le mouvement prépare aussi, dès 1938, l'évacuation des enfants des centres urbains et de l'Est en cas de guerre. Dès la mobilisation de 1939, il ouvre dans le Sud-Ouest plusieurs centres pour les enfants évacués, tandis que des unités EIF sont créées dans les régions où se sont réfugiées les familles juives qui ont quitté Paris et l'Alsace.

En août 1940, le commissaire national Gamzon, démobilisé, réunit les dirigeants du mouvement à Moissac où a été ouverte une maison d'enfants qui devient le quartier général des EIF repliés. Un plan de réorganisation et de développement du mouvement est tracé. Il prévoit de multiplier les unités scoutes en zone sud, de maintenir les maisons d'enfants et de créer des centres ruraux, agricoles et artisanaux; ceux-ci, prenant en charge les jeunes réfugiés, formeront des foyers de renaissance culturelle et religieuse juive autant que d'éducation virile dans le prolongement du scoutisme. Le mouvement se sentant « responsable de toute la jeunesse juive » et « destiné à la sauver », entend à la fois la protéger et la préparer à agir, pour sa défense autant que pour la patrie française et pour les traditions juives. Il s'insère donc dans les nouvelles institutions de jeunesse en voie de création, en même temps qu'il crée à Moissac un centre de documentation qui mettra un matériel culturel à la disposition des unités EIF ainsi que des maisons et centres qu'ils gèrent, et même des groupes de jeunes Juifs non scouts qui désirent développer leur connaissance du judaïsme.

Intégrés à part entière au Scoutisme français dès sa constitution en septembre 1940, les EIF conservent une existence légale que n'entrave pas la loi du 3 octobre 1940 dite « statut des Juifs ». Soutenus de manière constante par les autres associations scoutes et par l'ensemble des mouvements de jeunesse reconnus (à l'exception des quelques mouvements « autoritaires ») ainsi que par la direction de la Jeunesse au SGJ, ils seront inclus dans l'agrément donné par Garrone au Scoutisme français (24 juillet 1941). Les unités EIF se multiplient dans les villes de la zone sud, tandis que les maisons d'enfants de Moissac et Beaulieu-sur-Dordogne se développent et accueillent de jeunes Juifs étrangers menacés, sous la direction dynamique de Shatta Simon, épouse du commissaire national adjoint du mouvement. Dans les trois chantiers ruraux de Taluyers (Rhône), Lautrec près de Castres (avec Robert et Denise Gamzon) et Charry près de Moissac, on pratique le triple programme d'autosubsistance et d'apprentissage manuel, d'accueil et de protection des jeunes menacés d'internement, et de vie communautaire, selon les disciplines du scoutisme associées aux traditions culturelles et religieuses du judaïsme [1]. Au centre de documentation de Moissac, l'ancien secrétaire général du mouvement Simon Lévitte est assisté de plusieurs intellectuels, du poète-musicien Léo Cohn et du jeune rabbin Samy Klein.

Avec la loi du 29 novembre 1941 qui dissout toutes les organisations juives de France en créant l'UGIF (Union générale des israélites de France) contrôlée par le commissariat général aux Questions juives de Xavier Vallat, s'ouvre une nouvelle phase. L'existence des EIF est d'abord sauvegardée, Gamzon acceptant d'entrer au conseil d'administration de l'UGIF dont il sera le délégué à la jeunesse. Ce lien permet aux EIF d'être considérés comme la section scoute de la quatrième direction de l'UGIF, tout en restant sous le contrôle protecteur du Scoutisme français pour les unités d'éclaireurs (contrôle que le général Lafont réaffirme en mars 1942, lors d'une inspection à Moissac) et du secrétariat général à la Jeunesse ou du commissariat au Travail des jeunes, pour les autres centres [2]. L'absorption des EIF dans l'UGIF sera totalement réalisée à l'automne 1942, et ils seront sommés en janvier 1943 par Darquier de Pellepoix de rendre effective leur dissolution. Mais à ce moment est déjà en place, au sein de l'UGIF, « la Sixième » (6e division de la direction jeunesse), structure clandestine de lutte contre la persécution puis de préparation à la résistance armée animée par des responsables EI.

La formation des cadres nécessaires aux nouvelles activités du mouvement a naturellement été, dès 1940, une des priorités de la direction nationale. Un premier camp de chefs improvisé dans la tradition des camps-écoles « Montserval » d'avant-guerre s'est tenu en septembre près de Moissac. D'autres suivent et, au printemps 1941, la première session d'un centre supérieur de formation des cadres est organisée près de Beauvallon (Var) dans une propriété d'Edmond Fleg et avec sa participation. Le mouvement a embauché comme permanents rémunérés, non seulement d'anciens chefs auparavant bénévoles, mais aussi des « statufiés », c'est-à-dire des fonctionnaires (officiers et enseignants surtout) révoqués en application du statut d'octobre 1940, dont certains étaient assez étrangers aux techniques du scoutisme comme à la pratique des traditions juives; dans les camps-écoles, on forme des chefs, mais on redécouvre aussi la culture juive. Malgré sa participation au Scoutisme français, le mouvement éclaireur israélite organise donc cette action de formation « en circuit fermé », autant par prudence que pour nourrir ce renouveau culturel et religieux spécifique [3]. Les relations du mouvement avec le SGJ et les organisations de jeunesse sont essentiellement assurées par Robert Gamzon, infatigable voyageur et médiateur, et Marc Haguenau, secrétaire administratif en 1941.

Stagiaires EIF à Uriage

Quoique le ministère n'ait pas demandé aux EIF d'ouvrir, comme les autres associations scoutes, des camps-écoles pour l'Entraide nationale des jeunes, ils ont été associés à cet effort de formation de cadres. C'est à ce titre

1. F. Hammel, *Souviens-toi d'Amalek*; I. Pougatch, *Charry, vie d'une communauté de jeunesse*, Chant nouveau, 1946; R. Gamzon, *Les Eaux claires. Journal 1940-1944*.
2. « Note sur la situation des EI » du général Lafont, et circulaire EIF du 15 mars 1942 (archives du CDJC, CCXX-45).
3. Témoignage d'Édouard Simon.

que cinq de leurs responsables participent en novembre à la troisième session de l'École des cadres récemment installée à Uriage.

La promotion « Bayard » est destinée essentiellement à pourvoir les postes offerts par le SGJ (dans les écoles régionales, les délégations et les services centraux), et accessoirement à donner un complément de formation à des responsables de mouvements de jeunes. Les Éclaireurs israélites envoient à ce stage un de leurs principaux responsables, Édouard Simon. Cet ingénieur de trente-quatre ans, commissaire national adjoint, qui seconde Gamzon à Moissac en dirigeant l'organisation des chantiers ruraux et la formation des cadres aînés, n'a plus à être formé ni sélectionné; sa présence au stage a probablement plutôt le sens d'une prise de contact de son mouvement avec l'École. Un deuxième stagiaire, Henry Moskow, est directeur-adjoint d'une des maisons d'enfants et futur économe du chantier rural de Lautrec. Deux autres sont des réfugiés, anciens chefs de troupe âgés d'une vingtaine d'années : Sylvain Adolphe, parisien, diplômé de l'École supérieure des travaux publics, et Georges Weill, strasbourgeois, employé dans la fabrique de conserves familiale; tous deux ont compétence et vocation de meneurs de jeu. Le cinquième, Robert Schapiro, médecin parisien de vingt-sept ans, à peine démobilisé, a été chef de troupe EIF en milieu bourgeois dans le XVIe arrondissement, puis, par souci social, dans le monde populaire de l'immigration juive du IVe arrondissement.

Les cinq hommes, arrivés à Uriage avec l'uniforme et les insignes de leur mouvement, sont reçus ensemble par Segonzac avec une attention particulière. Répartis entre trois équipes de stagiaires, ils se sentiront parfaitement intégrés à la promotion et acceptés autant que respectés, ne relevant de la part du personnel de l'École aucune trace d'antisémitisme ni même de méfiance, alors que le statut des Juifs vient d'être promulgué. Édouard Simon est témoin d'une vive semonce adressée par l'aumônier Naurois à un stagiaire qui s'était permis une réflexion antisémite. Le commissaire national adjoint des EIF se retrouve à Uriage dans un univers familier : les techniques d'encadrement des jeunes et d'animation de la vie collective, le climat moral de l'École lui apparaissent très proches de ceux du scoutisme. Il y voit un prolongement des camps de formation Cappy ou Montserval qu'il a suivis avant la guerre, et il est satisfait d'en tirer d'utiles enseignements pratiques. Il reconnaît en Dunoyer de Segonzac un homme de belle allure, dont la dignité, l'énergie et la tolérance en imposent. La morale civique de l'École correspond à ses propres convictions : patriotisme anti-allemand, loyalisme et confiance personnelle envers le Maréchal, volonté de participer par l'effort au redressement national, avec l'espoir que les mesures antisémites, supposées être une concession faite au vainqueur, seront appliquées avec souplesse ou abandonnées. Bien noté à l'issue du stage et jugé apte à la direction d'une école régionale, il reprend ses fonctions à la direction du mouvement à Moissac sans conserver de relation particulière avec l'équipe d'Uriage, dont le style lui a plu sans l'éblouir [1].

Le Dr Schapiro est lui aussi très favorablement jugé par les instructeurs, et proposé pour un poste de direction d'école. Il a également apprécié le climat d'Uriage, la valeur des hommes et leur loyauté, la qualité technique du stage; mais à ces impressions favorables s'ajoute un jugement plus politique. Voyant dans la menace nazie et la nécessité de continuer la guerre les données essentielles de la situation du pays, il juge le régime de Vichy complice de l'ennemi, ou au moins incapable de s'opposer à lui; il se situe donc en opposant, résolu à reprendre rapidement les armes. Aussi l'action des hommes d'Uriage, dont il apprécie la générosité, la santé morale et patriotique, lui paraît-elle manquer de réalisme; le discours idéaliste sur le redressement du pays par la Révolution nationale le laisse sceptique. Il écrira

1. Témoignage d'Édouard Simon.

cependant à Segonzac, exprimant son attachement à « la vieille École » et son espoir de mener une action commune dans l'avenir. Il accepte, au nom de la stratégie de la présence, le poste qu'on lui offre dans une délégation régionale, dont il est bientôt écarté pour motif racial. Les EIF le nomment alors commissaire délégué en Afrique du Nord, chargé d'y diriger l'ensemble des activités du mouvement, et ses relations avec Uriage ne se poursuivent pas [1].

Quant aux deux jeunes meneurs de jeu, Sylvain Adolphe et Georges Weill, ils montent après leur stage un duo de chant folklorique accompagné à la guitare et à la flûte, qu'ils promènent dans le mouvement EIF, contribuant à populariser le répertoire de chansons anciennes remis en honneur par le scoutisme. Ils reviendront ensuite à Uriage, associés à la Maîtrise Jeune France d'Olivier Hussenot, qui bénéficiera des talents de photographe de Sylvain Adolphe.

Le premier contact des EIF avec l'École d'Uriage, en novembre 1940, a donc été cordial, sans toutefois susciter de collaboration suivie. D'autres membres du mouvement participent à des stages en 1941, comme le polytechnicien Robert Munnich, victime du statut et commissaire de province EI à Toulouse. Membre de la promotion « Foucauld » (mars 1941), il retire du stage une impression mêlée : sympathie pour les hommes et l'ambiance, et forte réticence devant ce qu'il ressent comme manifestation d'allégeance au Maréchal. Il expliquera plus tard comment la cérémonie finale de l'engagement a été pour lui une terrible épreuve. Il n'a pu prêter serment à Pétain qui, pour lui, incarnait l'abandon et la trahison, qu'au prix d'une profonde restriction mentale, acceptée au nom de son devoir d'EIF [2]. En réalité l'« engagement » prononcé par les chefs d'équipe au nom des stagiaires au cours de la cérémonie finale ne semble jamais avoir comporté de serment de fidélité à Pétain, ni même de référence à sa personne. La seule formule attestée, en décembre 1940 comme en septembre 1941, demeure : « Pour la France, au nom de mon équipe, je m'engage à servir et à commander de toutes mes forces et de tout mon cœur jusqu'à la mort. »

Les EIF sont naturellement présents, au sein du Scoutisme français, aux réunions des dirigeants des mouvements à Uriage en 1941. À la deuxième, présidée par Garrone en juin 1941, participe Édouard Simon, accompagné peut-être de Marc Haguenau, secrétaire général du mouvement. Leur présence donne à un délégué antisémite le prétexte de l'incident qui embarrasse Garrone mais suscite la solidarité des autres participants, comme plusieurs fois en 1941 et 1942 [3].

Robert Gamzon, le fondateur et commissaire national des Éclaireurs israélites, a-t-il rendu visite à l'École ? A-t-il rencontré Segonzac, avant les jours de juin 1944 où, chef de maquis juif, il se mettra sous ses ordres au sein des FFI du Tarn ? Ni l'un ni l'autre n'ont évoqué une telle rencontre [4]. Ils apparaissent proches, à certains égards, malgré la différence des origines et des situations. Ne mettent-ils pas le même acharnement à créer et faire vivre des communautés ferventes et équilibrées, fondées sur la fidélité à un

1. Témoignage du Dr Robert Schapiro.
2. Entretien rapporté dans A. Harris et A. de Sédouy, *Juifs et Français*, *op. cit.*, pp. 72-73.
3. Voir A. Badsevant, « Les services de jeunesse... », art. cit.; P. Bolle, dans *La France et la question juive, op. cit.*, pp. 183-185; P. François, *Les EDF.*, *op. cit.*, p. 245; E. Mounier, Carnets manuscrits *Entretiens XII*, 7 octobre 1941; L. Heller-Goldenberg, *Histoire des Auberges de jeunesse en France, des origines à la Libération (1929-1945)*, t. II, pp. 854-865.
4. R. Gamzon, *Les Eaux claires...*, *op. cit.* (publication posthume des souvenirs rédigés pendant et après la guerre par Robert Gamzon, mort en 1961). Voir également I. Pougatch, *Un bâtisseur, Robert Gamzon*, et le portrait tracé par L. Lazare, *La Résistance juive en France, op. cit.*, pp. 68-69.

patrimoine culturel et spirituel autant que sur la prise en charge des tâches urgentes, à rassembler au-delà des différences, à mener de front l'action, le combat, et la recherche collective des raisons de combattre ? La personnalité du fondateur des EIF (« Castor soucieux »), à la fois technicien et organisateur, animateur et pédagogue, méditatif et spirituel, ne semble pas sans affinité avec celle du chef d'Uriage. Du moins l'évidence s'impose-t-elle que l'École d'Uriage, comme les grands mouvements de jeunesse scouts, confessionnels et ajistes, loin de donner aucune prise à l'antisémitisme, officiel ou non, a participé à sa manière à la sauvegarde du scoutisme israélite en reconnaissant à ses membres leur place à part entière dans le rassemblement pluraliste qu'elle recherchait [1].

DEVANT LES ORGANISATIONS NOUVELLES

Les mouvements « anciens », pour la plupart confessionnels, qu'on vient d'évoquer sont des organisations confirmées, dont les références doctrinales et les structures hiérarchiques s'appuient sur une tradition, une Église ou un groupe de pensée. Aussi leurs relations avec l'École d'Uriage, même cordiales, restent-elles relativement marginales; elles ne conditionnent pas leur développement. Seuls les mouvements protestants semblent avoir vécu intensément des échanges qui pour les autres sont occasionnels. Il n'en va pas de même pour les mouvements nouveaux ou transformés : au milieu des incertitudes et des difficultés qui marquent leur développement, l'appui que leur apporte une institution autonome comme Uriage se révèlent précieux sinon décisifs. C'est le cas des Compagnons, qui traversent en 1941 une période de confusion, et surtout des nouvelles associations d'Auberges de jeunesse : Auberges Françaises de la Jeunesse et Camarades de la Route. Ces organisations, malgré leurs différences, ont des traits communs : elles entendent s'adresser à tous – d'où leur caractère non confessionnel (neutre ou nettement laïque) – et cherchent particulièrement à récupérer les militants ou la clientèle des anciens mouvements marqués par les idéologies de gauche – d'où le style populaire, l'importance des thèmes sociaux et du langage révolutionnaire.

Les Compagnons en difficulté

Le jeune et remuant mouvement des Compagnons de France traverse, après des débuts enthousiastes, une grave crise entre février et juillet 1941. Ses relations avec l'équipe d'Uriage, d'abord marquées par des réticences dues peut-être à des malentendus, se resserrent alors et contribuent à lui faire prendre un second départ sous une nouvelle direction.

Nés à Randan en août 1940 (donc avant même le Centre de formation des chefs de Segonzac) de l'initiative de Dhavernas appuyé par une équipe issue des divers mouvements « anciens », les Compagnons ont aussitôt bénéficié d'un soutien important (notamment financier) du nouveau « ministère » de la Jeunesse [2]. Ils se donnent des perspectives ambitieuses : encadrer

1. Ce n'est pas à Uriage, mais à l'École nationale des cadres civiques, sa rivale, que Xavier Vallat est venu exposer sa doctrine concernant le « problème juif », contrairement à la mention erronée de M.R. MARRUS et R.O. PAXTON dans *Vichy et les Juifs*, *op. cit.*, pp. 89, 91, 101.

2. Voir R. HERVET, *Les Compagnons de France*, *op. cit.* ; W.D. HALLS, *The Youth in Vichy France*, *op. cit.*, p. 272.

ces six adolescents sur sept que les mouvements n'ont jamais atteints, et en priorité ceux que guettent le déracinement et le chômage, et leur donner une formation à la fois professionnelle, humaine et civique. Organisés en « compagnies » autonomes responsables de chantiers de travail, fixes ou itinérantes, les jeunes se rendront utiles et apprendront peut-être un métier; ils expérimenteront aussi une vie de communauté, dans la discipline et l'initiative, qui forgera les militants révolutionnaires que réclame la reconstruction nationale. Avant tout, le nouveau mouvement a besoin de cadres. Il recrute d'anciens responsables de mouvements et de jeunes adultes démobilisés ou repliés sur la zone sud, voire prisonniers évadés; dès l'été 1940, le camp-école de Randan voit se succéder une dizaine de stages de formation. On crée une hiérarchie complexe aux titres rutilants, sous l'autorité de la « maîtrise nationale » où les dirigeants suprêmes, Dhavernas et son ami Huet, sont entourés de conseils. La structure territoriale comprend 12 « provinces », divisées en « pays » et « commanderies » (la commanderie comporte quelques compagnies d'une cinquantaine de jeunes chacune); de grands « services » spécialisés s'y superposent, qui ont en charge la formation des cadres, les études, la documentation, la presse et la propagande. Les emprunts au scoutisme et à l'armée sont nombreux (uniformes et insignes, salut, rites du rassemblement, des couleurs et de l'engagement, chants, hébertisme, jeux éducatifs et expression dramatique), mais le travail manuel en chantiers occupe la majeure partie du temps des recrues, et le tutoiement généralisé, qui va de pair avec l'appellation de « chef », donne aux Compagnons une allure plus plébéienne.

Au-delà d'un vocabulaire qui semble associer les nostalgies et les mythes de la chevalerie, chère au scoutisme, avec les techniques d'encadrement des masses du XXe siècle, la doctrine du mouvement semble assez vague. La « charte de Randan », contrat passé après des discussions passionnées entre diverses tendances (confessionnels et laïques, « politiques » et « éducatifs ») a défini des orientations générales. Face à la menace d'une organisation étatique unique, il faut accepter une politique globale de la jeunesse qui sauvegardera le pluralisme, et en forger l'instrument avec ce nouveau mouvement. Tourné vers la masse des adolescents, il se veut confessionnellement neutre et idéologiquement neuf et autonome; il entend promouvoir l'esprit d'entraide, la droiture morale, le sens de l'effort et de la vie en équipe [1]. Les travaux du bureau d'études et les sessions de dirigeants s'efforcent ensuite de préciser ces orientations. Les « Positions Compagnons », c'est-à-dire les affirmations doctrinales élaborées par la direction, semblent s'inspirer du personnalisme d'*Esprit*, en associant le respect de la personne au service de la communauté, contre les deux erreurs de l'individualisme et du collectivisme [2]. Mais le souci de faire du nouveau, de dégager dans l'action le dénominateur commun aux divers courants de pensée représentés, d'affirmer la vocation révolutionnaire de la jeunesse, amène les nombreux jeunes intellectuels qui participent aux recherches du mouvement à multiplier les déclarations catégoriques souvent confuses sur la révolution à faire, l'autorité et le pluralisme, le « compagnonnage » des métiers et l'engagement civique. Dans un esprit de révolte juvénile, l'anticapitalisme et les perspectives socialistes d'anciens militants de gauche rencontrent l'antiparlementarisme et l'antilibéralisme d'anciens disciples de Maurras, tandis que les catholiques sont partagés entre les influences conservatrices et personnalistes. Un élan révolutionnaire, en réponse à l'appel du Maréchal, unifie ces inspirations divergentes.

Le style et l'esprit d'Uriage exercent-ils alors une influence sur le mouve-

1. Témoignage d'André Cruiziat (journées d'études de l'INEP, décembre 1983), *Les Cahiers de l'animation*, 49-50, 1985, pp. 37-44.

2. A. CRUIZIAT, « Positions " Compagnons ". Unité dans la diversité », *Le Chef Compagnon*, 15 décembre 1940.

ment ? Robert Hervet affirme que l'organe destiné aux cadres, *Le Chef Compagnon*, subit cette influence [1], mais on ne la trouve pas explicitement mentionnée dans ses colonnes. Dès l'hiver 1940-41, l'École reçoit des chefs ou assistants Compagnons dans ses stages.

Cependant Chombart de Lauwe, invité en décembre à représenter Uriage à Lyon à une session de chefs des camps-écoles créés par le mouvement, constate un malentendu : les Compagnons se font sur Uriage des idées fausses. Il l'écrit dans *Jeunesse... France!*, qui sort pour une fois de son habituel œcuménisme bienveillant [2]. À l'inverse, il est probable qu'on partage alors à Uriage la perplexité de nombreux observateurs amis, comme Mounier, devant certains caractères du nouveau mouvement, qu'on sait soutenu puissamment au gouvernement et dont on craint qu'il ne verse dans l'imitation des méthodes totalitaires [3]. Ces inquiétudes, d'ailleurs, ne sont pas étrangères à la crise qui secoue la direction des Compagnons dans les premiers mois de 1941 et donne lieu à un rapprochement avec Uriage.

De cette crise mal élucidée, on connaît du moins les deux facteurs. Au sein même du mouvement, les partisans d'un encadrement plus musclé s'opposent à ceux du pluralisme et du patriotisme antiallemand, tandis que le style personnel et activiste de Dhavernas trouble ou irrite une partie de ses collaborateurs [4]. D'autre part, la gestion des fonds considérables alloués au mouvement a été désordonnée et le cabinet du ministre Chevalier s'en émeut, d'autant plus que la prétention du mouvement à se forger une doctrine autonome suscite sa méfiance. Le mouvement, menacé de dissolution, n'y échappe que par l'effacement de Dhavernas et une sorte de mise en tutelle provisoire de l'organisation. Un triumvirat est constitué en mars avec de Knyff, animateur des camps-écoles et mentor du mouvement, Dupouey, délégué par le SGJ, et Gortais, secrétaire général de l'ACJF et représentant des mouvements fondateurs. En remettant de l'ordre, ils doivent préparer l'élection d'un nouveau Chef Compagnon et du comité directeur qui l'entourera.

Or le gouvernement Darlan qui est nommé en février ouvre la route du pouvoir à certains partisans d'une organisation autoritaire de la jeunesse, anciens du PPF et membres du « groupe Worms ». Parmi eux, Paul Marion, secrétaire-adjoint à la vice-présidence du Conseil pour l'Information, crée, en avril, une direction de la Propagande et s'intéresse au mouvement Compagnons. Il tente même d'en prendre le contrôle, en poussant des membres du mouvement qui sont proches de lui, comme Armand Petitjean et Jean Maze [5]. La direction provisoire des Compagnons, appuyée au SGJ par Garrone et son équipe, s'efforce de contrer cette offensive. C'est alors qu'une collaboration est amorcée, sous plusieurs formes, avec l'équipe d'Uriage.

Le soutien d'Uriage

Une des premières manifestations en est la coopération pour la création d'un magazine populaire destiné à la masse des jeunes. On a vu comment

1. R. Hervet, *Les Compagnons..., op. cit.*, pp. 96-97.
2. C.L. (Chombart de Lauwe), « Compagnons de France. Les journées des chefs de camps-écoles », *Jeunesse... France!*, 8 janvier 1941.
3. Témoignage de Pierre Hœpffner rapportant le sentiment de Segonzac. Voir P.-H. Chombart de Lauwe, « Ce que fut Uriage », *Le Monde*, 24 janvier 1981, qui évoque « les méthodes trop autoritaires » des Compagnons.
4. Voir W.D. Halls, *The Youth..., op. cit.*, pp. 272-273.
5. Voir Ph. Amaury, *De l'information et de la propagande d'État. Les deux premières expériences d'un « ministère de l'Information » en France,* pp. 200-202; W.-D. Halls, *op. cit.*, pp. 273-274.

l'équipe de *Jeunesse... France* et celle de l'hebdomadaire *Compagnons* élaborent ensemble un projet qu'ils présentent en avril au SGJ en accord avec les Scouts et l'ACJF. Segonzac dirigera le nouvel hebdomadaire, *Marche de la jeunesse*, dont Philippe Gaussot, des Compagnons, sera rédacteur en chef, entouré d'une équipe où des instructeurs d'Uriage sont associés à des Compagnons. L'hebdomadaire sera lancé en janvier 1942 seulement, mais l'accord semble avoir été entier entre les deux équipes. Les Compagnons ont été satisfaits de bénéficier de la réputation de Segonzac, qui a servi de garant auprès des autorités du SGJ.

Après la première réunion des dirigeants des mouvements de jeunesse à Uriage, en mars, à laquelle a notamment participé Cruiziat, l'organe doctrinal des Compagnons intervient dans la querelle sur le pluralisme, en s'inspirant des articles de Mounier comme des comptes rendus publiés sur ces journées, par *Jeunesse... France* notamment [1]. Puis l'École d'Uriage organise, du 7 au 14 mai, une brève session spéciale pour 42 chefs Compagnons, dont plus de la moitié appartiennent à l'encadrement des camps-écoles du mouvement, et plusieurs au centre national de Lyon. Parmi eux figurent plusieurs des intellectuels du mouvement, qui en animent la recherche doctrinale : Maurice Clavel, Michel Deltombe, Jean-Marie Despinette, Guy Horlin, Charles Maignial. Sans connaître le programme ni le déroulement de ce stage, on peut relever qu'il constitue une première : jamais encore un des mouvements qui ont déjà leurs propres centres de formation n'a demandé à l'École d'Uriage d'organiser à son intention une session particulière. Que les Compagnons aient seulement recherché une occasion pour leurs cadres de prendre du recul et de comparer des méthodes, ou qu'ils aient demandé à Uriage une aide plus substantielle, cette session témoigne en tout cas d'un rapprochement. *Jeunesse... France* s'en félicite et fait présenter le mouvement par un des stagiaires [2].

Au lendemain de ce stage se tient l'assemblée générale des dirigeants des Compagnons (18 mai) à Vichy, où doit être élu le nouveau Chef Compagnon qui remplacera Dhavernas démissionnaire. La candidature d'Armand Petitjean est activement soutenue par Marion, appuyé par le cabinet de Darlan. Jeune intellectuel antifasciste talentueux et passionné, mutilé de la guerre, Petitjean, révolté par la défaite, la décadence française et la trahison des élites, est à la recherche du « socialisme viril » qui mobilisera les énergies de la jeunesse [3]. Mais c'est le candidat de Garrone, Guillaume de Tournemire, qui l'emporte, soutenu par Dupouey, de Knyff et Cruiziat entre autres. Cruiziat s'est appuyé sur les témoignages favorables à Tournemire du Père Maydieu et de Jean Lacroix, tandis que de Knyff faisait état de renseignements également élogieux recueillis par lui à Uriage [4]. Le nouvel élu rencontre d'ailleurs Segonzac et Garrone avant de donner son acceptation. Officier de cavalerie qui a servi sous Lyautey avant d'opter pour les blindés, Tournemire, un peu plus âgé que Segonzac, a devancé celui-ci dans une carrière étonnamment parallèle : Saint-Cyr et Saumur, puis la cavalerie blindée et le 4e Cuirassiers de Reims.

Les deux hommes s'estiment et partagent des convictions communes, quoique leurs talents et leurs centres d'intérêt soient différents. Catholique et patriote, attaché à une tradition familiale vigoureuse et personnellement lié au maréchal Pétain à qui il voue une fidélité « apolitique », Tournemire n'a ni les ouvertures intellectuelles ni les ambitions de synthèse de Segon-

1. M. Lelarge, « Vers un pluralisme actif », *Métier de Chef*, 1 à 4, mai-septembre 1941.
2. « Des jeunes au travail. Les Compagnons de France », *Jeunesse... France*, 22 mai 1941.
3. Voir A. Petitjean, *Combats préliminaires*.
4. R. Hervet, *Les Compagnons...*, *op. cit.*, p. 114 sqq.

zac, et sa personnalité plus simple de meneur d'hommes est plus tournée vers le commandement éducatif des jeunes. Entre eux, la sympathie et la proximité l'emportent alors. Peu après, Georges Rebattet est choisi comme adjoint au Chef Compagnon; il est lui aussi un ami d'Uriage, dont il deviendra un visiteur familier. La nouvelle direction du mouvement, qui entre en fonction en août et en entreprend la réorganisation, est donc proche à bien des égards de l'équipe d'Uriage, qui a contribué à sa mise en place. Les contacts et collaborations entamés se poursuivront, et l'École accueillera souvent des Compagnons; certains, comme Paul Delouvrier, s'intégreront progressivement à l'équipe, et d'autres, comme Cruiziat et Despinette, en deviendront des amis proches. Segonzac se porte garant, devant les anciens d'Uriage réunis en octobre 1941, de la valeur du mouvement :

> Le mouvement Compagnon a subi une crise grave; sa doctrine est bonne et son chef est bon : il est meilleur que certains autres mouvements qui sont nouveaux et qui, n'en doutez pas, disparaîtront dans un désordre affreux un jour ou l'autre [1].

Cependant Tournemire est perplexe devant l'évolution de l'École. À l'automne 1941, Segonzac, alors en conflit avec Garrone, est informé des inquiétudes du Chef Compagnon :

> ... Il marque nettement ses réticences vis-à-vis d'Uriage. Il trouve que l'ENC ne donne pas une impression d'équilibre, d'ordre, suffisante pour inspirer vraiment confiance [... et] reproche au surplus à Uriage de vouloir fonder ses réalisations sur un attachement personnel [2].

Ce ne sont encore que des réserves, qui tiennent en partie à la différence de style des deux hommes; elles révèlent aussi l'amorce de la divergence qui va séparer Segonzac de ses compagnons officiers pour qui le loyalisme envers le Maréchal exige une stricte discipline.

La relance des Auberges de jeunesse

L'équipe d'Uriage est plus directement mêlée à la relance du mouvement des Auberges de jeunesse qui s'effectue en zone libre au printemps 1941 [3].

Pour les deux grandes organisations rivales qui regroupaient à la veille de la guerre, avec leurs réseaux concurrents (plusieurs centaines d'auberges chacun), les divers clubs d'usagers (quelque 50 000 jeunes), juin 1940 a été une rupture brutale. En zone occupée, le Centre laïque des Auberges de jeunesse, privé de ses dirigeants, est repris par un groupe d'usagers qui acceptent de coopérer à la politique officielle de la jeunesse, pour faire barrage contre les tendances fascisantes. Mais les autorités allemandes, après avoir fermé le siège central en janvier 1941, imposent à la reconnaissance du mouvement des conditions qui sont jugées inacceptables (exclusion des israélites, réadmission du collaborateur Marc Augier). Le CLAJ est interdit à la fin de 1941, puis rouvert en avril 1942 sous une direction pro-allemande. La Ligue française de Marc Sangnier, tolérée par les Allemands et reconnue par Vichy, poursuit une activité « en veilleuse » sous la pré-

1. « Exposé du Vieux Chef. Réunion générale du 21 octobre », texte cité.
2. « Liaison Vichy, 2 au 6 novembre 1941. Compte rendu des contacts pris par le chef Chombart de Lauwe » (arch. ENCU).
3. Voir G. Fouquet, *Les Auberges de la jeunesse. Histoire, technique, doctrine*; R. Tauziède, « Des Auberges à l'Ajisme », *Esprit,* octobre 1945; L. Heller-Goldenberg, *Histoire des Auberges de jeunesse..., op. cit.*

sidence de son fondateur, qui accueille d'anciens militants du CLAJ et s'appuie sur eux pour résister aux tendances antisémite et collaborationniste.

En zone non occupée, des contacts ont été pris dès juillet 1940 entre des militants ajistes et les services de la Jeunesse, malgré « l'extrême défaveur dans laquelle certains milieux gouvernementaux tiennent l'idée ajiste [1] ». Deux anciens dirigeants de la Ligue qui ont la confiance de Marc Sangnier, Arne Bjornson (cofondateur et secrétaire général de la LFAJ) et Dominique Magnant (délégué général à Bordeaux avant la guerre), assistés au début de Jean Sangnier, cherchent à profiter de la mise en place à Vichy d'une administration de la Jeunesse pour reconstituer le mouvement avec la reconnaissance et l'aide des autorités [2]. Fidèles à l'esprit initial de la création de Marc Sangnier, ils n'entendent pas faire allégeance au nouveau régime, mais maintenir dans le nouveau contexte qu'il impose une organisation fondée sur la libre rencontre des jeunes, sous le signe d'une stricte neutralité idéologique et du respect de toutes les consciences. En maintenant les principes de mixité et d'ouverture à tous, en renforçant les aspects éducatif et civique, en insistant sur la découverte géographique et humaine du pays, ils espèrent bénéficier de l'aide gouvernementale et recréer un mouvement ajiste unifié en rassemblant les anciens militants des deux organisations.

Les négociations avec la direction de la Jeunesse de Goutet sont longues et compliquées. Un accord passé en août est remis en cause en septembre. Une commission dirigée par Magnant aboutit en novembre à un nouveau projet, mais la loi n'est pas signée, des oppositions s'étant manifestées en haut lieu à la composition projetée des organes directeurs des nouvelles associations. Marc Sangnier n'est pas agréé comme président, et il y a des tensions entre membres de la Ligue et membres du CLAJ.

Magnant relance l'opération au début de 1941, avec l'appui d'anciens militants du CLAJ, bientôt rejoints par Noël Pouderoux et Robert Auclaire. Le SGJ décide de dissoudre les deux anciennes organisations et de créer deux nouvelles associations; en réalité, la dissolution fait problème, à cause surtout de l'opposition des autorités allemandes qui refusent à Paris le transfert des biens dont elles veulent faire bénéficier leurs protégés. Les associations sont cependant créées, et leurs statuts déposés à Lyon le 14 mars. La première, sous le nom d'Auberges Françaises de la Jeunesse (AFJ) gérera le réseau des Auberges et en formera le personnel, en assurant l'accès à tous les membres des mouvements de jeunesse reconnus, et à eux seuls. La seconde, mouvement d'usagers, succède aux anciens clubs, avec plus de discipline et une perspective d'engagement civique : ce sont les Camarades de la Route, chargés de regrouper et d'encadrer les jeunes usagers qui n'appartiennent à aucun mouvement, en maintenant la tradition ajiste de mixité, de vie sportive et d'esprit démocratique.

Les AFJ ont Marc Sangnier comme président d'honneur, et un comité directeur que préside Dominique Magnant, assisté de trois inspecteurs : Arne Bjornson et René Blanche (membres de la Ligue), et Hélène Laguerre (du CLAJ). Le SGJ donne son appui et promet des crédits. Dès mars 1941, cette équipe entreprend de reconstituer un réseau territorial en faisant appel aux militants anciens et nouveaux groupés en équipes régionales. Mais les difficultés restent considérables; les bonnes volontés sont peu nombreuses, au regard des problèmes de matériel et d'organisation à résoudre rapidement. Et surtout les méfiances et les rivalités demeurent entre les

1. D. MAGNANT, (président des Auberges Françaises de la Jeunesse), Rapport moral à l'assemblée générale du Biot du 11 avril 1942, *Construire*, revue des AFJ, nº 6, 15 avril 1942. Voir *Auberges Françaises de la Jeunesse*, préface de L. Garrone.

2. Témoignage de D. Magnant. Voir L. HELLER-GOLDENBERG, *Histoire des Auberges...*, *op. cit.*, pp. 755-811.

membres des deux anciennes organisations; les vieux militants, du côté laïque surtout, sont réticents et tentés de s'abstenir, dans leur crainte d'une mainmise gouvernementale et d'un détournement de l'idéal ajiste au profit du nouveau régime, avec son ordre moral, sa censure politique et sa législation répressive. C'est le cas de l'instituteur franc-comtois Luc Bonnet, à qui Mme Grunebaum-Ballin a confié les destinées du CLAJ dans l'été 1940. Secrétaire général du Centre laïque, il repousse, au début de 1941, les propositions de regroupement de Magnant.

Pour surmonter ces difficultés, le comité directeur décide de réunir l'ensemble des responsables pressentis au cours des vacances de Pâques, « afin de procéder à un échange de vues et d'expériences, de préciser les principes et les méthodes de la direction des AJ, et de prendre contact avec les nouveaux principes généraux de la formation de la jeunesse [1] ».

C'est alors que Magnant entre en contact avec l'équipe d'Uriage. Rencontrant, fin mars, Dumazedier, pour un échange sur la formation des parents aubergistes, il lui propose la direction de l'école que les AFJ s'apprêtent à créer à cet effet. Par son intermédiaire, il demande et obtient de Segonzac que l'École d'Uriage accueille la session prévue des responsables des AFJ du 12 au 15 avril. Ce choix comporte des facilités matérielles et financières appréciables, mais il présente surtout pour les dirigeants de l'association un double intérêt moral. Uriage (où Dumazedier et Marichard, ajistes « laïques », collaborent avec des chrétiens) est un terrain neutre au regard des divisions qui opposent entre eux les ajistes, et donc propice à leur effort pour « créer l'unité de doctrine et de méthode ». D'autre part, le « style » de l'École garantit un environnement tonique, avec son climat de discipline consentie, de libre confrontation et de vie rude, proche de la nature... et éloignée de Vichy. Le programme préparé par Magnant prévoit de confier à des instructeurs d'Uriage les exposés généraux sur l'esprit de la Révolution nationale, le rôle de la jeunesse et de ses chefs, les valeurs morales, la connaissance de la terre, de la région et du folklore; les fondateurs des AFJ présenteront l'association avec ses caractères institutionnels et techniques et sa mission éducative et civique [2].

Le « miracle d'Uriage »

Segonzac accueille donc le 12 avril 26 ajistes, dont 8 femmes : membres du comité directeur, inspecteurs et futurs commissaires régionaux; Luc Bonnet a accepté de se joindre en invité à ses 14 camarades du CLAJ qui participent à la session. Pendant les trois jours de la rencontre, les ajistes entendent des exposés de Segonzac (sur la Révolution nationale), de Lallement (la mission de la France) et de Chombart de Lauwe (l'exploration régionale) et assistent à des démonstrations d'activités de loisirs par des membres de Jeune France : Guilcher pour le folklore, Jean Doat avec ses Comédiens Mouffetard. Et Dumazedier, constamment présent, anime une série de cercles d'études sur les orientations doctrinales et pédagogiques de l'ajisme [3].

Le climat de la rencontre est d'abord conflictuel. Les suspicions réciproques (de sectarisme laïque ou de servilité envers le nouveau régime) et les querelles de dosage pour l'attribution des postes dirigeants continuent à

1. Circulaire du délégué provisoire Magnant aux militants pressentis pour les fonctions de commissaire régional des AFJ et invités à la session (arch. Magnant).
2. Correspondances de D. Magnant avec Dumazedier, Segonzac et Garrone, mars et avril 1941 (arch. Magnant).
3. « Plan de programme » de la réunion des futurs chefs régionaux et inspecteurs des AFJ (arch. Magnant).

bloquer l'élan unitaire. Mais, le dernier jour, se produit ce que Magnant appellera « le miracle d'Uriage », manière de nuit du 4 août qui liquide ce contentieux et marque la véritable naissance du mouvement :

> Alors que certains collaborateurs se connaissaient mal, étaient mal informés, restaient réservés et attachés chacun à la prédominance de son ancien groupe, un élan irrésistible, au cours d'une séance encore présente à nos mémoires, nous a fait renoncer aux particularismes passés et mettre en commun nos forces et notre espérance pour créer ensemble une œuvre nouvelle [1].

Les dirigeants de l'association ont réussi à adopter un règlement intérieur qui codifie leur accord, et à élaborer des procédures juridiques de cession ou de prêt qui leur assurent la disposition des biens des anciennes associations qui n'ont pu être dissoutes. Luc Bonnet est maintenant décidé à s'engager dans la nouvelle organisation, dont le comité directeur le nomme, quelques jours plus tard, secrétaire général. Sa présence est le symbole de la victoire de l'esprit unitaire et, pour les militants du CLAJ, la garantie de la fidélité à l'idéal ajiste : indépendance de l'organisation malgré la reconnaissance officielle, esprit démocratique.

C'est donc une étape décisive pour la nouvelle association qui a été vécue à Uriage. Ce succès est-il dû à l'influence de l'esprit de l'École ? Non, dans la mesure où les dirigeants des AFJ ont réglé eux-mêmes leur problème, et défini leur ligne dans la fidélité à l'esprit de leurs origines. Mais le climat d'Uriage a joué un rôle de catalyseur, ainsi que l'exemple d'autonomie à l'intérieur d'une structure officielle que donne l'École, tandis que l'action personnelle de Dumazedier poussait à la synthèse entre les divers courants. Hélène Laguerre, encore hésitante à la veille de la réunion, attribue son succès, pour une part, au « merveilleux cadre de l'École [d'Uriage] qui invite à la compréhension, à la générosité, à la confiance [2] ».

Dumazedier, préférant conserver son poste à Uriage, a refusé ceux que lui offraient les AFJ : direction de l'école des Parents aubergistes, voire secrétariat général de l'association. Mais il représente Uriage au comité directeur où, avec l'accord de Segonzac, il pèse pour le choix de Luc Bonnet comme secrétaire général. Un rapport d'avril 1941 pour Segonzac, sans doute rédigé par lui, insiste sur l'intérêt de cette nomination, en expliquant que Bonnet « est resté laïque et très inquiet de la question sociale, mais Uriage fut pour lui une révélation. Il avait des préventions contre la Révolution nationale parce qu'il ignorait la doctrine de l'École nationale des cadres. À présent, non seulement il accepte mais il réclame qu'elle pénètre par tous les moyens le mouvement des AFJ ».

Le même texte propose d'autre part « une action auprès du ministère (...) pour garantir les personnes contestées : Luc Bonnet et Hélène Laguerre [3] ».

À l'instigation de Dumazedier, l'École d'Uriage multipliera les prestations de services aux AFJ pendant ce printemps 1941. Dès le lendemain de la session d'avril, Segonzac propose d'installer provisoirement à Uriage l'école des Parents aubergistes. Magnant juge l'offre « très intéressante », sur les plans matériel, pédagogique et moral, avec la possibilité de roder la formule (programme d'études, sélection des instructeurs) avant la création définitive de l'école propre à l'association [4].

Un premier stage expérimental de formation est effectivement organisé à

1. D. Magnant, Rapport moral à l'assemblée générale des AFJ du Biot, 11 avril 1942, publié dans *Construire*, n° 6, avril 1942.
2. Circulaire du 5 mai 1941, citée par L. Heller-Goldenberg, *op. cit.*, p. 784.
3. « Plan d'action pour les Auberges Françaises de la Jeunesse, avril 1941 », 3 p. dactylo. (arch. Magnant).
4. Circulaire du président des AFJ aux membres du comité directeur, 18 avril 1941 (arch. Magnant).

Uriage du 22 au 29 mai, pour une vingtaine d'anciens ou futurs Parents aubergistes (dont sept femmes) venus surtout du Sud-Est ; Hélène Laguerre le dirige, avec l'aide de Dumazedier. Le rythme des activités, du décrassage matinal à la veillée, est calqué sur celui des stages habituels de l'École ; les nombreux exposés qui se succèdent sont répartis, comme à la session d'avril, entre les hommes d'Uriage, chargés des questions générales (Jeunesse, Révolution nationale, Patrie) et ceux des AFJ qui donnent les informations techniques sur le rôle et la gestion des auberges [1]. D'après *Jeunesse... France*, les débats portent sur « l'intégration des AJ dans la France nouvelle » et l'effort d'adaptation qu'elle demande aux anciens militants ; ils se concluent sur « une libre acceptation des bases nouvelles des AFJ et de leur réglementation intérieure ». Selon le journal de l'École, « pour beaucoup de stagiaires mal informés, l'esprit d'Uriage fut une révélation [2] ».

Ce stage à Uriage ne sera pas renouvelé ; dans l'été 1941, les AFJ créent leur propre école de Parents aubergistes à Mollans-sur-Ouvèze (Drôme). Hélène Laguerre la dirige, secondée par Henry Bonnel, instituteur dans la Drôme et ancien animateur, comme elle, du centre du Contadour. Un premier stage de deux semaines s'y tient en novembre, suivi de deux stages d'un mois en février et mars 1942. Le mouvement des Camarades de la Route y organise également des stages de formation, tandis que l'auberge modèle d'application du Roubion accueille des congrès et des sessions des mouvements de jeunesse amis, notamment protestants. Intégrée comme école spécialisée au réseau des Écoles de cadres contrôlées par le SGJ, elle continue à entretenir des relations de collaboration avec l'École nationale ; ainsi Hélène Laguerre représente Mollans, en voie de création, à la session des dirigeants d'écoles de juillet 1941 à Uriage. Des instructeurs d'Uriage participent à l'animation des sessions de Mollans, des visites sont échangées et des membres de l'équipe de Mollans suivent des stages à Uriage, comme Yves Robert en 1942 [3]. Il ne s'agit évidemment pas de liens de filiation comme entre Uriage et les écoles régionales, mais de relations cordiales et d'échanges de services entre deux équipes qui, dans des champs d'action différents, ont des stratégies et des méthodes comparables.

Cependant l'association des AFJ prend son essor, animée par Magnant et Bonnet qu'a rejoints Philippe Gaussot (rédacteur en chef de l'hebdomadaire *Compagnons* et pilier du projet de magazine *Marche*). Dumazedier rejoint Bonnet en juin, à Remoulins, où ils rencontrent Marc Sangnier venu leur apporter informations et conseils, notamment sur le problème de l'accueil des Juifs dans l'association. Installées à Valence, les AFJ sont habilitées par le SGJ et reconnues par les autres mouvements, utilisateurs de leurs services – mais les mouvements catholiques, hostiles à la mixité, s'abstiendront d'y recourir. Dès le lendemain de la première session des AFJ à Uriage, *Jeunesse... France* ! a présenté le mouvement à ses lecteurs : l'auteur y rappelle l'histoire, l'originalité et les faiblesses du mouvement avant 1939, et expose les modalités de sa renaissance. Il reconnaît que dans les deux nouvelles associations, « dirigées par des gens d'âge, nommés directement ou indirectement par le gouvernement », les jeunes n'auront plus « la liberté totale et sans contrôle des clubs d'usagers » de naguère. Il espère enfin que le souci de la qualité l'emportera, plus qu'autrefois, sur celui du nombre, et lance un appel aux anciens qui se sont réfugiés dans l'abstention. Leur devoir est d'être présents, de « reprendre le flambeau de 1939 » pour collaborer « au relèvement de notre pays, de notre génie, de nos idées dont le

1. Programme et horaire du stage des Parents aubergistes du 22 au 29 mai 1941, documents dactylo. (arch. Magnant).
2. *Jeunesse... France*, 8 juin 1941.
3. Témoignage de P. Ollier de Marichard. Voir *Construire*, organe des AFJ.

monde a plus que jamais besoin [1] ». Dumazedier rend compte de la réunion d'avril à Uriage; elle a montré que « la rivalité des deux anciennes associations est bien morte » et que « les AJ restent fidèles à leur vocation originelle. Toute tentative d'emprise politique au service de quoi que ce soit est à rejeter, sans appel... [2] ». Deux semaines plus tard, il présente le plan d'action élaboré par l'association, fondé sur les principes qu'on maintient inchangés, mais qu'on est décidé à mieux appliquer pour faire mentir les détracteurs : simplicité des locaux, hygiène et sécurité, bonne tenue matérielle et morale, mixité saine, esprit de discipline joyeuse et bon enfant, souci de compréhension mutuelle, effort de découverte du pays et des hommes, avec la part du jeu et du divertissement [3].

Les Camarades de la Route

Les Camarades de la Route, deuxième association du nouvel ajisme unifié, sont nés en même temps que les AFJ. L'équipe dirigeante est animée par Robert Auclaire, ancien militant du CLAJ, et Jean-Marie Serreau, membre des Compagnons et de Jeune France. La présidence de l'association échoit à Pierre Ollier de Marichard (dit POM), qui reste instructeur à Uriage et collaborateur de *Jeunesse... France*, en même temps qu'il est l'un des responsables du projet du magazine *Marche de la jeunesse*.

Ollier de Marichard présente le nouveau mouvement aux lecteurs de *Jeunesse... France*. Les CDR (ou Cam' Route) entendent regrouper tous les randonneurs, garçons et filles, qui n'appartiennent à aucun des autres mouvements de jeunesse, et leur ouvrir l'accès au réseau des auberges. L'association se donne des structures proches d'un mouvement de jeunesse, en constituant des groupes locaux qui organisent des activités éducatives. Refusant en effet de se laisser cantonner dans la fonction de groupement d'usagers, elle entend maintenir et développer l'esprit ajiste. Ouverte aux garçons et filles de seize à ving-huit ans, sans autre condition qu'un « noviciat » de trois mois, elle veut être à la fois une association d'activités de plein air et un groupement éducatif et civique [4]. Les Camarades de la Route manifestent un grand souci d'activités culturelles, s'intéressent à l'art populaire; ils sont d'ailleurs proches de Jeune France, qui les héberge dans ses locaux à Lyon et leur fournit des équipes d'animation (le groupe Fariboles de William Lemit, la Compagnie du Chariot fondée par J.-P. Grenier après son départ d'Uriage). Ils recherchent un style de vie où la révolte ajiste contre le monde de la machine et les préjugés de l'individualisme bourgeois se prolonge dans l'affirmation d'un humanisme communautaire.

Les responsables du mouvement, réunis à Masseube en août 1941, élaborent un règlement intérieur où sont réaffirmés les principes de l'idéal ajiste – c'est la condition exigée par les militants du CLAJ, inquiets de l'évolution politique, pour leur participation au nouveau mouvement. Les quatre principes fondamentaux sont la liberté (donc refus de l'immixtion des autorités politiques), la mixité, la fraternité internationale (contre le chauvinisme national et le racisme antisémite) et la laïcité (ouverte et pluraliste, à l'opposé du laïcisme agressif affiché à Paris par le clan collaborationniste). L'entente se fait sur ces bases entre laïques et chrétiens, militants de gauche et apolitiques [5].

1. COLLIN-DELAVAUD, « Les Auberges de la jeunesse », *Jeunesse... France!*, 22 avril 1941 (double page, série « Jeunesse française – Jeunesses étrangères »).
2. J.-R. DUMAZEDIER, « Pour toi, ajiste », *ibid.*, 22 avril 1941.
3. J.-R. DUMAZEDIER, « L'Auberge française de la jeunesse » *ibid.*, 8 mai 1941.
4. POM, « Les Camarades de la Route », *Jeunesse... France*, 22 juillet 1941.
5. « Témoignage de Robert Auclaire » dans *Éducation populaire. Jeunesse dans la France de Vichy 1940-1944*, *Les Cahiers de l'animation*, n°s 49-50, pp. 75-78.

Les formules qui expriment publiquement ces orientations, évitant toute référence à la Révolution nationale et toute manifestation de culte du Maréchal, utilisent un langage inspiré d'*Esprit* et donc proche de celui d'Uriage. Ainsi on présente la « révolution » qu'on veut accomplir contre l'esprit bourgeois, comme une action pour « recréer les réflexes communautaires », dans le respect des diverses familles spirituelles, et développer « une culture vivante et humaine, visant à la formation d'un homme total, solidement relié à son métier, à sa profession et à son pays [1] ». C'est évidemment en partie par tactique ou prudence que certains ajistes du CLAJ, d'esprit foncièrement libertaire et contestataire de l'ordre et de la moralité bourgeoises, acceptent ce vocabulaire personnaliste que le régime ne censure pas. Quoi qu'il en soit, tous se retrouvent pour défendre les principes communs, notamment l'accueil des Juifs que le mouvement pratique largement, comme les EDF et les EU. Une directive du commissariat général aux Questions juives prétendant interdire aux Juifs l'accès des auberges soulève une telle protestation des dirigeants des autres mouvements, en présence de Garrone, que celui-ci renonce à l'appliquer [2].

Les Cam' Route ont également leurs sessions de formation de responsables, à Mollans à Noël 1941, et dans les centres de l'Oradou (près de Clermont-Ferrand), de Beaulieu (Corrèze), des Gets (Haute-Savoie) et de Borce-en-Aspe (Basses-Pyrénées). Le développement moral et civique y est associé au perfectionnement technique des jeunes responsables (les ajistes proscrivent l'appellation de chef), et on y pratique, comme à Uriage, le décrassage matinal, le cercle d'études, les veillées et les « sorties Deffontaines », à côté de l'apprentissage des jeux et arts de loisirs collectifs [3].

Au total, l'École d'Uriage a donc été étroitement mêlée à la relance du mouvement ajiste en 1941, cette « résurrection inattendue » qui lui a permis, sans se renier ni devenir l'otage du pouvoir, d'être présent parmi les œuvres de jeunesse subventionnées et de préparer les options et les ruptures des années 1942-43. On a vu comment Uriage a fourni un lieu de rencontre, prêté des moyens matériels et communiqué son expérience pédagogique. Avec Dumazedier et POM, l'équipe d'Uriage a été représentée dans la direction du mouvement ajiste et un dialogue s'est noué; l'esprit d'Uriage s'en est enrichi sans doute autant que l'ajisme, puisque ces deux hommes ont fortement contribué à l'élargir en renforçant sa composante laïque. Segonzac et son équipe ont su jouer un rôle de catalyseur, en présentant une caution morale à double effet : elle a facilité d'une part l'adhésion des anciens du CLAJ aux nouvelles associations, et d'autre part l'acceptation de cet élargissement par le SGJ. L'exemple d'Uriage montrait aux ajistes qu'il était possible de maintenir, sous la tutelle du SGJ, une réelle indépendance d'esprit et, sous les apparences de l'adhésion à la Révolution nationale, le sens des libertés et du pluralisme. C'est ce qu'écrit Muse Dalbray, participante de la session de mai 1941, à ses camarades :

« Je dois dire que j'y ai trouvé [à Uriage] un sens de la qualité, un respect de la personne humaine et une largeur de vues (pour un milieu quasi officiel, ne l'oublions pas) qui m'ont étonnée bien agréablement [4]. »

1. « Routes nouvelles », éditorial de *Routes...* (bulletin mensuel du mouvement « Les Camarades de la Route »), n° 1, avril 1942.
2. E. Mounier, carnets manuscrits *Entretiens XII*, 7 octobre 1941.
3. M. Petit, « Mollans, Clermont, Beaulieu », *Routes...*, avril 1942.
4. Lettre de Muse Dalbray, 17 juillet 1941, citée par L. Heller-Goldenberg, *Histoire des auberges..., op. cit.*, p. 785.

Un plan de coopération

À Uriage, on semble avoir eu conscience de l'enjeu et avoir vu dans le lien avec l'ajisme une chance à saisir pour étendre le rayonnement de l'esprit de l'École dans des milieux qui lui étaient à l'origine relativement étrangers; Segonzac s'en est entretenu avec POM [1]. L'objectif a été proposé dans un document rédigé en avril, probablement par Dumazedier ou POM : « Établir un lien étroit entre Uriage et les AFJ et les Camarades de la Route : moyen de rayonnement pour Uriage, de réhabilitation pour les Auberges [2]. »

L'auteur exposait d'abord les raisons de souhaiter la reconstitution d'un ajisme riche de toutes ses composantes, que l'École d'Uriage devait soutenir à fond; il insistait sur les avantages de la nomination éventuelle au secrétariat général des AFJ de Luc Bonnet, pour qui la découverte d'Uriage et de sa doctrine avait été « une révélation » :

> La Révolution n'est pas la revanche d'un clan, d'une classe, mais la synthèse de toutes les familles spirituelles de la France. L'action d'Uriage est exercée surtout sur les milieux confessionnels. Et les autres ? Luc Bonnet a la confiance de milliers de jeunes qui, sans faire de l'opposition, sont inquiets des idées nouvelles (le CLAJ groupait 35 000 jeunes). Comment les toucher ? La nomination de Luc Bonnet au secrétariat général peut être un moyen de contact UNIQUE. Ajoutez à cela que cet acte nous ouvre les portes sur la Ligue de l'enseignement (...) et le nouveau syndicalisme (...).

Il énumérait ensuite les autres moyens à mettre en œuvre pour assurer cette conjonction : choix de l'instructeur d'Uriage qui représenterait l'École au comité directeur des AFJ (ce pourrait être POM), développement d'un réseau serré d'auberges dans le Sud-Est alpin (près des « maisons nourricières » qu'étaient Jeune France, Uriage et l'école de Chamarges), constitution d'un centre de recherches (doctrinales, documentaires et pédagogiques) pour les AJ. Dans l'immédiat, Uriage devrait aider au lancement de l'école de formation des Auberges, et *Jeunesse... France* faire le lien entre les deux publics – deux idées aussitôt appliquées, on l'a vu.

Pour le reste, la coopération n'a pas été aussi étroite que ce plan le prévoyait. Les militants ajistes tenaient sans doute trop à leur indépendance et à leur spécificité, et beaucoup étaient rebroussés par les aspects scout, militaire ou aristocratique du style d'Uriage. Cependant, ceux qui ont fréquenté l'École ont apprécié son travail pédagogique, la rigueur de son orientation antinazie et sa volonté d'indépendance; ils se sont trouvés, par la force des choses, solidaires de l'équipe d'Uriage dans des refus et des combats communs. Luc Bonnet, l'instituteur jurassien, a paradoxalement noué des liens de sympathie avec Segonzac, au témoignage d'Ollier de Marichard. Selon ce dernier, le chef d'Uriage a joué en zone sud le rôle de guide de la jeunesse, attentif à observer et à accompagner les événements, à favoriser les convergences, et capable d'offrir aux jeunes ce « quelque chose de plus » qu'ils ne trouvaient pas toujours ailleurs. Quoi qu'il en soit, il est du moins patent que le renouveau du mouvement ajiste en 1941 a été puissamment aidé par l'École d'Uriage, avec son expérience d'union dans la diversité et d'indépendance dans la collaboration avec l'administration.

1. Témoignage de P. Ollier de Marichard, cité *ibid.*, pp. 784, 789, 810.
2. « Plan d'action pour les Auberges Françaises de la Jeunesse, avril 1941 », 3 p. dactylo. (arch. Magnant).

Uriage et les Chantiers : une divergence manifeste

Les Chantiers de la Jeunesse constituent la seule institution de jeunesse obligatoire mise en place par le nouveau régime. Une sorte de complémentarité aurait pu s'établir entre Uriage, attentive aux élites, et les Chantiers qui accueillent la masse des jeunes hommes, d'autant plus que l'inspiration originelle des deux formations est voisine. Leurs relations officielles sont cependant médiocres, et les réticences croissent avec le temps, sans empêcher des échanges cordiaux entre l'équipe d'Uriage et certains des cadres des Chantiers.

En 1941, près de 150 000 jeunes des classes 1920 et 1921 sont incorporés en trois contingents (appelés en mars, juillet et novembre) pour une période de huit mois. Après les improvisations et les difficultés de l'automne 1940, le général de La Porte du Theil a obtenu du gouvernement le statut légal qu'il souhaitait, avec les lois, décret et arrêtés signés par le Maréchal le 18 janvier 1941. Sous un gouvernement qui a entériné la quasi-autonomie réclamée par le commissaire général, les Chantiers de jeunesse appliquent un programme éducatif original, au service d'une Révolution nationale dont ils entendent être un outil essentiel et un symbole.

L'École de la Faulconnière a pu paraître, au début, destinée à devenir, selon une de ses appellations, « l'école des chefs des Chantiers de la Jeunesse » ; la collaboration circonstancielle des origines a vite cessé et les deux fondateurs sont restés chacun maître de son entreprise. Après la libération du premier contingent des Chantiers, fin janvier 1941, l'École ne recevra plus de jeunes chefs venus de chez eux : dès l'appel du deuxième contingent, en mars, sont ouvertes des écoles régionales des Chantiers qui en formeront les cadres.

Dès octobre 1940, alors que la Faulconnière venait de lui fournir une centaine de chefs, le commissaire général de La Porte du Theil avait annoncé son projet de créer des centres de formation de cadres propres aux Chantiers [1]. Il voulait que les groupements procèdent eux-mêmes à la sélection puis à la formation des jeunes chefs, en bannissant le système du concours : il appartiendrait aux chefs de groupe de tirer du rang, dans chaque contingent, les hommes que leurs qualités de rayonnement paraîtraient désigner comme chefs. Ceux-ci suivraient en école un stage de perfectionnement, assez long pour assurer une formation intégrale (physique et technique, intellectuelle et morale) et pour permettre une juste appréciation de l'aptitude des élèves au commandement. Ces écoles seraient évidemment propres aux Chantiers, qui en ouvriraient une dans chacune de leurs provinces. Le projet du commissaire général a été approuvé par Lamirand et précisé en réunions de commissaires régionaux [2]. Pourquoi six écoles régionales, plutôt qu'un grand centre national ? Les dirigeants des Chantiers n'ont pas expliqué leurs raisons, et un de leurs proches regrettera plus tard l'absence d'une École supérieure de chefs avec statut de Grande École [3]. Le commissaire général allie à sa conception stricte de la discipline un souci de déconcentration et de délégation des responsabilités, et ses prin-

1. « Instruction » publiée au *Bulletin périodique officiel* des Chantiers de la Jeunesse (*BPO*), 8, 10 octobre 1940, reproduite dans J. de La Porte du Theil, *Un an de commandement des Chantiers de la Jeunesse*, pp. 50-60.

2. « Le recrutement des chefs des Chantiers », note du commissaire général au SGJ du 15 octobre 1940, reproduite dans *Un an de commandement..., op. cit.*, pp. 61-64 ; « Notes du commissariat général pour les commissaires régionaux », réunions des 22 novembre et 23 décembre 1940 et du 25 janvier 1941 (AN, F 44 3, Chantiers) ; « Note sur l'instruction », *BPO*, 6 mars 1941.

3. J.-G. Ravault, *L'institution du stage..., op.cit.*, pp. 219-221.

cipes pédagogiques lui font préférer l'échelle restreinte qui permet un travail éducatif plus serré. Il a souhaité sans doute favoriser, sur ce terrain nouveau et délicat, le développement d'expériences multiples et personnalisées; peut-être a-t-il craint aussi qu'une institution nationale unique attire l'attention et soit l'objet de tentatives de contrôle ou de noyautage.

Dans cette période de gestation, une porte a été laissée entrouverte à une coopération éventuelle de Segonzac, à condition qu'il s'aligne sur les doctrines et les méthodes définies à Châtelguyon. Le commissaire général, exposant en novembre son plan de création de six écoles, avait ajouté :

> Il va sans dire que si les chefs de l'École de la Faulconnière devaient être disponibles à ce moment, ils seraient tout désignés pour en constituer une. Mais je crois devoir insister sur le fait que les Chantiers de la Jeunesse, s'adressant à des contingents issus du service national obligatoire appelés à prendre une place définitive dans les institutions du pays, doivent pouvoir recruter, former et administrer eux-mêmes leurs cadres. Tout repose sur leur valeur et leur cohésion [1].

Les écoles régionales des Chantiers auront une stricte finalité fonctionnelle, interne à l'institution, alors que celle d'Uriage, ouverte à des attentes ou besoins extérieurs, conserve un caractère expérimental et évolutif qui en fait un laboratoire et un lieu de rencontre; différence que le chef des Chantiers exprime un peu plus tard, avec une nuance de dédain, en concluant un exposé sur son système de recrutement des cadres : « Et c'est ce qui distingue nettement nos Écoles de toutes celles que le secrétariat général à la Jeunesse a créées, et qui sont au juste plutôt des centres d'information, tandis que les nôtres servent officiellement au recrutement des cadres des Chantiers, organisme d'État [2]. »

Liens d'amitié

L'absence de liaison organique entre l'École d'Uriage et les Chantiers n'exclut pas cependant, outre des liens parfois étroits entre les hommes, des échanges et des collaborations. Les amitiés sont évidemment nombreuses entre anciens officiers d'active. Le général de La Porte du Theil a largement recruté comme commissaires de jeunes officiers, fervents du scoutisme (à commencer par ceux qu'il a formés à l'École de Fontainebleau) ou membres des cercles sociaux d'officiers d'avant-guerre. Ces disciples de Lyautey, généralement catholiques, éducateurs autant que meneurs d'hommes, conscients d'une responsabilité sociale et civique et décidés après la défaite à travailler au redressement national, ont naturellement répondu à l'appel du général.

Ainsi, les deux amis aînés de Segonzac, les commandants de la Chapelle et de Virieu, sont-ils placés à la tête de deux écoles régionales des Chantiers – tandis que de plus jeunes, comme Antoine de Courson, Bernard Nouvel, Philippe Goussault, Pierre de Montjamont deviennent commissaires, chefs de groupement ou membres de l'état-major central. Frédéric de La Chapelle, qui a quitté le SGJ pour les Chantiers, crée l'école de Theix (province d'Auvergne), dont il fait le laboratoire d'une expérience éducative originale, marquée par l'intensité de la vie communautaire, l'exigence spirituelle et la progression rigoureusement programmée de l'entraînement des hommes [3].

1. Note du commissaire général, 7 novembre 1940 (AN, F 44 3).
2. « Recrutement des cadres », *BPO*, 19 juin 1941 (reproduit dans *Un an de commandement..., op. cit.*, p. 274).
3. Voir R. Hervet, *Les Chantiers..., op. cit.*, pp. 115-116; *Sources* (revue doctrinale des Chantiers), 4, novembre 1941.

Il estime Segonzac et apprécie son œuvre, lui envoie occasionnellement des stagiaires et emploie comme assistants plusieurs anciens de la Faulconnière, mais il y a peu d'échanges entre les deux hommes, dont chacun mène, avec son tempérament, une expérience très personnelle. Leur ami Xavier de Virieu, fait prisonnier en juin 1940 et rapatrié en décembre à titre sanitaire, a décliné l'offre de Segonzac de le rejoindre à Uriage. Par souci d'efficacité, il préfère rejoindre les Chantiers, qui préfigurent à ses yeux l'armée de demain et requièrent donc la collaboration d'officiers expérimentés. Devenu chef de l'école de la province Alpes-Jura des Chantiers à Collonges-au-Mont-d'Or, il reste en relations avec Segonzac; dans l'été 1941, ils se rencontrent longuement à l'occasion d'une excursion de l'école de Collonges au Recoin de Chamrousse, au-dessus de Saint-Martin-d'Uriage [1]. Virieu demeure pour Segonzac un ami respecté et un compagnon de route influent. Homme de culture et d'ouverture intellectuelle et philosophique autant que de foi religieuse, il a pris très vite la mesure de la menace nazie; en choisissant une tâche éducative aux Chantiers, il entend servir non pas tant la Révolution nationale que le réarmement moral qui prépare le combat armé pour la patrie et la liberté.

L'École d'Uriage compte aussi des amis proches parmi les jeunes intellectuels de l'état-major des Chantiers. Ainsi le normalien Michel Herr, commissaire au service de la propagande de Châtelguyon, qui a participé aux journées d'études de 1940 à Uriage, reste un familier de l'École où Mounier le rencontre à plusieurs reprises; il donne des articles à *Jeunesse... France*! ainsi que Robert Barrat, assistant au commissariat général [2].

Avec les cadres des groupements des Chantiers installés dans les Alpes du Nord, l'École d'Uriage entretient des rapports de cordial voisinage : ils lui envoient des stagiaires et des conférenciers, échangent des visites, et *Jeunesse... France!* publie leurs articles ou des reportages sur leur activité. C'est le cas notamment du groupement 9 « Le Roc », dirigé à Monestier-de-Clermont par le commissaire Derkenne et du groupement « Le Fier » de Rumilly. Les commissaires-chefs de groupement du Châtelard (Antoine de Courson, groupement 8), de Saint-Laurent-du-Pont (Goussault, groupement 10), de Villard-de-Lans (Nouvel, groupement 11) et de Vizille (Saillet, groupement 12, dont un groupe est installé au-dessus de Saint-Martin-d'Uriage) sont également des amis de l'École d'Uriage [3].

Mais les relations officielles, publiques ou non, entre Uriage et la direction des Chantiers sont rares et souvent dissymétriques, comme si les invites de l'École des cadres se heurtaient à une attitude, sinon à des consignes, de méfiance. Le seul stage organisé à Uriage pour les jeunes des Chantiers est celui que les Comédiens routiers animent dans l'été 1941. Ce stage d'un mois, dit de meneurs de jeu, est destiné au perfectionnement des « équipes d'expression » (une dans chacune des six provinces des Chantiers) qui assurent l'animation artistique des fêtes organisées dans les groupements; les comédiens d'Hussenot les entraînent à monter un bon spectacle. Les festivités de clôture, données le 22 août 1941 au théâtre de verdure de l'École, au pied du château, sont présidées par le général de La Porte du Theil; sa rencontre avec Segonzac est sans chaleur, selon un des animateurs du stage qui note : « Tout va bien, excepté les relations entre le Vieux Chef et le général [4] ». La visite ne sera pas renouvelée. Le commissariat général a,

1. Témoignage de Mme X. de Virieu. Voir F. Coquet, *Le colonel Xavier de Virieu (1898-1953) : un catholique dans la guerre,* 304 p. dactylo.
2. M. Herr, « Faire des hommes », *Jeunesse... France*!, 8 janvier 1941 ; R. Barrat, « Lettre d'un jeune », *ibid.,* 22 avril 1941.
3. *Ibid.*, 22 février 1941 (reportage de Lavorel); 22 juin (article du chef Dagonet); 1er janvier 1942 (extraits de la conférence du chef Perronne aux stagiaires d'Uriage); 1er novembre 1941 (article du chef Henry qui fait scandale).
4. Carnet de route d'A. Ridard.

comme toutes les organisations de jeunesse, son bureau d'études, dont le responsable E. Sallé de la Marnière, directeur de la revue doctrinale *Sources*, n'a aucun contact avec son homologue d'Uriage [1]. Le service Documentation de l'École reçoit des documents sur les Chantiers (surtout sur leurs écoles régionales) et des rapports ou témoignages sur la vie dans les Chantiers où des jeunes ont consigné leur expérience, mais on ne relève aucun indice de collaboration entre les deux organismes.

Cependant le périodique *Jeunesse... France* consacre une place relativement importante à l'activité des Chantiers, avec une rubrique particulière, présente dans presque tous les numéros : reportages, comptes rendus d'activités ou de publications, conseils techniques alternent avec des articles généraux sur l'organisation. La publication, à l'automne 1941, du livre du commissaire général *Un an de commandement des Chantiers de la Jeunesse*, donne lieu d'abord à une page de citations, illustrée de la photographie du général [2], puis à un grand article de Bertrand d'Astorg. Celui-ci fait un éloge enthousiaste de l'homme et de son œuvre (c'est « le livre qu'attend notre génération »), et conclut en affirmant un plein accord avec son action, au nom des valeurs communes : foi absolue en la Patrie, conception de l'homme comme personne située dans la communauté, humanisme chrétien; ainsi les Chantiers constituent, avec les mouvements de jeunesse et les Écoles de cadres, une pépinière pour les élites nouvelles qui conduiront une France rénovée [3]. Ces louanges un peu appuyées sont peut-être calculées; il n'en reste pas moins que *Jeunesse... France* n'exprime jamais la moindre réticence sur l'esprit et les méthodes des Chantiers. De nombreux groupes sont abonnés au journal d'Uriage, qui remplit encore ici son rôle œcuménique au service de l'ensemble des activités de jeunesse.

De son côté, le commissariat général a autorisé les chefs et les jeunes des Chantiers à collaborer à *Jeunesse... France*, sous le contrôle de la section « presse » de Châtelguyon, et « dans l'intérêt de la propagande en faveur des Chantiers et de l'œuvre régénératrice qui s'y poursuit », en évitant de citer l'École des cadres [4]. Une de ces collaborations donne lieu à l'automne 1941 à un sérieux incident : un chef de groupe, auteur d'un article dans *Jeunesse... France*, est muté et rétrogradé « pour avoir écrit une phrase absolument déplacée sur l'armée ». C'est pour montrer l'originalité de la pédagogie des Chantiers que l'auteur, rappelant l'état d'esprit de leurs fondateurs dans l'été 1940, avait évoqué leur déception à l'égard de « ... l'armée, dont nous ne voulions plus, n'en ayant connu que la caricature [5] ». Le commissaire général interdit le numéro incriminé du journal, et soumet désormais à un visa tout article d'un de ses subordonnés [6]. En mars 1942, il interdira la diffusion dans les Chantiers de l'hebdomadaire *Marche*, dont Segonzac est le directeur, « en raison des plaisanteries tendancieuses concernant les Chantiers contenues dans un de ses récents numéros ». L'interdiction sera levée deux mois plus tard « en raison des assurances qui ont été données par la direction de ce périodique [7] ».

1. Lettre de E. Sallé de la Marnière (correspondance pour la préparation de la session « Bureaux d'études », arch. ENCU).
2. « La pensée du chef », *Jeunesse... France*, 1er décembre 1941.
3. B. d'Astorg, « La génération des Chantiers », *ibid.*, 15 décembre 1941.
4. *BPO*, 33, avril 1941.
5. Chef Henry, « Chantiers de la Jeunesse », *Jeunesse... France*, 1er novembre 1941.
6. *BPO*, n° 64, 6 novembre 1941.
7. *Ibid.*, 26 mars 1942 et 28 mai 1942.

Opposition au sommet

Au-delà de ces incidents, l'absence de collaboration au sommet recouvre une tension croissante entre les deux institutions. L'École d'Uriage, qui a de l'influence sur une partie des cadres des Chantiers, s'efforce de la développer en se conciliant la neutralité de la direction, mais le commissariat général dissimule à peine une défiance qu'il évite d'exprimer publiquement. Il ne s'agit plus seulement de l'incompréhension entre deux hommes que séparent l'âge, la formation et le caractère, ni de la rivalité entre deux organismes voisins; ces raisons, qui expliquaient peut-être l'occasion manquée de 1940, ne suffisent pas à rendre compte du dissentiment qui s'accentue en 1941 et éclate en 1942.

Les deux entreprises pouvaient paraître, à l'origine, relever de la même inspiration. La Porte du Theil et Dunoyer de Segonzac étaient animés de sentiments voisins sinon identiques sur bien des plans : catholicisme et patriotisme, conception du chef-éducateur, idée d'une formation humaine intégrale, sens du devoir civique et de l'harmonie sociale, loyalisme dévoué envers le Maréchal et volonté de redressement et de revanche. Bien des jeunes qui sont passés des Chantiers à Uriage ou vice versa, n'ont guère aperçu de dissonance entre les pédagogies, que rapprochaient extérieurement le rituel ou le style. Et cependant, une divergence, présente en germe dès l'origine, s'accentue depuis les journées d'études d'Uriage de 1940, à mesure que l'École précise ses refus et ses ambitions dans des domaines où le chef des Chantiers exige une stricte discipline et une fidélité littérale aux règles qu'il a posées [1].

Cette divergence se devine à travers les directives du commissaire général. En juillet 1941, au moment où Mounier est exclu d'Uriage qui est mis sous surveillance, le général lance un avertissement qui semble viser Segonzac sans le nommer. Après avoir rappelé que l'organisation n'a pas de doctrine et subit les contraintes d'une période troublée, il met en garde les jeunes chefs contre « l'excès d'individualisme ». L'attachement entêté ou orgueilleux à ses propres idées amène à critiquer les supérieurs, et produit finalement « anarchie intellectuelle, indiscipline et désordre »; certains chefs succombent à la tentation des « petites chapelles » en s'entourant d'une cour d'admirateurs [2]. À l'automne (au moment où Garrone reproche à Segonzac de substituer sa propre doctrine aux enseignements du Maréchal), le commissaire général met en garde ses chefs d'écoles contre la tentation

> que le directeur de l'École de chefs veuille faire " sa " doctrine et ne se conforme pas fidèlement aux directives du commissaire régional ou général; qu'il vise à former " ses " chefs suivant " sa " formule. [... Il y a là] une simple question de loyauté et de discipline, auxquelles un chef véritable, celui qui descend humblement en lui-même et qui refléchit, ne peut manquer sans que sa conscience ne l'avertisse [3].

Au début de 1942, clôturant des journées d'études des directeurs d'écoles, le commissaire général exposera ses vues sur le problème de l'éducation civique dans les écoles de chefs : les chefs, « éducateurs chargés par l'État d'une mission de confiance, [n'ont] pas le droit d'enseigner autre chose que la doctrine de l'État »; contrairement au simple citoyen qui peut avoir une

1. Voir R. Josse, « Les Chantiers de la Jeunesse », *Revue d'histoire de la Deuxième Guerre mondiale*, 56, octobre 1964, pp. 5-42; correspondance, *ibid.*, 61, janvier 1966 et 68, octobre 1967.
2. Directives du commissaire général, *BPO*, 10 juillet 1941.
3. *Ibid.*, 13 novembre 1941.

opinion différente, « un chef n'en a pas le droit ». Cette doctrine, qu'il ne s'agit pas d'imposer par la contrainte, mais d'expliquer pour convaincre, c'est la Révolution nationale, dont « tout est contenu dans les messages du Maréchal ». Les chefs de la jeunesse ont « exactement les mêmes obligations », en matière d'opinions, que les officiers à qui leur règlement impose le strict respect des lois de l'État [1]. Cet exposé déontologique, qui prend exactement le contre-pied des affirmations posées par Lacroix aux journées d'études d'Uriage de 1940, est présenté peu après la session du Conseil national consacrée à la jeunesse; la commission spéciale, dont faisait partie le général de La Porte du Theil, a invité Segonzac à s'expliquer sur la doctrine enseignée dans son École, en a critiqué le dangereux « mouniérisme » et, tout en rendant hommage aux qualités personnelles de Segonzac, a souhaité que lui soient imposés des directives et un contrôle plus rigoureux. Le commissaire général des Chantiers semble s'être bien gardé de défendre Segonzac contre les vives attaques de ses adversaires; il affirmera plus tard n'avoir jamais participé à ces délibérations [2].

Individualisme anarchique, esprit critique destructeur, complaisance pour les disputes politiques : ce sont les griefs dont les inconditionnels de la Révolution nationale chargent, on le verra, l'École d'Uriage. Le général de La Porte du Theil, soldat discipliné et homme de fidélité désintéressée, est en étroite communauté de vues avec celui qu'il a choisi comme aumônier général des Chantiers, le Père Forestier (qui, à ce titre, appartient à l'état-major des Chantiers et participe aux réunions où l'on en définit l'orientation). Liés de longue date, les deux hommes communient dans le même patriotisme marqué par la guerre de 14-18, le même enthousiasme pour l'esprit et les méthodes du scoutisme catholique qu'ils ont contribué à forger, le même dévouement envers la personne et l'œuvre du Maréchal. C'est dire que la doctrine civique élaborée par le Père Doncœur est largement partagée par le commissaire général : les citoyens, à plus forte raison les chrétiens, doivent une obéissance absolue au chef qui détient seul les informations, les compétences et la responsabilité des choix politiques. Les débats idéologiques et la distance critique ne sont donc pas de mise; Segonzac a le tort d'accepter des influences intellectuelles négatives et de prétendre forger lui-même sa propre doctrine, en négligeant les consignes gouvernementales. L'esprit de libre examen et les thèses « personnalistes » l'amènent à s'égarer intellectuellement; plus grave encore, l'orgueil et le vertige de l'indépendance le perdent moralement, en lui faisant oublier ses devoirs de chef. La condamnation sans appel que portera un an plus tard le chef des Chantiers contre celui d'Uriage s'esquisse déjà, à mesure que ce dernier s'avance dans la voie d'une sorte de dissidence intérieure.

Jeunesse et Montagne : proximité confiante

Cette autre organisation officielle, encadrée elle aussi par d'anciens officiers devenus éducateurs, entretient avec Uriage des liens de proximité géographique et de sympathie. Les groupements qui la composent ont été créés à l'initiative de l'armée de l'Air en août 1940 pour accueillir les jeunes spécialistes de l'aviation en cours d'instruction militaire au moment de l'armistice. Après divers avatars, ils constitueront finalement une formation indé-

1. « Aux Directeurs des Écoles de chefs », journées des 26 et 27 mars 1942, dans J. de LA PORTE DU THEIL, *Les Chantiers ont deux ans*, pp. 296-302.
2. Général J. de LA PORTE DU THEIL, « Mise au point », *Revue d'histoire de la Deuxième Guerre mondiale,* 64, octobre 1966, p. 123.

pendante des Chantiers de la Jeunesse, contrôlée en 1941 par le SGJ avant d'être rattachée ensuite au secrétariat d'État à l'Aviation [1].

Ouvert aux volontaires de dix-huit à vingt-deux ans, avec priorité aux professionnels de l'aéronautique et aux familiers de la montagne, l'engagement d'un an à Jeunesse et Montagne remplace l'incorporation obligatoire dans les Chantiers. Deux commissariats régionaux, Alpes et Pyrénées, contrôlent au total un millier d'engagés en 1940-41, environ le double l'année suivante. Celui des Alpes, dirigé à Grenoble par le colonel de Roussy de Salles, comporte trois groupements (établis en Haute-Savoie, Savoie et Dauphiné), eux-mêmes divisés en centres fixés chacun dans un massif montagneux. Le principe d'organisation, différent de celui des Chantiers, repose sur l'équipe de 24 hommes qui constitue une unité de vie installée dans un chalet en montagne. L'encadrement est composé d'officiers et de sous-officiers de l'aviation et des unités alpines, et de guides et moniteurs civils.

Dans des conditions de vie rudes et sous une discipline exigeante, les jeunes volontaires se perfectionnent dans la pratique des sports et des techniques de la montagne (ski, escalade, randonnée) en recevant une préparation athlétique intensive; ils fourniront des moniteurs et chefs de cordées aux camps de montagne des organisations de jeunesse, et réaliseront des travaux d'intérêt public pour le bénéfice des populations ou des usagers de la montagne. Les promoteurs de l'organisation ont voulu entretenir l'esprit des corps de l'aéronautique civile et militaire en les transplantant dans le milieu montagnard; leur idéal d'effort viril associe le goût de l'aventure et de la compétition au sens de l'équipe. En fait, les recrues venues de l'aviation sont souvent très étrangères aux réalités de la vie en montagne, et ne réussissent pas toujours à s'y adapter [2]. L'aumônier de l'organisation est l'abbé Patrick Heidsieck, disciple et héritier spirituel de Lyautey.

L'École d'Uriage reçoit à plusieurs reprises comme stagiaires, au printemps et dans l'été 1941, des cadres moyens de Jeunesse et Montagne, chefs de centres ou de groupes de Savoie surtout (des Entremonts, du Beaufortin et de la Grande Chartreuse). *Jeunesse... France* rend compte des activités des groupements alpins. À l'occasion de la parution du livre de l'abbé Heidsieck *Rayonnement de Lyautey* , préfacé par Lamirand, le journal d'Uriage publie un article exceptionnellement long de l'auteur, puis un compte rendu élogieux [3]. Jean-Jacques Chevallier écrit ailleurs sa joie de retrouver dans le nom même de Jeunesse et Montagne et dans l'esprit qui l'anime une incarnation de « l'ordre viril » auquel il appelle ses auditeurs d'Uriage [4].

Jeunesse et Montagne a créé, dès l'automne 1940, sa propre école de cadres pour la formation des chefs d'équipe qui seront responsables des petites unités. En 1941, le centre-école est installé au village de Chaillol, près de Saint-Bonnet-en-Champsaur, puis à La Chapelle-en-Valgaudemar. Les stages de deux, puis six semaines utilisent les techniques du décrassage, du cercle d'études et de l'exploration régionale chères à Uriage; l'esprit est celui d'une formation intégrale, physique, intellectuelle et morale, appuyée sur les principes d'un strict emploi du temps et d'une intense vie d'équipe. Le fondateur et directeur de l'école, Henry Ripert, capitaine d'artillerie, est à la fois un éducateur et un montagnard. Lié à l'abbé de Naurois, il est

1. *Jeunesse et Montagne,* brochure de propagande illustrée; dossier documentaire (AN, F 44 2 et F 44 13).

2. Voir L. Terray, *Les Conquérants de l'inutile.*

3. P. Heidsieck, *Rayonnement de Lyautey*, préface de G. Lamirand; « L'esprit du chef d'après Lyautey », *Jeunesse... France*, 8 juillet 1941 (3 p.); G. Ferry, « Les livres », *ibid.*, 15 novembre 1941.

4. J.-J. Chevallier, « Faire face », article du 25 mars 1941 reproduit dans *Jeunesse et Montagne, op. cit.*

entré très tôt en relations avec l'École d'Uriage, à laquelle il envoie quelquefois des stagiaires. Dès le printemps 1941, le centre-école est présenté dans *Jeunesse... France!* [1]. Jean Bernard, étudiant en médecine grenoblois, jéciste et stagiaire d'Uriage au printemps 1941 est engagé ensuite à Jeunesse et Montagne, où il termine son temps au centre-école. Il y retrouve « l'ambiance incroyable (la vie dure mais aussi la vie intellectuelle) d'un autre Uriage [2] ». Les échanges sont fréquents et les relations confiantes entre les dirigeants des deux écoles; l'équipe de Segonzac a trouvé en Ripert un ami, puis un compagnon de cheminement dont le patriotisme refusera de rester dans l'attentisme soumis [3].

En marge, les organisations autoritaires

Parmi les organisations de jeunesse qui militent pour une politique autoritaire, au nom d'une Révolution nationale corporatiste ou même franchement fasciste, on a vu représentées aux journées d'Uriage de mars 1941 l'Union populaire de la jeunesse française doriotiste, les Jeunesses paysannes liées à Dorgères et la Jeunesse de France et d'outre-mer récemment fondée. Ces trois mouvements, bien différents par leur situation et leurs ambitions, ont eu des contacts, bien différents eux aussi, avec l'École des cadres d'Uriage.

L'UPJF, installée à Paris où elle se manifeste bruyamment avec le soutien de l'occupant, n'a qu'une antenne en zone libre, à peine tolérée, sans appui du gouvernement. Elle critique d'ailleurs ouvertement, de Paris, la politique de la jeunesse du SGJ de Vichy, menée par des « hommes de l'ancien régime » ou des « cheffaillons » trop heureux de maintenir la division sous prétexte de pluralisme. Elle appelle les jeunes à bousculer les organes officiels en s'unissant pour la vraie Révolution « socialiste et nationale » et la collaboration européenne, contre les communistes, les gaullistes, les francs-maçons, les juifs, les trusts et les politiciens [4]. Elle n'a aucune relation avec l'École d'Uriage, si ce n'est l'échange dans *Jeunesse... France* de déclarations polémiques : l'École refuse de publier un texte où l'UPJF se présenterait, comme l'ont fait les mouvements de jeunesse non politiques. A-t-elle envoyé des stagiaires à Uriage ? On n'en retrouve pas la trace, mais certains rapports de dénonciation peuvent avoir cette origine. Segonzac a repoussé avec la plus grande netteté, en août 1941, la proposition qui lui était faite de recevoir Doriot pour une conférence (au moment où celui-ci lance à Paris la Légion des volontaires français contre le bolchevisme), et l'affaire n'a pas eu de suite [5].

Les Jeunesses paysannes, fondées par Dorgères en 1935 comme vivier et fer de lance activiste de ses comités de défense paysanne, se sont reconstituées dans le cadre de l'État nouveau sous la direction du « chef national » Charles Nicot. Elles s'efforcent d'obtenir à la fois la reconnaissance du SGJ, et une place privilégiée dans la Corporation paysanne, dont Dorgères devient le délégué général à la propagande. Elles sont favorables à une organisation de la jeunesse à la fois autoritaire, voire obligatoire, et pluraliste, au nom de la conception corporatiste de l'autonomie de chaque pro-

1. J.-P. Filliette, « Le centre-école de Chaillol », *Jeunesse... France!*, 22 mars 1941.
2. Témoignage du Dr Jean Bernard.
3. Témoignages du général Dunoyer de Segonzac, d'Hubert Beuve-Méry, Paul Grillet et Yvonne Jacquot.
4. F.-M. Gorjus, *Jeunes, Unissez-vous!* (brochure de propagande de l'UPJF, collection « En avant, jeunesse! »), octobre 1941, 16 p.
5. Voir E. Mounier, carnets *Entetiens XII,* 25 août 1941.

fession. En réalité leur implantation reste faible, quoiqu'elles soient ouvertes à tous les jeunes de seize à trente-cinq ans liés aux métiers de la terre. Une brève présentation du mouvement par Nicot a trouvé place dans le fascicule publié par Uriage sur les mouvements de jeunesse, mais on ne relève aucune trace de collaboration entre l'École et les Jeunesses paysannes. Dorgères, participant en mars 1942 à la commission du Conseil national qui entend Segonzac, se contente de défendre ses thèses corporatistes sans prendre parti pour ou contre le chef de l'École.

Le cas de la Jeunesse de France et d'outre-mer est différent. Ce mouvement nouveau prétend s'adresser à la masse des jeunes inorganisés pour les mobiliser au service de la Révolution nationale, entendue dans son sens le plus autoritaire et favorable au nouvel ordre européen. Il bénéficie d'importants appuis, du côté de la Légion et dans le groupe de Pucheu et Marion, mais se heurte au refus de Garrone de lui accorder l'agrément. Il ne figure pas dans le fascicule édité à Uriage, quoique *Jeunesse... France!* ait publié, au lendemain des journées des mouvements de mars 1941, un texte de présentation de la JFOM rédigé, en termes très modérés, par son secrétaire général Ronin [1]. Cependant, plusieurs de ses principaux dirigeants participent à des stages de l'École d'Uriage, en août et septembre 1941.

La JFOM a été fondée à Nice à la fin de 1940, par un officier d'aviation en congé d'armistice âgé de de vingt-deux ans, le sous-lieutenant Henry Pugibet, avec l'appui local de Darnand et la participation de Roger de Saivre, futur membre du cabinet civil du chef de l'État chargé des questions de jeunesse [2]. L'association, qui a l'originalité d'être mixte, entend grouper de jeunes Français, parallèlement aux mouvements de jeunesse existants, pour « mener une action révolutionnaire », en commençant par leur donner une formation physique et une instruction civique. Représenté aux journées d'Uriage de mars 1941, le mouvement tient son premier rassemblement départemental dans les Alpes-Maritimes peu après. Il affiche un style activiste (propagande, manifestations et défilés) et une pensée sommaire; les slogans xénophobes et antisémites accompagnent l'antigaullisme, l'anticommunisme et l'hostilité à la démocratie des partis. Le SGJ, réticent, évite de reconnaître le mouvement et limite son activité à la région méditerranéenne, Alpes-Maritimes et Bouches-du-Rhône essentiellement. Mais la JFOM reçoit alors l'appui du secrétariat général à l'Information, qui s'efforce, dans l'été 1941, de noyauter ou de concurrencer les organisations liées au SGJ, taxé d'esprit « démocrate-chrétien ». Le mouvement de Pugibet est appelé à concurrencer les Compagnons et à fournir le noyau du mouvement unitaire souhaité par Pucheu et Marion [3].

Deux camps-écoles de cadres (masculin et féminin) sont organisés dans l'été dans l'arrière-pays niçois (Darnand félicite la responsable du second), et un organe bimensuel, *Franc Jeu* est créé à Marseille. Il exploite d'un côté l'esprit unanimiste de la Révolution nationale, en faisant l'éloge des Chantiers de jeunesse, « une belle réussite », et en citant divers organes de la presse des jeunes, dont *Jeunesse... France* [4]; il critique d'autre part la décevante politique de « pluralisme limité » menée par les responsables timorés

1. J. RONIN, « Jeunesse de France et d'outre-mer », *Jeunesse... France!*, 22 mars 1941.

2. W. D. HALLS, *The Youth of Vichy France*, p. 335. Voir aussi le rapport du chef du mouvement présenté le 29 mai 1942 (AN, F 60 1020), et la collection du bimensuel *Franc Jeu* pour 1941 et 1942, ainsi que L. YAGIL, « " Jeunesse de France et d'outre-mer " et la vision de l' " homme nouveau " dans la France de 1940-1944 », *Revue d'histoire des Guerres mondiales et des conflits contemporains*, 158, 1990, pp. 93-104.

3. R. HERVET, Les Compagnons..., *op. cit.*, p. 151 sq.; Franc Jeu, 1, 13 septembre 1941; L. YAGIL, « Jeunesse de France... », art. cit.

4. *Franc Jeu*, 1, 2, 6 (septembre-novembre 1941).

du SGJ, et réclame de l'État un effort plus vigoureux pour mobiliser la jeunesse et lui imposer une discipline en la rassemblant dans un mouvement unique [1]. Le congrès national du mouvement, à Nice, en octobre 1941, auquel assiste Cherrier, chef de cabinet de Pucheu, avec Roger de Saivre, du cabinet civil du Maréchal, et Georges Riond, délégué national de la Légion, confirme ces orientations, avec deux rapports doctrinaux. Celui de Claude Planson, militant du francisme et ami de Bucard, invite à « faire la révolution (...) nationale, sociale, intégrale et européenne » en imitant les exemples donnés par Mussolini, Hitler, Salazar et Franco, et à « créer un homme nouveau (...) positif, intègre, communautaire et enthousiaste ». Le capitaine Renault, adjoint au chef national du mouvement, donne les applications de ces principes à la conjoncture actuelle. Il faut lutter contre la franc-maçonnerie, le capitalisme, le marxisme, le judaïsme et le gaullisme; tenir l'Angleterre pour ennemie et la collaboration comme nécessaire, afin que la France prenne place en toute indépendance dans l'Europe nouvelle; participer à la lutte contre le péril rouge en combattant à l'intérieur les agitateurs et les terroristes, faute de pouvoir combattre militairement l'ennemi russe [2]. En conséquence, le mouvement crée, à côté des équipes de volontaires sociaux, des unités de gardes civiques qui constitueront une élite de « jeunes combattants de la Révolution nationale », propagandistes soumis à une discipline paramilitaire.

Peu après, le chef national Pugibet résigne ses fonctions en faveur de son adjoint marseillais Renault. Le mouvement a désormais nettement partie liée avec les hommes de l'Information et l'École des cadres civiques qu'ils créent au Mayet-de-Montagne, comme avec le Service d'ordre légionnaire organisé par Darnand. En 1942, le soutien de Pelorson, secrétaire général-adjoint à la Jeunesse, lui permettra de forcer les réticences de Lamirand et de recevoir enfin l'agrément du SGJ sous le gouvernement Laval.

Or, c'est à la veille de ce congrès d'octobre 1941 que plusieurs dirigeants de la JFOM ont participé à deux sessions de l'École d'Uriage. En août-septembre, ce sont les deux chefs nationaux, Pugibet et Renault, tous deux officiers d'aviation en congé, ainsi que Marcel Guillou, ancien scout, mutilé de guerre; le chef départemental des Alpes-Maritimes, Georges Lucques, participe à la session suivante. On en est réduit aux conjectures sur les motifs de la présence à Uriage de ces responsables de haut niveau de la JFOM. Est-ce le SGJ qui a exigé d'eux ce stage, dans le cadre des négociations d'agrément? Sont-ce au contraire les dirigeants du mouvement qui ont voulu se faire une idée personnelle de l'esprit qui règne à Uriage et expérimenter les méthodes pédagogiques qui font son renom et qui sont bonnes à imiter? L'organe de la JFOM ne publiera aucune ligne de reportage sur ces sessions, mais fera plusieurs mois plus tard l'éloge de la formule « École de cadres » telle qu'elle a été mise au point à Uriage, en souhaitant la voir étendue à l'ensemble de la jeunesse française avec la collaboration d'autres organisations, telle la Légion [3].

Ces stagiaires militants ont été médiocrement appréciés de leurs instructeurs – l'un sévèrement jugé sur son caractère et sa valeur morale, l'autre estimé sincère et dévoué, mais ignorant et simpliste; leur séjour n'a pas inauguré de relations suivies entre l'École et la JFOM. Il a peut-être grossi le dossier des griefs entretenus à l'Information et dans les milieux de la Légion proches du SOL en gestation, contre l'École et contre un SGJ inca-

1. « Vérités nécessaires » (éditorial), *Franc Jeu*, 25 octobre 1941.
2. C. Planson, « Position de la JFOM », *ibid.*, 8 novembre 1941; J.-M. Renault, « La jeunesse en face des problèmes actuels », *ibid.*
3. G. G., « Enseignement général et Révolution nationale », *ibid.*, 20 décembre 1941.

pable de la remettre au pas [1]. Mais aucune polémique publique ne s'en est suivie.

À la session « Saint Louis » participent également deux membres d'un Rassemblement national des jeunesses françaises, dont Pierre Dubreuil, dessinateur à Lyon, chef de propagande du mouvement. Ce groupuscule au titre ambitieux ne semble pas avoir eu beaucoup d'activités ni de rayonnement.

Au total, la présence à Uriage de ces dirigeants de mouvements politiques n'a guère eu plus de portée que celle de tel ou tel stagiaire isolé favorable aux méthodes autoritaires ou à la collaboration. Les distances étaient assez marquées pour qu'il n'y ait pas de confusion possible, et le dialogue ne pouvait guère se développer. Segonzac a donné à ce sujet des consignes explicites au noyau de fidèles de l'Équipe nationale d'Uriage, le 21 octobre 1941. Dans l'allocution où il commente le texte écrit qui expose les buts de l'association, il précise, à propos de la phrase « l'équipe favorisera le développement des mouvements de jeunesse reconnus par l'État » :

> (...) Je considère que seuls les mouvements confessionnels et le mouvement Compagnon sont ceux que nous pouvons appuyer et vers lesquels nous pouvons orienter des garçons (...), à l'exclusion des autres, parce qu'il faut faire un choix (...). J'accentue tout ce qui est dit : je ne me contente pas [de la formule] " mouvements reconnus par l'État "; j'ai dit : le Scoutisme, les mouvements confessionnels et les Compagnons, ce sont les mouvements à aider, car on ne sait pas très bien quels sont les mouvements reconnus par l'État [2].

On peut s'étonner de ce que Segonzac ne cite pas ici les Camarades de la Route, qui n'entrent dans aucune des catégories recommandées. Il est cependant trop proche de leur fondateur et président Ollier de Marichard pour les ignorer ou les mésestimer; sans doute ne classe-t-il pas au nombre des mouvements la jeune association d'usagers des Auberges.

L'influence d'Uriage : civisme et style de vie

Au terme de cet inventaire des relations de l'École d'Uriage avec les diverses organisations de jeunesse, une constatation s'impose. L'équipe d'Uriage a entretenu en 1941 des rapports lointains ou difficiles avec les directions des organisations les plus puissantes, les Chantiers et les mouvements de jeunesse catholiques, pour des raisons diverses; le conformisme des uns, les structures idéologiques et sociologiques des autres les ont portés à la méfiance envers cette institution originale par sa nature comme par ses buts. Au contraire, les mouvements minoritaires et les organisations en difficulté ont tiré profit de l'appui temporaire ou de l'accueil que leur offrait l'École, lieu de rencontre autonome et ouvert. Aussi son influence s'est-elle exercée différemment dans les deux cas. C'est surtout par le jeu des contacts personnels et des échanges de services locaux que l'esprit d'Uriage a atteint des chefs de Chantiers, des responsables scouts et des militants d'Action catholique; l'École leur a apporté un contrepoids à l'idéologie développée autour des Pères Doncœur et Forestier, ou leur a donné des occasions de rencontres entre jeunes d'origines et de convictions diverses. Au contraire, dans le cas des mouvements protestants, des Compagnons et des nouvelles organisations ajistes, les relations au sommet ont été intenses et décisives. Uriage a contribué à assurer la survie de certains de ces mouvements, a encouragé les autres ou enrichi leurs perspectives, comme l'a indiqué Casa-

1. Voir R. Hervet, *Les Compagnons de France, op. cit.,* pp. 153-154.
2. « Réunion générale du 21 octobre 1941 », document dactylo., cité, pp. 2, 5.

lis pour les protestants. L'autonomie affirmée par Segonzac et sa volonté de se placer en situation centrale, ouverte aux diverses traditions et expériences sans se lier exclusivement à aucune, a placé l'École en position stratégique. Elle a pu soutenir et influencer particulièrement les individus en recherche et les groupes les moins installés, que ce soit par suite de leur faiblesse numérique, de leur nouveauté ou de leur disponibilité dans une conjoncture confuse.

Les mouvements de jeunesse non politiques, confessionnels ou éducatifs, forment alors une constellation caractérisée à la fois par une conscience civique et patriotique commune et par la diversité de leur philosophie et de leurs méthodes. Le réseau des Écoles de cadres animé par Uriage, à la fois central et marginal, doté d'une mission officielle et d'un dynamisme indépendant, a exercé au sein de cet ensemble une attraction et une influence certaines quoique non mesurables. Elles ont joué surtout dans trois domaines : l'attitude envers le régime et l'évolution politique – il en sera question au chapitre suivant ; l'application de la politique de pluralisme organisé élaborée par Garrone ; la diffusion du style de vie communautaire, qui marquera d'une empreinte commune de nombreux militants de jeunesse de cette génération.

La politique de la jeunesse menée par la SGJ en 1941 sous l'autorité de Garrone a été en réalité le résultat d'un compromis entre ses propres intentions et les vues des organisations dont il avait la tutelle. Double compromis. Sur le plan institutionnel, le directeur de la Formation des jeunes insiste sur l'unité à rechercher et la discipline à accepter, alors que chacun des mouvements défend son autonomie, au nom de sa spécificité pédagogique et morale. Sur le plan politique, tous parlent d'une éducation civique de la jeunesse, mais Garrone la conçoit comme l'application des consignes du chef de l'État, alors que les mouvements ont diverses manières de définir les tâches civiques auxquelles ils entendent préparer leurs adhérents. Dans les débats et les conflits, ouverts ou feutrés, que suscitent ces questions, on a vu l'École d'Uriage jouer à plusieurs reprises un rôle médiateur.

Son originalité n'est pas dans la position moyenne qu'elle a adoptée, entre les intentions unificatrices du ministère et le particularisme des mouvements, mais dans son style « œcuménique », comme dit Segonzac. Dans son climat de liberté où chacun peut s'exprimer, il y a place pour les diverses convictions et expériences qu'on s'efforce de comprendre de l'intérieur, en n'excluant que les totalitaires, fascistes et communistes, et bien sûr les collaborateurs et les opportunistes. Uriage donne l'exemple d'une institution officielle qui se refuse à enseigner une doctrine d'État, pratique une recherche libre, et manifeste sa résolution de préparer la reprise du combat patriotique. L'École montre ainsi à sa manière comment peuvent être exploités les espaces de liberté que laisse le régime et la couverture que fournit le SGJ avec Garrone. Position ambiguë, difficile à tenir sans compromission ni rupture, et qui serait à courte vue si elle ne s'accompagnait de l'édification du réseau ENU destiné à prendre le relais. Les mouvements ne sont pas dans la même situation ; cependant l'existence de l'École d'Uriage et le combat qu'elle mène pour affirmer son autonomie leur donnent, sinon un modèle à imiter, du moins un point d'appui pour la défense du pluralisme.

Le style de vie communautaire pratiqué à Uriage ne comporte guère d'éléments originaux par rapport à ce que les divers mouvements ont déjà expérimenté. Les uns ou les autres ont conçu les premiers les principes de la vie en équipe, des rythmes alternés, de la formation intégrale, du rôle du chef et même des valeurs spirituelles non confessionnelles. Les uns ou les autres ont pratiqué les méthodes des cercles d'études, des veillées marquées par le « mot du chef », de l'exploration régionale et des loisirs éducatifs. Les jeunes issus des mouvements retrouvent à Uriage un climat familier. Il y a cependant une originalité du style de vie que leur propose l'École, sur deux plans.

Le premier est l'art de la synthèse, qui a permis à Segonzac de rassembler ces éléments disparates en un composé cohérent et vigoureux. La communauté d'Uriage a su déborder les particularismes, qu'ils soient idéologiques ou sociologiques, et rester ouverte. Son appel au sens de l'honneur et au service de la patrie a permis par exemple une collaboration entre chrétiens et agnostiques, sous le signe d'une laïcité ouverte qui préfigure les expériences menées dans la Résistance et à la Libération. Autre caractère original, le lien entre l'engagement affectif et spirituel qui fonde la vie communautaire, avec ses rituels et ses disciplines, et la recherche intellectuelle qui le nourrit et le prolonge. Les jeunes que séduit le climat de l'École sont invités à prendre conscience d'une crise de civilisation et mis en contact avec les spécialistes qui travaillent à l'analyse de ses données et à la recherche de ses remèdes. Ébauché en 1941 avant de s'épanouir avec le stage de six mois de 1942, ce souci de connaissance et de réflexion pour l'action permet aux techniques éducatives des mouvements de jeunesse de déboucher sur la prise de responsabilité dans le monde adulte.

Ainsi, le style d'Uriage est à la fois proche et distinct de ceux du scoutisme et des mouvements d'Action catholique. En se réclamant d'une inspiration spirituelle qu'elle prétend définir elle-même, l'École suscite des réactions de méfiance ; on a vu s'exprimer, au moment de la création de l'ENU, la crainte que Segonzac ne constitue une troupe d'adeptes à sa dévotion. Il s'efforce de dissiper ces malentendus par le dialogue; mais le critère principal des solidarités et des ruptures sera de plus en plus dans les jugements et les choix politiques, pour ou contre le pouvoir de Vichy.

CHAPITRE XI

Face aux pouvoirs de Vichy

LE NON-CONFORMISME D'URIAGE AU DÉBUT DE 1941

Le développement de l'École dans la période du gouvernement Darlan, son rayonnement sur les organisations de jeunesse et une partie des élites patriotes en zone sud et surtout son indépendance d'esprit ont été payés de difficultés incessantes avec le pouvoir. Les dénonciations et les pressions, les menaces et les crises se succèdent; le plus étonnant est que l'École y ait survécu sans aliéner fondamentalement son originalité, ce qu'il nous faudra tenter d'expliquer. Cependant quelques réflexions préliminaires sont utiles à la compréhension des événements.

Qu'est-ce que « Vichy » ? On sait bien que le régime et le pouvoir sont loin d'être monolithiques, en 1941 comme en 1940; à l'ombre du Maréchal adulé et sentencieux, diverses tendances coexistent et se livrent une constante lutte d'influence. C'est vrai sur un plan général, dans les orientations politiques majeures (diverses conceptions de l'armistice, de la « collaboration », de la Révolution nationale) comme dans la nature des équipes et des groupes sociaux qui participent au pouvoir ou le soutiennent (officiers, clergé, fonctionnaires, anciens parlementaires, notables, patrons, syndicalistes) et dans les tendances idéologiques qui inspirent sa ligne politique (diverses formes de nationalisme, de corporatisme, de technocratie, de paternalisme orléaniste, de maurrassisme ou de fascisme à l'italienne ou à la portugaise). Sur cette diversité comme sur le fond commun qui en fait l'unité, les analyses et les controverses ne manquent pas [1].

La politique de la Jeunesse sous Vichy en 1941 : cinq orientations

Dans le secteur particulier de la jeunesse, cette diversité se retrouve; certes un groupe assez homogène a réussi, dès l'automne 1940, à prendre la direction de la nouvelle administration, et jouit d'une certaine liberté d'action grâce à la confiance que le Maréchal fait à Lamirand. Mais ces dirigeants du SGJ sont surveillés et souvent critiqués du côté du gouvernement; autour d'eux, pressions et intrigues sont constantes, provoquant parfois des crises brutales. Une de leurs forces est la faiblesse de leurs adversaires sur le terrain : en matière de jeunesse, les programmes et les

1. Voir la bibliographie présentée à la fin du volume.

comités de patronage n'ont guère d'efficacité si l'on ne dispose pas de cadres capables d'atteindre et de mobiliser la masse des jeunes. Comme la perspective d'un mouvement unique et d'une action autoritaire a été écartée dès 1940, le pouvoir doit composer avec les organisations qui existent et attirent les jeunes, et le SGJ est l'agent de ce compromis permanent. La politique de la jeunesse qui s'applique est le résultat du jeu de forces multiples.

Comment situer le rôle et l'attitude de chacun des partenaires : ministres, hauts fonctionnaires et conseillers, autorités ecclésiastiques, universitaires, militaires, dirigeants de mouvements et leurs inspirateurs ? Un essai de typologie aboutit à distinguer cinq groupes, définis par l'idéologie, la sensibilité et, le comportement : autoritaires, maurassiens, pétainistes fidèles, défenseurs de l'Église, adeptes de la politique de la présence. Évidemment, certains acteurs débordent ces catégories, relevant successivement ou même simultanément de plusieurs types.

Les partisans des méthodes autoritaires militent pour une Révolution nationale dure, plus ou moins teintée de socialisme « national » et intégrée dans le nouvel ordre européen par une collaboration active. Un pôle fort se forme au milieu de 1941 autour des membres du gouvernement, anciens du PPF ou de l'état-major de la banque Worms, qu'on qualifiera de membres de la « synarchie ». Pucheu et Marion en sont les représentants les plus actifs; jouissant, au début du moins, de l'entière confiance de Darlan, ils irritent le Maréchal, par leurs ambitions comme par leur style brutal, et suscitent l'opposition de son entourage. Anticléricaux et modernistes, ils se veulent réalistes politiquement, et comptent sur la propagande pour mobiliser la jeunesse. Empêchés par la volonté du Maréchal de créer le parti unique et le mouvement de jeunesse unique et obligatoire qu'ils souhaitent, ils ne renoncent pas à ces objectifs et utilisent les positions qu'ils tiennent, à l'Intérieur et à l'Information, pour les servir. Ils tentent de mettre la main sur le mouvement Compagnon, puis sur la Légion des combattants et sur le SGJ. Mais si les candidats au gouvernement de la jeunesse ne manquent pas, les cadres et les troupes font défaut. La JFOM peut en fournir; un de ses fondateurs, Roger de Saivre, est chargé au cabinet civil du chef de l'État des questions de jeunesse.

Les doriotistes sont isolés et sans influence à Vichy. Leur adversaire Bergery, rentré dans l'été 1941 de son ambassade à Moscou, cherche à exploiter ses entrées dans l'entourage du Maréchal pour proposer un programme de reprise en main de la jeunesse dans le sens du socialisme national autoritaire qu'il a adopté. Abel Bonnard guette l'occasion de jouer le rôle de guide d'une jeunesse révolutionnaire. Parmi les plus jeunes, Armand Petitjean a quitté Vichy après son échec aux Compagnons et rejoint à Paris la NRF de Drieu La Rochelle. Jean-François Gravier et Jean Maze sont passés du SGJ à l'Information de Marion, dont le premier dirige l'École de cadres, tandis que Pelorson reste chargé de la Propagande des jeunes en zone occupée.

Les maurrassiens sont, quant à eux, plus influents dans l'entourage du Maréchal qu'au gouvernement, notamment au cabinet civil où ils ont la sympathie de du Moulin de Labarthète. Henri Massis est à la fois conseiller du chef de l'État dont il rédige certains discours, et chargé de mission au SGJ où il est assez isolé. Il défend avec constance sa doctrine, réclamant l'unité d'une jeunesse disciplinée sous les ordres du Maréchal, sans prôner une unification forcée, car il respecte l'Église et les traditions. Défendant la primauté de l'intelligence et de la raison autant que le culte de « la France seule », le directeur de *La Revue universelle* poursuit surtout de sa vindicte permanente les catholiques héritiers du Sillon (démocrates-chrétiens, personnalistes, théologiens de *Sept* et de *Temps présent*, qu'il confond d'ailleurs dans la même hostilité). Il observe les organisations de jeunesse et leur presse pour y repérer et dénoncer toute trace d'esprit démocrate-chrétien ou personnaliste. Ces attaques contre les catholiques « progressistes » influencent nombre d'intellectuels et de fonctionnaires marqués par l'influence de l'Action française ; on retrouve des dissidents de celle-ci à la revue *Idées*, fondée par René Vincent à la fin de 1941, qui associe des membres de nos deux premiers groupes en cherchant à influencer ou intimider le troisième. Quant à René Gillouin, proche du Maréchal dont il rédige certains discours et au nom duquel il visite les Chantiers de jeunesse, il est moins doctrinaire et se soucie surtout de défendre le pluralisme.

Au centre, les fidèles du Maréchal, éducateurs et patriotes, défenseurs des valeurs traditionnelles devenus fervents d'une Révolution nationale à la fois disciplinée et pluraliste. Pour eux la figure de Pétain, sage moraliste, garant de la survie du pays et guide de la reconstruction intérieure, est liée à celles de Lyautey (action, éducation, réforme de la société) et de Weygand (ordre réactionnaire et patriotisme anti-allemand). Catholiques pour la plupart, ils saluent avec le Père Doncœur le retour du sacré ; sensibles aux critiques des maurrassiens contre la démocratie et le personnalisme, taxé d'invidualisme anarchiste, ils réclament des chrétiens un engagement au service de la politique officielle. Conscients du danger nazi, ils espèrent une revanche contre l'Allemagne, mais s'abstiennent de dénoncer la collaboration puisque c'est le Maréchal qui l'a inaugurée. En effet la loyauté et la discipline interdisent à leurs yeux toute critique des décisions du chef de l'État ; le simple débat sur ses options politiques est attentatoire au respect qu'on lui doit et à l'union qu'il préconise.

Officiers, universitaires ou ingénieurs, marqués par le scoutisme ou les Équipes sociales, ce sont des hommes d'action, d'ailleurs probes et désintéressés, non des penseurs ; ils connaissent mieux les hommes que les forces économiques et sociales. L'équipe de « réalistes » qui entoure Darlan les juge naïfs et idéalistes (« puceaux de sacristie »), Bergery ou Pucheu dénoncent leur « esprit scout et calotin » – mais ils ont le bénéfice de leurs réalisations dans les institutions de jeunesse, qui les rendent irremplaçables et leur valent le respect. Lamirand est proche d'eux, mais sa position plus exposée et peut-être son caractère moins ferme le rendent plus influençable ; il lui arrive de composer avec des « autoritaires » (comme son directeur de la Propagande à Paris, Pelorson), voire de céder aux pressions des groupes fascisants en créant l'École des cadres de La Chapelle-en-Serval. Dans un style moins catholique et plus politique, les mêmes orientations prévalent au cabinet du Maréchal, qui tente à la fin de 1941 de définir une voie moyenne pour l'organisation de la jeunesse, à égale distance des « démocrates » et des « totalitaires ».

La position de Garrone, marqué par la tolérance universitaire et imprégné d'une vision communautaire de la société, est un peu différente ; son loyalisme envers le régime et son « apolitisme » sont aussi stricts, mais il s'est fait une doctrine du pluralisme, qu'il entend consolider avec l'accord de l'épiscopat. Autoritaire dans le style, il écarte les partisans de la dictature ou de la collaboration mais entend discipliner une jeunesse remuante. Assez isolé à Vichy, il est suspect de complicité avec les démocrates et d'incapacité administrative ; il sera écarté au début de 1942. Le ministre Carcopino présente un profil idéologique original dans ce groupe, dont il partage l'attitude politique. Universitaire attaché à la neutralité et à un certain libéralisme, homme d'ordre et patriote, il craint les manœuvres d'un clan clérical, mais se montre vigilant pour contenir aussi, en zone nord surtout, les initiatives des collaborationnistes. Ses relations sont bonnes, respectueuses ou amicales, avec La Porte du Theil et Borotra, médiocres avec Lamirand qu'il juge « faible et ondoyant » et avec Garrone dont le style péguyste ne peut que l'irriter. Il est plus soucieux de défendre l'Éducation nationale contre les initiatives intempestives des hommes de la Jeunesse, que de diriger ceux-ci.

Proche du précédent, le quatrième groupe a d'autres priorités. Parmi les corps qui, en marge du pouvoir, exercent une influence considérable, les dirigeants catholiques (évêques, mais aussi responsables d'œuvres et de mouvements et leurs conseillers) constituent un cas particulier. La plupart d'entre eux sont satisfaits que la religion soit à nouveau reconnue dans l'État; espérant voir enrayé le déclin de la piété et des pratiques, ils comptent aussi sur l'action des laïcs – l'Action catholique – pour mener une reconquête chrétienne et transformer la société conformément à la « doctrine sociale de l'Église » définie par les encycliques. Ils attendent d'une politique de la jeunesse, avant tout, qu'elle respecte l'autonomie et la spécificité des mouvements catholiques, en ne cherchant ni à les contraindre ni à les concurrencer, et qu'elle s'inspire pour le reste de la morale chrétienne et ne favorise pas les entreprises neutres. Comme le pouvoir a besoin qu'ils lui conservent l'appui souvent fervent donné dès 1940, ils peuvent obtenir beaucoup de lui, mais ils ont d'autres revendications, notamment en ce qui concerne l'école catholique. Ayant en Garrone un interlocuteur favorable, ils sont gênés par les attitudes réticentes ou oppositionnelles à l'égard du régime et de sa politique de certains aumôniers ou dirigeants catholiques; ils leur reprochent un comportement irresponsable – car le monde catholique n'est pas unanime pour donner la priorité aux intérêts de l'Église plutôt qu'au témoignage chrétien. Mais par ailleurs, au gouvernement, des hommes comme Pucheu sont persuadés qu'un complot clérical, dont Garrone est complice, prépare la mainmise de la hiérarchie catholique sur tout le secteur enseignement-jeunesse. Il faudrait ici faire une place aux organisations comme le scoutisme, dont les dirigeants sont proches du groupe précédent mais que leur souci de sauvegarder l'unité et l'indépendance de leur organisation amène à se comporter en partenaires autonomes plutôt qu'en sujets dociles.

Le dernier groupe comprend les hommes, dirigeants d'organisations surtout, qui ont décidé de travailler avec ou dans les institutions officielles, parfois dans un esprit de dévouement envers le chef de l'État, ou simplement par réalisme, voire par tactique. Ils conservent leur liberté de jugement, au nom de convictions qui les amènent à refuser une allégeance inconditionnelle et à garder une attitude critique. Cette « politique de la présence » est celle des dirigeants des mouvements protestants regroupés dans le CPJ, des organisations qui s'inspirent d'une tradition libérale ou démocratique (EDF, Auberges de jeunesse), d'une partie des cadres du mouvement Compagnons et des mouvements catholiques. Ces équipes évoluent, à des rythmes et dans des styles divers, de la présence à l'opposition, au nom du patriotisme, de la liberté ou d'une éthique humaniste ou chrétienne. Évolutions guidées par des conseillers aînés, parmi lesquels beaucoup sont animés d'un esprit de résistance. Universitaires démocrates, chrétiens engagés dans la résistance spirituelle (secours aux Juifs et aux internés ou diffusion des *Cahiers du Témoignage chrétien*), pasteurs ou prêtres directeurs de conscience des jeunes, anciens dirigeants de mouvements de jeunesse liés aux organisations clandestines, amis d'*Esprit* ou de *Temps présent* : autant de guides dont l'influence pénètre dans les organisations de jeunesse.

Cet éventail d'attitudes, de l'autoritarisme fascisant à l'opposition résistante en passant par la soumission inconditionnelle au Maréchal, présente à la fois une continuité (il y a des évolutions progressives de l'une à l'autre) et des zones de rupture – dont les seuils décisifs ne sont pas les mêmes pour tous. Les dirigeants d'organisations de jeunesse, nés pour la plupart entre 1905 et 1920, sont généralement éloignés des deux premiers groupes décrits ici mais ont des liens avec les autres. Unis pour défendre le pluralisme et résister à la nazification, ils s'interrogent sur le devoir civique et les limites du loyalisme dû au gouvernement. Dans le groupe central, les hommes qui exercent une autorité – Lamirand et Garrone, La Porte du Theil, les membres du cabinet du Maréchal – hésitent, comme les évêques de leur côté, entre l'indulgence envers les francs-tireurs au nom du pluralisme, et leur condamnation au nom de la discipline. La politique de la jeunesse de Garrone subit le contrecoup des pressions et des résistances venues de chacun des groupes.

C'est dans cette configuration que l'École d'Uriage suit son propre chemin, du pétainisme fidèle dont elle se distinguait mal dans l'été 1940, à la vigilance critique qu'elle pratique en 1941 avant d'en venir à la dissidence intérieure. Garrone, son supérieur direct, est son principal interlocuteur à Vichy, mais chacun de ces cinq groupes intervient en quelque manière dans le développement des relations de l'École d'Uriage avec les autorités.

Premières tensions

Au début de 1941, les éléments favorables l'emportent, et Segonzac peut développer sous la tutelle bienveillante et lointaine du SGJ les initiatives amorcées en 1940. La sympathie et le soutien de Lamirand lui sont acquis. Le succès des journées de dirigeants de mouvements de jeunesse en mars et sa nomination au Conseil de la jeunesse créé alors confirment la confiance qui lui est faite. Louis Garrone, nouveau directeur de la Jeunesse, élabore son programme d'action, auquel il intègre les Écoles de cadres en respectant leur personnalité. Comme on l'a vu, un large accord semble assuré entre lui et le chef d'Uriage.

Viennent alors les premières difficultés sérieuses, nées des deux reproches qui sont faits, de Vichy, à Segonzac : une orientation philosophique suspecte; des déclarations non conformistes sur la politique gouvernementale, et notamment sur la collaboration.

Au début d'avril, Segonzac reçoit un double avertissement concernant les plus compromettants de ses conférenciers, Naurois et Mounier. On lui demande de faire taire le premier, et on lui interdit d'intégrer le second à son bureau d'études permanent, où l'on préfère des hommes « sans passé »; il pourra seulement l'inviter comme conférencier. Derrière cet interdit, Mounier croit déceler le jeu « d'influences latérales » s'exerçant en haut lieu, notamment celle d'Henri Massis. Segonzac se défend et les deux suspects conservent leur rôle à l'École. Mais, au retour de la première réunion à Vichy du Conseil de la jeunesse, il se dit pessimiste sur l'avenir de l'École « qui a pris catégoriquement position contre la collaboration [1] ». Un mois plus tard, c'est à Beuve-Méry, sur le point de rentrer du Portugal, qu'il demande de hâter son retour, car la situation est difficile :

> Nous entrons dans la phase active de la collaboration. Du même coup se confirment les craintes que vous exprimiez (...). L'équilibre de l'École demeure très instable (...) du point de vue de sa position vis-à-vis du gouvernement. Il fallait prendre position, et c'est fait, mais jusqu'à quand cela sera-t-il toléré [2] ?

Segonzac fait-il allusion à un épisode précis ? On connaît plusieurs occasions où le chef de l'École, explicitant l'opposition marquée dès le début à l'Allemagne et au nazisme, a exprimé ouvertement son engagement moral aux côtés des Alliés. Dans les documents écrits, on utilise des formules allusives : le texte de François-Poncet recommande de plier le corps pour ne

1. E. MOUNIER, 4 et 13 avril 1941, « Entretiens XI », *Œuvres*, t. IV, pp. 704-705.
2. Lettre de P. Dunoyer de Segonzac à H. Beuve-Méry, 16 mai 1941.

pas plier l'âme, et Segonzac met en garde les jeunes Français contre la menace de « tomber en esclavage [1] ». Mais des déclarations autrement explicites ont été lancées oralement par Segonzac devant les stagiaires, et notées par certains d'entre eux. Dans son allocution finale à la promotion « Foucauld », fin mars, il a refusé de juger l'action du général de Gaulle ; approuvant les gaullistes qui gagnent l'Angleterre au nom d'un devoir ressenti en conscience, il a déclaré :

> Il faut souhaiter la victoire anglaise (...) pour le succès de notre action. (...) L'ennemi n° 1, c'est le national-socialisme [2].

C'est une profession de foi analogue, devant les étudiants de Grenoble, qui lui a valu un avertissement du préfet Didkowski, « sermon sévère corrigé par un clin d'œil complice [3] ». Un stagiaire hostile évoque, dans un rapport qui dénonce le mauvais esprit de l'École, une veillée de mai sur l'obéissance, où « il fut dit qu'il est compréhensible de se séparer d'un gouvernement si la justice se trouve lésée, mots graves en raison de l'heure et des stagiaires dont les sympathies gaullistes étaient connues [4] ».

De telles déclarations sont doublement provocantes. Elles contredisent la stratégie gouvernementale, à l'heure où Darlan s'efforce de reprendre contact avec Hitler et envisage une collaboration militaire avec l'Allemagne maîtresse de l'Europe. Elles révèlent aussi chez Segonzac une conception du devoir patriotique qui le conduit à légitimer la désobéissance au nom du jugement de sa conscience. C'est faute majeure pour les fidèles du chef de l'État ; le stagiaire hostile l'a bien senti, qui reproche à l'équipe de l'École « une exagération du moi au nom de la liberté, de la personne humaine ». L'autorité du Maréchal, l'union des Français autour de lui sont en cause. L'attitude critique de Segonzac entraîne alors ce que Mounier appelle un « long orage » sur l'École. Les deux épisodes majeurs en sont la visite de l'amiral Darlan, le 2 juin, et les mesures de censure prononcées en juillet.

DARLAN ET L'ORAGE DE L'ÉTÉ

La presse quotidienne des 3 et 4 juin 1941 publie, en première page et sous de gros titres, un bref communiqué du gouvernement relatant le passage en Isère de l'amiral Darlan le 2 juin, lundi de la Pentecôte. Le vice-président du Conseil a visité successivement le centre d'accueil de la marine installé à Entre-Deux-Guiers et l'École nationale des cadres d'Uriage avant de rencontrer les autorités du département à la préfecture. Arrivé à Uriage dans l'après-midi, il a eu un long entretien avec le chef Dunoyer de Segonzac, et s'est fait présenter les instructeurs et les stagiaires qui terminent leur session. Après avoir assisté, en compagnie de Lamirand, à la cérémonie de l'engagement de la promotion, il a réuni les instructeurs et stagiaires dans la salle de conférences pour leur faire une causerie improvisée.

Un discours retentissant

L'allocution de l'amiral, dont le texte n'a pas été publié, soulève une « affaire » qui agite pendant plusieurs semaines les milieux bien informés,

1. P. Dunoyer de Segonzac, « Liberté », *Jeunesse... France!*, 22 mars 1941.
2. « Tour d'horizon », carnet de stage d'André Pierre.
3. *Le Vieux Chef*, *op. cit.*, pp. 102-103. Témoignage du Père Rondet, s.j.
4. Rapport manuscrit d'un stagiaire de la promotion « Mermoz » (arch. ENCU).

émeut la hiérarchie ecclésiastique et menace d'envenimer les relations déjà difficiles entre la vice-présidence du Conseil et l'École d'Uriage.

Le moment est crucial pour Darlan et pour ses rapports avec l'opinion. Après avoir rencontré Hitler le 11 mai à Berchtesgaden, il vient de signer, le 28 mai, les protocoles de Paris; cet accord inaugure à ses yeux une grande politique de coopération européenne en amorçant une collaboration militaire en Syrie et à Bizerte, mais suscite l'inquiétude et la colère des patriotes anti-allemands comme Weygand. En prononçant le 31 mai un discours violement hostile à l'Angleterre, dont la victoire sur l'Allemagne serait, dit-il, un désastre pour la France et son Empire, il prépare l'opinion à accepter une situation de guerre franco-britannique *de facto*. Sur mer, les hostilités ont déjà été amorcées, et la tension monte au Proche-Orient, à la veille de l'intervention anglo-gaulliste en Syrie française du 8 juin.

Une rumeur, puis un bref texte écrit circulent alors sous le manteau dans les milieux de la presse et de la politique de zone sud : Darlan aurait tenu à l'École d'Uriage le 2 juin des propos « ahurissants », dont on se communique le « résumé », rédigé d'après les confidences d'un auditeur. En termes crus et au nom du réalisme politique, l'amiral aurait expliqué que l'inévitable collaboration avec l'Allemagne (« mariage de raison ») entraînait l'hostilité envers une Angleterre dont la défaite était assurée. La France devrait donc aider l'Allemagne à « liquider la guerre au plus vite », en lui fournissant des armes; elle pourrait ainsi conserver, après la victoire allemande, « l'intégrité morale » de son territoire et de son Empire. Les Allemands garderont l'Alsace et la Lorraine, peut-être aussi la Flandre, aurait déclaré l'amiral, mais ils dédommageront la France avec la Wallonie et la Suisse romande. Darlan aurait évoqué aussi les affaires religieuses. Il faut, aurait-il affirmé, que « les curés » cessent de se mêler de ce qui ne les regarde pas, en Bretagne notamment, et la paix religieuse régnera – comme en Allemagne, où Hitler a fait le nécessaire pour ne pas être gêné par les curés; victorieux aujourd'hui, « il n'a plus l'intention de persécuter personne ». Beuve-Méry détient un exemplaire du résumé, qui parvient aussi à Jules Jeanneney [1], tandis que le journaliste Pierre Limagne en transcrit un abrégé encore plus raide : « J'emm... l'Angleterre, je me f... de l'Allemagne (...). Que les curés ne se mettent pas en travers de notre politique... [2] »

L'affaire Darlan fait du bruit, irrite le Maréchal dont le nom n'apparaît même pas dans le texte qui circule, selon lequel le chef du gouvernement n'aurait parlé que de « sa » flotte et de « sa » politique. L'émotion est vive dans les milieux catholiques, notamment à l'archevêché de Lyon [3]. Du côté du vice-président du Conseil, on affirme que ses propos ont été « grossièrement déformés » dans le résumé, dont certains détails montrent cependant qu'il n'a pu être rédigé que d'après les notes d'un témoin direct. Darlan furieux s'en prend à Segonzac, qui dénie toute responsabilité. Après enquête, Darlan reconnaît la bonne foi de Segonzac : le papier ne vient pas d'Uriage, mais d'un jésuite de Fourvière qui aurait reçu les confidences d'un auditeur [4].

Une autre version de l'allocution de Darlan a été établie par les soins de l'École d'Uriage, plus longue et certainement plus fidèle. Darlan y présente sa vision de la situation du pays et des tâches du gouvernement, vision qui est aussi, dit-il, celle du Maréchal dont il ne fait qu'appliquer la politique. Nous sommes vaincus, déclare-t-il en substance, mais l'armistice a sauvé

1. « Résumé de la conférence faite par l'amiral Darlan à l'École des chefs d'Uriage le 2 juin 1941 », 2 p. dactylo. (arch. ENCU). Voir J. JEANNENEY, *Journal politique*, p. 482.
2. P. LIMAGNE, *Éphémérides de quatre années tragiques*, t. I, p. 182.
3. Notes de J. JEANNENEY des 14 et 22 juin 1941, *Journal politique*, *op. cit.*, p. 188.
4. E. MOUNIER, *Entretiens XII*, 28 juillet 1941.

l'essentiel, l'âme de la Nation. L'Angleterre, militairement, faible ne peut pas gagner la guerre, même avec l'aide américaine, et elle ne le doit pas, dans l'intérêt de la France. Une collaboration raisonnée s'impose avec le vainqueur pour la reconstruction de l'Europe, mais elle n'implique nullement la suppression de la liberté religieuse en France. Ayant annoncé « un langage de chef » adressé à de [futurs chefs], Darlan explique pour finir que le relèvement de la France est avant tout, comme l'a été la défaite, une question de moral et de commandement. Dans une nation « mal formée moralement », où l'on n'enseignait pas la discipline et le patriotisme, l'armée aussi a été « mal formée moralement », et les officiers mal recrutés ont été défaillants. Si la cavalerie, elle, s'est toujours bien battue, c'est que ses officiers étaient de véritables chefs, « soucieux de leurs hommes ». Que les jeunes chefs soient, à leur image, justes et bons sans être faibles et sachent s'occuper des hommes sans les flatter [1].

Les auditeurs d'Uriage ont donc bénéficié d'une leçon de stratégie politique où Darlan a exposé franchement son dessein, à sa manière faite de réalisme brutal et de surprenante naïveté. Le patriotisme fruste de l'amiral (qui croit « à la France, à la marine et à Darlan », selon un des mots qui circulent à son sujet) méconnaît les objectifs et les méthodes de Hitler, et fait une impasse totale sur le nazisme et sa nature totalitaire, sur la défense de la liberté. C'est sans doute sur ce point que Segonzac a manifesté son inquiétude, dans leur entretien privé – mais Darlan n'y a vu que la crainte d'une persécution religieuse, à laquelle il a répondu dans un style digne de la IIIe République renvoyant les curés à la sacristie. Malentendu radical, que l'éloge appuyé des officiers de cavalerie ne peut dissiper. Imperméable aux interrogations sur le sens idéologique et humain de la situation, l'amiral sera jugé d' « un seul mot » par Segonzac : « Il n'a pas le sens du spirituel [2]. »

Les paroles de l'amiral ont pu impressionner les stagiaires – parmi lesquels se dissimule Henri Frenay, venu ce jour-là rendre visite à son ancien camarade Segonzac, qui s'est amusé à l'introduire dans la salle revêtu d'un uniforme de stagiaire. Les moins naïfs, dans l'équipe des instructeurs surtout, sont stupéfaits ou atterrés de savoir le destin du pays engagé au nom d'un « réalisme » aussi court [3].

Cependant l'allocution de l'amiral, malgré son retentissement involontaire, n'est pas l'essentiel. Darlan a vu longuement Segonzac, avant et après son inspection de l'École, qui n'était évidemment pas une simple cérémonie protocolaire. Quelles étaient donc les intentions de l'amiral, et quelles conclusions a-t-il tirées ce ce qu'il a vu ?

Des intentions ambiguës

La visite à Uriage du vice-président du Conseil, alors ministre des Affaires étrangères, de l'Intérieur et de la Marine, a été décidée brusquement, de sa propre initiative. On a choisi le jour du baptême de la promotion sortante, malgré l'emploi du temps sans doute chargé du chef du gouvernement, à la veille des réunions de cabinet concernant les accords franco-allemands qu'il vient de signer. C'est donc pour lui une affaire relativement importante. Les détails de sa visite ont été réglés par l'amiral Gensoul, qui a précédé son patron à Uriage et s'est montré sympathique et encourageant. On a pensé, à l'École, que Darlan, prévenu contre l'esprit

1. « École nationale des cadres d'Uriage. Allocution prononcée par l'amiral Darlan, vice-président du Conseil, le 2 juin 1941 », 6 p. dactylo. (arch. ENCU).
2. Rapporté par Mounier, « Entretiens XII » *Œuvres*, t. IV, p. 712.
3. Témoignage de F. Ducruy. Voir *Le Vieux Chef*, *op. cit.*, p. 104 et H. Frenay, *La Nuit finira*, *op. cit.*, t. I, pp. 335-336.

anticonformiste d'Uriage, désirait non tant sanctionner ou menacer que se rendre compte par lui-même. Il mène une reconnaissance sur le terrain, pour voir à l'œuvre ces hommes dont on lui garantit d'un côté le patriotisme, le sens de l'honneur et de la discipline militaire, donc la capacité à former les élites dans la rigueur, et dont on lui rapporte d'autre part les déclarations hostiles à sa politique [1].

Segonzac, resté discret sur la teneur de leurs entretiens, évoquera plus tard l'amiral relativement mal à l'aise dans son allocution, et beaucoup plus « détendu, jovial et gaillard » dans la conversation privée [2]. À ses yeux, Darlan, arrivé avec des préventions, a été séduit par le style de l'École et l'enthousiasme de l'équipe, ou du moins « agréablement surpris par son allure générale, où se reconnaissaient les goûts d'un fils de marin ». Il aurait conclu sa visite sur des paroles d'approbation et d'encouragement, en promettant à Segonzac de lui « envoyer des clients ». Selon Mounier, qui recueille un mois plus tard les confidences des uns et des autres à Uriage, les choses sont un peu différentes, car l'entreprise de séduction a été réciproque, et Darlan a réussi à impressionner le chef de l'École. Ayant saisi, au cours de cette visite, l'intérêt de l'entreprise, il aurait décidé de l'annexer plutôt que de l'étouffer, lui procurant des facilités matérielles et lui ordonnant d'accueillir de jeunes fonctionnaires en stage obligatoire – ce qui constitue « la négation même de son inspiration [3] ». Cette explication pose la question des assurances que Darlan a dû logiquement exiger; il n'a pas pu ne pas réclamer à Segonzac au moins la neutralité et l'abstention de toute critique. D'autres témoignages font état de propositions plus précises de Darlan, que Segonzac aurait repoussées. L'amiral aurait songé à faire passer l'École sous l'autorité directe de la vice-présidence du Conseil, qui aurait fourni à Segonzac de grands moyens, en prenant le contrôle de son personnel et de ses programmes; Segonzac aurait refusé en déclarant préférer la liberté – à la satisfaction des instructeurs, informés le lendemain de ces conversations. N'est-ce pas ce choix qu'il évoque quelques jours plus tard, écrivant en conclusion d'un éditorial sur l'honneur : « On peut combattre pour obtenir des avantages moraux et même matériels. Mais combattre pour garder simplement son honneur d'homme, même dans des situations désespérées, c'est garder aussi la fierté de soi-même et se donner les meilleures raisons de croire en son avenir [4] ? »

L'ensemble de ces témoignages laisse une impression confuse; si Segonzac a déclaré plus tard que les intentions de Darlan à son égard étaient restées pour lui « mystérieuses », certains de ses compagnons ne paraissent pas avoir trouvé claires ses propres explications. Quoi qu'il en soit, la suite semble montrer que Darlan, intéressé par le style de l'École, a pensé l'utiliser en tentant d'en prendre le contrôle, et que Segonzac, très éprouvé, a dû accepter une partie des propositions qui lui étaient faites, sans cependant laisser modifier le statut de l'École. Les deux mois qui suivent sont vécus à Uriage dans l'incertitude et un certain désarroi. L'École bénéficie des avantages annoncés par Darlan – rations alimentaires et crédits exceptionnels – mais les contreparties sont lourdement ressenties.

À la session « Richelieu », en juillet, participent une quarantaine de jeunes fonctionnaires des Affaires étrangères, des Colonies et de l'Intérieur inscrits à titre obligatoire, d'ordre du vice-président du Conseil. Les minis-

1. Témoignages du général Dunoyer de Segonzac, du Dr Jodin et de F. Ducruy. Voir *Le Vieux Chef*, *op. cit.*, p. 95 et E. MOUNIER, *Entretiens XII*, juillet 1941. La récente biographie de Darlan n'apporte pas de précisions nouvelles sur l'épisode : H. COUTAU-BÉGARIE ET C. HUAN, *Darlan*, Fayard, 1989, pp. 486-487.

2. *Le Vieux Chef*, *op. cit.*, p. 104.

3. E. MOUNIER, texte cité.

4. P. DUNOYER de SEGONZAC, « L'honneur », *Jeunesse... France*, 22 juin 1941.

tères attendent du stage une amélioration morale des intéressés, avec une conscience accrue de la solidarité dans la communauté nationale et une meilleure compréhension des « grands problèmes français contemporains [1] ». On a vu que la liste des conférenciers se distingue de l'ordinaire, avec quelques noms prestigieux et plusieurs hommes proches du pouvoir. Mais certains stagiaires manifestent une réserve critique devant l'esprit de l'École, réagissent avec mollesse, amertume ou ironie, et le moral de la session en est sérieusement affecté. Les mieux disposés des stagiaires volontaires sont sensibles à un climat délétère de flottement et d'incertitude, parcouru de rumeurs invérifiables. Segonzac se montre peu, ne parle qu'en termes vagues. Les stagiaires qui attendent une doctrine ou des consignes sont déçus et interrogent leurs instructeurs; l'un d'eux explique que Segonzac se sent épié par ses adversaires, menacé d'être lâché par le SGJ : « Le peu qu'il exprime de ses intentions risque déjà de faire fermer l'École (...). L'avenir de l'École est en jeu (...). Il est arrivé au Vieux Chef de donner des directives précises, mais il ne le pourrait plus en raison d'ordres supérieurs venus de ceux qui ont en main la politique présente. À nous de savoir lire entre les lignes [2]. »

Le malaise de juillet : dénonciations

Le malaise comporte des éléments tangibles : les dénonciations et les interdits concernant l'enseignement de l'École et une intervention de Garrone qui tente d'affirmer son autorité.

Les dénonciations et les pressions viennent de l'intérieur comme de l'extérieur de l'École. À la fin de juillet, Segonzac est amené à se séparer de deux membres de son équipe. Il somme d'abord le moniteur sportif Balési de choisir entre sa présence à l'École et son engagement activiste dans la Légion. Balési quitte l'École; il sera en 1942 le délégué en zone sud du journal parisien collaborationniste et fascisant *Jeunesse*. Peu après, Segonzac fait un éclat en plein conseil des chefs en mettant à la porte le marin Dyvorne, auteur d'un rapport dénonciateur adressé à Vichy, dont le texte a été communiqué à Segonzac par Mme Dalloz, épouse du notaire de Saint-Martin-d'Uriage, qui l'avait dactylographié. Peu après, le chef de l'École évoquera la délation « atroce » : « Dans une communauté dont les membres vivent assez près les uns des autres, s'il y a un traître, l'atmosphère devient tout de suite irrespirable [3]. »

C'est vers la même époque qu'un texte anonyme, vraisemblablement rédigé par un stagiaire, parvient au cabinet du chef de l'État ainsi qu'à la direction de l'École. L'auteur, qui a participé à la session « Mermoz » en mai 1941, dénonce essentiellement l'orientation anticollaborationniste et personnaliste de l'enseignement, l'absence d'explication de la politique gouvernementale et l'oubli des devoirs d'obéissance envers l'État et ceux qui le dirigent [4].

D'autres pressions ou attaques viennent de l'extérieur, de deux sources au moins en ce début d'été 1941. Les milieux de la collaboration parisienne s'intéressent à l'École d'Uriage, sans doute à la suite de la visite de Darlan. Segonzac bloque une manœuvre pour lui imposer une conférence de Doriot [5]. Auparavant, il a reçu la visite de l'ancien dirigeant des Auberges

1. Copie d'une note des Affaires étrangères communiquée à Segonzac par le directeur de la Jeunesse le 3 juillet 1941 (arch. ENCU).
2. Carnets de notes du stagiaire Jean Le Veugle.
3. P. Dunoyer de Segonzac, « Loyauté » *Jeunesse... France*, 8 septembre 1941.
4. Rapport manuscrit sans titre ni auteur ni date (arch. ENCU). Même texte dactylo., intitulé « L'esprit d'Uriage » (AN, AG II 440 I, Uriage et Écoles de cadres).
5. E. Mounier, *Entretiens XII*, 25 août 1941.

de jeunesse Marc Augier, devenu le responsable de l'aile jeune du groupe « Collaboration » et rédacteur à *La Gerbe*. Enquêtant en zone non occupée sur la jeunesse dans la Révolution nationale, Augier vient à l'École au lendemain de la visite de Darlan et s'entretient avec Segonzac. Son compte rendu insiste sarcastiquement sur sa déception d'admirateur des *Ordensburgen*, qui a trouvé à Uriage tout autre chose. Il a vu en Segonzac, ce « chevalier sans armure », « ... exactement l'homme qui est capable de mourir pour l'Anglais ou pour n'importe quel intérêt extra-français, mais au nom de la fameuse mission universelle de la France, tout en restant solidement hermétique à la Révolution qui sort de la terre européenne ».

Segonzac n'a rien compris à « la conception scientifique de la race »; il affirme que « le vieux libéralisme français en matière raciale a fait ses preuves », et il « ne cache d'ailleurs pas son mépris pour l'antisémitisme ». Il a, de plus, la coupable naïveté d'affirmer son adhésion au personnalisme, cette doctrine creuse et néfaste qui dissimule la volonté de « sauver l'essence même de l'esprit démocratique ». S'il est vrai que « les jeunes chefs, et le chef suprême de l'École peut-être, suivent cette route avec enthousiasme et bonne foi », ce n'en est pas moins une impasse [1].

Plus significatives et plus dangereuses sont l'attention et les attaques venues de cercles proches du sommet de l'État. Segonzac reçoit des « émissaires » de Vichy. René Gillouin, qui rendra compte au Maréchal, à la « profonde satisfaction » de celui-ci, de sa visite à l'École où il a parlé de doctrine politique, est sans doute un visiteur bienveillant [2]. C'est moins sûr de René Benjamin, applaudi par les stagiaires mais suspecté par Mounier d'être là en inspecteur plus ou moins officiel. Accueilli assez froidement, il n'en publie pas moins une évocation lyrique de son séjour au « château de l'âme », hommage à la générosité de jeunes gens à qui on apprend à préférer le style de Péguy et celui du Maréchal à ceux de Proust, Gide et Valéry [3].

Plus grave, un net avertissement a été lancé par les maurrassiens acharnés contre Mounier et son personnalisme. Dans un grand article de l'*Action française*, Pierre Boutang s'en prend au philosophe qui cherche à déshonorer la mémoire de Barrès en détournant la jeunesse du nationalisme. Après une longue attaque polémique contre la pensée et le style de Mounier, ce « prince des nuées », il dénonce en particulier son influence sur l'École des cadres, élément d'une « conspiration intellectuelle contre le nationalisme français, l'honneur français et l'œuvre du Maréchal » :

> Le magnifique travail de formation d'une élite de chefs pour nos camps de jeunesse, accompli à Uriage et ailleurs, sera-t-il sournoisement miné et détruit par des esprits confus amateurs de nuées ? Nous croyons qu'il y a là un vrai danger : la Révolution nationale est forte surtout par la clarté de ses principes, elle est forte par l'esprit. Si ces principes s'obscurcissent, si cet esprit se corrompt, si l'on substitue aux positions doctrinales si claires des articles du Maréchal les niaiseries éculées du personnalisme mouniériste, tout pourra bien être perdu [4].

Le propos est clair et vient en son temps, à la veille de l'interdiction signifiée à Segonzac d'employer Mounier comme conférencier. Les amis d'Uriage y voient une campagne orchestrée des intellectuels maurrassiens,

1. M. AUGIER « Marchons au pas, camarades!, une enquête sur la jeunesse dans la Révolution nationale », *La Gerbe*, 24 juillet 1941. Sous-titres de l'article : « Les chevaliers sans armure » et « Ces Messieurs les personnalistes ».
2. R. GILLOUIN, *J'étais l'ami du maréchal Pétain*, *op. cit.*, p. 63.
3. E. MOUNIER, *Entretiens XII*, 28 juillet 1941; R. BENJAMIN, « La France retrouve son âme », *Candide*, 17 septembre 1941. Texte réutilisé dans R. BENJAMIN, *Les Sept Étoiles de France*, pp. 125-131.
4. P. BOUTANG, « M. Emmanuel Mounier contre Barrès », *L'Action française*, 10 juillet 1941.

et rendent Massis responsable, pour une bonne part, des difficultés de l'École. C'est l'opinion de Mounier, et aussi celle de Segonzac qui – fait unique – a pris lui-même la plume pour répliquer dans un sarcastique billet anonyme de *Jeunesse... France*; il confie à Mounier qu'il en est l'auteur et que cela lui a valu un blâme de la censure [1].

Intervention de Garrone

L'intervention autoritaire des supérieurs hiérarchiques de l'École la contraint à jeter du lest et à rentrer apparemment dans le rang. En juillet, en effet, c'est le directeur de la Formation des jeunes au SGJ, Louis Garrone, qui intervient directement auprès de Segonzac. Après lui avoir accordé, au début de 1941, un préjugé favorable et s'être appuyé sur la réputation d'Uriage, pour mettre en place sa politique de pluralisme, Garrone s'en défie maintenant et tente d'obtenir sa docilité par la contrainte.

La session qui réunit à Uriage, du 7 au 12 juillet, les dirigeants des écoles régionales de cadres avec des délégués régionaux et d'autres membres du personnel de la Jeunesse, fait apparaître les malentendus. L'initiative et les objectifs de la convocation ne sont pas clairs. Il semble que Segonzac ait pensé d'abord à réunir ses anciens élèves devenus dirigeants d'écoles pour faire le point avec eux dans un moment difficile, affirmant ainsi son rôle de « patron moral » des écoles dont il assume « la responsabilité spirituelle », ce que ne saurait faire une administration, aux dires des Éclaireurs unionistes [2]. Mais Garrone a pris en main l'organisation de la rencontre, adressant lui-même les convocations et prenant la présidence effective des réunions. Au cours de la session, il a fait l'éloge d'Uriage et admis finalement qu'il revenait à l'École nationale d'assurer, plus que par le passé, « l'unité de doctrine et l'inspiration spirituelle des écoles », mais il a posé ses conditions en réclamant une stricte abstention dans le domaine politique. Dès son exposé inaugural en effet, il avait abordé « la question, tragique pour beaucoup d'entre nous, de notre attitude politique », et proféré une mise en demeure nette, évidemment adressée à Segonzac sans le citer :

> Nous n'avons pas le droit, parce que nous sommes des chefs, de vivre dans une équivoque, de poser des questions angoissantes qui nous déséquilibrent et déséquilibrent nécessairement tous ceux à qui nous avons à faire; il faut prendre position et prendre position nettement (...). Le problème est simple (...). Nous avons un chef (...), un chef qui ne nous a jamais donné une explication de ce qu'il faisait; il nous a toujours dit et répété : « Ayez confiance, suivez-moi » (...). Par conséquent notre devoir est simple (...). La politique, la grande politique est entre ses mains et non dans les nôtres. Nous n'avons aucune des données du problème (...); si nous renonçons pour notre propre compte à juger d'une politique dont nous n'avons pas les données, nous contribuerons essentiellement à faire retrouver la France [3].

La tâche des chefs de la jeunesse est de « restaurer la communauté française » dans le concret, et en écoutant « l'humble voix de la race » plutôt que des spéculations idéologiques : « Nous ferons la théorie de la France lorsque la France sera refaite; pour l'instant, faisons la France. »

Cette mise en garde, peut-être accompagnée d'admonestations plus précises concernant les « imprudences verbales » de Segonzac à propos des

1. *Jeunesse... France*, 22 juin 1941 (texte cité au chapitre IV); E. MOUNIER, *Entretiens XII*, 28 juillet 1941.
2. Circulaire du commissaire Juteau, EU, 17 juillet 1941 (arch. ENCU).
3. « Première conférence de M. Garrone, juillet 1941 », 7 p. dactylo. (arch. ENCU).

Allemands, a vivement irrité le chef de l'École, qui a déserté les réunions. Garrone est allé répétant à chacun « que l'École pontignysait dans l'abstrait, et qu'il fallait que ça change [1] ».

Le changement imposé par Garrone, c'est d'abord l'élimination de deux des influences les plus notoires qui ont poussé l'École au non-conformisme : Segonzac est invité à écarter l'abbé de Naurois et sommé de renoncer aux conférences de Mounier. Il se voit également interdire de donner la parole à Mgr Bruno de Solages; celui-ci parlera en comité restreint, et ira ensuite demander « chez Darlan » des explications qu'il n'obtiendra pas [2]. Segonzac s'est soumis à ces exigences; inquiet, il paraît absent et lointain lors de la session « Richelieu », fin juillet; il prépare, on va le voir, une autre phase de son action. Garrone poursuit pendant l'été son effort de reprise en main en élaborant une doctrine de l'enseignement dans les Écoles de cadres, qu'il formule dans une circulaire du 8 septembre adressée aux directeurs et directrices d'écoles [3].

Directives pour les Écoles de cadres

Jouant son rôle de « patron » des écoles, le directeur de la Formation des jeunes rappelle d'abord le rôle qu'il leur assigne. Les Écoles de cadres ne peuvent prétendre donner une formation complète aux stagiaires qui y font un bref séjour, ni provoquer chez eux une « transformation intérieure »; il faut se garder des illusions dues à l'ambiance de la vie d'équipe avec ses réussites momentanées. Il ne s'agit donc ni d'instruire – c'est la tâche des établissements scolaires – ni d'éduquer en incitant à une réforme personnelle, ce qui est la responsabilité des « familles naturelles et spirituelles ». Les organismes publics, qui n'ont pas de compétence morale ni religieuse, doivent laisser à d'autres, comme les mouvements de jeunesse, la mission d'éducation globale. Aux Écoles de cadres, il revient seulement de donner une « éducation civique et sociale »; cette tâche « politique », au sens large, consiste à « enseigner la Révolution nationale, c'est-à-dire en rappeler l'événement, en décrire les réformes, en dégager l'esprit ». Aux yeux de Garrone, dont les formules ici sont imprégnées d'influence maurrassienne, cette éducation politique semble exclure la recherche et la discussion. Elle consiste plutôt à reconnaître des évidences, lois objectives dont on déduit les disciplines collectives :

> ... La révolution que vous avez à enseigner n'est pas le triomphe de quelque opinion, mais seulement de la nature des choses, puisque sa règle suprême est le salut de la patrie et qu'elle ne tend à rien d'autre qu'à conjuguer les forces qui permettent et permettront à la France d'exister.

De cette philosophie politique, Garrone tire ensuite l'application aux programmes des Écoles de cadres. En un mot : pas de discussions doctrinales ni de spéculations philosophiques, mais l'étude concrète de la Révolution nationale en voie de réalisation :

> D'aucuns seraient tentés de justifier les réformes inscrites au programme de la Révolution nationale, au nom de doctrines qui serviraient de base à leur enseignement. Je ne veux discuter ici, ni la valeur de ces doctrines, ni la possibilité d'en déduire les réformes en cours. Je dis seulement que ce n'est pas là la

1. Notes citées de J. Le Veugle; E. MOUNIER, *Entretiens XII,* 28 juillet 1941.
2. *Ibid.*, 28 juillet et 27 septembre 1941.
3. Circulaire du directeur de la Formation des jeunes aux directeurs et directrices des Écoles de cadres, 4 p. ronéo., 8 septembre 1941 (arch. ENCU). Texte publié dans les *Cahiers d'information* du SGJ, n° 1 (automne 1941).

méthode à suivre. Notre point de départ, à l'exclusion de tout autre, doit être la Révolution nationale elle-même et les mesures prises en son nom.

L'injonction qui suit vise directement l'École d'Uriage, qui diffuse des plans de cercles d'études sur le Travail et la Patrie :

> Je vous prie donc de bien vouloir vous orienter de plus en plus vers un enseignement nettement délimité et pour ainsi dire d'expérience. Parlez-vous du Travail, évitez de prendre pour point de départ des considérations abstraites sur la philosophie du travail. Prenez au contraire le discours de Saint-Étienne, telle réforme récente, des témoignages concrets, analysez-en la substance, dégagez-en l'esprit. Traitez-vous de la Patrie, que ce ne soit pas en général : parlez de la France (...).

Garrone conclut en résumant sa conception de l'éducation civique :

> Je ne prétends d'ailleurs nullement condamner ainsi le goût des doctrines, mais vous n'avez pas à inventer la Révolution nationale, vous avez à la comprendre. La réforme de la France n'est pas soumise à nos préférences idéologiques, elle est le fait d'une autorité. Notre devoir est d'éclairer notre obéissance [1].

C'est évidemment l'École d'Uriage qui est visée dans ses prétentions doctrinales. Elle l'est aussi de manière explicite dans l'organisation de ses stages, par une lettre où Garrone précise les modalités désormais plus strictes du contrôle administratif exercé par ses services. Les décisions concernant le personnel et le recrutement ou le placement des élèves sont du seul ressort de la Formation des jeunes; les programmes des sessions, le choix des conférenciers et les textes à éditer doivent être soumis à son approbation préalable; elle doit recevoir un rapport détaillé sur chaque session; l'École nationale n'exerce de contrôle et d'inspection sur les écoles régionales que par délégation de son autorité et avec son accord. Les motifs de ce rappel à l'ordre sont clairement indiqués :

« Pour éviter que ne se renouvellent certaines critiques qui me paraissent justifiées et afin d'éviter que des initiatives de l'École nationale des cadres n'engagent ma responsabilité sans que j'en sois averti, je vous serais obligé de bien vouloir vous conformer désormais aux règles suivantes... [2]. »

On voit par ces deux textes du 8 septembre ce que Garrone tente d'obtenir de Segonzac : une certaine pratique du civisme et une attitude politique, d'une part, et de l'autre la soumission à son autorité hiérarchique. Mais leurs voies divergent désormais.

En ce qui concerne les orientations doctrinales et politiques, l'ancien maître de l'École des Roches est proche de Segonzac à bien des égards, il le soutient et se fait son garant; leurs communs adversaires ne s'y trompent d'ailleurs pas. En effet, les deux hommes partagent des convictions d'humanisme chrétien, un idéal ambitieux d'éducation à la fois intégrale et libérale, collective et personnelle, et le projet d'un ordre communautaire. Ils sont solidaires dans l'effort pour organiser le pluralisme, en évitant l'étatisation de l'éducation, et pour se défendre contre la menace de l'hégémonie allemande et la contagion totalitaire. Mais lorsque sont en jeu l'adhésion au régime, l'engagement dans la Révolution nationale et la soumission au Maréchal, Garrone refuse d'engager une discussion et d'entendre des critiques. Le salut national exige une discipline unanime, impose de renoncer à juger les actes du gouvernement et de donner une adhésion sans réticence

1. Circulaire du directeur de la Formation..., *op. cit.*
2. Lettre du directeur de la Formation des jeunes (bureau des cadres) à M. le chef de l'École nationale des cadres, 8 septembre 1941 (copie, AN, F 44 33, SGJ).

à la Révolution nationale. Or le loyalisme d'Uriage envers le Maréchal se révèle conditionnel; on s'y détourne, au nom des valeurs spirituelles, de l'engagement civique et de l'adhésion que demande le chef de l'État. Garrone attribue cette déviation à l'influence de Mounier, qu'il a voulu à écarter d'Uriage comme de Jeune France et de l'Institut de psychologie et de pédagogie de Lyon; c'est pourquoi il invite Schaeffer à se méfier d'un homme qui « a déjà fait tous les malheurs d'Uriage [1] ». Il exprime ses griefs dans un texte théorique qu'il publie au début de 1942, à la veille de sa démission.

Objection de conscience ?

Il y dénonce cette sorte d'« objection de conscience » par laquelle certains Français refusent « au nom des droits de l'esprit » de s'engager pleinement dans la Révolution nationale. Leur idéalisme néglige, au nom de « l'absolu des valeurs de l'esprit », les nécessités politiques surgies des accidents de l'histoire : ils n'y voient qu'un « tissu de bassesses et de compromissions ». C'est un jeu facile, pour « ceux désignés par l'esprit ou qui se croient tels », de capter l'audience de la jeunesse en invoquant « la foi, la pureté religieuse, les droits imprescriptibles de la conscience, l'honneur ». Avec sincérité et loyauté souvent, on en arrive à opposer à toute action positive et efficace « les restrictions mentales les plus confuses (...), une susceptibilité spirituelle dévirilisante » : c'est ainsi qu'on refuse « les exigences civiques de l'heure » au nom d'un « sentiment national » plus pur. Garrone développe une double critique contre cette attitude. D'abord, elle dissimule sous le masque du patriotisme « un attachement indiscret aux anciennes formes politiques (...), une défiance envers l'État nouveau au profit du régime disparu » – comme si celui-ci n'avait pas couvert de son idéologie laïque « une lutte contre l'honneur national et la foi religieuse ». Ensuite, c'est ignorer le mérite du régime actuel, qui fonde sa légitimité : il a rendu droit de cité aux valeurs spirituelles et aux certitudes éternelles. Il a su – tout en évitant d'imposer une métaphysique d'État et de se présenter comme un messianisme totalitaire – édifier le rempart temporel à l'abri duquel peuvent renaître les élans spirituels, et les vocations s'épanouir. C'est donc à la fois une déviation politique et une erreur intellectuelle, d'opposer la conscience à la cité, et de critiquer au nom de l'honneur la Révolution nationale. Celle-ci est certes un fait politique et non spirituel, mais elle illustre la solidarité entre les deux plans, chère à Péguy : en elle l'esprit s'incarne et, « loin d'y perdre de sa liberté, il y trouve la seule possibilité de l'accomplir [2] ».

Garrone s'engage donc ici, à la suite du Père Doncœur, sur une voie où le sens de l'incarnation selon Péguy est directement identifié à l'adhésion au régime. En évoquant ceux qui prétendent parler au nom de « l'esprit », il désigne sa cible. Radicalement hostile à la démocratie républicaine, à son idéologie laïque mais aussi à sa conception des droits et libertés de l'individu « désincarné », Garrone voit dans le régime actuel le garant de la renaissance de la nation dans ses communautés, selon ses traditions; en cela encore, il apparaît marqué par les concepts maurrassiens [3]. Il s'efforce donc constamment, jusqu'à son éviction, d'imposer à l'École d'Uriage le silence sur ces recherches doctrinales qui réveillent « les dissensions d'autrefois » et

1. E. Mounier, *Entretiens XII*, 25 août 1941, 25 septembre, 7 octobre.

2. L. Garrone, « L'objection de conscience », article liminaire des *Cahiers d'information* du SGJ n° 3, s.d. (pp. 1-2).

3. Voir L. Garrone, « Principes et plan d'action de la direction de la Formation des jeunes », *Cahiers d'information*, n° 2, pp. 1-4.

réactivent les ferments de l'indiscipline et de l'anarchie. Après Mounier, Beuve-Méry sera le suspect numéro 1 à éloigner de Segonzac.

Cette surveillance doctrinale se double d'une pression pour obtenir la soumission effective de l'École à l'autorité hiérarchique de la DFJ. Garrone, qui a un sens élevé de son autorité comme de sa responsabilité, constate qu'un des établissements les plus actifs et les plus prestigieux de son secteur prétend se gouverner lui-même, et prend des initiatives qui suscitent les critiques et attirent des menaces sur l'ensemble de l'administration de la Jeunesse. L'intervention directe de Darlan en juin, puis l'agitation qui s'est développée autour de l'École, amènent Garrone à affirmer son autorité. Par ses remontrances et ses mesures de force, il veut amener Segonzac à se plier à l'ordre hiérarchique – mais il entend ainsi consolider l'entreprise, non la briser. Il n'a pas de solution de remplacement, il craint les initiatives des partisans d'une « jeunesse unique » encadrée autoritairement; il souhaite donc que l'École d'Uriage continue, épurée de ses éléments gênants et rangée sous l'autorité de la DFJ. D'où l'étrange solidarité conflictuelle qui caractérise les relations entre Garrone et Uriage dans leur dernière phase, à l'automne 1941.

« L'orage » du début de l'été a ébranlé l'École et son chef, qui a fait des concessions et donné l'impression d'hésiter. En réalité, il a sauvé l'essentiel en pliant temporairement et il poursuit son action dans la même ligne.

D'abord, l'École continue, avec le nouveau statut que lui donnent la loi et le décret du 11 août, simple aménagement technique. Elle n'est pas passée sous la coupe de la vice-présidence du Conseil, et ne modifie pas les thèmes de son enseignement. Certes, l'abbé de Naurois n'est plus là pour décrire l'Allemagne nazie comme il l'a vue, ni Mounier pour exposer sa vision personnaliste, mais leur leçon a été définitivement intégrée, et le relais est pris. Segonzac a noué de nouvelles amitiés, comme celle du Père Maydieu, vite devenu, au cours de ses brefs séjours, un conseiller réconfortant avant d'être un interprète des thèses des résistants. Et surtout Beuve-Méry, rentré du Portugal en juin, donne à l'équipe son assise intellectuelle et politique définitive.

C'est alors qu'il donne à *Temps nouveau* un grand article sur l'École, qui paraît en première page dans le dernier numéro avant l'interdiction. Résumant l'histoire d'Uriage, il en présente l'esprit et la méthode avant de répondre aux critiques. Face à un Marc Augier qui rejette le personnalisme « au nom de l'ordre nouveau qui se prépare », il faut savoir que cet ordre est directement opposé à l'ordre chrétien, et de surcroît n'est ni humain ni français. Quant aux défenseurs du réalisme, qui accusent l'École de se prêter à des controverses métaphysiques et religieuses au lieu de s'en tenir exclusivement à la réalité, au concret, ils sont bien naïfs ou bien hypocrites de ne pas voir que les valeurs sont en cause dans l'existence concrète, car l'homme réel est esprit (et pas seulement intellect), autant que chair; aussi le redressement national est-il inséparable de la recherche du « nouvel ordre » qui répondra à la crise du monde moderne [1]. Beuve-Méry va mettre le bureau d'études au travail pour mener cette recherche, et Garrone se rend bien compte que c'est lui désormais le principal inspirateur de Segonzac.

D'autre part, on prépare l'avenir en organisant le réseau des anciens, avec ses structures officielles et ses aspects secrets. Le cas de Le Veugle, stagiaire de la session « Richelieu » en juillet, montre comment on continue, en cette période d'apparent désarroi, à repérer les disciples sûrs et à les initier progressivement à ce qu'on attend d'eux. C'est d'abord l'appel lancé par l'instructeur à ses équipiers, au cours d'une veillée au chalet où il ne craint pas de « mettre les points sur les i » :

1. H. Beuve-Méry, « Ici l'on forme des chefs », *Temps nouveau*, 15 août 1941.

« Le Vieux Chef attend de nous une adhésion totale, en préparation au don total de nous-mêmes quand le moment d'agir viendra, et il viendra sûrement : guerre ou révolution [1]. »

Le stagiaire Le Veugle, déjà tout disposé à s'engager dans cette voie, interroge alors son instructeur, en privé, sur le regroupement des anciens de l'École, ce « faisceau » dont il a entendu parler à demi-mot. L'instructeur évalue ses intentions, et lui promet de présenter sa candidature à l'association, en lui demandant le secret.

Rappelé à Saint-Étienne avant la fin de la session, il est convoqué par le Vieux Chef à la veille de son départ. Après l'avoir interrogé sur le stage et sur son travail de chef de jeunesse, Segonzac, sur un ton de confidence, lui parle de ses propres difficultés : suspecté par les autorités, espionné par certains stagiaires, il ne peut donner des consignes d'action immédiate. Mais « le moment d'agir est peut-être proche », confie-t-il. Le stagiaire répond à cette confiance dans un élan du cœur : « Je suis prêt à vous suivre sans regarder en arrière. » Segonzac le remercie et conclut : « Servez la France, faites tout votre devoir. » Le jeune homme sort de cet entretien avec le sentiment de s'être « engagé pour la vie ». Il ne s'agit certes pas là d'un cas ordinaire ; l'épisode témoigne cependant de la continuité de l'action menée dans le secret, et justifie l'appréciation formulée au même moment par Mounier, qui voit dans l'École dont il vient d'être exclu par ordre un « beau rocher de fidélité française ». Il ajoute :

> Le Vieux Chef se bat bien. Il se sent toutefois un petit peu débordé quand, au courage, il doit joindre une discussion doctrinale. Ils ne plieront pas, mais dans un délai plus ou moins court, ils peuvent être brisés si les événements extérieurs donnent appui à l'Amirauté. Le sort de l'École doit être surveillé du côté de Kiev [2].

TENTATIVES DE REPRISE EN MAIN (AUTOMNE 1941)

Désormais en liberté surveillée, Segonzac subit au deuxième semestre de 1941, dans un climat général assombri, de nouveaux assauts. Ils sont provoqués en partie par ses initiatives, mais aussi par les changements qui affectent l'équilibre gouvernemental.

L'été 1941 marque un durcissement des autorités de Vichy, qui constitue peut-être le « grand tournant » du régime, son « changement de cap », en réponse au réveil de certaines oppositions et au développement du doute dans l'opinion [3]. Avec la guerre à l'Est, la perspective d'une paix allemande en Europe s'éloigne, tandis qu'en France même les formes de lutte inaugurées par la résistance communiste dramatisent l'occupation, avec les attentats et les représailles qui les suivent. L'anticommunisme tend à devenir le principal ciment des diverses factions qui soutiennent le régime, ce qui favorise les plus radicales. L'allocution radiodiffusée du chef de l'État, le 12 août, marque ce tournant : face au « vent mauvais » qui s'est levé sur le pays, répandant le doute et l'inquiétude, des mesures de contrainte sont annoncées. Le régime, qui a toujours été autoritaire et répressif envers ceux qu'il avait décidé d'exclure, comptait aussi, jusqu'alors, sur l'adhésion parfois enthousiaste du grand nombre à son chef et à son programme. Il

1. Notes du carnet personnel de Jean Le Veugle (juillet 1941).
2. E. MOUNIER, *Entretiens XII*, 28 juillet 1941.
3. Expressions de R.O. PAXTON et de R. RÉMOND. Voir aussi Y. DURAND sur le « pétainisme dur », ainsi que P. LABORIE et D. PESCHANSKI (ouvrages cités dans la bibliographie).

s'appuie davantage sur la menace et la contrainte, à mesure que désillusions et désaffection se développent.

Le remaniement gouvernemental du 11 août, en confiant l'Intérieur à Pucheu, en fait un ministre de premier plan; avec la promotion de Marion, nommé secrétaire général à l'Information et à la Propagande, les anciens du PPF, devenus sans doute « technocrates » mais restés partisans d'un encadrement autoritaire des masses, ont désormais la haute main sur le maintien de l'ordre, le contrôle de l'opinion et la lutte contre les oppositions intérieures. Dans la hiérarchie des fonctions gouvernementales, l'Éducation nationale et la Jeunesse, auparavant rattachées au ministère de la Guerre, dépendent désormais de l'Intérieur, et l'ambition de Pucheu vise à faire une réalité politique de ce qui était une fiction. Tous les observateurs sont attentifs aux entreprises du groupe Pucheu-Marion en direction de la jeunesse et les hommes d'Église sont inquiets [1]. Aussi la relative autonomie dont jouissaient au SGJ Lamirand, fort de la confiance personnelle du Maréchal, et Garrone, interlocuteur de l'épiscopat, est-elle désormais compromise.

L'École d'Uriage, dont les orientations non conformistes sont désormais connues, est un acteur et un enjeu de ces luttes d'influence. On cherche à la contrôler, à la concurrencer ou à la supprimer, particulièrement en trois occasions : l'offensive de ce qu'on appelle le groupe Pucheu-Marion à la fin de l'été 1941, puis la dernière tentative de Garrone, à l'automne, pour imposer son autorité, enfin la réunion de la session du Conseil national consacrée à la jeunesse, en mars 1942, où le cabinet du Maréchal tente de reprendre le contrôle du SGJ en imposant sa voie moyenne – tentative que le retour de Laval un mois plus tard rend vaine.

Le groupe Pucheu-Marion

Secrétaire général à l'Information et à la Propagande sous la responsabilité directe du vice-président du Conseil, Marion entreprend la construction d'un appareil d'État unifié de propagande et d'activisme militant – substitut ou amorce du parti unique dont le Maréchal et l'aile conservatrice du régime ne veulent pas [2]. Il nomme, dans l'été 1941, des délégués départementaux à la propagande, accrédités auprès des préfets pour créer et contrôler les comités locaux de « propagande du Maréchal ». Après avoir absorbé l'association privée Amicale de France animée par Gabriel Jeantet, proche du Dr Ménétrel, il obtient la transformation de la Légion en Légion française des combattants et des volontaires de la Révolution nationale [3]. Du côté de la jeunesse, Pucheu et ses amis s'intéressent au mouvement Compagnons : faute d'avoir obtenu la nomination à sa tête d'Armand Petitjean, ils chercheront à provoquer une scission puis favoriseront le mouvement rival Jeunesse de France et d'outre-mer. Marion a pris à ses côtés des spécialistes de la jeunesse : Jean Maze, qui vient de quitter les Compagnons, et François Gravier, ancien collaborateur du SGJ au bureau des cadres.

En septembre 1941, le bruit court d'un plan de Pucheu et de Marion visant à s'emparer du SGJ. Garrone et même Lamirand seraient menacés, Petitjean prendrait leur place. Ce plan comporterait l'éviction de Segonzac;

1. Voir M. Bœgner, *Les Églises protestantes..., op. cit.*, pp. 21-22.
2. Voir D. Peschanski, dans *Vichy 1940-1944, op. cit.*, pp. 33-41.
3. Voir Ph. Amaury, *Les Deux premières expériences d'un « ministère de l'Information » en France, op. cit.*, pp. 117, 202, 372; J.-P. Cointet dans *Le Gouvernement de Vichy, op. cit.*, pp. 137-140.

certains de ses proches tiennent la menace pour très sérieuse, comme Mounier, ou Stouff à l'école régionale de Bobigneux [1].

Segonzac est effectivement convoqué à Vichy par Pucheu à la fin de septembre. On attend sa démission forcée, mais il sort relativement rassuré d'une entrevue où le ministre lui a essentiellement « exposé son plan et sa formule : il faut à la France un régime totalitaire intégrant l'humanisme chrétien [2] ». Selon Mounier, l'entreprise est « provisoirement bloquée sur place, faute d'hommes ou faute de puissance ». L'offensive de Pucheu contre le SGJ subit en effet un coup d'arrêt au début d'octobre – dû autant à ses propres faiblesses qu'à l'action de la coalition des adversaires. Les évêques ont rappelé leur opposition à tout projet de jeunesse unique, et Lamirand et Garrone ont reçu des soutiens, notamment des délégués à la jeunesse, tandis que le Maréchal, poussé par Moysset et du Moulin de Labarthète, manisfestait son irritation devant les ambitions de Pucheu. Darlan et son entourage eux-mêmes ont réagi, craignant d'être entraînés trop loin ou supplantés par les activistes qu'ils ont associés au pouvoir. Ainsi la situation de Garrone apparaît « consolidée » au début d'octobre [3].

Le groupe Pucheu-Marion a donc échoué dans sa tentative de mettre la main sur la jeunesse ; l'École d'Uriage en particulier a échappé à la prise de contrôle ou aux sanctions qui la menaçaient. Mais elle est visée par une autre opération : peu après l'entrevue de Pucheu avec Segonzac, une nouvelle École nationale de cadres est créée par le SGIP de Marion. Ouverte en octobre au Mayet-de-Montagne, non loin de Vichy, l'École nationale des cadres civiques est une institution privée, gérée par une association « pour la formation des propagandistes de la Révolution nationale » et dirigée par François Gravier. Elle doit assurer la formation générale et technique des propagandistes professionnels recrutés par Marion, au cours de sessions de plusieurs semaines [4]. La méthode s'inspire de l'exemple d'Uriage : les travaux intellectuels (répartis en cours, conférences et cercles d'études) alternent avec les exercices pratiques (apprentissage des techniques de propagande moderne), les activités sportives et l'animation (veillées, etc.). Parmi les conférenciers, aux amis de Marion (Gaucher, Chasseigne, Gaït, Tasca) se joignent Vallat, du Moulin de Labarthète et même Perroux, qui parle de « l'intégration du prolétariat dans la communauté française [5] ». Au total, l'esprit de l'École est celui d'un pétainisme dur qui reçoit des influences multiples, dont celle du PPF. Dans la revue *Idées* dont il est par ailleurs un des animateurs, Gravier appelle ceux qu'animent l'une ou l'autre foi (chrétienne ou monarchiste) à l'engagement révolutionnaire au service de la nation. Combattant particulièrement le « personnalisme de déracinés » qu'il juge « sans grandeur », il adjure les catholiques de ne pas se laisser détourner de l'édification de la cité temporelle au nom d'une fausse conception du spirituel – argumentation parente de celles de Doncœur et de Garrone. Mais ici la méthode prônée pour la jeunesse est celle de l'unification autoritaire [6]. À l'ENCC, on donne une grande place à un syndicalisme révolutionnaire violemment anticapitaliste et souvent anticlérical, qu'on exploite pour nourrir une mystique autoritaire, sinon totalitaire, de la

1. E. Mounier, Carnets *Entretiens XII*, notes des 27 septembre et 5 octobre 1941 ; Notes de J. Le Veugle. Voir R. Hervet, *Les Compagnons...*, *op. cit.*, pp. 153-154 et Ph. Amaury, *op. cit.*, pp. 200-202.
2. E. Mounier, *Entretiens XII*, 5 octobre 1941.
3. *Ibid.*, 5 et 7 octobre. Voir Ph. Amaury, *Les Deux premières...*, *op. cit.*
4. *Ibid.*, pp. 348-351.
5. Dossier « Écoles de cadres » (AN, AG II 440, CC III-I).
6. F. Gravier, « Le respect de la personne humaine », *Idées*, 1, novembre 1941 ; « L'âme de la révolution », *ibid.*, 3, janvier 1942 ; « Jeunesse et Révolution », *ibid.*, 2, décembre 1941.

collaboration, de l'ordre nouveau et de l'Eurafrique, très hostile à l'Angleterre.

Les créateurs de la nouvelle école ont-ils voulu expressément concurrencer celle d'Uriage ? Comme Uriage, l'ENCC élargira ses objectifs, passant de la formation des propagandistes du SGIP à une action d'influence sur l'ensemble des élites sociales. Elle organisera en 1942 des sessions « civiques et sociales » destinées à donner une « formation politique » à des fonctionnaires, dirigeants professionnels et syndicaux et responsables d'associations [1]. Peut-être Marion et ses amis espèrent-ils, en cas de changement politique favorable, voir l'ENCC se substituer à l'École d'Uriage comme principal centre de formation des cadres et laboratoire d'une idéologie nouvelle ?

Dans l'immédiat, l'ENCC, spécialisée dans la propagande, ne peut se poser en véritable rivale de l'École d'Uriage. Animée par des intellectuels et des agitateurs politiques, elle ne peut proposer le style de vie intégral qui fait la force de Segonzac, et elle ne dispose ni du relais des écoles régionales, ni d'un réseau de sympathies comparable à celui d'Uriage dans les organisations de jeunesse. C'est sans grand succès que le SGIP tente de pénétrer dans les Chantiers, en organisant au Mayet-de-Montagne des journées d'études pour leurs cadres supérieurs et en publiant un *Bulletin d'information* [2]. Cependant deux Écoles de cadres, dépendant de deux secrétariats généraux ministériels, coexistent désormais en zone non occupée, se réclamant toutes deux des « enseignements » du Maréchal dont elles donnent des interprétations opposées [3].

Segonzac, « chef de bande » ?

Tandis que Marion pose ainsi des jalons, Garrone, provisoirement consolidé à la direction de la Formation des jeunes, engage une action décisive pour obtenir la soumission d'Uriage à ses vues et faire appliquer ses décisions du 8 septembre. Il provoque ainsi un dernier affrontement, le plus vif, entre son autorité et l'indépendance de Segonzac, mais il veut éviter une rupture au moment où sa situation à Vichy est à nouveau menacée, du côté de Lamirand et de Carcopino cette fois. Les documents internes de l'École d'Uriage qui concernent cette crise montrent clairement les raisons de l'exaspération de Garrone à l'égard de Segonzac [4].

À la mi-octobre, un instructeur de l'École, probablement Louis Lallement, est envoyé à Vichy où il a une série de conversations avec Garrone et Mattéi, chef du bureau des cadres. Il s'agit d'abord de régler diverses affaires administratives pendantes et d'amorcer la préparation du stage de six mois dont l'ouverture est fixée en février 1942. Cela ne soulève pas de difficultés, Garrone laissant carte blanche à l'ENC pour lui soumettre un

1. Voir le témoignage d'un syndicaliste résistant : P. Viret, *Une semaine au Mayet-de-Montagne. Comment Vichy formait ses cadres.*

2. *Bulletin de presse* du SGJ, 12 décembre 1941 ; Ph. Amaury, *op. cit.*, p. 374 sq.

3. L'analogie des titres des deux écoles, et la relative obscurité où est demeurée la seconde, ont amené d'excellents historiens à les confondre, en attribuant à l'École d'Uriage des enseignements donnés au Mayet-de-Montagne. Eugen Weber cite J.-F. Gravier « enseignant à Uriage », et imagine des liens étroits entre l'École et l'Action française (*L'Action française*, *op. cit.*, pp. 488, 490). Paxton et Marrus situent à Uriage la conférence sur le problème juif prononcée par Vallat à l'ENCC en mars 1942 (*Vichy et les Juifs*, *op. cit.*, pp. 89, 91, 101). Voir le recueil de conférences de l'ENCC édité par le SGIP.

4. Dossier « Liaison Vichy » : quatre documents dactylo. rendant compte de deux missions, du 16 au 22 octobre (note anonyme) et du 2 au 6 novembre (trois notes signées Lallement). Fonds Beuve-Méry (arch. ENCU).

projet de programme. Mais en ce qui concerne les futurs stages d'information, Garrone demande une réforme des programmes précédemment appliqués. Il faut désormais « ... les axer essentiellement sur une présentation de l'effort gouvernemental de rénovation nationale, des réalités de la communauté française, et des questions de jeunesse ».

Garrone a déjà chargé un de ses conseillers d'établir un projet, selon un schéma qu'il « préconise »; parmi les cinq chapitres proposés, l'un est consacré aux « maîtres » (de la Révolution nationale), au nombre de quatre : Proudhon, La Tour du Pin, Péguy et Maurras. C'est évidemment l'amorce d'un nouveau conflit avec le bureau d'études de l'École. Garrone et Mattéi se plaignent par ailleurs « de ne pas être tenus au courant des engagements et mutations de personnel concernant Uriage »; Segonzac applique donc mal les consignes du 8 septembre.

Après ces escarmouches, le conflit éclate à la suite du rassemblement constitutif de l'Équipe nationale d'Uriage les 20 et 21 octobre. Louis Lallement, en mission à Vichy au début de novembre, trouve Garrone vivement irrité, décidé à « rétablir la subordination normale de l'ENC à la DFJ », et prêt à mettre en jeu sa propre démission pour obtenir la soumission de Segonzac. Une note « comminatoire », qu'il renoncera à adresser officiellement au directeur de l'École, résume ses critiques contre l'attitude de Segonzac : alors que les Écoles de cadres sont sous l'entière responsabilité, en droit comme en fait, de la DFJ, celle-ci « avait cru pouvoir laisser à Uriage et en particulier à son chef, une autonomie et une autorité » exceptionnelles, en vertu de la confiance totale qu'il semblait mériter et de « l'identité de vues doctrinale » présumée. Or cette entente tacite se révèle illusoire, « un désaccord existe ». En effet le chef de l'École « déclare refuser l'autorité doctrinale de la DFJ, dans laquelle il ne veut voir qu'un organe administratif et financier »; de plus la « doctrine d'Uriage » n'est pas celle de la Révolution nationale définie par le chef de l'État.

Analysant cette grave déviation doctrinale, Garrone distingue quatre points :

– « L'École d'Uriage estime avoir à rechercher le contenu de la Révolution nationale, alors que ce contenu est donné (...) par le chef de l'État et son gouvernement. »

– Au lieu de rester à son plan, – celui de l'éducation sociale et civique – l'École, sous prétexte d'éducation totale, prétend diffuser « une spiritualité ». Ce « personnalisme » substitue au « combat national », tâche spécifique de l'École, une mission spirituelle confuse. En outre « il risque de servir de prétexte à l'objection de conscience », à partir d'une « confusion toute gratuite et d'ailleurs fausse entre la Révolution nationale et les révolutions étrangères ». Il revient aux seuls « organes spirituels légitimes » (les Églises) de donner sur ce point avertissements ou consignes.

– L'École « paraît éviter systématiquement, tant dans son enseignement que dans ses publications, de se réclamer d'abord de la Révolution nationale, de ses textes, et de ses œuvres »; ce procédé dissimule mal une attitude de réserve ou de critique.

– Elle « a fréquemment manifesté une incompréhension des nécessités extérieures et, en bien des circonstances, n'a pas respecté les règles de salut public, qui veulent qu'on ne compromette pas la politique du gouvernement par des manifestations stériles d'une exigence de pureté parfaitement irréelle [1] ».

En bref, il s'agit donc toujours de l'indépendance et du personnalisme de l'École, de son attitude d'abstention à l'égard de la Révolution nationale et

1. « Direction de la Formation des jeunes. Organisation et fonctionnement des Écoles de cadres », 3 p. dactylo. (Note remise par Garrone à Lallement sans seing officiel, arch. ENCU).

de critique envers la collaboration. La répétition constante de ces griefs de Garrone, au second semestre 1941, montre le peu d'effet de ses directives et objurgations : preuve de la fermeté de Segonzac qui a maintenu sa ligne. Ces reproches, d'autre part, sont formulés par un des fonctionnaires de Vichy les plus bienveillants, qui apprécie le patriotisme et l'action pédagogique de l'équipe d'Uriage. Garrone n'est pas un partisan de la collaboration, il est suspect de faiblesses « démocrates » ou libérales et les purs fidèles du Maréchal et de sa politique le jugent complice des déviations qui se développent dans la jeunesse. Ses divergences doctrinales avec Segonzac révèlent d'autant mieux la ligne de fracture qui sépare celui-ci du gros des partisans de la Révolution nationale, les pétainistes patriotes, conservateurs et apolitiques. Le non-conformisme d'Uriage, son attitude de résistance morale apparaissent en pleine lumière. Il est désormais évident à leurs yeux qu'à l'École d'Uriage, on se laisse entraîner à « faire de la politique ».

À ce conflit doctrinal ancien se sont ajoutés des faits récents dont Garrone expose à Lallement le caractère intolérable. C'est d'abord le climat inadmissible de la réunion constitutive de l'ENU, dans laquelle on n'a pas tenu compte de ses mises en garde. Le compte rendu publié par *Jeunesse... France* montre que l'ENU va diffuser des mots d'ordre politiques dans la jeunesse. Tandis que Garrone s'écrie : « Nous assistons, qu'on le veuille ou non, à la naissance d'un parti », son adjoint Mattéi souligne le désordre administratif qui va se créer dans les régions : les anciens d'Uriage vont chercher des directives auprès des chefs d'écoles, lieutenants de Segonzac, plutôt qu'auprès des délégués nommés par le SGJ. Ne va-t-on pas alors vers l'apparition d' « une hiérarchie officieuse différente de la hiérarchie officielle, voire en opposition avec elle – et plus écoutée qu'elle [1] » ?

Le directeur de la Formation des jeunes qui, par ailleurs, vient de resserrer son contrôle sur le journal de l'École après la parution d'articles « imprudents », nourrit d'autres griefs envers Segonzac. Celui-ci néglige les règles qui lui ont été fixées concernant le personnel de l'ENC; il s'est permis récemment de détacher directement certains de ses instructeurs dans telle ou telle école régionale, sans l'accord préalable de la DFJ. À la désinvolture du procédé s'ajoute, fait plus grave, l'évidence ainsi manifestée d'un lien d'allégeance entre l'École nationale et les écoles régionales.

Pour Garrone, ces incidents posent deux questions. Une question de principe : « L'ENC est une École d'État, dépendant d'une direction ministérielle, la DFJ, qui en assume la responsabilité vis-à-vis du gouvernement (...). Il est inadmissible que l'École d'Uriage se comporte comme un établissement privé (...). »

Et une question de personne à propos de Segonzac, que Garrone voit « (...) poursuivant une réalisation personnelle, qu'il estime solidement fondée et viable (sans que les assises et les buts en soient par lui clairement définis), et ne voulant pas au fond se solidariser avec la DFJ, qui lui semblerait une institution instable (...) et peut-être sans avenir ».

En bref, conclut Garrone crûment : « Segonzac est-il un chef de bande, ou un chef d'École ? »

Comme il « s'est expliqué depuis longtemps sur tout cela » avec Segonzac, sans résultat concret, il estime nécessaire de régler « une bonne fois » le problème.

Quant aux programmes de l'ENC et à sa « doctrine précise d'enseignement civique », Garrone déclare n'avoir jamais songé à « proscrire des Écoles de cadres un enseignement doctrinal, ni y interdire les efforts de construction intellectuelle. Il a seulement condamné la façon dont on le faisait à Uriage, notamment M. Beuve-Méry et moi » (c'est Louis Lallement

1. Compte rendu par Lallement de ses entretiens avec Garrone et Mattéi, « Liaisons Vichy » (arch. ENCU).

qui rapporte les propos de Garrone). À ses yeux, Uriage est « très au point pour le style de vie à imposer aux stagiaires », mais ses instructeurs sont « démunis et incompétents pour tout le reste de l'enseignement nécessaire ». Aussi envisage-t-il une réforme du bureau d'études, sur la base des directives doctrinales qu'il a rédigées « avec quelques amis ». Sa volonté est claire :

> ... Il ne faut pas faire d'exposés critiques, mais uniquement des exposés positifs, constructifs, qui inculquent aux stagiaires des conceptions en accord avec la Révolution nationale poursuivie par le gouvernement.

Lallement, après cette algarade, parvient à dissiper certains malentendus, et à persuader Garrone que Segonzac n'a jamais songé à créer un parti. Le désaccord de fond n'en est que plus net, sur la subordination de l'École à la DFJ et surtout sur le travail du bureau d'études dirigé par Beuve-Méry. Or Garrone veut à la fois obtenir satisfaction là-dessus, fût-ce au prix du départ de Beuve-Méry et de Lallement, et rétablir l'entente avec Segonzac, qu'il n'entend « à aucun prix » sanctionner ouvertement. Il y va, déclare-t-il, « du salut de l'œuvre commune, actuellement très menacée »; en effet « l'état de choses actuel, commenté à l'extérieur, compromet à la fois et solidairement l'ENC et la DFJ », et une « catastrophe prochaine et commune » est à craindre. Il affirme par deux fois, et c'est le dernier mot des conversations, qu'il « préférerait se retirer » plutôt que d'entrer en conflit public avec Segonzac. Ce chantage à la démission n'émeut guère les dirigeants d'Uriage; il révèle du moins la faiblesse de la position de Garrone, et le cas qu'il fait de l'École et de son influence – comme si la condamnation de Segonzac devait être pour lui l'aveu d'un échec radical et la perte de tout son crédit. Il ne lui reste donc qu'à tenter d'obtenir « l'accord précis » qui définira « une fois pour toutes » leurs relations. On prévoit à cet effet une réunion au sommet entre Garrone et Segonzac entourés de leurs adjoints.

Garrone conclut effectivement cette crise par un double acte d'autorité. Pour la doctrine, il organise à Vichy (et non à Uriage comme en juillet) des journées d'études pour les directeurs et directrices des Écoles de cadres, du 20 au 22 novembre. Ce « stage d'information civique » comportant des conférences sur la Patrie (Achille Mestre), le Travail (François Perroux), la Famille (Pierre Raynaud) est destiné « à permettre aux cadres des écoles de compléter leur formation et de recevoir les instructions indispensables » après une année de travail intensif qui « a empêché les instructeurs de se consacrer, comme il conviendrait, à leur formation personnelle [1] ». Il s'agit évidemment d'un effort de reprise en main par la DFJ, après les journées d'octobre où Segonzac a réuni autour de lui, à Uriage, les directeurs et instructeurs des écoles régionales. Garrone publie peu après le texte doctrinal où il rappelle ce que doit être l'éducation civique et dénonce « l'objection de conscience [2] ».

Quant à la subordination administrative des écoles à la DFJ, Garrone la confirme sur le papier, en signant le 1er décembre une instruction qui réglemente les stages des Écoles de cadres; l'autorité hiérarchique de la DFJ y est réaffirmée, avec ses pouvoirs de décision et de contrôle. Désormais le recrutement des stagiaires sera assuré exclusivement par l'administration centrale de la Jeunesse, qui « se réserve un pouvoir discrétionnaire » sur l'acceptation des candidatures (sauf celles présentées collectivement par les services publics ou associations agréées). Le programme de chaque stage sera soumis à l'approbation de la DFJ. En ce qui concerne l'enseignement, « ... tout stage comprend obligatoirement un cours sur la Révolution natio-

1. « Écoles des cadres », *Cahiers d'information* du SGJ, 1, s.d. (novembre 1941).
2. L. Garrone, « Principes et plan d'action... », *ibid*, 2., pp.1-4.

nale (histoire, esprit, méthode, réformes) et des conférences sur les réalités françaises (les communautés naturelles, l'histoire, l'Empire) [1] ». Enfin, un rapport détaillé sur chaque stage doit obligatoirement être établi, selon un modèle imposé.

Ces règles formelles limitent évidemment la liberté de manœuvre de Segonzac. À la même époque, le journal *Jeunesse... France* a été plus étroitement surveillé et parfois censuré par la DFJ, et l'équipe d'Uriage a été amenée à faire preuve d'une grande réserve dans la formulation de sa « charte » doctrinale.

Cependant Segonzac poursuit la mise en place de l'Équipe nationale d'Uriage (avec sans doute plus de discrétion que prévu), conserve Beuve-Méry à la tête du bureau d'études (les recommandations de Garrone suggérant un départ « volontaire » n'ont pas été entendues, et Segonzac s'est solidarisé avec son adjoint); les programmes de l'enseignement de l'École, contrôlés ou imposés par Garrone, continuent à être appliqués à la manière d'Uriage. Au total, les injonctions et les menaces de Garrone n'ont infléchi en rien les orientations de l'École d'Uriage.

L'élimination de Garrone

C'est au contraire sur le directeur de la Formation des jeunes que s'abat, à la fin de 1941, la « catastrophe » redoutée. Après plusieurs mois de conflit et d'incertitudes, une réorganisation des services du SGJ, en février 1942, est l'occasion de son départ forcé. L'affaire reste obscure. C'est, pour une part, la sanction d'un isolement et d'un échec personnel : idéalisme doctrinaire, autoritarisme théorique, gestion administrative médiocre et finalement incapacité à faire passer dans la réalité ses conceptions généreuses. Mais c'est surtout une victoire politique et administrative de ses adversaires. Garrone paie d'un côté son attachement au pluralisme, sa proximité avec l'épiscopat, et le soutien apporté à des suspects comme Segonzac. Les anticléricaux condamnent son manque de fermeté devant les revendications de l'épiscopat; les conseillers du chef de l'État sont assaillis de dénonciations contre la « bande de démocrates » qui l'entourent. On lui reproche d'avoir « laissé s'infiltrer au sein de son administration et des Écoles de cadres une sorte de mystique individualiste et démocratique contraire à la discipline de la Révolution nationale [2] ».

D'autre part, on a beaucoup critiqué l'organisation du SGJ. La dualité de direction Lamirand-Garrone crée du désordre, et Lamirand supporte mal la situation amoindrie que lui a faite la réforme d'avril 1941 en plaçant tous les moyens d'action du SGJ en zone sud entre les mains de Garrone, sans que le secrétaire d'État à l'Éducation nationale exerce d'ailleurs de contrôle effectif [3]. C'est précisément Carcopino qui, à la suite d'une maladresse de Garrone, intervient pour se débarrasser de lui. En octobre, le Maréchal a fait demander à Garrone un rapport sur la jeunesse; l'intéressé sollicite une audience pour lui remettre directement son texte, auquel il déclare attacher la plus haute importance, et le rapport est communiqué à plusieurs

1. « Instruction portant réglementation des stages en Écoles de cadres », direction de la Formation des jeunes, bureau des cadres, 1er décembre 1941 (signée L. Garrone), 10 p. ronéo. (AN, F 44 33, SGJ, documentation générale). Un exemplaire dactylographié de cette « Instruction » porte la mention « Vichy, le 14 novembre 1941 », de la main de Beuve-Méry (arch. ENCU).

2. Voir R. HERVET, *Les Compagnons..., op. cit.*, pp. 175-177; Conseil national, note du 6 mars 1942 (AN, AG II 440, CC III B, CC III C, CC III F).

3. Rapports et notes du cabinet civil du chef de l'État sur la réforme du SGJ (AN, AG II 440); audition de Lamirand devant le Conseil national (AG II 650, 38).

ministres sans avoir été soumis à Carcopino. Outré du procédé, celui-ci est choqué par certaines affirmations du texte qu'il reproche vertement à Garrone. Selon le ministre, le directeur de la Formation des jeunes sous-estime le rôle de l'Université, ignore la réforme de l'Éducation nationale en cours, et se plaint maintenant d'être isolé et peu soutenu, après avoir usé et abusé de la liberté d'action qui lui a été laissée. Aussi Carcopino se montre-t-il décidé à contrôler désormais de près les initiatives prises par les responsables de la Jeunesse [1].

Effectivement, une réforme du SGJ intervient peu après, dans le cadre de la loi du 30 janvier 1942 qui réorganise le secrétariat d'État à l'Éducation nationale et à la Jeunesse. Cette réforme donne satisfaction à Lamirand en lui rendant la haute main sur l'ensemble de l'administration de la Jeunesse. La direction de Garrone est supprimée, remplacée par un « service de la Formation des jeunes » directement subordonné au secrétaire général à la Jeunesse. Un poste de secrétaire général-adjoint est créé auprès de Lamirand; on y nomme un administrateur, Paul Macé, qui est chargé par intérim du service de la Formation des jeunes. Garrone est alors nommé inspecteur général de l'Instruction publique, chargé de l'inspection des écoles privées subventionnées. Il a vécu dans l'isolement et l'amertume les semaines qui ont précédé ces mesures [2]. Parmi les candidats à sa succession figure Pelorson, directeur à Paris de la Propagande des jeunes, qui représente au SGJ le courant favorable à une Révolution autoritaire et à l'unification de la jeunesse. Mais Carcopino ne nomme personne à la Formation des jeunes, et les chefs de bureau qui avaient travaillé avec Garrone restent en place.

Ce départ ouvre une phase nouvelle dans les relations de l'École d'Uriage avec le pouvoir. Elle a perdu son interlocuteur familier, parfois despote et souvent protecteur, dont la présence atténuait les tensions et les coups, même lorsqu'il les transmettait. Segonzac se trouve désormais en terrain plus découvert, abrité seulement par la bienveillance plus lointaine de Lamirand et par les amitiés qu'il garde dans l'entourage du Maréchal. Heureusement pour lui, l'ENU vient d'être légalement constituée et le stage de formation de six mois a pris le départ le 8 février, ce qui constitue une relative garantie pour l'avenir immédiat. Mais le chef de l'École s'est fait à nouveau remarquer, dans les dernières semaines de 1941, par des manifestations d'insoumission qui amènent les plus hautes autorités à revenir sur son « cas ».

Le Maréchal, oui! Son gouvernement, non!

En cette fin d'année 1941, en effet, Segonzac marque d'un trait plus appuyé les distances qu'il a prises envers le régime. L'influence de Beuve-Méry n'y est évidemment pas étrangère, avec les informations qu'il rassemble sur les contacts de Darlan avec les Allemands et sur les manœuvres de ce qu'il appelle, comme la plupart des observateurs, le « groupe Worms », c'est-à-dire Pucheu, Marion et leurs amis. Lorsqu'il confie le fond de sa pensée à ses proches, Segonzac oppose les intentions profondes du Maréchal (auxquelles il est sûr d'être accordé) aux actes du gouvernement. Il lui arrive aussi, en deux occasions au moins, d'exprimer publiquement sa défiance.

Il y a d'abord une nouvelle déclaration lancée par Segonzac à des sta-

1. Lettre de demande d'audience de Garrone, 27 octobre 1941, cabinet civil du chef de l'État; Lettre de Carcopino à Garrone, 14 novembre 1941 (AN, AG II 440).

2. Lettre de Garrone à un membre du cabinet de Jardel, secrétaire général auprès de la vice-présidence du Conseil, 6 janvier 1942 (AN, AG II 536, divers).

giaires. D'après ses souvenirs, il l'a faite « fin 1941, à l'issue d'un stage d'officiers de l'École de Saint-Cyr, où figurait Tom Morel, le futur héros du plateau des Glières » – ce qui permet de situer vers le 10 novembre 1941 l'épisode qu'il évoque :

> (...) Je pris clairement position pour la mise en discussion de l'ordre officiel. Rien ne m'a été plus pénible que cet appel à la désobéissance fait par un officier à d'autres officiers. Nous avions tous été élevés dans le culte du dogme de la discipline, et j'avais le sentiment d'accomplir la plus grave des fautes, celle contre l'esprit. Cependant les initiatives gouvernementales, dont je continuais à croire que le maréchal Pétain les acceptait contraint et forcé, justifiaient la révolte ou tout au moins une interprétation large et libre des directives officielles [1].

Est-ce la même circonstance que Beuve-Méry relate comme une étape décisive de l'évolution de Segonzac, en la situant quatre mois plus tôt ?

« Lors de la session de juillet 1941, le chef condamne le gouvernement du Maréchal devant des officiers. C'est le premier pas vers l'affranchissement... [2]. »

Il évoquera, longtemps après, une scène dont il a gardé un souvenir très net, sans être certain de sa date : au cours d'une veillée, un officier a posé « la » question, en réclamant une réponse enfin claire : de quel côté se situe l'École d'Uriage ? Est-elle, oui ou non, au service du Maréchal ? Et Segonzac, debout sur l'estrade à son habitude, a répondu en pesant ses mots : « Au service du Maréchal, oui. De son gouvernement, non ! [3] »

Les deux témoignages s'accordent donc, malgré la divergence des dates, pour affirmer qu'un pas décisif a été franchi au deuxième semestre 1941, lorsque Segonzac a déclaré devant des officiers, avec l'autorité morale que lui donnaient son passé et son action présente, qu'il ne se reconnaissait pas d'obligation d'obéissance envers un gouvernement dont il contestait l'action. Ce qui est, pour Beuve-Méry, une victoire de la lucidité et du courage, un progrès dans la juste appréciation de la situation, est, pour Segonzac, un choix douloureux qui laisse une blessure de conscience. Le propos de Segonzac n'a pas pu ne pas être rapporté et commenté, d'abord dans les mess d'officiers, puis dans les bureaux de Vichy, sans doute jusqu'au plus haut niveau.

Segonzac se permet, à la fin du même mois de novembre, une nouvelle incartade à l'occasion du renvoi de Weygand, démis le 18 novembre de ses fonctions de délégué général du gouvernement en Afrique française. L'événement ne pouvait pas ne pas le troubler et même l'atteindre au plus profond. Pour lui et pour plusieurs membres de son équipe, comme pour l'ensemble des patriotes « apolitiques » qui associent le dévouement au Maréchal à l'idée d'une revanche qui se prépare, Weygand est un symbole et un garant. Son nom évoque un passé, celui de 1918, avec ses alliances et sa glorieuse victoire ; sa présence à Alger, à la tête d'une partie de l'Empire et de ses armées, semble garantir un présent de stricte application de l'armistice et un avenir de reconquête. Les idées politiques du général et son rôle au moment de l'armistice sont mal connus ou s'effacent devant sa réputation de patriotisme intransigeant. Sa mise à l'écart amène à reposer l'éternelle question des intentions réelles du chef de l'État quant à la reprise future de la lutte armée.

Connue le 20 novembre, la révocation de Weygand provoque à Uriage des commentaires passionnés, et le désarroi de quelques-uns [4]. Segonzac,

1. *Le Vieux Chef*, *op. cit*, p. 103.
2. « Mise au point politique, note sur une conférence, 2 octobre 1943 », 5 p. dactylo. (exposé fait par Beuve-Méry dans la clandestinité, arch. ENCU).
3. Témoignage de Hubert Beuve-Méry.
4. R. Josse, « L'École des cadres d'Uriage (1940-1942) », art. cit.

particulièrement perplexe, reçoit de Beuve-Méry le conseil d'aller s'informer à la source et décide de demander une audience, qu'il obtient, auprès du chef de l'État. Il a donc l'occasion, un an après la visite muette du Maréchal à la Faulconnière, de lui exposer en privé ses inquiétudes et de demander confirmation ou désaveu des principes sur lesquels il a fondé toute son action depuis 1940. Demande-t-il au chef de l'État, très respectueusement bien sûr, des « explications » sur le renvoi de Weygand ? Accusé un an plus tard d'avoir eu cette audace inspirée par un « orgueil insensé [1] », il s'en défendra en expliquant :

> Devant le désarroi total de mes supérieurs, et moi-même profondément troublé – je l'avoue sans honte et sans remords – j'ai demandé à exposer mes angoisses au Maréchal. Le Roi de France autrefois recevait tout un chacun et ses sujets ne craignaient pas de lui exposer avec netteté, parfois avec vigueur, leurs états d'âme ; je n'ai rien fait d'autre [2].

Selon les souvenirs de Beuve-Méry, qui a directement recueilli les impressions de Segonzac, « le Maréchal le prit mal, n'estimant pas cette démarche que se permettait celui qui n'était à ses yeux qu'un simple capitaine, et il lui donna pour toutes consignes de ne pas s'occuper de politique et d'obéir aux ordres du gouvernement [3] ». D'autres rapportent qu'il aurait été « paternellement reçu et renvoyé absous [4] ». Segonzac lui-même dans ses mémoires ne distingue pas cet entretien de l'ensemble de ses rares rencontres « toujours brèves » avec le Maréchal ; il se souvient lui avoir fait part de son souci de préparer la libération de la France :

> (...) Le Maréchal me répondait avec une prudence paysanne, sur un ton grand-paternel, mais jamais il ne me dit quoi que ce soit qui puisse être pris pour une réprimande ou un désaveu ; j'en concluais qu'il m'approuvait [5].

N'est-ce pas cet épisode qu'évoque à sa manière, pour en faire un moment de la légende du Maréchal, René Benjamin, lorsqu'il raconte l'entrevue avec le chef de l'État, quelques jours après le « départ » de Weygand, du « chef d'un chantier de jeunesse », officier de cavalerie de trente-cinq ans, fidèle et courageux, mais abattu et en plein désarroi ? L'écrivain met en scène un Pétain solide comme un roc, stratège et pédagogue, aussi sûr de sa démarche qu'économe de ses paroles ; son maintien sévère, ferme et serein, ramène sans peine à l'obéissance, à l'humilité et à la confiance le serviteur inquiet, en proie au doute et prêt à s'égarer [6]. S'il s'agit de Segonzac, le récit, largement mythologique, confirmerait du moins qu'il s'est fait renvoyer à ses affaires sans obtenir de véritable réponse.

En somme, Segonzac n'ayant reçu ni éclaircissement sur la politique de collaboration ou sur le renvoi de Weygand, ni encouragement positif pour sa propre action, a essuyé une relative rebuffade, dans le style militaire, sans être catégoriquement désavoué. Renvoyé dans le rang, il a la satisfaction d'avoir rencontré le Maréchal, de s'être fait entendre sinon écouter, et d'avoir ainsi confirmé la relation ambiguë, décevante et cependant vitale qui l'attache au vainqueur de Verdun. Singulier loyalisme, qui doit s'accommoder d'une défiance croissante envers les actes du gouvernement et du développement de la face secrète des activités de l'École.

1. J. de La Porte du Theil, « Prescriptions et directives du Commissaire général », *BPO* des Chantiers de la Jeunesse, 119, 25 janvier 1943.
2. Lettre de Segonzac au général de La Porte du Theil (février 1943), citée *infra*.
3. R. Josse, art. cit., p. 71.
4. J. de La Porte du Theil, texte cité.
5. *Le Vieux Chef, op. cit.*, p. 102.
6. R. Benjamin, *Les Sept Étoiles de France, op. cit.*, pp. 69-70.

Du côté de la Résistance

L'effort de rayonnement de l'École et le souci de ses dirigeants de se tenir informés l'amènent nécessairement, en régime de censure et de contrôle des déplacements, à développer des actions en marge de la légalité. Des envoyés de Segonzac franchissent en fraude la ligne de démarcation pour se rendre en zone occupée; c'est surtout son homme de confiance, Paul de la Taille, qu'il charge des missions secrètes. Celui-ci a une filière de passage clandestin de la « ligne », dont bénéficie à l'occasion tel instructeur ou ami de l'École [1]. À la fin de 1941, le chef de l'École le charge du service Prisonniers dont l'activité ouverte se double bientôt d'un volet clandestin. Il s'agit apparemment d'une œuvre tout à fait reconnue : contribuer à la mobilisation permanente de l'opinion en France en faveur des prisonniers, correspondre avec eux et leur fournir des moyens d'entretenir leur moral et d'utiliser leurs loisirs forcés. Des colis sont donc adressés dans les camps, en passant par des services officiels comme l'aumônerie de l'abbé Rodhain; on diffuse la littérature de l'École : brochures, textes ronéotypés. En réponse, un courrier considérable arrive à l'École, réclamant la poursuite de ces envois, et parfois plus : de l'aide pour des projets d'évasion. Le service de Paul de la Taille, avec Yvonne Jacquot et Mme Dalloz, épouse du notaire, s'organise, vers le début de 1942, pour répondre à cette demande : confection de colis contenant, dans des caches, de l'argent allemand et de faux papiers. Ceux-ci sont fabriqués en secret, à l'insu du personnel de l'École, excepté Segonzac. Cependant, dans d'autres services et notamment du côté des ateliers de dessin et de poterie (où René Joutet est un spécialiste), on fabriquera aussi faux papiers et faux tampons; d'autres encore sont fournis par des amis, comme le chef de cabinet du préfet du Lot [2].

Ces activités illégales – assistance à des compatriotes en difficulté –, ne constituent évidemment pas une participation à la Résistance. Seules peuvent être qualifiées ainsi les actions visant à combattre directement la domination allemande et la collaboration, dans le refus de l'obéissance à un gouvernement dont la légitimité est contestée.

Certains membres de l'équipe sont effectivement engagés dans la Résistance organisée. Ainsi Jean Violette, responsable du matériel et du ravitaillement à l'économat de l'École, est-il entré en contact, dès 1941, avec le groupe grenoblois de l'organisation qui va prendre le nom de Combat; il fait partie en 1942 de l'Armée secrète de ce mouvement, sous les ordres du capitaine Brunet – mais cette activité est ignorée à l'École. Henri Lavorel d'autre part, dont les sentiments « gaullistes » sont bien connus, mène une activité de contacts et de liaisons au service des mouvements de Résistance, et participe à la diffusion d'imprimés clandestins [3]; Segonzac connaît ou soupçonne cette activité, et laisse faire pourvu que soient respectées les règles de la discipline et de la loyauté envers l'équipe. Il s'agit là d'engagements individuels qui ne concernent pas directement la vie de l'École. Mais les membres de sa direction ont par ailleurs, dès 1941, des contacts avec des propagandistes ou des émissaires des mouvements de résistnce.

Par différents relais (membres et anciens des mouvements de jeunesse, officiers en activité ou en congé, universitaires et ecclésiastiques amis), l'équipe d'Uriage reçoit des informations sur les organisations de résistance et connaît leur propagande. C'est sans doute à la résistance spirituelle d'inspiration chrétienne d'une part, et aux groupes d'origine militaire de l'autre, que vont davantage ses sympathies. Les organisations de style plus poli-

1. Témoignages de P. Ollier de Marichard et de P. de La Taille.
2. Témoignages de Paul de La Taille, Yvonne Jacquot et Antoine Ridard.
3. Témoignages de Jean Violette et Pierre Ollier de Marichard.

tique, qu'il s'agisse de républicains libéraux ou socialistes ou même de démocrates-chrétiens, suscitent davantage de réticences. En ce qui concerne Segonzac lui-même, ses relations militaires l'amènent à être informé de deux sortes d'activités. Il est associé, en 1942 surtout, aux préparatifs de certains officiers de la garnison de Grenoble en vue de la future reprise de la lutte armée; d'autre part, à cause d'une ancienne camaraderie de saint-cyrien, il entretient une relation amicale avec le capitaine Henri Frenay, fondateur du Mouvement de libération nationale et futur chef du mouvement Combat. Les rapports entre les deux hommes comportent significativement estime et solidarité mutuelles, accord total sur l'objectif essentiel, divergence sur les méthodes et l'appréciation des circonstances.

Anciens camarades de promotion et voisins de chambrée de Saint-Cyr, où ils avaient alors noué des relations « franchement amicales [1] », Frenay et Segonzac se sont rencontrés après la défaite, dès août 1940. Le premier, récemment évadé et affecté comme capitaine d'active à Marseille, prenait alors ses premiers contacts pour l'organisation anti-allemande dont il concevait le plan, alors que le second préparait l'ouverture de son École des chefs à la Faulconnière. Ils ont alors constaté leur accord sur un objectif commun, la reprise de la lutte armée pour la libération, tous deux comptant que le Maréchal s'y prêterait le jour venu. Le choix d'une action clandestine de combat pour l'un, d'une activité officielle d'éducation pour l'autre, était affaire de méthode et de tempérament et les deux voies convergeaient à leurs yeux [2]. En juin 1941, lorsque Frenay va voir son ami à Uriage, le jour même de la visite de Darlan [3], la situation a évolué. Frenay, démissionnaire de l'armée en janvier, s'est entièrement voué à la direction du MLN qu'il a fondé et dont il prépare la fusion avec d'autres groupes clandestins; si sa propagande ménage encore la personne du chef de l'État, il a choisi d'agir en marge d'un régime auquel il ne fait plus confiance, voire contre lui. Il espère recruter Segonzac dans son organisation. Celui-ci lui propose de prolonger sa visite, pour observer ce qui se fait à l'École, le style et l'esprit qu'on y cultive; il compte l'amener à comprendre le sens de son œuvre. Frenay apprécie effectivement la valeur de l'action éducative avec son ambiance, « étrange mélange de la vie monacale, du scoutisme, des rites militaires ». Des idées qu'on propose sur le présent et l'avenir, il retient la condamnation sans appel du nazisme, et le prestige que conserve encore le maréchal Pétain. Les conversations entre les deux hommes semblent s'être conclues sur un double constat. Chacun d'eux, loin de condamner l'action de l'autre, en apprécie le courage et la droiture et y reconnaît la poursuite de l'objectif qui leur reste commun; mais les voies qu'ils suivent demeurent différentes. Segonzac n'entend pas renoncer à son action pédagogique, dont Frenay dira plus tard qu'elle était inspirée par une « attitude morale, plutôt que doctrine » proche parente de celle qui l'animait lui-même [4].

En réalité, Segonzac et son équipe sont décidés à rester alors à l'écart des organisations naissantes de Résistance, pour diverses raisons où les appréciations morales et politiques se combinent avec l'attachement à l'œuvre entreprise. Segonzac, fidèle à sa conception de la mission de l'officier, ne saurait être « gaulliste », d'abord parce qu'il est prévenu contre un personnage qui avait la réputation d'un officier solitaire, à l'ambition orgueilleuse et intransigeante, et surtout parce qu'il ne peut adhérer à son attitude de dissidence. Le « dogme » qui la fonde, selon lequel la signature de l'armis-

1. H. Frenay, *La Nuit finira, op. cit.*, t. I, p. 266.
2. Témoignage du général Dunoyer de Segonzac; R. Josse, *op. cit.*, p. 67.
3. *Le Vieux Chef, op. cit.*, p. 104 et témoignage de l'abbé de Naurois. Frenay situe, à tort, cette visite en septembre 1942 (*op. cit.*, p. 267).
4. *Le Vieux Chef, op. cit.*, p. 102; M. Granet et H. Michel, *Combat, histoire d'un mouvement de résistance*, pp. 125-126.

tice a déjà été un acte de trahison qui prive de toute légitimité le régime, lui paraît fallacieux. Ces vues sont partagées alors par certains résistants qui souhaitent éviter la rupture complète avec le régime. Mais Segonzac, outre son attachement à l'unité de l'armée et au « devoir sacré de l'obéissance [1] », est étranger au langage politique et idéologique des mouvements de zone sud. Il a trop misé sur le rassemblement des diverses familles spirituelles et sur la mobilisation de toutes les élites pour ne pas craindre les facteurs de division et les ruptures prématurées. Finalement, son double attachement à son œuvre de formation des hommes et à la personne du Maréchal explique son abstention, devant des organisations clandestines qui lui apparaissent dispersées, peu efficaces et tentées par le sectarisme.

L'influence de Beuve-Méry, dont les sentiments personnels sont assez différents, s'exerce également dans le sens de la réserve. Ses réticences envers le style de De Gaulle sont aussi grandes. Il est certes sans illusion sur la volonté et la capacité du régime de Vichy de s'opposer efficacement à la domination allemande; il n'a donc pas le réflexe loyaliste de Segonzac, mais il ne juge pas venu le temps de la rupture et de la clandestinité. Il y a encore de la place pour une action d'information, de formation et de préparation; l'existence et le rayonnement de l'École d'Uriage représentent un capital d'influence sur la jeunesse et les futures élites qu'il faut maintenir et accroître tant qu'on le peut.

Ainsi donc, les dirigeants de l'équipe d'Uriage, tout en maintenant les liaisons et en rendant quelques services, préfèrent poursuivre leur entreprise sans la compromettre par des activités dont l'urgence ne s'impose pas à leurs yeux. Mais les informations et les argumentations que diffusent les organes clandestins contre le nazisme, contre l'attitude de résignation à la défaite ou de collaboration, sont connues d'eux et exploitées.

À la fin de 1941, deux faits nouveaux ont modifié cette situation. C'est d'une part le limogeage de Weygand, qui a beaucoup ému Segonzac comme ses amis officiers; c'est d'autre part la nouvelle dimension de la guerre, à l'Est, et la transformation qu'elle amène dans l'éventail des attitudes en France. Alfred Fabre-Luce, qui a visité l'École en octobre 1941, s'interroge, en conclusion de son reportage, sur les chances de Segonzac de voir son œuvre réllement soutenue par l'État, et ajoute : « Il sait qu'une question de temps se pose. Pendant cette année 1941, il a mesuré mieux qu'un autre la montée du péril communiste [2]. »

Cette remarque elliptique ne précise pas quelle conclusion Segonzac tire de ce constat. Ce n'est sans doute ni une résolution d'union autour du Maréchal pour faire barrage au communisme, puisqu'il n'a pas confiance dans son gouvernement, ni la volonté d'unir dans le combat patriotique les humanistes et les chrétiens avec les communistes, perspective encore étrangère à sa pensée en 1941; c'est plus vraisemblablement le souci de constituer une force patriotique qui puisse rivaliser avec le PC, en dehors d'un gouvernement qui a abandonné la cause nationale.

Entre ce qui reste de son loyalisme envers le Maréchal et la possible désobéissance au gouvernement qu'il envisage, entre le développement de l'action publique de l'École et l'amorce d'activités illégales, la voie est étroite pour Segonzac. Or, sa position est menacée, au début de 1942, par une nouvelle offensive de ses adversaires, qui, cette fois, se développe au sommet, à l'occasion de la session de la commission d'études du Conseil national sur les questions de jeunesse, prévue pour février 1942.

1. Texte d'une conférence inédite communiqué par Mme Lozac'hmeur.
2. A. Fabre-Luce, *Journal de la France, op. cit.*, t. II, *1940-42*, p. 189 (reproduit dans l'éd. de 1946, t. II, p. 387).

DEVANT LE CONSEIL NATIONAL (MARS 1942)

Le Conseil national, « institution consultante et consultative » substituée aux assemblées parlementaires suspendues, a été créé par la loi du 22 janvier 1941 [1]. Pierre-Étienne Flandin l'avait conçu comme une pierre d'attente pour une évolution parlementaire du régime et l'avait peuplé de sa clientèle, alors que le Maréchal y voyait surtout un moyen de mettre en valeur les élites nouvelles, surtout professionnelles, que réclamait la Révolution nationale. L'amiral Darlan, qui fait rédiger le règlement définitif, n'attache pas à cette assemblée une grande importance. Le décret du 22 mai exclut la réunion de l'assemblée en formation plénière, au profit de commissions spécialisées dont les membres, nommés individuellement par le chef de l'État, sont soit des conseillers nationaux soit d'autres personnalités compétentes. Siégeant en brèves sessions d'une semaine, les commissions délibèrent en secret sur l'ordre du jour établi par le chef de l'État, qui en nomme le président et donne dans son discours d'ouverture les orientations générales. Les travaux sont préparés par le vice-amiral Fernet, secrétaire général de la vice-présidence du Conseil nommé par Darlan secrétaire général du Conseil national. Les délibérations sont dirigées par un des ministres influents, souvent Lucien Romier, conseiller privé du Maréchal devenu son délégué permanent auprès du Conseil national et nommé le 11 août 1941 ministre d'État. Les 190 membres nommés en janvier 1941 comprennent une large majorité de notables pétainistes (professionnels, membres des élites culturelles, syndicalistes et anciens parlementaires), à côté d'un petit nombre de militants collaborationnistes ou fascisants.

Conçu comme instrument de communication entre le pouvoir et les notables, relais d'opinion et chambre de consultation destinée à éclairer le travail législatif des ministres, le Conseil national paraît avoir été utilisé par l'entourage du Maréchal pour équilibrer l'influence des groupes rivaux qui participent au gouvernement. Sous le contrôle de Lucien Romier et du cabinet civil du chef de l'État, l'amiral Fernet se comporte en grand commis méthodique, avant tout dévoué au Maréchal. Les rapports et les projets de décision votés par les commissions pour être soumis au chef de l'État tendent à accélérer ou à freiner les réformes projetées par les ministres, et fournissent à l'entourage des arguments dans ses négociations avec eux. Seuls les messages inauguraux du Maréchal sont publiés dans la presse, avec un résumé des conclusions des commissions.

La commission d'étude des questions de jeunesse

La commission d'étude des questions de jeunesse qui siège du 5 au 12 mars 1942 est la septième et la dernière à se réunir, alors qu'est déjà posée la question de la succession de Darlan. Ses délibérations, connues par l'abondante documentation établie par les services de l'amiral Fernet, ont été fidèlement résumées par W.D. Halls [2]. Retraçant cet épisode dans son histoire du Conseil national, Michèle Cointet l'interprète comme une nouvelle offensive du ministre de l'Intérieur (qui surpervise l'Éducation nationale et la Jeunesse) pour appliquer un plan de fascisation du régime, après

1. M. Cointet, *Le Conseil national de Vichy. Vie politique et réforme de l'État en régime autoritaire (1940-1944).*

2. Archives officielles du Conseil national (AN, AG II 650, nos 38 et 39); W.D. Halls, *The Youth of Vichy France, op. cit.*, pp. 143-157.

un échec devant la commission précédente [1]. Elle situe cette offensive dans un triple contexte : la lutte pour la succession de Darlan et les ambitions de Pucheu, les relations du régime avec l'Église catholique, les projets de restructuration du SGJ au sein du ministère l'Éducation nationale.

Cette étude montre Pucheu se posant en homme fort du régime, champion d'une politique de bouleversement autoritaire de la société française. Il veut, en lui imposant unité, modernisation et dynamisme, la rendre capable de s'intégrer à l'Europe nouvelle – contrairement à la Révolution nationale des conservateurs, qui a échoué. La nouvelle révolution qu'il entend mener dans cette nation vieillie et divisée exige la mobilisation de la jeunesse, dont la formation doit être prise en charge par l'État. Pucheu se heurte ici à l'Église, forte du quasi-monopole des mouvements de jeunesse confessionnels, mais par ailleurs partenaire de négociations difficiles avec l'État sur les questions des congrégations et des subventions aux écoles libres. Partisan d'une organisation de jeunesse unique et obligatoire contrôlée par l'État, Pucheu prend acte du refus du Maréchal; il se rabat sur la proposition de créer, à côté des mouvements existants, une grande organisation laïque facultative, dont il pense trouver les cadres dans l'Université, notamment chez les instituteurs. Ses projets rejoignent ici, selon Michèle Cointet, les vues de Carcopino, soucieux de rendre à l'Éducation nationale le contrôle des affaires de jeunesse et de défendre la laïcité. Mais la commission, menée par Massis qui dirige la majorité de notables pétainistes conservateurs et défend les intérêts de l'Église, réussit à bloquer la manœuvre de Pucheu et à réaliser un compromis qui modifie peu le *statu quo*.

Cette lecture de l'épisode met justement en lumière les ambitions de Pucheu, mais majore, à notre sens, la question religieuse et le rôle de l'Église, aux dépens des problèmes proprement politiques d'orientation du SGJ et des divergences entre Carcopino, Lamirand et Garrone. Pucheu lui-même est simpliste et partial, lorsqu'il montre dans ses mémoires Garrone complice d'une « absurde et étonnante tentative cléricale de s'emparer de la direction de la jeunesse française [2] ». Une interprétation un peu différente paraît s'imposer si l'on confronte les archives du Conseil national avec celles du cabinet civil du chef de l'État, qui a préparé la session, a fait rédiger le discours d'ouverture du Maréchal et a soigneusement orienté les conclusions des travaux [3].

S'il y a eu effectivement une offensive de Pucheu et des partisans d'une unification autoritaire de la jeunesse, il apparaît aussi que le cabinet civil a prévu et contré l'attaque en définissant la voie moyenne du régime : ni totalitarisme hostile au pluralisme et à l'Église, ni désordre et indiscipline démocratiques. Dans cette optique, Garrone, qui vient d'être éliminé, était coupable de faiblesse envers la seconde tendance, qui a fait des ravages dans certaines institutions – l'École d'Uriage et le mouvement Compagnon au premier chef. Il faut donc amener Lamirand, dont les bonnes intentions ne sont pas douteuses, à procéder aux rectifications nécessaires, ainsi qu'à une remise en ordre de l'administration de la Jeunesse. Quant à Carcopino, il n'est pas hostile à ces vues, mais il est avant tout soucieux de faire respecter l'Université, sa tradition laïque et pluraliste et sa règle administrative que menacent aussi bien les initiatives désordonnées de certains chefs de jeunesse, que les projets d'enrégimentement du clan autoritaire. Appréciant peu le style et l'activité de Lamirand, il sait ne pas pouvoir contrôler réelle-

1. M. COINTET, *Le Conseil national de Vichy, op. cit.*, pp. 836-914; M. COINTET-LABROUSSE, « Le gouvernement de Vichy et la Jeunesse : sources nouvelles et nouveaux éclairages », *Bulletin de la Société d'histoire moderne*, 1976-2, pp. 13-17.
2. P. PUCHEU, *Ma vie*, pp. 292-293.
3. Notes concernant la session de la commission dans les archives du cabinet civil (AN, AG II 440, CC III C « Réforme de la jeunesse »).

ment l'administration de la Jeunesse. Au dire de Pucheu, il ne s'y est intéressé que tardivement; « épouvanté et pour ainsi dire d'avance découragé » par le désordre qu'il a constaté , il a été, de plus, dérouté par des problèmes desquels son âge et sa formation le tenaient éloigné [1].

Le cas d'Uriage est un des points de cristallisation du débat entre les différentes politiques de la jeunesse qui s'affrontent : l'École des cadres est à la fois le vivant exemple de la déviation libérale et un enjeu majeur, car on sait que de son orientation peut dépendre pour une part le succès d'une nouvelle politique. Les travaux et les conclusions de la commission la concernent donc directement.

Les vues du cabinet civil et le choix des commissaires

Que la réunion de la septième commission du Conseil national ait été provoquée par une demande du Pucheu, comme celle de la précédente en février, ou qu'elle soit due, comme cela semble probable, à l'initiative de l'entourage du Maréchal, sa préparation a rencontré des difficultés. Selon un premier projet des services de l'amiral Fernet, la commission devait se réunir en février, composée de 19 conseillers nationaux, de quatre personnalités (Garric, le général Lafont, le général de la Porte du Theil et François Valentin), de Lamirand, nommé commissaire du gouvernement, et de quelques « auditeurs »; le cabinet civil suggérait à cet effet quatre noms : Tournemire, Segonzac, Renault (chef de la JFOM) et Roger de Saivre (membre du cabinet civil où il suit les questions de jeunesse, après avoir milité aux Jeunesses patriotes avant la guerre puis à la JFOM en 1941). Carcopino, informé tardivement, est furieux d'avoir été tenu à l'écart des préparatifs de la session, où il voit une « machine de guerre » montée contre lui par la « cabale » du clan collaborationniste des anciens amis de Doriot [2]. Son intervention, soutenue par Darlan, amène quelques modifications. La réunion est reportée au 6 mars et plusieurs universitaires, professeurs ou instituteurs, sont ajoutés à la liste des membres, dont le recteur de Paris Gidel, conseiller national, qui est nommé président de la commission en sa qualité de « plus haute autorité universitaire » sur proposition du ministre.

Dans un premier temps, Lamirand a été chargé d'établir un projet de questionnaire à soumettre aux membres de la commission. Le 15 février, il en fait remettre le texte à l'amiral Fernet par Henri Massis « qui, écrit-il, a pris la plus grande part à sa rédaction ». Le projet soulève de nombreuses questions sur les relations entre l'État, la jeunesse, les institutions privées et les mouvements, et marque une préférence pour le rassemblement d'une « jeunesse nationale ». L'expression signifie que, sans prendre en charge directement l'encadrement de la jeunesse (pas de jeunesse unique, de jeunesse d'État), l'État doit veiller à sa « formation morale et civique », dans l'intérêt de la communauté nationale; il lui revient donc de définir l'organisation et le programme d'un enseignement civique qui serait donné obligatoirement « dans toutes les écoles et associations de jeunesse ». Henri Massis joint à ce projet un gros dossier documentaire, qui comporte notamment un plan de restructuration du SGJ [3].

Le cabinet civil du chef de l'État rédige pour sa part une note de travail. Du Moulin de Labarthète et ses adjoints prévoient un débat « passionné mais confus » entre les tendances différentes qui, prétendant chacune parler « au nom du Maréchal », ont choisi ce « terrain de combat (...) comme l'occasion unique de s'affronter sur le plan idéologique » :

1. P. Pucheu, *Ma vie, op. cit.*, p. 292.
2. J. Carcopino, *Souvenirs..., op. cit.*, p. 520.
3. Questionnaire (8 p. dactylo.) et mémorandum de Lamirand, à l'adresse de l'amiral Fernet (AG II 650, n° 39).

> Le ministre de l'Intérieur, d'une part, secondé par Gaston Bergery, a l'intention d'attaquer ce qu'il appelle " l'esprit scout et calotin ". Les partisans du SGJ attaqueront ces visées totalitaires. Il faut donc faire triompher le point de vue du cabinet du Maréchal, que j'ai exposé aux uns et aux autres depuis six mois et qui sera défendu par des hommes comme Massis, Mgr Beaussart et Georges Lamirand.

Le cabinet fait préparer en ce sens le discours d'ouverture de la session que doit prononcer le Maréchal pour « donner une doctrine aux éducateurs puisqu'on ne peut encore en donner une à la nation ». Il précise à l'intention du rédacteur (probablement Gillouin) :

> Il est absolument nécessaire de prononcer deux condamnations pour permettre d'y voir clair : l'une contre les tendances totalitaires, l'autre contre l'objection de conscience à la manière d'Uriage et des amis de Marc Sangnier [1].

La voie est donc nettement tracée, et les principes posés « qui nous permettront de faire cesser l'anarchie qui règne au sein de ces organisations ». Il faut éliminer les influences « démocrates-chrétiennes » envers lesquelles on a été trop indulgent (reproche qui vise évidemment Garrone), tout en résistant à la pression des autoritaires, Pucheu et Bergery. Ceux-ci feraient le jeu des Allemands, brouilleraient le régime avec l'Église et le transformeraient en dictature totalitaire. Pratiquement, le cabinet attend deux résultats du travail de la commission : la formulation d'une doctrine civique à l'usage des organisations de jeunesse, et une reprise en main de l'administration de la Jeunesse, trop incertaine et incohérente.

Le choix des membres de la commission favorise cette voie moyenne. Parmi les 21 personnalités qui siégeront effectivement, sur les 26 nommées le 25 janvier [2], domine le groupe des notables catholiques, dévoués au Maréchal et à une Révolution nationale conservatrice. Trois conseillers nationaux représentent la hiérarchie catholique, la défense de la famille et des traditions : Mgr Beaussart, évêque auxiliaire de Paris, le député Jean Le Cour Grandmaison et le sénateur Georges Pernot (membre du gouvernement Daladier en septembre 1939 et ministre de la Famille française dans le gouvernement du 5 juin 1940). Quatre personnalités extérieures en sont proches : le commissaire général du Secours national Robert Garric (fondateur des Équipes sociales), le directeur général de la Légion François Valentin (ancien responsable d'Action catholique), le général Lafont, chef du Scoutisme français et le général de La Porte du Theil, commissaire général aux Chantiers; Lamirand, présent ou représenté aux séances de la commission, appuiera cette orientation, quoique sa gestion soit mise en cause et qu'il soit suspect de laxisme.

Un groupe de sept autres conseillers nationaux modérés soutiendra également la voie moyenne : le pianiste Alfred Cortot, les industriels Léon Daum et Jean l'Hotte, le délégué à la jeunesse Marcel Hovære, l'ambassadeur André François-Poncet, le professeur Marcel Blanchard, recteur de Grenoble, et le président de la commission Gilbert Gidel, juriste et homme de confiance de Carcopino pour la défense de la « neutralité » et du rôle de l'Université. Carcopino lui-même est le plus souvent représenté par son chef-adjoint de cabinet Paul Ourliac, qui défendra à sa suite les instituteurs et les professeurs mis en accusation, sans que les problèmes de l'Université tiennent au total une grande place dans les débats. Deux membres de la commission sont de fervents disciples de Maurras : le très influent Henri Massis, chargé de mission au SGJ, conseiller national et promoteur d'une

1. « Note concernant la session du Conseil national consacrée à la jeunesse, 26 février 1942 », marquée HD (AG II 440, CC III C).
2. Décision du chef de l'État du 25 janvier 1942 (AG II 650, 38 I).

« doctrine civique » pour la jeunesse, et Louis Dunoyer, professeur à la Faculté des sciences de Paris. Ce dernier est l'oncle paternel du chef d'Uriage, qui l'a fréquenté assidûment lorsqu'à dix-sept ans il préparait Saint-Cyr au collège Sainte-Geneviève; il a beaucoup appris de cet « homme de science, (...) honnête homme, (...) totalement et passionnément maurrassien » qui l'a introduit dans un prestigieux monde intellectuel parisien [1]. Quant au pasteur Bœgner, inclassable et fort de ses relations particulières avec le Maréchal, il fait figure de démocrate, sinon d'homme de gauche, dans cet aréopage; il est en tout cas le plus ouvert aux tendances qualifiées de « démocrates-chrétiennes » ou suspectes d'« objection de conscience ».

De l'autre côté, les quatre conseillers nationaux partisans d'une organisation unique et autoritaire de la jeunesse sont divisés entre eux. Le plus actif est l'ancien député Gaston Bergery, de nouveau influent à Vichy depuis son retour de Moscou, « conseiller du prince » en attente d'un grand ministère de la Jeunesse; son pacifisme et son anticapitalisme l'ont mené du « Front commun » antifasciste de gauche de 1935 à la politique de collaboration qu'il a prônée en 1940 dans le cadre d'un État « autoritaire, national et social ». Il préconise maintenant l'intégration de la France au nouvel ordre européen et l'instauration d'un socialisme autoritaire et égalitaire. Conseiller national, il s'intéresse particulièrement à l'enseignement et à la jeunesse et suit les efforts de Jean Maze (ancien rédacteur en chef de son organe *La Flèche*) pour concurrencer ou absorber le mouvement Compagnon; mais c'est un stratège sans troupes [2]. Autre candidat au ministère, l'académicien Abel Bonnard est encore plus marqué du côté d'une collaboration fascisante. Les deux derniers membres de la commission représentent des groupes syndicalistes : Marcel Roy, ex-cégétiste de la tendance « Syndicats » resté fidèle à Belin, et Dorgères, délégué général à la propagande de la Corporation paysanne, et inspirateur des Jeunesses paysannes, mouvement professionnel et politique. Ce groupe anticlérical et « totalitaire » recevra le renfort du ministre Pucheu et de Georges Pelorson. Mais la « jeunesse unique » qu'ils souhaitent ayant été écartée d'emblée par le Maréchal, il leur faudra se battre sur d'autres terrains.

L'esprit démocratique et le libéralisme ne sont donc guère représentés dans cette commission, qui comporte quelques adversaires déclarés de la collaboration et une majorité de fidèles du Maréchal. Massis et Bergery se chargeant de dénoncer les infiltrations de « l'objection de conscience » dans certaines institutions du SGJ, la quasi-unanimité de leurs collègues sont prêts à les suivre, surtout si on leur dépeint une jeunesse livrée à des chefs médiocres qui la détournent des valeurs morales traditionnelles. Ainsi, une forte pression sera exercée sur Lamirand pour qu'il élimine les influences suspectes et impose une ferme doctrine civique « nationale ». Mais lorsqu'on en vient à l'étude des modalités de la réforme, les tenants d'une organisation unique et autoritaire, isolés et désavoués par le Maréchal, doivent composer et se rallier à l'objectif plus modeste d'une éducation civique commune aux diverses organisations de jeunesse. Un autre débat surgit alors, sur le contenu de cette « doctrine » à tirer des messages du Maréchal, et les Écoles de cadres sont mises sur la sellette, la première d'entre elles en tête.

1. *Le Vieux Chef, op. cit.*, pp. 31-33.
2. Voir Ph. BURRIN, *La Dérive faciste. Doriot, Déat, Bergery 1933-1945, op. cit.*

Des débats orientés

Débat orienté et circonscrit par le discours inaugural du Maréchal, rédigé par René Gillouin à partir d'un premier texte de Massis que le cabinet civil avait jugé « très maurrassien (intellectualisme, tradition), trop long, trop savant [1] ». Après un bilan des réalisations du régime en faveur de la jeunesse, il déclare :

« Nous avons multiplié les expériences. Le moment est venu d'en dégager la leçon (...). Il est temps d'élaborer le plan d'un vaste, solide et durable édifice répondant aux aspirations légitimes et aux besoins éprouvés des temps nouveaux. »

De ce plan, il expose les principes fondamentaux, en laissant ouvertes pour les débats de la commission les questions d'application. D'abord, la place de la jeunesse dans la nation : les problèmes de la jeunesse, liés à ceux de la nation, doivent être traités avec eux. Cependant « il ne saurait être question de créer une jeunesse d'État, [car] la jeunesse n'est la propriété de personne [et] le gros de l'œuvre éducative revient de droit aux communautés naturelles (...) : famille, communautés spirituelles et professionnelles ». Le devoir de l'État est de contrôler leur action, de pallier éventuellement leur carence, et de présider à l'élaboration d'une doctrine commune de l'éducation – ce que l'école et l'Université n'ont pas encore réussi à faire. Il s'agit donc de réaliser une « synthèse réfléchie », dans le respect de la spécificité des divers éléments, et notamment de l'autonomie des mouvements de jeunesse. À ceux-ci, parfois tentés par « un abstentionnisme civique et politique » dépassé, l'État doit proposer « une partie commune d'ordre civique et patriotique » qui assurera l'unité de la jeunesse, car

> pas plus que nous ne voulons une jeunesse d'État, nous ne voulons une jeunesse unique, mais nous voulons, dans les limites que je viens de préciser, une jeunesse unie.

Ce programme minimal pourra trouver une application dans la création d'un « service civique de la jeunesse », et peut-être même dans la création de « cohortes » qui regrouperaient, au service de la Révolution nationale, les jeunes qui manifestent « une vocation politique déterminée ». Le Maréchal énumère pour finir les questions qu'il soumet à la commission, dont celle des Écoles de cadres : qu'en penser, comment les réformer [2] ?

Ce message, dont la sévérité désinvolte envers l'Université ulcère Carcopino qui voit la neutralité menacée, porte implicitement la condamnation attendue des deux orientations extrêmes : étatisme des uns – cette déclaration soulage le pasteur Bœgner, très inquiet depuis l'été 1941 des projets de « jeunesse unique de Pucheu [3] » –, absentionnisme des autres. Restent à préciser le contenu de la « doctrine civique » annoncée, et la nouvelle organisation des services de la Jeunesse. En réalité, les débats aboutiront seulement à formuler des principes très généraux et quelques recommandations pratiques, dans la voie moyenne tracée par le cabinet civil.

La commission procède d'abord à une série d'auditions. Elle entend les ministres Pucheu et Carcopino, le directeur de l'enseignement technique Luc, le secrétaire général à la Jeunesse Lamirand et deux de ses fonctionnaires (Mattéi, chef du bureau des cadres et Pelorson, directeur de la Propa-

1. R. GILLOUIN, *J'étais l'ami...*, *op. cit.*, pp. 42-43; Note du cabinet civil du 26 février 1942 citée.

2. Message du maréchal Pétain à la commission d'étude des questions de jeunesse, 5 mars 1942.

3. M. BŒGNER, *Les Églises protestantes...*, *op. cit.*, pp. 21-22.

gande des jeunes en zone occupée), le commissaire général à l'Éducation générale et aux Sports Borotra, et cinq animateurs d'institutions de jeunesse : les chefs des deux Écoles nationales de cadres masculines (Dunoyer de Segonzac et Bousquet), deux responsables du scoutisme (le Père Forestier et le commissaire général des Éclaireurs de France, François) et le chef Compagnon Tournemire; la commission tient en dehors de son enquête les Chantiers de jeunesse, l'Action catholique et les mouvements protestants. La préparation des débats et l'élaboration des conclusions sont confiées à un comité restreint dont la composition reflète celle de la commission : Mgr Beaussart et le pasteur Bœgner, Le Cour Grandmaison, Massis et Bergery. À l'issue de la discussion générale sur un projet préparé par ce comité, l'ancien ministre Georges Pernot est chargé de rédiger un rapport général, accompagné d'un dispositif de dix projets d'avis. L'un et l'autre sont adoptés à l'unanimité et soumis à l'approbation du Maréchal. Le cabinet civil a suivi toutes les étapes de ce travail, rédigeant une série de notes avant de préparer la décision finale du Maréchal et d'étudier les mesures d'application à prendre.

Le rapport général, après avoir rappelé les principes affirmés par le Maréchal, examine trois questions particulières. D'abord celle de la formation civique de la jeunesse, liée à la formation globale dont sont responsables les communautés naturelles et spirituelles. Elle est prudemment ramenée à l'adhésion aux « principes sur lesquels doit reposer la communauté française » : patriotisme, sens de la communauté nationale, acceptation des devoirs et des sacrifices qu'elle réclame; pratiquement, la commission souhaite la création d'un service civique de la jeunesse, mais remet à plus tard celle de « cohortes mobilisées au service de la Révolution nationale ». La deuxième partie concerne les mouvements de jeunesse. La nécessité de l'union dans la pluralité est rappelée (ni uniformisation ni divisions), le principe de l'affiliation obligatoire, pour tous les jeunes, à un des mouvements agréés est repoussé. La commission refuse de trancher le débat entre les partisans d'une organisation sur la base des professions (le syndicaliste Roy et Dorgères) et ceux qui s'y opposent pour ne pas ressusciter la lutte des classes (Bergery); ainsi se manifeste la désunion des partisans des méthodes autoritaires. Le problème des cadres est alors abordé, et le rôle des Écoles de cadres précisé. Une troisième partie, consacrée à l'organisation administrative du secteur jeunesse, rend hommage au zèle et aux succès obtenus par le SGJ de Lamirand, avant d'émettre des suggestions prudentes pour son amélioration. On souhaite notamment la fédération, dans un grand ministère, d'une série de départements autonomes : l'Instruction, la Jeunesse, la Famille et les Sports. Le ministre, ayant le rôle d'animateur et d'arbitre, devra veiller à ce qu'aucun ne domine les autres; cette recommandation constitue peut-être une mise en garde à l'adresse de Carcopino.

Le cas d'Uriage

La commission consacre trois auditions au « problème des Écoles de cadres » dont la réforme constitue un des quatre dossiers que le cabinet et le gouvernement retiendront pour exécution. C'est surtout le cas d'Uriage qui attire l'attention des commissaires, à plusieurs titres. Pour certains, il s'agit, au nom de la formule du Maréchal condamnant « l'abstentionnisme civique », d'examiner et éventuellement de sanctionner sinon l'École du moins son enseignement et de mettre fin à la contagion des idées démocratiques. Pour d'autres, il faut seulement sortir du flou doctrinal et faire des Écoles de cadres les foyers d'une véritable éducation civique. Dans tous les cas, des réformes doivent être envisagées, et la question du changement des hommes se pose. Segonzac ne s'y est pas trompé, puisqu'il a ressenti ce qui n'était formellement qu'une audition destinée à l'information de la commission, comme une comparution « en accusé » devant un tribunal impressionnant [1].

Les commissaires ont-ils reçu avant leurs réunions une documentation sur l'École d'Uriage ? Il ne le semble pas, mais le cabinet du Maréchal a mené son enquête préalable. Fin décembre, il a réclamé d'urgence à Lamirand « le programme complet des cours de l'École nationale des cadres d'Uriage, avec le nom des conférenciers ainsi que les indications sur l'emploi du temps des stagiaires [2] ». C'est à la même époque qu'une note de la DFJ sur le journal *Jeunesse... France* signale « quelques articles imprudents » où transparaissent « les inquiétudes doctrinales de l'École », avec ses « tendances personnalistes ou pour mieux dire démocrates » liées aux « jésuites de *Temps présent* » (*sic*). Le cabinet civil du chef de l'État, destinataire de cette note, annote favorablement les jugements qui suivent :

> ... Tout en ayant une fidélité certaine au Maréchal, le chef de Segonzac,et certains éléments influents de son bureau d'études en particulier, se sont plus considérés comme les champions d'une cause spirituelle – sur laquelle ils ont mis l'accent – que comme instructeurs au service d'un ordre politique, dont ils auraient dû enseigner les principes et les réalisations et pour qui ils auraient dû préparer des cadres [3].

Pour combattre cette déviation, la DFJ propose la nomination comme aumônier de l'École d'un ami du Père Forestier, le Père Amiable, « tout à fait dans la ligne " Maréchal " équidistante des Totaux et des Démocrates », suggestion que le cabinet approuve : « Bien. Faites nommer l'aumônier. » En fait, pour une raison inconnue, cette décision ne sera pas prise, et c'est le Père Vandevoorde – des Alleux qui sera nommé aumônier de l'École.

Le cabinet du Maréchal a également connaissance de rapports de stagiaires – au moins trois pour 1941, dont l'un dénonce le crypto-gaullisme de l'École. Aussi sa religion semble-t-elle fixée : quelles que soient les qualités personnelles et pédagogiques de Segonzac, il s'est laissé gagner par « une sorte de mystique individualiste et démocratique contraire à la discipline de la Révolution nationale ». Un des conseillers du cabinet en conclut :

> Je persiste à dire que la position du Maréchal et du gouvernement est aussi éloignée de l'esprit démocratique anarchisant d'Uriage que de l'esprit totalitaire de certains éléments de la zone occupée. On attend du Maréchal une doctrine qui puisse se résumer en quelques phrases : unité de doctrine pour toutes les Écoles de cadres, pour tous les chefs ; autorité hiérarchique, discipline pour la Révolution nationale [4].

La commission est saisie du problème dès le début de ses travaux, dont nous connaissons le déroulement par le compte rendu analytique des séances, procès-verbal officiel des délibérations [5]. Lamirand dans son

1. *Le Vieux Chef*, *op. cit.*, p. 104.
2. Lettre de R. de Saivre, chef-adjoint du cabinet civil, au secrétaire général à la Jeunesse, 29 décembre 1941 (AN, AG II 459 J – Jeunesse).
3. « Note sur le journal *Jeunesse... France* de l'École d'Uriage et sur l'utilité de nommer d'urgence un aumônier à cette École », document annoté au cabinet civil, 2 p., s. d. (AN, AG II 440 I).
4. Commission d'étude pour la jeunesse. Note du cabinet civil, 6 mars 1942 (AN, AG II 440, CC III C).
5. Dix fascicules dactylo. d'une vingtaine de pages, un par séance, où les interventions sont résumées ainsi que les discussions (AG II 650, n° 38). Les sténographies de certaines auditions ont été conservées également (AG II 650, n° 39).

exposé introductif, plaidoyer *pro domo,* se contente de résumer dix-huit mois d'action du SGJ; il évoque en passant le développement satisfaisant des Écoles de cadres, sur le ton neutre d'un rapport administratif. Mais dès la deuxième séance, Massis pose le problème qui lui tient à cœur. En tant que membre de la commission de la constitution du Conseil national, il rappelle, au nom du garde des Sceaux [1], les principes directeurs du projet de constitution à l'étude. Il en profite pour insister « sur la nécessité de donner rapidement aux organismes de jeunesse un programme de formation civique », et enchaîne en donnant lecture « de documents parus dans certaines publications de jeunesse; il en souligne le verbalisme pur et les oppose aux principes généraux précisés dans les propositions de la commission de la constitution [2] ».

L'attaque est ainsi lancée; elle vise évidemment les infiltrations de cet esprit « démocrate-chrétien » que Massis dénonce depuis des années. Mattéi, chargé ensuite de présenter « le problème des Écoles de cadres », contourne la difficulté en se réfugiant dans un exposé de principes généraux. À une question sur la doctrine enseignée dans les écoles, il répond prudemment qu'elle est « surtout une référence aux messages du Maréchal ». François-Poncet revenant à la charge, Mattéi reconnaît alors « ... qu'un flottement s'est manifesté par suite de difficultés, faute notamment d'un bureau d'études suffisant, dans les programmes des Écoles de cadres. Mais celles-ci ne sont pas seulement un lieu où l'on enseigne, elles sont un lieu où l'on mène un certain genre de vie dont le bienfait est certain [3] ».

Les interventions suivantes détournent ensuite le débat vers les problèmes d'organisation et de débouchés des écoles et leurs relations avec les mouvements de jeunesse. La commission entend Segonzac le 6 mars après-midi, au cours de sa troisième séance.

La comparution de Segonzac

Dans un exposé bref et dépourvu de flamme, le chef de l'École en retrace l'histoire et décrit la vie des stagiaires. Choisissant le parti de la modestie, il donne une image affaiblie de ses ambitions comme des résultats obtenus, qui paraissent médiocres. Il s'agit, dit-il, « ... non de former les chefs de la jeunesse, mais de distinguer rapidement des hommes ayant un véritable tempérament de chef ».

Le principal intérêt des sessions ordinaires est, selon lui, de permettre un « brassage social »; quant au « niveau intellectuel de l'École », il « n'est pas très élevé ». Enfin « le point faible de l'organisation d'Uriage est que ses dirigeants ne savent pas très bien ce que doivent être ces chefs de la jeunesse ni quelle sera leur utilisation [4] ».

De cet exposé, l'informateur qui renseigne le cabinet du Maréchal a retiré une impression de « manque d'énergie » et d' « inquiétude » :

> Le jeune chef de l'École, officier de cavalerie héroïque pendant la guerre, se présente timidement. Il parle d'une voix sourde. Il fait un exposé assez falot des hésitations de l'École. Avec une franchise et une bonne foi sympathiques mais décevantes, il marque les tâtonnements de son enseignement. Il avoue ne pas connaître quel est le rôle de son École : révéler des chefs ou les former ? Il se plaint qu'aucune doctrine fixe, à part les lumineux discours du Maréchal,

1. L'ancien garde des Sceaux du gouvernement Darlan évoquera Massis comme un membre très actif de la commission de la constitution. Voir JOSEPH-BARTHÉLEMY, *Ministre de la Justice. Vichy 1941-1943. Mémoires,* 1989, p. 292.
2. « Compte rendu analytique des séances » (CRA), n° 2, 6 mars.
3. Compte rendu analytique (CRA), n° 2, pp. 6, 8.
4. *Ibid.*, n° 3, pp. 6-8.

ne lui ait été donnée. Il finit sur une note un peu pessimiste, déclarant qu'il ne voit même plus l'utilité de son enseignement sous la forme actuelle [1].

Ces expressions, évidemment forcées, donnent à croire que Segonzac aurait en quelque sorte perdu la foi, serait prêt à reconnaître qu'il a échoué, et solliciterait des directives doctrinales plus précises. Ce n'est pas le cas : s'il est dans le trouble et l'incertitude, on le sait, c'est parce qu'il s'interroge sur les intentions réelles des responsables du régime et sur ce que doit être, en conséquence, son attitude envers eux, et non parce qu'il hésite sur ses propres convictions. Il reste qu'il a pratiqué l'*understatement*, qu'il a donné l'impression d'être personnellement incertain et désabusé, parlant de difficultés plutôt que de succès. Il faut faire la part de l'intimidation, chez cet homme d'action soudain confronté à ce qu'il évoquera comme « un aréopage où figuraient un ensemble d'hommes sages, célèbres, respectables et respectés par moi en particulier », devant lequel il a parlé à cœur ouvert :

« Sommé de rendre compte de mes actes, j'expliquai avec franchise ce que je faisais à Uriage et pourquoi je le faisais. Une partie de mon auditoire parut satisfaite [2]... »

Le ton de conviction intense et désarmée de Segonzac semble avoir frappé. Un des auditeurs se souvient de ce « témoignage émouvant et presque incantatoire », dans lequel « le Vieux Chef poursuivait son rêve d'absolu et lucidement avouait son désarroi : la pureté est toujours une solitude [3] ». C'est peut-être aussi par prudence instinctive que Segonzac a adopté ce profil bas. Suspect et contraint à s'expliquer devant des hommes dont beaucoup étaient bienveillants, mais plusieurs hostiles, d'autres proches du pouvoir dont il dépendait, et certains tout à fait ignorants de son affaire, il a voulu éviter toute provocation et se montrer inoffensif, quitte à passer pour irrésolu. Certains de ses auditeurs semblent s'y être d'abord laissé prendre, avant que la suite de la discussion les éclaire.

Le débat, d'après les comptes rendus officiels, paraît avoir effleuré le problème de fond sans le traiter explicitement. Le silence de certains des membres de la commission et les précautions de langage de la plupart des autres témoignent de l'ambiguïté de la position de Segonzac et de l'embarras des fidèles du Maréchal qu'on invite à porter un jugement sur son œuvre.

Les premières interventions expriment, non sans naïveté, l'étonnement peiné de ceux qui ont vu Segonzac hésitant à la tête d'une École assez informe. Mgr Beaussart, probablement assez mal informé du problème, se déclare le premier « un peu déçu par cet exposé », et suggère que Segonzac reprenne ses premiers élèves pour compléter leur formation qui a été si légère. Regrettant que les cadres reçoivent à Uriage « un enseignement aussi fade », il ne craint pas d'expliquer à Segonzac qu' « il ne suffit pas de se réunir pour chanter et crier “ Vive la France ” pour faire un bon chef ». Le général Lafont, chef du Scoutisme français, déplore également que l'action des mouvements de jeunesse soit contrôlée par des délégués du SGJ « formés de la façon assez vague qui vient d'être indiquée [4] ».

Plus éclairés et plus adroits, Bergery et Bœgner s'expriment ensuite et formulent, avec des arrière-pensées opposées, des appréciations en partie convergentes qui donnent le ton à la suite de la discussion. Bergery, profondément hostile aux orientations philosophico-politiques d'Uriage, mais probablement conscient du succès et du rayonnement de l'École, distingue

1. Note citée du cabinet civil du chef de l'État (6 mars 1942).
2. *Le Vieux Chef, op. cit.*, p. 104.
3. P. Ourliac, « Les lois scolaires de 1941 », dans *Églises et pouvoir politique*, pp. 476-477.
4. CRA, n° 3, pp. 8-9.

habilement entre la personne de Segonzac, ses intentions et son action éducative et morale d'une part, envers lesquelles il se déclare « rempli d'admiration », et les incertitudes de la formation donnée à l'École et de son « contenu idéologique » d'autre part. D'après le cabinet civil, Bergery, reprenant une expression du Maréchal, a stigmatisé « l'abstentionnisme politique, cette crainte de l'autorité de la hiérarchie dont sont victimes les maîtres d'Uriage [1] ». L'exposé de Segonzac lui laisse au total une impression « à la fois extrêmement triste et extrêmement sympathique ».

Quant au pasteur Boegner, il prend nettement position. Après avoir rendu, non sans humour ou complicité, « hommage à l'accent d'humilité chrétienne de M. de Segonzac », il déclare « ... que, malgré le caractère improvisé et un peu étrange des programmes, la plupart des chefs des mouvements protestants de jeunesse ont rapporté de l'École d'Uriage une impression très forte [2] ». Il achève sur un éloge « de cette qualité que le philosophe Gabriel Marcel estime la plus haute qualité humaine : le courage ». Désormais la discussion change de ton; à la commisération succède l'estime.

Plusieurs des interventions suivantes dénoncent ou regrettent, certes, « la faiblesse » ou « les lacunes » de l'enseignement intellectuel de l'École – en ajoutant d'ailleurs, à la décharge de Segonzac, qu'il a été laissé sans instructions précises et condamné à improviser, ce qui revient à rejeter les responsabilités sur Garrone, absent et relevé de sa charge au SGJ. Le ministre, en effet, n'a pu exercer de contrôle sur les écoles dont Garrone ne lui soumettait pas les projets, mais il est prêt à fournir à Segonzac les universitaires dont il a besoin. Les partisans d'une « doctrine nationale » dure (Bergery, Bonnard, Dunoyer) réclament l'élaboration urgente d'un programme pour les Écoles de cadres. Cependant, le recteur Blanchard recueille des applaudissements lorsque, sortant de son silence habituel, il dit son admiration pour Uriage et lance : « C'est, sur le plan intellectuel, un haut-lieu [3]. »

S'ils apprécient différemment la valeur intellectuelle ou doctrinale du travail de l'École, les intervenants sont unanimes dans l'éloge de l'esprit qui l'anime et de son effort de formation des caractères. Segonzac est présenté par plusieurs comme un modèle à offrir en exemple à une jeunesse trop passive et dénuée de courage viril. Le Cour Grandmaison et Garric parlent dans ce sens, ainsi que François-Poncet qui y joint des réserves, et Dunoyer. Abel Bonnard lui-même s'associe à ces éloges, dans son style contourné :

« On sent, dit-il, que frappé par la défaite, M. Dunoyer de Segonzac a voulu se relever; sa faiblesse a été de vouloir improviser la théorie de ses sentiments. Mais il a une âme de chevalier et lui et ses compagnons sont en droit d'attendre que l'État leur dise enfin la doctrine qu'ils auront à transmettre. »

Mgr Beaussart revient alors sur ses critiques précédentes, en assurant « qu'elles ne visaient nullement le chef de l'École d'Uriage » auquel il rend hommage à son tour. Il ne reste au président Gidel qu'à remercier Segonzac et à l'assurer « que la commission gardera de son audition un souvenir profond et émouvant *(applaudissements)* » [4].

À deux reprises, les commissaires ont applaudi des déclarations élogieuses pour Segonzac. Ces démonstrations, exceptionnelles sinon uniques dans leurs débats, sont peut-être surtout une manifestation de patriotisme hostile à l'esprit de collaboration. Le contraste entre les réserves du début et cette approbation finale confirme l'impression, notée par Segonzac, d'un retournement, qu'il attribue à l'intervention « aussi brillante qu'inattendue »

1. Note du 6 mars citée.
2. CRA, n° 3, pp. 9-10.
3. *Ibid.*
4. *Ibid.*

de Bergery [1]. Parmi les membres de la commission qui ont une connaissance directe de l'École, plusieurs sont restés silencieux, comme Lamirand et Massis, ou ne sont intervenus que pour évoquer leurs propres problèmes, comme Lafont et La Porte du Theil. Ce dernier oubliera totalement l'épisode, au point de s'inscrire en faux vingt-cinq ans plus tard contre le témoignage de Segonzac [2].

Le chef d'Uriage a cru qu'il avait été finalement « absous ». Les choses sont en réalité moins simples, et l'éloge unanime rendu à sa personne ne supprime pas le débat sur ses errements idéologiques qui est attendu, et qui sera mené en son absence.

La question d'une doctrine civique

Dans la suite des travaux de la commission, les censeurs d'Uriage saisissent plusieurs occasions de préciser leurs critiques. Dès l'audition suivante, celle de Jacques Bousquet, directeur de l'autre École nationale (en zone occupée) et chef du mouvement de lycéens Les Jeunes du Maréchal, on reparle d'Uriage. Bousquet a choqué les commissaires en les saluant à son entrée le bras tendu et, d'après le cabinet civil, n'a pas dissimulé « sa tendresse secrète pour l'esprit totalitaire ». On l'interroge sur la doctrine enseignée dans son école ; à Valentin qui souligne « le danger qu'il y aurait à ne pas avoir une unité de doctrine dans les écoles des deux zones », il répond avec aplomb

> qu'il y a similitude d'enseignement dans les Écoles d'Uriage et de La Chapelle-en-Serval, et qu'il n'existe que de légères différences pédagogiques (...). Les programmes sont identiques dans les Écoles, et les discours et messages du Maréchal sont pareillement commentés à Uriage et en zone occupée [3].

Mais Lamirand reconnaît qu'il « partage, dans une certaine mesure, les craintes de M. Valentin [et] s'engage à faire réaliser l'unité de pensée autour des grands principes de la Révolution nationale ». Bergery et Massis s'élancent alors dans la brèche ainsi ouverte :

« M. Bergery estime que l'enseignement intellectuel donné à Uriage est un défi au bon sens. M. Massis observe que M. Dunoyer de Segonzac, peu secondé à Uriage, attend encore une doctrine à enseigner et qu'il importe de la lui donner au plus tôt [4]. »

Ces observations ne sont pas relevées immédiatement, mais le thème sera repris dans les séances suivantes par Bergery, Pucheu et Massis. Bergery, après avoir violemment pris à partie le Chef Compagnon Tournemire qu'il accuse de complaisance envers les agitateurs gaullistes [5], expose le premier sa vision d'ensemble du problème de la jeunesse et le rôle stratégique qu'y jouent les Écoles de cadres. Il rappelle d'abord sa préférence pour une « jeunesse unique », formée dans le sens d'un « socialisme égalitaire » ; puisque cette solution est écartée par le Maréchal, il préconise que l'affiliation à un mouvement de jeunesse soit rendue obligatoire pour tous les jeunes et qu'on crée un nouveau mouvement, non confessionnel et tourné vers la masse, « armée de la Révolution nationale à la disposition du Maréchal ».

Dans cette perspective, il convient de reprendre en main les Écoles de

1. *Le Vieux Chef, op. cit.*, p. 104.
2. Voir sa « mise au point », dans *Revue d'histoire de la Deuxième Guerre mondiale*, 64, octobre 1966, p. 123.
3. CRA, n° 3, p. 16.
4. *Ibid.*.
5. CRA, n° 4, 7 mars.

cadres, actuellement paralysées; il s'élève « ... contre l'inanité de l'organisation scolaire et l'absence de direction politique à Uriage, et probablement dans les Écoles de la zone occupée [1] ». Il réclame donc un contrôle autoritaire du recrutement des stagiaires, le renforcement de la formation et surtout la définition d'une doctrine unifiée tirée des messages du Maréchal. Le comité chargé de rédiger les conclusions de la commission reprendra l'essentiel de ce programme, qui n'a pratiquement pas rencontré d'opposition.

Entre-temps, sa position a été renforcée par Pucheu, dont l'intervention, habilement modérée dans le ton, a situé ces problèmes dans une large perspective politique. Le ministre compte sur la nouvelle génération pour réaliser l'unité nationale et entreprendre réellement la reconstruction du pays, ruiné par des décennies de règne de l'individualisme. Or la famille et l'école, trop marquées par ce passé, sont encore incapables de créer la nouvelle mentalité; cette tâche revient donc à l'État, appuyé sur les éléments sains de l'enseignement primaire et sur les mouvements de jeunesse. Comme ces derniers sont actuellement insuffisants et trop marqués par leur caractère confessionnel, il faut envisager la création de nouvelles organisations, tournées vers la masse des jeunes, pour préparer le moment où l'obligation « pourra être considérée comme désirable ». Le problème de la formation des cadres est central dans cette perspective. L'État, qui accepte la diversité des mouvements, doit assurer l'unité de la jeunesse en contrôlant la formation de l'ensemble des cadres « de toutes origines sociales, intellectuelles et confessionnelles », qui doivent être intimement mêlés. Il faut donc des Écoles de cadres fortes, dont le personnel enseignant soit recruté dans l'Université.

Pucheu fait une critique très mesurée des Écoles de cadres actuelles, qu'il « a vues deux ou trois fois »; il déclare ne faire aucun reproche à ceux qui les ont dirigées. « Partis sans directives », ils n'ont jamais reçu de véritable « soutien spirituel »; aussi « ... ceux qui avaient une formation de professeurs de philosophie ont fait une espèce de magma, un peu primaire d'ailleurs, de considérations philosophiques ». Sans s'attarder à des reproches inutiles, dit-il, « il faut centrer tout cela ». Il propose à la commission de mettre sur pied, en collaboration avec les ministères, un « système d'Écoles de cadres » et un programme de leur enseignement. « C'est essentiel », conclut-il; c'est la condition pour que, dans cinq ou dix ans, l'obligation d'adhérer à un mouvement puisse être envisagée [2].

C'est donc une nouvelle politique de la jeunesse que propose le ministre de l'Intérieur, et elle passe par une rénovation assez radicale des Écoles de cadres, qui n'ont pas démérité mais ne constituent pas, dans leur forme actuelle, l'instrument dont le gouvernement a besoin. Pucheu n'a pas précisé le contenu de la doctrine civique qu'il souhaite faire adopter, mais il a suffisamment rappelé qu'il s'agit d'enlever aux Églises leur monopole de fait et de servir un État fort, représentant la nation, « communauté la plus haute devant qui tout doit s'incliner ». En tout cas, son langage pondéré est susceptible d'entraîner l'adhésion de la majorité de la commission à des réformes qui excluraient des Écoles de cadres toute influence « démocrate » en assurant la coexistence des courants autoritaire et modéré.

Quant à Henri Massis, il développe d'abord dans une longue intervention le thème, qui lui est cher, du primat de l'intelligence et de la nécessité d'une formation sûre de la jeunesse sur ce terrain. Rapprochant les informations données par Bergery sur les Compagnons des « révélations » de la veille concernant les Écoles de cadres, il voit dans ces déficiences des orga-

1. CRA, n° 5, séance du samedi 7 mars après-midi.
2. Texte sténographié de l'audition de Pucheu (AG II 650, n° 39).

nisations de jeunesse les conséquences néfastes d'une absence « de direction ferme ». Il en explique les causes profondes :

> « Les fonctions d'éducateur, de propagandiste, de publiciste ont été confiées – bien légèrement – à des jeunes gens qui n'ont ni la formation intellectuelle nécessaire, ni la formation professionnelle la plus élémentaire.
> On est effrayé de l'épouvantable désarroi dans lequel se trouve cette jeunesse, parce qu'on a voulu improviser des cadres, en ne s'attachant qu'au caractère. Il ne s'agit pas de minimiser le caractère, mais l'expérience montre combien il est dangereux de lui donner la première place, voire l'unique place, au préjudice de l'intelligence.
> En vérité, la crise actuelle de la jeunesse est une crise de l'intelligence (...). Il faut agir, certes, mais l'action ne doit pas exister aux dépens de l'intelligence ou même sans l'intelligence (...). L'autorité vient d'en haut, mais son impulsion ne peut être donnée dans la confusion de l'esprit [1].

Dénonçant apparemment l'insignifiance intellectuelle de la propagande adressée à la jeunesse, Massis vise plus précisément ses adversaires de toujours, les catholiques démocrates dont il tient la pensée pour inconsistance parce que fausse, ainsi que l'École d'Uriage où leur influence est prépondérante. L'allusion à l'équilibre entre le caractère et l'intelligence évoque d'ailleurs directement la discussion de la veille, où les défenseurs de Segonzac l'ont loué de donner plus d'importance à la formation du caractère qu'au savoir.

Dénonciation du « mouniérisme » d'Uriage

Une deuxième intervention de Massis est encore plus explicite. Lors de la discussion générale sur les Écoles de cadres, après qu'on a adopté le principe d'un « manuel doctrinal », il demande qu'on en confie la rédaction à un Conseil supérieur de la jeunesse à créer, et il précise :

« Il serait inadmissible de ne pas empêcher le renouvellement des désordres intellectuels qui se sont produits avant-guerre dans certains milieux catholiques et qui ont eu leur écho dans divers livres et brochures en honneur à l'École des cadres d'Uriage. »

Après avoir donné lecture d'extraits d'articles parus entre 1934 et 1938 « dans les publications de M. Emmanuel Mounier », il commente :

> La mystique de l'honneur y est combattue, la doctrine de l'abandon de la défense de la France, voire de l'acceptation de sa disparition, y est longuement développée (la France doit répondre par son désarmement intégral au réarmement allemand, même si elle doit perdre son indépendance). La même équipe, qui était antimunichoise en 1938, est actuellement gaulliste.
> Or c'est cette équipe qui a inspiré la doctrine enseignée à Uriage. Il y a là un scandale qui ne saurait être toléré plus longtemps. Et la meilleure manière d'en arrêter le cours et d'en prévenir le renouvellement, c'est de confier à un Conseil supérieur de la jeunesse l'élaboration de la doctrine des jeunes [2].

Cette dernière expression soulève quelques inquiétudes; Valentin et le général Lafont demandent s'il y a une doctrine propre à la jeunesse. Bergery répond que ce ne peut être que la doctrine de la nation – celle des messages du Maréchal, reformulée à l'adresse des jeunes. La proposition de Massis d'instituer un Conseil spécialement chargé de veiller à l'orthodoxie des organisations de jeunesse, mise aux voix, ne recueille que sept suffrages contre sept et est abandonnée [3]; sans doute les catholiques ont-ils craint que

1. CRA, n° 4, pp. 19-21.
2. CRA, n° 7, séance du 10 mars.
3. D'après le « Rapport général... » de G. Pernot.

ce soit la porte ouverte à un contrôle accru de l'État sur l'orientation des mouvements de jeunesse.

Cependant l'attaque de Massis a été aussitôt soutenue par son ami Dunoyer qui s'associe à la condamnation des textes de Mounier et « ... déplore qu'un chef aussi distingué que celui de l'École d'Uriage ait eu la faiblesse de laisser prendre de l'influence chez lui par M. Mounier et ses séides [1] ».

À la séance suivante, Carcopino revient à son tour sur ce sujet. Il déclare, en ce qui concerne « la pénétration du " mouniérisme " dans l'enseignement de l'École des cadres (...), qu'il a pris lui-même l'initiative de procéder à Uriage aux nettoyages nécessaires [2] ». On voit d'autant plus mal de quels « nettoyages » il s'agit, qu'il s'est plaint par ailleurs de n'être jamais consulté par Garrone sur les affaires de jeunesse. Cette déclaration, inattendue de la part du grand maître de l'Université qui tire fierté d'avoir refusé et empêché toute épuration pour délit d'opinion, montre du moins la vigueur de l'hostilité gouvernementale envers Mounier, emprisonné depuis le 15 janvier et inculpé de propagande séditieuse. Carcopino n'est cependant pas défavorable à Segonzac, au contraire, puisque après avoir rappelé que l'administration a immédiatement envoyé à Uriage le professeur de droit qu'on y demandait, il affirme souhaiter que l'École d'Uriage ait des professeurs d'université comme maîtres, et tous les instituteurs comme élèves...

Lors de ces dernières interventions, ce qui avait d'abord été évoqué comme « faiblesse intellectuelle » de l'enseignement d'Uriage a donc reçu son véritable nom : c'est l'influence de la pensée personnaliste et les orientations « gaullistes » qu'elle sous-tend qui sont en cause. Mais le problème ne semble pas, d'après les comptes rendus, avoir donné lieu à un véritable débat en dehors des monologues de Bergery et de Massis. Seul le pasteur Bœgner défend implicitement les options d'Uriage lorsque, après avoir affirmé, contre Pucheu, que les mouvements confessionnels ne prétendent nullement exercer un monopole, il ajoute « que personnellement il trouve très grave qu'aucun ancien des mouvements de gauche ne soit jamais allé suivre l'enseignement de l'École d'Uriage [3] ». L'allusion vise probablement les doriotistes, anciens amis de Pucheu, mais personne ne la relève.

Le rapport général présenté par Pernot et adopté reste prudemment elliptique sur les orientations d'Uriage :

> Les renseignements que la commission a recueillis sur le fonctionnement des Écoles de cadres ont révélé, en même temps qu'un grand dévouement et une générosité d'âme auxquels il faut rendre un hommage mérité, des déficiences certaines.
> Ces déficiences sont facilement explicables. Il est difficile d'improviser, surtout en semblable matière. Et pourtant il a bien fallu improviser sous la pression des événements. D'autre part, ces chefs improvisés ont, pour la même raison, manqué souvent de directives.
> Pour que ces écoles puissent fournir, dans le plus bref délai possible, des cadres de qualité et qu'elles contribuent efficacement à maintenir l'unité de la jeunesse, la commission recommande une série de mesures... [4].

Le condensé de ce rapport qui est établi au cabinet du Maréchal est beaucoup plus explicite, à propos de la réforme des Écoles de cadres,

> dont les différences de conception sont apparues à la commission : celles de la

1. CRA, n° 7, séance du 10 mars.
2. Audition de M. Carcopino, CRA, n° 8.
3. CRA, n° 6.
4. « Rapport général présenté au nom de la Commission par M. Georges Pernot », 2e partie, III Les Écoles de cadres, p. 8 (AN, AG II 650, 38 III).

zone libre (Uriage, avec Dunoyer de Segonzac) donnant un enseignement apolitique mais inspiré d'un individualisme forcené et d'un esprit démocratique contraire aux principes de la communauté; celles de la zone occupée (La Chapelle-en-Serval avec M. Bousquet) dont l'enseignement est beaucoup plus orienté vers la propagande politique immédiate et ne tient pas compte de son rôle éducatif : on sent l'influence totalitaire [1].

Vers une réforme autoritaire des Écoles de cadres?

L'avis finalement adopté par la commission reprend, en les atténuant, les propositions de Bergery : unification de la doctrine des écoles et rédaction d'un manuel doctrinal; effort pour entourer « des plus sérieuses garanties » le recrutement des chefs et élèves des Écoles de cadres de l'État; échanges de stages obligatoires entre les maîtres des Écoles de cadres et les dirigeants des mouvements de jeunesse; détachement dans la Jeunesse, après stage en École de cadres, de fonctionnaires de l'État et de cadres de l'industrie et de l'agriculture [2].

Ces recommandations semblent avoir donné satisfaction au secrétariat général du Conseil national et au cabinet du chef de l'État; elles sont reprises sans modification dans la décision du maréchal Pétain qui approuve les actes de la commission. Le cabinet fait préparer des mesures d'application : quatre réformes sont envisagées pour relancer une grande politique de la jeunesse. Les deux premières s'inspirent des suggestions de la commission d'études : reconstitution d'un grand ministère de l'Éducation nationale, réorganisation de l'administration de la Jeunesse sous l'autorité d'un commissaire général. La troisième réforme est celle des Écoles de cadres : on reprend simplement les propositions de la commission. La quatrième au contraire, celle des mouvements de jeunesse, ajoute aux avis de la commission (maintien de la pluralité, mais contrôle accru par une procédure d'agrément plus rigoureuse) une innovation de taille : on envisage la création d'un « grand mouvement de jeunesse a-confessionnel » intitulé Jeunesse de France, auquel le Maréchal donnerait sa charte, et qui serait destiné à absorber les mouvements Compagnons et JFOM, ainsi que les jeunesses légionnaires [3].

C'est là une satisfaction donnée à Pucheu et Bergery, un pas vers cette mobilisation générale de la jeunesse pour le service de la Révolution nationale qu'ils souhaitent et que la commission n'a pas retenue. Il semble que le cabinet, après avoir donné aux partisans du pluralisme une garantie essentielle en rejetant la « jeunesse unique, jeunesse d'État », cherche maintenant le compromis avec les « unitaires », autoritaires et anticléricaux qu'il qualifie parfois, on l'a vu, de totalitaires. Dans cette perspective, les Écoles de cadres, plus étroitement dirigées et contrôlées, deviennent l'instrument essentiel de la nouvelle politique; elles assureront la diffusion de la « doctrine civique » unique dans l'ensemble des mouvements, et la formation des cadres du nouveau mouvement unitaire.

Ce compromis semble répondre au désir, dans l'entourage du chef de l'État, de renforcer l'unité et la discipline autour de lui, contre les diverses formes d'opposition ou de lassitude qui se sont développées depuis l'été 1941. S'agit-il de bénéficier de l'énergie ambitieuse et de l'esprit moderne

1. Note anonyme du cabinet civil, Vichy 13 mars 1942, 4 p. (AG II 440).
2. Avis n° 4 du « Dispositif » joint au rapport général (AG II 650, 38 III).
3. Cabinet civil, « Réunion du 14 mars 1942 » et « Actes à accomplir en vertu de la décision du Maréchal, chef de l'État, approuvant avec modifications le rapport de la commission d'étude des questions de jeunesse. Projet, 16 mars 1942 » (AG II 440, CC III C).

de Pucheu et de ses amis, sans cependant perdre l'appui des forces conservatrices, et notamment catholiques, qui ont assuré dès le début une puissante assise populaire au régime? En tout cas, la signification politique de la réforme envisagée dépend naturellement des hommes qui seront chargés de l'appliquer, et qui la feront pencher du côté de ce que représentent Lamirand, Borotra, les Chantiers de jeunesse et les Compagnons – ou du côté de Pucheu, de Bergery, de la JFOM et des Jeunes du Maréchal. Quant à Segonzac, son sort est évidemment suspendu à ce choix politique.

Le cabinet du Maréchal reste en effet soumis à une forte pression de la part de ces « unitaires » dont il entendait se servir contre les « démocrates » sans leur laisser le champ libre. Dès le 20 mars, le cabinet enregistre, pour la soumettre au Maréchal et au gouvernement, une note issue d'un groupe de travail – sans doute la « petite commission » où Bergery et Marion rencontrent Moysset et du Moulin de Labarthète, d'après Tasca [1]. On y propose des changements dans l'administration de la Jeunesse, pour remplacer ou mettre au pas « un personnel dont on peut dire qu'il a été dans une large mesure sélectionné et mis en place pour réaliser une conception de la jeunesse absolument opposée à celle qui fait l'objet de la réforme [2] ».

Lamirand lui-même est mis en cause, malgré le *satisfecit* qu'il a obtenu de la commission du Conseil national. Il lui est reproché d'avoir laissé régner, outre un grand désordre financier, un « désordre intellectuel » dont témoignent l'enseignement de l'École des cadres d'Uriage « encore contaminé par la doctrine d'un homme actuellement en prison pour complot » et les articles « scandaleux » publiés dans le journal subventionné *Le Chef Compagnon.* Et finalement d'avoir « laissé “ noyauter ” l'administration de la Jeunesse par une tendance “ démocrate-chrétienne ” condamnée aussi bien par les laïcs que par les plus hautes autorités ecclésiastiques françaises ». Il ne peut donc être maintenu à son poste que s'il accepte nettement « les nouvelles directives » et s'il est encadré par un ministre et des subordonnés sûrs.

L'auteur de la note conseille le remplacement presque total du personnel dirigeant du SGJ « complètement imprégné de l'esprit de M. Garrone ». Il donne la liste des personnalités qu'il recommande pour pourvoir à ces postes (dont Maze, Pelorson, Loustau), de même que pour constituer le personnel dirigeant du mouvement Jeunesse de France. S'intéressant ensuite aux Écoles de cadres, il donne un *satisfecit* à Bousquet, chef de l'École de zone occupée, qui « n'a pas donné lieu à des critiques doctrinales sérieuses », mais blâme très sévèrement l'École d'Uriage, qui « donne un spectacle invraisemblable ». Il montre en Segonzac un chef dont « il faut affirmer très haut la propreté, la pureté et le courage », mais aussi dénoncer les déviations; deux griefs sont exposés. Le premier concerne une « déviation mystique qui transforme l'École en thébaïde » et coupe tout contact avec le monde extérieur, voire entre les élèves et leurs professeurs qui vivent « dans une espèce de communauté monacale »; l'accusation, vague et inconsistante, dénote autant d'ignorance que de malveillance.

Le deuxième grief concerne une fois de plus le « mouniérisme » :

> La déviation intellectuelle apparaît plus grave encore. M. de Segonzac, préparé sans aucun doute plus pour l'héroïsme que pour la pensée, s'enthousiasme pour des théories absconses en raison même de leur caractère abscons. Cela donne un galimatias invraisemblable et, ce qui est pire, un “ personnalisme ” inspiré de Mounier, qui a pu professer impunément à Uriage jusqu'à ce qu'un ordre supérieur mettre fin à ce scandale.

1. *Vichy 1940-1944..., op. cit.*, p. 374.
2. « Note relative aux changements de personnel nécessaires dans l'administration de la Jeunesse pour mettre en œuvre la réforme proposée. Cabinet civil, 20 mars 1942 », 4 p. dactylo. (AN, AG II 440, CC III C).

Sûr de l'honnêteté de Segonzac, l'auteur de la note suggère de lui imposer une option : « Accepter les nouvelles directives précises ou s'en aller occuper un autre poste où ses qualités seront précieuses sans que ses défauts soient catastrophiques [1]. »

En fait, ces suggestions n'aboutissent pas, et aucune décision n'est prise dans les dernières semaines du gouvernement Darlan pour exécuter cette grande réforme du SGJ; certains conseillers du Maréchal ont freiné le mouvement, ainsi que peut-être Carcopino. Un mois plus tard, la formation du gouvernement Laval bouleverse les données et éloigne plusieurs des protagonistes de l'épisode du Conseil national : Pucheu écarté, du Moulin renvoyé, Bergery nommé à Ankara, tandis que Bonnard prend possession du ministère de l'Éducation nationale et de la Jeunesse. L'amiral Fernet s'efforce à la continuité en prévoyant de former une sous-commission du Conseil national pour rédiger le manuel doctrinal prévu; il pense y nommer les suspects de mars 1942, Segonzac et Tournemire, aux côtés de leurs accusateurs Bergery et Massis et de leurs juges François-Poncet, Garric et La Porte du Theil... Ce projet, qui a quelque chose de surréaliste sous le gouvernement Laval (à moins qu'il ne s'agisse d'une manœuvre contre Bonnard) ne connaît évidemment aucune suite [2].

Apparemment sans conséquence sur la vie de l'École, l'épisode du Conseil national n'en marque pas moins une étape : le cas Dunoyer de Segonzac et le problème d'Uriage ont été posés au plus haut niveau, l'suite enseignement de l'École a été stigmatisé dans l'entourage du Maréchal comme imprégné de personnalisme et par conséquent d'esprit démocratique sinon gaulliste. Bonnard et les hommes qu'il va nommer à la Jeunesse, notamment Pelorson, trouvent un dossier « Uriage » ouvert dès leur arrivée aux affaires.

Le paradoxe d'Uriage

Les relations de l'École d'Uriage avec le ou les pouvoirs de Vichy, en cette anée 1941-42, ont été constamment difficiles, rythmées par une succession de crises et d'épreuves. Garrone, Darlan et Pucheu ont tenté tour à tour de faire d'Uriage l'instrument de leur politique de la jeunesse ou des cadres, en vain. Des conseillers influents comme Massis et Bergery ont dénoncé son orientation intellectuelle et politique et l'influence de Mounier, cet ennemi public, tandis que les hauts dirigeants des Chantiers de jeunesse, l'épiscopat et une partie des mouvements scouts manifestaient certaines inquiétudes. Sous le couvert du Conseil national, finalement, le cabinet civil du chef de l'État s'est saisi du problème.

Une question se pose : comment et pourquoi Dunoyer de Segonzac, suspect et irréductible, est-il toujours en place en ces derniers temps du gouvernement Darlan, entouré des collaborateurs et des conseillers qu'il s'est choisis (seuls Naurois et Mounier lui ont été enlevés d'autorité), et développant toujours de nouvelles activités, sans avoir rétracté ses déclarations les plus scandaleuses ? Sous un régime d'autorité, une telle situation, s'agissant d'une institution d'État, entièrement dépendante du pouvoir pour son organisation et son financement, est pour le moins paradoxale.

On peut avancer trois explications, qui se recouvrent partiellement et renvoient à l'ambiguïté de la position de Segonzac et aux contradictions de Vichy. D'abord, l'administration de la Jeunesse a, dans le gouvernement de Vichy, des caractères bien particuliers : faiblesse, sinon incohérence, de

1. « Note relative aux changements de personnel... », *op. cit.*
2. Note de Fernet, 25 mai 1942, citée par M. COINTET, *Le Conseil national de Vichy...*, *op. cit.*, pp. 920-923.

l'organisation hiérarchique, qui favorise la consolidation de fiefs quasi autonomes, et implantation majoritaire d'une tendance catholique, patriote et relativement libérale. Qui donc détient l'autorité sur les Écoles de cadres ? Pas le secrétaire d'État qui a la responsabilité ministérielle de la Jeunesse sans la diriger, ni le secrétaire général qui a la confiance personnelle du Maréchal, sans grand pouvoir. Le directeur de la Formation des jeunes qui a eu la charge, pendant un an, d'animer la politique de la jeunesse a fait écran entre le pouvoir et Uriage. Garrone a transmis certains ordres ou interdits venus de plus haut, et il a cherché à imposer son autorité à Segonzac, mais il a voulu aussi rester solidaire de lui malgré ses incartades. Son départ laisse à découvert le chef d'Uriage qu'il estimait et soutenait, l'affaire du Conseil national le montre.

Le rôle de Garrone éclaire les deux autres explications. D'une part Segonzac, officier héroïque au patriotisme incontestable, notoirement catholique (et plus proche, au fond, de la monarchie que de la démocratie), dévoué au Maréchal, attaché à une tradition familiale et cavalière d'honneur, jouit de l'estime et de la protection de personnages influents, jusque dans l'entourage immédiat du Maréchal. Lui-même affirme avoir été toujours soutenu par les encouragements et « la volonté de résistance sans équivoque » du Dr Ménétrel, du général Laure et de du Moulin de Labarthète et avoir rencontré la sympathie de l'amiral Fernet et de René Gillouin [1]. Cependant aucun de ces hommes n'éprouve de bienveillance pour les orientations personnalistes de Mounier, ni pour l'esprit critique de Beuve-Méry. L'obéissance civique apolitique qu'on pratique dans les Chantiers, le dévouement au Maréchal et le patriotisme instinctifs d'un Tournemire rebelle aux discussions d'idées, leur paraissent plus sûrs. Il faut croire qu'ils ont tenu longtemps les influences pernicieuses que subit Segonzac pour superficielles et que dans leur lutte quotidienne contre les clans adverses – celui de Laval, puis ceux de Darlan et de Pucheu – l'action d'hommes comme Segonzac constituait pour eux un atout autant qu'un risque. Les réactions des membres du Conseil national lors de l'audition du chef d'Uriage ont montré combien il est difficile, pour les fervents de la Révolution nationale hostiles à la collaboration active, de condamner un homme qu'ils estiment. Cependant, la limite semble atteinte en mars 1942, avec les décisions que prépare du Moulin lui-même, non pour éliminer Segonzac mais pour lui imposer une tutelle contraignante.

Le point le plus énigmatique est l'abstention de Darlan : même s'il a été séduit lors de sa visite par l'ordre militaire digne de la Marine qui règne à Uriage, pourquoi a-t-il ensuite laissé passer, apparemment sans réagir, l'attitude de Segonzac défiant le gouvernement ? Peut-être d'abord pour ne pas laisser le champ libre à Pucheu et Marion, prêts à occuper le terrain d'où Segonzac aurait été délogé ; ou parce que le cabinet du Maréchal s'est réservé le traitement de l'affaire.

La dernière explication tient à la position que Segonzac a conquise, par l'antériorité et par le succès, dans le monde de la jeunesse et les milieux sincèrement acquis aux idées de réforme morale et d'éducation des élites. Tout le système des Écoles de cadres, en zone sud, repose sur son prestige et l'exemple qu'il a donné. Si Garrone marque si fort sa solidarité, c'est par conviction, mais aussi parce que l'École d'Uriage a quelque chose pour lui d'irremplaçable : dans l'ensemble des institutions de jeunesse dont il a la tutelle, certaines sont paralysées par la mauvaise gestion ou par la médiocrité des dirigeants, alors que le développement d'Uriage est marqué par la cohésion de l'équipe et la continuité de l'action.

Du côté de Garrone, et sans doute de l'entourage du Maréchal, ce raisonnement a été fait, comme l'atteste la note adressée au cabinet civil par la

1. *Le Vieux Chef, op. cit.*, pp. 95 et 104.

direction de la Formation des jeunes à la fin de 1941. L'auteur déplore l'attitude de Segonzac et de « certains éléments influents de son bureau d'études », qui se considèrent « comme les champions d'une cause spirituelle » au lieu de se mettre « au service d'un ordre politique ». Mais il plaide ensuite pour un redressement en douceur :

> La direction de la Formation des jeunes a constamment lutté contre cette tendance, qui s'est aggravée ces derniers temps, en même temps que se creusait le fossé entre l'École et elle-même. Mais, considérant l'influence et le rayonnement de l'École dans des milieux très divers, spécialement dans les Églises catholique et protestante, elle n'a pas pu envisager une rupture brutale qui aurait été un acte impolitique, qu'on n'aurait pas manqué d'attribuer à un totalitarisme gouvernemental. Il importe – et c'est ce que la direction n'a pas manqué de faire – d'assurer un contrôle plus étroit sur les programmes et les publications de l'École, de rechercher des cadres susceptibles de redresser l'enseignement, en un mot de ne supprimer que ce que l'on est sûr de pouvoir reconstruire [1].

Ce constat a certainement été pris en compte par le cabinet du Maréchal, et peut-être aussi par Darlan et Pucheu, qui doivent ménager l'opinion hostile des conservateurs et des Églises. Effectivement, aucune institution apte à remplacer l'École d'Uriage n'a pu être mise sur pied ; les Écoles de cadres créées par l'armée, la Légion ou la Propagande n'ont jamais atteint son rayonnement.

Le paradoxe demeure cependant. En reculant devant l'acte d'autorité qui ferait rentrer Segonzac dans le rang ou le briserait, en se contentant de limiter ses moyens et de le surveiller, on lui permet de développer son rayonnement, de tisser le réseau de ses fidèles autour de l'association des anciens.

Le gouvernement Laval hérite donc, en avril 1942, d'une étrange situation : l'autonomie conservée tant bien que mal par l'École d'Uriage est, depuis un mois, directement menacée, mais les moyens d'un contrôle réel du gouvernement restent à définir et à mettre en place. Or, c'est toute la politique de la jeunesse qui est remise en cause par le nouveau ministre, Abel Bonnard.

1. « Note sur le journal, *Jeunesse... France* de l'École d'Uriage » citée *supra*.

Bilan de trois semestres

ASPECTS DU RAYONNEMENT D'URIAGE

L'influence et le rayonnement que les bureaux de Vichy reconnaissent à l'École d'Uriage à la fin de 1941, en des milieux très divers et spécialement dans les Églises, ne sont guère mesurables. On peut du moins en évoquer certains aspects.

Le retentissement dans l'opinion

Au-delà de la réputation que lui ont faite les quelque 1600 stagiaires qu'elle a reçus depuis l'origine, l'École est connue par la presse. Tous les quotidiens ont évidemment été amenés à la citer, à l'occasion de manifestations officielles : visites du Maréchal à la Faulconnière en octobre 1940, de l'amiral Darlan à Uriage en juin 1941, de Lamirand en mars et août 1941 ; rencontres et sessions exceptionnelles. Les journaux ont exploité aussi les textes que leur fournissait le *Bulletin de presse* du SGJ sur le rôle et l'activité des Écoles de cadres. La visite de Darlan et sa décision d'imposer un stage aux futurs hauts fonctionnaires attirent plus directement l'attention des journaux sur l'École, qui reçoit dans l'été 1941 la visite de nombreux reporters et enquêteurs. Un sondage dans la presse régionale lyonnaise indique les degrés de cet intérêt. Le quotidien catholique réactionnaire *Le Nouvelliste*, qui soutient avec enthousiasme la ligne officielle du régime, rend compte le 13 octobre d'une visite à Uriage, à l'occasion d'une série d'articles sur les nouvelles institutions de jeunesse. Il décrit surtout la pédagogie originale de l'École, sans insister sur son esprit. Le « quotidien républicain » *Le Progrès*, hostile à la collaboration et réticent devant la Révolution nationale, publie en juin deux articles de reportage de son envoyé spécial. Celui-ci présente la solution que l'École cherche à donner au « problème du chef » et à celui de la formation d'élites nouvelles ; il résume son entretien avec Segonzac en évoquant son ambition de synthèse novatrice, à propos de la formation de l'intelligence :

« ...Pas l'intelligence livresque (...), mais l'intelligence ouverte, tendue vers la compréhension des hommes et des événements, pas cloisonnée ni systématique, mais disposée à s'enrichir, à recevoir la vérité de toutes voies. Une intelligence qui veut pénétrer au cœur des choses et des êtres [1]. »

Parmi les quotidiens nationaux de zone libre, *Le Figaro* a donné un écho plus précoce et plus précis de l'activité de l'École, puisque l'article de Beuve-Méry de janvier 1941 a été suivi de deux éditoriaux de Wladimir d'Ormesson louant l'action de Segonzac, et d'un troisième en juillet [2]. Enfin, parmi les hebdomadaires politiques de diverses tendances, on en a vu plusieurs s'intéresser à l'École d'Uriage, avec des intentions évidemment opposées. Dans *La Gerbe,* Marc Augier a exprimé sa déception qu'elle n'imite pas le modèle des *Ordensburgen* et méconnaisse l'idée raciale et le nouvel ordre européen [3]. Dans *L'Action française,* Pierre Boutang a dénoncé l'influence néfaste de Mounier sur une institution par ailleurs estimable [4]. *Candide* a publié un long article d'un stagiaire enthousiaste, puis le reportage lyrique de René Benjamin [5].

Les écoles régionales et les associations qui les ont prises en charge, avec leurs manifestations saluées par la presse locale, ont également contribué à faire connaître les Écoles de cadres de la jeunesse et, dans une certaine mesure, l'esprit d'Uriage. Cependant l'image de l'École nationale que donne cette littérature est souvent floue. Tantôt, noyée dans le flot de la propagande qui exalte les réalisations du régime en faveur de la jeunesse, elle reste conventionnelle, si bien que les lecteurs distinguent mal ces écoles de celles des Chantiers de jeunesse, évidemment mieux connus, ou du mouvement Compagnons. Lorsque la différence est faite, c'est pour évoquer Uriage comme haut lieu où des moines-chevaliers cultivent dans une exaltation mystique de rigoureuses vertus ascétiques. Une trace de ces approximations faciles se retrouve dans le jugement porté par Claude Bourdet, intellectuel et militant politique résistant, bien informé mais mal disposé envers tout ce qui se situait dans le cadre du régime. Décrivant dans ses souvenirs le climat du début 1941, au moment où lui-même s'engageait dans le Mouvement de libération nationale, embryon du futur mouvement Combat, il évoque :

> les intellectuels catholiques, pourtant également probes, abusés par le galimatias « péguyste » en vogue dans les milieux les plus patriotes du régime : je songe en particulier aux hommes d'Uriage, comme Dunoyer de Segonzac, et à certains dirigeants de la Légion des combattants, comme François Valentin. Il était tentant en effet, pour des esprits chez qui l'analphabétisme politique et un certain mysticisme étaient étroitement associés, de se replier sur la « France sacrée » et d'imaginer, à l'ombre du Maréchal, une sorte de fraternité sociale, tournant le dos à la fois à la Révolution française et au capitalisme, à l'image d'un Moyen Âge mythique revu et idéalisé. Tout cela pouvait mener certains au fascisme, et hélas! les y mena. D'autres, comme les hommes d'Uriage et Valentin, se reprirent à temps [6].

Pour un Max-Pol Fouchet, dont l'esprit de résistance et de révolution se voulait « pas seulement politique mais moral, spirituel, poétique », l'esprit

1. Le Breton-Grandmaison, « Au pays de la jeunesse. III Une visite au " vieux chef " Dunoyer de Segonzac », *Le Nouvelliste,* 13 octobre 1941 ; *Le Progrès,* 9 juin 1941. Voir M. Sartre, *L'École nationale des cadres d'Uriage dans la presse lyonnaise 1940-1942.*

2. H. Beuve-Méry, art. cit., *Le Figaro,* 25 janvier 1941 ; W. d'Ormesson, « L'autorité du chef », 13 mars 1941 ; « Nécessité d'une mystique », 14 mars ; « Formation d'hommes », 19 juillet 1941.

3. M. Augier, art. cit., *La Gerbe,* 24 juillet 1941.

4. P. Boutang, art. cit., *L'Action française,* 10 juillet 1941.

5. M. J. Torris, « Uriage, École nationale des chefs. Choses vues », *Candide,* 30 juillet 1941 ; R. Benjamin, art. cit., *Candide,* 17 septembre 1941.

6. C. Bourdet, *L'Aventure incertaine. De la Résistance à la Restauration,* p. 43.

d'Uriage semble avoir été une des composantes de la mentalité nébuleuse qu'il rencontrait chez ses amis artistes de *Jeune France,* qui mêlaient sous le signe de Péguy les mythes pétainistes au patriotisme résistant. À propos de la rencontre de Lourmarin (musiciens et poètes réunis par *Jeune France* en septembre 1941) à laquelle il a participé venant d'Alger, il évoque un état d'esprit répandu chez les intellectuels et les artistes :

> Il y eut à cette époque, je crois, une tendance à la recherche spirituelle, qui souvent s'ajoutait à la résistance patriotique et politique comme pour donner à celle-ci un caractère de croisade, un vague aspect de chevalerie. Non sans confusion, d'ailleurs, car l' « esprit » de l'École des cadres d'Uriage, celui de certains Chantiers de la jeunesse, les textes des poètes « christiques », les prêches sur le retour à la terre et à l'artisanat, les homélies sur le travail et la famille voisinaient dans un conglomérat où Péguy, adjuré par les uns et les autres avec une égale énergie, réclamé par tous comme patron, ne serait pas parvenu à distinguer ses petits [1].

Les articles publiés par des membres ou de proches amis de l'équipe ont précisément pour but de dissiper ces malentendus. Beuve-Méry présente dans *Temps nouveau* les intentions et les méthodes de l'École; Segonzac et d'Alançon expliquent leurs conceptions dans *La Revue des Jeunes* [2]. Aux lecteurs d'*Esprit,* Mounier expose lui-même ce qu'est l'École et combien il se sent solidaire de son travail, tandis que les responsables protestants font de même pour le public de *Correspondance, Le Lien, L'Espérance* [3]. Tous ces organes citent fréquemment et recommandent *Jeunesse... France.*

Relais et collaborations

Ces publications, ainsi que le jeu des relations individuelles et les démarches de prospection de l'équipe, attirent à l'École des visiteurs dont certains deviennent des collaborateurs ou des relais de son action . On a cité ceux, théologiens, universitaires ou cadres, venus de Grenoble et de Lyon surtout, qui participent au travail de l'équipe d'études ou à l'enseignement donné aux stagiaires. D'autres sont des éducateurs, des animateurs, des militants qui découvrent à Uriage une œuvre de santé morale et de dignité patriotique et l'apprécient à ce titre.

Parmi bien d'autres, c'est le cas de trois religieux qui, à des degrés et avec des préoccupations bien différents, rencontrent l'équipe d'Uriage. Le Père Victor Dillard, jésuite qui a été recteur du collège Sainte-Geneviève à Versailles avant d'être attaché à l'Action populaire, s'est acquis une réputation internationale de spécialiste des questions financières et monétaires et de grand voyageur, bon connaisseur de l'Amérique. Il s'est installé à Vichy dès l'été 1940 avec un grand élan de confiance dans la « mystique » que propose aux Français le Maréchal avec les principes de la Révolution nationale. Bien introduit dans les milieux politiques et financiers, y compris les services de la Jeunesse, il déploie une activité d'expert, de prédicateur et conférencier, et d'animateur de groupes d'Action catholique de jeunes ou d'adultes. Déçu par les réalisations du régime et foncièrement hostile à la collaboration avec le vainqueur allemand comme aux complaisances envers l'idéologie nazie antichrétienne, il réclame cependant un loyalisme strict

1. M.-P. Fouchet, *Un jour, je m'en souviens, mémoire parlée,* pp. 56, 59.
2. H. Beuve-Méry, « Ici l'on forme des chefs », *Temps nouveau,* 15 août 1941; P. Dunoyer de Segonzac, « Notes sur le chef », *La Revue des Jeunes,* janvier 1941, pp. 17-18; E. d'Alançon, « Uriage : principes d'éducation et d'activité », *ibid.,* décembre 1941, pp. 41-43.
3. « L'École nationale des cadres d'Uriage », *Esprit,* avril 1941, pp. 429-431.

envers le Maréchal dont il commente les « messages lumineux [1] ». Particulièrement attentif au problème de la formation des cadres dans une nation moderne, il y voit la clé de la puissance politique (une société aux élites fortes, un État hiérarchisé) et de la prospérité économique de la nation (efficacité industrielle et harmonie sociale dépendant de l'esprit et de l'exemple donnés par les cadres). Éducateur lui-même, il cherche les méthodes les plus aptes à développer l'esprit concret d'observation et d'adaptation, les qualités d'initiative, de responsabilité, la connaissance et le maniement des hommes. Le Père Dillard est venu à Uriage et en a apprécié la réussite pédagogique, comme il le déclare dans un texte de 1941 sur le problème des élites. À ses yeux, il n'y a pas d'effort plus urgent, pour la survie de la nation, de sa culture et des valeurs spirituelles auxquelles elle est attachée, que d'inventer des procédés nouveaux de sélection et de formation des cadres ; il faut renoncer aux anciennes pratiques des examens et concours qui stérilisaient les élites en détruisant l'esprit de création et de responsabilité. Dans cette perspective, il cite les Écoles de cadres de la Faulconnière, d'Uriage et de Theix (l'école régionale des Chantiers que dirige La Chapelle) comme « des réussites enthousiasmantes » :

> Leur succès, leur rayonnement, l'impression profonde qu'elles exercent sur tous ceux qui les approchent, montrent l'évidence de leur absolue nécessité : ces écoles sont venues combler une lacune béante. Il est souhaitable, comme on semble s'y orienter, que tous les cadres, tous les fonctionnaires de la nation passent en stage par ces écoles pour y acquérir, avec le sens de la communauté, cette formation élémentaire du caractère et de l'esprit français qui sont un des plus riches ingrédients de notre culture.

Mais, ajoute-t-il,

> si parfaites que soient les méthodes, si réussis que soient les dirigeants et les instructeurs, un stage d'un mois à Uriage ou ailleurs ne suffit pas à compenser les tares d'une orientation déficiente, ni à sélectionner les véritables élites. Quand nos instituteurs, nos officiers, nos clercs eux-mêmes seront passés par ces écoles, le résultat le plus clair en sera une plus précise connaissance d'eux-mêmes, et la conscience nette de leurs déficits, avec un regret cuisant de ne pouvoir recommencer leur formation par la base. Il est trop tard : ils sont embarqués. C'est donc dès le début de l'éducation qu'il faut songer à nos élites [2].

Les ambitions du Père Dillard sont donc tournées vers l'intégration de la méthode d'Uriage dans un programme beaucoup plus vaste de sélection et de formation des élites dès l'adolescence. Que ce soit pour cette seule raison ou aussi parce que les orientations non conformistes de l'École ne sont pas les siennes, il n'a été pour elle qu'un visiteur épisodique, non un collaborateur.

Tout autre est le cas d'un jeune jésuite lyonnais encore en cours d'études, Lucien Fraisse, qui a de multiples raisons de se sentir solidaire de l'entreprise d'Uriage. Philosophe formé à l'école des disciples de Blondel, des Pères Fontoynont et de Lubac, attentif aux problèmes politiques et sociaux et au défi du marxisme, il s'est étroitement lié au mouvement *Esprit* dans les années d'avant-guerre, et il est en 1940-41 un des familiers et collaborateurs de Mounier à Lyon. Éducateur, il anime alors un cercle catholique de lycéens, la conférence Ampère. Officier de cavalerie de réserve, ancien ins-

1. Voir contre-amiral DILLARD, *La Vie et la mort du R.P. Dillard*; J. DUQUESNE, *Les Catholiques français..., op. cit.*, p. 63; P. DROULERS, *Politique sociale et christianisme. Le Père Desbuquois et l' « Action populaire »*, t. II, p. 357 sq.
2. V. DILLARD, « La crise des cadres de la nation », *L'Unité française*, Cahiers de la Fédération des cercles Jeune France, n° 2, juillet-septembre 1941, pp. 213-218.

tructeur militaire à Saumur et combattant de 1939-40, il est orienté dès la défaite vers une attitude de résistance, fondée sur des motifs de réalisme géopolitique (Hitler ne peut pas gagner la guerre) comme de patriotisme antimunichois et d'opposition philosophique et spirituelle aux fascismes et au nazisme. Il a des amis dans l'équipe d'Uriage, et devient un des visiteurs de l'École dès 1941. Communiquant aux instructeurs des informations, des textes politiques et religieux clandestins, il suscite parmi ses relations – des étudiants notamment – des candidatures pour les stages de l'École dont il devient un collaborateur extérieur, sur les plans pédagogique et intellectuel. Sans illusion sur la capacité du régime à résister à la pente de l'asservissement et sur les chances de redressement par la Révolution nationale, il est de ceux pour qui le destin de l'École d'Uriage est de préparer l'action future de libération et de reconstruction sous le couvert de la formation des élites dans le cadre du régime; il sera bientôt un des relais de l'équipe pour ses contacts clandestins.

Autre relation d'avenir, nouée à la fin de 1941, le Père Lebret, dominicain. Il a entrepris, dans les années d'avant-guerre, à partir des problèmes économiques et sociaux rencontrés par la Jeunesse maritime chrétienne, la recherche d'une doctrine de paix sociale fondée sur le primat du « Bien commun » et d'une « économie humaine » où l'organisation corporative des professions se substituerait à la domination du capital. L'École d'Uriage s'est intéressée à ses travaux et délègue un de ses instructeurs aux journées d'études qu'il organise pour les dirigeants de mouvements de jeunesse. En janvier 1942, au moment où il fonde à Marseille le centre Économie et Humanisme et s'apprête à en publier le manifeste et à lancer une revue, le Père Lebret passe quelques jours à Uriage; il travaille avec Chombart de Lauwe qui perfectionne son exercice d'enquête sociale en liaison avec la méthode d'enquête socio-économique mise au point par Lebret. Ces relations seront poursuivies dans les mois suivants, avec lui-même et avec le Père Loew [1].

Une expérience diversement appréciée

Par ses anciens stagiaires qui répandent son esprit et ses publications, par les relations que noue le bureau d'études dans les cercles intellectuels, par les réseaux de l'ENU et des écoles régionales, l'École exerce une influence indirecte dans divers milieux. Elle est particulièrement reçue là où on se soucie soit de problèmes d'éducation, d'encadrement et de formation des hommes, soit d'engagement civique dans des perspectives qui dépassent le conformisme de la Révolution nationale. Dans l'industrie et dans de grandes entreprises comme Air France, des contacts ont été pris et quelques expériences réalisées, mais on n'en est encore qu'à la phase exploratoire. L'équipe d'Uriage entend aller plus loin, et notamment intervenir sur le terrain social en organisant en 1942 des sessions mixtes; on y abordera les problèmes posés par l'application de la Charte du travail et les moyens de favoriser l'intégration du monde ouvrier à la communauté nationale.

L'École s'est adressée davantage aux agents de l'État, officiers et enseignants surtout. Les expériences de stage obligatoire pour les hauts fonctionnaires menées en application des décisions de Darlan ont été plutôt décevantes. L'originalité et l'austérité des méthodes de l'École ont provoqué le scepticisme ou l'irritation de certains, tandis que d'autres s'étonnent de ne pays y trouver la doctrine ou les consignes qu'ils attendent. L'engagement

1. Rapport du chef Filliette, 3 p. dactylo. (arch. ENCU); Correspondance Lebret-ENU, 12 janvier 1942 (*ibid.*).

qu'elle réclame, au service d'une cause plus claire dans ses intentions que dans ses perspectives concrètes, paraît souvent trop mal défini.

Les officiers, qui fournissent une bonne part de l'effectif des stages de 1941, sont partagés. Beaucoup des officiers les plus attentifs aux tâches éducatives ont quitté l'armée en 1940 pour les Chantiers ou d'autres institutions de jeunesse. Ceux qui sont restés dans l'armée de l'armistice, contraints de prêter le serment de fidélité à la personne du chef de l'État, sont hésitants sur l'avenir et sur leur devoir, et intrigués par les propos dissidents tenus à l'École. Parmi les plus résolus à préparer la revanche, avec ou contre le pouvoir, la plupart sont éloignés des perspectives de formation des nouvelles élites et de reconstruction sociale nourries à Uriage. Le mélange propre à Uriage d'audaces pédagogiques, d'ambitions intellectuelles, de non-conformisme politique et de convictions spirituelles (à quoi s'ajoute l'aura d'un chef improvisé, simple capitaine) intrigue, plus qu'il ne le séduit, ce milieu militaire qui n'y retrouve ni ses habitudes ni ses sécurités.

Plus d'un officier est cependant intéressé. Jacques Weygand a dépeint un polytechnicien passionné par la pédagogie de l'École. Un officier stagiaire a apprécié le climat moral élevé qu'on y respire, et l'occasion d'échanges entre militaires et civils par-delà les préjugés courants; un autre défend les stages d'Uriage contre les critiques de forme ou de fond, en espérant que l'École sera mieux comprise que par le passé « depuis que le Maréchal a décidé un nécessaire coup de balai » (en août 1941), ce qui ne paraît pas dénoter une grande perspicacité [1]. Il est aussi des officiers lucides qui adhèrent intensément à l'esprit d'Uriage, comme le capitaine Lecoanet dont on a cité les carnets de stage. Segonzac a d'autre part des amis et des correspondants dans l'armée, parmi ceux qui participent aux préparatifs secrets de résistance en cas d'initiative allemande et de mobilisation, à Grenoble et à Lyon notamment. Dans l'état-major du gouverneur militaire de Lyon, le général de Saint-Vincent, des hommes comme le commandant Descour connaissent le chef d'Uriage et sont en confiance avec lui.

Chez les universitaires, les membres des professions libérales et les intellectuels, l'expérience d'Uriage suscite particulièrement l'intérêt de ceux qui partagent les convictions et les recherches du mouvement *Esprit* : refus de se résigner à la victoire de la force allemande et donc d'accepter la politique de collaboration, résolution déterminée de combattre l'idéologie nazie, mais aussi conscience d'une crise de civilisation qui dépasse les enjeux patriotique et humanitaire et exige un effort d'invention et de reconstruction global. Cependant les adversaires les plus déclarés du régime de Vichy et de sa politique partagent souvent les appréciations sévères que portent sur « l'esprit d'Uriage » Claude Bourdet et Max-Pol Fouchet : conformisme et naïveté politiques, mysticisme nébuleux. D'autres jugent puériles ou dangereuses les manifestations du style viril affiché à l'École : scoutisme attardé, contagion du culte du chef. Mais il est aussi des partisans de la France libre, hostiles à la politique sinon à l'existence du régime de Vichy et par conséquent prévenus contre les institutions officielles, qui, après y avoir regardé de plus près, jugent favorablement l'orientation de l'École. C'est le cas de l'historien André Latreille, dont le « gaullisme » est aussi notoire que les convictions catholiques [2]. Au cours de l'été 1941, il profite d'un voyage hors de la zone occupée qu'il habite pour se rendre à Uriage, où il obtient une franche explication. Il en sort non seulement rassuré sur l'esprit d'une institution qui l'intriguait, mais réconforté par la résolution patriotique

1. J. WEYGAND, *Le Serment*, *op. cit.*, pp. 23-24; P.H. (commandant HACHETTE), « Les officiers à l'École nationale des cadres d'Uriage (notes d'un stagiaire) », *Revue de l'Armée française*, 2, novembre 1941, pp. 65-69; H.R., « Extrait des notes d'un autre stagiaire », *ibid.*, pp. 69-70.

2. A. LATREILLE, *De Gaulle, la Libération et l'Église catholique*, p. 13.

dont il a eu le témoignage [1]. Il s'agit certes d'un universitaire catholique, que ses liens avec les cercles du catholicisme social préparaient à comprendre les ambitions intellectuelles et spirituelles de l'équipe d'Uriage. Mais on sait aussi que l'École a reçu en 1941 la visite ou bénéficié de la collaboration de diverses personnalités directement engagées dans l'action clandestine, notamment dans les groupes qui donnent naissance au mouvement Combat : Frenay et Michelet, Belpeer et Baumel entre autres.

La ligne de clivage entre ceux qui comprennent l'expérience d'Uriage, en approuvent les intentions et lui font confiance, et ceux qui s'en défient ou la rejettent comme illusoire ou confuse, tient aux tempéraments et aux expériences autant qu'aux convictions idéologiques. Elle ne recouvre ni celle qui oppose les vichystes ou pétainistes aux résistants, ni celles qui séparent la gauche de la droite, ou l'agnosticisme des convictions chrétiennes. L'essentiel est peut être l'appréciation d'opportunité que portent les uns et les autres sur l'espace de liberté sans compromission dont peut jouir une institution sous le régime de Vichy et dans le cadre du secrétariat à la Jeunesse. Combattue par les partisans de la collaboration, progressivement dénoncée en 1941 par les fidèles du Maréchal pour son esprit de libre examen et sa déviation « démocrate » ou « gaulliste », l'École doit faire la preuve, auprès de ceux qui sont tournés vers la Résistance, que son non-conformisme n'en reste pas aux intentions. Le loyalisme qu'elle proclame envers le chef de l'État n'enferme-t-il pas dans l'attentisme ceux qui en font une fidélité inconditionnelle ? Peut-il coexister sans contradiction avec la volonté de se battre pour la liberté et le respect de l'homme ?

CONTINUITÉ ET INFLEXIONS D'UNE DÉMARCHE

Le développement multiforme des activités de l'École en 1941 (stages, publications, études, réseaux des écoles et de l'ENU, relations extérieures) a-t-il confirmé ou modifié les caractères et les orientations qui faisaient son originalité dans ses débuts en 1940 ?

Élargissement

L'équipe d'Uriage s'est renouvelée. Le départ des marins a réduit la part des militaires, tandis que l'élément intellectuel s'accroissait, et chacun s'est spécialisé. Certains garderont la nostalgie de la ferveur et de la qualité spirituelle des débuts, comme si le progrès de l'organisation avait fait perdre en pureté et en générosité ce qui était gagné en expérience et en réalisme. L'équipe n'en demeure pas moins une communauté forte, dont les exigences dans le domaine du style ne se sont pas réduites; elle songe à se perpétuer et à s'élargir au-delà de la fonction éducative qui l'a rassemblée, avec le projet de former un « Ordre ».

Sur le plan pédagogique, elle reste fidèle aux principes adoptés à l'origine, en comptant en tirer, à l'occasion du futur stage de six mois, une véritable méthode de formation; d'où l'importance donnée, autour de Dumazedier, aux techniques de l'apprentissage et de l'entraînement. Le trait le plus accentué, avec l'orientation donnée par Beuve-Méry au bureau d'études vers la connaissance du monde contemporain, est le souci d'unir la pensée et l'action, dans la formation des stagiaires comme

1. Témoignage d'André Latreille.

dans la vie de l'équipe; les consignes données aux équipes locales de l'ENU en témoignent. L'effort intellectuel est guidé par la conscience des responsabilités à prendre dans une situation de crise, et l'appel à l'engagement est orienté par une vision stratégique à long terme.

Autonomie

En se développant, l'École a maintenu et renforcé son ambition de définir elle-même sa mission aussi bien que son esprit. Si l'intervention inopinée de Darlan a ébranlé quelque temps l'assurance des hommes d'Uriage, leur résistance ultérieure aux admonestations de Garrone et les blâmes que leur inflige le Conseil national montrent bien qu'en 1941 ils sont restés décidés, et ont réussi pour l'essentiel, à garder la maîtrise de leur développement. C'est l'équipe, et non une autorité extérieure, qui a défini la formule des valeurs fondamentales qu'elle reconnaît : le Spirituel, l'Honneur et la Patrie. C'est encore elle-même qui a fixé les objectifs de son action pédagogique : atteindre l'ensemble des élites de la nation, et pas seulement les cadres de la jeunesse ou les serviteurs de l'État, et rechercher pour eux et avec eux une réponse originale au défi des révolutions du XXe siècle. L'Équipe nationale d'Uriage, dont la création a suscité tant de méfiances, est l'instrument d'une stratégie à longue portée, qui dépasse de beaucoup la tâche d'une école de cadres. Les communautés locales et professionnelles que formeront ses membres doivent être comme des môles de résistance et d'initiative dans le désarroi et l'attentisme qui dominent, et des pôles de regroupement pour la double tâche de demain et d'après-demain : la mobilisation pour la reprise de la guerre sur le territoire français, et plus lointainement la reconstruction, après la libération de la patrie qui en est la stricte condition préalable [1].

Dissidence morale

Toutes ces initiatives ont été lancées sous le couvert du rôle officiel de l'École et en évitant la rupture qui y mettrait fin. L'équipe d'Uriage pratique donc à l'égard du régime un double jeu de plus en plus difficile. En état de dissidence morale par rapport à la politique gouvernementale, elle a pris le risque de sanctions, en évitant de les provoquer et en exploitant pleinement les protections dont elle jouit et les atouts que lui donne son succès. Elle continue à s'abriter derrière le Maréchal en affirmant être fidèle à sa pensée et en glissant sous cette étiquette ses propres directives. De la Révolution nationale, elle parle de moins en moins, la considérant comme l'ébauche avortée de transformations futures. Elle a pris acte, depuis la révocation de Weygand surtout, de la relative impuissance du Maréchal et de la nature éphémère de son régime; c'est la suite qu'elle prépare.

Dès l'origine, elle s'est établie sur des positions solides malgré l'incertitude de la situation : sûre méthode pédagogique, communauté de vie enthousiaste et disciplinée, attachement à des valeurs essentielles dont une recherche ouverte et libre devait préciser la formulation, perspective d'une reprise du combat contre l'occupant et de la lutte contre son idéologie. Dans la confusion de l'été 1940, Segonzac pensait sans doute que tout cela s'accordait avec les intentions du Maréchal. Sous l'influence de ses conseillers et de la pensée personnaliste, et surtout sous la pression

1. « Mot du Vieux Chef », Bulletin *Équipe nationale d'Uriage*, n° 3, mars 1942.

argumentée de Beuve-Méry, l'équipe a progressivement été éclairée sur les conditions de réalisation de ces buts. Les illusions sur la nature et la force du régime de Vichy se sont dissipées; reste un pari incertain, et que les événements peuvent à tout instant rendre caduc, sur les chances de rester efficacement présent dans ce régime, en développant une action qui va à l'encontre des jugements et des actes officiels.

Troisième partie

AVANCÉES ET RUPTURE DE 1942

« *Montrer que les germes d'une vraie reconstruction de la France se trouvent dans les textes du Maréchal, mais qu'il est impossible à un pays occupé et subjugué de mener à son terme une révolution digne de ce nom.* »

Éric d'ALANÇON (janvier 1942)

« *La révolution marxiste ne peut être vaincue que par une révolution qui la dépasse : si l'élite bourgeoise veut prendre la part qui lui revient dans cette révolution communautaire, elle tiendra compte de l'histoire – ou l'histoire se fera sans elle.* »

Joffre DUMAZEDIER (juin 1942)

La vie de l'École se poursuit en 1942 sans discontinuité apparente, mais dans des conditions nouvelles à plusieurs égards. Le rythme de son activité principale est bouleversé dès novembre 1941 par la préparation puis le déroulement du stage long de six mois (février à août 1942), à côté duquel les stages ordinaires se réduisent à de courtes sessions d'une semaine ou même de trois jours. Dans la deuxième partie de l'année, ces stages d'information se poursuivent au même rythme, tandis que des journées d'études internes amorcent la préparation d'un deuxième stage de six mois; l'année 1943 doit se dérouler en effet sur le modèle de 1942, comme si l'École avait trouvé, après les expérimentations de 1940-41, un rythme de croisière.

Le glissement des objectifs pédagogiques amorcé en 1941 s'accentue. L'École continue, certes, à former des cadres pour le SGJ et les organisations de jeunesse et à parfaire ses méthodes éducatives. Mais elle donne une place accrue à l'autre face de sa mission : rechercher dans tous les milieux les membres des élites authentiques, les regrouper et les mobiliser pour la double tâche de libération de la patrie et de révolution institutionnelle et morale. Esquissée en 1941, l'action en direction des milieux industriels (patrons, cadres et ouvriers) est particulièrement développée. Dans le domaine intellectuel, l'équipe précise ses réflexions sur les origines et les remèdes de la crise du XXe siècle, crise de l'homme autant que des institutions; elle aborde aussi les problèmes de la culture et de son rôle dans la société. Enfin, le souci de l'efficacité présent dans toutes ces recherches qu'on veut faire servir à l'action amène à préciser la connaissance et le maniement des « techniques révolutionnaires ».

Cependant, la situation du pays est bouleversée par la constitution du gouvernement Laval en avril, puis par la série d'événements de novembre qui marquent la fin de la souveraineté apparente de Vichy (débarquement allié en Afrique du Nord, invasion de la zone « libre », dissolution de l'armée de l'armistice). La diversité qui caractérisait le régime de Vichy à ses débuts se réduit à l'extrême, ainsi que la marge de manœuvre apparente dont il disposait à l'égard de l'occupant. À l'heure de la guerre totale, l'action de Laval consiste à étaler dans le temps les mesures que lui imposent les autorités allemandes, ou à les devancer pour maintenir la fiction d'un centre de décision autonome. Dans le domaine de la jeunesse, il soutient l'effort de nouveaux responsables pour réaliser une mobilisation unitaire des jeunes au service d'une révolution européenne d'inspiration fasciste. Dans ces conditions, les institutions qui prétendent conserver une autre orientation sont condamnées à plus ou moins longue échéance; l'École d'Uriage est de plus en plus isolée et menacée face au pouvoir. L'évolution des esprits dans l'équipe se précipite, et la façade officielle dissimule mal une part croissante d'arrière-pensées et de préparatifs oppositionnels. Durant l'automne 1942, les questions : « Que sera demain ? Que faire ? » deviennent cruciales; l'appréciation des urgences et du long terme, de la prudence et du courage, n'est pas la même chez tous. Certains choix personnels entraînent des départs discrets. La grande majorité de l'équipe accepte la ligne de conduite que suit Segonzac : durer en rusant avec un pouvoir hostile, poursuivre l'action éducative tant que c'est possible sans reniement ni danger grave, et prévoir le passage à l'action illégale et au combat armé qui s'annoncent.

Le poids de ces menaces et de ces incertitudes n'empêche pas l'équipe de renforcer ses moyens d'influence : publications, réseau des écoles régionales, liens avec les mouvements de jeunesse, extension de l'ENU surtout et développement des contacts avec des personnalités et des groupes sympathisants. Ainsi le décret de dissolution du 27 décembre qui met fin à l'existence de l'École ne brise ni l'unité disciplinée de l'équipe, ni le réseau de solidarité qu'elle a formé avec ses filiales et ses amis. La communauté demeure, avec ce qu'elle appelle sa mission et son esprit, qui inspireront de nouvelles formes d'action.

CHAPITRE XII

Un nouveau rythme de stages

L'ÉCOLE EN 1942

Les lieux et les hommes

Les crédits budgétaires alloués à l'École en 1942 ont été analogues à ceux de 1941, de l'ordre de 3 millions de francs pour les frais de fonctionnement, sans compter les dépenses de premier établissement et de travaux ni le budget des impressions et publications qui sont financées à part [1]. Mais leur répartition est différente : moins de journées de stagiaires, davantage de frais de documentation, de secrétariat, de missions et de correspondances, liés au développement des nouveaux services.

Les aménagements des locaux entrepris en 1941 ont été achevés. Les stagiaires disposent désormais dans les annexes du château d'une salle d'étude et de conférences de 80 places, et de deux ateliers-écoles dotés de machines-outils pour l'apprentissage du travail du bois et du fer. Les deux grands ouvrages à vocation à la fois utilitaire et symbolique sont achevés : le stade, avec ses pistes, ses sautoirs et ses deux plateaux d'hébertisme; les dix chalets d'équipe, dont les deux derniers ont été ouverts en mai [2]. Dans l'été, on y ajoute de grandes tentes qui permettent à l'École de recevoir au total jusqu'à 14 équipes, plus de 200 stagiaires. Cependant, Segonzac, qui continue de voir grand, soumet dans le courant de l'année à l'architecte de l'administration des projets de nouvelles constructions dont il demande le financement en 1943, un chalet-infirmerie et une piscine notamment.

L'effectif d'ensemble dont dispose le chef de l'École reste approximativement le même qu'à la fin de 1941 [3]. L'encadrement proprement dit comporte, outre les trois postes de direction, quelque 25 instructeurs ou moniteurs; pour le personnel auxiliaire, une quarantaine de personnes, dont les six membres de l'équipe Hussenot, devenue « centre artistique annexé à l'École » après la dissolution de l'association Jeune France au printemps 1942. Cette stabilité numérique recouvre un mouvement de per-

1. Prévisions budgétaires pour le quatrième trimestre 1942 et projet de budget pour l'exercice 1943 (août 1942), 16 p. dactylo. (arch. ENCU).

2. « Rapport sur l'activité de l'ENCU du 1er janvier au 31 décembre 1942 », 11 p. dactylo. (arch. ENCU).

3. Voir en annexe VIII les tableaux du personnel d'encadrement de l'École au début de 1942 et en décembre 1942.

sonnes qui s'accentue dans l'été après la fin du grand stage. Toulemonde, Filliette, Nimier et Lallement ont quitté l'École au début de l'année. Plusieurs des instructeurs du stage de six mois partent après sa clôture, à commencer par Eric d'Alançon qui l'a dirigé. Gêné par la place que prennent des préoccupations politiques qui lui paraissent étrangères à l'esprit initial de l'équipe, désireux surtout de pratiquer un engagement communautaire plus fort fondé sur la foi religieuse, il quitte l'École sans éclat. Il rejoint à Paris une équipe qui fonde « un ordre de chevalerie catholique et français »; à la fin de l'année, des raisons familiales l'amèneront à revenir à la terre [1]. Beuve-Méry le remplace comme adjoint au chef de l'École, et Cazenavette comme responsable de l'équipe d'instruction. Celle-ci perd Van de Velde, qui retourne à sa profession, et Lochard, repris par les Éclaireurs unionistes. Geny est éloigné par la maladie; Muller part en zone occupée où il s'engagera dans un réseau d'évasions. Au moment du débarquement en Afrique du Nord, plusieurs instructeurs veulent gagner Alger ou passer à la clandestinité; Segonzac réussit à en retenir certains, en faisant valoir que l'École aussi se prépare à agir, et qu'elle a besoin de toutes ses forces en ce moment décisif. Il doit laisser partir, au lendemain de l'occupation de la zone sud, Chombart de Lauwe, décidé à reprendre les armes comme pilote, ainsi que le Dr Stéfani, médecin de l'École.

Ces départs entraînent des embauches provisoires ou définitives, qui rendent assez incertain le tableau du personnel à la fin de l'année. La direction de l'équipe d'études est confiée fin octobre à un nouveau venu, Gilbert Gadoffre. Professeur d'histoire au lycée Hoche de Versailles, celui-ci s'est mis en congé pour rejoindre l'équipe d'Uriage, à la suite de la première visite qu'il y a faite dans l'été à l'incitation du Père Maydieu. Engagé aux côtés du dominicain dans une action de soutien à l'Angleterre, il est informé de l'imminence d'un débarquement allié en territoire français; il apporte à l'équipe ses convictions et ses contacts en ce domaine, autant que son autorité et son savoir-faire dans le travail intellectuel collectif. Bénigno Cacérès, auparavant visiteur régulier de l'École, est alors intégré à titre permanent à l'équipe d'études; Paul Reuter est détaché par sa Faculté de droit pour la durée du stage de six mois, puis la regagne en novembre mais reste un collaborateur proche et un conférencier attitré.

À l'instruction, où Cazenavette et Hœpffner restent seuls vétérans à la fin de l'année, on a embauché d'anciens stagiaires comme instructeurs-chefs d'équipe. Ainsi Marcel Brivoizac et Paul Grillet, issus du stage de six mois, et des anciens d'autres promotions comme Louis de Poix, ingénieur, François Le Guay, polytechnicien, André Lecoanet et Pierre Potel, officiers d'active renvoyés à la vie civile en novembre. Vuillemin, nommé inspecteur de l'Éducation générale et des Sports à Paris et Versailles, a quitté l'École en février, mais y revient régulièrement comme conférencier.

Les services spécialisés ont conservé les mêmes responsables : Dupouy au secrétariat général, Souriau aux publications (avec Muller au début de l'année), Chombart de Lauwe (jusqu'en novembre) et Lavorel à l'association ENU, La Taille aux Prisonniers. Sous la direction de l'économe Voisin, Violette continue à assurer le ravitaillement et Recope de Tilly le service général. Deux médecins, les Drs Laurent et Stéfani, se sont succédé en 1942, tandis que le Père dominicain Vandevoorde qui se fait appeler Père des Alleux, installé à la fin de 1941, demeure en 1942 l'aumônier catholique de l'École, sans y jouer un rôle comparable à celui de son prédécesseur l'abbé de Naurois. Quant à l'équipe des artistes, elle s'est largement renouvelée. Du groupe initial sont restés Olivier Hussenot et Madeleine Barbulée; de nouveaux venus se partagent l'initiation artistique et artisanale des stagiaires, de la poterie au chant et à la danse : Henri Gruel, René Joutet,

1. Témoignage d'Éric Audemard d'Alançon.

Gaston Tanchon (futur Jacques Douai), François Vincent et les deux musiciens venus des Éclaireurs israélites, Georges Weill et Sylvain Adolphe.

Plus que les services qui assurent la vie quotidienne de l'École et l'instruction des stagiaires, ce sont ceux qui sont responsables du travail intellectuel et des liaisons extérieures qui ont été développés en 1942.

Instruments intellectuels

Le développement des activités de bibliothèque et de documentation témoigne du travail effectué par l'équipe du bureau d'études. La bibliothèque que tient François Ducruy bénéficie à la fin de 1942 d'un crédit mensuel de 2 000 F. Vers la fin du stage de six mois, elle comporte plus de 1 500 ouvrages, dont 300 consacrés à la littérature et aux reportages, autant à l'histoire et la géographie, une centaine à la philosophie et autant aux religions, 80 aux questions d'éducation et près de 450 à la rubrique sciences sociales et droit. Dans la section religieuse, les récents ouvrages de Maritain et de Romano Guardini, ceux de Congar, Daniélou, de Lubac et Valensin figurent à côté des classiques et des livres de vulgarisation destinés aux jeunes. Dans celle des sciences sociales, un étudiant de Sciences po trouverait les instruments de travail essentiels, manuels de base et études contemporaines dans les domaines de la pensée économique (Pirou, Keynes, Sombart), de l'histoire sociale (Coornaert, Roupnel) et des études sociologiques et politiques (Siegfried, Romier, Thibaudet, Dillard, Friedmann), avec de nombreux reportages et essais sur l'évolution du monde depuis 1914. Mais le « non-conformiste des années 30 » reconnaîtrait aussi les œuvres de ses amis, Robert Aron, Dandieu, Daniel-Rops, Dautry, Davenson, de Man, Hyacinthe Dubreuil, Lacroix, Mounier, Perroux, Philip, Rougemont, P.-H. Simon, Verger. Un militant du catholicisme social qui s'intéresserait aux courants syndicaliste et corporatiste ainsi qu'à la doctrine maurassienne n'y serait pas non plus dépaysé, avec les œuvres de Le Play, La Tour du Pin, Romanet et Henri Guitton, les collections de l'*Action populaire*, des *Semaines sociales*, des *Cahiers de la nouvelle journée* et des éditions du Cerf, les ouvrages de Dolléans, Jouhaux, Lefranc et les publications du Centre de culture ouvrière, les œuvres de Bainville, Maurras et Salleron [1].

Le service de la documentation de Poli et Lucette Massaloux réalise d'ailleurs une série de guides bibliographiques sur différents thèmes : pédagogie (pour laquelle Jean Lacroix a fourni des « pistes pour une bibliographie critique » où la *Théorie de l'éducation* de Laberthonnière est indiquée comme capitale), introduction à la culture française. Il fait imprimer une *Bibliographie sommaire de culture générale* de 100 titres, destinée à aider les responsables d'écoles ou de groupes de jeunes dans la constitution d'une bibliothèque. On y propose des livres récents, « trois ou quatre ouvrages de bonne qualité dans les principales branches de la culture », dont le choix traduit à la fois l'éclectisme et les préférences relevés dans la bibliothèque de l'École. À titre indicatif, le relevé de trois séries de dix ouvrages dans cette liste alphabétique donne les auteurs suivants : en tête de liste, Alain, Robert Aron, Bainville, Karl Barth, Roger Bastide, Louis Baudin, Berdiaeff, Bergson, Bernanos et Jules Blache (*L'Homme et la montagne*) ; au milieu de la liste Légaut, Edouard Le Roy, Maxime Leroy, de Lubac, Lucius, de Man, Maritain, dom Marmion, H. Massé (*L'Islam*) et Thierry Maulnier ; les dix derniers sont P.-H. Simon, Sombart, Pierre Termier, Thibon, G. Urbain

1. D'après le catalogue méthodique de la bibliothèque de l'ENCU, 90 p. dactylo., juillet 1942 (arch. ENCU).

(*La Science*), Valéry, Vialatoux, G. Viance (*Force et misère du socialisme*), Weygand et Wilbois [1].

La bibliothèque reçoit, essentiellement par échange contre les publication d'Uriage, plus de 150 périodiques, dont sept quotidiens (parmi lesquels deux régionaux et deux suisses), 11 hebdomadaires (y compris *Candide*, *Gringoire*, *Le Franciste*, *Je suis partout* et *L'Émancipation nationale*) et 23 revues de culture générale, de littérature et d'idées, auxquels s'ajoutent diverses publications administratives, des revues bibliographiques et documentaires, et surtout les organes des écoles de cadres et des mouvements et institutions de jeunesse (70 périodiques), ainsi que des périodiques spécialisés en pédagogie, économie et problèmes du travail. Le dépouillement systématique de ces publications, entrepris partiellement en 1941, est généralisé en juillet 1942 [2].

L'équipe d'études et les intructeurs ont ainsi à leur disposition des instruments de travail tenus à jour. Poli, qui fait office de secrétaire du bureau d'études, y ajoute la documentation qu'il réunit à la demande sur les thèmes mis à l'étude : fiches bibliographiques, notes de lecture, comptes rendus de réunions de travail. Il archive l'ensemble selon la méthode de classification décimale systématique qu'il a introduite dans son service.

Le service des Prisonniers

Le service des Prisonniers dirigé par Paul de La Taille se développe en 1942 dans le cadre théorique de l'Équipe nationale d'Uriage. Sur le plan légal, il s'adresse d'une part aux prisonniers d'Allemagne, pour les informer, soutenir leur moral et les préparer à prendre part à leur retour à l'œuvre de relèvement du pays, et d'autre part aux rapatriés et évadés, pour les aider à comprendre ce qui a été réalisé en leur absence et les mobiliser pour les causes que sert Uriage. Il est prévu d'organiser à leur intention des sessions spéciales de l'École, dont la première se tiendra effectivement en octobre.

À destination des camps de prisonniers en Allemagne, le service se charge de confectionner des colis de documentation, qu'il fait parvenir aux animateurs de cercles d'études, de bibliothèques ou d'universités de captivité qu'on lui recommande. Acheminés par l'intermédiaire des familles et du service d'aide intellectuelle aux prisonniers de guerre de Genève, les colis sont financés par les dons reçus à cet effet par l'association Équipe nationale d'Uriage [3]. Au printemps 1942, le « paquet-type », qui revient à 150 ou 200 F, est composé de documents traitant quatre thèmes : la France et sa doctrine (extraits des discours du Maréchal, fascicules et textes ronéotypés d'Uriage sur la communauté nationale); organisation de la jeunesse (textes d'Uriage et le livre du général de La Porte du Theil); Uriage et sa mission (journal *Jeunesse... France* et textes sur l'esprit d'Uriage); documentation générale sur l'éducation, les loisirs, les problèmes économiques et sociaux (revues et brochures des mouvements de jeunesse et des Chantiers, collections de la « Bibliothèque du peuple » aux PUF, de l'Action populaire et de *La Revue des Jeunes*) [4]. Les dons reçus par l'ENU à ce titre en 1942 se montent à 210 000 F environ, dont les deux tiers viennent

1. *Bibliographie sommaire de culture générale*, Uriage – Documentation, s.d., 4 p. imprimées.

2. « Listes des journaux et périodiques adressés à l'ENC, Uriage-Bibliothèque, 1er août 1942 », document dactylo., 10 p., accompagné d'un plan de classement (fonds Poli, arch. ENCU).

3. P. de LA TAILLE, « Le service des Prisonniers », *Équipe nationale d'Uriage*, 3, mars 1942, pp. 2-4.

4. « Au service des prisonniers – Paquet-type », *ibid.*, 4, avril 1942, pp. 18-19.

d'entreprises industrielles ou de syndicats patronaux (120 000 F donnés en septembre par la Chambre syndicale des Textiles artificiels de Lyon) et le reste de caisses d'épargne, de la Croix-Rouge, de l'aumônerie des prisonniers et de sommes collectées par les amis d'Uriage, notamment dans les écoles régionales, les sections de l'ENU et les mouvements de jeunesse.

L'envoi des colis provoque évidemment une correspondance, dont le bulletin de l'ENU publie des extraits significatifs [1]. Il amorce surtout l'activité clandestine bientôt développée par le service : faux papiers et matériel d'évasion dissimulés dans les colis, aide apportée à des filières d'évasion, comme le réseau « la Chaîne » que dirige Antoine Mauduit, installé en 1942 au château de Montmaur près de Gap. Paul de la Taille est plus généralement l'homme des missions secrètes et des contacts clandestins, par lesquels Segonzac s'informe aussi bien du climat et des projets de Vichy que de l'activité de groupes résistants : officiers qui préparent des mesures de mobilisation, missions envoyées par Londres, mouvements et réseaux de la Résistance intérieure. Segonzac utilise aussi pour ces liaisons quelques autres instructeurs, hommes de confiance; l'existence de cette activité secrète est connue de l'ensemble de l'équipe.

LE GRAND STAGE (FÉVRIER-AOÛT 1942)

Le stage de six mois constitue évidemment pour l'équipe une épreuve décisive, en lui-même autant que par le moment. Il s'agit de faire la démonstration à plus grande échelle de la méthode pédagogique de l'École et de sa fonction de laboratoire d'un nouveau mode de sélection et de formation des élites de tous milieux. Mais c'est aussi un défi que l'équipe se lance à elle-même, sur le plan intellectuel et moral. La double ambition de réaliser une synthèse (penser l'ensemble des problèmes et des aspirations des sociétés européennes), et de développer un style de vie (des hommes forts, avertis et généreux) va être mis à l'épreuve de la longue durée de vingt-trois semaines de travail.

Comme l'écrit le directeur du stage Éric d'Alançon dans une note aux instructeurs qu'il signe en janvier :

> L'objectif capital de ce stage de six mois doit être d'ARMER les élèves contre l'ennemi intérieur ou extérieur qui met en péril les valeurs de l'esprit (primauté du spirituel, sens de l'universel, rôle de l'intelligence). Armer et non pas seulement instruire ou gonfler. Armer spirituellement, moralement, intellectuellement, physiquement, c'est-à-dire faire des êtres robustes et combatifs capables de s'affirmer dans tous les domaines, des personnalités assez dures pour résister au scepticisme élégant que secrète l'Université et à l'excitation ou l'hystérie collective qui résultent d'une propagande savante (radio, pédagogie des *Ordensburgen*, éventuellement Mayet-de-Montagne, etc.).
> Au-delà de ce but immédiat et sur la même ligne d'action, il ne s'agit de rien de moins que de poser, devant l'échec de l'enseignement classique, les bases d'un nouvel humanisme. Faire des hommes complets c'est :
> *a*) retrouver les valeurs perdues (essentiellement la primauté du spirituel et le sens de la force),
> *b*) unir l'efficacité et la culture, culture d'inspiration et non de pression.
> Une vérité doit être présente à tous, à tous moments : le stage de six mois est une bataille décisive dont l'enjeu est la vie ou la mort de l'École [2].

1. « Au service des prisonniers. Échos des camps », *ibid.*, 4, avril 1942, pp. 16-17; 6, juin 1942, pp. 7-9.
2. « Note pour les instructeurs sur le stage de six mois » signée E. d'Alançon, 3 p. dactylo. (arch. ENCU).

La préparation

De novembre à janvier, la préparation du stage a associé étroitement autour d'Alançon les cinq instructeurs-chefs d'équipe (Cazenavette, Ferry, Hoepffner, Lochard et Van de Velde), Beuve-Méry et Reuter (responsables du programme intellectuel), Dumazedier (animateur pédagogique), Chombart de Lauwe (pour les stages et enquêtes sociales) ainsi que les spécialistes de l'éducation physique et sportive et de l'éducation manuelle et artistique. On souhaite que les cinq instructeurs « incarnent aussi complètement que possible l'idéal proposé aux stagiaires [1] », et qu'ils soient d'authentiques « pédagogues » sachant accompagner leurs hommes. Ils devront les aider à découvrir l'unité du parcours proposé sous la diversité des disciplines et des étapes, éveiller leur intérêt et stimuler leur ardeur en tenant compte des caractères et des psychologies, assurer une discipline consentie, la tolérance mutuelle et le développement d'un esprit communautaire dans une vie d'équipe très intense.

Les futurs chefs d'équipe suivent d'abord, du 1er au 15 décembre 1941, une session de perfectionnement psycho-pédagogique à l'Institut de recherches et d'applications psychologiques et pédagogiques de Lyon. C'est Garrone, créateur de l'Institut, qui a décidé et organisé cette session à l'intention des directeurs et directrices des Écoles de cadres du SGJ dont il cherche alors à reprendre le contrôle. En y convoquant également les instructeurs du grand stage d'Uriage, il espère leur inculquer une saine doctrine pédagogique. Mais les conférences des spécialistes sont assez théoriques (médecins, dont le Dr René Biot, psychologues, philosophes comme Lacroix, Gabriel Madinier, Gabriel Marcel, Gustave Thibon). Dumazedier saura en tirer une synthèse exploitable [2]. La préparation des instructeurs comporte ensuite un stage à la mine dans le bassin houiller de Saint-Étienne, du 1er au 15 janvier 1942.Travaillant au fond et partageant entièrement la vie des mineurs, ils y subissent une épreuve d'endurance physique et morale; cette brève plongée dans le monde du travail manuel doit les préparer à guider les expériences analogues que feront les stagiaires [3].

À la fin de janvier, une session d'études interne animée par Dumazedier réunit les instructeurs et les membres du bureau d'études. Le déroulement du stage y est étudié, les méthodes pédagogiques sont élaborées. L'idée maîtresse qui guidera l'ensemble des activités et des disciplines est celle d'une formation globale et personnelle de chaque stagiaire. Chacun doit être amené à évaluer ses aptitudes et à développer sa personnalité dans la perspective de la participation à une communauté et en recherchant l'efficacité dans l'action.

Le recrutement des stagiaires, tous volontaires, s'est fait en deux temps. Cent cinq candidatures pour une soixantaine de places ont été reçues à la suite des appels lancés par le SGJ, les mouvements, certaines administrations et entreprises, l'ENU et l'École. Convoqués à Uriage le 1er février, les candidats y ont subi pendant une semaine les épreuves d'une triple sélection médicale, psycho-technique et générale – la troisième sous forme d'entretiens répétés avec les instructeurs de l'École. Soixante-trois stagiaires sont finalement retenus, dont les uns sont candidats à un poste ou déjà employés dans la Jeunesse, et les autres des « gens en place » ayant pris un congé

1. G. Ferry, *Une expérience de formation de chefs..., op. cit.*, p. 44.
2. Voir IRAPP, *Session du 1er au 15 décembre 1941. Écoles de cadres. Conférences, op. cit.*, et le fascicule *Cercles d'études*, 61 p. ronéo. (arch. ENCU); J. Dumazedier, « Pour les chefs des Écoles de cadres. Après la première session de Lyon », *Jeunesse... France*, 27, 1er janvier 1942.
3. Chefs Hoepffner et Malespina, « La mine », *ibid.*

d'activité professionnelle. Pour 18 responsables de jeunesse (12 du SGJ et 6 des mouvements), on compte 11 instituteurs, 8 officiers, 7 étudiants, 6 ouvriers, 3 ingénieurs, 2 agriculteurs et 8 de diverses autres professions. Sur les 62 stagiaires dont l'âge est connu, plus des deux tiers ont entre vingt et vingt-cinq ans (15 sont nés en 1920); 3 ont dix-huit ou dix-neuf ans, et 3 ont dépassé la trentaine [1].

Le dimanche 8 février, le stage proprement dit est ouvert par la « veillée d'accueil ». L'expérience de six mois qui commence – en fait 23 semaines, interrompues par une semaine de congé à Pâques – innove par rapport à la pratique de l'École sur trois plans : la méthode pédagogique, le programme intellectuel, le style de vie communautaire.

Une pédagogie globale et active

Les intentions de l'équipe en matière pédagogique ont été formulées et précisées par Joffre Dumazedier [2], qui est le maître d'œuvre de la recherche et de l'application des méthodes. Il s'inspire des expériences de stages longs menées à l'école des Chantiers de Theix par le commissaire de La Chapelle et, avec sa collaboration, à l'École spéciale de cadres pour les Maisons de jeunes de Chamarges [3]. Le schéma général est fondé sur les temps rythmés et la progression des activités; dans chaque domaine, l'objectif de l'enseignement sera l'assimilation des connaissances et des méthodes, l'apprentissage des techniques, l'entraînement des facultés des stagiaires.

Trois grands rythmes animent la durée du stage. Elle est globalement partagée en deux temps. Dans la période initiale de neuf semaines, les stagiaires mènent une vie relativement fermée, vouée à l'apprentissage des disciplines collectives qui leur sont imposées. Après une semaine de vacances à Pâques, la deuxième période est composée de quatre séquences (de trois ou quatre semaines chacune) passées à l'École, séparées par trois semaines de vie à l'extérieur où les équipes sont dispersées (stage en usine, stage rural, semaine de plein air). Au temps de l'obéissance et du primat de la vie collective, succède ainsi celui de l'initiative et du développement de l'autonomie des stagiaires, afin d'atteindre l'équilibre entre autorité et liberté, ordre extérieur et épanouissement individuel, vie communautaire et vocation personnelle.

Les deux autres rythmes, ceux de la semaine et de la journée, reprennent en les systématisant les pratiques permanentes de l'École : absence de temps morts, alternance des activités et des horaires. Le programme intellectuel du stage a été réparti en une vingtaine de thèmes qui occupent chacun une semaine de travail ou « cycle ». Chacun des cycles hebdomadaires comporte en principe quatre conférences accompagnées de cercles d'études; les quatre journées où domine ce travail intellectuel (mardi et mercredi, vendredi et samedi) sont séparées par deux autres qui font une plus large part aux activités sportives et de plein air (jeudi et dimanche), tandis que le lundi est le jour de sortie libre des stagiaires. La semaine de travail, ouverte par la veillée du lundi soir, s'achève par la veillée générale où toute la promotion assiste à un spectacle culturel et entend le Vieux Chef tirer les conclusions

1. G. FERRY, *Une expérience de formation de chefs..., op. cit.*, p. 48; dossier du stage (arch. ENCU).

2. J. DUMAZEDIER, « Pour les chefs... », art cit. Voir aussi, du même, « Esprit du sport et éducation », *Jeunesse France-Cahiers d'Uriage,* 30, avril 1942, 8 p.; « Éducation intellectuelle et action », *ibid.*, 29, mars 1942; « Entraînement et personnalité », *ibid.*, 31, mai 1942.

3. J. DUMAZEDIER, « Deuxième stage de Chamarges, ou l'esprit d'une pédagogie », *Jeunesse... France,* 28, 15 janvier 1942.

du cycle. Chaque jour, entre le double rassemblement du matin (décrassage et lever des couleurs) et la veillée, est divisé en séquences d'une heure et demie : conférence suivie d'échange, cercles d'études par équipe, séance d'éducation physique et de travaux manuels, temps de travail personnel en étude. Le plein air et le travail personnel occupent chacun trois heures les jours sans conférence. On pense obtenir ainsi la meilleure concentration sans crispation, éviter la monotonie aussi bien que la dispersion.

La méthode pédagogique adoptée vise à pallier les défauts connus de la pratique universitaire : morcellement des connaissances et des disciplines, tentation du verbalisme ou de la systématisation théorique sans rapport avec l'expérience de la vie, individualisme, atrophie des facultés de décision et d'action. Ce n'est pas seulement pour une bonne assimilation de l'enseignement reçu que les méthodes actives sont recherchées, mais aussi par souci de mettre le progrès des savoirs à sa vraie place : au service du développement de la personne et de sa capacité d'action dans le réel. On adopte donc une série de principes : lier l'enseignement aux centres d'intérêt et à l'expérience des stagiaires, en provoquant leur curiosité et leurs questions; réduire le discours magistral à ses lignes maîtresses; le prolonger par les discussions en cercle d'études, sorte de « révision » collective; placer les stagiaires en situation d'apprentissage, ou mieux d'entraînement au travail intellectuel autonome; les inciter à vérifier leurs acquis par des exercices simples, et à aller plus loin par eux-mêmes. L'expérience et l'observation des faits sont toujours placés au départ d'une démarche intellectuelle qui doit déboucher sur des raisons d'agir et des instruments pour l'action.

Ces principes sont appliqués dans le cadre du cycle hebdomadaire. Il s'ouvre par un effort de sensibilisation des stagiaires aux problèmes qu'on va étudier, avec la première veillée et le cercle d'études initial, dit d'ouverture. Chaque conférence est suivie d'un cercle d'études dit d'assimilation où s'échangent réactions et questions; le cycle s'achève sur un cercle de clôture ou de synthèse qui doit amener les stagiaires à mûrir les résolutions personnelles qu'ils tirent de l'étude effectuée. Des exercices écrits accompagnent ce travail oral, et le chef d'équipe fait rédiger périodiquement des travaux de synthèse.

Pour guider sa propre démarche d'accompagnateur, il a en main le « cahier de cycle » hebdomadaire, fascicule dactylographié de 50 à 100 pages confectionné par le bureau d'études. Après des observations générales sur l'esprit du cycle et des conseils pédagogiques, il comporte d'abord une partie documentaire souvent abondante : textes et documents, guide bibliographique. Viennent ensuite les dossiers fournis par les conférenciers : chacun résume sa causerie (plan des idées) et propose des documents. Le cahier de cycle comporte aussi des schémas pour les cercles d'études – les cercles d'ouverture et de synthèse sont particulièrement soignés –, et des suggestions pour les « thèmes d'action » et les « travaux d'expression » individuels ou collectifs à proposer aux stagiaires. Distribué aux chefs d'équipe une semaine à l'avance, le cahier de cycle est examiné et critiqué au cours du conseil pédagogique qui réunit chaque samedi l'ensemble de l'encadrement de l'École; on y décide du mode d'emploi effectif du document, en apportant les inflexions ou corrections demandées par les chefs d'équipe. Fruit de la collaboration des intellectuels et des pédagogues, le cahier de cycle témoigne de l'effort fait pour que contenus et méthodes se correspondent.

Dans les autres activités, la progression des exercices a été soigneusement étudiée; mais, sauf pour l'éducation physique, l'École ne bénéficie pas d'une expérience ni d'un nombre de spécialistes suffisants, et les résultats seront jugés décevants dans les secteurs des sports et des travaux manuels et artistiques. Au contraire, les sorties liées au programme des cycles (visites, enquêtes sociales) et surtout les semaines de stage à l'extérieur, qui donnent lieu à la rédaction de rapports guidés par des questionnaires, répondent à la fois aux exigences d'alternance, d'éveil du sens de l'observation et de lien entre l'enseignement et l'action.

Programme intellectuel [1]

Le programme d'ensemble des 20 cycles est ambitieux : on entend aborder tous les thèmes utiles à la culture civique et sociale de futurs responsables qui doivent connaître le métier de chef, être avertis des réalités humaines et préparés à un engagement patriotique. La première partie (8 cycles), intitulée *Refaire des hommes,* s'ouvre par le constat de la décadence nationale, sur les divers plans, avant de montrer ce qu'est « l'effort de la jeunesse ». Après la présentation d'expériences étrangères (Amérique, Allemagne hitlérienne), l'œuvre du SGJ est exposée, puis les réalisations des Chantiers et des mouvements (Compagnons, Scoutisme, ACJF). Les 5 cycles suivants traitent de la formation des jeunes et particulièrement des chefs, sur les plans physique, psychologique et moral; les méthodes d'entraînement de l'esprit et du caractère y sont présentées, ainsi qu'une critique constructive du système scolaire et une mise en garde contre les dangers inhérents aux moyens de communication modernes (cycles 6 et 7).

La deuxième partie (10 cycles) esquisse un plan pour *Refaire une société,* ou *rénover la communauté française.* La notion de communauté, perspective maîtresse, est d'abord définie en elle-même, puis appliquée aux différents domaines étudiés : la famille, les professions et les classes sociales, la nation française, l'Empire, l'Europe. Deux secteurs sont plus longuement analysés, le social et le national. Trois cycles (11 à 13) sont consacrés à l'entreprise capitaliste, au sort du prolétariat et aux solutions proposées au conflit des classes. La paix sociale exige la constitution d'authentiques « communautés de travail » dans lesquelles le travail retrouverait sa dignité et sa valeur au service de l'homme. Quant à la nation (cycles 9 et 14), elle est analysée dans ses composantes historiques, géographiques, humaines et sociales, définie comme civilisation et non race, proposée comme « communauté de communautés » fondée sur une mission commune. L'Empire, l'Europe, sont également définis comme « communautés » dont l'unité respecte la diversité des composantes. Cette partie, qui a été entrecoupée par les deux stages en usine et en exploitation agricole, s'achève par le cycle consacré aux « maîtres de la politique française ».

Après la semaine de plein air, la troisième partie est réduite à deux cycles sur les « moyens de l'efficacité ». On y analyse d'abord les moyens de l'action politique (la propagande, les techniques de la révolution, le rôle de l'armée) avant de conclure sur les valeurs fondamentales qui gouvernent l'action : l'ordre viril, la morale de l'honneur, la recherche d'un nouvel humanisme.

Les stagiaires ont entendu quelque 72 conférences, dont la moitié exactement ont été faites par des instructeurs de l'École. Six des intellectuels de l'équipe en ont assuré une trentaine (Reuter : 11, Dumazedier : 6, Beuve-Méry, Chombart, Lallement et d'Astorg : 3 ou 4), notamment sur la communauté nationale et la situation de la France, l'Europe, les problèmes sociaux, la culture; ils ont parfois suppléé des conférenciers défaillants (notamment Gillouin, Delavignette et Perroux.) Sur les 30 personnalités venues de l'extérieur, un bon nombre sont des familiers de l'École : responsables d'organisations de jeunesse (Dupouey, Basdevant, Rebattet, le commissaire Nouvel, le jaciste Terpend), universitaires amis (Lacroix, Che-

1. Voir en annexe IX le plan des études du stage de formation.

vallier, Jeanneney), conférenciers attitrés comme l'agriculteur Bonnet, le Dr Berthet, Suzanne Fouché, les Pères Dillard et de Lubac. Les autres, choisis au titre de leur compétence particulière, sont des universitaires (l'historien Deniau de Lyon, les juristes René David et Pépy de Grenoble, Marcy et Trotabas d'Aix), des médecins et psychologues (Dumas, le Dr Gallavardin), des éducateurs (l'abbé Courtois, directeur de *Cœurs vaillants*, le colonel Languetot, commandant la demi-brigade de Chambéry, l'inspecteur régional d'éducation physique et sportive Perriaux), et quelques autres spécialistes.

Aucun représentant du SGJ n'est venu, excepté Dupouey qui est détaché à la direction du mouvement Compagnon; Segonzac et Dumazedier ont dû pallier, pour parler de la jeunesse, l'absence du chef de bureau de la DFJ Matet. Aucun propagandiste de la doctrine officielle non plus; Gillouin, qui devait présenter en juin les grands textes du Maréchal, a été écarté entre-temps par Laval et annule sa conférence. La dernière semaine est occupée par Chevallier (revenu donner le coup d'envoi), d'Astorg et Gadoffre, dont c'est la première intervention à l'École.

On reviendra plus loin sur l'enseignement qui concerne le capitalisme et la question sociale. Le cycle intitulé *Les maîtres de la politique française* a parfois donné lieu à une erreur d'interprétation au vu du programme initial qui comportait quatre conférences : « Les textes du Maréchal » par René Gillouin; « Proudhon, socialiste français » par le Père de Lubac; « Maurras, nationaliste français » par Paul Reuter, et « Péguy, socialiste, patriote et chrétien » par Hubert Beuve-Méry. En réalité, il ne s'agit pas de traiter sur le même pied quatre « maîtres ». En l'absence de René Gillouin, le Maréchal est laissé pour compte, et la conférence introductive est faite par Reuter, qui présente, compare et juge les orientations essentielles des trois penseurs. Le Père de Lubac fait de Proudhon la présentation empreinte de sympathie qui lui est familière; il loue surtout la sagesse de sa conception de l'histoire, où la tension et la recherche de l'équilibre entre les contraires sont préférées à l'ambition marxiste d'une synthèse utopique. Insistant sur son « antithéisme », il estime que sa pensée reste cependant ouverte au mystère et souligne la fécondité de sa conception de la révolution : la révolution proudhonienne est morale autant qu'économique, fondée sur le travail comme donnée de départ et la Justice comme valeur maîtresse.

Reuter présente la pensée de Maurras comme un « naturalisme sceptique », né de l'angoisse du désordre et de la mort, et décidé à la surmonter par l'effort pour instaurer un ordre de la raison. Après avoir reconnu au doctrinaire du nationalisme intégral le mérite d'avoir le sens des communautés naturelles et des continuités historiques et de fournir un antidote contre les solutions de facilité, il relève ses erreurs. C'est d'abord la méconnaissance de réalités contemporaines essentielles (l'économie capitaliste, les solidarités internationales, les phénomènes de masse), et une conception de l'ordre qui tend à privilégier « un ordre extérieur, matériel, architectural, policier ». C'est surtout le mot d'ordre « politique d'abord », qui n'est acceptable que si on l'entend « dans l'ordre des moyens, qu'une politique digne de ce nom doit mettre constamment au service d'une fin ». Reuter conclut sur le dilemme qui s'impose aux disciples de Maurras : ou bien ils interpréteront sa pensée à la lumière des valeurs chrétiennes, et ils réintroduiront en politique le primat de l'impératif moral qu'il a nié, ou bien ils tireront les conclusions de son positivisme et aboutiront inéluctablement, par les théories de la race ou la conception biologique de la nation, « au national-socialisme théorique et pratique ».

Péguy au contraire est présenté par Beuve-Méry comme « un des meilleurs maîtres dont les jeunes Français puissent s'inspirer après le désastre ». Dénonciateur des tares du monde moderne, il a été le prophète des valeurs essentielles; penseur, il a su prêcher d'exemple par sa vie droite, vouée au travail dans la pauvreté et au combat pour ces valeurs. On ne peut demander à Péguy, explique l'auteur, des consignes ni des recettes, il n'a pas voulu entrer dans la technique de la politique. Mais sa pensée est un guide pour les options majeures, dans les trois domaines où s'impose une action révolutionnaire. La révolution politique doit inventer la conciliation de l'ordre et de la liberté; la révolution sociale doit être une révolution morale au service de la justice, qui réhabilitera le travail en lui rendant sa dimension humaine; le renouveau spirituel doit s'ancrer dans le sens de l'incarnation, union indissoluble des deux ordres de la nature et de la grâce.

Reuter conclut sa confrontation des trois pensées en montrant en Proudhon le meilleur guide pour l'analyse du phénomène économique et social, en Maurras un maître de courage dans l'action, « raccroché avec l'énergie du désespoir à la raison et à la volonté de l'homme », et en Péguy le témoin de la vérité essentielle : primat d'un spirituel enraciné dans le charnel, lien entre les combats temporels pour la justice et l'espérance du salut. Aucun des quatre exposés (présentés en juillet 1942, trois mois après la nomination du gouvernement Laval) n'a fait allusion à la Révolution nationale ni à la fameuse « doctrine du Maréchal [1] ».

L'ambiance et les résultats du stage

La rudesse de la vie quotidienne et l'exigence d'authenticité personnelle demeurent des règles fondamentales, que les stagiaires acceptent au nom de l'honneur. Le petit fascicule qu'on leur a remis à leur arrivée rappelle les principes de la vie communautaire (sens de l'équipe, discipline et tenue, franchise et gaieté), avant de détailler le règlement du stage [2]. Trois stagiaires ont été exclus après quelques semaines pour indiscipline grave; c'est la seule sanction prévue. Un conseil quotidien, dirigé par d'Alançon en présence de Segonzac, réunit les chefs d'équipe. Les principes constants de la pédagogie de l'École sont ici portés au plus haut point : intensité de la vie communautaire, discipline acceptée et intériorisée pour instaurer un ordre que le cérémonial manifeste.

Lorsque Gilles Ferry trace un bilan des résultats obtenus, il estime – traduisant sans doute un constat collectif de l'équipe – que les stagiaires ont fortement adhéré au style de vie qu'on leur a fait expérimenter, mais aussi qu'on a commis une erreur en les soumettant à une vie collective aussi intense pendant une si longue durée. Malgré le relâchement de la tension et la modération de la discipline opérés après les deux premiers mois, la promiscuité n'a pas été évitée, et cela a été pour beaucoup une épreuve traumatisante dont les chefs d'équipe ont eu de la peine à maîtriser les effets. C'est pour lui le principal défaut de la pédagogie mise en œuvre [3]; des témoignages de stagiaires confirment que la longueur du stage, l'intensité des exercices physiques et surtout la pression permanente du mode collectif de vie ont été durement ressenties, même par les plus enthousiastes [4]. Pour les instructeurs aussi, l'épreuve a été rude, mais d'Alançon était là pour les aider à reprendre souffle avant qu'ils ne soient nerveusement ou moralement épuisés. Pour tous, le congé de Pâques, après les huit premières semaines, a marqué un changement de rythme et un relâchement bienvenu de la pression collective.

1. « Cahier de cycle n° 18 », 96 p. dactylo : conférence introductive de Reuter (pp. 4-21) et plan des idées des trois autres conférences (arch. ENCU).
2. École nationale des cadres d'Uriage, « Règle des stagiaires », 17 p., impr. Saint-Bruno à Grenoble (arch. ENCU).
3. G. FERRY, *Une expérience de formation de chefs...*, *op. cit.*, pp. 121-122.
4. Témoignages de Jean Barthalais, Paul Grillet, Norbert Deny.

La seconde partie du stage a été moins tendue, coupée, avant la semaine de plein air passée en camp itinérant en montagne ou sur des sentiers de randonnée pédestre, par les deux semaines de stage au travail. À la ferme, chaque équipe est reçue dans une exploitation agricole; en usine, les cinq équipes sont envoyées respectivement dans les mines de la Loire à Saint-Étienne, les aciéries de la Marine à Saint-Chamond, les verreries Souchon à Givors, les tanneries Gras à Romans et le chantier du barrage de Génissiat. Munis d'instructions et de questionnaires, les stagiaires ont des rapports à rédiger sur ces expériences [1].

Les divers apprentissages auxquels les stagiaires ont été soumis ont donné des résultats inégaux. L'équipe des instructeurs en a été satisfaite pour l'éducation physique, la formation intellectuelle et l'endurcissement moral – trois domaines auxquels l'École a donné la priorité depuis l'origine, et dont elle a expérimenté les techniques avec des spécialistes. Au contraire, l'initiation à la pratique de sports multiples, et plus encore l'apprentissage des activités manuelles et artistiques ont été décevants : programmes trop ambitieux et dispersés, encadrement insuffisant, difficulté à intégrer ces entraînements techniques dans l'ensemble de l'action éducative fondée sur une vision humaniste [2].

Les stagiaires ont apprécié l'ambition de formation globale et le soin mis à élaborer une pédagogie qui transpose les techniques des mouvements de jeunesse à l'intention des adultes qu'ils sont. Sur le plan intellectuel, les prestations de Beuve-Méry, Reuter et Dumazedier les ont initiés à une démarche d'analyse des problèmes contemporains dans leur dimension mondiale, nourrie de l'apport des sciences humaines et néanmoins guidée par un ensemble de convictions spirituelles. Certains stagiaires en ont tiré une méthode de pensée et de travail personnel et une sensibilisation aux réalités politiques qui conditionnent leur action [3].

Le souci de la patrie, hier affaiblie par la décadence, aujourd'hui menacée dans sa survie et son unité, a inspiré, autant que le soin de former des chefs complets, l'ensemble des réflexions et des apprentissages du stage. L'idée maîtresse est celle de la reconstruction d'une communauté nationale et internationale, sur tous les plans; les principes n'en sont pas tirés de l'idéologie de la Révolution nationale, mais d'une conception de la personne et de la communauté dont l'inspiration est cherchée dans Péguy, et la formulation chez les penseurs personnalistes [4]. Cette reconstruction à venir est subordonnée à la restauration de l'indépendance et de la liberté nationales, en un combat politique et militaire. Les deux cycles finaux en esquissent la préparation, que matérialise l'entraînement aux sports de combat intégré à l'initiation sportive. L'équipe avait nettement formulé sa position à ce sujet à la veille du stage, en janvier – cinq mois avant que Laval, revenu au pouvoir, déclare souhaiter la victoire allemande. Rappelant aux instructeurs les principes qui devaient guider leur travail pédagogique, d'Alançon écrivait, sous la rubrique « Cultiver le loyalisme à l'égard du Maréchal et des institutions actuelles » :

> Montrer que les germes d'une vraie reconstruction de la France se trouvent dans les textes et les actes du Maréchal, mais qu'il est impossible à un pays occupé et subjugué de mener à son terme une révolution digne de ce nom [5].

1. Voir « Chronique d'Uriage – Géorgiques », *Jeunesse France – Cahiers d'Uriage*, 33, juillet 1942.
2. G. Ferry, *op. cit.*, pp. 111-115.
3. Témoignages de N. Deny et J. Barthalais.
4. Exposé de P. Reuter sur la notion de communauté, cahier de cycle 9 (arch. ENCU) et notes du cahier de stage de Jean Barthalais.
5. « Note pour les instructeurs sur le stage de six mois » citée.

En réalité, c'est moins la pensée de Pétain qu'on a proposée aux stagiaires que l'exemple de Péguy « socialiste, patriote et chrétien », guide de la vraie révolution. En baptisant leur promotion « Verdun », on leur a bien fait comprendre comment on entend mettre fin à l'occupation du pays.

Les appréciations rédigées à l'issue du stage par les chefs d'équipe sont évidemment plus développées que celles des stages ordinaires de l'École. Elles concernent le profil d'ensemble, les aptitudes et les habitudes de travail du stagiaire, son caractère, son comportement et les indications utiles pour son emploi. Le chef de l'École les revoit, et propose les affectations. La moitié des stagiaires retournent à leur profession ou activité d'origine (étudiants, instituteurs, officiers ou responsables de jeunesse surtout). Les autres sont répartis entre les divers postes offerts par le SGJ et le commissariat au Travail des jeunes. Une dizaine seront placés dans les délégations régionales ou départementales, 20 dans les écoles régionales, 8 à la tête de centres de jeunes travailleurs ou de Maisons de jeunes, tandis que les Compagnons, les Scouts de France et les Unions chrétiennes de jeunes gens reprennent leurs cadres. Plusieurs des stagiaires sont installés en zone occupée, d'autres en Algérie, notamment à l'école d'El-Riath. Deux sont retenus à Uriage comme instructeurs : Jean Brivoizac et Louis de Poix [1].

Le rassemblement du 1er août

Le baptême de la promotion « Verdun », le samedi 1er août, est l'occasion d'une manifestation soigneusement préparée, la plus nombreuse et la plus solennelle qu'ait organisée l'École. L'équipe d'Uriage fait de cette cérémonie de clôture de son premier stage de formation une célébration de son œuvre, de la mission qu'elle s'est donnée et de l'union des membres du réseau qu'elle a créé. Prétextant du deuxième aniversaire de sa fondation pour réunir les anciens et les responsables des écoles régionales, elle rassemble en réalité les équipes régionales de l'ENU. Elle invite les institutions de jeunesse amies à lui envoyer des délégations qui symboliseront l'unité de la jeunesse organisée (Chantiers de jeunesse de la région alpine, Jeunesse et Montagne, Scouts, ACJF, Compagnons, Camarades de la Route et représentantes du scoutisme féminin). Les autorités locales, civiles, militaires et religieuses sont invitées ainsi que de nombreux notables grenoblois; deux généraux et le chef de cabinet du préfet président les cérémonies [2]. Les autorités du SGJ ne se sont pas déplacées; Lamirand absent envoie un télégramme de sympathie, mais ne se fait représenter que par son délégué à Grenoble. Le SGJ a convoqué à Paris, pour le 3 août, une réunion de l'ensemble des responsables de jeunesse des deux zones, qui doivent entendre Laval, Bonnard et Pelorson. C'est peut-être ce qui a fait avancer et écourter la réunion d'Uriage, d'abord annoncée pour les 1er et 2 août. Il est du moins évident qu'à deux jours de distance, le rassemblement d'Uriage et celui de Paris marquent deux orientations opposées.

Les délégations des huit équipes régionales (dont celle d'El-Riath en Algérie), composées en principe de 50 membres chacune, ont rendez-vous à l'École dans l'après-midi du 31 juillet, après un parcours aux allures de pèlerinage dont la dernière étape a été couverte à pied ou à bicyclette. Le regroupement des délégations entre Grenoble et Gières précède la montée au château, en groupes échelonnés, de l'ensemble des jeunes participants –

1. Affectation des stagiaires de la session de six mois, 4 p. dactylo., s. d. (arch. ENCU).
2. Dossier du rassemblement des 31 juillet-1er août 1942 : notes de travail, instructions du chef de l'École, correspondances (arch. ENCU).

plus de 1000, 1500 peut-être au total. Les cérémonies se succèdent pendant vingt-quatre heures : veillée au théâtre de verdure ; rassemblement du matin au stade où, après le lever des couleurs et des jeux sportifs (démonstration et compétitions), le baptême solennel de la promotion est suivi d'un défilé, aux accents de : « Vous n'aurez pas l'Alsace ni la Lorraine », joué par l'officielle musique du 159e RIA de Grenoble [1] ; déjeuner offert aux personnalités invitées, suivi de la visite de l'École ; spectacle et concert final au théâtre de verdure. Les cultes catholique et protestant ont célébré leurs offices en plein air ; le Père Maydieu a prononcé l'homélie au cours de la messe. Les démonstrations de masse ont été minutieusement réglées et des consignes de « discipline impeccable, attitude virile, tenue irréprochable » données aux participants de cette manifestation de « foi et volonté ».

La signification du rassemblement a été exprimée à la veillée par la représentation du *Jeu du Glaive et du Château*, donnée par des membres de l'équipe et des amis « pour célébrer la communauté de l'École d'Uriage », comme l'écrit l'auteur du texte, Bertrand d'Astorg. Dans le style des jeux dramatiques routiers, il y transpose en épopée mythique l'aventure de Segonzac et de ses hommes, en y mêlant des personnages réels ou symboliques (l'ouvrier et le paysan, le mage Lanza del Vasto, le réfugié de Lorraine annexée, le garçon faible qui cède aux séductions mondaines) et des figures allégoriques : la Discorde, la France. On y retrouve les thèmes familiers qui forment la mystique d'Uriage : le désarroi après la défaite, la « quête » de la joie et de l'espérance, les tentations du plaisir, de l'argent et de la servitude, l'appel des héros légendaires (Roland, saint Louis, Jeanne d'Arc, Bayard, le poilu de 14-18), la résolution de restaurer l'unité et l'intégrité de la nation démembrée, l'austère retraite dans le château sur la montagne où se retrouvent des volontaires de toutes origines, l'union des classes et l'effort de la communauté conduite par un chef prestigieux. L'apologue conduit à la découverte, à l'exhumation par le chef et à la remise en état du « glaive » (l'arme de la reprise du combat) et s'achève sur la vision du drapeau illuminé « Flottant librement – Sur la Patrie – Libre », comme le proclame le chœur final, avant que le meneur de jeu conclue : « Ici finit le Jeu du Glaive et du Château. Ici recommence l'Action [2]. » Sous la naïveté de la symbolique, avec les caractères manichéens et l'emphase de l'expression (notamment dans l'idéalisation du chef de la communauté transformé en personnage de légende), la pointe de l'action est d'une actualité provocante : le temps de la quête, du rassemblement et de l'entraînement de quelques hommes choisis touche à sa fin, vient celui de la mobilisation pour la reprise de la lutte armée. La communauté célèbre ainsi publiquement les convictions et les objectifs qui ont guidé son action depuis l'origine.

Après la représentation, un des officiels à qui l'auteur est présenté lui déclare : « L'École vient de signer son testament. » Le nouveau cours de la politique gouvernementale et le tournant pris au SGJ ne laissent effectivement plus de doute sur la possibilité de poursuivre durablement une activité officielle marquée par ces orientations. L'équipe a du moins manifesté avec un relatif éclat sa présence et sa fidélité à sa mission.

1. Témoignage A. Voisin.
2. « *Le Jeu du Glaive et du Château*, mystère en trois moments pour célébrer la communauté des chefs de l'ENC et de ceux qui sont venus recevoir leur enseignement, par le chef Bertrand d'Astorg », 38 p. ronéo. (arch. ENCU).

LES SESSIONS D'INFORMATION [1]

Pendant la durée du stage de six mois, l'École a organisé 11 sessions courtes, puis neuf autres entre août et décembre, avec une interruption d'un mois du 15 août au 15 septembre. L'effectif de ces sessions se situe généralement entre 50 et 60 stagiaires, sauf pendant l'été où il s'élève jusqu'à 200. Au total, près de 1 400 stagiaires ont été reçus en 1942; les stages courts se sont présentés sous trois formules : sessions d'information générale, sessions spécialisées, stages industriels [2].

Les *sessions d'information générale* sont destinées à des gens en place, auxquels s'ajoutent des étudiants en période de vacances. Les professions et les milieux sociaux y sont mêlés selon le principe d'un brassage « le plus complet possible ». Il ne s'agit évidemment pas de former de futurs cadres, mais, comme l'écrit en mai une plume officielle, de « sélectionner des hommes de valeur venant de tous les milieux, leur présenter le mode de vie choisi par l'École, et établir entre eux et les chefs d'Uriage, ainsi qu'entre eux-mêmes, des échanges d'expériences fructueuses pour l'action de chacun dans son milieu et dans sa profession [3] ».

Deux de ces stages d'information seulement ont la même durée de trois semaines que ceux de 1941; ils comportent tous deux un fort contingent de fonctionnaires envoyés par leur administration : en mai-juin (session d'information dite SI 6) ce sont douze candidats aux concours des Affaires étrangères et 20 contrôleurs civils en Afrique du Nord ou candidats à cette fonction. En septembre (SI 13) ce sont 12 ingénieurs de l'aéronautique juste sortis de l'école de Toulouse; dans ces deux promotions, les officiers sont également nombreux. Six stages durent une semaine – c'est-à-dire cinq ou six jours effectifs –, dont les trois de l'été, particulièrement fournis : 98 stagiaires en juillet (SI 8), 212 en août (SI 11) et 157 en septembre (SI 12). Là encore, diverses administrations, entreprises ou branches fournissent leur contingent : employés et cadres d'Air France en mars (SI 2), inspecteurs des Finances et cadres de la banque et des assurances en juillet (SI 8), ingénieurs-élèves des Industries navales en septembre (SI 12), membres des professions agricoles et cadres de la Mission de restauration paysanne en décembre (SI 18). Les Chantiers de jeunesse réapparaissent en septembre (SI 12), avec 29 jeunes venus des groupements 9 (Le Monestier-de-Clermont) et 10 (Saint-Laurent-du-Pont), liés depuis longtemps à l'équipe d'Uriage. Plus de 600 stagiaires au total ont suivi ces sessions hétérogènes.

D'autres *stages d'information dits « spécialisés »* s'adressent à un public particulier, homogène et restreint. En juillet, Belpeer accompagne, comme il l'avait fait en 1941, une vingtaine d'étudiants coloniaux qui suivront un programme exceptionnel de deux semaines (SI 9). Trois stages durent une semaine : celui d'avril réunit une cinquantaine d'étudiants (SI 3), celui d'octobre (SI 14) un groupe d'officiers (les responsables, dans chaque division militaire, des relations avec les délégués régionaux à la jeunesse) auquel se joint pendant trois jours un groupe de prisonniers récemment rapatriés, et celui de Noël, une soixantaine d' « universitaires » (instituteurs

1. Voir en annexes X et XI le calendrier des stages et sessions de l'École en 1942 et la liste des sessions d'information.

2. « Compte rendu des sessions d'information du premier semestre 1942 à l'ENCU », 5 p. dactylo., 17 juillet 1942 (Arch. ENCU); dossiers des stages de 1942 (arch. ENCU).

3. « Les sessions d'information à Uriage en 1942 », *Bulletin de presse* du SGJ, 15 mai 1942.

et professeurs, étudiants, élèves – maîtres et lycéens des classes préparatoires à Saint-Cyr ; SI 19). Enfin deux stages de trois jours innovent en réunissant en mars (SI 1) 46 « jeunes chefs » de la Légion des combattants et en juin (SI a) 22 prêtres, aumôniers de mouvements de jeunesse ou directeurs d'œuvres désignés par les évêques de zone sud.

Les *stages industriels* enfin sont de brèves sessions d'études, du samedi au lundi. La première, en avril (SI 4), réunit une quarantaine de « chefs d'industries » (patrons, ingénieurs et cadres supérieurs), avec une dizaine d'employés et agents de maîtrise, sans ouvriers. Les quatre suivantes associent au contraire toutes les catégories : patrons et cadres ; techniciens et agents de maîtrise ; employés, ouvriers et manœuvres. En juin (SI 7) et juillet (SI 10), il s'agit essentiellement du personnel des « industries textiles », c'est-à-dire des usines de tissus artificiels de la société Rhodiaceta dans la région lyonnaise, avec la Viscose de Grenoble et d'Albi. En novembre (SI 15 et SI 16), parmi diverses branches dominent la métallurgie et la mécanique lyonnaises et dauphinoises. Enfin la session de décembre (SI 17) est réservée à des syndicalistes ouvriers du textile, de la métallurgie et de l'imprimerie des mêmes régions, ainsi que du groupe lainier du Tarn. À chacune de ces trois dernières sessions participe aussi un contingent d'une dizaine d'ouvriers et employés de la communauté Boimondau (Boîtiers de montres du Dauphiné) que dirige à Valence Marcel Barbu, qui lui-même a participé avec plusieurs de ses compagnons au stage général de septembre.

Organisation et recrutement

L'École a pris, volontairement au non, de la distance à l'égard du SGJ, qui ne lui envoie plus guère d'employés de ses services ou chefs de jeunesse. Elle a mis sur pied elle-même son programme de 1942, mené les prospections et les contacts et fait enregistrer le résultat par les bureaux du SGJ. Quant au recrutement des stagiaires, malgré les ultimes consignes de Garrone donnant à ses services un pouvoir de choix discrétionnaire, il est en partie assuré par le réseau des amis de l'École, selon les directives données par Segonzac aux membres de l'ENU. Les demandes déposées dans les délégations régionales sont en même temps transmises directement à l'École [1]. Le SGJ a-t-il refusé des candidatures souhaitées par l'École ? On n'en connaît pas d'exemple, mais on sait que Segonzac relance directement les ministères et les grands corps pour l'envoi en stage de jeunes fonctionnaires, et s'adresse lui-même aux entreprises pour le recrutement des stages industriels.

Dans les ministères, c'est la Guerre qui lui adresse le plus de recrues, ainsi que la Marine et l'Aviation (pour leurs corps techniques d'ingénieurs), les Affaires étrangères et les grands corps financiers, inspection des Finances et Cour des comptes. Au total, l'envoi d'office de jeunes fonctionnaires par les administrations ne satisfait pas la direction de l'École, qui constate leur difficulté d'adaptation et leurs résultats inférieurs à ceux des stagiaires volontaires. Pis, pour les candidats admissibles aux concours des Affaires étrangères qu'on envoie à Uriage avant l'oral, l'appréciation obtenue à l'issue du stage comptera dans le total de leurs points – situation peu favorable à une adhésion volontaire à l'esprit de l'École.

Les étudiants réunis en avril ont été jugés décevants. Le décalage entre leur excellente capacité à suivre et critiquer les enseignements intellectuels de l'École et leurs médiocres qualités de caractère (mollesse physique, individualisme, scepticisme) est contraire au profil qu'on souhaite ; il est décidé

1. Instruction de la DFJ citée, 1er décembre 1941 et note du 21 janvier 1942 ; *Bulletin de presse* du SGJ, 15 mai 1942.

de réserver ces stages à un petit nombre de sujets sélectionnés et recommandés. Ce sera le cas avec le groupe d'élèves de la section lyonnaise de l'École libre des sciences politiques amené par le secrétaire général Jacques Chapsal, et avec les stagiaires de septembre et de décembre parmi lesquels figurent Bernard Bing, fils de Jacques Copeau, le philosophe Georges Snyders, les normaliens Gilles Chaine et Jacques Chatagner, Jean Fernand-Laurent, qui a été emprisonné à Lyon au début de 1942 et les étudiants lyonnais Jean-Marie Domenach et Gilbert Dru.

Les jeunes officiers volontaires apparaissent particulièrement disponibles et capables d'adhésion (parmi eux, le lieutenant Alain Le Ray et le chef d'escadrons François Huet qui seront les chefs militaires successifs du Vercors en 1943-44), ainsi que certains membres des grands corps financiers, comme l'inspecteur des Finances Lorrain Cruse. Le Ray, évadé de Colditz pour reprendre la guerre et « ahuri » de l'état d'esprit de ses camarades de l'armée de l'armistice, est « étonné par la liberté de langage et la diversité des gens » qu'il rencontre à Uriage. Dans ce « milieu très sympathique », quoiqu'un peu élitiste et trop hiérarchique, il apprécie la pleine liberté et l'absence de credo politique [1].

Quant aux syndicalistes, on note qu'ils sont souvent isolés au début et intimidés devant les autres stagiaires; les instructeurs sont amenés à s'opposer au discours des patrons et des ingénieurs, voire à provoquer des éclats pour libérer l'expression des ouvriers en cassant le rapport hiérarchique. Des banques comme le Crédit Lyonnais envoient en stage des employés de tous grades. La compagnie Air France inscrit aux stages d'Uriage des ingénieurs, des attachés administratifs, des employés et des pilotes : elle s'inspirera de l'expérience d'Uriage pour la formation de son personnel après qu'André Caraux, chef du service de la formation du personnel à Marseille, aura lui-même participé comme chef d'équipe à deux sessions [2].

Pour encadrer les sessions qui se déroulaient simultanément au stage de six mois, puis celles de l'été avec leurs énormes effectifs, l'École a dû faire appel à des instructeurs-chefs d'équipe temporaires. On en a pris dans les services : Lavorel, Chombart de Lauwe, Muller, Souriau, Dumazedier et d'Astorg et, occasionnellement, Beuve-Méry, Reuter, Poli et Voisin. Le Père des Alleux encadre, avec l'abbé de Naurois revenu à Uriage à cette occasion, le stage ecclésiastique de juin, et Cacérès le stage ouvrier de décembre. L'École a fait venir aussi des écoles régionales Stouff, Desforges, Dourver et Maurer. En août, elle a retenu plusieurs des élèves du stage de six mois pour l'encadrement du suivant (Jean Barthalais, Raoul Coste, Jacques Dufay, André Figus et Pierre Moreaud). Elle a demandé aussi à des gens en place, anciens stagiaires devenus amis et propagandistes, de participer à l'encadrement des sessions, comme Belpeer le faisait pour les étudiants coloniaux de son foyer marseillais. Ainsi André Caraux (Air France), Jacques de Bresson et Paul Delouvrier (inspection des Finances), Louis Roumens (administration coloniale) et Paul Dubois (ingénieur) ont dirigé une équipe; on a embauché aussi des officiers (commandant Fleurquin, capitaine Balade, capitaine Lecoanet), et un éducateur comme le jésuite Lucien Fraisse. Ces collaborations temporaires à l'activité interne de l'École, qui paraissent n'avoir soulevé aucune difficulté d'adaptation et d'intégration, témoignent de la capacité d'accueil de la communauté.

1. Témoignage du général Le Ray, dans P. Bolle, *Grenoble et le Vercors..., op. cit.*, pp. 51-52.
2. Rapport cité du 17 juillet 1942; dossiers des sessions d'information 1942 (arch. ENCU).

Programmes

Le contenu intellectuel de ces stages varie évidemment selon les publics et les durées. On bouscule le schéma type de 1941, en y introduisant certaines conférences du grand stage et surtout en développant la part des questions sociales. On puise le plus souvent, selon un ordre variable, dans quatre séries de thèmes.

La situation de crise est analysée par Beuve-Méry ou Reuter, avec leurs exposés intitulés *Réalités françaises, Décadence française* ou *Problèmes actuels.* Beuve-Méry y ajoute parfois ses *Essais révolutionnaires du XXe siècle,* confrontation critique des ambitions et des réalisations des deux totalitarismes antagonistes; à la fin de l'année, Gadoffre apporte le point de vue de l'historien de la civilisation avec son analyse de *la crise de l'homme et de l'humanisme.*

Le chapitre consacré à la jeunesse est généralement très réduit. On passe sur les expériences étrangères et sur l'œuvre du SGJ, et on réduit la part des organisations de jeunesse à quelques témoignages. Reste la présentation de l'École et de son esprit, et l'appel lancé par d'Astorg à la constitution d'une *aristocratie nouvelle.* Des exposés argumentés sont donnés désormais sur les méthodes de la formation personnelle; ceux de Dumazedier sur *l'esprit du sport* et sa *valeur éducative,* puis sur *l'entraînement mental* et le développement d'une *culture populaire* s'étoffent progressivement.

L'étude des réalités et des problèmes du pays, économiques et sociaux surtout, prend désormais une place majeure, et elle est menée sur le mode de l'analyse critique. Tandis que Reuter répète régulièrement sa causerie sur *les trusts,* Beuve-Méry analyse l'entreprise capitaliste et montre ce que pourrait être une réforme économique inspirée par *la mystique communautaire.* Jeanneney, dans son *Tableau des professions,* présente l'économie française et d'autres conférenciers *la Corporation paysanne* et *le Compagnonnage.* Dumazedier étudie, parfois en collaboration avec Cacérès, *le prolétariat* et ses *justes aspirations, la Charte du travail* et, à la fin de l'année, les perspectives d'une révolution sociale (*Révolution marxiste et révolution humaine*). Selon les publics, on y ajoute un exposé sur *les responsabilités de l'école* ou sur *la fonction publique*, ou encore celui de Reuter sur *l'armée et la révolution.* Les stages industriels comportent parfois des causeries plus techniques sur la réforme de l'entreprise, et évidemment des témoignages de patrons et d'ouvriers.

La conclusion du stage donne les principes d'une solution française et humaniste de la crise. La notion de communauté est expliquée par Beuve-Méry ou Reuter, et le sens de l'action efficace par Gény décrivant *les techniques révolutionnaires.* Le dernier mot, avant celui du Vieux Chef, est souvent celui de Beuve-Méry sur *Péguy, révolutionnaire français* : il montre en Péguy un modèle de pensée ancrée dans le réel, qui a su mettre les vertus quotidiennes au service d'une mystique révolutionnaire.

Ce fonds commun est occasionnellement enrichi par des spécialistes. Aux étudiants et intellectuels, Gadoffre parle de *culture humaine*, au sens collectif et individuel. Aux ecclésiastiques, le Père de Lubac présente des réflexions très actuelles sur *Ordre viril et ordre chrétien,* tandis que le Père Maydieu expose à la fin du dernier stage sa conception de *l'affirmation des valeurs spirituelles.*

La simple énumération de ces thèmes fait ressortir le glissement qui s'est opéré. L'évocation de la Révolution nationale a progressivement disparu, ainsi que les exhortations générales sur le rôle du chef ou la mission de la jeunesse et le récit des faits et gestes des héros légendaires; c'est naturel, puisque l'École s'adresse désormais moins aux chefs de la jeunesse qu'à des adultes. Mais les exposés ont aussi gagné en précision dans l'information, et l'analyse en rigueur; l'explication de la crise présente et la recherche des solutions sont fondées sur une vision plus ample de l'interdépendance des données et sur une connaissance plus solide des réalités. C'est sans doute dû pour une part aux menaces qui pèsent sur l'École et qui l'obligent à réduire la part de l'idéologie après les avertissements de l'hiver 1941-42, mais aussi à l'effort entrepris pour le stage de six mois, et à la présence d'intellectuels plus nombreux, dont les prestations sont plus fréquentes. Si la brève durée de la plupart des stages d'information de 1942 ne permet pas d'y donner un enseignement aussi complet que dans les stages de trois semaines de 1941, la qualité des interventions s'est certainement améliorée.

Stage légionnaire

Trois sessions spécialisées de 1942 sont tout à fait originales; elles concernent des membres de la Légion, des prisonniers rapatriés et des ecclésiastiques. La première est organisée en mars à la demande de François Valentin, directeur général de la Légion française des combattants et des volontaires de la Révolution nationale – c'est le nouveau nom du mouvement depuis l'automne 1941, et Valentin se préoccupe de la formation des jeunes qu'il recrute désormais [1]. L'École d'Uriage a observé jusqu'alors une attitude de réserve prudente envers la Légion, dont Beuve-Méry expliquait qu'elle était « amorphe dans son ensemble », tandis que son aile activiste était marquée par la tentation d'un « empirisme prétotalitaire ». Mais Segonzac a de la sympathie pour Valentin, qui lutte contre les entreprises de captation menées par Pucheu et Marion. Ancien familier de Lyautey, ami de De Lattre avec lequel il a travaillé à Opme, Valentin est de ces catholiques conservateurs et patriotes chez qui l'adhésion à la Révolution nationale va de pair avec l'hostilité à la collaboration. Weygand, au moment de sa révocation à l'automne 1941, l'a retenu de démissionner de la direction de la Légion; Laval l'y obligera en juin 1942, après quoi Valentin s'éloignera du régime et appellera en 1943 les légionnaires à la résistance. En ce début de 1942 où Darnand vient de faire reconnaître officiellement son SOL à l'échelle nationale, peut-être Valentin et Segonzac sont-ils d'accord pour faire contrepoids à la pression des partisans d'un durcissement autoritaire. L'ironie de l'histoire veut que la session de jeunes de la Légion que Segonzac organise à la demande de Valentin s'ouvre le 6 mars, le jour même où le premier comparaît à Vichy devant la commission du Conseil national dont fait partie le second!

Pierre Chevallier, avocat, membre de la direction de la Légion à Vichy et futur responsable de la branche jeune du mouvement participe au stage avec 45 légionnaires, adhérents de base ou responsables départementaux du recrutement et de la formation des jeunes. Les deux tiers des stagiaires ont entre dix-neuf et vingt-cinq ans, une dizaine sont étudiants et quelques-uns lycéens, les autres relèvent des professions les plus diverses. Leur stage ne dure que trois jours, du 6 au 10 mars, et Segonzac en juge les résultats décevants. Les légionnaires ont certes manifesté de l'intérêt, de la discipline et de la bonne volonté, mais les trois quarts d'entre eux n'ont pas tiré de bénéfice réel du stage, ayant été mal choisis et insuffisamment préparés [2]. S'agit-il d'un défaut d'envergure ou de disponibilité, ou d'une divergence

1. Correspondances préparatoires, dossier du stage SI 1 (arch. ENCU). Voir J.-P. Cointet, « La Légion française des combattants », *Le Gouvernement de Vichy 1940-1942, op. cit.*, pp. 137-140.

2. Rapport établi par la direction de l'École sur le stage légionnaire SI 1, mars 1941, 1 p. dactylo. (arch. ENCU).

idéologique ? Chevallier a compris son erreur, et on envisage de renouveler l'expérience dans de meilleures conditions. En fait il n'y aura pas d'autre stage légionnaire à Uriage. Le même Chevallier, devenu chef national de la Jeune Légion créée par le successeur de Valentin, Lachal, organisera avec le SGJ, dans l'été 1942, une session pour 30 de ses jeunes militants à l'école régionale de Cugnaux; mais l'esprit, sous le contrôle de Pelorson, en sera tout différent [1].

La session de trois jours organisée fin octobre pour 12 prisonniers rapatriés, simultanément à la fin d'un stage d'officiers, ne laissera guère de traces. Parmi les stagiaires, en majorité lyonnais ou savoyards, se trouvent Jean de Fabrègues, animateur du Centre d'action des prisonniers rapatriés (CAP) et un de ses adjoints. Intellectuel catholique et royaliste, Fabrègues a quitté l'Action française en 1931, après avoir été le secrétaire particulier de Maurras, et il a fondé en 1936 *Combat,* organe de la Jeune Droite, avec Thierry Maulnier. En 1942, il dirige à Lyon *Demain,* « l'hebdomadaire de la Cité française » qui appelle les catholiques à s'unir derrière le Maréchal. Profitant de la disparition d'*Esprit* et de *Temps nouveau, Demain* combat les tentations de l'objection de conscience et du personnalisme démocratique [2]. Il s'intéresse aux Chantiers, au scoutisme et à l'Action catholique, mais n'évoque jamais l'École d'Uriage. Jean de Fabrègues ne commentera pas son passage à Uriage, et on ignore si les autres stagiaires étaient dans les mêmes dispositions que lui.

Ecclésiastiques à Uriage

Avec le stage ecclésiastique de juin 1942, l'École réalise un ancien projet, envisagé avec Mgr Guerry dès les journées d'études de 1940, puis adopté à la fin de 1941 en accord avec le cardinal Gerlier. L'École souhaite évidemment dissiper les préventions à son égard des responsables d'Action catholique : suspicion de neutralité pernicieuse et de concurrence avec les mouvements confessionnels, sinon de détournement de militants.

En janvier 1942, une proposition a été adressée par Segonzac et le Père des Alleux aux évêques de la zone libre. Regrettant de n'avoir pu inviter les dirigeants d'Action catholique des diocèses au stage de six mois, ils proposent d'organiser une brève session d'information pour les directeurs diocésains des œuvres et aumôniers fédéraux des mouvements catholiques. Faisant état de l'accord de principe du cardinal Gerlier, ils suggèrent que l'assemblée des cardinaux et archevêques du 12 février se saisisse de la question – ce qui semble indiquer que la direction de l'École est consciente d'obstacles qui relèvent d'une décision collective de la hiérarchie [3]. Un projet de programme est adressé aux évêques en mai, où l'on indique que la participation de La Porte du Theil et de Tournemire est espérée. Cette idée de rencontre au sommet paraît étrange. A-t-on pensé à Uriage susciter un front commun des chefs de jeunesse catholiques, face aux menaces que représente la nomination de Bonnard au ministère ? En fait La Porte du Theil, indisponible ainsi que le Père Forestier, déléguera l'aumônier du groupement voisin de Villard-de-Lans, le chanoine Redt, pour présenter un témoignage sur les Chantiers; Tournemire ne viendra pas non plus. L'École fait appel à l'abbé de Naurois comme chef d'équipe et invite également l'abbé Rodhain (dont l'aumônerie des prisonniers de guerre soutient

1. Compte rendu du stage de Cugnaux dans le *Bulletin de presse* du SGJ, 18 septembre 1942.
2. Voir R. Bédarida, « Roger Radisson et l'hebdomadaire *Positions,* 1942-1944 », *Églises et chrétiens...,* II : *La France, op. cit.,* pp. 423-425.
3. Dossier du stage SI a « Aumôniers » (arch. ENCU).

le service Prisonniers de l'École), le Père Maydieu et, comme conférencier, le Père de Lubac.

Vingt-deux ecclésiastiques âgés de trente à cinquante-neuf ans participent à la session. À part le jésuite polytechnicien François Russo, étudiant à Fourvière, ce sont des sous-directeurs diocésains des œuvres et des aumôniers de mouvements (Scoutisme et Action catholique), dont certains sont aussi curés de paroisse, directeurs d'écoles libres ou de grands séminaires. Ils appartiennent aux diocèses des provinces ecclésiastiques de Lyon (diocèses de Lyon, Grenoble et Belley), de Chambéry (Annecy, Maurienne et Tarentaise) et d'Avignon (Valence, Nîmes et Montpellier), ainsi qu'aux diocèses du Puy et de Montauban. Les diocèses des provinces de Marseille, de Toulouse et d'Auch ne sont pas représentés. L'abbé Camille Folliet, aumônier de la JOC de Haute-Savoie et animateur de la Résistance, est inscrit au stage mais n'y participe pas [1]. Les stagiaires sont répartis en deux équipes, dirigées par Naurois et des Alleux; on a aménagé l'horaire pour y insérer la célébration des messes privées et la lecture collective du bréviaire.

Le premier jour est consacré à la jeunesse : exposé de Segonzac suivi d'un échange de vues, témoignages sur les Chantiers et les Compagnons. On présente ensuite aux stagiaires un échantillon des enseignements habituels de l'École : les réalités françaises, l'esprit du sport, l'histoire et l'esprit d'Uriage. Le troisième jour est celui de la réflexion sur les orientations fondamentales : exposé sur la mission de la France et conférence du Père de Lubac sur « Ordre viril, ordre chrétien ». Le théologien y montre les chrétiens en butte au double défi du communisme, avec son sens de l'efficacité, et des partisans du culte de la force inspirés par la critique nietzschéenne. Il les invite à l'autocritique, au nom de la solidarité entre la nature et le surnaturel soulignée par Péguy : une nature débile ne peut porter qu'un surnaturel malingre. Décrivant le christianisme viril, c'est-à-dire fort et intrépide dans la pensée comme dans l'action, il montre comment le développer. Il appelle ses auditeurs à un double effort pour redécouvrir l'essentiel de la foi chrétienne et donner une réponse lucide aux exigences du temps présent [2].

Les échanges de vues entre stagiaires et avec les instructeurs de l'École ont occupé une place importante, comme l'indiquent deux documents rédigés par des participants. Le premier, bref rapport, consigne le bilan de ce premier contact en se plaçant du point de vue des évêques et de l'Action catholique. Il relève les aspects positifs de l'expérience, et la sympathie éprouvée pour l'œuvre d'Uriage, qui représente un « riche capital spirituel et technique », avec « l'élévation de vues » de ses dirigeants, et son « atmosphère de rénovation nationale imprégnée d'humanisme chrétien ». Il souligne les deux zones d'ambiguïté qui ont appelé des mises au point des aumôniers d'Action catholique, d'ailleurs bien accueillies. Il doit être bien entendu que leurs mouvements ne sont pas un simple instrument parmi d'autres du relèvement du pays, mais l'outil que l'Église s'est donné pour éduquer la jeunesse selon sa conception de l'homme et du monde. L'École d'Uriage doit en tenir compte et se rendre utile, en formant d'une part des cadres pour les jeunes non encore atteints par les mouvements, en faisant bénéficier d'autre part les militants de ses contacts et de ses techniques, valables sur le plan des moyens, sans se substituer à l'Action catholique sur celui des fins. En second lieu, Uriage qui n'est pas un « milieu réel », mais un carrefour où l'on passe, doit encourager les jeunes à poursuivre leur tâche « dans leur milieu naturel. » À ces conditions, les « jeunes de nos mouvements » pourront être éventuellement appelés « si telle est la volonté de

1. Voir E. POULAT, *Naissance des prêtres ouvriers,* pp. 239-245.
2. Résumé de la conférence conservé à Uriage, 2 p. dactylo. (fonds Poli).

nos évêques » à y faire des stages, sans être « détournés de la formation d'humanisme chrétien intégral qu'ils trouvent à l'Action catholique [1] ».

Le ton du deuxième document est bien différent. Signalant au passage ces problèmes de relations institutionnelles, il tente de rendre compte globalement de la découverte que l'auteur anonyme a faite à Uriage. Exprimant, sur le ton d'une libre réflexion personnelle, une estime et une adhésion profondes envers une expérience dont il a saisi l'originalité, il constitue un des meilleurs témoignages de l'attraction exercée par l'esprit et le style de l'École. Il la définit comme un « haut lieu spirituel » et un centre de rayonnement où peuvent se retrouver « tous ceux qui croient encore aux valeurs spirituelles et à la mission de la France ». Au-delà de l'objectif immédiat de formation des chefs, on sait y poser « le problème de l'humanisme, de la culture et de la civilisation moderne ».

L'auteur analyse les composantes essentielles du « climat d'Uriage ». Il y a trouvé non seulement « une atmosphère chrétienne » qui fait du stage une retraite spirituelle, mais un lieu où « tous les problèmes sont étudiés, vécus, pensés dans la lumière spirituelle et chrétienne » – contrairement à tant de milieux chrétiens qui cantonnent le spirituel dans un secteur à part. La ferveur qu'on y cultive est réaliste et mesurée, le souci de discipline, de tenue et d'honneur échappe aux caricatures du caporalisme, le sens de l'équilibre prévient les excès de l'intellectualisme, et l'exercice de l'intelligence y est soumis à l'expérience du réel; l'auteur précise ici : « Par opposition, je n'ai peut-être jamais si bien senti qu'à Uriage la stérilité absolue de tout le mouvement d'Action française avec son apriorisme, son logicisme si faux. » On fait appel à la fois, pour reconstruire la communauté française, à la fidélité à la tradition et à l'effort de création qui permet de la dépasser. Enfin la recherche de l'efficacité dans l'action se combine avec le sens du style, qui fait naturellement jaillir la beauté de la vie.

L'auteur relève ensuite les principaux thèmes des discussions menées entre les aumôniers et l'équipe d'Uriage : problème des « valeurs viriles », et tendance de Segonzac à sacraliser les valeurs d'ordre, discipline, tenue, honneur qu'il reproche aux catholiques d'avoir trop négligées; nature de l'Action catholique; tentation pour Uriage de former *in abstracto* des chefs coupés de leur milieu. Il conclut sur quelques aspects qu'il a particulièrement appréciés : originalité des méthodes pédagogiques, lucidité dans la définition des problèmes économiques de l'avenir (ce seront ceux d'une haute productivité générant chômage et loisirs), sens de la relation entre la mystique et la technique, dispositions complémentaires dont l'articulation exige aujourd'hui un travail de « création morale [2] ».

Cette brève session a donc permis d'aborder et d'éclairer les points de divergence entre Uriage et l'Action catholique diocésaine; elle constitue de ce point de vue une réponse au blâme de Garrone pour qui la spiritualité d'Uriage ne pouvait satisfaire « une conscience chrétienne qui jamais ne se contentera de notions aussi équivoques que celles d'honneur ou de virilité [3] ». Segonzac reprendra ce débat un an plus tard, à propos de l'enquête lancée par le Centre *Jeunesse de l'Église* sur le thème « Le Christianisme a-t-il dévirilisé l'homme ? »; sa réponse sera publiée dans les premières, avec celles de Lacroix et de Fumet. Il y reviendra sur les causes de la défaite et du manque de virilité des Français, et renverra dos à dos les deux groupes de chrétiens politisés : les démocrates, souvent dépourvus de force vitale, et

1. « Notre pensée sur l'École d'Uriage » (Qu'avons-nous vu, fait, laissé et emporté ?), 2 p. dactylo. (arch. ENCU).

2. « Uriage, 22-26 juin 1942. Impressions d'un stagiaire », 4 p. dactylo. (arch. ENCU).

3. « Organisation et fonctionnement des Écoles de cadres », note citée de la DFJ (automne 1941).

leurs adversaires de droite, dont l'adhésion toute formelle au christianisme cache mal l'égoïsme social. Il affirmera qu'il existe des catholiques « pleins de santé morale et physique », dans la jeunesse surtout, dont le dynamisme démontre que le catholicisme vivant, développé dans un milieu sain, demeure fondamentalement « virilisant ». Il réclamera comme première réforme celle des séminaires. Un clergé vigoureux et préparé à affronter de face les problèmes du monde moderne sera capable d'éduquer des catholiques « vivants et virils [1] ». L'équipe d'Uriage participe ainsi à un des débats importants de l'époque, celui qui inspirera à Mounier la rédaction de *L'Affrontement chrétien.*

La session des aumôniers a aussi créé ou développé des liens de collaboration confiante, comme avec l'abbé Tanchot, aumônier fédéral de la JAC de l'Isère, qui fait appel aux intellectuels d'Uriage pour la formation de ses militants. Dans les stages ordinaires de l'École, la présence de prêtres est exceptionnelle, celle de pasteurs et de séminaristes rare; à la session d'août 1942 participent Jean Sainsaulieu, professeur au grand séminaire d'Agen et Jacques Sommet, étudiant au scolasticat jésuite de Fourvière.

Cependant l'École est aussi en liaison avec la Résistance spirituelle. Le service Documentation conserve une collection incomplète du périodique clandestin *La Voix du Vatican* [2] ainsi qu'une série de textes dactylographiés ou ronéotypés rappelant et commentant les condamnations portées contre le nazisme et contre la politique hitlérienne par diverses autorités relgieuses [3]. À cela s'ajoutent, dans l'été 1942, un dossier d'information et de protestation contre la persécution antisémite [4] et, un peu plus tard, le texte anonyme dit du « *Prince-esclave* » dans lequel le Père Fessard développe une argumentation de théologie politique pour montrer les limites de la légitimité du régime de Vichy et de l'obéissance que lui doivent les citoyens; Louis Poli détient dans ses archives à la fois le document long « La conscience catholique devant la défaite et la révolution » et l'abrégé « Argument [5] ».

Les grands textes de Teilhard de Chardin qui circulent sous le manteau, introduits à l'École par Lucien Fraisse et par le Père de Lubac, y ont plus d'un lecteur [6].

1. « Le christianisme a-t-il dévirilisé l'homme ? » Réponse de P. DUNOYER DE SEGONZAC, *Jeunesse de l'Église*, 2, 1943, pp. 78-82.

2. Voir R. BÉDARIDA, « *La Voix du Vatican*, 1940-1942. Bataille des ondes et Résistance spirituelle », *Revue d'histoire de l'Église de France*, LXIV, 173, juillet-décembre 1978, pp. 215-243; R. VOOG, « *La Voix du Vatican*, juillet 1940-octobre 1942 », *Églises et chrétiens dans la Deuxième Guerre mondiale. La France*, pp. 137-149 et 155.

3. « L'Allemagne et le christianisme », 12 p. ronéo., juin 1941; P.B., « La politique du mythe, ou dynamisme et valeur morale de l'idée confuse », Lyon, 10 mai 1941, 9 p. dactylo.; « Le prêtre français en face du racisme hitlérien », 23 novembre 1941, 21 p. dactylo.; Extraits de la « Lettre de Karl Barth à ses amis de France » (arch. ENCU).

4. Plusieurs documents, dont la lettre de protestation adressée par le pasteur Bœgner au Maréchal le 20 août 1942, le message du 22 septembre aux fidèles de l'Église réformée, et un montage de textes de Péguy sur Israël et contre l'antisémitisme, présenté par « le loyal compagnon », 21 p. dactylo., fonds Poli (arch. ENCU).

5. « La conscience catholique devant la défaite et la Révolution », 112 p. dactylo. (août-septembre 1942); Abrégé « Argument », 7 p. dactylo. (même date). Voir le texte de l'abrégé présenté et publié par J. PRÉVOTAT dans *Spiritualité, théologie et résistance, op. cit.*, pp. 121-129 et dans G. FESSARD, *Au temps du Prince-esclave. Écrits clandestins 1940-1945*, pp. 99-108.

6. « Comment je crois », 22 p. dactylo.; « Le christianisme dans le monde » (Peking, mai 1933), 8 p. dactylo.; « Christologie et évolution » (Tien-Tsin, Noël 1933), 11 p. dactylo. (fonds Poli, arch. ENCU). Correspondance Fraisse-Muller, janvier 1942 (arch. ENCU); H. DE LUBAC, *Mémoire sur l'occasion..., op. cit.*, p. 49.

Stages industriels

L'École a décidé, à la fin de 1941, de donner une priorité à la pénétration de son influence dans le monde du travail et à l'étude des problèmes de l'entreprise et des luttes sociales. Six sessions sur 19 sont réservées en 1942 aux milieux industriels; elles s'accompagnent d'un travail de recherche et de documentation, et de contacts sur le terrain, à Grenoble surtout.

On s'adresse d'abord, en avril (stage SI 4) aux « chefs d'industries », patrons et cadres : ingénieurs (dont six des Mines, venant surtout du bassin stéphanois), patrons d'entreprises moyennes (le verrier Antoine Riboud qui avait déjà fait le deuxième stage de la Faulconnière, le tanneur de Romans Philippe Herrenschmidt, un fabricant de rubans stéphanois, et plusieurs dirigeants d'entreprises métallurgiques), cadres du tertiaire (compagnie Air France, Crédit Lyonnais, sociétés d'armement naval et de navigation fluviale, Établissements Casino). Le programme, peu spécialisé, associe aux sujets classiques (Reuter sur les trusts) des causeries sur le compagnonnage, l'apprentissage, la JOC et des témoignages et cercles d'études sur les rapports entre patrons et ouvriers et sur les comités sociaux. L'objectif paraît avoir été de sensibiliser les responsables des entreprises aux problèmes de la jeunesse ouvrière et de sa formation, plus que d'étudier la réforme économique et sociale de l'entreprise. Il en ira autrement dans les sessions suivantes, qui bénéficieront de l'apport du stage de six mois, avec ses deux cycles consacrés aux communautés de travail et à la paix sociale.

Quatre sessions mixtes associent patrons, cadres, agents de maîtrise, employés et ouvriers; mêlés dans chaque équipe, ils partagent la vie communautaire intense de l'École. Dans les deux premières, en juin (SI 7, 81 stagiaires) et juillet (SI 10, 88 stagiaires) domine, mêlé à des officiers dans celle-là, le personnel des usines des groupes Comptoir des textiles artificiels (Viscose et Textiles artificiels du Sud-Est) et Rhodiaceta. L'École s'appuie sur la sympathie des dirigeants du groupe Gillet, qui sont venus eux-mêmes à Uriage, y envoient en stage notamment les délégués de leurs comités sociaux et financent le service Prisonniers [1]. Ce n'est pas pour autant une idéologie patronale, ni le corporatisme officiel, qu'on enseigne dans ces sessions. Le programme de celle de juin est significatif :

SI 7 « Comités sociaux » : *GRANDE ENTREPRISE ET PAIX SOCIALE*

1er jour : Les classes et leurs luttes.
- Reuter : le fait capitaliste.
- Dumazedier : le fait prolétarien.

2e jour : L'effort actuel de collaboration.
- Dumazedier : La Charte du travail et les comités sociaux.
- Témoignage d'un syndicaliste grenoblois.
- Cercle d'études : L'expérience des comités sociaux.

3e jour : Le problème de la rémunération du travail.
- A. Dubois : La répartition du profit ente le capital et le travail.
- E. Romanet : La participation aux bénéfices.
- R. Froideval : La coopérative de production.
- Bertin : La représentation et la participation des travailleurs.

Les généralités superficielles et les affirmations sentimentales ne sont plus de mise. On part du constat que « la lutte entre la classe des capitalistes et la classe des prolétaires est un fait ». Après avoir analysé les contradic-

1. Témoignages d'H. Beuve-Méry et P. Hoepffner.

tions du capitalisme et les caractères de l'attitude révolutionnaire du prolétariat, on recherche les conditions de la transformation des entreprises en communauté de travail, seule alternative plausible au matérialisme marxiste. Quant aux comités sociaux d'entreprise créés par la Charte du travail, ils représentent une étape et une expérience. Ils permettent d'évaluer les conditions et les difficultés de la collaboration entre patrons et salariés; ils constituent une « occasion d'éducation ouvrière » à exploiter, et peuvent être l'instrument pour le monde ouvrier de la conquête d'une part d'autonomie – si les patrons savent éviter d'imposer leur tutelle [1].

Les conférenciers du dernier jour sont deux patrons novateurs et un ou deux syndicalistes ralliés au régime. Émile Romanet, l'ingénieur grenoblois qui a lancé les allocations familiales avec les caisses patronales de compensation, et Alexandre Dubois, lié aux Jeunes Patrons, qui fait de ses Aciéries de Bonpertuis (à Apprieu, Isère) un laboratoire d'expériences, avec l'intéressement du personnel, ont tous deux des idées à présenter, qui ne doivent rien à la Charte du travail. Raymond Froideval au contraire, ancien dirigeant CGT du Bâtiment, est lié à Belin dont il a été le chef de cabinet au ministère en 1940; il est secrétaire général de la Chambre des coopératives ouvrières de production, une des vitrines du syndicalisme vichyssois. Quant à Bertin (s'il s'agit bien de Louis Bertin, ancien dirigeant communiste en rupture dès 1934 avec le PC, syndicaliste PTT devenu en 1936 secrétaire général de l'Union départementale CGT de Savoie qu'il continue à diriger), il a fondé en novembre 1940 l'hebdomadaire *Au travail*, organe des syndicalistes favorables au régime qui connaît un certain succès en zone sud. Est-ce volontairement que l'École a choisi de donner la parole à ce(s) représentant(s) de l'idéologie officielle ? Le thème des comités sociaux imposait peut-être de les entendre. Leur intervention ne sera pas renouvelée, et ce n'est pas dans leur sens que vont se développer les réflexions d'Uriage.

En novembre, les sessions SI 15 et 16 (81 et 34 stagiaires) mêlent à la fois différentes catégories de personnel et différentes branches d'industrie. L'École a développé ses relations : Chambres de commerce et d'industrie et syndicats patronaux du Sud-Est (avec l'appui de Georges Villiers qui, après avoir été président de la chambre syndicale de la Métallurgie du Rhône et vice-président de la Chambre de commerce de Lyon, a été nommé maire de Lyon et sera révoqué en janvier 1943), Jeunes Patrons, USIC (ingénieurs catholiques). Elle donne surtout une place croissante aux syndicalistes : responsables des comités sociaux qui se mettent en place conformément à la Charte du travail, Unions départementales CGT et CFTC de l'Isère et de la Savoie.

À Grenoble surtout, Dumazedier s'est lié à des militants qui sont ou deviendront responsables de la CGT et du Parti communiste clandestins, comme les deux ouvriers de la Viscose de Grenoble, Louis Baille-Barelle (alors militant de *Combat*) et René Thomas (futur responsable FTP) à qui on demande leur témoignage sur le syndicalisme ou sur « la détresse actuelle du monde ouvrier ». Leur participation au travail de l'École obéit à des motifs complexes : à la part de l'estime et de la convergence patriotique se joint celle d'une stratégie communiste de présence dans les organes officiels, pour s'informer, prendre des contacts, tenter d'influer sur les évolutions et affirmer une fonction de représentants authentiques de la conscience ouvrière [2]. C'est le moment où l'École s'oriente vers la perspective d'un « dépassement » révolutionnaire du communisme matérialiste.

Autre rencontre, celle de Marcel Barbu, créateur de Boimondau (Boîtiers

1. Rapport interne établi à la suite du stage : « Grande entreprise et paix sociale », 4 p. dactylo. (arch. ENCU).

2. Voir les témoignages divergents de P. Flaureau et de P. Billat dans P. BOLLE, *Grenoble et le Vercors, op. cit.*, pp. 47 et 58-60.

de montres du Dauphiné), entreprise industrielle dont il veut faire une « communauté humaine » fondée sur une éthique pluraliste et un « style de vie ». L'usine communautaire de Valence est un lieu d'« éducation humaine » autant que de production économique, qui fait même sa place à la culture physique et à l'éducation artistique. On y crée des cours de français après un stage à Uriage (« milieu sympathique ») d'où les ouvriers sont rentrés mécontents de n'avoir pas été capables de s'exprimer [1].

Le programme de ces stages, organisés par Dumazedier, a pour but de montrer la nécessité, les principes et les caractères de la véritable Révolution sociale qui établira « la paix sociale dans la justice », en la distinguant bien de « l'effort actuel d'amélioration de la vie ouvrière » (c'est-à-dire la Charte du travail). On part de l'examen de la situation actuelle (détresse du monde ouvrier, ambiguïté des nouvelles institutions) pour prendre conscience des réalités sociales et économiques qui conditionnent toute action révolutionnaire (la grande entreprise et les trusts, les « justes aspirations du prolétariat »). On trace enfin les « lignes de force » de la révolution sociale sur trois plans : les structures économiques (Jeanneney), les relations humaines dans l'entreprise et la vie des travailleurs (Segonzac), et la « mystique communautaire » capable de dépasser la mystique marxiste (Beuve-Méry). Après avoir refusé un syndicalisme soumis au patronat ou à l'État et critiqué la Charte du travail, on préconise l'opposition aux menaces de « déportation en Allemagne » qui pèsent sur les jeunes, l'engagement pour « la libération du territoire » contre « l'oppresseur nazi », et un effort d'information et de formation des cadres ouvriers , dans « l'attachement aux valeurs sacrées de liberté, de solidarité, de justice chères au peuple de chez nous [2] ». Certains patrons et cadres présents, surpris, expriment leur désaccord. Les jugements sur le Front populaire et sur l'attitude patronale en 1936, les problèmes que posent la relève et la réquisition des travailleurs, sont au centre de ces débats [3].

Le dernier des stages industriels, en décembre, s'adresse exclusivement aux cadres ouvriers; c'est la première expérience de l'École, et la seule, en matière de formation ouvrière. Elle s'insère dans le double effort qu'entreprend alors l'équipe : travail théorique sur la révolution sociale à venir – c'est l'objet d'une session interne d'études sociales, au début de décembre – et action sur le terrain à Grenoble pour poser les bases d'une « École de cadres sociale » qui doit être lancée au début de 1943. D'abord programmé pour la fin de novembre, le stage ouvrier est repoussé, à cause des événements autant que pour en compléter la préparation [4]. Il se tient du 19 au 21 décembre (SI 17), avec 56 participants (ouvriers et manœuvres pour les deux tiers, les autres employés ou agents de maîtrise), et le programme suivant :

1er jour : – Cacérès : Les aspirations révolutionnaires du prolétariat.
– Sauron : Témoignage sur un chef d'entreprise révolutionnaire [Barbu].
– Beuve-Méry : Les essais révolutionnaires du monde moderne.

2e jour : – Cacérès : Le mouvement ouvrier au XIXe siècle.
– Dumazedier : Révolution marxiste et révolution humaine.

3e jour : – Cacérès : Masses et élites ouvrières.
– Dumazedier : Promotion du travail et culture ouvrière.

1. Récit de Marcel Barbu transcrit par H.-Ch. DESROCHES et L.-J. LEBRET dans *La Communauté Boimandau, op. cit.*, pp. 5-6.
2. « Note sur les stages industriels de novembre 1942 », Uriage-Documentation, 17 p. dactylo. (arch. ENCU).
3. Témoignages de Pierre Hoepffner, Paul Grillet et Lucette Kellermann.
4. Cahier de cycle pour le premier stage ouvrier (27 novembre au 1er décembre 1942), 10 p. dactylo. (arch. ECNU).

On voit que la place majeure est faite à la connaissance du monde ouvrier (histoire, sociologie, culture) et à la confrontation idéologique sur les principes et les modalités de l'action révolutionnaire. Beuve-Méry présente pour la première fois à des stagiaires l'exposé qu'il médite depuis longtemps, et dont il rédigera par la suite plusieurs versions, sur les révolutions du XXe siècle. Après les trois « révolutions manquées » (la révolution nationale, avortée; le national-socialisme, imposture; le bolchevisme, révolution déviée), les Français doivent s'atteler à « la révolution à faire » que l'occupation et le combat patriotique pour la libération rendent possible. Dumazedier montre comment la Révolution communautaire peut et doit dépasser la révolution marxiste, en étant « plus sociale, plus large, plus humaine, plus efficace [1] ».

Aux yeux de Dumazedier, principal animateur de ce travail en milieu industriel, il est temps de constituer au sein de l'École une « équipe sociale ». Regroupant des intellectuels, des documentalistes et des instructeurs, elle prendra en charge à la fois la tâche d'élaboration doctrinale et la réalisation du projet d'École de cadres sociale. À une École de cadres ouvriers, ouverte la première après un travail de contacts et d'enquête suivi d'un stage en usine des instructeurs, s'ajoutera une École de cadres supérieurs de l'industrie [2]. Le projet est à l'étude et le travail de documentation et de réflexion est commencé lorsque survient la dissolution de l'École. L'École de cadres sociale ne verra évidemment pas le jour, mais une partie des membres de l'équipe seront hébergés en 1943 dans des organismes sociaux, tandis que les intellectuels poursuivront dans la clandestinité l'élaboration de la doctrine révolutionnaire.

1. Programme du stage « Cadres ouvriers », 19-21 décembre (arch. ENCU).
2. « Note sur l'organisation possible d'une équipe sociale » (JD, 28 novembre 1942), Uriage-Documentation, 4 p. dactylo. (arch. ENCU).

CHAPITRE XIII

Lecteurs, adhérents et amis

Si la méthode pédagogique de l'École, son travail de recherche et ses contacts avec des milieux sociaux comme les entreprises ont incontestablement progressé en 1942, il n'en a pas été de même des moyens dont elle a disposé pour propager son esprit. Elle avait multiplié les initiatives en 1940-41, en exploitant la période d'élan de la politique gouvernementale en direction de la jeunesse et la confiance initiale de Garrone. Or, le SGJ a perdu, dès le début de 1942, une partie de son autonomie, avant de devenir sous le gouvernement Laval l'enjeu d'une lutte d'influence dans laquelle les institutions créées en 1940-41 se trouvent sur la défensive. Désormais suspecte sinon condamnée à plus ou moins brève échéance, l'École nationale des cadres voit se réduire ses moyens d'action publics. Elle doit davantage compter sur le réseau de fidélités qu'elle a constitué et sur les contacts personnels qu'elle continue de multiplier. La diffusion de ses publications est limitée, de même que son rôle public au sein des mouvements de jeunesse. Le rayonnement de son esprit gagne sans doute en profondeur – avec une autorité intellectuelle accrue – plus qu'en extension. C'est finalement l'Équipe nationale d'Uriage qui constitue le principal relais de cette action extérieure, en entretenant la fidélité du petit nombre des amis sûrs et en les organisant sur le plan local.

LES ÉDITIONS D'URIAGE

Les « Cahiers d'Uriage »

Un mois après la disparition du journal *Jeunesse... France* paraît le premier numéro de la revue mensuelle qui lui succède, *Jeunesse France-Cahiers d'Uriage,* dont neuf livraisons sont publiées de mars à décembre 1942 (n°s 29 à 37). Chaque numéro de ces « cahiers d'études » (de 60 à 90 pages de format 21,5 × 13,5, de typographie serrée et de présentation austère) est composé d'une série de fascicules séparés correspondant à des rubriques régulières; les cahiers sont donc destinés à une exploitation documentaire avec classement méthodique en dossiers de travail.

Le tirage varie entre 6 000 et 8 000 exemplaires, dont la diffusion doit se faire essentiellement par abonnements. Le budget prévisionnel de lancement compte sur 4 à 5 000 abonnés, à peu près autant que l'ancien journal

Jeunesse... France. Un millier d'exemplaires doivent être distribués en service de presse, et le reste sera proposé à la vente, directement par l'École ou dans les librairies amies. La diffusion ne passe donc plus ni par les Messageries Hachette ni par le SGJ et ses délégations régionales. Celui-ci subventionne cependant la revue, dont le coût revient à 360 000 F en année pleine en comptant les frais de secrétariat, d'honoraires d'auteurs et de déplacements. La recette de plus de 200 000 F escomptée par le budget prévisionnel (pour un prix de vente de 5 F au numéro, et de 54 à 100 F par abonnement) ne sera pas atteinte. Le nombre des abonnés tombe vite à moins de 3 000 et se stabilise ensuite grâce aux 1 300 nouveaux souscripteurs de 1942 [1].

Les dix rubriques dont se compose théoriquement chaque livraison comportent d'abord l'éditorial de Segonzac, méditation sur un aspect de l'expérience d'Uriage ou présentation du thème éducatif ou social du numéro. Viennent ensuite un ou deux articles de fond, résumé d'une conférence donnée à l'École ou réflexion originale d'un membre de l'équipe d'études ou d'un proche ami de l'École. La rubrique « Gestes de France » héritée du journal et consacrée à des récits héroïques est bientôt abandonnée, tandis que sous les titres « Textes » et « Poème » sont reproduits des textes remarquables pour leur valeur esthétique, patriotique... ou diplomatique : des poèmes de Bertrand d'Astorg et de Jules Roy voisinent avec un extrait du discours adressé par Valéry au maréchal Pétain et un texte « Le grand homme et le saint », tiré du *Saint François d'Assise* d'Abel Bonnard. Les trois rubriques « Éducation », « Arts et techniques », « Marche de la jeunesse » font appel à l'expérience des organisations de jeunesse et aux réflexions des psychologues et des pédagogues; une chronique d'Uriage y prend place, mais le souci de donner la parole à de multiples acteurs et témoins est manifeste. La revue des livres et des revues est suivie de documents. Exceptionnellement, un numéro spécial est entièrement consacré au thème de la communauté, et un numéro double reproduit intégralement un cahier de cycle du stage de six mois [2].

La littérature édifiante à l'usage de la jeunesse et les textes conventionnels ont donc presque totalement disparu, dans cette publication destinée à un public adulte d'éducateurs et de responsables d'organisations de jeunesse; son apport est intéressant dans trois domaines surtout.

Il s'agit d'abord des questions éducatives. Les brefs témoignages présentés par des dirigeants d'écoles de cadres ou d'organisations de jeunesse échappent généralement à la banalité et à l'autosatisfaction, en dégageant avec esprit critique l'originalité d'une expérience. Dumazedier et d'autres spécialistes consacrent des articles de fond aux recherches pédagogiques : méthodes de l'entraînement et de l'apprentissage intellectuels, problèmes de l'éducation ouvrière et des relations entre travail manuel, pratique du sport et développement culturel. Ces études ont le mérite de lier la réflexion théorique à l'expérimentation concrète [3].

Sur les problèmes sociaux et civiques, la revue publie des réflexions critiques de qualité, comme les deux numéros spéciaux cités, le texte où Reu-

1. « Bilan de *Jeunesse France,* à prévoir pour 1942 », 4 p. dactylo., s.d. ; « *Jeunesse France-Cahiers d'Uriage* », note dactylo., 2 p. (statistique des abonnements anciens et nouveaux pour la période mars-novembre 1942) (arch. ENCU).

2. « Communautés », *Jeunesse France-Cahiers d'Uriage, ibid.*, 37, décembre 1942, 88 p.; « Cahier de cycle. L'entreprise capitaliste et le prolétariat », *Ibid.,* 35, septembre-octobre 1942, 156 p.

3. L. DUMAS, « Propos sur l'éducation ouvrière », *ibid.,* 33, juillet 1942, 8 p.; « Pratique de l'éducation ouvrière »,*ibid.*, 34, août 1942, 12 p.; J. DUMAZEDIER, « Éducation intellectuelle et action », *ibid.*, 29, mars 1942, 10 p.; « Esprit du sport et éducation », *ibid.,* 30, avril 1942, 8 p.; « Entraînement et personnalité », *ibid.,* 31, mai 1942, 8 p.; « Sens révolutionnaire et éducation ouvrière », *ibid.,* 36, novembre 1942, 4 p.

ter présente les problèmes de l'Empire ou les brefs comptes rendus de Beuve-Méry sur diverses publications d'inspiration communautaire [1].

Quelques textes font allusion de manière plus ou moins transparente aux positions de l'équipe d'Uriage et à ses jugements sur la situation présente. La revue se garde d'aborder directement l'actualité politique ou de revenir sur la doctrine de la Révolution nationale, mais Segonzac présente, dans un de ses éditoriaux, l'École comme un laboratoire révolutionnaire et plaide, au lendemain des débats du Conseil national, pour son droit à exister, à enseigner et à chercher une vérité qui n'est pas encore atteinte. *Le Figaro,* en désaccord avec Segonzac à propos des responsabilités du machinisme dans le problème social, recommande de consulter avec soin ces *Cahiers d'Uriage* qui « expriment la doctrine » d'une institution dont les travaux méritent « une grande attention [2] ».Tirant la leçon de plusieurs séjours à Paris, Chombart de Lauwe montre comment les compatriotes de la zone occupée comprennent progressivement que « nous ne sommes pas non plus aussi libres et aussi soutenus dans notre action qu'ils le pensaient, mais que nos réalisations n'en sont pas moins authentiquement françaises, et non des imitations de l'étranger [3] ».

Un article qui présente la situation faite à la jeunesse en Finlande se conclut par un éloge du petit pays héroïque qui a su dire non à l'envahisseur et donner un exemple de volonté et de sage force patriotique. Commentant une pensée de Montesquieu sur les États militairement faibles que menace la servitude, Paul Reuter fait appel à Péguy, médite sur le rôle des guerres et sur l'échec des entreprises fondées sur la seule force; elles ne peuvent, écrit-il, définitivement réduire au silence l'Esprit dont la fécondité est impérissable. Enfin Gabriel Marcel, dans le compte rendu qu'il donne du dernier livre de Jean Lacroix, affirme qu'aucun ouvrage récent ne répond « plus directement à l'attente des hommes de bonne foi et de bonne volonté ». Il l'approuve particulièrement de refuser une « morale de la non-résistance [qui] signifierait en fait capitulation devant la volonté adverse »; le citoyen qui pratique cette morale, quelles que soient ses intentions personnelles peut-être irréprochables, « tend néanmoins à livrer à l'ennemi la collectivité à laquelle cet individu appartient ». Le danger de cette aberration, conclut-il, « n'a jamais été aussi manifeste qu'aujourd'hui [4] ».

Magazine et fascicules

La transformation du journal *Jeunesse... France* en cahiers d'études est allée de pair avec le lancement d'un magazine hebdomadaire à grande diffusion. *Marche de la jeunesse* paraît le 1er janvier 1942 sous la responsabilité de Segonzac et sous la direction effective de Pierre Ollier de Marichard et Philippe Gaussot. Ils font travailler plusieurs journalistes lyonnais, liés au mouvement Compagnon ou à Jeune France, parmi lesquels dominent l'esprit et quelquefois les engagements de la Résistance : Paul Vincent (secrétaire de la rédaction), Roger Massip, Jean Oudinot, Kleber Haedens,

1. P. Reuter, « La colonisation », *ibid.,* 33, juillet 1942, 12 p.; H. Beuve-Méry, « Communauté et religion », 33, juillet 1942, 1 p.; « Communauté et économie », 37, décembre 1942; « Jeunesse de l'Église », *ibid.*

2. P. Dunoyer de Segonzac, « Les Écoles de cadres », *ibid.,* 30, avril 1942; Anonyme, « Le problème des cadres », *Le Figaro,* 11 août 1942.

3. P.-H. Chombart de Lauwe, « Les zones et l'unité française », *ibid.,* 29, mars 1942, 4 p.

4. S. Chanoine, « La Finlande et sa jeunesse », *ibid.,* 32, juin 1942, 8 p.; P. Reuter, « Sur une pensée de Montesquieu », *ibid.,* 34, août 1942; G. Marcel, « *Personne et amour,* par Jean Lacroix », *ibid.,* 32, juin 1942, 4 p.

Alexandre Arnoux, Jean Doat, Pierre Courtade et Pascal Copeau. POM reste en contact étroit avec Uriage, mais sa publication, qui entend s'adresser à la masse des jeunes pour combattre l'influence des hebdomadaires commerciaux ou fascisants, est pratiquement autonome à l'égard de l'École.

Sur 24 pages de format magazine (26 × 36) abondamment illustrées de photographies et de dessins réalisés par des professionnels, *Marche* offre aux jeunes des reportages, souvent exotiques, des récits de guerre et d'aventure, des nouvelles, des chroniques (livres, radio, folklore, sport et humour), ainsi que de nombreuses informations, cartes à l'appui, sur la guerre (dans le Pacifique surtout), sur l'Empire et sur l'étranger, y compris les États-Unis. Les responsables rusent avec la censure et se font parfois réprimander, jusqu'à l'article qui met le feu aux poudres le 23 juin. Sous le titre « Scènes de la vie au Stalag. La foire aux hommes », l'auteur pseudonyme (le prisonnier évadé Marcel Haedrich) décrit les commandos de travail qui utilisent la main-d'œuvre des prisonniers de guerre, « cheptel humain » aux mains des agents recruteurs, « négriers » et « marchands d'esclaves ». Entre les lignes, c'est tout le système du travail volontaire ou forcé qui est dénoncé, au moment même où Sauckel prépare les mesures de réquisition de main-d'œuvre pour les usines allemandes. La censure a laissé passer l'article mais les autorités font saisir des exemplaires du numéro et l'imprimeur se voit interdire la poursuite de la publication, qui est officiellement suspendue en juillet. Les négociations menées par le secrétaire général adjoint à la Jeunesse Pelorson aboutissent au retrait de Segonzac et des responsables de la rédaction [1]. Confié à une autre équipe, *Marche* reparaît pour quelque temps avant d'être définitivement supprimé à l'automne.

Le développement de la collection de fascicules publiée par l'École, « Le Chef et ses jeunes », se poursuit jusqu'en décembre 1942, avec la réédition de plusieurs des volumes publiés en 1941 et la parution de cinq nouveaux livres. Les quatre premiers sont le développement d'enseignements donnés aux stagiaires dès 1941 par trois membres de l'équipe, Reuter, d'Astorg et Lallement, et une conférencière amie, Suzanne Fouché [2]. Le dernier est consacré à la pensée du chef de l'État : des extraits de ses principaux messages et articles sont reproduits, regroupés par thèmes et présentés dans un classement systématique. Charles Henry-Amar, documentaliste à l'École, a réalisé le choix et le montage des textes et rédigé la préface du volume [3]. Comme l'indique le titre, il a travaillé sur la série des textes prononcés ou publiés par le maréchal Pétain de juin 1940 à avril 1942. Les motifs de la publication de ce volume, mis au point dans l'été 1942, ne sont pas clairs. Volonté de donner un gage de loyalisme doctrinal à l'entourage du Maréchal ? Plus subtilement, manière de contrer les nouveaux gouvernants en présentant une conception de la Révolution nationale qui n'est pas la leur ? Un opuscule semblable par la méthode et le volume, mais tout différent par l'éclairage, est distribué au même moment à l'École nationale des cadres civiques de Marion [4]. La collection « Le Chef et ses jeunes » se clôt sur ces *Messages* du Maréchal, la supression de l'École ayant devancé la parution annoncée du dix-huitième titre consacré à l'esprit d'équipe. Les fascicules ont été distribués principalement par l'École elle-même, avec l'aide du réseau bénévole des écoles régionales et de l'ENU.

1. Témoignage de P. Ollier de Marichard. Lettre de Pelorson à Guérard, secrétaire général auprès du chef du gouvernement, 17 juillet 1942 (AN, F 60 1 020).
2. S. FOUCHÉ, *Pour le jeune. Lois sociales appliquées,* 64 p. ; P. REUTER, *Les Trusts,* 84 p. ; B. d'ASTORG, *La Morale de notre honneur,* 119 p., préface de Gabriel Marcel ; L. LALLEMENT, *La Mission de la France,* 141 p.
3. Maréchal PÉTAIN, *Messages aux Français,* classement analytique des paroles et des écrits du chef de l'État (juin 1940-avril 1942) par Ch. HENRY-AMAR, 123 p.
4. *La doctrine du Maréchal, classée par thèmes,* ENCC, 1942, 116 p. Voir P. VIRET, *Une semaine..., op. cit.,* p. 39.

L'École continue par ailleurs à diffuser les textes ronéotypés de certaines conférences, mais ces documments sont moins nombreux en 1942 qu'en 1941. On ne reproduit ainsi presque aucune conférence du grand stage, et encore moins celles des sessions du second semestre – ce qui rend difficile l'étude de l'enseignement donné. Cependant des documents anonymes circulent sous le manteau, diffusées par les membres de l'ENU dans leurs groupes locaux. En effet le fascicule mensuel *Équipe nationale d'Uriage* que reçoivent les membres de l'association n'est qu'un bulletin d'information et de documentation pour les équipes; les consignes politiques de la direction sont transmises oralement et sous le sceau du secret.

LE RÉSEAU MILITANT

Les écoles régionales

Les écoles régionales de cadres – dix en zone libre métropolitaine, après la fermeture de Corbiac en Dordogne – restent en 1942 dans l'orbite d'Uriage, qui a fait de leurs directeurs les chefs des sections régionales de l'ENU. Deux ont déménagé : l'école de Lapalisse pour le château de Clerlande à Varennes-sur-Morge (Puy-de-Dôme), toujours sous la direction de Bernard; l'école d'Aiguebelle pour le château de Meyrargues près d'Aix, avec les chefs Maurer et Lheureux. Trois écoles changent de direction au cours de l'année, après Le Châtelard (Haute-Vienne) où le chef Matharel a été remplacé par Robert François (stagiaire 1941 d'Uriage). Desforges, chef de l'école d'Uzos (Basses-Pyrénées) et de la région ENU Gascogne-Béarn, décide, après une visite à Uriage à l'automne 1942, de rejoindre Alger ; il est remplacé par son adjoint Boutier. À Saint-Bauzille (Hérault), Gangloff est remplacé à la fin de l'année par un élève du stage de six mois d'Uriage. À El-Riath, Vanier a remplacé Roucher. Plusieurs de ces écoles organisent des stages de trois mois pour les chefs de centres de jeunes dépendant de la direction du Travail des jeunes. L'école mère leur envoie de nouveaux instructeurs issus des promotions récentes, dont une quinzaine des élèves du stage de six mois.

L'école de cadres des Maisons de jeunes de Chamarges et le centre Jeunesse de l'ENP de Saint-Étienne dirigé par Le Veugle demeurent également dans la mouvance d'Uriage, ainsi que les deux écoles spécialisées du SGJ de Sainte-Musse et du Fayet.

Dans l'ensemble de ce réseau on s'inspire et on se réclame de l'exemple d'Uriage, on fait circuler ses documents et ses mots d'ordre, on échange correspondances et visites qui permettent, au deuxième semestre surtout, de maintenir l'unité de vues dans une situation difficile. De la force de ces liens témoignent le rôle des chefs d'écoles dans l'association ENU, leur participation au rassemblement du 1er août à Uriage, et surtout la conduite de la quasi-totalité de leurs chefs, qui en deux occasions décisives manifestent leur solidarité envers Segonzac. Au mois d'août, ils résistent à l'opération de séduction-intimidation du successeur de Garonne qui tente de les détacher d'Uriage; en janvier 1943, leur démission collective suit de peu la suppression de l'École nationale et entraîne leur radiation du personnel du SGJ.

L'Équipe nationale d'Uriage

L'association des anciens est, avec le stage de six mois et les stages industriels, un des éléments nouveaux et essentiels de l'activité de l'École en

1942. Lancée en octobre 1941 avec beucoup d'espoirs, malgré les difficultés et les réticences, elle a reçu une organisation complexe, on l'a vu : déconcentration régionale qui vise à favoriser les initiatives locales, hiérarchie d'organes directeurs propres à assurer l'unité et la discipline de l'ensemble « aux ordres du Vieux Chef ». Ce sont deux des instructeurs les plus anciens et les plus sûrs, Chombart de Lauwe et Lavorel, qui sont chargés de l'animation et de la coordination de l'ensemble des sections régionales et de l'édition du bulletin imprimé mensuel *Équipe nationale d'Uriage*, dont huit numéros (de 12 à 28 pages) sont diffusés de janvier à octobre 1942.

L'effectif de l'association augmente modérément : 195 adhérents au 1er avril (sans compter une quarantaine d'instructeurs et employés de l'École), 404 au 1er novembre et environ 450 (d'après la comptabilité des cotisations) en février 1943, lorsque l'association cesse ses activités au grand jour avant d'être dissoute le 28 juillet [1].

Les cotisations des adhérents, dont près de 200 ont été renouvelées à l'échéance de la première année, ont donné au total une recette de 44 000 F, à laquelle s'est ajouté le montant des subventions versées par le SGJ, soit 90 000 F correspondant à trois trimestres, d'octobre 1941 à juin 1942 (date du dernier versement). Ces sommes sont consacrées aux frais de secrétariat, de documentation et de déplacements. Les équipes régionales se sont vu allouer par ailleurs, pour l'année 1942, une subvention de 20 000 F chacune sur les crédits des délégations régionales à la jeunesse.

Aux dix sections régionales créées dès l'origine se sont ajoutées une section particulière pour la ville de Lyon, animée par Pierre Jacobsen, et une antenne de liaison pour les amis dispersés en zone occupée, avec l'ancien instructeur Toulemonde et l'ancien commissaire SdF Basseville, chef de l'école régionale de Roissy. Les consignes données aux adhérents concernant quatre types d'activités.

Il faut d'abord regrouper les membres et sympathisants par localité et par profession. Ce n'est pas facile, à en juger par la répétition instante de la consigne ; les adhérents cherchent spontanément à se retrouver entre camarades de promotion d'Uriage ou entre anciens de telle école régionale, quand ce n'est pas entre anciens équipiers de tel « chef ». La première tâche est donc de dépasser les « affinités particulières » pour « former une véritable communauté vivante » unie par l'idéal commun [2]. Les équipes locales ou professionnelles ainsi formées doivent ensuite développer une vie communautaire (rencontres et activités de loisirs) et devenir des pôles de rayonnement de l'esprit d'Uriage. Elle diffuseront la documentation de l'École et mèneront une propagande sélective pour recruter des stagiaires de qualité. Deux autres formes d'action leur sont demandées, enquêtes et service social. Le service social consiste d'abord à être actif dans les milieux de la jeunesse en prenant contact avec les mouvements et les délégations locales du SGJ et en participant aux manifestations organisées pour l'ensemble de la jeunesse (en 1942, ce sont la fête de Jeanne d'Arc et le Service civique rural). L'animation de services locaux d'aide aux prisonniers de guerre ou aux réfugiés, l'engagement militant dans les comités sociaux des entreprises sont également recommandés, avec la consigne de dresser collectivement le bilan de ces activités et d'en faire rapport aux instances centrales de l'ENU qui reçoivent effectivement un abondant courrier.

Les enquêtes sont peut-être l'élément le plus original de l'activité de

1. Quatre registres comptables ont été conservés : Mouvements du compte courant postal de l'ENU du 17 novembre 1941 au15 mai 1943 ; Recettes de l'association du 1er décembre 1941 au 20 mars 1943 (deux registres) ; Comptabilité générale de l'ENU de novembre 1941 à mai 1943 (documents A. Voisin et arch. ENCU).

2. H. Lavorel, « Action », *Équipe nationale d'Uriage*, 9-10, septembre-octobre 1942, pp. 2-3.

l'ENU. Deux sont lancées en 1942, la première sur la jeunesse, au début de l'année, et l'autre, plus ambitieuse, sur « la Cité » au deuxième semestre. Les membres de l'ENU sont invités à donner une réponse détaillée au questionnaire qui leur est adressé avec des conseils de méthode [1]. Ces enquêtes ont évidemment un double but, pédagogique et stratégique. Pédagogiquement, elles contribuent à la formation des adhérents par la pratique d'une méthode d'observation et d'analyse de leur milieu local (hommes, groupes, institutions); ils y acquéreront une connaissance plus précise des réalités humaines et des problèmes du milieu au sein desquels ils sont appelés à agir au nom de l'esprit d'Uriage. Elles constituent d'autre part, pour la direction de l'ENU qui en collationne les résultats, le moyen de mesurer globalement l'état de l'opinion en zone sud et de repérer les sympathies et les oppositions que suscite l'action de l'équipe. L'enquête sur la Cité commence par une étude des divers milieux sociaux, avec leurs problèmes, leurs mentalités, leurs réactions devant la situation présente, les personnalités et les courants qui y exercent une influence. C'est la préface à la constitution d'équipes au sein de ces milieux, destinées à y acquérir de l'influence par l'exemple et à préparer une mobilisation.

Quelle action prépare-t-on, au service de quelle cause ? Les documents diffusés restent évidemment généraux et prudents. Dans un texte qui n'est peut-être qu'un document de travail de la direction, on insiste sur le « but lointain » de l'ENU : « Refaire l'unité de la France, condition de son redressement », en dénonçant les divisions du passé et du présent. Celles qui menacent dans l'avenir sont la guerre civile entre des partis soutenus chacun par un des belligérants, et la révolution sociale sanglante. Pour se préparer à refaire l'unité du pays, les membres de l'ENU doivent se regrouper sur le plan professionnel en maintenant l'union. En excellant sur le plan de la compétence technique et « en s'imposant en même temps par leur valeur d'homme complet », ils répandront l'esprit de l'ENU, ainsi défini :

> ... Le contraire d'un parti clandestin dont l'idéal serait un coup de force qui mettrait un point final à sa mission. L'ENU est avant tout au service de certaines valeurs; ce service peut se faire sans le pouvoir et même contre le pouvoir. L'ENU peut et doit actuellement préparer les matériaux et les hommes pour l'œuvre constructive de demain [2].

Les directives d'octobre 1942

Le rassemblement du 1er août à Uriage a manifesté concrètement l'union des anciens et leur attachement à l'École. La direction de l'ENU entend alors relancer l'activité de l'association, que certains craignent de voir s'enliser dans une « impuissance apparente »; plusieurs rencontres sont prévues à l'automne. À l'occasion du deuxième anniversaire de la promotion « Maréchal Pétain », deux journées d'études rassemblent les 20 et 21 octobre à l'École 28 anciens, dirigeants des écoles régionales et simples adhérents. Trois exposés de Segonzac, Beuve-Méry et Dumazedier font le point, un an après la fondation de l'association. Leurs conclusions sont claires : condamnation de la politique du gouvernement, constatation de l'échec de la Révolution nationale et esquisse d'un nouveau projet révolutionnaire. Ces jour-

1. « Programme de travail. Enquête sur la jeunesse », *ibid.*, s. d. (1, janvier 1942) pp. 6-8; « Les enquêtes de l'ENU. La Cité. Projet d'un programme d'enquête et d'un programme d'action », *ibid.*, n° 4, avril 1942, pp. 21-24.

2. « Plan d'un cadre d'études pour l'ENU », 2 p. dactylo., s.d. (probablement été 1942) (arch. ENCU).

nées doivent marquer pour l'ENU un nouveau départ. Les plus sûrs de ses membres seront regroupés pour préparer une action clandestine, dont l'objectif est indiqué par un bref document anonyme qu'on leur communique secrètement. Ces « directives générales de notre pensée et de notre action » partent d'un constat :

> En octobre 1942, il semble que jamais l'opinion française n'ait été plus affaissée et plus absorbée dans des préoccupations immédiates. Un mouvement politique avorté, la Révolution nationale, a laissé les Français indifférents à tout grand mouvement révolutionnaire. Or nous croyons à la nécessité d'une vraie révolution, dont le bouleversement de l'univers nous montre l'étendue. Elle vise non seulement l'équilibre politique, mais encore les structures économiques, les valeurs humaines et spirituelles. Il ne s'agit ici ni de la subir, ni de s'y opposer, mais bien de l'orienter.

Les convictions maîtresses de l'équipe sont présentées ensuite sous la forme d'une profession de foi personnaliste et antinazie. Elle se réclame d'un « humanisme adapté aux conditions du XXe siècle et au génie propre de la France », inspiré par « les valeurs humaines dont l'Occident fait généralement remonter les sources au christianisme » :

> Nous croyons donc qu'il y a entre les hommes une égalité foncière de nature qui exclut tout privilège définitif de race, que les valeurs spirituelles l'emportent sur toutes les autres, ce qui requiert le respect général de la liberté, indispensable au développement de l'esprit. Ce qui importe dans tous les problèmes humains, c'est de prendre en considération l'homme total avec son corps, son intelligence, son âme en les coordonnant et en les hiérarchisant (...). Cet homme nouveau ne s'épanouira que dans la vie communautaire (...). La communauté est faite pour l'homme, mais l'homme ne vit finalement que pour des valeurs spirituelles qui toutes culminent dans le don de soi, dans la communication généreuse à autrui, c'est-à-dire dans la vie communautaire.

Les trois communautés les plus importantes étant la famille, la profession et la nation, le texte esquisse les solutions à donner aux problèmes politique et économique. Dans l'État fort de demain, « après une crise dont le point culminant n'est pas encore atteint », le problème central sera celui des cadres, c'est-à-dire d'une élite inspirée par une juste conception du commandement. Les cadres devront « se constituer en ordres (...), véritables communautés comportant des engagements et un style de vie propre ». Mais auparavant, dans une nation française qui « n'existe plus en tant que communauté »,

> (...) un seul sentiment peut être exploité comme thème politique d'unité nationale et d'action : le refoulement de l'envahisseur. Ne dût-il conduire, lorsque les circonstances seront favorables, qu'à un geste symbolique, sa signification n'en serait pas moins immense.

Quant au problème économique et social, sa solution consiste à mettre l'économie au service de l'homme en soumettant les trusts au contrôle de l'État, et à « rendre humaine la condition de l'ouvrier en rendant au travail la place qui lui est due, la première [1] ».

L'idée d'« Ordre » reste donc présente dans les réflexions de l'équipe. À la fin de l'année, Segonzac l'évoque clairement, pour la première fois dans un texte public, en traçant le bilan de l'expérience communautaire menée à Uriage. La recherche et la pratique d'un style de vie ont forgé la communauté ; son dynamisme interne l'amène maintenant à rechercher une forme

1. « Directives générales de notre pensée et de notre action », 3 p. ronéo. (arch. ENCU). Voir le texte reproduit en annexe, document 4.

nouvelle d'organisation, plus étendue, qui aboutira peut-être, écrit-il, à la constitution d'un Ordre [1]. Un document interne explicite ce projet, en cherchant à définir la nature de l'équipe . Ni parti politique ni formation religieuse, elle se donne pour mission l'élaboration d'une société communautaire; en effet le travail nécessaire de reconstruction sociale

> ne peut être réalisé ni par l'État ou par les partis politiques qui l'appuient, ni par des individus ou par les Églises qui alimentent leur spiritualité (...). Seuls seront qualifiés pour ce travail de nouveaux *ordres* se développant autour d'une communauté mère – l'esprit communautaire se gagne par une contagion plus encore que par une formation – destinée à essaimer indéfiniment, à former les éléments de base de petites communautés incarnées dans différentes professions, et qui auront une valeur de prototypes sociaux en même temps que de champs d'expérience [2].

Le lancement de cette action en profondeur est associé, à la fin de 1942, aux préparatifs du passage prévisible à la clandestinité. Tandis qu'une circulaire de Lavorel prescrit aux chefs de section de l'ENU d'organiser vers le 20 novembre une réunion générale des anciens de leur région, une note confidentielle définit la mission des envoyés d'Uriage qui visitent les régions. Ils doivent choisir dans chaque ville un responsable local et constituer autour de lui, sur la base des « Directives générales », une équipe élargie d'hommes convaincus et décidés. Les événements de novembre bousculent l'application de ce plan; ainsi les réunions d'anciens prévues dans les deux régions languedociennes sont annulées le 25 novembre par décision du SGJ. Celle du Forez-Vivarais a lieu à Terrenoire en présence de Ferry, envoyé du Vieux Chef dont il transmet les consignes à l'équipe dirigeante de la région [3].

Les membres de l'ENU les plus fortement engagés dans l'esprit d'Uriage ont été préparés, à l'automne 1942, à entrer dans une nouvelle forme d'organisation et d'action, comme Segonzac l'a donné à entendre en indiquant que le problème de la transformation de la communauté en ordre « se pose sérieusement ». Dans la conclusion de ce texte, le dernier qu'il signe à la veille de la fermeture de l'École, il lie la mystique communautaire qui anime l'équipe à sa mission *politique* :

> (...) Invinciblement, par le jeu même de la vie communautaire et aussi sans doute par le sentiment chaque jour plus précis d'une mission à remplir, celle d'exprimer la conscience politique de la vraie France, la communauté assez instinctive du début tend à s'épanouir dans le suprarationnel. Nous ne sommes pas absolument maîtres des conséquences que provoquera cette démarche presque fatale (...) [4].

La suppression de l'École et la dispersion de l'équipe, à la fin de l'année 1942, ne font que précipiter la mutation amorcée de l'ENU en organisation clandestine dont le noyau central se constitue alors en Ordre.

1. P. Dunoyer de Segonzac, « Vie communautaire et style de vie », *Jeunesse France – Cahiers d'Uriage*, 37, décembre 1942.
2. « Comment nous nous situons », document ronéo, 2 p., non daté ni signé (arch. ENCU). Voir texte reproduit en annese, document 5.
3. Dossier Équipe nationale d'Uriage 1942 ; télégramme adressé par Pelorson, secrétaire général-adjoint à la Jeunesse, à Segonzac, 25 novembre 1942, (arch. ENCU)
4. « Vie communautaire et style de vie », art. cit.

DANS LA JEUNESSE

Du côté des mouvements de jeunesse, il n'est plus question de collaboration organique avec l'École d'Uriage sous l'égide du SGJ. Les relations privées entre l'École et les mouvements demeurent contrastées : réserve des catholiques, sympathie des protestants et des neutres.

Il y a d'abord les divergences de doctrine et de méthode qu'on connaît déjà. Les responsables du scoutisme catholique et des Chantiers qui demeurent dans l'orbite de Doncœur et de Forestier se tiennent à l'écart de l'École, suspecte d'objection de conscience, d'indiscipline, de libre examen et bientôt d'orgueil. Dans les mouvements d'Action catholique, les responsables les plus sensibles aux appels au loyalisme et à la discipline qui viennent de l'épiscopat ou de notables se défient également de l'École; au contraire, ceux qui, à la suite de certains aumôniers et des équipes dirigeantes de l'ACJF et des *Cahiers de notre jeunesse*, sont influencés par la Résistance spirituelle, ont souvent de la peine à comprendre la position officielle que conserve l'École dans l'appareil du régime. Les soupçons de concurrence ou de débauchage ont sans doute été dissipés par des rencontres comme le stage des aumôniers; reste cependant la divergence des méthodes, spécialisation contre brassage.

Cependant, les événements politiques de l'année 1942 imposent aux dirigeants de toutes les organisations de jeunesse des choix et des combats qui suscitent des solidarités. L'avènement du gouvernement Laval déclenche une nouvelle offensive pour encadrer autoritairement la jeunesse au service d'un projet révolutionnaire et européen. Le nouvel homme fort du SGJ, Pelorson, veut imposer aux mouvements une réforme de la procédure d'agrément qui comporte la création d'une organisation contrôlée par lui, les Équipes nationales. La nécessité de sauvegarder l'indépendance des mouvements face à la nouvelle politique gouvernementale et de s'opposer à une fascisation de la jeunesse unit ces dirigeants, des pétainistes loyalistes aux opposants déclarés [1]. Uriage est alors à l'unisson.

L'automne 1942 provoque alors de nouveaux clivages avec l'occupation de la zone sud, la dissidence algéroise, la satellisation de Vichy et les préparatifs de réquisition de la main-d'œuvre. À ceux qui, comme le général de La Porte du Theil et le Père Forestier, continuent de prôner la soumission aux directives attentistes du Maréchal, s'opposent ceux qui regardent vers Alger et entendent combattre l'occupant en se séparant du gouvernement. Uriage, avec sa stratégie qui cherche à durer pour mieux préparer les combats futurs, devient un des pôles de cette dissidence intérieure à laquelle a abouti la politique de la présence, et retrouve un rôle de mentor auprès de jeunes en quête de repères.

Collaborations

L'École a cependant maintenu des contacts habituels avec les mouvements, dont elle invite les dirigeants comme conférenciers. Les stagiaires de six mois en entendent une pléiade, et le jociste Carteyrade intervient dans certains stages industriels. À Grenoble et en Isère, l'École a de bonnes relations avec les Routiers SdF, qui passent une veillée à Uriage le 15 mars [2]. La JAC locale, à l'initiative de son aumônier Jean Tanchot, a recours à l'équipe

1. Voir J. DUQUESNE, *Les Catholiques français ..., op. cit.*, pp. 218-220.
2. *Le Chef*, organe des SdF, juillet 1942.

pour ses actions de formation : leçons de culture générale et présentation des « problèmes actuels » par Beuve-Méry et Chombart de Lauwe, à l'occasion du programme d'année 1942 qui porte sur la patrie. Le 11 novembre 1942, les militants réunis pour un stage régional de formation à la villa Saint-Hugues de Biviers entendent Beuve-Méry présenter « le problème français » et condamner l'impuissance du Maréchal [1]. On a vu d'autre part comment plusieurs dirigeants de mouvements ont cotisé à l'ENU en 1942, que ce soit par sympathie lointaine ou solidarité profonde.

L'École a pris aussi l'initiative d'une coordination entre les bureaux d'études des diverses organisations de jeunesse, amorce d'une coopération institutionnelle. Une réunion est organisée à Uriage du 30 mars au 1er avril pour les responsables des bureaux d'études, invités à débattre de questions techniques : organisation, échange de documentation, normalisation des classements. On y étudie aussi l'enquête sociale comme exercice pédagogique et instrument d'action, et on envisage une répartition des tâches entre organisations amies. La JAC, la JEC et la JOC, les Compagnons et les Chantiers de jeunesse ont répondu favorablement à l'invitation, ainsi qu'*Économie et Humanisme* dont l'enquête sociale est la spécialité [2]. Une autre réunion du même type est prévue à l'école de Terrenoire du 14 au 17 juin, avec la participation des Équipes sociales, pour mettre en commun les travaux réalisés sur les questions sociales. On y recherche notamment, dans la perspective de « l'intégration du prolétariat à la communauté nationale », les moyens de développer la double action de formation nécessaire. Il faut une « formation ouvrière » qui permette aux militants de ce milieu de s'exprimer et d'agir ; il faut aussi donner aux jeunes bourgeois une « formation sociale », peut-être par des stages en usine précédés d'un temps de préparation et d'initiation à l'enquête sociale. En octobre encore, une rencontre de deux jours réunit à Uriage les bureaux d'études des Chantiers, des EDF et de la JAC. On y échange les expériences sur les méthodes éducatives, et on réfléchit aussi au rôle des mouvements dans la vie de la cité ; on envisage une collaboration plus soutenue [3].

Mouvements amis

On a vu comment l'ENU incite instamment ses adhérents à soutenir localement l'action des mouvements et à s'associer aux manifestations qui traduisent l'unité de la jeunesse. À ceux qui n'appartiennent à aucun mouvement, il est demandé l'effort de se mettre au travail, « et spécialement au bénéfice du mouvement Compagnon » qui souffre d'un manque de cadres et que les membres de l'ENU sont priés de soutenir en prenant contact avec le chef le plus proche [4].

Les dirigeants du mouvement (Tournemire, Rebattet, Dupouey) fréquentent Uriage et y envoient des stagiaires ; André Cruiziat participe même, seul de son espèce, au stage ouvrier de décembre (SI 17), et la responsabilité partagée de l'hebdomadaire *Marche* crée un lien de solidarité entre les deux organisations. Mais Tournemire est troublé par certains

1. Témoignages de Mgr Tanchot et de Fréjus Michon, recueillis par A. Jobert.
2. Programme de la réunion des chefs de bureaux d'études de mouvements, 1 p. dactylo ; Lettre du directeur de l'École aux chefs des bureaux d'études, 23 mars 1942. (arch. ENCU)
3. Compte rendu dactylo. de la réunion des bureaux d'études à Terrenoire (arch. ENCU) ; « Chronique d'Uriage », *Jeunesse France-Cahiers d'Uriage*, 36, novembre 1942.
4. « Au service de la jeunesse. Les Compagnons », *Équipe nationale d'Uriage* (bulletin mensuel), 4, avril 1942, p. 14.

aspects d'Uriage, il déplore l'influence de Beuve-Méry sur Segonzac et ce qui lui paraît être le double jeu de celui-ci. L'état-major des Compagnons a été stupéfait d'entendre Segonzac, de passage à Crépieux-la-Pape, se répandre en propos violents contre le gouvernement avant d'évoquer avec désinvolture le serment de fidélité au Maréchal qu'il venait de prêter à la préfecture du Rhône [1].

Les relations de l'équipe d'Uriage avec d'autres mouvements ne comportent pas les mêmes ombres. Du côté des Auberges de jeunesse, Dumazedier et Ollier de Marichard assurent le lien avec des équipes qui s'orientent vers une attitude de résistance active à la politique gouvernementale. L'école de Mollans et les Camarades de la Route continuent à apprécier Uriage, comme un lieu ouvert qui permet de nombreux contacts, et un centre de réflexion dont l'orientation est proche de la leur. Le lien est plus étroit encore avec les mouvements protestants, on en a de nombreux témoignages. La Fédération des étudiants (FFACE), qui tient en février son premier congrès pour la zone non occupée depuis 1940, l'achève par une « belle balade à Uriage », lieu que certains de ses dirigeants comme Georges Casalis connaissent bien. La revue des U.C.J.G. rend compte, presque seule parmi les organes des mouvements, du rassemblement du 1er août à Uriage [2]. Quant aux Éclaireurs unionistes, Jacques Lochard les rejoint à l'issue du stage de six mois, comme commissaire national-adjoint chargé de la branche Route. Son premier éditorial dans la revue du mouvement exalte l'exemple d'Uriage et des quelque 2 000 jeunes hommes qui y sont passés faire retraite, animés d'un esprit d' « ardente recherche » :

> Uriage est suffisamment connu aujourd'hui pour qu'on soit en droit de penser que ces deux mille sont parmi les plus inquiets et les plus tourmentés – et aussi parmi les plus ardents et les plus résolus [3].

Deux mois plus tard, le conseil national du mouvement, réuni à Nîmes, invite plusieurs responsables de jeunesse à présenter leurs réflexions sur le rôle de la jeunesse dans la vie du pays et la mission des mouvements. Dunoyer de Segonzac est du nombre, avec Dupouey et le général de La Porte du Theil; il expose « ce que la France attend de sa jeunesse ». Publiant aussitôt le résumé des exposés de Segonzac et de Dupouey, le commissaire national Gastambide déclare :

> Les deux exposés ci-dessous auraient pu être faits par des chefs EU (...). Par les préoccupations politiques qu'ils manifestent, par l'ampleur avec laquelle ils posent le problème de l'avenir de la France, [ils] nous obligent à repenser notre action pour la situer dans le vaste ensemble des efforts actuels pour former une jeunesse nouvelle.
> À cet égard, nos responsabilités politiques, au sens large du mot, sont immenses. Nous ne devons plus nous laisser surprendre par l'événement, quel qu'il soit, mais travailler de toutes nos forces à préparer, puis à réaliser une société nouvelle fondée sur le service, le sens de la communauté, les valeurs spirituelles. Ces valeurs ne peuvent être autres pour nous que celles qui viennent de l'Esprit de Dieu (...). Au travail maintenant, dans la joie que donne la certitude de la vérité; mais aussi dans le risque que peut à chaque instant nous faire courir le service de cette vérité [4].

Segonzac a montré comment la jeunesse, « élément à la fois dynamique et malléable », ne peut jouer dans un pays son rôle « d'avant-garde », que si elle

1. Témoignage de M. Dupouey.
2. *Présence de l'étudiant,* numéro spécial de *Correspondance,* 1942, 6-7, p. 440; « Une fête à Uriage », par A.B. et S.C., *L'Espérance,* septembre 1942, p. 261.
3. J. Lochard, « Les hommes que nous formons », *Le Lien,* septembre 1942.
4. J. G., « Le Conseil de Nîmes », *Le Lien,* décembre 1942, pp. 275-276.

est formée et encadrée, ce qui exige « une force, prise dans l'État ou provisoirement hors de l'État. Or l'État français est nécessairement faible ». On risque donc de voir la jeunesse livrée à « la pression plus ou moins cruelle des événements (...) à travers toutes sortes de désordres », faute de la présence d'une telle force.

> C'est actuellement pour chacun le plus impérieux devoir d'essayer de la constituer, en s'appuyant sur l'État chaque fois que cela est possible, en agissant hors de lui quand cela est nécessaire. Malgré leurs faiblesses et leurs insuffisances, Chantiers, mouvements de jeunesse, Écoles de cadres tendent à réaliser cette formation, ces conditions d'emploi de la jeunesse, sur des lignes nettement convergentes. Ces lignes doivent aboutir à l'établissement d'un style de vie commun, approprié à l'époque; à la remise en honneur des valeurs délaissées : spirituel, honneur, patrie; à la naissance ou au développement d'un ordre ou d'ordres assurant une certaine incarnation de ces valeurs [1].

C'est le cœur de la mystique d'Uriage que Segonzac propose ainsi aux chefs du mouvement scout protestant, en même temps qu'il leur confie ses appréciations sur la situation politique présente, en termes probablement plus nets dans l'exposé oral que dans le résumé publié : relative impuissance de l'État en France, nécessité pour ceux qui se sentent responsables de la jeunesse d'être prêts à agir en dehors de lui. Au début de l'année suivante, la nomination de Gangloff, ancien directeur de l'école régionale de Sumène au secrétariat général des Éclaireurs unionistes, et celle de POM à la tête des éditions et de la propagande du mouvement, manifesteront la confiance du scoutisme protestant à l'égard des hommes d'Uriage.

Discipline ou dissidence

Un grand pèlerinage de la jeunesse au Puy est organisé le 15 août 1942 par les Routiers SdF, à l'initiative de leurs aumôniers les Pères Forestier et Doncœur. Manifestation de piété mariale traditionnelle actualisée par le passage en zone libre de la statue de Notre-Dame de Boulogne, le rassemblement du Puy célèbre aussi l'effort de la jeunesse pour le redressement moral du pays dirigé par le Maréchal. Les Scouts de France, qui ont constitué au début de 1942 un bureau permanent de liaison avec l'ACJF, ont réussi à obtenir la participation des mouvements d'Action catholique ainsi que d'importantes délégations des Chantiers de jeunesse. Les autorités militaires et civiles, les responsables du SGJ et de nombreux évêques groupés autour du nonce assistent à la messe pontificale que préside le 15 août le cardinal Gerlier à la cathédrale, tandis que les 10 000 jeunes rassemblés sur la place principale célèbrent de leur côté « le sacrement de l'unité [2] ».

Les quatre journées de ce rassemblement, ponctuées de liturgies, processions, veillées, défilés et discours, constituent en quelque sorte l'apothéose de la spiritualité et des convictions éducatives, patriotiques et politiques qui animent le Père Doncœur et le Père Forestier en ces années. Prouesses physiques et morales, manifestations de masse mises en scène avec discipline et enthousiasme, annonce d'un « redressement chrétien » qui accompagne et sert le redressement moral, intellectuel et politique entrepris par le Maréchal dans l'unité retrouvée. La perspective de la « libération de la patrie » n'en est pas absente, mais elle est attendue de l'union des Fran-

1. « Ce que la France attend de la jeunesse », résumé de la conférence du chef Dunoyer de Segonzac, *Le lien*, décembre 1942, pp. 276-277.

2. Voir C. FAURE, « Pèlerinage ou mise en représentation de la ferveur populaire : le pèlerinage de la jeunesse du 15 août 1942 au Puy-en-Velay », *Cahiers d'Histoire*, 1986-1, pp. 23-39.

çais derrière le chef de l'État [1]; les jeunes catholiques en donnent l'exemple, avant d'en prendre la tête en reconquérant l'ensemble du peuple, comme l'explique ensuite aux aumôniers scouts le Père Doncœur :

> Nous serrerons les dents, nous nous serrerons les coudes, nous demanderons à nos chefs de nous rendre le courage et de nous assigner nos objectifs, nous prierons Dieu (...). C'est à ce prix que le pays sera sauvé. Il ne sera pas sauvé par je ne sais quel prodige, par je ne sais quelle intervention extérieure qui nous dispenserait de l'effort. Il sera sauvé par nous. Ceux d'entre vous qui ont vécu sur la route avec leurs garçons pieds nus, qui ont vu les villages s'ouvrir, les églises se remplir, les gens pleurer, se confesser, ceux-là en ont la preuve (...). Donc, il faut que nous livrions bataille pour avoir ce peuple [2].

Lamirand, La Porte du Theil et Tournemire ont participé à cette manifestation, pas Segonzac ni ses adjoints qui viennent de célébrer la fête d'Uriage avec des délégations des mêmes organisations de jeunesse et dans un climat analogue de ferveur patriotique, mais avec de tout autres perspectives d'engagement civique et politique. Les pèlerins du Puy ont été accueillis le 12 août par l'allocution d'ouverture du Père Forestier; à Uriage, on a entendu le 1er août une homélie du Père Maydieu, engagé par la pensée et l'action dans la Résistance. Les deux cérémonies symbolisent la divergence de deux entreprises de rassemblement de la jeunesse dans un engagement civique à fondement spirituel.

Aussitôt après ces manifestations se forme néanmoins le front commun des organisations de jeunesse hostiles à la politique que Pelorson tente de mettre en œuvre au SGJ; le scoutisme catholique se retrouve là aux côtés des mouvements de jeunesse orientés vers l'opposition au régime, tandis que Segonzac et les Écoles de cadres mènent, on le verra, une lutte analogue dans leur propre secteur. C'est alors qu'un commissaire national des Scouts de France cite, pour une fois, Uriage parmi les communautés éducatives qui préparent les jeunes à leurs responsabilités à venir et partagent la même résolution silencieuse :

> Les congrès jocistes, les rassemblements de Randan, d'Uriage et du Puy, comme les diverses communautés qui les ont provoqués, furent très dissemblables [mais tous animés d'un...] style de vie nouveau, proprement révolutionnaire. On a rencontré à Randan, à Uriage et au Puy de mêmes hommes (...), jeunes chefs de mouvements différents qui commencent à bien se connaître et à s'estimer (...). Après deux ans difficiles, les conversations préliminaires sont mortes. On en est au point des silences longs et des accords en trois mots [3].

Vision optimiste, ou expression d'une des sensibilités présentes dans le mouvement ? Deux mois plus tard, Segonzac sera définitivement devenu un dissident, le général de La Porte du Theil condamnera publiquement son comportement et la direction des Scouts de France rappellera, à la suite de son aumônier général, le caractère sacré du devoir d'obéissance au chef qui préside aux destinées du pays.

Avec le tournant de novembre 1942, les contacts privés ou clandestins entre Uriage et les organisations de jeunesse prennent le pas sur les relations officielles. Cependant l'équipe d'Uriage devenue clandestine, forte des liens de confiance établis, continuera après la suppression de l'École son action d'information auprès de militants des mouvements, contre le STO

1. P. Doncœur, « Jeanne d'Arc et l'unité française », *La Route-Servir,* mai 1942. Voir *ibid.,* juillet 1942.
2. P. Doncœur, « Après le Puy », *Bulletin de liaison des aumôniers SdF,* octobre 1942, pp. 4-5.
3. F. Jaeger, « Rassemblements », *La Route-Servir,* octobre 1942.

notamment. Paul Thisse présente un cas exemplaire de cette collaboration. Professeur à Annecy, lié depuis longtemps au Père Doncœur, grand lecteur de Péguy, il est alors à quarante-six ans délégué à l'Éducation générale dans son lycée, et chef de groupe SdF d'Annecy. Né en Lorraine annexée et ancien combattant de l'armée allemande en 1916-18, il est hostile à la collaboration; ancien lecteur d'*Esprit* et de *Temps présent*, il critique la mythologie pétainiste; adversaire de tout antisémitisme, il collabore à la diffusion de *Témoignage chrétien*; la relève l'inquiète, mais il n'a pas de contact avec la Résistance locale. Il a participé au pèlerinage du Puy, au cours duquel il a eu une vive explication avec le Père Doncœur.

Envoyé en stage à Uriage par le délégué départemental en septembre 1942, Thisse adhère aux démonstrations de Beuve-Méry, Reuter et Dumazedier. Il lie amitié avec le premier, par affinité de caractère autant que d'idées; les critiques de Beuve-Méry contre les faiblesses d'un certain scoutisme catholique le touchent et renforcent ses propres réflexions. À son âge, avec son expérience et sa culture, Uriage n'est sans doute pas pour lui une « révélation », mais il y rencontre une synthèse intellectuelle et spirituelle propre à étayer son opposition à Vichy, où le souci éducatif débouche sur les raisons de combattre. Quelques mois plus tard, il fonde et anime à Annecy une « communauté d'Uriage » très active, engagée dans la Résistance locale. Après avoir organisé avec Beuve-Méry des journées d'études pour les chefs des Chantiers de jeunesse des Alpes affrontés aux problèmes du STO et des réfractaires, il parcourra en 1943 les premiers maquis de Haute-Savoie pour les alimenter en lectures et en réflexions sur le sens du combat [1].

Appréciations d'un résistant

Un témoignage original, perspicace et partisan, illustre la diversité et la fluidité des attitudes politiques des organisations de jeunesse. C'est un rapport rédigé pour Londres au printemps 1942 par un jeune intellectuel résistant. Il y présente, pour chaque organisation, l'état d'esprit de ses cadres et de ses membres à l'égard de Vichy, les ressources qu'elle pourrait apporter à une mobilisation militaire, et la perméabilité qu'elle offre à la propagande gaulliste par le tract ou la radio. Après avoir analysé longuement le cas des Chantiers, dont il a fréquenté l'état-major, il passe en revue différentes organisations, dont l'École des cadres d'Uriage [2].

La JFOM, ébauche avortée d'un mouvement nazi, constitue pour lui un « adversaire irréductible (...) qu'il faudra abattre » mais que sa faible audience place au second plan. Les Chantiers de jeunesse, au contraire, lui apparaissent comme un enjeu important : masse numérique, capacité de mobilisation et d'encadrement le jour où un commandement résolu déciderait d'en faire une véritable force armée. Leurs chefs, à commencer par le commissaire général, sont des hommes moralement estimables, désintéressés et patriotes, mais aveuglés par un défaut radical d'intelligence politique; leur attachement irrationnel envers le Maréchal est renforcé par le culte instinctif des principes d'ordre, de hiérarchie et d'obéissance. Il en est de même du Chef Compagnon Tournemire, mais son mouvement, numériquement faible et divisé, présente une meilleure réceptivité à la propagande résistante. Les Scouts de France, « inspirateurs conscients ou

1. Témoignage de Paul Thisse.
2. « La jeunesse française », rapport anonyme, 37 p. dactylo., s.d. [juin-juillet 1942]. Ce document a été abandonné et retrouvé après la guerre dans un logement occupé à Lyon en 1942 par plusieurs jeunes intellectuels résistants familiers des Chantiers et des Compagnons (communiqué par Xavier Fontoynont).

inconscients, avoués ou inavoués, de tout ce que la Révolution nationale a fait dans le domaine de la jeunesse », sont soumis à l'influence du Père Doncœur dont le livre *Péguy*, *La révolution et le sacré* prêche « à la faveur d'une mysticité délirante et totalitaire, le sacrifice total, l'abandon au chef de la liberté, de la pensée et de la vie ». Imprégnés de conservatisme social, ils manifestent

> (...) une obéissance aveugle, obstinée, une volonté de sauver l'œuvre entreprise au prix de n'importe quelle compromission, un refus de tout libre examen, de toute éventuelle rupture. Par définition, un scout ne fait pas dissidence (...). Nulle propagande n'y pourra rien ; ce sont des irréductibles. Seul le revirement de leur chef réel (le Père Forestier, intime du général de La Porte du Theil, dont l'attitude demeure solidaire de la sienne) pourrait y changer quelque chose.

Au contraire les Éclaireurs unionistes, et à un moindre degré les Éclaireurs de France, manifestent dans l'ensemble une « indéniable clairvoyance » et une sympathie pour la Résistance qui peut être utilement exploitée là où ils sont bien implantés. Aussi le Scoutisme français, dont le chef, le général Lafont « n'est pas inaccessible à une conception assez clairvoyante du problème allemand », peut se prêter à une action de propagande résistante menée de l'intérieur. L'ACJF enfin est l'organisation qui offre les meilleures possibilités d'action, en raison du nombre et de la diversité sociale de ses adhérents, de ses méthodes d'action et surtout de son hostilité au nazisme et de la relative indépendance qu'elle a su conserver à l'égard du gouvernement.

> L'École des cadres d'Uriage, quant à elle, a manifesté, dès les premiers jours de son existence, une certaine indépendance de jugement et un certain courage d'attitude qui en ont aussitôt fait la bête noire de tous les nazis français, depuis Pucheu jusqu'au Père Forestier *(sic)*.

Elle ne pourra vraisemblablement plus maintenir longtemps cette indépendance, et n'aura exercé qu'une influence minime, malgré le prestige de son chef dans les milieux de jeunesse. Celui-ci n'a pas une position suffisamment résistante pour attirer à la Résistance ceux qui sont intégrés dans les organes loyalistes, il manque d'intelligence politique, et son école « n'a aucune insertion dans la réalité de la nation », faute de plan d'ensemble dans le recrutement de ses stagiaires et leur emploi. En conclusion :

> L'École d'Uriage se ramène donc à une équipe, très cohérente, d'hommes droits et courageux, dont certains ont prouvé une valeur militaire certaine, et qui n'hésiteraient pas, le jour venu, à prendre efficacement les armes. Ce n'est pas négligeable, mais cela ne suffit pas à constituer une réalité politique.

La connaissance directe de l'équipe d'Uriage que semble avoir l'auteur est probablement limitée à 1940-41 ; il ignore aussi bien le réseau des écoles régionales que l'Équipe nationale d'Uriage, ainsi que les travaux du bureau d'études, et exagère l'aspect marginal de la situation de l'École. Partiel et parfois excessif, il ne manque pas de sagacité dans son évaluation des forces du point de vue de la propagande gaulliste, et souligne la place originale que tient l'École d'Uriage dans l'ensemble des institutions de jeunesse.

CHAPITRE XIV

Un humanisme révolutionnaire

Le pensée de l'équipe d'Uriage s'est nettement développée et précisée en 1942. Les réflexions de 1941 avaient abouti à une « charte » qui explicitait l'affirmation des valeurs fondamentales : le spirituel, la patrie, l'honneur. Les applications qu'on en tirait concernaient surtout la vie de l'équipe et sa pédagogie, et plus vaguement le projet à peine esquissé d'une réforme sociale distincte de la Révolution nationale. Les travaux de 1942, pendant et après le grand stage, avancent dans trois directions principales. On précise les données de la « Révolution du XXe siècle » et la figure qu'on entend lui donner en France : un homme nouveau dans une communauté nationale restaurée. On étudie les modalités de la réorganisation économique et de la réforme sociale qui rendront au travail et aux travailleurs leur place dans la société de demain. On recherche les conditions d'une culture moderne, produit d'une société communautaire en réponse aux aspirations des hommes du XXe siècle. Dans ces trois domaines, l'élaboration théorique s'accompagne d'une expérimentation qui la nourrit. L'École d'Uriage justifie ainsi la définition qu'elle a souvent donnée d'elle-même : un laboratoire d'idées et de méthodes pour la préparation de la Révolution qui donnera naissance à une société, sinon à une civilisation nouvelle, après qu'il aura été mis fin à l'occupation et à la servitude qui menacent l'existence même de la nation française.

COMMUNAUTÉ DE TRAVAIL ET RÉVOLUTION SOCIALE

Dès l'origine, l'équipe d'Uriage s'est attachée aux problèmes de l'économie industrielle et de la lutte des classes. Aux journées d'études de 1940 comme dans les stages de 1941, elle a donné la parole à d'authentiques représentants du mouvement ouvrier : Bothereau, Cacérès, des dirigeants jocistes. Aux jeunes bourgeois qui constituaient la majorité de sa clientèle, ces exposés expliquaient la condition prolétarienne, la détresse de la classe ouvrière après les espoirs et les succès de 1936 suivis des échecs et de la réaction des années 1938-40. Dans ses exposés sur le marxisme, Jean Lacroix montrait dans cette théorie, avant de la juger, la philosophie spontanément accordée à l'expérience vécue d'un prolétariat exploité et aliéné. Il invitait aussi ses auditeurs à chercher des solutions à la question sociale ailleurs que dans l'assistance paternaliste ou les considérations morales nourries de bons sentiments. On a toujours considéré, à Uriage, le capitalisme d'un point de vue critique – ce qui n'a rien d'original en ces années d'anticapitalisme et de corporatisme officiels succédant aux théories planistes, socialistes ou catholiques sociales d'hier. Sur le plan économique, Reuter analysait les mécanismes du capitalisme et dénonçait ses abus dans sa conférence sur les trusts, constamment répétée. Dès 1940, Robert Mossé avait exposé le schéma d'une « économie planifiée de type monétaire » qui associerait liberté et rationalité. Beuve-Méry le reprenait sous le nom d'« économie de marché organisée » à trois secteurs (socialisé, contrôlé et libre). Sur le plan social, on affirmait en termes personnalistes la dignité du travail humain et les réformes qu'elle impliquait, tandis que Charles Blondel traitait de « l'intégration du monde ouvrier à la communauté nationale » dans un sens plus proche des propositions du syndicalisme chrétien que des projets du corporatisme gouvernemental. Beuve-Méry suggérait après François Perroux la transformation des entreprises en « communautés de travail », après avoir montré que la lutte des classes est une donnée de fait, qu'il est vain de dénoncer si on ne s'attaque pas à ses causes. Ces thèmes ont été traités en conférences et illustrés de témoignages, surtout ouvriers : prise de conscience des problèmes et principes généraux de solution.

Réformer l'entreprise

Avec le stage de six mois suivi des stages industriels, les réflexions de l'équipe se précisent et s'infléchissent. Elle mène un travail d'étude et de documentation sur les doctrines des théoriciens comme sur les tentatives françaises et étrangères d'organisation de l'économie, de réforme de l'entreprise et de participation des travailleurs. Elle provoque aussi une confrontation directe entre l'expérience des dirigeants d'entreprise, patrons et cadres, et celle des salariés, exprimée par leurs représentants syndicaux. La recherche théorique des intellectuels de l'École se poursuit au contact des acteurs du conflit social, s'interdisant ainsi de se réfugier dans les conciliations théoriques faciles ou les solutions unilatérales. On observe la grande entreprise, avec son efficacité productive et ses contraintes techniques et économiques; on prend en compte l'expérience historique du mouvement ouvrier et sa révolte contre l'exploitation et l'aliénation; on prend acte des institutions créées par la Charte du travail, qu'on critique tout en cherchant à en tirer parti; on se prépare enfin à affronter un mouvement communiste dont on constate la montée et qu'on traite comme le partenaire privilégié, respectable et dangereux : à travers des actions communes sur le terrain s'amorce une émulation décisive.

Ces problèmes ont été abordés au cours du stage de six mois, avec les cycles 11 et 12 sur « les communautés de travail » (étudiées après la communauté de sang, et avant les communautés politiques, nationale et européenne) et le cycle 13 sur « la paix sociale ». Dans le cycle 12 consacré à « l'entreprise capitaliste et le prolétariat », Beuve-Méry et Dumazedier présentent les contradictions de l'économie industrielle libérale, les diverses solutions expérimentées, dont celle de la Charte du travail, et les conditions d'une véritable « paix sociale » : il faut transformer le régime de la propriété et du salariat, par une « révolution totale » qui permettra de « construire une économie communautaire [1]. Le bureau d'études a confectionné un gros dossier intitulé « Réforme de l'entreprise et paix sociale » qui présente des textes d'auteurs divers, théoriciens, analystes et praticiens, de Proudhon et

1. « L'entreprise capitaliste. Le prolétariat. Cahier de cycle », *Jeunesse France – Cahiers d'Uriage*, 35, septembre-octobre 1942, 156 p.

Lénine à Émile Romanet et Eugène Schueller [1]. Dans une note introductive, Dumazedier souligne le problème majeur :

> Le cœur de l'économie est l'entreprise. La lutte de classe aura cessé d'être le jour où cette entreprise sera une vraie communauté de travail (...). Ou l'entreprise sera une communauté réelle de travail, ou le problème social n'aura qu'une solution illusoire.

Après avoir évoqué les fausses solutions des systèmes nazi, fasciste et soviétique, il aborde le cas français :

> Rien ne remplacera la pénétration réciproque des classes. Un des mérites des comités sociaux est de permettre aux ouvriers, aux ingénieurs et aux employeurs de se rencontrer, de se connaître. Les Écoles de cadres peuvent jouer dans le même sens un grand rôle. Mais ce n'est pas en multipliant les contacts, en faisant des comités sociaux des centres d'entraide et de ravitaillement qu'on parviendra à l'entente des classes. L'article 24 de la Charte qui limite les attributions du comité social d'entreprise aux seules questions professionnelles et sociales n'est point pour faciliter la réconciliation de l'employeur et des salariés. Par quel miracle s'entendraient-ils tant que subsistera le fond du désaccord ?
> Admettons même que chaque patron, chaque ingénieur accomplisse son devoir social avec la plus haute conscience (...), le problème restera entier, ou presque ; le malaise subsistera, on ne le dissipera pas par des « améliorations » de la condition ouvrière, mais par une réorganisation profonde de l'entreprise. On parle de réformes de structure, elles devront vraisemblablement s'appliquer non seulement à l'organisation économique de la nation, mais aussi à l'organisation économique de l'entreprise : là est la condition de la réconciliation.

Il souligne alors les deux éléments essentiels d'une réforme de l'entreprise : la rémunération du travail par la répartition du bénéfice de l'entreprise, et la participation des salariés à la gestion avec promotion ouvrière. Il met en garde pour finir le patronat « social », et peut-être ses amis :

> En conclusion, souhaitons que ces réformes institutionnelles s'opèrent progressivement, mais au plus tôt. Tant que le malentendu social subsistera sur ces deux points essentiels, aucune réforme morale profonde n'est possible, aucune (ordres, chevalerie du travail...), et rien ne délivrera le prolétariat du danger communiste [2].

Ces propositions seront développées dans la série des stages industriels, pour lesquels Dumazedier rédige des notes de préparation ou de conclusion. Lui-même travaille avec les syndicalistes grenoblois, tandis que Segonzac et d'autres instructeurs assurent les relations avec les chefs d'entreprise amis. Pour Dumazedier, le premier objectif des stages « mixtes » est d'amener les élites de tous les milieux à une claire conscience des problèmes économiques et sociaux. Aux patrons et cadres surtout, il faut faire comprendre d'une part la nature du capitalisme, avec la domination de l'argent, et de l'autre les « aspirations révolutionnaires du prolétariat de chez nous », dont on doit comprendre les causes et reconnaître la légitimité [3].

Pour que des réformes économiques débouchent sur la « paix sociale » dans une communauté nationale unie, il faut l'intervention d'un État fort, « soutenu par la foi de tout un peuple et la compétence d'hommes de caractère », et l'effort des uns et des autres pour renoncer à tout égoïsme de classe

1. « Réforme de l'entreprise et paix sociale. Annexe aux cahiers de cycle 11, 12, 13 », Uriage – Documentation, ronéo., 80 p. (arch. ENCU).
2. J.D., Notes sur la réforme de l'entreprise, *ibid.*, pp. 5-7.
3. J. DUMAZEDIER, « Le prolétariat. Justes aspirations révolutionnaires », Uriage-Documentation, ronéo., 8 p. (arch. ENCU).

et à toute idée de domination. Les ouvriers, groupés dans des syndicats librement constitués, devront être assurés que leur autonomie sera respectée, car « tout paternalisme conscient ou inconscient est une erreur préjudiciable à la paix sociale »; il faut aussi leur donner les moyens éducatifs de dégager les chefs compétents, les « élites ouvrières » capables de participer à la gestion des entreprises, qui font défaut actuellement. Il y a là une tâche prioritaire pour des hommes de culture ayant vocation de pédagogues [1]. Les dirigeants d'entreprises pour leur part doivent être résolus à transformer les structures (propriété et gestion), et tous doivent être persuadés que « la rénovation des valeurs spirituelles morales et nationales, tâche essentielle », exige comme condition *sine qua non* l'option révolutionnaire :

> La révolution marxiste ne peut être vaincue que par une révolution qui la dépasse : si l'élite bourgeoise veut prendre la part qui lui revient dans cette révolution communautaire, elle tiendra compte de l'histoire, ou l'histoire se fera sans elle, donc contre elle [2].

Dans la période actuelle de préparation de l'action révolutionnaire, les comités sociaux créés en application de la Charte du travail peuvent et doivent être utilisés. Leur action sociale (qui n'est qu'une étape préliminaire, les patrons doivent en être conscients) donne l'occasion d'intéresser à la vie de l'entreprise le grand nombre des ouvriers; elle permet aux militants de faire un apprentissage des tâches de gestion et favorise l'éducation ouvrière. À condition, bien sûr, que les représentants ouvriers soient librement choisis et puissent développer une action autonome en dehors de toute « tutelle patronale ».

À plus longue échéance, il s'agit « de constituer en France une communauté du travail [3] »; on explicite cette formule dans les stages industriels de novembre 1942. Jeanneney en présente l'aspect technique. La socialisation de l'économie nationale permettra d'organiser et de contrôler les activités productives, sans étatisation, en distinguant les trois secteurs (libre, contrôlé et nationalisé) et en soumettant l'initiative et le profit à l'intérêt général. La socialisation des profits à l'échelle de l'entreprise mènera, mieux qu'une collectivisation des moyens de production, à la suppression du salariat par la substitution au contrat de louage d'un contrat d'association; les diverses expériences menées dans cette voie sont analysées, de Godin à Romanet, des réalisations coopératives aux projets corporatistes, sans oublier les exemples suédois et soviétique [4]. Segonzac présente les conditions humaines de la révolution sociale, qui doit associer la réforme institutionnelle à la réforme intérieure et personnelle de chacun des acteurs; le chef comme les cadres et les ouvriers ont à développer les vertus et à lutter contre les tentations de leur fonction, guidés par l'idéal de « l'homme nouveau » dont la libération matérielle doit permettre la libération spirituelle. Enfin Beuve-Méry parle de la « mystique communautaire » moderne et populaire qui doit inspirer cette double réforme et il expose les conditions matérielles, morales et politiques de sa pénétration dans le prolétariat français [5]. Les

1. J. DUMAZEDIER, « Sens révolutionnaire et éducation ouvrière », *Jeunesse France-Cahiers d'Uriage,* 36, novembre 1942, 4 p.
2. « Grande entreprise et paix sociale », note de synthèse sur le stage mixte de juin 1942 signée Dumazedier, 4 p. ronéo. (fonds Poli, arch. ENCU).
3. « Mot du Vieux Chef, 29 juin 1942, d'après les notes du chef Le Veugle », 2 p. dactylo. (arch. J. Le Veugle).
4. Résumé de l'exposé de Jeanneney « Réforme de structure et grande entreprise », note sur les stages industriels de novembre 1942, Uriage-Documentation, 16 p. dactylo. (arch. ENCU).
5. Résumé des exposés de Segonzac « Révolution de l'homme et entreprise industrielle » et de Beuve-Méry « La mystique communautaire et l'entreprise », *ibid.*

auteurs de référence, dont on diffuse des textes, sont François Perroux, les proudhoniens, Berdiaeff et le Père Chenu, Henri de Man et Thierry Maulnier, Dubreuil et Romanet.

Vers la révolution communautaire

Soucieux de développer cette « doctrine sociale » de l'équipe d'Uriage, d'en consolider le fondement philosophique et d'en préciser les modalités concrètes, Dumazedier propose à la fin de l'année un programme de travail collectif. Une session d'études interne de deux semaines, en décembre, devrait être consacrée à l'étude de l'histoire du mouvement ouvrier, des doctrines sociales et des plans ou propositions de réforme économique, sous la direction de Beuve-Méry, Gadoffre et Dumazedier [1]. On décide finalement de consacrer trois jours, à la fin de décembre ou au début de janvier, à l'examen des doctrines économiques et sociales. Dumazedier, qui présente le projet, estime que la diversité des familles spirituelles représentées à Uriage (marxiste, nationaliste, chrétienne) doit permettre à l'équipe de dépasser les affrontements stériles. Les convergences qui sont apparues, associant l'affirmation des valeurs spirituelles et l'espoir en une révolution sociale, doivent être prolongées « jusqu'au point où l'harmonie des tendances s'impose dans une Révolution plus jeune ».

Dirigés par Gadoffre, les participants s'attaqueront, « chacun dans la ligne de sa famille spirituelle, à la recherche de ce dépassement ». Ils feront à leurs compagnons un compte rendu oral de leur travail, et leurs notes seront rassemblées en un cahier collectif de documentation. Après les exposés généraux de Gadoffre *(Méthode)*, de Ferry *(Doctrines et propagandes)* et de Cacérès *(Sens des révolutions du XIXe siècle)*, les grands courants de pensée seront présentés par Dumazedier *(De Marx à de Man)*, de Poix *(De Maurras à Thierry Maulnier)*, Ollier de Marichard *(De L'évangélisme réformiste à André Philip)*, le Père Maydieu *(Du catholicisme social à Berdiaeff)*, Poli *(La communauté de travail de Perroux)* et Reuter *(Le plan de la CGT)*, et des conclusions collectives seront établies.

Dumazedier pense que l'équipe s'accorde sur trois idées maîtresses :

> 1° Nous souhaitons le triomphe des vérités éternelles de la condition humaine. Nous nous opposons à la naissance des mythes modernes, contraires à la nature de l'homme.
> 2° Nous cherchons l'incarnation de ces vérités, non seulement sur les différents plans de la vie, mais aussi et d'abord dans les réalités les plus élémentaires, matérielles. Nous rejetons les erreurs d'un spiritualisme « désincarné ».
> 3° Nous voulons que ces vérités puissent être incarnées dans la vie du plus grand nombre d'hommes possible. Nous rejetons une doctrine qui les réserverait à une aristocatie sociale fermée.
> Il résulte de cela que la régénération des ces valeurs éternelles commande une révolution sur trois plans : plan des structures économiques et sociales, plan de la morale, plan de la mystique communautaire [2]. »

Pour préciser la nature de la révolution communautaire, les instructeurs réunis le 8 décembre ont entendu deux exposés de Dumazedier, qui la compare à la révolution marxiste, et de Beuve-Méry qui la situe dans le mouvement de « la révolution du XXe siècle [3]. Dumazedier part d'un double

1. J. D., « Note sur l'organisation possible d'une équipe sociale », 28 novembre 1942, 4 p. dactylo. (arch. ENCU).
2. J. DUMAZEDIER, « Journées d'études sociales : 22-24 décembre ou 4-6 janvier », Uriage-Documentation, 4 p. dactylo. (arch. ENCU).
3. Notes manuscrites de Louis Poli (fonds Poli, arch. ENCU).

constat. D'une part, l'observation des réalités (la nature humaine, la structure sociale, la situation nationale) amène l'équipe à affirmer que « le marxisme ne recouvre qu'une partie de cette réalité, non sa totalité; partiel dans sa conception, il devient faux dans sa doctrine ». Mais d'autre part, le souci d'enracinement dans la tradition populaire « avec ses erreurs et ses vérités révolutionnaires » interdit de se cantonner dans une attitude de refus; il faut

> faire un effort de pensée suffisamment neuf pour arracher le peuple à la perspective marxiste, mais intégrer la vérité du marxisme pour que le peuple ne se sente pas étranger dans notre perspective nouvelle [1].

L'équipe est donc amenée à préciser sa position vis-à-vis du communisme, auquel elle est directement confrontée depuis qu'elle collabore avec des militants et des sympathisants sur le terrain de l'action sociale et de la mobilisation patriotique. Une note anonyme distingue trois plans à ce propos. En doctrine, l'opposition est radicale entre le matérialisme communiste et l'humanisme intégral professé à Uriage; celui-ci doit faire siennes « la vérité et la grandeur que contient le marxisme », et le dépasser en affirmant la présence des valeurs spirituelles au sein de la condition humaine. Sur le plan historique, l'analyse de l'expérience soviétique souligne la force de l'élan révolutionnaire qui l'a animée, le démenti que son développement a donné à la rigidité de la doctrine initiale, et les inconnues que comporte l'évolution en cours : la dictature de l'État-parti et de la bureaucratie policière est peut-être en voie de s'assouplir; les formules simplistes du « péril communiste » et du « paradis soviétique » sont également trompeuses. Sur le plan de l'action présente en France, enfin, on part d'un principe :

> La libération du territoire de l'occupation étrangère est inséparable de la libération du pays de la dictature de l'argent et de la bourgeoisie capitaliste. Pour mener ce combat, il faut des alliés, et cela quelles que soient leur doctrine, leurs activités passées et leur organisation [2].

Une alliance de fait s'impose dans le combat contre l'ennemi commun, doublée d'une émulation révolutionnaire. Il faut garder pleine conscience de l'opposition des doctrines et de la force redoutable que donne au PC « le fanatisme religieux et la discipline de fer » qu'il impose à ses militants. Il faut se souvenir aussi que nombre d'entre eux sont ouverts à la recherche d'une révolution totale et d'un dépassement de la doctrine; ils n'y ont adhéré bien souvent que « parce qu'ils n'ont jamais eu la vision d'une révolution autre digne de ce nom [3] ».

Actions en milieu ouvrier

Ce travail d'élaboration doctrinale effectué au deuxième semestre 1942 s'est constamment appuyé sur l'expérience de contacts et d'enquêtes sur le terrain. Des comptes rendus ont été rédigés après les stages en usine effectués en janvier par les instructeurs du cours de six mois, puis en mai par leurs équipes de stagiaires. Dumazedier a tiré de son côté des conclusions de

1. J. DUMAZEDIER, « Révolution marxiste, révolution humaine », résumé de la conférence, stage ouvrier des 19-21 décembre 1942, 2 p. dactylo. (arch. ENCU).
2. « Positions vis-à-vis du communisme », Uriage-Documentation, note du 26 novembre 1942, 2 p. dactylo. (arch. ENCU).
3. « Révolution marxiste, révolution humaine », note citée.

ses contacts avec les syndicalistes, qu'il résume dans une note sur l'accueil que fait le monde ouvrier aux comités sociaux [1].

M. Lombard, directeur de la société Rhodiaceta de Lyon, a commandé à Segonzac une enquête dans les milieux syndicaux sur la création éventuelle d'institutions corporatives. Les hommes d'Uriage interrogent l'Union départementale des syndicats de l'ex-CGT de l'Isère, dont le secrétaire réunit pour eux, le 12 octobre à la Bourse du travail, les 12 secrétaires de syndicats des principales entreprises grenobloises. Ceux-ci acceptent la création du « fonds communautaire de corporation locale » proposé, à condition qu'elle soit négociée et que ce fonds soit géré paritairement [2].

Après avoir organisé le stage ouvrier de décembre, Dumazedier projette de tenir en janvier 1943, à la Bourse du travail, une session de formation ouvrière, puis de placer en stage en usine les huit instructeurs de l'École qui constitueront « l'équipe sociale ». On créerait ensuite une école de cadres ouvriers, destinée à faire émerger l'élite ouvrière de demain, puis une école de cadres supérieurs industriels. Des enquêtes sociales sont lancées dans une série d'entreprises de l'Isère (Neyret-Beylier et Picard-Pictet (futur « Neyrpic »), Merlin-Gérin, Bouchayer et Viallet, ciments Vicat, ganterie Perrin, papeteries de France à Lancey et Navarre à Voiron, Alais, Froges et Camargue à Rioupéroux, aciéries de Bonpertuis) ainsi qu'à l'association patronale APAF (Association des producteurs des Alpes françaises) dont le secrétaire, Pierre Scrivener, est un ami d'Uriage. La suppression de l'École n'interrompra pas ces activités, qui fourniront une couverture à certains membres de l'équipe au début de 1943 [3].

Au cours d'une « session d'études sociales », fin janvier 1943, on étudiera les expériences nouvelles menées dans les services sociaux des entreprises et la création éventuelle de postes d' « ingénieurs sociaux ». L'ingénieur social ne serait ni une super-assistante sociale, encore moins un adjoint du chef du personnel, ni un conseiller syndical ou un employé du comité social d'établissement. Désigné par celui-ci pour animer et coordonner les innovations sociales de l'entreprise, jouissant à la fois de la confiance du patronat et des salariés, il aurait aussi la mission de préparer l'évolution souhaitée vers la future communauté de travail [4].

Cette pénétration dans les milieux industriels et syndicaux s'est faite sur la base des positions que prend nettement l'équipe d'Uriage sur les problèmes du moment. La Charte du travail, une fois écarté le « bluff dont la propagande l'a entourée », est considérée comme une tentative confuse de compromis entre des courants opposés. Sans vraie portée révolutionnaire, elle donne cependant des moyens d'action qu'il faut saisir et tenter d'utiliser « même contre son esprit [5] ». Le syndicalisme de demain ne devra être ni purement négatif, ni domestiqué par l'État, mais « libre et constructeur »,

1. J. DUMAZEDIER, « Plan d'enquête sociale. Stages en usine », *Jeunesse France-Cahiers d'Uriage,* 32, juin 1942, pp. 37-46; « Les comités sociaux et le prolétariat », *ibid.,* 33, juillet 1942, 8 p.

2. « Résultat de l'enquête sur la constitution et l'utilisation possibles d'un fonds communautaire de coporation locale », Uriage, 2 p. dactylo. (arch. ENCU).

3. « Stage ouvrier. Cahier à destination des instructeurs », 10 p. dactylo.; note « Enquêtes sociales sur Grenoble », janvier 1943, 1 p. dactylo. (arch. ENCU).

4. « Journées d'études finales de la session sociale des 26-27 janvier 1943 », 5 p. dactylo. (arch. ENCU); « Projet d'action à Grenoble », notes manuscrites de Louis Poli, réunion du 9 janvier 1943 (fonds Poli).

5. Résumé de l'exposé de Louis de Poix, « Les solutions actuelles » (La Charte du travail) dans « Note sur les stages industriels de novembre 1942 », pp. 3-4. Voir « La Charte du travail », anonyme, s.d., 2 p. dactylo.; « Notes pour le Vieux Chef sur les comités sociaux d'entreprise », J. D., s.d., 3 p. (arch. ENCU).

comme l'entend Robert Lacoste, invité à Uriage [1]. Dans l'élan de 1936, quoi qu'on en pense par ailleurs, on doit reconnaître l'attachement du « peuple de chez nous » aux valeurs sacrées de liberté, de solidarité, de justice. Quant au régime de Vichy, Jeanneney résume en deux mots le jugement qu'on porte désormais sur lui :

> Une telle révolution sociale suppose un État libre et fort, c'est-à-dire des conditions politiques contraires à celles d'aujourd'hui [2].

La priorité de la tâche de libération du territoire est constamment rappelée, et la consigne est de s'opposer à la réquisition de la main-d'œuvre pour le travail en Allemagne, dans l'esprit qu'indique Beuve-Méry :

> Prendre une position de refus devant l'oppresseur nazi, au nom d'une mission humaine et du sens traditionnel de la liberté française [3].

Au sein de l'équipe d'Uriage, Dumazedier a été l'animateur du travail théorique et pratique sur la révolution sociale. Travailleur méthodique, bon organisateur, habile à théoriser l'expérience, poursuivant sans se laisser distraire les objectifs qu'il s'est tracés, il affirme sa spécificité de militant de gauche familier du marxisme. Il la met au service du projet collectif d'Uriage auquel il adhère et, du même coup, il infléchit celui-ci en renforçant son versant social. Est-ce à dire que l'élan révolutionnaire exprimé dans ces textes traduit les options personnelles de Dumazedier, plutôt que les convictions communes de l'équipe ? Certainement pas. La vision de l'homme de Dumazedier, ses attaches sociales et son insertion dans l'œuvre révolutionnaire ne sont évidemment pas identiques à celles de Segonzac ou de Beuve-Méry. Ils sont d'accord cependant à ce moment, à la fois sur les tâches immédiates qu'ils mènent ensemble, et sur la perspective utopique de la société communautaire qui naîtra d'une « révolution totale ». Cette entente masque les désaccords virtuels sur le moyen terme, les modalités de la révolution : comment concevoir les relations, à la fois complémentaires et conflictuelles, de la bourgeoisie et du prolétariat (à supposer qu'on accepte ce vocabulaire et cette problématique) ? Et quelles limites fixer à la collaboration avec le parti communiste de ceux qui se donnent pour objectif de « dépasser le marxisme » ?

Aux journées d'octobre 1942, les responsables de l'ENU entendent Dumazedier, après Segonzac et Beuve-Méry, parler du projet révolutionnaire d'Uriage. Le Vieux Chef a affirmé l'importance du problème social, « point de départ » des réflexions politiques de l'équipe [4]. Dumazedier expose ensuite le versant social de la révolution à faire, en résumant d'abord le jugement qu'on porte sur la Charte du travail.

Le gouvernement du Maréchal, explique-t-il, n'a pas mieux réussi la révolution sociale, par laquelle il prétendait mettre fin à la lutte des classes, que la révolution nationale. Le texte promulgué est vague et incomplet ; ses options restrictives en matière de droits et de représentation des salariés, son cadre autoritaire démentent les intentions affirmées – sans oublier le poids des ingérences allemandes, auxquelles s'ajoutent maintenant les mesures de réquisition. Il n'y aura pas de véritable révolution sociale sans libération du pays et révolution politique pour établir l'État national, fort et appuyé sur la

1. Résumé de l'exposé de Beuve-Méry « La mystique communautaire et l'entreprise », dans « Note sur les stages... » citée, p. 12.
2. Résumé de l'exposé de Jeanneney, « Réforme de structure et grande entreprise », *ibid.*, p. 5.
3. « La mystique communautaire et l'entreprise », résumé cité.
4. Journées des 20-21 octobre 1942, exposé du Vieux Chef, notes manuscrites de J. Le Veugle.

confiance des classes populaires, qui fait défaut aujourd'hui. C'est alors qu'on pourra entreprendre la transformation de l'entreprise capitaliste en communauté, et la substitution au salariat d'un authentique contrat d'association. Auparavant, on peut exploiter momentanément les relatifs avantages ou instruments que donne la Charte. Les Comités sociaux, les syndicats morcelés qui subsistent, offrent des possibilités de contacts entre les catégories, d'actions ponctuelles et de formation de militants. En sachant bien qu'on ne fera pas l'économie d'une action violente, on doit utiliser ces occasions de préparer le terrain [1]. C'est bien la pensée commune de l'équipe qui s'exprime ici.

CULTURE ET PÉDAGOGIE

Avec Gilbert Gadoffre, le bureau d'études développe à l'automne 1942 sa réflexion sur la crise de civilisation que connaît l'Europe du XXe siècle. On l'analysait sur divers plans : économique et technique, social, politique, intellectuel, moral et spirituel. Gadoffre propose une vision historique des phénomènes de civilisation, et souligne l'articulation de ces plans en insistant sur la notion de « culture », au double sens du mot. Pour l'individu, c'est la capacité mentale d'élargir son expérience en lui donnant une valeur universelle; au sens collectif, c'est l'ensemble cohérent des formes de sensibilité et d'expression, des convictions implicites et de l'art de vivre qui caractérise une société et une époque.

« Crise de l'homme et humanisme » : la première conférence que fait Gadoffre à Uriage, en conclusion du stage de six mois, sera répétée et développée, jusqu'au stage universitaire de décembre (le dernier) qu'elle ouvrira, sous le titre : « La crise de l'homme et l'homme nouveau. » Il y montre que l'actuelle crise de l'homme n'est pas due seulement au développement technique et aux révolutions politiques, mais aussi à l'ébranlement de l'humanisme classique et de l'héritage des Lumières sous la pression de nouvelles formes de vie et de pensée. L'échelle des problèmes humains s'est transformée, avec l'entrée en scène des masses qui favorise les mythes aux dépens de l'esprit critique et avec l'émergence d'une histoire universelle liée au développement des contacts internationaux; ces derniers apparaissent d'ailleurs à la fois comme des facteurs d'unification et d'exaspération des antagonismes. D'autre part, l'anthropologie s'approfondit et se complique : la restauration par la médecine scientifique de l'idée d'hérédité est exploitée par les théories de la race et l'eugénisme; la découverte de l'inconscient donne aux États totalitaires un instrument nouveau d'emprise psychologique sur les masses. Face à ces menaces pour l'homme et la civilisation, il faut édifier « un humanisme authentiquement moderne » qui prenne en compte les sciences biologiques et médicales. Les intellectuels qui y contribueront devront travailler en équipe, selon la perspective des « sciences de l'homme », et en liaison avec des hommes d'action, car « l'humanisme moderne sera un humanisme efficace ou ne sera pas ». L'émergence d'un homme nouveau suppose un effort d' « éducation corrective », pour lutter contre les déformations et les mutilations que fait subir à la personne le genre de vie citadin, avec la sédentarité, la spécialisation

1. Journées des 20-21 octobre 1942, exposé de J. Dumazedier « À propos de la Charte », notes manuscrites de J. Le Veugle.

technique et la pression des phénomènes de masse. Elle exige aussi un progrès spirituel et une vie communautaire [1].

Gadoffre explique ensuite aux stagiaires universitaires sa conception d'une « culture humaine ». C'est une démarche d'ouverture et de dépassement dans laquelle chacun explicite ses raisons de vivre, approfondit les savoirs liés à son métier pour découvrir les questions permanentes de l'homme et s'ouvre à l'expérience d'autrui. Elle implique aussi la pratique d'un art de vivre, d'un « style ». C'est le rôle des élites d'inventer et de propager le style qui incarne les valeurs d'une société et d'une époque. Ne se confondant nullement avec les classes dirigeantes, les « élites d'encadrement » assurent la consistance du tissu social, tandis que les « élites de civilisation » font rayonner l'exemple de la culture et du style. Elles incarnent et expriment la personnalité de la collectivité, son expérience historique, et témoignent de son unité. Dans le cas de la France, dont l'unité s'est faite autour d'une civilisation et s'est exprimée par une culture, la noblesse a été sous l'Ancien Régime dépositaire de la conscience historique nationale. La bourgeoisie n'a pas su assumer ce rôle après 1789, la continuité a été rompue et la communauté nationale est à reconstruire sur le plan culturel comme sur les autres [2].

À cette réflexion nouvelle sur la culture et les élites s'accroche celle que mène Dumazedier avec Cacérès sur la culture populaire et ouvrière. Ils expliquent aux stagiaires ouvriers que la libération de la classe ouvrière passe aussi par son développement culturel; il faut d'abord prendre conscience du besoin et des aspirations latentes [3]. Aux intellectuels, ils montrent qu'il ne s'agit pas là seulement de l'intérêt des ouvriers, mais de celui de la nation qui doit mettre fin à l'exil de la classe ouvrière, et de celui des hommes de culture conscients de la nécessité de régénérer la culture bourgeoise [4]. En effet la culture populaire ne saurait se limiter à une extension, encore moins à une vulgarisation de la culture humaniste; on ne peut attendre son développement d'un simple effort de scolarisation. Les ouvriers doivent contribuer à la culture commune en lui apportant leurs propres expériences, celles du travail et du métier, et en poussant à l'élaboration d'une culture sociale et économique. Dumazedier, s'appuyant sur le Père Chenu dont on médite le petit livre *Pour être heureux, travaillons ensemble*, parle de « civilisation du travail [5] ». L'effort de culture populaire, intégré dans le mouvement global de libération de la classe ouvrière, s'épanouira en un art de vivre, un style de vie, une spiritualité. Les intellectuels qui veulent le servir doivent renouveler l'expression des valeurs humanistes auxquels ils sont attachés et surtout repenser la pédagogie.

La pédagogie nouvelle de l'apprentissage intellectuel, à l'usage des jeunes et des hommes d'action comme à celui des travailleurs, est précisément l'objet des recherches et des expérimentations de Dumazedier. Au stage de six mois, il a présenté en trois conférences (cycles 5 et 6) l'esprit de sa

1. G. GADOFFRE, « La crise de l'homme et l'homme nouveau », résumé ronéo de sa conférence, 3 p. (arch. ENCU); Notes manuscrites de L. Poli (7 août) et d'A. Lecoanet (27 décembre).

2. G. GADOFFRE, « Culture humaine » notes sur sa conférence du 31 décembre 1942, cahier de stage de l'instructeur André Lecoanet.

3. J. DUMAZEDIER, « Promotion du travail et culture ouvrière », conférence au stage ouvrier, 21 décembre 1942 (d'après les notes de l'instructeur Lecoanet); B. CACÉRÈS, « Conditions préalables à la culture ouvrière, *Jeunesse France-Cahiers d'Uriage*, 36, novembre 1942.

4. J. DUMAZEDIER, « Culture populaire », conférence au stage universitaire, 30 décembre 1942, d'après les notes de l'instructeur Lecoanet.

5. M.-D. CHENU, *Pour être heureux, travaillons ensemble*. Voir J. DUMAZEDIER, « Civilisation du travail. Pour être heureux, travaillons ensemble », *Jeunesse France-Cahiers d'Uriage*, 37, décembre 1942, 5 p.

méthode, et il l'a appliquée en introduisant dans le travail des stagiaires une progression, mesurée par des évaluations. Il s'agit de pallier les défauts et les lacunes de l'enseignement universitaire, sans renoncer à ce qui fait sa valeur scientifique et culturelle, et de développer une « culture d'action » chez des hommes qui doivent être capables de « conduire leur esprit au milieu des problèmes de la vie [1] ». Elle ne peut être acquise que par l'entraînement, selon une méthode globale qui équilibre divers types d'apprentissage. Les exercices abstraits du cours, du cercle d'études et de la lecture personnelle doivent être combinés avec les expériences concrètes de l'enquête et du stage, de l'action sociale et de la propagande, de manière à associer la pensée à l'action, la formation individuelle à la recherche communautaire, les intérêts spontanés de chacun à la discipline reçue.

Dumazedier a souvent répété devant les stagiaires la causerie sur l'esprit du sport où il présentait ses réflexions de praticien. Pour lui le sport, sans être la source d'une nouvelle morale, et encore moins d'une religion, implique un esprit, c'est-à-dire « un style de vie valable pour tous les hommes de qualité ». Sa pratique enseigne le sens de la force, celui du style, de la compétition, de l'équipe ; l'entraînement, ce développement acquis par un effort régulier et méthodique, implique l'amour du travail et de la technique. La pédagogie doit s'enrichir de « l'extension des méthodes d'entraînement sportif à d'autres domaines de la culture [2] ». Dumazedier propose lui-même une méthode d'entraînement culturel au service de l'épanouissement de la personnalité : le sujet décidé à se perfectionner doit pratiquer des exercices d'apprentissage progressif, qui utilisent l'expérience méthodiquement organisée et mènent à la réflexion personnelle, qui débouche elle-même sur l'action [3].

Typiques de la manière d'Uriage, ces travaux sur la culture et la pédagogie associent les vues historiques aux analyses des sciences humaines et l'étude sociologique à l'expérimentation pédagogique. La « synthèse » esquissée précédemment s'étend désormais aux phénomènes de civilisation, et le thème de la « révolution personnelle » devient précepte concret en s'accompagnant d'une méthode d'entraînement.

LA RÉVOLUTION À FAIRE

L'homme nouveau

Le thème de « l'homme nouveau » affrontant les défis du XXe siècle revient désormais, davantage que celui du chef, dans les réflexions des intellectuels de l'équipe. La référence à Mounier et au personnalisme est moins explicite peut-être, mais l'inspiration reste la même : prendre en compte « l'homme total », respecter la liberté des personnes, édifier les communautés hors desquelles elles ne peuvent s'apanouir. On fait surtout référence au maître commun, Péguy, en qui Beuve-Méry décrit le prophète de la vraie révolution du XXe siècle. Guide intellectuel autant que maître spirituel, Péguy a donné l'exemple : dans sa vie, la conduite de l'homme a exactement traduit les convictions affirmées par le penseur.

La conférence sur « Péguy socialiste, patriote et chrétien » que Beuve-Méry a présentée au stage de six mois et reprise aux sessions ultérieures sous le titre « Péguy, révolutionnaire français » a été encore remaniée pour

1. J. DUMAZEDIER, « Éducation intellectuelle et Action », *Jeunesse France*, 29, mars 1942, 10 p.
2. J. DUMAZEDIER, « Esprit du sport et éducation », *ibid.* 30, avril 1942, 8 p.
3. J. DUMAZEDIER, « Entraînement et personnalité », *ibid.*, 31, mai 1942, 8 p.

former, aux derniers stages de 1942, un grand exposé intitulé « Charles Péguy et la révolution du xxe siècle » qui sera ensuite diffusé dans la clandestinité [1]. Elle comportera, sous cette dernière forme, une introduction sur l'affrontement mondial des trois grands courants de pensée (nationalisme hypertrophié en fascisme, socialisme détourné en communisme soviétique, christianisme affadi et affaibli) et quatre parties : Péguy et le socialisme, Péguy et la nation, Péguy et la religion, la mission de la France. Péguy apparaît là, contre l'exploitation que font de certains de ses écrits les bien-pensants, comme le héraut de la révolution nouvelle. Adversaire des hommes de pouvoir et d'appareil autant que des notables prisonniers de leur souci de sécurité et de respectabilité, Péguy a dénoncé le monde bourgeois hypocrite et le capitalisme qui a établi le règne de l'argent. Il s'est insurgé contre ce qui dans l'esprit « moderne » corrompait les traditions aristocratiques et populaires fondées sur la communauté et sur l'honneur.

Le socialisme républicain et moral de Péguy, son nationalisme qui est un patriotisme de l'unité et de la continuité nationales, sont profondément imprégnés d'un sens chrétien qui en fait l'antidote du communisme marxiste comme des fascismes et des nationalismes totalitaires. Les chrétiens trouveront en ce non-pratiquant un véritable prophète qui secoue leur sommeil et dénonce leurs compromissions; il leur fait rencontrer un Évangile rendu actuel et concret, celui de l'amour manifesté par le travail, la pauvreté, le culte de l'honneur et les vertus de fidélité et de solidarité des gens simples. Mais c'est à tous les citoyens que s'adressent les leçons de Péguy : une révolution véritable est toujours animée par la recherche d'un ordre plus profond; la raison d'État ne légitime aucune injustice; la cité prospère n'est que désordre et inhumanité tant qu'un seul y est enfermé dans la misère; la guerre, source de maux monstrueux, est parfois aussi un instrument de libération; les « réalités militaires » ne peuvent être négligées, car elles sont présentes au fondement de tout ordre social et de toute civilisation. La France, pensait Péguy, doit être l'initiatrice de cette révolution d'inspiration chrétienne que notre siècle appelle, seule révolution humaine. Trois noms émergeront de la crise tragique qui broie l'Europe, ceux de Marx, Nietzsche et Péguy; le troisième enseigne comment répondre aux défis des deux premiers en entreprenant « la révolution qui reste à faire ».

Il s'agit, entre autres, de pratiquer la force et la discipline au service de valeurs universelles et dans le respect de la liberté de chacun : on retrouve là les thèmes chers à Jean-Jacques Chevallier, dont les causeries sur « l'ordre viril » et « l'efficacité dans l'action » sont complétées par les exhortations éloquentes de d'Astorg sur « la morale de l'honneur ». Cette réflexion est approfondie par le Père de Lubac dans l'exposé « Ordre viril, ordre chrétien » qu'il présente aux aumôniers. Se référant lui aussi à Péguy, et soucieux de répondre à la force montante du communisme autant qu'à la séduction du nazisme, il réclame une autocritique des chrétiens à propos de la virilité. Il faut retrouver un christianisme « plus adapté, plus incarné, plus efficace, plus fort ». La virilité chrétienne ne consiste pas à « rechercher la force, en cédant à une espèce de vertige devant les entreprises actuelles », mais à « pratiquer avec force (avec la vertu de force) les valeurs et les vertus du christianisme, qui se résument dans la charité [2] ».

À la fin du premier stage industriel mixte, Segonzac dans son mot de synthèse évoque l'idéal commun qui doit inspirer l'action réformatrice. C'est « la volonté commune d'arriver à déterminer un homme nouveau » :

1. Seule version conservée : « Charles Péguy et la révolution du xxe siècle », 23 p. (+ textes et biblio., 26 p.) ronéo., 1942-1943 (fonds Poli, arch. ENCU). Texte reproduit dans *Charles Péguy*, sous la dir. de J. Bastaire, pp. 309-321.

2. « Ordre viril, ordre chrétien, résumé d'un exposé présenté par le R.P. de Lubac aux stagiaires ecclésiastiques de l'ENC le 25 juin 1942 », 2 p. dactylo. (arch. ENCU).

Des hommes *forts*, physiquement et moralement. Des hommes *libres*. Des hommes capables d'aimer leurs semblables, et qui aient le sens de la communauté. Il n'est pas de plus bel idéal dans la vie que de faire ce type d'hommes [1].

Au service du spirituel

Acteur et produit de la Révolution, l'homme nouveau est voué au service des valeurs spirituelles. « Le spirituel » : ce terme éminemment péguyste, familier aux penseurs chrétiens des années trente, a été introduit dans le vocabulaire de l'équipe d'Uriage peut-être dès 1940 par l'abbé de Naurois, en tout cas en 1941, sous l'influence de Mounier, du Père Maydieu et de Beuve-Méry. La Charte de janvier 1942 en faisait la première des « valeurs communes » que l'équipe avait pour mission de servir : sens et service du spirituel, de l'honneur et de la Patrie. Si les commentaires abondent sur l'honneur et la Patrie (conférences, articles et même livres), le thème du spirituel reste dans un certain flou. Segonzac et Beuve-Méry utilisent, comme Mounier, le substantif, à la manière de Péguy et de Maritain, mais l'adjectif est plus fréquent : crise, révolution, valeurs spirituelles. Que recouvre exactement ce terme pour l'équipe d'Uriage ?

Les chrétiens pensent d'abord aux définitions de théologie morale et politique popularisées par Maritain dans la série d'ouvrages publiés après la condamnation de l'Action française, de *Primauté du spirituel* (1927) à *Humanisme intégral* (1936). La distinction du temporel et du spirituel, deux domaines et deux styles d'action, permettait à celui-ci, en catholique s'adressant aux catholiques, de préciser la nature de leur présence, de leurs responsabilités et de leur engagement dans la vie sociale. Il s'agissait de penser l'articulation des deux champs et des deux pouvoirs, contre les tentations de la séparation et de la confusion, afin de se situer à la fois en citoyen et en chrétien. Cet effort pour éclairer la conscience chrétienne n'est pas le propre des hommes d'Uriage, qui entendent éviter les références spécifiquement religieuses, *a fortiori* confessionnelles. L'emploi du mot « spirituel », hors du binôme maritanien, apparaît plutôt au premier abord comme une commodité que se donne cette communauté laïque animée d'un humanisme d'inspiration chrétienne. Il permet d'exprimer la référence commune à un absolu, à une transcendance, par-dessus la divergence des croyances métaphysiques ou religieuses, et peut-être en la masquant. « Le spirituel », c'est le langage commun, déconfessionnalisé mais non sécularisé, qui peut satisfaire aussi bien les croyants que les agnostiques et les athées ; il permet aux premiers d'affirmer implicitement leur foi au Dieu des chrétiens et leur fidélité aux enseignements de leur Église, et aux autres de déclarer leur adhésion à des valeurs morales supérieures qui donnent son sens à l'existence humaine.

Le précédent le plus éclairant est peut-être celui de Mounier, initiateur lui aussi, dans le mouvement *Esprit*, d'une communauté de pensée et d'engagement entre des croyants et des incroyants – Mounier, lui-même héritier de Péguy dont il a actualisé la pensée [2]. Il avait ouvert son premier éditorial, en 1932, sur les mots : « Nous disons : Primauté du spirituel... », avant de lancer le mot d'ordre : « Dissocier le spirituel du réactionnaire. » Expliquant ensuite l'affirmation selon laquelle « l'esprit mène le monde », il définissait l'esprit comme « une réalité à laquelle nous donnons une adhésion totale, qui nous dépasse, nous pénètre, nous engage tout entiers en

1. « Mot du vieux chef, 29 juin 1942, d'après les notes du chef Le Veugle », 2 p. dactylo. (arch. J. Le Veugle).

2. E. MOUNIER, M. PÉGUY ET G. IZARD, *La Pensée de Charles Péguy* (1931).

nous tirant au-delà de nous-mêmes [1] ». La Charte de l'équipe d'Uriage est toute proche de cette formulation lorsqu'elle présente le sens du spirituel comme « l'aspiration profonde de l'homme à des réalités invisibles qui le dépassent, donnent à sa vie sa raison d'être, son sens et son prix ». Pour Mounier, l'esprit, irréductible à l'utile et au confortable, ennemi de la propriété et de la sécurité bourgeoises comme de la puissance qui traite autrui en instrument, n'est pas l'opposé de la matière ou de la chair. Le « réalisme spirituel » dont il se réclame s'oppose aux spiritualismes et aux idéalismes, doctrines d'évasion ou de camouflage. À la question « qu'est-ce donc pour nous que le spirituel ? », il répond ailleurs par deux affirmations. Il y a d'une part une échelle des valeurs : « Primauté du vital sur le matériel, des valeurs de culture sur les valeurs vitales; mais primauté, sur elles toutes (...), des valeurs d'amour, de bonté, de Charité » – que cette échelle de valeurs soit reconnue ou non comme suspendue intrinsèquement à l'existence d'un Dieu transcendant. Ces valeurs sont d'autre part « incarnées dans des *personnes* destinées à vivre dans une totale *communauté* [2] ».

La charte d'Uriage reprend l'idée d'un lien intrinsèque entre le spirituel et la personne. C'est l'aspiration spirituelle, en lui, qui permet à l'homme « d'être une personne » en fondant sa conscience, sa vocation, son aptitude à un témoignage fidèle; elle lui fait rechercher « la communion des personnes dans une même recherche de la vérité, de la justice et de l'amour ». La formule « primauté du spirituel » implique donc la reconnaissance de la dignité de la personne, de son droit à un « respect inconditionnel » et de l'appel qui l'invite à se dépasser pour édifier une communauté d'amour. La parenté de ces formulations est sans doute moins l'effet d'une influence directe de Mounier sur Uriage, que de l'acclimatation par Naurois, Beuve-Méry et Maydieu, d'un vocabulaire et d'un système de valeurs qui sont aussi ceux d'*Esprit*, et qui sont empruntés à l'héritage de Péguy, dans lequel on puise aussi directement à Uriage.

C'est de Péguy que viennent deux éléments essentiels de la définition du spirituel. Il est d'abord, selon la vision bergsonienne, source de mouvement, émergence à la vie véritable, parce qu'il est présence de l'éternité dans la conscience humaine – à l'inverse d'un « temporel » ou d'un « charnel » dont la pente est inéluctablement tournée vers la dégradation, le vieillissement et la mort. Ainsi la pire trahison du spirituel est-elle, comme le rappelait Jean Lacroix à Uriage, celle des âmes « habituées » sur qui ne mordent ni l'événement ni la grâce. Mais d'autre part – et cette seconde idée est aussi chère à Beuve-Méry qu'aux hommes d'*Esprit* – le spirituel, comme le surnaturel et l'éternel dont il signale la présence, est indissolublement lié au matériel, au temporel et au charnel. Il ne saurait y avoir de rencontre ou d'expression du spirituel en dehors des situations et des actes par lesquels il prend corps dans l'existence humaine. Solidaire du temporel qu'il anime et auquel il donne sens, le spirituel est radicalement incapable de s'en passer, au point que ses plus grandes créations subissent inévitablement les contraintes de ce compagnonnage, comme les retards et frottements du fleuve s'écoulant dans son lit [3]. C'est dans les mêmes termes, solidarité dans la différence, que Péguy parle de l'Incarnation ou des rapports de la nature et de la grâce :

> *« Car le surnaturel est lui-même charnel*
> *(...) Et l'éternité même est dans le temporel*

1. E. Mounier, « Refaire la Renaissance », *Esprit*, 1, octobre 1932; *Œuvres*, t. I, pp. 137, 139, 146.
2. E. Mounier, « Principes de notre rassemblement », *Esprit*, 22, juillet 1934; *Œuvres*, t. I, p. 216.
3. Ch. Péguy, *L'Argent suite* (1913), *Œuvres en prose 1909-1914*, p. 1221.

(...) Et l'arbre de la grâce et l'arbre de nature
Se sont étreints tous deux comme deux lourdes lianes[1]. »

Sans se référer directement à la vision proprement religieuse et chrétienne qui inspire ici Péguy, Beuve-Méry retient et souligne explicitement cette idée de la solidarité entre le spirituel et le temporel. Il prémunit ainsi ses compagnons d'Uriage contre les deux déviations qui guettent les cœurs généreux impatients d'engagement désintéressé : déviation d'un spiritualisme idéaliste qui, en cultivant les vertus des belles âmes, aboutit à l'illusion stérile sinon à l'imposture; déviation du réalisme qui, au nom de l'efficacité, dérive vers le culte de la force, la violence et l'oppression.

L'équipe d'Uriage se divisera en 1944 lorsqu'elle cherchera à expliciter sa conception d'un spirituel non religieux, mais le manifeste clandestin lancé alors n'en affirmera pas moins que le mouvement révolutionnaire en cours « trouvera sa vérité dans une orientation vers les plus hautes réalités spirituelles de liberté, de justice et d'amour[2] ». Et la « somme » de 1945, décrivant l'homme nouveau, consacrera un développement à son « épanouissement spirituel », sous la double forme de la vie intérieure et du don de soi au service d'une cause qui dépasse l'individu[3].

Si la notion du spirituel est restée floue dans les textes d'Uriage, elle a cependant, malgré cette ambiguïté ou peut-être grâce à elle, rempli une fonction essentielle dans l'élaboration de l'esprit de l'équipe. La formule « sens et service du spirituel » permet d'affirmer le primat de l'éthique, contre les idéologies ou les pratiques dont la seule règle est la recherche de l'efficacité. Elle traduit, et contribue à instaurer, un climat de laïcité ouverte; la solidarité des engagements communs y est plus forte que la divergence des croyances, mais elle la respecte, car la discipline collective sait s'arrêter aux frontières de la liberté intime de chaque conscience. Enfin elle exprime le refus de tous les systèmes clos (ceux des totalitarismes politiques comme ceux du culte du bonheur individuel ou du succès technique) et une généreuse résolution d'ouverture; on respectera le secret des consciences tout en les invitant à confronter et à élargir leurs expériences particulières, car c'est dans l'effort toujours inachevé de communication et d'échange que les consciences s'affirment dans leur singularité[4].

La Révolution

La Révolution à faire, c'est évidemment l'idée-force qui donne leur unité à l'ensemble des réflexions et des projets de l'équipe d'Uriage au second semestre de 1942. Les innovations pédagogiques, l'appel à l'effort moral, l'engagement social, la préparation au combat pour la libération du pays sont inclus dans un projet révolutionnaire global. Le mot n'est certes pas

1. CH. PÉGUY, *Ève* (1913), *Œuvres poétiques complètes*, pp. 813-814.
2. Manifeste clandestin « Libération – Révolution », 17 p. ronéo., cité *infra*.
3. *Vers le style du XXe siècle, op. cit.*, p. 90.
4. Permanence de la notion, et peut-être des intentions? Trente-cinq ans plus tard, et dans un contexte culturel bien différent, un collaborateur d'*Esprit* fait appel à la notion de « spirituel » : « Le spirituel est aussi bien le fait des agnostiques, des athées que des croyants. Il n'implique pas la croyance. La question du spirituel – essentiellement mobile – apparaît quand la rationalité scientifique et l'autonomie du politique ne prétendent pas boucler sur elles-mêmes et être autosuffisantes. Le spirituel est une dimension de transcendance, cherchée ou reconnue dans l'existence humaine, il peut se jouer en toutes expériences, dans la poésie, la littérature, la recherche d'une sagesse, d'un savoir-vivre ou d'un savoir-manger, dans la vie artistique » (J.-CL. ESLIN, « Spirituel, religieux, chrétien. Texte de travail », *Esprit*, avril 1978, p. 113).

nouveau dans le vocabulaire d'Uriage, mais son sens a été progressivement infléchi.

Aux origines de l'École, on ne parlait guère de « révolution » en dehors de la « Révolution nationale », entendue à la manière de l'équipe : adhésion à l'entreprise annoncée et amorcée par le Maréchal et résolution d'y coopérer; volonté d'en donner une interprétation originale, ample et consensuelle, qu'on espère correspondre aux intentions du chef de l'État sans qu'elle soit alignée sur l'ensemble de la politique de son gouvernement. Pour désigner les tâches concrètes auxquelles l'équipe entendait se vouer en entraînant la jeunesse, on parlait plutôt de *réforme* personnelle, de *redressement* moral, de *rénovation* sociale et de *reconstruction* de la communauté nationale. La révolution des idéologies socialistes et syndicalistes, dont l'héritage était largement ignoré, était considérée comme un mythe dangereux malgré la sincérité de certains de ses fidèles; la réintégration du prolériat dans la communauté nationale qu'on souhaitait se présentait comme l'antidote de la révolution sociale opérée par la mobilisation des masses.

L'influence de l'abbé de Naurois et des philosophes d'*Esprit*, Mounier et Lacroix, relayés au printemps 1941 par Beuve-Méry, a acclimaté dans le vocabulaire de l'École un autre usage du mot « révolution », avec un double sens. C'est d'une part *la Révolution du XXe siècle*, donnée majeure de l'histoire qui se fait. La civilisation européenne connaît une crise, à travers laquelle est amorcée la gestation douloureuse d'un nouvel ordre. La France a longtemps refusé de prendre la dimension de cette crise et a tenté de se soustraire à sa contagion; depuis la défaite, elle y est impliquée, et doit maintenant choisir entre la servitude sous un nouvel ordre issu d'une révolution étrangère, et l'effort pour inventer une solution révolutionnaire qui respecte ses traditions, sa conception de l'homme et son indépendance [1]. C'est le second sens du mot : ceux qui sont attachés à l'humanisme et aux valeurs spirituelles doivent élaborer et mettre en œuvre un projet révolutionnaire qui exploite l'élan de la Révolution du XXe siècle en l'orientant selon leurs convictions. Beuve-Méry parle alors de *Révolution humaine* opposée aux diverses « révolutions nationales » qui s'égarent ou s'arrêtent à mi-chemin :

> La révolution la plus actuelle, la plus jeune, celle qui dépasse à la fois le marxisme et le nationalisme, postule une exigence spirituelle sine qua non : la restauration du primat de l'homme (...). Il ne s'agit donc pas de projeter en rêve d'avenir on ne sait quelle nostalgie du passé [2].

Lui-même et Segonzac reprennent à Mounier l'expression de « révolution personnaliste et communautaire » pour désigner la perspective dans laquelle s'inscrit le travail de l'École. Les distances sont prises avec la Révolution nationale mise en œuvre par le pouvoir. Dans les écrits publics où l'on se refuse à cautionner la politique du gouvernement sans pouvoir la critiquer ouvertement, on cite encore révérencieusement la Révolution nationale, mais les textes doctrinaux qui aboutissent à la charte de l'équipe à la fin de 1941 font référence à la « rénovation nationale », à l'effort pour « reconstruire la France », plutôt qu'à une révolution grosse de malentendus. De même, le mot « révolution » ne figure dans aucun des intitulés des cycles et des conférences du stage de six mois; on parle plutôt de « refaire des hommes » et de « rénover la communauté nationale ».

1. J. LACROIX, « Nation et Révolution », *Esprit*, novembre 1940; E. MOUNIER, « La Révolution du XXe siècle », *Esprit*, février 1941; J. LACROIX, « Force et faiblesse du marxisme », conférence à Uriage », citée. Voir B. COMTE, « Emmanuel Mounier devant Vichy et la Révolution nationale... », art. cit.
2. H. BEUVE-MÉRY, « Révolutions nationales, révolution humaine », art. cit.

Cependant le thème de « la Révolution du XXe siècle » prend de l'ampleur, dans les stages de 1942 et surtout dans les travaux du bureau d'études, qui rédige une note sur ce sujet. On y constate qu'une révolution est en cours, inéluctable (« Rien ne pourra l'arrêter ») et d'une ampleur sans précédent (« Illimitée, elle affecte tous les peuples; elle s'étend à tous les domaines »). On y voit une étape décisive de l'histoire de l'humanité, au nom d'une vision qui semble inspirée par Teilhard de Chardin :

> Elle est la plus vaste transformation qu'ait jamais subie l'humanité. Cette transformation (...) a un sens (...). Elle est peut-être la naissance ensanglantée d'un véritable " être collectif des hommes ", d'une humanité dont les masses bolchevistes ou nationales-socialistes ne sont qu'une préfiguration monstrueuse, une tentative avortée [1].

En ce qui concerne la France, la révolution spécifique qu'elle doit réaliser est présentée comme « à la fois une remontée vers les sources et un élan vers l'avenir », ce qui amène à préciser :

> En ce sens, mais en ce sens seulement, on pourrait parler, si l'on y tient, d'une révolution " nationale ", par un retour aux traditions les plus vigoureuses et les plus saines de la nation, et d'une révolution " sociale " ou " socialiste " par l'acceptation enthousiaste, voire religieuse, de l'orientation toujours plus communautaire du devenir humain.

Selon le schéma coutumier d'une action à quatre dimensions, la « Révolution française du XXe siècle » doit être à la fois personnelle, politique, économique et sociale, spirituelle. La révolution personnelle créera « un style de vie, un type d'homme » inspirés par le sens de l'honneur, qui implique le choix de « ne jamais préférer les commodités de la vie ou la vie elle-même aux raisons de vivre ». La révolution politique consistera à changer à la fois les hommes, c'est-à-dire les cadres, et les institutions, mais elle n'cst pas réalisable dans l'immédiat :

> Les hommes ne peuvent rien sans les institutions et inversement. Mais dans la situation actuelle de la France, tant que celle-ci est privée du libre exercice de son indépendance nationale, il est bien évident que l'accent doit être mis sur les hommes et non sur les institutions (...). Une révolution " nationale " dictée par l'étranger serait un pur non-sens.

La révolution économique et sociale pourrait avoir comme formule « haute productivité et paix sociale »; elle implique l'abolition du prolétariat et l'instauration « d'une véritable souveraineté du travail au scin de la communauté nationale ». La révolution spirituelle enfin donnera aux autres le principe commun, seul capable de les orienter et de les harmoniser :

« Où Dieu est absent, règnent les idoles : l'Argent, la Nation, la Classe, l'État. Mais quel Dieu ? (...) Il suffit à un ordre humain que cette explication, cette issue surnaturelle du monde (celles que propose la religion chrétienne) ne soit pas *a priori* écartée ou combattue et que l'homme, oubliant qu'il est à l'image de Dieu, ne crée pas des dieux à sa propre image [2]. »

Aux « vrais révolutionnaires français » qui se reconnaissent dans ces principes, on renonce à proposer un programme précis de réformes ou des mots d'ordre d'action immédiate, étant donné l'incertitude qui pèse sur le proche avenir. Mais on les appelle à se rassembler, à affermir mutuellement leur foi, et à chercher les formes d'action qui préparent la révolution de demain, par l'étude et par l'apprentissage des techniques de l'action révolutionnaire.

1. « Principes de la Révolution du XXe siècle », Uriage-Documentation, document anonyme 3 p. ronéo, s.d. (printemps 1942). Voir en annexe, document 3.
2. *Ibid.*

Consacré aux principes, ce texte ne développe pas l'analyse du conflit idéologique et militaire en cours ou de la situation de la France en 1942. Probablement destiné au large cercle des sympathisants de l'ENU, il semble avoir pour objectif de contrer la propagande des adeptes d'une révolution nationale radicalisée, alignée sur la « révolution européenne » à l'allemande. Reprenant à son compte le vocabulaire et l'élan révolutionnaires, il projette sur le conflit mondial un éclairage éthique qui légitime une perspective humaniste et spirituelle.

Crise et révolutions du XXe siècle

Les exposés de Beuve-Méry sont plus précis. Ils s'articulent autour de quatre démonstrations, constamment reprises et progressivement organisées en un grand ensemble, qui sera finalement diffusé en 1943 et 1944 dans la clandestinité sous le titre « La crise du XXe siècle et les tentatives révolutionnaires des États européens [1] ».

Il part de l'observation critique de la crise du monde moderne : la civilisation européenne fondée d'abord sur le christianisme puis sur l'individualisme libéral a été bouleversée par l'irruption du machinisme et l'avènement des masses, qui ont créé les conditions d'une révolution inéluctable. La France, quant à elle, a connu au XXe siècle une décadence, sensible aussi bien dans les domaines démographique et économique que social et politique, et dont l'origine profonde est d'ordre moral et spirituel.

Les diverses « tentatives révolutionnaires » menées en Europe en réponse à la crise sont ensuite étudiées et appréciées. Beuve-Méry a d'abord analysé rapidement le cas de la France (deux révolutions avortées, en 1936 et 1940), celui de l'Allemagne nationale-socialiste (révolution usurpée, socialisme d'imposture) et celui du communisme russe, révolution déviée [2]. À la fin de 1942, il s'étend davantage et présente une analyse systématique des « essais révolutionnaires du monde moderne », c'est-à-dire des régimes autoritaires nouveaux apparus en Europe depuis 1917 [3]. Les deux expériences extrêmes du bolchevisme et du nazisme sont étudiées, comparées dans leurs analogies et leurs différences. Ce sont leurs contradictions internes qui les condamnent, autant que la protestation que soulèvent leur matérialisme et leurs prétentions totalitaires; toutes deux comportent un impérialisme qui utilise des techniques modernes de conquête et de domination. Les autres régimes autoritaires ne peuvent pas davantage être proposés en modèles à la France : fascisme italien faible sous ses apparences totalitaires, phalangisme espagnol prisonnier de ses contradictions, nationalisme mitigé de Salazar dont le conservatisme rétrograde gâte ce que ses principes ont de satisfaisant. La France enfin n'a connu que des velléités de transformation révolutionnaire : « Ni Blum ni Laval n'ont réussi [4]. »

Troisième temps, la définition de l'autre voie révolutionnaire qu'il revient à la France d'inventer, dans la fidélité à la conception de l'homme dont témoigne son histoire et sur les traces de Péguy. La « Révolution

1. « La crise du XXe siècle et les tentatives révolutionnaires des États européens », exposé anonyme suivi de textes à l'appui, ronéo., 17 + 10 p., (fonds Poli). Texte imprimé à Grenoble à la Libération avec la signature H.B.M. (32 p., arch. ENCU).
2. Plan d'une conférence de Beuve-Méry, « Révolutions manquées, révolution à faire », Cahier de cycle du premier stage ouvrier (27 novembre-1er décembre 1942), 10 p. dactylo. (arch. ENCU).
3. « Les essais révolutionnaires du monde moderne », conférence au stage ouvrier, 19 décembre 1942 (cahier de stage d'André Lecoanet, instructeur).
4. « La Révolution du XXe siècle », exposé présenté par Beuve-Méry aux instructeurs le 8 décembre 1942, notes manuscrites de Louis Poli (arch. ENCU).

humaine », à la fois spirituelle et temporelle, personnelle et collective, morale et institutionnelle, se fonde sur une conception communautaire de l'homme et de la société. On a vu comment ce principe communautaire inspire les réflexions de Beuve-Méry, Reuter, Jeanneney et Segonzac sur la réforme de l'entreprise. Celles de Dumazedier, prenant en compte la détresse et les « justes aspirations révolutionnaires » du prolétariat, opposent aux solutions marxistes les « solutions vraies » de l'esprit communautaire [1]. Tous insistent à la fois sur la dimension spirituelle de l'élan révolutionnaire, sa « mystique », et sur le lien entre les divers plans. Beuve-Méry notamment est attentif aussi bien aux recherches sur l'économie communautaire de François Perroux, dont il présente les *Cahiers d'études communautaires* dans la revue d'Uriage, qu'à celles des cercles chrétiens qui travaillent à restaurer le sens du collectif caractéristique du christianisme originel [2]. Il commente ainsi le manifeste lancé par le groupe « Jeunesse de l'Église » :

> C'est la conscience communautaire qu'il faut réveiller, les sources les plus primitives et les plus profondes de la mystique chrétienne qu'il faut retrouver [3].

Le chef du bureau d'études avait déjà déclaré :

> Tous ceux qu'épouvante aujourd'hui l'enfantement de *l'être collectif des hommes* n'apercevront-ils pas la chance, unique sans doute, de *divinisation du monde et de l'homme* que renferme toujours un christianisme rendu plus profondément à sa vocation ? La nécessité et la possibilité grâce à l'incarnation de substituer aux communautés inhumaines, où l'être se dissout, la communauté d'amour, où il ne se perd que pour mieux se réaliser et se personnaliser [4] ?

La livraison de décembre des *Cahiers d'Uriage*, qui sera la dernière, est consacrée aux « Communautés » sous leurs diverses formes, et l'éditorial de Segonzac relie ce thème à ceux du style de vie, des élites et du projet d'un ordre dont la réalisation lui semble inscrite dans le mouvement de l'expérience réalisée à Uriage [5].

Le quatrième aspect de la Révolution du XXe siècle concerne sa préparation. Elle ne surgira ni du cerveau des théoriciens ni des coups de force des activistes. Il y faut une longue maturation, et d'abord la formation, en tous milieux, d'équipes d'hommes solidaires, résolus, rompus aux techniques de l'efficacité et guidés par une stratégie globale. Un double travail s'impose donc à l'équipe d'Uriage : prendre une connaissance lucide de l'ensemble des rapports de force et des éventualités qui caractérisent la France de 1942 ; se renforcer en consolidant les noyaux d'action collective déjà formés ici ou là.

Dans ses « mots du Vieux Chef » adressés aux stagiaires, Segonzac exploite ces analyses et reprend les formules de Beuve-Méry, de Reuter ou de Dumazedier, dans le style d'improvisation méditée qui lui est propre. En novembre, un hôte clandestin qui assiste inopinément à la veillée finale d'un stage de trois jours note les thèmes abordés par Segonzac :

> (...) La Révolution est, d'après lui, nécessaire et inévitable ; elle se fera avec, sans, ou contre nous, selon que nous aurons ou non du cœur ; il n'y aura rien

1. « Révolution marxiste, révolution humaine », conférence citée.
2. H. B.-M., « Communauté et économie », *Jeunesse France-Cahiers d'Uriage*, 37, décembre 1942 (présentation dans la rubrique « Livres et revues » de *La Communauté française*, 4e cahier d'études communautaires, publié sous la direction de F. Perroux et J. Madaule).
3. H. B.-M., « Jeunesse de l'Église », *ibid.*, 37, décembre 1942.
4. H. B.-M., « Communauté et religion », *ibid.*, 33, juillet 1942.
5. P. Dunoyer de Segonzac, « Vie communautaire et style de vie », *ibid.*, 37, décembre 1942.

de commun entre cette révolution et celle qu'impose aujourd'hui l'envahisseur; Uriage, d'ailleurs, ne prétend pas dégager, dès à présent, le sens de cette révolution, mais seulement éviter qu'elle soit trop imprégnée par l'étranger; créer une mystique pour éviter, combattre les mythes (...); enfin, il conclut en lisant un bref texte à l'honneur du pays [1].

Orientations de l'automne 1942

Les journées des responsables de l'ENU, les 20 et 21 octobre, ont donné l'occasion aux dirigeants de l'équipe de faire le point sur la situation politique; on connaît donc leur pensée, ouvertement exprimée devant les amis sûrs, à la veille du débarquement allié en Afrique du Nord. Pour Segonzac, il faut tenter d'utiliser tant qu'on le peut les institutions actuelles, en attendant la révolution politique qui permettra seule la révolution sociale et l'instauration d'une civilisation communautaire. L'État futur devra être fort, à l'opposé du « gouvernement présent, tyranneau ». Dans cet État autoritaire, la représentation du peuple devra être assurée selon des modalités nouvelles pour éviter les vices du parlementarisme et le monopole d'une classe politique fermée. Les élites politiques, comme les autres, devront être au service inconditionnel des valeurs essentielles. Segonzac achève en dénonçant la collaboration, en condamnant la relève, cette « duperie », et les mesures contre les Juifs; à ses yeux « le problème existe, une place est à délimiter dans le pays pour les Juifs », mais « le statut était déjà excessif » et on en est arrivé à des « procédés ignobles », une « persécution odieuse » [2].

Beuve-Méry, pour sa part, retrace d'abord les données historiques qui expliquent la situation actuelle : les révolutions successives depuis 1917, la guerre voulue et préparée par Hitler, l'indignité des dirigeants français (« lâcheté, ignorance, stupidité »), coupables non pas comme on les en accuse d'avoir déclaré la guerre, mais d'avoir manqué de force et de courage auparavant, que ce soit pour préparer la guerre ou pour sauver la paix. Il montre dans la défaite un moindre mal, préférable à la capitulation sans guerre qui aurait fait l'effet d'un poison, et même à une victoire illusoire comme l'a été celle de 1918. L'option de l'armistice en 1940 était peut-être la moins mauvaise, étant donné les chances nulles d'une résistance à outrance qui aurait conduit à une occupation totale; mais la direction prise ensuite à Montoire reposait sur l'illusion naïve ou perfide d'un arrangement valable avec l'Allemagne, alors que celle-ci était décidée à exiger tout ce dont elle aurait besoin pour mener sa guerre. L'existence d'un gouvernement français en zone non occupée comporte le « risque effroyable » de l'asservissement déguisé et de la démoralisation de la population, mais il laisse aussi un sursis aux hommes de bonne volonté et de lucidité qui ont entrepris un travail de rénovation, préface de la reconstruction future.

Le danger actuel est celui de la nazification du pays; s'y prêter serait un mauvais calcul sur le plan du réalisme politique et un suicide sur le plan moral, le consentement à l'esclavage et à la destruction de ce qui fait la personnalité même de la France. L'objection d'un danger d'anarchie commu-

1. R. Stéphane, *Chaque homme est lié au monde. Carnets (août 1939-août 1944)*, p. 167.

2. Exposé du Vieux Chef aux journées de l'ENU, 21 octobre 1942, d'après les notes manuscrites de J. Le Veugle. On a été informé à Uriage, au moins sommairement, des grandes rafles de Juifs étrangers opérées en zone sud dans l'été 1942, comme en témoigne un document anonyme qui fait état des instructions données aux préfets et de la présence du Service de secours aux étrangers dans les centres où sont rassemblées les victimes des arrestations (arch. ENCU).

niste en Europe après la défaite de l'Allemagne ne tient pas, car cette hypothèse laisse la chance aux Français, comme aux autres nations, de vivre « s'ils en sont dignes. Si nous n'en valons plus la peine, peu importe ». Il ne faut pas compter non plus sur une reconquête du continent par les Anglo-Saxons amenant le retour au pouvoir des hommes du régime déchu, qui ont fait la preuve de leur incapacité. Dans ces incertitudes, il appartient à chacun de prendre ses responsabilités selon les informations dont il dispose, et à l'équipe d'affirmer concrètement son engagement révolutionnaire en réalisant un ordre, c'est-à-dire une communauté d'hommes engagés à pratiquer un style et à le propager, prêts à entrer dans l'action. En se préparant au combat armé qui est inéluctable, il ne faut pas oublier qu'il est nécessaire aussi, quoique plus difficile, de savoir « durer en s'affirmant [1] ».

Exposées au moment de la plus grande incertitude sur le déroulement de la guerre et la manière dont la France va y être impliquée, ces réflexions visent à maintenir la cohésion des membres de l'équipe dans la perspective des diverses éventualités prévisibles. Elles justifient l'option de présence active en zone non occupée prise à l'origine, et la double consigne de 1942 : opposition à la domination allemande, résolution de durer pour préparer les combats et la reconstruction de demain. Un mois plus tard, l'occupation de la zone sud ouvre une nouvelle phase, marquée par l'engagement pour la libération du pays, dans l'union avec tous ceux qui sont prêts à y contribuer. Comme on l'a vu, l'équipe d'Uriage n'en fait pas seulement la tâche prioritaire, elle y voit aussi la chance d'un nouveau pacte social entre un prolétariat qui retrouve le sens de la patrie et une bourgeoisie désormais accessible à l'idée révolutionnaire [2]. La lutte contre l'occupant amorce l'émergence d'une nouvelle communauté nationale, comme l'opposition à l'idéologie nazie ouvre la voie à l'affirmation des valeurs de la personne :

> Un seul sentiment peut être exploité comme thème politique d'unité nationale et d'action : le refoulement de l'envahisseur (...). Il devra ensuite être exploité en obligeant les Français à opérer une prise de conscience sur le caractère positif de ce refus; ainsi doit se réveiller le sens de cet humanisme occidental dont le national-socialisme constitue la négation [3].

Comme à la veille du stage de six mois, l'équipe a fait le point, en cet automne 1942 où des événements se préparent qui bouleverseront la situation établie depuis deux ans. C'est dans la clandestinité que se poursuivra bientôt l'élaboration de la synthèse autour de Beuve-Méry et de Gadoffre. L'année 1942, avec le stage de six mois, les sessions industrielles et le développement de l'ENU aura été féconde pour les réflexions de l'équipe, malgré les pressions d'un pouvoir désormais franchement hostile.

1. Exposé de Beuve-Méry aux journées de l'ENU, 21 octobre 1942, même source.
2. « Révolutions manquées, révolution à faire », plan de conférence cité.
3. « Directives générales de notre pensée et de notre action », document cité (octobre 1942).

CHAPITRE XV

Sous le gouvernement Laval

Le cabinet du Maréchal était décidé en mars 1942 à remettre de l'ordre dans les affaires de la Jeunesse, et spécialement à l'École d'Uriage, en imposant une voie moyenne entre la déviation « démocratique » et « individualiste » des uns, et les tendances autoritaires, voires « totalitaires » des autres. La formation du gouvernement Laval en avril a rendu ce plan caduc; la contradiction est désormais éclatante, entre la politique gouvernementale et l'orientation de l'École. Elle se développera, jusqu'à la décision de fermeture de l'École, sur trois plans. Le conflit majeur concerne évidemment la collaboration menée par Laval : Segonzac s'élève publiquement contre cette politique, et condamne les mesures contre les Juifs, la relève, puis la réquisition pour le travail en Allemagne. L'échec de la Révolution nationale est tenu pour un fait acquis, et les réformes comme la Charte du travail sont ouvertement critiquées. Dans le domaine de la Jeunesse, la nouvelle politique du ministère et du SGJ accule les Écoles de cadres, comme les mouvements et institutions de jeunesse attachés au pluralisme et adversaires de la collaboration, à un combat défensif qui réussit à en freiner l'application. Du côté de la Résistance enfin, le développement des organisations clandestines et des liaisons établies par Londres multiplie les occasions de contacts exploratoires et d'offres de coopération adressées à l'équipe d'Uriage. Lorsque les événements de l'automne 1942 manifestent l'impuissance définitive de Vichy et ouvrent des perspectives de participation à la lutte armée aux côtés des Alliés, Segonzac s'engage dans les préparatifs militaires menés par des officiers de l'armée de l'armistice et se tient prêt à répondre à un appel du général Giraud, dans la mouvance duquel il se situe.

Évidemment mieux connues que les activités de l'ombre restées secrètes, les relations de l'École avec le pouvoir en 1942 comportent trois aspects : une lutte défensive contre les nouveaux dirigeants du SGJ, une protestation constante contre la politique gouvernementale, mais aussi une volonté de durer en vertu de laquelle Segonzac se refuse à démissionner.

L'OPPOSITION À LA NOUVELLE POLITIQUE DE LA JEUNESSE

Lorsque Abel Bonnard est nommé ministre-secrétaire d'État à l'Éducation nationale et à la Jeunesse dans le gouvernement formé par Pierre Laval le 18 avril 1942, le secrétariat général à la Jeunesse, contesté et en voie de réorganisation, est paralysé depuis plusieurs mois. Carcopino avait d'abord remanié en février son secrétariat d'État, supprimant le poste de Garrone, ce qui accroissait le rôle de Lamirand, mais flanquant celui-ci d'un adjoint, Paul Macé, avec la mission de réorganiser les services et d'améliorer leur efficacité. Puis la session de la commission du Conseil national, où Lamirand a été indirectement critiqué, a amené le cabinet civil du chef de l'État à envisager un renouvellement du personnel du SGJ, en mars. Mais cette manœuvre a été bloquée, si bien que rien n'est fait lorsque le nouveau ministre s'installe.

On l'informe de cette inertie, dont un des résultats est que les Écoles de cadres n'ont toujours « ni pensée ni doctrine ni technique uniforme ». Son cabinet déplore que le SGJ ne fasse aucun effort pour repenser la politique de la jeunesse à la lumière du message du Maréchal au Conseil national :

> Rien n'a été fait pour libérer le SGJ de la lourde hypothèque que font peser sur lui, depuis sa création, certaines apparences, à savoir : qu'il poursuit une politique par trop unilatéralement favorable à la minorité confessionnelle organisée de la jeunesse française (...), politique qui écarte durement du SGJ toute la jeunesse ouvrière... [1].

Un tournant au SGJ

Le nouveau ministre prend aussitôt comme directeur de cabinet Jacques Bousquet, le professeur de lettres qui a créé le groupement des « Jeunes du Maréchal » avant de diriger l'École nationale des cadres supérieurs de la jeunesse de La Chapelle-en-Serval où il a imité les méthodes pédagogiques de Segonzac pour servir un tout autre esprit. Le commissaire à l'Éducation générale et aux Sports Borotra est révoqué, ce qui entraîne la démission du directeur de l'Éducation générale Jean-Jacques Chevallier. Quant à Lamirand, qui demeure à son poste, Bonnard lui impose un nouveau secrétaire général-adjoint, Georges Pelorson (auparavant chef de la Propagande du SGJ en zone occupée) que le Maréchal nomme le 6 juin malgré l'obstruction de son chef de cabinet André Lavagne qui soutient Lamirand [2]. Pelorson, qui est un politique et non un administrateur, reçoit à titre intérimaire la direction du service de la Formation des jeunes qui n'avait plus de véritable chef depuis le départ de Garrone. Ses compétences s'étendent au contrôle de la gestion et de l'activité des Écoles de cadres, mais Lamirand se réserve les nominations et les révocations de leur personnel. En pratique, Pelorson qui réside à Paris s'occupe surtout de la zone nord, et laisse la direction des services en zone sud à son adjoint Henri Caillemer, délégué régional à Lyon. Fils d'universitaire, celui-ci est un essayiste, lié avant la guerre à la Jeune Droite, et plus idéologue qu'administrateur; il se comportera en exécutant des directives de Pelorson sans prendre d'initiative.

Dès la fin de juin, Pelorson « réorganise » la Formation des jeunes en éliminant les chefs de bureau qui ont servi sous Garrone : Aubonnet, Mattéi, Matet sont remis à la disposition de l'Université, Seydoux et Bouvier d'Yvoire rayés des cadres; le cabinet du Maréchal blâme cette « brutale et importante expulsion de fonctionnaires (...) faite incontestablement dans un but politique [3] ». La direction des services pour les deux zones est donnée aux chefs de bureaux de Paris, avec des adjoints à Vichy; mais plusieurs de

1. Note sur la situation du secrétariat général à la Jeunesse, cabinet du ministre, s.d. [fin avril 1942] (AN, F 17 13 367, Jeunesse V).
2. Notes des 12 et 13 mai et du 9 juillet (AN AG II 497 A, cabinet civil).
3. Cabinet civil, « Note pour M. Jardel », 30 juin 1942 (AN, AG II 497 A).

ceux-ci sont issus de l'administration de Garrone et décidés à freiner la nouvelle politique, si bien que Caillemer se heurte à une forte résistance. Ainsi Lebrec, ancien stagiaire de la Faulconnière et ami d'Uriage, devient le responsable à Vichy du bureau des Écoles et cadres, et Moreau celui du bureau des groupements de jeunesse – poste où les dirigeants des mouvements lui font confiance pour éviter le pire; ils lui demanderont d'y rester dans ce but [1]. En revanche, Pelorson fait nommer deux amis de Marion au bureau des études générales et de l'inspection : Gravier, auparavant directeur de l'ENCC du Mayet-de-Montagne, comme chef de bureau à Vichy, et Maze comme chef de la section des missions pour les deux zones [2].

La direction bicéphale du SGJ par Lamirand et Pelorson ramène, en les aggravant, les difficultés rencontrées avec Garrone en 1941. Le désordre est accru par la décision que prend Lamirand en août de transférer à Lyon les bureaux de Vichy contraints de libérer les locaux du Grand Casino. Marion y voit une manœuvre qu'il dénonce à Bonnard : à ses yeux, Lamirand veut « briser l'instrument dont [il] n'a plus le monopole », en provoquant « une paralysie totale des services et des initiatives », un « chaos »; les responsables de ce désordre en feront porter la responsabilité à la « nouvelle orientation » dont ils auront en réalité saboté à la mise en œuvre [3]. Pelorson se plaindra à Laval d'une situation qui l'oblige à se débattre « avec le néant » et à assumer le lourd passif de « l'ancien régime » sans être « le maître de la maison [4] ».

Âgé de trente-trois ans, Georges Pelorson, ancien élève de l'École normale supérieure, s'est consacré avant la guerre à une expérience éducative pour la formation de futurs hommes d'action et à l'animation de la revue *Volontés* où il défendait les valeurs morales qui font la force de la nation. Après avoir présenté, dans le livre *De l'enfant à la nation*, « la révolution nécessaire de l'enseignement en France, base de la révolution de l'État », il a été nommé en février 1941 chef de la Propagande des jeunes en zone occupée (le seul service du SGJ à n'être pas subordonné à la direction de la Formation des jeunes de Garrone). Il a brigué en vain, sous Carcopino, la succession de Garrone avant de l'obtenir de Bonnard [5].

Passionné et entreprenant, « ardent mais sujet au découragement [6] », il s'est fait une doctrine, ou plutôt une mystique, d'une sorte de fascisme moral et spiritualiste; il le fonde sur la volonté de sauver la nation de la décadence, en restaurant les valeurs de l'Occident et en adhérant à l'effort de l'Europe pour entrer unie dans un âge nouveau. Confiant dans la stratégie de collaboration négociée menée par Laval, il entend surtout être l'apôtre d'une restauration de « l'unité organique » de la nation. Aux faux dogmes de la devise républicaine, il oppose les « durables principes : Ordre – Justice – Amour », ou « Discipline – Autorité – Justice pour tous ». La nation entière doit se rassembler autour du Maréchal, en excluant les éléments corrompus que sont les Juifs et les francs-maçons, les communistes et les dissidents, et retrouver le sens des communautés solidaires et hiérar-

1. Voir M. DUPOUEY et J. MOREAU, « Le bureau des mouvements de jeunesse au secrétariat d'État à la Jeunesse », *Éducation populaire – Jeunesse dans la France de Vichy 1940-1944*, *Les Cahiers de l'animation*, 49-50, pp. 33-36.

2. Note de service du 25 juin (AN, F 44 35) et lettre du secrétaire général-adjoint au ministre, 10 juillet (F 17 13367, Jeunesse III).

3. Note de Marion à Bonnard, 19 août 1942 (AN, F 17 13367, Jeunesse V).

4. Note de Pelorson sur le SGJ adressé au secrétaire général auprès du chef du gouvernement, Guérard, pour être soumise à Laval, 29 août 1942 (AN, F 60 1020).

5. Note biographique (AN, F 17 13367); Lettre de Pelorson à du Moulin de Labarthète, 23 janvier 1942 (AN, AG II 440).

6. Note de Guérard à Laval accompagnant la note citée de Pelorson du 29 août.

chiques fondés sur le sang, le travail, la terre. La Révolution nationale reste à faire, et seule la jeunesse peut la réaliser [1].

Il y faut une conversion des esprits – qu'en chacun l'individu égoïste s'efface devant le citoyen solidaire et obéissant – et surtout une volonté qui provoque le sursaut unitaire. Si la majorité des jeunes sont restés jusque-là indifférents, sceptiques ou hostiles, c'est qu'on n'a pas su, au SGJ, leur proposer une action d'ensemble cohérente et disciplinée. Dans une société désintégrée par l'individualisme, où l'État constitue la seule force capable de refaire la nation, le SGJ, en son nom, est responsable de la formation civique et morale de l'ensemble de la jeunesse. Il doit être présent, avec sa doctrine, sa pédagogie et sa capacité mobilisatrice, là où sont les jeunes, dans les établissements d'enseignement aussi bien que dans les mouvements de jeunesse. Les mouvements ont le droit de subsister, comme les diverses familles spirituelles dans la communauté nationale, à condition de se plier aux exigences de la collectivité et d'accepter l'autorité du SGJ. Celui-ci les dirigera « vers l'acceptation des disciplines communes dont l'observance commande la restauration de la communauté française [2] ». L'élaboration de la nouvelle doctrine civique unitaire et révolutionnaire est confiée en zone sud à François Gravier, qui a réclamé quelques mois auparavant « une organisation civique de la jeunesse » et la création d'un mouvement « activiste » qui soit, en période révolutionnaire, « l'aile marchante de la Révolution nationale, l'instrument essentiel de la conversion politique de la France », contrairement aux anciens mouvements de jeunesse dont, disait-il « l'intitulé devient flagrante » avec la renaissance des communautés naturelles; ce nouvel assaut avait alors soulevé les protestations des partisans du pluralisme [3].

En pratique Pelorson reprend le projet formé par les Compagnons en 1940 : associer la jeunesse encadrée par les mouvements à celle qui reste inorganisée. Il est contraint de respecter le pluralisme des mouvements, puisque c'est la doctrine du Maréchal, réaffirmée le 5 mars devant le Conseil national. Il entend cependant leur imposer un contrôle accru de leurs orientations et une doctrine civique commune, et les obliger à participer à une entreprise de mobilisation de l'ensemble de la jeunesse qui les débordera [4]. La nouvelle convention type d'agrément des organisations de jeunesse qu'il élabore comporte le détachement auprès de chacune d'un commissaire du SGJ, l'obligation pour les chefs de prêter serment de fidélité au Maréchal et au gouvernement, l'exclusion des Juifs, des étrangers et des naturalisés récents. L'agrément est donné, selon cette formule, à des organisations politiques que Garrone avait tenues à l'écart, comme la Jeunesse de France et d'outre-mer, puis la Jeunesse franciste. Les mouvements éducatifs refusent alors de siéger aux côtés des nouveaux venus dans les instances mises en place par Pelorson à l'automne 1942.

1. G. Pelorson, « En avant, vers notre destin », *Contact*, organe de liaison des cadres de la jeunesse, n° 3, juin 1942; *Jeunes de France*, s.d., 32 p.; *La communauté française*, 1942, 14 p. (brochures éditées par le service de la Propagande des jeunes à Paris, dont *Contact* est l'organe).

2. *Discours de M. Pelorson, secrétaire général adjoint de la Jeunesse, prononcé le 3 août 1942*, Imprimerie nationale, 12 p. Voir « Méthode d'une éducation civique », *Bulletin de presse* du SGJ, 7 août 1942; « La mission du SGJ dans l'État nouveau » (déclarations de M. Pelorson à la presse) *ibid.*, 25 septembre 1942.

3. F. Gravier, « Jeunesse et Révolution », *Idées*, décembre 1941. Voir le dossier des *Cahiers de notre jeunesse* sur cette polémique : « À travers la presse », n° 7, février-mars 1942, pp. 54-57.

4. Voir A. Basdevant, « Les services de jeunesse pendant l'occupation », art. cit.; J. Duquesne, *Les Catholiques français..., op. cit.*, pp. 217-220; A. Coutrot, « Quelques aspects de la politique de la jeunesse », art. cit., pp. 265-284.

Les Équipes nationales

Cherchant à créer une structure nouvelle d'encadrement qui se superposera aux mouvements existants, Pelorson a d'abord pensé à un « service civique et social » obligatoire pour les adolescents des deux sexes, sous l'autorité du SGJ ; les défenseurs du pluralisme l'ont contraint d'y renoncer. Il se rabat alors sur un volontariat ouvert à la masse des jeunes : les Équipes nationales, dont il annonce la création par le SGJ en août 1942. Les jeunes de douze à vingt-cinq ans, répartis en trois catégories d'âge, seront invités à y adhérer à titre individuel, qu'ils appartiennent déjà à un mouvement ou non, et quelle qu'y soit leur fonction. Ils seront groupés en équipes masculines et féminines locales, dirigées par des chefs nommés par le SGJ et contrôlés par ses délégués départementaux. Non pas nouveau mouvement, mais organisation complémentaire, les Équipes nationales proposeront aux jeunes des activités de formation civique, d'entraide sociale et de propagande pour l'unité française. Ils y apprendront l'effort, l'obéissance et la solidarité, et prêteront serment en ces termes : « Français par le sol, par la race et par l'histoire, je jure de faire, comme le Maréchal, le don de ma personne à la France et de me soumettre sans réserve à l'honneur et à la discipline des Équipes nationales [1]. »

Ces consignes, diffusées en de nombreux discours et opuscules, sont officiellement présentées aux responsables des institutions de jeunesse des deux zones réunis pour la première fois à Paris le 3 août 1942 (le surlendemain du grand rassemblement d'Uriage). Quelque trois cents cadres du SGJ (chefs de services, délégués à la jeunesse, chefs d'écoles et de centres de jeunes) et dirigeants de mouvements entendent successivement Laval, Bonnard et Lagardelle leur exposer la politique du gouvernement, et Lamirand le rôle du SGJ. Pelorson enfin, dans une déclaration solennelle, expose ce que sont la doctirne et la politique du SGJ, trop souvent mal comprises jusque-là. Il s'agit de faire la Révolution nationale. L'État nouveau a besoin d'une jeunesse unie et disciplinée, décidée à s'engager au service de ses objectifs : force matérielle et morale du pays, présence active dans l'Europe nouvelle. Les Équipes nationales seront, avec la collaboration des mouvements existants, l'instrument de l'action du SGJ pour refaire l'unité française dans et par la jeunesse [2]. Ces projets se heurtent aussitôt à l'opposition ou aux réticences des mouvements; déjà les organisations protestantes groupées dans le CPJ ont refusé de participer à la réunion, au nom de leur conception chrétienne de l'éducation morale et civique, qu'elles jugent incompatible avec l'éducation et l'action proprement politiques dans lesquelles s'engage maintenant le SGJ [3].

L'ensemble des mouvements agréés par Garrone sur la base de la charte qu'ils avaient négociée avec lui – scoutisme, mouvements catholiques et protestants, ajisme, Compagnons – s'oppose aux projets de Pelorson, au nom du pluralisme et de l'apolitisme. Le secrétaire général-adjoint multiplie les réunions d'explication. Celle d'Écully, le 3 octobre, avec les chefs des mouvements de zone sud, est particulièrement houleuse. Les mouvements refusent le serment, et condamnent son allusion à la « race », si bien que Lamirand doit interrompre une discussion sans issue. Louant à la fois

1. « Première Instruction sur les Équipes nationales », signée par G. Pelorson, sous le timbre du service de la Formation des jeunes du SGJ, septembre 1942, 2 p. imprimées (arch. ENCU).

2. *Discours de M. Pelorson, op. cit.* ; « Importante réunion des chefs de mouvements et responsables du SGJ à Paris », *Bulletin de presse* du SGJ, 14 août 1942.

3. Lettre de Charles Westphal, vice-président du Conseil protestant de la jeunesse, à Lamirand, 6 août 1942, copie (arch. ENCU).

la sincérité ardente de Pelorson et la franchise des opposants, il déclare compter sur la bonne volonté des uns et des autres pour trouver un terrain d'accord, mais il désavoue la circulaire prématurée qui a annoncé sans son approbation le lancement des Équipes nationales [1]. Lamirand et Pelorson créent alors une instance de coordination, le Conseil national des mouvements, qui se réunit à Vichy le 20 octobre pour discuter de la création des Équipes nationales. Mais la composition du Conseil soulève les protestations des mouvements anciens, qui refusent de siéger avec les nouveaux, dont les objectifs sont politiques et les effectifs insignifiants : le pasteur Boegner, le général Lafont, Tournemire, Simonnet (pour l'ACJF) et Ollier de Marichard informent Lamirand de leur abstention [2].

En décembre, ce sont les délégués à la jeunesse de zone sud, réunis à Vichy par Lamirand et Caillemer, qui critiquent vivement la création des Équipes nationales. La politique du secrétaire général adjoint, expliquent-ils, les met depuis six mois en conflit avec les mouvements et les autorités spirituelles. Lamirand défend Pelorson, loue son patriotisme désintéressé, et demande l'union autour du Maréchal, comme La Porte du Theil et Forestier en ont donné la consigne aux cadres des Chantiers : « Le Maréchal est prisonnier (...). Le devoir actuellement est de tenir et de se taire [3]. »

Tandis que l'autorité des responsables du SGJ sur une partie de leurs propres services est ainsi ouvertement contestée, les grands mouvements se donnent des structures non officielles de coordination. L'absurdité de la double direction politique Lamirand-Pelorson, qui aboutit à une neutralisation réciproque avec beaucoup d'embarras, est dénoncée au ministre. Le bruit court en décembre que Bonnard est prêt à lâcher Pelorson et à le remplacer par Félix Olivier-Martin, directeur de l'École de cadres de La Chapelle-en-Serval. Après une série de rebondissements, la crise sera dénouée par le départ en mars 1943 de Lamirand et de Pelorson et la nomination au secrétariat général, sans adjoint, d'Olivier-Martin [4].

La dissidence d'Uriage

À leur entrée en fonction, ni Bonnard ni Pelorson ne se sont attaqués d'emblée à l'École d'Uriage, où le stage de six mois battait son plein. Ils n'ont même pas repris le plan élaboré après la réunion du Conseil national, consistant à imposer à Segonzac un ultimatum : se soumettre en rectifiant ses orientations, ou quitter son poste. Pelorson veut d'abord mettre sur pied son ambitieux programme de nouvelle politique de la jeunesse et en lancer l'application en s'appuyant sur les concurrents d'Uriage : l'École de La Chapelle-en-Serval qu'il faut réorganiser après le départ de Bousquet, l'École des cadres civiques du Mayet-de-Montagne. On cherche à isoler le foyer dissident, plutôt qu'à l'attaquer directement. Mais à la réunion du

1. « Compte rendu de la réunion des mouvements de jeunesse, samedi 3 octobre 1942 », 10 p. dactylo. (rédigé par Michel Dupouey); « Congrès des mouvements de jeunesse, Écully, 3 octobre 1942 », 44 p. dactylo. (transcription anonyme des exposés et discussions); Note confidentielle de la directrice de l'École d'Écully à Segonzac (arch. ENCU). Voir aussi P. Limagne, *Ephémérides*, t. II, 7, 9, 12, 18, 20 septembre, 10 octobre 1942; J. Duquesne, *Les Catholiques..., op. cit.*, pp. 218-219 et A-R. Michel, *La JEC..., op. cit.*, p. 151.

2. Lettre du 31 octobre à Lamirand (AN, AG II 609, cabinet militaire du Maréchal).

3. Rapport de Caillemer à Pelorson sur la réunion du 11 décembre (AN, F 17 13367).

4. Note de Jean Baudry, chargé de mission au cabinet civil du Maréchal, 28 juillet 1943 (AN, AG II 570 B); rapport à Bonnard, 1er février (AN, F 17 13367, Jeunesse III).

3 août à Paris qui s'ouvre par un exposé politique de Laval, Segonzac manifeste ouvertement sa réprobation, provoquant la colère des officiels. À la sortie, Lamirand embarrassé le tance : « Vous êtes culotté ! Sans moi, vous seriez arrêté [1]. »

Pelorson tente alors de le ramener à l'obéissance hiérarchique. Ils ont une série de « franches explications » qui aboutissent, selon le résumé qu'en fera le secrétaire général adjoint, à un constat et à une déclaration d'intentions :

> Nous sommes tombés d'accord sur ce point : il n'y a pas concordance entre Uriage et le secrétariat général. Le secrétariat général s'est laissé submerger par les difficultés tandis qu'Uriage avait le temps de penser, de travailler (...). Nous sommes tombés d'accord sur ce fait qu'Uriage gravitait un peu en dehors du secrétariat général et qu'il fallait y revenir. Il était nécessaire de manifester une seule volonté, une seule hiérarchie.
> L'autorité que j'entendais affimer ne serait pas distribuée uniformément. Il y avait des expériences qu'il ne fallait pas nier (...). Une doctrine aussi définitive que possible serait mise au point. Que ceux qui avaient fait leur expérience donnent leur assentiment. L'autorité du secrétariat général servirait à mettre au point les diverses expériences faites [2].

Aucun engagement n'a donc été pris de part ni d'autre. Segonzac a sans doute argué, à son habitude, de l'absence de directives précises où on l'a laissé, et Pelorson accepté d'attendre, pour régler la question au fond, que soit élaboré un programme de formation des cadres. Il cherche cependant à contourner la résistance de Segonzac en organisant une session d'études pour les responsables des écoles régionales et spécialisées de la zone sud. Ceux-ci sont convoqués, en l'absence de Segonzac, à l'École des cadres civiques du Mayet-de-Montagne, où la session se déroule du 18 au 27 août. Elle a pour but officiel de dispenser une information sur la situation du pays, avec des conférences de Laval, Bonnard, Marion, de l'amiral Platon et de représentants des divers ministères, et de redéfinir, au cours d'échanges entre les participants, la mission des écoles de formation des cadres. Gravier dirige les travaux, entrecoupés de séances d'hébertisme et d'activités collectives dans le style habituel des écoles [3].

En fait les participants, convoqués d'autorité et obligés de fermer leurs écoles en annulant les stages prévus, sont mécontents et ne comprennent pas l'absence de l'équipe d'Uriage. Il soupçonnent une tentative de mainmise sur leurs écoles de la part du Mayet-de-Montagne, c'est-à-dire du secrétariat d'État à l'Information de Marion. Pelorson explique qu'il n'en est pas question, puisque son objectif n'est pas de subordonner le SGJ à un autre ministère, mais de « lui donner toute sa puissance et toute sa force ». Il veut seulement permettre aux participants « de prendre contact avec une autre École », où l'on cherche à redécouvrir la notion de citoyen dans toutes ses dimensions, comme le réclame la Révolution nationale. Les stagiaires se sont concertés, ont choisi comme porte-parole Stouff, chef de l'école de Terrenoire et membre du conseil de l'ENU. Ils ont averti Gravier qu'ils n'accepteraient de travailler que sous la conduite de Stouff; celui-ci réclame des explications et dénonce une manœuvre déloyale de captation d'obéissance et de détournement de fidélité [4].

1. Témoignage du général Dunoyer de Segonzac. Voir *Le Vieux Chef, op. cit.*, pp. 104-105.
2. Résumé d'un exposé de Pelorson, dans « Réunion des chefs d'écoles au Mayet-de-Montagne du 18 au 27 août 1942 », compte rendu confidentiel rédigé par un des participants pour Segonzac, 6 p. dactylo. (arch. ENCU).
3. Compte rendu officiel de la session, *Bulletin de presse* du SGJ, 28 août 1942.
4. « Réunion des chefs d'écoles... », compte rendu cité. Sur les plans de Marion à l'été 1942, voir la note de A. Tasca (19 août 1942), *Vichy 1940-1944*, p. 404.

Pelorson et Gravier donnent à ces demandes des réponses embarrassées, puis renoncent à la persuasion. Adoptant le langage de l'autorité, ils expliquent leur objectif, qu'un des chefs d'école résume ensuite pour Segonzac :

« Nous sommes ici pour être mis devant certaines idées et certains problèmes sur lesquels nous aurons à prendre parti. Ceux qui donneront leur adhésion seront retenus (...). Tollé général! Nous déclarons ne pouvoir prendre aucune position en l'absence de notre chef, le Chef de Segonzac. »

Les chefs d'école acceptent finalement de suivre la session à titre d'information et d'écouter les conférence prévues avant de se prononcer sur les orientations qu'on leur a présentées. Ils reçoivent les exposés officiels avec un scepticisme hostile et refusent la discussion sur le fond; les incidents se multiplient. Après plusieurs menaces d'interruption de la session, la rupture est finalement évitée; Segonzac vient assister à une veillée organisée par les chefs d'équipe. Les chefs d'école sont fiers d'avoir fait la preuve qu'ils forment avec leurs assistants un « bloc sans fissure », solidaire d'Uriage et de son chef. Seul le directeur de l'école de Lapalisse, Bernard, a adopté une attitude de transaction, qu'il désavoue ensuite auprès de ses camarades. Gravier renonce finalement à les interroger en fin de session; ce silence leur paraît être l'aveu de « l'échec total » de l'opération.

Pelorson ne peut qu'annoncer en termes vagues, un peu plus tard, un renforcement ultérieur du rôle des Écoles de cadres :

« ... Rompant avec la routine d'une vague " information ", elles deviendront de véritables institutions de formation civique et révolutionnaire (...).

« Il faut que ces écoles deviennent l'étape obligatoire de formation civique et nationale par laquelle passeront, lorsqu'elles auront trouvé leur forme véritable, les futures élites de la Nation[1]. »

Freiné par Lamirand et vivement contesté par les mouvements de jeunesse, Pelorson n'est vraisemblablement pas en position assez forte pour résoudre lui-même le cas d'Uriage, dont le sursis se prolonge au-delà des événements de novembre.

Une survie précaire

Cependant Segonzac et Beuve-Méry, qui se sont donné l'objectif de durer aussi longtemps que possible pour continuer à accueillir des stagiaires et à renforcer le réseau de l'ENU, se gardent de prendre l'initiative de la rupture. Le chef de l'École, qui a été promu commandant en juin, repousse de séduisantes propositions de commandement en Afrique. Étant en position de congé d'armistice, il n'a pas été soumis à l'obligation imposée aux officiers de prêter serment de fidélité au Maréchal. Mais lorsque vient le tour des fonctionnaires du SGJ, il est convoqué à Lyon avec tous les membres de son personnel. Ayant décidé d'y aller seul et sans en parler à ses équipiers, il signe l'engagement demandé – autant parce que la fidélité au Maréchal va de soi pour lui, que par résignation à une formalité dont le refus risquerait d'être catastrophique pour l'école. Les autorités admettent ses explications : il juge être le seul responsable de la loyauté de son équipe, donc le seul astreint au serment. Il ne révèle sa démarche à ses compagnons qu'à son retour à Uriage, et son aveu suscite leur consternation[2].

Autre témoignage de la prudence de l'équipe, le rapport sur l'activité de

1. « La mission du secrétariat de la Jeunesse dans l'État nouveau », déclarations de M. Pelorson à la presse, *Bulletin de presse* du SGJ, 25 septembre 1942.
2. Témoignage du général Dunoyer de Segonzac.

l'École en 1942 rédigé en septembre, dont la conclusion est consacrée à la doctrine et à la politique de l'École. Elle insiste sur leur aspect « révolutionnaire », et réussit à présenter plusieurs des thèmes majeurs de la pensée de l'équipe en évitant tout jugement explicite sur la politique gouvernementale. La « doctrine » de l'École est présentée, à l'opposé d'une idéologie politique systématique, comme un ensemble de convictions et d'usages éprouvés dans le « vécu » d'une expérience collective. Elle consiste d'abord en une « volonté révolutionnaire » : puisque la France ne peut échapper à la révolution inévitable et nécessaire, il faut en diriger le cours, sur le triple plan personnel, politique, économique et social. Elle développe ensuite une « connaissance révolutionnaire », selon laquelle la révolution est définie comme autoritaire (à condition de voir dans le chef celui qui incarne et sert une mission), communautaire et spirituelle (au service de l'homme, « dans la totalité de ses possibilités et de sa vocation »). Elle comporte enfin une « préparation révolutionnaire », déjà contenue dans la nature et le rythme de la vie qu'on mène à l'école : le brassage annonce le nouvel ordre social fondé sur la sélection des élites selon les capacités de chacun, et non plus sur la hiérarchie économique des classes; le style de vie, l'esprit d'équipe, le souci d'unité sont gouvernés par la fidélité aux valeurs de base : « Primauté du spirituel, culte d'une patrie une et libre, sens de l'amour et de l'honneur. »

La « politique » de l'École enfin, c'est-à-dire son programme d'action pour le service de la communauté nationale, consiste à chercher à rassembler (en une « nouvelle aristocratie ») les élites de toutes origines, et à servir la jeunesse en suscitant des éducateurs. « Notre conception de la jeunesse est celle même du Maréchal », affirme-t-on, en précisant : pluralisme des mouvements que l'État finance et contrôle; pas de politisation de la jeunesse, qui n'est pas un instrument de l'État, et donc pas de « jeunesse unique » – « ce qui n'exclut pas la possibilité ultérieure d'une inscription obligatoire pour chaque jeune Français dans un mouvement reconnu »; formation morale à base d'humanisme chrétien. Le jeunesse doit être préparée à la lutte et à l'initiative. Dans une société urbanisée qui multiplie les artifices, les séductions et les fléaux, elle devra inventer un nouvel équilibre des rythmes de vie et chercher à humaniser les techniques modernes[1].

Ces ultimes prudences, l'utilisation dans ce texte officiel d'un langage proche de celui de Pelorson, ne peuvent tromper personne. L'affaire est maintenant portée au niveau gouvernemental, où Bonnard se saisit personnellement du dossier Uriage. Son cabinet reçoit des rapports de stagiaires qui dénoncent les insuffisances de l'enseignement de l'École, quand ils ne l'accusent pas d'être hostile au gouvernement. L'un, jugeant son esprit satisfaisant, s'avoue déçu par l'absence d'enseignement politique : on se déclare loyal envers le Maréchal et son gouvernement, mais on n'a rien à dire sur la collaboration et le gaullisme – sauf que la France doit se préparer à s'intégrer, à la fin d'un conflit dont l'issue est incertaine, à l'Europe de demain. Un groupe d'étudiants de zone occupée, tous responsables de mouvements de jeunesse, venus chercher au même stage d'août « une doctrine, celle de l'unité française derrière le Maréchal et son gouvernement », ont été déçus par le premier exposé de Beuve-Méry, « faible sur le point de vue politique », et plus encore par l'impasse faire sur la collaboration franco-allemande. Ils ont demandé ce que propose l'équipe d'Uriage pour réaliser l'union de tous les Français derrière leur chef; on leur a répondu que la seule formule de l'union était la suivante : « Chasser les Allemands de notre territoire. Après on verra ! » Très déçus de cette « faiblesse » doctrinale, les stagiaires concluent naïvement : « S'il y avait eu parmi nous des gaullistes

1. « L'École nationale des cadres », rapport (septembre 1942), 12 p. dactylo. (arch. ENCU).

ou des communistes, ils n'auraient guère eu l'occasion de s'apercevoir qu'ils faisaient fausse route [1]. »

Le maître d'éducation générale d'un lycée de zone occupée, dont le témoignage est transmis au ministre par son proviseur, a retiré, lui, de son stage à Uriage en septembre, des impressions tout à fait claires. Il a assisté aux « manifestations les plus ahurissantes », dans un contraste absolu avec la parfaite loyauté et la totale obéissance au Maréchal qui caractérise les Chantiers :

> Cette école est nettement antigouvernementale. Après avoir affirmé que le gouvernement français n'existe pratiquement plus faute de moyens et qu'il est totalement asservi à l'Allemagne, elle prend position en détail contre tout ce qu'il demande ou ordonne : contre la collaboration, contre la relève, contre la Charte du travail, contre les mesures antijuives (...). Tout ce qui est fait actuellement est considéré comme sans valeur parce que portant la marque de la pression de l'Allemagne. On ne pourra faire quelque chose qu'après la fin de l'occupation (...). Le commandant Dunoyer de Segonzac s'imagine qu'il va rentrer dans sa garnison de Reims les armes à la main! (...)
> L'École prétend ne pas avoir de doctrine. Chaque conférencier apporte un « témoignage » qui n'engage que lui. Il est curieux que tous ces « témoignages » rendent le même son. Quant au Maréchal, il est passé sous silence. Son portrait est absent; du moins M. X... ne l'a pas vu [2].

Les stages industriels de l'automne amènent l'équipe de l'École à aborder directement les questions de la « relève », puis de la réquisition de la main-d'œuvre prévue par la loi du 4 septembre. Au cours de vives discussions, les instructeurs prennent ouvertement position contre le travail forcé en Allemagne et s'élèvent contre l'attitude des chefs d'entreprise qui encouragent leur personnel à s'y soumettre.

Suspecte de dissidence morale depuis un an et demi, l'École devient un foyer de rébellion. Le chef du gouvernement est directement informé, il l'a dit en août aux chefs d'écoles régionales réunis au Mayet-de-Montagne : « On vient précisément de me dire à l'instant qu'à Uriage *on se désintéresse* de ma politique. Ici, au Mayet-de-Montagne, on enseignera “ ma ” politique [3]. »

DES ALARMES DE L'AUTOMNE AU DÉCRET DE SUPPRESSION

Il n'est pas possible de reconstituer précisément les événements qui touchent l'École d'Uriage à l'automne 1942, encore moins d'en retrouver la suite logique et de décrire l'état d'esprit des membres de l'équipe à chaque moment d'une époque agitée. Les inconnues sont nombreuses, et surtout les interférences entre plusieurs séries de faits. On peut en distinguer trois.

Ce sont d'abord les bouleversements militaires et politiques à l'échelle de la guerre mondiale : débarquement allié en Afrique du Nord le 8 novembre, invasion de l'ancienne zone non occupée par les troupes allemandes et ita-

1. Rapport sur la conversation d'un informateur avec un stagiaire parisien présenté comme « révolutionnaire national convaincu » et « collaborationniste » (AN, F 17 13367, Jeunesse V, cabinet de Bonnard); « Impressions sur un stage à l'ENCU du 4 au 10 août 1942 », rapport anonyme, 2 p. dactylo. (AN, F 17 13367, Jeunesse III, cabinet de Bonnard).
2. Lettre au ministre du proviseur du lycée de Y., 12 octobre 1942, dont le texte est parvenu à l'École (arch. ENCU).
3. « Réunion des chefs d'écoles », compte rendu cité.

liennes le 11, dissidence de Darlan à Alger auquel se rallie l'AOF, sabordage de la flotte et démobilisation de l'armée le 27 novembre. À la fin du mois, l'État français privé de tous les atouts que lui avait laissés l'armistice est réduit à une complète dépendance envers Hitler.

Il y a ensuite l'action propre de l'École d'Uriage, qui tente de prévoir ces bouleversements et de se préparer à y intervenir, puis en tire les conséquences; en même temps qu'elle défend son existence menacée, ses contacts se multiplient avec des résistants de l'intérieur comme avec des envoyés de Londres, et une collaboration s'amorce avec les officiers qui ébauchent des plans d'action armée.

Le gouvernement de son côté, décidé à se débarrasser de Segonzac, tente plusieurs manœuvres pour l'éloigner et enfin, malgré les efforts de médiation de Lamirand, se décide à supprimer l'École à la fin de décembre.

Résistants et gaullistes

Menant son ultime combat défensif en tant qu'institution officielle, l'équipe d'Uriage entretient aussi, pendant ce second semestre 1942, des contacts du côté de la Résistance, de la France combattante et des éléments patriotes qui préparent une reprise du combat. Segonzac a voulu parer à diverses éventualités : mobilisation liée à un débarquement allié en France, menaces obligeant à la dispersion de l'équipe.

On sait avec quel mélange de sympathie et de refus, évidemment variable selon les individus, l'équipe d'Uriage considérait auparavant les diverses formes de Résistance organisée. Quelques membres de l'équipe y adhéraient, au moins moralement; beaucoup d'autres y avaient des amitiés et entretenaient des contacts, parfois par des stagiaires ou des collaborateurs de l'École. Segonzac et Beuve-Méry, réticents devant le style du comité de Londres et de son chef, se refusaient à les condamner, quoique le premier ait nettement blâmé certaines actions comme l'intervention militaire en Syrie, aux côtés des Britanniques, contre des troupes françaises.

Envers les mouvements de résistance, la réserve l'emportait également. Beuve-Méry redoutait les imprudences ou la légèreté d'un activisme prématuré et téméraire; Segonzac se défiait d'une propagande dont les formules simples semblaient méconnaître ce qui avait été entrepris dans le cadre du régime. L'équipe, malgré certaines impatiences, restait fidèle à l'option des débuts, qui subordonnait le recrutement de combattants et le passage à l'action à un temps de préparation et de formation. D'abord éducateurs, et engagés dans un projet de révolution globale à longue échéance, les hommes d'Uriage se sont donné d'autres priorités que le combat clandestin immédiat.

Ils n'ont pas cessé cependant de rencontrer des hommes, parfois des amis, engagés dans les organisations de résistance : mouvements de zone sud alors en voie d'unification, réseaux dépendant de la France libre ou des Alliés. Segonzac maintient son refus de se lier à l'une de ces organisations, mais n'esquive pas les contacts et les échanges d'informations. C'est surtout avec des membres de Combat qu'il est en relations. Beuve-Méry et Reuter connaissent les intellectuels démocrates-chrétiens, notamment Menthon et Teitgen que Jean Moulin a recrutés pour son comité d'experts, futur Comité général d'études. Segonzac reste lié à Georges Rebattet, adjoint direct de Tournemire à la tête des Compagnons, qui a adhéré à Combat dans l'été 1942 ; Frenay, qui voit en lui une « recrue de choix » l'a chargé de préparer l'entrée en résistance de membres des Compagnons et il deviendra le chef-adjoint du service national Maquis des MUR. Officier de cavalerie de réserve, Rebattet connaît l'œuvre de Segonzac depuis l'origine, et garde le contact avec lui tout en inspectant les camps-écoles des Compagnons. En décembre, il fait un séjour à Uriage avec son ami le Père Maydieu; on y parle de l'avenir des jeunes qui refusent la réquisition pour le travail en Allemagne, et Maydieu fait réfléchir l'équipe, en une journée de récollection, le 3 décembre, sur « les devoirs du chrétien à Uriage [1] ». Frenay lui-même n'oublie pas Segonzac, et revient le voir en septembre, après la promulgation de la loi de réquisition de la main-d'œuvre qui accule les organisations de jeunesse à un choix décisif pour ou contre la légalité de Vichy. Le chef du mouvement Combat, à la veille de partir pour Londres achever la négociation sur la formation d'une Armée secrète unifiée des mouvements de zone sud, veut savoir où en est Segonzac et espère le décider à rejoindre les combattants de l'intérieur. Il le trouve « triste et moralement torturé », tenté de sauter le pas, mais toujours attaché à son œuvre et incertain de son devoir. Frenay lui promet de lui rendre compte à son retour de ce qu'il aura vu et entendu à Londres [2].

Le gaulliste Pierre Lefranc relatera plus tard son stage de juillet 1942 à Uriage, avec autant de sympathie pour Segonzac que de lucide sévérité pour ses positions. Alors étudiant à Lyon, militant de Combat, déjà décidé à rejoindre les Forces françaises libres et volontaire pour ce stage, il est considéré comme « pestiféré » par les autres stagiaires pour les opinions qu'il ne dissimule pas; il poursuit de franches et vaines discussions avec son instructeur, un ancien officier de l'Aéronavale aussi hostile à l'Angleterre et au gaullisme qu'au communisme qui prône l'union derrière le Maréchal. Mais Segonzac s'ouvre au stagiaire au cours d'un entretien particulier qui lui laisse « une profonde impression ». Le Vieux Chef ne peut accepter qu'on critique la personne de Pétain, il avoue son peu d'attachement à la République et ses réticences devant de Gaulle, qu'il juge « remarquable officier mais conservateur ». Il veut surtout voir la France ressusciter par ses propres forces et dans l'union.

« Quant à l'action de Résistance, il ne la condamnait pas mais aurait voulu qu'elle respectât le Maréchal, qu'elle gagnât petit à petit les esprits et les cœurs, qu'elle s'exerçât par la pensée et qu'elle emportât la victoire sans que des déchirements intervinssent [3]. »

Les deux hommes ont confronté leurs convictions profondes dans cet échange loyal et émouvant, sans se convaincre. Mais c'est le stagiaire Lefranc que Segonzac désigne, le lendemain, pour l'envoi solennel des couleurs, avant de reprendre, dans son allocution de fin de stage, certains de ses arguments, jusqu'à affirmer en substance « qu'en l'absence de liberté aucun progrès n'était possible ». Persuadé que l'attitude de Segonzac repose sur une illusion persistante, Lefranc n'en conserve pas moins son respect pour le travail de l'École et son estime pour son chef, dont il juge l'œuvre vouée à une prochaine condamnation.

D'autres stagiaires de 1942 sont déjà engagés dans la Résistance, comme André Boulloche (SI 12) ou Eugène Petit (SI 19); certains y joueront un rôle de premier plan, comme le lieutenant Le Ray (SI 13), futur chef militaire du Vercors en 1943 puis commandant des FFI de l'Isère, Frédéric Lafleur (SI 4), futur maire de Grenoble à la Libération, ou le commandant François Huet, futur chef militaire du Vercors en 1944.

1. Témoignage de G. Rebattet. H. Frenay, *La Nuit finira, op. cit.*, I, p. 321; Journal de bord des Comédiens routiers cité par A. Delestre, *Uriage, op. cit.*, p. 178.
2. H. Frenay, *op. cit.*, pp. 335-336.
3. P. Lefranc, *Le Vent de la liberté 1940-1945*, pp. 38-42.

Avec les officiers giraudistes

Outre l'activité du service Prisonniers de Paul de La Taille, devenu atelier d'aide aux évasions [1], les liaisons de Segonzac se sont développées en 1942 du côté des officiers patriotes de l'armée de l'armistice. Il est en contact avec des membres de l'état-major du gouverneur militaire de Lyon engagés dans des préparatifs d'action clandestine, comme le commandant Descour et le capitaine Bousquet, et à Grenoble avec le général Laffargue, commandant de l'infanterie divisionnaire, et le capitaine Cogny, du 2e d'artillerie. C'est peut-être pour le compte de ce dernier qu'il constitue, au château même d'Uriage, un dépôt d'armes, dans une cache aménagée par le charpentier Cacérès sous un plancher, à l'insu de tous [2].

Segonzac s'est engagé, durant l'été 1942, dans les projets et les préparatifs d'action armée formés autour du général Giraud. Celui-ci, installé dans la région lyonnaise après sa retentissante évasion du 17 avril, multiplie les contacts, officiels et secrets, et supplée le vieux Weygand dans le rôle du glorieux soldat, incarnation des espoirs du pétainisme anti-allemand. Déclarant son loyalisme envers le Maréchal et adhérant aux principes de la Révolution nationale, il se prépare à reprendre le combat contre l'envahisseur en ignorant aussi bien la dissidence de la France libre que les actions de la Résistance intérieure. En contact à la fois avec certains chefs de l'armée de l'armistice et avec les Américains, il compte diriger, peut-être au nom du Maréchal, une armée française réorganisée avec l'appui américain à la suite d'un débarquement, « sans faire de politique », c'est-à-dire sans remettre en cause celle qui a été menée depuis l'armistice [3]. Sous son inspiration, des membres de l'état-major de l'armée ont élaboré dans l'été 1942, autour du général Verneau, un plan lié à l'hypothèse d'un débarquement allié en Provence : il s'agirait d'occuper les zones montagneuses pour en faire des môles de résistance aux Allemands et des points d'appui pour les Alliés [4].

Segonzac, de son côté, entendait se tenir prêt à engager dans une action armée son équipe et son réseau de fidèles. Il partageait avec la plupart des adhérents militaires des plans Giraud et Verneau un jugement complexe à propos du Maréchal : souhait et espoir de le voir manifester son accord avec ceux qui reprendront le combat, et peut-être se placer à leur tête; résolution d'agir même sans cet accord, et peut-être contre les consignes qu'il donnerait en sens contraire. En effet les serviteurs loyaux du chef légitime se trouvent abandonnés aux seules directives de leur conscience de citoyens et de patriotes lorsqu'il est privé de liberté, qu'il soit prisonnier des Allemands ou jouet des desseins de Laval. Segonzac a de plus le souci de l'œuvre qu'il a édifiée depuis deux ans à Uriage. Il ne veut pas provoquer la suppression prématurée de l'École tant qu'elle peut encore agir, ni se lancer à l'aveuglette dans une faction; il tient à rentrer dans le combat le jour venu avec le maximum de forces, en ayant conservé la cohésion d'un groupe discipliné et sous les ordres d'une autorité incontestable.

Il a rencontré Giraud à Lyon; il est décidé à se mettre sous ses ordres (il a

1. Voir le témoignage de Mme Dalloz cité dans A. Delestre, *Uriage...*, *op. cit.*, p. 152.

2. Témoignages d'H. Beuve-Méry et de B. Cacérès. Voir « Témoignage de B. Cacérès », *Les Cahiers de l'animation*, 49-50, avril 1985.

3. Voir H. Noguères, *Histoire de la Résistance en France*, *op. cit.*, t. II, p. 413; H. Frenay, *La Nuit finira*, t. I, pp. 329-333; C. Bourdet, *L'Aventure incertaine*, *op. cit.*, p. 137; H. Giraud, *Mes évasions*.

4. E. Anthérieu, *Le Drame de l'armée de l'armistice*, p. 70 sq.; H. Giraud, *op. cit.*, p. 155 sq.; H. Noguères, *op. cit.*, t. III, p. 25 sq.

servi à plusieurs reprises sous son commandement) « pour toute action de reprise du combat qu'il dirigerait [1] ». N'ayant pu rencontrer lui-même Weygand, il lui a envoyé Souriau pour lui demander conseil. Le messager n'a rapporté qu'une réponse orale très circonspecte du général, qui se sait menacé d'arrestation et recommande la prudence. En octobre, Gadoffre, qui prend à l'École la direction des études, communique l'information qu'il tient des réseaux britanniques avec lesquels il est en contact : un débarquement allié est imminent en territoire français, on ne sait où; il pousse Segonzac à se préparer au combat qui va s'engager.

Le chef de l'École entend y participer comme chef de jeunesse, c'est-à-dire en contribuant, avec son équipe, à mobiliser et encadrer les jeunes disponibles dans la région alpine : ceux des Chantiers de jeunesse et de Jeunesse et Montagne, peut-être aussi des Compagnons de France et d'autres mouvements. Vers la fin d'octobre, le général Laffargue expose le plan devant des officiers et des responsables d'organisations de jeunesse réunis à Uriage. Mais les groupements alpins des Chantiers se retirent de ce « grand complot » devant l'opposition du commissariat général de Châtelguyon. Le général de La Porte du Theil, appuyé par le Père Doncœur et l'aumônerie des Chantiers, a renouvelé ses directives : toute action qui ne serait pas commandée par le Maréchal et compromettrait l'unité nationale en contrevenant à la discipline est formellement réprouvée et interdite [2]. Segonzac a fait prescrire par Lavorel aux chefs régionaux de l'ENU de réorganiser en secret leurs équipes locales et de les tenir prêtes à l'action.

Ultime médiation

Du côté du gouvernement, on a entrepris pour sortir de l'impasse une action concertée de persuasion afin d'amener Segonzac à quitter honorablement et sans esclandre la direction de l'École. Bonnard l'a convoqué et a tenté de le convaincre qu'il a la vocation d'un homme du désert et doit demander la mutation qui lui permettra de l'accomplir du côté des espaces sahariens. C'est peut-être pour préparer cet entretien que le ministre a rédigé, sous le titre « Uriage », une série de notes sur le rôle d'un directeur d'école de cadres, qui doit ressentir et exprimer avec une force particulière les idées « nécessaires et primordiales (...) qui nous dépassent », plutôt que « d'inventer des idées qui nous seraient étroitement personnelles. » Avec son goût des subtilités et des paradoxes, Bonnard note que, face au drame mondial où se joue le destin de l'Europe, ce sont l'opposition ou l'abstention qui sont des comportements de faibles en proie à l'impatience de se distinguer, alors que les forts, qui savent imiter sans craindre de se perdre, sont capables de donner leur adhésion à un mouvement qui les dépasse. Ce raisonnement sophistiqué n'a guère touché Segonzac [3].

Le général Bridoux, secrétaire d'État à la Guerre, lui envoie un émissaire pour lui proposer un avancement exceptionnel et un commandement intéressant en Algérie. En vain; Segonzac refuse de quitter volontairement la direction de l'École. Bonnard se décide alors à sévir et informe Lamirand, vers la fin d'octobre, de son intention de fermer l'École et de remettre Segonzac à la disposition de la Guerre.

S'interposant une fois encore, Lamirand propose de faire sa propre enquête. Il vient à Uriage le 9 novembre, rencontre longuement Segonzac

1. Témoignage du général Dunoyer de Segonzac.
2. Témoignage de Gilbert Gadoffre. Voir A. de DAINVILLE, *L'ORA. La résistance de l'Armée. Guerre de 1939-1945*, pp. 71-90.
3. *Le Vieux Chef*, *op. cit.*, p. 105; dossier manuscrit « Uriage » (AN, F 17 13367, cabinet du ministre).

et ses collaborateurs [1], et remet le 18 novembre ses conclusions au ministre. Il reconnaît que « l'enseignement actuellement donné à Uriage doit être perfectionné », et que certains collaborateurs de Segonzac « ont commis des erreurs, des imprudences dues à un patriotisme mal éclairé ». Mais ceux-ci « ne font plus partie de l'équipe actuelle des instructeurs », et Segonzac fait preuve en ce moment même d'un loyalisme total envers le chef de l'État, dont l'équipe entière est résolue à exécuter les ordres. Évitant d'évoquer l'attitude de l'École envers le gouvernement et son chef, Lamirand explique la lenteur de la « mise au point » doctrinale en cours par l'isolement dans lequel a été laissée l'École jusqu'à présent; il ne fait là que répercuter l'argumentation derrière laquelle Segonzac abrite son non-conformisme depuis plus d'un an. Il rappelle enfin au ministre l'élément qui lui paraît décisif en faveur du maintien de Segonzac : le prestige dont il jouit auprès de ses stagiaires comme de tous ceux qui l'ont approché, et « l'atteinte grave » que porterait au gouvernement et au chef de l'État lui-même son départ. En ces jours particulièrement sombres pour la Patrie,

> on comprendrait mal que nous nous privions d'une force aussi pure, n'ayant d'autre objet que de servir le Pays en parfaite fidélité au chef de l'État, et suivant les strictes directives qui lui seront données.

Le secrétaire général demande donc au ministre de surseoir à la décision qu'il a envisagée, et s'engage à mettre à profit ce sursis pour étudier avec Pelorson et Olivier-Martin « l'orientation nouvelle à donner à Uriage ». Résolu à assurer personnellement le contrôle de l'École, Lamirand se porte garant de l'enseignement et de la formation qui y seront donnés [2].

Lamirand a le mérite d'engager son crédit dans cette ultime tentative de médiation, mais son argumentation s'accroche à des fictions lorsqu'il garantit la parfaite fidélité au chef de l'État d'hommes qui s'opposent à son gouvernement et prétend concilier les orientations d'Uriage avec celles de Pelorson. Il n'est plus temps de jouer sur des ambiguïtés, et Lamirand le sait sans doute, lui qui a assisté à Vichy, avec désolation, au renoncement décisif du chef de l'État devant les coups de force et les ultimatums allemands qui ont suivi le débarquement allié du 8 novembre.

Les événements de novembre

Giraud est parti pour Alger au début de novembre, convaincu de s'y voir donner par les Américains le commandement des troupes alliées; il a confié au général Frère l'application en métropole du plan d'opérations, mais les événements déçoivent tous ces projets. Tandis qu'à Alger c'est Darlan qui prend le pouvoir avec le consentement des Américains, il n'y a pas de débarquement en métropole, et le secrétaire d'État à la Guerre Bridoux consigne les troupes dans leurs casernes, annulant tout ordre de mouvement; il leur interdit, le 11 novembre, de s'opposer à l'invasion de la zone sud par les forces allemandes et italiennes.

Segonzac, après avoir attendu depuis l'annonce du débarquement un signal d'action, se rend à Vichy le 12 novembre et réussit à voir le Maréchal. Il relatera le soir même cette entrevue aux membres de l'équipe de Terrenoire : il a pressé le chef de l'État « de se constituer prisonnier et ainsi de

1. Journal de bord des Comédiens routiers, cité par A. Delestre, *Uriage... op. cit.*, p. 172.
2. « École nationale d'Uriage. Note confidentielle à M. le ministre secrétaire d'État à l'Éducation nationale », signée Georges Lamirand, 18 novembre 1942 (AN, F 17 13367, Jeunesse III, 1657).

rallier l'opinion française sur sa personne», sans obtenir de réponse. Il n'attend plus d'actes de résistance du vieillard qu'il a vu à bout de forces physiques et morales, entouré de flatteurs et de menteurs [1]. Le complot des officiers a avorté, tandis qu'à Vichy on s'inclinait devant les utlimatums allemands. C'est le même jour que Weygand est arrêté non loin de Vichy où il a été reçu à la table du Maréchal; Tournemire, qui a pu lui parler, a reçu le conseil d'obéir aux directives du chef de l'État [2].

À Uriage, la nouvelle du débarquement a décidé Chombart de Lauwe à partir pour l'Afrique du Nord où il compte s'engager pour reprendre le combat comme pilote. Avant de quitter l'École, il décide Segonzac à rencontrer des hommes d'Air France qui pourraient lui donner le moyen de passer par avion en Afrique du Nord avec toute son équipe. Après avoir hésité, le chef de l'École refuse ce projet, mais charge Chombart de Lauwe d'un message pour Giraud : il met à la disposition du futur commandant en chef le réseau des hommes sûrs groupés dans l'Équipe nationale d'Uriage et lui demande d'établir une liaison. Le message sera transmis en janvier 1943, mais le contact retour ne pourra être établi [3].

Tandis que les troupes d'occupation italiennes s'installent à Grenoble, Segonzac est encore associé, quelques jours plus tard, à une tentative du général Laffargue pour faire échapper à la capture les garnisons de Grenoble et de Gap avec leur matériel. Le 27 novembre, après que les Allemands, à Lyon et à Vienne comme dans toute la partie de la zone sud qu'ils occupent, ont désarmé et dispersé les unités françaises enfermées depuis deux semaines dans leurs casernes, le général Laffargue profite de l'interruption des communications pour donner à ses troupes l'ordre de faire mouvement vers l'Oisans; le 6ᵉ BCA et le 159ᵉ d'infanterie quittent leur cantonnement, avec la complicité du préfet Didkowski qui laisse passer plusieurs heures avant de rendre compte à Vichy. Laffargue a consulté Reuter, en présence de Segonzac, sur les fondements juridiques d'une action de résistance contrevenant à un ordre supérieur. Segonzac était prêt à rejoindre les troupes en marche, mais les ordres de Vichy et de Lyon arrivent bientôt et l'on procède à la démobilisation. Au château, Segonzac qui craint un coup de main «doriotiste» fait monter la garde [4].

Cette équipée a provoqué l'annulation du stage ouvrier prévu pour la fin de novembre; il aura lieu un mois plus tard, suivi par le stage enseignant des vacances de Noël. Il est désormais évident que l'École est condamnée à court terme; ses chefs sont pressés, par des stagiaires et des amis, de questions sur la manière de participer à la lutte contre l'occupant. Segonzac se refuse à donner des consignes générales précises. Il invite chacun à chercher la formule d'action convenable dans la situation locale et professionnelle où il se trouve; à ceux qui sont engagés dans l'ENU, il demande d'attendre les directives que celle-ci donnera le moment venu. Il doit contenir l'impatience de certains membres de l'équipe. À ceux qui brûlent de tenter le passage en Afrique du Nord pour s'engager dans une unité combattante, lui-même et Beuve-Méry exposent que, pour les chefs de jeunesse, c'est le combat sur le territoire français qui prime. De nouvelles

1. Notes de J. Le Veugle citées par A. Delestre, *Uriage..., op. cit.*, p. 174.
2. G. Raïssac, *Un soldat dans la tourmente*, pp. 280-300; R. Hervet, *Les Compagnons de France, op. cit.*, pp. 217-218.
3. Témoignage de P.-H. Chombart de Lauwe.
4. Témoignage d'H. Beuve-Méry. Voir général A. Laffargue, *Fantassin de Gascogne. De mon jardin à la Marne et au Danube*, p. 219 sq.; A. Le Ray, « Le département de l'Isère, de la défaite à l'occupation allemande », dans *Actes du 77ᵉ congrès des Sociétés savantes*, pp. 232-234; A. de Dainville, *L'ORA..., op. cit.*, pp. 90-91.

formes d'encadrement des jeunes et d'action civique vont requérir leur énergie dans la phase révolutionnaire qui s'annonce [1].

Dans cette perspective, Segonzac fait étudier un projet d'installation en Haute-Savoie, près de Cruseilles. Un comité présidé par le maire de Lyon Georges Villiers projette de créer au domaine des Avenières un centre pédagogique d'accueil, sous l'égide du Secours national, pour lequel Garric et son chargé de mission Michel Debré sont prêts à donner leur accord. Des instructeurs d'Uriage y encadreraient les équipes d'adolescents hébergés par le Centre, tandis que le bureau d'études poursuivrait son travail sous couvert de recherches pédagogiques [2]. Proche de la frontière suisse, le lieu offre des possibilités de refuge et de passage. Le projet ne se réalise pas, mais sera repris au début de 1943 sous une autre forme.

Vers la fin de novembre, un des informateurs de Segonzac à Vichy lui apprend que le décret de fermeture de l'École est prêt (seule « une complicité » retarde encore sa publication au *Journal officiel*), et que lui-même court le risque d'être arrêté sitôt après sa révocation [3]. Il se rend à Vichy, est reçu par Bonnard à qui il dit son fait « grossièrement », puis par le Maréchal qui commence par le renvoyer à Laval. Celui-ci lui expose longuement, avec chaleur et sincérité, sa politique de négociation avec l'Allemagne pour sauvegarder les intérêts essentiels du pays. Retrouvant le chef de l'État, Segonzac lui rend compte de l'action qu'il mène à Uriage. Il n'est ni encouragé ni blâmé; le Maréchal se contente de quelques paroles paternelles concernant sa situation et son avenir [4]. Il regagne Uriage certain de l'issue prochaine.

Durant ces derniers mois, il a encore attendu, comme bien d'autres, un signe du Maréchal qui aurait justifié la confiance mise dès l'origine en son intention de reprendre un jour le combat. Il lui a fallu prendre acte de sa passivité sénile, et de l'alignement progressif de Vichy sur les volontés allemandes. Il a été pressé par certains instructeurs, et par les hommes de la Résistance qu'il rencontrait, d'abandonner complètement sa façade, bien lézardée, de conformisme, pour rompre avec le gouvernement, saborder l'École et passer à l'action clandestine. Mais il s'est rangé aux arguments de Beuve-Méry qui, après l'avoir poussé à marquer nettement ses refus et son opposition à la politique gouvernementale, l'incite maintenant à faire durer l'École. Il s'agit d'exploiter au maximum, tant que c'est possible sans danger grave, l'instrument qui a été difficilement forgé et qui permet encore de réunir des stagiaires, d'étendre le réseau des amis de l'École et de rassembler des volontaires pour la double action de libération et de révolution.

C'est cette volonté de durer, autant que la résolution de lutter pour la liberté et l'indépendance de la patrie, qu'exprime le choix d'un texte de Mistral pour illustrer la couverture de la dernière livraison des *Cahiers d'Uriage*, en adieu implicite à ses lecteurs :

> « *Et comme elle fait trace*
> *La race, la race,*
> *Et comme elle fait trace*
> *Faisons ce qui est dû.*
>
> *Et nous vivrons*
> *Et nous tiendrons*
> *Vivante notre langue,*

1. Témoignages du général Le Ray, de F. Ducruy, P. Grillet, P. Hœpffner, G. Souriau et P.-H. Chombart de Lauwe.
2. Document manuscrit sur un projet d'installation aux Avenières, novembre 1942 (arch. ENCU).
3. R. Stéphane, *Chaque homme est lié au monde..., op. cit.*, p. 176.
4. Lettre de Segonzac au général de La Porte du Theil (début de 1943) citée *infra*.

Et nous vivrons
Et nous tiendrons
Autant que nous pourrons[1]. »

Nouveaux contacts clandestins

À la fin de novembre, un envoyé du BCRA de Londres, l'officier sous-marinier Pierre Sonneville, se présente à Uriage au cours de sa tournée de contacts dans les régions de Lyon et de Grenoble. Posant les bases d'un réseau de renseignements de la France Libre, *Marco Polo*, il cherche à atteindre les milieux de jeunesse et les catholiques patriotes pour les rallier à la France Combattante et leur y faire une place en dissipant les préjugés réciproques entre « vichystes » et « dissidents ». Sonneville trouve Segonzac bien informé de ce qui se fait et se dit à Londres autour de Passy, mais sceptique quant à la capacité militaire des alliés anglo-saxons de reconquérir prochainement l'Europe. Le chef d'Uriage paraît sous-estimer leurs forces; faisant davantage confiance à Giraud qu'aux hommes de Londres, il accepte cependant d'envisager une collaboration avec le réseau de renseignements militaires qu'installe l'envoyé de Londres. Segonzac charge Gadoffre de garder le contact, et désigne un homme de l'ENU comme boîte aux lettres à Grenoble, mais le lien ne sera pas établi entre Uriage et Londres. Sonneville ne réussira pas à faire admettre au Comité gaulliste, en 1943, l'intérêt d'une ouverture qui permette l'intégration à la Résistance, à part entière, des groupes nés dans le cadre de l'administration de Vichy et décidés à combattre l'occupant [2].

C'est précisément en novembre 1942 que le commissariat à l'Intérieur du Comité national de Londres enregistre le témoignage d'un ancien stagiaire d'Uriage. Celui-ci a suivi, avec les candidats aux concours des Affaires étrangères, la session de trois semaines de mai 1942; reçu au Contrôle civil du Maroc, il a rejoint son poste dans l'été et est passé en octobre à la France Combattante. Après avoir décrit à son interlocuteur à Londres la vie à l'École, il en caractérise l'esprit avec une sévérité dénuée de sympathie. Les idées professées à Uriage forment un « ensemble confus, naïf, plein de préjugés et souvent bien intentionné », sans originalité. Sous cette « pauvreté intellectuelle », deux traits ressortent : le conservatisme foncier d'un milieu « personnaliste et pro-Révolution nationale, très catholique, très anticommuniste, assez " ordre moral " », et d'autre part « le côté ultranationaliste et anticollaborateur ». Si les chefs de l'École refusent systématiquement de prendre parti pour ou contre de Gaulle, ils traitent ouvertement Laval de traître et critiquent la répression policière comme la persécution des Juifs. L'École, qui ne survivra sans doute plus longtemps, n'est finalement intéressante « que dans la mesure où elle popularise véritablement le nationalisme et l'esprit de résistance aux Allemands ». Sans en attendre grand chose, on peut envisager de contacter certains de ses membres, conclut l'ancien stagiaire. Ces appréciations illustrent la difficulté, pour les tenants d'un gaullisme politique, d'apprécier l'effort intellectuel et politique mené à Uriage [3].

1. Extrait de la *Chanson des aïeux* de Mistral, *Jeunesse France – Cahiers d'Uriage*, 37, décembre 1942. La *Chanson des aïeux* avait déjà été transcrite dans *Jeunesse... France!* (22 avril 1941), et recommandée aux Routiers par le Père Doncœur (*La Route des Scouts de France*, novembre 1942).

2. P. SONNEVILLE, *Les Combattants de la liberté. Ils n'étaient pas dix mille*, *op. cit.*, pp. 151-154 et 232-235; P. DUNOYER de SEGONZAC, *Le Vieux Chef*, *op. cit.*, p. 95.

3. Résumé d'une conversation entre le sous-lieutenant Debut et M. Brilhac, 21 novembre 1942. Note pour M. Closon, Commissariat national à l'Intérieur et au Travail, Londres, 25 novembre 1942 (Document communiqué par H. Claude).

Segonzac conserve le contact avec les officiers maintenant démobilisés qui, derrière le général Frère, se regroupent clandestinement dans l'Organisation métropolitaine de l'armée qui deviendra ORA (Organisation de résistance de l'armée), dont Descour est le responsable pour la région lyonnaise et Cogny pour l'Isère. Il amorce d'autre part, en décembre, une liaison avec l'équipe dirigeante du mouvement Combat, par l'intermédiaire de Roger Stéphane que Reuter amène à Uriage avec un mandat de Bidault et Menthon pour sonder les intentions de Segonzac et préparer une négociation. Engagé à Combat depuis un an et lié à Pierre-Henri Teitgen, Stéphane s'est réfugié à l'École à la mi-novembre, après que la complicité de Dumazedier a favorisé son évasion de la prison de Fort-Barraux en Savoie. Hébergé deux jours par Segonzac, il avait eu alors un premier entretien avec lui. Le chef de l'École lui avait fait part de sa déception devant la passivité du Maréchal et de sa résolution de demeurer à son poste jusqu'à ce qu'on l'en chasse. Sans lui dissimuler ses doutes sur le sérieux et l'efficacité des organisations de Résistance, il avait évoqué le cas où il serait « obligé d'y entrer », et demandé ce qu'elles pourraient faire pour lui si sa sécurité était directement menacée. Stéphane, ayant ensuite repris à Lyon son travail clandestin aux côtés des responsables de Combat, leur a fait part de ses impressions favorables d'Uriage. On l'a chargé de reprendre le contact, en passant par Reuter, ami de Menthon, qui a repris ses cours à Aix-en-Provence.

À Uriage où il arrive le 17 décembre, Segonzac le reçoit avec chaleur et simplicité, lui raconte ses récentes entrevues à Vichy avec Bonnard, Laval et Pétain, et pose la question qui est, à ses yeux, préalable : l'unité à faire, au sein d'une dissidence trop divisée. Il lui rappelle les convictions morales et politiques sur lesquelles il n'entend pas transiger, comme l'idée d'un gouvernement fort, doué de cette « autorité » qu'on assimile à tort à la tyrannie, alors qu'elle en est l'opposé et constitue le meilleur instrument pour le combattre. Ceci dit, il se montre « disposé, et même désireux, de collaborer si un accord tactico-doctrinal se réalise », et prêt à fournir des cadres « susceptibles de devenir du jour au lendemain les cadres de la France, du maire au ministre ». Un peu interloqué par cette dernière affirmation, Stéphane estime que les divergences secondaires ne doivent pas faire obstacle à un accord, qui devra être négocié au plus haut niveau. Il prend donc avec Segonzac deux rendez-vous, l'un pour Teitgen et Menthon, l'autre pour Frenay qui vient de rentrer de Londres [1]. Mais deux semaines plus tard, la suppression de l'École amènera Segonzac à plonger seul dans la clandestinité avant que ces contacts aient abouti. N'ayant d'engagement précis à l'égard d'aucune organisation, il se donne la mission de travailler à l'union en exploitant ses multiples relations sans aliéner l'indépendance et la discipline qui caractérisent son équipe.

Alors éloigné de Segonzac par leur divergence tactique, Frenay reste sûr de la parenté d'inspiration entre Uriage et son propre mouvement, comme il en témoigne plus tard auprès des historiens de Combat :

> S'il fallait chercher une source d'inspiration à ce qui est plus attitude morale que réellement doctrine, peut-être la trouverait-on dans la curieuse expérience de l'École d'Uriage. (...) Une pensée dégagée des routines du passé pour l'élaboration d'une doctrine neuve, adaptée aux circonstances exceptionnelles et permettant de les surmonter ; la préoccupation essentielle de former des chefs et des cadres nouveaux pour le pays : il y avait là de quoi séduire un mouvement de résistance très préoccupé par ce genre de problèmes et disposant de peu de temps et d'expérience pour découvrir ses propres solutions [2].

1. R. Stéphane, *Chaque homme est lié au monde..., op. cit.*, pp. 163-176 ; *Toutes choses ont leur saison*, pp. 169-171.
2. M. Granet et H. Michel, *Combat. Histoire d'un Mouvement de Résistance de juillet 1940 à juillet 1943, op. cit.*, pp. 125-126.

Le décret de Laval

Le chef de l'École a voulu laisser au gouvernement la responsabilité de prendre acte de la contradiction entre le sens qu'elle donne à sa mission et sa fonction d'institution d'État, et d'en tirer les conséquences. C'est chose faite le 27 décembre, avec la signature par le chef du gouvernement, sur le rapport du ministre de l'Éducation nationale, du décret « portant suppression d'une École nationale des cadres de la jeunesse ». L'École d'Uriage est supprimée à compter du 1er janvier 1943; la fixation du siège et des conditions de fonctionnement de l'École destinée à la remplacer est renvoyée à un décret ultérieur. Les membres du personnel qui sont fonctionnaires titulaires seront rendus à leurs corps d'origine [1]. Segonzac n'obtient de Lamirand, auquel il a officiellement demandé les motifs de la mesure, que des précisions négatives : la suppression de l'École n'a pas été décidée par le chef de l'État ni réclamée explicitement par les autorités occupantes. Le secrétaire général à la Jeunesse affirme qu'il n'a pas été consulté et déclare regretter la disparition d'un établissement qu'il a apprécié et soutenu jusqu'au dernier jour [2].

APRÈS LA FERMETURE DE L'ÉCOLE

Le chef de l'École reçoit le 31 décembre, avant-dernier jour du stage « Universitaire » commencé le 26, la notification du décret qui paraîtra le lendemain au *Journal officiel.* La journée s'achève comme à l'ordinaire, et le « mot » qu'il adresse aux stagiaires à la veillée, sur un ton plus pressant et impérieux qu'à l'habitude, se contente d'évoquer la nécessité d'être prêt à faire des choix décisifs et à prendre ses responsabilités. Au conseil des chefs qui suit, Segonzac préside naturellement aux comptes rendus et au bilan habituels de l'équipe d'instruction, avant d'ajouter qu'il a une information à communiquer : l'École est fermée, ce soir à minuit cessera son existence légale. Le lendemain, l'annonce en est faite à l'ensemble du personnel réuni pour l'échange des vœux. S'adressant particulièrement à ceux qui réclamaient des consignes d'action et supportaient mal le prolongement de l'attente, il leur dit sa joie de leur annoncer que le temps est venu de passer à l'action. L'équipe continuera, si ses membres savent rester unis comme ils l'ont toujours été; tous devront faire preuve du plus grand esprit de sacrifice, car certains y laisseront leur peau. Le dernier stage de l'École s'achève, ce même jour, avec un « cercle final » sur le style de vie, l'esprit révolutionnaire et le sens de l'action [3].

Dispersion de l'équipe

Plusieurs membres de l'équipe accueillent la décision gouvernementale avec soulagement, comme Dupouy et le Père des Alleux, pour qui c'est la fin d'une équivoque devenue pénible. Segonzac est décidé à rester en

1. Décret 3867 du chef du gouvernement, 27 décembre 1942.
2. Lettre citée de Segonzac à La Porte du Theil.
3. Témoignages du général Lecoanet, du Père Fraisse, de F. Ducruy et P. de La Taille. Carnet de stage de l'instructeur André Lecoanet.

France pour préparer sur place l'action à venir dans un esprit d' « opposition active » au gouvernement. Il incite les chefs d'écoles régionales, réunis secrètement à Lyon le 12 janvier, à présenter leur démission en refusant toute compromission [1]. Informé le 22 janvier par des policiers grenoblois de l'établissement d'un mandat d'arrêt contre lui, il conduit sa famille à Vizille où un papetier lui procure un asile, et commence la vie d'itinérance clandestine qu'il mènera jusqu'au débarquement allié, sous la protection de Paul de la Taille qui prépare ses voyages et ses refuges avec l'aide de divers agents de liaison [2]. Beuve-Méry assume la direction de l'équipe, qui se sépare après le repas d'adieu du 30 janvier, pour lequel on tue le cochon, et une dernière veillée. Le pavillon tricolore du grand mât a été découpé et partagé entre les présents.

Segonzac a laissé à chacun la liberté de son mode d'engagement au service du pays, selon sa conscience et ses capacités; l'ensemble des instructeurs lui ont déclaré leur intention de rester à ses ordres. Le secrétaire général Dupouy a préparé depuis plusieurs mois des plans de dispersion de l'équipe, qu'il met en œuvre en tenant compte de la situation particulière de chacun autant que des missions à assurer pour le compte de la communauté « Équipe nationale d'Uriage ». Des emplois, individuels ou collectifs, sont offerts aux uns – emplois provisoires en attendant une mobilisation ou emplois apparents couvrant une activité clandestine. D'autres sont affectés au service de l'équipe pour assurer la coordination et les liaisons, les contacts secrets et le travail intellectuel qui va se poursuivre; camouflés avant de devenir franchement clandestins, ils sont rémunérés par l'équipe, sur les fonds qu'elle recueille à cet effet. Tandis que les documents secrets ou toujours utiles – archives de l'ENU et papiers du bureau d'études surtout – sont mis à l'abri dans différents locaux à Grenoble et dans la région, ceux des instructeurs qui auront la charge de coordonner les activités de l'équipe dispersée (notamment Beuve-Méry, Gadoffre, Dupouy, Lavorel, La Taille, Poli) se répartissent les tâches selon les consignes de Segonzac.

Au château d'Uriage ne demeure, après février, que la petite équipe de comptables et de secrétaires qui assiste l'économe Voisin pour régler les comptes de l'École et remettre les installations à l'administration, tandis que s'achève le déménagement des matériels et des papiers que l'équipe met à l'abri. Le SGJ a nommé liquidateur Paul Martin, délégué départemental à la jeunesse de l'Ain et ami fidèle de l'École, ancien stagiaire et responsable de l'ENU pour le Lyonnais. Le château reçoit bientôt une nouvelle affectation : la Milice française, créée le 30 janvier sous la présidence de Laval, y installe son école de cadres qui succède à celle que le SOL entretenait à Saint-Cyr-au-Mont-d'Or. À la demande de Segonzac, Voisin doit cohabiter en mars avec les nouveaux occupants pour servir de boîtes aux lettres et d'agent de liaison aux membres de l'ancienne équipe. De l'ancienne école, la nouvelle ne conserve que quelques membres du personnel de service, dont plusieurs anciens marins. Jusqu'aux combats de la Libération, le château d'Uriage sera, effectivement et symboliquement, un haut lieu de la collaboration et de la répression terroriste. L'école de la Milice sera commandée successivement par La Noüe du Vair, américain francophone, catholique illuminé, thomiste et maurrassien, puis Vaugelas, officier monarchiste qui sera placé en février 1944 à la tête de l'unité formée pour détruire le marquis des Glières; ils illustreront le dévoiement qui mène des officiers patriotes et traditionalistes à s'identifier à la cause de l'Allemagne

1. Notes de J. Le Veugle citées par A. Delestre, *Uriage...*, *op. cit.*, pp. 184-185.
2. Témoignages du général Dunoyer de Segonzac, de P. de La Taille et de J. Violette.

nazie [1]. Cependant plusieurs familles d'anciens instructeurs d'Uriage ont continué à résider en 1943 à Saint-Martin-d'Uriage, comme celles de Beuve-Méry et de Dupouy.

Remous dans la jeunesse

La suppression de l'École d'Uriage n'a guère donné lieu à des commentaires publics, mais elle a entraîné de forts remous dans les organisations de jeunesse dépendant du SGJ.

La première conséquence de la disparition d'Uriage est le démantèlement du réseau des écoles du SGJ dans la zone sud. Les chefs des dix écoles régionales, après s'être concertés et avoir entendu Segonzac, suivent son avis : au cours de la réunion que préside Lamirand à Vichy, ils réclament des explications sur la fermeture d'Uriage et remettent leur démission collective ainsi que celle de leur personnel. La directrice de l'École féminine d'Écully les imite. Un seul d'entre eux acceptera, sous la pression officielle, de reprendre sa démission. Lamirand, déjà choqué de se voir réclamer des explications par Segonzac, a la naïveté de s'étonner de ce coup d'éclat [2], alors qu'il avait lui-même signalé au ministre les conséquences prévisibles d'une mesure de force contre Segonzac. Cette démission massive entraîne la fermeture de la plupart des écoles régionales. Celles qui seront maintenues en utilisant les cadres restés en place connaîtront une « grave crise de recrutement » pendant l'année 1943. Le cabinet de Bonnard prévoit d'exclure les directeurs d'écoles, coupables de cet « acte d'indiscipline collectif », de tout emploi dans les services relevant du secrétariat à l'Éducation nationale, y compris les Chantiers de jeunesse [3].

Les partisans de la collaboration ou du socialisme national autoritaire se réjouissent d'une suppression que l'organe d'un de leurs groupuscules salue comme un pas décisif sur la bonne voie de la « fin du pluralisme ». L'éditorialiste de *Jeune Force de France* montre comment Segonzac a été débordé, malgré ses capacités d'entraîneur, par les « moniteurs » qui ont pris en main l'enseignement de l'École « sous la haute direction du RP de Naurois ». Ils ont répandu les théories nées entre les deux guerres comme « moyens de défense contre la subversion totalitaire et anticapitaliste, pour la protection du libéralisme et de la démocratie ». À Uriage, on voyait « plus loin et plus grand » que la propagande gaulliste ordinaire, grâce aux contacts « avec la Fédération universitaire protestante, avec les dominicains, les jésuites et les autres grands organismes religieux ou philosophiques dont la liste est longue au répertoire de la SDN ». Les professeurs y prêchaient « la crainte salutaire et l'incertitude de la vie » – autrement dit les vertus bourgeoises et la vaine inquiétude métaphysique. La suppression par l'État français de ce « théâtre de l'irréel », qui entraîne l'écroulement de ses succursales régionales, annonce le prochain effondrement du mouvement Compagnon, atteint lui aussi par « le virus pluraliste et personnaliste [et] la ridicule comédie qui veut faire croire au “ respect de la personne humaine ” (...) et autres sornettes ». Le temps est venu de l'action par la force balayant les discussions byzantines. Dans sa partialité simpliste et la confusion de ses amalgames, l'auteur a bien noté les caractères de l'esprit d'Uriage dont il fait des

1. Voir J. Delperrie de Bayac, *Histoire de la Milice, op. cit.*, p. 190 sq.
2. Témoignage de G. Lebrec.
3. Rapport de l'inspection générale de la Jeunesse au ministre pour l'année 1942-43, 10 janvier 1944 (AN, F 17 13366); note de service rédigée au cabinet du ministre, sans date ni signature, (AN, F 17 13367 – Jeunesse III).

griefs : personnalisme antitotalitaire, indulgence envers la démocratie libérale, goût du pluralisme et de la libre recherche intellectuelle [1].

Abel Bonnard se préoccupe effectivement de l'attitude politique du mouvement Compagnon. Certains de ses dirigeants, comme Rebattet, ont disparu dans la clandestinité, beaucoup sont suspects. Prié de s'expliquer à ce sujet, Lamirand se porte garant du loyalisme personnel de Tournemire (qui jouit toujours de la confiance du Maréchal), mais reconnaît que certains de ses adhérents ont marqué des réticences envers la politique gouvernementale. Préconisant une enquête poussée avant de proposer au Maréchal de choisir entre la dissolution ou la réorganisation du mouvement, Lamirand ne s'engage pas aussi nettement en janvier dans la défense des Compagnons que dans celle d'Uriage en novembre précédent [2]. Il est d'ailleurs lui-même virtuellement démissionnaire. Tournemire, refusant d'abandonner ses jeunes, s'efforcera de concilier sa fidélité au Maréchal avec ses sympathies pour la Résistance; il s'effacera à l'automne, et le gouvernement décrétera la dissolution des Compagnons le 15 janvier 1944.

Les Chantiers de jeunesse, quant à eux, ne sont pas suspects d'opposition politique, mais des inquiétudes se sont développées dans leurs rangs depuis novembre 1942, et la suppression de l'École d'Uriage trouble les amis qu'elle comptait parmi leurs cadres, dans les groupements des Alpes surtout. En novembre, à son retour d'Afrique du Nord où l'a surpris « l'attaque américaine », le général de La Porte du Theil a adressé à ses hommes des directives d'engagement sans réserve derrière le Maréchal.

À ceux de ses cadres qui étaient prêts à pratiquer l'objection de conscience plutôt que d'exécuter certains ordres donnés par leurs supérieurs, il proposait de s'en aller immédiatement. Pour les autres, il opposait la voix de la conscience, celle de l'honneur et de la fidélité, aux vains cas de conscience, et réclamait une « discipline morale stricte » et « la loyauté la plus absolue vis-à-vis du Maréchal ». On devait exécuter ses ordres totalement et rigoureusement, dans la fidélité à leur esprit au cas où ils ne seraient plus exécutables à la lettre, sans « ajouter foi à ce qui se raconte », et sans tolérer que « certains scrupules douloureux, certains doutes cruels », compréhensibles mais stériles, conduisent tel subordonné à la désobéissance. Les consignes qu'il donnait quelques jours plus tard aux anciens des Chantiers étaient plus explicites encore : il n'y a de salut pour la France que dans l'union, elle ne peut se faire qu'autour d'un chef, le Maréchal, « seul garant de l'unité française » et seul rempart contre le désordre :

> ... Le Maréchal ne faiblira pas. Il ne fera rien contre sa conscience, rien qui entache son honneur ou soit contraire à l'intérêt supérieur du pays. Nous devons obéir sans discuter ses ordres.

Condamnant ceux qui prétendaient interpréter ces ordres, c'est-à-dire se préparaient à s'en écarter, le général repoussait les deux arguments des « propagandes mensongères et fallacieuses » : « Le Maréchal n'est pas libre », disent certains; mais qui est libre aujourd'hui, « sinon celui qui sait s'élever au-desuss de la mêlée et conserver le mieux la tête froide, l'esprit sain, la volonté tendue ? » D'autres opposent le Maréchal au gouvernement, auquel ils marchandent leur obéissance; or

> le gouvernement est l'expression de la volonté du Maréchal. C'est lui qui l'a investi. Il a expressément fait connaître sa confiance dans son chef (...). Il n'y

1. « Vers une fin du pluralisme », *Jeune Force de France*, n° 3, 27 janvier 1943 (éditorial cité dans R. HERVET, *Les Compagnons... op. cit.*, pp. 327-329).

2. Note du secrétaire général à la Jeunesse au ministre, signée à Paris le 28 janvier 1943 (AN, AG II 440-M).

aurait pas de pire indiscipline, et de plus dangereuse, que de les séparer, rien qui soit plus contraire aux ordres formels du Maréchal [1].

Ces consignes s'appuyaient sur les raisonnements de théologie morale que développait en annexe le Père Forestier, dans la droite ligne de l'argumentation défendue par le Père Doncœur. Pour l'aumônier général des Chantiers, la situation après l'armistice d'Alger se ramenait à deux constatations : d'un côté, un chef vaincu et d'héroïques marins qui sont fidèles à leur parole de défendre la neutralité de l'Empire ; de l'autre, des généraux qui désobéissent au chef de l'État. Or « la fidélité à sa parole est un bien imprescriptible, la désobéissance est un mal », et saint Paul comme saint Thomas enseignent que « l'on ne peut jamais faire ce qui est mal, dût-il en sortir un bien très grand ». Renier la fidélité et l'obéissance, c'est trahir « l'ordre du monde » qui est un ordre moral, c'est opter pour « le libre examen, l'individu qui se fait règle de vie, l'homme qui se fait Dieu », c'est accepter l'anarchie. C'est de plus rompre avec une tradition morale de l'honneur français, et manquer au devoir civique fondamental d'adhésion à « la pensée du chef », seul qualifié pour décider au nom du bien commun. L'union et la discipline sont donc commandées par la loi morale comme par le sens civique et la sagesse politique, et la Providence garantit qu'elles ne sont pas vaines :

> Le Chef, quand il est loyal et de bonne volonté, a droit aux illuminations d'en haut. À travers le nôtre, Dieu dirigera nos destinées vers le rivage du salut. Le Maréchal demeure la condition de l'unité. Il est le symbole de notre liberté [2].

« *Diabolique entêtement d'un ange déchu* »

Cet enseignement s'est traduit en directives pratiques : la direction des Chantiers s'est efforcée de dissuader les jeunes que tentait le passage des Pyrénées ou l'adhésion à la Résistance, comme elle les incitera plus tard à se soumettre à la réquisition du STO. Cette attitude et ces instructions ont été vivement critiquées à Uriage, après novembre surtout, alors que le commissaire général des Scouts de France s'en inspire un peu plus tard pour leur demander obéissance et discipline, afin de « travailler en silence » à réaliser

> l'ordre nouveau que nous voulons (...), un ordre intérieur français dont nous avons vu s'ouvrir, avec quel espoir, les perspectives en juillet 1940 [3].

Après la fermeture de l'École, les remous sont assez forts dans les Chantiers pour provoquer une virulente intervention du commissaire général, soucieux d'empêcher la propagation d'une attitude d'« indiscipline foncière » qu'on est trop porté à « excuser sous le mot de désarroi ». Il précise sa pensée en conclusion d'une directive où il a réaffirmé le double devoir de fidélité au Maréchal et au chef du gouvernement, et exposé la situation de la France dans la guerre et le sens de la politique de collaboration franco-allemande décidée par le premier et appliquée par le second. Il s'agit moins,

1. « Prescriptions et directives du commissaire général », *Bulletin périodique officiel*, n° 112, 15 novembre 1942. Général de LA PORTE DU THEIL, « Message aux Anciens des Chantiers », *Bulletin de l'Association des anciens des chantiers*, 21 décembre 1942. Textes publiés dans *Directives du président de l'ADAC*, 1942, 12 p.
2. « Notes de l'aumônier général », *Bulletin de l'Association des anciens des Chantiers*, 21 novembre 1942. Texte reproduit dans *Directives...*, *op. cit.*
3. E. DARY, « Travailler devant soi », *Le Chef*, janvier 1943, pp. 365-368.

explique-t-il, d'une véritable et libre collaboration, puisque la France est momentanément privée des prérogatives d'un État souverain, que de « préparer un terrain et un climat qui la rendent possible et sincère lorsqu'il faudra reconstruire l'Europe », si l'on ne veut pas que celle-ci soit abandonnée au communisme. Les chefs de la jeunesse ne doivent ni devancer le gouvernement dans cette voie de la collaboration, ni lui refuser leur obéissance.

Dans les directives qu'il donne en conséquence, le commissaire général dénonce l'abus que l'on fait trop souvent, dans les organisations de jeunesse, du serment. On demande et on fait trop de promesses à la légère, au cours de rassemblements collectifs où sont pris des engagements qui ne pourront être tenus. Le général évoque alors « un incident très récent, qui a eu, je le sais, quelque retentissement dans l'esprit de certains chefs de Chantiers » :

> Prenons garde à qui la promesse est faite. Nous venons de voir un chef se réclamer de celle qui lui aurait été donnée à lui-même pour provoquer la démission de tous les chefs des écoles de cadres de la Jeunesse : manifestation collective qui est la ruine de toute discipline ; aberration suivie immédiatement du plus cruel remords, car j'en ai vu pleurer une fois la faute commise, mais trop tard ; orgueil insensé de celui qui a prétendu ainsi se substituer au chef suprême de l'État, qui un jour a osé venir lui demander des explications et qui, paternellement reçu et renvoyé absous, n'a pas craint de persévérer dans son diabolique entêtement, et de provoquer en définitive une crise grave dont les conséquences pèseront longtemps sur nous, orgueil qui renouvelle à la lettre le geste du premier ange déchu entraînant des milliers d'autres dans sa chute. Voilà le symptôme extrêmement inquiétant du dérèglement et de l'anarchie où nous en arrivons. Chacun veut être son propre juge, chaque Français s'érige en chef du gouvernement et décide de la politique à suivre. Si nous ne réalisons pas l'abîme vers lequel nous nous précipitons, si nous ne nous redressons pas dans l'ordre et la discipline, on peut redouter le pire [1].

Malgré ce violent réquisitoire du commissaire général et ses métaphores sulfureuses, les relations ne sont pas rompues entre la luciférienne équipe d'Uriage et les divers organes des Chantiers de jeunesse. Beuve-Méry est invité à plusieurs reprises en 1943 à parler devant des chefs réunis en journées d'études. Avec son ami Paul Thisse, il s'adresse les 24 et 25 janvier à ceux du groupement du Châtelard, en Savoie, dirigé par Antoine de Courson, puis les 3 et 4 mai à ceux du groupement de la Grande Chartreuse à Saint-Laurent-du-Pont, dirigé par Philippe Goussault. Il est invité également par les groupements de la région de Toulouse, et même au quartier général de Châtelguyon, où il donne aux chefs de groupements réunis en journées d'études une conférence sur la jeunesse portugaise ; on lui garantit une entière liberté de parole, mais sa présence provoque le mécontentement du commissaire général qui préfère s'absenter à ce moment-là. Beuve-Méry incite en effet les cadres des Chantiers à s'opposer à l'envoi de leurs hommes en Allemagne pour le STO, et pousse les jeunes officiers, qui sont nombreux parmi eux, à participer à l'encadrement des camps de réfractaires dans l'été 1943 [2].

Cependant les consignes de discipline envers le gouvernement et sa politique de collaboration ont entraîné, en janvier 1943, la démission d'un membre notable de la hiérarchie des Chantiers, le commissaire de Virieu, commandant l'école régionale des chefs de Collonges. Dans la lettre confidentielle où il explique à son chef régional les motifs de sa démission, sans évoquer le cas de son ami Segonzac, Virieu développe une ferme argu-

1. « Prescriptions et directives du commissaire général », *BPO* des Chantiers, 119, 25 janvier 1943 ; texte reproduit par l'équipe d'Uriage, 4 p. dactylo. (arch. ENCU).
2. Témoignages de P. Thisse et d'H. Beuve-Méry. Voir « Journées des chefs de groupements, Châtelguyon, 25-27 mai 1943 », supplément au *BPO*, 15 septembre 1943.

mentation qu'il fonde sur sa foi chrétienne, sur son amour de la patrie et sur sa mission d'éducateur. À ce triple titre, il condamne radicalement la collaboration, considère la lutte contre le national-socialisme comme un devoir vital, et l'effort que fera le pays pour se libérer lui-même de l'occupant comme la condition de sa régénération. Convaincu que la mystique communiste est aussi dangereuse que celle du national-socialisme, il affirme cependant que l'urgence impose un ordre de priorité : « D'abord lutter contre le mal présent, parallèlement se prémunir contre le mal possible. » Il pense de plus que les adversaires du communisme auraient grand tort de lui laisser, par leur abstention, le monopole de la résistance patriotique à l'envahisseur. Il exprime une pensée très proche de celle qui a inspiré l'expérience d'Uriage lorsqu'il affirme :

> Je pense que le répit qui nous est laissé, au milieu d'une guerre dont aucune victoire n'a encore sanctionné l'issue, doit être utilisé pour inculquer aux Français moins la mystique de la défaite que celle de la régénération. Or cette régénération est impossible tant que l'envahisseur occupe notre sol et contrôle ses leviers de commande. Il faut donc que la libération du territoire par ses propres soins soit le premier objectif valable donné aux Chefs, non par esprit de revanche mais par volonté de vivre.

La conclusion théorique et pratique de ces raisonnements est claire :

> J'estime que la France est actuellement aux prises avec un mortel danger, celui de la servitude spirituelle qu'entraîne insensiblement la pratique de la collaboration avec un vainqueur armé d'une conception de la vie définie et dynamique. Je souhaite donc de toute mon âme la défaite de l'Allemagne et je forme des vœux pour tous ceux qui la combattent. (...) Tous mes efforts tendent à pénétrer mes élèves de ce que je pense en conscience être la vérité et le salut [1].

Un mois plus tard, Xavier de Virieu quitte effectivement l'école de Collonges et devient pour quelques semaines, avant que la maladie ne l'écarte, l'adjoint de Segonzac à la tête de la communauté clandestine d'Uriage. Il fait de son château de Virieu-sur-Bourbre, dans l'Isère, une cache d'armes, un refuge de suspects et de clandestins, et un lieu de rendez-vous habituels pour les responsables de l'Armée secrète comme pour les membres de l'équipe d'Uriage, à commencer par Segonzac [2].

Le chef d'Uriage, pour sa part, réplique dans une lettre personnelle aux accusations injurieuses portées contre lui par le commissaire général des Chantiers. Il rectifie d'abord la version des événements donnée par le général. Les chefs d'écoles régionales ne lui ont jamais prêté serment de fidélité, leurs seuls liens sont ceux de la collaboration et de l'amitié, avec l'autorité morale qu'il doit à son âge et au rôle de guide qu'il a assumé envers de jeunes hommes qui sans lui auraient été livrés à eux-mêmes; cette autorité a été à maintes reprises reconnue et consacrée par Lamirand et ses adjoints. La démission collective des chefs d'écoles a été une décision libre et spontanée, qu'il a seulement encouragée. « Privés sans raison de leur principal appui, pressés d'autre part d'aller recevoir un enseignement plus que douteux », ils n'avaient évidemment plus la possibilité de remplir leur mission. Quant à ses entrevues avec le Maréchal, Segonzac n'a jamais eu la prétention de lui « demander des explications », il a seulement voulu tantôt lui faire part avec franchise des questions qui l'angoissaient, tantôt lui exposer

1. Lettre du commissaire de Virieu au commissaire régional de la province Alpes-Jura Pourchet, 24 janvier 1943 (copie fonds Poli, arch. ENCU).
2. Voir F. Coquet, *Le Colonel Xavier de Virieu (1898-1953) : un catholique dans la guerre, op. cit.*

ce qu'il avait fait et faisait encore à Uriage « – qui n'a jamais varié d'une ligne ».

Sur le fond, Segonzac feint d'ignorer la nature des « diaboliques erreurs » qui lui sont reprochées. Citant les dénégations embarrassées de Lamirand sur les motifs de la fermeture de l'École, il y voit pour sa part le « résultat d'une conjuration assez obscure qui tenait fort peu compte de l'intérêt de l'État et de celui du pays ». N'ayant pas reçu, en trente mois, « une directive, un programme, un blâme concernant l'enseignement donné à Uriage », mais de nombreuses marques de sympathie et d'approbation de Lamirand et de Pelorson, il a été attaqué pour des raisons d'inimitié personnelle, et surtout parce qu'il souhaitait passionnément la libération de la France « de l'étranger quel qu'il soit ». Il ajoute : « Voilà mon crime essentiel dans un pays dont les habitants acceptent au fond tous les jours un peu plus l'idée de l'esclavage (...). Cette attitude est indépendante de toute politique, si elle ne sert pas une certaine politique. » Il exprime pour finir son étonnement d'être l'objet d'une telle hostilité, d'une telle haine, de la part d'un compatriote, d'un catholique militant, d'un officier [1]. Cette défense habile, excessivement elliptique, oublie les nombreux avertissements adressés à Segonzac dès 1941 par Garrone, puis par le Conseil national en 1942, et ignore l'évolution qu'ont connue la pensée et l'enseignement de l'École. Elle évite de qualifier la politique de Laval comme la mystique de Pelorson, et de dénoncer les abandons du Maréchal. Mais elle est sincère et juste en insistant sur le point majeur qui a déterminé, dès l'origine on le sait, l'attitude de Segonzac et commandé son évolution envers le régime : le refus de se soumettre à la domination de l'occupant.

1. Lettre de P. Dunoyer de Segonzac au général de La Porte du Theil, copie dactylo., non signée ni datée (arch. ENCU et arch. Virieu).

ÉPILOGUE

L'équipe d'Uriage dans les combats de la Libération (1943-1945)

DISPERSION DE L'ÉQUIPE ET NAISSANCE DE L'ORDRE (Premier semestre 1943)

Le premier semestre de 1943 est pour l'équipe d'Uriage une période de transition. Physiquement dispersée, privée de sa fonction officielle et des ressources qu'elle impliquait, elle se donne une autre organisation. L'occupation italienne ne soumet pas la région alpine à la même pression militaire et policière que le reste de la France; certains membres de l'équipe peuvent poursuivre une action éducative. Tandis que d'autres reprennent une activité professionnelle provisoire, un petit nombre se consacre aux liaisons et aux activités clandestines qui préparent la phase suivante [1].

Planques et missions

Plusieurs membres de l'équipe ont été embauchés, grâce aux relations de l'École, dans des administrations, des entreprises ou des associations, notamment à Grenoble et dans la région – tel André Lecoanet, employé à Grenoble par le bureau d'organisation industrielle Planus. Segonzac les rappellera lorsqu'il faudra répondre à des besoins d'encadrement. Le projet de repli collectif en Haute-Savoie sous la couverture d'une action socio-éducative est partiellement exécuté. C'est à Monnetier-Mornex, tout près d'Annemasse et de la frontière suisse, qu'une équipe d'anciens d'Uriage et des écoles régionales est installée dès la fin de janvier. Le centre d'accueil, qui héberge des enfants et adolescents des villes, est géré par une association lyonnaise que préside Georges Villiers, avec le concours du Secours national; il utilise les locaux de plusieurs maisons d'enfants, et les services de diverses organisations de jeunesse. L'équipe « uriagiste« , sous la direction de Dupouy, a la responsabilité de deux des maisons, avec Hoepffner et Ollier de Marichard, une ancienne secrétaire, Odile Delerot, et deux anciens instructeurs d'Uzos, Bernard Boutier et André Pierre. Leur séjour

1. P. DUNOYER de SEGONZAC, *Le Vieux Chef, op. cit.*, pp. 113-123. Témoignages de H. Beuve-Méry, J.-M. Domenach, G. Gadoffre, Y. Jacquot, J. Le Veugle, L.-M. Lozac'hmeur, P. de La Taille.

éducatif, entrecoupé pour certains de passages clandestins en Suisse, ne dure que quelques mois, jusqu'en août pour Hoepffner.

À Grenoble même, un organisme est créé qui couvrira les activités de l'équipe sociale formée en décembre autour de Dumazedier : le Comité de coordination social et professionnel (CCSP). Des enquêtes menées par une dizaine d'anciens instructeurs de l'École auprès des entreprises de la région ont analysé le fonctionnement des services médicaux et sociaux des entreprises, le rôle des comités sociaux et leurs rapports avec les assistantes sociales ainsi que les problèmes de formation (jeunes salariés, encadrement et ouvriers membres des comités sociaux). Dumazedier organise alors le CCSP, avec un centre de documentation dirigé par Poli, un service social de coordination et un centre de formation des cadres dirigé par Dumazedier assisté de Cacérès [1]. Les fonds collectés auprès des entreprises et des comités sociaux permettent la rémunération de plusieurs anciens membres du personnel de l'École. Dumazedier peut y continuer le travail en milieu ouvrier commencé en 1942, grâce à ses relations avec les responsables cégétistes mobilisés dans la lutte contre le STO, puis dans les organisations de résistance situées dans la mouvance du PC. Lorsque ce groupe sera dispersé quelques mois plus tard, c'est dans les locaux et sous le sigle d'*Économie et Humanisme,* place aux Herbes, que s'abritera l'antenne grenobloise de l'équipe clandestine d'Uriage, autour de Dupouy, avec La Taille et Poli, Lucette Massaloux et Louise-Marie Ardain. Jusqu'en septembre, la relative mollesse de l'occupation italienne permet le développement des activités clandestines dans la région grenobloise sous de telles couvertures. Il en ira autrement lorsque la Gestapo sera installée au centre de Grenoble et saura utiliser les renseignements des miliciens et des indicateurs.

La dissimulation du bureau d'études que dirige Gadoffre demande plus de précautions. La position de repli qu'on lui trouve est un château situé à Murinais, près de Saint-Marcellin, dans les collines qui séparent le plateau de Chambaran de la basse vallée de l'Isère. La famille Saint-Rémy, propriétaire du château de Murinais qu'elle occupe, accepte d'en céder le premier étage, où Gadoffre s'installe à la fin de l'hiver avec Brivoizac et une secrétaire, muni de la documentation du bureau d'études de l'École. Sous le couvert d'une communauté de reconversion rurale qui organisera des stages de bûcheronnage, il y héberge bientôt une dizaine de clandestins, jeunes intellectuels réfractaires pour la plupart. Aux côtés d'anciens membres de l'équipe de l'École, comme Cacérès, Dumazedier et François Le Guay, ce sont d'anciens stagiaires – Jean-Marie Domenach, Gilles Chaine – et de nouvelles recrues – Michel Bonnemaison, Georges Laplace, Roger Le Guay, Simon Nora, ainsi que deux jeunes femmes, Lucette Massaloux et Jeanine de Chaléon. Ils forment sous la direction de Gadoffre une communauté d'étude – « la Thébaïde » – à laquelle sont assignées, en ce premier semestre 1943, plusieurs missions. Dans l'immédiat, elle doit fournir des notes d'information et des études sur la situation des pays en guerre, les opérations militaires et le développement des résistances à l'occupant : ces documents seront ronéotypés à Grenoble et diffusés par des réseaux clandestins. À plus lointaine échéance, l'équipe de Murinais doit élaborer la « Somme », c'est-à-dire la synthèse des réflexions de l'équipe sur la crise du XXe siècle, les valeurs communes, les élites nouvelles et l'instauration d'un nouvel ordre de civilisation. La Somme présentera le cadre général dans lequel s'intégreront les diverses initiatives qu'on prévoit de prendre après la Libération, dans les domaines éducatif, social et culturel surtout [2].

Autour des trois points d'appui de Grenoble, Monnetier-Mornex et Muri-

1. « Le Comité de coordination social et professionnel », document dactylo. anonyme, 4 p. (arch. ENCU).
2. Témoignage de G. Gadoffre.

nais, les hommes d'Uriage circulent bientôt dans toute la zone nord-alpine, prenant des contacts ouverts ou clandestins et participant aux efforts de groupes amis pour inventer les formes de propagande et d'action qui conviennent aux conditions nouvelles de l'ancienne zone non occupée. Dès le début de 1943, une mission a été effectuée par Cazenavette et Dumazedier, accompagnés de Poli et Ollier de Marichard, à Combovin dans la Drôme, sur le flanc ouest du massif du Vercors. Marcel Barbu y a installé, à la ferme de Mourras, une communauté de travail où il regroupe ses ouvriers de Valence réfractaires au STO – lui-même a subi, à la fin de 1942, un internement administratif de deux mois pour avoir refusé de fournir la liste de ses ouvriers susceptibles d'être désignés pour la relève. Entre Uriage et la communauté Barbu, entre Murinais et Combovin, la parenté d'inspiration favorisera une liaison régulière [1]. Un autre lien, par Dumazedier et Ollier de Marichard, unit l'équipe d'Uriage aux militants des Auberges de jeunesse de l'école de Mollans, qui devient un foyer de propagande résistante et de refuge pour les réfractaires.

Segonzac est bientôt de retour dans le Dauphiné où La Taille, après l'avoir caché dans le Quercy, lui procure divers abris comme le château de Montmaur, près de Gap, où Antoine Mauduit abrite et arme des prisonniers évadés, des réfractaires et des proscrits [2]. Le chef d'Uriage continue à diriger son équipe, et entretient des liaisons avec les responsables des organisations les plus proches : l'ORA, le mouvement Combat, le service national Maquis des MUR. Il n'adhère à aucune, soucieux de garder les mains libres, de développer son propre groupe et de contribuer à un rassemblement qui n'exclue personne. Informé des projets et des besoins des uns et des autres, et surtout de l'urgence de la tâche de regrouper les réfractaires, de les encadrer et de les armer, il décidera à la fin du printemps 1943 de mettre les moyens de son équipe au service de cette action. Cherchant à favoriser la coopération entre patriotes de diverses obédiences, il est évidemment plus proche de ceux qui ont d'abord pratiqué le loyalisme à l'égard du régime ; il défend leurs positions au sein de la Résistance en voie d'unification, avec l'appui de certains membres des organisations dites « gaullistes ». Ainsi Frenay cite l'équipe d'Uriage, avec les Comités d'action socialiste et *Économie et Humanisme,* quand il plaide auprès des responsables de la France Combattante pour l'intégration au Comité général d'études de « tous les groupes d'études non-gaullistes » qui travaillent dans la perspective de la libération [3].

Beuve-Méry poursuit le travail d'information critique, de réflexion intellectuelle et politique et de persuasion entrepris à l'École. Fort de ses relations et de sa réputation, il multiplie les rencontres et les interventions à des journées d'études, officielles ou clandestines. Devant les chefs des Chantiers ou les responsables d'organisations de jeunesse, il explique la situation, dénonce la collaboration et expose les conditions de la reconstruction future. Dans les entretiens privés qui se greffent sur ses conférences, il engage ses interlocuteurs à s'opposer aux réquisitions du STO et à contribuer à l'organisation des filières et des refuges pour les réfractaires. Fidèle à son principe de répondre aux sollicitations à la condition d'avoir une entière liberté de parole, il intervient à un stage de formation des jeunes de

1. Témoignage de P. Ollier de Marichard. Voir M. Mermoz, *L'Autogestion c'est pas de la tarte!;* S. Fidenti, *Une Communauté ouvrière à Valence. Boimondau.*

2. Catholique mystique et aventurier qui dénonce à la suite de Léon Bloy la bourgeoisie et l'Argent, Mauduit a créé « la Chaîne », à la fois réseau d'évasion et d'entraide et ordre de chevalerie qui reçoit des initiés selon un rituel médiéval. Voir M. Haedrich, *Seul avec tous,* p. 176 sq.

3. Note de Frenay au Comité général d'études (1er mars 1943) ; H. Noguères, *Histoire de la Résistance en France, op. cit.,* t. III, pp. 321-326.

la Légion à Allevard, comme à des journées de la délégation départementale à la jeunesse de Chambéry et, avec Segonzac, à une réunion clandestine des anciens de Terrenoire engagés dans la Résistance [1]. Les notes d'information et d'analyse qu'il rédige circulent dans l'ensemble du réseau des amis d'Uriage.

Équipe d'Uriage et Ordre

Le réseau national des amis d'Uriage a reçu, au début de 1943, une structure originale, complexe et évidemment secrète. Il comporte des cercles concentriques correspondant à des degrés d'engagement, et des secteurs spécialisés liés à des missions particulières. Le noyau central est formé autour de Segonzac par les responsables de secteurs et les chefs régionaux. Le cercle principal réunit les membres de l'Ordre, engagés en secret et soumis à de strictes règles de discipline. Autour d'eux gravite le cercle plus large des sympathisants ou « novices »; non initiés encore au secret de l'Ordre, ils collaborent cependant à certaines de ses activités, dans le cadre d'une « Équipe de France » organisée en communautés locales dirigées par des membres de l'Ordre. En marge de la hiérarchie, des hommes de confiance, membres ou non de l'Ordre, accomplissent des tâches particulières sous les ordres directs de Segonzac.

La création de l'Ordre a été décidée au moment de la fermeture de l'École – une réunion secrète, en présence du Père Maydieu, a été décisive. On a réalisé un compromis provisoire entre des conceptions divergentes. Aux partisans d'une structure simple et souple, comme Lavorel et Beuve-Méry, s'opposaient ceux qui, comme Gadoffre ou Poli, croyaient possible et nécessaire d'édifier une forte communauté, autour d'une règle de vie, d'une discipline commune et d'un engagement valable pour la durée de la guerre au moins.

Segonzac a engagé son équipe dans cette voie, avec prudence; il a dressé en janvier un bilan de l'expérience réalisée à l'École, avec ses succès et ses faiblesses, et esquissé la charte de la nouvelle communauté qui la prolongera [2]. Sur ces bases, « les chefs d'Uriage », réunis au début de février en assemblée constituante, ont approuvé des constitutions provisoires, assorties d'une déclaration de principes qui définit l'esprit commun. Ils ont pris l'engagement de s'efforcer de vivre, sur tous les plans, dans cet esprit, et de rester unis sous la conduite du Vieux Chef. Des réunions régionales, comme celle de Lyon en mars, ont permis d'associer à ces décisions, provisoires et révisables, des membres de l'ENU, qui sont invités à se grouper en communautés locales. Une deuxième assemblée, qui réunit 18 membres de l'Ordre à Saint-Flour en avril, précise la nature de la nouvelle organisation. Ce n'est encore qu'une ébauche – un « pré-Ordre », dit-on –, fondée sur un lien spirituel, et absolument distincte des organes spécialisés qu'on crée par ailleurs en vue de l'action immédiate. Il est décidé d'y admettre des femmes, et un Conseil provisoire est nommé qui comprend, autour de Segonzac, chef de l'Ordre, Beuve-Méry, Ferry et Dumazedier [3]. Des « décisions » mensuelles transmettent les consignes aux membres des communautés locales.

1. Témoignage d'H. Beuve-Méry. Documents J. Le Veugle et arch. ENCU.
2. Texte manuscrit de Segonzac et document dactylo. « Mémoire extrait des notes du Vieux Chef », 6 p., janvier 1943 (fonds Beuve-Méry).
3. « Constitutions provisoires d'un Ordre », 2 p. dactylo. avec « Annexes » I à IV, 7 p. dactylo. (ces quatre annexes, consacrées au style de vie et aux problèmes spirituel, politique, économique et social, constituent une sorte de manifeste, reproduit et diffusé sous différents titres); « Procès-verbal de la seconde assemblée à Saint-Flour, les 18-19-20 avril 1943 », 2 p. dactylo. (fonds Beuve-Méry, arch. ENCU).

L'Ordre se donne les structures d'une organisation clandestine vouée à une action parfois illégale et toujours secrète. Au nom des principes de « hiérarchie, discipline, secret », il imite l'organisation des mouvements de résistance dont Frenay a fourni le modèle. Au sommet, le chef de l'Ordre est assisté de quatre bureaux spécialisés dont les chefs forment le directoire central; seuls les chefs régionaux sont en contact avec lui. À la base, l'unité de travail est la cellule de trois membres, dont seul le chef est en relation avec ses homologues voisins. Les « communautés » locales, formées en principe de trois cellules, sont regroupées en « cités », puis en « pays » (le département) et en « provinces ». À chacun de ces échelons, l'autorité est exercée, avec capacité d'initiative, par un directoire de trois membres (commandement, doctrine, action), nommés et révocables par le chef de l'Ordre [1].

Lavorel, s'appuyant sur les fichiers de l'ancienne ENU, préside au lancement des communautés, assisté de Ferry pour la zone nord. Après celles de Grenoble, Lyon, Saint-Étienne, Annecy et Bourg, il en sera créé bientôt dans toutes les régions, autour des foyers de Marseille, Paris, Reims, Rennes, Toulouse, Roubaix.

La mission que s'assignent les fondateurs de l'Ordre est la régénération de la communauté française par une action éducative centrée sur les cadres. Au recrutement et à la formation des futurs chefs, on ajoute, comme le faisait l'École, la recherche et le regroupement des cadres déjà en place capables de diffuser dans leur milieu l'esprit d'Uriage. La pratique personnelle et collective du « style de vie » doit faire de chaque communauté un foyer de rayonnement autant qu'un modèle réduit de la communauté nationale à reconstruire. L'équipe d'Uriage poursuit donc, dans les conditions nouvelles de la dispersion et de la clandestinité, le même objectif civique, social et moral que l'École auparavant. À la différence des mouvements de résistance, fondés d'abord pour combattre l'occupant et amenés ensuite à réfléchir à la reconstruction qui suivra la Libération, l'Ordre se donne pour mission essentielle de répondre, à longue échéance, au défi d'une crise de civilisation. Le combat libérateur est l'étape nécessaire sur la voie de la reconstruction d'une société plus humaine et d'une nation plus forte; la participation de l'équipe à ce combat sera commandée par l'objectif principal qu'elle poursuit.

Dans cette perspective, les premières directives données aux communautés de l'Ordre invitent leurs membres à poursuivre leur formation personnelle en réalisant le style de vie qui doit caractériser l'homme nouveau, et à se préparer collectivement à intervenir dans la phase révolutionnaire qui s'annonce. Fichiers, enquêtes, contacts en sont les premiers éléments, outre les actions de solidarité et d'entraide à l'intérieur et à l'extérieur de l'organisation. Les communautés doivent recenser et regrouper, dans chaque milieu professionnel et dans chaque localité, les hommes de valeur susceptibles d'être associés au projet commun. Répondant à des questionnaires, elles enquêteront sur les conditions de vie, les problèmes et les capacités de mobilisation des milieux où elles se situent. S'exerçant à travailler en équipe avec leurs compétences complémentaires, leurs membres doivent aussi « s'initier au fonctionnement des différents rouages du pays, jusqu'au moment où ils seront en mesure d'en assurer eux-mêmes la marche [2] ».

Les consignes politiques diffusées au début de 1943 incitent à une attitude de réserve : il faut multiplier les contacts et les informations en évitant un engagement hâtif. La défiance globale envers un gouvernement qui ne représente plus la nation n'empêche pas de conseiller à ceux qui occupent des postes officiels de les conserver, autant que cela leur est possible en

1. « Organisation générale de l'Ordre », 4 p. dactylo. (arch. Y. Jacquot).
2. « Organisation générale de l'Ordre », document cité; Décision n° 1, 1 p. dactylo.; Décision n° 3, 1 p. dactylo. (arch. ENCU).

conscience, au nom de la « politique de présence ». La discipline impose de s'abstenir, jusqu'à nouvel ordre, de tout acte hostile envers l'occupant. À l'égard de « la dissidence », il est recommandé de prendre contact avec ses chefs et de « s'efforcer de les soustraire aux influences maçonniques et étrangères, leur faire comprendre qu'il ne s'agit pas de revenir à la République d'avant-guerre mais de traiter le problème d'une France nouvelle dans un esprit franchement révolutionnaire [1] ».

L'Ordre ne se liera éventuellement à un des mouvements dissidents que dans la mesure où celui-ci fera preuve d'une réelle indépendance. Parmi les autres organisations, on distingue celles « dont les principes de base sont les mêmes que ceux de l'Ordre » d'une part, comme les organisations de jeunesse (Scoutisme, ACJF, Compagnons), avec lesquelles la collaboration va de soi, et d'autre part les groupements qui reposent sur des principes différents ou opposés. Envers la plupart des organisations politiques, de l'Action française et du PSF au Parti communiste, on se montrera attentif et réservé, sans hostilité puisque l'objectif est de réaliser « l'unité française ». L'antisémitisme racial et les mesures de persécution sont vigoureusement condamnés, mais on rappelle « l'existence d'une internationale juive dont les intérêts sont opposés à ceux de la France »; la conduite à tenir dans l'immédiat est « une aide aux israélites opprimés, sans contrepartie ». On envisage l'éventualité d'un coup de force communiste à la faveur d'une phase d'anarchie, et la manière de s'y opposer. Face au STO, on renonce à donner une consigne globale de refus en l'absence de solution généralisable pour la protection des réfractaires; on admet qu'il faudra dans bien des cas conseiller le départ en Allemagne « si possible organisé », en maintenant le contact avec les requis. Une note particulière précisera les critères qui permettront de sélectionner, parmi les candidats, le petit nombre de ceux qu'il est possible de « planquer » en utilisant les filières connues [2].

Ces consignes générales de réserve données à l'ensemble des communautés n'excluent pas la participation directe de membres du réseau aux organisations de résistance, à titre individuel ou sur les directives de Segonzac; celui-ci prête des hommes et rend des services à celles dont il est proche, et surtout aux équipes de l'ORA. Un de ses hommes de confiance est Henry Cornu, ancien étudiant en philosophie à Bordeaux, lié comme Dupouy au groupe de Barèges et aux organisations catholiques engagées contre le fascisme, puis assistant de La Chapelle à l'école de Theix. Il a quitté celle-ci au début de 1943 pour devenir responsable de l'organisation d'Uriage dans le Sud-Ouest; il est aussi en contact avec les officiers résistants qui encadreront l'Armée secrète [3]. Il en est de même de plusieurs membres de l'ancienne équipe de Saint-Étienne-Terrenoire. En zone nord, une liaison est amorcée avec le groupe Défense de la France, dont le journal clandestin sera bientôt diffusé dans le Sud-Est par l'équipe grenobloise.

LE TEMPS DES MAQUIS (1943-1944)

Cette phase de relative expectative consacrée à l'organisation et aux contacts prend fin au début de l'été 1943, sous l'effet d'une double modification de la conjoncture. C'est d'une part l'unification au sommet des forces

1. « Attitude vis-à-vis des mouvements extérieurs », Décision n° 2, 6 p. dactylo. (arch. Y. Jacquot).
2. *Ibid.*; « Note sur la relève », 1 p. dactylo. *(ibid.)*.
3. L. ARNE, F. DE LA CHAPELLE, A. MOUCHERON, « Henry Cornu » dans *Barèges à ses morts*, pp. 19-23.

de la Résistance, avec la formation à Paris du Conseil national de la résistance qui prépare le développement d'une Armée secrète unifiée, et la constitution à Alger du Comité français de libération nationale qui réunit gaullistes et giraudistes. Les nouvelles structures unifiées fournissent le cadre d'un dépassement des antagonismes entre civils et militaires, résistants de l'intérieur ou de l'extérieur, gaullistes et giraudistes, politiques et patriotes; elles posent à Segonzac, qui a souhaité l'unification et y a contribué, le problème du rôle spécifique que peut jouer son organisation au sein de la Résistance unifiée qui passe progressivement sous le contrôle du pouvoir constitué à Alger. Pour y répondre, il décidera, à la fin de l'année, de partir pour Alger, afin de se rendre compte des intentions du nouveau pouvoir gaulliste et d'y plaider la cause du courant qu'il pense représenter. De manière beaucoup plus urgente, le développement, dès le printemps de 1943, des camps de réfractaires et de l'organisation des maquis ouvre à l'équipe d'Uriage une perspective d'action immédiate qui correspond à sa compétence et à sa vocation spécifiques.

Des Équipes volantes au « Mouvement »

C'est au Vercors que cette action est expérimentée, à l'initiative de celui qui en a reçu la direction militaire, le capitaine Le Ray; ancien stagiaire d'Uriage à l'automne 1942, il est resté en relations avec l'équipe. Après une réunion qu'il a organisée à Murinais en juin avec l'état-major civil et militaire qui prend en charge les camps du Vercors, l'équipe d'Uriage décide de se consacrer à l'aide aux maquis. Plusieurs de ses membres, dont Beuve-Méry, participent le 10 août 1943 au rassemblement d'Arbounouze, à La Chapelle-en-Vercors, au lendemain duquel sont lancées les Équipes volantes. Par groupes de trois, les hommes que dirige Gadoffre à Murinais, auxquels s'ajoutent ceux qu'on rappelle de Monnetier-Mornex, effectuent des tournées de quelques jours dans les camps du Vercors, puis dans ceux de Savoie et de Haute-Savoie. Ils apportent aux réfractaires, outre des rudiments d'instruction militaire et d'entraînement sportif, une animation culturelle (chants, lectures, veillées) et surtout un enseignement sur le sens du combat contre l'occupant, les valeurs qui l'inspirent et les perspectives de la reconstruction politique, économique et sociale du pays libéré. La pédagogie active mise en œuvre bénéficie de l'expérience acquise à Uriage. Poli organise la rotation des équipes, tandis que des journées d'études rassemblent à plusieurs reprises à Murinais des cadres des maquis. En Haute-Savoie, c'est Paul Thisse et son équipe d'Annecy qui organisent des tournées analogues auprès des camps du plateau des Glières et de la région de Thônes, avec parfois la participation de Beuve-Méry [1].

Cependant Segonzac, qui rencontre régulièrement au château de son ami Virieu des émissaires de la résistance militaire, remplit diverses missions d'appui aux officiers de l'ORA [2]. En contact avec les services du colonel Groussard en Suisse, auprès desquels il se rend à plusieurs reprises, il leur transmet des demandes de distribution de fonds et d'armes. En septembre 1943, il participe aux conversations entre représentants des deux armées secrètes, celle de l'ORA et celle des mouvements, qui aboutissent à une fusion rapide dans la région R1 (Lyon-Alpes) sous la direction de

1. Voir les romans de B. Cacérès, *L'Espoir au cœur* et de G. Gadoffre, *Les Ordalies*; les témoignages et débats rassemblés dans P. Bolle, *Grenoble et le Vercors, de la Résistance à la Libération, op. cit.*, et les notations de P. et S. Silvestre, *Chronique des maquis de l'Isère*, pp. 100, 127-128.

2. Voir A. de Dainville, *L'ORA. La résistance de l'armée. Guerre de 1939-1945*, *op. cit.*, pp. 155, 169 sqq.

Chambonnet et de Descour. Dans l'Isère, où Segonzac a fourni au commandant de l'AS, Reyniès, des officiers d'état-major (Hirschauer et Lecoanet), les contacts sont nombreux aussi du côté civil, à travers la communauté grenobloise de l'Ordre et les amitiés nouées avec les industriels et les syndicalistes. Plusieurs des membres de l'équipe participent en août à l'opération de commando menée sur le fichier STO de Grenoble.

La substitution, dans les Alpes, de l'occupation allemande à l'occupation italienne après l'armistice italien du 8 septembre 1943, transforme radicalement les conditions de cette activité clandestine. La répression s'abat sur la résistance dauphinoise, dont l'état-major civil est décimé par les arrestations de la fin de novembre. Le 13 décembre, le château de Murinais est attaqué par une unité allemande appuyée par la Milice; il est incendié après deux jours d'occupation et de pillage. Tous en mission à ce moment-là, les membres des Équipes volantes échappent à la capture, tandis que Gadoffre, présent au château, réussit à gagner une cachette aménagée sous les combles, d'où il s'enfuit au moment de l'incendie deux jours plus tard. Les trois jeunes femmes qui assuraient l'intendance et le secrétariat de la communauté sont arrêtées et relâchées quelques jours plus tard, ainsi que la propriétaire, Mme Saint-Rémy. Le fils de celle-ci, arrêté lui aussi, mourra en déportation. L'équipe n'a perdu aucun membre, mais ses archives et sa documentation ont été détruites. Les activités des Équipes volantes continuent quelque temps; après l'attaque allemande contre la chartreuse d'Esparron (sur la bordure sud-est du Vercors) à laquelle ils réussissent à échapper le 3 février 1944, les équipiers se dispersent entre les maquis voisins et la région parisienne, où s'installent ceux qui reprennent la rédaction de la Somme.

Une équipe d'Uriage demeure cependant à Grenoble avec Louis Poli, assurant les liaisons autour de plusieurs refuges, imprimant et diffusant la littérature clandestine dans des conditions de plus en plus dangereuses et travaillant avec l'AS départementale. Elle comprend l'ancien stagiaire et instructeur Paul Grillet, qui quittera Grenoble le dernier en avril 1944, André Pierre, Bernard Boutier que la JAC locale héberge comme permanent à mi-temps, et leurs agents de liaison : Joutet, Rouchié et les anciennes secrétaires de l'École Louise-Marie Ardain et Yvonne Jacquot. Les uriagistes clandestins de Grenoble travaillent depuis août 1943 avec Virieu, qui rédige un bulletin hebdomadaire, *Radio-Journal libre*. Il y réunit des informations sur le déroulement des opérations et la situation politique, des articles de contre-propagande en réponse à la littérature gouvernementale, et des réflexions sur le sens du combat et les perspectives de l'après-guerre. L'équipe grenobloise transporte pour Virieu documentation et textes, assure la ronéotypie du bulletin et sa diffusion vers les camps de maquisards et les mouvements de résistance amis [1]. Elle diffuse les 3 000 exemplaires, imprimés à Grenoble, du manuel d'instruction militaire pour les commandos et unités de maquis qu'a rédigé Virieu [2]. Elle fait également imprimer à Grenoble et diffuse dans la zone sud le journal *Défense de la France* qui lui parvient de la région parisienne [3].

C'est alors que le réseau national des amis d'Uriage connaît son plein développement à l'échelle nationale. Circulant d'une zone à l'autre, Segonzac a multiplié les rencontres, avec les intellectuels résistants que lui fait

1. Voir X. de Virieu, *Radio-Journal libre (juillet 1943-août 1944)*, et R. Lorenzi, « Fondements de mon engagement dans la Résistance », dans *Spiritualité, théologie et Résistance, op. cit.*, p. 346.

2. *Instruction provisoire pour l'emploi des corps francs*, 228 p., publiée sous couverture factice « État-major de l'Armée, Imprimerie nationale, 1939 ».

3. Témoignages de B. Boutier, P. Grillet, Y. Jacquot, Mme Lozac'hmeur (Louise-Marie Ardain), A. Pierre.

rencontrer à Paris le Père Maydieu, comme avec le général Revers et son état-major de l'ORA, et avec les dirigeants de plusieurs des grands mouvements : Blocq-Mascart, Pierre de Bénouville. Ayant rencontré le nouveau délégué général du CFLN, Bollaert, ainsi que Brossolette, il est invité à les accompagner à Londres et Alger en janvier ; l'échec de ce départ collectif, à la suite duquel Bollaert et Brossolette sont arrêtés, l'amène à partir seul en février, par les Pyrénées, l'Espagne et Gibraltar. Il a laissé la direction provisoire de l'Ordre à Beuve-Méry, tandis que Le Ray, qui a quitté son commandement du Vercors, a la charge de diriger l'action immédiate.

Les communautés d'Uriage se sont développées dans toutes les régions, se consacrant soit aux études, soit à l'aide à la Résistance unifiée : liaisons, actions de propagande et d'encadrement des jeunes. Dans la région parisienne, Ferry anime une équipe liée au réseau de *Défense de la France*, malgré l'échec de la démarche de Beuve-Méry auprès de Philippe Viannay pour lui proposer une étroite association de l'équipe d'Uriage aux publications qu'il anime [1]. Une communauté de l'Ordre animée par un cadre d'Air France, Bernard Gagey, groupe par ailleurs des hauts fonctionnaires, parmi lesquels le chef-adjoint de l'inspection des Finances, André Fayol, et de jeunes inspecteurs des Finances qui ont été stagiaires à Uriage en 1941 ou 1942 : Paul Delouvrier, Jacques de Bresson, Lorrain Cruse qui est lié à Jacques *Chaban*-Delmas. Les anciens de la Thébaïde, de leur côté, travaillent à la reconstitution des textes perdus, tandis que plusieurs équipes de jeunes femmes assurent les liaisons et la protection des clandestins qu'elles logent. Avec d'anciennes secrétaires de l'École comme Louise-Marie Ardain et Yvonne Jacquot qui participent aux réunions de l'Ordre, la comédienne Madeleine Barbulée fait partie de ce groupe, ainsi que des infirmières et des assistantes sociales plus récemment recrutées, comme Yvonne Kocher.

Des agents de Segonzac – Paul de La Taille, Yvonne Jacquot – se rendent chaque semaine à Vichy où ils recueillent les informations données par un membre du cabinet du Maréchal complice, et font la liaison avec les communautés dispersées. Tandis que Lavorel assure le lien avec Combat et les organisations de Résistance à l'échelle nationale, Dupouy, de Grenoble puis de la région parisienne, dirige le travail des agents de liaison et gère les finances de l'organisation, qui verse chaque mois un salaire à une trentaine de clandestins. Tous ces groupes reçoivent et diffusent les textes du bureau d'études qui définissent les positions doctrinales de l'Ordre et analysent la conjoncture, comme les « Orientations politiques » rédigées par Breuve-Méry en octobre 1943 [2].

Cependant la diversité des expériences et des engagements suscite au sommet de ce vaste réseau une double controverse, qui s'intensifie au printemps 1944, en l'absence de Segonzac : controverse doctrinale sur la nature et le fondement de l'Ordre, controverse pratique sur les objectifs et les méthodes de l'action immédiate.

Tous ont été d'accord, au départ, pour donner à l'Ordre un fondement spirituel. Le Père Maydieu en a suggéré la formule en parlant d'une « spiritualité du premier degré », commune aux croyants et aux agnostiques ou athées, et fondée sur la reconnaissance de réalités spirituelles ayant valeur d'absolu et exerçant un primat dans la vie morale. Pour la communauté restreinte et fervente issue de l'École dont elle a pratiqué le style de vie, quelques mots chargés de toute une expérience collective suffisent à exprimer ces fondements spirituels : honneur, amitié, fidélité, dévouement à la mis-

1. Voir Ph. VIANNAY, *Du bon usage de la France, op. cit.*, pp. 88-91.
2. « Orientations politiques » (octobre 1943), 6. p. dactylo., accompagnant des « Orientations sociales et économiques », 11 p. et « Orientations spirituelles », 3 p. (arch. ENCU).

sion commune, efficacité. Mais l'Ordre a d'autres dimensions. Pour faire partager la foi et l'engagement communs à des adhérents nombreux et nouveaux, étrangers à cette expérience, il faut en donner une expression doctrinale plus précise, définir une éthique. Les chrétiens refèrent naturellement le « spirituel » à leur foi religieuse, mais les autres en réclament une formulation non religieuse. Dumazedier pour sa part, soulignant qu'il n'est pas question de réinventer une franc-maçonnerie ou de transposer les expériences spirituelles de l'Inde, propose de renoncer au « fondement spirituel », et de donner à l'Ordre le seul fondement possible à ses yeux, celui d'un « humanisme révolutionnaire », dont la formule peut et doit être explicitée. La communauté de l'Ordre se développe certes dans un « climat spirituel », mais elle doit, sur ce plan, laisser chacun vivre son expérience intime en suivant sa voie propre [1]. Cette controverse philosophique apparemment superflue en plein combat clandestin engage en fait la cohésion de l'équipe, dont l'une des originalités majeures a été de faire coopérer dans une solidarité entière des hommes de convictions métaphysiques diverses sinon opposées. Il s'y mêle aussi, en 1944, le problème posé par l'adhésion de certains membres de l'équipe au Parti communiste clandestin ou leur décision de travailler préférentiellement à ses côtés, pour des raisons où l'idéologie interfère avec la stratégie révolutionnaire.

Aussi aiguë et plus urgente, une autre discussion concerne les modalités de l'engagement dans le combat de la Résistance. Certains, comme Beuve-Méry, pensent surtout à préparer l'avenir dont la lutte armée n'est que la préface; aussi veulent-ils éviter d'engager les futurs cadres dont le pays aura besoin dans des actions prématurées où l'on peut perdre le petit nombre des hommes de valeur prêts à courir des risques. D'autres, comme Le Ray, insistent sur l'urgence de l'engagement armé, pour l'exemple autant que pour l'efficacité; ils souhaitent la participation massive des hommes d'Uriage au combat, à commencer par le prélèvement d'armes sur les militaires allemands qu'on attaquera individuellement. Avant de partir pour Alger, Segonzac a fait droit aux deux points de vue en décidant de lancer, à côté de l'Ordre dont les objectifs sont lointains, un « Mouvement » politico-militaire voué au combat immédiat, dont Le Ray a la responsabilité.

Un manifeste intitulé « Libération-Révolution » expose le programme du Mouvement [2], qui s'organise sous le sigle NERF (Nouvelles équipes de la Renaissance française). Il doit constituer une force autonome de résistance dans les régions où les amis d'Uriage sont bien implantés, comme le Sud-Est. Le voyage à Alger de Segonzac doit lui permettre de négocier l'insertion de ce mouvement nouveau dans la coalition des organisations de Résistance. En son absence, une réunion est tenue en avril dans une salle de l'Institut catholique de Paris, où les vues de Beuve-Méry et de Le Ray s'opposent vivement. On y fait le point sur la situation dans les régions, et on redistribue les tâches en mettant l'accent sur l'engagement dans le combat clandestin. Des camps de maquisards sont aménagés par des hommes du réseau d'Uriage, comme celui des Bauges en Savoie, qui sera attaqué et détruit avant d'avoir pu se développer. Dans la Loire, en Bretagne, dans la Marne, dans le Nord et dans le Sud-Ouest comme dans les Alpes, les hommes d'Uriage sont engagés dans l'AS unifiée qui donne naissance aux FFI.

1. Lettre de Dumazedier à « Berthier » (Beuve-Méry), 21 mars 1944 (arch. ENCU). Voir les extraits cités dans A. DELESTRE, *Uriage...*, *op. cit.*, pp. 245-247.
2. « Libération-Révolution », 17 p. ronéo. (arch. Le Veugle).

Dans l'insurrection nationale

Lorsque Segonzac rentre d'Alger fin avril, il fait connaître à ses hommes les conclusions, nettes malgré les déceptions, qu'il tire des nombreux contacts qu'il y a pris. De Gaulle a accepté de mauvaise grâce de le recevoir, sur les instances de Frenay, et a traité ce « vichyste » avec une froideur hostile. Segonzac a rencontré aussi la plupart des membres du CFLN, de nombreux officiers et des membres de l'Assemblée consultative. Malgré ses amitiés, il s'est heurté aux préventions de ceux qui pensent que son œuvre, par sa valeur même, a « porté de l'eau au moulin de Vichy » et finalement « servi à l'équivoque » du régime [1]. Il n'a pas réussi à convaincre de la nécessité d'un élargissement politique propre à rallier les patriotes qui sont encore retenus par le loyalisme envers le Maréchal, ni à obtenir l'aide massive qu'il demandait pour l'encadrement et l'armement de la Résistance intérieure. Mais il a mesuré la faiblesse et l'échec politique de Giraud, la force d'intelligence et de caractère de De Gaulle et sa volonté obstinée et efficace de faire respecter l'indépendance du pays. Certes l'activité politique partisane qui s'est reconstituée autour de lui à Alger ne semble pas préparer le mouvement révolutionnaire qu'attend Segonzac. Mais de Gaulle est le seul chef capable et digne de diriger la France dans sa lutte pour la libération puis pour la reconstruction. L'équipe d'Uriage doit donc se rallier entièrement à sa direction, tout en préservant son autonomie; l'espoir n'est pas perdu de constituer, chez les résistants de l'intérieur, la force révolutionnaire indépendante du communisme que réclame la situation du pays, et dont de Gaulle lui-même, actuellement tout occupé de politique extérieure, ne rejettera sans doute pas le soutien.

Les conclusions rédigées par Segonzac seront abondamment diffusées, accompagnées des notes où Beuve-Méry analyse la situation politique et militaire d'ensemble [2]. Le Mouvement, d'abord limité à la région sud-est sous la direction de Le Ray, est finalement mis en veilleuse lorsque celui-ci est nommé chef départemental des FFI de l'Isère, tandis que l'Ordre se définit plus que jamais comme une communauté d'éducation et de rayonnement vouée à l'élaboration concrète d'un humanisme révolutionnaire. Avec le débarquement du 6 juin et l'ordre de mobilisation des FFI qui l'accompagne, le signal est donné du passage généralisé à l'action combattante.

Segonzac a obtenu *in extremis* un commandement militaire FFI. Grâce à l'appui de son ami Guy de Rouville, industriel à Vabre, et de Charles d'Aragon qu'il a rencontré à Toulouse chez Mgr de Solages, il a été nommé commandant FFI de la zone sud du Tarn (Sidobre et Montagne noire). Il appelle auprès de lui les spécialistes des études et de l'instruction qui l'assisteront dans l'encadrement de ses troupes : Beuve-Méry, Gadoffre, Ferry,

1. Critiques portées par le représentant des Jeunesses socialistes contre la présence de l'abbé de Naurois au Conseil de la jeunesse de Londres, 11 octobre 1943 (compte rendu communiqué par H. Claude). Un autre témoignage donné en avril 1943 au commissariat national à l'Intérieur de Londres est plus équilibré, jugeant le travail d'Uriage « bon dans son ensemble », même si « le chloroforme Pétain » a empêché l'École de devenir l'organisme de combat et d'action qu'elle aurait pu être (« Quelques notes sur l'École nationale des cadres de la jeunesse d'Uriage », rapport Mouchon, communiqué par H. Claude). Sur le séjour à Alger de Segonzac, voir *Le Vieux Chef*, *op. cit.*, pp. 124-135 et H. FRENAY, *La Nuit finira*, *op. cit.*, II, pp. 139-145.

2. « Lignes de pensée et d'action », 7 p. ronéo., mai 1944; « Mise au point sur la position de l'Ordre et du Mouvement » (après « le récent voyage du chef de l'Ordre à Alger »), 3 p. ronéo.; « Réflexions sur Alger », 3 p. dactylo. (fonds Beuve-Méry et Le Veugle).

Domenach, Cacérès, Hoepffner et Rouchié notamment. Il les installe au séminaire de Prat-Long près de Vabre, où se poursuit le travail de formation et d'information. Des notes sont rédigées par Beuve-Méry et ses compagnons sur la situation présente et les tâches à venir : la Résistance, ses forces et ses faiblesses; la France et ses alliés; les positions de l'équipe envers le communisme; les chances d'une action révolutionnaire; les problèmes de l'épuration et de la répression des collaborateurs. Segonzac organise l'entraînement de ses maquisards, quelques centaines d'hommes armés au début; le maquis juif de Robert Gamzon (la compagnie Marc Haguenau) côtoie les maquis locaux, catholiques ou protestants. À la fin d'août, le *commandant Hugues* – Segonzac dirige avec panache l'attaque et la capture du train spécial dans lequel la garnison allemande de Mazamet tente de s'échapper, puis la capitulation de celle de Castres [1]. Une fois sa zone libérée, il constitue une unité de volontaires, le Corps franc Bayard, qu'il emmène rejoindre l'armée de Lattre en Bourgogne et qui devient le 3e régiment de dragons. Intégré à la 1re Armée, il est engagé en Haute-Saône puis, sous le nom de 12e dragons, dans les Vosges et en Alsace.

Dans l'Isère, des hommes d'Uriage sont présents dans divers secteurs. Tandis que plusieurs officiers, comme Lecoanet et Hirschauer, sont passés de l'état-major de l'AS départementale à celui des FFI sous les ordres de Le Ray, des civils ont reçu des postes de responsabilité. Au lendemain de la libération de Grenoble, un ami d'Uriage, Roger Bonamy, préside le Comité départemental de Libération, tandis qu'un autre, Frédéric Lafleur, est maire de Grenoble. Cependant Dumazedier avec un groupe d'anciens et d'amis de l'École a participé en août à la préparation du lancement d'un organisme de culture populaire, avec des intellectuels et des syndicalistes héritiers de l'association Peuple et Culture développée à Grenoble au temps du Front populaire. Enfin Virieu, chargé par les nouvelles autorités de créer une École militaire, s'installe au château d'Uriage, entouré de plusieurs des anciens de l'École des cadres.

Ailleurs, c'est individuellement ou par petits groupes que les membres et les amis de l'équipe d'Uriage se sont mobilisés. Jean Le Veugle, sur la consigne de Segonzac, a rejoint au moment du débarquement la résistance bretonne. Au lendemain de la bataille de Saint-Marcel, le délégué militaire régional le charge d'organiser une école de cadres pour la formation de chefs de maquis; il dirige deux sessions en juin et juillet. À Lyon, c'est le chef régional FFI Descour qui mobilise comme officier le jésuite Lucien Fraisse et l'envoie dans la Drôme où il sera l'adjoint du commandant départemental. Dans la région parisienne, Segonzac a demandé aux inspecteurs des Finances Delouvrier et Cruse de s'engager dans l'action militaire, ce qui les amène à créer, avec Lavorel et François Michel, à la demande de leur ami *Chaban*-Delmas, les maquis de Nemours et de Milly-la-Forêt. À Roubaix est envoyé, pour reconstituer le réseau d'Uriage démantelé au printemps 1944, un étudiant lyonnais ami de Domenach et introduit par lui dans le réseau d'Uriage, Chartier. À la tête de plusieurs groupes d'action baptisés « groupes Uriage du Nord », il devient l'adjoint du délégué militaire régional du Nord-Pas-de-Calais, et commande, après la Libération, un centre d'instruction des cadres pour les unités qui assiègent la poche de Dunkerque. Ollier de Marichard, qui a adhéré au Parti communiste clandestin et en a informé le Vieux Chef, est passé avec une équipe de Camarades de la Route aux maquis AS de l'Ardèche.

1. Voir, outre les récits et témoignages déjà cités, celui de Segonzac dans *Le Vieux Chef*, *op. cit.*, pp. 141-154; et les ouvrages de C. d'Aragon, *La Résistance sans héroïsme*; R. Gamzon, *Les Eaux claires. Journal 1940-1944*; I. Pougatch, *Un bâtisseur, Robert Gamzon*; L. Lazare, *La Résistance juive en France*, pp. 318-327; L. Greilsamer, *Hubert Beuve-Méry.*

La lutte clandestine et les combats de la Libération ont fait des victimes dans le réseau d'Uriage, dont plusieurs membres de l'équipe centrale. Raymond Dupouy, revenu à Grenoble à la veille de la Libération après avoir assuré constamment la gestion du réseau clandestin, est arrêté et fusillé le 11 août. Henry Cornu, responsable de la région sud-ouest, y a été arrêté en novembre 1943; il meurt en déportation, de même que l'agent de liaison Paul Huet, arrêté à Grenoble en décembre 1943. Geny, officier au Corps franc Pommiès, est tué près de Pau en juillet 1944. Cazenavette tombe au front dans les Vosges en novembre et Poli, chef du bureau d'études de l'École militaire d'Uriage en stage aux armées, près de Belfort en décembre. Gilles Chaine, le normalien que Gadoffre considérait comme un de ses meilleurs « poussins » à la Thébaïde, a été tué dans un bombardement en juillet 1944. À Paris, Yvonne Kocher dite « Nanouk », animatrice du groupe des agents de liaison, a été arrêtée avec le jeune Xavier Schlumberger; déportée, elle meurt au camp de Ravensbruck.

La participation de l'équipe clandestine d'Uriage à la Résistance a été effective et efficace, sans atteindre les dimensions que ses dirigeants espéraient lui donner lors de la naissance de l'Ordre au début de 1943. Elle n'a évidemment pas réussi à constituer une force nationale capable de peser sur les centres de décision politique ou d'influencer l'esprit de l'ensemble de la Résistance. Le caractère tardif de son ralliement au Comité d'Alger lui a nui dans l'esprit de certains résistants, de même que la réputation d'institution « vichyste » de l'École fondée en 1940. Ses membres ont souvent été déçus dans leur effort pour entraîner dans le combat ceux qui formaient leur clientèle privilégiée : officiers, cadres des Chantiers, jeunes diplômés issus de la bourgeoisie – c'est d'ailleurs une déception qu'ont connue les organisations de Résistance dans leur ensemble. Mais l'efficacité de cette équipe qui, prétendant ne pas être un groupement de Résistance parmi d'autres, se donnait une mission particulière d'éducation et d'influence, doit être jugée dans son domaine propre, qui n'est pas spécifiquement politique ni militaire.

Cette action d'influence s'est exercée d'abord par la diffusion d'une pensée. Les notes et les documents du bureau d'études, répandus dans l'ensemble du réseau, ont donné à leurs lecteurs un exemple d'information critique. Au nom des valeurs spirituelles, des jugements réalistes et mesurés étaient portés sur la situation, qui aboutissaient à des directives pour l'action. L'efficacité d'un tel effort d'éducation civique n'est évidemment pas mesurable, mais on sait que des mouvements comme Combat, au témoignage de Frenay, des organisations comme Défense de la France, des groupes de travail comme le Comité général d'études, sans parler des hommes des maquis à la base, se sont inspirés des réflexions et appuyés sur les documents d'Uriage, et ont subi l'influence de son style.

Dans le domaine de l'action proprement dite, les déceptions qu'on vient d'évoquer ne peuvent faire oublier les services rendus par l'équipe d'Uriage à la Résistance unifiée. Un des objectifs majeurs de Segonzac a été de favoriser la fusion entre les officiers de l'ORA et l'Armée secrète des mouvements, et il y a apporté une contribution positive. Dans les Alpes et surtout dans l'Isère, le climat de coopération entre organisations et familles spirituelles différentes qui a prévalu jusqu'à la Libération a dû quelque chose à la présence des hommes d'Uriage, comme en témoigne l'ancien chef militaire du Vercors et commandant des FFI de l'Isère Alain Le Ray[1] :

> La hauteur de vues qui a inspiré des hommes comme Segonzac, Beuve-Méry et leurs amis, la sérénité dont ils ont témoigné au cours de cent rencontres de

1. A. Le Ray, « Le Département de l'Isère, de la défaite à l'occupation allemande », dans *Actes du 77ᵉ Congrès des Sociétés savantes*, p. 238.

chefs ou de responsables d'action, est pour beaucoup dans l'harmonie exceptionnelle qui, après des débuts difficiles, s'est établie peu à peu sur le Vercors et sur l'Isère.

Mais l'équipe se donnant des objectifs plus vastes, la participation de ses membres aux combats de la Résistance ne devait être pour eux qu'une étape, certes décisive mais partielle, de leur action. Ce sont donc les réalisations d'après la Libération qui donnent la mesure de l'efficacité atteinte en ce domaine. L'équipe clandestine a tiré sa force et son originalité, autant que sa relative faiblesse, de cette résolution d'allier la participation à la Libération du pays à l'amorce de la « révolution spirituelle », à la fois institutionnelle, sociale et morale qui constitue son objectif spécifique.

DANS LA FRANCE LIBÉRÉE (1944-1946)

Les intellectuels de l'équipe ont poursuivi la réflexion de fond sur la crise de civilisation, l'humanisme révolutionnaire et le style de vie. Ils l'ont condensée, au printemps 1944, dans une sorte de manifeste de l'Ordre intitulé « Pour un homme nouveau dans un monde nouveau », qui résume l'ensemble des convictions et de la méthode de l'équipe [1]. Ils l'ont développée dans la Somme dont Gadoffre a dirigé l'élaboration, d'abord à la Thébaïde puis, en 1944, dans les refuges de la région parisienne. Le livre est publié un an après la Libération, sous la signature de « l'équipe d'Uriage ». Sous la direction de Gilbert Gadoffre, Hubert Beuve-Méry, Michel Bonnemaison, Gilles Chaine (tué en 1944), Jean-Marie Domenach, Joffre Dumazedier, Gilles Ferry, François Le Guay et Simon Nora ont collaboré à la rédaction définitive de ces « données concrètes pour une pédagogie civique et une révolution institutionnelle [2] ».

La Somme et les maquettes

Le livre, récapitulant l'expérience collective mûrie par l'équipe en quatre années, associe les réflexions sur la crise du XXe siècle et la recherche des valeurs communes à des propositions pour une action révolutionnaire de reconstruction sociale. À l'analyse de la crise de la civilisation occidentale succède un rapide exposé critique des trois systèmes opposés qui ont prétendu lui apporter une solution (démocratie libérale, systèmes nazi et communiste) et qui échouent tous les trois à unir le spirituel au politique. Cette « étude sommaire » des systèmes nazi et communiste a d'ailleurs paru « très discutable à une partie de l'équipe », comme l'indique l'avertissement initial; les auteurs reconnaissent avoir des positions « diverses, voire opposées » à l'égard du communisme, tout en restant unis par l'engagement dans un style de vie et pour « l'avènement d'un homme nouveau dans un monde nouveau [3] ».

La majeure partie du livre est consacrée à la présentation des trois aspects

1. « Pour un homme nouveau dans un monde nouveau », document ronéo, 13 p., sans auteur ni date (arch. ENCU).
2. Expression qui constituait le sous-titre, supprimé à l'impression, du livre *Vers le style du XXe siècle*, par l'équipe d'Uriage, sous la direction de Gilbert Gadoffre.
3. *Vers le style du XXe siècle*, p. 7. Voir le compte rendu du livre par Bertrand d'Astorg (qui critique la priorité donnée au plan pédagogique sur celui de la politique révolutionnaire) : « Sur le style du XXe siècle », *Esprit*, mars 1946, pp. 482-487.

de la révolution à accomplir. Une révolution pédagogique et morale suscitera l'émergence d'un « homme nouveau » et la cristallisation d'élites nouvelles. Une révolution institutionnelle accompagnera la première, l'étayant et la couronnant, sur les plans économique, social, politique et culturel. L'une et l'autre assureront leur fondement spirituel et leur caractère communautaire en s'appuyant sur un Ordre qui sera l'instrument, le laboratoire et le germe de la civilisation nouvelle.

La question des élites, posée à l'École par Gadoffre en 1942 et longuement travaillée à la Thébaïde, occupe près d'un tiers du livre. Les élites ne s'identifient évidemment pas aux classes dirigeantes, puisque chaque groupe social produit les siennes, ni même aux cadres de la société. L'appartenance à l'élite n'est pas liée à l'exercice d'une fonction de direction ou de commandement, mais à l'*excellence* dont chacun peut faire preuve. Les « élites de commandement » sont formées par ceux qui excellent dans les qualités de chef, les « élites de maîtrise » par ceux qui excellent dans leurs compétences professionnelles, et les « élites de rayonnement » par ceux qui excellent dans l'action morale, intellectuelle, artistique ou spirituelle. En pratique, la France qui a négligé depuis deux siècles la formation de véritables élites doit engager une « politique raisonnée » pour les reconstituer.

Dans les quatre secteurs qu'on distingue, des actions institutionnelles sont proposées pour dégager, former et promouvoir des élites nouvelles. Les « élites populaires » doivent cristalliser et exprimer la conscience collective des milieux dont elles sont issues, et guider la promotion des masses; des « centres d'éducation ouvrière », appuyés sur les organisations syndicales, favoriseront leur émergence et leur épanouissement en leur donnant les moyens de développer leur culture spécifique. Les « élites d'encadrement social » assurent, dans chaque milieu et chaque cellule sociale, les tâches de direction et d'éducation; leur formation exige une réforme radicale du système français des Grandes Écoles et du recrutement des professeurs et, dans l'immédiat, la création d'une école de cadres pour le recyclage des ingénieurs en place. Les « élites de gouvernement » sont les hauts fonctionnaires, « armature de l'État » et piliers de la révolution institutionnelle; l'École qui les formera devra recruter des adultes jeunes, sélectionnés sur les résultats de leurs débuts dans la vie professionnelle, et les placer dans une atmosphère de retraite. Ils y recevront un entraînement complet : aptitude physique et morale à l'action, méthode intellectuelle de compréhension des hommes et d'interprétation de l'évolution du monde. Les « élites de civilisation » enfin sont les savants, artistes, écrivains et maîtres spirituels dont les œuvres inventent ou expriment les valeurs communes d'une société. Celle-ci doit les soutenir, diffuser leurs productions, leur permettre de coopérer entre eux et de s'intégrer à son mouvement, sans cependant aliéner leur liberté. Elle le fera en créant dans toute agglomération importante des Maisons de la culture, et en transformant les Universités pour en faire des communautés de vie et de rayonnement; des Instituts de synthèse, un Institut collégial seront les laboratoires d'une recherche interdisciplinaire et d'une pédagogie active fondée sur le tutorat [1].

Soucieuse comme toujours d'action effective plus que de manifestes utopiques, l'équipe clandestine avait prévu le lancement, dès la Libération, de ce qu'elle appelait des prototypes ou des maquettes, institutions expérimentales annonciatrices des réformes futures; plusieurs d'entre elles devaient être implantées dans la région grenobloise. Un des chapitres du programme est effectivement réalisé avec la naissance de Peuple et Culture

1. Voir B. COMTE, « Une réflexion sur les élites pour la France libérée : *Vers le style du XXe siècle*, par l'équipe d'Uriage (1945) », *Ruptures ou continuités au lendemain de la Seconde Guerre mondiale*, pp. 35-52.

à Grenoble. Dirigée par Dumazedier, l'association comporte un bureau d'études, un centre de documentation et un service d'éditions. Ses membres travaillent en liaison avec le Centre d'éducation ouvrière, la Maison de la culture et le Centre inter-facultés qui voient également le jour à Grenoble en 1944-45, avec la participation d'anciens d'Uriage (Bénigno Cacérès, François Ducruy, Gilles Ferry, Charles Henry-Amar, François Le Guay, Jean Le Veugle, Lucette Massaloux), aux côtés d'autres résistants, intellectuels et syndicalistes. L'École militaire d'Uriage, où Virieu est assisté de Cazenavette, Poli et Ferry, n'a pas été prévue dans les maquettes, mais elle s'inscrit dans le même projet en pratiquant une nouvelle formule d'instruction militaire. Réalisant dans l'immédiat l'amalgame entre les officiers de métier et les nouveaux officiers FFI issus de la Résistance, elle veut plus largement mettre au point un nouvel humanisme militaire. Pour que l'armée prenne pleinement sa part de la formation des futurs citoyens, ses cadres sont initiés à la confrontation des grands courants de pensée et participent à des échanges avec des enseignants, des syndicalistes et des militants politiques. Au même moment, un groupe d'anciens résistants où les amis d'Uriage sont nombreux fonde à Annecy le Centre culturel des Marquisats, association de culture populaire dont Jean Le Veugle prend bientôt la direction, avec le souci de rassembler divers milieux sociaux et courants idéologiques dans un esprit d'innovation culturelle et pédagogique.

Cependant Gadoffre, membre de la commission dirigée par Michel Debré en 1945, propose pour la future École nationale d'Administration un projet inspiré du schéma de la « Somme », qui n'est pas retenu. Deux ans plus tard, il réalise une autre « maquette » en créant l'Institut collégial de Royaumont, qui reprend la tradition des Entretiens de Pontigny de Paul Desjardins en l'élargissant à la recherche d'une « synthèse humaniste des sciences sociales » articulée sur les problèmes de la civilisation contemporaine. Dans un climat de convivialité, les colloques de Royaumont, puis de Loches, proposeront de libres échanges où se côtoieront chercheurs débutants et universitaires chevronnés, spécialistes des sciences sociales et de la littérature ou des arts et scientifiques, Français et étrangers soucieux de connaissance et d'enrichissement mutuels [1].

D'autres expériences de formation de cadres inspirées de celle d'Uriage sont menées. La compagnie Air France a créé dès 1943, au château de Maligny (Yonne), une école de cadres destinée à préparer la relance des activités aériennes qu'on prévoit pour la fin de la guerre. Son fondateur est André Caraux, alors responsable des services de formation de la compagnie, ancien scout routier, ancien stagiaire et chef d'équipe à Uriage. Les stages de Maligny devaient réaliser l'amalgame entre les employés déjà en fonction bénéficiant d'une promotion interne et les étudiants nouvellement recrutés qui échappaient ainsi au STO, et favoriser l'osmose entre les diverses catégories de personnel : administratifs, navigants, techniques. L'entraînement physique, la vie commune et la recherche d'une formation générale y tenaient une place majeure. Entouré de Bertrand d'Astorg et de J.-P. Serrant, lui aussi stagiaire d'Uriage, Caraux a embauché comme instructeurs d'anciens routiers universitaires, comme Robert de Courson, et de jeunes disciples d'Uriage comme Gilles Chaine. Après la Libération, l'expérience se prolongera deux ans, avec le Centre de sélection et de formation des cadres dirigé par Serrant. En 1944, c'est l'École militaire de l'Air, soucieuse de renouveler ses méthodes, qui fait appel à Chombart de Lauwe ; il élabore pour l'année 1944-45 un programme de formation générale. Chombart de Lauwe créera l'année suivante un groupe de travail, le Centre

1. Témoignage de G. Gadoffre. Voir P. Bitoun, *Les Hommes d'Uriage, op. cit.*, pp. 251-255 ; Y. Bonnefoy, A. Lichnérowicz et M.-P. Schützenberger, *Vérité poétique et vérité scientifique*, pp. 7-25 ; G. Thuillier, *L'ENA avant l'ENA*, pp. 222-225.

d'éducation contemporaine, pour recenser, comparer et faire connaître les expériences éducatives de ce type menées dans différents milieux, de l'armée à l'industrie et à l'Université [1].

C'est encore une intention éducative, au sens large, qui préside aux engagements professionnels ou militants d'autres membres de l'équipe, dans le double souci de fidélité aux valeurs spirituelles et d'insertion dans les travaux et les combats collectifs. Beuve-Méry, recommandé par Reuter au ministre de l'Information Teitgen, participe en novembre-décembre 1944 à la création du quotidien *Le Monde*, comme membre du triumvirat fondateur et directorial, avec le titre de gérant; il y impose bientôt sa conception d'une information sûre, indépendante, recherchant l'objectivité et présentée de manière à faire l'éducation des lecteurs [2]. Dès la relance d'*Esprit* à la fin de 1944, Mounier y appelle Domenach, qui en deviendra le secrétaire de rédaction en 1946; la revue publie en bonnes feuilles les chapitres de la Somme consacrés aux élites, avant d'accueillir le livre dans une de ses collections et de faire présenter par Beuve-Méry le rôle des Écoles de Cadres [3]. D'autre part *Jeunesse de l'Église*, groupe de réflexion de chrétiens engagés qui s'installe dans la région parisienne en 1945, attire dans son cercle dirigeant plusieurs des jeunes intellectuels qui sont passés par Uriage et y ont exercé des fonctions de responsabilité, comme Chombart de Lauwe, Ferry et Le Guay [4].

Dispersion de la communauté

La communauté d'Uriage s'est efforcée de reprendre forme dès la Libération, dans les conditions de communication difficile de l'année 1944-45. Dès septembre 1944, a été entrepris le regroupement local, à Paris notamment, de ceux de ses membres qui sont disponibles (Segonzac, Gadoffre et les anciens officiers sont aux armées). Le sigle NERF est repris et une réunion constitutive officialise l'association en avril 1945. Tous sont d'accord pour maintenir un lien, une forme de communauté, mais plusieurs sont conscients que le projet d'Ordre devient utopique dans les nouvelles conditions : retour à une vie plus normale, avec pour chacun le primat de son insertion professionnelle ou de ses tâches civiques et la solidarité avec sa famille spirituelle. Segonzac ne s'oppose pas aux efforts de ceux qui veulent poursuivre la constitution de l'Ordre, mais il se récuse pour en être le chef. Il a pour cela des motifs personnels : il est repris par son métier militaire qui l'éloigne, et il juge que le style d'autorité qui lui a valu d'être reconnu comme le chef incontesté de la communauté n'est plus celui dont elle a besoin désormais. D'autres raisons tiennent aux débats en cours depuis la période clandestine, qui entament désormais la cohésion de l'équipe.

Pour tenter de refaire l'unité, une réunion générale est prévue en août 1945. Limitée finalement aux membres de l'Ordre les plus engagés, elle rassemble au château d'Uriage, du 4 au 6 août, 70 participants, autour de Segonzac et Beuve-Méry et en présence du Père Maydieu. On y examine longuement un projet de règle et de constitutions de l'Ordre, et on discute plusieurs motions. L'opposition est vive entre le groupe des animateurs de

1. Centre d'éducation contemporaine, *Cadres nouveaux, méthodes nouvelles. À la recherche des techniques pédagogiques*, présentation de P.-H. Chombart de Lauwe.
2. Voir J.-N. Jeanneney et J. Julliard, « *Le Monde* » *de Beuve-Méry...*, *op. cit.*, pp. 47-65; L. Greilsamer, *Hubert Beuve-Méry, op. cit.*
3. « Cristallisation des élites nouvelles », *Esprit*, 107 (février 1945) à 110 (mai 1945); H. Beuve-Méry, « Écoles de cadres », *Esprit*, octobre 1945, pp. 624-629.
4. Voir la revue *Jeunesse de l'Église* et G. Ferry, « Lettre à un ami sur *Jeunesse de l'Église*, 1940-1951 », *Les Événements et la foi 1940-1952*, pp. 86-146.

Peuple et Culture, autour de Dumazedier et Cacérès, appuyés par d'Astorg et plusieurs des jeunes intellectuels d'une part, et de l'autre Segonzac, Delouvrier et Lavorel, dont Beuve-Méry est proche. Elle se cristallise autour de la question des rapports avec le PC et plus largement avec le mouvement populaire qu'il anime, auxquels plusieurs ont adhéré ou dont ils sont « compagnons de route ». Segonzac et Beuve-Méry acceptent que des circonstances exceptionnelles ou des nécessités tactiques amènent tel membre de l'Ordre travaillant en milieu ouvrier à donner une adhésion sans laquelle il y ferait figure d'étranger. Mais ils rappellent la double incompatibilité du communisme, avec certaines valeurs d'Uriage sur le plan doctrinal et avec l'attachement à la communauté nationale sur le plan pratique. L'autre groupe réclame au contraire que soit posé en principe général, au nom de la reconnaissance des aspirations révolutionnaires, l'obligation pour les hommes d'Uriage de s'insérer dans le grand courant qui soulève le monde du travail pour sa libération. Dans cette perspective, les difficultés de la collaboration avec les communistes sont jugées secondaires; l'équipe doit donner la priorité, dans l'ensemble de son action pédagogique, à la coopération avec les hommes des syndicats et des partis de gauche qui ont la confiance du monde ouvrier. Une telle option ne s'oppose nullement, à leurs yeux, à l'affirmation de la primauté des valeurs spirituelles, ni à la discipline que chacun doit à la règle de l'Ordre.

Segonzac n'est prêt à participer pleinement qu'à un regroupement pour une action spirituelle et non politique. Il est convaincu, au fond de lui-même, que cela ne peut être entrepris « que dans le strict cadre du christianisme », ce qui impliquerait « une sorte de rupture » avec une partie de l'équipe et un nouveau départ « avec un petit nombre d'hommes solides [1] ». Évitant de provoquer lui-même la rupture, il pense du moins que l'Ordre, s'il revit comme le souhaite la majorité des participants, doit se donner de fortes structures, avec un organe directeur obéi et respecté; à défaut du chef suprême qu'il ne veut plus être, on devrait nommer un secrétaire général. Le retour à une stricte observation des règles de vie, malgré la dispersion, lui paraît également nécessaire [2].

Après de longues discussions, la scission est évitée par le vote de statuts provisoires, solution de compromis qui laisse apparemment l'avenir ouvert mais ne donne à l'Ordre en gestation ni une orientation nette ni une direction cohérente. Un Conseil de l'Ordre composé de Segonzac, Beuve-Méry, Dumazedier et Reuter est reconduit, mais le Vieux Chef, à qui certaines des motions votées sont restées « en travers de la gorge [3] » prend de la distance et constate bientôt, de sa garnison en Allemagne, que « pratiquement l'équipe d'Uriage, l'Ordre n'existent plus [4]. Il conserve des relations personnelles avec de nombreux membres de l'équipe, mais les « communautés » évoluent de manière autonome, à Grenoble et à Annecy comme dans la région parisienne, sans structure de coordination. En août 1946, Le Veugle organise à Annecy une nouvelle rencontre, en l'absence de Segonzac qui adresse aux participants un message amical, dans l'attente d'un nouveau départ « un jour qui sera celui que Dieu choisira [5] ». Après l'Allemagne, Segonzac poursuivra sa carrière au Maroc. À Paris, Beuve-Méry refusera de le suppléer, comme certains le lui suggéraient, dans le rôle de guide ou d'animateur d'une équipe d'anciens.

Le NERF ne se développera pas en Ordre, et ne réussira même pas à survivre comme structure d'information et de soutien mutuel pour les anciens

1. Lettre de Segonzac à Le Veugle, 26 juin 1945 (arch. Le Veugle).
2. Lettre de Segonzac à Le Veugle, 27 novembre 1945 (*ibid.*).
3. Lettre de Segonzac à Beuve-Méry, 30 août 1945 (arch. Beuve-Méry).
4. Lettre de Segonzac à Le Veugle, 23 mai 1946 (arch. Le Veugle).
5. Message de Segonzac aux « chers anciens », de Rabat, 30 juillet 1946 (*ibid.*).

membres de l'équipe. Les expériences diverses où ils sont engagés incarnent ou prolongent cependant, chacune à sa façon, l'esprit commun développé à Uriage [1]. Comme la plupart d'entre eux, les chefs de file surtout, veulent éviter l'esprit « ancien combattant » avec ses vaines nostalgies, ils ne se retrouveront que dans des réunions amicales ou pour échanger les services et l'entraide dont le besoin s'impose. Des liens d'amitié demeurent, parfois très étroits, et le réseau des relations fonctionne souvent efficacement, mais ce n'est pas la communauté rêvée. Beuve-Méry, tout en redisant son attachement au style de vie pratiqué à Uriage, donne son interprétation de « la crise d'Uriage » :

> On savait, on sait mieux encore maintenant que la guerre, l'occupation, la révolution peuvent créer entre les hommes des instants ou des années de communauté profonde dont il reste toujours quelque chose. Mais la question reste posée de savoir si cette communauté peut survivre à toutes les circonstances à défaut d'une même conception de la vie et du monde ou, si l'on préfère, d'une même conception de l'absolu [2].

Segonzac se demande au même moment si l'idée d'Ordre, au-delà de l'échec de celui d'Uriage, est encore actuelle, ou si elle n'est pas née « du romantisme de jeunes hommes accablés par la défaite ? ». Il pense à la fois que la tentative d'Uriage a été marquée par les conditions exceptionnelles d'une époque désormais révolue, et que la notion d'Ordre – communauté, doctrine et discipline – survit au-delà de ces circonstances particulières, car « l'Ordre est la forme de groupement fatale d'une élite ; il existera quand existera une élite passionnée d'action commune [3] ». Plus tard, constatant l'effondrement de la « mystique laïque » de la République et l'attraction exercée par le communisme et le christianisme « à cause de leur caractère absolu et de leur métaphysique ou pseudo-métaphysique », il souligne :

> une des raisons de la faiblesse de l'Ordre d'Uriage : son caractère laïc. Il reste, et c'est merveilleux, que la tentative en commun avait tant de générosité et de sincérité que l'esprit d'Uriage demeure (...). Mais la spiritualité de l'Ordre reposait sur des bases trop vagues. Elle ne peut manquer dans l'avenir de rejoindre la spiritualité chrétienne. C'est mon espoir et mon désir. Un jour viendra [4].

Vouée essentiellement, sous l'occupation, à une tâche d'éducation, de recherche intellectuelle et de combat patriotique, l'équipe d'Uriage avait pu alors constituer une communauté forte. À la volonté de témoigner pour les valeurs spirituelles, elle avait pu associer celle de préparer une révolution totale sans que ces deux perspectives, toutes deux ambiguës, paraissent s'opposer. Elle n'a pas réussi à sauvegarder cette synthèse, ni par conséquent l'union de la communauté, dans la France de la Libération : la liberté retrouvée impose des choix politiques et idéologiques qui rompent l'union des résistants, et les tâches de la victoire puis de la reconstruction mobilisent les compétences des anciens compagnons du Vieux Chef.

1. Voir les réflexions autobiographiques transcrites par P. BITOUN, *Les Hommes d'Uriage, op. cit.* pp. 153-271.
2. Réponse au questionnaire adressé aux anciens par Le Veugle à la veille de la rencontre des Marquisats à Annecy, août 1946 (arch. J. Le Veugle).
3. Lettre citée à Le Veugle, 23 mai 1946.
4. Du même au même, 9 avril 1949 (*ibid.*).

Conclusion

On a recensé au début de cette étude trois séries de questions concernant la portée historique de l'aventure de l'École d'Uriage : son attitude politique – liens avec le régime de Vichy et participation à une forme originale de Résistance; son style de vie – l'équipe, sa méthode pédagogique et ses orientations spirituelles; son travail idéologique – la réponse au défi d'une civilisation à reconstruire. Si le premier et le troisième thème sont les plus controversés, le deuxième est au cœur de l'expérience qu'ont vécue les hommes d'Uriage, si bien qu'on ne peut approcher « la vérité de cette aventure [1] » si l'on ne commence par lui donner sa place.

La communauté éducative

Uriage, en effet, a d'abord été une communauté. Sous sa forme la plus intense (l'équipe de l'École), une soixantaine de jeunes hommes, et quelques femmes, en ont fait partie, dont une quinzaine pendant plus de deux ans, de l'automne 1940 à la fin de 1942. À ces membres du cercle initial se sont ajoutés les adhérents fervents de l'Équipe nationale d'Uriage – quelques centaines d'anciens stagiaires et de collaborateurs, à commencer par les chefs d'écoles régionales –, puis les nouvelles recrues de la période clandestine : membres de l'Ordre, équipes de Grenoble, de Murinais et d'ailleurs, combattants du NERF et du maquis du Tarn enfin. Différents, et parfois opposés, par leur tempérament et leur formation comme par leurs croyances profondes, ces hommes et femmes se sont sentis appelés et engagés et se sont mutuellement reconnus membres d'un corps fortement solidaire. La vigoureuse discipline hiérarchique et le partage fonctionnel des tâches ont donné au groupe son ossature, mais l'adhésion intime de chacun en a fait une communauté de sentiment et de volonté. Une de ses réussites majeures a été la collaboration des intellectuels et des hommes d'action – officiers, techniciens et meneurs d'hommes – qui les a amenés, non sans frottements, à se découvrir complémentaires et à élargir leurs talents et leurs perspectives. Les intellectuels ont intégré à leurs réflexions les nécessités d'une action efficace et réaliste, tandis que les autres apprenaient à situer leurs réalisations dans la vision globale d'un vaste combat dont l'enjeu était une idée de l'homme et de la civilisation. Fondée par des chrétiens catholiques, la communauté a su d'autre part être assez ouverte pour

1. J.-M. Domenach, « Le " Vieux Chef " », *Le Monde*, 14 mars 1968.

accueillir comme membres à part entière des hommes venus d'autres horizons, dont elle a intégré l'expérience et les interrogations.

La personnalité du chef a été déterminante : son aura et sa fantaisie, son intuition et son obstination, son flair dans le choix des hommes et sa vigueur dans l'exécution des décisions ont donné à l'équipe sa diversité, sa cohésion et son efficacité. Le sens de l'honneur qui était pour lui la vertu maîtresse des hommes de qualité a constitué le ciment de la communauté. La conscience de ce que chacun devait à lui-même, au nom des engagements pris et des responsabilités assumées, entraînait le respect mutuel et le consentement à une discipline qui laissait entière la liberté personnelle. L'adjoint de Segonzac, Éric d'Alançon, a su donner de son côté l'exemple stimulant de ces dispositions et de la vie intérieure rayonnante qui les entretenait.

Si l'ambition de définir explicitement le « fondement spirituel » de la communauté a finalement échoué, ses membres n'en ont pas moins vécu pendant ces années une éthique commune dont la loyauté, l'énergie et le service désintéressé d'une mission collective formaient les valeurs maîtresses. Morale de temps de crise certes, résolution d'hommes blessés par l'humiliation de la défaite, qui entendaient rester mobilisés pour redevenir combattants : le succès rencontré par Segonzac, quand il faisait appel à l'honneur et à un engagement total, a dû beaucoup aux circonstances extraordinaires. En cette époque, l'ambition de « se dépasser » a pu faire figure de programme réaliste, et l'édification d'une communauté modèle paraître une méthode efficace de réforme de la société. Les idées d'équipe, et de chef qui la guide, sont banales en un temps où la démocratie est abolie et ses procédures dépréciées - mais ici le chef ne commande qu'au nom de la mission commune que tous contribuent à définir.

La forte communauté constituée à l'École et autour d'elle a naturellement subi une mutation après sa suppression et le passage à la clandestinité. Ses membres sont alors séparés par la dispersion géographique et la diversification des tâches ; l'expansion d'un vaste réseau où les recrues nouvelles sont nombreuses ne facilite pas la cohésion, qui repose sur l'activité des agents de liaison, la circulation de textes clandestins et les rares réunions de responsables autour du Vieux Chef. La communauté résiste cependant et tente de se transformer en lançant l'expérience de l'Ordre. Les divergences qui se manifestent alors à propos des fondements spirituels, puis sur les questions de stratégie militaire ou politique, sont estompées par les nécessités du combat clandestin et la volonté de le mener dans l'union jusqu'à la victoire. C'est le retour aux tâches professionnelles du temps de paix, et à un exercice plus ordinaire des libertés et des activités militantes, qui a mis fin à l'existence concrète de la communauté. Quels que soient la fidélité de ses membres à l'engagement pris à l'époque précédente, et les liens d'amitié, de solidarité et quelquefois de collaboration qui persistent, l'équipe d'Uriage comme réalisation communautaire n'a pas survécu à la fin de la guerre ; son chef s'est rendu compte le premier que son charisme n'aurait plus désormais la même efficacité.

L'expérience qui prend fin alors, avec le rôle qu'y ont joué la fidélité à une règle et la pratique d'un style de vie, s'inscrit dans un ensemble. Les décennies centrales du XXe siècle sont marquées en France, dans les milieux chrétiens surtout et chez les tenants d'une réforme individuelle et sociale, par une floraison de recherches et d'initiatives communautaires. Parmi bien d'autres tentatives, les Cadets du Père Doncœur dès les années 20, puis la communauté des Poitevins illustrent dans l'avant-guerre cette tendance, avec les tentatives menées autour d'*Esprit* ou dans l'orbite de Maritain et les projets non réalisés du groupe *Ordre Nouveau*. Pendant l'occupation se créent Taizé et *Jeunesse de l'Église*, communautés de cheminement spirituel ou intellectuel, tandis que Jean Bernard entreprend de redonner vie au Compagnonnage et que Marcel Barbu invente à Valence une communauté à la fois économique (une entreprise industrielle) et humaine (sur les plans social, culturel et spirituel) [1]. D'autres groupes comme les Compagnons de Péguy ou la Chaîne d'Antoine Mauduit expérimentent des formules d' « ordres » fondés sur l'observation d'une règle de vie. Autant d'entreprises inspirées par la volonté de dépasser l'individualisme bourgeois sans céder aux tentations des mystiques fusionnelles de mobilisation des masses, et de créer des noyaux dynamiques propres à régénérer par la contagion de l'exemple un tissu social défait. Dans les incertitudes du temps de l'occupation, s'y ajoute la perspective d'institutions de survie qui seraient des points d'ancrage pour préserver les valeurs essentielles en cas de désastre, oppression triomphante ou anarchie destructrice.

Cependant l'équipe d'Uriage s'est donné la mission de former des hommes et surtout, chefs ou cadres, des membres des élites futures. Elle a été une communauté éducative, au sens le plus large. Sans inventer une pédagogie nouvelle, elle a élaboré une méthode en associant diverses techniques déjà pratiquées ailleurs. En proposant un temps de retraite et de réveil, en appliquant les principes du brassage social et de l'alternance des activités sous le signe du rythme, elle entend s'adresser à l'homme total, et apprendre aux individus à faire équipe autour d'un projet commun. À l'armée, elle a emprunté certaines de ses disciplines, et spécialement à la cavalerie le réflexe de l'exécution rapide et élégante. Du scoutisme, elle a transposé une partie du rituel, et surtout adopté le sens de l'observation, de l'entraînement et de l'équipe. Des méthodes d'autres organisations éducatives, Équipes sociales et ACJF surtout, elle a retenu la technique interactive du cercle d'études, la pratique de l'enquête et du témoignage. À la suite des initiateurs de l'éducation active, notamment Georges Bertier, fondateur de l'École des Roches, elle a appliqué les principes des centres d'intérêt et de l'entraînement progressif, associant à tout enseignement des exercices d'application, d'assimilation et d'évaluation des progrès réalisés. L'École d'Uriage a fait place aussi, davantage que les autres écoles de cadres comme celle de De Lattre à Opme ou celles des Chantiers, aux exigences qui caractérisent le travail universitaire : recherche méthodique appuyée sur une information et une documentation sûres, examen critique des données des problèmes étudiés et des solutions proposées, prise en compte du contexte d'ensemble. Elle a enfin imité les pratiques de réflexion collective en usage dans divers cercles de pensée comme les groupes *Esprit :* analyse d'expériences, échange interdisciplinaire dans un climat de liberté orientée par un choix éthique commun. Aux yeux de Gilles Ferry, Uriage a élaboré un véritable modèle pédagogique, dont on s'est inspiré ensuite sans en reconnaître explicitement l'existence, peut-être parce que ses auteurs avaient négligé d'en faire la théorie. Ce modèle propose une pédagogie situationnelle (on provoque une démarche de l'élève au cours de laquelle il apprendra), globaliste, personnaliste et volontariste (appel à l'effort et à l'entraînement plus qu'à l'imaginaire ou à l'inconscient) [2].

Les quelques 3 000 stagiaires qui sont passés par l'École ont évidemment bénéficié de manière très inégale de cet effort pédagogique. Si la méthode d'éducation physique a été rapidement mise au point, dès 1940, par Vuillemin, les principes de l'enseignement actif et de l'entraînement progressif ont été précisés peu à peu par Dumazedier et n'ont été pleinement appli-

1. Sur le succès des thèmes communautaires pendant les années de guerre, voir le livre publié après la rédaction de ces pages : D. LINDENBERG, *Les Années souterraines 1937-1947,* La Découverte, 1990.
2. Témoignage de Gilles Ferry.

qués qu'en 1942, comme l'enquête sociale mise au point par Chombart de Lauwe à partir de la promenade Deffontaines initiale. Il en est de même de la recherche intellectuelle, progressivement développée sous la direction de Beuve-Méry puis de Gadoffre avec l'appui de la documentation de Poli. Les stages successifs sont d'autre part trop différents, en durée comme en degré de spécialisation, pour que leur efficacité respective puisse être comparée. Les soixante stagiaires de six mois de 1942 sont les seuls à avoir reçu une véritable « formation » intense et progressive, et bénéficié d'un enseignement complet et détaillé sur les problèmes de la cité. Les promotions des stages de trois semaines de 1940-41 ont été initiées à l'esprit de l'École dans un bref temps de retraite, rempli d'activités variées et soumis à une forte discipline collective, aboutissant à la cérémonie finale du baptême et du serment. Les participants aux courtes sessions d'information de 1942 ont surtout connu le stimulant d'une rencontre où des contacts ont été pris, des idées lancées, des expériences et des préoccupations échangées, des propositions d'action tracées.

Cette diversité constitue précisément une des originalités et des chances d'Uriage. Dans les écoles des Chantiers, des amis de Segonzac – Virieu à Collonges, La Chapelle à Theix – appliquaient des conceptions éducatives proches des siennes (et peut-être plus étudiées dans le cas du second); ils déployaient des charismes équivalents. Mais ils n'avaient ni le même public (à Uriage, les adultes engagés dans la vie professionnelle étaient nombreux, et particulièrement en 1942 les cadres et ouvriers d'entreprises industrielles), ni évidemment les mêmes ressources intellectuelles (le bureau d'études permanent d'Uriage fait exception dans l'ensemble des écoles de cadres), ni la même ambition de préparer, en formant des hommes, une réforme de toute la société.

Une démarche politique

La seconde série de questions – les plus brûlantes et les plus difficiles dans le feu de l'action, les plus controversées depuis – porte sur la démarche politique de l'équipe d'Uriage. L'École, institution d'État, a paru adhérer au régime, en se réclamant constamment de son chef, et s'inscrire dans l'entreprise de la Révolution nationale; elle a fait preuve cependant d'assez d'indépendance et de liberté de jugement pour conserver ses distances et les transformer en opposition, jusqu'à la rupture finale. Au temps de la clandestinité, l'équipe a d'abord pris soin de rester indépendante des organisations civiles et politiques de la Résistance et du Comité national de Londres et d'Alger. La coopération qu'elle leur a fournie sous diverses formes est longtemps restée autonome, avant le ralliement tardif à la direction de De Gaulle et l'intégration dans les forces unifiées de la Résistance. L'équipe d'Uriage a encouru le reproche, de la part de résistants qui reconnaissaient et appréciaient l'opposition constante de l'École à la collaboration, d'avoir fourni une caution patriotique au régime de Vichy en conservant trop longtemps sa position officielle, et d'avoir retardé le moment des choix et des ruptures pour ceux qui lui faisaient confiance. Certains de ceux qui l'ont rencontrée dans la lutte clandestine ont estimé que l'esprit d'Uriage continuait à associer à un incontestable patriotisme anti-allemand un relent de Révolution nationale : primat de l'autorité et du chef, culte de l'élite, hostilité au libéralisme sinon à la démocratie. Restée pour ceux-ci trop fidèle à ses origines et imprégnée de l'esprit de 1940, elle apparaît à d'autres s'être complu dans l'équivoque et le double langage avant d'opérer tardivement des retournements ou des ralliements devenus inévitables; ainsi, dans certains camps du Vercors, les équipes volantes issues d'Uriage ont reçu en 1943 un « accueil très froid » de la part d'hommes « écœurés » de les voir arriver en provenance « d'une institution (...) qui porte la marque de fabrique de Vichy [1] ».

L'attitude politique de l'équipe d'Uriage ne peut être décrite et jugée qu'à partir des données qui caractérisent sa situation et ses intentions dès 1940 et conditionnent son évolution ultérieure. En premier lieu, les circonstances de sa création : cette institution d'État n'est pas née d'une décision gouvernementale, mais de l'initiative d'un homme qui a inscrit son propre projet dans le cadre officiel, à peine esquissé, qu'on lui offrait; si son enseignement utilise le vocabulaire et certains thèmes de la Révolution nationale, il n'est pas conçu pour en être l'application. Ensuite, ce projet essentiellement éducatif ne se situe pas dans le champ politique, mais sur le terrain moral et patriotique (former des hommes, vaincre l'Allemagne – quel que soit le régime); nourri de convictions spirituelles et non d'affirmations idéologiques, il ne consiste pas à appliquer un programme, mais à inventer et diffuser un modèle de chef, un style d'action, qui incarnent les valeurs essentielles. Cette distance à l'égard du pouvoir politique, manifestée par le choix de s'installer à Uriage, loin du siège auvergnat du pouvoir, est illustrée par le rôle d'écran entre le gouvernement et l'École qu'est amené à jouer le SGJ. Entretenant avec Uriage une connivence nuancée de respect envers Segonzac et d'irritation devant ses incartades, le personnel du SGJ lui ménage, comme aux autres institutions de jeunesse, un espace d'autonomie relativement protégé. Enfin la vénération personnelle de Segonzac et de plusieurs de ses hommes envers la figure du Maréchal, leurs relations cordiales avec certains membres, surtout militaires, de son entourage, les ont naturellement conduits à une attitude d'adhésion confiante à ses paroles et d'obéissance à ses consignes. Sachant se garder du culte puéril que répand bientôt la propagande officielle, cette adhésion doit peu à l'idéologie et beaucoup à un patriotisme et un civisme de soldats. Elle est assez souple pour accepter de s'éclairer et de s'infléchir au contact d'esprits plus réticents et à la lumière de valeurs plus fondamentales. Elle comporte une part d'affectivité naïve et d'inexpérience ou de préjugé politique, mais pas cet effacement des repères intellectuels et moraux, cette inhibition du jugement et cette fuite dans le mythe qu'on a pu diagnostiquer dans de larges couches de l'opinion française des années 1937-40 [2].

Dans ces conditions, les orientations fixées par Segonzac en 1940 – former de futurs combattants, de véritables chefs, et contribuer à recomposer les élites de la nation – lui ont paru coïncider avec la pensée profonde du Maréchal et le programme, explicite ou non, de son régime. Certains membres de son équipe, gaullistes de cœur ou républicains et démocrates de conviction, en étaient moins sûrs, mais ils constataient que ce régime autorisait et favorisait l'action éducative qui leur semblait le seul champ d'action valable. De manière ambiguë et provisoire sans doute, cette situation laissait une marge de manœuvre, que Segonzac a exploitée à fond avec son principe de la pleine liberté de parole et de discussion. Ainsi les membres de l'équipe se sont accordés au début, malgré la diversité de leurs arrière-pensées, pour s'abriter publiquement derrière une déclaration générale de « loyalisme absolu » envers la personne du Maréchal et d'adhésion à sa pensée, en faisant le silence sur le gouvernement et sa politique et sans dissimuler aux stagiaires leur intention de préparer la reprise du combat.

Cet accord tacite autour d'un dénominateur commun apolitique, avec les ignorances ou les illusions qu'il comportait, l'École d'Uriage le partageait avec nombre d'autres organismes dépendant de Vichy, comme les Chan-

1. Extrait d'un rapport d'un responsable de camp du Vercors, cité par F. Rude dans P. Bolle, *Grenoble et le Vercors, op. cit.*, pp. 47-48.
2. Voir P. Laborie, *L'Opinion française sous Vichy, op. cit.*

tiers de la Jeunesse. Une telle attitude pouvait l'amener à s'empêtrer dans le piège d'une soumission inconditionnelle aux directives du chef de l'État et aux décisions de son gouvernement, et à renoncer à s'opposer à la collaboration pour éviter de critiquer la politique officielle. Si au contraire elle abandonnait son apolitisme, l'équipe courait le risque de se désagréger sous l'effet des options divergentes : pétainisme, gaullisme, attentisme. Or, elle a évolué sans se briser, au prix d'un nombre réduit de départs, en tirant la leçon des événements qui modifiaient sa situation et ses appréciations initiales. Sa chance a été de rencontrer – et le mérite de Segonzac a été de savoir s'attacher, malgré les tensions – des esprits lucides qui se sont montrés assez patients pédagogues pour amener l'équipe à tirer les conséquences politiques de ses options spirituelles et patriotiques. Tour à tour, l'abbé de Naurois, Mounier et Lacroix, le Père Maydieu, Beuve-Méry ont joué ce rôle.

Le dernier surtout, après avoir accepté la règle de vie de cette singulière communauté en faisant preuve d'une solidarité et d'une discipline totales, a su faire tolérer puis progressivement partager son attitude critique envers le régime et les actes du Maréchal. En laissant parler les faits, à travers des informations précises et des analyses sûres, il ébranlait plus sûrement les convictions naïves de Segonzac que s'il avait développé des argumentations théoriques. Il a par ailleurs élargi les perspectives, en situant la défaite de la France, l'armistice et Vichy dans l'environnement international et idéologique qui leur donnait leurs véritables dimensions : la crise de civilisation et la montée des révolutions du XXe siècle. Ce faisant, il ramenait la Révolution nationale à sa réalité, évidente pour lui dès 1941 : une tentative partielle et illusoire, une révolution avortée; il ouvrait ainsi un vaste champ d'initiative à l'équipe décidée à préparer les conditions d'une vraie reconstruction. Dumazedier, en même temps, précisait concrètement les exigences d'une révolution économique et sociale fondée sur les aspirations des classes populaires et la conscience de l'exploitation ouvrière dans l'entreprise capitaliste. Il montrait que la seule manière de rivaliser avec le communisme, pour ceux qui étaient convaincus de ses limites et de ses erreurs, était de chercher à le dépasser en s'attaquant aux problèmes et aux injustices dont la permanence faisait sa force.

La résistance d'Uriage

Le loyalisme absolu qu'il professait envers le Maréchal n'a pas empêché le chef de l'École d'affirmer publiquement, dès l'hiver 1940-41, qu'il souhaitait la victoire de l'Angleterre; il a repris un peu plus tard la formule de Beuve-Méry, qui faisait de la libération du pays de la domination allemande la condition nécessaire et préalable de toute entreprise de redressement du pays. Refusant de cautionner la politique gouvernementale, il en vient bientôt à reconnaître que, dans certaines situations, des officiers peuvent refuser l'obéissance à l'autorité légale, au nom de leur conscience. Accusé par Garrone lui-même, qui l'estime et le soutient, d'être atteint par l'esprit de libre examen et de verser dans l'objection de conscience, puis par le cabinet civil du Maréchal de succomber à des influences démocrates sinon gaullistes, Segonzac devient suspect. Sous le ministère Laval enfin, il entre en opposition ouverte au gouvernement et à sa politique de la jeunesse aussi bien qu'à sa pratique de la collaboration. Dès lors, sans se situer *dans la Résistance* organisée, l'équipe d'Uriage se classe *parmi les forces de résistance* – résistance au nazisme et à la collaboration affirmée dès l'origine, et résistance à un gouvernement qui trahit les intentions que l'on prêtait au chef de l'État. Moins sensible cependant au risque d'apporter une caution au régime et d'en prolonger l'équivoque, qu'à l'avantage de poursuivre son œuvre éducative et l'édification de son réseau semi-clandestin, l'École choisit de durer et laisse à ses adversaires l'initiative de la rupture décisive. Si cette stratégie est périlleuse, surtout après l'occupation de la zone sud, et décevante pour ceux qui attendent de Segonzac un engagement exemplaire, elle a aussi ses avantages; elle fait apparaître que la continuité et la fidélité sont du côté de l'École, et le changement d'orientation du côté du gouvernement, qui trahit l'espoir de revanche du vichysme patriote de 1940.

L'École des cadres de 1942 a-t-elle servi au pouvoir d'alibi et contribué, en entretenant l'illusion d'un Vichy pluraliste et favorable aux patriotes anti-allemands, à maintenir dans l'attentisme une opinion chloroformée? L'historien n'a pas à trancher un débat qui fait appel au jugement politique. Si la façade d'Uriage est celle d'une institution officielle qui conforte le pouvoir par sa seule existence, quelle est la réalité? On doit prendre en compte le travail d'éveil des consciences, de mobilisation des énergies et de préparation à une action armée, à côté de l'équivoque entretenue par le refus de rompre franchement avec le gouvernement et de donner des consignes claires de ralliement à la Résistance clandestine.

Dans les derniers mois de 1942 comme en 1943, l'équipe d'Uriage trace sa propre voie, coopérant avec les forces de la Résistance sans s'intégrer à son organisation en voie d'unification. Ses réticences tiennent pour une part, chez Segonzac surtout, à la fidélité aux origines et au refus de renier les choix de 1940; l'esprit qui a inspiré les débuts de l'École semble méconnu par une propagande qui condamne en bloc tout ce qui a été entrepris et réalisé dans le cadre du nouveau régime. Plus profondément, il s'agit pour le chef de l'équipe d'Uriage d'un transfert de légitimité et de loyalisme : il ne donnera son adhésion à une organisation et au pouvoir qui la dirige que s'il reconnaît en eux l'incarnation de la conscience nationale. Les critères de cette reconnaissance sont pour lui la réalisation d'une large union et l'indépendance à l'égard des États et des modèles étrangers; pendant longtemps, il hésitera à donner sur ces points son aval à la France combattante. A ces facteurs de méfiance, s'ajoute enfin le souci, pour fonder la reconstruction future, d'une révolution morale autant qu'institutionnelle, spirituelle autant que sociale : les perspectives politiques tracées par la Résistance organisée font-elle une place suffisante à ces ambitions?

Ces positions contribuent à expliquer l'inclination de Segonzac pour le giraudisme en 1942-43. Elle est due pour une part à ses sympathies d'officier discipliné, soucieux de rejoindre ses frères d'armes et de redevenir un combattant régulier après avoir été un temps un rebelle. Il y a aussi ce qui le rapproche du général, officier patriote, apolitique et catholique, soucieux d'éviter les ruptures dans l'armée comme dans la nation et de rétablir l'unité dans le combat sans condamner l'armistice et sans s'attaquer à la légitimité du Maréchal comme le fait de Gaulle. Segonzac ne partage pas, ou plus, les préjugés réactionnaires de Giraud, et ses amis le poussent à s'en éloigner, mais il est naturellement plus en confiance avec Giraud et les officiers de l'ORA qu'avec les gaullistes. Il ne renoncera définitivement à cette préférence pour se rallier à de Gaulle que lorsqu'il aura la preuve, au début de 1944, qu'il n'y a plus de place pour une autre démarche.

Ce ralliement comporte pour lui, comme pour d'autres qui l'ont opéré avant lui, un constat d'échec relatif à côté d'éléments de satisfaction. Satisfait de savoir la cause de l'indépendance nationale autant que celle de l'unité prises en compte vigoureusement par le pouvoir d'Alger, il doit aussi constater l'échec de son ambition originale. Comme d'autres résistants de l'intérieur, les hommes d'Uriage avaient espéré un autre processus pour la résurrection de la France que celui qui s'accomplit. La libération militaire à laquelle devait participer le grand nombre des Français, s'accompagnerait d'un grand bouleversement surgi des profondeurs, associant toutes les classes sociales et toutes les tendances sous la conduite de leurs élites. Sous le signe de l'humanisme révolutionnaire, et autour des hommes rassemblés dans l'esprit d'Uriage partout où ils seraient influents, un nouvel ordre social prendrait forme, amorçant enfin la révolution communautaire que Vichy avait abusivement promise. Or dans la France libérée où se réinstalle l'État républicain, l'élan révolutionnaire semble accaparé par un parti communiste qui parle haut et règle ses comptes, tandis que tout ce qui a été entrepris ou maintenu dans le cadre du gouvernement de Vichy est condamné sans examen. Ni l'expérience ni les projets d'Uriage ne sont pris en compte par le nouveau pouvoir, soucieux de restaurer d'abord l'autorité de l'État, et les membres de l'équipe, à part quelques exceptions notables, n'occupent pas une grande place dans le tableau de la hiérarchie des FFI, des CDL ou de la nouvelle administration. Ceux qui seront pourvus, au lendemain de la Libération, de fonctions de responsabilité ou d'influence le devront au jeu des amitiés et à leurs compétences techniques ou professionnelles, et non à leur appartenance à l'équipe d'Uriage.

Sur la question du communisme d'autre part, l'équipe d'Uriage a pris à la fin de 1942, et conservé ensuite, une position claire valable pour la durée de la guerre, avant de se partager en 1944 sur les applications qu'il convenait d'en faire dans la période révolutionnaire de la Libération. En 1942, ayant pris la mesure des convergences et des divergences foncières qui séparent, philosophiquement et spirituellement surtout, le marxisme de l'humanisme d'Uriage, ainsi que des lacunes et des erreurs pratiques du communisme soviétique, on n'en raisonne pas moins en fonction d'un ordre des urgences. La priorité immédiate va au combat national contre l'occupant et ses auxiliaires, au combat moral contre le nazisme et ses complices; dans cette phase, tous les adversaires de l'ennemi commun sont alliés malgré leurs oppositions. Ce combat a de plus une portée révolutionnaire, puisque l'union des diverses classes sociales dans l'insurrection patriotique préfigure la communauté nationale de demain, plus solidaire et plus fraternelle. Il est donc normal de reconnaître dès maintenant un rôle privilégié aux organisations qui représentent et mobilisent les classes populaires. On précisera, à la fin de la période clandestine, que la collaboration sociale et patriotique avec les organisations communistes ne comporte ni concession à la théorie marxiste, dont on réprouve les erreurs et les lacunes, ni acceptation des méthodes violentes familières au communisme stalinien, ni résignation à une domination du PC sur ses alliés. L'émulation entre la révolution marxiste préparée par le PC et la révolution humaine souhaitée à Uriage est grosse de confrontations futures, peut-être d'oppositions violentes; cela n'enlève rien toutefois à la solidarité entre alliés poursuivant le même objectif, ni à la fraternité dans le service de certaines valeurs communes.

Les plus optimistes des hommes d'Uriage comptent sur le dialogue et la connaissance mutuelle développée dans l'action pour faire avancer la conciliation ou le dépassement qui donneront à l'entreprise communiste une figure plus humaine. Pour les autres, il est urgent, quelles que soient les collaborations ponctuelles et les solidarités, de développer la vigilance à l'égard d'un parti dont le succès menace la démocratie et les libertés. C'est précisément ce clivage qui provoque la dissociation définitive de l'équipe d'Uriage après la Libération. On sait assez que cet échec a été partagé, sous forme de rupture, d'absorption ou de renoncement, par de nombreux autres groupes engagés dans une collaboration conflictuelle avec le PC, lorsque la lutte autour du pouvoir a succédé, avant même la guerre froide, à l'alliance dans le combat pour la liberté. Il reste le rôle formateur de l'expérience d'Uriage : l'équipe, formée majoritairement de jeunes bourgeois que tout, notamment l'individualisme et le catholicisme, éloignait de la révolution marxiste, a appris à la connaître, à en respecter les militants et à assumer l'espoir de libération qui faisait son prestige. Cette prise de conscience collective, guidée par l'enseignement d'un Lacroix et accélérée par les initiatives d'un Dumazedier, est parallèle à celle qui a permis l'élargissement de la neutralité (coexistence silencieuse entre chrétiens et agnostiques ou athées) en laïcité ouverte (manière de vivre ensemble où la confrontation sert la coopération).

Si l'équipe d'Uriage a su, renonçant au prétendu apolitisme du conformisme vichyssois, faire des choix politiques et affirmer la dimension politique du projet révolutionnaire, il est évident cependant qu'elle est restée relativement à l'écart de l'action politique; aucun de ses membres n'y a fait carrière après la Libération. Donnant constamment la priorité et la préférence à l'œuvre éducative, ou à une action patriotique menée sous le signe de la recherche de l'union nationale, elle a évité de prendre position dans les luttes spécifiquement politiques et a porté des jugements sévères non seulement sur les « anciens partis » mais sur le système partisan lui-même. En difficulté avec les pouvoirs successifs sous lesquels elle a servi, elle n'a pas réussi à les influencer et s'est divisée de manière irrémédiable lorsqu'elle a été obligée de se situer face au choix politique majeur qu'imposait la présence du parti communiste. De plus ses dirigeants, conscients de l'importance « du politique » et décidés à l'intégrer à leur œuvre éducative, ne se sont sans doute pas défaits d'une réaction de méfiance sinon de répugnance envers le monde de « la politique ». Les militaires comme les intellectuels jugeaient sévèrement l'ambition et les luttes pour le pouvoir qu'elle inspire – qu'il s'agisse de la compétition électorale dans la démocratie défunte ou des intrigues de cour du régime monocratique. En ce domaine leur réflexion est restée plus courte que dans d'autres et leur pratique plus timide, comme s'il opposait des obstacles particuliers à leur effort pour témoigner du spirituel au sein des tâches révolutionnaires.

L'humanisme révolutionnaire

Dernière série de questions et autre sujet de controverse : la tentative d'élaborer un humanisme révolutionnaire capable de répondre au défi de la crise et des révolutions du XXe siècle. Les intellectuels de l'équipe se sont engagés dans l'exploration de la « quatrième voie », en cherchant à dépasser les contradictions et à éviter les erreurs qui caractérisent selon eux les trois systèmes opposés : libéralisme capitaliste, fascisme, communisme soviétique. La recherche de l'équipe d'Uriage s'inscrit dans le vaste courant nourri avant la guerre par les groupes non conformistes des années 30. Son effort d'invention, comme le leur, a donné lieu à diverses interprétations et appréciations, dont certaines tirent abusivement parti de quelques textes isolés ou de particularités de vocabulaire hâtivement considérées comme significatives.

À cet égard, une première constatation s'impose à l'issue de notre travail de reconstitution chronologique : si l'équipe d'Uriage a développé tout au long la même intention éducative, patriotique et morale, l'expression intellectuelle et idéologique qu'elle en a donnée a évolué. Les références historiques et idéologiques, le regard sur la société et ses problèmes, l'attention aux questions économiques et sociales, la définition d'un projet révolutionnaire n'étaient plus en 1942 ce qu'ils avaient été en 1940-41. Or ce sont les textes de cette première année (publiés par *Jeunesse... France* et dans la collection de l'École, ou cités dans les publications officielles et celles des mouvements de jeunesse) qui sont aujourd'hui les plus accessibles, les plus connus et les plus souvent cités. Il est tentant d'en tirer une reconstruction simpliste de l'esprit d'Uriage, réduit à une idéologie superficielle de boy-scouts attardés : moralisme, exaltation d'une imagerie d'héroïsme militaire, culte du chef, écho des thèmes officiels de la Révolution nationale. Ce serait oublier l'approfondissement amorcé par le colloque de décembre 1940 et mené ensuite sous la direction de Beuve-Méry à partir de l'été 1941. Le travail de documentation et de réflexion du bureau d'études substitue progressivement aux idées simples des origines des thèses informées et argumentées : analyse critique de la crise de la société française et de la civilisation européenne, perspectives théoriques et pratiques de solution. Les résultats en apparaissent déjà dans l'enseignement donné aux stagiaires de 1941, mais surtout dans les textes de 1942, non publiés pour la plupart (conférences aux stagiaires et documents à l'usage interne de l'équipe). Ils sont ensuite développés dans les textes clandestins et enfin résumés dans la Somme publiée en 1945. Seule une vue d'ensemble de ce long travail d'élaboration permet d'apprécier la nature et la portée de la synthèse idéologique esquissée.

Un des fondements de cette synthèse est la résolution de combattre non seulement l'occupant allemand et sa machine de guerre au nom de l'indépendance nationale, mais aussi le nazisme et sa fausse mystique, au nom d'un humanisme de la personne. L'idée d'une contamination de l'esprit d'Uriage par le *virus fasciste* est évidemment fallacieuse, et la comparaison avec les *Ordensburgen,* écoles de cadres du régime nazi, fait ressortir l'opposition des deux esprits. C'est en lisant à contresens une page où Gilles Ferry évoque cette comparaison, que John Hellman définit Uriage comme cet « Ordensburg français près de Grenoble », où l'on aurait cultivé un « national-socialisme spiritualisé », une « version christianisée » de l'esprit qui animait l'École des cadres de zone nord, avec les mêmes caractères : élitisme, tendance totalitaire, gnosticisme et arrogance [1]. Uriage a certes donné une grande place au développement de la force de caractère et de la condition physique, à la discipline et au rôle du chef, à la recherche d'un « ordre viril », à la construction d'un État fort et d'une nation unie, dans laquelle le lien communautaire l'emporte sur les particularismes des individus et des groupes. Mais il s'agit de développer non le culte mais le sens de la force, de l'autorité et de l'efficacité, comme autant de vertus mises au service d'un humanisme. Celui-ci repose sur le respect de la personne et la reconnaissance de la vocation spirituelle qui fait sa dignité. Le « style de vie » prôné et pratiqué à Uriage vise, sous des formes marquées par ses origines militaires, à réaliser effectivement l'œuvre dont les moralistes antinazis, du côté chrétien notamment, ont montré l'urgence : opposer aux fausses valeurs des fascismes, qui exploitent en les dévoyant d'authentiques aspirations, la pratique des valeurs véritables, abandonnées par les chrétiens sous l'influence de l'individualisme bourgeois ou du conformisme dévot. L'effort de discernement entrepris par Mounier dès 1933 à propos des « pseudo-valeurs spirituelles fascistes » s'est poursuivi à Uriage, avec Chevallier et le Père de Lubac réfléchissant sur « l'ordre viril » et Segonzac plaidant pour un christianisme qui ne soit pas « dévirilisant [2] ». Les analogies de vocabulaire et d'attitude entre le style d'Uriage et la discipline fasciste comportaient certes le risque de possibles dérapages vers l'élitisme arrogant et la communion fusionnelle des régimes totalitaires; mais c'est précisément une des missions que s'est données l'École d'Uriage, que de prémunir les jeunes chefs contre ces tentations en proposant un autre usage de la force et de la discipline.

1. J. HELLMAN, *Emmanuel Mounier and the New Catholic Left..., op. cit.,* pp. 175-177. Voir G. FERRY, *Une expérience..., op. cit.,* pp. 32-33.

2. E. MOUNIER, « Des pseudo-valeurs spirituelles fascistes : prise de position », *Esprit,* janvier 1934, art. repris dans *Œuvres,* I, pp. 223-228. Voir les conférences de J.-J. Chevallier sur l'ordre viril, et les textes du Père de Lubac et de Dunoyer de Segonzac cités au chapitre XI.

Le soupçon de *nationalisme* présente plus de vraisemblance : le sens de l'amour de la Patrie, la fidélité aux traditions nationales sont au cœur de l'esprit d'Uriage, et le grand exposé sur « la mission de la France » a été répété pendant près de deux ans devant de nombreuses promotions de stagiaires. Pouvait-il en être autrement, en ces années où l'unité et l'indépendance du pays, menacées sinon perdues, apparaissaient comme les biens les plus précieux, la condition première des autres libertés? Les hommes d'Uriage ont certes manifesté un souci jaloux de l'indépendance nationale, de la libération du pays par ses propres forces et de l'élaboration d'une solution spécifiquement française à la grande crise de civilisation; c'est une des raisons de leur méfiance envers les organisations de Résistance, qu'ils soupçonnaient de se résigner à subir l'influence sinon la domination des puissances étrangères. Mais cette intransigeance n'est pas celle des adeptes de la « France seule », dont ils dénoncent les raisonnements. Ni l'Europe ni la communauté internationale ne sont oubliées; leur organisation est envisagée sous une forme fédérale ou contractuelle de manière à ne pas retomber dans les affrontements des souverainetés rivales, après qu'on aura échappé à l'hégémonie du « nouvel ordre européen ». La nation est définie comme « communauté de communautés », distincte de l'État, associant des familles, des régions et des professions composées elles-mêmes de personnes, comme l'explique Jean Lacroix; on se prémunit ainsi contre la tentation du nationalisme autoritaire, à plus forte raison du monisme totalitaire. Le sentiment national cultivé à Uriage vise à défendre un bien essentiel contre les menaces de mort qui pèsent sur lui, il n'exclut ni la conscience des affrontements sociaux à l'intérieur de la nation, ni la nécessité d'un ordre international et la reconnaissance de valeurs universelles qui limitent la souveraineté nationale.

En matière économique et sociale, les réflexions de l'équipe ont vite dépassé le *corporatisme* vichyssois dont les formules avaient sans doute suscité sa sympathie au début : ni capitalisme, ni socialisme étatiste, ni lutte des classes; organisation de communautés professionnelles. Le double travail d'étude théorique et de contacts avec le monde industriel, patronal et syndicaliste, mené à partir de la fin de 1941, aboutit vite à la critique et à la dénonciation des solutions illusoires de la Charte du travail. Empruntant à François Perroux l'idée de la communauté de travail, les intellectuels d'Uriage en envisagent l'instauration par une double transformation révolutionnaire. Tandis que l'économie nationale serait réorganisée, en distinguant les trois secteurs (nationalisé, libre et contrôlé) et en instituant un plan directeur, la structure des entreprises serait également réformée de manière à faire participer les salariés à la gestion comme aux bénéfices.

Cette orientation idéologique qui ne relève ni du fascisme ni du nationalisme ou du corporatisme, s'apparenterait-elle à une forme de *technocratie*? La thèse d'une École d'Uriage servant les vues de la technocratie vichyssoise n'a aucune consistance. Malgré l'accord partiel passé par Segonzac avec Darlan pour la formation des futurs fonctionnaires, et la participation aux stages d'Uriage de membres des grands corps ou de certaines administrations (en fait, surtout l'armée et les Affaires étrangères), c'est un contresens que de voir en Uriage une ENA avant la lettre, une École des cadres administratifs et sociaux du régime de Vichy [1]. D'une part l'École nationale est restée une École des cadres *du secrétariat général à la Jeunesse*, et non *de l'État ou des administrations;* définissant elle-même sous ce patronage sa mission – le service des élites de tous les milieux sociaux du pays –, elle a accueilli moins de fonctionnaires et d'administrateurs que d'éducateurs et de cadres d'associations et d'entreprises. D'autre part, les représentants des

1. Voir P. Birnbaum, *La Classe dirigeante française*, Paris, 1978, p. 84; Fernand-Laurent, *Un peuple ressuscite*, pp. 42-43.

tendances ouvertement technocratiques dans le régime de Vichy (responsables des administrations financières et économiques ou des comités d'organisation de l'industrie, jeunes ministres du gouvernement Darlan comme Pucheu et ses amis) n'ont guère eu de contacts avec l'École d'Uriage ou l'ont combattue à cause de ses orientations politiques. Pas plus dans ses intentions que dans sa pratique, l'École d'Uriage n'a donc été un instrument de la technocratie vichyssoise.

Cependant le terme de « technocratique » qualifie aussi, avec ou sans le pouvoir politique, une idéologie et surtout un style d'action. Il caractérise l'élite de la compétence technique qui tend à imposer, au nom de la prospérité générale et de la modernisation économique et sociale, ses décisions « rationnelles », en évacuant les affrontements d'intérêts et de projets rivaux dont se nourrit au contraire le débat démocratique. Il est vrai qu'on a cultivé à Uriage le sens de l'élite et les qualités de compétence et d'efficacité, qu'on a condamné globalement et souvent sommairement les partis et le jeu politique d'avant-guerre, et qu'on a reconnu la nécessité d'une modernisation de l'économie et de la société françaises, d'une franche prise en compte des réalités nouvelles de l'ère industrielle. Mais ces éléments s'inscrivent dans une vision d'ensemble qui est à l'opposé de l'orientation technocratique. Pas plus la réussite technique que la rationalisation des conduites ou l'abondance des biens ne sont considérés comme des buts, puisqu'on prétend les mettre au service d'une idée du développement de l'homme et de la société qui repose sur le primat des valeurs spirituelles. La dignité et l'épanouissement de la personne tiennent à sa vocation, qu'il appartient à chacun de déceler et d'accomplir fidèlement; de même toute collectivité a pour règle le service d'une mission qui la dépasse.

Dans cette perspective, la société est tout le contraire d'une mécanique; ni la compétence technique, ni la capacité de décision, ni le sens de l'efficacité ne suffisent à qualifier les candidats aux fonctions dirigeantes. Ainsi les élites nouvelles dont l'équipe d'Uriage souhaite la promotion seront issues de toutes les classes sociales et représenteront l' « *excellence* » sous toutes ses formes, et pas seulement sous celles du diplôme ou du savoir-faire. Les élites populaires, les élites de rayonnement et de civilisation, auxquelles la « Somme » donne une place majeure à côté des élites de commandement et d'encadrement, sont tout le contraire d'une caste technocratique [1]. L'excellence des élites sociales repose sur leur connaissance d'un milieu humain, leur capacité d'exprimer les aspirations de ses membres tout en les éduquant afin d'assurer leur promotion. Les élites de civilisation, artistes, savants et guides spirituels, se distinguent par leur aptitude à créer, à exprimer les problèmes ou à donner forme aux expériences et à la sensibilité de leur époque. De même que le chef, en commandant au nom de la mission de l'équipe, sert aussi ses hommes, les élites doivent servir la promotion collective du groupe social dont elles sont issues. Un des résultats obtenus par l'action d'Uriage est précisément d'avoir prémuni les jeunes cadres qui ont fréquenté l'École contre la déviation technocratique; l'expérience d'un stage les poussait à élargir leur vision et à approfondir le sens de leur responsabilité sociale.

Recherche d'une quatrième voie

Si l'on écarte ces interprétations, comment qualifier et apprécier positivement l'orientation idéologique qu'a adoptée l'équipe d'Uriage ? À la suite des intellectuels à qui Segonzac faisait confiance sur ce plan, elle a voulu explorer la quatrième voie de sortie de la crise du XXe siècle, qu'elle a appe-

1. *Vers le style du XXe siècle, op. cit.*, p. 128 sq.

lée d'abord celle de la révolution personnaliste et communautaire, puis celle de la révolution humaine. Elle n'a pas innové dans le domaine des solutions techniques, qu'elle a laissées dans le vague (la forme de l'État) ou qu'elle a empruntées à des formules élaborées auparavant (la communauté de travail). Son apport spécifique a consisté à définir un esprit et une manière, un « style », et à montrer en tentant de les pratiquer à son échelle comment on pouvait les adopter et les propager. Le cœur de cet enseignement, tel qu'il est développé dans la Somme de 1944-45, c'est-à-dire en dépassant les éléments qui relevaient spécifiquement de la conjoncture des années d'occupation, repose sur trois idées maîtresses.

Il s'agit d'abord de *La révolution du XXe siècle.* En partant du double constat de la crise de la civilisation occidentale et de l'échec des diverses solutions expérimentées par les révolutions étrangères, on aboutit à l'esquisse d'un principe révolutionnaire fondé sur un humanisme d'inspiration chrétienne. Parmi les trois systèmes rejetés, la démocratie libérale est l'objet d'un traitement particulier : on ne méconnaît ni la grandeur de son principe de liberté, ni les réussites partielles de ses efforts de libération concrète des hommes. Mais on dénonce, tout en reconnaissant que ces défauts sont susceptibles d'être corrigés dans l'avenir, son double vice : une économie capitaliste qui produit le désordre et l'oppression, et un système politique représentatif qui, en France du moins, a livré la souveraineté aux jeux de partis dominés par des intérêts particuliers. Certes les vertus propres des peuples anglo-saxons ou nordiques ont permis à leurs systèmes démocratiques d'allier au sens de la liberté celui de la responsabilité et de susciter la mobilisation des énergies dans le péril actuel. Il n'en reste pas moins que l'idéal démocratique souffre d'être lié à une anthropologie périmée : l'individualisme et le rationalisme du XVIIIe siècle ne répondent plus aux exigences du XXe siècle, époque de faim spirituelle et de redécouverte des forces irrationnelles. Fortement marquée par l'expérience catastrophique de la France des années trente, cette critique de la démocratie libérale n'en est pas moins fondée sur une vision globale des problèmes de l'Occident. Elle n'est ni aristocratique ni technocratique, et renvoie plutôt à l'utopie d'une démocratie plus organique et plus chaleureuse, plus capable de servir la promotion humaine des masses et le rayonnement de la culture.

Si l'équipe d'Uriage ne fait pas du système démocratique, ni de ses chances de restauration en France et d'amendement, la référence majeure de ses réflexions, c'est que son attention est accaparée par la conscience de la gravité et de la globalité de la crise, et par conséquent de la profondeur de la révolution capable de la résoudre. Révolution à la fois morale et institutionnelle, qui renouvellera dans le même élan l'homme (dans son corps et son esprit, son caractère et son cœur) et la société (économie, politique et culture). La transformation des structures est présentée à la fois comme la « condition institutionnelle du redressement », nécessaire au développement de « l'homme nouveau », et comme le fruit de l'action d'hommes nouveaux déjà formés. Autrement dit, « les deux révolutions devront être parallèles et synchronisées », chacune ayant son urgence et sa priorité relative [1]. Sur tous ces points, la pensée d'Uriage se situe en continuité avec les orientations du mouvement *Esprit* d'avant-guerre : thèmes anciens, actualisés à la lumière des expériences de la défaite et de l'échec de la Révolution nationale et stimulés par le climat de mobilisation révolutionnaire dans lequel travaille l'équipe clandestine.

La seconde idée concerne le rôle des *élites*. Segonzac avait estimé, dès 1940, que le déclin et la défaite de la France étaient dus à la défaillance de ses élites sociales; le relèvement national passerait donc nécessairement par le renouvellement et le redressement de ces élites – ce qu'il appelait d'abord

1. *Ibid.*, pp. 207-210.

formation des chefs, puis éducation des cadres. En 1944-45, les penseurs de son équipe font de l'apparition d'élites nouvelles la condition essentielle de la réussite de la révolution qui s'annonce. Dans l'immédiat, la poussée révolutionnaire ne peut être menée à son terme, comme le montrent les précédents historiques, que par l'action de cadres, minorités agissantes qui sauront guider le mouvement des masses et improviser de nouvelles structures dans la phase de bouleversement. À plus long terme, il s'agit de refaire un tissu social consistant, en renouvelant les mœurs, et de réinventer une civilisation communautaire qui respecte la liberté spirituelle de ses membres. Contre la dictacture anarchique des intérêts particuliers, et contre celle des idéologies qui asservissent l'homme à une structure sociale érigée en absolu – peuple, classe, État –, la société doit servir l'homme dans la vocation qui fait sa valeur suprême. C'est le rôle des élites de lutter contre ces perversions, de se mettre à la fois au service de l'homme et de la Révolution et de témoigner pour la permanence des valeurs au sein de l'effort de construction d'un ordre nouveau. Or la France souffre d'un déficit particulier sur ce plan; ses structures politiques et sociales, ses habitudes culturelles l'ont menée depuis deux siècles à l'asphyxie par le gaspillage des ressources. Un vaste effort de sélection, de rassemblement, d'éducation et de promotion des élites, s'impose dans tous les milieux sociaux. C'est là une tâche spécifique, qui n'est l'affaire ni des dirigeants politiques ou professionnels, ni de l'Université ou des Églises – et c'est là que l'équipe d'Uriage, forte de son expérience, situe sa responsabilité et sa compétence propres.

La formation des élites repose donc sur une *action d'éducation et de rayonnement*, dont l'École d'Uriage a donné un exemple; c'est la troisième idée maîtresse. Sans doute des écoles de cadres réapparaîtront-elles, pour les besoins des professions et des familles spirituelles, de même que d'autres organismes de formation : instituts collégiaux pour les universitaires, maisons de la culture, centres de loisirs. Ces institutions doivent offrir une vie communautaire aux élites de tous les milieux qui s'y grouperont pour parfaire leur formation sous le signe d'un engagement commun. Mais une structure plus vaste et plus ambitieuse doit animer l'ensemble de cette œuvre, lui donner son esprit : un ordre, ou des ordres, élément essentiel de la « pédagogie de l'homme nouveau ». Ni parti ni Église, l'Ordre est l'organe spécifique de l'action éducative à visée révolutionnaire :

> Faire ou refaire des hommes, pour régénérer par eux le tissu social, pour qu'ils soient partout des foyers de force, de lumière et de vie, pour qu'ils servent les institutions en les faisant servir au bien commun (...).
> [L'*Ordre*] est donc à la fois au service de l'homme et de la Révolution, au service, si l'on veut, d'un humanisme révolutionnaire qui, approfondissant, dépassant, corrigeant et complétant les révolutions en cours, réalise une vivante synthèse de Marx, de Nietzsche et de Péguy [1].

Réunissant dans le service de cet humanisme des hommes et des femmes, éducateurs de profession ou de vocation et dirigeants conscients de la dimension éducative de leur action, l'Ordre leur proposera un engagement de fidélité et l'observance d'une règle de vie. Foyer d'expériences communautaires et de recherches pédagogiques, il propagera un style de vie et d'action. À la fois préfiguration et avant-garde de la future société communautaire, il favorisera l'épanouissement de vies inspirées par les valeurs spirituelles et soutiendra les structures vouées à la formation des élites nouvelles.

Humanisme révolutionnaire à fondement spirituel, responsabilité des élites, primat de l'action éducative menée par des communautés fortes, tels

1. « Nécessité d'un Ordre », *ibid.*, pp. 254-255. Voir aussi H. Beuve-Méry, « Écoles de cadres », *Esprit*, octobre 1945, pp. 624-625.

sont les maîtres-mots du bilan que donne l'équipe d'Uriage de son expérience en regardant vers l'avenir. Ces formules prolongent, dans un vocabulaire renouvelé, celles qui définissaient les intuitions de 1940 : formation de chefs, équipe au service d'une mission, sens de l'honneur et du spirituel, service de la Patrie.

L'équipe d'Uriage appartient à l'histoire des courants de pensée comme une institution – relais, qui, en un temps d'interdiction de la pensée libre et de confusion idéologique, a recueilli une tradition vivante pour l'actualiser et la transmettre. Elle a joué ce rôle de maillon dans deux chaînes de durée. Dans le temps court des années de guerre, elle a été un des foyers de recherche et d'échanges où se sont confrontées les réflexions et les expériences de groupes dont les uns travaillaient dans le cadre de l'administration de Vichy et sous le signe de la Révolution nationale, les autres étaient engagés dans la Résistance et préparaient une autre révolution, tandis que plusieurs évoluaient d'une appartenance à l'autre. C'est en partie par Uriage qu'ont transité des idées et des valeurs dont les idéologues de la Révolution nationale cherchaient à s'emparer pour servir leur entreprise de réaction intérieure et de résignation à une Europe allemande : thèmes hérités de Péguy et de Lyautey, propositions de Mounier sur le personnalisme communautaire et de François Perroux sur la communauté de travail. Uriage a contribué à les arracher à cette captation et, renversant le mouvement, à les intégrer au patrimoine de la Résistance et des artisans d'une autre révolution. Si des résistants anti-vichystes de la première heure, gaullistes ou démocrates-chrétiens avec leur influence sur l'ACJF, ont évidemment contribué à ce redressement, l'action d'Uriage, démystifiant de l'intérieur l'idéologie du régime, n'est pas négligeable.

Dans le temps long aussi (celui du demi-siècle 1925-75), Uriage a été un des relais majeurs entre les recherches, très minoritaires, des non-conformistes des années trente, et l'esprit nouveau qui imprègne après 1945 une partie des milieux dirigeants de l'administration et de la vie économique, sociale et culturelle. S'inscrivant dans le prolongement de l'action du mouvement *Esprit* d'avant la guerre, l'École a joué le rôle d'un creuset où se sont ébauchés des amalgames inédits. Des sociologues étudiant la production des idéologies dans la société française ont pu y voir la rencontre et la fusion de deux courants de la bourgeoisie réformiste et moderniste : celui des intellectuels non conformistes à la recherche d'une révolution totale d'inspiration spirituelle, et celui des techniciens ou technocrates – ingénieurs, économistes et hauts fonctionnaires soucieux de moderniser l'économie par la rationalisation et la planification [1]. Il n'est pas dans notre propos de discuter ces propositions qui appellent d'autres travaux d'histoire culturelle sur la France d'après-guerre. On souhaitera du moins qu'ils évitent la tentation réductrice de n'étudier que la « doctrine » d'Uriage en en faisant un moment de la production idéologique des couches dirigeantes. L'équipe d'Uriage a développé ses idées dans le cadre d'une expérience collective intensément vécue, et l'on ne peut en rendre compte sans se référer aux intentions, aux circonstances et aux réalisations qui ont marqué cette expérience.

Communauté ouverte et expérience spirituelle

Étrange et controversée, l'aventure singulière de l'École d'Uriage est également attachante, et j'en vois pour ma part trois raisons. C'est d'abord

1. Voir P. Bourdieu et L. Boltanski, « La production de l'idéologie dominante. Les aventures d'une avant-garde », *Actes de la recherche en sciences sociales*, n°s 2-3, juin 1976.

l'ambition de l'entreprise et la plénitude de l'expérience. L'équipe d'Uriage a su associer la construction et le développement d'une communauté éducative efficace à un double projet d'action dans la France des années quarante : participer, par l'action morale puis par les armes le jour venu, à la libération du pays; tracer les perspectives et forger l'instrument d'une transformation révolutionnaire de la société et de la civilisation. L'entreprise s'est développée simultanément sur ces trois plans (réalisations pédagogiques, action patriotique et projet révolutionnaire) en mêlant l'élan utopique au sens réaliste de l'efficacité collective. Elle a conjugué, comme peu d'autres, une mystique avec une réflexion critique et une pratique quasi militaire de l'exécution disciplinée. La richesse de cette combinaison distingue l'équipe d'Uriage des autres institutions de jeunesse nées comme elle de l'élan de 1940. Elle est évidemment liée à son caractère aristocratique, qui explique en partie l'insuccès relatif de son effort d'extension sous la forme de l'ENU puis de l'Ordre. Celui-ci n'a pas été construit de manière durable, et la révolution espérée ne s'est pas faite; le projet de donner une réponse globale à la crise du XXe siècle a tourné court, contrairement aux deux autres éléments du programme pédagogique et patriotique. Ce projet était-il fondamentalement utopique, dès l'origine? Il l'est en tout cas devenu effectivement dans la France d'après 1945, tandis que les circonstances nouvelles rendaient caduque une communauté dont la cohésion devait beaucoup à la conjoncture exceptionnelle de la guerre. Les hommes d'Uriage et leurs idées, à travers les institutions qu'ils ont servies ou dirigées, n'en ont pas moins été influents dans les décennies d'après-guerre. Cette influence a propagé une vision globale des réalités et des problèmes, liant le technique, l'économique et le politique au moral et au culturel; elle a contribué à donner une place majeure à la formation des hommes.

Un autre élément du bilan consiste dans la capacité de l'institution fondée en 1940 à évoluer, à élargir et infléchir ses perspectives, à intégrer des hommes et des idées qu'elle ignorait au départ et à se plier à la pression de circonstances imprévues. L'équipe d'Uriage n'a pas seulement su tirer les conséquences de son refus radical d'en rester à la défaite, en passant d'une attitude de loyalisme envers le Maréchal à la critique de son gouvernement puis à la rupture avec le régime. Plus largement, elle a su intégrer progressivement à la perspective essentiellement éducative, morale et patriotique qu'elle s'était tracée à l'origine, ces autres dimensions qu'elle a appris à évaluer : le politique, l'économique et le social, le culturel. Elle a découvert et pris en compte des situations sociales et des traditions idéologiques éloignées de celles qui caractérisaient ses premiers membres. Par son ouverture, son sens du réel et son respect du travail intellectuel, son chef a réussi à présider à ces tranformations dont il n'avait pas l'initiative; les développements imprévus et les tournants sont ainsi apparus comme l'approfondissement de ses résolutions et de ses intuitions originelles, et non comme des ruptures ou des contradictions. L'esprit du temps a évidemment favorisé cet élargissement : en période de crise et de sursaut mobilisateur, les liens de solidarité qui se créent entre hommes d'origine et de convictions différentes font sauter les cloisons. Encore faut-il que les institutions qui les regroupent aient la force et la souplesse de se prêter aux mutations provoquées par ces rencontres. Dans la période centrale 1941-43, la perspective d'une mission commune a ainsi rassemblé, non sans tension et au prix de plusieurs séparations (notamment Naurois, Lallement, d'Alançon puis Chombart de Lauwe) des hommes de tempérament et de convictions aussi divers que Segonzac. Beuve-Méry, Dumazedier puis Gadoffre – pour ne citer que les chefs de file. De l'échec de leur association après la Libération, on ne peut induire qu'elle reposait sur une illusion ou un malentendu, ni qu'elle était seulement dictée par les circonstances. L'équipe d'Uriage et son humanisme révolutionnaire ont été, un temps, des réalités cohérentes et clairement identifiées, malgré la diversité de leurs composantes.

Il y a enfin ce qui apparaît avec éclat au contact des acteurs qui ont été engagés dans cette aventure : la manière dont ils l'ont vécue, en participant à une entreprise exaltante. Avec les limites et les ambiguïtés qu'on lui connaît, l'École a constitué d'abord, pour ceux qui l'approchaient, un foyer de salubrité morale et de résolution patriotique. Sous la naïveté du vocabulaire et de certaines attitudes, le style d'« ordre viril » qu'elle pratiquait était une leçon de fierté et de courage, dans le refus de l'indifférence et de la passivité, le goût de l'effort et du travail méthodique et efficace. Ceux surtout qui ont plus directement partagé la vie de l'équipe – de jeunes hommes et femmes au seuil de l'âge adulte pour la plupart – ont vécu cette époque comme un engagement décisif, qui souvent les a marqués pour la vie. Dans ce temps de confusion et de désarroi, où les prudences de l'attentisme et les générosités naïves préparaient mal les jeunes aux choix difficiles qui devaient s'imposer à eux en 1943-44, l'École n'a pas été un refuge pour idéalistes en quête d'illusoires sécurités affectives, ni un laboratoire d'utopies pour intellectuels coupés du réel. Sous ses apparences de cour chevaleresque dont le prince distribuait les rôles avec autant d'ironie amusée que d'autorité charismatique, le lieu de retraite que certains prenaient pour un camp scout amélioré ou un monastère laïc sans clôture a été un vivier d'énergies. De jeunes personnalités en ont reçu l'empreinte, et surtout y ont puisé un élan capable d'orienter la résolution de toute une vie. Foyer d'éducation mutuelle, la communauté a appris à ses membres, par l'exemple et la pratique, à découvrir leur responsabilité au sein d'un monde bouleversé par un conflit tragique. Mounier avait proposé à ses auditeurs, dès 1940, de devenir des combattants qui sachent « ayant réfléchi et résolu, servir en hommes debout des causes qui les dépassent ». Ceux qui ont vécu l'aventure d'Uriage y ont éprouvé que l'honneur et la fidélité n'étaient pas des vertus périmées, que l'utopie d'une communauté dans la liberté pouvait pour un temps prendre corps et que le service désintéressé d'une mission collective jusqu'au risque de la vie pouvait être la voie d'un profond accomplissement.

ANNEXES

ANNEXE I

LA JEUNESSE DANS LES GOUVERNEMENTS

Ministère
de l'Instruction publique
et des Beaux-Arts :
MIREAUX

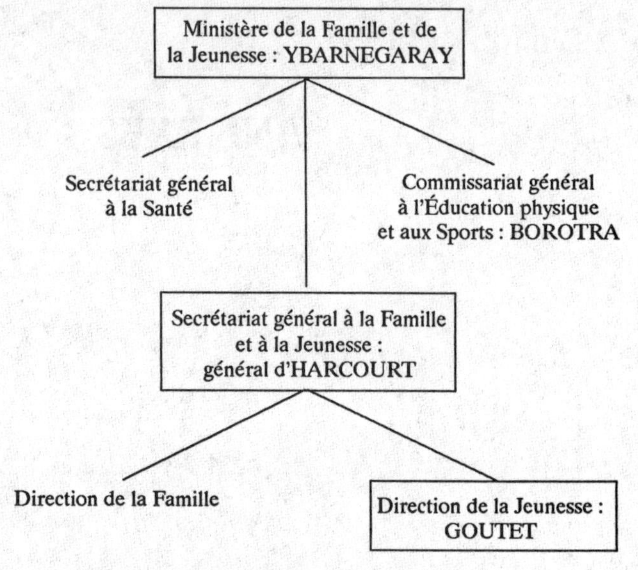

GOUVERNEMENT DU 12 JUILLET 1940

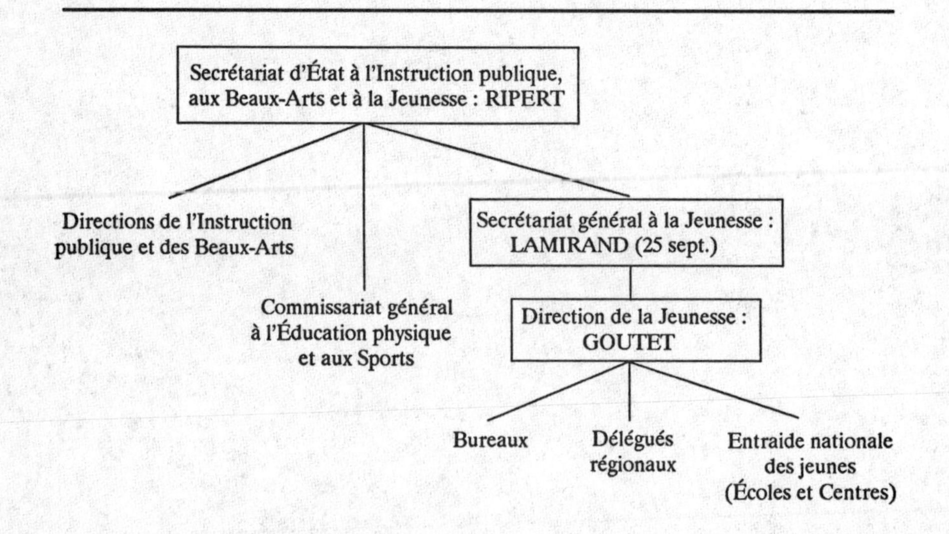

GOUVERNEMENT DU 6 SEPTEMBRE 1940

ANNEXE I

DE L'ÉTAT FRANÇAIS - JUILLET 1940 - MARS 1941

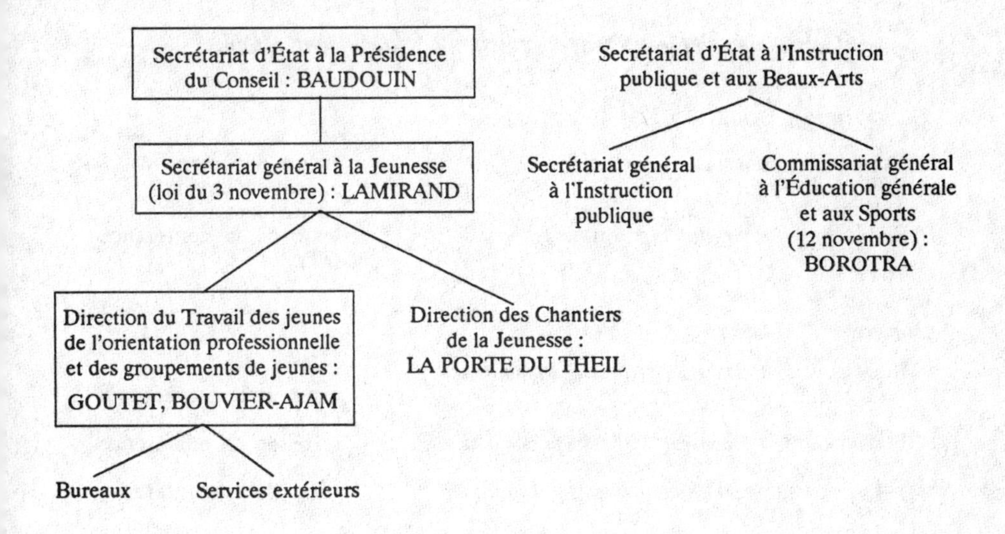

GOUVERNEMENT AU 8 NOVEMBRE 1940

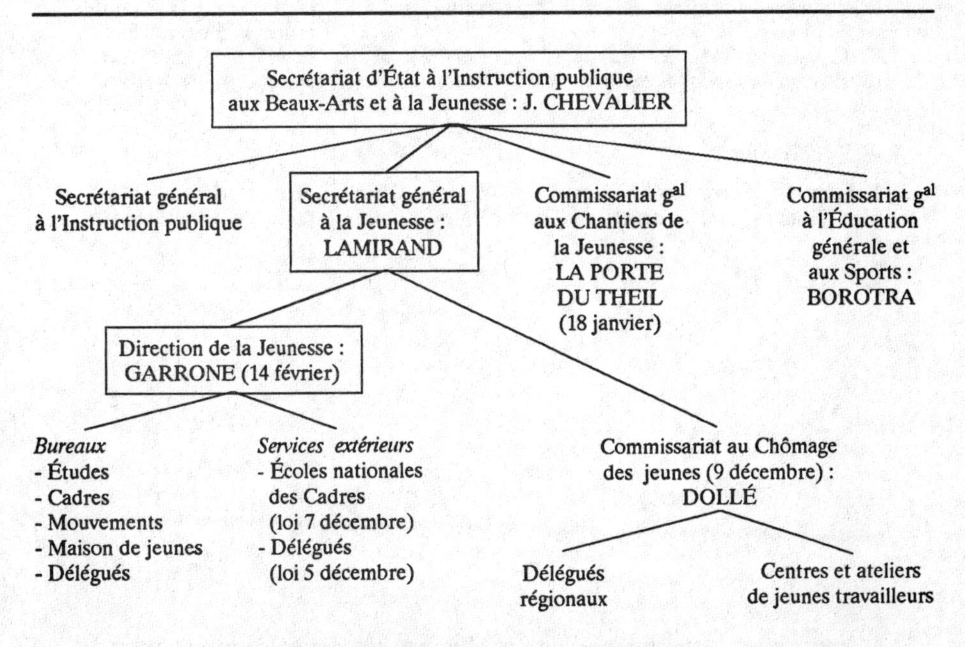

GOUVERNEMENT AU 8 JANVIER 1941

ANNEXE II

JOURNÉES D'ÉTUDES D'URIAGE

Calendrier des conférences et listes des documents établis [1]

Samedi 30 novembre :

Cdt de LA CHAPELLE (Le Chef ?)	aucun document
R.P. DE LUBAC ?	aucun document
Abbé DE NAUROIS (La Personne ?)	aucun document
E. MOUNIER, *Pour un humanisme français*	texte de la conférence (20 p.)

Dimanche 1er décembre :

R. MOSSÉ, *Problèmes de stratégie économique* (2 conférences)	texte des conférences (31 p.)
P. RAYNAUD, *Le contrat et l'entreprise totalitaire*	texte de la conférence (16 p.)
J.-J. CHEVALLIER, *Démocratie et totalitarisme*	texte de la conférence (19 p.)

Lundi 2 décembre :

J. MAZEAUD, *Droit pénal et États totalitaires*	texte de la conférence (5 p.)
R.P. ARNOU, *Personne humaine et économie dirigée*	texte de la conférence + débats (15 p.)
B. CACÉRÈS, *Valeur du travail*	texte et débats (7 p.)
R. BOTHEREAU, *Monde ouvrier et Révolution nationale*	texte et débats (18 p.)

Mardi 3 décembre :

J. LACROIX, *Patrie, État, Nation*	texte et débats (27 p.)
Mgr GUERRY, *Les relations de l'Église et de l'État*	texte et débats (15 p.)

1. Textes conservés dans le fonds Poli des arch. ENCU et dans divers fonds personnels (arch. Yvonne Jacquot).

ANNEXE III

L'ÉQUIPE DE L'ÉCOLE EN JANVIER 1941 [1]

Pierre DUNOYER DE SEGONZAC, directeur
Éric AUDEMARD D'ALANÇON, sous-directeur
André VOISIN, économe
Docteur Raymond JODIN, médecin
Roger VUILLEMIN, maître d'éducation physique
abbé René DE NAUROIS, aumônier

Instructeurs – chefs d'équipe (encadrement des stagiaires en décembre 1940-février 1941)

Pierre CAZENAVETTE, Paul-Henry CHOMBART DE LAUWE, Alain DESFORGES, Jean DEVICTOR (quitte l'École en janvier), Jean-Pierre FILLIETTE (à partir de janvier), Henri LAVOREL, Jacques LOCHARD (fin janvier), Claude MALESPINA, Pierre OLLIER DE MARICHARD, Gilles SOURIAU (janvier), Claude TOULEMONDE.

Instructeurs affectés à des services spécialisés

Paul DE LA TAILLE (secrétariat)
Joffre DUMAZEDIER, Louis LALLEMENT (équipe d'études)
François DUCRUY (bibliothèque)
Charles MULLER, Paul DELAHOUSSE, Philippe DYVORNE (périodique *Jeunesse... France!*)
Francis PASQUIER, Pierre NIMIER (moniteurs arts plastiques, décoration)
Ange BALÉSI (moniteur éducation physique)
Jean MIRMAN (moniteur technique).

Services généraux

Alain DE TILLY (matériel), Jean VIOLETTE (ravitaillement).

1. D'après les états du personnel établis en 1942, et divers témoignages (personnel de service et des secrétariats non compté).

ANNEXE IV

SECRÉTARIAT D'ÉTAT À L'ÉDUCATION NATIONALE ET À LA JEUNESSE
réorganisé par la loi du 23 avril 1941

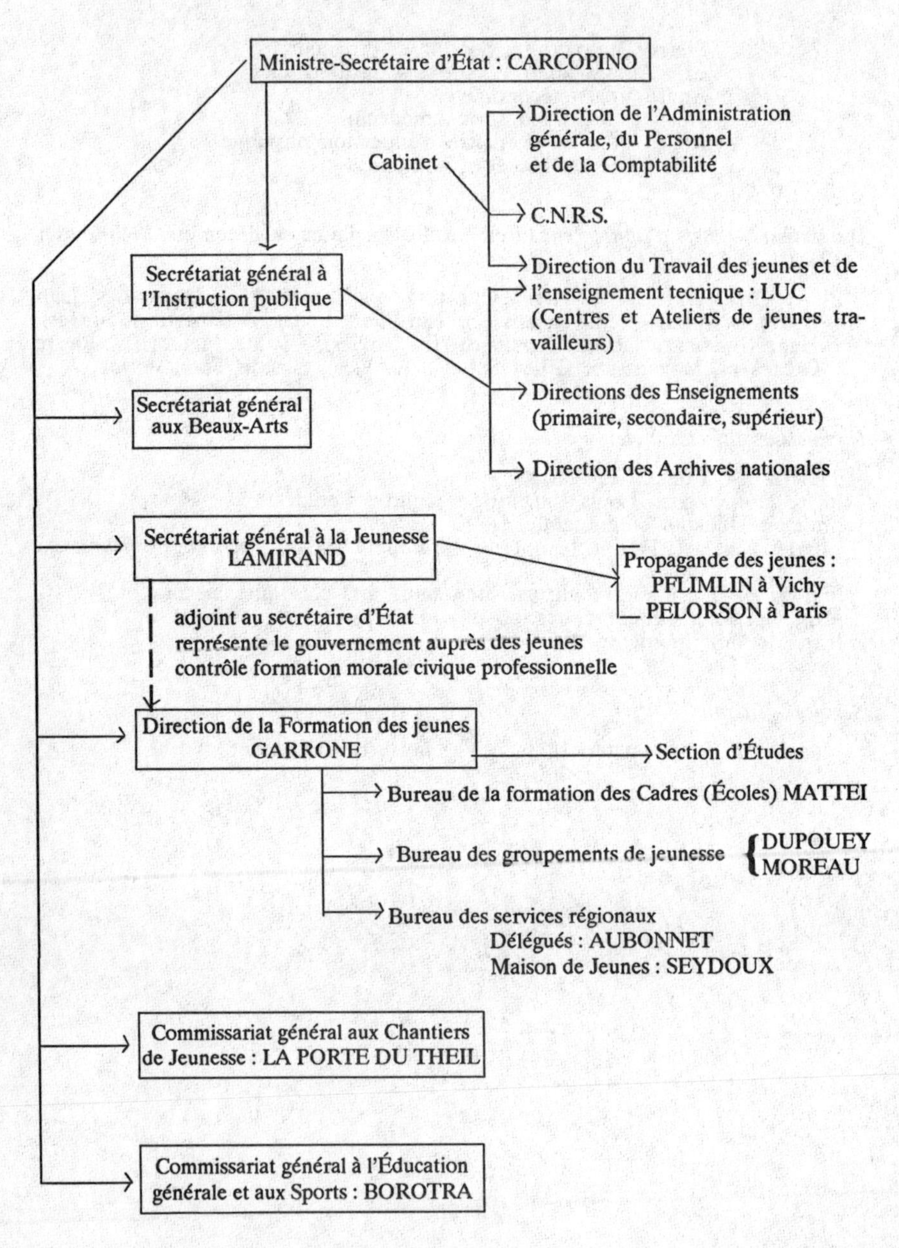

ANNEXE V

LE DOMAINE DE L'ÉCOLE D'URIAGE : LE CHÂTEAU ET SES ANNEXES

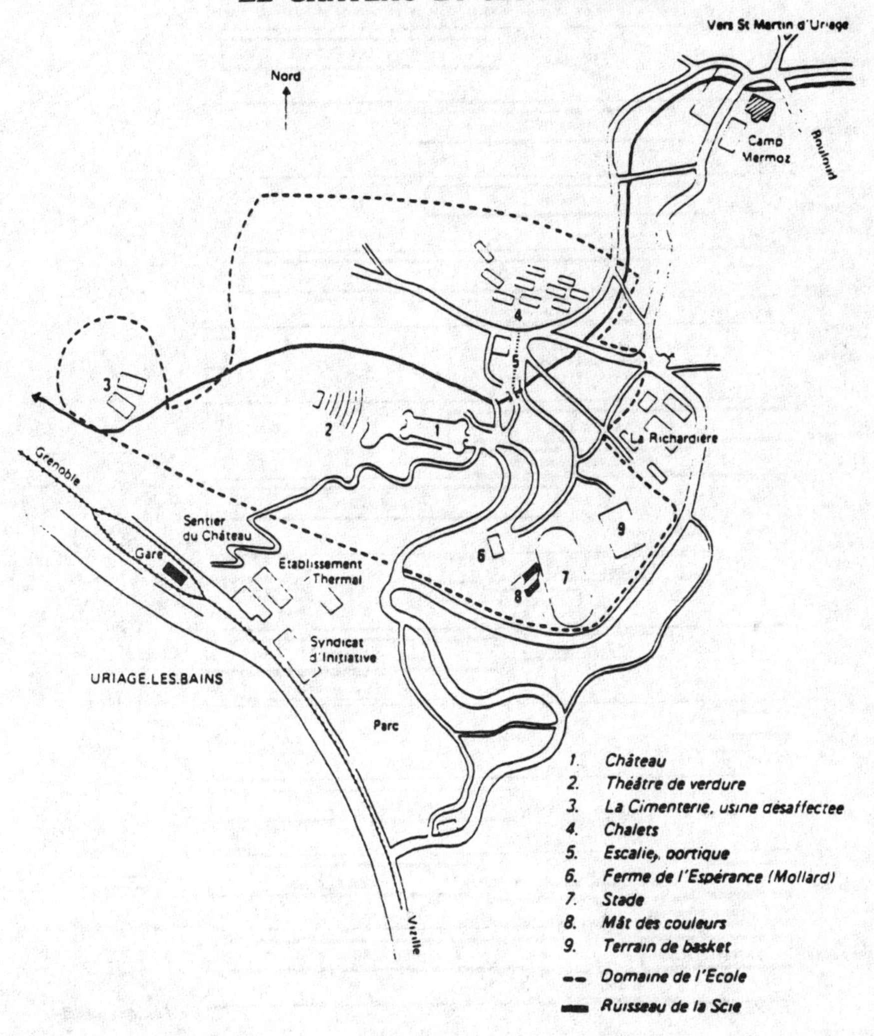

Sources : Plan des propriétés réquisitionnées.
Croquis destiné aux visiteurs, 1er août 1942 (Arch. ENCU).

ANNEXE VI

STAGES ET SESSIONS DE L'ÉCOLE 1940-41

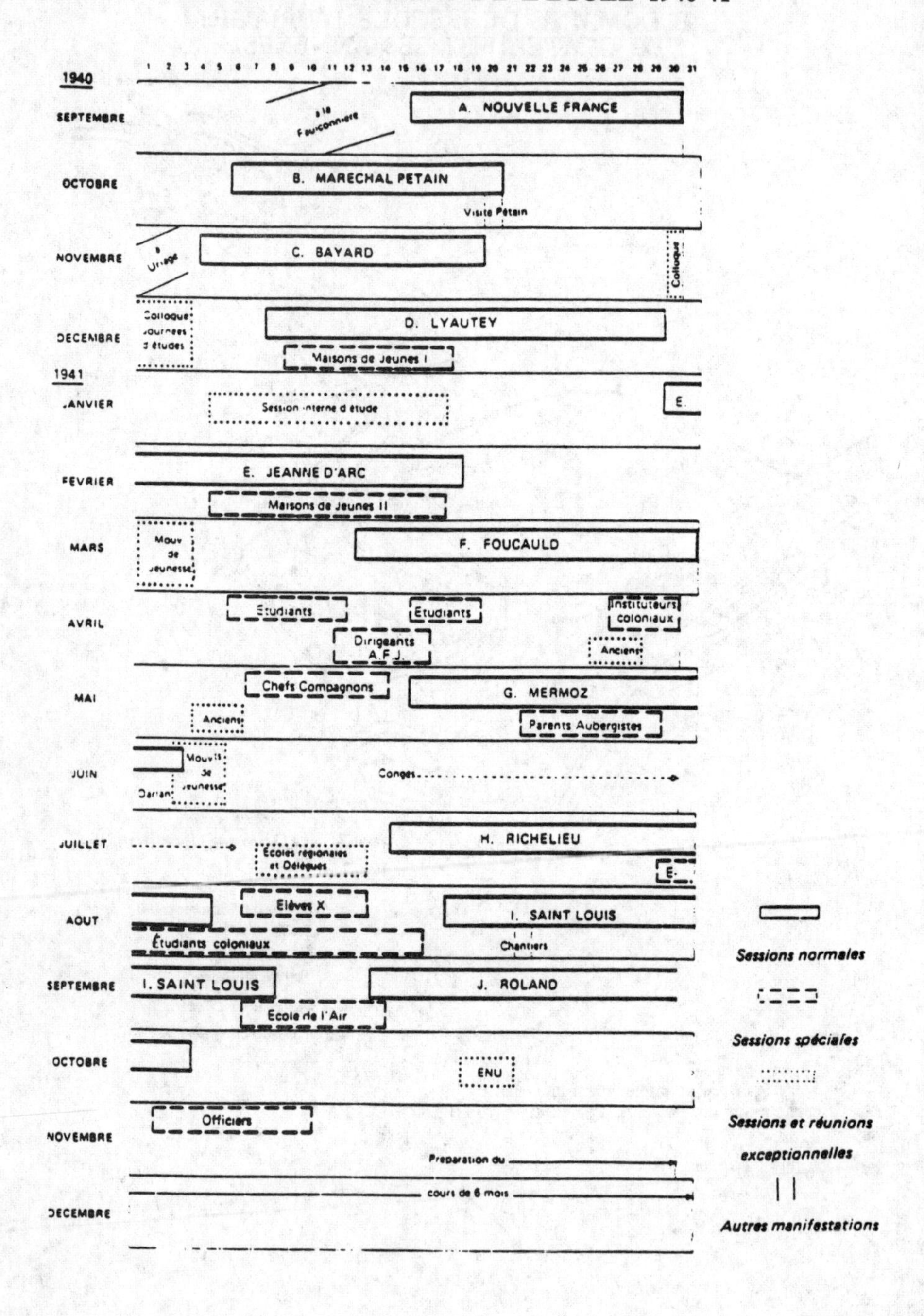

ANNEXE VII

SESSION « RICHELIEU » (15 juillet-3 août 1941) [1]

Mardi 15	soir	Rassemblement des stagiaires – Premier « mot du Vieux Chef ».
Mercredi 16	matin	R. VUILLEMIN : Présentation de l'hébertisme.
	après-midi	H. BEUVE-MÉRY : La crise de la civilisation moderne.
Jeudi 17	matin	J. LACROIX : Force et faiblesse du marxisme; Marx économiste.
	après-midi	J. LACROIX (suite) : Marx philosophe.
	soir	S. FOUCHÉ : Souffrance du jeune travailleur.
Vendredi 18	après-midi	(T. MAULNIER : Vérité et erreurs du nationalisme. Conférence prévue et annulée).
	soir	Deux témoignages sur les Compagnonnages (J. BERNARD et B. CACÉRÈS ?).
Samedi 19	après-midi	B. de SOLAGES : Force du Christianisme et carence des chrétiens (conférence interdite).
Dimanche 20	soir	Récital de piano
Lundi 21	}	Promenade Deffontaines.
Mardi 22	}	
Mercredi 23	après-midi	L. SALLERON : La Corporation paysanne.
	soir	P. DUNOYER de SEGONZAC : Les organisations de jeunesse.
Jeudi 24	après-midi	J. HOURS : Permanence des traditions françaises (1870-1940).
	soir	DELTOMBE : Le mouvement Compagnon.
Vendredi 25	matin	P. DEFFONTAINES préside le compte rendu de la promenade par les équipes.
	après-midi	P. CLAUDEL : Le geste et la parole; lecture de *Jeanne au bûcher*.
	soir	M. HERR : Les Chantiers de la Jeunesse.
Samedi 26	après-midi	L. LALLEMENT : La mission de la France.
	soir	R. BENJAMIN : Le maréchal Pétain.
Dimanche 27	matin	Excursion en montagne.
	après-midi	M. BONNET : La vie paysanne.
	soir	L. GARRONE : La jeunesse française.
Lundi 28	après-midi	VARIN : Les Français de l'étranger.
Mardi 29	après-midi	C. BLONDEL : L'intégration du monde ouvrier dans la communauté nationale.
	soir	Danses régionales (GUILCHER et une troupe Jeune France).
Mercredi 30	après-midi	R. VUILLEMIN : Valeur éducative du sport.
Jeudi 31	matin	Témoignages d'étudiants coloniaux.
	après-midi	P. DUNOYER de SEGONZAC : Un Chef, l'officier.
	soir	Doyen GARRAUD : Le doyen de Faculté.
Vendredi 1er août	après-midi	FOUQUES-DUPARC : Le diplomate.
	soir	Théâtre en plein air, par les Chantiers de la Jeunesse et les Comédiens routiers.
Samedi 2	après-midi	Conclusions du Vieux Chef.
Dimanche 3	matin	Baptême et engagement de la promotion.

1. Calendrier des activités intellectuelles et artistiques communes à l'ensemble des stagiaires, reconstitué d'après les notes de deux participants (Pierre Gau et Jean Le Veugle). S'y ajoutent les cercles d'études menés par chaque équipe.

ANNEXE VIII

PERSONNEL D'ENCADREMENT DE L'ÉCOLE AU DÉBUT DE 1942 [1]

Direction et Administration

DUNOYER de SEGONZAC, directeur
AUDEMARD d'ALANÇON, adjoint (→ septembre 1942)
VOISIN, économe
*R.P. des ALLEUX, service religieux
DR JODIN, service médical (→ janvier 1942) – *Dr LAURENT-*Dr STEFANI (→ nov. 42)
DUPOUY, secrétaire général
VIOLETTE, ravitaillement
RECOPE de TILLY, personnel auxiliaire
*ROUCHIÉ, comptable
de LA TAILLE, service Prisonniers.

Études

BEUVE-MÉRY, responsable
D'ASTORG
DUMAZEDIER
LALLEMENT (→ mars 1942)
*REUTER (février-août 1942)
POLI, documentation
*DUCRUY, bibliothèque
*HENRY, documentation
*Mlle MASSALOUX, documentation
SOURIAU, publications
GENY, publications (→ novembre 1942)
PASQUIER, publications (→ octobre 1942)
*OLLIER de MARICHARD, publications.

Instruction (dirigée par d'Alançon)

CAZENAVETTE, chef d'équipe
FERRY, chef d'équipe
FILLIETTE, chef d'équipe (→ mars 1942)
HOEPFFNER, chef d'équipe
MALESPINA, chef d'équipe
TOULEMONDE, chef d'équipe (→ mars 1942)
VAN de VELDE, chef d'équipe (→ septembre)
LOCHARD, chef d'équipe (février-août 1942)
BERTHET, moniteur-chef d'éducation physique
NIMIER, instructeur initiation artistique (→ avril 1942)
+ BERGER, chef des ateliers techniques (mars 1942)
FUMEY, moniteur technique fer (→ mars)
MARQUIS, moniteur technique fer
ALLEMAND, moniteur technique (mars)
BESSON, moniteur technique (avril-mai)
DUREUX, moniteur technique (mars-juillet)
MICHEL, moniteur technique (mars-juillet).

ENU

CHOMBART de LAUWE, chef adjoint (→ novembre 1942)
LAVOREL, secrétaire général
MULLER (→ octobre 1942).

1. Instructeurs titulaires et * membres du personnel auxiliaire.
Dates d'entrée (...) et de sortie (→ ...).

PERSONNEL D'ENCADREMENT EN DÉCEMBRE 1942

DUNOYER de SEGONZAC, directeur
BEUVE-MÉRY, adjoint
VOISIN, économe
*R.P. des ALLEUX, aumônier.

Administration

DUPOUY, secrétaire général
VIOLETTE, ravitaillement
RECOPE de TILLY, personnel auxiliaire
*Mlle DUBREUIL, service médical.
de LA TAILLE, service Prisonniers.

Études

GADOFFRE, responsable
D'ASTORG
DUMAZEDIER
POLI, documentation
SOURIAU, publications
*REUTER
*CACÉRÈS
*DUCRUY
*Mlle MASSALOUX
*HENRY

Instruction

CAZENAVETTE, responsable
BRIVOIZAC, chef d'équipe
FERRY, chef d'équipe
HOEPFFNER, chef d'équipe
de POIX, chef d'équipe
*GRILLET, faisant fonction
*LECOANET, faisant fonction
*LE GUAY, faisant fonction
*POTEL, faisant fonction
BERTHET, éducation physique
MALESPINA, éducation physique
*Mlle BARBULÉE, initiation artistique
*GRUEL, initiation artistique
*JOUTET, initiation artistique
*HUSSENOT, initiation artistique
*TANCHON, initiation artistique
*VINCENT, initiation artistique
BERGER, chef des ateliers
FUMEY, moniteur-fer
MARQUIS, moniteur-fer.

ENU

LAVOREL, responsable
*ROUCHIÉ, administration.

ANNEXE IX

STAGE DE FORMATION 1942
PLAN DES ÉTUDES [1]

1re Partie: REFAIRE DES HOMMES

1er cycle : *Décadence française et Mission de la Jeunesse* (9 février)	REUTER : La décadence économique et sociale REUTER : La décadence politique LALLEMENT : La décadence intellectuelle et morale R.P. DES ALLEUX : Décadence religieuse D'ASTORG : Mission des jeunes
2e cycle : *L'effort de la Jeunesse* (16 février)	DUPOUEY : Jeunesse unique ou pluralisme R.P. DILLARD : La jeunesse américaine CHOMBART DE LAUWE : La jeunesse hitlérienne DUMAZEDIER, SEGONZAC : L'œuvre du S.G.J. et l'effort de la Jeunesse
3e cycle : *L'effort de la Jeunesse* (23 février)	REBATTET : Les Compagnons BASDEVANT : Le Scoutisme SIMONNET : L'A.C.J.F. NOUVEL : Les Chantiers
4e Cycle : *La Santé* (2 mars)	DR BERTHET : Déchéance physique de la Jeunesse DR OUILLON : Les fléaux sociaux DR BERTHET : La tuberculose PERRIAUX : La rénovation par l'éducation physique et le sport
5e cycle : *Le Caractère* (9 mars)	LOCHARD : L'éducation de la virilité DUMAZEDIER : L'esprit du sport DR GALLAVARDIN : La formation du caractère D'ASTORG : L'appel du Héros et du Saint
6e cycle : *La Personnalité* (16 mars)	REUTER : Les dangers qui la menacent (Presse - Cinéma - Radio) DUMAZEDIER : L'entraînement de la pensée DUMAZEDIER : La culture vraie de la personnalité LALLEMENT : Révolution nationale et attitude personnelle
7e cycle : *L'Éducation* (23 mars)	DUMAS : Pédagogie comparée de l'adulte et de l'adolescent DAVID : La réforme de l'enseignement LACROIX : Responsabilité de l'école
8e cycle : *Le Chef* (30 mars)	ABBÉ COURTOIS : Les qualités personnelles du chef COLONEL LANGUETOT : Le service COLONEL LANGUETOT : L'autorité VUILLEMIN : Valeur du sport
5-12 avril	Vacances de Pâques

2e Partie: RENOVER LA COMMUNAUTÉ FRANCAISE

9e cycle : *La Communauté* (13 avril)	REUTER : La notion de communauté REUTER : La France, communauté de communautés CHOMBART DE LAUWE : Le sol et les types humains CHOMBART DE LAUWE : L'enquête d'exploration régionale
10e cycle : La communauté du sang : *la Famille* (21 avril)	MME BRUNET : Mariage et personnalité VAN DE VELDE : La politique familiale

1. Document daté du 14 décembre 1942, dossier du stage SF/1, arch. ENCU.

11ᵉ cycle : *Les communautés de travail* (27 avril)	JEANNENEY : Tableau des professions BONNET : La paysannerie TERPEND : Agriculture et organisation corporative DEPIERRE : Le Compagnonnage
12ᵉ cycle : *Les communautés de travail* (4 mai)	BEUVE-MERY : L'entreprise capitaliste DUMAZEDIER : Le prolétariat DUMAZEDIER : Les conflits du travail (1936 et expériences étrangères)
11-17 mai	Stage en usine
13ᵉ cycle : *La Paix sociale* (19 mai)	MELLE FOUCHÉ : L'organisation sociale BEUVE-MÉRY : L'organisation économique Me DESCHIZEAUX : Les ordres professionnels MARCY : L'honneur du travail et les nouvelles structures sociales
14ᵉ cycle : *La Communauté française* (25 mai)	DENIAU : La nation française DENIAU : L'unité historique de la France LALLEMENT : La mission de la France I LALLEMENT : La mission de la France II
15ᵉ cycle : *L'État* (2 juin)	TROTABAS : La représentation des gouvernés TROTABAS : La fonction publique PEPY : La citoyenneté JEANNENEY : La politique régionaliste ABBÉ B. : Paroisse et communauté
7-15 juin	Stage rural
16ᵉ cycle : *La Communauté d'Empire* (17 juin)	D'ASTORG : La France méditerranéenne CHOMBART DE LAUWE : La France noire DE REYMOND : La France en Extrême-Orient REUTER : L'unité spirituelle de l'Empire
17ᵉ cycle : *La Communauté européenne* (22 juin)	BEUVE-MÉRY : Sites et peuples de l'Europe REUTER : Cultures propres et civilisation communautaire JEANNENEY : Économie européenne REUTER : Politique européenne
18ᵉ cycle : *Les maîtres de la politique française* (29 juin)	REUTER : Maîtres de la pensée politique française R.P. DE LUBAC : Proudhon, socialiste français REUTER : Maurras, nationaliste français BEUVE-MÉRY : Péguy, socialiste, patriote et chrétien
4-13 juillet	Semaine de plein air

3ᵉ Partie : LES MOYENS D'EFFICACITÉ

19ᵉ cycle : *Les techniques au service de la politique* (14 juillet)	REUTER : L'art de convaincre GENY : Techniques révolutionnaires REUTER : Armée et révolution
20ᵉ cycle : *Les valeurs essentielles* (21 juillet)	CHEVALLIER : Ordre viril et efficacité dans l'action D'ASTORG : La morale de l'honneur GADOFFRE : Crise de l'homme et humanisme

ANNEXE X

STAGES ET SESSIONS DE L'ÉCOLE EN 1942

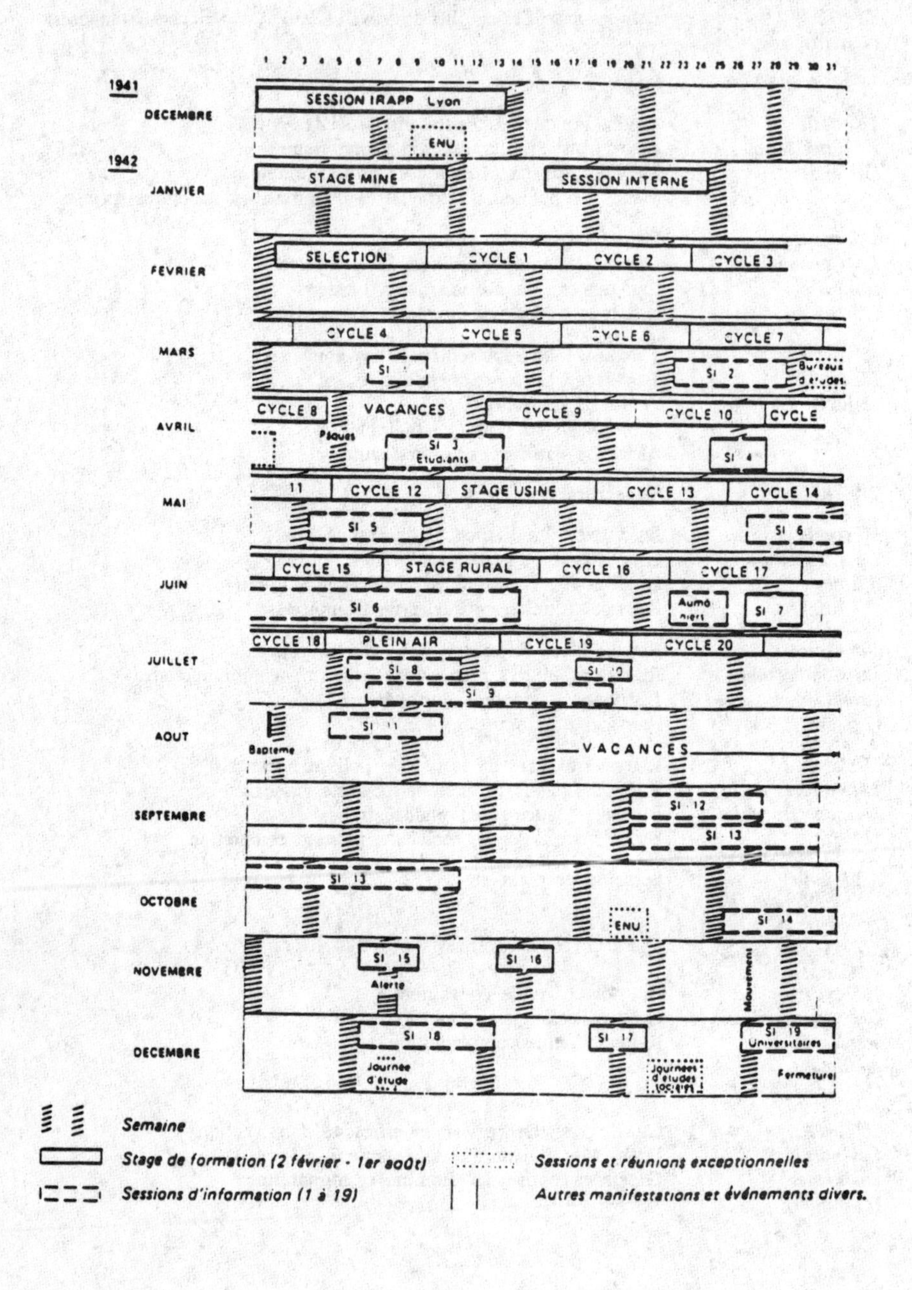

ANNEXE XI

SESSIONS D'INFORMATION DE 1942

	Stages	*Effectif*		*Équipes*
SI 1	Chefs Légion	46	2 :	Lavorel, Muller.
SI 2	Information générale	56	3 :	Lavorel, Muller, Caraux.
SI 3	Étudiants	55	3 :	Lavorel, Muller, Souriau.
SI 4	Chefs d'industries	58	4 :	Reuter, d'Astorg, Chombart, Stouff.
SI 5	Information générale	57	4 :	Ferry, Hoepffner, Chombart, Lavorel.
SI 6	Affaires étrangères et divers	69	5 :	Desforges, Chombart, Stouff, Maurer, d'Astorg.
SI A	Aumôniers	22	2 :	de Naurois, des Alleux.
SI 7	Comités sociaux Textiles	81	5 :	Poli, Muller, Dumazedier, Stouff, Dubois.
SI 8	Information générale	98	6 :	Fleurquin, Lecoanet, Muller, Voisin, d'Alançon, d'Astorg.
SI 9	Étudiants coloniaux	20		(Belpeer)
SI 10	Comités sociaux	88	5 :	Cazenavette, Ferry, Hoepffner, Chombart, Dumazedier.
SI 11	Information générale	212	14 :	Beuve-Méry, Caraux, Chombart, Cazenavette, Hoepffner, Ferry, Fraisse, Moreaud, Coste, Brivoizac, Dupouy, Dufay, de Poix, Barthalais.
SI 12	Information générale	157	10 :	Voisin, d'Astorg, de Poix, de Bresson, Delouvrier, Dourver, Figus, Lavorel, Cazenavette, Le Guay.
SI 13	Information générale	45	3 :	Muller, Hoepffner, Ferry.
SI 14	Officiers et Rapatriés	23	2 :	Ferry, Cazenavette.
SI 15	Industriels (patrons, ouvriers)	81	5 :	d'Astorg, Hoepffner, Ferry, de Poix, Brivoizac.
SI 16	Industriels (patrons, ouvriers)	34	3 :	Brivoizac, Hoepffner, de Poix.
SI 18	Information générale	46	4 :	Grillet, Hoepffner, Ferry, Brivoizac.
SI 17	Cadres ouvriers	57	4 :	Dumazedier, Cacérès, de Poix, Poli (+ Brivoizac, Le Guay, Potel, Lecoanet).
SI 19	Enseignement	71	5 :	Brivoizac, de Poix, Le Guay, Lecoanet, Potel.

TOTAL..... 1 439 stagiaires

Documents

1.

POUR UNE RÉVOLUTION PERSONNALISTE ET COMMUNAUTAIRE [1]

I – PRINCIPES DE BASE

Un principe d'ordre spirituel : *primat de la personne humaine*, c'est-à-dire de l'homme dans la plénitude de son être et toute l'exigence de sa vocation. Suppose un ordre chrétien ou pétri de christianisme (post-chrétien ?).

Un principe complémentaire : *la communauté* (familiale, professionnelle, politique, religieuse, etc.) indispensable à la vie de la personne sans être jamais pour elle une véritable fin.

Une application immédiate : aucune conciliation ni à plus forte raison aucun ralliement possible dans l'ordre des principes ni avec le marxisme soviétique (athéisme systématique ; réduction de l'homme, plus encore que dans le système capitaliste, au rôle d'agent de production) ni avec le nazisme (communauté de sang qui nie la personne et dissout jusqu'à l'individu ; paganisme).

II – PRINCIPES DÉRIVÉS

Dans l'ordre moral : retour à un style de vie inspiré des vieilles traditions et des meilleures qualités de la race.
Dans l'ordre intellectuel : effort constant de pensée authentique, recherche dialectique d'une synthèse de l'État moderne, de la communauté nationale et internationale (Europe).
Dans l'ordre physique : culture du corps.
Dans l'ordre politique : autorité et liberté (valeurs complémentaires pour toute communauté) ; doctrine du chef dirigeant et explicitant la communauté.
Dans l'ordre économique : fin du règne de l'Argent, réassujetti au pouvoir.
Dans l'ordre social : consolidation et protection de la famille ; organisation de la profession ; réintégration du prolétaire dans la communauté par la *suppression des causes* de la lutte des classes.

III – INSTITUTIONS

Dans l'ordre

spirituel : Dieu à l'école et dans la cité. Collaboration et non plus séparation de l'État et des Églises

moral : Ordres privés à l'origine, susceptibles de devenir des institutions avec un triple but de recherche – exemple – action. Écoles de chefs et de formation de cadres

intellectuel : Refonte de tout l'enseignement, conçu comme moyen d'éducation en même temps que moyen d'instruction. Très gros effort de culture artistique populaire, le peuple français étant un des plus en retard (école primaire, professionnelle, maisons de jeunes, etc.)

physique : Hygiène sociale sous toutes ses formes. Éducation physique à l'école et dans les mouvements de jeunes. Organisation des sports.

politique : Les événements extérieurs joueront un rôle de premier plan dans l'élaboration et l'évolution des institutions. Mais le binôme autorité-liberté paraît supposer sinon le maintien de la séparation des pouvoirs, du moins :
a) un contact étroit entre le peuple et ses gouvernants (visites, réunions, presse et radio)
b) la consultation et la représentation des gouvernés (délégués, conseils, assemblées)
c) le contrôle, notamment budgétaire et financier
d) le maintien d'une opposition ne mettant pas en cause le principe de la communauté (ni communiste, ni nazie)

économique : Économie de marché organisée. Plan avec un secteur socialisé (crédit, grande

1. Note manuscrite, fonds H. Beuve-Méry. Voir chapitre VI, Élaboration d'une charte.

industrie); un secteur organisé et contrôlé (production moyenne); un secteur libre (petite production, artisanat).
Refonte de la société anonyme (en cours).

social : *Jeunesse* : principal intérêt pendant la période révolutionnaire.
Famille : consolidation (rites de la cérémonie du mariage, suppression du divorce quand il y a mariage religieux ?); protection (prêt au mariage, réduction d'impôts indirects et de loyers). Encore énormément à faire pour que la famille ne soit pas pénalisée par rapport aux célibataires.
Profession : organisation de la communauté de travail (Corporation) en partant du syndicalisme obligatoire mais pluraliste. Substitution du prix social au prix de revient.
Service national du Travail toutes classes confondues. Aménagement plutôt qu'organisation des loisirs.

IV – ATTITUDES POLITIQUES

Le canevas ci-dessus, simple énumération de cadres qui restent à remplir, serait un jeu d'intellectuel s'il n'entraînait des actes et notamment des prises de position dans le domaine politique. À titre indicatif, les attitudes politiques suivantes paraissent découler logiquement des principes posés :

Pas d'Antis : la communauté personnaliste obéit à ses lois propres et reprend son bien partout où elle le trouve. Elle ne s'oppose au nazisme et au communisme notamment qu'en s'affirmant elle-même.

Anciens partis : aucun d'entre eux n'était vraiment placé dans l'axe de la révolution nationale. Les démocrates-chrétiens restaient entachés de libéralisme et de capitalisme. L'AF, le PSF, le PPF tendaient plus ou moins consciemment à un national-socialisme totalitaire. Montrer comment et pourquoi (décrassage politique).

Églises : les mettre en garde contre tout cléricalisme et tout opportunisme de principe.

Légion : formidable organisation sur le papier, amorphe dans l'ensemble, inclinée vers un empirisme pré-totalitaire dans ses éléments les plus dynamiques. Ne pas s'abstenir, mais n'y faire adhérer que des éléments sûrs, actifs, si possible déjà organisés entre eux.

Presse : dans l'ensemble soumise hier à l'argent, aujourd'hui aux ordres. Distinguer les journaux qui font assaut de servilité et ceux qui s'efforcent d'y échapper. Ne jamais renoncer à faire valoir contre la censure la liberté nécessaire de l'esprit. Boycotter *Gringoire.* Attitude plus délicate à mettre au point vis-à-vis de *l'Émancipation nationale* et de Doriot, de l'AF et de Maurras.

France républicaine : un chapitre de l'histoire avec ses grandeurs et ses fautes. Ne jamais faire chorus avec l'adversaire pour l'accabler.

Angleterre : élément extérieur mais irremplaçable de la Révolution nationale, impossible sans un écroulement nazi. Distinguer les combattants gaullistes des fuyards et des planqués.

Allemagne : entreprise hégémonique à base de principes inhumains. Exclut dans sa forme actuelle toute collaboration qui ne soit contrainte, tactique ou trahison. La libération du territoire est une condition *sine qua non* de toute révolution nationale et de toute collaboration sincère.

Union soviétique : ne pas compter sur son aide, mais ne pas faire le jeu allemand par peur du communisme.

Europe : opposer sans cesse le nouvel ordre allemand et l'ordre européen; fin des États souverains et de l'équilibre européen; creuser l'idée d'un retour aux provinces dans toute l'Europe (Fédéralisme suisse).

V – MÉTHODES D'ACTION (POUR MÉMOIRE)

Travail en équipes.
Gestes symboliques plutôt que de rupture.
Vulgarisation de la doctrine par le slogan (en utilisant surtout les idées de liberté, de fierté et de fidélité chère aux Français).
Recherche et détermination des ennemis.

L'ÉCOLE NATIONALE DES CADRES[1]

L'École nationale des cadres n'est pas, au moins actuellement, à proprement parler une école, encore moins une Académie, un monastère ou même une maison de retraites.

L'objet essentiel de l'École paraît être actuellement :

a) de vivre et faire vivre par les élèves les principes de la Révolution nationale;
b) de poursuivre l'élaboration et la systématisation de ces principes;
c) de prospecter et dégager des élites qui assureront le triomphe de ces principes.

Elle est donc un laboratoire et un champ d'application, un centre de recherches et un centre de rayonnement.

Les difficultés d'une pareille entreprise sont évidentes mais elles sont encore accrues par une sorte de porte-à-faux. En effet, l'École est officiellement placée sous le signe de la Révolution nationale. L'opinion aura donc tendance à lui appliquer les mêmes jugements qu'à la Révolution nationale, bons ou mauvais. Mais une action comme celle de l'École échappe, par définition, aux routines administratives, voire à certaines paresses ou timidités gouvernementales. Il lui arrivera donc d'être suspecte à certaines autorités insuffisamment révolutionnaires.

Toutes ces difficultés sont plus ou moins inévitables. Elles commandent une certaine prudence mais ne doivent pas faire dévier l'École de sa ligne actuelle. Pour aller de l'avant, au contraire, un triple effort semble actuellement requis :

a) domaine de l'exemple : veiller au perfectionnement des instructeurs sous tous les aspects et à la tenue des services qui laisse parfois beaucoup à désirer;

b) domaine de la recherche : constituer un centre d'études actif, en liaison avec les chercheurs orientés dans la même voie. Contrepartie : rayonnement, information;

c) domaine de l'action (stade préparatoire) : grouper en amicale les anciens de l'École, sélectionner les meilleurs pour maintenir avec eux un contact plus étroit (sessions, bulletin ronéoté, etc.); exercer une influence aussi décisive que possible : a) lors du choix des élèves; b) lors de leur placement.

1. Note manuscrite, fonds H. Beuve-Méry.

2.

LA MISSION, L'ESPRIT ET LA RÈGLE D'URIAGE [1]

« Plus est en nous »

I – LA MISSION D'URIAGE

Dans la crise sans précédent que traverse le monde et qui engage toutes les valeurs, la France a une place légitime à tenir, un rôle nécessaire à jouer. Pour y réussir elle doit, avant tout, se rénover. Cette rénovation a été entreprise par le maréchal Pétain. Mais il n'est encore qu'une infime minorité de Français de tous âges mesurant l'étendue de cette rénovation, en connaissant les conditions, en voulant les moyens pour aider vraiment le chef de l'État dans son effort. Seule la jeunesse, en triomphant de longues difficultés pourra mener la tâche à bien.

C'est pourquoi l'École d'Uriage a mission de distinguer et de former une élite de jeunesse, une élite d'éducateurs et de chefs. Elle tend à faire des hommes aussi complets que possible, des Français de bonne race, des chefs également aptes à servir et à commander.

Cette formation d'hommes, de Français, de chefs comporte :

1. *La vigueur physique*

La France dégénérait, chaque année le vieillissement de la population et la déchéance physique des jeunes conscrits étaient plus évidents. Un vaste effort d'éducation physique et sportive est une condition essentielle de la rénovation nationale.

2. *La culture de l'intelligence*

Les élites françaises recrutées au concours et formées dans les grandes écoles étaient trop souvent de fausses élites. Elles excellaient au jeu des concepts, à la virtuosité technique, mais perdaient trop facilement le sens du réel. Les nouvelles élites doivent être convaincues que la plus riche culture et la seule digne de ce nom est celle qui intègre le plus solidement la plus large réalité. L'abstraction n'est qu'un jeu stérile ou dangereux si elle n'est un moyen d'atteindre aux plus hautes réalités. A côté d'elle le travail des mains reprend toute sa valeur de culture, ainsi que tout effort qui se heurte à la résistance des choses.

3. *La formation civique et sociale*

Cette formation ne peut être vraiment assurée qu'au sein même des diverses sociétés ou communautés. L'École apprend aux futurs chefs, dans la ligne tracée par le Maréchal, les lois naturelles profondes, l'organisation présente, les réformes nécessaires ou souhaitables de la Famille, du Travail et de la Cité. Elle leur donne dans toute la mesure du possible l'occasion immédiate de manifester leur valeur et de prendre leurs responsabilités.

4. *L'éducation spirituelle et morale*

Les plus hautes valeurs ne se voient ni ne se touchent. Elles n'en sont pas moins des réalités et c'est pour les avoir trop ignorées que la France a subi durement la revanche des faits. Ces réalités de l'ordre spirituel peuvent seules fonder une véritable loi morale pour les personnes comme pour les communautés, pour les élites comme pour les masses.

5. *La préparation technique*

Le vrai chef se distingue à des dons innés, mais la technique du commandement s'apprend comme toutes les autres.

II – L'ESPRIT D'URIAGE

Toute mission impose à ceux qui prétendent la remplir un esprit commun. La mission d'Uriage exige de tous ceux qui y collaborent :

1. Une foi généreuse dans l'œuvre commune,
2. l'adhésion commune à un certain nombre de valeurs,
3. un souci commun d'efficacité.

1. *Une foi généreuse*

Rien de grand ne se fait sans la foi. La foi seule permet le don de soi, l'engagement total, le sacrifice jusqu'à la victoire ou à la mort. Pour travailler actuellement à la rénovation de la jeu-

1. Texte ronéo à usage interne, janvier 1942 (arch. ENCU). Voir chapitre VI : La charte de la communauté.

nesse française, il faut garder vivante en soi la foi la plus haute : foi dans l'aspiration de l'homme vers le divin, foi dans la vitalité et l'unité profonde de la communauté nationale, foi dans la mission universelle de la France au service de la vérité et de la justice.

2. *L'adhésion à des valeurs communes*

Trois valeurs importent spécialement à la mission d'Uriage : le sens et le service du spirituel, le sens et le service de l'honneur, le sens et le service de la Patrie.

a) *Le sens et le service du spirituel*

C'est l'aspiration profonde de l'homme à des réalités invisibles qui le dépassent, donnent à sa vie sa raison d'être, son sens et son prix.

Cette aspiration qui est toujours de nature religieuse est la part divine de l'homme. Elle lui permet d'atteindre à l'unité de conscience ou d'esprit, d'ordonner toute sa vie à une vocation, d'assurer la fidélité de son témoignage, en un mot d'être une personne. Ce qui n'implique pas nécessairement l'adhésion à une religion déterminée : croyants et non croyants sont, en France, assez pétris de christianisme pour que les meilleurs d'entre eux puissent se retrouver, en deçà des révélations et des dogmes, à la hauteur de la communion des personnes, dans une même recherche de la vérité, de la justice et de l'amour.

b) *Sens et service de l'honneur*

Il y a un honneur de la personne qui n'est qu'un des aspects de sa vocation, de son effort pour s'accomplir et se dépasser. Il y a un honneur du groupe, de la communauté (famille, métier, cité...) qui traduit l'adhésion scrupuleuse de tous et de chacun aux exigences de la mission commune, la revendication par tous et chacun des responsabilités communes. En ce sens il y a un honneur du chef de jeunesse. Il comporte plus de générosité, plus de loyauté, plus d'audace. Un chef de jeunesse tient à l'honneur d'être toujours un peu au-delà de ce qui se doit.

Il est naturellement chevaleresque.

c) *Sens et service de la Patrie*

La Patrie est la terre nourricière et le site familier, le sang de la race, la communauté d'intérêts, de langue et de culture, les legs du passé, l'exemple des héros, les traditions vivantes. C'est aussi une volonté de vivre, les promesses de l'avenir, une vocation collective, un appel, une mission. Le service des valeurs spirituelles est l'aspect le plus profond de la mission de la France, la forme la plus haute de l'honneur français.

3. *Le sens du réel et de l'efficacité*

Le service des valeurs les plus hautes tel que l'implique la mission d'Uriage suppose également la connaissance pratique des données charnelles, le respect des lois de l'action temporelle et des données de l'expérience. La mission d'Uriage exige de ceux qui s'y dévouent : l'exemple, le juste sens de la force, des compétences techniques, le sens de l'équipe, le sens du chef.

a) *L'exemple*

L'exemple est plus entraînant que tous les discours. Ainsi se détermine concrètement un nouveau style de vie.

b) *Le juste sens de la force*

Le retour à un juste sens de la *force* tendait, par la défaillance devenue habituelle des chrétiens, à ne plus s'exprimer qu'en mode nietzschéen. Il faut être fort pour se sacrifier, mais aussi pour conquérir.

c) *Des compétences techniques*

Éduquer des hommes et former des chefs est un art difficile. Il y a fallu de tous temps de sérieuses connaissances psychologiques et pédagogiques. Il faut en outre aujourd'hui :

- retrouver un vocabulaire net et clair pour dominer la totale confusion des idées et des sentiments;
- connaître, pour mieux s'en défendre ou s'en servir, la puissance des moyens modernes de persuasion (presse, radio, cinéma, etc.) devenus trop souvent des moyens de contrainte;
- connaître également pour ne pas risquer d'être totalement pris au dépourvu la technique moderne des révolutions ou contre-révolutions armées.

d) *Le sens de l'équipe*

Plus la mission est importante, plus elle exige un sens profond de l'équipe. L'esprit d'équipe est plus ou moins grand selon que le dévouement de tous et de chacun à la mission commune est plus ou moins total. Ce dévouement facilite le partage des tâches et la coordination des efforts qui assure et multiplie l'efficacité. Il développe entre les équipiers une estime mutuelle qui prend vite la forme d'un sentiment fraternel. Mais le sentiment reste à sa place qui est seconde. Mission d'abord.

e) *Le sens du chef*

Sans chef il n'y a pas de véritable équipe. Le chef n'est pas nécessairement le plus compétent en tout. Il est celui qui répond le mieux à l'ensemble des exigences de la mission et qui incarne le mieux l'idéal de l'équipe. Celle-ci lui assure une obéissance spontanée et totale pour l'édification de l'œuvre commune. En retour le chef manifeste sa confiance à l'équipe et accroît son efficacité en lui demandant des avis, en l'informant, dans la mesure convenable, des difficultés rencontrées, des projets adoptés, des succès obtenus. L'attachement personnel au chef se confond pratiquement avec l'attachement à la mission. Mais ici encore la mission est première.

En résumé, vivre dans l'esprit d'Uriage, c'est rechercher en commun et s'efforcer d'appliquer en commun les nouvelles conditions de l'homme et de la cité, dans le cadre des enseignements et des décisions du Maréchal. C'est aussi mettre l'accent sur les valeurs et les moyens qui, dans les circonstances présentes, semblent porter en eux les plus grandes chances de salut.

III – LA RÈGLE D'URIAGE

PRINCIPES

1. L'Équipe d'Uriage est une communauté ordonnée à sa mission sous les ordres du Vieux Chef. Chacun tient à honneur d'accomplir au mieux la tâche qui lui est confiée, d'enrichir et de fortifier la communauté.
2. L'esprit de la communauté s'étend aux familles des équipiers. Ceux-ci tiennent à honneur d'aider les familles, et les familles d'aider les équipiers.
3. La mission commune est au centre de toutes les préoccupations.
4. L'obéissance aux ordres du Vieux Chef ou de ses représentants est entière en esprit et en fait.
5. L'initiative complète l'obéissance.
6. Une totale franchise, une sincérité absolue président aux rapports des équipiers et de leurs chefs, ainsi que des équipiers entre eux.
7. La gaieté est l'expression naturelle de la jeunesse et de la vitalité de l'équipe.

RÈGLES PRATIQUES

Admissions – Exclusions

8. Les membres de l'équipe sont choisis par le Vieux Chef en fonction de leurs qualités propres et des besoins de la mission commune.
9. Avant d'être agréé, tout membre de l'équipe doit en principe s'y préparer par un stage d'élève à Uriage même ou dans une école régionale désignée par le Vieux Chef. Il entre ensuite dans les cadres de l'équipe avec toutes les prérogatives ordinaires des équipiers. Toutefois, son admission dans la communauté ne devient définitive qu'après deux mois.
10. Le Vieux Chef exclut l'équipier qui compromet la mission commune ou manque gravement à l'honneur de l'équipe.
11. Nul ne se retire de l'équipe sans le consentement du Vieux Chef qui tient compte dans sa décision à la fois des exigences de la mission commune et des vocations ou situations particulières.

Décrassage

12. Le décrassage qui suit ordinairement le lever est obligatoire pour tous les équipiers logés au château. Les équipiers mariés ou habitant au dehors s'efforcent d'y prendre part.

Couleurs

13. Le salut aux couleurs, le matin, est obligatoire pour tous. N'en sont dispensés que les équipiers en congé régulier. Les jours de repos, le salut aux couleurs est assuré par les équipiers présents au château. Tous les disponibles assistent le soir à la descente des couleurs.

Repas

14. a) A l'exception du jour de repos hebdomadaire et des congés, un repas par jour, ordinairement le repas de midi, est pris en commun par tous les équipiers sous la présidence du Vieux Chef ou de son représentant.

b) Au début du repas tous les présents chantent en chœur, le repas commençant à l'heure fixée quel que soit le nombre des présents. Le retardataire chante seul, même si son retard est motivé par des raisons de service. La gaieté de la table n'exclut nullement la bonne ordonnance du chant.

c) A la fin du repas communautaire, un équipier choisi à tour de rôle lit une page de qualité écoutée par tous en silence et avec attention.

Étrangers

15. L'étranger présenté par le Vieux Chef ou par un des équipiers est accueilli avec déférence et cordialité. Il est admis à partager le repas de l'équipe. Par le choix de leurs invités, par leur tenue à table et par leurs propos, les équipiers veillent à ne pas porter préjudice à la mission commune.

Exactitude

16. En toutes circonstances, l'horaire est scrupuleusement respecté. L'exactitude est une condition essentielle de la discipline, un témoignage mineur mais constant du dévouement à l'œuvre commune.

Conseils

17. Le Vieux Chef réunit chaque fois qu'il le juge utile :

a) Le conseil des chefs de service (en principe quotidien);
b) le conseil général des chefs, auquel participent tous les équipiers (en principe hebdomadaire);
c) Un conseil restreint où il convoque les équipiers de son choix pour l'étude d'une question particulière.

18. Les chefs de service réunissent leurs équipiers dans la mesure des besoins. Ils peuvent, avec l'autorisation du Vieux Chef, provoquer des réunions inter-services.

Questions personnelles

19. Chaque équipier peut toujours demander directement au Vieux Chef un entretien pour raisons personnelles.
20. Les chefs de service décident, dans leur ressort, des absences pour raisons de service et de la répartition des congés. Les ordres de mission sont présentés à la signature du Vieux Chef ou de son représentant par les chefs de service. Ceux-ci visent également les feuilles de déplacement.

Tenue et Marques de respect

21. Une grande propreté et, autant que possible, une certaine élégance est requise de chacun.
22. a) Pour aborder le Vieux Chef, son représentant ou les chefs de service et pour prendre congé, les équipiers prennent une attitude déférente.
b) En toutes circonstances à l'extérieur, mais plus particulièrement à Saint-Martin d'Uriage, Uriage et Grenoble, les équipiers ont à cœur d'assurer par leur attitude et leurs propos le rayonnement et le bon renom de toute l'équipe.

Matériel et locaux

23. Chacun est responsable du matériel commun : meubles, livres, outils, etc. qu'il utilise. Il prend le plus grand soin et les remet en bon état après usage.
En général chaque équipier traite les locaux, les deniers, les biens de la communauté avec plus de soin encore que les siens propres. La négligence et le gaspillage sont combattus par tous.

Fautes

24. Chaque équipier inscrit lui-même dans un cahier tenu par service ses absences aux exercices obligatoires.
25. Toute faute contre la mission commune ou contre l'honneur de l'équipe est honnêtement et simplement reconnue. Elle peut donner lieu :
à une réprimande du chef de service,
à une réprimande du Vieux Chef ou de son représentant,
à un blâme en conseil de chefs,
au renvoi.

3.

PRINCIPES DE LA RÉVOLUTION DU XXe SIÈCLE [1]

RÉVOLUTION NÉCESSAIRE

Le mot « révolution » est, comme les autres, usé, démonétisé ; mais le fait demeure : la révolution à peine esquissée est en cours. Rien ne pourra désormais l'arrêter. Quels que soient l'événement ou l'apparence, elle devra être poursuivie jusqu'au bout.

RÉVOLUTION ILLIMITÉE

Pour faire la révolution du xxe siècle il faut avoir compris son ampleur. Elle affecte tous les peuples ; elle s'étend à tous les domaines. Elle est la plus vaste transformation qu'ait jamais subie l'humanité.

RÉVOLUTION ORIENTÉE

Cette transformation n'est chaotique qu'en apparence. Elle a un sens. Elle est une phase tragique des luttes millénaires par lesquelles l'homme affirme progressivement sa royauté sur la nature, sa possession plus complète du monde. Elle est peut-être la naissance ensanglantée d'un véritable « être collectif des hommes », d'une humanité dont les masses bolchévistes ou national-socialistes ne sont qu'une préfiguration monstrueuse, une tentative avortée.

LA RÉVOLUTION EN FRANCE

La France, les Français, ont, comme tous les autres pays, comme tous les autres peuples, à vivre, à faire cette révolution. Pour eux comme pour tous les autres, la révolution est à la fois une *remontée vers les sources* et un *élan vers l'avenir* ; un effort de dépouillement, de mise à nu, le retour à la simplicité, à la vérité, à l'authenticité premières et aussi une volonté de conquête, une foi dans le destin des communautés naturelles, emportées elles-mêmes dans une marche irréversible de l'Univers. En ce sens, mais en ce sens seulement, on pourrait parler, si l'on y tient, d'une révolution « nationale » par un retour aux traditions les plus vigoureuses et les plus saines de la nation, et d'une révolution « sociale » ou « socialiste » par l'acceptation enthousiaste, voire religieuse, de l'orientation toujours plus communautaire du devenir humain.

Cette révolution française du xxe siècle suppose :

1. *Une révolution personnelle*

L'attente résignée, passive, ne peut mener à rien. Elle est déjà une mort anticipée. Les Français du xxe siècle ont à créer un style de vie, un type d'homme. Nous avons à définir et à incarner, dans les conditions du xxe siècle, « cette manière d'être un homme qui n'appartient qu'à nous ». Nous avons notamment à retrouver le sens de *l'Honneur.* Valeur qui ne se suffit pas à elle-même, qui prête aux plus graves déviations, mais qui témoigne, en tout cas, d'une fidélité, d'une générosité. Conserver un corps débile quand il pourrait être vigoureux, tromper l'examinateur ou le fisc, esquiver l'impôt du sang ou les exigences d'un travail bien fait, sacrifier une conviction à l'argent ou au conformisme social, autant de fautes contre l'honneur. L'honneur comporte un choix et la responsabilité de ce choix. Il consiste essentiellement à ne jamais préférer les commodités de la vie ou la vie elle-même aux raisons de vivre.

2. *Une révolution politique*

Une révolution politique se traduit par un changement de personnel, de cadres et par un changement d'institutions. Les hommes ne peuvent rien sans les institutions et inversement. Mais dans la situation actuelle de la France, tant que celle-ci est privée du libre exercice de son indépendance nationale, il est bien évident que l'accent doit être mis sur les hommes et non sur les institutions. Les hommes de demain doivent éprouver aujourd'hui, au sein d'équipes ou de communautés fraternelles, les principes révolutionnaires qu'ils veulent faire triompher. Ils s'éprouvent en même temps eux-mêmes par l'exercice de leurs qualités de chefs. Ils se qualifient ainsi pour servir et peut-être forger des institutions qui sans eux ne seraient qu'un trompe-l'œil. Une révolution « nationale » dictée par l'étranger serait un pur non-sens.

1. Texte ronéo., Uriage-Documentation, s.d. [1942] (arch. ENCU). Voir chapitre XIV, « La Révolution à faire ».

3. *Une révolution économique et sociale*

La formule pourrait en être « haute productivité et paix sociale ». Ces deux termes ne peuvent être dissociés. Inutile d'imaginer comme un nouvel âge d'or le retour à un ordre artisanal et rural. La machine existe. Sous ses formes les plus variées, du métier à tisser ou de la pelle mécanique au tracteur agricole ou au semoir automatique, elle peut être l'instrument d'un grand bien, mais d'un bien auquel le monde n'est encore ni préparé, ni adapté. Elle permet à la fois une *immense libération d'énergie humaine* et *une création indéfinie de richesses.* Elle facilite la domination, le règne de l'homme sur la nature, à condition que celui-ci sache également dominer l'instrument qu'il s'est lui-même forgé.

Quant à la paix sociale, elle exige l'abolition du prolétariat qui suppose elle-même une plus équitable distribution des richesses, l'orientation de l'économie vers le service commun et non plus vers le seul profit, la restauration de l'honneur du travail, l'accès des travailleurs à une culture vraie et la formation d'une élite ouvrière, condition indispensable d'une véritable promotion ouvrière, d'une véritable souveraineté du travail au sein de la communauté nationale.

4. *Une révolution spirituelle*

L'honneur personnel, les institutions politiques, l'organisation économique et sociale sont sujets aux pires aberrations s'ils ne sont informés, orientés par un principe spirituel commun qui les équilibre, les harmonise, et détermine leur convergence. Car l'homme est fait de chair et d'esprit et où l'esprit cesse, cesse aussi l'humain. Où Dieu est absent, règnent les idoles : l'Argent, la Nation, la Classe, l'État. Mais quel Dieu ? Ici encore s'imposent à la fois la remontée vers les sources, vers les origines de l'être et l'interrogation passionnée de l'avenir humain. Car la religion n'est en définitive que la réaction de la conscience et de l'action humaines en présence de l'Univers. Beaucoup adorent ainsi un dieu auquel ils seraient bien en peine de donner un nom. Leur idéal est souvent moins éloigné qu'ils ne pourraient le croire de celui qui a été apporté par le Christ, définissant par son incarnation le sens de la vie et la ligne d'un devenir à la fois personnel et universel.

Il suffit à un ordre humain que cette explication, cette issue surnaturelle du monde ne soit pas *a priori* écartée ou combattue et que l'homme, oubliant qu'il est à l'image de Dieu, ne crée pas des dieux à sa propre image.

PRINCIPES TECHNIQUES RÉVOLUTIONNAIRES

On reprochera à ces principes d'être trop généraux, de ne répondre ni aux besoins du moment, ni aux conditions concrètes de l'action. Mais c'est bien souvent au nom du réalisme que l'on se soustrait arbitrairement aux exigences du réel, en faveur de l'action immédiate que l'on sacrifie délibérément l'efficacité de l'action. Établir aujourd'hui un plan plus ou moins détaillé de réformes serait supposer que la révolution, ayant déjà vaincu, n'a plus qu'à s'installer, c'est-à-dire à mourir en tant que révolution. Et, parce qu'il n'en est pas ainsi, parce que nul ne peut dire avec une probabilité suffisante ce que seront demain le régime politique de la France, le statut de l'Europe, l'organisation coloniale, les formes de la production ou celles de la participation du travail à la gestion et au profit, il y aurait là une malhonnêteté de style électoral.

L'honnêteté et l'efficacité révolutionnaires sont, au contraire, actuellement de tenir solidement les deux bouts de la chaîne : *les principes* qui éclairent la route, permettent le rassemblement, la communion dans un même idéal et *l'action quotidienne* modeste, isolée à l'origine, mais précise, incessante, permettant, au fur et à mesure des progrès réalisés, la mise au point des techniques appropriées.

Sage méthode, dira-t-on encore, mais trop lente ; d'autres prendront les devants et tout sera perdu. Rien n'est moins sûr. Même si cela devait être, sauverait-on quelque chose avec des troupes sans unité profonde, hâtivement organisées, mal encadrées, bonnes tout au plus à parader dans les rues ou à molester des faibles ?

Comme tout grand événement, la Révolution doit croître et mûrir lentement avant d'éclater et de s'imposer. Comme tous les grands événements de l'histoire de France, la Révolution française du XXe siècle aura une portée spirituelle. La force et la technique joueront leur rôle qui ne sera pas le premier.

Que les vrais révolutionnaires français se hâtent de prendre conscience d'eux-mêmes. Qu'ils se reconnaissent, se rassemblent, affermissent mutuellement leur foi, étudient le terrain familial, professionnel, local, où ils auront d'abord à lutter et qu'ils forgent dans l'action leurs techniques d'action. Ils peuvent alors être sûrs que leur révolution, celle que la France violée attend d'eux, celle que le monde ensanglanté ou bâillonné attend de la France, vaincra.

4.

DIRECTIVES GÉNÉRALES DE NOTRE PENSÉE ET DE NOTRE ACTION [1]

Ce sont des directives générales que nous exposons ici. Elles ont pour objet de donner un aperçu succinct mais substantiel des conclusions auxquelles nous ont menés deux ans d'expériences et de réflexions. Nous en excluons des développements abstraits, philosophiques, théoriquement essentiels, mais qui seraient destinés à des spécialistes. A l'opposé, nous n'y faisons figurer, sauf exception, aucune mesure concrète de détail. En effet, si les dispositions techniques sont indispensables pour l'exécution, il faut se garder d'avoir la superstition d'une formule; ce n'est pas d'autre part notre rôle d'en déterminer le contenu.

En octobre 1942, il semble que jamais l'opinion française n'ait été plus affaissée et plus absorbée dans des préoccupations immédiates. Un mouvement politique avorté, la Révolution nationale, a laissé les Français indifférents à tout grand mouvement révolutionnaire. Or, nous croyons à la nécessité d'une vraie révolution, dont le bouleversement de l'univers nous montre l'étendue. Elle vise non seulement l'équilibre politique, mais encore les structures économiques, les valeurs humaines et spirituelles. Il ne s'agit ici ni de la subir, ni de s'y opposer, mais bien de l'orienter. Pour le faire, il faut s'inspirer d'un certain idéal, d'une certaine vision de l'accomplissement total de la vocation humaine.

Cet humanisme adopté aux conditions du XXe siècle et au génie propre de la France, est largement dominé par le souci des valeurs humaines dont l'Occident fait généralement remonter les sources au christianisme. Nous croyons donc qu'il y a entre les hommes une égalité foncière de nature qui exclut tout privilège définitif de race, et que les valeurs spirituelles l'emportent sur toutes les autres, ce qui requiert le respect général de la liberté, indispensable au développement de l'esprit. Ce qui importe dans tous les problèmes humains, c'est de prendre en considération l'homme total avec son corps, son intelligence, son âme, en les coordonnant et en les hiérarchisant. Par rapport à l'intellectualisme qui a sévi en France dans les mœurs et les institutions, cette attitude marque toute l'importance du plan physique [2] et du plan spirituel.

Cet homme nouveau ne s'épanouira que dans la vie communautaire. Il ne faut pas accepter l'opposition que l'on fait parfois entre personne et communauté, car la communauté est faite pour l'homme, mais l'homme ne vit finalement que pour des valeurs spirituelles qui toutes culminent dans le don de soi, dans la communication généreuse à autrui, c'est-à-dire dans la vie communutaire. Parmi toutes les communautés, une importance capitale est attachée à la famille, à la communauté de travail et à la nation. Ces trois communautés représentent chacune une valeur propre et ne peuvent être absorbées l'une par l'autre : l'État peut contrôler l'entreprise, non l'absorber; l'entreprise ne doit pas tuer la famille, pas plus que l'État.

Ces communautés, comme l'homme même qui les forme doivent être envisagées sur un plan à la fois biologique, juridique et spirituel; elles doivent respecter les individus et se respecter les unes les autres. On ne peut concilier le besoin d'unité qu'incarne finalement l'État, gardien suprême du bien commun, et l'indépendance nécessaire des autres communautés (familles, provinces, métiers, entreprises) que sur la base d'un idéal et d'institutions fédérales.

En présence d'un idéal aussi élevé, le problème politique n'en apparaît que plus difficile. Nul doute qu'après une crise dont le point culminant n'est pas encore atteint, la France aura besoin d'un État extrêmement fort et qu'il faudra renvoyer à une date ultérieure l'application de formules plus équilibrées mais trop restrictives de la force de l'État. Si le problème de l'État domine tous les autres, il se réduit pratiquement à un problème de cadres; nous sommes là en présence du PROBLÈME CENTRAL de notre société moderne. Sans nier pour cela la question des institutions, pas plus que celle de la doctrine, on ne saurait surestimer l'importance de l'élite et de ses chefs. Une juste conception du commandement, de ses devoirs et de ses responsabilités – en honneur auprès de cadres choisis et formés – est à la base même de toutes les réformes politiques et sociales.

Sans aborder toutes les questions relatives au recrutement, à la formation et au statut de ces cadres, il faut souligner qu'ils seront amenés à se constituer en ordres. La nécessité d'alimenter toujours leurs forces morales et spirituelles pour les maintenir au niveau indispensable à leur tâche, celle de se soutenir pour des combats difficiles, obligeront les élites de demain à créer de véritables communautés comportant des engagements et un style de vie propre.

1. Texte ronéo., sans mention d'origine, octobre 1942 (arch. ENCU). Voir chapitre XIII, Les directives d'octobre 1942 et chapitre XIV, Orientations de l'automne 1942.

2. Il serait plus exact de dire plan *biologique* en entendant par là l'ensemble des phénomènes communs à l'homme et à l'animal, où apparaissent la puissance des sentiments et la force constructive de la vie.

En ce qui concerne la nation française, il apparaît immédiatement qu'elle n'existe plus en tant que communauté. Un seul sentiment peut être exploité comme thème politique d'unité nationale et d'action : le refoulement de l'envahisseur. Ne dût-il conduire – lorsque les circonstances seront favorables - qu'à un geste symbolique, sa signification n'en serait pas moins immense. Il devra être ensuite exploité en obligeant les Français à opérer une prise de conscience sur le caractère positif de ce refus; ainsi doit se réveiller le sens de cet humanisme occidental dont le national-socialisme constitue la négation.

Concrètement, la reconstitution de la France sera difficile, il s'agira de réconcilier l'officier, l'instituteur et le pasteur. Pratiquement la refonte et la création des cadres de la France devront être assurées par des méthodes nouvelles dont les Écoles de cadres comme Uriage fournissent une première approximation. Une fois l'envahisseur refoulé et le national-socialisme abattu, la France sera apte à mener une politique européenne et internationale tenant compte de ses intérêts et de sa vocation spirituelle.

Le problème économique devra également être résolu à la lumière des indications qui précèdent. L'économie devra être vraiment « politique » au sens le plus élevé du terme, c'est-à-dire mise au service de l'homme. Pour cela il ne s'agit pas de revenir à des formes anciennes de productivité et d'organisation, mais de maintenir le haut rendement et même de le développer. En revanche, il sera nécessaire de soumettre, EN FAIT – ET C'EST UNE QUESTION DE CADRES – les trusts au contrôle de l'État et de modifier la condition du prolétariat. Il faut pour cela rendre humaine la condition de l'ouvrier en rendant au travail la place qui lui est due dans la considération et le profit, c'est-à-dire la première. Concrètement, on peut envisager toute une série de mesures techniques dont l'expérience seule établira la validité : décentralisation géographique et technique (commandite d'atelier), participation aux bénéfices, culture ouvrière, développement des cadres syndicaux, etc.

Le commandement économique doit être réorganisé en échappant à l'anonymat et en étant fondé sur la compétence et la responsabilité. La banque et le crédit public donneraient lieu à d'importantes réformes : la rémunération de l'épargne devant être abaissée en proportion de la sécurité qui lui serait accordée.

Des mesures énergiques mettraient sur pied dans un sens analogue une politique de la jeunesse et de la santé qui nous a toujours fait défaut.

5.

COMMENT NOUS NOUS SITUONS[1]

Il faut partir du fait que nous ne sommes pas et ne devons pas devenir un parti politique ni une formation religieuse. Pas un parti : car notre champ d'action n'est pas la structure de l'État, mais celle de la société de demain. Pas une formation religieuse, car nos préoccupations spirituelles portent sur le style et les règles de vie de l'homme communautaire et non sur le salut des âmes. Ce qui ne revient pas à nier l'énorme importance des doctrines politiques et des positions religieuses. Tout se tient : l'ordre social est solidaire des formes politiques et de l'étiage des consciences. Mais dans une nation qui depuis 150 ans cherche en vain son équilibre faute de classe dirigeante stable et efficace, faute d'une structure sociale cohérente, on ne rétablira pas l'unité en plaquant de l'extérieur un État flambant neuf sur une société croulante. Or c'est là l'utopie que poursuivent nos partis politiques depuis 1815 et que poursuivent encore la Légion, le PPF et tous les partis français qui ont cherché à démarquer l'étranger.

Il ne suffit pas non plus de purifier les consciences pour refaire une nation cohérente, comme le croyaient les tenants d'un certain romantisme religieux. L'expérience prouve que des personnes individuellement irréprochables peuvent, une fois réunies, former des assemblées d'énergumènes ou plus simplement des groupes non viables, atteints de toutes les tares des nations décadentes. Les tiers-ordres n'ont jamais réussi à former (ils n'en ont d'ailleurs pas eu l'ambition) des citoyens, et trop souvent les mouvements d'action religieuse, catholiques et protestants, ont donné aux laïcs des moyens d'évasion spirituelle dont les meilleurs d'entre eux ont souvent abusé. L'éducation des âmes et des individus est une chose, la formation d'hommes communautaires en est une autre.

Le scoutisme avait bien eu à l'origine des préoccupations de ce genre, mais il s'est bien vite cantonné dans une technique de l'évasion dans un monde en matériaux factices. Comment s'étonner, après cela, que tant d'êtres d'élite et réellement doués pour l'action, mais formés exclusivement par le scoutisme aient fait preuve, souvent, d'une étonnante incapacité d'adaptation à la vie réelle ?

Il faut dire, à la décharge du scoutisme, qu'étant d'inspiration confessionnelle, il pouvait difficilement coopérer sur un terrain réel sans déboucher sur ce qu'il était convenu d'appeler le « politique », faute de savoir le distinguer du « civique », sans faire crier au cléricalisme, sans provoquer des conflits avec l'État et avec les partis. Les événements de 1940-41, les tentatives de mainmise sur les mouvements de jeunesse par une équipe scoute dirigée en coulisse par d'habiles ecclésiastiques, ont assez clairement révélé, d'ailleurs, que le danger clérical n'était pas imaginaire. Ils ont montré aussi à quel point nous étions incapables d'aller au-delà de la vieille antithèse individu-État, et de tenir compte d'un tiers aspect : celui des groupes sociaux qui forment la structure interne de la nation.

C'est cette structure interne, qui s'était depuis longtemps effondrée, qu'il s'agit de reconstruire. Or ce travail de reconstruction ne peut être réalisé ni par l'État – ou par les partis qui l'appuient – ni par des individus – ou par les Églises qui alimentent leur spiritualité.

– Si l'État assume seul ce rôle, il se gonfle dangereusement à la mesure des États totalitaires et fait peser, par l'intermédiaire de partis du type national-socialiste ou communiste, une pression odieuse sur les personnes, sur les consciences, sur les Églises. Il se condamne, par ailleurs, à ne faire que des réalisations fragiles, soumises à toutes les vicissitudes de la politique, remises en question plusieurs fois par siècle en même temps que le régime qui les a sécrétées.

– Si c'est le clergé qui l'assume, nous allons vers un cléricalisme voué à l'échec étant donné l'état actuel de l'Église et celui de la société française. Il est peut-être regrettable que nous ne soyons plus au Moyen Âge, mais c'est un fait que nous n'y sommes plus.

– Si cette fonction n'est assumée par personne – c'est ce qui avait lieu avant la guerre – ou si elle est laissée à l'arbitraire des sociétés de pensée, on débouche dans l'anarchie et dans une agitation stérile qui fatigue et étourdit le pays sans le faire progresser.

Seuls seront qualifiés pour ce travail de nouveaux *ordres* se développant autour d'une communauté mère – l'esprit communautaire se gagne par une contagion plus encore que par formation – destinée à essaimer indéfiniment, à former les éléments de base de petites communautés incarnées dans différentes professions, et qui auront une valeur de prototypes sociaux en même temps que de champs d'expérience.

1. Texte ronéotypé, sans mention d'origine, s.d. [fin 1942 ou début 1943], (arch. ENCU). Voir chapitre XIII : Les directives d'octobre 1942.

Sources et bibliographie

La documentation utilisée est présentée ici en quatre ensembles :

I – Archives
- A – Archives nationales.
- B – Archives départementales de l'Isère (fonds collectif École nationale des cadres d'Uriage).
- C – Fonds privés.

II – Témoignages, oraux et écrits

III – Sources imprimées, classées en :
- A – Périodiques.
- B – Publications éditées par l'ENCU ou l'Équipe d'Uriage.
- C – Autres publications contemporaines (ouvrages et articles parus avant 1946).
- D – Témoignages et documents postérieurs (parus après 1945).

IV – Études, classées par rubriques :
- 1 – Généralités. La France, sous Vichy.
- 2 – Études concernant l'École et l'Équipe d'Uriage.
- 3 – Jeunesse.
- 4 – Politique et société françaises.
- 5 – Cercles et courants idéologiques.
- 6 – Pensée et action chrétiennes.

I – ARCHIVES

A – Archives nationales

– *Série AG II : Chef de l'État.*

- 440 – Cabinet civil, affaires de Jeunesse (CC III, A à S).
- 459 – Cabinet civil, divers ministères (CC 34, J-Jeunesse).
- 497 – Cabinet civil, affaires de Jeunesse 1942 (CC 79 A).
- 536 – Cabinet civil, correspondances 1942 (CC 130 A et B).
- 570 – Cabinet civil, affaires de Jeunesse 1942-43 (CC 175 B).
- 609 – Cabinet militaire, affaires de Jeunesse 1942-43 (CM 25, A et C).
- 613 – Cabinet militaire, Jeunesse 1940 (CM 30, B).
- 650 – Secrétariat général du Conseil national.
  - n° 38 : 8e commission du CN, Étude des questions de Jeunesse, 5-12 mars 1942; documents officiels.
  - n° 39 : *Id.*, documents annexes.
- 654 – Secrétariat général du Conseil national.
  - n° 308 : Documentation Jeunesse.

– *Série F 17 : Cabinet du ministre de l'Éducation nationale.*

- 13 366 – Organisations de jeunesse 1942-44.
- 13 367 – 30 – Jeunesse III. Écoles de cadres, Uriage, organisations de jeunesse (1942).
- 13 381 – J/d. Secrétariat général à la Jeunesse en zone occupée.

– *Série F 44 : Ministère de la Jeunesse* [1].

- 1 – Direction de la Jeunesse. Cabinet, 1940.
- 2 – SGJ. Cabinet. Écoles de cadres, propagande.
- 3 – SGJ. Cabinet. Chantiers de la Jeunesse.
- 7 à 10 – SGJ. Courrier départ du service du personnel et de la comptabilité, octobre 1940-juillet 1941.

1. Les Archives nationales n'ont conservé qu'une faible partie des archives du secrétariat général à la Jeunesse de 1940-43 (cabinet et service administratif et financier).

11 à 13 – SGJ. Courrier départ de la sous-direction de l'administration générale, du personnel et de la comptabilité, août 1941-février 1942.
14 à 21 – SGJ. Courrier départ du service administratif et financier, mars-décembre 1942.
28 – SGJ. Service administratif et financier, bureau du budget, Budgets 1941-43.
33 – SGJ. Documentation. Écoles de cadres.
34 – SGJ. Documentation. Écoles de cadres.
35 – SGJ. Dossiers du personnel.

– *Série F 60 : Présidence du Conseil.*

1020 – Secrétariat général auprès du chef du gouvernement. Notes adressées au SGCG par les cabinets ministériels; dossier Jeunesse, 1941-44.
1024 – *Id.* Dossier Commissariat général à l'Éducation générale et aux Sports, 1943-44.

B – Archives départementales de l'Isère

102 J : Fonds de l'École nationale des cadres d'Uriage (constitué par deux dépôts effectués respectivement par François Ducruy en 1967 et Hubert Beuve-Méry en 1989). Classement effectué en 1990 par les Archives départementales de l'Isère, qui prévoient la publication d'un inventaire.

Le fonds collectif déposé par Hubert Beuve-Méry a été constitué à l'occasion du présent travail à partir de 1966; il en constitue la source principale (référence « arch. ENCU »).

Origine de ce fonds collectif

Après la suppression de l'École nationale des cadres d'Uriage en décembre 1942, les documents du bureau d'études (bibliothèque, documentation, dossier de travail) ont été transférés au château de Murinais, où ils ont été détruits dans l'incendie de décembre 1943. Une partie des archives de l'École a été mise à l'abri par les soins de François Ducruy à Grenoble, où elle a été retrouvée en 1967 (Fonds Ducruy). Les dossiers personnels du documentaliste Louis Poli ont été recueillis après sa mort (1944) par Gilles Ferry (Fonds Poli). Hubert Beuve-Méry a conservé une série de dossiers qui ont été joints aux fonds précédents, ainsi que d'autres documents provenant des archives personnelles de R.-C. Chartier, Pierre de Chevigny, Gilles Ferry, Bernard Gagey, Pierre Hoepffner, Lucette Kellermann, Jean Le Veugle, Gaby Michoud, Francis Pasquier, André Pierre, Paul Reuter, Paul Thisse, André Voisin.

Description sommaire [1]

- Collection des publications de l'École (périodiques et fascicules).
- Textes ronéotypés ou dactylographiés (conférences, notes du bureau d'études).
- Documentation de Louis Poli.
- Fichier des anciens élèves et collaborateurs de l'École.
- Dossiers des stages : programmes, listes et dossiers des stagiaires, correspondances préparatoires (lacunes).
- Archives de l'ENU (Équipe nationale d'Uriage) pour 1941-42.
- Documents concernant la bibliothèque de l'École, les relations avec les écoles régionales et les mouvements de jeunesse; rares documents sur les relations avec Vichy et le SGJ, [Rien sur l'administration et la comptabilité de l'École sauf rapports annuels d'activité].
- Documents concernant l'Ordre et le Mouvement en 1943-44 et quelques dossiers du bureau d'études clandestin.
- Plusieurs dossiers sur l'École militaire d'Uriage après la Libération (1944-45).

C – Fonds privés

Bibliothèque E. Mounier à Châtenay-Malabry.
Centre de documentation juive contemporaine.
Dossiers, documents et correspondances conservés par Jean Barthalais, Hubert Beuve-Méry, Jean-Marie Domenach, Xavier Fontoynont, Lucien Fraisse, Gilbert Gadoffre, Clément Gardet, Yvonne Jacquot, Dr Jodin, André Lecoanet, Jean Le Veugle, Louise-Marie Lozac'hmeur, Dominique Magnant, André Pierre, Antoine Ridard.

II – TÉMOIGNAGES ORAUX ET ÉCRITS

Éric Audemard d'Alançon. Entretien, mars 1968.
Bertrand d'Astorg. Entretien, 22.11.1966.

1. Une description plus précise de ce fonds a été donnée dans la thèse reprographiée : B. Comte, *L'École nationale des cadres d'Uriage..., op. cit.*

Madeleine BARBULÉE. Entretien, 6.4.1967.
Jean BARTHALAIS. Entretien, 6.6.1967.
Docteur Jean BERNARD. Lettre du 26.1.1983.
Maître Claude BERNARDIN. Entretien, 30.1.1976.
Hubert BEUVE-MÉRY et Mme. Entretiens, 27.4.1966, 28.12.1966, août 1968, janvier 1975, 21.8.1985. Correspondance 1966-1986.
Bernard BOUTIER. Entretien, 25.8.1967.
Bénigno CACÉRÈS. Entretiens, septembre 1966, novembre 1975.
André CARAUX. Entretien, 24.8.1967.
Georges CASALIS. Témoignage donné le 23.4.1975.
Général Frédéric de LA CHAPELLE. Entretien, 4.6.1976. Lettre du 12.7.1976.
R.-C. CHARTIER, o.p. Entretiens, 28.9.1967 et 2.12.1967.
Pierre de CHEVIGNY. Lettre du 14.6.1976.
Paul-Henry CHOMBART de LAUWE. Entretiens 21.11.1966, 25.11.1978. Lettre du 12.4.1978.
André CRUIZIAT. Entretien, 6.12.1983.
Lorrain CRUSE. Entretien, 23.8.1967.
Pierre DEFFONTAINES. Entretien, 2.6.1976.
Paul DELOUVRIER. Entretien, 7.4.1967.
Norbert DENY. Témoignage donné le 7.12.1983.
Jean-Marie DOMENACH. Entretiens, 23.9.1966, 4.2.1967, mai 1969.
Dominique DUBARLE, o.p. Entretien, 1.12.1967.
François DUCRUY. Entretiens, 18.2.1967, 26.5.1967. Correspondance 1967-1987.
Pasteur André DUMAS. Entretien, 1.11.1982.
Joffre DUMAZEDIER. Entretien, décembre 1966. Témoignage, 7.12.1983.
Général Pierre DUNOYER de SEGONZAC. Entretiens, 20.9.1966, 23.1.1967, 11.2.1967 et année 1967-1968.
Mme Pierre DUNOYER de SEGONZAC. Entretiens et correspondance 1978-1986.
Michel DUPOUEY. Entretien, 15.7.1976.
Gabriel FERRIER. Entretien, 9.6.1967.
Gilles FERRY. Entretiens, septembre et novembre 1966, 1988.
Pierre FLEURY. Entretien, 2.6.1976.
Lucien FRAISSE, s.j. Entretiens 1966-1987. Témoignage donné le 26.2.1975.
Pierre FRANÇOIS. Entretien, 6.12.1983.
Gilbert GADOFFRE. Entretien, 20.9.1966. Lettres, 15.10. 1966, 29.1.1981, 25.10.1985, 20.11.1985.
Bernard GAGEY. Entretien, 24.1.1967.
Jean GASTAMBIDE. Entretien, 20.10.1979.
Pierre GAU. Lettre du 8.4.1976.
Paul GRILLET. Entretiens, 3.3.1967 et années suivantes.
Pierre HOEPFFNER. Entretien, 3.10.1967.
Olivier et Anne-Marie HUSSENOT. Entretien, 22.8.1967.
Yvonne JACQUOT. Entretiens, 6.2.1967 et années suivantes.
Docteur Raymond JODIN et Mme. Entretiens, 9.6.1967 et janvier 1975.
Abbé Maurice JOURJON. Lettre, octobre 1986.
Mme KELLERMANN (Lucette MASSALOUX). Entretien, 21.11.1966 et correspondance.
Jean LACROIX. Entretiens, 18.8.1966 et années suivantes. Témoignage donné le 26.2.1975.
Abbé Louis LALLEMENT. Lettre, 26.6.1967.
André LATREILLE. Entretien, 1966. Lettre, 5.5.1983.
Georges LEBREC. Entretien, 23.9.1966.
Général André LECOANET. Entretiens, mars-avril-mai 1967 et 1.4.1968.
François LE GUAY. Entretien, 23.1.1967.
Général Alain LE RAY. Entretiens, 28.9.1967, novembre 1975, 4.6.1985.
Jean LE VEUGLE. Entretiens, 22 et 24.8.1967, 5.11.1971. Correspondance 1980-1983.
Pasteur Jacques LOCHARD. Entretien, 18.11.1966.
Mme LOZAC'HMEUR (Louise-Marie ARDAIN) Entretiens, 12.7.1967 et années suivantes.
Dominique MAGNANT. Entretien, 26.6.1984.
Claude MALESPINA. Lettre, 20.10.1967.
François MICHEL. Entretien, 27.9.1967.
Mme MICHOUD (Gaby AUDIBERT). Entretien, 19.11.1966.
Général Pierre de MONTJAMONT. Entretien, 30.12.1977.
Jean MOREAU. Entretien, décembre 1983.
Mme Paulette MOUNIER. Entretiens, juillet 1976, novembre 1982, décembre 1983.
Charles MULLER et Mme. Entretien, 29.12.1966.
Abbé René de NAUROIS. Lettres, 7.9.1966, octobre 1966 et 29.1.1967. Entretien, 7.10.1978.
Pierre OLLIER DE MARICHARD. Entretien, 1.12.1967.
Paul OURLIAC. Lettre, 2.7.1988.
Francis PASQUIER. Entretiens, juin 1967, 2.12.1967.
Mme PICARD (Jeanne AUBERT). Entretien, 20.10.1979.
André PIERRE. Entretien, 10.2.1967.
Georges REBATTET. Entretien, 24.9.1966.

Paul Reuter. Entretien, 23.9.1966.
Antoine Ridard. Entretiens, 15.12.1967, 11.4.1978.
Pierre Rondet, s.j. Entretien, 28.9.1984.
Jean-Pierre Serrant. Entretien, 27.9.1967. Lettre, 28.9.1967.
Docteur Robert Schapiro. Entretien, 4.10.1984.
Édouard Simon. Entretien, 3.10.1984.
Gilles Souriau. Entretien, 23.1.1967.
Paul de La Taille. Entretien, 19.11.1966.
Jacques Thérond. Lettres, 16.2.1983, 7.4.1983.
Paul Thisse. Entretien, 28.3.1967. Correspondance janvier-juillet 1967.
R.P. Vandevoorde, o.p. (Père Des Alleux). Entretien, 18 octobre 1967.
Jean Violette. Entretien, 26.11.1967.
Mme Xavier de Virieu. Entretien, 31.8.1967.
André Voisin. Entretiens, 23.9.1966, 20.11.1966.
Roger Vuillemin. Entretien, 10.6.1967.

III - SOURCES IMPRIMÉES

A - Périodiques

(Les dates mentionnées à la suite du titre sont celles des début et fin de publication. Les dates entre parenthèses indiquent la période pour laquelle le périodique a été dépouillé).

1. Organes de jeunesse

a) SGJ

Bulletin de presse (SGJ, Propagande, Vichy), mensuel puis hebdomadaire,(1940-42).
Cahiers d'Information (SGJ, DFJ, Vichy), 3 numéros, 1941-42.
Contact (SGJ, Progagande, Paris), (3 à 5 1942).

b) Chantiers de jeunesse

Bulletin périodique officiel des Chantiers de la Jeunesse, hebdomadaire (1940-43).
Bulletin hebdomadaire d'information des Chantiers de la jeunesse, secrétariat général à l'Information (janvier-octobre 1942).
Sources, éléments de travail pour les chefs, mensuel (1941-42).

c) Écoles régionales de cadres

La Cordée, bulletin de liaison des anciens de Bobigneux-Terre-noire (1941-42).
Élan. Je sers, bulletin de l'ERC de Lapalisse (1941-42).
Joie, bulletin mensuel de l'ERC de Gascogne (1941-42).

d) Mouvements et associations

Le Chef, organe officiel des Scouts de France, mensuel (avril 1941-juin 1943).
Servir. La Route des Scouts de France, organe fraternel des scouts routiers, mensuel (1940-42).
Bulletin de liaison des aumôniers scouts, supplément au *Chef* (1940-42).
L'Étoile filante, cahiers mensuels des Routiers des Grandes Écoles et Facultés (2e série, janvier 1936-juillet 1938).
Le Chef, organe officiel des chefs EDF, mensuel (1940-42).
Le Routier, organe mensuel des clans routiers EDF (1940-41).
Le Lien, revue mensuelle des chefs EU (1940-43).
L'Équipe, bulletin mensuel de la Route EU (1941-42).
L'Espérance, organe mensuel des Unions chrétiennes de jeunes gens (1940-42).
Correspondance fédérative de la zone non occupée (devenue *Correspondance* en mars 1941), revue mensuelle de la FFACE (1940-42).
Cahiers de notre jeunesse, revue mensuelle, 1-18 juin 1941-juin 1943.
Les Équipes sociales de jeunes gens, bulletin mensuel (1941-42).
Cahiers du Cercle Sainte Jehanne, mensuel, Lyon (1940-42).
Le Chef Compagnon, revue bimensuelle (1-12, septembre 1940-mars 1941).
Métier de Chef, mensuel (1-20, mai 1941-décembre 1942).
Construire, organe mensuel des AFJ (1941-42).
Routes..., bulletin de liaison mensuel des Camarades de la route (1-10, avril 1942-avril 1943).
Franc Jeu, organe bimensuel de la JFOM (1-20, septembre 1941-juillet 1942).
Jeunesse, organe de la génération 1940, hebdomadaire, Paris, décembre 1940-août 1942.

e) Divers

Cordée, revue mensuelle, Grenoble, 1-4, février-mai 1941.
Départ, cahier mensuel, éditions du Seuil, 1-6, novembre 1938-avril 1939.
La Revue des Jeunes, organe de culture et d'action, mensuel (1936-39; nouvelle série 1940-42).
Marche, le magazine français, hebdomadaire, 1er janvier 1942-10 octobre 1942.

2. Autres périodiques dépouillés

a) Quotidiens

Le Figaro, Lyon (1940-1941).
Le Nouvelliste, Lyon (1940-1942).
Le Progrès, Lyon (1940-1942).

b) Hebdomadaires et bimensuels

Cité nouvelle, revue catholique d'étude et d'action (1941-42).
Demain, l'hebdomadaire de la Cité française, 1.2.1942-2.7.1944.
L'Hebdomadaire du Temps nouveau, décembre 1940-août 1941.
Renouveaux-Pays de France, Issoudun (1940-1942).

c) Revues mensuelles et périodiques

Esprit (8e et 9e années, novembre 1940-août 1941; 12e année, décembre 1944-1945).
Idées, revue mensuelle (du n° 1, novembre 1941, à la fin de 1942).
Politique, revue de doctrine et d'action (années 1938-40).
L'Unité française, cahiers d'études de l'Université Jeune France, trimestriels (1941).

3. Périodiques consultés

Chronique sociale de France, mensuelle.
La Revue universelle, bimensuelle.
Revue des Deux Mondes, bimensuelle.

B – ÉDITIONS DE L'ÉCOLE NATIONALE DES CADRES OU DE L'ÉQUIPE D'URIAGE

1. Périodiques

Jeunesse... France!, 28 numéros (13 novembre 1940-15 janvier 1942); devient *Jeunesse... France* à partir du n° 12 (8 mai 1941). Bimensuel à partir du n° 3 (24.12.1940).
Magazine de 12 pages illustrées, sous-titré successivement : Bulletin de l'École des chefs, Bulletin des chefs, Organe de l'École nationale des cadres, Journal des chefs de la jeunesse. Directeur : P. Dunoyer de Segonzac. Gérant : Ch. Muller.
Jeunesse France – Cahiers d'Uriage, revue mensuelle, nos 29 à 37 (mars-décembre 1942).
Équipe nationale d'Uriage, bulletin mensuel, 1 (janvier 1942) à 9-10 (septembre-octobre 1942).

2. Collection « *Le Chef et ses jeunes* », éditions de l'École nationale des cadres d'Uriage, 14 volumes imprimés, in-16°.

4. JODIN (Docteur), *Secourisme*, 1941, 35 p.
5. DUNOYER DE SEGONZAC (Chef), *Réflexions pour de jeunes chefs*, 1941, 34 p.
6. CHOMBART DE LAUWE (P.-H.), *Pour retrouver la France. Enquêtes sociales en équipes*, 1941, 83 p.
7. CHEVALLIER (J.-J.), *L'Ordre viril et l'efficacité dans l'action*, 1941, 48 p.
8. CHEVALLIER (J.-J.), *Un Français efficace, Vauban*, 1941, 42 p.
9. LACROIX (Jean), *Psychologie des jeunes. L'adolescence scolaire*, 1941, 53 p.
10. JEANNENEY (J.-M.) *Description statistique de la France et de son économie (1919-1939)*, 1941, 61 p.
11. *Mouvements de jeunesse*, 1941, 139 p.
12. VUILLEMIN (R.), *Mémento d'éducation physique et d'initiation sportive*, 1941, 227 p.
13. FOUCHÉ (S.), *Pour le jeune. Lois sociales appliquées*, 1942, 64 p.
14. REUTER (P.), *Les Trusts*, 1942, 84 p.
15. D'ASTORG (B.) *La Morale de notre honneur*, préface de Gabriel Marcel, 1942, 119 p.
16. LALLEMENT (L.), *La Mission de la France*, 1942, 141 p.
17. Maréchal PÉTAIN, *Messages aux Français*, classement analytique des paroles et des écrits du chef de l'État (juin 1940-avril 1942) par Charles HENRY-AMAR, 1942, 123 p.

3. Autres publications

a) ENCU

Bibliographie sommaire de culture générale, ENC-Documentation, s.d. [1942], 4 p.
Quelques idées concernant le travail. Plan de cercle d'études, s.d. [1941], 4 p.
Quelques idées concernant la vie intérieure. Plan de cercle d'études, s.d. [1941], 4 p.
Règle des stagiaires, s.d. [1942], 17 p.
Tracts pour le recrutement des stagiaires. Programmes de stages.

b) Imprimés pour l'Équipe d'Uriage après 1942

État-major de l'Armée, *Instruction provisoire pour l'emploi des Corps francs*, Imprimerie nationale, 1939, 228 p. [édition clandestine du manuel de guérilla rédigé par X. de Virieu en 1944 et présenté sous ce titre fictif].

H.B.-M., *La Crise du XXe siècle et les tentatives révolutionnaires des États européens*, suivi de lectures annexes, Grenoble, Imprimerie Prudhomme et Cie, 1944, 32 p. [après la Libération].

C. AUTRES PUBLICATIONS CONTEMPORAINES (Ouvrages et articles publiés avant 1946 [1])

1. Publications de membres de l'équipe d'Uriage

ALANÇON (Eric d'), « Uriage : principes d'éducation et d'activité », *La Revue des Jeunes*, décembre 1941, pp. 41-43.
BEUVE-MÉRY (Hubert), *Vers la plus grande Allemagne*, Centre d'études de politique étrangère, Hartmann, 1939, 105 p.
BEUVE-MÉRY (Hubert), « Avec les chefs de futurs chefs, dans un château qu'habita Bayard », *Le Figaro*, 25 janvier 1941.
BEUVE-MÉRY (Hubert), « Ici l'on forme des chefs », *Temps nouveau*, 15 août 1941.
BEUVE-MÉRY (Hubert), « Révolutions nationales, Révolution humaine », *Esprit*, mars 1941, pp. 281-284.
BEUVE-MÉRY (Hubert), « Écoles de cadres », *Esprit*, octobre 1945, pp. 624-629.
Centre d'éducation contemporaine, *Cadres nouveaux, méthodes nouvelles. À la recherche des techniques pédagogiques*, coll. « L'Éducation et l'homme de notre temps », 1945, 95 p.
CHOMBART DE LAUWE (Paul-Henry), « Aspects de la jeunesse italienne », *La Revue des Jeunes*, 10 juin 1939 et 10 juillet 1939.
Compagnie Olivier Hussenot-Maîtrises Jeune France, *Jeux dramatiques pour la jeunesse*, Lyon-Grenoble, Les éd. de la France nouvelle, s.d. [1941] :
1. *Les Fêtes de mai*, 50 p.
2. *L'Été de la Saint-Jean*, 52 p.
3. *Saint Louis*.
Compagnie Olivier Hussenot, *Jeux dramatiques pour la Jeunesse*, Lyon-Grenoble, Les éd. de la France nouvelle, s.d. [1941-1942] :
4. *L'Automne*, 48 p.
5. *Novembre, la Veillée*, 36 p.
6. *Noël*, 32 p.
DELOUVRIER (Paul), « Uriage, École nationale des cadres de la jeunesse », *Gazette de l'Inspection*, octobre 1941.
DUCRUY (François), « Journées d'études d'Uriage », *La Revue des Jeunes*, avril 1941, pp. 30-33.
DUMAY (R.), DUMAZEDIER (J.-R.), VAUCHER (R.), *Voyage au pays de la jeunesse*, Saint-Étienne, éd. du SGJ, s.d. [1941], 63 p.
DUNOYER DE SEGONZAC (Pierre), « Ce que la France attend de la jeunesse », *Le Lien*, décembre 1942, pp. 276-277.
DUNOYER de SEGONZAC (Pierre), « Le christianisme a-t-il dévirilisé l'homme ? » réponse à une enquête, *Jeunesse de l'Église*, 2, 1943, pp. 78-82.
DUNOYER DE SERGONZAC (Pierre), « Notes sur le chef », *La Revue des Jeunes*, janvier 1941, pp. 17-18.
DUNOYER de SEGONZAC (Pierre), « Réflexions d'un chef », *La Revue des Jeunes*, novembre 1941.
Équipe d'Uriage, sous la direction de Gilbert GADOFFRE, *Vers le style du XXe siècle*, Le Seuil, coll. « Esprit », 1945, 267 p. (Extraits dans *Esprit*, 107 (février 1945)-110 (mai 1945) sous le titre : « Cristallisation des élites nouvelles. »
GADOFFRE (Gilbert), sous la dir., *Foyers de notre culture*, « Rencontres », 9, Cerf, 1942, 190 p.
GADOFFRE (Gilbert), DUCRUY (François), DUMAZEDIER (Joffre), MASSALOUX (Lucette), *Bibliothèques de jeunes. Un guide pour les éducateurs et chefs de jeunesse*, préface de P. Dunoyer de Segonzac, Seuil, coll. « Esprit », 1945.
LALLEMENT (Louis), « Avant d'interroger l'histoire », dans *Le Sens chrétien de l'histoire*, « Rencontres », 4, Lyon, L'Abeille-Paris, Le Cerf, 1942, pp. 35-40.
LALLEMENT (Louis), « Uriage, École nationale des cadres de la jeunesse », dans *Jeunesses et communauté nationale*, « Rencontres », 3, Lyon, L'Abeille, 1941, pp. 70-72.
LARIBE D'ARVAL (Pharmacien capitaine), *Manuel du cuisinier militaire en campagne*, Éd. Chiron, 1940.
REUTER (Paul), « Les Pédagogies collectives extra-scolaires », dans *Jeunesses et communauté nationale*, « Rencontres », 3, Lyon, L'Abeille, 1941.

2. Autres témoignages ou reportages sur l'ENCU

AUGIER (Marc), « Marchons au pas, camarades ! Une enquête sur la jeunesse dans la Révolution nationale », *La Gerbe*, 24 juillet 1941.
BENJAMIN (René), « La France retrouve son âme », *Candide*, 17 septembre 1941.

1. Une description plus précise de ce fonds a été donnée dans la thèse reprographiée : B. COMTE, *L'École nationale des cadres d'Uriage...*, *op. cit.*

BOUTANG (Pierre), « M. Emmanuel Mounier contre Barrès », *L'Action française*, 10 juillet 1941.
CASALIS (Georges), « Présence », *Correspondance*, avril 1941, pp. 10-15.
CASALIS (Georges), « Rencontre », *Le Lien*, avril 1941, pp. 86-87.
DUMAS (André), « Session d'étudiants de Pâques 1941 », *Correspondance*, mai 1941, pp. 25-28.
FABRE-LUCE (Alfred), *Journal de la France 1939-1944*, 2 vol., 1942; éd. définitive, 2 vol., Genève, Éd. du Cheval ailé, 1946, 661 p.
HACHETTE (Commandant P.), « Les officiers à l'École nationale des cadres d'Uriage (Notes d'un stagiaire) », suivi de « Extrait des notes d'un autre stagiaire », par H.-R., *Revue de l'armée française*, 2, novembre 1941, pp. 65-70.
JUTEAU (René), « Uriage, centre de rénovation nationale », *L'Espérance*, juin 1941, pp. 128-132.
LAURENT (Fernand), *Un peuple ressuscite*, New York, Brentano, 1943.
LOCHARD (Jacques), « Les hommes que nous formons », *Le Lien*, septembre 1942, pp. 1-3.
LOCHARD (Jacques), « Uriage, école d'hommes », *Correspondance*, mai 1941, pp. 21-24.
MORLINS (Jacques), « À l'École des cadres d'Uriage. Cent vingt chefs de la jeunesse ont prêté serment hier », *Le Petit Dauphinois*, 20 novembre 1940.
MOUNIER (Emmanuel), « L'École nationale des cadres d'Uriage », *Esprit*, avril 1941, pp. 429-431.
M.-J. TORRIS, « Uriage, École nationale des chefs. Choses vues », *Candide*, 30 juillet 1941.

3. Jeunesse

Auberges françaises de la jeunesse, préface de L. Garrone, Vichy, SGJ, 1942, 175 p.
« L'avenir de la jeunesse française », *Les Documents français*, n° spécial, 3e année, n° 7, juillet 1941.
BAUDOUIN (Paul), « Les données du problème français », *Revue de Paris*, 1er février 1938, pp. 571-595; conclusion reproduite dans *La Revue des Jeunes*, 10 mars 1938, pp. 314-315.
BAUDOUIN (Paul), « Témoignage. Discours à des jeunes qui entrent dans la vie », *La Revue des Jeunes*, 10 avril 1939, pp. 474-482.
La Belle Aventure de la Route, Cahiers de la nouvelle journée, 30, Bloud et Gay, 1935.
CHANCEREL (Léon), *Le Théâtre et la jeunesse*, Bourrelier, 1941.
CHARBONNIER (Hélène) et SAUSSOY (Anne-Marie), *Les Jeux dramatiques dans l'éducation*, préface de Léon Chancerel, Cerf, 1936.
CHARVET (Louis), *Le Guide du chef d'équipe*, Éd. de la Revue des Jeunes, 1933, 128 p.
CHARVET (Louis), *Le Métier de chef*, Pau, Éd. de la Revue des Jeunes, 1942, 220 p.
COMBES (G.), *Jeunesses unies oui, jeunesse unique non*, Albi, 1942, 165 p.
Le Conseil protestant de la jeunesse, Lyon, Éd. du CPJ, 1941, 12 p.
DEFFONTAINES (Pierre), *Petit guide du voyageur actif*, UTO, Laboureur, Issoudun, 1938; 2e éd. Clermont-Ferrand, ESF, 1941, 48 p.
DELAGE (Jean), *Espoir de la France. Les Chantiers de la Jeunesse*, Quillet, 1942, 290 p.
DILLARD (Victor), « La crise des cadres de la nation », *L'Unité française*, cahiers d'études de la Fédération des cercles Jeune France, 2, juillet-septembre 1941, pp. 213-218.
DILLARD (Victor), « Pour faire des chefs. Une nouvelle formule d'École de cadres », *Cité nouvelle*, 10 octobre 1942, pp. 463-478.
DONCŒUR (Paul), *Cadets*, Art catholique, 1924, 57 p.; 2e éd., *Cahiers du Cercle Sainte Jehanne*, 1941.
DONCŒUR (Paul), *Jalons de Route, programme pour de jeunes chrétiens*, Éd. de l'Orante, 1942, 36 p.
DONCŒUR (Paul), *La Route des Scouts de France. 1941, Doctrine et programme*, Éd. des SdF, Lyon, 1942, 40 p. (extrait de *Cité nouvelle*, 16, 25 juin 1941).
DUPOUEY (Michel), « Défense du pluralisme », *La Revue des Jeunes*, 15 avril 1941.
École nationale des Cadres civiques (recueil de conférences), éd. du Secrétariat général à l'Information et à la Propagande, Vichy, 1942.
FLORISOONE (Michel), COGNIAT (Raymond), BONNAT (Yves), « Un an de théâtre », *Archives d'art*, 1 (1940-41) et 2 (1942-43), Lyon, Éd. de la France nouvelle.
FORESTIER (Marcel-Denys), *Jalons de route*, Pau, Éd. de la Revue des Jeunes, 1942, 200 p.
FORESTIER (Marcel-Denys), « Notes de l'aumônier général » dans J. de LA PORTE DU THEIL, *Directives du président de l'ADAC*, Châtelguyon, 1942, 12 p.
GARRIC (Robert), *Les Équipes sociales, esprit et méthode*, préface du maréchal Lyautey, Éd. de la Revue des Jeunes, 1924.
GARRONE (Louis), « L'objection de conscience », *Cahiers d'information*, 3 (février 1942), pp. 1-2.
GARRONE (Louis), « Principes et plan d'action de la direction de la Formation des jeunes », *Cahiers d'information*, 2 (janvier 1942), pp. 1-4.
GRAVIER (François), « Jeunesse et Révolution », *Idées*, décembre 1941.
HAURIGOT (Paul), *Jeunesse, voici de nouvelles routes*, Paris-Clermont, Éd. Sequana, 1940, 95 p.
Institut de recherches et d'applications psychologiques et pédagogiques de Lyon, *Session du 1er au 15 décembre 1941. Écoles de cadres. Conférences*, Lyon, 1942, 152 p.
JAURÉGUIBERRY, *L'Heure de la génération 40*, Éd. Sequana, 1943, 286 p.
Jeune France. Principes, directions, esprit, Lyon, Imprimerie M. Audin, 1941, 24 p.

Jeune France présente *Les Comédiens Routiers. Compagnie Olivier Hussenot – Centre dramatique Léon Chancerel*, Publications de Jeune France, Lyon, M. Audin imprimeur, s.d., 8 p.
Jeune France présente *La Compagnie Olivier Hussenot*, née des Comédiens Routiers, Grenoble, Imprimerie Paillet, 1942, 8 p.
Jeunesse et Montagne, Lyon, éd. « Marche », 1942, 24 p.
Jeunesses et communauté nationale (Préoccupations nouvelles des mouvements de jeunesse), « Rencontres », 3, Lyon, L'Abeille, 1941, 125 p.
JOUSSELLIN (Jean), *Le Chef et son métier*, Éd. des Loisirs, 1942, 112 p.
JOUSSELLIN (Jean), *Comment les jeunes reconstruiront la France*, PUF, 1942, 64 p.
JOUSSELLIN (Jean), *École de civisme*, PUF, 1941, 64 p.
JOUSSELLIN (Jean), *Le Rôle de la Jeunesse*, conférence à l'École libre des Sciences politiques, 1941, 26 p.
LAMIRAND (Georges), *Messages à la jeunesse*, Cahiers français, 8, Clermont-Ferrand, Sorlot, 1941, 58 p.
LAMIRAND (Georges), PELORSON (Georges), VERDILHAC (Yves de), *Vers l'Unité!*, Discours prononcés à Paris le 15 juin 1941, Éd. du SGJ, Propagande, coll. « France nouvelle, À nous, jeunes... », 1941, 16 p.
LA PORTE du THEIL (Joseph de), *Un an de commandement des Chantiers de la Jeunesse*, Sequana, 1941, 320 p.
LA PORTE du THEIL (Joseph de), *Les Chantiers de la Jeunesse ont deux ans*, Sequana, 1942, 365 p.
LA PORTE du THEIL (Joseph de), *Directives du président de l'ADAC*, Châtelguyon, Imprimerie du commissariat général, 1942, 12 p.
LAVERGNE (Édouard), « Pour une jeunesse nationale », *La Revue universelle*, 2, 15 janvier 1941, pp. 96-102.
[LYAUTEY (Hubert)] XXX, « Du rôle social de l'officier », *Revue des Deux Mondes*, 15 mars 1891, pp. 443-459.
LYAUTEY (maréchal Hubert), *Le Rôle social de l'officier*, préface du général Weygand, Plon, 1935, XIX + 56 p.
MILLET (Raymond), *Jeunesse française*, Paris – Clermont-Ferrand, Sorlot, 1940, 127 p.
MOREAU (Dom F.-J.), *Les Forces morales de la jeunesse*, Paris – Clermont, Chiron, 1941, 188 p.
MOUNIER (Emmanuel), « Jeune France », *Esprit*, février 1941, pp. 261-263.
MOUNIER (Emmanuel), « La Jeunesse comme mythe et comme réalité. Bilan 1940-1944 », *Esprit*, décembre 1944, p. 143-151.
Mouvements et institutions de Jeunesse, Esprit, 115, octobre 1945, pp. 541-644.
OMEZ (Henri-Jean), « Une spiritualité aux Chantiers », *La Revue des Jeunes*, mars 1941 et avril 1941.
ORMESSON (Wladimir d'), « L'autorité du chef », *Le Figaro*, 13 mars 1941 ; « Nécessité d'une mystique », *Le Figaro*, 14 mars 1941 ; « Formation d'hommes », *Le Figaro*, 19 juillet 1941.
PELORSON (Georges), *De l'enfant à la Nation*, Éd. du Chêne, 1940.
PELORSON (Georges), *Discours prononcé le 3 août 1942*, Imprimerie nationale, 1942, 12 p.
PÉTAIN (Maréchal), *Message à la commission d'étude des questions de jeunesse, 5 mars 1942*, Grenoble, Imprimerie Allier, 1942, 4 p.
PEYRADE (JEAN), *Routiers de France. Témoignage*, Le Puy, X. Mappus, 1944, 185 p.
Radio-Jeunesse, Réponse des jeunes au message du Maréchal, Paris-Clermont-Ferrand, Sequana, 1940, 63 p.
RAVAULT (Jacques-G.), *L'Institution du stage dans les Chantiers de la Jeunesse*, Lyon, Éd. Sève, 1944, 343 p.
Règles de base du Scoutisme français, Vichy, Éd. du Scoutisme français, 1943, 50 p.
Secrétariat général à la Jeunesse, service de la Propagande (Paris), *La Communauté française*, 1942, 14 p.
Secrétariat général à la Jeunesse, service de la Propagande (Paris), *Forces de la France. Le Maréchal. Les Jeunes*, coll. « France nouvelle, À nous, jeunes », s.d., 32 p.
Secrétariat général à la Jeunesse, service de la Propagande (Paris), *Jeunes de France*, s.d., 32 p.
Secrétariat général à la Jeunesse, service de la Propagande (Paris), *Qu'est-ce que la Révolution nationale ?*, coll. « France nouvelle, À nous, jeunes », 1941, 32 p.
Secrétariat général à la Jeunesse, *De province en province... Georges Lamirand parle à la jeunesse au nom du Maréchal*, éd. du SGJ, 1941, 24 p.
Secrétariat général à la Jeunesse, direction de la Formation des jeunes, *Instruction générale pour les délégués de la jeunesse*, Vichy, 1er mai 1941.
THOUVENIN (Jean), *Une année d'histoire de France 1940-1941*, Sequana, 1941, 342 p. (reproduction des cinq brochures publiées par le même auteur en 1940-41 sous le titre *La France nouvelle*, documents officiels réunis et commentés).
VAUCHER (Robert), *Par nous la France... Ceux des Chantiers de la Jeunesse*, Paris-Clermont-Ferrand, Sequana, 1942, 234 p.
VAUCHER (Robert), *Quand le maréchal Pétain prend son bâton de pèlerin*, éd. Presse française et étrangère, 1941.
XXX, « Puisque la vie n'est pas neutre... », *La Revue des Jeunes*, décembre 1940, pp. 7-9.

4. Politique et société, idées et spiritualité

BECKER (Raymond de), *Livre des vivants et des morts*, Bruxelles-Paris, Éd. de la Toison d'Or, 1942, 289 p.
BÉGUIN (Albert), *La Prière de Péguy*, Neuchâtel, « Cahiers du Rhône », La Baconnière, 1942, 133 p.
BENJAMIN (René), *Le Maréchal et son peuple*, Plon, 1941, 118 p.
BENJAMIN (René), *Les Sept étoiles de France*, Plon, 1942, 142 p.
BERDIAEV (Nicolas), *Un nouveau Moyen Âge. Réflexions sur les destinées de la Russie et de l'Europe*, Plon, 1927, 292 p.
BERDIAEV (Nicolas), *Les Sources et le sens du communisme russe*, Gallimard, 1938, 250 p.
CHENU (Marie-Dominique, o.p.), *Pour être heureux, travaillons ensemble*, PUF, 1942, 64 p.
CHENU (Marie-Dominique, o.p.), *Spiritualité du travail*, Éd. Temps présent, 1941, 45 p.
La Communauté française, Cahiers d'études communautaires publiés sous la direction de François PERROUX et Jacques MADAULE, PUF, 1942.
1. *Communauté et société.*
2. *Communauté et histoire, 63 p.*
3. *Communauté et religion, 61 p.*
4. *Communauté et économie.*
DANIEL-ROPS, *Par-delà notre nuit*, Marseille, Laffont, 1943, 210 p.
DONCŒUR (Paul), *L'engagement, dialectique de la conscience civique*, Issoudun, Pays de France, 1942, 16 p. (extrait de *Cité nouvelle*, 21, 10 décembre 1941, pp. 900-917).
DONCŒUR (Paul), *La France vivra*, Éd. de l'Orante, 1941, 275 p.
DONCŒUR (Paul), *Péguy, la révolution et le sacré*, Éd. de l'Orante, 1942, 155 p.
France 1941. La Révolution nationale constructive, un bilan et un programme, Alsatia, 1941, 543 p.
GARRIC (Robert), *Le Message de Lyautey*, Spes, 1935, 254 p.
GRAVIER (Jean-François), *Régions et nation*, PUF, 1942, 64 p.
HEIDSIECK (Patrick), *Rayonnement de Lyautey*, préface de G. Lamirand, Gallimard, 1941, 240 p.
HOURDIN, (Georges), « Des *Cahiers de la Quinzaine* à... *Rencontres* », dans *Foyers de notre culture*, « Rencontres », 9, Cerf, 1942, pp. 108-122.
LACROIX (Jean), *Itinéraire spirituel*, *Cahiers de la nouvelle journée*, 35, Bloud et Gay, 1937, 188 p.
LACROIX (Jean), *Personne et amour*, Lyon, ELF, s.d. [1942], 128 p.
LACROIX (Jean), *Vocation personnelle et tradition nationale*, Bloud, 1942, 192 p.
LAMIRAND (Georges), *Le Rôle social de l'ingénieur. Scènes de la vie d'usine*, préface du maréchal Lyautey, nouvelle éd. revue et augmentée, Éd. de la Revue des Jeunes, 1937, 256 p.
LUBAC (Henri de), *Catholicisme. Les aspects sociaux du dogme*, Cerf, 1938, 373 p.; 2e éd., 1941.
LUBAC (Henri de), *Explication chrétienne de notre temps*, Éd. de l'Orante, 1942, 36 p. (extrait de *Cité nouvelle*, 18, 25 juillet 1941, pp. 545-566).
LUBAC (Henri de), *Proudhon et le christianisme*, Seuil, 1945, 318 p.
LUBAC (Henri de), *Vocation de la France*, Le Puy, X. Mappus, 1941, 30 p.
MARITAIN (Jacques), *Primauté du spirituel*, Plon, 1927, 314 p.
MAYDIEU (André-Jean), « Chrétiens en France souffrante », dans *Chroniques de la vie intellectuelle*, « Rencontres » 5, Éd. du Cerf, 1941, pp. 6-18; reproduit dans *Le Christ et le monde*, Hartmann, 1947.
MASSIS (Henri), *Les Idées restent*, Lyon, Lardanchet, 1941, XVI + 253 p.
MOSSÉ (Robert), « La défense de la liberté de la personne et l'économie planifiée », *Esprit*, juillet 1936, p. 530-549.
MOSSÉ (Robert), « L'économie planifiée de type monétaire », *Les Annales de l'économie collective*, Genève, 1941.
MOUNIER (Emmanuel), PÉGUY (Marcel), IZARD (Georges), *La Pensée de Charles Péguy*, Plon, 1931.
Ordre des Compagnons de Charles Péguy, *Textes et travaux*, Marseille, 1941, 78 p.
PÉGUY (Charles), *Œuvres* publiées dans la collection blanche de la librairie Gallimard (1914-1940) : *Le Mystère de la charité de Jeanne d'Arc; Le Porche du mystère de la deuxième vertu; Le Mystère des Saints Innocents; Ève; Les Tapisseries.*
Notre Patrie; Clio; Un nouveau théologien, M. Fernand Laudet; De Jean Coste; Note conjointe sur M. Descartes suivie de *Note sur M. Bergson; Victor-Marie, comte Hugo; L'Argent*, suivi de *L'Argent (suite); Notre Jeunesse; Situations.*
PERROUX (François), *Capitalisme et communauté de travail*, Sirey, 1938, 346 p.; 2e éd., PUF, 1942.
PERROUX (François), *Communauté*, PUF, 1942, 179 p.
PETITJEAN (Armand), *Combats préliminaires*, NRF, 1941, 207 p.
REBATET (Lucien), *Les Décombres*, Denoël, 1942.
ROUGEMONT (Denis de), *Penser avec les mains*, A. MICHEL, 1936, 252 p.
ROUSSEAUX (André), *Le Prophète Péguy*, Neuchâtel, « Cahiers du Rhône », 1942, 105 p.
SECRÉTAIN (Roger), *Péguy soldat de la vérité*, Marseille, Le Sagittaire, 1941, 283 p.

SOLAGES (Mgr Bruno de), *Pour rebâtir une chrétienté*, Spes, 1938, 251 p.

D – TÉMOIGNAGES ET DOCUMENTS POSTÉRIEURS (Ouvrages et articles publiés après 1945)

1. Publications de membres de l'équipe d'Uriage

BEUVE-MÉRY (Hubert), « Charles Péguy et la révolution du XXe siècle », conférence d'Uriage, 1942-43, publiée dans *Charles Péguy*, *L'Herne*, 32, 1977, pp. 309-321.
BEUVE-MÉRY (Hubert), *Réflexions politiques 1932-1952*, Seuil, 1951, 255 p.
CACÉRÈS (Bénigno), « Culture populaire et Résistance », dans *Grenoble et le Vercors. De la Résistance à la Libération*, sous la direction de Pierre BOLLE, Lyon, La Manufacture, 1985, pp. 207-213; débats, pp. 46-60, 171-185, 229-241.
CACÉRÈS (Bénigno), *L'Espoir au cœur*, roman, Seuil, 1967, 174 p.
CACÉRÈS (Bénigno), *La Rencontre des hommes*, Seuil, 1950, 218 p.
CHOMBART de LAUWE (Paul-Henry), « Ce que fut Uriage », *Le Monde*, 24 janvier 1981.
DOMENACH (Jean-Marie), *Celui qui croyait au ciel*, Éd. du Livre français, 1947, 170 p.
DOMENACH (Jean-Marie), « Le Vieux Chef », *Le Monde*, 14 mars 1968.
DOMENACH (Jean-Marie) (participation aux débats du colloque) dans *Églises et chrétiens dans la Deuxième Guerre mondiale. La région Rhône-Alpes*, Lyon, Presses Universitaires de Lyon, 1978, pp. 307-310, 317.
DUMAZEDIER (Joffre), « Lettre à *L'Express* », *Esprit*, mai 1981, pp. 39-40.
DUMAZEDIER (Joffre), « Renouveau de l'éducation populaire à la Libération. Les antécédents (1941-44) de la création de Peuple et Culture », *L'Éducation permanente*, 62-63, mars 1982, pp. 127-137.
DUNOYER de SEGONZAC (Pierre), « Un gentilhomme : le colonel Xavier de Virieu », *Le Monde*, 2 février 1953.
DUNOYER de SEGONZAC (Pierre), « Uriage », dans *Le Père Maydieu, La Vie intellectuelle*, août-septembre 1956, pp. 71-74.
DUNOYER de SEGONZAC (Pierre), *Le Vieux Chef. Mémoires et pages choisies*, Seuil, 1971, 262 p.
Éducation populaire – Jeunesse dans la France de Vichy 1940-1944, Les Cahiers de l'animation, INEP, 49-50, avril 1985 (Témoignages de B. Cacérès et J. Dumazedier).
FERRY (Gilles), « Lettre à un ami sur Jeunesse de l'Église 1940-1951 », dans *Les Événements et la foi 1940-1952. Jeunesse de l'Église*, Seuil, 1951, pp. 85-179.
FERRY (Gilles), *Une expérience de formation de chefs. Le stage de six mois à Uriage*, Seuil, 1945, 140 p.
GADOFFRE (Gilbert), *Les Ordalies*, roman, Seuil, 1955, 267 p.
GADOFFRE (Gilbert), « Uriage et le style militaire », *Esprit*, mai 1981, pp. 37-38.
HUSSENOT (Olivier), *Ma vie publique en six tableaux*, Denoël, 1977, 214 p.
LE RAY (Lieut[t].-col. Alain), « Le département de l'Isère, de la défaite à l'occupation allemande », dans *Aspects du Dauphiné, 77e congrès des Sociétés savantes* (Grenoble), 1952, Imprimerie nationale, 1952, pp. 223-243.
LE RAY (général Alain), dans *Grenoble et le Vercors. De la Résistance à la Libération*, sous la direction de Pierre BOLLE, Lyon, La Manufacture, 1985 (débats, pp. 50-58 et 234-235).
LE VEUGLE (Jean), « Il y a vingt ans naissait à Annecy le " Centre des Marquisats " », *Esprit*, juillet-août 1966, pp. 126-142.
MAYDIEU (André-Jean), « Le témoignage rendu au Christ, confluence des chrétiens », dans *Le Christ réconciliateur des chrétiens*, Lyon, Vitte, 1951, pp. 63-94.
REUTER (Paul), « Souvenirs d'Uriage », dans *Histoire des idées et idées sur l'histoire. Études offertes à Jean-Jacques Chevallier*, Cujas, 1977, pp. 241-245.
Vie, pensée et action du général Pierre Dunoyer de Segonzac (1906-1968), UFCV, 1970, 416 p. (reprographié, hors commerce).
VIRIEU (Xavier de), *Métier de chef. Perspectives d'humanisme militaire*, Grenoble, Imprimerie Prudhomme, 1945, 131 p.
VIRIEU (Xavier de), *Radio Journal libre (juillet 1943-août 1944)*, Paris-Lyon, Éd. Jean Cabut, 1947, 572 p.

2. Autres témoignages concernant l'École et l'équipe d'Uriage

ARAGON (Charles d'), *La Résistance sans héroïsme*, Seuil, 1977, 216 p.
Barèges à ses morts, préface d'A. Dieuzayde, Impr. Desfossés-Néogravure, 1947, 48 p.
BARNIER (Lucien), *J'ai quitté le parti pour Dieu*, Fayard, 1978, 288 p.
BONNEFOY (Yves), LICHNÉROWICZ (André) et SCHÜTZENBERGER (M.-P.), *Vérité poétique et vérité scientifique*, offert à Gilbert Gadoffre, PUF, 1989, 279 p.
CASALIS (Georges), « La jeunesse protestante en zone non occupée 1940-42 », dans *Églises et chrétiens dans la Deuxième Guerre mondiale. La France*, Lyon, PUL, 1982, pp. 101-115.
DESROCHES (H.-CH). et LEBRET (L.-J.), *La Communauté Boimondau*, Documents Économie et Humanisme, 4, L'Arbresle, 1946.

FABRE-LUCE (Alfred), *Vingt-cinq années de liberté*, t. II : *L'Épreuve (1939-1946)*, Julliard, 1963, 287 p.
FRENAY (Henri), *La Nuit finira. Mémoires de Résistance*, Laffont, 1973; Livre de Poche, 1974, 2 vol., 511 et 443 p.
HARRIS (André) et SÉDOUY (Alain de), *Juifs et Français*, Grasset, 1979, 342 p.
ISWOLSKY (Helen), *Light before Dusk. A Russian Catholic in France, 1923-1941*, New York, Longmans, Greens and Co., 1942.
KOCHER (Marie-Élisabeth), *Le Sourire de Ravensbruck*, souvenirs réunis à la mémoire d'Yvonne Kocher, Société des Messageries évangéliques, s.d., 152 p.
LACROIX (Jean), « Face au gouvernement de Vichy », *Le Monde*, 28 mars 1970.
LACROIX (Jean) (participation aux débats du colloque), dans *Églises et chrétiens dans la Deuxième Guerre mondiale. La région Rhône-Alpes*, Lyon, PUL, 1978, pp. 311-313.
LAMOUR (Philippe), *Le Cadran solaire*, Laffont, 1980.
LEFRANC (Pierre), *Le Vent de la liberté 1940-1945*, Plon, 1976, 275 p.
MARTEL (J.), *Un curé entre la Milice et le maquis (témoignage)*, Grenoble, Imprimerie Commerot, 1987, 176 p.
MERMOZ (Marcel), *L'Autogestion, c'est pas de la tarte!*, Entretiens avec J.-M. Domenach, Seuil, 1978, 231 p.
MOUNIER (Emmanuel), « L'aventure d'Uriage », extraits d'une causerie radiodiffusée le 6 janvier 1946 publiés dans *Bulletin des amis d'Emmanuel Mounier*, 52, septembre 1979.
MOUNIER (Emmanuel), *Œuvres*, t. IV, Seuil, 1963, 914 p.
SONNEVILLE (Pierre), *Les Combattants de la liberté. Ils n'étaient pas dix mille*, La Table Ronde, 1968, 366 p.
STÉPHANE (Roger), *Chaque homme est lié au monde. Carnets août 1939-août 1944*, Sagittaire, 1946, 296 p.
STÉPHANE (Roger), *Toutes choses ont leur saison*, Fayard, 1979, 346 p.
VIANNAY (Philippe), *Du bon usage de la France*, Ramsay, 1988.

3. Jeunesse

Association catholique de la jeunesse française, *Sept ans d'histoire au service de la jeunesse et de la France*, L'Épi, 1946, 201 p.
BAUDOUIN (Paul), *Neuf mois au gouvernement*, La Table Ronde, 1948, 435 p.
CARCOPINO (Jérôme), *Souvenirs de sept ans 1937-1944*, Flammarion, 1953, 702 p.
CARRÉ (A.-M.), « Le Père Forestier et le Père Doncœur », *Cahiers Paul Doncœur*, 27, mars 1984, pp. 3-21.
DELAGE (Jean), *Grandeur et servitudes des Chantiers de la Jeunesse*, préface du général de la Porte du Theil, Éd. A. Bonne, 1950, 315 p.
DURAND (Suzanne-Marie), *La Corde raide. Mon journal des temps difficiles*, Cahiers du nouvel humanisme, 1951, 247 p.
FORESTIER (Marcel-Denys), « Le Père Doncœur que j'ai connu », *Cahiers Sainte Jehanne*, novembre 1961, pp. 233-258.
FOUCHÉ (Suzanne), *J'espérais d'un grand espoir*, Cerf, 1981, 227 p.
GAMZON (Robert), *Les Eaux claires. Journal 1940-1944*, Éd. des EEIF, s.d. [1982], 167 p.
GARRIC (Robert), *Bernard de Lattre, un destin héroïque*, Plon, 1952.
GILLOUIN (René), *J'étais l'ami du maréchal Pétain*, Plon, 1966, 315 p.
HAMMEL(Frédéric Chimon), *Souviens-toi d'Amalek. Témoignage sur la lutte des Juifs en France (1938-1944)*, CLKH, 1982, 484 p.
LATTRE (Simonne de), *Jean de Lattre, mon mari*, I, Presses de la Cité, 1971, 507 p.
LEENHARDT (Roger), *Les Yeux ouverts*, Entretiens avec Jean Lacouture, Seuil, 1979, 224 p.
ORDIONI (Pierre), *Tout commence à Alger 40/44*, Stock, 1972, 704 p.
OURLIAC (Paul), « Les lois scolaires de 1941 » dans *Églises et pouvoir politique*, Angers, Presses de l'Université, 1987, pp. 471-477.
PUCHEU (Pierre), *Ma vie*, Amiot-Dumont, 1948, 380 p.
SENTEIN (François), *Minutes d'un libertin* 1938-1941, La Table Ronde, 1977, 256 p.
TERRAY (Lionel), *Les Conquérants de l'inutile. Des Alpes à l'Anapurna*, Gallimard, 1961.
VILLETTE (André), *La Jeunesse ouvrière chrétienne pendant la guerre*, Comité d'histoire de la Deuxième Guerre mondiale, commission d'histoire de la vie religieuse, 13 juin 1979, multigraphié, 46 p.

4. Politique et société

ANTHÉRIEU (Étienne), *Le Drame de l'armée de l'armistice*, Éd. des Quatre Vents, 1946, VI + 142 p.
BELIN (René), *Du secrétariat de la CGT au gouvernement de Vichy*, Albatros, 1978, 201 p.
BENOIST-MÉCHIN (Jacques), *De la défaite au désastre*, 2 vol., Albin Michel, t. I : *Les Occasions manquées, juillet 1940-avril 1942*, 1984, 474 p.; t. II : *L'Espoir trahi, avril-novembre 1942*, 1985, 351 p.

BOURDET (Claude), *L'Aventure incertaine. De la Résistance à la Restauration,* Stock, 1975, 480 p.
BOUTHILLIER (Yves), *Le Drame de Vichy,* 2 vol., Plon, 1950-51, 320 et 560 p.
FRANÇOIS-PONCET (André), *Au Palais Farnèse. Souvenirs d'une ambassade à Rome 1938-1940,* Fayard, 1961, 190 p.
FRANÇOIS-PONCET (André), *Carnets d'un captif,* Fayard, 1952, 432 p.
GIRAUD (général Henri), *Mémoires : un seul but, la victoire. Alger 1942-1945,* Julliard, 1949.
GIRAUD (général Henri), *Mes Évasions,* Julliard, 1946, 185 p.
GOSSE (Lucienne), *René Gosse 1883-1943. Chronique d'une vie française,* Plon, 1962, 428 p.
GUERRY (Mgr Émile), *L'Église catholique en France sous l'occupation,* Flammarion, 1947, 379 p.
JEANNENEY (Jules), *Journal politique (septembre 1939-juillet 1942),* éd. par Jean-Noël Jeanneney, Armand Colin, 1972, 516 p.
JONCHAY (R. du), *La Résistance et les communistes,* France-Empire, 1968, 292 p.
LAFFARGUE (général André), *Fantassin de Gascogne. De mon jardin à la Marne et au Danube,* Flammarion, 1962, 317 p.
LATREILLE (André), *De Gaulle, la Libération et l'Église catholique,* Cerf, 1978, 147 p.
LIMAGNE (Pierre), *Éphémérides de quatre années tragiques 1940-1944,* 3 vol., Bonne Presse, 1945-47, t. I : *De Bordeaux à Bir-Hakeim* (juillet 1940-juin 1942); t. II : *De Stalingrad à Messine* (juillet 1942-août 1943).
MOULIN de LABARTHÈTE (Henri du), *Le Temps des illusions. Souvenirs (juillet 1940-avril 1942),* Genève, Éd. du Cheval ailé, 1946, 437 p.
REVERS (général Georges), « L'armée de l'armistice (1940-42) »; « L'armée de la clandestinité après décembre 1942 », dans Institut Hoover, *La Vie de la France sous l'occupation 1940-1944,* 3 vol., Plon, 1957, t. II, pp. 795-804 et pp. 819-826.
REYNAUD (Paul), *Au cœur de la mêlée (1930-1945),* Flammarion, 1951, 1078 p.
SARRAZ-BOURNET (Jean), *Témoignage d'un silencieux,* SELF, 1948, 213 p.
SEREAU (Raymond), *L'Armée de l'armistice,* préface du général Weygand, Nouvelles Éditions latines, 1961, 128 p.
Vichy 1940-1944, Archives de guerre d'Angelo Tasca, édité par Denis PESCHANSKI, éd. CNRS-Feltrinelli, Milan, 1986, XXII-749 p.
VIRET (Paul), *Une semaine au Mayet-de-Montagne (23 septembre-3 octobre 1942). Comment Vichy formait ses cadres,* préface de Y. Morandat, Annecy, Imprimerie Matringe, 1946, 79 p.
VISTEL (Alban), *La Nuit sans ombre. Histoire des Mouvements unis de résistance, leur rôle dans la libération du Sud-Est,* Fayard, 1970, 641 p.
WEYGAND (Jacques), *Le Serment,* Flammarion, 1960, 250 p.
WEYGAND (général Maxime), *Mémoires,* t. III : *Rappelé au service (août 1939-11 novembre 1942),* Flammarion, 1950, 600 p.

5. *Idées et spiritualité*

ANDREU (Pierre), *Le Rouge et le blanc, 1928-1944,* La Table Ronde, 1977, 241 p.
BOEGNER (Marc), *Les Églises protestantes pendant la guerre et l'occupation,* dans *Actes de l'Assemblée générale du protestantisme français,* Nîmes, 22-26 octobre 1945, Éd. de la Fédération protestante de France, 1946.
BOEGNER (Marc), *L'Exigence œcuménique, souvenirs et perspectives,* Albin Michel, 1968, 366 p.
FESSARD (Gaston), *Au temps du Prince-esclave. Écrits clandestins 1940-45,* présentation et notes de J. Prévotat, Limoges, Critérion, 1989, 264 p.
GIGNOUX (Hubert), *Histoire d'une famille théâtrale. Jacques Copeau, Léon Chancerel, les Comédiens Routiers, la décentralisation dramatique,* Éd. de l'Aire, 1984, 444 p.
FOUCHET (Max-Pol), *Un jour je m'en souviens, mémoire parlée,* Mercure de France, 1968, 243 p.
FUMET (Stanislas), *Histoire de Dieu dans ma vie, souvenirs choisis,* Fayard-Mame, 1978, 800 p.
GUITTON (Jean), *Écrire comme on se souvient,* Fayard, 1974, 382 p.
HOURDIN (Georges), *Dieu en liberté,* Stock, 1973, 395 p.
LUBAC (Henri de), *Résistance chrétienne à l'antisémitisme. Souvenirs 1940-1944,* Fayard, 1988, 270 p.
LUBAC (Henri de), *Mémoire sur l'occasion de mes écrits,* Namur, Culture et vérité, 1989, 401 p.
MADAULE (Jacques), *L'Absent,* Gallimard, 1973.
MASSIS (Henri), *Au long d'une vie,* Plon, 1966, 278 p.
MASSIS (Henri), *Maurras et notre temps,* 2 vol., Paris-Genève, La Palatine, 1951, 283 et 256 p.
ORMESSON (Wladimir d'), *Auprès de Lyautey,* Flammarion, 1963, 252 p.
ORMESSON (Wladimir d'), *Les Vraies Confidences,* Plon, 1962, 279 p.
PÉGUY (Charles), *Œuvres en prose 1909-1914,* Gallimard, « Bibl. de la Pléiade », 1961.
PÉGUY (Charles), *Œuvres poétiques complètes,* Gallimard, « Bibl. de la Pléiade », 1948.
Positions protestantes, « Rencontres », 20, Éd. du Cerf, 1946, 167 p.
ROY (Claude), *Moi je. Essai d'autobiographie,* Gallimard, 1969, 478 p.
SOLAGES (Mgr Bruno de), *Discours interdits,* Spes, 1946, 125 p.
VISTEL (Alban), *L'Héritage spirituel de la Résistance,* Lyon, Éd. Lug, 1955, 199 p.

IV - ÉTUDES

1. Généralités. La France sous Vichy

ARON (Robert), *Histoire de Vichy 1940-1944,* 2 vol., Fayard-Livre de Poche, 1966, 511 et 511 p.
AZÉMA (Jean-Pierre), *De Munich à la Libération 1938-1944,* Seuil, 1979, 416 p.
AZÉMA (Jean-Pierre), *1940. L'année terrible,* Seuil, 1990, 384 p.
DURAND (Yves), *Vichy 1940-1944,* Bordas, 1972, 176 p.
DURAND (Yves), *La France dans la Deuxième Guerre mondiale 1939-45,* A. Colin (coll. « Cursus »), 1989, 192 p.
GERVEREAU (Laurent) et PESCHANSKI (Denis), sous la dir., *La Propagande sous Vichy 1940-1944,* Nanterre, BDIC, 1990, 288 p.
Le Gouvernement de Vichy, 1940-1942. Institutions et politiques, Colloque de la Fondation nationale des Sciences politiques (1970), Presses de la FNSP, 1972, 376 p.
HOFFMANN (Stanley), *Essais sur la France : déclin ou renouveau ?,* Seuil, 1974, 556 p.
LABORIE (Pierre), *L'Opinion française sous Vichy,* Seuil, 1990, 410 p.
LÉVY (Claude) et MICHEL (Henri), « La Presse autorisée de 1940 à 1944 », dans BELLANGER (CLAUDE), GODECHOT (Jacques), GUIRAL (Pierre), TERROU (Fernand) (sous la direction de), *Histoire générale de la presse française,* t. IV : *De 1940 à 1958,* PUF, 1975, pp. 7-93.
MICHEL (Henri), *Bibliographie critique de la Résistance,* IPN, 1964, 224 p.
NOGUÈRES (Henri), *Histoire de la Résistance en France de 1940 à 1945,* 5 vol., Laffont, 1967-81.
PAXTON (Robert O.), *La France de Vichy 1940-1944,* Seuil, 1973, 381 p.
Le Régime de Vichy et les Français, dir. AZÉMA (Jean-Pierre) et BÉDARIDA (François), Colloque international du CNRS, Paris, 11-13 juin 1990. Textes multigraphiés, Institut d'histoire du Temps présent (volume à paraître).
RÉMOND (René), *Notre Siècle, 1918-1988,* t. 6 de *Histoire de France,* Fayard, 1988, 1 012 p.
RIOUX (Jean-Pierre), sous la dir., *La Vie culturelle sous Vichy,* Bruxelles, Éd. Complexe, 1990, 412 p.
ROUSSO (Henry), *Le Syndrome de Vichy (1944-198..),* Seuil, 1987, 323 p.
SIEGFRIED (André), *De la IIIe à la IVe République,* Grasset, 1957, 270 p.

2. Études concernant l'École et l'équipe d'Uriage

BITOUN (Pierre), *Les Hommes d'Uriage,* La Découverte, 1988, 295 p.
BOLLE (Pierre), sous la dir., *Grenoble et le Vercors, de la Résistance à la Libération 1940-1944,* Lyon, La Manufacture, 1985, 338 p.
BOURDIEU (Pierre) et BOLTANSKI (Luc), « La production de l'idéologie dominante. Les aventures d'une avant-garde », *Actes de la recherche en sciences sociales,* 2-3, juin 1976, pp. 32-38.
BOURDIN (Jeanine), « L'École nationale des cadres d'Uriage : des intellectuels à la recherche d'un style de vie », *Revue française de science politique,* IX-4, décembre 1959, pp. 1029-1045.
COMTE (Bernard), « L'École d'Uriage. De la formation des cadres à la Résistance armée », *Les Cahiers de l'animation,* INEP, 49-50, avril 1985, pp. 147-157.
COMTE (Bernard), « L'Expérience d'Uriage », dans *Églises et chrétiens dans la Deuxième Guerre mondiale. La région Rhône-Alpes,* Lyon, PUL, 1978, pp. 251-267.
COMTE (Bernard), « Une réflexion sur les élites pour la France libérée : *Vers le style du XXe siècle,* par l'équipe d'Uriage (1945) », dans *Ruptures ou continuités au lendemain de la Seconde Guerre mondiale* (colloque Florence 1983) Grenoble, Université des Sciences sociales-CRHIPA, 1986, pp. 35-52.
COQUET (Fabienne), *Le Colonel Xavier de Virieu (1898-1953) : un catholique dans la guerre,* TER d'histoire contemporaine, Université Grenoble II, 1984, 304 p. dactylo.
DELESTRE (Antoine), *Uriage, une communauté et une école dans la tourmente 1939-1945,* Nancy, Presses Universitaires de Nancy, 1989, 333 p.
GREILSAMER (Laurent), *Hubert Beuve-Méry (1902-1989),* Fayard, 1990, 688 p.
Historique et anecdotes des maquis de Vabre, CFL 10 FFI Tarn, Albi, Imprimerie Midi-Pyrénées, 1964, 61 p.
JEANNENEY (Jean-Noël) et JULLIARD (Jacques), *« Le Monde » de Beuve-Méry ou le métier d'Alceste,* Seuil, 1979, 383 p.
JOSSE (Raymond), « L'École des cadres d'Uriage 1940-42 », *Revue d'histoire de la Deuxième Guerre mondiale,* 61, janvier 1966, pp. 49-74.
JOSSE (Raymond), « Mise au point », *Revue d'histoire de la Deuxième Guerre mondiale,* 64, octobre 1966, p. 123.
LÉVY (Bernard-Henri), *L'Idéologie française,* Grasset, 1981, 340 p.
MILLER (Gérard), *Les Pousse-au-jouir du maréchal Pétain,* Seuil, 1975, 237 p.
Le Personnalisme d'Emmanuel Mounier, hier et demain. Pour un cinquantenaire, colloque organisé par l'association des amis d'Emmanuel Mounier (1982), Seuil, 1985, 254 p.

RAUCH (R. William), *Politics and Belief in Contemporary France. Emmanuel Mounier and Christian Democracy 1932-1950,* La Haye, Nijhoff, 1972, 351 p.
RÉMOND (Bruno), *Sirius face à l'Histoire. Morale et politique chez Hubert Beuve-Méry,* Presses de la FNSP, 1990, 267 p.
SARTRE (Maurice), *L'École nationale des cadres d'Uriage dans la presse lyonnaise 1940-1942,* Mémoire secondaire de DES d'histoire, Université de Lyon, 1967, 23 p.
SILVESTRE (Paul et Suzanne), *Chronique des Maquis de l'Isère 1943-1944,* Grenoble, Éd. des 4 Seigneurs, 1978, 350 p.
THIBAU (Jacques), *« Le Monde », Histoire d'un journal, un journal dans l'histoire*, Simoën, 1978, 475 p.
THIBAUD (Paul), « Du sel sur nos plaies. À propos de *L'Idéologie française* », *Esprit*, mai 1981, pp. 3-33.
WINOCK (Michel), *Histoire politique de la revue « Esprit », 1930-1950*, Seuil, 1975, 447 p.

3. *Jeunesse*

BASDEVANT (André), « Les services de la jeunesse pendant l'occupation », *Revue d'histoire de la Deuxième Guerre mondiale*, 56, octobre 1964, pp. 65-88.
BERNARD (Philippe), *Les Scouts de France 1938-1945 : thèmes et actions, au travers des revues « Le Chef » et « La Route »*, Mémoire de maîtrise, Université de Paris-Nord, 1975, 143 p.
BOLLE (Pierre), « Paris été 1940 : journal d'un pasteur », *Bulletin de la Société de l'histoire du protestantisme français*, juillet-septembre 1981, pp. 457-496.
CHOLVY (Gérard), *Mouvements de jeunesse chrétiens et juifs. Sociabilité juvénile dans un cadre européen 1799-1968*, Cerf, 1985, 432 p.
CHOLVY (Gérard), DELMAIRE (Danielle), FABRE (Rémi), LANEYRIE (Philippe), MICHEL (Alain-René), « Les mouvements de jeunesse chrétiens et juifs face aux totalitarismes dans les années 1930 », *Revue d'histoire de l'Église de France*, 191, juillet-décembre 1987, pp. 249-291.
COINTET-LABROUSSE (Michèle), « Le gouvernement de Vichy et la jeunesse : sources nouvelles et nouveaux éclairages », *Bulletin de la Société d'histoire moderne*, 1976-2, pp. 13-17.
COUTROT (Aline), « Quelques aspects de la politique de la jeunesse », dans *Le Gouvernement de Vichy. Institutions et politiques 1940-1942*, Presses de la FNSP, 1972, pp. 265-284.
CRUBELLIER (Maurice), *L'Enfance et la jeunesse dans la société française 1800-1950*, A. Colin, 1979, 389 p.
CUSSON (J.), *Un réformateur du théâtre, Léon Chancerel. L'expérience des Comédiens routiers (1929-1939)*, La Hutte, 1945, 128 p.
D'HAENE (Père M.), *La JAC a vingt-cinq ans*, JAC, 1954, 147 p.
« Paul Doncœur 1880-1961 », *Cahiers Sainte Jehanne*, novembre 1961, pp. 225-320.
Éducation populaire – Jeunesse dans la France de Vichy 1940-1944, Journées d'études INEP, décembre 1983, *Les Cahiers de l'animation*, 49-50, 1985, pp. 1-173.
FAURE (Christian), « Pèlerinage ou mise en représentation de la ferveur populaire : le pèlerinage de la jeunesse du 15 août 1942 au Puy-en-Velay », *Cahiers d'histoire*, 1986-1, pp. 23-39.
FOUQUET (Gaétan), *Les Auberges de la jeunesse, histoire, technique, doctrine*, Éd. J. Susse, 1944, 366 p.
HALLS (Wilfred D.), *The Youth of Vichy France*, Oxford, Clarendon Press, 1981, XI-492 p. ; traduction française : *Les Jeunes et la politique de Vichy*, préface de J.-P. Rioux, Syros-Alternatives, 1988, 504 p.
HELLER-GOLDENBERG (Lucette), *Histoire des Auberges de jeunesse en France des origines à la Libération (1929-1945)*, 2 vol., Nice, Centre de la Méditerranée moderne et contemporaine, 1986, 1166 p. reprographiées.
HERVET (Robert), *Les Chantiers de la Jeunesse*, France-Empire, 1962, 303 p.
HERVET (Robert), *Les Compagnons de France*, France-Empire, 1965, 365 p.
HILAIRE (Yves-Marie), « L'Association catholique de la jeunesse française, les étapes d'une histoire (1886-1956) », *Revue du Nord*, t. LXVI, 261-262, avril-septembre 1984, pp. 903-916.
HILAIRE (Yves-Marie), « La jeunesse dans l'Église : un renouveau spirituel et intellectuel (vers 1938-vers 1950) », dans *Spiritualité, théologie et résistance. Yves de Montcheuil... op. cit., infra.*
JOSSE (Raymond), « Les Chantiers de la Jeunesse », *Revue d'histoire de la Deuxième Guerre mondiale*, 56, octobre 1964, pp. 5-42.
JOSSE (Raymond), « À propos de Vichy et des Chantiers de la Jeunesse », *Revue d'histoire de la Deuxième Guerre mondiale*, 68, octobre 1967, pp. 100-104.
KERGOMARD (Pierre) et FRANÇOIS (Pierre), *Les Éclaireurs de France de 1911 à 1951*, Éd. Éclaireurs et Éclaireuses de France, 1983, 380 p.
LANEYRIE (Philippe), *Les Scouts de France. L'évolution du mouvement des origines aux années quatre-vingt*, Cerf, 1985, 456 p.
LINDENBERG (Daniel), « Révolution culturelle dans la Révolution nationale. De Jacques Copeau à " Jeune France ", une archéologie de la " décentralisation théâtrale " », *Les Révoltes logiques*, 12, 1980, pp. 2-9.
MICHEL (Alain), *Les Éclaireurs israélites de France pendant la Seconde Guerre mondiale, septembre 1939-septembre 1944. Action et évolution*, Éd. des EIF, 1984, 227 p.
MICHEL (Alain-René), *La JEC Jeunesse étudiante chrétienne face au nazisme et à Vichy (1938-1944)*, Lille, Presses Universitaires de Lille, 1988, 315 p.

MOLETTE (Charles), *L'Association catholique de la jeunesse française (1886-1907)*, A. Colin, 1968, VIII-815 p.
MOLETTE (Charles), « L'Association catholique de la jeunesse française comme mouvement », dans CHOLVY (Gérard), *Mouvements de jeunesse..., op. cit. supra*, pp. 83-108.
POUGATCH (Isaac), *Un bâtisseur, Robert Gamzon (1905-1961)*, Service technique pour l'éducation, 1971, 171 p.
PROST (Antoine), *L'École et la famille dans une société en mutation (1930-1980)*, t. IV de *Histoire générale de l'enseignement et de l'éducation en France*, dir. L.-H. Parias, Nouvelle Librairie de France, 1981, 729 p.
ROUGERON (Georges), *Le département de l'Allier sous l'État français, 1940-1944*, Montluçon, Imprimerie Typocentre, 1969, 499 p.
Vichy et la Jeunesse, préface de Paul Bastid, *Revue d'histoire de la Deuxième Guerre mondiale*, 56, octobre 1964, pp. 1-104.
YAGIL (Limore), « "Jeunesse de France et d'outre-mer" et la vision de l' " homme nouveau " dans la France de 1940-1944 », *Revue d'histoire des guerres mondiales et des conflits contemporains*, 158, 1990, pp. 93-104.

4. Politique et société françaises

AMAURY (Philippe), *De l'Information et de la Propagande d'État. Les deux premières expériences d'un « ministère de l'Information » en France*, LGDJ, 1969, 874 p.
AZÉMA (Jean-Pierre), « De la Troisième République au régime de Vichy : Paul Baudouin », communication au colloque de la FNSP *Le Gouvernement de Vichy et la Révolution nationale 1940-1942*, fascicule ronéo, 1970.
BELLESCIZE (Diane de), *Les neuf sages de la Résistance*, Plon, 1979, 302 p.
COINTET (Michèle), *Le Conseil national de Vichy. Vie politique et réforme de l'État en régime autoritaire (1940-1944)*, thèse, Université Paris X-Nanterre, 1984, 3 vol., 1338 p. dactylo.
DAINVILLE (colonel A. de), *L'ORA. La Résistance de l'armée. Guerre de 1939-1945*, Lavauzelle, 1975, 350 p.
DELPERRIE de BAYAC (Jacques), *Histoire de la Milice 1918-1945*, Fayard, 1969, 686 p.
DHERS (Pierre), *Regards nouveaux sur les années 40*, Flammarion, 1958, 224 p.
DREYFUS (Paul), *Histoire de la Résistance en Vercors*, Arthaud, 1975, 289 p.
DREYFUS (Paul), *Vercors, citadelle de la liberté*, Arthaud, 1969, 366 p.
La France et la question juive 1940-1944, actes du colloque du CDJC 1979, dir. WELLERS (G.), KASPI (A.), KLARSFELD (S.), Éd. Sylvie Messinger, 1981, 416 p.
GIRARDET (Raoul), *La Société militaire dans la France contemporaine (1815-1939)*, Plon, 1953, 333 p.
GRANET (Marie), *Défense de la France. Histoire d'un mouvement de Résistance (1940-1944)*, PUF, 1960, 304 p.
GRANET (Marie) et MICHEL (Henri), *Combat. Histoire d'un mouvement de Résistance de juillet 1940 à juillet 1943*, PUF, 1957, 331 p.
GRIFFITHS (Richard), *Pétain et les Français 1914-1951*, Calmann-Lévy, 1974, 447 p.
KEDWARD (Harry Roderick), *Resistance in Vichy France*, Oxford University Press, 1978; trad franç. : *Naissance de la Résistance dans la France de Vichy 1940-1942. Idées et motivations*, Éd. Champ Vallon, 1989, 351 p.
LA GORCE (Paul-Marie de), *La République et son armée*, Fayard, 1963, 711 p.
LATOUR (Anny), *La Résistance juive en France 1940-1944*, Stock, 1970, 300 p.
LAZARE (Lucien), *La Résistance juive en France*, Stock, 1987, 425 p.
L'Histoire, Études sur la France de 1939 à nos jours, Seuil, 1985, 372 p.
LUIRARD (Monique), *Le Forez et la Révolution nationale*, Saint-Étienne, Centre d'études foréziennes, 1972, 350 p.
LUIRARD (Monique), *La Région stéphanoise dans la guerre et dans la paix (1936-1951)*, Saint-Étienne, Centre d'études foréziennes-CIERSR, 1980, 1024 p.
MARRUS (Michaël R.) et PAXTON (Robert O.), *Vichy et les Juifs*, Calmann-Lévy, 1981, 434 p.
MICHEL (Henri), *Pétain, Laval, Darlan, trois politiques ?*, Flammarion, 1972, 184 p.
MICHEL (Henri), *Vichy. Année 40*, Laffont, 1966, 461 p.
MONTEIL (Vincent), *Les Officiers*, Seuil, 1958, 192 p.
MONTREUIL (Jean), *Histoire du mouvement ouvrier en France des origines à nos jours*, Aubier, 1945, 603 p.
NOBÉCOURT (Jacques) et PLANCHAIS (Jean), *Une histoire politique de l'armée*, Seuil, 1967, t. I : *De Pétain à Pétain 1919-1942*, 334 p.; t. II : *De de Gaulle à de Gaulle 1940-1967*, 384 p.
ORMESSON (Olivier d'), *François Valentin 1908-1961*, préface d'Henri Massis, Berger-Levrault, 1964, XXII-216 p.
PLANCHAIS (Jean), « Crise de modernisme dans l'armée », *Revue française de sociologie*, II-2, avril-juin 1961, pp. 118-123.
RAÏSSAC (Guy), *Un soldat dans la tourmente*, Albin Michel, 1963, 528 p.

5. Cercles et courants idéologiques

ANDREU (Pierre), « Les idées politiques de la jeunesse intellectuelle de 1927 à la guerre », *Revue des travaux de l'Académie des sciences morales et politiques*, 1957, 2e semestre, pp. 17-35.
BARRAL (Pierre), *Les Agrariens français de Méline à Pisani*, Presses de la FNSP, 1968, 386 p.
BAUCHARD (Philippe), *Les Technocrates et le pouvoir. X-Crise, Synarchie, CGT, Clubs*, Arthaud, 1966, 320 p.
BOLTANSKI (Luc), *Les Cadres. La formation d'un groupe social*, Éd. de Minuit, 1982, 523 p.
BURRIN (Philippe), *La Dérive fasciste. Doriot, Déat, Bergery 1933-1945*, Seuil, 1986, 534 p.
FAURE (Christian), *Le Projet culturel de Vichy. Folklore et Révolution nationale 1940-1944*, Lyon, PUL-CNRS, 1989, 336 p.
GOURDOL (Michel), *La revue « Politique » et la réforme de l'État*, mémoire de maîtrise d'histoire, Université Lyon II, 1979, 92 p. dactylo
HELLMAN (John), *Emmanuel Mounier and th New Catholic Left 1930-1950*, Toronto, University of Toronto Press, 1981, 357 p.
LEFRANC (Georges), *Les Expériences syndicales en France de 1939 à 1950*, Aubier, 1950, 374 p.
LIPIANSKY (Edmond), *L'Ordre Nouveau (1930-1938)*, dans LIPIANSKY et RETTENBACH, *Ordre et démocratie*, PUF, 1967, pp. 1-103.
LOUBET DEL BAYLE (Jean-Louis), *Les Non-Conformistes des années 30. Une tentative de renouvellement de la pensée politique française*, Seuil, 1969, 496 p.
MAYEUR (Jean-Marie), *La Vie politique en France sous la Troisième République 1870-1940*, Seuil, 1984, 449 p.
MICHEL (Henri), *Les Courants de pensée de la Résistance*, PUF, 1962, 842 p.
MICHEL (Henri) et MIRKINE-GUETZEVITCH (Boris), *Les Idées politiques et sociales de la Résistance (Documents clandestins 1940-1944)*, PUF, 1954, 410 p.
MODRY (Alain), *La « Jeune Droite » non conformiste à travers le journal « Combat » (1936-1939)*, mémoire de maîtrise d'histoire, Université Lyon II, 1979, 321 p., dactylo.
RÉMOND (René), *Les Droites en France*, Aubier, 4e éd, 1982, 544 p.
SÉRANT (Paul), *Les Dissidents de l'Action française*, Éd. Copernic, 1978, 323 p.
STERNHELL (Zeev), *Ni droite ni gauche. L'idéologie fasciste en France*, Seuil, 1983, 413 p.; nouv. éd., Bruxelles, Complexe, 1987, 474 p.
STERNHELL (Zeev), « Emmanuel Mounier et la contestation de la démocratie libérale dans la France des années trente », *Revue française de science politique*, décembre 1984, pp. 1141-1180.
STERNHELL (Zeev), « Sur le fascisme et sa variante française », *Le Débat*, 32, novembre 1984, pp. 28-51.
TOUCHARD (Jean), « L'esprit des années trente », dans *Tendances politiques dans la vie française depuis 1789*, Hachette, 1960, 144 p.
ULMANN (André) et AZEAU (Henri), *Synarchie et pouvoir*, Julliard, 1968, 347 p.
WEBER (Eugen), *L'Action française*, Stock, 1964, 649 p.

6. Pensée et action chrétiennes

BASTAIRE (Jean), « Péguy inspirateur de la Résistance », dans *Charles Péguy, L'Herne*, 1977, p. 300-308.
BÉDARIDA (Renée), *Les Armes de l'Esprit, Témoignage chrétien, 1941-1944*, Éd. ouvrières, 1977, 378 p.
BÉDARIDA (Renée), *Pierre Chaillet. Témoin de la résistance spirituelle*, Fayard, 1988, 330 p.
BOLLE (Pierre), « L'influence du barthisme dans le protestantisme français », dans *Églises et chrétiens dans la Deuxième Guerre mondiale. La région Rhône-Alpes*, Lyon, PUL, 1978, pp. 59-66.
CARON (Jeanne), *Le Sillon et la démocratie chrétienne 1894-1910*, Plon, 1967, 798 p.
CHOLVY (Gérard) et HILAIRE (Yves-Marie), *Histoire religieuse de la France contemporaine*, t. III : *1930-1988*, Toulouse, Privat, 1988, 571 p.
COMTE (Bernard), « Emmanuel Mounier devant Vichy et la Révolution nationale en 1940-1941 : l'histoire réinterprétée », *Revue d'histoire de l'Église de France*, 1985-2, pp. 253-279.
COUTROT (Aline), *Un courant de la pensée catholique. L'hebdomadaire « Sept » (mars 1934-août 1937)*, Cerf, 1961, 335 p.
DILLARD (contre-amiral), *La Vie et la mort du R.P. Dillard*, Les Œuvres françaises, 1947, 322 p.
DROULERS (Pierre), *Politique sociale et christianisme. Le Père Desbuquois et l'« Action populaire »*, t. II : *Dans la gestation d'un monde nouveau (1919-1946)*, Éd. ouvrières et Presses de l'Université grégorienne, 1981, 455 p.
DUQUESNE (Jacques), *Les Catholiques français sous l'occupation*, Grasset, 1966, 477 p.
Églises et chrétiens dans la Deuxième Guerre mondiale. La région Rhône-Alpes, actes du colloque de Grenoble 1976, dir. MONTCLOS (X. de), Lyon, PUL, 1978, 383 p.
Églises et chrétiens dans la Deuxième Guerre mondiale. La France, actes du colloque de Lyon 1978, dir. MONTCLOS (X. de), PUL, 1982, 637 p.

FOUILLOUX (Étienne), *Les Catholiques et l'unité chrétienne du XIXe au XXe siècle. Itinéraires européens d'expression française*, Centurion, 1982, 1007 p.
Hommage à Robert Garric (1896-1967), Revue de la Haute Auvergne, 41, 1968, pp. 1-121.
LATREILLE (André) et RÉMOND (René), *Histoire du catholicisme en France*, t. III, Spes, 1962, 693 p.
LESTAVEL (Jean), *Les Prophètes de l'Église contemporaine (histoire par les textes)*, L'Épi, 1969, 412 p.
LESTAVEL (Jean), « Un itinéraire de chrétiens, de *La Route* à *La Vie nouvelle* », dans *Les Catholiques français* et *l'héritage de 1789. D'un centenaire à l'autre 1889-1989*, sous la dir. P. Colin, Beauchesne, 1989, pp. 239-249.
MALLEY (François), *Le Père Lebret. L'économie au service des hommes*. Textes choisis et présentés, Cerf, 1968, 255 p.
MAYEUR (Françoise), *L'Aube (1932-1940), étude d'un journal d'opinion*, Presses de la FNSP, 1966, X-236 p.
POULAT (Émile), *Naissance des prêtres ouvriers*, Casterman, 1965, 538 p.
Spiritualité, théologie et résistance. Yves de Montcheuil, théologien au maquis du Vercors, Colloque de Biviers (1984), dir. BOLLE (Pierre) et GODEL (Jean), Grenoble, PUG, 1987, 381 p.
TRANVOUEZ (Yvon), *Catholiques d'abord. Approches du mouvement catholique en France (XIXe-XXe siècle)*, Éd. ouvrières, 1988, 264 p.

INDEX

DES PERSONNES, DES INSTITUTIONS ET DES PÉRIODIQUES *

* En CAPITALES, personnes citées dans le texte et principaux auteurs cités en notes. En minuscules, institutions et organisations ou groupements (sigles en capitales grasses). En *italiques*, noms des périodiques. Pour les noms constamment cités (Dunoyer de Segonzac, Lamirand, Pétain, secrétariat général à la Jeunesse), on n'a retenu que les références les plus importantes.

INDEX DES THÈMES

Table des matières

TROISIÈME PARTIE

AVANCÉES ET RUPTURE DE 1942

ÉPILOGUE

L'ÉQUIPE D'URIAGE DANS LES COMBATS DE LA LIBÉRATION (1943-1945)

ANNEXES

Cet ouvrage a été réalisé par la
SOCIÉTÉ NOUVELLE FIRMIN-DIDOT
Mesnil-sur-l'Estrée
pour le compte des Éditions Fayard
en octobre 1991

Imprimé en France
Dépôt légal : octobre 1991
N° d'édition : 5152 – N° d'impression : 18224
35-36-8559-01
ISBN 2-213-02788-9